Bauvertragsrecht
nach BGB und VOB/B

Bauvertragsrecht nach BGB und VOB/B

Praxiskommentar

BGB-Werkvertragsrecht,
BGB-Kaufrecht und VOB/B

4. überarbeitete und aktualisierte Auflage

Herausgeber:
Prof. Dr. Mark von Wietersheim,
Rechtsanwalt, Berlin

Bearbeiter:
Dr. Thomas Berger, Fachanwalt für Steuerrecht, Bielefeld
Dr. Gert Hällßig, Rechtsanwalt, Leipzig
Ioannis Lazos, Rechtsanwalt, Berlin
Jens Passarge, Rechtsanwalt, Berlin
Johannes-Ulrich Pöhlker, Hess. Städte- und Gemeindebund, Mühlheim/Main
Dr. Kai H. Warnecke,
Präsident Haus & Grund Deutschland e.V., Berlin
Dina Westphal, Rechtsanwältin, Berlin
Prof. Dr. Mark von Wietersheim, Rechtsanwalt, Berlin

Bundesanzeiger
Verlag

Bibliografische Information der Deutschen Nationalbibliothek
Die Deutsche Nationalbibliothek verzeichnet diese Publikation in der Deutschen Nationalbibliografie; detaillierte bibliografische Daten sind im Internet über http://dnb.d-nb.de abrufbar.

Bundesanzeiger Verlag GmbH
Amsterdamer Straße 192
50735 Köln
Internet: www.bundesanzeiger-verlag.de

Weitere Informationen finden Sie auch in unserem Themenportal unter
www.betrifft-bau.de

Beratung und Bestellung:

Tel.: +49 (0) 221 97668-306
Fax: +49 (0) 221 97668-236
E-Mail: bau-immobilien@bundesanzeiger.de

ISBN (Print): 978-3-8462-0800-7

ISBN (E-Book): 978-3-8462-0801-4

Herstellung: Günter Fabritius
Satz: Cicero Computer GmbH, Bonn
Druck und buchbinderische Verarbeitung: Digital Print Group O. Schimek GmbH, Nürnberg

Printed in Germany

Vorwort

Die Diskussion „VOB-Vertrag oder BGB-Vertrag" hat in den letzten Jahren die Veranstaltungen der Baujuristen verlassen und wird in Bauunternehmen und bei Veranstaltungen für Bauunternehmer mit immer neuer Intensität geführt. In manchen Baubranchen hat man sich flächendeckend von der Vereinbarung der VOB/B verabschiedet. Durch die Einführung des gesetzlichen Bauvertrages wird diese Diskussion sicher nicht beendet.

Was hat dies für Folgen für den einzelnen Vertrag? Was gilt ohne die VOB/B, was mit? Welche Gestaltungsmöglichkeiten gibt es?

Dieses Buch stellt in nunmehr vierter Auflage sowohl die baurechtlichen Inhalte des BGB als auch die VOB/B dar. Dabei sind selbstverständlich die Regelungen der zum 1.1.2018 wirksam werdenden Reform von Kaufrecht und Werkvertragsrecht sowie das neue Bauvertragsrecht berücksichtigt.

Dies ermöglicht dem Praktiker die sichere Handhabung beider Regelwerke.

Insbesondere die Darstellung der in ihren Auswirkungen oft unterschätzten kaufvertraglichen Regelungen schließt eine Lücke der unternehmerischen Praxis.

Die Autoren des Buches haben aus ihrer Erfahrung heraus die Gestaltungsmöglichkeiten und die Anwendung des privaten Baurechts beschrieben. Über Hinweise und Rückmeldungen jeder Art freuen wir uns, schreiben Sie uns einfach an den Herausgeber ra@vonwietersheim.net.

Berlin im Oktober 2017

Prof. Dr. Mark von Wietersheim

Inhaltsverzeichnis

Teil 2 VOB/B

Teil 1 BGB

Allgemeines zum Vertragsabschluss und -inhalt

A. Der Vertragsabschluss

I. Angebot und Annahme

Die erste und wichtigste Frage im Verhältnis von Auftraggeber und Auftragnehmer ist, ob überhaupt ein Vertrag zustande gekommen ist. Diese auf den ersten Blick banale Frage stellt sich in der Praxis durchaus nicht selten. In einigen Fällen entstehen Zweifel an einem wirksamen Vertragsabschluss sogar erst nach Baubeginn, nachdem zunächst keine der Parteien einen Gedanken daran verschwendete. Dass dies fatale Folgen haben kann, liegt auf der Hand, denn ohne Vertrag gelten z.B. die gesetzlichen Regelungen über Mängelansprüche nicht, erst recht sind Auftraggeber und Auftragnehmer nicht an vertragliche Pflichten wie Bausoll, Termintreue und Preis etc. gebunden. 1

1. Willenserklärungen und Zugang

Ein Vertrag kommt – einfach ausgedrückt – zustande, wenn sich die Verhandlungspartner über die feste Geltung eines bestimmten Vertragsinhalts **einigen**. Meist macht eine Seite einen Vorschlag, den die andere Seite annimmt, womit dann der Vertrag geschlossen ist. Diese allgemeine, laienhafte Vorstellung vom Vertragsschluss liegt auch der gesetzlichen Regelung (§§ 145 ff. BGB) zugrunde. Danach kommt ein Vertrag durch zwei Willenserklärungen zustande, nämlich Angebot und Annahme. Beide Erklärungen müssen sich decken und den Inhalt haben, einen Vertrag mit dem festgelegten Inhalt abzuschließen. 2

Angebot und Annahme sind Willenserklärungen. Eine Willenserklärung wird juristisch definiert als Äußerung eines auf die Herbeiführung einer Rechtswirkung gerichteten Willens. Bloßes Schweigen hat demgegenüber regelmäßig keine Rechtsfolgen. Nur bei sogenannten kaufmännischen Bestätigungsschreiben hat das Schweigen des Empfängers – unter bestimmten Voraussetzungen – eine rechtsgeschäftliche Wirkung, nämlich die Annahme des Vertrages (siehe unten, Rn. 11 ff.). In allen anderen Fällen hingegen liegt im bloßen Schweigen oder Nichtreagieren keine Willenserklärung im rechtlichen Sinne.

Auch Willenserklärungen haben jedoch nur dann Rechtsfolgen, wenn sie ihren Empfänger auch erreichen. Dies wird als Zugang bezeichnet. Beispiele für den **Zugang** sind der Ausdruck eines Telefaxes, die Übergabe eines Briefes, die mündlich in Anwesenheit des Empfängers abgegebene Erklärung. Eine nicht zugegangene Erklärung (ein verlorener Brief, ein nicht hörbares Flüstern) hat ebensowenig eine rechtliche Wirkung wie Schweigen (hierzu und zu Ausnahmen siehe Rn. 11). Zugang im rechtlichen Sinne heißt allerdings nicht immer, dass der Empfänger tatsächlich Kenntnis von der Erklärung bekommen muss. Denn es soll vermieden werden, dass der Empfänger absichtlich den Zugang einer Erklärung verhindert. Insbesondere bei schriftlichen Willenserklärungen wäre ihm dies sonst leicht möglich: 3

Beispiel:

Bauunternehmer B gibt gegenüber Auftraggeber A ein Angebot ab. Direkt nach Versendung stellt er fest, dass er sich bei seinem Angebot verkalkuliert und einen zu niedrigen Preis genannt hat. Da er weiß, dass der Auftraggeber den Auftrag schriftlich annehmen wird, beschließt er, für ein paar Wochen nicht mehr den Briefkasten zu leeren. Kann er so den Vertragsschluss verhindern?

Variante:

Der Auftraggeber ruft bei B an. B hebt das Telefon nicht ab.

4 Es ist zu unterscheiden zwischen Willenserklärungen gegenüber Anwesenden und gegenüber Abwesenden, also meist schriftlichen Willenserklärungen. Zugang setzt voraus, dass die Erklärung in den Bereich des Empfängers gelangt und dass er unter normalen Umständen die Möglichkeit hat, Kenntnis von ihr zu nehmen. Bei schriftlichen Erklärungen reichen daher beispielsweise Einwerfen in den Briefkasten oder persönliche Übergabe des Schreibens aus, ohne dass der Inhalt gelesen werden muss. Beim Einwerfen in den Briefkasten ist nur zu überlegen, ob man eine sofortige Kenntnisnahme erwarten darf oder nicht. Eine außerhalb der üblichen Geschäftszeiten (z.B. nachts oder sonntags) eingeworfene Erklärung gilt unter Umständen erst am nächsten Geschäftstag als zugegangen. Mündliche Willenserklärungen müssen für den Empfänger hörbar und verständlich sein.

5 Im obigen Beispiel kann also B nicht den Zugang der schriftlichen Annahme seines Angebots verhindern. Die Willenserklärung ist vielmehr mit Einwurf in den Briefkasten, spätestens aber am Morgen des nächsten Geschäftstages zugegangen. Damit ist der Vertrag geschlossen und B macht sich unter Umständen schadensersatzpflichtig, wenn er den Auftrag nicht ausführt.

In der Variante geht B nicht ans Telefon. Die Annahme des Vertrages geht ihm also nicht zu, weil sie erst gar nicht ausgesprochen wird. Der Vertrag kommt in dieser Variante tatsächlich nicht zustande. Der Auftraggeber hätte die Möglichkeit gehabt, den Vertrag schriftlich anzunehmen.

6 Bei der **Zugangsvereitelung** oder -verzögerung durch den Empfänger (z.B. wenn ein eingeschriebener Brief nicht von der Post abgeholt wird) gelten die Grundsätze von Treu und Glauben, wobei es keine schematische Lösung gibt. Vielmehr ist jeder Einzelfall gesondert zu beurteilen. Auch ein etwaiges Mitverschulden des Absenders (z.B. nicht rechtzeitiges Aufgeben bei der Post) ist hierbei zu berücksichtigen. Unter Umständen muss der Empfänger sich so behandeln lassen, als wäre ihm die Erklärung rechtzeitig zugegangen. In diesen Fällen darf er aus dem verspäteten Zugang keine Vorteile ziehen, sich also beispielsweise nicht auf die Überschreitung einer Kündigungsfrist berufen.

2. Angebot und Annahme, Deckungsgleichheit

7 Angebot und Annahme sind die beiden Willenserklärungen, die für einen Vertragsschluss zwingend erforderlich sind. Ein Angebot liegt vor, wenn eine Willenserklärung den Inhalt hat, mit einem bestimmten Vertragspartner einen Vertrag mit einem bestimmten Inhalt abschließen zu wollen. Dieses Angebot muss dem angedachten Vertragspartner zugehen. Der Empfänger muss sodann mit dem gleichen Bindungswillen die Annahme genau dieses Angebots erklären. Der Vertrag kommt dann mit dem Inhalt des Angebots zustande.

8 Diesem zweistufigen Prinzip ist in vielen Fällen noch eine dritte Stufe vorgelagert, die sogenannte **Aufforderung, ein Angebot** abzugeben. Nicht immer ist einfach zu unterscheiden, ob eine solche bloße Aufforderung oder bereits ein Angebot vorliegt, das dann vom Erklärungsempfänger angenommen werden kann. Beispiele hierfür sind Zeitungsinserate, Auslagen im Schaufenster oder die Ausschreibung eines Auftrags. Derartige Erklärungen richten sich an einen noch unbestimmten Kreis von möglichen Vertragspartnern und sind erkennbar noch nicht bindend gemeint. Würde man hierin schon ein Angebot sehen, würde beispielsweise der Ladeninhaber jedem Kunden, der die ausliegende Ware verlangt (und damit das Angebot annehmen würde), deren Übereignung schulden. Dies hat der Erklärende jedoch er-

kennbar nicht gewollt. Sowohl der im Beispiel genannte Ladeninhaber als auch der Anbieter im Rahmen eines Inserats wollen sich die Auswahl ihres Vertragspartners vorbehalten. Außerdem ist in all diesen Fällen nur eine begrenzte Anzahl, oft sogar nur ein Stück der angebotenen Ware vorhanden. Dies gilt erst recht im Falle einer Ausschreibung. Auch hier werden die Bieter aufgefordert, Angebote abzugeben. Der Bieter macht sodann – ebenso wie der Anrufer auf ein Inserat – das Angebot, das dann vom Ausschreibenden angenommen werden kann. Es ist jedoch nicht immer so leicht erkennbar, wer eine bloße Aufforderung zur Angebotsabgabe, wer das Angebot und wer die Annahme erklärt hat. Insbesondere bei lebhaftem Schriftverkehr kann dies durchaus zweifelhaft sein. Diese Frage ist allerdings entscheidend für den Vertragsinhalt. Denn durch die Annahme kommt der Vertrag zustande, und zwar mit dem Inhalt des Angebots.

Beispiel:

Auftraggeber A schreibt ein Bauvorhaben über den Bau eines Einfamilienhauses mit Garage aus. Bauunternehmer B gibt ein Angebot ab. A erteilt B als preiswertestem Bieter den Zuschlag. B merkt, dass er versehentlich die Garage nicht in seinen Angebotspreis einkalkuliert hatte. Er schreibt an A zurück: „Ich bestätige den Zuschlag vom … [Datum], mit der Maßgabe, dass die Garage nicht im Angebotspreis enthalten ist."

Hier hat A zur Abgabe von Angeboten aufgefordert. In den Ausschreibungsunterlagen war die Garage enthalten, im Angebot des B somit auch. A hat das Angebot des B angenommen, damit kam der Vertrag zustande. Die spätere Bestätigung des Auftrags mit geändertem Inhalt kann daran nichts mehr ändern. Fälle einer wie auch immer gearteten „Bestätigung" treten durchaus häufig auf. Hier muss genau geprüft werden, ob es sich dabei um die Annahme eines vorherigen Angebots handelt (dann wäre im Beispiel der Auftrag ohne Garage zustande gekommen) oder um eine bloße (Zugangs-) Bestätigung. Letztere ist zwar üblich und für den Annehmenden wichtig, da er wissen will, ob der Vertrag zustande gekommen ist. Sie ändert aber nichts mehr am Inhalt des Vertrags. Dieser ist auch ohne Bestätigung zustande gekommen.

Ähnlich schwierig ist die Rechtslage, wenn sich die Parteien wechselseitig immer wieder versi- 9
chern, den Vertragsschluss zu wollen, aber auch immer wieder inhaltliche **Änderungen** an der vorhergehenden Erklärung des Gegenüber vornehmen. Dann kann nach dem oben gesagten eigentlich kein Vertrag zustande kommen, weil der Inhalt des jeweils empfangenen Schreibens gerade nicht angenommen wurde. Wenn diese Änderungen aber unbemerkt bleiben und der Vertrag umgesetzt wird, streitet man sich später über den Vertragsabschluss und – falls ein solcher erfolgte – über den Vertragsinhalt. Auch hier kommt es stets darauf an, in welchem Zeitpunkt durch welche Annahme eines (vorherigen) Angebots der Vertrag zustande kam.

Denn nur wenn sich Angebot und Annahme **decken**, ist der Vertrag geschlossen. Dafür reicht 10
als Annahmeerklärung theoretisch auch ein einfaches „ja" oder eine andere zustimmende Reaktion. Verbindet ein Verhandlungspartner seine Antwort jedoch mit neuen oder geänderten Bedingungen, handelt es sich nicht um eine Annahme. Ganz im Gegenteil hat eine solche **geänderte „Annahme"** die Bedeutung, dass das ursprüngliche Angebot gerade nicht angenommen wird. Der Angebotsempfänger lehnt vielmehr den Angebotsinhalt zumindest bezüglich bestimmter Regelungen ab. Daher ist seine geänderte „Annahme" als Ablehnung des ursprünglichen Angebotes und als neues Angebot zu werten (§ 150 BGB). Dieses neue Angebot muss nunmehr der andere Vertragspartner annehmen, damit ein Vertrag zustande kommt. Nimmt der andere Vertragspartner seinerseits dieses neue Angebot nicht unverändert an, sondern besteht auf seinem ersten Angebot, so wiederholt sich das „Spielchen", es kommt nicht zum Vertragsschluss. Denn es liegen nur Angebote vor, die nicht angenommen wurden. Auch hier wird deutlich, dass zwischen den 3 genannten Stufen des Vertragsschlusses (Aufforderung, Angebot, Annahme) sauber zu unterscheiden ist, da sich hieraus der Inhalt des Vertrags ergibt.

3. Kaufmännisches Bestätigungsschreiben

11 **Schweigen** und jede andere Form der ausbleibenden Reaktion auf ein Angebot haben – wie oben dargelegt – grundsätzlich keine rechtlichen Wirkungen. Von diesem Grundsatz gibt es nur eine Ausnahme: Schweigen hat die Rechtswirkung einer Annahme, wenn der Schweigende vorher ein sogenanntes kaufmännisches Bestätigungsschreiben erhalten hat.

Ein solches Schreiben liegt vor, wenn es

- auf eine vorhergehende mündliche Vereinbarung Bezug nimmt;
- diese Vereinbarung inhaltlich wiedergibt;
- innerhalb kurzer Frist nach der Verhandlung dem Empfänger zugeht.

Schweigt der Empfänger eines solchen Bestätigungsschreibens, so kommt eine Einigung mit dem Inhalt des Schreibens zustande. Um dies zu verhindern, kann der Empfänger widersprechen. Dieser Widerspruch muss seinerseits kurzfristig (regelmäßig innerhalb von 1 bis 2 Werktagen) erfolgen und dem Absender des Bestätigungsschreibens zugehen.

12 Ein Widerspruch ist nur dann **ausnahmsweise entbehrlich**, wenn der Absender den Verhandlungsinhalt bewusst unrichtig oder entstellt wiedergegeben hat oder wenn eine Abweichung von dem mündlich Verhandelten vorliegt, bei der der Absender vernünftigerweise nicht mit einer Zustimmung des Empfängers rechnen kann. Hierauf sollte man sich aber als Empfänger eines solchen Schreibens nicht verlassen.

13 Ein kaufmännisches Bestätigungsschreiben kann also einen Vertragsschluss herbeiführen. Hiervon zu unterscheiden ist das Schweigen auf eine bloße Auftragsbestätigung. In diesem Fall hat Schweigen keine Rechtsfolgen mehr, da der Vertrag bereits zuvor durch die Annahme eines Angebots („Beauftragung") zustande gekommen ist.

Praxistipp:

Wer nach einer gemeinsamen Besprechung vom Verhandlungspartner ein Protokoll, eine „Bestätigung" oder auch nur einen Brief mit Bezugnahme oder Zusammenfassung der Verhandlung erhält, sollte dieses Schriftstück sorgfältig prüfen. Weicht die schriftliche Zusammenfassung von dem ab, was der Empfänger vereinbaren wollte, sollte er diesem Schreiben umgehend widersprechen.

II. Form

14 Verträge können **grundsätzlich formlos** geschlossen werden, solange das Gesetz nicht etwas anderes vorschreibt. Beispielsweise müssen **Verbraucherbauverträge nach § 650i Abs. 2 BGB** in Textform abgeschlossen werden, Kaufverträge über Grundstücke immer notariell abgeschlossen werden. Für Bauverträge i.S.d. § 650a BGB ist keine bestimmte Form vorgeschrieben, sie können also mündlich, schriftlich oder auf andere Weise abgeschlossen werden. Auch der kommentarlose Arbeitsbeginn kann eine Vertragsannahme sein, sogenanntes „konkludentes" Verhalten. Hierbei handelt es sich nicht um Fälle völligen Schweigens. Vielmehr lässt hier das Verhalten einer Partei eine Zustimmung erkennen (z.B. Baubeginn; Zahlung einer Rechnung etc.).

15 Von der genannten grundsätzlichen Formfreiheit gibt es bei Verträgen über Bauleistungen nur wenige Ausnahmen:

- Verbraucherbauverträge nach § 650i Abs. 2 BGB müssen in Textform abgeschlossen werden,

  Bauverträge, die in unlösbarem Zusammenhang mit Grundstückskaufverträgen stehen, müssen nach § 311b BGB notariell beurkundet werden;
- Bauverträge mit Gemeinden müssen nach den meisten Gemeinde-Ordnungen schriftlich abgeschlossen werden;

- Gleiches gilt für Verträge mit Genossenschaften, hier sind u.U. die Formvorschriften des Genossenschaftsgesetzes zu beachten.

Eine Missachtung von Formvorschriften führt in der Regel zur **Unwirksamkeit des Vertrags**.

III. Vertretung

1. Grundsätzliches

16 In vielen Fällen sind Auftraggeber und Auftragnehmer nicht selber auf der Baustelle anwesend, sondern lediglich ihre Vertreter. Daher spielen **Vollmachten** im Baurecht eine große Rolle. Je nachdem, ob die Vertretung auf zwingenden gesetzlichen Gründen beruht oder auf einer freien Entscheidung des Vollmachtgebers, wird zwischen gesetzlicher und gewillkürter Vertretung unterschieden.

Bei juristischen Personen und Minderjährigen ist die gesetzliche Vertretungsmöglichkeit wichtig. Juristische Personen, insbesondere GmbH, AG, GmbH & Co KG als rein rechtliche Konstrukte, können naturgemäß nicht selber handeln, sie werden im Geschäftsverkehr durch ihre Organe (z.B. Geschäftsführer) gesetzlich vertreten. Wer der gesetzliche Vertreter einer solchen juristischen Person ist, ergibt sich für den Vertragspartner in erster Linie aus dem Handelsregister. Ferner kann man dem Handelsregister entnehmen, ob die Geschäftsführer – falls mehrere bestellt wurden – die Gesellschaft einzeln vertreten dürfen oder ob sie gemeinsam handeln müssen. Gleiches gilt für Vorstände einer AG oder für Prokuristen.

17 **Untervollmachten** sind grundsätzlich zulässig. Gesetzliche Vertreter einer juristischen Person können daher wie jede natürliche Person andere bevollmächtigen, an ihrer Stelle zu handeln. Diese Vollmacht ist dann eine rechtsgeschäftlich erteilte, gewillkürte Vollmacht. Vollmachten können schriftlich oder auch mündlich erteilt werden, eine bestimmte Form ist nur ausnahmsweise erforderlich, beispielsweise dann, wenn auch der Bauvertrag einer bestimmten Form bedarf.

2. Rechtsscheinsvollmachten

18 Besonders kritisch sind die sogenannten Rechtsscheinsvollmachten. Dies sind Vollmachten, die nicht bewusst oder ausdrücklich erteilt werden, sondern sich aus einem bestimmten tatsächlichen Verhalten ergeben, welches beim Vertragspartner einen **Vertrauenstatbestand** erzeugt. Tritt jemand für einen anderen auf, ohne ausdrücklich oder nachweisbar bevollmächtigt zu sein, so kann dennoch eine Vollmacht nach den Grundsätzen der Rechtsscheinsvollmacht vorliegen. Es werden zwei Fälle von Rechtsscheinsvollmachten unterschieden, nämlich **Anscheins- und Duldungsvollmacht**. Die Grundsätze der Rechtsscheinsvollmacht auf der Grundlage von Vertrauenstatbeständen lassen sich am besten anhand eines Beispiels verdeutlichen:

Beispiel:

Sekretärin S arbeitet bei der Baufirma B. Weil es zu wenig zu schreiben gibt, beginnt sie, eigenverantwortlich das Lager zu führen. Sie bestellt mehrfach bei Zulieferer Z Baumaterial. Die Buchhaltung von B bezahlt die Rechnungen von Z stets anstandslos. Eines Tages ist zufällig der Geschäftsführer von B anwesend als Z wieder eine Bestellung anliefert. Der Geschäftsführer verweigert die Annahme, weil er Produkte von Y besser findet. Er habe bei Z nichts bestellt. S sei nicht berechtigt, B zu vertreten. Muss B die bestellte Lieferung von Z annehmen und bezahlen?

Der Zulieferer Z konnte aufgrund der Tatsache, dass B die von S bestellten Leistungen stets bezahlt hat, auf deren Bevollmächtigung vertrauen. B kann sich daher nicht mehr darauf zurückziehen, dass S eigentlich keine Vollmacht hat.

19 Voraussetzungen für eine Rechtsscheinsvollmacht sind:

- Schaffung eines Vertrauenstatbestandes durch den Vertretenen und den Vertreter und
- tatsächliches Vertrauen hierauf auf Seiten des Geschäftspartners.

Je nachdem, ob der Vertretene den Vertrauenstatbestand, nämlich das Handeln einer anderen Person in seinem Namen (im Beispielsfall die Bestellungen und Zahlungen), kennt oder nur kennen muss, wird zwischen Duldungs- oder Anscheinsvollmacht unterschieden. Bei der Duldungsvollmacht kennt der Vertretene den Vertrauenstatbestand, bei der Anscheinsvollmacht hätte er bei Anwendung der pflichtgemäßen Sorgfalt die vertrauensbildenden Tatsachen kennen können. Für den gutgläubigen Geschäftspartner haben beide Fälle dieselbe Rechtsfolge: Wenn der Vertretene in diesen Fällen das Handeln in seinem Namen nicht unterbindet, kann er sich später nicht auf die fehlende Vollmacht berufen.

20 Eine Variante zu dem geschilderten Fall mit der Sekretärin S:

Beispiel:

Bereits die erste Bestellung der S fällt dem Geschäftsführer von B auf und er verweigert die Annahme der Leistung und die Bezahlung. Da B keinen Vertrauenstatbestand geschaffen hat, kann Z von B keine Bezahlung verlangen.

21 Tritt jemand für einen anderen auf, ohne wirksam (gegebenenfalls auch durch Rechtsscheinsvollmacht) bevollmächtigt zu sein, handelt er als Vertreter ohne Vertretungsmacht und läuft – wenn er die andere Seite nicht auf die fehlende Vollmacht hinweist – Gefahr, als solcher nach § 179 BGB dem Geschäftspartner persönlich zu haften. Diese **Haftung** kann so weit gehen, dass der Vertreter ohne Vertretungsmacht einen Vertrag erfüllen muss, den er im Namen eines anderen abschließen wollte (siehe hierzu unten 4.)

In der geschilderten Variante könnte S also Z gegenüber haften.

3. Umfang der Vollmacht von Architekten, Bauleitern und anderen fachlich Beteiligten

22 Architekten, Bauüberwacher und Bauleiter sind ohne gesonderte Vollmacht regelmäßig nicht berechtigt, den Auftraggeber uneingeschränkt zu vertreten. Anders ist es nur bei Anordnungen und Hinweisen, die **von untergeordneter Bedeutung sind**. Diese darf der Architekt erteilen, allerdings ist seine Vollmacht insoweit eng auszulegen. Dies gilt auch für Ingenieure und andere am Bau fachlich Beteiligte.

23 So sind diese beispielsweise regelmäßig berechtigt, Mängel zu rügen, geleistete Arbeiten entgegenzunehmen, Anweisungen im Sinne des § 4 Abs. 1 Nr. 3 VOB/B zu erteilen und die Schlussrechnung zu prüfen. Ob sie Erklärungen des Auftragnehmers für den Bauherrn wirksam annehmen können, ist umstritten und hängt vom Einzelfall, insbesondere vom Architekten-/Ingenieurvertrag ab. Der Auftragnehmer ist daher besser beraten, wichtige Erklärungen dem Auftraggeber persönlich zukommen zu lassen. Der Architekt darf für den Bauherrn ohne gesonderte Vollmacht insbesondere **nicht** die Abnahme erklären, eine Schlussrechnung als berechtigt anerkennen, Fertigstellungstermine verschieben oder Zusatzaufträge erteilen. Als Grundsatz gilt: Der Architekt ist ohne besondere Vollmacht nicht berechtigt, Erklärungen abzugeben oder wirksam entgegenzunehmen, welche den Auftraggeber Geld kosten oder entscheidende vertragliche Rechtsfolgen nach sich ziehen.

24 Wenn der Auftraggeber dem Architekten jedoch die umfassende Leitung der Baumaßnahme überträgt, kann die Vollmacht des Architekten im Einzelfall auch diese Handlungen umfassen. Auch kann es zu Fällen von Rechtsscheinsvollmacht des Architekten, Bauleiters oder Bauüberwachers kommen. Es empfiehlt sich daher – im Interesse aller Beteiligten – immer eine deutliche Festlegung des Auftraggebers gegenüber dem Bauunternehmer und dem Architekten.

25 Die wirksame Vertretung des Auftraggebers kann andernfalls auch gegen seinen eigentlichen Willen angenommen werden, wenn er selber bestimmte, vertrauensbildende Umstände gesetzt hat.

Beispiel:

Auftraggeber X beauftragt Auftragnehmer B mit der Errichtung eines Mehrfamilienhauses. Architekt A gibt B mehrfach Zusatzaufträge über besonders hochwertige Ausführungsweisen. B stellt X diese Leistungen als nachträglich bestellte Zusatzleistungen in Rechnung, X bezahlt alle diese Rechnungen. Erst als B auf Anweisung des A vergoldete Türklinken einbaut, will X nicht zahlen. Er behauptet, A dürfe ihn bei solchen Verträgen nicht vertreten.

Die Verteidigung des P hat wenig Aussicht auf Erfolg, da er selber am Entstehen einer Duldungsvollmacht mitgewirkt hat.

4. Haftung des Vertreters ohne Vertretungsmacht

Wer als Vertreter für einen anderen handelt, ohne dazu bevollmächtigt zu sein, kann dem Dritten gegenüber als Vertreter ohne Vertretungsmacht haften (§ 179 BGB). **26**

Als Beispiel eine Variante zum vorgenannten Fall:

Beispiel:

Architekt A gibt zum ersten Mal eine zusätzliche und besonders hochwertige Leistung in Auftrag. Auftragnehmer B führt die Leistung aus. Als Auftraggeber X die Rechnung erhält, weigert er sich zu zahlen.

A hat keine rechtsgeschäftliche Vollmacht, für X diesen Zusatzauftrag zu erteilen. Da X gleich beim ersten Mal die Zahlung verweigert, gibt es auch keinen Anlass für die Entstehung eines Vertrauenstatbestands, so dass keine Rechtsscheinsvollmacht vorliegt. A hat also keine wirksame Erklärung im Namen des X abgegeben, daher konnte er X durch den Zusatzauftrag nicht gegenüber B verpflichten. Eine vertragliche Einigung zwischen X und B kam nicht zustande. In diesen Fällen ist die Einigung schwebend unwirksam. Nach § 177 BGB hängt die endgültige Wirksamkeit von der Genehmigung des Vertretenen ab. Diese Genehmigung kann nur innerhalb von zwei Wochen nach einer Aufforderung durch den Dritten (hier B) erfolgen. Wird die Genehmigung nicht erteilt, so gilt sie als verweigert. **27**

Nach § 179 Abs. 1 BGB ist in diesen Fällen der vollmachtlose Vertreter verpflichtet, **anstelle des Vertretenen** gegenüber dem Vertragspartner entweder den Vertrag zu erfüllen oder aber Schadensersatz zu zahlen. Erfolgt jedoch die **Genehmigung** durch den Vertretenen, so wird der Vertrag zwischen ihm und dem Dritten rückwirkend wirksam. Hat sich der Vertretene (im Beispiel X) noch nicht zu dem Handeln des vollmachtlosen Vertreters geäußert, muss sich also der andere Klarheit verschaffen und ihn zur Genehmigung auffordern. **28**

Nur wenn der Vertreter A aus irgendwelchen Gründen nicht wusste, dass er nicht vertretungsbefugt ist, haftet er nach § 179 Abs. 2 BGB nur beschränkt, nämlich nur für den Schaden, den der andere hat, weil er auf die Wirksamkeit der Vollmacht vertraut hat, etwa umsonst bestellte Materialien. **29**

Wenn jedoch auch die andere Seite wusste oder wissen musste, dass der Vertreter ohne Vertretungsmacht handelte, kann sie keine Ansprüche gegen den Vertreter stellen, § 179 Abs. 3 BGB. Die andere Seite muss sich allerdings nur ausnahmsweise erkundigen, ob der Vertreter eine entsprechende Vollmacht hat oder nicht. **30**

Bei Architekten muss sich der Auftragnehmer beispielsweise dann vergewissern, wenn der Auftraggeber den Vertrag persönlich abgeschlossen hat und der Vertrag vorsieht, dass nur der Auftraggeber selber zusätzliche oder geänderte Leistungen beauftragen darf. Aber auch in den meisten Fällen ohne erkennbare Bevollmächtigung des Architekten wird man dem Auftragnehmer eine Nachfrage beim Auftraggeber zumuten müssen. **31**

IV. Verschulden bei Vertragsverhandlungen

32 Bereits während der Vertragsverhandlungen haben die zukünftigen Vertragspartner bestimmte Sorgfaltspflichten. Ein **unberechtigter Abbruch** von Vertragsverhandlungen oder **unwahre Erklärungen** können daher Schadensersatzansprüche des Verhandlungspartners begründen.

33 Schon vor Inkrafttreten des geltenden § 311 BGB im Jahr 2002 war bereits allgemein anerkannt, das die Verletzung vorvertraglicher Sorgfaltspflichten gegenüber dem Verhandlungspartner zum Schadensersatz verpflichten kann. Dieser von der Rechtsprechung entwickelte Rechtsanspruch wurde als Verschulden bei Vertragsverhandlungen oder „culpa in contrahendo" bezeichnet, kurz. „c.i.c"

34 Rechtsgrundlage für Schadensersatzansprüche wegen Pflichtverstößen während Vertragsverhandlungen, also bereits vor Vertragsabschluss, ist nunmehr § 311 Abs. 2 BGB. Klassisches Beispiel für solche Ansprüche sind der unberechtigte Abbruch von Vertragsverhandlungen (die ein gewisses Stadium erreicht haben müssen, bei dem der Verhandlungspartner von einem Vertragsabschluss ausgehen konnte) oder die Verletzung eines Interessenten, der noch keinen Vertrag abgeschlossen hat (Schulfall: Ausrutschen auf einer Bananenschale in den Geschäftsräumen des Verhandlungspartners, bevor ein Vertrag zustande kommt). Voraussetzung für die Entstehung eines solchen Schuldverhältnisses mit gegenseitigen Sorgfaltspflichten ist nach § 311 Abs. 2 BGB „die Aufnahme von Vertragsverhandlungen" (Nr. 1), die „Anbahnung eines Vertrags" mit der Möglichkeit, auf die Rechtsgüter des anderen einzuwirken (Nr. 2) oder „ähnliche geschäftliche Kontakte". Für etwaige Schadensersatzansprüche muss darüber hinaus eine schuldhafte Pflichtverletzung vorliegen, also mindestens Fahrlässigkeit.

B. Inhalt des Vertrages

I. Grundsätzliches

35 Die gegenseitigen Verpflichtungen der Vertragspartner sind **vorrangig anhand des Bauvertrages** zu ermitteln. Welche Leistungen der Auftragnehmer schuldet, welche Termine er einhalten muss, wie hoch die Vergütung ist etc. ergibt sich in erster Linie aus dem Bauvertrag, dieser ist gewissermaßen die „Bibel" des jeweiligen Bauvorhabens. Gesetzliche Regelungen können hier nur hilfsweise herangezogen werden.

36 Es gilt daher zunächst der vertragliche **Wortlaut**. Ist der Vertrag an der entscheidenden Stelle jedoch unklar, muss man versuchen, durch Auslegung den bei Vertragsabschluss erkennbar gewollten Inhalt zu ermitteln. Bei Widersprüchen ist festzustellen, ob diese durch eine vertragliche Rangfolgeregelung oder durch allgemeine Auslegungsregeln aufgelöst werden können.

37 Kommt man auch mit der Vertragsauslegung zu keinem eindeutigen Ergebnis, ist zu prüfen, ob diese Lücke des Vertrages gefüllt werden kann, gegebenenfalls durch allgemeine gesetzliche Vorgaben (die allerdings oftmals gerade abbedungen wurden). Eine solche **Lückenfüllung** ist auch erforderlich, wenn ein Teil des Vertrages aus rechtlichen oder tatsächlichen Gründen unwirksam ist. Der in der Praxis wichtigste Grund für die Unwirksamkeit von Klauseln ist ein Verstoß gegen die Vorschriften zu den **Allgemeinen Geschäftsbedingungen (AGB)**, die früher im AGB-Gesetz standen und nunmehr in das BGB, dort in §§ 305 ff. BGB, eingegliedert sind. Einen Sonderfall bildet dabei die VOB/B, die zwar ebenfalls einen Fall allgemeiner Geschäftsbedingungen darstellt, aber eine gewisse Bevorzugung genießt.

II. Rangfolgeregelungen

38 Bauverträge erreichen oft ganz erhebliche Umfänge. Neben der eigentlichen Vertragsurkunde verwenden Auftraggeber und Auftragnehmer gerne Allgemeine Vertragsbedingungen, Besondere Ausführungsbedingungen, Technische Vertragsbedingungen und Zusätzliche technische Vertragsbedingungen, daneben gibt es Festlegungen und Vereinbarungen in Briefen,

Protokollen, nicht zu vergessen das Leistungsverzeichnis, die Vorbemerkungen, die übergebenen Pläne und weitere Unterlagen zur Festlegung der gegenseitigen Leistungspflichten. Auch eine Baugenehmigung kann wichtige Punkte für die Bauausführung festlegen. Was gilt, wenn sich diese vielen Unterlagen in einzelnen Punkten widersprechen?

Für derartige Widersprüche enthalten viele Bauverträge ausdrückliche Rangfolgeregeln. Eine 39
solche enthält auch § 1 Abs. 2 VOB/B (siehe unten Rn. 51). Wichtig ist jedoch, zunächst zu klären, ob die betreffenden Unterlagen überhaupt Vertragsbestandteil wurden und ob darüber hinaus auch tatsächlich ein Widerspruch vorliegt.

1. Welche Unterlagen sind Vertragsbestandteil?

Der Inhalt des Vertrages und damit die Vertragsbestandteile müssen sich aus dem Vertrag sel- 40
ber ergeben. Geht man von dem weithin üblichen Fall aus, dass beide Vertragspartner einen bestimmten Vertrag im Sinne einer Vertragsurkunde unterschrieben haben, ist der Inhalt des Vertrages grundsätzlich anhand dieser Urkunde zu bestimmen.

Für weitere Unterlagen wie Protokolle etc. gilt dabei die einfache Grundregel, dass diese nur dann Vertragsbestandteil sind, wenn sie im Vertrag genannt sind. Bei **Verbraucherbauverträgen** ist § 650k BGB zu beachten, danach können auch vorvertragliche Äußerungen Inhalt des Vertrages sein.

Beispiel: 41

Auftraggeber A und Auftragnehmer B verhandeln über einen Vertrag. Der ursprüngliche Vertragsentwurf sieht im beigefügten Leistungsverzeichnis vor, dass Wände und Decken normalen Brandschutzanforderungen entsprechen müssen, und beschreibt diese detailliert. Noch während der Vertragsverhandlung erhält A die Baugenehmigung. In der Baugenehmigung ist die Auflage enthalten, dass A wegen der von ihm geplanten ungewöhnlichen Nutzung besondere Brandschutzauflagen beachten muss. Für B war diese Nutzung nicht erkennbar. Er hat insbesondere keine Kopie der Baugenehmigung erhalten.

Muss B die Brandschutzauflagen ausführen?

Auftraggeber A und Auftragnehmer B haben den Vertrag mit dem ursprünglich vorgesehenen Inhalt unterschrieben. Die Baugenehmigung wurde nicht als Vertragsbestandteil aufgeführt. B schuldet also nur den normalen Brandschutz. Wenn A darüber hinausgehende Auflagen erfüllen will, muss er entweder mit B über eine Vertragsänderung verhandeln oder ihn einseitig entsprechend anweisen (mit der Folge einer Mehrvergütung).

2. Rangfolge

Grundsätzlich sind sämtliche Bestandteile eines Vertrags gleichwertig. Insbesondere der in frü- 42
herer Rechtsprechung vereinzelt vertretene Standpunkt, der Text gehe immer den Plänen vor, ist daher ebenso falsch wie die umgekehrte Meinung. Vielmehr muss in jedem Einzelfall gesondert beurteilt werden, ob ein Vertragsteil dem anderen vorgeht. Auch ohne ausdrückliche Rangfolgeregelung kann die Auslegung des Vertrags nach allgemeinen Grundsätzen ergeben, dass ein Vertragsbestandteil dem anderen vorgeht. Als Faustregel lässt sich sagen:

- Je **spezieller** ein Vertragsbestandteil auf das jeweilige Bauvorhaben zugeschnitten ist, desto höherrangiger sollte er sein.
- **Individuelle Vereinbarungen** gehen vorformulierten vor (siehe zur Verwendung von AGB unten, Rn. 52 ff.).
- Ein detaillierter Teil der Leistungsbeschreibung geht einem groben, schematischen, ungenauen vor.
- **Später** erfolgte Festlegungen sollten gegenüber früheren Festlegungen vorrangig sein.

Auch die vorgenannten Grundsätze gelten nicht absolut, sondern stellen lediglich Auslegungsregeln dar, die in vielen Widerspruchsfällen helfen können, das vertraglich Gewollte zu ermitteln.

43 Besser ist es jedoch, von vorneherein ausdrückliche Regelungen für den Fall eines Widerspruchs im Vertrag aufzustellen.

Beispiel:

Abweichend von dem oben in Rn. 41 geschilderten Fall finden kurz vor Vertragsabschluss Verhandlungen zwischen A und B über die zusätzlichen Brandschutzauflagen statt. Das entsprechende Ergebnisprotokoll ist als Vertragsbestandteil im Vertrag genannt. Die entsprechende Klausel lautet auszugsweise:

„Die nachfolgend genannten Unterlagen sind nachrangig zu diesem Vertrag Vertragsbestandteil:

1. *das Leistungsverzeichnis*
2. *das Besprechungsprotokoll vom … [Datum]*
3. *die Unterlagen …*

Der jeweils zuerst genannte Vertragsbestandteil geht den nachgenannten im Range vor."

Muss B aufgrund dieses Vertrages die zusätzlichen Brandschutzauflagen bei der Durchführung seiner Leistung beachten?

44 Im Leistungsverzeichnis verlangt der Auftraggeber für die Ausführung der Wände einen bestimmten detailliert beschriebenen Standard. Da das Leistungsverzeichnis gegenüber dem Besprechungsprotokoll ausdrücklich vorrangig ist, muss der Auftragnehmer nur die im Leistungsverzeichnis beschriebene Leistung ausführen. Die im nachrangigen Verhandlungsprotokoll genannte Leistung des besonderen Brandschutzes schuldet er dem Auftraggeber nicht.

45 Eine klare Rangfolgeregelung im Vertrag hilft also in Streitfällen, den Vertragsinhalt zu bestimmen. Es gibt keine gesetzlichen Vorgaben für solche Rangfolgevereinbarungen. Die Vertragspartner sind also frei darin, die Rangfolge der Vertragsbestandteile festzulegen.

46 ***Beispiel:***

Variante:

Abweichend von dem vorgenannten Fall haben A und B keinerlei Rangfolgeregelung getroffen.

Ist der Fall nun anders zu beurteilen?

In dieser Variante muss sicher berücksichtigt werden, dass das Protokoll nicht nur eine spezielle, individuelle Regelung enthält, in der die Übernahme der Leistungen vereinbart wurde. Das Protokoll stellt auch den letzten Verhandlungsstand dar und dürfte somit den früheren Regelungen vorgehen. Denn die Parteien haben in Kenntnis der Leistungsbeschreibung des ersten Vertragsentwurfs eine neue Regelung getroffen und damit zum Ausdruck gebracht, dass sie eine Sonderregel vereinbaren, die die bisherige Vertragsversion ändern soll. Hier hat also B die höheren Brandschutzanforderungen zu erfüllen.

47 Zu prüfen ist jedoch stets, ob überhaupt ein **Widerspruch** vorliegt. Dies ist in erstaunlich vielen Fällen gar nicht der Fall. Ist beispielsweise in einem Plan eine Leistung detailliert vorgesehen, im LV und in der Vorbemerkung jedoch überhaupt nicht erwähnt, so ist dies noch kein Widerspruch. Denn die einzelnen Vertragsbestandteile sind ja gerade deshalb so zahlreich im Vertrag zusammengefügt, weil sie sich ergänzen sollen und daher umfassend die Leistung beschreiben. Würden alle Teile nur dasselbe aussagen wollen, wären es unnötige Wiederholungen. Vielmehr sollen Vertragsbestandteile durchaus etwaige Lücken in anderen Teilen schließen. Wenn also eine Leistung im Text nicht erwähnt ist, heißt dies nicht, dass sie ausge-

schlossen ist. Hier ist sie im Plan detailliert vorgesehen und daher geschuldet. Eine Rangfolgeregelung ist daher nicht notwendig, da es sich nicht um einen Widerspruch, sondern um eine Ergänzung handelt.

Legen die Vertragspartner keine Rangfolgeregelung fest und ergibt auch sonst keine Ausle- 48
gungsregel dahingehend, dass die Parteien einer bestimmten Festlegung Vorrang einräumen wollten, so führt ein Widerspruch gegebenenfalls sogar dazu, dass der betroffene Punkt im Ergebnis gar nicht geregelt ist. Dies kann zu empfindlichen Regelungslücken führen. In der Praxis häufiges Beispiel sind Vertragsstrafenregelungen, die an verschiedenen Stellen im Vertrag unterschiedlich geregelt sind. Regelmäßig kann eine Vertragsstrafe in solchen Fällen nicht verlangt werden, da keine eindeutige und in sich widerspruchsfreie Regelung vorliegt.

Enthält der Vertrag keine Rangfolgeregelung und ist der Inhalt auch nicht wie im obigen Bei- 49
spiel durch Auslegung zu ermitteln, führt jeder Widerspruch in den Vertragsunterlagen dazu, dass dieser Punkt letztlich nicht verbindlich geregelt ist. Schwierigkeiten bereiten auch Widersprüche innerhalb einer Rangstufe, also beispielsweise im selben LV.

Beispiel:

In zwei gleichrangigen Vertragsbestandteilen fordert der Auftraggeber an der einen Stelle besonders einbruchsichere Eingangstüren der Marke X und an der anderen Stelle normale Eingangstüren der Marke Y.

Diese offensichtlich widersprüchlichen Festlegungen haben die Folge, dass die vom Auftrag- 50
nehmer geschuldete Leistung anhand des Vertrages nicht festzulegen ist. Für solche Fälle gibt es eine gesetzliche Auffangklausel: Wenn eine Beschaffenheit nicht vereinbart ist, muss sich das fertiggestellte Werk für die übliche Verwendung eignen, § 633 Abs. 2 S. 2 BGB. Es ist also in diesem Fall zu ermitteln, welches die übliche Verwendung des Werkes ist und welche Leistung sich hierfür eignet.

Bezogen auf das vorgenannte Fallbeispiel hilft dies allerdings nur in Ausnahmefällen weiter. Wenn es sich nicht um ein Gebäude mit erhöhten Sicherheitsanforderungen wie z.B. eine Bank handelt, eignet sich grundsätzlich jede Eingangstür. Regelungslücken dieser Art sind daher äußerst streitanfällig, zumal eine Seite ja glaubte, feste Vorgaben im Vertrag verankert zu haben.

Es ist daher unter Rückgriff auf § 243 BGB davon auszugehen, dass der Auftragnehmer eine Leistung mittlerer Art und Güte schuldet, die für die übliche Verwendung des Bauwerkes geeignet ist. Letztlich schuldet der Auftragnehmer in dem Fallbeispiel eine dem für ihn ersichtlichen Nutzungszweck des Hauses entsprechende Tür mit normalem Einbruchschutz.

3. Rangfolgeregelung in § 1 Abs. 2 VOB/B

Wenn die Vertragspartner die Geltung der VOB/B vereinbart haben, ohne im Vertrag eine **in-** 51
dividuelle Rangfolgeregelung vorzusehen, so greift die Regelung des § 1 Abs. 2 VOB/B. Dort ist eine Rangfolge von typischerweise bei VOB/B-Verträgen verwendeten Vertragsunterlagen vorgesehen, also insbesondere die Rangfolge von Leistungsbeschreibung, Besonderen Vertragsbedingungen und technischen Vertragsbedingungen. Diese Rangfolgeregelung berücksichtigt jedoch keine Protokolle, Briefwechsel oder andere im Einzelfall wichtige Unterlagen wie Bodengutachten etc. Es bleibt daher auch bei VOB/B-Verträgen dabei, dass sich eine ausdrückliche Rangfolgeregelung im Vertrag empfiehlt.

C. Allgemeine Geschäftsbedingungen (AGB)

Praktisch jedes Unternehmen hat irgendwann für seine Leistungen eine Art **Mustervertrag** 52
oder Mustervertragsbedingungen entwickelt, die es immer wieder inhaltsgleich verwendet. Hierfür wurde von der Rechtsprechung bereits vor Jahrzehnten der Rechtsbegriff „Allgemeine Geschäftsbedingungen" (AGB) geschaffen, den dann das frühere AGB-Gesetz übernahm. Dieses gesonderte Gesetz wurde 2002 nahezu unverändert in das BGB eingegliedert

(§§ 305 ff.). Im Kern geht es seit jeher darum, den Missbrauch durch Formularverträge einzudämmen.

I. Was sind AGB?

53 Es gibt verschiedene Fälle von Musterverträgen. Einige stammen aus Musterhandbüchern oder aus dem Internet, andere wurden sorgfältig und „maßgeschneidert" für die Zwecke des jeweiligen Verwenders entworfen. Öffentliche Auftraggeber haben in der Regel eigene formalisierte Vorgaben, z.B. in Vergabehandbüchern. Egal wie ein Mustervertrag zustande gekommen ist und wie er gestaltet ist, rechtlich gesehen wird es sich dabei immer um AGB handeln.

54 Ein wichtiger Fall von Mustervertragsbedingungen ist die **VOB/B**. Da es sich jedoch bei der VOB/B um ein insgesamt ausgewogenes Vertragswerk handelt, das keine Seite einseitig benachteiligt und das darüber hinaus von dem paritätisch besetzten Vergabe- und Vertragsausschuss erstellt wird, genießt die VOB/B eine Ausnahmestellung im AGB-Recht, jedenfalls bei Verträgen zwischen Unternehmen, juristischen Personen des öffentlichen Rechts und öffentlich-rechtlichen Sondervermögen. Sie ist bei diesen Verträgen von der strengen Inhaltskontrolle der §§ 305 ff. BGB ausgenommen. Voraussetzung hierfür ist allerdings, dass sie unverändert in den Vertrag übernommen wird, d.h. „als Ganzes" vereinbart wird (Näheres hierzu unter Teil 2, Einführung VOB/B).

55 Die Einstufung als AGB führt dazu, dass ein derartiges Vertragsformular einer besonders scharfen gesetzlichen **Inhaltskontrolle** unterzogen werden kann und infolge dessen möglicherweise ganz oder teilweise für unwirksam erklärt wird. Diese besondere gesetzliche Kontrolle beruht auf dem Gedanken, dass ein solcher Mustervertrag im Zweifel einseitig zu Gunsten des Unternehmers wirkt, der den Vertrag verwendet. Bei dieser formularmäßigen Mehrfachverwendung hat die Gegenseite in der Regel keine Möglichkeit, über die meist einseitigen Klauseln im Einzelnen zu verhandeln und ist daher, insbesondere als Verbraucher, in der schlechteren Verhandlungsposition. Das Gesetz will Auswüchsen in diesem Bereich vorbeugen und den schwächeren Vertragspartner vor unfairen, unklaren oder überraschenden Vertragsklauseln schützen. Die inhaltliche Prüfung orientiert sich dabei am Leitbild der durch die Klausel abgeänderten gesetzlichen Regelung (meistens des BGB) und am gemeinsam angestrebten Vertragszweck.

Überspitzt gesagt, sind inzwischen die meisten vom Gesetz abweichenden Klauseln – also nicht bloße Ergänzungen – der Gefahr unterworfen, als allgemeine Geschäftsbedingung angesehen zu werden und für unwirksam erklärt zu werden.

56 Allgemeine Geschäftsbedingungen sind nach der gesetzlichen Definition des § 305 Abs. 1 BGB „alle für eine Vielzahl von Verträgen vorformulierte Vertragsbedingungen, die eine Vertragspartei (**Verwender**) der anderen Vertragspartei bei Abschluss eines Vertrags stellt".

Es kommt also entscheidend darauf an, ob eine Seite – der Verwender – die Vertragsbedingungen vorformuliert und sie der anderen Seite stellt. Dabei kommt es nicht darauf an, ob der Verwender die Bedingungen selber formuliert oder ob er von Dritten verfasste Vertragsbedingungen verwendet. So sind nicht nur alle gekauften Formulare AGB, auch notarielle Verträge können – zumindest gegenüber Verbrauchern – AGB darstellen. So ist bei vielen Bauträgerverträgen nach der Rechtsprechung des BGH davon auszugehen, dass es sich um AGB handelt.

57 Die AGB müssen ferner für eine Vielzahl von Verträgen vorgesehen sein. Eine bestimmte Mindestanzahl wird weder vom Gesetz noch von der Rechtsprechung gefordert; daher kann auch die vorgesehene zweifache Verwendung bereits ausreichen. Dabei ist es egal, ob es später tatsächlich zu der beabsichtigten **Mehrfachverwendung** kommt, es genügt, wenn dies beabsichtigt war. Werden Vertragsbedingungen verwendet, die ein Dritter als AGB formuliert hat – zum Beispiel handelsübliche Muster-Formularverträge –, so handelt es sich auch dann um AGB, wenn der Verwender selbst sie nur für diesen einen Vertrag benutzt. Die Vermutung, dass diese Vertragsbedingungen einseitig zu seinen Gunsten formuliert sind, greift auch in solchen Fällen.

Der Verwender **stellt** die AGB, indem er sie der anderen Partei einseitig vorgibt, ohne dass die Möglichkeit besteht, darüber zu verhandeln. Selten kommt es vor, dass die Parteien über die einseitig vorgelegten AGB verhandeln. In diesen Fällen verliert die auf diesem Wege „ausgehandelte" Klausel möglicherweise ihren AGB-Charakter. Da es sich hier um Ausnahmefälle handelt und Verhandlungen oft nur behauptet werden, muss dies genau geprüft werden. Dabei kommt es darauf an, ob der andere Vertragspartner eine echte Verhandlungschance hatte. Diese Chance hat er beispielsweise nicht, wenn der Verwender die Vertragsklauseln nur erläutert und nicht ernsthaft bereit ist, den Vertrag zu ändern. Diese Haltung „so oder gar nicht" wird zum Beispiel dann vermutet, wenn der Vertrag oder die einzelne Klausel letztlich nicht geändert wurde. Zwar kann nicht ausgeschlossen werden, dass die Parteien zunächst ernsthaft verhandelt haben, um die Klausel dann doch zu übernehmen, doch spricht eine starke Vermutung eher dagegen. Der Verwender hat daher eine solche echte Verhandlung zu beweisen. Auch wenn der andere Vertragspartner unter mehreren vorformulierten Vertragsklauseln die Wahl hat oder einzelne Teile streichen könnte, ändert dies oft nichts daran, dass er auf den Inhalt der Klauseln keinen Einfluss hatte. 58

Weit verbreitet sind Formularverträge, in denen nur noch einzelne **Ergänzungen** einzusetzen sind. Auch wenn solche Ergänzungen notwendig sind, handelt es sich doch meist um AGB, da der andere Vertragspartner auf die inhaltliche Gestaltung der Klausel keinen Einfluss hatte. Dies gilt natürlich erst recht für vorgefertigte Anlagen oder Beiblätter, die keinerlei Ergänzungsmöglichkeit vorsehen. 59

Zu beachten ist, dass sich die Prüfung der Rechtmäßigkeit nach dem AGB-Recht immer auf die **einzelne angegriffene Klausel** bezieht. Ein Formularvertrag kann also wirksame und unwirksame Klauseln enthalten. Er kann ferner einzelne individuell ausgehandelte Vereinbarungen enthalten, die dann gar nicht der Kontrolle nach §§ 305 ff. BGB unterliegen. Umgekehrt kann ein individuell ausgehandelter Einzelvertrag eine Klausel enthalten, die der Verwender aus einem Mustervertrag abgeschrieben hat. Diese einzelne Klausel stellt dann eine AGB dar, die nach dem AGB-Recht unwirksam sein kann. Die Unwirksamkeit einzelner Klauseln berührt nach § 306 Abs. 1 BGB den übrigen Vertrag nicht, es sei denn, dieser verbleibende Restvertrag stellt eine unzumutbare Härte für eine Vertragspartei dar (§ 306 Abs. 3 BGB). 60

II. Wie werden AGB einbezogen?

AGB werden nur dann Vertragsinhalt, wenn der Verwender 61

- bei Vertragsabschluss eindeutig darauf **hinweist**, dass seine AGB Vertragsbestandteil werden sollen und
- der andere Vertragspartner bei Vertragsabschluss, also vor der Angebotsannahme, die Möglichkeit hat, die AGB **einzusehen**.

Bei Verträgen mit **Unternehmen** kann die Einbeziehung von AGB auch einfacher erfolgen, da § 305 Abs. 2 und 3 BGB hierfür nicht gelten, vgl. § 310 Abs. 1 BGB. Bei Unternehmen werden AGB bereits dann wirksam in den Vertrag einbezogen, wenn der Verwender in dem Vertrag seine AGB als Vertragsinhalt benennt.

Der Hinweis auf die Verwendung der AGB muss im Vertrag selber erfolgen, z.B. mit der Formulierung „dieser Bestellung liegen unsere Allgemeinen Geschäftsbedingungen zugrunde". Die Rechtsprechung stellt hohe Anforderungen an diesen Hinweis, er muss unmissverständlich und für den Kunden klar erkennbar sein und bei Vertragsabschluss erfolgen. Nachträglich können AGB nur im Wege einer einvernehmlichen Vertragsänderung einbezogen werden, ein Hinweis in einer späteren Auftragsbestätigung reicht also nicht aus. Auch wenn die Vertragsparteien mehrere Verträge miteinander schließen (oder schon geschlossen haben), muss der Hinweis bei jedem einzelnen Vertrag erfolgen. 62

Der Verwender muss dem anderen Vertragspartner darüber hinaus die Einsichtnahme ermöglichen und kann hierzu

- entweder die AGB dem Vertrag in vollem Wortlaut beifügen oder
- dem Vertragspartner durch Aushang oder in ähnlicher Form die AGB zugänglich machen.

63 Bei einem schriftlich geschlossenen Vertrag müssen die AGB der anderen Seite also übersandt werden, z.B. auf der Rückseite des Angebotsschreibens oder als separate Anlage, wenn der Vertragspartner des Verwenders keine andere Möglichkeit hat, die AGB einzusehen. Wird ein Vertrag in den Geschäftsräumen des Verwenders geschlossen, reicht es regelmäßig aus, dass der Verwender die AGB zur Einsicht bereithält.

64 Überraschende Klauseln werden hingegen nicht Vertragsinhalt. Eine solche Klausel liegt vor, wenn sie ungewöhnlich ist und der Vertragspartner daher von ihr überrascht ist. Eine Klausel ist insbesondere dann ungewöhnlich, wenn sie mit dem Wesen des Vertrages unvereinbar ist, der Werbung des Verwenders widerspricht oder erheblich vom nicht zwingenden Recht abweicht. Typischer Fall ist die in den AGB, also im „Kleingedruckten" versteckte Hauptleistungspflicht, z.B. eine Vergütung für Kostenvoranschläge. Eine solche Klausel wird nur dann Vertragsinhalt, wenn sie durch ihr äußeres Erscheinungsbild ausreichend hervorgehoben ist.

III. Vorrang von Individualvereinbarungen

65 Individualvereinbarungen haben gegenüber AGB immer Vorrang, so ausdrücklich § 305 b BGB. Dies entspricht dem oben (Rn. 42) dargelegten Grundsatz, dass Einzelfallregelungen im Zweifel den allgemeinen Regelungen eines Vertrags vorgehen. Jede Vertragsklausel, die – anders als AGB – **nur für den Einzelfall formuliert** und von beiden Seiten nach inhaltlicher Auseinandersetzung akzeptiert wurde, ist eine solche Individualvereinbarung. Auch eine AGB-Klausel kann jedoch zu einer Individualvereinbarung werden, wenn über sie ernsthaft verhandelt wird (siehe oben, Rn. 58). Ein **Aushandeln** im Sinne von § 305 Abs. 1 S. 3 BGB liegt vor, wenn Parteien die Regelung inhaltlich besprechen und dabei ernsthaft gewillt sind, sie bei Vorliegen guter Gründe zu verändern. Dies ist hingegen nicht der Fall, wenn der Vertragspartner seine Gründe zwar vorbringt, der Verwender ihm aber nur die Möglichkeit lässt, den Vertrag in der vorgelegten Form zu unterschreiben oder es bleiben zu lassen. Eine Individualvereinbarung liegt daher auch nicht vor, wenn der Vertragspartner nur unter mehreren vom Verwender vorformulierten Vorschriften wählen kann. Gleiches gilt, wenn in einem vorformulierten Text nur einzelne Lücken handschriftlich ausgefüllt werden.

IV. Sich widersprechende AGB

66 Wenn zwei Unternehmen einen Vertrag schließen, wird im Zweifel jedes Unternehmen darauf bestehen, dass seine eigenen AGB Vertragsbestandteil werden. Oft wird dies jedoch nicht klar und eindeutig geregelt.

67 ***Beispiel:***

Unternehmen A bestellt bei Unternehmen B Bauleistungen. Im Bestellschreiben heißt es: „Für diese Bestellung gelten unsere Allgemeinen Geschäftsbedingungen." Unternehmen B bestätigt den Auftrag. Auf dem Briefbogen findet sich der Hinweis „Aufträge werden nur auf der Grundlage unserer Allgemeinen Vertragsbedingungen ausgeführt".

68 In solchen Fällen kommt der Vertrag **weder** zu den Bedingungen des Auftraggebers noch zu denen des Auftragnehmers zustande, da keine Seite die Bedingungen der jeweils anderen Seite akzeptiert hat. Es gilt insbesondere nicht eine Art „Recht des letzten Wortes".

69 In solchen Fällen gelten – wie immer – vorrangig die individuell ausgehandelten Vertragsbedingungen. Kommt es auf Regelungen aus den AGB an, so gelten die AGB beider beteiligter

Unternehmen, soweit sie sich decken oder ergänzen. Bei Widersprüchen gilt die gesetzliche Regelung, sofern eine solche existiert.

V. Inhaltskontrolle von AGB und ihre Rechtsfolgen

Ob und nach welchen Maßstäben die Inhalte von AGB zu prüfen sind, hängt davon ab, ob der Vertragspartner des Verwenders 70

- ein Verbraucher oder
- ein Unternehmer ist oder
- zu keiner der beiden Gruppen zählt.

1. Verwendung gegenüber Nichtunternehmern – allgemeine Grundsätze

Werden AGB gegenüber Unternehmern verwendet, so gelten weniger strenge Regelungen, da das Gesetz davon ausgeht, dass gewerblich oder selbständig Tätige weniger Schutz vor unangemessener Benachteiligung benötigen. In diesem Bereich gelten also nicht die in diesem Abschnitt dargestellten allgemeinen Unwirksamkeitsregeln. Die für Unternehmer als Vertragspartner geltenden Grundsätze sind im Folgenden unter Ziff. 3 dargestellt. Die Verwendung von AGB gegenüber Verbrauchern ist hingegen nach deutlich strengeren Regeln zu beurteilen, hier gelten die in diesem Abschnitt dargestellten allgemeinen Grundsätze und noch darüber hinausgehende Spezialregelungen. Denn der Verbraucherschutz ist eines der tragenden Schutzprinzipien des AGB-Rechts, wenn auch nicht das einzige, wie die Anwendung im kaufmännischen Bereich zeigt. Diese weitergehenden Regelungen für Verträge gegenüber Verbrauchern sind unter Ziff. 2 dargestellt. Die hier in Ziff. 1 dargestellten allgemeinen Grundsätze gelten also nur für Verbraucher bzw. Personen, die weder als Unternehmer noch als Verbraucher handeln. 71

Wenn AGB **von Rechtsvorschriften abweichen**, sind sie nach den Vorschriften der §§ 307, 308, 309 BGB zu prüfen. Dabei ist der Inhalt einer AGB-Klausel zunächst nach §§ 308, 309 BGB, danach erst anhand der Generalklausel des § 307 BGB zu prüfen. Die Spezialvorschriften §§ 308, 309 BGB enthalten eine katalogartige Aufzählung unwirksamer Klauseln. Diese Kataloge gelten jedoch nicht, wenn es um einen Vertrag zwischen Unternehmern geht. Für solche Verträge gilt nur § 307 BGB. 72

§ 308 BGB nennt unzulässige Klauseln, bei denen noch eine **Wertung im Einzelfall** erfolgen muss, also Klauselverbote mit Wertungsmöglichkeit. Typisches Beispiel ist § 308 Nr. 2 BGB, wonach eine Bestimmung unwirksam ist, durch die sich der Verwender für die von ihm zu bewirkende Leistung abweichend von Rechtsvorschriften eine unangemessen lange oder nicht hinreichend bestimmte Nachfrist vorbehält. Die Unwirksamkeit hängt vor allem davon ab, ob die Nachfrist unangemessen lang ist oder nicht. 73

§ 309 BGB zählt Klauseln auf, die in jedem Fall unwirksam sind. Sie werden vom Gesetzgeber als **Klauselverbote ohne Wertungsmöglichkeit** bezeichnet. Danach sind z.B. Vertragsstrafenversprechen für den Fall des Zahlungsverzuges verboten oder ein Aufrechnungsausschluss für unbestrittene oder rechtskräftig festgestellte Forderungen. 74

Nach der **Generalklausel** des § 307 Abs. 1 BGB ist eine Bestimmung in AGB unwirksam, die den Vertragspartner entgegen den Geboten von Treu und Glauben unangemessen benachteiligt. Diese sehr abstrakte Formulierung wird in § 307 Abs. 2 BGB etwas konkretisiert, dort sind Regelbeispiele der unangemessenen Benachteiligung genannt. So liegt nach § 307 Abs. 2 Nr. 1 BGB im Zweifel eine unangemessene Benachteiligung vor, wenn die AGB-Regelung mit wesentlichen Grundgedanken der gesetzlichen Regelung, von der abgewichen wird, nicht zu vereinbaren ist (§ 307 Abs. 2 Nr. 1 BGB) oder wenn die AGB-Regelung wesentliche Rechte oder Pflichten, die sich aus der Natur des Vertrags ergeben, so einschränkt, dass die Erreichung des Vertragszwecks gefährdet ist (§ 307 Abs. 2 Nr. 2 BGB). Nach § 307 Abs. 1 S. 2 BGB sind auch solche Klauseln unangemessen, die schlichtweg unklar oder unverständlich sind (Transparenzgebot). Der Gesetzgeber will mit dieser Regelung – die auch zugunsten von Un- 75 ternehmern eingreift – verhindern, dass sich der Verwender durch undeutliche Formulierung seiner AGB Vorteile verschafft, die der Vertragspartner bei Vertragsschluss nicht erwarten oder erkennen kann.

2. Weitergehende Spezialregelungen für Verbraucherverträge

76 Bei Verträgen mit Verbrauchern sind AGB-Klauseln nach strengeren Kriterien zu beurteilen.

Ein **Verbraucher** ist jede natürliche Person, die ein Rechtsgeschäft zu einem Zweck abschließt, der weder ihrer gewerblichen noch ihrer selbständigen beruflichen Tätigkeit zugerechnet werden kann, § 13 BGB.

77 Nach § 310 Abs. 3 BGB gelten für Verbraucherverträge über die §§ 307, 308, 309 BGB hinaus folgende Besonderheiten:

- Allgemeine Geschäftsbedingungen gelten als vom Unternehmer gestellt, es sei denn, dass sie durch den Verbraucher in den Vertrag eingeführt wurden, § 310 Abs. 3 Nr. 1 BGB.
- AGB unterliegen auch dann der Inhaltskontrolle nach §§ 307 ff. BGB, wenn der Verwender sie nur für eine **einmalige Verwendung** formuliert hat und soweit der Verbraucher auf Grund der Vorformulierung auf ihren Inhalt keinen Einfluss nehmen konnte, § 310 Abs. 3 Nr. 2 BGB. Im Ergebnis gilt also jeder Vertrag, der dem Verbraucher fertig formuliert vorgelegt wird, als AGB.
- Bei der Beurteilung der unangemessenen Benachteiligung nach § 307 BGB sind auch die den Vertragsabschluss begleitenden Umstände zu berücksichtigen, § 310 Abs. 3 Nr. 3 BGB. Also darf z.B. die Werbung des Verkäufers nicht dem Vertrag widersprechen.

3. Verträge mit Unternehmern

78 Wenn der Vertragspartner des Verwenders ein Unternehmer ist, sind die §§ 308, 309 BGB mit den darin enthaltenen Katalogen nicht direkt anwendbar. Abgesehen von der vereinfachten **Einbeziehung** von AGB hat der Verwender bei Verträgen mit Unternehmern auch **inhaltlich größere Gestaltungsmöglichkeiten**. Bei Verträgen mit einem Unternehmer sind AGB nur nach den Maßstäben des § 307 BGB zu prüfen, insbesondere also darauf, ob die AGB den Vertragspartner unangemessen benachteiligen.

79 **Unternehmer** ist nach § 14 BGB jede natürliche oder juristische Person oder jede rechtsfähige Personengesellschaft, die bei Abschluss eines Rechtsgeschäfts in Ausübung ihrer gewerblichen oder selbständigen beruflichen Tätigkeit handelt.

80 Die Rechtsprechung neigte jedoch bereits beim früheren AGB-Gesetz dazu, die Kataloge im damaligen AGBG als Indiz für eine unangemessene Benachteiligung heranzuziehen, auch wenn es sich um ein Unternehmergeschäft handelt. Der Grundgedanke dieser Rechtsprechung ist, dass eine unangemessene Benachteiligung nach § 307 BGB regelmäßig anzunehmen ist, wenn eine Klausel von den wesentlichen Grundgedanken der gesetzlichen Regelung abweicht. Die in den Katalogen der nunmehrigen §§ 308, 309 BGB genannten unzulässigen Abweichungen sollen nach dieser Rechtsprechung zugleich Abweichungen von den wesentlichen Grundgedanken der betroffenen gesetzlichen Regelungen darstellen. Daher ist auch bei Verträgen mit Unternehmern Vorsicht bei vom Gesetz abweichenden Regelungen geboten.

4. Rechtsfolgen eines Verstoßes gegen das AGB-Recht

81 Die Rechtsfolgen eines Verstoßes gegen die genannten Vorschriften sind in § 306 BGB geregelt. Die gesetzeswidrige Regelung ist demnach **unwirksam**, allerdings nur die betroffene **Einzelklausel**. Im Übrigen bleibt der Vertrag wirksam. Nur ganz ausnahmsweise ist der Vertrag insgesamt unwirksam. Der Gesetzgeber hat dies in § 306 Abs. 3 BGB für den Fall vorgesehen, dass die nach § 306 Abs. 2 BGB eintretende Vertragsänderung (anstelle der AGB gelten die gesetzlichen Regelungen) für eine Vertragspartei eine unzumutbare Härte mit sich bringen würde.

An die Stelle einer unwirksamen Klausel tritt die gesetzliche Regelung, sofern eine solche exis- 82
tiert.

Beispiel:

Verbraucher V lässt von Auftragnehmer G eine Heizung einbauen. G verwendet vorgefertigte Vertragsbedingungen, in denen er die Verjährungsfrist für Mängelansprüche auf ein Jahr beschränkt. Als sich nach drei Jahren Mängel zeigen, weigert sich G, diese zu beseitigen. Zu Recht?

G's Vertragsbedingungen verstoßen gegen das Verbot in § 309 Nr. 8 b BGB. Danach darf die 83
Verjährungsfrist für Arbeiten an einem Bauwerk (§ 634a Abs. 1 Nr. 2 BGB) nicht verkürzt werden. Anstelle der somit unwirksamen vertraglichen Regelung greift die gesetzliche Verjährungsfrist von fünf Jahren ein. V kann also Mängelansprüche gegen G geltend machen.

Beispiel:

In AGB ist eine Vertragsstrafe ohne Höhenbegrenzung vorgesehen. Nach ständiger Rechtsprechung muss eine Vertragsstrafe jedoch der Höhe nach begrenzt sein, in der Regel werden max. 5-10 % des Werklohnes für wirksam gehalten. Die Klausel ist daher unwirksam, und zwar insgesamt.

Die Unwirksamkeit erfasst immer die gesamte Klausel. Eine Reduzierung auf den gerade noch wirksamen Teil – eine sogenannte „geltungserhaltende Reduktion" – lässt das AGB-Recht nicht zu. Andernfalls würde der Verwender kein Risiko tragen, er könnte sich auch bei den unangemessensten Klauseln darauf verlassen, dass die Gerichte ihm nur den unzulässigen Teil streichen.

Grundsätzlich gilt bei der Prüfung von AGB, dass sich der **Verwender** nicht auf die Unwirk- 84
samkeit einer für ihn ungünstigen AGB-Klausel berufen kann. Er hat den Vertrag selber formuliert und ist im Ergebnis selber schuld, wenn eine Regelung die andere Vertragspartei begünstigt. Der Verwender soll keinen Freibrief erhalten, in solchen Fällen nach seinem Belieben von einzelnen Klauseln Abstand zu nehmen.

Kaufrecht

A. Allgemeine Ausführungen zum Kaufrecht

I. Einführung

Der Kauf ist sowohl in der Gesamtwirtschaft als auch im Alltag des Einzelnen der wohl häufigste Vertragstypus. Die Schnittstelle zum Werkvertrag bildet § 651 BGB, der die Anwendungsfälle des Kaufrechts bei Bauverträgen regelt. 1

Die zum 01.01.2018 in Kraft tretende Reform des Bauvertragsrechts enthält auch kaufrechtlich relevante Änderungen, die die Gewährleistung für mangelhaftes Material betreffen. Hierbei geht es um den Ersatz von Aus- und Einbaukosten und Rückgriffsrechte entlang der Lieferkette. Werkunternehmer, die mangelhaftes Baumaterial gekauft und verwendet haben, sollen hierdurch künftig entlastet werden. Im Einzelnen ist dies in den §§ 439 Abs. 3, 445a, 445 b BGB neu geregelt. Die Neuregelungen gelten für alle ab dem 01.01.2018 geschlossenen Kaufverträge und lassen bestehende Vertragsverhältnisse unberührt.[1] 2

Die Grundzüge des Kaufrechts gilt es im Nachfolgenden für den Praktiker darzustellen, wobei schwerpunktmäßig den Besonderheiten der Anwendung des Kaufrechts bei Bauverträgen Rechnung getragen wird. Hinweise für den Praktiker sind redaktionell mit dem **Hinweis „Praxistipp"** hervorgehoben. 3

II. Anwendung des Kaufrechts bei Bauverträgen

Bauverträge unterfallen klassischerweise Werkvertragsrecht bzw. der VOB/B, soweit die Vertragsparteien dies vereinbart haben (Einzelheiten dazu im Teil II, Einführung, Rn. 10 ff.). 5

1. § 651 BGB

Zu berücksichtigen ist hierbei jedoch **§ 651 BGB**, wonach die **Lieferung beweglicher Sachen** dem **Kaufrecht** unterfällt. Dies bedeutet für den Bauvertrag Folgendes: 6

Werkvertragsrecht gilt für die Erstellung bzw. Reparatur eines Bauwerks als solchem[2].

Kaufrecht gilt für die Sachen, die für das Bauwerk geliefert werden[3]. Dies gilt auch dann, wenn es sich um maßangefertigte Sachen handelt.

Beispiele:

- Lieferung von Fertigteilen für den Bau,
- Lieferung von Baumaterialien,
- Lieferung von Fertiggaragen,
- Lieferung von Fenstern und Türen,
- Lieferung von Haustechnik, z.B. Klimaanlage, Heizungsanlage.

Praxistipp:

Besteht die Leistung nicht in erster Linie in der Lieferung/Anfertigung der beweglichen Sache, sondern schwerpunktmäßig in einem darüber hinausgehenden Erfolg, den der Lieferant ausführt, z.B. Planungsleistungen oder umfassende Einbau- und Einpassungsarbeiten in das Bauwerk, so gilt Werkvertragsrecht[4].

1 BR-Drs. 123/16, S. 17, 81.
2 BGHZ 87, 112.
3 Ausführlich zum Ganzen Palandt-Sprau, § 651 BGB, Rn. 2 ff.
4 Hierzu v. Wietersheim, Basiswissen Privates Baurecht, 52 ff.; Palandt-Sprau, § 651 BGB, Rn. 4.

Beispiel:

Herstellung und Einbau einer Treppe in ein Gebäude.

7 Es kommt also entscheidend auf den Schwerpunkt der Leistung an: Schwerpunkt Lieferung der Sache = Kaufrecht. Schwerpunkt darüber hinausgehende Einbauarbeiten etc. durch den Lieferanten = Werkvertragsrecht. Als Anhaltspunkt kann hier die Angebotskalkulation des Lieferanten dienen.

Kaufrecht	Werkvertragsrecht
Lieferung beweglicher Sachen	**Erstellung eines Bauwerks**

z.B.
- Fertigteile für den Bau
- Baumaterialien
- Fertiggaragen
- Fenster und Türen

Lieferung beweglicher Sachen	+ weitergehende Arbeiten insb. Einbau- oder Planungsarbeiten

Werkvertragsrecht gilt, wenn

weitere Arbeiten der **Schwerpunkt der Leistung** sind

Anhaltspunkt: Angebotskalkulation des Lieferanten

z.B. Herstellung und Einbau einer Treppe

Abbildung 1: Anwendung des Kaufrechts bei Bauverträgen

2. Fazit und Auswirkungen

8 § 651 BGB bedeutet für die Lieferung beweglicher Sachen, dass das Kaufrecht des BGB anzuwenden ist, sofern die Parteien sich nicht auf die Anwendung Allgemeiner Geschäftsbedingungen verständigt haben[5].

9 Die Anwendung des Kaufrechts hat u.a. folgende Auswirkungen:

- Fälligkeit der Vergütung bereits mit Vertragsschluss und nicht erst mit Abnahme,
- Es gelten die Gewährleistungsregeln des Kaufrechts,
- Anwendung der handelsrechtlichen Rügepflichten, wenn der Auftraggeber Kaufmann ist,
- Anwendung der Regeln des Verbrauchsgüterkaufs, wenn der Auftraggeber Privatmann ist.

10 Weitere Unterschiede zwischen Kauf- und Werkvertrag, die im Weiteren noch herausgearbeitet werden, sind folgende:

- Ein Recht, den Mangel selbst zu beseitigen (Selbstvornahme), gibt es ausdrücklich nur im Werkvertragsrecht.
- Beim Kaufvertrag kann der Käufer die Art der Mängelbeseitigung wählen; beim Werkvertrag steht dieses Recht dem Werkunternehmer zu.

5 Zur Anwendbarkeit Allgemeiner Geschäftsbedingungen s.o. Passarge, AGB-Recht, Rn. 59 ff.

- Der Käufer kann den Kaufvertrag nicht vor seiner Ausführung kündigen; dem Besteller eines Werks steht dies jederzeit zu. Allerdings ist dies nach § 649 BGB mit Kosten verbunden.

Kaufrecht	Werkvertragsrecht
Fälligkeit der Vergütung bereits mit Vertragsschluss	**Fälligkeit der Vergütung erst mit Abnahme**
Anwendung handelsrechtlicher Rügepflichten, wenn Auftraggeber Kaufmann ist	
Anwendung des Verbrauchsgüterkaufs, wenn Auftraggeber Privatmann ist	
kein ausdrückliches Recht, den Mangel selbst zu beseitigen (Selbstvornahme)	**Recht zur Selbstvornahme besteht ausdrücklich**
Käufer wählt die Art der Mängelbeseitigung	**Werkunternehmer wählt die Art der Mängelbeseitigung**
Keine ausdrückliche Kündigungsmöglichkeit	**Werkbesteller kann jederzeit kündigen (kostenpflichtig)**

Abbildung 2: Unterschiede zwischen Kauf- und Werkvertragsrecht

III. Abgrenzung zwischen Kaufrecht und allgemeinen Leistungsstörungen

Beim Abschluss und der Abwicklung eines Kaufvertrages ergeben sich die Rechte und Pflichten der Parteien nicht nur aus dem Kaufrecht der §§ 433 ff. BGB, sondern auch allgemein nach dem Recht der Leistungsstörungen[6]. Hierbei ist es erforderlich, die allgemeinen Leistungsstörungen von den besonderen Regeln des Kaufrechts abzugrenzen. 11

Beispiel:

Fensterbauer A liefert dem Bauunternehmer B Fenster für einen Hausbau.

1. Gewährleistungsrecht des Kaufrechts

„Der Schuldner hat geleistet, aber er hat mangelhaft geleistet." 12

Beispiel:

Die von A gelieferten Fensterrahmen haben „Schrammen".

Die Gewährleistungsregeln des Kaufrechts kommen immer dann zur Anwendung, wenn die gelieferte Sache mit einem Mangel behaftet ist. Der Gläubiger kann sodann seine Rechte aus § 437 BGB geltend machen, d.h. primär Nacherfüllung durch Nachbesserung oder Nachlieferung verlangen. Bei Fehlschlag dieser Maßnahmen kann er mindern oder vom Vertrag zurücktreten. Es kommen zudem Schadensersatzansprüche in Betracht[7]. Diese einzelnen Gewährleistungsrechte werden im weiteren Verlauf noch ausführlich dargestellt.

6 Vgl. Lorenz, Schuldrechtsreform 2002: Problemschwerpunkte drei Jahre danach, in: NJW 2005, S. 1889 (1890).
7 S.u. Kommentierung zu § 437 BGB, 1. Teil BGB, Rn. 5; Palandt-Weidenkaff, § 437 BGB, Rn. 32 ff.

2. Unmöglichkeit

13 „Der Schuldner hat noch nicht geleistet, er kann auch nicht mehr leisten."

Beispiel:

Es handelt sich um Fenster-Unikate, die B für ein denkmalgeschütztes Bauobjekt benötigt. Vor der Übergabe werden die Fenster zerstört.

Unmöglichkeit kommt beim Kaufvertrag insbesondere in Betracht, wenn die zu liefernde Sache vor der Übergabe zerstört wird. Hierbei ist jedoch zu beachten, dass der Schuldner die Sache grundsätzlich wieder neu liefern kann. Hierzu ist er vor der Übergabe auch verpflichtet! Demzufolge greifen die Regeln der Unmöglichkeit insbesondere bei der Lieferung von Unikaten, die nicht mehr nachgeliefert werden können (Bsp.: unter Denkmalschutz stehendes Gebäude, bei dem Unikate verbaut werden sollen).

14 Bei anfänglicher Unmöglichkeit (Unmöglichkeit tritt vor Abschluss des Vertrages ein) haftet der Schuldner nach § 311a Abs. 2 BGB auf Schadensersatz, sofern er das Leistungshindernis kannte oder hätte kennen können. Bei nachträglicher Unmöglichkeit ergibt sich der Schadensersatzanspruch aus §§ 280 ff., 283 BGB, wenn der Schuldner das Leistungshindernis zu vertreten hat.

3. Verzug

15 „Der Schuldner hat zu spät geleistet bzw. der Schuldner hat noch nicht geleistet, er kann aber noch leisten."

Beispiel:

Die Fenster werden von A zu spät geliefert.

Der Auftraggeber kann neben der Lieferung der Fenster nach den §§ 280, 286 BGB den durch die Verzögerung entstandenen Schaden verlangen; z.B. Mehrkosten wegen Änderungen in der Baudurchführung aufgrund des verspäteten Einbaus.

16 Voraussetzungen des Verzugs sind:

- Fälligkeit,
- Mahnung oder fester Termin,
- Verschulden.

Praxistipp:

Die Fenster sind noch nicht geliefert, der Auftraggeber B „ist bedient" und will die Lieferung nicht mehr.

17 Der Auftraggeber muss gemäß §§ 280, 281 Abs. 1 S. 1 BGB neben den Verzugsvoraussetzungen eine Frist zur Lieferung setzen und kann nach Fristablauf vom Vertrag zurücktreten oder Schadensersatz verlangen (z.B. Mehrkosten wegen Deckungskauf).

4. Nebenpflichtverletzung, §§ 280 Abs. 1, 241 Abs. 2 BGB (vor der Schuldrechtsreform die sog. positive Vertragsverletzung – pVV)

18 „Der Schuldner hat schuldhaft eine nicht leistungsbezogene Nebenpflicht (Rücksichtsnahmepflicht) i.S.v. § 241 Abs. 2 BGB verletzt."

Beispiel:

Die Fenster werden von A zwar rechtzeitig und ohne Mängel geliefert, die eigentliche Leistung ist damit fehlerfrei, aber bei der Anlieferung werden Baumaterialen, die ordnungsgemäß auf dem Gelände gelagert sind, schuldhaft beschädigt. Darüber hinaus wird ein Bauarbeiter durch die unsachgemäße Anlieferung verletzt. A hat also auf sonstige Rechtsgüter seines Vertragspartners keine Rücksicht genommen.

Gemäß § 280 Abs. 1 BGB führt jede Verletzung von Rücksichtsnahmepflichten, die der Schuldner zu vertreten hat, zur Schadensersatzpflicht[8]. Neben der Lieferung der Fenster ist es eine Rücksichtsnahme- bzw. Nebenpflicht des Lieferanten, auf der Baustelle keinerlei sonstigen Schaden anzurichten. Die Beschädigung von Gegenständen bzw. die Verletzung eines Dritten stellt insoweit eine zum Schadensersatz verpflichtende Handlung dar. Art und Umfang des Schadensersatzes richten sich nach den §§ 249 ff. BGB. Der Geschädigte ist danach so zu stellen, als wäre das schädigende Ereignis ausgeblieben. Beschädigte Baumaterialien sind zu reparieren oder zu ersetzen, § 249 BGB, dem Bauarbeiter sind die Heilbehandlungskosten, ggf. auch ein Schmerzensgeld[9] zu zahlen, §§ 249 Abs. 2, 253 Abs. 2 BGB[10].

5. Pflichtverletzungen im vorvertraglichen Raum (vor der Schuldrechtsreform die sog. Culpa in Contrahendo – cic)

„Der Schuldner hat bereits bei der Vertragsanbahnung Sorgfalts-Pflichten verletzt." **19**

Beispiel:

Bei den Preisverhandlungen verschweigt der Fensterbauer A eine den endgültigen Preis erhöhende Provisionsabrede. Daraufhin schließen die Parteien den Kaufvertrag.

Die Haftung für vorvertragliche Pflichtverletzungen ist seit 2002 in § 311 Abs. 2 BGB normiert. Derartige Pflichtverletzungen begründen in Verbindung mit § 280 Abs. 1 und § 241 Abs. 2 BGB einen Schadensersatzanspruch. Der Geschädigte ist auch hier so zu stellen, wie er ohne die Pflichtverletzung stehen würde, §§ 249 ff. BGB.[11] Vorliegend hat der Vertragspartner auf die Wahrheit und Vollständigkeit der Aussagen des A vertraut und den Vertrag daraufhin abgeschlossen. Hätte er um die Provisionsabrede gewusst, wäre der Vertrag nicht bzw. nicht so zustande gekommen. Der Geschädigte ist so zu stellen, als wäre in ihm das enttäuschte Vertrauen auf die Vollständigkeit der Aussagen des A nie geweckt worden. Möglicher Umfang des Schadensersatzes:

- Rückgängigmachung des Vertrages
- Nachteile aufgrund des Nichtabschlusses eines anderen Geschäfts[12]
- Mehrkosten

6. Wegfall der Geschäftsgrundlage

„Die Geschäftsgrundlage fällt weg aufgrund eines Umstandes, der nicht in den Verantwortungsbereich der Parteien fällt." **20**

---

8 Palandt-Heinrichs, § 280 BGB, Rn. 24 ff. u. § 241 BGB, Rn. 6.
9 Palandt-Heinrichs, § 253 BGB, Rn. 8.
10 Zu beachten sind in diesem Zusammenhang ggf. §§ 106 Abs. 3 Alt. 2 SGB VII, 116 SGB X.
11 So bereits BGH NJW 1981, S. 1673; siehe auch Palandt-Grüneberg, § 311 BGB, Rn. 54.
12 Möglich ist daneben auch eine Anfechtung wegen arglistiger Täuschung durch Verschweigen, § 123 BGB. Zur Täuschung durch Verschweigen siehe Palandt-Ellenberger, § 123 BGB, Rn. 5.

Beispiel:

Nachdem der Kaufvertrag über die Fenster geschlossen wurde, ändern sich unvorhergesehenerweise technische DIN-Normen, sodass die Fenster in dieser Form nicht mehr vom Bauunternehmer B verwendet werden dürfen.

Der Wegfall der Geschäftsgrundlage ist seit 2002 in § 313 BGB normiert. Sofern sich nach Vertragsschluss Umstände erheblich verändern, die nicht in den Verantwortungsbereich einer der Parteien fallen, kommt primär eine Vertragsanpassung, ggf. auch ein Rücktritt, in Betracht[13].

Gewährleistungsrecht des Kaufrechts	**der Schuldner hat geleistet, aber er hat mangelhaft geleistet**
Unmöglichkeit	**der Schuldner hat noch nicht geleistet, er kann auch nicht mehr leisten**
Verzug	**der Schuldner hat noch nicht geleistet, er kann aber noch leisten bzw. er hat zu spät geleistet**
Nebenpflichtverletzung	**der Schuldner hat schuldhaft eine Nebenpflicht verletzt**
Vorvertragliche Pflichtverletzung	**der Schuldner hat bereits bei Vertragsanbahnung schuldhaft eine Nebenpflicht verletzt**
Wegfall der Geschäftsgrundlage	**die Geschäftsgrundlage fällt weg aufgrund eines Umstandes, der nicht in den Verantwortungsbereich der Parteien fällt**

Abbildung 3: Abgrenzung zwischen Kaufrecht und allgemeinen Leistungsstörungen

B. Ausführungen zu den einzelnen Vorschriften

§ 433 BGB
Vertragstypische Pflichten beim Kaufvertrag

(1) Durch den Kaufvertrag wird der Verkäufer einer Sache verpflichtet, dem Käufer die Sache zu übergeben und das Eigentum an der Sache zu verschaffen. Der Verkäufer hat dem Käufer die Sache frei von Sach- und Rechtsmängeln zu verschaffen.

(2) Der Käufer ist verpflichtet, dem Verkäufer den vereinbarten Kaufpreis zu zahlen und die gekaufte Sache abzunehmen.

I. Einführung

1 § 433 BGB spiegelt das Wesen des Kaufvertrages wider, da hier die Verpflichtungen von Verkäufer (§ 433 Abs. 1) und Käufer (§ 433 Abs. 2) festgelegt werden. Diese Regelung über den

13 Vgl. zum Ganzen bereits Köhler, Die Lehre von der Geschäftsgrundlage als Lehre von der Risikobefreiung, in: 50 Jahre Bundesgerichtshof, Festgabe aus der Wissenschaft, 2000 Bd. I, S. 295 ff.

Kauf von Sachen findet gemäß § 453 BGB entsprechend Anwendung für den Kauf von Rechten und sonstigen Gegenständen (z.B. Patente, Strom, Wärme)[1].

II. Pflichten von Käufer und Verkäufer

Der Verkäufer hat: 2

- den Kaufgegenstand zu übergeben,
- dem Käufer das Eigentum zu verschaffen,
- dem Käufer die Sache frei von Sach- und Rechtsmängeln zu verschaffen.

Der Käufer hat: 3

- den Kaufpreis zu zahlen,
- die Sache anzunehmen.

Praxistipp:

▶ *Der Verkäufer **verpflichtet** sich lediglich, das Eigentum an der Sache zu verschaffen, d.h., mit Abschluss des Kaufvertrages allein erlangt der Käufer noch kein Eigentum. Der Eigentumswechsel findet grundsätzlich erst mit Übergabe der Sache statt. Besonderheiten gelten beim sogenannten Eigentumsvorbehalt[2].*

Anders als im Werkvertragsrecht wird der Kaufpreis bereits mit Vertragsschluss fällig – und nicht **grundsätzlich** erst bei Abnahme. 4

Die **Lieferung einer mangelfreien Sache** gehört zu den vertraglichen Pflichten des Verkäufers, § 433 Abs. 1 S. 2 BGB. Solange der Lieferant keine mangelfreie Ware liefert, hat er somit seine vertraglichen Pflichten nicht erfüllt und ist zur Nacherfüllung verpflichtet[3]. Dies führt zu einer Stärkung der Rechte des Auftraggebers beim Bau. 5

Verkäufer	Käufer
Übergabe der Kaufsache	**Zahlung des Kaufpreises**
muss dem Käufer das Eigentum an der Sache verschaffen	**Annahme der Sache**
muss dem Käufer die Sache frei von Sach- und Rechtsmängeln verschaffen	

Fazit

Eigentumswechsel nicht schon mit Vertragsschluss, sondern erst mit Übergabe der Sache (Besonderheiten bei Eigentumsvorbehalt)

Kaufpreis bereits mit Vertragsschluss fällig

Vertrag ist erst erfüllt mit Lieferung einer mangelfreien Sache

Abbildung: Die Pflichten beim Kaufvertrag

---

1 Vgl. Westermann, Das neue Schuldrecht, in: NJW 2002, S. 241 (242).
2 S.u. Kommentierung zu § 449 BGB.
3 S.u. Kommentierung zu § 437 BGB.

§ 434, § 442, § 443 und § 444 BGB

§ 434 BGB
Sachmangel

(1) Die Sache ist frei von Sachmängeln, wenn sie bei Gefahrübergang die vereinbarte Beschaffenheit hat. Soweit die Beschaffenheit nicht vereinbart ist, ist die Sache frei von Sachmängeln,

1. wenn sie sich für die nach dem Vertrag vorausgesetzte Verwendung eignet, sonst
2. wenn sie sich für die gewöhnliche Verwendung eignet und eine Beschaffenheit aufweist, die bei Sachen der gleichen Art üblich ist und die der Käufer nach der Art der Sache erwarten kann.

Zu der Beschaffenheit nach Satz 2 Nr. 2 gehören auch Eigenschaften, die der Käufer nach den öffentlichen Äußerungen des Verkäufers, des Herstellers (§ 4 Abs. 1 und 2 des Produkthaftungsgesetzes) oder seines Gehilfen insbesondere in der Werbung oder bei der Kennzeichnung über bestimmte Eigenschaften der Sache erwarten kann, es sei denn, dass der Verkäufer die Äußerung nicht kannte und auch nicht kennen musste, dass sie im Zeitpunkt des Vertragsschlusses in gleichwertiger Weise berichtigt war oder dass sie die Kaufentscheidung nicht beeinflussen konnte.

(2) Ein Sachmangel ist auch dann gegeben, wenn die vereinbarte Montage durch den Verkäufer oder dessen Erfüllungsgehilfen unsachgemäß durchgeführt worden ist. Ein Sachmangel liegt bei einer zur Montage bestimmten Sache ferner vor, wenn die Montageanleitung mangelhaft ist, es sei denn, die Sache ist fehlerfrei montiert worden.

(3) Einem Sachmangel steht es gleich, wenn der Verkäufer eine andere Sache oder eine zu geringe Menge liefert.

§ 442 BGB
Kenntnis des Käufers

(1) Die Rechte des Käufers wegen eines Mangels sind ausgeschlossen, wenn er bei Vertragsschluss den Mangel kennt. Ist dem Käufer ein Mangel infolge grober Fahrlässigkeit unbekannt geblieben, kann der Käufer Rechte wegen dieses Mangels nur geltend machen, wenn der Verkäufer den Mangel arglistig verschwiegen oder eine Garantie für die Beschaffenheit der Sache übernommen hat.

(2) Ein im Grundbuch eingetragenes Recht hat der Verkäufer zu beseitigen, auch wenn es der Käufer kennt.

§ 443 BGB
Beschaffenheits- und Haltbarkeitsgarantie

(1) Übernimmt der Verkäufer oder ein Dritter eine Garantie für die Beschaffenheit der Sache oder dafür, dass die Sache für eine bestimmte Dauer eine bestimmte Beschaffenheit behält (Haltbarkeitsgarantie), so stehen dem Käufer im Garantiefall unbeschadet der gesetzlichen Ansprüche die Rechte aus der Garantie zu den in der Garantieerklärung und der einschlägigen Werbung angegebenen Bedingungen gegenüber demjenigen zu, der die Garantie eingeräumt hat.

(2) Soweit eine Haltbarkeitsgarantie übernommen worden ist, wird vermutet, dass ein während ihrer Geltungsdauer auftretender Sachmangel die Rechte aus der Garantie begründet.

§ 444 BGB
Haftungsausschluss

Auf eine Vereinbarung, durch welche die Rechte des Käufers wegen eines Mangels ausgeschlossen oder beschränkt werden, kann sich der Verkäufer nicht berufen, soweit er den Mangel arglistig verschwiegen oder eine Garantie für die Beschaffenheit der Sache übernommen hat.

I. Einführung

1 In § 434 ist der Begriff des „Sachmangels" detailliert geregelt. Entscheidender Zeitpunkt für das Vorhandensein eines Mangels ist der Zeitpunkt der Übergabe der Sache („bei Gefahrübergang" – § 446 BGB). Gewährleistungsrechte sind indes ausgeschlossen, wenn gesetzliche (§ 442 BGB) oder vertragliche (§ 444 BGB) Haftungsausschlüsse vorliegen.

2 Der Käufer muss den Sachmangel beweisen und beweisen, dass dieser bereits bei der Übergabe vorlag[1]. Hierin bestehen in der Praxis oft die größten Probleme.

Beispiel:

Wie oben: Waren die von A gelieferten Fensterrahmen bereits von Anfang an verschrammt oder entstanden diese Schrammen erst, weil die Fenster bei Bauunternehmer B auf der Baustelle eine Zeit lang „abgestellt" wurden?

Nur in der erstgenannten Situation kommen Gewährleistungsrechte in Betracht. Nach der Übergabe ist eine Verschlechterung der Kaufsache grundsätzlich das Problem des Käufers B.

II. Sachmangel, § 434 BGB

3 Insgesamt sind sieben Arten von Sachmängeln zu unterscheiden:

- vereinbarte Beschaffenheit fehlt,
- Eignung zur vorausgesetzten Verwendung fehlt,
- Eignung zur gewöhnlichen Verwendung fehlt,
- Unsachgemäße Montage,
- Mangelhafte Montageanleitung,
- Lieferung einer anderen Sache,
- Lieferung einer Mindermenge.

4 Liegt mindestens einer dieser Mängel vor, kann der Käufer seine Gewährleistungsrechte geltend machen[2].

Praxistipp:

Sind beide Vertragsparteien Kaufleute, hat der Käufer die Ware unmittelbar nach Ablieferung zu untersuchen und etwaige Fehler zu rügen. Anderenfalls gilt die Lieferung nach § 377 HGB als genehmigt, sofern es sich nicht um einen unerkennbaren Mangel handelt.

1 Palandt-Weidenkaff, § 434 BGB, Rn. 59.
2 Zur Anwendbarkeit der cic neben den §§ 434 ff. BGB: Fischinger, Sachmangel bei Asbestverseuchung, NJW 2009, S. 2496 ff. (2497).

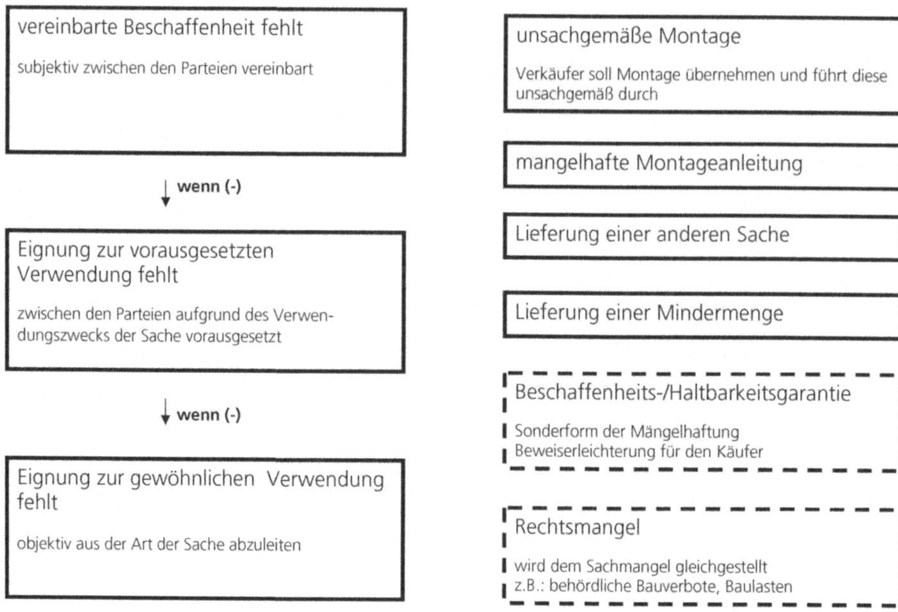

Abbildung 1: Die Mängel im Kaufrecht

III. Kenntnis des Käufers, § 442 BGB

5 Die Geltendmachung der Gewährleistungsrechte greift nach § 442 BGB nicht, wenn der Käufer den Mangel bereits bei Vertragsschluss kannte. In diesem Fall ist er nicht schutzwürdig[3]. Hat er einen bereits beim Vertragsschluss vorhandenen Mangel infolge grober Fahrlässigkeit nicht erkannt, kann er seine Gewährleistungsrechte nur geltend machen, wenn der Verkäufer arglistig handelte oder eine Beschaffenheitsgarantie abgegeben hat.

Praxistipp:

Beim Bauvertrag müsste der Auftraggeber die mangelhaften Teile oder Materialien also bereits zum Vertragsschluss – und nicht erst nach Ablieferung – in Augenschein nehmen, um den Mangel zu kennen bzw. dies grob fahrlässig zu übersehen. Teilt der Lieferant ihm den Mangel bis zum Vertragsschluss mit und schließt er den Vertrag trotzdem, so verliert er ebenfalls seine Gewährleistungsrechte.

IV. Beschaffenheits- und Haltbarkeitsgarantie, § 443 BGB

6 Garantien verstärken grundsätzlich die gesetzliche Mängelhaftung. Die übrigen Rechte des Käufers bleiben daneben vollumfänglich bestehen. Der Verkäufer oder ein am Beschaffungsvorgang beteiligter Dritter (z.B. Hersteller = Herstellergarantie) übernimmt die Gewähr, dass

- die Sache bei Übergabe eine bestimmte Beschaffenheit aufweist (Beschaffenheitsgarantie)

oder

- eine bestimmte Dauer hält (Haltbarkeitsgarantie), d.h. mangelfrei bleibt.

7 Laufzeit, Gegenstand und Umfang der Garantie richten sich nach der Erklärung des Garantiegebers und sind unabhängig von dessen Verschulden. Die während der Garantiedauer auftre-

3 So bereits BGH NJW 1989, S. 2050.

tenden Beschaffenheits- und Haltbarkeitsmängel können gegenüber dem Garantiegeber durchgesetzt werden[4].

Praxistipp:

▶ *Der Vorteil einer Garantiezusage liegt für den Käufer darin, dass er den Mangel leichter nachweisen kann.*

Er muss grundsätzlich nur beweisen, dass der Mangel von der Garantieerklärung abgedeckt 8
ist und während der Garantiezeit aufgetreten ist. Bei der Haltbarkeitsgarantie wird dies nach § 443 Abs. 2 BGB sogar vermutet. Der Verkäufer muss dann das Gegenteil beweisen, z.B. dass der Mangel aufgetreten ist, weil der Käufer die Sache nicht sachgemäß genutzt hat. Die oft schwierige Frage, ob ein nach Monaten erkannter Mangel bereits bei Übergabe vorhanden war oder nicht, lässt sich hier somit zugunsten des Käufers leichter klären.

V. Haftungsausschluss, § 444 BGB

§ 444 BGB ermöglicht prinzipiell die vertragliche Beschränkung und sogar den vollständigen 9
Ausschluss der Haftung des Verkäufers wegen eines Mangels, sofern es sich nicht um einen Verbrauchsgüterkauf handelt.

Dieser Haftungsausschluss gilt jedoch nicht, wenn der Verkäufer den Mangel arglistig ver- 10
schwiegen hat oder wenn er eine Garantie für die Beschaffenheit der Sache übernommen hat. Der Käufer soll hier vor einer unredlichen Freizeichnung des Verkäufers geschützt werden. Für die Beschaffenheitsgarantie gelten die obigen Ausführungen zu § 443 BGB. Klauseln für einen Haftungsausschluss können z.B. sein: „wie besichtigt", „wie die Sache steht und liegt" oder einfach „Ausschluss jeder Gewährleistung"[5].

Liegt Arglist oder eine Beschaffenheitsgarantie vor, ist nur der Haftungsausschluss als solcher 11
unwirksam, nicht der gesamte Vertrag. Der Käufer kann dann also ganz allgemein seine Gewährleistungsrechte geltend machen.

gesetzlich	vertraglich
§ 442 BGB	**§ 444 BGB**
Käufer kennt den Mangel bereits bei Vertragsschluss	**Parteien vereinbaren einen Gewährleistungsausschluss**
wenn statt Kenntnis grob fahrlässige Unkenntnis vorliegt, ist dies unbeachtlich bei:	Gewährleistungsausschluss unwirksam bei:
- Arglist des Verkäufers	- Arglist des Verkäufers
- Beschaffenheitsgarantie	- Beschaffenheitsgarantie

Abbildung 2: Ausschluss der Haftung wegen eines Mangels

4 Palandt-Weidenkaff, § 443, Rn. 9.
5 Vgl. insoweit Palandt-Weidenkaff, § 444 BGB, Rn. 16 bis 20.

§ 435 BGB
Rechtsmangel

Die Sache ist frei von Rechtsmängeln, wenn Dritte in Bezug auf die Sache keine oder nur die im Kaufvertrag übernommenen Rechte gegen den Käufer geltend machen können. Einem Rechtsmangel steht es gleich, wenn im Grundbuch ein Recht eingetragen ist, das nicht besteht.

1 Da es zu den Pflichten des Käufers nach § 433 Abs. 1 S. 2 BGB gehört, die Sache frei von Sach- und Rechtsmängeln zu liefern, werden Rechtsmängel letztlich genauso behandelt wie Sachmängel.

2 Die Abgrenzung zwischen Sach- und Rechtsmangel ist zwar mitunter schwierig, anders als bis 2002 ist sie im Einzelfall jedoch entbehrlich, da die Rechtsfolgen mittlerweile dieselben sind[1].

Ein Rechtsmangel liegt vor, wenn aufgrund einer rechtlichen Beschränkung der Gebrauch der Kaufsache beeinträchtigt wird, bzw. werden kann. Maßgebend ist allein das Bestehen eines solchen Rechts beim Erwerb der Kaufsache[2].

3 Als Rechtsmängel kommen im Baubereich z.B. in Betracht:

- bestehende Miet- oder Pachtverhältnisse beim Immobilienerwerb. Hat der Käufer hiervon Kenntnis, sind nach dem oben Gesagten seine Gewährleistungsrechte ausgeschlossen,
- Sozialbindung einer Wohnung beim Immobilienerwerb,
- behördliches Bauverbot,
- Baulasten, die eine bestimmte Pflicht in der Benutzung einer Immobilie begründen,
- im Grundbuch eingetragenes Recht, das tatsächlich nicht besteht[3].

Keine Rechtsmängel sind bauordnungsrechtliche Baubeschränkungen[4].

§ 436 BGB
Öffentliche Lasten von Grundstücken

(1) Soweit nicht anders vereinbart, ist der Verkäufer eines Grundstücks verpflichtet, Erschließungsbeiträge und sonstige Anliegerbeiträge für die Maßnahmen zu tragen, die bis zum Tage des Vertragsschlusses bautechnisch begonnen sind, unabhängig vom Zeitpunkt des Entstehens der Beitragsschuld.

(2) Der Verkäufer eines Grundstücks haftet nicht für die Freiheit des Grundstücks von anderen öffentlichen Abgaben und von anderen öffentlichen Lasten, die zur Eintragung in das Grundbuch nicht geeignet sind.

1 § 436 BGB regelt die Kostentragung von öffentlichen Lasten bei Grundstücken, sofern die Parteien keine gesonderte Regelung getroffen haben. Die Vorschrift trägt damit dem Umstand Rechnung, dass sich in der Praxis immer wieder Probleme ergeben, weil die Vertragsparteien gerade diesen Punkt nicht ausdrücklich geregelt haben[1]. Die Vorschrift gilt für den Kauf von Grundstücken, Erbbaurechten und Wohnungseigentum. Sie regelt nur die Zahlungspflicht der Parteien untereinander, nicht gegenüber den Behörden.

---

1 S.u. Kommentierung zu § 437 BGB.
2 Palandt-Weidenkaff, § 435 BGB, Rn. 5 ff.
3 Vgl. § 435 Abs. 1 S. 2 BGB.
4 BGH, NJW 1992, 1364.
1 S. hierzu Wilhelms, Öffentliche Beitragslasten beim Grundstückskauf, in: NJW 2003, S. 1420.

Praxistipp:

Die Kostenverteilung von Erschließungs- und Anliegerbeiträgen ist abhängig vom Baubeginn.

Beiträge für diejenigen Maßnahmen, die bis zum Tage des Vertragsschlusses baulich begonnen sind, hat noch der Verkäufer zu tragen. Wird dieser Beitrag vom Käufer als dem neuen Eigentümer eingefordert, so ist der Verkäufer zur Kostenübernahme verpflichtet.

Andere öffentliche Abgaben und Lasten, z.B. Grundsteuer, Müllabfuhrgebühren, trägt ab der Übergabe der Käufer[2]. Aufgelaufene Rückstände sind noch vom Verkäufer zu zahlen. **2**

§ 437 BGB
Rechte des Käufers bei Mängeln

Ist die Sache mangelhaft, kann der Käufer, wenn die Voraussetzungen der folgenden Vorschriften vorliegen und soweit nicht ein anderes bestimmt ist,

1. **nach § 439 Nacherfüllung verlangen,**
2. **nach den §§ 440, 323 und 326 Abs. 5 von dem Vertrag zurücktreten oder nach § 441 den Kaufpreis mindern und**
3. **nach den §§ 440, 280, 281, 283 und 311a Schadensersatz oder nach § 284 Ersatz vergeblicher Aufwendungen verlangen.**

I. Einführung

In § 437 BGB sind die dem Käufer im Falle eines Mangels zustehenden Rechte aufgezählt. Die Voraussetzungen werden in den §§ 439 bis 441 BGB im Einzelnen konkretisiert. **1**

Praxistipp:

Die allgemeinen Voraussetzungen, die für alle Gewährleistungsrechte gelten, sind:

Kaufvertrag	*§ 433 BGB*
Mangel	*§ 434 BGB*
kein Gewährleistungsausschluss	*§§ 442, 444 BGB*
keine Verjährung	*§ 438 BGB*

II. Die Rechte des Käufers im Einzelnen

Im Überblick hat der Käufer nach § 437 BGB folgende Rechte: **2**

• Nacherfüllung (Nachbesserung/Nachlieferung)	§ 439 BGB
• Rücktritt vom Vertrag	§ 440 BGB
• Schadensersatz	§ 440 BGB
• Minderung des Kaufpreises	§ 441 BGB

2 Vgl. § 446 S. 2 BGB: Ab der Übergabe der Sache an den Käufer gebühren diesem die Nutzungen, aber er trägt auch die Lasten der Sache.

Die Grundaussage ist hierbei folgende:

3 Zwar bestehen die Rechte grundsätzlich nebeneinander, jedoch gilt der Vorrang der Nacherfüllung[1].

Das bedeutet, dass der Verkäufer in erster Linie den Mangel zu beseitigen oder eine neue mangelfreie Sache zu liefern hat. Dies entspricht am ehesten den Interessen der Parteien, denn der Käufer will eine ordnungsgemäß funktionierende Sache erwerben. Er will sich nicht mit Minderungs- oder Schadensersatzaspekten einer mangelhaft gelieferten Sache „herumärgern" oder den Kauf rückabwickeln.

4 Diese Wertung hinsichtlich der Gewährleistungsrechte gilt in dieser Form erst seit 2002. Im Ergebnis hat der Gesetzgeber damit das Kaufrecht dem Werkvertragsrecht angeglichen, wo die oben genannte Grundaussage schon seit langem Bestand hat[2].

5 Rücktritt, Minderung und Schadensersatz kommen hierbei grundsätzlich erst dann in Betracht, wenn zuvor eine dem Verkäufer gesetzte Frist zur Nacherfüllung fruchtlos verstrichen ist. Damit ist mit dem Nacherfüllungsanspruch des Käufers zugleich das Recht des Verkäufers zur „zweiten Andienung" verbunden[3]. Er erhält damit eine zweite Chance zur Lieferung einer mangelfreien Sache. Eine Selbstbeseitigung des Mangels durch den Käufer, ohne dass er zuvor Nacherfüllung verlangt hat, führt grundsätzlich zum Verlust des Anspruchs aus § 437 BGB. Dem Verkäufer darf nicht das Recht zur zweiten Andienung genommen werden. Auch ein Anspruch des Käufers auf Anrechnung oder Erstattung der vom Verkäufer ersparten Aufwendungen besteht im Falle der Selbstvornahme ohne ein vorheriges Nacherfüllungsverlangen nicht[4]. Zu denken wäre allerdings an einen Schadensersatzanspruch gemäß § 437 Nr. 3 BGB in Verbindung mit § 281 Abs. 2 HS. 2 BGB, wenn bspw. eine Notmaßnahme zur Erhaltung des Kaufgegenstandes erforderlich ist, die der Verkäufer nicht rechtzeitig veranlassen könnte[5].

Praxistipp:

Nacherfüllung, Rücktritt und Minderung sind nicht von einem Verschulden des Verkäufers abhängig! Nur wenn Schadensersatz geltend gemacht wird, kommt es auf ein Verschulden des Verkäufers an.

6 Die Rechte des Käufers sind im Einzelnen abdingbar. So kann z.B. der Anspruch insgesamt auf Nacherfüllung begrenzt werden. In engen Grenzen können auch Schadensersatzansprüche ausgeschlossen werden[6]. Für den Verbrauchsgüterkauf gelten auch hier Besonderheiten.

7 Unterschiede zum Werkvertragsrecht sind primär folgende:

- Die Nacherfüllung geschieht im Kaufrecht nach Wahl des Käufers; beim Werkvertrag steht dieses Recht dem Auftragnehmer zu.
- Als zusätzliches Recht sieht der Werkvertrag die sogenannte Selbstvornahme vor. Der Auftraggeber kann danach den Mangel auch selbst beseitigen und vom Auftragnehmer Ersatz für seine Aufwendungen verlangen. Beim Kaufvertrag ist dieses Recht nicht geregelt[7].

---

1 Lorenz, Schuldrechtsreform 2002: Problemschwerpunkte drei Jahre danach, in: NJW 2005, S. 1889 (1895); Lorenz, Fünf Jahre „neues" Schuldrecht im Spiegel der Rechtsprechung, in: NJW 2007, S. 1 (3 ff.); Palandt-Weidenkaff, § 437 BGB, Rn. 4.

2 Vgl. Oechsler, Praktische Anwendungsprobleme des Nacherfüllungsanpruchs, in: NJW 2004, S. 1825 (1826).

3 Ebert, Das Recht des Verkäufers zur zweiten Andienung und seine Risiken für den Käufer: in NJW 2004, S. 1761.

4 Palandt-Weidenkaff, § 437 BGB, Rn. 4a.

5 BGH, NJW 2005, S. 3211.

6 Vgl. BGH, NJW 2013, S. 2584.

7 Herresthal/Riehm, Die eigenmächtige Selbstvornahme im allgemeinen und besonderen Leistungsstörungsrecht, in: NJW 2005, S. 1457 (1460); Lorenz, Voreilige Selbstvornahme der Nacherfüllung im Kaufrecht: Der BGH hat gesprochen und nichts ist geklärt, in: NJW 2005, S. 1321 (1322 f.).

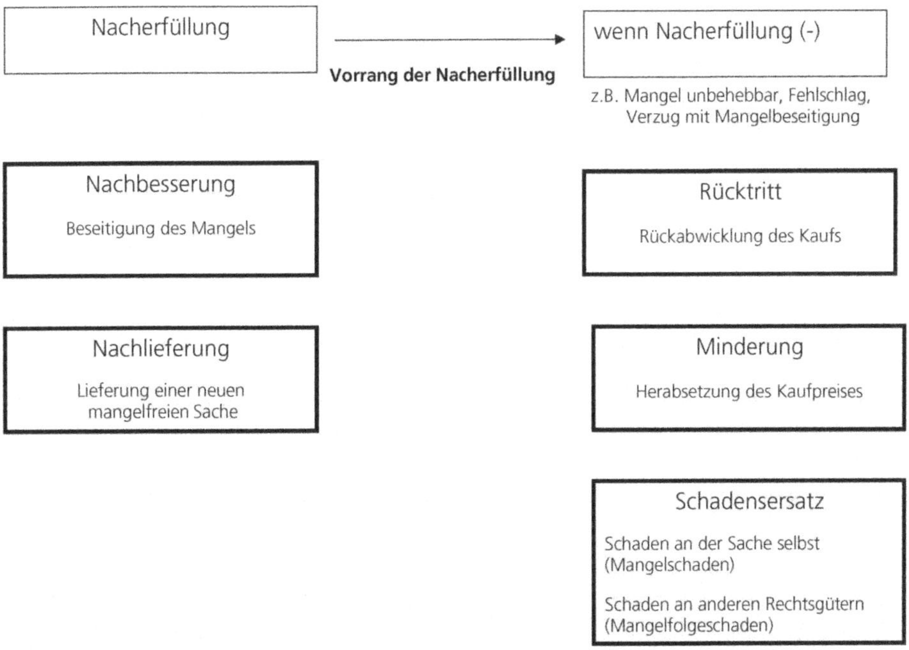

Abbildung 1: Die Gewährleistungsrechte des Käufers

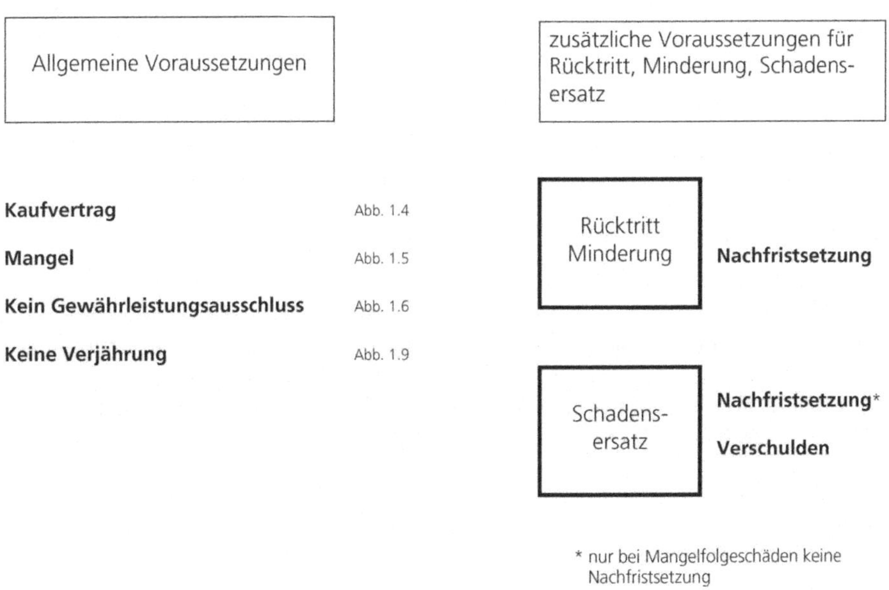

Abbildung 2: Voraussetzungen der Gewährleistungsrechte

§ 438 BGB
Verjährung der Mängelansprüche

(1) Die in § 437 Nr. 1 und 3 bezeichneten Ansprüche verjähren

1. in 30 Jahren, wenn der Mangel

a) in einem dinglichen Recht eines Dritten, auf Grund dessen Herausgabe der Kaufsache verlangt werden kann, oder

b) in einem sonstigen Recht, das im Grundbuch eingetragen ist,

besteht,

2. in fünf Jahren

a) bei einem Bauwerk und

b) bei einer Sache, die entsprechend ihrer üblichen Verwendungsweise für ein Bauwerk verwendet worden ist und dessen Mangelhaftigkeit verursacht hat, und

3. im Übrigen in zwei Jahren.

(2) Die Verjährung beginnt bei Grundstücken mit der Übergabe, im Übrigen mit der Ablieferung der Sache.

(3) Abweichend von Absatz 1 Nr. 2 und 3 und Absatz 2 verjähren die Ansprüche in der regelmäßigen Verjährungsfrist, wenn der Verkäufer den Mangel arglistig verschwiegen hat. Im Falle des Absatzes 1 Nr. 2 tritt die Verjährung jedoch nicht vor Ablauf der dort bestimmten Frist ein.

(4) Für das in § 437 bezeichnete Rücktrittsrecht gilt § 218. Der Käufer kann trotz einer Unwirksamkeit des Rücktritts nach § 218 Abs. 1 die Zahlung des Kaufpreises insoweit verweigern, als er auf Grund des Rücktritts dazu berechtigt sein würde. Macht er von diesem Recht Gebrauch, kann der Verkäufer vom Vertrag zurücktreten.

(5) Auf das in § 437 bezeichnete Minderungsrecht finden § 218 und Absatz 4 Satz 2 entsprechende Anwendung.

I. Einführung

1 Die Mängelansprüche des Käufers verjähren nach § 438 BGB. Diese Vorschrift stellt insoweit eine Spezialregelung gegenüber den allgemeinen Verjährungsfristen des BGB dar. Dabei sind prinzipiell drei verschiedene Fristen zu beachten, nach deren Ablauf keine Gewährleistungsansprüche mehr geltend gemacht werden können.

II. Rechtsmängel

2 Bei bestimmten Rechtsmängeln trifft § 438 Abs. 1 Nr. 1 BGB eine Sonderregelung. Derartige Mängel verjähren erst nach 30 Jahren. Erfasst hiervon sind z.B. Ansprüche Dritter auf Herausgabe der Sache. Dies ist der Fall, wenn dem Käufer nicht wirksam Eigentum an der Kaufsache übertragen wurde und dann der „wahre Eigentümer" nach 29 Jahren Herausgabe z.B. der Immobilie verlangt.

3 Auch solche Personen, zu deren Gunsten Rechte im Grundbuch eingetragen sind (Grundpfandrechte, Vorkaufsrechte), können diese Rechte 30 Jahre lang gegenüber dem Grundstückskäufer geltend machen.

III. Bauwerke, Baustoffe, Bauteile

4 Bei einem Bauwerk verjähren die Ansprüche gemäß § 438 Abs. 1 Nr. 2 BGB nach fünf Jahren. Dieselbe Frist gilt bei Sachen, die entsprechend ihrer üblichen Verwendungsweise für ein Bauwerk verwendet werden und die Mangelhaftigkeit des Bauwerks verursacht haben. Gemeint sind hier Baustoffe und Bauteile.

Praxistipp:

Die 5-Jahresfrist ist insoweit der Hauptfall bei Kaufverträgen bezüglich Baumaterialien.

Beispiele:

- Beton, Zement, Stahlträger,
- Fenster, Türen, Badewannen, Sanitärobjekte
- Dachplatten.

Diese Regelung schützt insbesondere den Bauhandwerker, da er nach Werkvertragsrecht 5 Jahre gegenüber seinem Bauherren haftet[1]. Der Bauhandwerker kann damit seinerseits 5 Jahre, statt der in § 438 Abs. 1 Nr. 3 BGB vorgesehenen zwei Jahre, Rückgriff bei seinem Lieferanten nehmen, falls der Mangel des Bauwerks auf der Mangelhaftigkeit der gelieferten Sache beruht[2]. Ein umfassender Gleichlauf der Fristen kann hierdurch aber nicht erreicht werden. Die Verjährung der Ansprüche gegen den Lieferanten beginnt mit der Ablieferung der Sachen beim Bauhandwerker, § 438 Abs. 2 BGB. Für den Besteller des Bauwerkes beginnt die Verjährung der Ansprüche gegen den Bauhandwerker mit der Abnahme des Werkes, § 634a Abs. 2 BGB. Hinsichtlich der nicht sofort nach Lieferung verwendeten Baumaterialien verbleibt dem Bauhandwerker ein Regressrisiko. 5

IV. Bewegliche Sachen

Eine Frist von zwei Jahren gilt nach § 438 Abs. 1 Nr. 3 BGB für alle sonstigen Ansprüche. Hiervon betroffen sind insbesondere alle sonstigen Kaufverträge. 6

Hat jedoch der Verkäufer den Mangel arglistig verschwiegen, so gilt nach § 438 Abs. 3 BGB die allgemeine Verjährungsfrist des BGB, d.h. drei Jahre ab Kenntnis – anstelle von zwei Jahren. 7

V. Beginn und Lauf der Verjährung

Die Verjährung beginnt bei Grundstücken mit der Übergabe und bei beweglichen Sachen mit deren Ablieferung, § 438 Abs. 2 BGB[3]. Keine Rolle spielt es, abgesehen vom oben genannten Fall der Arglist, wann der Käufer den Mangel entdeckt hat oder hätte entdecken können. Daher sind Fälle denkbar, bei denen die Verjährungsfrist bereits abgelaufen ist, wenn der Mangel entdeckt wird. 8

Eine weitere Besonderheit besteht nach § 438 Abs. 4 und 5 BGB bei der Erklärung von **Rücktritt und Minderung**. Bei der Verjährung ist hier auf den zugrunde liegenden Nacherfüllungsanspruch abzustellen. Diese Rechte können somit nicht mehr geltend gemacht werden, wenn der Nacherfüllungsanspruch verjährt ist. Aus Praktikersicht stellt sich die Frage, welchen Einfluss die Nachbesserung bzw. Nachlieferung auf den Verjährungslauf hat. 9

Beispiel:

Fenster mit einer 5-jährigen Verjährungsfrist: Zeigt sich beispielsweise nach 4½ Jahren ein Mangel an den gelieferten Fenstern – Scharniere defekt – so ist fraglich, ob für die neu eingebauten Scharniere nur noch eine Gewährleistung von ½ Jahr läuft.

1 § 634a Abs. 1 Nr. 2 BGB.
2 LG Stendal, Urteil v. 28.11.2008 – 21 O 118/08 – Rn. 23, 24.
3 Palandt-Weidenkaff, § 438 BGB, Rn. 14, 15.

Praxistipp:

*Die Argumentation des Praktikers sollte hier sein: Durch die Nacherfüllung hat der Verkäufer den **Mangel anerkannt**. Aufgrund dieses Anerkenntnisses beginnt die Verjährungsfrist nach § 212 Abs. 1 Nr. 1 BGB neu zu laufen, sodass im Ergebnis wiederum die volle Gewährleistung von fünf Jahren besteht*[4].

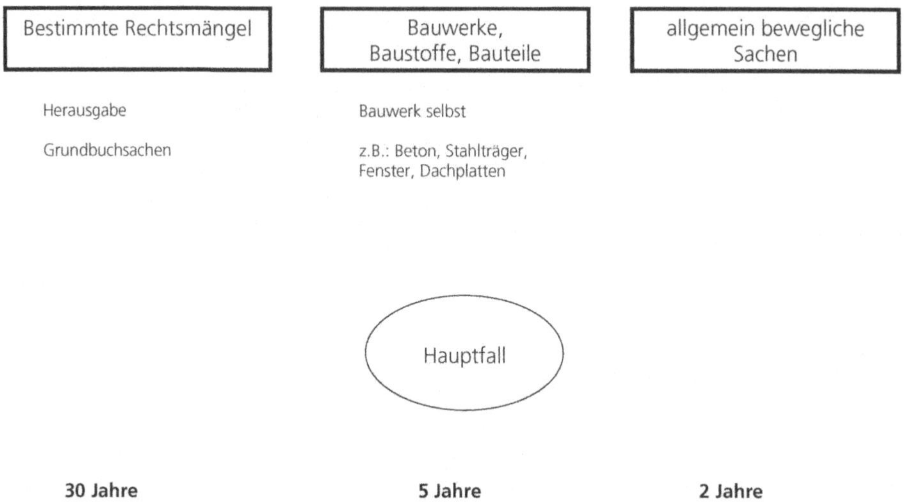

Abbildung: Verjährung der Mängelansprüche

§ 439 BGB
Nacherfüllung

(1) Der Käufer kann als Nacherfüllung nach seiner Wahl die Beseitigung des Mangels oder die Lieferung einer mangelfreien Sache verlangen.

(2) Der Verkäufer hat die zum Zwecke der Nacherfüllung erforderlichen Aufwendungen, insbesondere Transport-, Wege-, Arbeits- und Materialkosten zu tragen.

(3) Hat der Käufer die mangelhafte Sache gemäß ihrer Art und ihrem Verwendungszweck in eine andere Sache eingebaut oder an eine andere Sache angebracht, ist der Verkäufer im Rahmen der Nacherfüllung verpflichtet, dem Käufer die erforderlichen Aufwendungen für das Entfernen der mangelhaften und den Einbau oder das Anbringen der nachgebesserten oder gelieferten mangelfreien Sache zu ersetzen. § 442 Absatz 1 ist mit der Maßgabe anzuwenden, dass für die Kenntnis des Käufers an die Stelle des Vertragsschlusses der Einbau oder das Anbringen der mangelhaften Sache durch den Käufer tritt.

(4) Der Verkäufer kann die vom Käufer gewählte Art der Nacherfüllung unbeschadet des § 275 Abs. 2 und 3 verweigern, wenn sie nur mit unverhältnismäßigen Kosten möglich ist. Dabei sind insbesondere der Wert der Sache in mangelfreiem Zustand, die Bedeutung des Mangels und die Frage zu berücksichtigen, ob auf die andere Art der Nacherfüllung ohne erhebliche Nachteile für den Käufer zurückgegriffen werden könnte. Der Anspruch des Käufers beschränkt sich in diesem Fall auf die andere Art der Nacherfüllung; das Recht des Verkäufers, auch diese unter den Voraussetzungen des Satzes 1 zu verweigern, bleibt unberührt.

4 So bereits BGH, NJW 1988, S. 254, NJW 1999, S. 2961.

(5) Liefert der Verkäufer zum Zwecke der Nacherfüllung eine mangelfreie Sache, so kann er vom Käufer Rückgewähr der mangelhaften Sache nach Maßgabe der §§ 346 bis 348 verlangen.

I. Einführung

Der Käufer hat bei der Geltendmachung der Nacherfüllung ein Wahlrecht. Er hat die Möglichkeit, die Beseitigung des Mangels (= Nachbesserung) oder die Lieferung einer neuen mangelfreien Sache (= Nachlieferung) zu verlangen. 1

Damit wird es in erster Linie dem Käufer überlassen, auf welche Weise er sein Ziel der Lieferung einer mangelfreien Sache erlangt[1]. Anders hingegen ist die Interessenlage, wie oben angedeutet, im Werkvertrag: Da hier der Werkunternehmer den Herstellungsprozess selbst steuert, kann er am ehesten entscheiden, wie er das mangelfreie Werk herstellt. 2

§ 439 BGB enthält zum 01.01.2018 einen neu eingefügten Absatz 3. Dieser regelt die Ein- und Ausbaukosten, wenn mangelhaftes Baumaterial gekauft und verwendet wird. Die nachfolgenden Regelungen verschieben sich redaktionell jeweils um einen Absatz, bleiben aber ansonsten unverändert. 3

II. Die Nacherfüllung im Einzelnen

1. Ausübung des Wahlrechts

Sofern die Kaufsache einen der unter § 434 BGB aufgeführten Mängel aufweist, kann der Käufer wahlweise Nachbesserung oder Nachlieferung verlangen. Dies muss gegenüber dem Verkäufer eindeutig und zweifelsfrei erklärt werden, wobei der beanstandete Mangel zu bezeichnen ist. Grundsätzlich ist diese Erklärung formfrei, d.h., sie kann auch mündlich abgegeben werden. Aus Gründen der Klarheit und Beweissicherheit empfiehlt sich gerade für den Praktiker im Baubereich jedoch eine schriftliche Erklärung. Ein einmal ausgeübtes Wahlrecht kann grundsätzlich nicht widerrufen und erneut ausgeübt werden, da der Verkäufer Klarheit haben soll, was er zu tun hat. 4

Musterformulierung: Mängelanzeige 5

Behörde für ländliches Bauen
Mauerstraße 4711
12345 Hochbaustadt
[Datum]

Betrieb
Egon Lotrecht
Ziegelgasse 12
98765 Wandhausen

Kaufvertrag vom … – Mängelanzeige

Sehr geehrter Herr Lotrecht,

am …*[Datum]* haben wir einen Kaufvertrag über … *[die Lieferung von Baumaterial]* geschlossen.

Die am … *[Datum]* vorgenommene Untersuchung der gelieferten Ware hat ergeben, dass … *[die Baumaterialien]* im Einzelnen folgende Mängel aufweisen:

…

1 Zu diesem gesetzgeberischen Motiv BT-Drs. 14/6040, S. 231.

Wir fordern Sie hiermit zur Rücknahme der vorbezeichneten Ware und zur entsprechenden Nachlieferung mangelfreier Ware auf. Die hierbei anfallenden Kosten, insbesondere Transportkosten, sind von Ihnen zu tragen.

Wir setzen Ihnen für die Nachlieferung eine Frist bis zum ... *[2 Wochen; Nachfristsetzung nicht verpflichtend, aber empfehlenswert]*

Mit freundlichen Grüßen

Meyer

Oberbaurat

Die Ausübung des Wahlrechts ist an keine bestimmte Frist gebunden, lediglich die Verjährungsfrist des § 438 BGB ist zu beachten. Es muss dem Verkäufer auch keine Frist zur Nacherfüllung gesetzt werden.

Praxistipp:

Da sich aber möglicherweise weitere „Aktionen" des Käufers wie Rücktritt, Minderung oder Schadensersatz anschließen können, sollte evtl. auch schon bereits bei der Nacherfüllung eine Fristsetzung erfolgen.

6 **Auch für die Selbstvornahme** der Nachbesserung (im Kaufrecht nicht ausdrücklich vorgesehen!) fordern die Gerichte eine entsprechende Nachfrist[2]. Damit gelten für die Selbstvornahme im Ergebnis dieselben Voraussetzungen wie für den unten noch ausführlich dargestellten Schadensersatz[3].

2. Pflichten des Verkäufers

7 Im Unterschied zu Rücktritt, Schadensersatz und Minderung fallen bei der Nacherfüllung in der Regel Kosten an. Diese sind vom Verkäufer zu tragen, da er ja schließlich seine Pflichten nicht ordnungsgemäß erfüllt hat. Der Verkäufer trägt nach § 439 Abs. 2 BGB die für die Nacherfüllung erforderlichen Aufwendungen, insbesondere Transport-, Wege-, Arbeits- und Materialkosten. Der Aufwand zum Auffinden des Mangels[4] sowie etwaige Sachverständigengutachter- und Rechtsanwaltskosten[5] sind ebenfalls vom Verkäufer zu tragen.

8 Erfolgt die Nacherfüllung verspätet, so kommt evtl. ein Schadensersatzanspruch nach Verzugsregeln in Betracht.

9 Schlägt die Nacherfüllung ganz fehl, so kann der Käufer erneut Nacherfüllung verlangen. Er kann aber auch aufgrund des Fehlschlags ohne Fristsetzung zurücktreten oder Schadensersatz verlangen[6].

10 Soweit der Verkäufer zum Zwecke der Nacherfüllung eine mangelfreie Sache neu geliefert hat, hat der Käufer nach § 439 Abs. 5 BGB die alte mangelhafte Sache zurückzugeben.

3. Aus- und Einbaukosten

11 Der neu eingefügte § 439 Abs. 3 BGB soll den Werkunternehmer entlasten. Die Vorschrift sieht vor, dass der Werkunternehmer als Käufer von mangelhaftem – bestimmungsgemäß eingebauten – Material von seinem Lieferanten auch die Kosten verlangen kann, die für das Entfernen des mangelhaften und den Einbau des mangelfreien Materials anfallen.

---

2 BGH NJW 2005, S. 1348 – anderenfalls würde das Recht des Verkäufers zur „zweiten Andienung" im Wege der Nacherfüllung unterlaufen.

3 Ebert, Das Recht des Verkäufers zur zweiten Andienung und seine Risiken für den Käufer, in: NJW 2004, S. 1761 (1762).

4 So bereits BGH NJW 1991, S. 1604.

5 BGH, NJW-RR 1999, S. 813.

6 Palandt-Weidenkaff, § 439 BGB, Rn. 22a.

Bislang musste der Werkunternehmer diese Aus- und Einbaukosten selbst tragen, es sei denn, er konnte dem Lieferanten schuldhaftes Handeln nachweisen. Nunmehr wird dies Bestandteil der Nacherfüllungpflicht, die den Verkäufer verschuldensunabhängig trifft. Voraussetzung ist, dass der Käufer zum Zeitpunkt des Einbaus seinerseits nicht wusste, dass das Material mangelhaft ist. **12**

Bei Verbrauchern hatte der BGH die Erstattungspflicht von Aus- und Einbaukosten bereits entschieden.[7] In dem zu Grunde liegenden Fall hatte ein Verbraucher in einem Baustoffhandel mangelhafte Fliesen zum Preis von 1.382,27 Euro gekauft. Der Austausch der Fliesen – einschließlich Aus- und Einbaukosten – belief sich auf 5.830, 57 Euro. **13**

Mit der gesetzlichen Neureglung gilt diese umfassende Erstattungspflicht nunmehr auch im B2B-Bereich zwischen Unternehmen. Die Neuregelung hat im unternehmerischen Bereich nicht unerhebliche wirtschaftliche Auswirkungen. So sind beispielsweise die Aus- und Einbaukosten in Gewährleistungsfällen der Automobilindustrie regelmäßig die höchste Schadensposition. Der zitierte BGH-Fall belegt, dass bei hohen Ein- und Ausbaukosten im Bereich der Bauwirtschaft Vergleichbares gilt. **14**

Der ebenfalls neu eingefügte § 445a BGB ermöglicht zudem einen Rückgriff entlang der Lieferkette. Der Verkäufer von mangelhaftem Material kann dann seinerseits bei seinem Lieferanten Regress nehmen. Diese weitere Neuregelung hat damit weitreichende Konsequenzen für die Zulieferer-Industrie. Im Rahmen der Darstellung von § 445a BGB wird das Thema noch vertieft. **15**

4. Ausschluss der Nacherfüllung

Der Anspruch auf Nacherfüllung kann ausnahmsweise nach § 439 Abs. 4 BGB ausgeschlossen sein. Das ist der Fall, wenn die Nacherfüllung unmöglich ist, z.B. bei einem unbehebbaren Mangel. **16**

Sie ist ferner dann ausgeschlossen, wenn die Nacherfüllung mit unverhältnismäßigen Kosten verbunden wäre. Hierbei sind zu berücksichtigen: **17**

- der Wert der mangelfreien Sache,
- die Mangelbeseitigung/Bedeutung des Mangels und
- die Rückgriffsmöglichkeit auf die andere Art der Nacherfüllung, d.h. Nachlieferung statt Nachbesserung und umgekehrt.

Bei geringwertigen Sachen, die eine teure Nachbesserung erfordern würden, kommt dann nur eine Nachlieferung in Betracht. **18**

Bei hochwertigen Sachen, bei denen der Mangel kostengünstig, z.B. durch bloßes Auswechseln einer Schraube etc. beseitigt werden kann, kommt eine Nachbesserung anstelle einer Nachlieferung in Betracht.

Der Käufer hat also in diesen beiden Fällen das Recht, die andere Art der Nacherfüllung zu verlangen. Ist auch dies nicht möglich, so greifen die anderen Gewährleistungsrechte: Minderung, Schadensersatz und Rücktritt. **19**

---

7 BGH, NJW 2012, S. 1073, die Entscheidung geht zurück auf eine Entscheidung des Europäischen Gerichtshofs, EuGH NJW 2011, S. 2269, auf Vorlage von BGH NJW 2009, S. 1660.

§ 440 BGB
Besondere Bestimmungen für Rücktritt und Schadensersatz

Außer in den Fällen des § 281 Abs. 2 und des § 323 Abs. 2 bedarf es der Fristsetzung auch dann nicht, wenn der Verkäufer beide Arten der Nacherfüllung gemäß § 439 Abs. 4 verweigert oder wenn die dem Käufer zustehende Art der Nacherfüllung fehlgeschlagen oder ihm unzumutbar ist. Eine Nachbesserung gilt nach dem erfolglosen zweiten Versuch als fehlgeschlagen, wenn sich nicht insbesondere aus der Art der Sache oder des Mangels oder den sonstigen Umständen etwas anderes ergibt.

I. Einführung

1 Ist die Nacherfüllung erfolgreich, so hat der Käufer allein wegen des Mangels keine weiteren Rechte. Es kommen allenfalls Schadensersatzansprüche in Betracht, wenn infolge des Mangels ein weiterer Schaden entsteht[1].

2 Führt die Nacherfüllung jedoch nicht zum Ziel, so verbleiben dem Käufer als weitere Gewährleistungsrechte neben der Minderung insbesondere Rücktritt und Schadensersatz.

Praxistipp:

▶ *Diese Rechte können in der Regel erst dann geltend gemacht werden, nachdem der Verkäufer eine ihm gesetzte Frist zur Nacherfüllung hat verstreichen lassen.*

II. Rücktritt

3 Der Rücktritt als solcher richtet sich nach den allgemeinen gesetzlichen Regeln der §§ 323, 326, 346 ff. BGB. Er tritt an die Stelle der früheren Wandlung.

4 Zusätzliche Voraussetzungen des Rücktritts neben den oben aufgezählten Voraussetzungen für alle Gewährleistungsrechte sind:

- Erfolglose Nachfristsetzung bzw. Entbehrlichkeit einer Nachfrist,
- Erklärung des Rücktritts gegenüber dem Vertragspartner.

Hierbei ist die Thematik der **Nachfristsetzung** von besonderer Bedeutung.

1. Nachfristsetzung

5 Durch das Erfordernis der Nachfristsetzung wird der Vorrang der Nacherfüllung gegenüber dem Rücktritt abgesichert. Die Nachfristsetzung muss die bestimmte und eindeutige Aufforderung zur Nacherfüllung enthalten und hierfür einen Endtermin bestimmen („bis zum … ") oder („innerhalb von … Werktagen"). Die Fristsetzung muss ferner angemessen sein. Der Verkäufer muss in der Lage sein, die Nacherfüllung tatsächlich auch noch vornehmen zu können. Setzt der Käufer eine zu kurze Frist, wird automatisch eine objektive angemessene Frist in Gang gesetzt.

---

1 Derartige sogenannte Mangelfolgeschäden sind nach § 280 Abs. 1 BGB geltend zu machen – siehe auch die weiteren Ausführungen bei § 440 BGB.

Musterformulierung: Fristsetzung[2] 6

Behörde für ländliches Bauen
Mauerstraße 4711
12345 Hochbaustadt
[Datum]

Betrieb
Egon Lotrecht
Ziegelgasse 12
98765 Wandhausen

Kaufvertrag vom ... – Fristsetzung

Sehr geehrter Herr Lotrecht,

am ... haben wir einen Kaufvertrag über ... *[die Lieferung von Baumaterial]* geschlossen.

Am ... *[Datum]* haben wir Ihnen gegenüber im Rahmen einer Mängelanzeige mitgeteilt, dass die gelieferte Ware Mängel aufweist. Ferner haben wir Sie in diesem Zusammenhang zur Nachlieferung mangelfreier Ware aufgefordert. Dem sind Sie bislang nicht nachgekommen.

Wir setzen Ihnen für die Nachlieferung eine Frist bis zum ... *[2 Wochen]*

Nach Fristablauf werden wir von unseren sonstigen Gewährleistungsrechten Gebrauch machen.

Mit freundlichen Grüßen

Meyer

Oberbaurat

2. Entbehrlichkeit der Nachfristsetzung

Eine Nachfristsetzung kann ausnahmsweise entbehrlich sein, sodass der Käufer sofort vom Vertrag zurücktreten kann. Es kommen hierbei folgende Fälle in Betracht: 7

Nach § 323 BGB: 8

- Ernsthafte und endgültige Leistungsverweigerung des Verkäufers[3],
- Fixgeschäfte: Verkäufer liefert nicht zu einem vertraglich vereinbarten Termin oder innerhalb einer bestimmten Zeit und für den Käufer „steht und fällt" der Vertrag mit der rechtzeitigen Lieferung[4],
- besondere Umstände, die einen sofortigen Rücktritt rechtfertigen[5].

Nach § 440 BGB: 9

- der Verkäufer verweigert die Nacherfüllung (Nachlieferung und Nachbesserung), weil beides mit unverhältnismäßigen Kosten verbunden ist,
- die Nacherfüllung ist fehlgeschlagen. Beim zweiten vergeblichen Nachbesserungsversuch gilt sie grundsätzlich als fehlgeschlagen,
- die Nacherfüllung ist für den Käufer unzumutbar[6].

2 Sofern noch nicht in der Mängelanzeige erfolgt, vgl. Muster zu § 439, Rn. 4.
3 Hieran werden strenge Anforderungen gestellt. Die Weigerung des Verkäufers muss „sein letztes Wort" sein. Allgemein zum Rücktritt: Erger, Der Rücktritt des Käufers beim "Montagsauto", in: NJW 2013, S. 1485.
4 Dies ist der Fall bei Vertragsklauseln wie „fix", „spätestens", „genau", „prompt".
5 Z.B. Saisonartikel, die wegen Zeitablaufs unverkäuflich werden, vgl. BT-Drs. 14/6040, S. 186.
6 Z.B.: Nacherfüllung dauert zu lange oder Vielzahl von Mängeln.

Praxistipp:

Die oben genannten Ausnahmetatbestände sind z.T. sehr offen formuliert. Da der Käufer ihr Vorliegen beweisen muss, sollte im Zweifel eine Nachfrist gesetzt werden, selbst wenn ein Ausnahmetatbestand vorliegen kann.

10 Folge des Rücktritts ist die Rückabwicklung des Vertragsverhältnisses unter Rückgewähr der bereits empfangenen Leistungen. Der Käufer gibt die Kaufsache zurück und erhält dafür seine bereits geleisteten Zahlungen[7].

11 Ausnahmsweise kann der Rücktritt in folgenden Fällen ausgeschlossen sein:

- der Sachmangel ist unerheblich[8],
- der Käufer ist verantwortlich für den Mangel[9].
- der Mangel tritt zu einer Zeit ein, während der Käufer im Annahmeverzug ist[10].

12 Der Rücktritt führt zum Erlöschen des Nacherfüllungsanspruchs, da nunmehr die Leistungspflichten weggefallen sind.

13 ***Musterformulierung: Rücktritt/Schadensersatz***

Behörde für ländliches Bauen
Mauerstraße 4711
12345 Hochbaustadt
[Datum]

Betrieb
Egon Lotrecht
Ziegelgasse 12
98765 Wandhausen

Kaufvertrag vom ... – Rücktritt/Schadensersatz

Sehr geehrter Herr Lotrecht,

am ... haben wir einen Kaufvertrag über ... *[die Lieferung von Baumaterial]* geschlossen.

Am ... *[Datum]* haben wir Ihnen gegenüber im Rahmen einer Mängelanzeige mitgeteilt, dass die gelieferte Ware Mängel aufweist. Ferner haben wir Sie zur Nachlieferung mangelfreier Ware bis zum ... *[Datum]* aufgefordert. Diese Frist haben Sie verstreichen lassen.

An der Lieferung der vorbezeichneten Ware haben wir kein Interesse mehr und treten hiermit vom Vertrag zurück. Wir fordern Sie auf, den von uns bereits gezahlten Kaufpreis in Höhe von ... *[Betrag]* umgehend, spätestens jedoch bis zum ... *[1 Woche]*, Zug um Zug gegen Übergabe der mangelhaften Ware an uns zurückzuzahlen.

---

7 Zu erstatten sind grundsätzlich auch etwaige Zinsen, die der Verkäufer zwischen Zahlung und Rückabwicklung erhalten hat.

8 Z.B. Der Mangel verschwindet innerhalb kürzester Frist von selbst (vorübergehende Feuchtigkeit eines Neubaus) oder kann leicht behoben werden, § 323 Abs. 5 S. 2 BGB.

9 Z.B. Der Käufer beschädigt die Sache vor der Übergabe selbst, § 323 Abs. 6, 1. Alt. BGB.

10 § 323 Abs. 6, 2. Alt BGB.

Wir werden die Ware bei einem anderen Lieferanten beziehen und Ihnen den daraus entstehenden Schaden, insbesondere etwaige Mehrkosten aufgrund des Deckungskaufs, in Rechnung stellen.

Mit freundlichen Grüßen

Meyer

Oberbaurat

III. Schadensersatz

Ebenso wie der Rücktritt richtet sich auch der Schadensersatz nach den allgemeinen gesetzlichen Vorschriften (§§ 280 bis 283 und 311a BGB). 14

Die Voraussetzungen des Schadensersatzanspruchs hängen davon ab, welchen Schaden der Käufer ersetzt verlangt. Sämtlichen Schadensersatzansprüchen ist gemeinsam, dass sie ein **Verschulden** auf Verkäuferseite erfordern, das jedoch vermutet wird. Der Verkäufer muss danach sein Nichtverschulden beweisen. Der Schadensersatzanspruch kann neben Rücktritt und Minderung geltend gemacht werden[11]. 15

Zu unterscheiden ist grundsätzlich zwischen sogenannten Mangelschäden und Mangelfolgeschäden[12].

1. Mangelschäden

Der Begriff „Mangelschaden" umschreibt den Schaden, der dadurch entsteht, dass die Kaufsache nicht mangelfrei ist. Dies ist in erster Linie der Schaden an der Kaufsache selbst, insbesondere Minderwert und Reparaturkosten. Damit wird zugleich die Abgrenzung zum Mangelfolgeschaden deutlich: Hier geht es um Schäden an anderen Rechtsgütern, die aus dem Mangel folgen. 16

Mangelschaden	= Schaden an der Kaufsache selbst,
Mangelfolgeschaden	= Schaden an anderen Rechtsgütern des Käufers

Mangelschaden ist somit der Schaden, der in der Minderwertigkeit des Kaufgegenstandes selbst liegt und der durch Nacherfüllung (Reparatur etc.) beseitigt werden kann. Ein Beispiel für den Mangelschaden ist damit der Reparaturaufwand – nicht dagegen der mangelbedingte Betriebsausfall, der trotz sorgfältiger und rechtzeitiger Reparatur der Sache vom Geschädigten erlitten wird[13]. 17

Der Schadensersatzanspruch bei Mangelschäden richtet sich nach §§ 280 Abs. 3, 281 BGB. Zusätzliche Voraussetzungen neben den oben aufgezählten Voraussetzungen für alle Gewährleistungsrechte sind: 18

- Pflichtverletzung
- Verschulden
- Nachfristsetzung.

Die Pflichtverletzung liegt hier jeweils in der Lieferung einer mangelhaften Sache, da dies gegen die Verkäuferpflichten aus § 433 Abs. 1 BGB verstößt. Ein Verschulden trifft den Verkäufer, wenn er vorsätzlich oder fahrlässig die Mangelhaftigkeit der Sache herbeigeführt hat. Es reicht bei Zwischenhändlern aus, dass dieser fahrlässig nicht erkannt bzw. nicht verhindert hat, dass dem Käufer eine mangelhafte Sache geliefert wurde. 19

Ebenso wie beim Rücktritt ist nach § 281 BGB eine **Nachfristsetzung erforderlich**, die jedoch entbehrlich sein kann. Hier gelten im Ergebnis dieselben Ausnahmetatbestände wie oben beim Rücktritt. Nur der Ausnahmetatbestand „Fixgeschäft" existiert nicht. 20

11 Vgl. § 325 BGB.
12 So explizit Palandt-Weidenkaff, § 437 BGB, Rn. 34, 35.
13 Palandt-Weidenkaff, § 437 BGB, Rn. 34, 35; § 280 BGB, Rn. 18.

21 Eine Nachfristsetzung ist zudem entbehrlich, wenn ein **unbehebbarer Mangel** vorliegt. Lag dieser Mangel bereits bei Vertragsschluss vor, so ist der Verkäufer schadensersatzpflichtig, wenn er dies wusste oder hätte wissen müssen[14]. Entsteht die Unbehebbarkeit des Mangels nach Vertragsschluss, so tritt die Schadensersatzpflicht ein, wenn der Verkäufer die Unbehebbarkeit verschuldet hat[15].

Liegen die oben genannten Voraussetzungen vor, so gibt es für die Berechnung des Schadensersatzanspruchs zwei Möglichkeiten:

- „Kleiner Schadensersatz"

22 Der Käufer behält die mangelhafte Sache und wird so gestellt, als ob der Vertrag vernünftig erfüllt worden wäre[16]. Dabei wird insbesondere die Wertminderung aufgrund des Mangels erstattet.

- „Großer Schadensersatz"

23 Der Käufer kann auch die mangelhafte Sache zurückgeben und Ersatz des Schadens verlangen, der ihm infolge der Nichterfüllung des Vertrags entstanden ist[17]. Diese Möglichkeit steht ihm jedoch nur zu, wenn der Mangel erheblich ist[18]. Was die Erheblichkeit betrifft, so gilt dasselbe wie oben beim Rücktritt: Kann der Mangel z.B. leicht behoben werden, so ist er unerheblich. Der Käufer bekommt hier einen etwaigen gezahlten Kaufpreis zurück und kann z.B. die Kosten der Ersatzbeschaffung (Deckungskauf) geltend machen.

2. Mangelfolgeschäden

24 Die mangelhafte Lieferung der Sache kann auch dazu führen, dass dem Käufer ein Schaden entsteht, der über die mangelbedingte Wertminderung der Sache selbst hinausgeht. Derartige mittelbare Schäden, die andere Rechtsgüter betreffen, werden – wie oben bereits angesprochen – als Mangelfolgeschäden bezeichnet[19].

Beispiel:

Die mangelhafte Heizungsanlage explodiert; sie zerstört dabei Teile des Hauses und verletzt den Hauseigentümer.

Die Schäden am Haus und die Verletzung des Eigentümers sind grundsätzlich als Mangelfolgeschäden erstattungsfähig.

25 Außerdem als Mangelfolgeschaden zu ersetzen sind:

- Gutachterkosten[20],
- der Gewinn, der bei Weiterverkauf oder -vermietung einer Kaufsache hätte verdient werden können, aber wegen des Mangels ausgefallen ist[21].

26 Der Schadensersatzanspruch richtet sich hier nach §§ 437 Nr. 3, 280 Abs. 1 BGB.[22] Es gilt die normale Verjährungsregel des § 438 BGB. Im Wesentlichen gelten die gleichen Voraussetzungen wie oben beim Mangelschaden, d.h., es muss eine Pflichtverletzung und ein Verschulden des Verkäufers vorliegen.

---

14 §§ 437 Nr. 3, 311a BGB.
15 §§ 437 Nr. 3, 283, 280 Abs. 1 BGB.
16 Terminologisch auch „Schadensersatz statt der Leistung".
17 Terminologisch auch „Schadensersatz statt der ganzen Leistung".
18 § 281 Abs. 1 S. 3 BGB.
19 Palandt-Weidenkaff, § 437 BGB, Rn. 35; im Einzelnen: Palandt-Heinrichs, § 280 BGB, Rn. 18, 20.
20 BGH, NJW 2002, 141.
21 Umstritten: siehe hierzu Münchner Kommentar zum BGB, 5. Aufl. 2008, § 437, Rn. 34; Palandt-Weidenkaff, § 437, Rn. 34 ff; hiervon abweichend: AnwK-BGB/Dauner-Lieb § 280, Rn. 74.
22 Terminologisch auch „Schadensersatz neben der Leistung".

Praxistipp:

> *Eine Nachfristsetzung ist beim Mangelfolgeschaden nicht erforderlich.*

3. Schadensersatz wegen Verzögerung der mangelfreien Leistung

Ein Schaden kann dem Käufer auch dadurch entstehen, dass er die mangelfreie Kaufsache nicht rechtzeitig erhält oder dass sich die Nacherfüllung verzögert (z.B. Nutzungsausfall). Derartige Schäden sind zu erstatten, wenn sich der Verkäufer nach § 286 BGB im Verzug befindet. Dabei gelten die eingangs dargestellten allgemeinen Verzugsregeln (siehe dazu oben „Allgemeine Ausführungen zum Kaufrecht", Rn. 15 ff.). Die hierfür erforderliche Mahnung wird grundsätzlich in der Aufforderung zur Nacherfüllung zu sehen sein. **27**

IV. Ersatz vergeblicher Aufwendungen

Statt Schadensersatz kann der Käufer auch Aufwendungsersatz nach § 284 BGB verlangen. Er kann diesen neben Rücktritt und Minderung geltend machen. Hierbei müssen alle Voraussetzungen vorliegen, die auch für den Schadensersatz erfüllt sein müssen. **28**

Vergebliche Aufwendungen sind solche, die im Vertrauen auf den Erhalt der Leistung gemacht wurden, aber aufgrund der Mangelhaftigkeit der Sache nutzlos geblieben sind[23]. In Betracht kommen: Beurkundungs- und Maklergebühren, Kosten für Einbau und Transport. **29**

Vielfach wird man derartige Aufwendungen auch beim Umfang des Schadensersatzes geltend machen können, sodass es dann eines separaten Aufwendungsersatzes nicht mehr bedarf[24].

§ 441 BGB
Minderung

(1) Statt zurückzutreten, kann der Käufer den Kaufpreis durch Erklärung gegenüber dem Verkäufer mindern. Der Ausschlussgrund des § 323 Abs. 5 Satz 2 findet keine Anwendung.

(2) Sind auf der Seite des Käufers oder auf der Seite des Verkäufers mehrere beteiligt, so kann die Minderung nur von allen oder gegen alle erklärt werden.

(3) Bei der Minderung ist der Kaufpreis in dem Verhältnis herabzusetzen, in welchem zur Zeit des Vertragsschlusses der Wert der Sache in mangelfreiem Zustand zu dem wirklichen Wert gestanden haben würde. Die Minderung ist, soweit erforderlich, durch Schätzung zu ermitteln.

(4) Hat der Käufer mehr als den geminderten Kaufpreis gezahlt, so ist der Mehrbetrag vom Verkäufer zu erstatten. § 346 Abs. 1 und § 347 Abs. 1 finden entsprechende Anwendung.

I. Einführung

Gemäß § 441 Abs. 1 BGB kann der Käufer „statt zurückzutreten" den Kaufpreis mindern. Dies bedeutet zweierlei: **1**

1. Rücktritt und Minderung sind nicht nebeneinander möglich. **2**

Der Käufer hat ein Wahlrecht zwischen beiden Möglichkeiten. Die einmal gegenüber dem Verkäufer erklärte Minderung ist jedoch genau wie die Rücktrittserklärung ab Zugang (§ 130

---

23 Vgl. Lorenz, Schadensersatz statt der Leistung, Rentabilitätsvermutung und Aufwendungsersatz im Gewährleistungsrecht, in: NJW 2004, S. 26 (27).

24 LG Bonn, NJW 2004, S. 74.

BGB) unwiderruflich[1]. Hat der Käufer kein Interesse mehr an der Kaufsache oder war es rückblickend ein „schlechter Kauf", wird er tendenziell den Rücktritt wählen.

3 2. Die Voraussetzungen beider Gestaltungsrechte sind identisch[2].

Insoweit kann auf die obigen Ausführungen zum Rücktritt verwiesen werden. Auch der Minderung geht somit zunächst die Nacherfüllung vor. Erst wenn diese erfolglos ist, kann anstelle einer kompletten Rückabwicklung des Vertrags eine Minderung erfolgen. Ebenso ist auch hier eine Nachfristsetzung erforderlich, sofern nicht einer der oben beschriebenen Ausnahmetatbestände greift.

II. Die Minderung im Einzelnen

4 Bei der Minderung behält der Käufer die Sache, er muss jedoch nur einen herabgesetzten Kaufpreis zahlen. Der Kaufpreis wird um den Betrag herabgesetzt, um den der Mangel den Wert der Sache gemessen am Kaufpreis mindert. Hat der Käufer bereits den vollen Kaufpreis bezahlt, so hat ihm der Verkäufer die Differenz nach § 441 Abs. 4 S. 1 BGB zu erstatten. Im Vergleich zum Rücktritt besteht die Besonderheit, dass Minderung auch bei geringfügigen Mängeln möglich ist[3].

5 Für die Berechnung der Minderung gibt § 441 Abs. 3 BGB eine etwas komplizierte Formel vor. Diese soll der Besonderheit Rechnung tragen, dass z.T. „günstig eingekauft" wird – d.h., der Kaufpreis ist geringer als der eigentliche Wert der Sache[4].

$$\text{Geminderter Preis} = \frac{\text{Wert mangelhafte Sache} \times \text{vereinbarter Preis}}{\text{Wert magelfreie Sache}}$$

Beispiel:

Verkratzte Fensterrahmen

Fenster sind ohne Mangel 1000,– Euro wert, sie werden für 800,– Euro verkauft, mit Mangel liegt der Wert bei 600,– Euro.

600 × 800 : 1000 = 480,– Euro; dies ist der geminderte Kaufpreis.

6 Mit dieser Formel bleibt dem Käufer der Vorteil, günstig eingekauft zu haben, erhalten[5]! Wäre der herabgesetzte Kaufpreis 600,– Euro(= Wert mangelhafte Sache), würde der Käufer um den ursprünglich ausgehandelten Preisvorteil gebracht.

Praxistipp:

Geht man im Regelfall davon aus, dass der vereinbarte Preis dem Wert der mangelfreien Kaufsache entspricht, so ist die Berechnung der Minderung vergleichsweise simpel: Der mangelbedingte Minderwert ist einfach vom Kaufpreis abzuziehen. In der Praxis kann der Minderwert vielfach aus dem Betrag, der für die Behebung des Mangels erforderlich ist, berechnet werden.

1 Palandt-Weidenkaff, § 441 BGB, Rn. 10.
2 BT-Drs. 14/6040, S. 235.
3 § 441 Abs. 1 S. 2 BGB.
4 Sogenannte „relative Berechnungsmethode".
5 Zum Ganzen Medicus, Schuldrecht II, Besonderer Teil, S. 25.

Musterformulierung: Minderung 7

Behörde für ländliches Bauen
Mauerstraße 4711
12345 Hochbaustadt
[Datum]

Betrieb
Egon Lotrecht
Ziegelgasse 12
98765 Wandhausen

Kaufvertrag vom ... – Minderung

Sehr geehrter Herr Lotrecht,

am ... haben wir einen Kaufvertrag über ... *[die Lieferung von Baumaterial]* geschlossen.

Am ... *[Datum]* haben wir Ihnen gegenüber im Rahmen einer Mängelanzeige mitgeteilt, dass die gelieferte Ware Mängel aufweist. Ferner haben wir Sie zur Nachlieferung mangelfreier Ware bis zum ... *[Datum]* aufgefordert. Diese Frist haben Sie verstreichen lassen.

Den Minderwert der vorbezeichneten Ware beziffern wir auf ... €. Den bereits gezahlten Kaufpreis setzen wir um diesen Betrag herab. Wir fordern Sie auf, uns diesen Betrag umgehend, spätestens jedoch bis zum ... *[1 Woche]*, zurückzuzahlen.

Mit freundlichen Grüßen
Meyer
Oberbaurat

§ 445a BGB
Rückgriff des Verkäufers

(1) Der Verkäufer kann beim Verkauf einer neu hergestellten Sache von dem Verkäufer, der ihm die Sache verkauft hatte (Lieferant), Ersatz der Aufwendungen verlangen, die er im Verhältnis zum Käufer nach § 439 Absatz 2 und 3 sowie § 475 Absatz 4 und 6 zu tragen hatte, wenn der vom Käufer geltend gemachte Mangel bereits beim Übergang der Gefahr auf den Verkäufer vorhanden war.

(2) Für die in § 437 bezeichneten Rechte des Verkäufers gegen seinen Lieferanten bedarf es wegen des vom Käufer geltend gemachten Mangels der sonst erforderlichen Fristsetzung nicht, wenn der Verkäufer die verkaufte neu hergestellte Sache als Folge ihrer Mangelhaftigkeit zurücknehmen musste oder der Käufer den Kaufpreis gemindert hat.

(3) Die Absätze 1 und 2 finden auf die Ansprüche des Lieferanten und der übrigen Käufer in der Lieferkette gegen die jeweiligen Verkäufer entsprechende Anwendung, wenn die Schuldner Unternehmer sind.

(4) § 377 des Handelsgesetzbuchs bleibt unberührt.

1 Der neu eingefügte § 445a BGB ermöglicht bei der Lieferung von mangelhaftem Material einen Regress entlang der Lieferkette. Der in Anspruch genommene Verkäufer mangelhafter Ware kann damit seinerseits bei seinem Lieferanten für die in § 437 BGB bezeichneten Gewährleistungsrechte – und vor allem für die Nacherfüllung gemäß § 439 BGB – Rückgriff nehmen, §§ 445a Abs. 1 und 2 BGB. Dies gilt nunmehr ausdrücklich auch zwischen Unternehmen, d.h. im B2B Bereich, § 445a Abs. 3 BGB. Im Zusammenhang mit den Erörterungen zum

neuen § 439 Abs. 3 BGB (Erstattung von Aus- und Einbaukosten) wurde dieser Wirkungszusammenhang bereits angesprochen.

2 Ein derartiger erleichterter Rückgriff bestand bislang nur für Verbrauchsgüterkäufe (§ 478 BGB). Die Systematik dieser neuen Rückgriffsvorschrift ähnelt auch derjenigen des § 478 BGB. Damit werden die z.T. bemängelten Unterschiede zwischen B2C- und B2B- Bereich weitgehend eliminiert.

3 Ziel des § 445a BGB ist es, dass Letztverkäufer und Zwischenhändler ihre Aufwendungen, die ihnen im Rahmen ihrer Nacherfüllungspflichten entstehen, in der Lieferkette bis zum Verursacher des Mangels weiterreichen können.[1]

4 Damit wird der Schutz von Handwerkern und Bauunternehmern gestärkt, die sich bislang – wie oben dargelegt – aufgrund der restriktiven Erstattung von Aus- und Einbaukosten in der Regressfalle befanden.[2] Sie schuldeten ihrem Auftraggeber im Rahmen der Nacherfüllung den kostenintensiven Ausbau mangelhafter Baumaterialien und den Einbau des neuen Ersatzmaterials. Von dem Verkäufer des Baumaterials konnten sie dagegen grds. nur die Lieferung des neuen Materials verlangen.

5 Hersteller von Baumaterialien sind damit künftig mit folgender Neuerung konfrontiert: Sie haben ein neues verschuldensunabhängiges Haftungsrisiko, das auch die Erstattungspflicht für Ein- und Ausbaukosten betrifft und entlang der Lieferkette bis zu ihnen regressiert werden kann. Es ist davon auszugehen, dass dieses Risiko künftig kommerziell bei Baumaterialien eingepreist wird.

§ 445b BGB
von Rückgriffsansprüchen

(1) Die in § 445a Absatz 1 bestimmten Aufwendungsersatzansprüche verjähren in zwei Jahren ab Ablieferung der Sache.

(2) Die Verjährung der in den §§ 437 und 445a Absatz 1 bestimmten Ansprüche des Verkäufers gegen seinen Lieferanten wegen des Mangels einer verkauften neu hergestellten Sache tritt frühestens zwei Monate nach dem Zeitpunkt ein, in dem der Verkäufer die Ansprüche des Käufers erfüllt hat. Diese Ablaufhemmung endet spätestens fünf Jahre nach dem Zeitpunkt, in dem der Lieferant die Sache dem Verkäufer abgeliefert hat.

(3) Die Absätze 1 und 2 finden auf die Ansprüche des Lieferanten und der übrigen Käufer in der Lieferkette gegen die jeweiligen Verkäufer entsprechende Anwendung, wenn die Schuldner Unternehmer sind.

1 § 445b BGB regelt die Verjährung der zuvor dargestellten Rückgriffsansprüche. Die Vorschrift entspricht der bislang geltenden Systematik der Verjährung im Verbrauchsgüterkauf (§ 479 BGB).[1] In der Lieferantenkette soll vermieden werden, dass der Rückgriffsanspruch verjährt, bevor der betreffende Rückgriffsberechtigte überhaupt von dem Mangel erfährt. Denn zwischen Herstellung einer Sache und dem Verkauf an den Endverbraucher liegt ein entsprechender Zeitraum.

2 Die Ansprüche verjähren gemäß § 445b Abs. 1 BGB in zwei Jahren ab Ablieferung der Sache. Um eine Weiterreichung der Gewährleistungsansprüche des Letztverkäufers an die Vorverkäufer zu ermöglichen, tritt die Verjährung dieser Ansprüche frühestens zwei Monate nach dem Zeitpunkt ein, in dem der Verkäufer seinerseits die Ansprüche des Käufers erfüllt hat, § 445b Abs. 2 BGB. Diese sogenannte „Ablaufhemmung“ endet jedoch spätestens fünf Jahre ab dem Zeitpunkt, in dem der Vorverkäufer die Sache dem Verkäufer abgeliefert hat. Das „Hinausschieben“ der Verjährung innerhalb der Lieferantenkette ist damit auf fünf Jahre be-

1 Vgl. BR-Drs. 123/16, S. 36.
2 S. oben die Ausführungen zu § 439 Abs. 3 BGB neu.
1 Vgl. hierzu die gesetzgeberische Begründung in: BT-Drs. 18/8486, S. 42.

schränkt, d.h., nach fünf Jahren tritt auf jeden Fall Verjährung ein.[2] § 445b Abs. 3 BGB erstreckt die Anwendung der Verjährungsregel auf den B2B-Bereich.

§ 446 und § 447 BGB

§ 446 BGB
Gefahr- und Lastenübergang

Mit der Übergabe der verkauften Sache geht die Gefahr des zufälligen Untergangs und der zufälligen Verschlechterung auf den Käufer über. Von der Übergabe an gebühren dem Käufer die Nutzungen und er trägt die Lasten der Sache. Der Übergabe steht es gleich, wenn der Käufer im Verzug der Annahme ist.

§ 447 BGB
Gefahrübergang beim Versendungskauf

(1) Versendet der Verkäufer auf Verlangen des Käufers die verkaufte Sache nach einem anderen Ort als dem Erfüllungsort, so geht die Gefahr auf den Käufer über, sobald der Verkäufer die Sache dem Spediteur, dem Frachtführer oder der sonst zur Ausführung der Versendung bestimmten Person oder Anstalt ausgeliefert hat.

(2) Hat der Käufer eine besondere Anweisung über die Art der Versendung erteilt und weicht der Verkäufer ohne dringenden Grund von der Anweisung ab, so ist der Verkäufer dem Käufer für den daraus entstehenden Schaden verantwortlich.

I. Gefahr- und Lastenübergang, § 446 BGB

§ 446 BGB regelt primär die Frage, wer die Gefahr des zufälligen Untergangs und der zufälligen Verschlechterung der Kaufsache im Zuge der Vertragsabwicklung trägt. 1

In der Kommentierung zu § 433 BGB wurde bereits darauf hingewiesen, dass der Verkäufer sich mit Vertragsschluss lediglich verpflichtet, das Eigentum an der Sache zu verschaffen. Der Eigentumswechsel findet damit nicht bei Vertragsschluss, sondern erst mit Übergabe der Kaufsache statt[1]. Der auch in der Bauwirtschaft am häufigsten vorkommende Kauf unter Eigentumsvorbehalt nach § 449 BGB verschiebt den Eigentumserwerb noch weiter nach hinten, nämlich auf den Zeitpunkt der Zahlung der letzten Kaufpreisrate. Hier können also zwischen Vertragsschluss, Übergabe und letzter Ratenzahlung z.T. mehrere Jahre liegen. 2

Da während dieser Zeit viel mit der Kaufsache geschehen kann, drängt sich geradezu die Frage auf, wer hier wann welche zufälligen Risiken zu tragen hat. Die Antwort gibt § 446 BGB: Mit der Übergabe der Kaufsache gehen diese Gefahren auf den Käufer über, deshalb auch der Begriff „Gefahrübergang". 3

Dies ist interessengerecht. Da der Käufer von der Übergabe an die Sache nutzen kann, muss er auch die Zufallsrisiken tragen, zumal die Sache sich in seinem Machtbereich befindet. Zufall bedeutet hier „ohne Verschulden der Vertragsparteien"[2].

§ 446 BGB regelt ferner, dass mit der Übergabe Nutzen und Lasten der Sache auf den Käufer übergehen. 4

2 Vgl. BT-Drs. 18/8486, S. 42. Dort wird der systematische Gleichlauf zur bisherigen Regelung der § 479 BGB ausdrücklich hervorgehoben.
1 Vgl. oben Kommentierung zu § 433 BGB, Rn. 2 ff.
2 Palandt-Weidenkaff, § 446, Rn. 8.

Praxistipp:

Geht die Kaufsache nach Übergabe an den Käufer unter oder verschlechtert sie sich, ist es das Problem des Käufers. Er muss trotzdem den vollständigen Kaufpreis zahlen!

Beispiel:

Der Fensterbauer A liefert dem Bauunternehmer B Fenster. Beide vereinbaren, dass A die Fenster zur Baustelle anliefert. Nachdem B die Fenster auf der Baustelle entgegengenommen hat, werden diese durch ein Unwetter zerstört.

5 Mit der Übergabe der Fenster ist die Gefahr ihrer Zerstörung oder Beschädigung auf den Käufer B übergegangen. Er hat den vollen Kaufpreis an A zu entrichten, obwohl er mit den Fenstern nichts mehr anfangen kann. Dasselbe würde gelten, wenn ein Bauarbeiter die Fenster unachtsam zerstören würde. Hier könnte B sich je nach Sachlage allenfalls an den Bauarbeiter bzw. dessen Firma halten.

6 Scheitert die Übergabe, weil der Käufer sich mit der Annahme der Sache im Verzug befindet, so geht die Gefahr gemäß § 446 S. 3 BGB bereits mit dem Annahmeverzug auf ihn über.

Beispiel:

Im obigen Fall war als Übergabetermin auf der Baustelle 12.00 Uhr mittags vereinbart. B erscheint nicht und A fährt mit den Fenstern unverrichteter Dinge wieder zurück. Ohne dass A ein Verschulden trifft, löst sich das Frachtgut und die vom Fahrzeug fallenden Fenster werden zerstört – auch hier muss B zahlen.

II. Versendungskauf, § 447 BGB

7 Beim Versendungskauf erfolgt der zuvor unter § 446 BGB beschriebene Gefahrübergang noch eher. Im Übrigen gelten die dort genannten Grundsätze.

8 Versendungskauf bedeutet, dass die Sache **auf Verlangen des Käufers** an einen anderen Ort als den Erfüllungsort versendet wird. Erfüllungsort ist dabei der Ort, an dem die Leistung erbracht werden muss (in unserem Fall also die Baustelle)[3]. Der „andere Ort" ist nicht geographisch gemeint, sodass auch abweichende Versendungen innerhalb derselben Stadt ein Versendungskauf sind.

9 Hier geht die Gefahr des zufälligen Untergangs oder der zufälligen Verschlechterung bereits dann auf den Käufer über, wenn der Verkäufer die Ware an die Transportperson ausliefert – und nicht erst mit Übergabe der Ware an den Käufer selbst. Der Grund hierfür liegt darin, dass die Versendung schließlich im Interesse des Käufers erfolgt. Transportperson können dabei Spediteure, Post, oder Bahn sein. Selbstständigkeit ist nicht erforderlich, sodass auch eigene Leute des Verkäufers Transportpersonen sein können[4].

Beispiel:

Wie 1. Fall oben. Jedoch lässt A auf Verlangen des B die Fenster durch einen Spediteur zu einem Gravurbetrieb bringen, da der Bauherr ein besonderes eingraviertes Muster auf der Scheibe wünscht. Auf der Fahrt zum Gravurbetrieb löst sich das Frachtgut und die vom Fahrzeug fallenden Fenster werden zerstört – auch hier muss B zahlen, obwohl ihm die Fenster weder übergeben wurden noch Verzug vorliegt.

---

3 Zum Erfüllungsort: BGH NJW 2003, S. 3941.

4 Palandt-Weidenkaff, § 447 BGB, Rn. 12; Münchener Kommentar – Westermann, 6. Aufl. 2011, § 447 BGB, Rn. 24 und 16, 17.

Dies gilt auch, wenn die Transportperson ein Verschulden trifft. B hat mit der Transportperson 10
keinen Vertrag geschlossen und kann insoweit nicht direkt gegen diese vorgehen. In derartigen Fällen kann jedoch A den Schaden des B bei der beauftragten Transportperson liquidieren; A muss dann den Ersatz an B weitergeben[5].

Eine Ausnahme von den oben genannten Grundsätzen gilt jedoch dann, wenn der Käufer 11
eine besondere Anweisung für die Art der Versendung erteilt hat und der Verkäufer ohne dringenden Grund hiervon abweicht, § 447 Abs. 2 BGB. Die Anweisung kann sich z.B. beziehen auf Versendungsart, Verpackung oder Verladung. In diesem Fall ist ausnahmsweise der Verkäufer für den Schaden verantwortlich.

Praxistipp:

▶ *Sofern die Sache beim Versendungskauf an die Transportperson ausgeliefert ist, hat der Käufer ab diesem Zeitpunkt das Risiko des zufälligen Untergangs der Sache zu tragen; d.h., er muss den Kaufpreis bezahlen.*

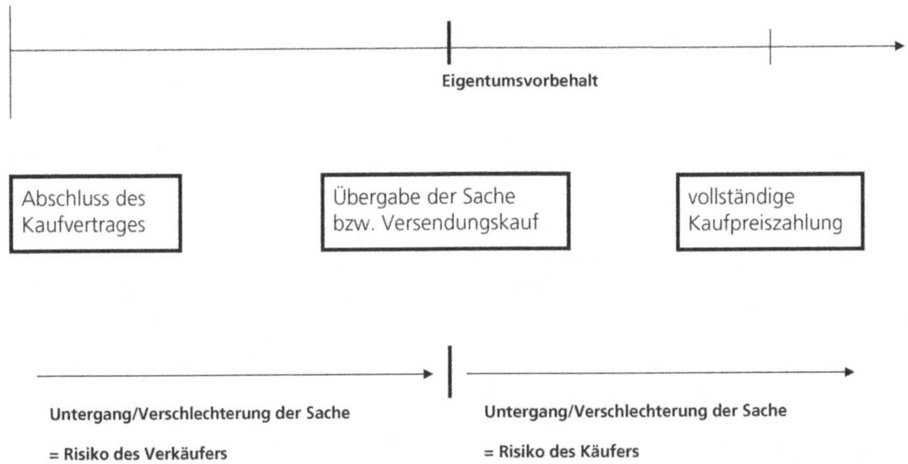

Abbildung: Gefahrübergang, Versendungskauf, Eigentumsvorbehalt

§ 449 BGB
Eigentumsvorbehalt

(1) Hat sich der Verkäufer einer beweglichen Sache das Eigentum bis zur Zahlung des Kaufpreises vorbehalten, so ist im Zweifel anzunehmen, dass das Eigentum unter der aufschiebenden Bedingung vollständiger Zahlung des Kaufpreises übertragen wird (Eigentumsvorbehalt).

(2) Auf Grund des Eigentumsvorbehalts kann der Verkäufer die Sache nur herausverlangen, wenn er vom Vertrag zurückgetreten ist.

(3) Die Vereinbarung eines Eigentumsvorbehalts ist nichtig, soweit der Eigentumsübergang davon abhängig gemacht wird, dass der Käufer Forderungen eines Dritten, insbesondere eines mit dem Verkäufer verbundenen Unternehmens, erfüllt.

5 Sogenannte Drittschadensliquidation.

I. Einführung

1 Wie bereits bei § 433 BGB angedeutet, gehört es zum Wesen des Kaufs, dass der Käufer allein mit Abschluss des Kaufvertrags nicht Eigentümer der Sache wird, sondern grundsätzlich erst mit deren Übergabe. Verschafft der Verkäufer dem Käufer allerdings ohne sofortige Bezahlung durch Übergabe das Eigentum an der Kaufsache, so ist dies für ihn riskant.

2 Der Verkäufer ist hier jedoch genügend abgesichert, wenn er dem Käufer die verkaufte Sache zwar sofort übergibt, sich selbst jedoch bis zur restlosen Zahlung das Eigentum vorbehält. Eine derartige Vereinbarung der Parteien wird gemäß § 449 Abs. 1 BGB als Eigentumsvorbehalt bezeichnet.

3 Juristisch wird beim Eigentumsvorbehalt das Eigentum unter der aufschiebenden Bedingung der vollständigen Kaufpreiszahlung übertragen[1]. Anders gewendet: Erst mit endgültiger Bezahlung erwirbt der Käufer das Eigentum und kann dann mit der Sache nach freiem Belieben verfahren.

4 Wird der Kaufpreis nicht vollständig bezahlt, kann der Käufer nach §§ 346, 323 BGB nach erfolglosem Ablauf einer Zahlungsfrist vom Vertrag zurücktreten. Da er nach wie vor Eigentümer ist, kann er dann – aber auch nur dann – die Sache vom Käufer herausverlangen, § 449 Abs. 2 BGB. Solange der Käufer seine Raten zahlt, hat er ein Recht zum Besitz und muss die Sache nicht herausgeben.

Praxistipp:

▶ *Die obigen Ausführungen beschreiben die Grundform des Eigentumsvorbehalts, der für Verkäufe auf der untersten Handelsstufe, also an den Endverbraucher, „maßgeschneidert" ist (**einfacher Eigentumsvorbehalt**).*

5 Auf höheren Handelsstufen, nämlich bei Händlern und Weiterverarbeitern, greift diese Vereinbarung zu kurz, da sie prinzipiell jede das Eigentum des Verkäufers beeinträchtigende Weiterveräußerung oder -verarbeitung ausschließt.

Deshalb existieren Sonderformen des Eigentumsvorbehalts.

II. Sonderformen des Eigentumsvorbehalts

6 Beim verlängerten Eigentumsvorbehalt[2] erklärt der Verkäufer sich damit einverstanden, dass die Sache weiterveräußert wird. Hierdurch verliert er endgültig sein Eigentum an der Sache. Als „Ausgleich" tritt der Käufer dem Verkäufer jedoch vorab bereits die Geldforderung aus dem Weiterverkauf ab.

7 Der **Verarbeitungsvorbehalt** trägt dem Umstand Rechnung, dass der Käufer einer Sache bei deren Verarbeitung kraft Gesetzes prinzipiell Eigentümer wird, § 950 BGB. Vereinbaren die Parteien jedoch eine Verarbeitungsklausel, wonach der Käufer für den Verkäufer verarbeitet, wird der Verkäufer Eigentümer der neuen Sache.

8 In der Vergangenheit wurde z.T. auch der sogenannte **Konzernvorbehalt** für zulässig gehalten. Der Eigentumserwerb durch den Käufer wurde hier davon abhängig gemacht, dass er auch seine Verbindlichkeiten bei anderen Konzernunternehmen des Verkäufers beglichen hatte. Mittlerweile ist in § 449 Abs. 3 BGB festgelegt, dass dies unzulässig ist[3].

---

1 §§ 929, 158 Abs. 1 BGB. Der Käufer erlangt durch die aufschiebend bedingte Übereignung zunächst nur ein Anwartschaftsrecht als Vorstufe zum Volleigentum.

2 Palandt-Weidenkaff, § 449 BGB, Rn. 18.

3 Die Unzulässigkeit des Konzernvorbehalts beruht letztlich darauf, dass hier die für ein Kreditsicherungsmittel notwendige Verbindung zwischen zu sichernder Sache und Forderung aufgelöst wurde.

III. Besonderheiten im Bauvertragsrecht

Ein Eigentumsvorbehalt kann nur bei beweglichen Sachen vereinbart werden, d.h., bei Grundstücken ist dies nicht möglich. Die Einigung zur Grundstücksübertragung darf nicht an eine Bedingung geknüpft werden[4]. 9

Praxistipp:

▶ *Aus Praktikersicht ist insbesondere zu berücksichtigen, dass auch bei sogenannten wesentlichen Bestandteilen von Sachen kein Eigentumsvorbehalt möglich ist. Wesentliche Bestandteile sind solche, die nicht voneinander getrennt werden können, ohne dass der abgetrennte oder der zurückbleibende Bestandteil zerstört oder wesentlich verändert wird, § 93 BGB.*

Zu den wesentlichen Bestandteilen eines Gebäudes gehören die zur Herstellung des Gebäudes eingefügten Sachen, sofern sie nicht nur vorübergehend eingefügt werden, §§ 94 Abs. 2, 95 Abs. 2 BGB. 10

In Betracht kommen hier z.B.:

- Aufzüge,
- Be- und Entlüftungsanlagen,
- zugeschnittene und verlegte Bodenbeläge,
- Dachgebälk,
- Drainageanlage,
- Heißwasseranlage,
- Heizungsanlage,
- eingepasste Fenster und Türen,
- Wasch- und Badanlage[5].

In all diesen Konstellationen ist ein Eigentumsvorbehalt nicht möglich.

§ 474 BGB
Verbrauchsgüterkauf

(1) Verbrauchsgüterkäufe sind Verträge, durch die ein Verbraucher von einem Unternehmer eine bewegliche Sache kauft. Um einen Verbrauchsgüterkauf handelt es sich auch bei einem Vertrag, der neben dem Verkauf einer beweglichen Sache die Erbringung einer Dienstleistung durch den Unternehmer zum Gegenstand hat.

(2) Für den Verbrauchsgüterkauf gelten ergänzend die folgenden Vorschriften dieses Untertitels. Dies gilt nicht für gebrauchte Sachen, die in einer öffentlich zugänglichen Versteigerung verkauft werden, an der der Verbraucher persönlich teilnehmen kann.

§ 475 BGB
Anwendbare Vorschriften

(1) Ist eine Zeit für die nach § 433 zu erbringenden Leistungen weder bestimmt noch aus den Umständen zu entnehmen, so kann der Gläubiger diese Leistungen abweichend von § 271 Absatz 1 nur unver-

4 Vgl. § 925 Abs. 2 BGB.

5 Beispiele bei Palandt-Ellenberger, § 93 BGB, Rn. 5 ff: „Zur Herstellung eingefügt" sind alle Teile, ohne die das Gebäude nach der Verkehrsanschauung noch nicht fertiggestellt ist.

züglich verlangen. Der Unternehmer muss die Sache in diesem Fall spätestens 30 Tage nach Vertragsschluss übergeben. Die Vertragsparteien können die Leistungen sofort bewirken.

(2) § 447 Absatz 1 gilt mit der Maßgabe, dass die Gefahr des zufälligen Untergangs und der zufälligen Verschlechterung nur dann auf den Käufer übergeht, wenn der Käufer den Spediteur, den Frachtführer oder die sonst zur Ausführung der Versendung bestimmte Person oder Anstalt mit der Ausführung beauftragt hat und der Unternehmer dem Käufer diese Person oder Anstalt nicht zuvor benannt hat.

(3) § 439 Absatz 5 ist mit der Maßgabe anzuwenden, dass Nutzungen nicht herauszugeben oder durch ihren Wert zu ersetzen sind. Die §§ 445 und 447 Absatz 2 sind nicht anzuwenden.

(4) Ist die eine Art der Nacherfüllung nach § 275 Absatz 1 ausgeschlossen oder kann der Unternehmer diese nach § 275 Absatz 2 oder 3 oder § 439 Absatz 4 Satz 1 verweigern, kann er die andere Art der Nacherfüllung nicht wegen Unverhältnismäßigkeit der Kosten nach § 439 Absatz 4 Satz 1 verweigern. Ist die andere Art der Nacherfüllung wegen der Höhe der Aufwendungen nach § 439 Absatz 2 oder Absatz 3 Satz 1 unverhältnismäßig, kann der Unternehmer den Aufwendungsersatz auf einen angemessenen Betrag beschränken. Bei der Bemessung dieses Betrages sind insbesondere der Wert der Sache in mangelfreiem Zustand und die Bedeutung des Mangels zu berücksichtigen.

(5) § 440 Satz 1 ist auch in den Fällen anzuwenden, in denen der Verkäufer die Nacherfüllung gemäß Absatz 4 Satz 2 beschränkt.

(6) Der Verbraucher kann von dem Unternehmer für Aufwendungen, die ihm im Rahmen der Nacherfüllung gemäß § 439 Absatz 2 und 3 entstehen und die vom Unternehmer zu tragen sind, Vorschuss verlangen.

I. Einführung

1 Seit dem Jahr 2002 existieren für das Kaufrecht (nicht für das Werkvertragsrecht!) Sonderregeln für das Vertragsverhältnis zwischen privaten Verbrauchern und Unternehmern. Hierbei handelt es sich um die Umsetzung europarechtlicher Vorgaben, der sogenannten Verbrauchsgüterkaufrichtlinie der EU[1]. Im Wesentlichen geht es um den Schutz des Verbrauchers in seiner Eigenschaft als Käufer. Die zuvor beschriebenen allgemeinen Regeln des Kaufrechts enthalten insoweit in den §§ 474 bis 479 BGB Abweichungen zugunsten des Käufers.

2 Mit der Reform des Bauvertragsrechts zum 01.01.2018 sind auch einige Regelungen des Verbrauchsgüterkaufs redaktionell angepasst worden. Der Hintergrund hierfür ist folgender: Die bislang nur für Verbrauchsgüterkäufe bestehende Rückgriffsmöglichkeit des Unternehmers (§ 478 BGB) gegenüber seinem Lieferanten in der Lieferkette ist in den allgemeinen Bereich des Kaufrechts übernommen worden.[2] Durch den neu eingefügten § 445a BGB (Rückgriff des Verkäufers) wird dieses System auf den Verkehr zwischen Unternehmern ausgeweitet. B2C- und B2B-Bereich erhalten damit ein vergleichbares Normensystem. Der wesentliche verbleibende Unterschied der §§ 474 ff. BGB ist die Beweislastumkehr zu Gunsten des Verbrauchers. Kern der Anpassungen beim Verbrauchsgüterkauf ist es, dies alles umfassend redaktionell abzubilden.[3]

3 § 474 BGB beschränkt sich nunmehr auf den – inhaltlich unveränderten – Begriff des Verbrauchsgüterkaufs und eine allgemeine Verweisungsregel. Die dort bislang zusätzlich aufgeführten kaufrechtlichen gesetzlichen Verweise sind in einen neu eingefügten § 475 BGB überführt worden. Demgemäß verschieben sich die bisherigen §§ 475 (Abweichende Vereinbarungen) und 476 BGB (Beweislastumkehr) redaktionell jeweils um eine Vorschrift. § 477 BGB (Sonderbestimmungen für Garantien) wird zu § 479 BGB. Der in § 478 BGB geregelte Rückgriff des Unternehmers verbleibt redaktionell an derselben Stelle, ist jedoch gestrafft und verweist auf die vorher dargestellte neu eingeführte Rückgriffsvorschrift des § 445a BGB. Die Verjährungsvorschrift des § 479 BGB ist obsolet geworden, da sie in § 445b BGB eingeflossen

1 Richtlinie 1999/40/EG v. 25.5.1999 Amtsblatt L 171 v. 7.7.1999, S. 12.
2 S. oben die Ausführungen zu § 445a BGB.
3 Vgl. hierzu die gesetzgeberische Begründung in: BT-Drs. 18/8486, S. 27.

ist. Der Deutsche Richterbund nennt diese redaktionellen Anpassungen eine „komplizierte Gesamtregelung".[4]

Die wesentliche inhaltliche Neuerung im Verbrauchsgüterkauf ist das beschränkte Leistungsverweigerungsrecht des Unternehmers in § 475 Abs. 4 BGB. Diese Vorschrift regelt ein beschränktes Leistungsverweigerungsrecht des Unternehmers. Während unter Kaufleuten die Nacherfüllung in bestimmten Fällen verweigert werden kann, wenn sie nur mit unverhältnismäßigen Kosten möglich ist (§ 439 Abs. 4 BGB), gilt dies nicht beim Verbrauchsgüterkauf. 4

II. Der Verbrauchsgüterkauf im Einzelnen

Sofern ein Verbraucher von einem Unternehmer eine bewegliche Sache erwirbt, bezeichnet 5
das Gesetz dies als Verbrauchsgüterkauf.

Verbraucher ist nach § 13 BGB derjenige, der ein Geschäft abschließt, das weder einer gewerblichen noch einer selbstständigen beruflichen Tätigkeit zuzuordnen ist. Kurz gefasst: Es handelt sich um einen Kauf zu privaten Zwecken. Bei einem gemischten Zweck – z.B. Pkw für berufliche und private Zwecke – kommt es darauf an, was überwiegt. Der Verkäufer muss Unternehmer sein. Dies ist nach § 14 BGB jeder, der bei Vertragsschluss in Ausübung einer gewerblichen oder selbstständigen Tätigkeit handelt.

Die Regeln des Verbrauchsgüterkaufs gelten somit nicht für Käufe zwischen Verbrauchern 6
oder zwischen Unternehmern. Sie gelten auch nicht, wenn der Verkäufer ein Verbraucher ist. Schließlich stellt § 474 Abs. 2 S. 2 BGB klar, dass auch der Kauf gebrauchter Sachen in einer öffentlichen Versteigerung nicht unter diese Regeln fällt.

§ 475 Abs. 3 S. 1 BGB besagt zugunsten des Verbrauchers Folgendes: 7

Im Falle der Nacherfüllung hätte der Käufer bei Rückgabe der mangelhaften Sache eigentlich die gezogenen Nutzungen, d.h. auch die Gebrauchsvorteile (§ 100 BGB) herauszugeben, § 439 Abs. 5 i.V.m. § 346 Abs. 1 BGB[5]. Der Käufer müsste damit den Wert der Gebrauchsvorteile ersetzen, § 346 Abs. 2 Nr. 1 BGB. Rechtsprechung[6] und Gesetzgebung haben den Verbraucherschutz allerdings höher eingestuft als diese Gesetzesvorgaben und so wurde schließlich in § 475 Abs. 3 S. 2 BGB ein Anspruch auf Nutzungs- bzw. Wertersatz im Verhältnis Unternehmer/Verbraucher ausgeschlossen.

Zu beachten ist allerdings: Tritt der Käufer nach fruchtlosem Ablauf einer dem Verkäufer gesetzten Frist vom Kaufvertrag zurück und verlangt Rückerstattung des Kaufpreises, muss er gezogene Nutzungen ersetzen, §§ 437 Nr. 2, 323, 346 Abs. 1, 100 BGB[7].

§ 474 Abs. 3 S. 2 enthält weitere den Verbraucher begünstigende Sonderregelungen:

Ersteigert ein Verbraucher bei einer öffentlichen Versteigerung[8] Gegenstände, so findet die Haftungsbeschränkung des § 445 BGB keine Anwendung. Verbraucher genießen hier umfassende Gewährleistungsrechte.

Die oben dargestellten Regeln des Versendungskaufs nach § 447 BGB gelten für Verbraucher ebenfalls nicht. Das Vorverlegen des Gefahrübergangs erfasst den Verbraucher damit nicht.

4 Vgl. Stellungnahme Deutscher Richterbund Nr. 24/15 vom November 2015.
5 Dies war ursprünglich auch Absicht des Gesetzgebers, siehe BT-Drs. 14/6040 S. 232 f.
6 EuGH NJW 2008, S. 1433; BGH NJW 2009, S. 427.
7 Die VerbrauchsgüterkaufRL steht diesem Anspruch nicht entgegen, BGH NJW 2010, S. 148.
8 Erfasst werden nur öffentliche Versteigerungen i.S.v. § 383 Abs. 3 BGB, BGH NJW 2006, S. 613. Internetauktionen sind keine Versteigerungen im Rechtssinne (§ 156), sondern Verkäufe zum Höchstgebot, BGH NJW 2002, S. 363.

§ 476 BGB
Abweichende Vereinbarungen

(1) Auf eine vor Mitteilung eines Mangels an den Unternehmer getroffene Vereinbarung, die zum Nachteil des Verbrauchers von den §§ 433 bis 435, 437, 439 bis 443 sowie von den Vorschriften dieses Untertitels abweicht, kann der Unternehmer sich nicht berufen. Die in Satz 1 bezeichneten Vorschriften finden auch Anwendung, wenn sie durch anderweitige Gestaltungen umgangen werden.

(2) Die Verjährung der in § 437 bezeichneten Ansprüche kann vor Mitteilung eines Mangels an den Unternehmer nicht durch Rechtsgeschäft erleichtert werden, wenn die Vereinbarung zu einer Verjährungsfrist ab dem gesetzlichen Verjährungsbeginn von weniger als zwei Jahren, bei gebrauchten Sachen von weniger als einem Jahr führt.

(3) Die Absätze 1 und 2 gelten unbeschadet der §§ 307 bis 309 nicht für den Ausschluss oder die Beschränkung des Anspruchs auf Schadensersatz.

§ 477 BGB
Beweislastumkehr

Zeigt sich innerhalb von sechs Monaten seit Gefahrübergang ein Sachmangel, so wird vermutet, dass die Sache bereits bei Gefahrübergang mangelhaft war, es sei denn, diese Vermutung ist mit der Art der Sache oder des Mangels unvereinbar.

I. Abweichende Vereinbarungen, § 476 BGB

1 § 476 BGB ist die für den Verbraucher maßgebliche Vorschrift des Verbrauchsgüterkaufs. Hiernach dürfen bei den Gewährleistungsrechten im Vorhinein prinzipiell keine abweichenden Vereinbarungen zu seinen Lasten getroffen werden. Die oben dargestellten gesetzlichen Regeln des BGB sind zwingend. Dies gilt sowohl für ausdrückliche Vereinbarungen als auch für Umgehungsgestaltungen[1]. Hierin liegt eine Einschränkung der Vertragsfreiheit zum Schutze des Verbrauchers. Vereinbarungen, die im Nachhinein, d.h. nach Mitteilung eines Mangels, getroffen werden, sind demgegenüber zulässig.

2 Im Einzelnen verbietet § 476 BGB für folgende Situationen nachteilige abweichende Vereinbarungen:

- Nacherfüllung (= Nachbesserung/Nachlieferung),
- Rücktritt,
- Minderung,
- Gewährleistungsausschluss bei Kenntnis des Käufers,
- Beschaffenheits- und Haltbarkeitsgarantie.

Praxistipp:

Der vertragliche Ausschluss oder die Beschränkung des Schadensersatzes ist demgegenüber nach § 476 Abs. 3 BGB zulässig. Bei formularmäßigen Verträgen sind hier lediglich die Grenzen des AGB-Rechts zu beachten.

3 Hinsichtlich der Verjährung verbietet § 476 Abs. 2 BGB die vorweggenommene Verkürzung der Verjährung zu Lasten des Verbrauchers. Bei Neusachen darf eine Verjährungsfrist von zwei Jahren und bei gebrauchten Sachen von einem Jahr nicht unterschritten werden. Dies gilt auch beim Schadensersatz[2]. Gebrauchte Sachen können damit nicht mehr ohne Gewährleistung „wie besichtigt" an einen Verbraucher verkauft werden.

1 Vgl. § 475 Abs. 1 S. 2 BGB.
2 Palandt-Weidenkaff, § 475 BGB, Rn. 9 ff.

II. Beweislastumkehr, § 477 BGB

Macht der Käufer Sachmängel geltend, muss er deren Voraussetzungen auch beweisen. Insbesondere muss bewiesen werden, dass der Mangel bereits bei Gefahrübergang vorlag und nicht erst später, z.B. durch Gebrauch oder Abnutzung, entstanden ist[3]. 4

§ 477 BGB enthält hier eine Beweislastumkehr zu Gunsten des Verbrauchers: Zeigt sich der Mangel innerhalb der ersten sechs Monate nach Gefahrübergang, so wird vermutet, dass der Mangel bereits von Anfang an vorlag[4]. Der Verkäufer muss diese Vermutung durch Beweis des Gegenteils widerlegen[5]. Die Vermutung gilt ausnahmsweise dann nicht, wenn sie mit der Art der Sache oder des Mangels unvereinbar ist. Betroffen sind hier z.B. gebrauchte Sachen mit hohem Abnutzungsgrad[6] oder wenn der Mangel an der Sache für den Laien offenkundig war (z.B. äußerliche Beschädigungen an der Kaufsache)[7]. 5

Im Ergebnis kommt die Mängelhaftung bei Verbrauchern hiermit einer Haltbarkeitsgarantie im Sinne von § 443 BGB zumindest für sechs Monate nahe. 6

Beispiel:

Bauunternehmer U verkauft an den Verbraucher V Fenster, die er nach den von V angegebenen Maßen angefertigt hat. V baut die Fenster selbst ein. Nach fünf Monaten brechen einige Fenstergriffe ab. U behauptet, die Griffe seien übermäßig stark belastet worden. Weshalb die Griffe abgebrochen sind, bleibt letztlich ungeklärt.

U hat Pech gehabt. Aufgrund der Beweislastumkehr des § 477 BGB muss er neue Griffe einbauen.

§ 478 BGB
Sonderbestimmungen für den Rückgriff des Unternehmers

(1) Ist der letzte Vertrag in der Lieferkette ein Verbrauchsgüterkauf (§ 474), findet § 477 in den Fällen des § 445a Absatz 1 und 2 mit der Maßgabe Anwendung, dass die Frist mit dem Übergang der Gefahr auf den Verbraucher beginnt.

(2) Auf eine vor Mitteilung eines Mangels an den Lieferanten getroffene Vereinbarung, die zum Nachteil des Unternehmers von Absatz 1 sowie von den §§ 433 bis 435, 437, 439 bis 443, 445a Absatz 1 und 2 sowie von § 445b abweicht, kann sich der Lieferant nicht berufen, wenn dem Rückgriffsgläubiger kein gleichwertiger Ausgleich eingeräumt wird. Satz 1 gilt unbeschadet des § 307 nicht für den Ausschluss oder die Beschränkung des Anspruchs auf Schadensersatz. Die in Satz 1 bezeichneten Vorschriften finden auch Anwendung, wenn sie durch anderweitige Gestaltungen umgangen werden.

(3) Die Absätze 1 und 2 finden auf die Ansprüche des Lieferanten und der übrigen Käufer in der Lieferkette gegen die jeweiligen Verkäufer entsprechende Anwendung, wenn die Schuldner Unternehmer sind.

---

3 BGH, NJW 2007, S. 2621, kritisch hierzu: Klöhn, Beweislastumkehr beim Verbrauchsgüterkauf, NJW 2007, S. 2811 ff., der die Vermutungswirkung weiter als der BGH fassen möchte oder auch OLG Brandenburg DAR 2009, 52 ff.

4 Steht eindeutig fest, dass der Mangel bei Gefahrübergang noch nicht vorlag, wird allerdings nicht vermutet, dass ein latenter Grundmangel bei Gefahrübergang vorhanden war. Nach Auffassung des BGH muss der Käufer in diesem Fall den Grundmangel beweisen (zum übermäßigen Verschleiß als Grundmangel siehe BGH NJW 2009, 580 ff.). § 476 ist aber anwendbar, wenn der Mangel bei Gefahrübergang vorgelegen haben kann, jedoch auch andere Ursachen in Betracht kommen: BGH NJW 2007, 2621 ff.

5 Vgl. BGH NJW 2004, S. 2299.

6 Westermann, Das neue Kaufrecht, in: NJW 2002, S. 241 (251).

7 Palandt-Weidenkaff § 476, Rn. 11.

I. Rückgriff des Unternehmers, § 478 BGB

1 Während in den vorangegangenen Erläuterungen in erster Linie der Käufer und sein Verbraucherstatus im Vordergrund standen, regelt das Rückgriffsrecht des § 478 BGB weitere Konsequenzen auf Unternehmerseite. Die gesetzliche Neuregelung ab dem 01.01.2018 trifft hier keine neuen Wertentscheidungen. Wie in der Einführung zum Verbrauchsgüterkauf dargelegt, dient diese Vorschrift als „Muster" für die neu eingefügte Rückgriffsregelung des § 445a BGB. Durch die Formulierung „Sonderbestimmungen für den Rückgriff" wird klargestellt, dass es sich um Sonderregelungen zu der allgemeinen Rückgriffsvorschrift des § 445a BGB handelt.[1] Im Einzelnen soll hierbei verhindert werden, dass der Letztverkäufer (i.d.R. der Einzelhandel) alle Nachteile des verbesserten Verbraucherschutzes zu tragen hat, obwohl der Mangel seine Ursache nicht bei ihm, sondern im Herstellungsprozess hat. Dies wird dadurch erreicht, dass im Rahmen einer Lieferkette (Hersteller – Großhändler – Einzelhändler) jeder bei seinem „Vordermann" Rückgriff nehmen kann, wenn beim Letztverkäufer ein Verbrauchsgüterkauf vorliegt[2].

Kurz gefasst: Die Kosten des Verbraucherschutzes werden auf denjenigen abgewälzt, bei dem der Mangel entstanden ist.

2 Der Rückgriff erfolgt grundsätzlich im Rahmen der allgemeinen Gewährleistungsrechte. Es bestehen die Rechte auf Nacherfüllung, Rücktritt, Schadensersatz und Minderung. Im Falle einer Nacherfüllung ist insbesondere auch der Aufwendungsersatz (z.B. Transport-, Material- und Arbeitskosten) zu tragen[3]. Die Beweislastumkehr des § 477 BGB gilt ab Gefahrübergang auf den Verbraucher, d.h. für die gesamte Lieferkette[4].

3 ***Praxistipp:***

Beim Rückgriff ist eine Fristsetzung entbehrlich. Damit soll das „Durchreichen" der Ansprüche erleichtert werden. Mangels Fristsetzung entfällt auch das oben beschriebene Recht zur zweiten Andienung, sodass der Vorrang der Nacherfüllung nicht gilt.

Beispiel:

Wie oben: Bauunternehmer U kann Rückgriff beim Händler bzw. Fensterhersteller nehmen und die Kosten für die neuen Fenstergriffe des V dort geltend machen.

4 Die Rückgriffsmöglichkeit kann ein Unternehmer aus der Lieferantenkette lediglich dadurch vermeiden, dass er anstelle der Gewährleistungsrechte seinem „Hintermann" gemäß § 478 Abs. 2 BGB einen gleichwertigen Ausgleich einräumt. Dieser Ausgleich kann z.B. in einem Preisnachlass oder günstigeren Zahlungsbedingungen liegen. Fraglich ist, was ein „gleichwertiger" Ausgleich ist. Hierbei kann sich der Unternehmer z.B. an den jährlich anfallenden Rückstellungen für Gewährleistungsansprüche gemessen an seinen Gesamtumsätzen orientieren und diesen Prozentsatz als Preisnachlass anbieten.

1 Ausführlich hierzu die gesetzgeberische Begründung in: BT-Drs. 18/8486, S. 46.
2 § 478 Abs. 5 BGB; zur Gesamtthematik auch Matthes, Der Herstellerregress nach § 478 BGB in allgemeinen Geschäftsbedingungen, in: NJW 2002, S. 2505 (2506).
3 Hierfür enthält § 478 Abs. 2 BGB eine eigene Anspruchsgrundlage.
4 Vgl. § 478 Abs. 3 BGB.

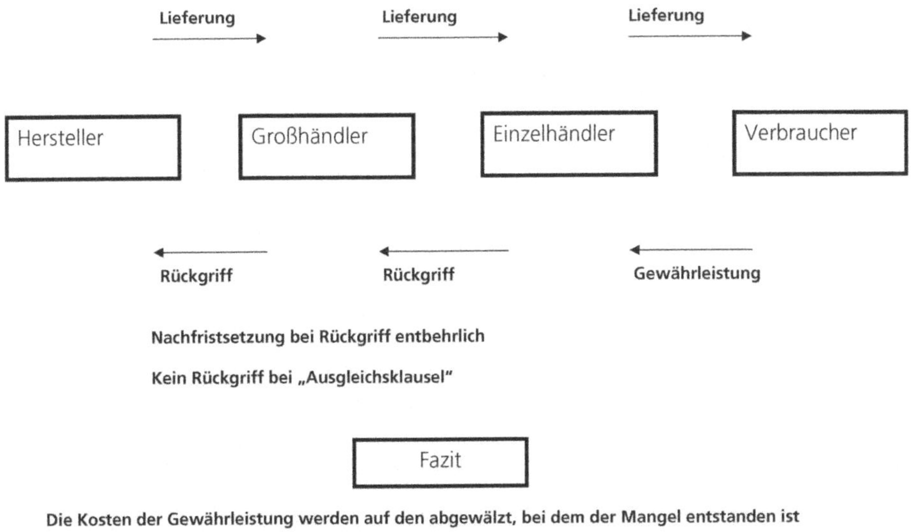

Abbildung: Rückgriff beim Verbrauchsgüterkauf

Der Grund für eine derartige Ausgleichsklausel liegt auf der Hand: Der Unternehmer will sich von dem schwer kalkulierbaren Risiko von Rückgriffsansprüchen freizeichnen. **5**

Praxistipp:

Eine entsprechende Klausel könnte z.B. wie folgt lauten:
„Rückgriffsansprüche des Bestellers nach § 478 BGB gegen den Lieferanten sind ausgeschlossen. Als Ausgleich hierfür vereinbaren die Parteien, dass der Besteller einen Preisnachlass in Höhe von ... % des vereinbarten Entgelts erhält."

II. Verjährung von Rückgriffsansprüchen, § 478 BGB

Die Verjährung der Rückgriffsansprüche war bislang in § 479 BGB geregelt und ist nunmehr unverändert in 445b BGB eingeflossen.[5] **6**

§ 479 BGB
Sonderbestimmungen für Garantien

(1) Eine Garantieerklärung (§ 443) muss einfach und verständlich abgefasst sein. Sie muss enthalten:

1. den Hinweis auf die gesetzlichen Rechte des Verbrauchers sowie darauf, dass sie durch die Garantie nicht eingeschränkt werden, und

2. den Inhalt der Garantie und alle wesentlichen Angaben, die für die Geltendmachung der Garantie erforderlich sind, insbesondere die Dauer und den räumlichen Geltungsbereich des Garantieschutzes sowie Namen und Anschrift des Garantiegebers.

(2) Der Verbraucher kann verlangen, dass ihm die Garantieerklärung in Textform mitgeteilt wird.

(3) Die Wirksamkeit der Garantieverpflichtung wird nicht dadurch berührt, dass eine der vorstehenden Anforderungen nicht erfüllt wird.

5 S. oben die Ausführungen zu § 445b BGB.

I. Sonderbestimmungen für Garantien, § 479 BGB

1 Der neue § 479 BGB enthält Sonderbestimmungen für Garantien bei Verbrauchsgüterkäufen. § 479 BGB entspricht dem bisherigen § 477 BGB und nimmt dessen Regelungen unverändert auf.[1]

2 Die Käuferrechte des § 443 BGB für Garantieerklärungen gelten uneingeschränkt auch beim Verbrauchsgüterkauf. § 479 BGB stellt zusätzliche Erfordernisse für den Inhalt der Garantieerklärung auf. Hierdurch soll der Verbraucher vor unklaren Garantien geschützt werden. Die zuvor beschriebene Beweislastumkehr gilt auch hier.

3 Die Garantie muss einfach und verständlich gefasst sein, einen Hinweis auf das Nebeneinander von Garantie und allgemeinen Gewährleistungsrechten enthalten und ferner die Anforderungen für die Geltendmachung der Garantierechte enthalten. Im Übrigen ist dem Verbraucher die Garantieerklärung auf sein Verlangen hin in Textform zur Verfügung zu stellen.

4 Ein Verstoß gegen diese Anforderungen führt jedoch nicht zur Unwirksamkeit der Garantie, denn anderenfalls würde sich diese zum Schutz des Verbrauchers dienende Regelung für ihn nachteilig auswirken[2]. In erster Linie können daher die Verwender unklarer Garantien über den Verbraucherschutz auf Unterlassung in Anspruch genommen werden[3].

Verkäufer

= Unternehmer
gewerblicher Verkauf

Käufer

= Verbraucher
privater Kauf

Besonderheiten

Schutz des Verbrauchers!

Gewährleistungsrechte des Käufers dürfen nicht vorab eingeschränkt werden

Zeigt sich in den ersten sechs Monaten ein Mangel, so wird vermutet, dass dieser von Anfang an vorlag (Beweislastumkehr)

Garantien des Verkäufers müssen einfach und verständlich gefasst sein

Regeln des Versendungskaufs gelten nicht

Verkäufer hat gegenüber seinem Lieferanten besondere Rückgriffsmöglichkeit

Abbildung: Besonderheiten des Verbrauchsgüterkaufs

1 Vgl. BT-Drs. 18/8486, S. 46.
2 Westermann, Das neue Kaufrecht, in: NJW 2002, S. 241 (251).
3 Palandt/Weidenkaff, § 477, Rn. 14: Bei Unklarheiten Auslegung zugunsten des Verbrauchers, § 305c II analog; Schadensersatzansprüche des Verbrauchers nach § 311 II, 241 II, 280 I; Unterlassungsklage nach § 2 Unterlassungsklagengesetz.

C. Checklisten

I. Checkliste 1: Allgemeines Schuldrecht

Zentrale Vorschrift bei Leistungsstörungen: § 280 BGB – Schadensersatz als Rechtsfolge	Die Generalvorschrift ist **§ 280 Abs. 1 BGB**. Danach führt jede Pflichtverletzung zu einem Schadensersatzanspruch, wenn den Verkäufer ein Verschulden trifft. Der Haftungsmaßstab hierfür ergibt sich aus § 276 BGB. Dabei muss der Verkäufer sein Nichtverschulden beweisen. Die Struktur der Schadensersatzregelungen ergibt sich aus § 280 Abs. 2 und Abs. 3 BGB.	1
Unmöglichkeit § 275 BGB; § 311a BGB; §§ 280, 283 BGB	Nach § 275 Abs. 1 BGB führen alle Fälle der **Unmöglichkeit** zur Befreiung des Verkäufers von seiner Leistungspflicht: Bei Teilunmöglichkeit wird der Verkäufer frei, „soweit" die Leistung unmöglich ist. **Rechtsfolgen:** Es muss zwischen anfänglicher und nachträglicher Unmöglichkeit unterschieden werden. Bei **anfänglicher** Unmöglichkeit (Unmöglichkeit tritt vor Abschluss des Vertrages ein) haftet der Verkäufer nach § 311a Abs. 2 BGB auf Schadensersatz, sofern er das Leistungshindernis kannte oder kennen musste. Wahlweise kann der Käufer auch Ersatz der vergeblichen Aufwendungen nach §§ 311a Abs. 2, 284 BGB verlangen. Bei **nachträglicher** Unmöglichkeit ergibt sich der Schadensersatzanspruch aus §§ 280 ff., 283 BGB, sofern der Verkäufer das Leistungshindernis zu vertreten hat. Erlangt der Verkäufer für den geschuldeten Gegenstand einen Ersatz oder einen Ersatzanspruch, ist er nach § 285 BGB auf Verlangen des Käufers zur Herausgabe verpflichtet. Bei einem **gegenseitigen Vertrag** entfällt der Anspruch auf die **Gegenleistung** grundsätzlich nach § 326 Abs. 1 BGB. Soweit der Verkäufer nicht zu leisten braucht, muss auch der Käufer seine Gegenleistung (Geldzahlung) nicht erbringen. Bereits erbrachte Leistungen kann der Käufer nach Rücktrittsregeln zurückverlangen (§ 326 Abs. 4 BGB). **Ausnahmsweise** behält der Verkäufer den Anspruch auf die Gegenleistung, wenn der Käufer das Leistungshindernis ganz oder weit überwiegend zu vertreten hat oder er in Annahmeverzug war (§ 326 Abs. 2 BGB). Der Verkäufer muss sich aber Vorteile, die durch den Wegfall der eigenen Leistungspflicht entstehen, anrechnen lassen.	
Rücktritt § 326 BGB; § 325 BGB	Gemäß § 326 Abs. 5 BGB kann der Käufer auch ohne Fristsetzung vom Vertrag zurücktreten. Neben dem Rücktritt kann auch noch Schadensersatz verlangt werden, § 325 BGB.	

Verzug § 286 BGB; § 288 BGB	Die Voraussetzungen des **Verzugs** – Fälligkeit, Mahnung oder fester Termin, Verschulden – sind in § 286 BGB zusammengefasst. § 286 Abs. 2 BGB nennt Fälle der Entbehrlichkeit der Mahnung. Die Höhe der **Verzugszinsen bei Geldschulden** ergibt sich aus § 288 BGB. Sie beträgt für Verbraucher fünf Prozentpunkte über dem Basiszinssatz. Für Rechtsgeschäfte, an denen ein Verbraucher nicht beteiligt ist, gelten acht Prozentpunkte über dem Basiszinssatz. Der Basiszinssatz verändert sich automatisch jeweils zum 1.1. und zum 1.7. und zwar, wie der Hauptrefinanzierungssatz der EZB gestiegen oder gefallen ist, vgl. § 247 BGB. **Rechtsfolgen**: Der Käufer kann zum einen neben der Vertragserfüllung den durch die Verzögerung entstandenen Schaden ersetzt verlangen (§§ 280 Abs. 1, 2, 286 BGB). Zum anderen kann er nach einer erfolglos verstrichenen Frist von der Erfüllung absehen und Schadensersatz statt der Leistung fordern (§ 280 Abs. 1 und 3, 281 Abs. 1 Satz 1 BGB). Er kann auch vom Vertrag zurücktreten, wenn die Leistung nicht oder nicht vertragsgemäß erbracht wird (§ 323 BGB). Hierfür ist grds. eine Fristsetzung erforderlich.
Nebenpflichtverletzung; Schlechterfüllung § 280 BGB, § 241 Abs. 2 BGB Früher auch Positive Vertragsverletzung (pVV)	Der Anspruch auf Schadensersatz folgt unmittelbar aus § 280 Abs. 1 BGB, soweit es sich um Vertragstypen handelt, die keine eigenen Gewährleistungsregeln aufweisen (z.B. Dienstvertrag, Auftrag). Hier gilt dann § 280 BGB anstelle des Gewährleistungsrechts. Im **Kaufrecht** erfasst § 280 Abs. 1 BGB die Verletzung von Nebenpflichten. **Rechtsfolgen**: Der durch die Pflichtverletzung entstandene Schaden ist zu ersetzen.
Vorvertragliche Pflichtverletzung § 280 Abs. 1 BGB § 311 Abs. 2 BGB § 241 Abs. 2 BGB Früher culpa in contrahendo (cic) („Verschulden vor Vertragsschluss")	Die Haftung aus **culpa in contrahendo (c.i.c.)** beruht auf einer vorvertraglichen Pflichtverletzung. Diese Bereiche sind nunmehr in § 311 BGB geregelt. Hiernach entsteht ein (vorvertragliches) Schuldverhältnis bei der Aufnahme von Vertragsverhandlungen, bei sonstigen Vertragsanbahnungen und ähnlichen geschäftlichen Kontakten. Über die Regelung des § 311 Abs. 3 BGB werden gegebenenfalls Dritte, die nicht Vertragspartner werden sollen, mit einbezogen. Anspruchsgrundlage ist § 280 Abs. 1 i.V.m. § 311 Abs. 2 BGB. Aus dem vorvertraglichen Schuldverhältnis erwachsen die in § 241 Abs. 2 angesprochenen Verhaltenspflichten. **Rechtsfolgen:** Vorvertragliche Pflichtverletzungen begründen einen Schadensersatzanspruch. Der Geschädigte ist so zu stellen, wie er ohne die Pflichtverletzung stehen würde.

Wegfall der Geschäftsgrundlage § 313 BGB	Der **Wegfall der Geschäftsgrundlage (WGG)** ist in § 313 BGB normiert. § 313 BGB regelt in Abs. 1 den Wegfall der „objektiven" Geschäftsgrundlage und in Abs. 2 den Wegfall der „subjektiven" Geschäftsgrundlage. Nach § 313 Abs. 1 BGB liegt eine Störung der objektiven Geschäftsgrundlage vor, wenn • sich nach Vertragsschluss Umstände verändern, die nicht Inhalt des Vertrages geworden sind, • die Parteien den Vertrag nicht oder mit anderem Inhalt geschlossen hätten, wenn sie die Änderung vorhergesehen hätten und • das Festhalten am Vertrag für einen Teil unzumutbar ist. Nach § 313 Abs. 2 BGB liegt eine Störung der subjektiven Geschäftsgrundlage vor, wenn • wesentliche Vorstellungen, die zur Grundlage des Vertrages geworden sind, sich als falsch herausstellen, • die Parteien den Vertrag nicht oder mit anderem Inhalt geschlossen hätten, wenn sie die Änderung vorhergesehen hätten, und • das Festhalten am Vertrag für einen Teil unzumutbar ist. **Rechtsfolgen:** In erster Linie besteht ein Recht zur Vertragsanpassung. Kommt eine Vertragsanpassung nicht in Betracht, besteht ein Rücktrittsrecht bzw. ein Recht zur Kündigung bei Dauerschuldverhältnissen.

II. Checkliste 2: Gewährleistungsrechte im Schuldrecht

Allgemeines	Wichtigste Neuerung seit 2002: Nach § 433 Abs. 1 Satz 2 BGB hat der Verkäufer nicht nur einfach eine Sache, sondern vielmehr eine **mangelfreie Sache** zu liefern. Vorher ist der Vertrag nicht erfüllt und der Käufer hat insoweit einen Nacherfüllungsanspruch. Für den **Verbrauchsgüterkauf**, also Verträge zwischen einem Unternehmer als Verkäufer und einem Verbraucher als Käufer, enthalten die §§ 474 ff. BGB ergänzende Regelungen. Hier dürfen bei den Gewährleistungsrechten im Vorhinein grds. keine abweichenden Vereinbarungen zu Lasten des Käufers getroffen werden.	2
Sachmangel § 434 BGB § 437 BGB	In § 434 BGB ist der Begriff des **Sachmangels** detailliert geregelt. Rechtsmängel werden gemäß § 453 BGB den Sachmängeln gleichgestellt. Bei Sachmängeln wird in erster Linie subjektiv auf die vereinbarte Beschaffenheit abgestellt. Nachrangig ist der vertraglich vorausgesetzte Zweck maßgebend und zuletzt wird ein objektiver Maßstab angelegt („Eignung für die gewöhnliche Verwendung"). Schließlich können fehlerhafte Montagen bzw. Montageanleitungen sowie die Lieferung anderer Sachen oder Mindermengen einen Sachmangel darstellen. Besonderheiten gelten bei Beschaffenheits- und Haltbarkeitsgarantien nach § 443 BGB.	
Systematik der Gewährleistungsansprüche	**Es gilt der Vorrang der Nacherfüllung** gemäß §§ 437 Nr. 1, 439 BGB – weil der Verkäufer eine mangelfreie Sache zu liefern hat. Erst beim Scheitern der Nacherfüllung stehen dem Käufer weitere Gewährleistungsrechte (Rücktritt, Schadensersatz, Minderung) zu.	

Nacherfüllung § 439 BGB	Nach § 439 Abs. 1 BGB kann der Käufer wahlweise **Nachbesserung** (= Beseitigung des Mangels) oder **Nachlieferung** (= Lieferung einer neuen mangelfreien Sache) verlangen. Grenze für die Wahlfreiheit: Verhältnismäßigkeit der gewählten Maßnahme. Notwendige Aufwendungen für die Nacherfüllung (Transport-, Wege-, Arbeits- und Materialkosten) sind vom Verkäufer zu tragen (§ 439 Abs. 2 BGB). Aus- und Einbaukosten sind vom Verkäufer zu tragen (§ 439 Abs. 3 BGB). Es besteht ein Rückgriffsrecht des Verkäufers entlang der Lieferkette (§ 445a BGB). Ausschluss der Nacherfüllung z.B. bei Unmöglichkeit, unverhältnismäßigen Kosten, unzumutbarem Aufwand und unzumutbarer Art der Leistung.
Rücktritt § 437 Nr. 2	Scheidet die Nacherfüllung aus, kommt ein **Rücktritt** nach §§ 437 Nr. 2 BGB in Betracht. Hierfür muss der Käufer dem Verkäufer eine angemessene Frist zur Nacherfüllung gesetzt haben, die erfolglos verstrichen ist. Der Fristsetzung bedarf es nur in Ausnahmefällen nicht. Einen Katalog dieser Fälle enthält § 323 Abs. 2 BGB (Erfüllungsverweigerung, Fixgeschäft, besondere Umstände, die unter Abwägung beiderseitiger Interessen den sofortigen Rücktritt rechtfertigen) und § 440 BGB (Nacherfüllung unverhältnismäßig teuer, Nacherfüllung fehlgeschlagen, Nacherfüllung unzumutbar). Gemäß § 440 Satz 2 BGB gilt die Nacherfüllung beim zweiten erfolglosen Versuch als fehlgeschlagen. Nach § 326 Abs. 5 BGB ist der sofortige Rücktritt möglich, wenn sowohl Nachbesserung als auch Nachlieferung unmöglich sind. Rücktritt bedeutet die Rückabwicklung des Kaufvertrages. Ware und Geld werden jeweils an die andere Partei zurückgegeben. Der Verkäufer hat dem Käufer auch die Vertragskosten (z.B. Montage-, Transport- und Untersuchungskosten) zu ersetzen. Ausgeschlossen ist der Rücktritt bei unerheblicher Pflichtverletzung (§ 323 Abs. 5 Satz 2 BGB). Rücktritt und Schadensersatz können miteinander kombiniert werden (§ 325 BGB).
Schadensersatz § 437 Nr. 3 BGB	Kommt eine Nacherfüllung nicht in Betracht, kann der Käufer nach den §§ 437 Nr. 3, 280 ff. BGB auch **Schadensersatz** verlangen. Hierfür ist stets ein **Verschulden** des Verkäufers **erforderlich**. Erstattungsfähig ist zunächst der **Mangelschaden**, d.h. der Schaden an der Sache selbst, §§ 280 Abs. 3, 281 BGB. Hierfür ist wie beim Rücktritt grds. eine Nachfristsetzung erforderlich, sofern nicht einer der o.g. Ausnahmetatbestände greift. Für die Berechnung des Anspruchs gibt es zwei Möglichkeiten. **Kleiner Schadensersatz:** Der Käufer behält die Sache und wird so gestellt, als ob der Vertrag vernünftig erfüllt worden wäre (insb. Wertminderung). **Großer Schadensersatz:** Der Käufer gibt die Sache zurück und bekommt den Kaufpreis und den Schaden aufgrund der Nichterfüllung des Vertrages erstattet (insb. Mehrkosten der Ersatzbeschaffung). Dies gilt jedoch nur bei einem erheblichen Mangel. Der Käufer kann statt Schadensersatz auch Aufwendungsersatz nach § 284 BGB erhalten. Es werden ihm dann die vergeblichen Aufwendungen erstattet.

	Erstattungsfähig ist auch der **Mangelfolgeschaden**, d.h. der Schaden an anderen Rechtsgütern, nach § 280 Abs. 1 BGB (auch der entgangene Gewinn). Eine Nachfristsetzung ist hier nicht erforderlich. Der Verkäufer muss zudem den Schaden aufgrund der Verzögerung der mangelfreien Leistung tragen. Hierfür gelten die allgemeinen Verzugsregeln.
Minderung § 441 BGB	Gemäß § 441 Abs. 1 BGB kann der Käufer „statt zurückzutreten" auch den Kaufpreis mindern. Bei der **Minderung** bestehen grundsätzlich die gleichen Voraussetzungen wie beim Rücktritt. Jedoch ist die Minderung auch bei geringfügigen Mängeln zulässig. Die Herabsetzung des Kaufpreises darf nur erfolgen, wenn dem Verkäufer eine angemessene Frist zur Nacherfüllung gesetzt wurde, die erfolglos verstrichen ist. Bei der Berechnung der Minderung ist vom vereinbarten Kaufpreis auszugehen. Dieser ist um den Betrag herabzusetzen, um den der Verkehrswert einer mangelfreien Sache im Vergleich zu dem einer mangelhaften Sache vermindert ist (Minderwert), § 441 Abs. 3 BGB. Maßgebender Zeitpunkt ist der Vertragsschluss.
Garantie § 443 BGB	Hat der Verkäufer dem Käufer eine **Garantie** gewährt, so ist er nach § 443 BGB daran gebunden. Die übrigen Gewährleistungsrechte des Käufers bleiben daneben vollumfänglich bestehen. Bei der Bestimmung von Laufzeit, Gegenstand und Umfang der Garantie kommt es auf den Inhalt der Garantieerklärung an. Bei der Garantie wird zwischen einer **Beschaffenheitsgarantie** (Garantie für die Beschaffenheit einer Sache) und einer **Haltbarkeitsgarantie** (Garantie für die bestimmte Dauer einer bestimmten Beschaffenheit) unterschieden. Liegen die Voraussetzungen der Haltbarkeitsgarantie vor, trägt der Garantiegeber die Beweislast dafür, dass der Käufer den Mangel hervorgerufen hat. Beim Verbrauchsgüterkauf muss die Garantie einfach und verständlich gefasst sein, § 477 BGB.
Ausschluss des Gewährleistungsrechts § 442 BGB § 444 BGB	Die Gewährleistung ist kraft Gesetzes nach § 442 BGB ausgeschlossen, wenn der Käufer den Fehler bei Vertragsschluss kennt oder infolge grober Fahrlässigkeit nicht kannte. Die grobe Fahrlässigkeit ist unbeachtlich, wenn der Verkäufer den Mangel arglistig verschwiegen oder eine Garantie für die Beschaffenheit der Sache übernommen hat. Die Gewährleistung kann darüber hinaus auch nach § 444 BGB vertraglich ausgeschlossen werden. **Typische Klauseln für einen Gewährleistungsausschluss sind:** „wie besichtigt": Es sind nur solche Mängel ausgeschlossen, die bei einer ordnungsgemäßen Besichtigung ohne Hinzuziehung eines Sachverständigen wahrnehmbar waren. „wie die Sache steht und liegt": Die Klausel bedeutet i.d.R. einen allumfassenden Haftungsausschluss, auch für verborgene Mängel. Ausschluss jeglicher Gewährleistung: Vollständiger Ausschluss aller Ansprüche. Nicht wirksam bei neu hergestellten Sachen. Liegt Arglist oder eine Beschaffenheitsgarantie seitens des Verkäufers vor, so ist ein vertraglicher Gewährleistungsausschluss unwirksam.

Verjährung von Gewährleistungsansprüchen § 438 BGB	Die regelmäßige Verjährungsfrist für Gewährleistungsansprüche beträgt nach § 438 Abs. 1 Nr. 3 BGB zwei Jahre. Sie beginnt mit Ablieferung der Sache (§ 438 Abs. 2 BGB). Die Frist kann bei gebrauchten Sachen auf ein Jahr verkürzt werden. Bestimmte Rechtsmängel, wie z.B. fehlerhafte Grundbucheintragungen, verjähren erst in dreißig Jahren. Den **Hauptfall beim Bauvertrag** erfasst § 438 Abs. 1 Nr. 2b) BGB. Danach verjähren Ansprüche bei einer Sache, die entsprechend ihrer üblichen Verwendungsweise für ein Bauwerk verwendet worden ist und dessen Mangelhaftigkeit verursacht hat, in **fünf Jahren**. Unter diese Vorschrift fallen Baustoffe und Bauteile, die für die Herstellung des Bauwerks verwendet wurden. Beim **Verbrauchsgüterkauf** von Neuwaren kann von den Bestimmungen über die Verjährungsfristen nicht zum Nachteil des Verbrauchers abgewichen werden (§ 475 Abs. 2 BGB). Dies betrifft die Verkürzung der Verjährungsfrist und die Vorverlegung des Verjährungsbeginns.
	Bei gebrauchten Sachen ist eine Verkürzung der Frist auf ein Jahr möglich. Es gilt ferner die **Beweislastumkehr** des § 476 BGB, wonach bei einem Sachmangel von Neu- und Gebrauchtwaren in den ersten sechs Monaten vermutet wird, dass dieser auch schon beim Gefahrübergang vorgelegen habe, es sei denn, die Vermutung ist mit der Art der Sache oder des Fehlers nicht vereinbar. Die Unvereinbarkeit ist vom Unternehmer zu beweisen.

Werkvertragsrecht

§ 631 BGB
Vertragstypische Pflichten

(1) Durch den Werkvertrag wird der Unternehmer zur Herstellung des versprochenen Werkes, der Besteller zur Entrichtung der vereinbarten Vergütung verpflichtet.

(2) Gegenstand des Werkvertrags kann sowohl die Herstellung oder Veränderung einer Sache als auch ein anderer durch Arbeit oder Dienstleistung herbeizuführender Erfolg sein.

A. Anwendungsbereich Werkvertragsrecht

I. Werkvertrag – Bauvertrag – Verbraucherbauvertrag

Mit Wirkung zum 1.1.2018 treten die §§ 650a bis 650o BGB in Kraft. Sie gelten für alle Verträge, die ab dem 1.1.2018 abgeschlossen werden. 1

Mit diesen neuen Vorschriften werden erstmals Regelungen nur für Bauverträge in das BGB aufgenommen. Betroffen sind allerdings nicht alle Verträge über Leistungen auf Baustellen, sondern nur bestimmte Verträge mit bestimmten Leistungsinhalten, wobei es maßgeblich um die Intensität der Zusammenarbeit und des Eingriffes in vorhandene Bauwerke geht. Die genauen Definitionen für den „**Bauvertrag**" und den „**Verbraucherbauvertrag**" finden sich in § 650a BGB und § 650i BGB.

Für die so definierten „Bauverträge" und „Verbraucherbauverträge" sieht das BGB spezielle Vorschriften vor, die jeweils gegenüber den allgemeineren Vorschriften **vorrangig** sind. 1a

Um eine eindeutige Kennzeichnung der betroffenen Verträge zu erreichen, wird in den Erläuterungen zu den §§ 631 bis 650 BGB der Begriff des „**BGB-Bauvertrages**" verwendet. Das sind alle Verträge, die die Voraussetzungen des § 650a BGB erfüllen.

Für **bestimmte Bauverträge** (definiert in § 650i BGB), die mit **Verbrauchern** geschlossen werden, sog. **Verbraucherbauverträge**, enthalten die §§ 650j bis 650o BGB besondere Regelungen, die sowohl den §§ 650a bis 650h BGB betreffend den BGB-Bauvertrag als auch den §§ 631 bis 650 BGB betreffend Werkverträge vorgehen. Auch auf diese Besonderheiten wird jeweils hingewiesen. 1b

Für **BGB-Bauverträge i.S.d. § 650a BGB** enthalten die §§ 650a bis 650h BGB teilweise Sonderregeln, die von den §§ 631 bis 650 BGB abweichen. Auf diese Besonderheiten wird jeweils hingewiesen.

Die §§ 631 bis 650 BGB gelten **für alle Werkverträge**, auch solche über Bauleistungen, auch wenn sie mit Verbrauchern geschlossen werden, **soweit** die spezielleren Vorschriften nicht abweichende Vorgaben machen.

II. § 631 BGB und VOB/B

Die VOB/B enthält keine von § 631 BGB abweichenden Regelungen. 1c

Allerdings ergänzt die VOB/B die gesetzlichen Regelungen erheblich, z.B. gibt sie dem Auftraggeber weitreichende Möglichkeiten, den abgeschlossenen Vertrag zu ändern. Außerdem enthält sie detaillierte Regelungen zu im Gesetz gar nicht angesprochenen Fragen wie die Gestellung von Arbeitsplätzen etc. Schließlich enthält die **VOB/C** ganz ins Detail gehende Regelungen zu Ausführung und Abrechnung.

III. Werkvertrag: Hauptpflichten der Vertragspartner

1. Erbringung Werkleistung

a. Allgemeines zur Werkleistung

2 Das Typische am Werkvertrag ist, dass der Auftragnehmer einen bestimmten **Erfolg** herbeiführen muss, das Gesetz spricht vom „versprochenen Werk". Diese Ausrichtung auf einen bestimmten Erfolg und die damit verbundene Erfolgshaftung des Auftragnehmers prägen das gesamte Werkvertragsrecht.

3 Die **Erfolgshaftung** kommt beispielsweise bei der Gewährleistung zum Tragen. Der Auftragnehmer muss ein mangelfreies Ergebnis erbringen, um seine Erfolgspflicht zu erfüllen. Um dieses mangelfreie Ergebnis herzustellen, muss er z.B. von der Leistungsbeschreibung abweichen, wenn diese eine mangelhafte Leistung beschreibt. Auf diese und andere Folgen der Erfolgshaftung wird bei den einzelnen Vorschriften eingegangen. Bei der Erläuterung zu § 631 BGB wird u.a. auf Fristen und Sicherheiten eingegangen, die Gewährleistung ist in den §§ 633 ff. BGB erläutert. An dieser Stelle soll es zuerst einmal nur um die grundsätzliche Frage gehen, wann ein Werkvertrag vorliegt und wann eine andere Vertragsart des BGB. Weil sich die verschiedenen **Vertragsarten** in ihren rechtlichen Folgen unterscheiden, ist dies die erste und entscheidende Einstiegsüberlegung bei rechtlichen Überlegungen.

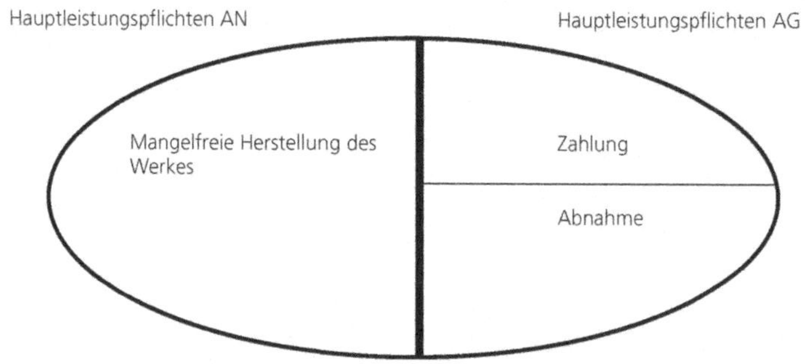

Abbildung 1: Hauptleistungspflichten der Vertragspartner

4 Ein wichtiger Bereich von eigentlich klassischen Werkleistungen ist bereits 2002 von der Praxis weitgehend unbemerkt durch einen Federstrich des Gesetzgebers aus dem Werkvertragsrecht herausgefallen. Es geht um die Herstellung von **beweglichen Gegenständen**: Diese Leistung ist nach der gesetzlichen Definition in § 650 BGB nunmehr nach Kaufvertragsrecht abzuwickeln. Dies betrifft beispielsweise die Herstellung (ohne Einbau) von Fenstern, Einbautreppen, Teilen von Einbauschränken, Zaunteilen etc.

5 Aber noch viele andere Verträge sind von dieser bisher wenig bemerkten Änderung betroffen. Das BGB definiert den „beweglichen Gegenstand" in einer für Laien manchmal schwer nachvollziehbaren Weise. Denn nach dem BGB können auch Bestandteile eines Hauses bewegliche Gegenstände sein. Bei den Bestandteilen eines Hauses kommt es darauf an, ob sie dauerhaft mit dem Gebäude verbunden werden. Eine **dauerhafte Verbindung** zeichnet sich beispielsweise dadurch aus, dass der Bestandteil nicht ohne Zerstörung entfernt werden kann. Leider gibt es keine ganz eindeutige und endgültige Festlegung, die Rechtsprechung hat nur eine Reihe von Einzelfällen entschieden. Eine Einbauküche beispielsweise lässt sich regelmäßig ausbauen, ohne dass sie zerstört werden muss[1]. Gleiches gilt für nicht geklebte Teppiche. Aber auch andere Gewerke können betroffen sein, so lassen sich beispielsweise Armaturen, aber auch Heizungen meist zerstörungsfrei entfernen, sodass insoweit an die Anwendung von

1 OLG Frankfurt/Main v. 9.4.2008, 19 U 280/07.

Kaufvertragsrecht zu denken ist. Die **Lieferung** einer Treppe fällt auch dann unter das Kaufvertragsrecht, wenn der Lieferant einen Montagehelfer stellt[2].

Das Kaufvertragsrecht ist oben in einem eigenen Abschnitt erläutert. Die wichtigsten Unterschiede und Grundzüge des Kaufvertragsrechts sind unten bei § 650 BGB zusammengefasst.

b. Einseitige nachträgliche Änderungen nur ausnahmsweise

Bei Bauvorhaben kommt es immer wieder während der Ausführung zu **Änderungen**. Manche sind technisch bedingt, andere beruhen aber auch nur auf geänderten Vorstellungen des Bestellers. Das BGB enthält nur für BGB-Bauverträge i.S.d. § 650a BGB Regeln dazu, dass der Auftragnehmer solche Änderungswünsche beachten muss und welche Folgen sich für die Vergütung ergeben. Die VOB/B geht auf diese Punkte in § 1 Abs. 3, 4 VOB/B und § 2 Abs. 5, 6 VOB/B ein. 6

Ganz im Gegenteil geht das BGB (außer bei BGB-Bauverträgen i.S.d. § 650a BGB) sogar davon aus, dass der Auftragnehmer seine Leistung nur so schuldet, wie sie ursprünglich vereinbart war! In § 631 BGB wird dies dadurch deutlich, dass vom „versprochenen" Werk gesprochen wird. Der Auftraggeber hat daher nach dem Gesetz keine Möglichkeit, nachträglich dem Auftragnehmer Änderungen vorzugeben. Wenn der Auftragnehmer Änderungswünsche des Auftraggebers missachtet und seine Leistung so ausführt wie ursprünglich bestellt, verhält er sich sogar vertragsgerecht (außer die Leistung wäre mangelhaft). 7

Grundsätzlich muss jede Änderung des Vertrages **einvernehmlich vereinbart** werden. Bei der Preisfindung kommt es allein auf diese Vereinbarung an, anders als bei der VOB/B ist die **Kalkulation** des Auftragnehmers nicht von vorneherein als Grundlage für die Preisfortschreibung vereinbart. 8

2 OLG Koblenz v. 3.1.2008, 5 U 685/07.

VOB

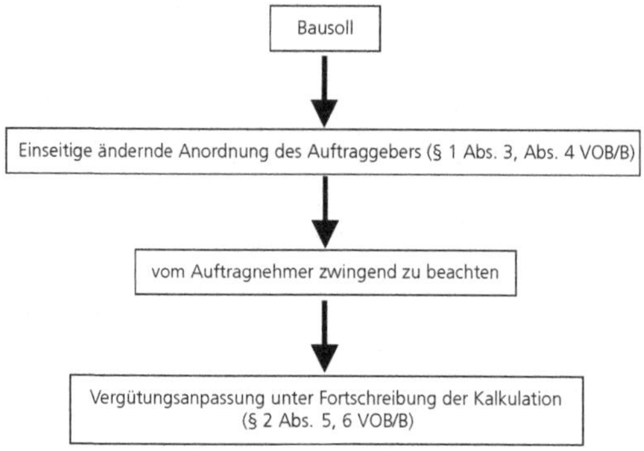

BGB

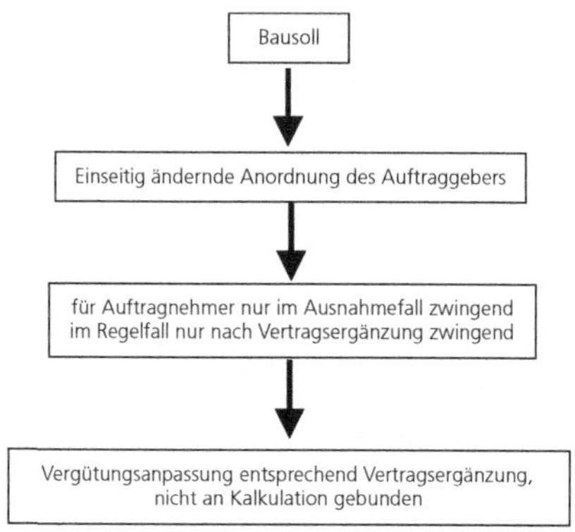

Abbildung 2: Unterschied von leistungsändernden Anweisungen bei VOB/B und BGB (außer BGB-Bauvertrag)

9 Nur in Ausnahmefällen darf der Auftraggeber gegenüber dem Auftragnehmer eine zusätzliche notwendige Leistung einseitig und für den Auftragnehmer verbindlich anordnen[3].

10 Um die Realität auf Baustellen berücksichtigen zu können, muss der Auftraggeber daher unbedingt im Vertrag vom BGB abweichen und sich ein Änderungsrecht vorbehalten, da die Regelungen in §§ 650b, 650c BGB nur für BGB-Bauverträge gelten.

Formulierungsvorschlag:

> § Änderungsanordnung
>
> (1) Der Auftraggeber hat das Recht, Änderungen der beauftragten Leistung zu verlangen. Dies umfasst auch das Recht, Änderungen des Bauablaufes anzuordnen.
>
> (2) Der Auftraggeber hat das Recht, zusätzliche Leistungen zu beauftragen, sofern sie für die Ausführung der bereits beauftragten Leistungen erforderlich sind.
>
> (3) Der Auftragnehmer muss den Verlangen des Auftraggebers nachkommen, außer wenn sein Betrieb für die geänderten oder zusätzlichen Leistungen nicht eingerichtet ist und die bereits beauftragten Leistungen keine vergleichbaren Leistungen enthalten.
>
> (4) Die Vergütung des Auftragnehmers ist auf sein Verlangen hin den geänderten und zusätzlichen Leistungen anzupassen. Grundlage für die Preisanpassung sind die

3 Kniffka/Koeble, Kompendium, 5. Teil, Rn. 112.

Mehr- und Minderkosten des Auftragnehmers unter Berücksichtigung der Grundlagen der Preisermittlung für die bereits beauftragte Leistung.

(5) Einigen sich die Vertragspartner nicht vor Ausführung der geänderten oder zusätzlichen Leistungen auf die Anpassung der Vergütung, berechtigt dies den Auftragnehmer nicht, die Ausführung seiner Leistungen zu verweigern.

2. Zahlung Werklohn

a. Hauptleistungspflicht des Auftraggebers

11 Die Ausführung des versprochenen Werkes ist die Hauptleistung des Auftragnehmers. Bereits aus dem Gesetzeswortlaut ergibt sich die Hauptleistungspflicht des Auftraggebers, die der Auftragnehmer verlangen kann: Der Auftraggeber muss die vereinbarte Vergütung bezahlen. Die **Zahlungspflicht** des Auftraggebers entspricht also in ihrer Bedeutung der **Werkleistungspflicht** des Auftragnehmers. Deswegen hat der Auftragnehmer auch zahlreiche Möglichkeiten, auf eine Pflichtverletzung des Auftraggebers zu reagieren. Er kann bei unberechtigter Verweigerung von Zahlungen – je unter bestimmten Voraussetzungen – die Arbeiten einstellen oder sogar vom Vertrag zurücktreten.

12 Diese Pflicht des Auftraggebers kommt aber erst zum Tragen, wenn der Auftragnehmer seine Leistung erbracht hat. Der Auftragnehmer ist **vorleistungspflichtig**. **Abschlagszahlungen** erhält er nur unter bestimmten, in § 632a BGB festgelegten Voraussetzungen, zu denen im Wesentlichen die mangelfreie und prüffähige Ausführung der zu bezahlenden Leistung gehört. Die (im BGB nicht so genannte) Schlusszahlung kann der Auftragnehmer erst nach Abnahme seiner Leistungen verlangen. Liegen also die Voraussetzungen für Abschlagszahlungen nicht vor oder vergisst der Auftragnehmer, Abschlagszahlungen zu verlangen, geht der Auftragnehmer mit seiner gesamten Leistung ins Risiko. Um dieses Risiko aufzufangen, hat der Gesetzgeber dem Auftragnehmer bei BGB-Bauverträgen in §§ 650e, 650f BGB die Möglichkeit gegeben, seinen Werklohn abzusichern und dadurch der Insolvenz des Auftraggebers vorzubeugen. Aber auf diese Rechte muss sich der Auftragnehmer berufen, von allein wird (und muss) der Auftraggeber keine Sicherheit geben.

b. Einheitspreis/Pauschalpreis/Festpreis

13 Anders als bei der VOB/B regelt das BGB nicht, wie eine Vergütung zu berechnen ist (auf die Sonderregelungen zu BGB-Bauverträgen in § 650c BGB wird hingewiesen). Es enthält insbesondere keine Regeln für den Umgang mit Einheitspreisverträgen. Deswegen sind die Vertragspartner besonders gefordert, vertraglich klare Festlegungen zu treffen.

Auch bei BGB-Verträgen dürfte der **Einheitspreisvertrag** die häufigste Vertragsgestaltung sein. Bei diesem Vertrag vereinbaren die Vertragspartner Einheitspreise, die sich auf bestimmte Einheiten beziehen (z.B. kg, t, m^3 etc.). Um beiden Seiten die Kalkulation des erforderlichen Aufwandes zu ermöglichen, enthält der Vertrag die im Vorfeld ermittelten Massen. Die spätere Abrechnung erfolgt jedoch ausschließlich auf der Grundlage der tatsächlich ausgeführten Leistungen. Eine solche veränderliche Abrechnung ist dem BGB eigentlich fremd. Wie viel der Auftragnehmer genau ausgeführt hat, muss er gegenüber dem Auftraggeber nachweisen. In der Regel erfolgt dies über eine **prüffähige Aufstellung**, die allerdings bei BGB-Verträgen jedenfalls bei der Schlussrechnung nicht zwingend erforderlich ist. Eine prüffähige Abrechnung sieht das BGB seit Anfang 2009 immerhin für Abschlagsrechnungen bei allen Werkverträgen vor, sowie für BGB-Bauverträge i.S.d. § 650a BGB in § 650g Abs. 4 BGB. Die prüffähige Abrechnung von Abschlagsrechnungen ergibt sich aus § 632a BGB. Um auch mit der Schlussrechnung eine nachvollziehbare Abrechnungsgrundlage zu erhalten, sollte der Auftraggeber daher eine entsprechende Pflicht des Auftragnehmers in den Vertrag aufnehmen.

Formulierungsvorschlag:

> § Abrechnung und Verjährung
>
> (1) Der Auftragnehmer muss mit der Schlussrechnung seine Leistungen durch eine prüffähige Aufstellung nachweisen. Der Auftragnehmer muss die Rechnungen übersichtlich aufstellen, die Reihenfolge der Posten einhalten und die in den Vertragsbestandteilen enthaltenen Bezeichnungen verwenden. Die zum Nachweis von Art und Umfang der Leistung erforderlichen Mengenberechnungen, Zeichnungen und andere Belege sind beizufügen.
>
> (2) Die Verjährung der Ansprüche des Auftragnehmers wird durch diese Verpflichtung nicht berührt.
>
> (3) Soweit Leistungen durch nachfolgende Arbeiten des Auftragnehmers einer späteren Überprüfung nicht mehr zugänglich sind, hat der Auftragnehmer dies dem Auftraggeber mitzuteilen und auf dessen Verlangen gemeinsam Zustand und Umfang der betroffenen Leistungen festzustellen.

Auf diese Frage wird unten bei den gesetzlichen Regelungen zur Vergütung in § 632 BGB näher eingegangen[4].

14 Bei **Pauschalverträgen** muss der Auftragnehmer seine Leistungen auf keinen Fall im Einzelnen nachweisen. Er trägt dafür bei entsprechend umfassender Pauschalierung das Risiko, dass er mehr ausführen muss als ursprünglich geplant. Auf Pauschalverträge und die Unterscheidung zwischen sog. Detail- und Globalpauschalverträgen wird unten bei § 632, Rn. 11 ff. näher eingegangen.

IV. Verzug oder mangelhafte Leistung des Auftragnehmers

1. Handlungsmöglichkeiten des Auftraggebers

15 Wenn der Auftragnehmer mit seinen Leistungen nicht zu den vereinbarten Terminen fertig wird, mangelhaft arbeitet oder sogar seine Arbeiten einstellt, hat der Auftraggeber eine Reihe von Handlungsmöglichkeiten. Inzwischen hat der BGH entschieden, dass der Auftraggeber grundsätzlich **vor der Abnahme** keine Mängelansprüche nach § 634 ff. BGB geltend machen kann[5]. Die Mängelansprüche haben unterschiedliche Voraussetzungen. Je nach den Umständen kann der Auftraggeber

- bei **Aufrechterhaltung** des Vertrages
  - den Werklohn zurückbehalten
  - Verzugsschadensersatz fordern
  - eine vereinbarte Vertragsstrafe geltend machen
- mit **Beendigung** des Vertrages
  - vom Vertrag zurücktreten
  - Schadensersatz verlangen
  - nach § 648a aus wichtigem Grund kündigen.

Wichtigste gemeinsame Voraussetzung aller dieser Möglichkeiten – außer dem Zurückbehaltungsrecht und dem Rücktritt – ist Verzug des Auftragnehmers.

---

4 Vgl. unten, von Wietersheim § 632 BGB, Rn. 28.

5 BGH v. 19.1.2017 – VII ZR 301/13.

2. Verzug im Rechtssinn

Der Verzug im rechtlichen Sinne ist eine wichtige Voraussetzung, damit der Auftraggeber 16
rechtlich gegen einen Auftragnehmer vorgehen kann, wenn es zu Verzögerungen auf der Baustelle kommt. Die Bedeutung des Verzuges und seine rechtlichen Voraussetzungen werden in der Praxis jedoch oft falsch eingeschätzt.

Beispiel:

Auftraggeber A will Auftragnehmer B kündigen, weil dieser nach seiner Auffassung den Fertigstellungstermin für einen Rohbau überschritten hat. Für die Fertigstellung ist der 30.6. vereinbart. Weil der Auftraggeber dem Auftragnehmer aber die Ausführungspläne zu spät übergeben hatte, konnte der Auftragnehmer einen Monat nicht arbeiten. Dies meldet er mit einer Behinderungsanzeige an.

Dennoch kündigt der Auftraggeber den Vertrag am 10.7. Für diese Kündigung gibt es keinen wichtigen Grund, da der Auftragnehmer die Terminüberschreitung nicht verschuldet hat und daher nicht im Verzug ist. Die Kündigung ist daher nur eine ordentliche Kündigung nach § 648 BGB. Der Auftraggeber muss dem Auftragnehmer deswegen für die gekündigten Leistungen die vereinbarte Vergütung abzüglich ersparter Aufwendungen bezahlen, insgesamt 150.000 €.

Das Beispiel macht es deutlich: Liegt kein Verzug vor, liegt auch kein rechtlich relevanter Pflich- 17
tenverstoß des Auftragnehmers vor, wenn es um die Überschreitung von Terminen und Fristen geht.

Verzug des **Auftragnehmers** muss vorliegen bei 18

- einer auf Fristüberschreitung bei Leistungserbringung gestützten Kündigung;
- Geltendmachung von Verzugsschäden;
- Vertragsstrafen.

Verzug des **Auftraggebers** muss vorliegen bei 19

- einer auf Zahlungsverzögerung gestützten Kündigung;
- Geltendmachung von Zinsen und anderen Verzugsschäden.

Ein **Rücktritt** vom Vertrag ist übrigens für beide Vertragspartner möglich, ohne dass der andere Vertragspartner eine Frist schuldhaft überschreitet. Beim Rücktritt wird der Vertrag aber insgesamt aufgehoben – also auch, soweit er schon ausgeführt wurde. Bei der Kündigung wird der Vertrag nur für die Zukunft beendet.

Verzug setzt voraus, dass der Vertragspartner schuldhaft eine vom anderen Vertragspartner 20
gesetzte Frist überschreitet. Die wichtigsten Fälle sind:

- Die Vertragspartner haben bereits im Vertrag Fristen (z.B. einen Fertigstellungstermin) vereinbart.
- Es ist kein Termin vereinbart, aber ein Vertragspartner hat dem anderen eine Frist zur Leistung gesetzt und diese Frist ist abgelaufen.

Das Verschulden wird bei einer Fristüberschreitung von Gesetz wegen vermutet. Das heißt, der verspätete Vertragspartner muss beweisen, dass er die Frist ohne eigenes Verschulden überschritten hat. Dies ist beispielsweise möglich, wenn der Auftragnehmer einen Anspruch auf Bauzeitverlängerung hat, weil der Auftraggeber seine Vorleistungen nicht rechtzeitig erbracht hat (Stellung von Plänen, Zugang zur Baustelle, Leistungen anderer Unternehmer).

In dem nächsten Kasten findet sich zuerst eine weit verbreitete, aber leider falsche Art der „In- 21
verzugsetzung". Die Fehler dieses Schreibens sind in der rechtlich richtigen Formulierung beseitigt. Die richtige Fristsetzung muss eine Frist enthalten, am besten in Form eines bestimmten Datums. Außerdem muss gesagt werden, was innerhalb dieser Frist geleistet werden soll. Da es in der Beispielsformulierung um eine vom Auftraggeber formulierte Aufforderung geht, ist der Hinweis auf die nicht ausgesprochene Beschleunigungsanordnung wichtig. Ohne die-

sen Zusatz könnte ein Auftragnehmer versuchen, aus der Fristsetzung eine ändernde Anordnung des Auftraggebers zu machen, und hierauf z.B. einen Beschleunigungsnachtrag stützen. Genau dies soll die Fristsetzung aber nicht sein, sie soll nur den Auftragnehmer zur vertragsgemäßen Vertragserfüllung bringen.

Beispiel:

Falsch:

Sehr geehrte Damen und Herren,

am 30.6.2018 sollten Sie den Rohbau fertig stellen. Bis heute sind diese Leistungen nicht abnahmereif. Hiermit setze ich Sie in Verzug.

Mit freundlichen Grüßen

Richtig:

Sehr geehrte Damen und Herren,

am 30.6.2018 sollten Sie den Rohbau fertig stellen. Bis heute sind diese Leistungen nicht abnahmereif. Ich fordere Sie hiermit auf, den Rohbau bis zum 31.9.2018 fertig zu stellen.

Dies ist keine Anordnung von Beschleunigungsmaßnahmen.

Mit freundlichen Grüßen

Praxistipp:

Was sollte ein Auftraggeber unternehmen, wenn sein Auftragnehmer nicht fertig wird?

- *Zuerst muss geprüft werden, ob ein Fertigstellungstermin vereinbart ist und ob dieser Termin überschritten ist.*
- *Ist ein Termin vereinbart, muss geprüft werden, ob der Auftragnehmer die Terminüberschreitung zu vertreten hat.*
- *Wenn das Risiko besteht, dass der Auftragnehmer die Terminüberschreitung nicht zu vertreten hat bzw. einen Anspruch auf Bauzeitverlängerung hat, ist dem Auftragnehmer eine angemessene Frist zur Fertigstellung der Leistungen zu setzen.*
- *Nach Ablauf der Frist kann gekündigt werden.*

3. Zurückbehaltungsrecht

22 Wenn der Auftragnehmer seine Leistungen nur **mangelhaft** erbringt, muss der Auftraggeber den Werklohn nicht vollständige auszahlen. Dies ergibt sich vor der Abnahme aus § 632a BGB, der dem Auftraggeber ausdrücklich einen Einbehalt erlaubt, sowie aus der Regelung des § 641 Abs. 3 BGB. Danach kann der Auftraggeber in der Regel das Doppelte der voraussichtlichen Mängelbeseitigungskosten einbehalten.

23 Bei der **Höhe des Zurückbehaltungsrechts** hat sich bereits Anfang 2009 eine Änderung ergeben. Konnte der Auftraggeber bis dahin „mindestens das Dreifache" der voraussichtlichen Mängelbeseitigungskosten zurückbehalten, soll er jetzt „in der Regel das Doppelte" einbehalten. Nähere Erläuterungen zu diesem Zurückbehaltungsrecht finden sich bei der Kommentierung des § 641 BGB.

4. Verzugsschaden

Der Auftraggeber hat Anspruch auf Ersatz des ihm entstandenen Verzugsschadens, wenn 24

- die Leistung des Auftragnehmers fällig ist;
- der Auftraggeber den Auftragnehmer nach Fälligkeit mahnt (sofern die Mahnung nicht entbehrlich ist);
- der Auftragnehmer auf die Mahnung hin nicht leistet und
- dies zu vertreten hat.

Eine Mahnung ist **entbehrlich**, wenn im Vertrag bereits ein fester Termin vereinbart ist. Dann 25 kommt der Auftragnehmer gewissermaßen automatisch in Verzug.

Diesen Schadensersatzanspruch kann der Auftraggeber natürlich auch nach einem Rücktritt geltend machen.

5. Vertragsstrafe

Anfall der Vertragsstrafe setzt voraus: 26

- Vereinbarung einer Vertragsstrafe,
- Eintritt der vertraglich festgelegten Situation (regelmäßig schuldhafte Überschreitung der vereinbarten Ausführungstermine, dieser Fall wird nachfolgend zugrunde gelegt),
- Vorbehalt bei Abnahme der Leistung (sofern nichts anderes vereinbart ist).

Auf die Vertragsstrafe wird unten in Rn. 47 näher eingegangen, wo sie als sinnvolle vertragliche Regelung beschrieben wird.

Der Auftraggeber hat grundsätzlich die Wahl, entweder den tatsächlichen Verzugsschaden oder die Vertragsstrafe geltend zu machen – nicht aber beides addiert. Der Auftraggeber wird sich regelmäßig für den höheren Anspruch entscheiden.

6. Rücktritt

Der Auftraggeber kann vom Vertrag zurücktreten, wenn 27

- die Leistung des Auftragnehmers fällig ist,
- er dem Auftragnehmer eine angemessene Frist gesetzt hat,
- der Auftragnehmer innerhalb dieser Frist nicht leistet.

Der Auftraggeber kann auch dann zurücktreten, wenn der Auftragnehmer die Fristüberschreitung nicht zu vertreten hat. Dies gilt natürlich nicht, wenn die Fristüberschreitung auf Pflichtverletzungen des Auftraggebers beruht.

Eine Fristsetzung ist **entbehrlich**, wenn 28

- der Auftragnehmer die Leistung ernsthaft und endgültig verweigert, § 323 Abs. 2 Nr. 1 BGB;
- der Auftragnehmer die Leistung innerhalb einer im Vertrag oder der Rechnung bestimmten Frist nicht erbringt und der Auftraggeber bereits im Vertrag sein Interesse am Fortbestand seines Vertrages an die Rechtzeitigkeit der Leistung gebunden hat, § 323 Abs. 2 Nr. 2 BGB;
- besondere Umstände vorliegen, die unter Abwägung der beiderseitigen Interessen den sofortigen Rücktritt rechtfertigen, § 323 Abs. 2 Nr. 3 BGB;
- offensichtlich ist, dass die Voraussetzungen des Rücktritts eintreten werden, § 323 Abs. 4 BGB.

V. Abgrenzung Dienstvertrag/Arbeitnehmerüberlassung

1. Dienstvertrag

29 Wegen der unterschiedlichen rechtlichen Folgen ist der Werkvertrag vom Dienstvertrag abzugrenzen.

Beim Dienstvertrag verpflichtet sich der Auftragnehmer, für den Auftraggeber bestimmte **Dienstleistungen** zu erbringen. Im Gegensatz zum Werkvertrag schuldet der Auftragnehmer aber **keinen Erfolg**. Klassische Dienstleistung ist beispielsweise die Schulung von Mitarbeitern: Der Schulende ist nicht für den Erfolg seiner Schulung verantwortlich, also dafür, dass die Teilnehmer auch tatsächlich etwas lernen (was aus den unterschiedlichsten Gründen oft nicht passiert, ohne dass der Schulende etwas dafür kann). Der Schulende hat seinen Vertrag dann erfüllt, wenn er die bestellte Schulung ordnungsgemäß durchgeführt hat, also in der vereinbarten Stundenzahl die zugesagten Themen besprochen hat. Auch die Angestellten in Baufirmen haben einen Dienstleistungsvertrag. Sie müssen die festgelegte Arbeitszeit arbeiten. Sie schulden aber keinen Erfolg: Haben die Arbeitnehmer den Tag über gearbeitet, das bearbeitete Werk (z.B. ein Haus, eine Abrechnung etc.) aber nicht fertig gestellt, können sie dennoch nach Hause gehen, da mit Ende der Arbeitszeit ihr Vertrag für diesen Tag erfüllt ist.

30 Der Dienstvertrag ähnelt aber dem Werkvertrag sehr stark und es gibt immer wieder Abgrenzungsfragen. So gibt es im Bereich der Architekten und Ingenieure Leistungen, bei denen der Auftragnehmer einen bestimmten Erfolg schuldet (bei der Bauüberwachung beispielsweise einen mangelfreien Bau), und Bereiche, in denen der Auftragnehmer nur seine Tätigkeit als solche schuldet. So ist der Projektsteuerer beispielsweise nicht für den Erfolg oder Misserfolg seiner Maßnahmen verantwortlich. Als Gegenleistung erhält der Auftragnehmer seine vereinbarte Vergütung, die in der Regel zeitabhängig berechnet wird.

31 Dienstleistungsverträge sind im **Baubereich** vor allem in folgenden Bereichen anzutreffen:

- Verträge zwischen Bauunternehmern und ihren Angestellten;
- Verträge des Auftraggebers mit Architekten/Ingenieuren über Dienstleistungen wie z.B. Projektsteuerung;
- Leistungen des Dritten im Sinne der BaustellV (z.B. als Sicherheits- und Gesundheitsschutz-Koordinators).

Die Masse der Verträge im Baubereich sind jedoch Kaufverträge oder – noch wahrscheinlicher – Werkverträge.

32 ***Praxistipp:***

> *Die Abgrenzung von Dienst- und Werkvertrag hängt in vielen Fällen davon ab, wie die Leistung und ihre Abrechnung definiert ist. Eine Leistung ausschließlich auf Stundenbasis deutet auf einen Dienstvertrag hin, eine durch Teilleistungen definierte Beauftragung auf einen Werkvertrag.*

33 Im Gegensatz zu Werk- und Kaufverträgen kennt der Dienstvertrag praktisch keine **Gewährleistungsrechte**. Da der Auftragnehmer keinen Erfolg oder keine bestimmte Sache schuldet, kann man auch keine Schlechtleistung feststellen.

34 Auch bei der **Kündigung** gibt es ganz erhebliche Unterschiede. Beim Werkvertrag kann der Auftraggeber jederzeit den Vertrag kündigen, er muss dem Auftragnehmer allerdings für die nicht ausgeführten Leistungen die volle vereinbarte Vergütung zahlen, abzüglich ersparter Aufwendungen (Einzelheiten unten bei § 648 BGB). Mit der Kündigung ist der Werkvertrag sofort für die Zukunft beendet, ausgenommen sind natürlich Gewährleistungsansprüche für ausgeführte Leistungen. Beim Dienstvertrag ist eine Kündigung meist nur mit einer **Kündigungsfrist** möglich, im Arbeitsrecht sind außerdem die **Kündigungsschutzvorschriften** zu beachten. Der Vertrag ist also erst nach Ablauf der Kündigungsfrist beendet, der Auftraggeber muss noch eine Weile den vereinbarten Lohn bezahlen.

2. Arbeitnehmerüberlassung

Die Arbeitnehmerüberlassung ist ein im Baubereich gern eingesetztes Mittel, um Kapazitätsspitzen aufzufangen. Manchmal wissen die Betroffenen aber leider nicht, dass sie eine Arbeitnehmerüberlassung vereinbaren. Im schlimmsten Fall ist eine solche Vereinbarung **unwirksam** und – u.U. noch viel folgenreicher – der betroffene Auftragnehmer wechselt als dauerhaft **angestellter Arbeitnehmer** in den Betrieb, in dem er nur zeitweise arbeiten sollte, und zwar entgegen dem Willen aller Beteiligten. 35

Arbeitnehmerüberlassung ähnelt äußerlich dem Dienstvertrag, nur wird der Vertrag nicht direkt mit einem Arbeitnehmer abgeschlossen, sondern mit dessen Arbeitgeber. Die Arbeitnehmerüberlassung ist zu weiten Teilen im Arbeitnehmer- Überlassungs-Gesetz (**AÜG**) geregelt. 36

Der Arbeitgeber des betroffenen Arbeitnehmers wird **Verleiher** genannt und der aufnehmende Betrieb **Entleiher**. Der betroffene Arbeitnehmer wird auch als Leiharbeitnehmer bezeichnet. Der Verleiher muss sich vor dem Verleihen eine Erlaubnis holen. Tut er dies nicht, ist der Vertrag über das Verleihen unwirksam. Außerdem kommt zwischen dem Leiharbeitnehmer und dem Entleiher ein Arbeitsverhältnis zustande, § 10 Abs. 1 S. 1 AÜG. Dies sind für den Entleiher sehr gravierende Folgen! 37

Bei der Prüfung, ob eine Arbeitnehmerüberlassung vorliegt, kommt es allein auf die **tatsächliche Handhabung** an, nicht auf die rein vertragliche Situation.

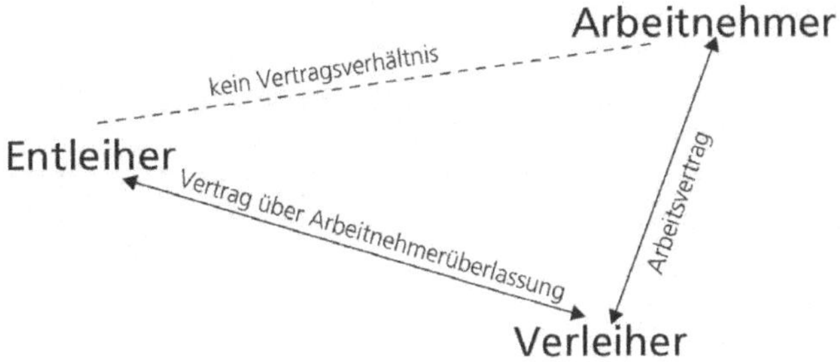

Abbildung 3: Skizze Arbeitnehmerüberlassung

Wann liegt überhaupt Arbeitnehmerüberlassung vor? Wann also muss der Bauherr vorsichtshalber nach einer Erlaubnis zur Arbeitnehmerüberlassung fragen? Im Hinblick auf die geschilderten Folgen ist das sehr wichtig. Arbeitnehmerüberlassung liegt vor, wenn der Leiharbeitnehmer in den Betrieb des Entleihers wie ein Arbeitnehmer integriert ist. Dabei muss man die tatsächliche Handhabung beachten. Typische und schwerwiegende **Indizien** für Arbeitnehmerüberlassung sind z.B., dass der Verleiher über die Arbeitszeit und die genaue Aufgabenzuteilung des Arbeitnehmers verfügt. Auch die Überlassung von Arbeitsmitteln, Sozialräumen und Ähnlichem ist ein solches Indiz.

Anzeichen, die **gegen** eine Arbeitnehmerüberlassung sprechen, sind 38

- Unternehmerische Eigenverantwortung des Auftragnehmers;
- Vereinbarung eines Werkerfolges;
- ausschließliches Weisungsrecht des Auftragnehmers/Werkunternehmers gegenüber seinen Arbeitnehmern;
- Tragen von Unternehmerrisiko (z.B. Gewährleistung);
- erfolgsabhängige Vergütung.

39 ***Beispiel:***

Trockenbauunternehmer T erhält einen großen Auftrag. Um ihn abarbeiten zu können, muss er auf andere Unternehmen zurückgreifen.

Mit seinem Schwager S – der auch Trockenbauer ist – vereinbart T, dass S ihm jeden Tag drei Hilfsarbeiter schickt. T weist den drei Männern täglich zu, wo sie zu arbeiten haben. Wenn gerade nichts zu tun ist, schickt er die Männer zwischendurch zu anderen Arbeitsplätzen. Alle Materialien und Werkzeuge stellt T. Die Männer dürfen auch den Baustellencontainer von T benutzen. Als Vergütung erhält S einen Stundensatz, der alle Arbeitskosten abdeckt.

Mit einem weiteren Trockenbauer E vereinbart T, dass E alle Arbeiten im Erdgeschoss ausführt. Die beiden vereinbaren einen Endtermin. E kauft das benötigte Material und schickt seine Leute mit Werkzeug, eigenem Baustellenwagen etc. auf die Baustelle. E erhält eine übliche Vergütung nach Einheitspreisen.

40 Im ersten Fall liegt ganz klar eine Arbeitnehmerüberlassung vor. Die Männer von S sind voll und ganz in den Betrieb von T **integriert**. T hat das volle Weisungsrecht und trägt das unternehmerische Risiko. Anders im zweiten Fall: E wird eindeutig als Subunternehmer für T tätig. Er trägt das Risiko, ob die vereinbarten Einheitspreise auskömmlich sind oder nicht, außerdem übernimmt er die Gewährleistung für seine Arbeiten. Zwischen E und T besteht daher ein typischer Werkvertrag.

Will T also Probleme vermeiden, muss er mit S einen Vertrag zur Überlassung von Arbeitnehmern abschließen. Wichtigste Voraussetzung ist, dass S eine Erlaubnis hierzu besitzt. Im Beispiel ist S selber Trockenbauer, was das Erhalten einer Erlaubnis zur Arbeitnehmerüberlassung besonders schwierig macht.

VI. Abgrenzung Kaufvertrag

41 Der Kaufvertrag zeichnet sich dadurch aus, dass der Verkäufer dem Käufer das **Eigentum** an einem bestimmten Gegenstand verschaffen muss. Das gesetzliche Leitbild geht also davon aus, dass ein bestimmter Gegenstand fertig existiert und der Verkäufer genau diesen Gegenstand übergeben muss. Im Baubereich ist natürlich der Grundstückskauf einer der wichtigsten Anwendungsbereiche.

Aber auch andere Gegenstände werden verkauft. Außer den **Baumaterialien** werden auch die notwendigen Maschinen und Hilfsmittel verkauft. Bereits in Rn. 4 wurde angesprochen, dass auch für einige Arbeiten das Kaufvertragsrecht gilt, bei denen dies ohne rechtliche Vorbildung nicht unbedingt vermutet wird. Immer wenn es um die Herstellung beweglicher Gegenstände geht, muss man ebenfalls das Kaufvertragsrecht anwenden. Weil dieser Bereich also im Baubereich durchaus eine erhebliche Bedeutung hat, findet sich oben eine ausführliche Kommentierung des BGB-Kaufvertragsrechts. Die Abgrenzung zwischen den beiden Vertragsarten ist ausführlicher unten in der Kommentierung zu § 650 BGB geschildert.

42 Auf einige **Besonderheiten des Kaufvertragrechts** sei jedoch bereits hier hingewiesen:

- Bei Verträgen zwischen Unternehmen muss der Käufer eine gekaufte Sache **untersuchen** und erkennbare Mängel kurzfristig **rügen**. Ohne Rüge verliert er insoweit seine Gewährleistungsansprüche.
- Anders als beim Werkvertrag hat der Auftraggeber nicht das Recht, den Kaufvertrag vorzeitig ohne wichtigen Grund zu **kündigen**. Ein Kündigungs- bzw. Rücktrittsrecht hat der Auftraggeber nur dann, wenn ein wichtiger Grund vorliegt.
- Ist die verkaufte Leistung mangelhaft, kann der Auftraggeber (Käufer) wählen, in welcher Weise der Auftragnehmer den Mangel beseitigt, also entweder durch Nachlieferung oder Nachbesserung. Beim Werkvertrag hat der Auftragnehmer dieses **Wahlrecht**.

- Wenn der Auftragnehmer einen Mangel der verkauften Sache nicht wie vom Auftraggeber gefordert beseitigt, darf der Auftraggeber die Sache **nicht selber nachbessern**. Dies ist beim Werkvertrag anders. Beim Werkvertrag hat der Auftraggeber u.a. das Recht, nach Ablauf der gesetzten Nachbesserungsfrist den Mangel selber, aber auf Kosten des Auftragnehmers, zu beseitigen. Beim Kaufvertrag muss der Auftraggeber (Käufer), wenn er auch nach Fristablauf die Mängelbeseitigung wünscht, den Auftragnehmer auf Nachbesserung oder Neulieferung verklagen. Das macht die Abwicklung von Mängeln leider deutlich unflexibler, ist vom Gesetzgeber aber so gewünscht.

VII. Abgrenzung Mietvertrag

Als weitere Vertragsart ist auch auf Baustellen hin und wieder der Mietvertrag anzutreffen. Er spielt allerdings nur eine ziemlich geringe Rolle. **43**

Der Mietvertrag zeichnet sich dadurch aus, dass der Vermieter dem Mieter einen Gegenstand zur **vorübergehenden Verwendung** überlässt und dafür Miete erhält. Ganz häufig werden beispielsweise Baustellencontainer, Baumaschinen, Gerüste etc. von Bauunternehmen oder ihren Auftraggebern angemietet. Anders als bei den anderen Vertragsarten übernimmt der Vermieter in der Regel außer der Bereitstellung der vermieteten Sache in der Regel keine weiteren Verpflichtungen, so sind beispielsweise der Transport und die Herstellung der Betriebsbereitschaft allein vom Mieter durchzuführen. Insgesamt ist dieser Bereich regelmäßig unproblematisch und soll daher hier nur der Vollständigkeit halber erwähnt werden.

B. Wichtige Regelungen des Werkvertrages, Nebenpflichten

I. Sinnvolle Ergänzungen des Vertrages

Da das BGB für den normalen Werkvertrag (und für den BGB-Bauvertrag nur teilweise) keine ausreichenden Regelungen enthält, sollten die Vertragspartner das Gesetz durch vertragliche Regelungen ergänzen. Oben in Rn. 6 wurde schon angesprochen, dass die Anordnung von geänderten und zusätzlichen Leistungen beim BGB-Werkvertrag ausdrücklich geregelt werden muss. Weiter sollte man Regelungen aufnehmen zu **44**

- Fristen und Fälligkeit der Werkleistung
- Kündigung anstelle des Rücktritts
- Sicherheiten
- Vertragsstrafen
- Nebenpflichten

II. Fristen, Fälligkeit der Werkleistung

1. Vereinbarung von Terminen

Es ist ganz üblich, in Bauverträgen **Termine** und Fristen zu vereinbaren. Dies ist auch sinnvoll, um als Auftraggeber die Einhaltung dieser Termine überwachen zu können und ihre Missachtung ggf. durch Verzugsschäden, Vertragsstrafen oder eine Kündigung zu sanktionieren. **45**

Die Vereinbarung erfolgt am sichersten durch Benennung von **kalendermäßig bestimmten Daten**, also „2.12.2018 Baubeginn". Möglich, aber mit Unsicherheiten behaftet sind auch **berechenbare Fristen**: „10 Tage nach Zugang des Zuschlagsschreibens".

2. Fehlende Vereinbarung von Terminen

Es kommt aber auch vor, dass die Vertragspartner zu Terminen und Fristen nichts vereinbaren oder dass im Nachhinein nicht mehr bewiesen werden kann, was vereinbart wurde. Aber auch in solchen Fällen will der Auftraggeber natürlich, dass der Auftragnehmer die Arbeiten irgendwann beginnt bzw. zu Ende bringt. **46**

Auch ohne ausdrückliche vertragliche Festlegung muss der Auftragnehmer „**alsbald**" nach der Beauftragung mit der Ausführung seiner Leistungen **beginnen**. Leider hat sich die Rechtsprechung nicht auf eine eindeutige Mindestfrist festgelegt, sondern geht immer auf die Umstände jedes Falles ein.

Ohne ausdrückliche Vereinbarung von Endterminen muss der Auftragnehmer seine Leistungen „in angemessener Frist" beenden. Noch mehr als beim Beginntermin kommt es dabei auf jeden Einzelfall an, also z.B. auf den Umfang der Leistungen, die besonderen Schwierigkeiten des Bauwerkes usw. Wann die angemessene Frist vorbei ist, wird sich daher nur sehr schwer bestimmen lassen. Dies macht vor allem deutlich, wie wichtig die Vereinbarung von Terminen ist.

3. Vertragsstrafe

47 Es ist im Baubereich weit verbreitet, dass die Parteien für den Fall von Terminüberschreitungen Vertragsstrafen vereinbaren. Insbesondere für den Auftraggeber hat dies den Vorteil, dass er seinen Verzugsschaden nicht im Einzelnen nachweisen muss, sondern mindestens die vereinbarte Vertragsstrafe geltend machen kann.

Anfall der Vertragsstrafe setzt voraus:

- Vereinbarung einer Vertragsstrafe,
- Eintritt der vertraglich festgelegten Situation (regelmäßig schuldhafte Überschreitung der vereinbarten Ausführungstermine, dieser Fall wird nachfolgend zugrunde gelegt),
- Vorbehalt bei Abnahme der Leistung.

a. Vereinbarung der Vertragsstrafe

48 Eine Vertragsstrafe kann sowohl individuell als auch in AGB vereinbart werden. Bei Vereinbarung einer Vertragsstrafe in **AGB** ist zu beachten, dass

- die Vertragsstrafe der **Höhe** nach **doppelt begrenzt** sein muss, und zwar einmal hinsichtlich des in festgelegten Zeiträumen anfallenden Betrages (es werden regelmäßig als Obergrenze 0,2 bis 0,3% der Auftragssumme pro Tag als zulässig angesehen) und zum zweiten der Gesamthöhe nach (wobei 5% die Obergrenze bilden);
- der Anfall der Vertragsstrafe nicht unabhängig vom **Verschulden** des Auftragnehmers vereinbart werden kann;
- bei vertragsstrafenbewehrten **Zwischenfristen** zum einen nur die betroffenen Teilleistungen für die Höhe maßgeblich sind und zum anderen eine Anrechnung der einmal angefallenen Vertragsstrafe auf die nachfolgend anfallenden erfolgt.

49 Eine Vertragsstrafe kann auch für den Fall vereinbart werden, dass die Interessen des Auftraggebers durch die Vertragsverletzung des Auftragnehmers nicht beeinträchtigt oder ernsthaft gefährdet werden.

Die **Vertragsstrafenklausel** muss außerdem hinreichend deutlich sein. So muss klar aus ihr hervorgehen, in welchen Fällen sie anfallen soll. Die vertragsstrafenbewehrten Termine müssen genau benannt sein, bei Vereinbarung der VOB/B sollte man sich dabei des Begriffes der „Vertragsfristen" aus § 5 Abs. 1 VOB/B bedienen. Bei tageweisem Anfall sollte genau festgelegt sein, ob es um Kalendertage oder Werktage geht.

Formulierungsvorschlag:

§ Vertragsstrafe

1. Bei schuldhafter Überschreitung der Vertragstermine für Beginn, den Zwischentermin „Fertigstellung der 1. Baustufe" und Fertigstellung hat der Auftragnehmer Vertragsstrafe zu zahlen. Die Vertragsstrafe beträgt für jeden Kalendertag der schuldhaften Überschreitung
   - bei dem Zwischentermin 0,1 % der Auftragssumme für die betroffene Teilleistung netto
   - beim Beginn und Endtermin 0,1 % der Auftragssumme.

   Die vorstehenden Vertragsstrafen sind auf insgesamt 5% der Auftragssumme netto begrenzt.
2. Die Geltendmachung weiterer Ansprüche durch den Auftraggeber bleibt unberührt. Auf einen weitergehenden Schadensersatzanspruch wird die verwirkte Vertragsstrafe angerechnet.
3. Bereits verwirkte Vertragsstrafen entfallen nicht durch die Vereinbarung neuer Termine. Im Falle der Vereinbarung neuer Termine oder der einvernehmlichen Fortschreibung von Vertragsterminen bei Bauzeitverschiebungen gilt das Vertragsstrafeversprechen entsprechend für neue Termine.
4. Eine einmal verwirkte Vertragsstrafe für den Beginn- oder den Zwischentermin wird auf die nachfolgend verwirkte Vertragsstrafe für weitere Zwischen- oder den Fertigstellungstermin angerechnet.
5. Dem Auftraggeber bleibt vorbehalten, den Vorbehalt der Vertragsstrafe bis zur Schlusszahlung geltend zu machen.

b. Anfall der Vertragsstrafe

Wenn die Vertragsstrafe wirksam vereinbart ist, fällt sie bei Eintreten der vereinbarten Situation an. **50**

Da Vertragsstrafen regelmäßig nur für den Fall des Verzuges vereinbart werden (können), kann sich der Auftragnehmer möglicherweise entlasten, indem er nachweist, dass er die Terminüberschreitung nicht zu vertreten hat.

Es ist daher grundsätzlich zu empfehlen, dem Auftragnehmer nach Überschreiten der ursprünglich vereinbarten Fristen weitere Fristen zu setzen, frei nach dem Gedanken, dass ihm irgendwann „die Entlastungsmöglichkeiten ausgehen".

Formulierungsvorschlag:

[Absender]

[Anschrift]

[Datum]

Bauvorhaben …

Vertragsnummer …

Mängelanzeige …

Sehr geehrte Damen und Herren,

für Ihre Bauleistungen war als Endtermin der 30.6.2018 vereinbart. Diesen Termin haben Sie eigenmächtig überschritten.

Wir fordern Sie auf, die Leistungen nunmehr vollständig und ordnungsgemäß zu erbringen. Spätester Termin ist der **31.7.2018**.

Dies ist keine Anordnung von Beschleunigungsmaßnahmen.

Mit freundlichen Grüßen

51 Die wiederholte **Mahnung** des Auftragnehmers empfiehlt sich auch, wenn es während der Bauausführung Behinderungen gegeben hat. Solche **Behinderungen** haben nur ganz ausnahmsweise zur Folge, dass die Vertragsstrafe insgesamt hinfällig wird. Dieser Ausnahmefall tritt ein, wenn der gesamte Zeitplan der Bauausführung völlig umgeworfen wird, ohne dass der Auftragnehmer dies zu vertreten hat. Ob eine solche Ausnahme vorliegt, ist im Einzelfall zu entscheiden. In allen anderen Fällen verlängert sich die Ausführungsfrist – und damit auch die für den Anfall der Vertragsstrafe maßgebliche Frist – um die Behinderungszeit und etwaig erforderliche Zeit zur Wiederaufnahme der Arbeiten. Da diese Fristen regelmäßig nicht mit letzter Sicherheit zu berechnen sind, sollte der Auftraggeber seine Erwartungen durch die Fristsetzungen verdeutlichen. Der Auftraggeber sollte jedoch stets vorsorglich darauf hinweisen, dass die Fristsetzung nicht als Anordnung von Beschleunigungsmaßnahmen zu verstehen ist.

52 Auch bei **einvernehmlichen Verlängerungen** der vertragsstrafenbewehrten Fristen ist Vorsicht geboten, da es immer vom Einzelfall abhängt, ob die ursprünglich vereinbarte Vertragsstrafe auch für die neu festgelegten Fristen gelten soll. Im Zweifel sollten die Partner in der Verlängerungsvereinbarung klarstellen, welche Folgen die Verlängerung für die vereinbarte Vertragsstrafe haben soll.

c. Vorbehalt bei der Abnahme

53 Der Auftraggeber muss sich die Vertragsstrafe bei Abnahme vorbehalten, bei der Abnahme von Teilleistungen bei jeder Teilabnahme. Tut er dies nicht, **verliert** er den Anspruch auf die Vertragsstrafe, § 341 Abs. 3 BGB. Es reicht nicht aus, diesen Vorbehalt früher zu erklären, erst recht natürlich nicht nach Abnahme. Nur ganz ausnahmsweise ist ein Vorbehalt **entbehrlich**, wenn der Vertragsstrafenanspruch bereits rechtshängig ist. Allein die Erklärung der Aufrechnung oder eine Streitverkündung ersetzen den Vorbehalt nicht. Bei Abnahmen nach **§ 12 Abs. 5 VOB/B** und Abnahmen nach **§ 640 Abs. 2 BGB** muss der Vorbehalt innerhalb der dort festgelegten Frist erklärt werden.

54 Der Vorbehalt kann auch formularmäßig erfolgen und sollte in jedem Muster- Formular für Abnahmen vorgesehen werden.

Es ist (auch in AGB) möglich, die Pflicht zum Vorbehalt der Vertragsstrafe bis zur Schlusszahlung hinauszuschieben. Ein völliger Verzicht auf den Vorbehalt ist jedoch nur in Individualvereinbarungen möglich.

4. Kündigung anstelle des Rücktritts

55 Der Rücktritt beendet den Vertrag **insgesamt**, beide Seiten müssen die erhaltenen Leistungen herausgeben. Diese Rechtsfolge passt für Bauverträge eigentlich nicht, da der Auftraggeber die Leistungen des Auftragnehmers meist gar nicht mehr herausgeben kann und die Bewertung der ausgeführten Leistungen schwierig ist. Da der Auftragnehmer beim Rücktritt auch keine Gewährleistung schuldet, müsste bei der Wertermittlung der entfallende Gewährleistungsanspruch bewertet werden.

56 Für den Bauvertrag sinnvoller ist die **Kündigung**. Diese beendet den Vertrag nur für die Zukunft, also soweit er noch nicht ausgeführt wurde. Deswegen ist es auch nach Einfügung des § 648a BGB mit einem gesetzlichen Kündigungsrecht sinnvoll, diese Art der Vertragsbeendigung anstelle des Rücktritts für den Fall, dass Mängel vorliegen, zu vereinbaren.

Formulierungsvorschlag:

> § Kündigung statt Rücktritt
>
> Wenn die gesetzlichen Voraussetzungen vorliegen, dass einer der Vertragspartner von diesem Vertrag zurücktreten könnte, kann er stattdessen die Kündigung aus wichtigem Grund erklären.
>
> Der Vertrag wird durch die Kündigung aus wichtigem Grund nur für die Zukunft beendet.
>
> Wenn der Auftraggeber die Kündigung aus wichtigem Grund erklärt, hat der Auftragnehmer nur Anspruch auf Vergütung der ausgeführten Leistung.
>
> Wenn der Auftragnehmer die Kündigung aus wichtigem Grund erklärt, kann er die nicht ausgeführten Leistungen in Anwendung des § 648 Satz 2 und 3 BGB abrechnen.

5. Sicherheiten

Sicherheiten muss der Auftragnehmer nur dann stellen, wenn es **ausdrücklich vereinbart** ist 57
(bei **Verbraucherbauverträgen** ist § 650m Abs. 2 BGB zu beachten). Das BGB enthält zwar Regelungen, welche Arten von Sicherheiten zulässig sind, und zwar in §§ 232 ff. BGB. Aber diese gesetzlichen Regeln greifen nur dann ein, wenn die Vertragspartner vereinbart haben, dass der Auftragnehmer überhaupt eine Sicherheit zu stellen hat. Um sich vor der Insolvenz seines Auftragnehmers zu schützen, ist die Vereinbarung einer Sicherheit aus Sicht des Auftraggebers eine sinnvolle Vertragsergänzung. Zugunsten des Auftragnehmers sieht das Gesetz in §§ 650e, 650f BGB das Recht vor, Sicherheiten zu fordern.

Die gesetzlichen Regelungen müssen außerdem hinter den vertraglichen Vereinbarungen zu- 58
rücktreten, jedenfalls sofern der Vertrag insoweit wirksam ist. Bürgschaften auf erstes Anfordern sind beispielsweise in AGB grundsätzlich nicht mehr möglich. Die einzige Ausnahme betrifft die Vorauszahlungsbürgschaft, die auch weiterhin auf erstes Anfordern gefordert werden kann.

Formulierungsvorschlag:

> § Sicherheiten
>
> 1. Der AN übergibt dem AG vor Arbeitsbeginn eine Vertragserfüllungsbürgschaft (die auch Gewährleistungsansprüche des AG abdecken muss) eines in Deutschland zum Geschäftsbetrieb zugelassenen Bankinstituts oder Kreditversicherers in Höhe von 5% des Auftragsvolumens. Diese Bürgschaft muss unbefristet und unbedingt sein und den Verzicht auf die Einrede der Vorausklage enthalten. Ist die Bürgschaft dem Auftraggeber beim vereinbarten Baubeginntermin noch nicht zugegangen, ist er zur sofortigen Kündigung des Bauvertrages aus wichtigem Grund berechtigt.
>   Der AG ist erst zur Rückgabe der Vertragserfüllungsbürgschaft verpflichtet, wenn alle seine abgesicherten Ansprüche erfüllt sind, auch wenn die Gewährleistungsbürgschaft nach Ziff. 2. diese Ansprüche umfassen würde.
> 2. Nach Abnahme seiner Leistungen übergibt AN dem AG eine auf 5 Jahre befristete Gewährleistungsbürgschaft in Höhe von 5% des jeweiligen auf den Bauvertrag entfallenden Brutto-Werklohnes. Die Gewährleistungsbürgschaft muss unbedingt sein und den Verzicht auf die Einrede der Vorausklage enthalten und dem AG das Recht geben, sich auch wegen der Inanspruchnahme durch Dritte wegen Ansprüchen, von denen ihn der AN freizustellen hätte, aus der Bürgschaft zu befriedigen. Vor Übergabe der Gewährleistungsbürgschaft ist der AG nicht zur Rückgabe der Erfüllungsbürgschaft verpflichtet. Diese Bürgschaft muss der Auftraggeber dem Auftragnehmer erst nach Ablauf der Gewährleistungsfrist zurückgeben.

3. § 650e BGB wird ausgeschlossen.

III. Nebenpflichten

59 Auftragnehmer müssen beachten, dass für sie auch Nebenpflichten gelten, also zu der Leistungsausführung selber hinzukommende Pflichten. **Aufklärungs-, Prüfungs- und Beratungspflichten** bestehen allerdings nur bezogen auf das in Auftrag gegebene Werk. Diese Pflichten sollte der Auftragnehmer auch im eigenen Interesse berücksichtigen. So gibt es Rechtsprechung dazu, wann der Auftragnehmer zur Erfüllung seiner **Erfolgshaftung** von der vertraglich vereinbarten Ausführungsweise abweichen muss. Tut der Auftragnehmer dies nicht, arbeitet er also genau wie beauftragt, kann seine Leistung mangelhaft sein, wenn das fertige Werk für den angedachten Zweck nicht brauchbar ist („Ein Dach muss dicht sein" – auch bei falschen Vorgaben des Auftraggebers). Auch beim Einsatz neuer Materialien muss der Auftragnehmer den Auftraggeber ggf. über damit verbundene Risiken aufklären, wenn beispielsweise die Langlebigkeit der Produkte noch nicht feststeht.

60 Die Leistungen des Auftragnehmers bauen oft auf Leistungen anderer Auftragnehmer auf. Nicht selten stellt der Auftraggeber auch bestimmte Stoffe oder Bauteile bei. Der Auftragnehmer muss all diese auftraggeberseitigen **Vorleistungen** prüfen und darf sie nicht bedenken- und gedankenlos für seine eigenen Arbeiten verwenden. Die Prüfung beschränkt sich auf das, was ihm im Einzelfall zumutbar ist. Regelmäßig muss der Auftragnehmer daher keine umfangreichen Labor- oder Materialprüfungen machen. Eine reine Sichtprüfung dürfte jedoch auch meist nicht ausreichend sein.

61 Möglicherweise erkennt der Auftragnehmer bei seinen Arbeiten aber auch, dass das betroffene Gebäude andere schwerwiegende Mängel hat. So kann beispielsweise einem Elektriker bei kleinen Ergänzungsarbeiten auffallen, dass andere, von den Arbeiten nicht betroffene Teile der Elektrik nicht mehr sicher sind. Dies sollte der Auftragnehmer dem Auftraggeber mitteilen.

62 Der Auftragnehmer muss aber auch darauf achten, das **Eigentum** des Auftraggebers nicht zu schädigen. Arbeitet ein Auftragnehmer beispielsweise in einem bewohnten und eingerichteten Haus, muss er beim Verlassen die Tür abschließen. Ähnliches gilt natürlich für Lagerhallen etc., aber auch für Neubauten, wenn bereits werthaltige Einbaugegenstände vorhanden sind oder Schäden durch Vandalismus entstehen können. Vorhandene Schutzmaßnahmen muss der Auftragnehmer nutzen. Es kommt dabei auf den einzelnen Vertrag an, ob und welche Sicherungen der Auftragnehmer außerdem selber errichten muss.

Bei Verstößen gegen Nebenpflichten droht dem Auftragnehmer eine Schadensersatzpflicht. Nachweispflichtig für den Verstoß ist immer der Auftraggeber, der sich auf den Pflichtverstoß beruft.

IV. Unwirksamkeit

In manchen Fällen führen Fehler im Vertrag sogar dazu, dass er teilweise oder insgesamt unwirksam ist.

1. Verbot der Koppelung von Grundstückskaufverträgen und Architektenverträgen

63 Erwerber eines Hauses oder Grundstückes können sich nicht bereits beim Kauf verpflichten, Planungs- oder Bauüberwachungsleistungen eines bestimmten Architekten zu beauftragen. Dies hat der Gesetzgeber in Art. 10 § 3 MRVerbG geregelt. Eine solche **unzulässige Kopplung** kann beispielsweise vorliegen, wenn ein Verkäufer oder Makler selber Architekt ist und vom Käufer verlangt, auf jeden Fall bestimmte Planungen zu verwenden oder den Architekten als Planer oder Bauüberwacher zu beauftragen.

64 Der Kaufvertrag und der Architektenvertrag müssen nicht in einer Urkunde verbunden werden, ein **zeitlicher Zusammenhang** oder ein inhaltlicher Zusammenhang durch eine Verweisung auf den anderen Vertrag reicht für eine verbotene Kopplung aus.

Bei einem Verstoß ist der Werkvertrag nichtig, und zwar von Anfang an. Dies heißt z.B., dass der Auftragnehmer keinen Werklohnanspruch hat, der Auftraggeber keine Gewährleistungsansprüche. Auch im Übrigen bestehen keine gegenseitigen vertraglichen Pflichten. Sämtliche gegenseitigen Ansprüche sind nach dem Bereicherungsrecht (§§ 812 ff. BGB) abzuwickeln. Dies sollten Auftraggeber und Architekt im beiderseitigen Interesse vermeiden. **65**

Der Kaufvertrag über das Haus oder Grundstück hingegen wird normalerweise wirksam bleiben. Eine Ausnahme liegt nur dann vor, wenn die Vertragspartner die Verpflichtung des Architekten und den Kaufvertrag unbedingt miteinander so verbinden wollen, dass sie nur gemeinsam wirksam oder unwirksam sein sollen, § 139 BGB.

2. Weitere Unwirksamkeitsgründe

Das BGB kennt noch eine Reihe von Unwirksamkeitsgründen, die an dieser Stelle nur kurz dargestellt werden können. Bei Bauverträgen können vor allem folgende Umstände zur Unwirksamkeit führen: **66**

- Verstoß gegen das Gesetz zur Bekämpfung verbotener **Schwarzarbeit**, soweit beide Vertragspartner an dem Verstoß beteiligt sind. Ganz klassisch ist die Beauftragung von Firmen „ohne Rechnung" bei entsprechendem Preisnachlass.
- Sittenwidrigkeit, beispielsweise bei Vereinbarung eines **sittenwidrigen überhöhten Werklohnes**. Wann eine Vergütung derart hoch ist, dass sie sittenwidrig ist, muss in jedem Einzelfall geprüft werden. Es gibt Rechtsprechung zu Fällen, nach denen eine um 100% über der üblichen Vergütung liegende Vergütung zur Sittenwidrigkeit führt.
- Im Bereich des **Vergaberechts** kann ein Verstoß gegen die Informationspflicht des § 134 GWB zur Nichtigkeit führen.

Auch in diesen weiteren Fällen der Unwirksamkeit wird der unwirksame Vertrag nach den Regeln zur ungerechtfertigten Bereicherung abgewickelt, wenn mit ihm gegen ein gesetzliches Verbot verstoßen wird. Die Durchsetzung von Werklohnansprüchen auf der einen und Gewährleistungsansprüchen auf der anderen Seite wird hierdurch in weiten Teilen unmöglich gemacht. **67**

§ 632 BGB
Vergütung

(1) Eine Vergütung gilt als stillschweigend vereinbart, wenn die Herstellung des Werkes den Umständen nach nur gegen eine Vergütung zu erwarten ist.

(2) Ist die Höhe der Vergütung nicht bestimmt, so ist bei dem Bestehen einer Taxe die taxmäßige Vergütung, in Ermangelung einer Taxe die übliche Vergütung als vereinbart anzusehen.

(3) Ein Kostenanschlag ist im Zweifel nicht zu vergüten.

A. Allgemeines

In § 632 BGB geht es um die Frage, in welcher Höhe der Auftragnehmer Werklohn verlangen kann. In den meisten Fällen haben sich die Vertragspartner auf eine bestimmte Vergütung **geeinigt**. Nur wenn die Vertragspartner sich nicht einigen, greift das Gesetz zugunsten des Auftragnehmers ein und gibt ihm (fallweise mit Einschränkungen) einen Werklohnanspruch. **1**

Bei den Erläuterungen zu § 632 BGB geht es nicht nur um diesen eigentlichen Kern der gesetzlichen Regelung. Es wird auch erläutert, ob der Auftragnehmer seine Leistungen prüffähig **abrechnen** muss, welche Bedeutung die **Freistellungserklärung** nach § 48b EStG hat, wann ein Werklohnanspruch verjährt und welche Handlungsmöglichkeiten der Auftragnehmer hat, wenn der Auftraggeber keinen Werklohn zahlt. **2**

§ 632 BGB und die VOB/B

3 Die VOB/B enthält keine von § 632 BGB abweichenden Regelungen. In § 2 VOB/B sind zusätzliche Vorschriften enthalten, weil die VOB/B anders als das BGB nachträgliche Änderungen des Vertrages ausdrücklich zulässt und als so normal betrachtet, dass sie umfangreiche Abrechnungsregeln bereitstellt (die Regelungen der §§ 650b, 650c BGB gelten nur für Bauverträge i.S.d. § 650a BGB).

B. Vergütungsvereinbarung

I. Notwendigkeit eines wirksamen Vertrages mit Vergütungsvereinbarung

4 Erste Voraussetzung für die Zahlung einer Vergütung ist, dass überhaupt ein **wirksamer Vertrag** vorliegt. So kann es sein, dass sich Auftraggeber und Auftragnehmer überhaupt noch nicht darüber einig sind, was der Auftragnehmer ausführen soll: Der Vertrag ist noch nicht wirksam abgeschlossen. Oder der Vertrag ist nichtig, z.B. bei einem vergaberechtlichen Verstoß gegen § 134 GWB. Ohne wirksamen Vertrag greift § 632 BGB nicht ein, sondern die gegenseitig erhaltenen Leistungen sind mit Wertersatz rückabzuwickeln.

5 Die Formulierung des Gesetzes macht es deutlich, dass nicht jeder Werkvertrag automatisch zu einer Vergütungspflicht führt. Typischer Fall der „kostenlosen" Leistungen sind echte **Akquisitionsleistungen**. Die Frage nach einer Vergütungspflicht stellt sich natürlich gar nicht mehr, wenn die Frage der Vergütung vertraglich geregelt ist. Haben sich die Vertragspartner über die Höhe der Vergütung abschließend geeinigt, kommt es insoweit auf die Regelungen des § 632 BGB zur Vergütungspflicht nicht mehr an. Genau das Gleiche gilt, wenn sich die Vertragspartner ausdrücklich geeinigt haben, dass eine Leistung gar nicht zu vergüten ist.

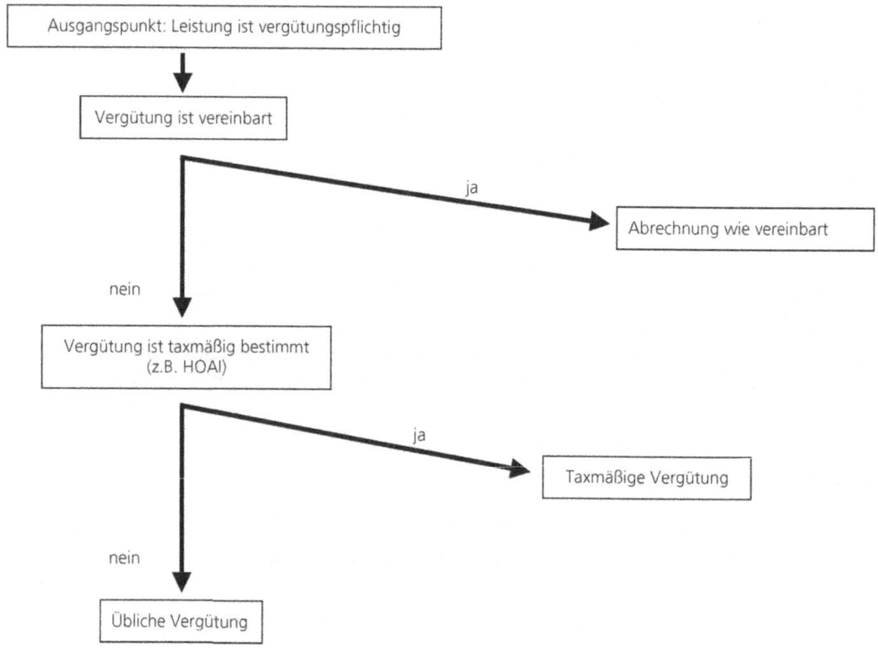

Abbildung 1: Vergütungspflichtige Leistungen; Ermittlung der Vergütung

Aber immer dann, wenn eine solche abschließende Vereinbarung zur Vergütung fehlt, kann es auf diese gesetzliche Vorschrift ankommen. Typische Fälle sind: 6

- Akquisitionsleistungen
- Wucherische Überhöhung der vereinbarten Vergütung
- Zusätzliche oder geänderte Leistungen ohne vorherige Preisvereinbarung.

Es kommt nicht selten vor, dass Auftraggeber eine Leistung entgegennehmen und sie nicht bezahlen wollen. So ist es im Bereich der Architekten weitgehend üblich, gewisse Akquisitionsleistungen unentgeltlich zu erbringen.

Im Baubereich sind **Akquisitionsleistungen** eher selten, da die Leistungen meist keine Vorphase haben, in der nur geringer Aufwand anfällt und die von der eigentlichen Leistung deutlich zu trennen ist. Meist erhält der Auftraggeber durch die Leistung des Auftragnehmers einen endgültigen geldwerten Vorteil, was wiederum eine Vergütungspflicht nahelegt. Nur im Bereich von Mustern und Begutachtungen im Vorfeld einer Angebotsaufstellung ist überhaupt Raum für unentgeltliche Leistungen.

Es kann aber auch sein, dass allein die **Preisvereinbarung** nichtig ist, z.B. wegen eines überhöhten Einheitspreises. Der BGH hatte in einem Fall zu entscheiden, bei dem der Auftragnehmer einen um das 800-fache überhöhten Einheitspreis angeboten hatte[1]. Dieser Einheitspreis war nichtig – und damit fehlte insoweit eine Preisvereinbarung. Diese Lücke war nach § 632 BGB zu füllen. Auch wenn der vereinbarte Preis (insgesamt) mehr als das Doppelte der ortsüblichen Vergütung beträgt, kann er wegen Abrechnungsbetrug unwirksam sein. 7

Auftraggeber und Auftragnehmer ist daher zu raten, eine eindeutige Vergütungsregelung zu vereinbaren. Dies gilt insbesondere dann, wenn es um Leistungen geht, die möglicherweise als Akquisitionsleistung anzusehen und daher nicht zu vergüten sind. Dadurch kann einem späteren Streit und nicht kalkulierten Mehrkosten vorgebeugt werden. Mögliche Akquisitionsleistungen sind: 8

- Anlegen von Musterflächen,
- Begutachtungen im Vorfeld von Angeboten, insbesondere soweit sie mit Leistungen verbunden sind (Abbeilen von Hölzern, Feuchtigkeitsmessungen etc.),
- Ausführung von Probeflächen.

Im Bereich der **HOAI** und anderer geistiger Leistungen gibt es wie gesagt mehr Raum für kostenfreie Leistungen. Dies liegt nicht zuletzt daran, dass der Bauherr durch eine Skizze oder die Grobgliederung eines Gutachtens meist keinen dauerhaften Wert erhält. Diese Vorstufen entfalten ihre Bedeutung und ihren Wert erst mit der Durchführung des Hauptvertrages. Aber auch in diesem Bereich muss der Auftraggeber vorsichtig sein, um nicht ungewollten Vergütungsansprüchen ausgesetzt zu sein. Rechtsprechung gibt es zu dieser Frage zwar viel, doch läuft es immer wieder auf eine Einzelfallprüfung hinaus. Der BGH[2] macht die Vergütungspflicht nämlich davon abhängig, ob die ausgeführten Leistungen „von gewisser Bedeutung" sind. Orientiert man sich an der HOAI, so verläuft die Grenze zwischen vergütungspflichtigen und vergütungsfreien Leistungen etwa in der Leistungsphase 2. 9

Einigen sich die Vertragspartner ausdrücklich **nicht** über die Frage der Vergütung, ist eine der vom Gesetz vorgesehenen Hauptpflichten nicht nur offen, sondern sogar strittig. Ein Werkvertrag ist daher im Zweifelsfall nicht zustande gekommen, sodass der Auftragnehmer seine Arbeiten einstellen kann. Auch dies spricht dafür, die Frage der Vergütungspflicht möglichst im Vorfeld zu regeln.

1 BGH v. 18.12.2008, VII ZR 201/06.
2 BGH BauR 1987, S. 454.

II. Checkliste Vergütungspflicht

10 ***Praxistipp:***

Was sollte ein Auftraggeber unternehmen, wenn er Probleme mit der Vergütungspflicht erwartet?

- *Prüfen auf wirksamen Vertragsschluss.*
- *Prüfen der Vergütungspflicht.*
- *Bei Unsicherheit: Vereinbarung abschließen.*

Kommt der Auftraggeber zu dem Ergebnis, dass die Vergütungspflicht für eine Leistung nicht genau feststeht oder will er aus anderen Gründen für Rechtssicherheit sorgen, kann er bereits die Beauftragung der Leistung mit der Kostenregelung verbinden.

Formulierungsvorschlag:

Behörde für ländliches Bauen
Mauerstraße 4711
12345 Hochbaustadt
[Datum]
Maurerbetrieb
Egon Lotrecht
Ziegelgasse 12
98765 Wandhausen
Sehr geehrter Herr Lotrecht,

wie vorab telefonisch besprochen bitten wir Sie, für das beabsichtigte Bauvorhaben KiTa Seeglöckchen mehrere Muster geeigneter Steine zu übersenden.

Bitte bestätigen Sie uns, dass Sie die Muster bis zum ... *[Datum]* schicken, und dass diese Leistung für uns kostenfrei ist.

Mit freundlichen Grüßen
Meyer Oberbaurat
Bestätigt
Ort, Datum

____
Unterschrift

C. Pauschalverträge

11 Grundsätzlich ist der Auftragnehmer **beweispflichtig** dafür, wie der Vertrag abzurechnen ist, da es um seinen Werklohnanspruch geht. Beruft sich ein Vertragspartner auf die Vereinbarung eines Pauschalpreises, ist dies immer genau zu prüfen.

Es kann auch sein, dass die Vertragspartner nur eine Abrundung oder einen Rabatt vereinbaren wollten, ohne die Leistung in irgendeiner Weise zu pauschalieren. Ein echter Pauschalpreis liegt nur dann vor, wenn Leistung **und** Vergütung pauschaliert werden sollten.

Bei Pauschalverträgen kann es daher durchaus zu zusätzlichen und geänderten Leistungen mit entsprechenden **Nachträgen** kommen. Auch beim Pauschalvertrag schuldet der Auftragnehmer für die ursprünglich vereinbarte Vergütung (nur) die ursprünglich vereinbarte Leistung. Bei Pauschalverträgen kann es allenfalls sein, dass aufgrund der Offenheit der Leistungsbeschreibung die meisten Leistungsänderungen vorweggenommen wurden – dies muss aber keineswegs so sein!

Beim BGB-Vertrag sind grundsätzlich keine „zufälligen" Änderungen nach Vertragsschluss vorgesehen, auch § 650b BGB greift nur für Bauverträge und nur für aufgrund einer Vereinbarung oder einer Anordnung geänderte Leistungen. Die Abrechnung nach Einheitspreisen widerspricht diesem Grundsatz und muss daher ausreichend deutlich im Vertrag formuliert werden. 12

Vertragsart	Vorteile	Nachteile
Einheitspreisvertrag	• genaue Abrechnung der erbrachten Leistungen • bei Änderungsanordnungen lassen sich betroffene Leistungen meist isolieren und neu kalkulieren	• Aufmaß mit aufwendiger Prüfung • jede Abweichung vom Vertrag führt zu einem geänderten Preis.
Detailpauschalvertrag	• kein Aufmaß erforderlich	• bei Änderungen Preisanpassung erforderlich • bei Änderungsanordnungen Preis oft nur schwer fortzuschreiben
Globalpauschalvertrag	• kein Aufmaß erforderlich • ohne Änderungen aus Bereich AG keine Nachträge	• Preis steigt um die einkalkulierten Risiken • bei Änderungsanordnungen Preis nur schwer fortzuschreiben • oft Streit um genauen Umfang der vertraglichen Leistungen

So muss z.B. ein „**Festpreis**" kein Pauschalpreis sein, da ein Festpreis auch so verstanden werden kann, dass Materialpreis- oder Lohnerhöhungen ausgeschlossen sein sollen. „Richtpreise" oder „circa-Preise" sind begrifflich noch weiter vom Pauschalpreis entfernt, da sie eine gewisse Variabilität beinhalten. Bezieht sich der „circa-Preis" auf eine äußerst ungenau beschriebene Vergütung, ist Streit vorprogrammiert, da weder Leistung noch Vergütung wirklich bestimmbar sind. 13

Es kann nur geraten werden, bei der Vereinbarung von Pauschalen so deutlich wie möglich festzuhalten, was die Vertragspartner wollen! Es ist ein besonders streitträchtiges Gebiet, den Umfang einer pauschalierten Leistung zu ermitteln.

Wie die Vertragspartner eine Leistung pauschalieren, steht ihnen völlig frei. Es gibt die verschiedensten Arten, was Formulierung und Umfang der Vereinbarungen angeht. Grundsätzlich unterscheidet man zwischen Detailpauschal- und Globalpauschalverträgen, wobei es in der Praxis ungezählte Mischformen gibt. Es ist auch möglich, nur einzelne Leistungsteile (z.B. einzelne Einheitspreispositionen) zu pauschalieren.

Weil (nur) die vertraglich vereinbarte Leistung von den Vertragspreisen abgedeckt wird, hängt die Berechtigung von Nachtragsansprüchen maßgeblich daran, wie weit die Pauschalierung reicht und welche Leistungen darunter fallen bzw. welche nicht. 14

I. Detailpauschalvertrag

Bei dem sog. **Detailpauschalvertrag** gibt der Auftraggeber dem Auftragnehmer die Leistung weitgehend vor. Der Auftragnehmer erhält für die Angebotskalkulation z.B. die Entwurfs- oder Ausführungsplanung, vielleicht auch das Raumbuch oder eine mehr oder weniger genaue Baubeschreibung. Auf dieser Grundlage kann der Auftragnehmer die geschuldete Leistung der **Art** nach weitgehend ermitteln und auch die **Massen** ziemlich genau feststellen. Für die geschuldete Leistung vereinbaren die Vertragsparteien dann einen Pauschalpreis. 15

16 Besonders schwierig wird es, wenn dem Angebot ein **Leistungsverzeichnis** mit Massen zugrunde lag. Es kommt dann ganz besonders auf die sonstigen Formulierungen im Vertrag an. Wollten der Auftragnehmer und der Auftraggeber das Risiko übernehmen, dass die Massen nicht richtig ermittelt waren? Gewissermaßen als Faustregel für die Auslegung solcher Verträge lässt sich Folgendes sagen: Je genauer die Leistung beschrieben ist, desto weniger Raum bleibt für eine Pauschalierung, wenn der Vertrag nicht ausdrücklich etwas anderes sagt. Das von der Pauschalierung umfasste Leistungssoll ist also sehr eng beschrieben, sodass bereits geringe Abweichungen zu Ansprüchen auf Anpassung der Vergütung führen können.

II. Globalpauschalvertrag

17 Der Schulfall eines Globalpauschalvertrages lässt sich ungefähr wie folgt formulieren:

„Der Auftragnehmer errichtet ein schlüsselfertiges Wohnhaus mittlerer Art und Güte mit 160 qm Wohnfläche und erhält hierfür eine Pauschalvergütung von 400.000 € brutto."

18 Dieser kürzestmögliche Bauvertrag enthält eigentlich alle wesentlichen Festlegungen, so beschreibt er (mehr oder weniger genau) die vom Auftragnehmer geschuldete Bauleistung und die dafür anfallende Vergütung. Eine Vereinbarung in dieser Kürze ist natürlich extrem streitträchtig. Jeder Bauherr hat Vorstellungen und Bedürfnisse, die er bei seinem Bauvorhaben berücksichtigen will. Die Beispiels-Vereinbarung gibt demgegenüber dem Auftragnehmer einen sehr weitgehenden Spielraum. Dieser Spielraum ist jedoch nicht unbegrenzt. Es wäre jedoch ganz sicher schwierig, aber möglich, gewisse Ausführungsweisen als nicht vertragsgerecht auszuschließen.

19 Entscheidend für den Globalpauschalvertrag ist dabei das globale Element der Leistungsbeschreibung. Meist ist die Beschreibung funktional, wie bei dem gewählten Beispiel. Eine Globalisierung liegt z.B. in den Begriffen „schlüsselfertig, bezugsfertig, gebrauchsfertig" oder in der Beauftragung „aller erforderlichen Leistungen". Der Auftragnehmer trägt bei dieser Art von Leistungsbeschreibung ein sehr großes Risiko, dass Mehrleistungen notwendig werden, die er erbringen muss, obwohl er sie in seiner internen Kalkulation nicht berücksichtigt hat.

Normalerweise ist die Baubeschreibung auch bei Globalpauschalverträgen etwas genauer. Bei einem Wohnhaus würde man sicherlich festhalten, welche Dachform das Haus haben soll, wie viele Zimmer vorhanden sein sollen, Lage und ungefähre Größe der Zimmer etc.

Praxistipp:

▶ *Je genauer die Beschreibung wird, desto eher liegt ein Detailpauschalvertrag vor.*

III. Grenzen der Pauschalierung

20 Die Pauschalierung der Leistung führt jedoch nicht dazu, dass der Auftragnehmer jede Abweichung der ausgeführten von der ausgeschriebenen Leistung hinnehmen muss. Dabei kommt diese Problematik nur dann zum Tragen, wenn nicht sowieso nachträglich eine geänderte Leistung beauftragt wird. Egal wie weit oder wie eng eine Pauschalierung vereinbart wurde, eine **nachträgliche Änderung** führt immer zu einem geänderten Vergütungsanspruch des Auftragnehmers. Ausgangspunkt muss die von der Pauschalierung umfasste Leistung sein – und es muss hierzu eine Änderung erfolgt sein.

21 Allgemein gesagt kann ein Auftragnehmer außerdem auch dann die Anpassung eines Pauschalpreises verlangen, wenn ein unerträgliches **Missverhältnis** zwischen Gesamtbauleistung und dem Pauschalpreis entsteht – was aber auch gegeben sein kann, wenn es nicht um eine nachträgliche Änderung geht. Jedenfalls ist dieser Fall ganz anders abzurechnen als die Änderung des Vertrages. Auf Abweichungen bei einzelnen Leistungen (z.B. eines Leistungsverzeichnisses) kommt es nicht an, sondern auf die gesamte ausgeführte Leistung. Wann ein solches Missverhältnis vorliegt, ist jeweils im Einzelfall zu ermitteln. Die Rechtsprechung lehnt es ab, sich auf bestimmte Prozentsätze festzulegen. Regelmäßig kommt ein solches Missver-

hältnis erst in Betracht, wenn die Mengenabweichung – bezogen auf die gesamte Leistung – bei ca. 20% liegt.

Liegt ein unerträgliches Missverhältnis vor, kann der Auftragnehmer eine Vergütung nur für die Leistungen verlangen, die über das von ihm übernommene Risiko hinausgehen. 22

Eine Abweichung der ausgeführten von der ausgeschriebenen Leistung liegt natürlich immer dann nicht vor, wenn die ausgeführte Leistung aufgrund der Pauschalierung zu den vom Auftragnehmer geschuldeten Leistungen gehört.

D. Ermittlung der nicht vereinbarten Vergütung

I. Taxmäßige Vergütung

Für den Fall, dass die Vergütung der Höhe nach nicht feststeht, nennt das Gesetz als Erstes die Bestimmung durch eine Taxe, also einen gesetzlich festgelegten Preis. Wichtigster Fall der gesetzlichen **Gebührenordnung** im Baubereich ist die HOAI. Die HOAI enthält, insbesondere in den seit 2009 geltenden Fassungen, fast nur Preisrecht. Anders als z.B. die VOB/B regelt sie also nicht den Inhalt von Verträgen (z.B. Umfang der Leistung oder Gewährleistungsansprüche), sondern nur die Höhe des zu zahlenden Preises. Wenn jemand – der nicht unbedingt Ingenieur oder Architekt sein muss – in der HOAI angesprochene und bepreiste Leistungen erbringt, muss er bei der Vergütung die HOAI berücksichtigen. Insbesondere darf er die festgesetzten Mindest- und Höchstsätze nicht unter- bzw. überschreiten. 23

Andere gesetzliche Vergütungsregeln gibt es im Baurecht nicht, insbesondere seitdem die früheren Baupreisverordnungen aufgehoben wurden. 24

II. Übliche Vergütung

Wenn sich die Vertragspartner nicht im Vertrag über eine Vergütung geeinigt haben, soll der Auftragnehmer nicht leer ausgehen. Nach § 632 BGB hat er Anspruch auf die **übliche Vergütung**. 25

Die Rechtsprechung hat versucht, den Begriff der üblichen Vergütung zu verdeutlichen. Herausgekommen ist eine etwas schwerfällige Definition, die allerdings kaum griffiger geraten kann. Denn schließlich haben es die Vertragspartner unterlassen, eine eindeutige Vergütung zu vereinbaren, und der Gesetzgeber bzw. die Rechtsprechung müssen ihnen nachträglich zur Seite springen. Nach der von der Rechtsprechung gefundenen Formel ist die Vergütung „üblich", die 26

- zur Zeit des Vertragsschlusses
- für nach Art und Güte gleichartige Leistungen
- nach allgemeiner Auffassung der beteiligten Kreise
- am Ort der Werkleistung

gewährt zu werden pflegt. Ganz maßgeblich sind also die Umstände des **Vertragsschlusses** und der Leistung, was **Ort** und **Zeit** angeht. Das leuchtet ein, da es bei Preisen teilweise erhebliche regionale Unterschiede gibt und es auch über die Zeit hinweg Preisänderungen gibt.

Der Auftragnehmer muss in einem Verfahren vortragen, welches die übliche Vergütung ist. Wenn sich eine „allgemeine Auffassung der beteiligten Kreise" nicht ermitteln lässt, trägt er das Risiko, den Vergütungsprozess zu verlieren. Denn wenn keine „übliche" Vergütung ermittelt werden kann, bleibt dem Auftragnehmer nur noch eine Rückfallebene. Es kann sich im Einzelfall aus dem Vertrag ergeben, dass er eine angemessene Vergütung erhalten soll. Aber nur, wenn der Vertrag entsprechende Hinweise enthält, kann das Gericht diese angemessene Vergütung ermitteln und dem Auftragnehmer zusprechen. Grundlage ist aber auch in diesem Fall eine vom Auftragnehmer vorzutragende Vergütungsspanne, die dann dem Einzelfall angepasst wird. Insgesamt also ein Vorgang, der mit erheblichem Aufwand und hohen Risiken 27 verbunden ist. Dies gilt für Auftraggeber wie Auftragnehmer. Auftraggeber müssen sich ggf. mit dem Vortrag des Auftragnehmers intensiv auseinandersetzen, um nicht überhöhte Preise zu bezahlen.

Grundsätzlich empfiehlt es sich für Auftraggeber wie Auftragnehmer, es gar nicht erst so weit kommen zu lassen, dass eine „übliche Vergütung" ermittelt werden muss.

E. Abrechnung erforderlich?

28 Der BGH[3] hat bereits 1980 entschieden, dass die Vergütung des Auftragnehmers mit der Abnahme fällig wird, ohne dass der Auftragnehmer prüffähig abrechnen muss. Das gilt nach wie vor für Werkverträge außer BGB-Bauverträge i.S.d. § 650a BGB, für diese verlangt § 650g Abs. 4 BGB eine prüffähige Abrechnung. In dem genannten Urteil geht es insbesondere darum, dass die Rechnungsstellung durch den Auftragnehmer keine Voraussetzung für die Fälligkeit und damit den Verjährungsbeginn ist. Ganz egal ob der Auftragnehmer eine Rechnung stellt oder nicht, beginnt die **Verjährung** also mit der **Abnahme** der Leistungen. Eine ganz andere Frage ist dabei, wie der Auftragnehmer seinen Vergütungsanspruch der Höhe nach nachweisen kann. Faktisch wird der Auftragnehmer dies bei Einheitspreisverträgen nur können, indem er eine prüffähige Rechnung und die zugrunde liegenden Aufmaße vorlegt. Für Abschlagsrechnungen gibt es seit Anfang 2009 eine ausdrückliche Regelung in § 632a Abs. 1 BGB, wonach ein Auftragnehmer die abgerechneten Leistungen prüffähig nachweisen muss. Für die Schlussrechnung gibt es jedoch keine vergleichbare Regelung, sodass es bei der bisherigen, nachfolgend dargestellten Rechtslage bleibt.

29 Diese Rechtsprechung ist für den Auftraggeber immer dann vorteilhaft, wenn es um einen möglichst **frühen Fälligkeitstermin** (und damit Verjährungsbeginn) geht. Es gibt durchaus Urteile, die sich gegen die Auffassung des BGH wenden. So hat beispielsweise das OLG Frankfurt/Main[4] die Fälligkeit und damit den Verjährungsbeginn von einer Schlussrechnung abhängig gemacht, wenn sich die Höhe des Vergütungsanspruches bei Vertragsschluss noch nicht endgültig feststellen lässt. Diese Argumentation ist für den Auftraggeber auf den ersten Blick verlockend. Denn wenn der Anspruch des Auftragnehmers ohne Rechnung nicht fällig ist, kann der Auftragnehmer bis zur Rechnungslegung keine Zinsen verlangen. Möglicherweise verliert der Auftragnehmer sogar einen ersten Prozess, weil er keine prüffähige Rechnung vorlegen kann. Der Auftraggeber muss jedoch bedenken, dass folgerichtig die Verjährung des Anspruches hinausgeschoben ist, bis der Auftragnehmer die Schlussrechnung vorlegt, wann immer das ist. So kann der Auftragnehmer durchaus nach einem verlorenen Prozess eine Schlussrechnung vorlegen und einen neuen Prozess beginnen. Der Auftraggeber hat immerhin eine Möglichkeit, dies zu verhindern: Indem er den Auftragnehmer **auffordert**, innerhalb einer bestimmten Frist die Rechnung vorzulegen. Vergisst der Auftraggeber allerdings diese Aufforderung, läuft die Verjährung nicht an und der Auftraggeber muss letztlich auf das schlechte Gedächtnis des Auftragnehmers vertrauen, dass er nämlich die Baumaßnahme gar nicht mehr abrechnet.

30 Da der Auftraggeber bei Einheitspreisverträgen regelmäßig ein Interesse daran hat, dass der Auftragnehmer seine Leistungen prüffähig nachweist, sollte der Auftraggeber eine entsprechende **vertragliche Verpflichtung** in den Vertrag aufnehmen. Dabei sollte er klarstellen, dass diese Abrechnungspflicht sich nicht auf die Verjährung der Vergütungsansprüche auswirkt. Damit wird verhindert, dass die Verjährung wie beim VOB/B-Vertrag erst mit Vorlage der Schlussrechnung anfängt.

---

3 BGHZ 79, S. 176 = MDR 1981, S. 487.
4 OLG Frankfurt/Main, BauRB 2004, S. 355.

Formulierungsvorschlag:

§ Abrechnung und Verjährung

(4) Der Auftragnehmer muss seine Leistungen in der Schlussrechnung durch eine prüffähige Aufstellung nachweisen. Der Auftragnehmer muss die Rechnungen übersichtlich aufstellen, die Reihenfolge der Posten einhalten und die in den Vertragsbestandteilen enthaltenen Bezeichnungen verwenden. Die zum Nachweis von Art und Umfang der Leistung erforderlichen Mengenberechnungen, Zeichnungen und andere Belege sind beizufügen.

(5) Diese Abrechnung muss dem Auftraggeber spätestens vier Wochen nach Abnahme vorliegen. Der Beginn der Verjährung der Ansprüche des Auftragnehmers mit der Abnahme wird durch diese Verpflichtung nicht berührt.

(6) Soweit Leistungen durch nachfolgende Arbeiten des Auftragnehmers einer späteren Überprüfung nicht mehr zugänglich sind, hat der Auftragnehmer dies dem Auftraggeber mitzuteilen und auf dessen Verlangen gemeinsam Zustand und Umfang der betroffenen Leistungen festzustellen.

Denn dann würde der Auftragnehmer darüber bestimmen, wann die Verjährung beginnt. Die **31**
Situation wäre vergleichbar mit BGB-Bauverträgen, Architekten- und VOB/B-Verträgen. Wenn der Auftragnehmer bei diesen Verträgen keine prüffähige Schlussrechnung vorlegt[5], läuft die Verjährung für die Werklohnforderung nicht an. Unter Umständen wird der Auftraggeber erst Jahre nach Fertigstellung und Abnahme der Leistungen mit der Schlussrechnung konfrontiert, ohne dass er sich darauf berufen kann, dass der abgerechnete Anspruch verjährt ist. Deswegen muss im Vertrag klargestellt sein, dass es bei dem vom BGB vorgesehenen **Verjährungsbeginn** bleibt. Die Verjährung soll bereits mit der Abnahme beginnen, auch wenn der Auftragnehmer seine Leistungen noch nicht prüffähig nachgewiesen hat. Um aber den Werklohn durchsetzen zu können, muss dann eine prüffähige Aufstellung vorliegen.

5 Zur Rügefrist beim VOB/B-Vertrag siehe unten § 16 VOB/B, Rn. 87.

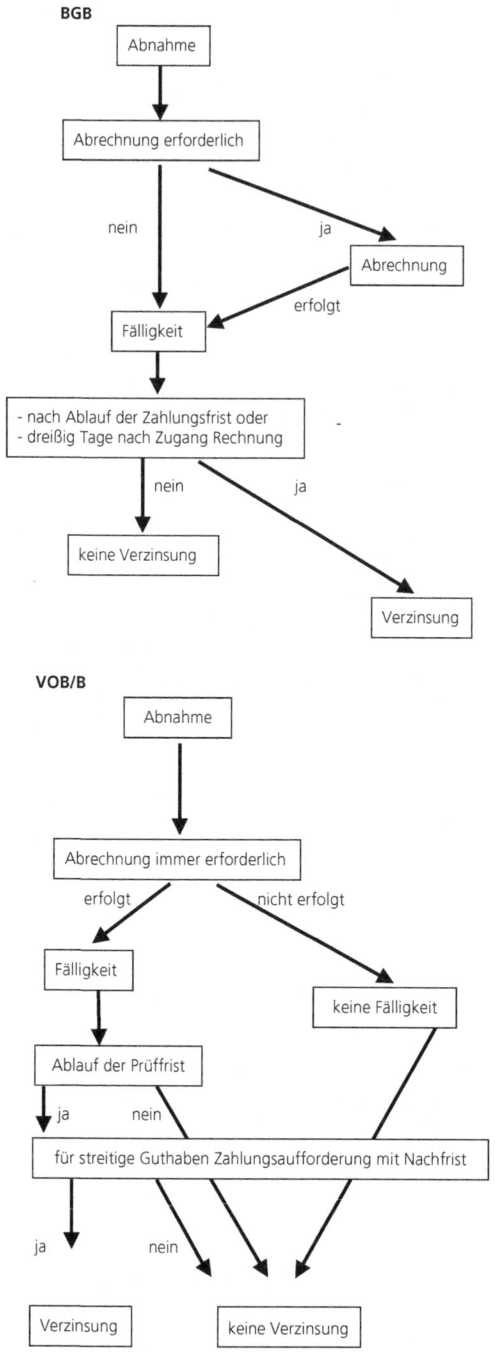

Abbildung 2: Abnahme-Fälligkeit-Verzinsung bei Schlusszahlungen bei BGB-Werkverträgen (also ohne BGB-Bauverträge) und VOB/B-Verträgen (und BGB-Bauverträgen)

32 Häufig werden bereits während der Baumaßnahme ausgeführte Leistungen durch andere **verdeckt** (nach Erstellung des Fundamentes werden die Baugrube und Rohrleitungsführungen zugeschüttet; Kabel werden verputzt). Der Auftraggeber muss aber die Möglichkeit haben, auch diese Leistungen und ihren Umfang nachprüfen zu können. Bei der VOB/B wird dies durch baubegleitende Zustandsfeststellungen und Aufmaße erreicht, §§ 4 Abs. 10, 14 Abs. 2 VOB/B. Der BGB-Vertrag muss eine vergleichbare Regelung enthalten, um den Auftraggeber nicht um diese Möglichkeit zu bringen.

F. Freistellungsbescheinigung nach § 48b EStG

Seit dem 31.12.2001 muss jeder unternehmerische **Auftraggeber** von Bauleistungen 15% 33
der geschuldeten Werklohnzahlungen einbehalten und an das Finanzamt abführen, §§ 48 ff. EStG. **Unternehmer** sind bereits wegen ihrer Unternehmensform alle Gesellschaften mit beschränkter Haftung und alle Aktiengesellschaften. Unternehmer ist nach § 14 BGB außerdem jede natürliche oder juristische Person oder jede rechtsfähige Personengesellschaft, die bei Abschluss eines Rechtsgeschäfts in Ausübung ihrer gewerblichen oder selbstständig beruflichen Tätigkeit handelt. § 48a Abs. 1 EStG bezieht auch juristische Personen des öffentlichen Rechts ein.

Der Auftragnehmer erhält nur dann den vollen Werklohn, wenn er dem Auftraggeber eine **Freistellungserklärung** übergibt oder wenn der Umsatz weniger als 5.000 € im Kalenderjahr beträgt. Dabei spielt es auch keine Rolle, ob es sich um einen inländischen oder einen ausländischen Auftragnehmer handelt. Auch die Rechtsform des Auftragnehmers ist egal, so müssen z.B. auch Arbeitsgemeinschaften eine Freistellungsbescheinigung vorlegen.

Der vom Auftraggeber abgeführte Betrag soll auf die vom Auftragnehmer geschuldeten Steuern verrechnet werden, und zwar erstrangig mit der angemeldeten Lohnsteuer und im Übrigen mit der Einkommens- oder Körperschaftssteuer.

Das Finanzamt muss eine Freistellungserklärung erteilen, wenn der Steueranspruch nicht ge- 34
fährdet ist, die Einzelheiten dazu sind in § 48b EStG geregelt.

Auftraggeber sind dazu verpflichtet, den 15%-Anteil abzuführen und anzumelden. Tun sie 35
dies nicht, haften sie hierfür nach § 48a Abs. 3 EStG wie für eigene Steuerschulden. Auftraggeber sind nur dann von dieser Verpflichtung befreit, wenn ihnen eine Freistellungserklärung des Auftragnehmers vorliegt, oder bei Bagatell-Umsätzen von weniger als 5.000 € im Kalenderjahr. Der Auftraggeber muss daher darauf achten, dass die ihm übergebenen Freistellungserklärungen den gesetzlichen Bestimmungen entsprechen.

Wichtig ist für den Auftraggeber vor allem: 36

- Die Freistellungserklärungen sollen jeweils eine bestimmte **Geltungsdauer** enthalten. Der Auftraggeber muss während der Bauzeit darauf achten, ob Zahlungen nach Ablauf dieser Geltungsdauer erfolgen. Nur für Zahlungen vor Ablauf der Geltungszeit ist der Auftraggeber von dem Zwangseinbehalt befreit.

  Legt der Auftragnehmer nur eine **Kopie** der Freistellungserklärung vor, sollte der Auftraggeber darauf bestehen, auch das Original einsehen zu dürfen.

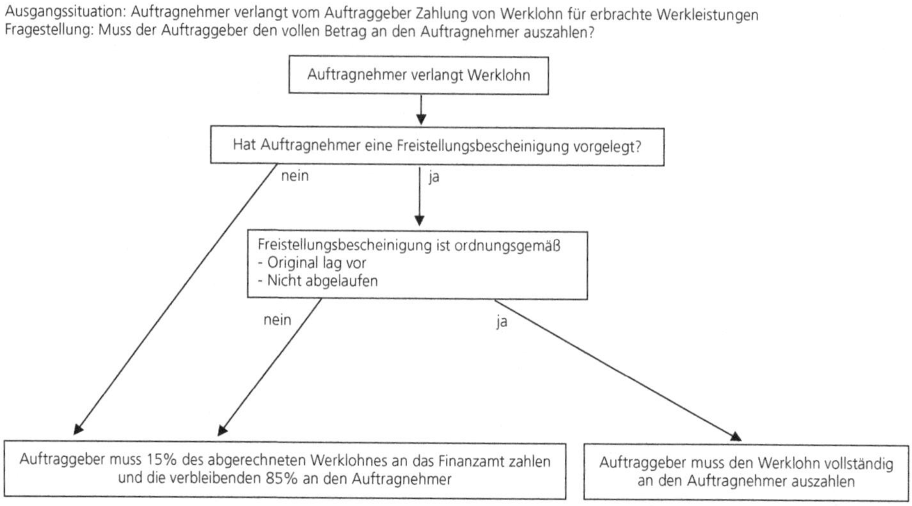

Abbildung 3: Prüfungsreihenfolge bei Freistellungserklärung

37 Unternehmerische Auftragnehmer sollten darauf achten, dass sie die Übergabe der Freistellungserklärung **nachweisen** können. Rein vorsorglich sollten sie dem Auftraggeber von vorneherein alle Informationen geben, die für das Zuordnen der abgeführten Steuer notwendig sind, also insbesondere seine genaue Firmenbezeichnung, das zuständige Finanzamt und die Steuernummer. Kann der Auftragnehmer nur eine Kopie der Erklärung übergeben, sollte er dem Auftraggeber die Einsicht in das Original anbieten.

38 Der Gesetzgeber hat für Auftraggeber auch eine entsprechende Anmeldung nebst Vordruck eingeführt, § 48a Abs. 1 EStG. Bis zum 10. des Monats nach der Zahlung muss der Auftraggeber die Einbehalte anmelden und an das Finanzamt des Auftragnehmers abführen.

Praxistipp:

Was macht der Auftraggeber, wenn ihm der Auftragnehmer keine Freistellungsbescheinigung vorlegt?

Der Auftraggeber ist dann verpflichtet, 15% an das Finanzamt zu zahlen und nur den Rest an den Auftragnehmer.

G. Verjährung

I. Dauer und Beginn der Verjährung

39 Die Werklohnforderung verjährt in **drei Jahren**. Die Verjährung beginnt nicht sofort mit der Fälligkeit, sondern erst am Schluss des Jahres, in dem die Forderung fällig wurde.

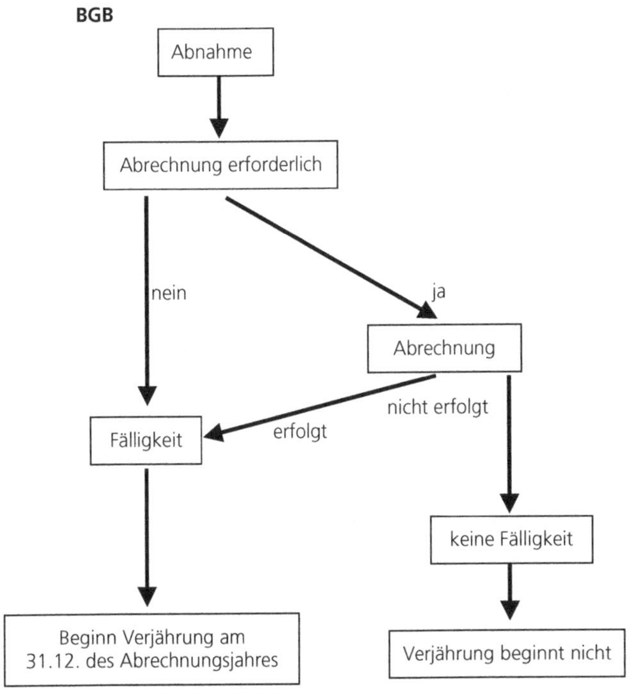

Wenn der Auftragnehmer nicht zur Abrechnung verpflichtet ist, ist der Verjährungsbeginn unabhängig davon, ob der Auftragnehmer eine Rechnung stellt oder nicht.

Abbildung 4: Verjährung von Schlusszahlungen

Beispiel:

Das Bauvorhaben wird am 1.6.2018 abgenommen. Mit der Abnahme wird die Vergütung fällig. Die Verjährung beginnt daher am 31.12.2018, 24.00 Uhr und endet drei Jahre später, am 31.12.2021.

Da das BGB (außer bei BGB-Bauverträgen) nicht verlangt, dass der Auftragnehmer seine Leistungen prüffähig abrechnet, beginnt die Verjährung ganz unabhängig davon, ob der Auftragnehmer seine Vergütung mit einer Rechnung geltend macht oder nicht. Die Vergütung wird mit der **Abnahme** fällig und ab diesem Zeitpunkt läuft damit die Verjährung.

Die Wirkungen der Verjährung treten nicht automatisch ein. Es kann durchaus dazu kommen, dass ein Gericht mit vollem Recht eine verjährte Forderung zuspricht, weil sich der Gegner nicht auf die Verjährung berufen hat. Ausschließlich dann, wenn sich ein Partner auf den Einwand der Verjährung beruft, muss ein Gericht diesen Einwand prüfen.

II. Hemmung und Neubeginn der Verjährung

Es gibt natürlich Möglichkeiten, den Ablauf der Verjährungsfrist hinauszuschieben. Die **Hemmung** bewirkt genau das: Das Ende der Verjährungsfrist wird hinausgeschoben, und zwar solange, wie die Hemmung andauert. Es gibt – allerdings nur in wenigen Fällen – auch den sog. **Neubeginn** der Verjährung. Beim Neubeginn beginnt – wie der Name schon sagt – die alte Verjährungsfrist neu zu laufen. **40**

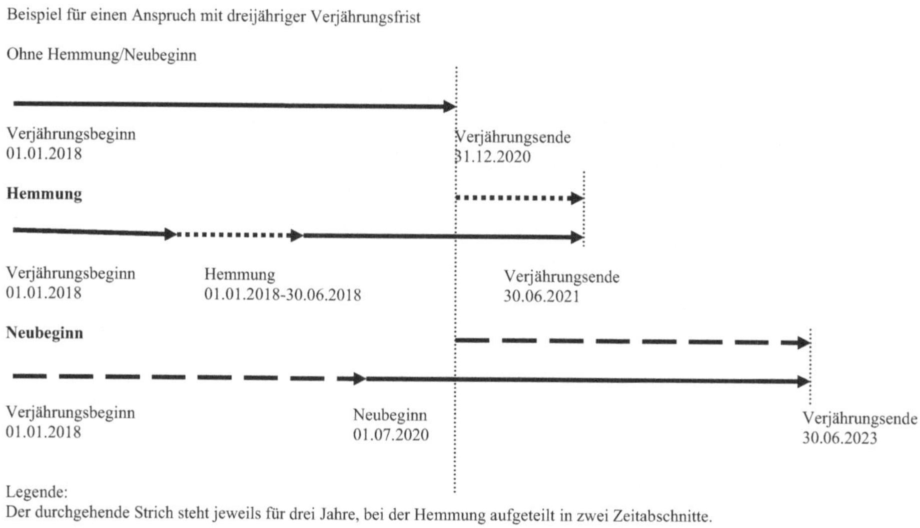

Abbildung 5: Wirkung von Hemmung und Neubeginn auf die Verjährung

Beispiel:

Der Werklohnanspruch des Auftragnehmers A wird wie im vorigen Beispiel am 1.5.2017 fällig. Der Anspruch würde mit Ablauf des 31.12.2020 verjähren.

Hemmung:

Der Auftraggeber bestreitet, dass dem Auftragnehmer noch Geld zusteht. Der Auftragnehmer und der Auftraggeber verhandeln in 2018 mehrere Monate intensiv darüber, ob der Anspruch des Auftragnehmers besteht oder nicht. Sie werden sich nicht einig. Während der Verhandlungen ist die Verjährung des Anspruches des Auftragnehmers für insgesamt 6 Monate gehemmt und verjährt deswegen erst mit Ablauf des 30.6.2021.

Neubeginn:

Anfang 2020 verlangt der Auftragnehmer noch einmal, dass der Auftraggeber seinen Anspruch prüft, und es kommt erneut zu einer Hemmung von vier Monaten. Diesmal kommt der Auftraggeber zu dem Ergebnis, dass der Auftragnehmer auf jeden Fall einen Anspruch auf 2.500 € hat und bestätigt dem Auftragnehmer schriftlich am 1.7.2020, dass dieser Anspruch besteht. Mehr würde dem Auftragnehmer allerdings nicht zustehen.

Mit diesem Anerkenntnis beginnt für den anerkannten Betrag die Verjährung neu. Der Betrag von 2.500 € verjährt daher erst mit Ablauf des 30.6.2023. Der Rest der Forderung verjährt (unter Berücksichtigung der erneuten Hemmung) unverändert mit Ablauf des 31.12.2020.

41 Der Regelfall ist die Hemmung der Verjährung. Der Auftragnehmer hat eine ganze Reihe von Möglichkeiten, die Hemmung herbeizuführen. Das Gesetz hat diese Möglichkeiten in § 204 BGB zusammengefasst, nur die Hemmung durch Verhandlung findet sich in § 203 BGB. Die wichtigsten Fälle der Hemmung sind:

- **Verhandlungen** über den Anspruch, § 203 BGB. Dies hat der Gesetzgeber als Anreiz in das BGB aufgenommen, um außergerichtliche Gespräche zu fördern. Verhandlungen beginnen mit dem ersten Gesprächsangebot des Auftragnehmers. Nur wenn der Auftraggeber überhaupt nicht reagiert oder die Verhandlungen sofort ablehnt, kommt es nicht zu Verhandlungen und der damit verbundenen Hemmung. Die Hemmung dauert solange, wie die Verhandlungen andauern. Lehnt ein Vertragspartner weitere Verhandlungen ab, endet die Hemmung drei Monate nach dieser Weigerung, so ausdrücklich § 203 S. 2 BGB. Wenn die Verhandlungen allerdings **einschlafen**, ist die Dauer der Hemmung deutlich schwerer zu bestimmen. Die Hemmung endet in solchen Fällen drei Monate nach dem Zeitpunkt, zu dem nach Treu und Glauben der nächste Verhandlungsschritt zu erwarten gewesen wäre. Dieser Zeitpunkt lässt sich aber weder für Auftragnehmer noch für Auftraggeber sicher bestimmen. Jeder Schuldner sollte daher darauf achten, Verhandlungen stets mit einem eindeutigen Ergebnis abzuschließen, um später rechtssicher die Verjährung einwenden zu können.

- **Rechtsverfolgung**, also z.B. die Einreichung einer Klage oder eines Antrages auf Mahnbescheid.
- Auch bei der Durchführung eines außergerichtlichen **Begutachtungsverfahrens** wird die Verjährung gehemmt. Eine solche Begutachtung liegt beispielsweise vor, wenn die Vertragspartner die Rechnung einvernehmlich durch einen Dritten prüfen lassen. Dieser Dritter muss kein öffentlich bestellter Gutachter sein, es kommt allein darauf an, dass er wie ein Gutachter tätig wird.
- Die **Streitverkündung** dürfte bei Werklohnansprüchen – anders als bei Gewährleistungsansprüchen – eigentlich keine Rolle spielen. Immer wieder versuchen Auftragnehmer auf diese Weise erfolglos, die Verjährung von Werklohnforderungen zu hemmen.

Beispiel:

Auftraggeber A hat Auftragnehmer B mit der Durchführung von Rohbauarbeiten beauftragt. B lässt die Arbeiten durch den Subunternehmer C durchführen. Weil A Mängel feststellt, zahlt er B nicht voll aus. B wiederum zahlt C nicht den vollen Werklohn. Es kommt zu einer Klage von C gegen B. C macht seine Vergütung geltend, B verteidigt sich mit den Mängeln. Außerdem verkündet B den Streit an A und hofft, auf diese Weise die Verjährung seines Vergütungsanspruches für die Dauer der Streitverkündung zu hemmen.

Dies dürfte B nicht gelingen. Die Streitverkündung ist nur für bestimmte Fälle vorgesehen, zu der eine solche Vergütungskette aber gerade nicht gehört. Deswegen läuft die Verjährung von B's Ansprüchen gegen A weiter und wird von dem Prozess zwischen C und B nicht gehemmt.

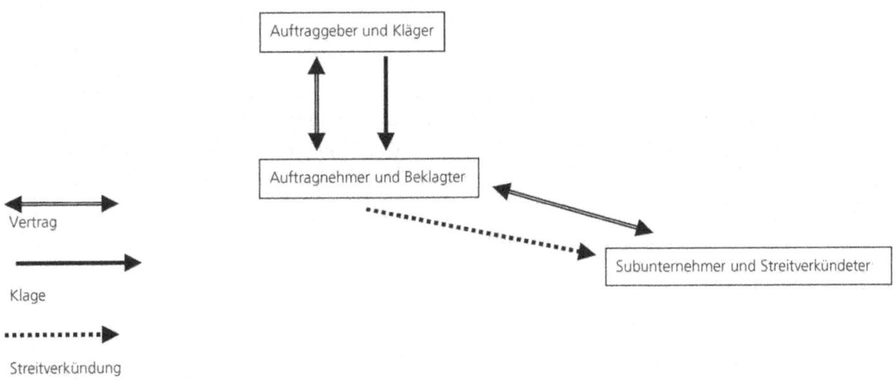

Ausgangssituation: Der Auftraggeber verlangt vom Auftragnehmer die Beseitigung von Mängeln. Die angeblich mangelhafte Leistung hat der Subunternehmer für den Auftragnehmer ausgeführt. Der Auftragnehmer will sicherstellen, dass er beim Subunternehmer Rückgriff nehmen kann, wenn im Prozess mit dem Auftraggeber die Mängel bewiesen werden.

Abbildung 6: Zulässige Streitverkündung

- Arrest und **einstweilige Verfügung** führen ebenfalls zu einer Hemmung. Die im Baubereich häufigste einstweilige Verfügung betrifft die Eintragung einer Bauhandwerkerhypothek nach § 650e BGB. Genau genommen kann in einer solchen einstweiligen Verfügung nur eine Vormerkung eingetragen werden. Und da es auch nur um diesen Anspruch auf Eintragung der Vormerkung geht und nicht um den Werklohnanspruch, hemmt ein solches Verfahren die Verjährung des Werklohnanspruches auch **nicht**.
- Wenn ein Auftragnehmer nicht mehr die Mittel hat, um einen Prozess durchzuführen, kann er – auch als GmbH – einen Antrag auf **Prozesskostenhilfe** stellen. Auch ein solcher Antrag führt zur Hemmung des geltend gemachten Anspruches.
- Schließlich führt auch die Durchführung eines **Schiedsverfahrens** zur Hemmung. Dies ist eigentlich nur eine logische Folge daraus, dass alle außergerichtlichen Verhandlungen sowieso zu einer Hemmung führen. Gehen diese Verhandlungen in ein Schiedsverfahren über, muss dies erst recht zu einer Hemmung führen.

42 § 204 BGB enthält noch eine ganze Reihe von Hemmungstatbeständen, die allerdings bei Werklohnansprüchen keine oder nur eine ganz geringe Rolle spielen.

Der **Neubeginn** der Verjährung wurde schon genannt. Er ist ein **Ausnahmefall**. Wichtigster Anwendungsbereich ist das **Anerkenntnis**. Das Gesetz stellt in § 212 Abs. 1 Nr. 1 BGB klar, dass ein Anerkenntnis nicht nur durch eine ausdrückliche Erklärung ausgedrückt werden kann. Auch Handlungen können ein Anerkenntnis beinhalten. Ausdrücklich nennt das BGB die Zahlung auf die Forderung. Bei BGB-Verträgen haben daher – anders als bei VOB/B-Verträgen – **Abschlagszahlungen** die Wirkung eines Anerkenntnisses, allerdings nur dann, wenn die Forderung umstritten war und der Auftraggeber dennoch bezahlt. Aber auch andere Verhaltensweisen kommen in Frage, so bei Vergütungsansprüchen beispielsweise Zinszahlungen, je nach Einzelfall eine Aufrechnung oder die Bitte um Benennung eines Kontos. Bei all diesen Verhaltensweisen ist daher aus Sicht des Auftraggebers größte Vorsicht geboten.

H. Kostenanschlag, Kosten der Angebotserstellung

43 Nach dem Gesetzeswortlaut ist ein Kostenvoranschlag im Zweifel nicht zu vergüten. Dies betrifft also die Erstellung des Kostenvoranschlages selber, nicht aber die angebotenen Leistungen. Wenn der Auftragnehmer ausnahmsweise eine Vergütung verlangen will, muss er dies im Voraus geltend machen und die Vertragspartner müssen sich insoweit einig sein. Diese Vereinbarung muss der Auftragnehmer nachweisen. Gelingt ihm dieser Nachweis nicht, erhält er keine Vergütung. Für die Kostenfreiheit kommt es nicht darauf an, ob der Kostenanschlag besonderen Aufwand erfordert, also Pläne oder Berechnungen. Auch diese Leistungen sind im Zweifelsfall ohne anderslautende Vereinbarung nicht zu vergüten.

44 Wenn die Vergütung eines Kostenvoranschlags branchenüblich ist, kann der Auftragnehmer allerdings eine Vergütungspflicht sogar in seine AGB aufnehmen. Voraussetzung für eine Vergütung ist dann, dass die Geltung der auftragnehmerseitigen AGB bereits bei Beauftragung des Kostenanschlages vereinbart wurde und dass es keine andere Vereinbarung über die Kosten gibt.

Nur ausnahmsweise ist ein Kostenanschlag auch ohne Vereinbarung dann zu vergüten, wenn er die zu bezahlende Leistung bereits enthält.

Beispiel:

Auftraggeber A will wissen, wie viel die Herstellung einer bestimmten Probefläche Fußbodenbeschichtung kosten würde. Weil es sich um ein innovatives und noch nie verwendetes Produkt handelt, muss der Auftragnehmer für den Kostenvoranschlag die Probefläche herstellen, so dass der Auftraggeber die Leistung vergüten muss.

Die Regelung in § 632 Abs. 3 BGB betrifft nur die Erstellung des Kostenanschlages. Weitere Punkte, wie insbesondere nachträglich auftretende **Kostensteigerungen**, sind in § 649 BGB geregelt (vgl. die Erläuterungen dazu). 45

Auch die Kosten für die **Erstellung eines Angebotes** muss der Auftraggeber nicht tragen. Allein der Bieter trägt das Risiko, ob er einen Auftrag erhält oder nicht und ob die für das Angebot aufgewendeten Kosten zum Erfolg führen. Für öffentliche Auftraggeber enthält § 8 Abs. 8 VOB/A – soweit anwendbar – eine Ausnahmeregelung. Wenn der Bewerber mit seinem Angebot Entwürfe, Pläne, statische Berechnungen etc. vorlegen soll, soll für alle Bieter eine angemessene Entschädigung festgesetzt werden.

I. Handlungsmöglichkeiten bei Verzug des Auftraggebers

I. Überblick

Zahlt der Auftraggeber die Vergütung des Auftragnehmers nicht, hat der Auftragnehmer eine Reihe von Handlungsmöglichkeiten. Dabei muss er sich entscheiden, ob er sich vom Vertrag lösen will oder nicht. Der Auftraggeber muss sich also auf die verschiedenen, vom Auftragnehmer auszuwählenden Handlungsweisen einstellen. Wichtige Unterschiede bestehen zum Beispiel bei der Frage, ob der Auftraggeber Einwendungen und Gegenrechte sofort geltend machen muss oder ob er sich auch nachträglich auf sie berufen darf. 46

Ohne Lösung vom Vertrag hat der Auftragnehmer folgende Alternativen: 47

- Leistungsverweigerungsrecht nach § 650f BGB
- Leistungsverweigerung nach § 321 BGB
- Verzugsschaden nach §§ 280 Abs. 1, 2 i.V.m. 286 BGB
- Arbeitseinstellung nach § 320 BGB

Will sich der Auftragnehmer aber vom Vertrag **lösen**, hat er folgende Möglichkeiten:

- Vertragsbeendigung nach § 650f BGB
- Rücktritt nach § 321 BGB
- Schadensersatz statt der Leistung § 281 BGB
- Aufwendungsersatz nach § 284 BGB
- Rücktritt nach § 323 BGB

II. Ohne Lösung vom Vertrag

1. Leistungsverweigerungsrecht nach § 650f BGB

Voraussetzung für dieses Leistungsverweigerungsrecht ist 48

- dass aus dem Bauvertrag noch Zahlungen ausstehen, wobei dies Zahlungen für erbrachte Leistungen ebenso wie noch nicht fällige Zahlungen für noch nicht erbrachte Leistungen sein können;
- dass der Auftragnehmer den Auftraggeber auffordert, ihm eine Sicherheit nach § 650f BGB zu übergeben und
- dass der Auftraggeber diese Sicherheit nicht übergibt.

Einzelheiten sind unten bei der Kommentierung zu § 650f BGB erläutert.

2. Leistungsverweigerung nach § 321 BGB

Der Auftragnehmer kann nach § 321 BGB seine Leistung einstellen, wenn nach Vertragsschluss erkennbar wird, dass sein Werklohnanspruch durch **mangelnde Leistungsfähigkeit des Auftraggebers** gefährdet ist. Eine weitere Voraussetzung – etwa eine Fristsetzung – ist nicht erforderlich. 49

50 Der Auftraggeber hat nach § 321 S. 2 BGB die Möglichkeit, die Arbeitseinstellung durch Zahlung oder Sicherheitsleistung abzuwenden. Gemeint ist die Zahlung der vollständigen Vergütung, die wegen der Vorleistungspflicht des Auftragnehmers regelmäßig noch nicht fällig ist, sodass der Auftragnehmer im Regelfall im besten Fall eine Sicherheit erhalten kann. Der Auftraggeber sollte eine derartige Fristsetzung regelmäßig ernst nehmen, zumal der Auftragnehmer aus taktischen Gründen oft gleichzeitig die Sicherheit nach § 650f BGB fordert. Da der Auftragnehmer nicht verpflichtet ist, die Rechtsgrundlage für seine Aufforderung zu nennen, kann er bei geschickter Formulierung beide Ansinnen sogar verbinden.

51 Nicht ganz einfach ist es jedoch für den Auftragnehmer, die Voraussetzung des § 321 BGB **nachzuweisen**, nämlich dass die Gefährdung des Werklohnanspruches erkennbar wird. Eine Gefährdung wird beispielsweise erkennbar, wenn ein wichtiger Kredit abgelehnt wird oder das Insolvenzverfahren eröffnet wird. Diese Gefährdung darf erst nach Vertragsschluss erkennbar werden. Dabei ist auf einen objektiven Horizont abzustellen, nicht auf die Kenntnisse des Auftragnehmers.

52 § 321 BGB setzt keine fällige Forderung des Auftragnehmers voraus. Es reicht völlig aus, dass eine zukünftige, noch nicht fällige Leistung des Auftraggebers gefährdet ist, um den Anwendungsbereich des § 321 BGB zu eröffnen. Damit soll der Auftragnehmer bereits frühzeitig vor den Folgen einer Auftraggeber-Insolvenz geschützt werden.

3. Verzugsschaden nach § 280 Abs. 1, 2 i.V.m. § 286 BGB

53 Voraussetzung für die Geltendmachung von Verzugsschäden ist, dass der Auftraggeber eine fällige Forderung des Auftragnehmers nicht bezahlt. Es müssen daher alle Voraussetzungen für die **Fälligkeit** vorliegen. Diese Voraussetzungen sind häufig umstritten. Weitere Voraussetzung ist bei BGB-Verträgen, dass sich der Auftraggeber im **Verzug** befindet. Häufigster Fall ist der Ablauf einer gesetzten Zahlungsfrist, die der Auftragnehmer bereits mit der fälligkeitsbegründenden Zahlungsaufforderung oder der Rechnung verbinden kann. Beim BGB-Bauvertrag kommt die prüffähige Abrechnung als weitere Voraussetzung hinzu.

54 Der Auftraggeber kann sich mit einer Vielzahl von Mitteln verteidigen. So kann er einwenden, der Anspruch des Auftragnehmers sei (z.B. wegen fehlender Abnahme oder, soweit erforderlich, nicht prüffähiger Rechnung) noch gar nicht fällig. Der Auftraggeber kann sich auch darauf berufen, dass er beispielsweise wegen Mängeln ein Zurückbehaltungsrecht hat oder mit Gegenansprüchen aufrechnen kann – dies wird praktisch immer behauptet. All dies muss der Auftraggeber nicht sofort geltend machen. Er kann sich auch im Nachhinein darauf berufen und damit den Verzugsschaden des Auftragnehmers im vollen Umfang vereiteln.

§ 632a BGB
Abschlagszahlungen

(1) Der Unternehmer kann von dem Besteller eine Abschlagszahlung in Höhe des Wertes der von ihm erbrachten und nach dem Vertrag geschuldeten Leistungen verlangen. Sind die erbrachten Leistungen nicht vertragsgemäß, kann der Besteller die Zahlung eines angemessenen Teils des Abschlags verweigern. Die Beweislast für die vertragsgemäße Leistung verbleibt bis zur Abnahme beim Unternehmer. § 641 Abs. 3 gilt entsprechend. Die Leistungen sind durch eine Aufstellung nachzuweisen, die eine rasche und sichere Beurteilung der Leistungen ermöglichen muss. Die Sätze 1 bis 5 gelten auch für erforderliche Stoffe oder Bauteile, die angeliefert oder eigens angefertigt und bereitgestellt sind, wenn dem Besteller nach seiner Wahl Eigentum an den Stoffen oder Bauteilen übertragen oder entsprechende Sicherheit hierfür geleistet wird.

(2) Die Sicherheit nach Absatz 1 Satz 6 kann auch durch eine Garantie oder ein sonstiges Zahlungsversprechen eines im Geltungsbereich dieses Gesetzes zum Geschäftsbetrieb befugten Kreditinstituts oder Kreditversicherers geleistet werden.

A. Allgemeines – § 632a BGB und die VOB/B

In § 632a BGB ist geregelt, wann der Auftragnehmer Abschlagszahlungen verlangen darf. Diese Regelung wurde anlässlich der Einführung des neuen Bauvertragsrechts und des Verbraucherbauvertrages stark gekürzt und teilweise geändert. Die wichtigste Änderung ist, dass bei Mängeln generell dem Auftraggeber ein Zurückbehaltungsrecht zugestanden wird, unabhängig davon, ob sie wesentlich oder unwesentlich sind. 1

B. Voraussetzungen für Abschlagszahlungen

I. Grundsätzliches zum Anspruch des Auftragnehmers

Das BGB regelt zwei verschiedene Situationen, in denen der Auftragnehmer Abschlagszahlungen verlangen kann. Die erste ist der Normalfall, dass der Auftragnehmer seine Leistungen **teilweise ausgeführt** hat. Im zweiten Fall hat der Auftragnehmer nur Stoffe und Bauteile hergestellt oder angeliefert. 2

Das Gesetz geht beim Werkvertrag immer davon aus, dass der Auftragnehmer vorleisten muss. Dieser Grundsatz „Erst die Leistung, dann das Geld" gilt auch für Abschlagszahlungen. In der eben als Normalfall beschriebenen Situation hat der Auftragnehmer seine Leistungen ausgeführt und dabei durch seine Arbeit die von ihm verwendeten Materialien mit dem Gebäude des Auftraggebers verbunden. Durch diese Verbindung (z.B. Vermauern von Steinen, Einbau von Leitungen) verliert der Auftragnehmer das **Eigentum** an den eingebauten Stoffen. Der Auftragnehmer darf in diesem Fall eine Abschlagsrechnung stellen, wenn er die Leistungen erbracht hat (dazu unten Rn. 14). Im zweiten Fall ist der Auftragnehmer noch Eigentümer der von ihm angelieferten, aber noch nicht eingebauten Teile. Deswegen darf er in diesem Fall nur dann eine Abschlagszahlung verlangen, wenn er dem Auftraggeber das Eigentum an den Stoffen und Bauteilen **überträgt** oder wenn er Sicherheit leistet (dazu unten Rn. 17). 3

Der Auftragnehmer hat, wenn die in § 632a BGB genannten Voraussetzungen vorliegen, einen gesetzlichen **Anspruch** auf die Abschlagszahlung. Wenn der Auftraggeber dennoch nicht zahlt, hat der Auftragnehmer eine Reihe von **Handlungsmöglichkeiten**. Abgesehen davon, dass er die Zahlung einklagen kann, hat er außerdem folgende Möglichkeiten, die oben in § 632 Rn. 47 näher dargestellt sind. 4

Ohne Lösung vom Vertrag hat der Auftragnehmer folgende Alternativen: 5

- Leistungsverweigerung nach § 321 BGB
- Verzugsschaden nach §§ 280 Abs. 1, 2 i.V.m. 286 BGB
- Arbeitseinstellung nach § 320 BGB.

Will sich der Auftragnehmer aber vom Vertrag **lösen**, hat er folgende Möglichkeiten:

- Rücktritt nach § 321 BGB
- Schadensersatz statt der Leistung § 281 BGB
- Aufwendungsersatz nach § 284 BG
- Rücktritt nach § 323 BGB
- Außerordentliche Kündigung nach § 648a BGB.

Wenn die Voraussetzungen des § 632a BGB nicht vorliegen, können die Vertragspartner natürlich dennoch über Abschlags- oder Vorauszahlungen **verhandeln**. Der Auftragnehmer hat dann aber keinen gesetzlichen, einklagbaren Anspruch auf Abschlagszahlungen. Der Auftraggeber sollte sich nur gegen angemessene Sicherheit auf solche frei verhandelten Zahlungen einlassen. 6

II. Wirkung von Abschlagszahlungen

7 Abschlagszahlungen haben ganz grob gesagt **keine rechtlichen Wirkungen**. So kommt es durch Abschlagszahlungen nicht zu einer Abnahme der Leistungen. Die Zahlung ist auch **kein Anerkenntnis** von geltend gemachten Ansprüchen. Stellt sich bei der Schlussrechnung heraus, dass der Auftragnehmer überzahlt ist, darf der Auftraggeber ohne weitere Voraussetzungen verlangen, dass der Auftragnehmer die überzahlten Beträge zurückzahlt[1]. Das größte Risiko des Auftraggebers besteht daher im Ergebnis darin, dass er nach der Abschlagszahlung Mängel feststellt und dass der noch nicht gezahlte Werklohn nicht ausreicht, die Mängel zu beseitigen. Dann muss der Auftraggeber nämlich notfalls die für die Mängelbeseitigung nötigen weiteren Gelder beim Auftragnehmer einklagen, was zeit- und kostenintensiv sein kann und mit Risiken behaftet ist. Neben das mit einem Prozess verbundene Risiko tritt die Gefahr, dass der Auftragnehmer insolvent wird und der Auftraggeber daher auch mit einer gewonnenen Klage wirtschaftlich seinen Anspruch nicht durchsetzen kann.

8 Der Auftraggeber sollte daher vor Abschlagszahlungen prüfen, ob die abgerechnete Leistung wirklich mangelfrei ist. Bei Mängeln kann er auf jeden Fall den Werklohn zurückbehalten, und zwar in der doppelten Höhe der voraussichtlichen Mängelbeseitigungskosten (Einzelheiten unten in Rn. 14).

III. Ausschluss von Abschlagszahlungen

9 Der Auftragnehmer darf keine Abschlagszahlungen mehr verlangen, wenn er in der Lage ist, eine Schlussrechnung zu stellen. Dies kann der Auftragnehmer insbesondere dann, wenn die Leistung insgesamt vollständig und **abnahmereif** ausgeführt ist, wenn sie abgenommen ist oder wenn der Vertrag vorzeitig gekündigt wurde oder einer der beiden Vertragspartner endgültig die weitere Vertragserfüllung verweigert hat.

IV. Voraussetzungen für Abschlagszahlungen für erbrachte Leistungen

1. Wert der erbrachten Leistungen

10 Die alte Fassung des § 632a BGB sah vor, dass der Auftragnehmer nur einen beim Auftraggeber eingetretenen „Wertzuwachs" abrechnen durfte. Dies führte immer dann zu Problemen, wenn eine Leistung für sich genommen nicht verwendbar war (z.B. wenn nur Teile einer Heizungsanlage ausgeführt waren, die für sich genommen nicht funktionsfähig waren).

11 Daher hat der Gesetzgeber diese Regelung geändert und sieht jetzt vor, dass der Auftragnehmer eine Zahlung in Höhe des Wertes der erbrachten und nach dem Vertrag geschuldeten Leistungen verlangen kann. Damit ist klargestellt, dass der Auftragnehmer die ausgeführte Leistung nach den vertraglich vereinbarten Preisen abrechnen kann. Eine Ausnahme gilt nur dann, wenn ausnahmsweise die vereinbarten Preise nicht dem Wert der tatsächlich ausgeführten Leistung entsprechen.

2. Mängel der Leistung

12 Auch bei der Berücksichtigung von Mängeln der erbrachten Leistungen weicht der neue § 632a BGB von der bisherigen Regelung ab. Nach dem alten Recht verhinderten wesentliche Mängel eine Abschlagszahlung insgesamt. Jetzt gilt, dass grundsätzlich Mängel dem Auftraggeber nicht das Recht geben, eine Abschlagszahlung vollständig abzulehnen. Es erleichtert die Geltendmachung von Abschlagszahlungen erheblich, dass die „Wesentlichkeit" eines Mangels gerade bei unfertigen Leistungen oft nicht sicher festgestellt bzw. ausgeschlossen werden kann.

13 Allerdings kann der Auftraggeber bei Mängeln einen angemessenen Teil der abgerechneten Vergütung verweigern. Bei der Frage der Angemessenheit wird durch den Verweis auf § 641

1 BGH NJW 2002, S. 1567.

Abs. 3 BGB geregelt, dass auch bei Abschlagszahlungen in der Regel ein Einbehalt in Höhe des Doppelten der voraussichtlichen Mangelbeseitigungskosten als angemessen anzusehen ist. Damit ist sichergestellt, dass die Bezahlung einer mangelhaften Leistung vor und nach der Abnahme, also in Abschlags- und Schlusszahlungen, praktisch parallel erfolgt.

3. Beweislast für Mangelfreiheit

In § 632a Abs. 1 Satz 3 BGB wird ausdrücklich klargestellt, dass der Auftragnehmer bis zur Abnahme die Beweislast dafür trägt, dass die Leistung vertragsgemäß ist. **14**

Dies ist lediglich eine Klarstellung, die allerdings für die Praxis oft sicher hilfreich ist. Generell gilt, dass die Leistung von Abschlagszahlungen weder ein Anerkenntnis einer Zahlungspflicht noch eine Abnahme oder eine Bestätigung der Mangelfreiheit einer Leistung ist. **15**

4. Prüfbare Abrechnung

Seit Längerem schon findet sich im BGB eine Forderung, dass ein Auftragnehmer seine Leistungen in Abschlagsrechnungen prüffähig nachweisen muss. Formulierung und Vorgehensweise sind ähnlich wie bei der VOB/B. Der Auftraggeber muss anhand der Aufstellung erkennen können, für welche Leistungen der Auftragnehmer die Abschlagsrechnung stellt. Hat der Auftragnehmer schon eine frühere Abschlagsrechnung gezahlt bekommen, muss er darstellen, für welche weiteren Leistungen er jetzt Zahlung haben will. **16**

Damit kommt der Auftragnehmer bei den meisten Leistungen gar nicht darum herum, Aufmaßzeichnungen vorzulegen. Ohne solche Nachweise wird sein Anspruch nicht fällig und der Auftraggeber ist nicht zur Zahlung verpflichtet.

Dies gilt auch für BGB-Bauverträge i.S.d. § 650a BGB.

V. Stoffe und Bauteile

Der Auftragnehmer hat auch die Möglichkeit, nur Stoffe und Bauteile abzurechnen. Er muss allerdings auch dabei die Voraussetzungen des Gesetzes beachten. **17**

1. Angefertigt/Angeliefert

Der Auftragnehmer muss die Stoffe oder Bauteile angefertigt oder angeliefert haben. Angefertigt heißt, dass er sie für den konkreten Auftrag hergestellt hat. Dies betrifft grundsätzlich alle Teile, die als Einzelanfertigung nur für das betroffene Vorhaben verwendet werden können. Die Herstellung von Baustoffen wie genormten Ziegeln oder handelsüblichen Fenstern kann daher nur dann zu einer Abschlagsrechnung führen, wenn sie auf der Baustelle angeliefert sind. **18**

Stoffe und Bauteile sind angeliefert, wenn sie am Verwendungsort eingetroffen sind. Im Normalfall ist das die Baustelle.

2. Eigentumsübertragung

Die Anfertigung oder die Anlieferung allein führt nicht dazu, dass der Auftraggeber Eigentümer der Stoffe und Bauteile wird. Es muss noch etwas dazukommen. Im Normalfall wird der Auftraggeber (erst) mit dem Einbau der Stoffe und Bauteile Eigentümer. Da der Auftragnehmer aber gerade vor dem Einbau eine Abschlagsrechnung stellen will, muss eine Übereignung stattfinden. Die Vertragspartner müssen sich also darauf einigen, dass der Auftraggeber das Eigentum erhalten soll, nach Art eines **Übereignungsvertrages**. Es empfiehlt sich, diese Einigung schriftlich festzuhalten, da der Auftraggeber notfalls beweisen muss, dass er tatsächlich Eigentümer der Stoffe und Bauteile geworden ist. Wie bei jedem anderen Vertrag muss man darauf achten, dass die handelnden Personen diesen Vertrag überhaupt abschließen dürfen, weil sie hierzu bevollmächtigt sind. Außerdem muss man die betroffenen Stoffe und Bauteile genau beschreiben, um sie von den nicht übertragenen unterscheiden zu können. **19**

Muster für einen Übereignungsvertrag:

Eigentumsübertragung

Hiermit überträgt der Auftragnehmer Theodor Trockenbau dem Auftraggeber Stadtbauamt Sattrein das Eigentum an folgenden Gegenständen:

- *zwei fertige Akustik-Elemente der Größe 2 x 2 x 4 m (gefertigt nach Pos. 2.2.40 des Vertrages vom ...)*
- *zwei Paletten Gipskartonplatten Produkt A*
- *zehn Säcke Trockenbau-Spachtel Produkt B*

Die Gegenstände hat der Auftragnehmer auf der Baustelle Sporthalle Stadtstraße angeliefert. Die Paletten und die Säcke sind jeweils auf der Verpackung mit „Eigentum der Stadt Sattrein" beschriftet.

Sattrein, den ...

Theodor Trockenbau *Amtsdirektor Sattfuss*

20 Nicht selten ist der Auftragnehmer selber aber gar nicht Eigentümer der angelieferten Stoffe und Bauteile. So kann es sein, dass der Auftragnehmer selber die Leistung gar nicht ausführt, sondern einen Subunternehmer beauftragt. Dann ist grundsätzlich nur der Subunternehmer berechtigt, das Eigentum an seinen Stoffen und Bauteilen zu übertragen. Es kann aber auch sein, dass der Auftragnehmer die angelieferten Stoffe noch gar nicht bezahlt hat und dass sich der Baustofflieferant das Eigentum bis zur vollständigen Bezahlung vorbehalten hat. Dieser **Eigentumsvorbehalt** ist auch im Baubereich ganz üblich. In dem oben formulierten Beispiel der Übereignung von Trockenbau-Platten und Mörtel könnte also noch der entsprechende Lieferant Eigentümer sein. Der Auftraggeber geht daher das Risiko ein, dass der Auftragnehmer seinen Lieferanten nicht bezahlt und dass der Lieferant die Gegenstände wieder von der Baustelle holt. Die Vereinbarung über den Eigentumsübergang hilft dem Auftraggeber in diesen Fällen oft nicht weiter. Der Auftraggeber sollte sich daher nachweisen lassen, dass der Auftragnehmer auch tatsächlich selber Eigentümer der betroffenen Stoffe und Bauteile ist. So kann er vom Auftragnehmer verlangen, dass er eine entsprechende Bestätigung des Lieferanten vorlegt.

Formulierungsvorschlag:

Hiermit bestätigen wir, dass die Firma Theodor Trockenbau Eigentümer der von uns verkauften und auf der Baustelle Sporthalle Stadtstraße, Sattrein, angelieferten

a. zwei Paletten Gipskartonplatten Produkt A,

b. zehn Säcke Trockenbau-Spachtel Produkt B

ist und uneingeschränkt über das Eigentum an ihnen verfügen kann.

Sattrein, den 25.10.2010

Hersteller und Lieferant A GmbH

3. Sicherheitsleistung

21 Wenn der Auftragnehmer das Eigentum an Stoffen und Bauteilen nicht übertragen kann oder will, kann er Abschlagszahlungen nur gegen **Sicherheit** bekommen. Die Sicherheit muss sich darauf beziehen, dass er dem Auftraggeber das Eigentum an den eigens angefertigten oder angelieferten Sachen übertragen wird. Die Sicherheit und die Abschlagszahlungen werden sich also auch der Höhe nach auf die Stoffe und Bauteile beziehen. Der Auftragnehmer kann nicht in beliebiger Höhe Sicherheit stellen und in ebenfalls beliebiger Höhe Abschlagszahlungen verlangen. Als Sicherheit kann nach § 632a Abs. 2 BGB auch eine Bankbürgschaft übergeben werden.

VI. Grenzen der Vereinbarung

Nach § 309 Nr. 15 a) BGB sind bei der Vereinbarung von Abschlagszahlungen besondere Grenzen zu beachten. Nach dieser mit der Reform des Bauvertragsrechts eingefügten Regelung – die deswegen auch nur für ab dem 1.1.2018 abgeschlossene Verträge gilt – dürfen keine Abschlagszahlungen verlangt werden, die wesentlich höher sind als diejenigen, die nach § 632a Abs. 1 BGB und § 650m Abs. 1 BGB zu leisten sind. § 632a Abs. 1 BGB ist die allgemeine Vorschrift für Abschlagszahlungen, die durch § 650m Abs. 1 BGB für Verbraucherbauverträge noch einmal besonders ausgestaltet wurde. So erlaubt § 650m Abs. 1 BGB nur Abschlagszahlungen bis 90 % der gesamten vereinbarten Vergütung. **22**

Die Unwirksamkeit greift also nicht bei jeder Überschreitung der zulässigen Grenzen für Abschlagszahlungen. Es muss vielmehr eine wesentlich höhere Abschlagszahlung vorgesehen sein. Wann eine solche „wesentliche" Überhöhung vorliegt, muss im Einzelfall entschieden werden. Weil die Vorschrift noch neu ist, gibt es insoweit keine gefestigten Anhaltspunkte für die vorzunehmende Prüfung. **23**

Die gesetzliche Regelung greift immer nur dann ein, wenn der Unternehmer den Vertrag als Allgemeine Geschäftsbedingung vorformuliert. In einem vom Verbraucher selber stammenden Vertrag wäre die Regelung wirksam. **24**

VII. Mit Verbrauchern

Für Verbraucherbauverträge gilt die besondere Regelung des § 650m BGB. **25**

§ 633 BGB
Sach- und Rechtsmangel

(1) Der Unternehmer hat dem Besteller das Werk frei von Sach- und Rechtsmängeln zu verschaffen.

(2) Das Werk ist frei von Sachmängeln, wenn es die vereinbarte Beschaffenheit hat. Soweit die Beschaffenheit nicht vereinbart ist, ist das Werk frei von Sachmängeln,

1. **wenn es sich für die nach dem Vertrag vorausgesetzte, sonst**
2. **für die gewöhnliche Verwendung eignet und eine Beschaffenheit aufweist, die bei Werken der gleichen Art üblich ist und die der Besteller nach der Art des Werkes erwarten kann.**

Einem Sachmangel steht es gleich, wenn der Unternehmer ein anderes als das bestellte Werk oder das Werk in zu geringer Menge herstellt.

(3) Das Werk ist frei von Rechtsmängeln, wenn Dritte in Bezug auf das Werk keine oder nur die im Vertrag übernommenen Rechte gegen den Besteller geltend machen können.

A. Einstieg ins Gewährleistungsrecht

Der Auftraggeber hat das Recht, eine mangelfreie Leistung vom Auftragnehmer zu erhalten. Wann eine Leistung mangelfrei ist, beschreibt § 633 BGB. Daher ist diese Vorschrift der entscheidende **Einstieg** in das gesamte **Gewährleistungsrecht**. **1**

Ausgangspunkt ist der von den Vertragspartnern abgeschlossene **Vertrag**. Wenn der Auftragnehmer die Leistung so ausführt wie im Vertrag beschrieben, spricht dies erst einmal für die Mangelfreiheit. Eine genau nach Vertrag ausgeführte Leistung ist aber dann mangelhaft, wenn sie sich nicht für den vertraglich vorausgesetzten Zweck eignet (vgl. dazu unten Rn. 11). **2**

Das Gesetz gibt den Vertragspartnern aber auch eine Hilfestellung für den Fall, dass der Vertrag die Leistung nicht ausreichend beschreibt. Das nach dem Gesetz ermittelte Ergebnis ist aber bei Vertragsabschluss nicht mit letzter Sicherheit vorhersehbar, weswegen eine eindeu- **3** tige Festlegung im Vertrag auf jeden Fall größere Rechtssicherheit bietet, für Auftragnehmer und Auftraggeber im gleichen Maß.

I. § 633 BGB und VOB/B

4 Die VOB/B enthält in § 13 VOB/B eine Reihe von Regelungen, die das BGB ergänzen oder von ihm abweichen.

Bei der in § 633 BGB angesprochenen Frage, wann eine Leistung mangelhaft ist, gibt es aber keine Unterschiede. Die VOB/B enthält in § 13 Abs. 1 VOB/B praktisch die gleiche Regelung wie § 633 BGB. Die VOB/B ist nur etwas anders formuliert, außerdem sind dort ausdrücklich die anerkannten Regeln der Technik genannt. Diese sind im Baubereich besonders wichtig. Das BGB nennt sie zwar nicht, sie sind aber auch nach § 633 BGB zu beachten.

II. Wann ist eine Leistung mangelhaft?

1. Zeitpunkt der Prüfung

5 Ob eine Leistung mangelhaft ist oder nicht, wird nach dem Gesetz ausschließlich zum **Zeitpunkt der Abnahme** geprüft und festgestellt. So muss die Leistung insbesondere die anerkannten Regeln der Technik einhalten, und zwar die im Zeitpunkt der Abnahme maßgeblichen.

6 Es ist durchaus denkbar, dass sich die **anerkannten Regeln der Technik** zwischen Beginn der Baumaßnahme und der Abnahme ändern. Besonders bei sehr lange dauernden Baumaßnahmen kommt dies vor. Auch in diesem Fall kommt es allein auf den **Zeitpunkt der Abnahme** an. Um nicht eine mangelhafte Leistung zur Abnahme anzubieten, muss der Auftragnehmer die Leistung den neueren anerkannten Regeln der Technik anpassen. Hierfür kann er eine geänderte Vergütung verlangen, wobei Sowieso-Kosten für die ursprünglich beauftragte Leistung zu berücksichtigen sind. Ändert der Auftragnehmer seine Leistung nicht, ist sie mangelhaft und der Auftraggeber kann alle Mängelansprüche geltend machen.

2. Systematik des Gesetzes

7 Das Gesetz enthält verschiedene Methoden, um das Vorliegen eines Mangels (also den Leistungsinhalt) zu prüfen. In § 633 BGB sind diese Methoden zusammengefasst. Sie stehen untereinander in einer Art Pyramide, aus der sich die Wertigkeit der Methoden ergibt. Als Erstes ist die vereinbarte Beschaffenheit zu prüfen. Macht diese keine Aussagen, kommen andere Methoden in Frage. Kommt man mit einer höherrangigen Methode zu einer eindeutigen Leistungsbestimmung, kommt es auf die anderen Methoden nicht mehr an. In der nachfolgenden Abbildung 1 ist die Rangfolge der Methoden dargestellt.

8

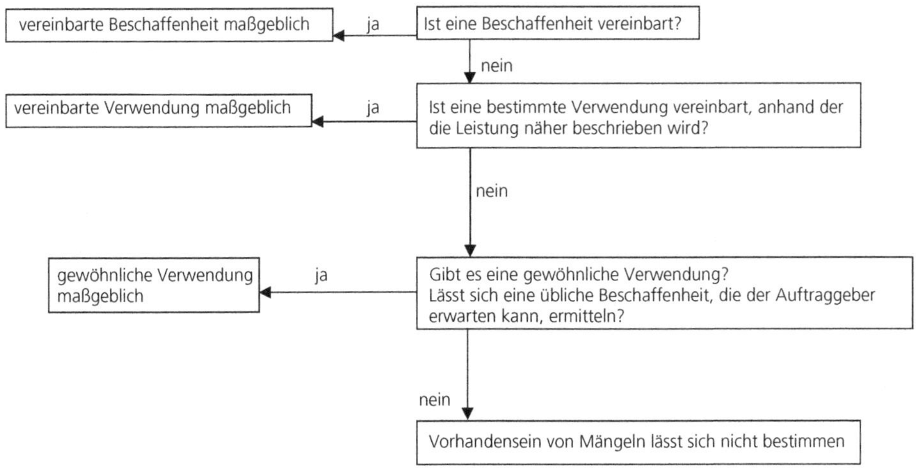

Abbildung: Wonach richtet sich die mangelfreie Leistungserbringung?

3. Abweichung vom Vertrag

Ein Mangel liegt immer dann vor, wenn die ausgeführte Leistung nicht der vertraglich geschuldeten Leistung (oder Soll-Leistung) entspricht. 9

Feststellung eines Mangels setzt daher voraus:

- Ermittlung der geschuldeten Leistung
- Vergleich mit der ausgeführten Leistung

Bei Unterschieden liegt ein Mangel vor.

a. Feststellen der geschuldeten Leistung

Als erstes ist stets zu prüfen, ob der Vertrag die Leistung eindeutig beschreibt. Auf die Art und Weise der Leistungsbeschreibung kommt es nicht an, diese kann sehr unterschiedlich sein. Gewissermaßen klassisch ist die Leistungsbeschreibung mit einem Leistungsverzeichnis, normalerweise mit Vorbemerkungen und Zeichnungen. Ganz oft begegnet man aber auch rein textlichen Leistungsbeschreibungen, denen mehr oder weniger detaillierte Grundrisspläne oder andere Skizzen beiliegen. Egal wie sie aussieht, eine Leistungsbeschreibung ist stets als **sinnvolles Ganzes** auszulegen. Die einzelnen Vertragsbestandteile sind im Zweifel alle gemeinsam zu betrachten. Ist ein bestimmtes Detail nur in den Plänen beschrieben, aber nicht im Leistungsverzeichnis erwähnt, muss dieses Detail dennoch ausgeführt werden. Möglich sind auch funktionale Beschreibungen (oder nach der Wortwahl der VOB/A: Beschreibung mit Leistungsprogramm), die Bezugnahmen auf Beispiel-Objekte oder auf Muster. 10

Ein wichtiger Teil der Leistungsbeschreibung ist die dort beschriebene **Funktion** der Leistung. Der Auftragnehmer schuldet nämlich nicht allein die in der Leistungsbeschreibung beschriebene Leistung. Seine Gesamtleistung muss vielmehr den gewünschten Erfolg, also die Funktionsfähigkeit der Leistung, erreichen. Deshalb sind immer der Wortlaut des Vertrages und die zu erreichende Funktion zu betrachten. Es kann sogar sein, dass der Auftragnehmer vom Wortlaut des Vertrages abweichen muss, um die Funktion zu erreichen. In solchen Fällen hat die Funktionsfähigkeit den Vorrang und der Auftragnehmer muss sich vom Wortlaut des Vertrages lösen, um eine mangelfreie Lösung zu erreichen. So muss z.B. auch ohne Festlegung im Vertrag ein Dach ortsübliche Niederschläge aushalten[1] oder eine Lüftungsanlage muss die notwendige Leistung aufweisen, auch wenn im Vertrag eine zu geringe Leistung genannt ist[2]. Es empfiehlt sich aber im Interesse von Auftraggeber und Auftragnehmer, dass sich die Ver- 11

1 BGH BauR 2000, S. 411.
2 BGH, Urteil v. 15.10.2002, X ZR 69/01.

tragspartner vorab über die Abweichung vom Vertrag einigen, insbesondere um eine angemessene und für beide Seiten vorhersehbare Berücksichtigung der Mehrkosten und der Sowieso-Kosten zu erreichen.

12 Der Auftragnehmer muss außerdem immer die **anerkannten Regeln der Technik** beachten, auch wenn der Vertrag dies nicht ausdrücklich sagt. Dies ist ein Teil der Erfolgshaftung und kann ebenfalls dazu führen, dass der Auftragnehmer vom Wortlaut des Vertrages abweichen muss.

13 Die DIN-Normen sind dabei ein wichtiger **Anhaltspunkt** für die anerkannten Regeln der Technik. Leider sind manche DIN-Normen länger nicht überarbeitet und entsprechen daher nicht den aktuell anerkannten Regeln der Technik. Wenn ein Auftragnehmer die geltenden DIN-Normen einhält, folgt hieraus grundsätzlich eine Vermutung, dass seine Leistung mangelfrei ist – umgekehrt folgt aus einem Verstoß gegen die DIN-Normen eine Vermutung, dass seine Leistung mangelhaft ist. Diese Vermutung kann jeweils widerlegt werden, so kann z.B. die Beachtung einer DIN-Norm zu einem Mangel führen, wenn ein höherer Standard auszuführen wäre.

b. Feststellen eines Unterschiedes zwischen geschuldeter und ausgeführter Leistung

14 Vergleicht man die geschuldete mit der tatsächlichen ausgeführten Leistung und ergeben sich Unterschiede, so liegt grundsätzlich immer ein Mangel vor. Es kommt für die Feststellung eines Mangels an sich nicht darauf an, ob ein Mangel den Wert oder die Gebrauchsfähigkeit der Leistung einschränkt. Diese Aspekte sind erst wichtig, wenn es darum geht, welche Ansprüche der Auftraggeber geltend machen kann, ob also z.B. eine Beseitigung des Mangels unverhältnismäßig ist oder nicht. Die Mangelhaftigkeit als solche wird aber davon nicht berührt.

15 Es kommt bei der Mangelfeststellung auch nicht darauf an, ob der Auftragnehmer den Mangel **erkennen** konnte oder nicht und ob der Auftragnehmer den Mangel verschuldet hat oder nicht. Maßgeblich ist allein der objektiv bestehende Unterschied von geschuldeter und ausgeführter Leistung (allenfalls kann es im Fall des § 650g Abs. 3 Satz 1 BGB zu einer Beweislastumkehr bei offenkundigen Mängeln kommen).

Nur wenn die Abweichung dazu dient, einen Mangel im Sinne einer Funktionsstörung zu vermeiden, so ist die Leistung trotz dieser Abweichung mangelfrei.

16 ***Beispiel:***

Mangelfreiheit trotz Abweichung

Der Auftragnehmer hat den Auftrag, einen Rohbau zu errichten. Im Vertrag ist festgelegt, dass es sich um ein hochwertiges Wohn- und Geschäftsgebäude handelt. Die geltenden DIN-Normen sind nicht mehr aktuell und gewährleisten nicht den Trittschall, der bei einem solchen Gebäude heutzutage maßgeblich ist. Daher muss der Auftragnehmer einen höherwertigen Trittschall auch dann ausführen, wenn im Vertrag ausdrücklich auf die geltenden DIN-Normen verwiesen wird.

4. Mangel bei fehlender Vereinbarung

17 Der Gesetzgeber hatte erkannt, dass nicht jeder Vertrag die Leistung ausreichend beschreibt. Daher hat er Regelungen eingebaut, die dann eingreifen, wenn sich die Leistung aus einem Vertrag nicht ergibt. Diese Regelung findet sich in § 633 Abs. 2 BGB. Wenn die vom Auftragnehmer zu erbringende Leistung im Vertrag nicht ausdrücklich beschrieben ist, so soll es hilfsweise auf die nach dem Vertrag vorausgesetzte Verwendung ankommen. Wenn also ein Vertrag nur die gewünschte Funktion nennt, so muss das geschuldete Werk diese **Funktion** sicherstellen. Die Leistung des Auftragnehmers muss außerdem – so der Gesetzeswortlaut – eine Beschaffenheit aufweisen, die bei Werken der gleichen Art üblich ist und die der Besteller nach der Art des Werkes erwarten kann. Diese gesetzliche Forderung ist zugegebenermaßen

sehr unbestimmt und es ist nicht sicher, ob sie bei einzelnen Bauvorhaben wirklich sinnvoll mit Leben gefüllt werden kann.

Dies ist dann aber weniger dem Gesetzgeber zur Last zu legen als vielmehr den Vertragsparteien, in deren Vertrag eine eindeutige und umfassende Leistungsbeschreibung fehlt. 18

Wenn der Vertrag noch nicht einmal die geplante Verwendung nennt, so soll es nach dem Gesetz auf die gewöhnliche Verwendung (gewissermaßen als zweite Rückfallebene) ankommen. Ein solcher Fall – dass der Vertrag weder die Leistung selber noch ihre Verwendung nennt – erscheint im Baubereich allerdings nur sehr schwer vorstellbar. 19

5. Bedenkenanmeldung des Auftragnehmers

Wenn der Auftragnehmer erkennt, dass die Leistung nicht eindeutig beschrieben ist oder wenn er meint, die geschuldete **Funktionsfähigkeit** nur durch eine vom Vertragswortlaut abweichende Ausführung erreichen zu können, so sollte er den Auftraggeber hierauf hinweisen. Die Anmeldung von Bedenken alleine reicht aber nicht aus, um den Auftragnehmer zu entlasten. 20

Auch nach Anmeldung von Bedenken muss der Auftragnehmer eine mangelfreie Leistung erbringen. Die Bedenkenanmeldung hat vor allem die Funktion, dem Auftraggeber die Möglichkeit zu geben, seine Vorstellungen **klarzustellen** und gegebenenfalls Fehlentwicklungen vorzubeugen. 21

Der Auftragnehmer ist nur dann von seiner Mängelhaftung frei, wenn der Auftraggeber vertraglich das vom Auftragnehmer geschilderte Risiko **übernimmt**[3], also ausdrücklich in die mangelhafte Ausführung **einwilligt**, was auch durch die Anordnung erfolgen kann, trotz berechtigter Bedenkenanmeldung unverändert weiterzubauen. Ganz entscheidend ist, dass ein stillschweigendes Hinnehmen oder sogar die vertragliche Beschreibung einer besonders preisgünstigen Lösung **nicht** ausreicht, den Auftragnehmer zu entlasten. Hintergrund ist immer die vom Auftragnehmer übernommene Erfolgshaftung. 22

Schweigt der Auftraggeber auf eine Bedenkenanmeldung des Auftragnehmers, muss der Auftragnehmer eine mangelfreie Leistung ausführen – auch wenn dies zu einer Abweichung von dem ausdrücklichen Wortlaut des Vertrages führt. Hierauf sollte der Auftragnehmer den Auftraggeber hinweisen. 23

Formulierungsvorschlag für eine Bedenkenanmeldung: 24

Maurerbetrieb
Egon Lotrecht
98765 Wandhausen
[Datum]

Behörde für städtisches Bauen
Herrn Oberbaurat Meyer
Mauerstraße 4711
12345 Hochbaustadt

Sehr geehrter Herr Meyer,

hiermit melde ich Bedenken gegen die von Ihnen gestern schriftlich erteilte Anordnung betreffend den Schallschutz an. Die gestern angeordnete Ausführung beinhaltet einen Verstoß gegen die anerkannten Regeln der Technik und führt zu einem minderwertigen Schallschutz [was vom Verwender des Briefes noch näher technisch auszuführen ist].

---

3 BGHZ 91, S. 206 = BauR 1984, S. 510.

Daher würde die Ausführung Ihrer gestrigen Anordnung zu einer mangelhaften Leistung führen.

Ich bitte um Mitteilung, ob ich dennoch die angeordnete Leistung ausführen soll. Um behinderungsfrei arbeiten zu können, benötige ich Ihre Antwort bis zum **1.7.2018, 17.00 Uhr**.

Sollte mir bis dahin keine Antwort vorliegen, werde ich im Interesse einer mangelfreien Leistung und eines behinderungsfreien Bauablaufes abweichend von Ihrer Anordnung eine mangelfreie Leistung ausführen, indem [technische Erläuterung]. Ich weise darauf hin, dass hierdurch Mehrkosten wegen erhöhten Materialaufwandes entstehen werden.

Mit freundlichen Grüßen

Lotrecht

B. Rechtsmangel

25 Das Gesetz geht auch auf **Rechtsmängel** ein. Ein solcher Rechtsmangel liegt beispielsweise vor, wenn der Auftragnehmer Planungsleistungen erbringen soll und der Auftragnehmer die Planungsleistungen überhaupt nicht verwenden kann, weil sie von einem dritten, fremden Architekten stammen und dieser allein das **Urheberrecht** hat. Denkbar ist auch die Verwendung einer Software (z.B. zur Steuerung von gebäudetechnischen Anlagen), über die der Auftragnehmer gar nicht verfügen darf.

26 Diese Rechtsmängel sind den Sachmängeln gleichgestellt. Es ist daher egal, ob es sich jeweils um einen Sach- und Rechtsmangel handelt, die Rechtsfolgen sind jeweils auf die gleiche Weise zu bestimmen.

Praxistipp:

Was macht ein Auftraggeber, wenn er einen Mangel vermutet?

- *Begutachtung, ggf. durch einen Sachverständigen*
- *Eilbedürftigkeit feststellen*
- *Schwere feststellen*
- *Frist setzen*
- *Nach Fristablauf weiteres Vorgehen überlegen*

Praxistipp:

Was mache ich als Auftragnehmer, wenn der Auftraggeber zu Unrecht einen Mangel geltend macht

- *Beweissicherung*
- *Folgen für Vergütung prüfen*

§ 634 BGB
Rechte des Bestellers bei Mängeln

Ist das Werk mangelhaft, kann der Besteller, wenn die Voraussetzungen der folgenden Vorschriften vorliegen und soweit nicht ein anderes bestimmt ist,

1. **nach § 635 Nacherfüllung verlangen,**
2. **nach § 637 den Mangel selbst beseitigen und Ersatz der erforderlichen Aufwendungen verlangen,**
3. **nach den §§ 636, 323 und 326 Abs. 5 von dem Vertrag zurücktreten oder nach § 638 die Vergütung mindern und**
4. **nach den §§ 636, 280, 281, 283 und 311a Schadensersatz oder nach § 284 Ersatz vergeblicher Aufwendungen verlangen.**

A. Allgemeines

I. Bedeutung des § 634 BGB

§ 634 BGB fasst die sog. Mängelansprüche zusammen. Die vom Gesetzgeber gewählte Überschrift hat dazu geführt, dass oft jetzt nur noch von Mängelansprüchen gesprochen wird und der nie im Gesetz verankerte Begriff der Gewährleistung nur noch eher untechnisch verwendet wird. 1

Zweck dieser Vorschrift ist allein, die möglicherweise bestehenden Mängelansprüche und ihre jeweiligen gesetzlichen Voraussetzungen zu **benennen**. Eine darüber hinausgehende Funktion hat sie nicht. Angelehnt an diese gesetzgeberische Form der Darstellung enthält auch diese Kommentierung allgemeine Punkte zu den Mängelansprüchen, z.B. eine Übersicht der jeweiligen Vor- und Nachteile. Die Voraussetzungen für die einzelnen Ansprüche sind unten beschrieben, und zwar für

- die Nacherfüllung (oder auch Nachbesserung) bei § 635 BGB,
- die Beseitigung durch den Auftraggeber selber (Selbstvornahme) bei § 637 BGB,
- die Minderung bei § 638 BGB,
- den Rücktritt und den Schadensersatz bei § 636 BGB.

Allen Mängelansprüchen außer der Nachbesserung ist gemeinsam, dass sie eine **Fristsetzung** des Auftraggebers voraussetzen (sofern diese nicht entbehrlich ist, beispielsweise bei einem bereits eingetretenen Schaden). Die Nachbesserung muss der Auftragnehmer stets und auch ohne Fristsetzung leisten. Die Fristsetzung öffnet dem Auftraggeber aber das Tor zu anderen **Handlungsmöglichkeiten**. Das Muster einer Fristsetzung ist unten abgedruckt. Nachstehend ist weiterhin dargestellt, wann das Gesetz ein Verschulden verlangt und welche Vor- und Nachteile die einzelnen Mängelansprüche haben. 2

Einige der Mängelansprüche setzen ein Verschulden des Auftragnehmers voraus, andere nicht. Für die Praxis ist dies vor allem ein Unterschied bei der Risikobewertung vor der Geltendmachung eines Mängelanspruches. 3

Voraussetzung eines Mängelanspruches ist regelmäßig eine vom Auftraggeber gesetzte Frist, die ohne Ergebnis abgelaufen ist. Das angesprochene Verschulden betrifft die Gründe dafür, warum der Auftragnehmer mangelhaft geleistet hat. Nur wenn der Auftragnehmer einen Mangel verschuldet hat, kann der Auftraggeber Schadensersatz verlangen. Bei einem Verstoß gegen anerkannte Regeln der Technik oder Festlegungen im Vertrag ist im Zweifel ein Verschulden immer gegeben. 4

Inzwischen hat der BGH entschieden, dass der Auftraggeber grundsätzlich vor der Abnahme keine Mängelansprüche nach § 634 ff. BGB geltend machen kann.[1] Der BGH hat in seiner Ent- 5

1 BGH v. 19.1.2017 – VII ZR 301/13.

scheidung ausgeführt, dass der Auftraggeber dann Mängelansprüche hat, wenn er deutlich macht, dass er unter keinen Umständen mit dem Auftragnehmer weiter zusammenarbeiten will und eine Mangelbeseitigung durch den Auftragnehmer ablehnt. Eine weitere Voraussetzung ist allerdings, dass der Auftragnehmer dem Auftraggeber vorher die Leistung als (angeblich) abnahmereif anbietet.

6 Zu der vom BGH in seiner Entscheidung angesprochenen Vorschrift des § 314 BGB hat das OLG Hamburg[2] entschieden, dass der Auftraggeber einen Vertrag kündigen kann, wenn ganz erhebliche Mängel an der vom Auftragnehmer erbrachten Leistung vorliegen und der Auftraggeber diese Mängel mehrfach gerügt und den Auftragnehmer erfolglos zur Nachbesserung aufgefordert hat. Dann ist dem Auftraggeber die Fortsetzung des Vertragsverhältnisses nicht zuzumuten. Allerdings hatte der Auftragnehmer im entschiedenen Fall den Auftraggeber zur Abnahme aufgefordert und damit so getan, als sei die Leistung mangelfrei. Auch andere frühere Urteile betreffen immer Fälle, in denen der Auftragnehmer seine Leistung für mangelfrei hält. In der Regel sind die Leistungen auch abgeschlossen und der Auftraggeber hat mehrfach erfolglos die Beseitigung gefordert.

7 Mit der Einfügung des § 648a BGB und der darin angesprochenen Kündigung aus wichtigem Grund kann sich für den Auftraggeber jedoch eine weitere Handlungsmöglichkeit ergeben. Bereits nach altem Recht wurde dem Auftraggeber eine solche Kündigung unter bestimmten Umständen zugestanden (s. dazu näher die Erläuterungen zu § 648a BGB, Rn. 6 f.).

8

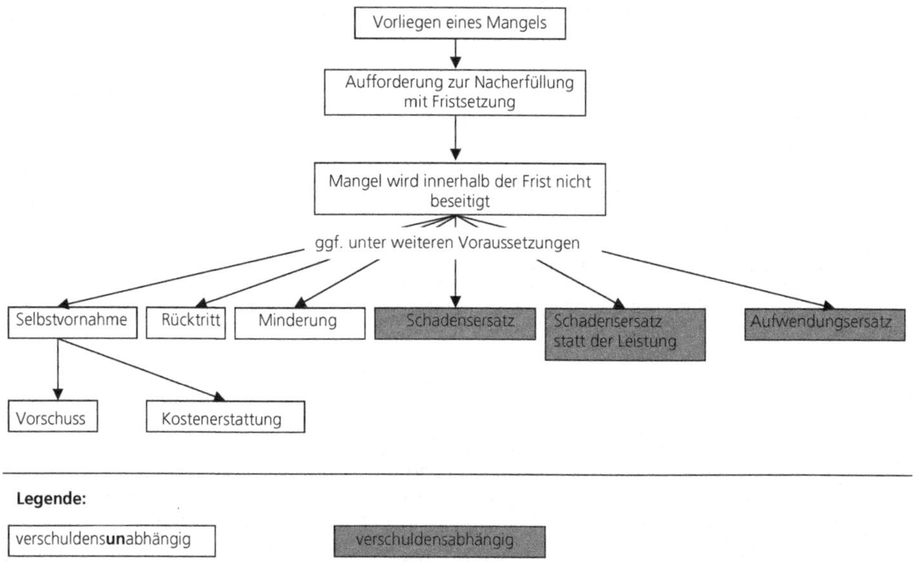

Abbildung: Systematik der Mängelansprüche

II. § 634 BGB und die VOB/B

9 Die VOB/B enthält in § 13 VOB/B zahlreiche Regeln, die das BGB ergänzen oder von ihm abweichen.

Die VOB/B geht beispielsweise davon aus, dass der Rücktritt für Bauleistungen wegen seiner besonderen Rechtsfolgen nicht passt und regelt stattdessen die Kündigung des Bauvertrages. Außerdem lässt sie die Minderung in weniger Fällen zu als das BGB. Eine Mangelbeseitigung durch den Auftraggeber erlaubt die VOB/B auch wenn die Leistung noch nicht abgenommen wurde, allerdings nur nach einer vorherigen Kündigung.

2 OLG Hamburg v. 1.10.2015, 5 U 146/10.

B. Vor- und Nachteile der verschiedenen Mängelansprüche

Die Vor- und Nachteile der einzelnen Mängelansprüche sind aus der **Sicht des Auftraggebers** dargestellt. Aus Sicht des Auftragnehmers ist die Tabelle mit umgekehrten Vorzeichen zu lesen, d.h., Vorteile des Auftraggebers sind im Zweifel Nachteile des Auftragnehmers. 10

11

	Vorteile	Nachteile
Nacherfüllung	• Auftraggeber muss keine weiteren Auftragnehmer mit neuen Verträgen einschalten. • Der ursprüngliche Auftragnehmer übernimmt auch für die Mängelbeseitigungsarbeit die Gewährleistung. • Der Auftraggeber muss nicht in Vorlage gehen.	• Der Auftraggeber ist abhängig vom Auftragnehmer. • Wahl der Mängelbeseitigung liegt allein beim Auftragnehmer.
Selbstvornahme, Beseitigung durch den Auftraggeber	• Auftraggeber ist unabhängig vom Auftragnehmer und kann selber über die Durchführung entscheiden. • Bis zur Mängelbeseitigung kann der Auftraggeber in der Regel das Doppelte der voraussichtlichen Mängelbeseitigungskosten zurückhalten.	• Auftraggeber muss mit den Kosten in Vorlage gehen oder muss vorab einen Vorschuss einklagen. • Bei Beauftragung anderer Auftragnehmer ergeben sich technische und rechtliche Schnittstellen, z.B. bei der Gewährleistung.
Rücktritt	• Beendet den Vertrag insgesamt, sodass keine Schnittstellen mit anderen Auftragnehmern bestehen bleiben. • Auftraggeber ist nicht mehr auf den Auftragnehmer angewiesen und kann im Rahmen der Rückabwicklung geleistete Zahlungen zurückerhalten.	• Beendigung führt zur Rückabwicklung, die teilweise nur schwierig durchzuführen ist. Insbesondere die Berücksichtigung von zukünftigen Gewährleistungsansprüchen ist nicht einfach. • Kein Zurückbehaltungsrecht in doppelter Höhe der Mängelbeseitigungskosten.
Minderung	• Berührt die Wirksamkeit des Vertrages nicht. Erspart Auseinandersetzungen über die Art der richtigen Mängelbeseitigung. • Der Auftraggeber muss keine langwierigen und vom Ergebnis oft zweifelhaften Mängelbeseitigungsversuche hinnehmen.	• Mangel wird nicht beseitigt. • Kein Zurückbehaltungsrecht in doppelter Höhe der Mängelbeseitigungskosten.

	Vorteile	Nachteile
Schadensersatz	• Berührt die Wirksamkeit des Vertrages nicht. • Erspart Auseinandersetzungen über die Art der richtigen Mängelbeseitigung. • Der Auftraggeber muss keine langwierigen und vom Ergebnis oft zweifelhaften Mängelbeseitigungsversuche hinnehmen.	• Mangel wird nicht beseitigt.
Schadensersatz statt der Leistung	• Vertrag insgesamt aufgehoben	• Mangel wird nicht beseitigt. • Kein Zurückbehaltungsrecht in doppelter Höhe der Mängelbeseitigungskosten.

Übersicht: Vor- und Nachteile der Mängelansprüche

12 Es wurde bereits angesprochen, dass die Fristsetzung Voraussetzung der Mängelansprüche ist, die der Auftraggeber anstelle der Nachbesserung durch den Auftragnehmer geltend machen kann. Der Auftragnehmer hat grundsätzlich das **Recht**, Fehler an den eigenen Leistungen auf eigene Kosten selber beseitigen zu dürfen. Dies ist aus Sicht der Auftragnehmer nicht zuletzt deswegen sinnvoll, weil bei einer Beseitigung durch Dritte regelmäßig höhere Kosten anfallen. Außerdem hat der Auftragnehmer oft selber die Möglichkeiten, Mängelansprüche bei anderen Dritten (Subunternehmer, Materiallieferanten) geltend zu machen. Diese Möglichkeit darf der Auftraggeber dem Auftragnehmer nur in Ausnahmefällen nehmen.

13 In manchen Fällen wäre eine Fristsetzung aber purer und sinnloser Formalismus. Dies hat auch der Gesetzgeber erkannt und in einigen Fällen die Fristsetzung für **entbehrlich** erklärt.

Es sind dies die Fälle in denen

- der Auftragnehmer die Nachbesserung verweigert,
- eine vom Auftraggeber bereits im Vertrag genannte Frist abgelaufen ist und der Auftraggeber sein Leistungsinteresse an die rechtzeitige Nacherfüllung gebunden hat,
- der Auftragnehmer die Nachbesserung probiert hat und sie fehlgeschlagen ist oder
- die Nachbesserung für den Auftraggeber unzumutbar ist.

Eine Fristsetzung ist außerdem für **Schadensersatz** dann überflüssig, wenn die Schäden bereits eingetreten sind, also z.B. durch die mangelhafte Drainage bereits Wasser in ein Haus eingetreten ist und der Kellerinhalt beschädigt wurde. Die beschädigten Möbel muss der Auftragnehmer auch ohne Fristsetzung ersetzen, vor Beseitigung des Mangels selber muss der Auftraggeber eine Frist setzen.

14 Der Auftragnehmer kann die Nachbesserung ausdrücklich oder durch konkludentes Handeln **verweigern**.

Der Auftraggeber hat aber auch die Möglichkeit, bereits im Vertrag eine Frist festzulegen, innerhalb der sein Auftragnehmer eine mangelfreie Leistung ausführen muss. Diese Frist ist aber nicht identisch mit den üblichen Vertrags- und Fertigstellungsfristen. Der Auftraggeber muss deutlich gemacht haben, dass sein Interesse an der mangelfreien Leistung an die Einhaltung der Frist gebunden ist. Dies muss der Auftraggeber deutlich in den Vertrag hineinschreiben.

15 Der Auftraggeber ist nicht verpflichtet, eine Unzahl von **Nachbesserungsversuchen** des Auftragnehmers erdulden zu müssen. Wenn der Auftragnehmer die Nachbesserung versucht hat und sie gescheitert ist, kann der Auftraggeber ohne weitere Fristsetzung seine Mängelansprüche geltend machen. Der Auftragnehmer hatte ja die Möglichkeit, selber den Mangel zu beseitigen und es ist ihm nicht gelungen. Anders als im Kaufrecht sagt das Werkvertragsrecht nicht, dass der Auftragnehmer zwei Nachbesserungsmöglichkeiten haben muss. Der Auftrag-

geber kann vielmehr bereits nach dem ersten fehlgeschlagenen Versuch Mängelansprüche geltend machen.

Wann eine Fristsetzung für den Auftraggeber **unzumutbar** ist, ist leider noch nicht klar festzulegen. Zu denken ist an die Fälle, in denen eine Mängelbeseitigung besonders dringlich ist, z.B. wenn ansonsten andere weitreichende Schäden auftreten können (z.B. Reparatur eines mangelhaften Türschlosses bei bewohnten Räumen). 16

C. Ausübung Wahlrecht

Der Auftraggeber hat (soweit die Voraussetzungen jeweils vorliegen) die Wahl unter den ihm eröffneten Ansprüchen. Wie macht der Auftraggeber von diesem Wahlrecht Gebrauch? 17

Grundsätzlich hat der Auftraggeber die **freie Wahl** zwischen den Mängelansprüchen. Nur wenn er sich endgültig für einen Mängelanspruch entschieden hat und diesen erfolgreich durchgeführt hat, ist er gebunden. So ist beispielsweise die Minderung mit der Erklärung der Minderung vollzogen. Gleiches gilt für die Erklärung des Rücktritts, weil dadurch der Vertrag insgesamt aufgehoben wird. Will der Auftraggeber anfänglich den Mangel selber beseitigen und macht einen Vorschuss geltend, kann er aber immer noch seine Meinung ändern und stattdessen z.B. die Minderung verlangen. 18

Beseitigt der Auftraggeber einen Mangel selber, muss er hierüber den Auftragnehmer noch nicht einmal informieren. Dies bedeutet für den Auftragnehmer eine gewisse Unsicherheit, die aber vom Gesetzgeber hingenommen wird. Hintergrund mag sein, dass der Auftragnehmer sich selber in diese unsichere Situation gebracht hat, indem er den gerügten Mangel auch nach Fristsetzung nicht beseitigt hat. 19

D. Mehrere Auftragnehmer als Gesamtschuldner?

I. Allgemeines

Die Ausführung eines Bauvorhabens verlangt, dass mehrere Beteiligte eng zusammenarbeiten und voneinander abhängige Leistungen erbringen. So ist etwa der bauausführende Unternehmer auf die Ausführungsplanung eines Architekten oder Ingenieurs angewiesen. 20

Deswegen kann es auch vorkommen, dass ein Schaden oder ein Mangel nicht nur von einem Beteiligten verursacht wird:

Variante 1:

Der planende Architekt plant falsch, der Bauunternehmer führt deswegen mangelhaft aus und dem bauüberwachenden Architekten fällt die mangelhafte Ausführung nicht auf.

Variante 2:

Mehrere Auftragnehmer verursachen gemeinsam einen Mangel. Ein Beispiel aus der Rechtsprechung: Der Rohbauer hatte den Rohbau eines Einfamilienhauses ausgeführt. Die von ihm ausgeführte Leistung war in einigen Bereichen mangelhaft. Diese Mängel wirkten sich auf den später aufgetragenen Außenputz aus, in dem sich mehrere Risse bildeten.

Der Verputzer hatte den vom Rohbauer errichteten Rohbau zu verputzen. Weil er die Arbeiten bei zu niedrigen Temperaturen ausführte, kam es ebenfalls zu Rissen im Außenputz. Die Beseitigung aller Risse ist wirtschaftlich sinnvoll nur durch eine einzige Maßnahme möglich, und zwar durch Aufbringen eines neuen Putzes auf den bereits vorhandenen.

Wer haftet? Dabei muss man trennen zwischen der Haftung gegenüber dem gemeinsamen Bauherrn als Auftraggeber und der Haftung zwischen den beteiligten Unternehmen.

Ausgangspunkt der folgenden Darstellung sind die eben geschilderten Fälle in der Variante 1 mit den drei möglichen Haftungsschuldnern planender Architekt, Bauunternehmer und bauüberwachender Architekt und in der Variante 2 mit zwei nebeneinander verantwortlichen Auftragnehmern.

21 Nach der Rechtsprechung muss der Auftraggeber dem **Bauunternehmer und dem Bauüberwacher** mangelfreie Pläne zur Verfügung stellen. Tut der Auftraggeber dies nicht, muss er sich ein Teilverschulden anrechnen lassen, das jeweils für den Einzelfall zu ermitteln ist[3].

II. Haftung gegenüber dem Bauherrn

22 Gegenüber dem Bauherrn haftet in dem geschilderten Ausgangsfall Variante 1 grundsätzlich jeder der Beteiligten in voller Höhe für die von ihm verursachten Mängel, allerdings der Bauunternehmer und der Bauüberwacher unter Berücksichtigung des angesprochenen Mitverschuldens des Auftraggebers.

Der Bauherr hat die **freie Wahl**, wen er in Anspruch nimmt. Ganz oft kommt es vor, dass er gegen alle in Frage kommenden Haftungsschuldner gleichzeitig vorgeht. Möglicherweise wird der Bauherr nicht sofort Klage erheben, da dies mit einem erheblichen Kostenrisiko verbunden ist. Möglicherweise ist ja einer der Beteiligten gar nicht für den Mangel verantwortlich, dann muss der Bauherr die gesamten Anwaltskosten dieses Beteiligten übernehmen. Deswegen wird der Bauherr überlegen, zuerst ein selbständiges Beweisverfahren einzuleiten. Bereits in einem solchen selbständigen Beweisverfahren kann er auch feststellen lassen, ob alle Beteiligten einen Mangel zu vertreten haben, gegebenenfalls sogar unter Ermittlung einer Haftungsquote.

23 Ganz oft wollen sich Bauunternehmer damit verteidigen, dass der Bauüberwacher den Fehler ja auch nicht bemerkt hat und dass der Auftraggeber auch für diesen Fehler seines Bauüberwachers haftet. Diese Argumentation ähnelt in gewisser Weise derjenigen bei Planungsfehlern. Dennoch wird der Bauunternehmer hiermit keinen Erfolg haben. Bauunternehmer und **Bauüberwacher** haben nämlich jeweils einen eigenen Vertrag mit dem Bauherrn. Der Bauüberwacher ist genauso wie der Bauunternehmer im Interesse des Bauherrn tätig. Er soll mit seiner Tätigkeit den Bauunternehmer überwachen und nicht zu dessen Entlastung beitragen. Deswegen haften Bauunternehmer und Bauüberwacher beide gegenüber dem Bauherrn, allerdings der bei Lieferung falscher Pläne unter Berücksichtigung des angesprochenen Mitverschuldens des Auftraggebers. Aufgrund seiner Fachkunde ist der Bauunternehmer allerdings zu einer sehr weitgehenden Prüfung verpflichtet, wie im nächsten Abschnitt dargestellt.

In der Variante 2 gilt: Mehrere Unternehmen haften als Gesamtschuldner, wenn die Leistungen beider Unternehmer mangelhaft sind und die Mängel nur durch eine einheitliche Maßnahme wirtschaftlich sinnvoll beseitigt werden können.

III. Sonderproblem fehlerhafte Planung

24 Der Bauunternehmer kann sich in solchen Verfahren möglicherweise damit verteidigen, dass der Bauherr allein für die mangelhafte Planung haftet. Dabei sind grundsätzlich zwei Fallkonstellationen zu unterscheiden.

---

3 BGH v. 27.11.2008, VII ZR 206/06.

Beispiel:

Bauunternehmer Kernig soll einen Rohbau errichten. Er erhält vom Planer des Bauherrn Architekt Zaghaft u.a. die Bewehrungspläne.

Konstellation 1:

Z hat sich bei der Planung allerdings verrechnet und zu geringe Deckenlasten berücksichtigt.

Konstellation 2:

Durch einen Computerfehler sieht die Planung in einigen Bereichen überhaupt keine Bewehrung vor.

Was passiert, wenn K sich auf die Pläne verlässt und nach ihnen baut? Haftet er neben dem planenden Architekten oder nicht?

Grundsätzlich muss der Bauherr dem Bauunternehmer nämlich eine mangelfreie und vollständige Planung zur Verfügung stellen.

Der Bauunternehmer darf sich aber nicht darauf verlassen, dass die ihm übergebene Planung mangelfrei ist. Die VOB/B und ganz viele Allgemeine Technische Vertragsbedingungen der VOB/C verlangen vom Bauunternehmer, die Planung des Bauherrn zu **prüfen**. Dabei muss er sich grundsätzlich auf die für ihn in den Planungsunterlagen ersichtlichen Mängel beschränken. Auch wenn er die Prüfung unterlässt, darf er nicht einfach die Augen verschließen und eine mangelhafte Leistung ausführen. So muss K in dem Beispiel auffallen, dass es unmöglich richtig sein kann, ganz ohne Bewehrung zu betonieren. Den Fehler in den statischen Berechnungen könnte er nur feststellen, wenn er seinerseits die gesamte Statik neu rechnet. Dies ist ihm nicht zuzumuten. Deswegen haftet K im ersten Beispiel mit der falschen Berechnung nicht, wohl aber im zweiten mit dem Computerfehler. **25**

Praxistipp:

Wenn der Bauunternehmer einen Mangel der Planung feststellt und pflichtgemäß Bedenken anmelden will, sollte er grundsätzlich (auch) den Bauherrn direkt anschreiben. Ohne besondere Vollmachten können der Bauleiter oder der bauüberwachende Architekt keine an den Bauherrn gerichteten Bedenken wirksam entgegennehmen. Nur wenn der Bauherr den Bauunternehmer anweist, sich ausschließlich an einen seiner Beauftragten zu wenden, reicht die Bedenkenanmeldung bei diesem benannten Beauftragten.

Oben in § 633 BGB Rn. 24 findet sich das Muster einer solchen Bedenkenanmeldung. **26**

IV. Gesamtschuldnerausgleich

Für den Bauherrn ist ein Mangel erledigt, wenn er seine Ansprüche gegenüber einem der drei möglichen Schuldner (planender Architekt, Bauunternehmer, bauüberwachender Architekt) durchgesetzt hat. Für den betroffenen Schuldner entsteht jedoch das Problem, dass er an den Bauherrn allein in voller Höhe gezahlt hat, die anderen beiden aber nichts beigetragen haben. Hat beispielsweise der Bauunternehmer gegenüber dem Bauherrn den gesamten Schaden getragen, wird er überlegen, wie er sich bei dem planenden und dem bauüberwachenden Architekten schadlos halten kann. **27**

Rechtlich kann er dies, wenn ein Gesamtschuldverhältnis vorliegt.

Eine **Gesamtschuld** besteht immer dann, wenn mehrere Schuldner (also etwa die am Bau Beteiligten) einem Anderen (hier dem Bauherrn) die gleiche Leistung schulden. Wichtigstes Beispiel für die Gesamtschuld am Bau ist wohl die Haftung von ausführendem Bauunternehmen und bauüberwachendem Architekten.

28 Beide haften dem Bauherrn dafür, dass die fertige Leistung mangelfrei ist. Wird dieser Erfolg nicht erreicht, haben beide diese Pflicht nicht erfüllt.

Beispiel 1:

Bauunternehmer Betonkopf hat den Auftrag, eine Halle zu errichten. Die Balken für die Decke lagern seitlich auf Vorsprüngen. Durch Unaufmerksamkeit werden alle diese Vorsprünge viel zu schwach ausgeführt. Weder B noch der Bauüberwacher Armlos bemerken dies.

Nach zwei Jahren stürzt das Dach ein, als Schnee fällt und die Vorsprünge abbrechen.

Gegenüber dem Bauherrn haften Bauunternehmer und Bauüberwacher als Gesamtschuldner.

Beispiel 2:

*Es liegt **keine** Gesamtschuld vor:*

Zimmermann Zwischenhau soll das Traggerüst für einen Wintergarten bauen. Glasermeister Vorsehen baut in dieses Gerüst Fenster und Dachplatten ein. Weil Z die Balken zu gering dimensioniert hatte, kann V die Fenster nicht ordnungsgemäß befestigen.

Nach kurzer Zeit bricht eines der Fenster heraus. V hatte dem Bauherrn keine Bedenken mitgeteilt.

Gegenüber dem Bauherrn haften sowohl Z als auch V (ggf. unter Abzug von Sowieso-Kosten). Z und V sind jedoch keine Gesamtschuldner, da jeder dem Bauherrn nur sein eigenes Werk schuldet und sie nicht gemeinsam die gleiche Leistung erbringen müssen.

29 Wenn eine Gesamtschuld vorliegt, kann der in Anspruch genommene Schuldner **Rückgriff** bei den anderen Gesamtschuldnern nehmen. Rechtsgrundlage ist § 426 BGB. Im Rahmen dieses Gesamtschuldnerausgleiches kann er den Betrag verlangen, den er über das gezahlt hat, was er im Verhältnis zwischen den Gesamtschuldnern zu tragen hatte.

30 In dem Beispiel 1 (eingestürzte Halle) nimmt der Bauherr den Bauunternehmer B in Anspruch. B ersetzt den gesamten Schaden in Höhe von 500.000 €. B will nun seinerseits im Wege des Gesamtschuldnerausgleiches Rückgriff bei dem Bauüberwacher A nehmen. Es wird festgestellt, dass im Verhältnis zwischen A und B jeder zu 50% für den eingetretenen Schaden verantwortlich ist. B muss im Innenverhältnis also nur 250.000 € tragen, den Rest kann er von A verlangen.

31 Die auf den einzelnen Schuldner entfallende **Quote** kann sehr unterschiedlich sein. Hätte es sich im Beispiel um eine weniger zentrale Leistung gehandelt, hätte der Bauüberwacher seine Pflichten wahrscheinlich nur sehr geringfügig verletzt, sodass er den Schaden nur zu 30% oder noch weniger hätte tragen müssen. Feste Regeln für die Verteilung der Haftung zwischen den Gesamtschuldnern gibt es nicht, es kommt immer auf den Einzelfall an.

V. Vorsichtsmaßnahme Streitverkündung

32 Wie oben gesagt, kann sich der Bauherr seinen Haftungsschuldner frei auswählen. Er wird regelmäßig denjenigen nehmen, bei dem zum einen vergleichsweise sicher ist, dass er für den Mangel haftet, und der zum anderen auch hinreichend solvent erscheint. Wenn nun ein Beteiligter vom Bauherrn in Anspruch genommen wird, sollte er frühzeitig dafür sorgen, dass er irgendwann später seinen Ausgleichsanspruch geltend machen kann.

Ein ganz wichtiges Werkzeug hierfür ist die Streitverkündung. Wenn der Bauherr nur gegen einen möglichen Haftungsschuldner ein selbständiges Beweisverfahren einleitet oder eine Klage erhebt, kann dieser Haftungsschuldner anderen potenziellen Gesamtschuldnern den Streit verkünden.

Im Verhältnis zu den potenziellen Gesamtschuldnern gilt dann das Ergebnis des selbständigen Beweisverfahrens oder der Klage als richtig, jeweils soweit die Wirkung der Streitverkündung reicht. 33

Der Empfänger der Streitverkündung kann sich grundsätzlich natürlich auch an dem Verfahren beteiligen, indem er einer Partei beitritt und sich verteidigt. Allerdings darf er nichts vortragen, was dem Vortrag dessen widerspricht, auf dessen Seite er dem Verfahren beigetreten ist. Reichweite der Streitverkündung und Verteidigungsmöglichkeiten muss man im Einzelfall klären.

VI. Vorsicht bei Vergleichen mit dem Bauherrn

Wenn der Bauherr mehrere mögliche Haftungsschuldner in Anspruch nimmt, müssen die einzelnen Beteiligten vorsichtig sein, wenn sie sich mit dem Bauherrn vergleichen. Nach der Rechtsprechung des BGH wirkt ein Vergleich mit dem Bauherrn **nicht** gegenüber den anderen Gesamtschuldnern. 34

Beispiel:

Bauherr Bauhoff nimmt den bauüberwachenden Architekten Augnix und den ausführenden Unternehmer Unschuld in Anspruch, indem er beide in zwei getrennten Verfahren verklagt. Es geht um angebliche Schäden von 200.000 €.

Der Prozess gegen U läuft schlecht. U und B einigen sich am Ende darauf, dass U insgesamt 50.000 € übernimmt.

Gegenüber A hat B mehr Glück und erhält ein rechtskräftiges Urteil über 150.000 €, die A bezahlt.

A macht mit einer Klage gegenüber U einen Gesamtschuldnerausgleich geltend. Das Gericht entscheidet, dass beide Seiten den Schaden von 200.000 € zu 50% zu vertreten haben. Da A mehr bezahlt hat als die auf ihn entfallenden 100.000 €, kann er von U weitere 50.000 € verlangen. U zahlt also insgesamt 100.000 €, 50.000 € an B und 50.000 € an A.

Der Vergleich mit dem Bauherrn hat dem ausführenden Unternehmen also wenig genutzt. Gewissermaßen auf Umwegen muss er doch noch mehr von dem Schaden übernehmen. Wichtigste Vorbeugungsmaßnahme gegen solche Überraschungen ist die **Zusammenarbeit** mit den anderen möglichen Haftungsschuldnern. Natürlich haben die Beteiligten oft entgegengesetzte Interessen, aber oft erreichen sie durch eine gemeinsame Haltung gegenüber dem Bauherrn mehr als durch getrennte Vorgehensweisen. 35

§ 634a BGB
Verjährung der Mängelansprüche

(1) Die in § 634 Nr. 1, 2 und 4 bezeichneten Ansprüche verjähren

1. **vorbehaltlich der Nummer 2 in zwei Jahren bei einem Werk, dessen Erfolg in der Herstellung, Wartung oder Veränderung einer Sache oder in der Erbringung von Planungs- oder Überwachungsleistungen hierfür besteht,**
2. **in fünf Jahren bei einem Bauwerk und einem Werk, dessen Erfolg in der Erbringung von Planungs- oder Überwachungsleistungen hierfür besteht, und**
3. **im Übrigen in der regelmäßigen Verjährungsfrist.**

(2) Die Verjährung beginnt in den Fällen des Absatzes 1 Nr. 1 und 2 mit der Abnahme.

(3) Abweichend von Absatz 1 Nr. 1 und 2 und Absatz 2 verjähren die Ansprüche in der regelmäßigen Verjährungsfrist, wenn der Unternehmer den Mangel arglistig verschwiegen hat. Im Falle des Absatzes 1 Nr. 2 tritt die Verjährung jedoch nicht vor Ablauf der dort bestimmten Frist ein.

(4) Für das in § 634 bezeichnete Rücktrittsrecht gilt § 218. Der Besteller kann trotz einer Unwirksamkeit des Rücktritts nach § 218 Abs. 1 die Zahlung der Vergütung insoweit verweigern, als er auf Grund des Rücktritts dazu berechtigt sein würde. Macht er von diesem Recht Gebrauch, kann der Unternehmer vom Vertrag zurücktreten.

(5) Auf das in § 634 bezeichnete Minderungsrecht finden § 218 und Absatz 4 Satz 2 entsprechende Anwendung.

A. Unterschiedliche Verjährungsfristen für verschiedene Leistungen

I. Bedeutung des § 634a BGB

1 Der Gesetzgeber hat in § 634a BGB verschiedene Verjährungsfristen zusammengefasst. Im **Baubereich** am wichtigsten ist die fünfjährige Verjährungsfrist für Bauwerke. In der nachfolgenden Grafik sind die verschiedenen Verjährungsfristen, die davon betroffenen Leistungen und der jeweilige Beginn der Verjährung zusammengefasst.

2

Dauer	**betroffene Leistungen**	**Beginn**
zwei Jahre (Absatz 1 Nr. 1)	• Leistungen für die Veränderung einer beweglichen Sache (z.B. Reparaturleistungen an Maschinen, Gartenpflegearbeiten) und dafür erforderliche Planungs- und Überwachungsleistungen	mit Abnahme
drei Jahre (Absatz 1 Nr. 3)	• Leistungen, die unter keine der anderen beiden Regelungen fallen, z.B. Gutachten, Programmierung von individuell angepasster Software • in Absatz 1 Nr. 1 genannte Leistungen, wenn der Auftragnehmer den Mangel arglistig verschwiegen hat	mit Ende des Jahres, in dem der Anspruch fällig wurde
fünf Jahre (Absatz 1 Nr. 2)	• Bauleistungen für Bauwerke und dafür erforderliche Planungs- und Überwachungsleistungen • Reparatur- und Umbauarbeiten, wenn sie für Konstruktion und Bestand des Gebäudes von wesentlicher Bedeutung sind	mit Abnahme

Übersicht: Verjährung

3 Reparatur-, Erneuerungs- und Umbauarbeiten an einem vorhandenen Bauwerk verjähren in fünf Jahren, wenn sie von **wesentlicher Bedeutung** für das Gebäude sind. Leider ist dies jeweils im Einzelfall zu klären. Eine solche wesentliche Bedeutung liegt regelmäßig vor, wenn es um die Funktion des Gebäudes geht oder die tragenden Teile betroffen sind. Weitere Voraussetzung ist immer, dass die eingebauten Teile fest mit dem Bauwerk verbunden werden. Andere Arbeiten fallen unter die zweijährige Verjährung.

Beispiele:

zweijährige Verjährung	*fünfjährige Verjährung*
• *Verlegen eines nur lose verlegten Teppichs* • *Einbau einer Standard-Einbauküche* • *Hausanstrich* • *Unterhaltungsmaßnahmen an Rohren* • *Reparaturen einzelner Schäden* • *Anbringung einer Leuchtreklame*	• *Verlegen eines verklebten Teppichbodens* • *Einbau einer maßgefertigten Einbauküche* • *Dachreparatur* • *Isolierung der Kelleraußenwände* • *Erneuerung der Elektroinstallation*

II. § 634a BGB und die VOB/B

Die VOB/B regelt in § 13 Abs. 4 VOB/B die Verjährungsfristen vom BGB abweichend. Sie sieht z.B. eine Regelverjährungsfrist von nur vier Jahren vor, die allerdings vertraglich verlängert werden kann. Außerdem enthält die VOB/B in § 13 Abs. 5 VOB/B eine vom BGB abweichende Regelung zur Hemmung. Danach reicht es aus, dass der Auftraggeber einen Mangel schriftlich rügt; dies führt zu einer erneuten, zweijährigen Verjährungsfrist für den gerügten Mangel.

B. Arglistiges Verschweigen

Der Auftragnehmer verschweigt einen Mangel arglistig, wenn er dem Auftraggeber einen Mangel nicht mitteilt, obwohl er sich bewusst ist, dass der Auftraggeber die Leistung in Kenntnis des Mangels nicht abnehmen würde. Es muss hinzukommen, dass der Auftragnehmer **zur Mitteilung verpflichtet** ist, weil er den Mangel selbst vorsätzlich verursacht hat. So ist der Auftragnehmer beispielsweise verpflichtet, den Auftraggeber zu informieren, wenn er entgegen den vertraglichen Festlegungen nicht erprobte Materialien einbaut oder wenn er für bestimmte Leistungen überhaupt nicht über die erforderliche Fachkenntnis verfügt. 4

Rechtsfolge des arglistigen Verschweigens ist, dass Mängel frühestens nach der dreijährigen Regelfrist verjähren. Bei Bauleistungen bleibt es bei der längeren Frist von fünf Jahren. Außerdem wäre ein Gewährleistungsausschluss nach § 639 BGB unwirksam. 5

C. Abweichende Vereinbarungen

Das BGB erlaubt es den Vertragspartnern in § 202 BGB grundsätzlich, vom Gesetz **abweichende Verjährungsfristen** zu vereinbaren. Diese Abweichung kann sowohl eine Verlängerung als auch eine Verkürzung der Fristen bedeuten. 6

Eine Grenze enthält das BGB allerdings für Regelungen in Allgemeinen Geschäftsbedingungen. Auftragnehmer dürfen in ihren AGB die Verjährungsfrist nur in gewissen Grenzen verkürzen. Die fünfjährige Frist in Absatz 1 Nr. 2 dürfen Auftragnehmer in AGB nur in einem einzigen Fall verkürzen, und zwar bei unveränderter Vereinbarung der VOB/B[1]. Die anderen Fristen von zwei bzw. drei Jahren darf ein Auftragnehmer in seinen AGB auf minimal ein Jahr verkürzen. Eine Verkürzung unter ein Jahr ist unwirksam. 7

D. Hemmung und Neubeginn

Der Auftraggeber hat die Möglichkeit, das Ende der Verjährung **hinauszuzögern**. Vom Gesetz wird dies als Hemmung der Verjährung bezeichnet. Während der Hemmung läuft die Verjährung nicht weiter. In einigen ganz wenigen Fällen beginnt die Verjährung von Mängelan- 8

1 Warnecke, in: Einführung zur VOB/B, Rn. 11.

sprüchen sogar mit voller Länge neu, das Gesetz spricht dann sehr plastisch von Neubeginn der Verjährung. Eine graphische Darstellung findet sich bei § 632 BGB, Rn. 40. Ist ein Mangel vor Ablauf der Gewährleistungsfrist in Erscheinung getreten, so kann der Auftraggeber auch nach Ablauf wegen dieses Mangels die Zahlung eines noch ausstehenden Werklohnes verweigern.[2]

I. Hemmung

9 Der Auftraggeber hat eine ganze Reihe von Möglichkeiten, außergerichtlich oder gerichtlich die Hemmung der Verjährung von Mängelansprüchen herbeizuführen. Diese Möglichkeiten sollen zuerst im Überblick dargestellt werden, unten wird auf die wichtigsten Möglichkeiten ausführlicher eingegangen.

1. Überblick

10 Möglichkeiten **außergerichtlicher** Maßnahmen zur Hemmung

- Beginn von Verhandlungen, § 203 BGB;
- Einleitung eines vereinbarten Begutachtungsverfahrens, § 204 Abs. 1 Nr. 8 BGB;
- Beauftragung eines Gutachters nach § 641a BGB, § 204 Abs. 1 Nr. 8 BGB;
- Einleitung eines Schiedsverfahrens, § 204 Abs. 1 Nr. 11 BGB;
- Hemmung aufgrund von Vereinbarung, § 205 BGB.

11 Möglichkeiten **gerichtlicher** Maßnahmen zur Hemmung

- Klageerhebung, § 204 Abs. 1 Nr. 1 BGB;
- Zustellung des Mahnbescheides, § 204 Abs. 1 Nr. 3 BGB;
- Aufrechnung im Prozess, § 204 Abs. 1 Nr. 5 BGB;
- Streitverkündung, § 204 Abs. 1 Nr. 6 BGB;
- Einleitung des selbstständigen Beweisverfahrens, § 204 Abs. 1 Nr. 7 BGB;
- Antrag auf Arrest oder einstweilige Verfügung, § 204 Abs. 1 Nr. 9 BGB;
- Abgabe des Antrages auf Gewährung von Prozesskostenhilfe, § 204 Abs. 1 Nr. 14 BGB.

2. Wichtige Hemmungstatbestände

a. Verhandlungen

12 Bereits die Aufnahme von Verhandlungen hemmt die Verjährung. Damit hat der Gesetzgeber bewusst die Parteien dazu angeregt, außergerichtlich über die Existenz von Mängeln zu verhandeln, und zwar ohne aus verjährungsrechtlichen Gründen ein Gericht bemühen zu müssen.

13 Bei außergerichtlichen Verhandlungen kommt es vor allem darauf an, genau den Umfang der gerügten Mängel und den Verhandlungsablauf zu **dokumentieren**. Grundsätzlich kann in jeder Form mündlich oder schriftlich verhandelt werden. Im Regelfall wird der Auftraggeber aber von ihm erkannte Mängel schriftlich rügen. Dies ist aus Beweiszwecken zu empfehlen. Allein diese Rüge führt aber nicht dazu, dass die Verjährung gehemmt ist. Es muss eine **Reaktion** des Auftragnehmers hinzukommen, ansonsten fehlt es schon begrifflich an einer „Verhandlung", die zwangsläufig zweiseitig sein muss. Deshalb ist ein Verhandlungsbeginn kurz vor Ablauf der Verjährungsfrist problematisch, zumal – anders als bei der VOB/B – die Mängelrüge alleine keine Folgen für die Verjährung hat.

14 Wenn eine Seite die Fortsetzung der Verhandlungen **verweigert**, endet die Hemmung drei Monate nach dieser Weigerung. Geraten die Verhandlungen ins Stocken und schlafen schließlich ein, läuft die Verjährung ebenfalls nicht sofort wieder weiter. In diesem Fall endet

2 BGH v. 5.11.2015, VII ZR 144/14.

die Hemmung sechs Monate nach der letzten Verhandlungs-Maßnahme, also z.B. dem letzten Treffen oder dem letzten Schreiben.

b. Vereinbartes Begutachtungsverfahren

Auch wenn sich die Vertragspartner auf die Durchführung einer Begutachtung (auch im Rahmen einer gemeinsamen Begehung) einigen, ist die Verjährung gehemmt. Meistens wird eine solche Begutachtung Teil von Verhandlungen sein, sodass die Verjährung sowieso bereits aufgrund der Verhandlungen verjährt ist. **15**

c. Schiedsverfahren

Mit der Hemmung bei Schiedsverfahren will der Gesetzgeber die Durchführung von außergerichtlichen Streitschlichtungen fördern. Regelmäßig wird ein Schiedsverfahren in Verhandlungen vorbereitet, sodass die Verjährung bereits wegen der Verhandlungen gehemmt ist. Die Hemmung durch Antrag auf Eröffnung eines Schiedsverfahrens hat aber immer dann eine eigenständige Bedeutung, wenn ein Vertragspartner die Verhandlungen nicht fortsetzen will und ein Ende der hemmenden Wirkung der Verhandlungen droht. **16**

d. Vereinbarung

Es ist selbstverständlich möglich, das Ruhen der Verjährung zu **vereinbaren**. Es empfiehlt sich zu Beweiszwecken, die Vereinbarung über das Ruhen als solches und die davon betroffenen Mängelansprüche genau zu dokumentieren. **17**

e. Klage und Mahnbescheid

Das Einreichen einer Klage führt ebenfalls dazu, dass die angelaufene Verjährung nicht weiterläuft. Die Hemmung beginnt in dem Moment, in dem die Klage bei Gericht **eingereicht** wird, sofern danach kurzfristig die Gerichtskosten gezahlt werden und die Klage zugestellt werden kann. **18**

Gleiches gilt für den Mahnbescheid. Ein Mahnbescheid kann aber nur für Geldleistungen beantragt werden. Die Mangelbeseitigung kann daher nur mit einer Klage angestrebt werden. Vorschuss, Minderung und Schadensersatz können hingegen auch mit einem Mahnbescheid geltend gemacht werden. **19**

f. Aufrechnung im Prozess

Der Auftraggeber kann Ansprüche gegen den Auftragnehmer auch durch Aufrechnung geltend machen. Zahlt der Auftraggeber den Werklohn nicht und erkennt der Auftragnehmer die Mängel nicht an, kann der Auftragnehmer versuchen, seinen Werklohn einzuklagen. Gegen diesen Anspruch kann sich der Auftraggeber durch Aufrechnung zur Wehr setzen. Voraussetzung ist nur, dass er eine Geldforderung gegen den Auftragnehmer hat. Den Anspruch auf Mängelbeseitigung kann der Auftraggeber auch durch ein Zurückbehaltungsrecht geltend machen. Beruft sich der Auftraggeber auf ein Zurückbehaltungsrecht, wird allerdings insoweit die Verjährung der Gewährleistungsansprüche nicht gehemmt. Der Auftraggeber muss das Ende der Verjährungsfrist im Auge behalten und gegebenenfalls weitere Maßnahmen ergreifen. **20**

g. Streitverkündung

Der Auftraggeber kann oft nicht mit letzter Sicherheit feststellen, welcher Auftragnehmer einen konkreten Mangel verursacht hat. Wird er von einem Auftragnehmer verklagt, muss sich der Auftraggeber für den Fall absichern, dass ein anderer Auftragnehmer verantwortlich ist. Dies kann der Auftraggeber durch eine Streitverkündung erreichen. **Nicht zulässig** ist eine Streitverkündung beispielsweise, wenn ein Subunternehmer den Auftragnehmer auf Werklohn verklagt und der Auftragnehmer dem Bauherren den Streit verkünden will. Die unzulässige Streitverkündung bei Werklohn führt nicht zu einer Hemmung! **21**

h. Selbstständiges Beweisverfahren

22 Das selbstständige Beweisverfahren ist ein gerichtliches Verfahren, in dem es nicht um die Entscheidung über einen Anspruch geht, sondern um die **Ermittlung und Sicherung von Beweisen**. Aufgrund der teilweise nicht unerheblichen Dauer bietet sich ein selbstständiges Beweisverfahren vor allem dann an, wenn nicht sicher ist, wer aus einer Mehrzahl potenzieller Verursacher für einen Mangel verantwortlich ist, oder wenn feststeht, dass der Auftragnehmer bei Feststellung des Mangels freiwillig zahlen wird. In den meisten anderen Fällen führt die Klage schneller zum Ziel der Schadensbeseitigung oder der Zahlung. Durch ein selbstständiges Beweisverfahren kann auch die Verjährung des **Werklohnes** gehemmt werden, wenn der Auftragnehmer es zur Aufklärung von Werkmängeln einleitet, um auf diese Weise die Abnahmereife seiner Leistungen und die tatsächlichen Voraussetzungen für die Fälligkeit seines Vergütungsanspruchs nachweisen zu können[3].

II. Neubeginn

23 Nach § 212 Abs. 1 Nr. 1 BGB beginnt die Verjährung neu, wenn der Schuldner den Anspruch anerkennt. Wie dies **Anerkenntnis** aussieht, ist unwesentlich. Das Gesetz nennt Beispiele, die sich auf das tatsächliche Verhalten beziehen, nämlich Abschlagszahlungen, Zinszahlungen und Sicherheitsleistung. Bei Mängelansprüchen wäre an einen Versuch der Mängelbeseitigung zu denken. Das Anerkenntnis kann aber nach dem Gesetz auch „in anderer Weise" erfolgen.

24 Ein Anerkenntnis ist in der Regel ein rein tatsächliches Verhalten, wie die Beispiele des § 212 Abs. 1 Nr. 1 BGB zeigen. Wenn der Schuldner in einer Weise handelt, die als Anerkenntnis zu verstehen ist, beginnt die Verjährung neu. Dabei kommt es nicht darauf an, ob der Schuldner dies auch wirklich will oder ob es sich aus seiner Sicht nur um eine Verzögerungstaktik handeln soll. Maßgeblich ist stets die Sicht des Empfängers. So kann auch eine Bitte um Verschiebung eines Termines für die Mängelbeseitigung ein Anerkenntnis sein. Entscheidend ist, ob der Gläubiger den Schuldner so verstehen muss, dass dieser den Anspruch unzweideutig dem Grunde nach anerkennen will.

25 Der Auftragnehmer kann also z.B. Mängelansprüche anerkennen, indem er die Mängel beseitigt oder eine solche **Mängelbeseitigung** zusagt. Will der Auftragnehmer diese Wirkung verhindern und nur aus **Kulanz** tätig werden, muss er dies ganz eindeutig sagen und diese Erklärung gegenüber dem Auftraggeber später auch nachweisen können.

Ein Anerkenntnis liegt auch regelmäßig dann vor, wenn der Auftragnehmer selber von seiner Schlussrechnung Abzüge für Mängel macht.

Selbstverständlich kann ein Anerkenntnis aber auch ausdrücklich erfolgen, also durch mündliche oder schriftliche Erklärung.

3 BGH, Beschluss v. 9.2.2012 – VII ZR 135/11.

§ 635 BGB
Nacherfüllung

(1) Verlangt der Besteller Nacherfüllung, so kann der Unternehmer nach seiner Wahl den Mangel beseitigen oder ein neues Werk herstellen.

(2) Der Unternehmer hat die zum Zwecke der Nacherfüllung erforderlichen Aufwendungen, insbesondere Transport-, Wege-, Arbeits- und Materialkosten zu tragen.

(3) Der Unternehmer kann die Nacherfüllung unbeschadet des § 275 Abs. 2 und 3 verweigern, wenn sie nur mit unverhältnismäßigen Kosten möglich ist.

(4) Stellt der Unternehmer ein neues Werk her, so kann er vom Besteller Rückgewähr des mangelhaften Werkes nach Maßgabe der §§ 346 bis 348 verlangen.

A. Allgemeines

I. Bedeutung des § 635 BGB

Die Nachbesserung wird vom Gesetz **Nacherfüllung** genannt. Damit macht das BGB deutlich, dass es bei der Nacherfüllung darum geht, den bis dahin nur mangelhaft ausgeführten Vertrag richtig zu erfüllen. Die Nacherfüllung ist daher ein Teil der vom Auftragnehmer geschuldeten **Hauptleistung**. 1

Die Nacherfüllung ist der erste und in der Praxis wichtigste Mängelanspruch, den ein Auftraggeber geltend machen kann. Erst wenn der Auftragnehmer die Nacherfüllung nicht geleistet hat, obwohl er dazu verpflichtet war, kann der Auftraggeber zu anderen Ansprüchen übergehen. 2

Dabei muss der Auftraggeber beachten, dass der Auftragnehmer ein **Recht** darauf hat, die Leistung selber nachzubessern. Wirtschaftlich beruht das ganz einfach darauf, dass die Nachbesserung durch den eigenen Betrieb für den Auftragnehmer die günstigste Möglichkeit der Mangelbeseitigung ist. Sobald ein anderer Dritter die Mangelbeseitigung übernimmt, kommen auf den Auftragnehmer weitere Kosten zu, so muss er z.B. auch Wagnis und Gewinn des Dritten übernehmen. 3

Beseitigt der Auftraggeber den Mangel ohne vorherige Aufforderung an den Auftragnehmer, muss der Auftraggeber in den meisten Fällen die dadurch entstandenen Kosten selber tragen, auch Schadensersatz und Minderung kann er (soweit es um die Beseitigung von Mängeln geht) dann regelmäßig nicht geltend machen. 4

II. § 635 BGB und VOB/B

Die VOB/B enthält zwei unterschiedliche Regelungen für die Nacherfüllung durch den Auftragnehmer. Nach der Abnahme gibt es keine wesentlichen Unterschiede zum BGB. Erkennt der Auftraggeber aber **vor der Abnahme** Mängel, kann er vom Auftragnehmer Beseitigung der Mängel verlangen. Wenn dieser aber den Mangel nicht beseitigt, kann der Auftraggeber den Mangel nur nach einer Kündigung (§§ 4 Abs. 7, 8 Abs. 3 VOB/B) selber beseitigen. Ohne Kündigung hat der Auftraggeber nur in Ausnahmefällen die Möglichkeit, die Kosten für die Nachbesserung vom Auftragnehmer ersetzt zu erhalten. 5

Im Übrigen unterscheiden sich BGB und VOB/B nicht.

B. Voraussetzung der Nacherfüllung

6

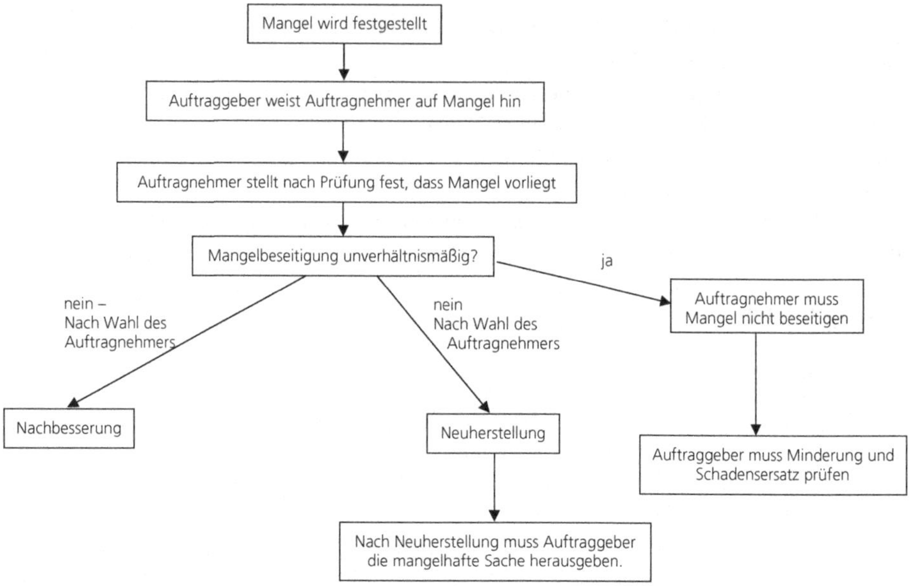

Abbildung: Ablauf der Nacherfüllung

I. Aufforderung durch den Auftraggeber

7 Der Auftraggeber muss den Auftragnehmer zur Mängelbeseitigung auffordern. Dabei muss er vor allem den Mangel möglichst **konkret beschreiben** und zugleich eine Mängelbeseitigung fordern. So reicht der bloße Hinweis auf die Existenz eines Mangels meist nicht. Aber der Auftraggeber muss auch **nicht** genau beschreiben, worauf der Mangel beruht. Sind beispielsweise an einem Neubau Wände feucht, muss der Auftraggeber dem Auftragnehmer nicht mitteilen, ob es an einer undichten Leitung oder einer mangelhaften Fundamentabdichtung liegt. Dies muss der Auftragnehmer feststellen, um den Mangel beseitigen zu können. Der BGH spricht in diesem Zusammenhang davon, dass der Auftraggeber nur die **Symptome**, also das Erscheinungsbild, des Mangels feststellen und dem Auftragnehmer mitteilen muss.

Viele Auftraggeber werden dennoch versuchen, die **Ursache** des Mangels herauszufinden, und sei es nur, um die fachgerechte Mangelbeseitigung überwachen zu können. Wenn der Auftraggeber bei dieser Ursachenfeststellung einen Fehler macht und dem Auftragnehmer diese falsche Ursache mitteilt, geht dies nicht zu Lasten des Auftraggebers. Der Auftragnehmer ist auch in diesem Fall dafür verantwortlich, die richtige Mangelursache herauszufinden und zu beseitigen. Die Kosten für die Mängelfeststellung muss der Auftragnehmer übernehmen, auch bei einem fehlerhaften Ergebnis dieser Untersuchung.

8 Eine Frist muss der Auftraggeber dem Auftragnehmer nicht setzen. Die **Fristsetzung** ist für den Auftraggeber nur dann wichtig, wenn er nach Ablauf dieser Frist andere Ansprüche wie Selbstvornahme, Minderung oder Rücktritt geltend machen will.

II. Entbehrlichkeit der Aufforderung

9 Der Auftraggeber kann nur in ganz wenigen Fällen darauf verzichten, den Auftragnehmer zur Nacherfüllung aufzufordern, um auf andere Ansprüche überzugehen.

Wenn der Auftragnehmer die Nacherfüllung versucht hat und sein Versuch **fehlgeschlagen** ist, muss der Auftraggeber dem Auftragnehmer keine weiteren Versuche erlauben. Dabei reicht ein fehlgeschlagener Versuch aus. Nimmt man die erste, mangelhafte Ausführung dazu, hatte der Auftragnehmer immerhin schon zweimal die Gelegenheit, eine mangelhafte Ausführung hinzubekommen. Schafft er dies nicht, muss er keine weitere Chance bekommen.

Eine Aufforderung ist auch dann **entbehrlich**, wenn der Auftragnehmer die Mängelbeseiti- 10
gung **ernsthaft verweigert**. Wenn der Auftragnehmer beispielsweise behauptet, seine Leistung sei mangelfrei, verweigert er damit die Nachbesserung.

Es gibt auch Fälle, in denen dem Auftraggeber eine Nacherfüllung durch den Auftragnehmer **nicht zumutbar** ist. Zu denken ist an die Fälle, in denen der Auftraggeber dem Auftragnehmer wegen zahlreicher anderer Mängel gekündigt hat und eine fachkundige Ausführung durch den Auftragnehmer nicht erwartet werden kann.

III. Nacherfüllung und Kosten

1. Nacherfüllung

Bei der Nacherfüllung muss der Auftragnehmer den vorhandenen Mangel durch Nachbesse- 11
rung oder Neuherstellung beseitigen. Für welche der beiden Methoden – Nachbesserung oder Neuherstellung – sich der **Auftragnehmer** entscheidet, ist ihm überlassen. Dies ist anders als nach dem Kaufrecht des BGB, wo der Käufer und nicht der Verkäufer zwischen Nachbesserung und Neuherstellung wählen kann.

Mit der Nachbesserung muss der Auftragnehmer den vertraglich geschuldeten Zustand her- 12
stellen, der Auftraggeber muss keine Abweichungen hinnehmen.

Beispiel:

Auftragnehmer Amholz soll eine Zwischendecke ausführen. Die einzubauenden Holzbalken soll er nicht bearbeiten, sie sollen unverkleidet stehen bleiben. Durch eine fehlerhafte Ausführung verunstaltet Amholz die Holzbalken. Als Nachbesserung will er die Balken einschalen und anmalen. Muss der Auftraggeber dies als Nachbesserung annehmen?

Lösung:

Die Verkleidung der Balken führt dazu, dass die Balken nicht wie ursprünglich geplant unverkleidet bleiben. Deswegen erreicht der Auftragnehmer mit der Verkleidung nicht den vertraglich geschuldeten Erfolg und der Auftraggeber darf diese Art der „Nachbesserung" ablehnen.

Der Auftraggeber darf nur dann eine ganz bestimmte Art der Nachbesserung verlangen, 13
wenn der Mangel auf andere Weise nicht zu beseitigen ist. Dabei sollte der Auftraggeber vorsichtig sein: Lehnt er eine bestimmte Art der Nachbesserung ab und zeigt sich hinterher in einem Prozess, dass sie doch sinnvoll gewesen wäre, geht dies zu seinen Lasten.

2. Grundsatz der Kostenerstattung

Der Auftragnehmer muss grundsätzlich alle Kosten für die Mängelbeseitigung tragen, so aus- 14
drücklich § 635 Abs. 2 BGB (sofern diese vernünftigerweise für erforderlich gehalten werden konnten, vgl. die Erläuterungen zu § 637 BGB, Rn. 10 ff.). Dies sind **insbesondere**:

- Kosten für An- und Abfahrten;
- Transport- und Materialkosten;
- alle Vorbereitungs- und Nebenarbeiten wie z.B. Gerüststellung;
- zur Mängelauffindung erforderliche Kosten für Gutachter – auch bei fehlerhaften Gutachten – und Rechtsanwälte.

15 Nach § 635 BGB kann der Auftraggeber aber nicht Ersatz von anderen Schäden verlangen, also z.B. wenn abfallender Putz Möbel beschädigt hat oder ein Gebäude nicht nutzbar war und der Auftraggeber deswegen Mietausfälle hatte. Diese Ansprüche sind unter den Voraussetzungen eines **Schadensersatzanspruches** auszugleichen.

3. Ausnahme

16 Es kann sich bei der Mängelbeseitigung zeigen, dass die ursprünglich vereinbarte Ausführungsweise zwangsläufig zu einem Mangel führt und dass eine andere, vielleicht höherwertige Ausführungsweise gewählt werden muss. Hätte der Auftraggeber von vorneherein die Leistung richtig beschrieben, wären also auf jeden Fall andere, höhere Kosten entstanden und der Auftraggeber hätte sie auch über den Preis getragen. Diese höheren Kosten soll der Auftraggeber nicht auf den Auftragnehmer abschieben dürfen. Er muss sie vielmehr als sog. **Sowieso-Kosten** tragen. Der Auftraggeber zahlt aber im Ergebnis nur ein einziges Mal für die mangelfreie Leistung. Häufig treten diese Sowieso-Kosten auf, wenn der Auftragnehmer abweichend vom Vertrag arbeiten muss, um den geschuldeten Leistungserfolg herbeizuführen.

Beispiel:

Auftraggeber Automatis lässt vom Auftragnehmer Waschfix eine Autowaschanlage bauen. Nach der Abnahme und vollständiger Bezahlung zeigt sich, dass die Innenbekleidung den Reinigungschemikalien nicht gewachsen ist und sich nach und nach auflöst. Die Leistung ist insoweit eindeutig mangelhaft. Waschfix muss eine andere, wesentlich höherwertige Ausführung wählen. Er verlangt jetzt von Automatis Ersatz aller Kosten für diese höherwertige Ausführung.

Lösung:

Automatis muss nur die Differenzkosten zur ursprünglichen Ausführung zahlen, da er ansonsten die Leistung zweimal bezahlen würde. Auf den Kosten für den Ausbau und die minderwertige Ausführung bleibt Waschfix sitzen, weil diese mangelhaft war und vom Auftraggeber nicht zu bezahlen war.

17 In einigen Fällen kann auch ein Mitverschulden des Auftraggebers zu berücksichtigen sein. So kann ein Verschulden des Auftraggebers vorliegen, wenn er Fehler bei der **Leistungsbeschreibung** gemacht hat. Weitere Voraussetzung ist aber unbedingt, dass der Auftragnehmer diese Fehler als Fachmann nicht erkennen konnte. Der Auftragnehmer muss eine Leistungsbeschreibung prüfen und kann nicht jede Vorgabe des Auftraggebers ungeprüft umsetzen. Konnte der Auftragnehmer bei der Prüfung einen Fehler in der Planung erkennen, trägt er allein die daraus resultierenden Kosten[1].

C. Verweigerung der Nacherfüllung

18 Für den Auftragnehmer ist die Nachbesserung oft mit erheblichen Kosten verbunden, wenn er z.B. ein bereits abgebautes Gerüst neu erstellen oder andere Baustellen vernachlässigen oder aufgeben muss. Deshalb erlaubt der Gesetzgeber dem Auftragnehmer, die Nacherfüllung zu beseitigen, wenn sie mit **unverhältnismäßigen Kosten** verbunden wäre.

19 Dieses Verweigerungsrecht hat jedoch durchaus **Grenzen**.

Wichtigste Voraussetzung für die Verweigerung ist, dass die Kosten der Mängelbeseitigung unverhältnismäßig gegenüber dem **Wertverlust** sind, der durch den Mangel verursacht wird. Bei dem Wertverlust ist jedoch die **Funktion** der Leistung und des betroffenen Objektes zu berücksichtigen. Ist das Werk oder das betroffene Werk völlig unbrauchbar, kann sich der Auftragnehmer regelmäßig nicht auf unverhältnismäßige Kosten berufen. Der Auftragnehmer trägt nun einmal die Haftung für die Funktion seiner Leistung. Ist diese nicht erreicht, wird

1 BGH BauR 1991, S. 79.

auch der Wert seiner bisher erbrachten Leistungen gegen null tendieren. Anders kann es bei kleineren Mängeln sein, die keine Auswirkungen auf die Funktion haben. Typisches Beispiel hierfür sind die sog. optischen Mängel. Aber auch dabei sind die Funktion und die Hochwertigkeit der Leistung zu berücksichtigen. Eine Unebenheit in einer normalen Putzfassade ist anders zu bewerten als Unebenheiten in der Eingangshalle eines Luxushotels.

Zu Lasten des Auftragnehmers sind auch alle Hindernisse zu berücksichtigen, mit denen er rechnen musste. Auch Schwierigkeiten bei der Beschaffung sind nicht zu berücksichtigen. 20

§ 635 Abs. 3 BGB greift nicht automatisch ein. Es ist vielmehr so, dass der Auftragnehmer sich **aktiv** auf dieses Recht berufen muss. Er kann auch auf dieses Recht verzichten. Ist der Auftraggeber bereit, sich an der Mängelbeseitigung zu beteiligen, und entfällt damit die Unverhältnismäßigkeit, entfällt auch das Verweigerungsrecht des Auftragnehmers. 21

Hat der Auftragnehmer von seinem Leistungsverweigerungsrecht Gebrauch gemacht, darf der Auftraggeber auch nicht mehr den Werklohn zurückhalten. Der Auftraggeber ist stattdessen berechtigt, bei wesentlichen Mängeln zurückzutreten oder zu mindern, bei unwesentlichen Mängeln kann er mindern oder Schadensersatz verlangen. 22

Praxistipp:

Was ist zu unternehmen, wenn der Auftragnehmer sich auf sein Verweigerungsrecht beruft?

1. Schritt: *Prüfung, ob die Funktion des Werkes betroffen ist.*

Wenn die Funktion beeinträchtigt oder aufgehoben ist, ist das Verweigerungsrecht zurückzuweisen. Der Auftragnehmer hat die Nachbesserung verweigert, sodass der Auftraggeber ohne weitere Fristsetzung berechtigt ist, z.B. die Mängel zu Lasten des Auftragnehmers zu beseitigen. Vorsorglich empfiehlt sich aber eine Fristsetzung und ein Hinweis auf die Fehleinschätzung des Auftragnehmers.

2. Schritt:

Wenn die Funktion nicht beeinträchtigt ist, muss man Kosten der Mängelbeseitigung und die Wertminderung ermitteln. Übersteigen die Kosten die Wertminderung so, dass sie unverhältnismäßig sind, dann ist der Auftraggeber zur Minderung berechtigt.

Kann die Ermittlung nicht genau erfolgen, kann man die Kosten und die Wertminderung schätzen oder aber durch ein selbstständiges Beweisverfahren ermitteln lassen. Möglich ist auch eine Klage auf Vorschuss oder Schadensersatz.

Sind die Kosten im Vergleich zur Wertminderung niedriger, können die Mängel zu Lasten des Auftragnehmers beseitigt werden. Vorsorglich empfiehlt sich aber eine Fristsetzung und ein Hinweis auf die Fehleinschätzung des Auftragnehmers.

D. Rückgabe des mangelhaften Werkes

Wenn der Auftragnehmer einen Mangel dadurch beseitigt, dass er ein ganz neues mangelfreies Werk herstellt, muss ihm der Auftraggeber die mangelhafte Leistung zurückgeben. Dies ist selbstverständlich, da der Auftraggeber sonst die Leistung zweimal erhalten hätte, zumal auch die mangelhafte Leistung oft noch werthaltig ist. 23

§ 636 BGB
Besondere Bestimmungen für Rücktritt und Schadensersatz

Außer in den Fällen der §§ 281 Abs. 2 und 323 Abs. 2 bedarf es der Fristsetzung auch dann nicht, wenn der Unternehmer die Nacherfüllung gemäß § 635 Abs. 3 verweigert oder wenn die Nacherfüllung fehlgeschlagen oder dem Besteller unzumutbar ist.

A. Allgemeines

I. Bedeutung des § 636 BGB

1 § 636 BGB enthält selber nur einen **Ausschnitt** der Regeln, die sich auf die Mängelansprüche Rücktritt und Schadensersatz beziehen. Ausdrücklich ist dort nur geregelt, unter welchen weiteren Voraussetzungen eine Fristsetzung entbehrlich ist. Im Übrigen verweist das Werkvertragsrecht auf Regelungen im Allgemeinen Teil des BGB, insbesondere die §§ 281 ff. BGB. Deswegen ist § 636 BGB besonders schwer lesbar, er ist für sich genommen unvollständig. Um die Voraussetzungen von Schadensersatz und Rücktritt überhaupt darstellen zu können, werden nachstehend – teilweise ohne besondere Erwähnung – auch die in anderen Teilen des BGB anzutreffenden Regelungen mit erläutert.

2 Die meisten Voraussetzungen für Schadensersatz und Rücktritt sind die gleichen. Deswegen werden diese gemeinsamen Voraussetzungen zuerst dargestellt, danach getrennt voneinander die besonderen Voraussetzungen und die Rechtsfolgen.

<table>
<tr><td>Rücktritt</td><td>Schadensersatz</td></tr>
<tr><td colspan="2">Die gemeinsamen Voraussetzungen sind:
• Vorliegen eines Mangels
• Fristsetzung</td></tr>
<tr><td>Besondere Voraussetzungen</td><td>Besondere Voraussetzungen</td></tr>
<tr><td>• Mangel nicht nur unerheblich</td><td>• Verschulden
• sog. großer Schadensersatz setzt wesentlichen Mangel voraus</td></tr>
<tr><td>Rechtsfolgen</td><td>Rechtsfolgen</td></tr>
<tr><td>• beendet den Vertrag insgesamt
• beide Seiten müssen erhaltene Leistungen herausgeben
• keine Gewährleistungsansprüche mehr</td><td>• beendet den Vertrag nicht
• alle sonstigen Ansprüche inkl. Gewährleistung bleiben erhalten
• Ersatz des auf einem bestimmten Mangel beruhenden Schadens</td></tr>
</table>

II. § 636 und VOB/B

3 Die VOB/B hält den Rücktritt nicht für eine sinnvolle Möglichkeit, den Vertrag zu beenden. Sie sieht stattdessen vor der Abnahme die Kündigung des Vertrages vor, § 8 VOB/B.

B. Kündigung statt Rücktritt: Sinnvolle vertragliche Ergänzung

4 Der Rücktritt führt dazu, dass der gesamte Vertrag für die **Vergangenheit und die Zukunft** aufgehoben ist und beide Parteien die erhaltenen Leistungen zurückgeben müssen. Diese Rechtsfolge passt auf den Bauvertrag nur sehr schlecht, zumal viele Bauleistungen gar nicht „zurückgegeben" werden können. Normalerweise wollen die Parteien für die ausgeführten Leistungen den Vertrag aufrechterhalten. Die ausgeführten Leistungen sollen eben nicht zurückgegeben werden, der Auftragnehmer ist viel mehr an der vertragsgemäßen Bezahlung

interessiert und der Auftraggeber will die Gewährleistung nicht verlieren. Diese Ziele werden mit dem Rücktritt gerade nicht erreicht, sondern nur mit der im Gesetz als Mangelanspruch so ausdrücklich gar nicht vorgesehenen, aber zumindest bei schweren Mängeln möglichen Kündigung nach § 648a BGB.

Deswegen ist es sinnvoll, vom Gesetz abzuweichen und zu vereinbaren, dass der Auftraggeber anstelle des Rücktrittes die Kündigung nach § 648a BGB erklären kann. 5

Formulierungsvorschlag:

> § Kündigung statt Rücktritt
>
> Wenn der Auftraggeber nach dem BGB wegen Mängeln zum Rücktritt berechtigt ist, kann er stattdessen auch die Kündigung aus wichtigem Grund erklären.

Die **Kündigung** aus wichtigem Grund beendet den Vertrag nicht für die Vergangenheit, sondern **nur für die Zukunft**. Also werden nur die noch nicht ausgeführten Leistungen gekündigt. Für die bereits ausgeführten Leistungen bleibt es bei den Regelungen des Vertrages, also insbesondere hinsichtlich Bezahlung und Gewährleistung.

C. Gemeinsame Voraussetzungen

Wichtigste gemeinsame Voraussetzung von Rücktritt und Schadensersatz ist – neben der Existenz eines Mangels – die Fristsetzung. Nur ausnahmsweise ist die Fristsetzung entbehrlich. 6

I. Mangel

Wann ein Mangel vorliegt, ist oben bei § 633 BGB, Rn. 9 erläutert. Generell liegt ein Mangel vor, wenn die ausgeführte Leistung von der abweicht, die der Auftragnehmer nach dem Vertrag ausführen musste. Der Auftragnehmer haftet dafür, dass die Leistung für den vertragsgerechten Zweck geeignet ist, und muss hierfür ggf. vom Wortlaut des Vertrages abweichen. 7

II. Fristsetzung

Der Auftraggeber muss dem Auftragnehmer eine Frist setzen, die mangelhafte Leistung mangelfrei auszuführen. Der Auftragnehmer hat die Wahl, entweder die Leistung nachzubessern oder sie ganz neu auszuführen. 8

Der Auftraggeber muss den Mangel beschreiben. Die Beschreibung sollte so ausführlich sein, dass ein Dritter in der Lage wäre, diesen Mangel auch ohne Begleitung zu finden. 9

Beispiel:

Nicht ausreichend wäre also folgende Beschreibung:

„Die diversen aufgetretenen Mängel ..." oder „Alle Mängel ..."

Problematisch sind Bezugnahmen auf mündliche Besprechungen:

„Die gestern gemeinsam festgestellten Mängel in der Wohnung Nr. 2 ..."

Der Auftraggeber muss beweisen, welche Mängel festgestellt wurden! Am besten ist eine genaue Mangelbeschreibung:

„Im Wohnzimmer Whg. 2 ist an der Decke mittig ein Riss von ca. 50 cm Länge aufgetreten ..." – „Im Schlafzimmer Whg. 3 wölbt sich im Türbereich das Parkett ..."

Die Dauer der Frist muss angemessen sein. Das heißt konkret, dass der Auftragnehmer innerhalb dieser Frist den Mangel beseitigen können muss. Ist die Frist zu kurz, heißt dies aber nicht, dass die Fristsetzung völlig umsonst war. Es läuft vielmehr die **objektiv** „richtige" angemessene Frist an. 10

Wenn der Auftraggeber Bedenken hat, dass die von ihm gesetzte Frist zu kurz ist, sollte er nach Fristablauf und vor Selbstvornahme noch etwas Zeit verstreichen lassen.

11 Der Auftraggeber muss nach dem BGB keine besondere **Form** beachten. Er kann die Fristsetzung also mündlich, schriftlich oder per E-Mail erklären. Wichtig ist nur, dass er **nachweisen** kann, dass der Auftragnehmer die Fristsetzung erhalten hat. Dies lässt sich bei einer mündlichen Fristsetzung durch Zeugen nachweisen, aber oft erinnern sich Zeugen nach einiger Zeit nicht mehr genau an den Inhalt einer Aufforderung. Deswegen ist die schriftliche Aufforderung vorteilhaft, weil ihr Inhalt leicht nachzuweisen ist.

Formulierungsvorschlag Fristsetzung:

> [Absender]
>
> [Anschrift]
>
> [Datum]
>
> **Bauvorhaben ... Vertragsnummer ... Mängelanzeige ...**
>
> Sehr geehrte Damen und Herren,
>
> bei dem o.g. Bauvorhaben haben wir als Mangel Ihrer Leistung festgestellt, dass die ausgeführte Dämmung im gesamten Dachbereich nicht ordnungsgemäß befestigt ist und daher die geplanten Wärmedämmwerte nicht erreicht werden.
>
> Wir fordern Sie auf, bis zum ... [Datum] diesen Mangel zu beseitigen.
>
> Mit freundlichen Grüßen

III. Mitwirkung des Auftraggebers

12 Bei der Mängelbeseitigung taucht oft das Problem auf, dass der Auftraggeber **mitwirken** muss. Im einfachsten Fall muss er dem Auftragnehmer nur den Zugang auf die Baustelle ermöglichen. Wenn ein Haus aber bereits bezogen ist und benutzt wird, wird es schon deutlich schwieriger, dem Auftragnehmer die Mängelbeseitigung zu ermöglichen.

13 Der Auftraggeber muss sich dennoch bemühen, dem Auftragnehmer Zutritt zu verschaffen, weil er sich sonst widersprüchlich verhält. Es ist ohne Weiteres nachvollziehbar, dass der Auftraggeber nicht einerseits eine Frist zur Mängelbeseitigung setzen kann, andererseits aber dem Auftragnehmer nicht die Ausführung der Arbeiten verweigern kann, indem er ihm keinen Zutritt gibt.

14 Es muss aber jeweils auch geprüft werden, ob dem Auftraggeber eine Mängelbeseitigung überhaupt zumutbar ist. Ist sie nicht zumutbar, muss der Auftraggeber dem Auftragnehmer keine Frist setzen und darf ohne weitere Voraussetzungen seine Mängelansprüche geltend machen.

15 Die Mängelbeseitigung ist z.B. **unzumutbar**, wenn sie mit ganz erheblichen Beeinträchtigungen des Auftraggebers verbunden ist, denen keine entsprechende Wertsteigerung gegenübersteht.

Beispiel:

In einem großen Tiefkühlhaus sind an der Decke Schienen angebracht. Der Auftragnehmer hat die Aufhängung dieser Schienen verspachtelt, dabei aber extrem unsauber gearbeitet. Damit die Verspachtelung mangelfrei ausgeführt werden kann, müsste der Auftraggeber das gesamte Kühlhaus räumen, auf mindestens 5°C erwärmen und dem Auftragnehmer für mindestens 24 Std. zur Verfügung stellen. Da der Auftraggeber kein zweites Kühlhaus hat, wäre dies mit einem ganz erheblichen Aufwand und enormen Folgen für den Betrieb des Auftraggebers verbunden. Dieser Aufwand ist dem Auftraggeber nicht zuzumuten.

Der gleiche Auftragnehmer hat auch im zentralen Computerraum eines Internet-Händlers gearbeitet und müsste dort nachschleifen. Da die Computer dauernd Kühlung bräuchten, müsste man sie während der Arbeiten und der nachfolgenden Reinigung abstellen. Dies würde den Betrieb des Auftraggebers völlig stilllegen. Dies ist dem Auftraggeber nicht zuzumuten.

In beiden Beispielsfällen kann der Auftraggeber die Mängelbeseitigung durch den Auftragnehmer ablehnen und ohne Fristsetzung nach seiner Wahl Minderung, Rücktritt oder Schadensersatz geltend machen. **16**

Praxistipp:

▶ *Wie verhält sich der Auftraggeber, wenn er befürchtet, dem Auftragnehmer Zutritt gewähren zu können?*

Der Auftraggeber muss genau prüfen, ob es wirklich unmöglich bzw. zumutbar ist, dem Auftragnehmer die Mängelbeseitigung zu ermöglichen.

Ist die Mängelbeseitigung nur zu bestimmten Zeiten oder unter bestimmten Umständen möglich, muss man den Auftragnehmer hierauf hinweisen und die gesetzte Frist entsprechend lang machen.

IV. Entbehrlichkeit der Fristsetzung

Die Fristsetzung ist **ausnahmsweise** entbehrlich, wenn **17**

- der Auftragnehmer die Nachbesserung endgültig ablehnt;
- wenn die Nachbesserung fehlgeschlagen ist;
- wenn er sich zu Unrecht auf ein Zurückbehaltungsrecht beruft (z.B. Arbeitseinstellung, ohne dass die Voraussetzungen § 650f BGB vorliegen);
- die Mangelbeseitigung objektiv unmöglich ist;
- der Auftragnehmer die Nachbesserung wegen unverhältnismäßiger Kosten verweigern darf und von diesem Recht auch Gebrauch gemacht hat.

Wenn der Auftraggeber nicht sicher ist, ob eine Fristsetzung entbehrlich ist, sollte er dem Auftragnehmer **vorsichtshalber** eine Frist zur Mängelbeseitigung setzen. Stellt sich nämlich im Nachhinein heraus, dass eine unterlassene Fristsetzung nötig gewesen wäre, ist der Rücktritt des Auftraggebers unwirksam. **18**

V. Verschulden bei Schadensersatz

Der Auftragnehmer muss die Überschreitung der gesetzten Frist zu vertreten haben. Diese zusätzliche Voraussetzung liegt allerdings praktisch immer vor, außer wenn der Auftraggeber seine Mitwirkungspflichten verletzt hat. Wenn der Auftragnehmer behauptet, die Fristüberschreitung sei unverschuldet, muss er dies behaupten und beweisen. Dabei ist der Auftragnehmer auch verantwortlich für Subunternehmer, Lieferanten etc. **19**

D. Rücktritt

I. Weitere Voraussetzung: Kein unwesentlicher Mangel

Der Rücktritt ist immer dann nicht möglich, wenn nur ein sog. unerheblicher Mangel vorliegt. Das Gesetz will dadurch vermeiden, dass der Auftraggeber auch bei kleinsten Mängeln den Rücktritt wählen kann. Weil der Rücktritt ganz einschneidende Folgen hat, soll er nicht bei allen Mängeln möglich sein. **20**

21 Um dies zu erreichen, hat der Gesetzgeber den Begriff des wesentlichen bzw. des unwesentlichen Mangels in das Gesetz aufgenommen und dadurch leider eine gewisse Unsicherheit geschaffen. Wann ist ein Mangel nur unwesentlich?

22 Ähnlich wie bei der Abnahme[1] kommt es in erster Linie darauf an, ob der Mangel die **Funktion** des Werkes beeinträchtigt oder nicht. Grundsätzlich ist jede Einschränkung der Funktion wesentlich und gibt dem Auftraggeber das Recht, vom Vertrag zurückzutreten. Deutlich schwieriger ist es, wenn Mängel vorliegen, die keine Auswirkungen auf die Funktion des Werkes habe, aber insgesamt doch eine gewisse Bedeutung haben. Dies kann z.B. daran liegen, dass sie **optisch** sehr auffällig sind oder dass ihre Beseitigung insgesamt einen erheblichen Aufwand verursachen würde.

23 Der Auftraggeber hat die Möglichkeit, **vertraglich** festzulegen, was als wesentlicher Mangel anzusehen ist. So kann er bestimmte Standards festlegen oder unbedingt einzuhaltende Mindestanforderungen aufstellen. Jeder Verstoß des Auftragnehmers gegen die ausdrückliche Leistungsbeschreibung legt einen wesentlichen Mangel nahe. Um insoweit jedoch Rechtssicherheit zu schaffen, kann der Auftraggeber vorab für ihn wichtige Bereiche der Leistung definieren und festlegen, dass ein Mangel in diesen Bereichen wesentlich wäre. Bei maschinentechnischen Anlagen bietet es sich z.B. an, bestimmte Leistungsparameter auszuwählen und derart deutlich einzufordern.

Formulierungsvorschlag:

> Die Anlage darf bei Betrieb unter Volllast in 10 m Entfernung nur eine Lautstärke von max. 50 dB erzeugen. Überschreitungen – auch unerheblicher Art – sind ein wesentlicher Mangel.

II. Rechtsfolgen

1. Beendigung des gesamten Vertrages

24 Wenn der Auftraggeber den Rücktritt erklärt, ist der ganze Vertrag für die Vergangenheit und die Zukunft aufgehoben. Diese Rechtsfolge passt eigentlich auf den Bauvertrag nicht sehr gut, wie oben schon einmal angesprochen. Es ist daher sinnvoll, vertraglich vorzusehen, dass anstelle des Rücktrittes die Kündigung erklärt werden kann.

2. Rückgewähr der Leistungen

25 Nach einem Rücktritt müssen beide Parteien die erhaltenen Leistungen zurückgeben. Der Auftragnehmer muss die erhaltenen Zahlungen zurückzahlen, der Auftraggeber die erhaltenen Bauleistungen.

26 Ganz oft kann der Auftraggeber die erhaltenen Bauleistungen aber gar nicht zurückgeben: Wie soll der Auftraggeber die ausgeführte Baugrube oder einen ausgeführten Rohbau „zurückgeben"? Für solche Fälle sieht das Gesetz einen **Wertausgleich** vor. Beide Parteien müssen also den Wert der erhaltenen Leistung ermitteln, dann werden die beiden Ansprüche miteinander verrechnet.

27 Leider sind bei der Wertermittlung noch durchaus Fragen offen. Man kann nicht einfach die Vertragspreise verwenden, da dort natürlich auch **Gewährleistungsrisiken** einkalkuliert sind. Gerade die Gewährleistung verliert der Auftraggeber aber, sodass insoweit der Wert der Leistungen gemindert ist.

1 Vgl. dazu § 640.

Praxistipp:

> *Was macht der Auftraggeber bei einem Rücktritt?*
>
> *Der Auftraggeber muss den objektiven Wert der Leistung ermitteln. Die Vertragspreise können dafür nur einen Anhaltspunkt bieten. Es bietet sich an, die Wertermittlung durch einen Dritten vorzunehmen. Zeitliche Verzögerungen sind für den Auftraggeber unerheblich. Zeigen sich weitere Mängel, gehen diese zu Lasten des Auftragnehmers und führen zu einer weiteren Wertminderung.*

3. Wahlrecht erlischt

Die Rechtsfolge des Rücktritts ist, wie dargestellt, dass der Vertrag insgesamt aufgehoben ist und beide Parteien die erhaltenen Leistungen zurückgeben müssen. Diese einschneidende Rechtsfolge kann man sinnvoll nicht wieder rückgängig machen, sodass ein „Rücktritt vom Rücktritt" nicht möglich ist. Hat der Auftraggeber den Rücktritt erklärt, ist er daran gebunden und kann wegen des betroffenen Mangels keine anderen Ansprüche mehr geltend machen. **28**

Wenn aber der Mangel andere Schäden verursacht hat, kann der Auftraggeber insoweit noch Schadensersatz geltend machen. Auch Verzugsschäden kann der Auftraggeber noch verlangen. **29**

E. Schadensersatz

I. Weitere Voraussetzungen

Beim Schadensersatz gibt es zwei etwas unterschiedliche Ansprüche. Der sog. kleine Schadensersatz hat keine weiteren Voraussetzungen. Bei dem sog. großen Schadensersatz, der deutlich mehr umfasst als der sog. kleine, muss ein wesentlicher Mangel vorliegen. **30**

II. Rechtsfolgen: Ersatz des Schadens

1. Sog. großer Schadensersatz

Der Auftragnehmer hat bei wesentlichen Mängeln auch die Möglichkeit, noch weitere Ansprüche geltend zu machen. Dies betrifft z.B. alle Schäden, die in der Sache selber entstehen und im Falle einer Nacherfüllung durch den Auftragnehmer nicht entstehen würden. Dieser Anspruch wird auch als sog. großer Schadensersatz bezeichnet. **31**

Ein wesentlicher Mangel liegt z.B. vor, wenn die Leistung des Auftragnehmers nicht die bestellte Funktion erreicht. Aber auch zahlreiche kleinere Mängel können in der Summe dazu führen, dass die Mängel als wesentlich einzustufen sind. **32**

Entscheidet sich der Auftraggeber für diesen sog. großen Schadensersatz, kann er sich nicht mehr für andere Mängelansprüche wie zum Beispiel die **Selbstvornahme** entscheiden. **33**

2. Sog. kleiner Schadensersatz

Der Auftraggeber hat aber noch andere Möglichkeiten, vom Auftragnehmer Schadensersatz zu fordern, bezogen auf andere Schäden. **34**

Der Auftragnehmer hat dem Auftraggeber den Schaden zu ersetzen, der ihm durch die mangelhafte Leistung entstanden ist. Dies ist zuerst der durch den Mangel selbst entstandene Schaden, also z.B. Schäden, die dem Auftraggeber durch die verzögerte Fertigstellung entstehen. Hat der Mangel noch andere Schäden verursacht, sind auch diese zu ersetzen. Dies können beispielsweise Schäden an anderen Teilen des Bauwerkes oder an Einrichtungsgegenständen sein. Diese Schäden kann der Auftraggeber bei jedem Mangel geltend machen.

35 Eine Fristsetzung ist bei diesem kleinen Schadensersatz nicht erforderlich. Das leuchtet ein, weil die entstandenen Schäden auch durch eine Mängelbeseitigung nicht vermieden werden oder gar rückgängig gemacht werden können.

§ 637 BGB
Selbstvornahme

(1) Der Besteller kann wegen eines Mangels des Werkes nach erfolglosem Ablauf einer von ihm zur Nacherfüllung bestimmten angemessenen Frist den Mangel selbst beseitigen und Ersatz der erforderlichen Aufwendungen verlangen, wenn nicht der Unternehmer die Nacherfüllung zu Recht verweigert.

(2) § 323 Abs. 2 findet entsprechende Anwendung. Der Bestimmung einer Frist bedarf es auch dann nicht, wenn die Nacherfüllung fehlgeschlagen oder dem Besteller unzumutbar ist.

(3) Der Besteller kann von dem Unternehmer für die zur Beseitigung des Mangels erforderlichen Aufwendungen Vorschuss verlangen.

A. Allgemeines

I. Bedeutung des § 637 BGB

1 Das Gesetz bezeichnet die Beseitigung eines Mangels durch den Auftraggeber als **Selbstvornahme**. Dieser Begriff ist etwas schwerfällig, steht aber dafür, dass der Auftraggeber die Mängelbeseitigung selbst vornimmt. Natürlich kann der Auftraggeber auch einen anderen Unternehmer beauftragen, es geht nur darum, dass der Auftraggeber an der Stelle des eigentlich verpflichteten Auftragnehmers einen Mangel beseitigt.

II. § 637 und VOB/B

2 Die VOB/B enthält zwei unterschiedliche Regelungen für die Selbstvornahme. Nach der Abnahme gibt es keine wesentlichen Unterschiede zum BGB. Vor der Abnahme allerdings lässt die VOB/B die Ersatzvornahme grundsätzlich nicht zu. Erkennt der Auftraggeber vor der Abnahme Mängel, kann er diese nur nach einer Kündigung (§§ 4 Abs. 7, 8 Abs. 3 VOB/B) selber beseitigen. Ohne Kündigung hat der Auftraggeber nur in Ausnahmefällen die Möglichkeit, die Kosten für die Nachbesserung vom Auftragnehmer ersetzt zu erhalten.

B. Voraussetzungen

3 Wichtigste Voraussetzung für die Selbstvornahme ist – außer der Existenz eines Mangels – dass eine vom Auftraggeber gesetzte, angemessene **Frist** zur Beseitigung des Mangels abgelaufen ist. Dies hat die Selbstvornahme mit den anderen Mängelansprüchen des Auftraggebers gemein.

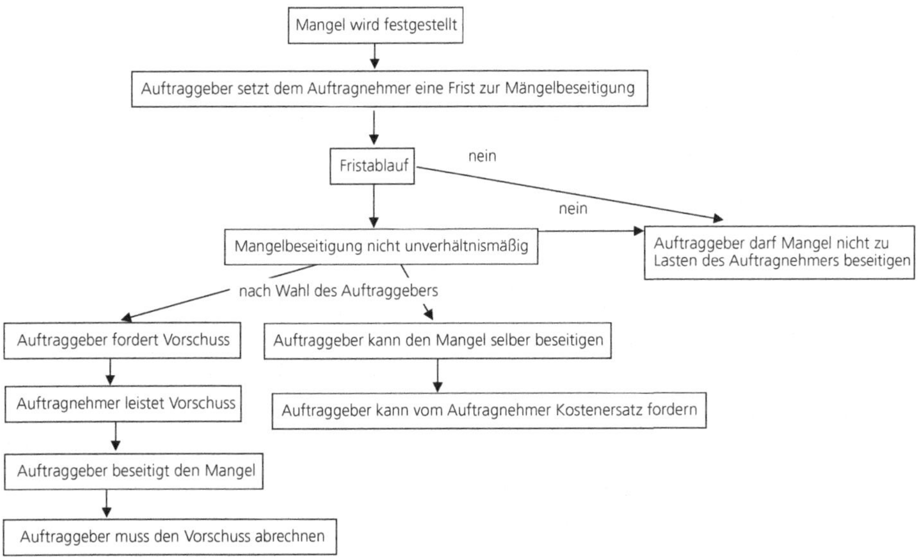

Abbildung: Ablauf der Selbstvornahme

Anders als beim Rücktritt oder beim Schadensersatz muss aber **kein Verschulden** des Auftragnehmers hinzukommen. Es kommt also ganz allein darauf an, ob die Frist angemessen war und ob sie verstrichen ist. Warum der Auftragnehmer den Mangel nicht beseitigt hat, ist aber egal. 4

I. Angemessene Frist

Die Frist muss angemessen sein, um dem Auftragnehmer die geforderte Mängelbeseitigung zu ermöglichen. Das heißt, dass sie so lange sein muss, dass der Auftragnehmer den Mangel auch tatsächlich innerhalb dieser Frist beseitigen kann. 5

Muss der Auftraggeber bestimmte Voraussetzungen schaffen, so ist dies bei der Berechnung der Frist zu berücksichtigen. 6

Wenn die vom Auftraggeber gesetzte Frist zu kurz ist, hat dies zur Folge, dass stattdessen automatisch die „**objektiv richtige**" angemessene Frist läuft.

Wenn der Auftraggeber Bedenken hat, dass die von ihm gesetzte Frist zu kurz ist, sollte er nach Fristablauf und vor Selbstvornahme noch etwas Zeit verstreichen lassen.

II. Entbehrlichkeit der Frist

Die Frist ist **ausnahmsweise** entbehrlich, wenn 7

- der Auftragnehmer die Nachbesserung endgültig ablehnt;
- wenn die Nachbesserung fehlgeschlagen ist;
- wenn er sich zu Unrecht auf ein Zurückbehaltungsrecht beruft (z.B. Arbeitseinstellung, ohne dass die Voraussetzungen des § 650f BGB vorliegen);
- die Mangelbeseitigung objektiv unmöglich ist;
- dem Auftraggeber ein Zuwarten nicht zuzumuten ist, z.B. bei auf dem Mangel beruhender drohender Schließung durch die zuständige Behörde;
- der Auftragnehmer die Nachbesserung wegen unverhältnismäßiger Kosten verweigern darf und von diesem Recht auch Gebrauch gemacht hat.

8 Ist der Auftraggeber nicht sicher, ob eine Fristsetzung entbehrlich ist, sollte er dem Auftragnehmer **vorsichtshalber** eine Frist zur Mängelbeseitigung setzen. Stellt sich nämlich im Nachhinein heraus, dass eine vom Auftraggeber irrtümlich unterlassene Fristsetzung doch nötig gewesen wäre, kann der Auftraggeber keine Erstattung der Ersatzvornahmekosten verlangen.

III. Ausschluss der Fristsetzung durch Auftraggeber

9 Auftraggeber haben gelegentlich ein Interesse daran, Mängel auch ohne vorherige Fristsetzung beseitigen zu können. Solche Regelungen sind aber mit Vorsicht anzuwenden, da der Auftragnehmer grundsätzlich ein **Recht** darauf hat, seinen eigenen Mangel kostengünstig durch eigene Arbeit zu beseitigen. Jedenfalls in **AGB** dürfte es nicht generell möglich sein, dem Auftragnehmer dieses Recht zu nehmen. Beschränkt auf Fälle, in denen eine Fristsetzung und ein Zuwarten für den Auftraggeber unzumutbar sind, dürfte eine derartige Vereinbarung jedoch ausnahmsweise auch in AGB möglich sein.

C. Ersatz von Mängelbeseitigungskosten: Aufwendungsersatz

10 Der Auftragnehmer muss dem Auftraggeber die Kosten der Mängelbeseitigung erstatten. Wenn der Auftraggeber einen anderen Unternehmer mit der Beseitigung beauftragt, muss der Auftragnehmer die vollen Kosten dieses Auftrages übernehmen.

11 Dabei trägt der Auftragnehmer das Risiko, dass der Auftraggeber **unnütze Kosten** verursacht, indem er z.B. die Mangelursache erst nach längerem erfolglosen, aber teuren Suchen findet oder wenn die Mangelbeseitigung durch den dritten Unternehmer deutlich mehr kostet als bei einer Nachbesserung durch den Auftragnehmer oder wenn der Auftraggeber die Nachbesserung lange vor sich her schiebt und sich zwischenzeitlich erhebliche Kostensteigerungen ergeben haben. Der Gesetzgeber geht davon aus, dass der Auftragnehmer durch die Fristsetzung die Möglichkeit bekommt, den Mangel selber auf kostengünstige und effektive Weise zu beseitigen. Nutzt er diese Möglichkeit nicht, ist er gewissermaßen selber schuld an den Kostensteigerungen.

Der Auftragnehmer muss auch die **Kosten der Fehlersuche** übernehmen, also Beprobungen, Gutachten etc.

12 Allerdings beschränkt sich der Kostenersatz auf **erforderliche Leistungen**. Da der Auftraggeber nicht in die Zukunft sehen kann, kommt es auf die Bewertung vor Durchführung einer Mängelbeseitigung an. Zu diesem Zeitpunkt muss eine Maßnahme zur Ursachenfeststellung bzw. Beseitigung geeignet und erfolgversprechend erscheinen.

13 Der Auftragnehmer muss auch dann zahlen, wenn der Auftraggeber **selber** Arbeitsleistungen erbringt. Der Wert dieser Arbeitsleistung kann in einem Prozess geschätzt werden. Voraussetzung ist aber, dass es eine gewisse Schätzungsgrundlage gibt. Sicherer ist im Zweifel, die aufgewendeten Stunden mit der jeweiligen Tätigkeit möglichst genau aufzuschreiben. Der Höhe nach orientiert sich der Ersatz dieser Arbeitsleistung am üblichen Arbeitslohn.

D. Mangel

14 Eigentlich selbstverständlich ist natürlich, dass die Selbstvornahme nur bei einer mangelhaften Leistung zulässig ist. Wenn die Leistung mangelfrei ist, muss der Auftragnehmer natürlich keine Kosten wegen einer gar nicht notwendigen „Mangelbeseitigung" tragen.

Praxistipp:

Was macht ein Auftraggeber, wenn der Auftragnehmer die Existenz eines Mangels bestreitet?

Der Auftraggeber kann

- *ein Beweisverfahren einleiten;*
- *den Mangel selber durch Fotos, Zeugen oder ein Privatgutachten dokumentieren.*

Durch eine solche **Dokumentation** verhindert der Auftraggeber, dass er in einem etwaigen späteren Gerichtsverfahren ohne Beweismittel dasteht. Dabei sollte der Auftraggeber darauf achten, dass er über Beweismittel verfügt, die einer objektiven Würdigung zugänglich sind. Zeugen können einen Mangel besichtigen, aber können sie nach langer Zeit den Zustand vor der Mangelbeseitigung genau genug beschreiben? Da es meist um eine reine Bestandsaufnahme geht, bieten sich z.B. Foto- und Videoaufnahmen an. **15**

Ob der Auftraggeber ein **selbstständiges Beweisverfahren** einleiten will oder nicht, muss er jeweils im Einzelfall entscheiden. Im selbstständigen Beweisverfahren wird vom angerufenen Gericht Beweis erhoben, und zwar regelmäßig in dem Umfang, in dem es beantragt wird. Rechtliche Fragen wie z.B. die Auslegung eines Vertrages oder die Entbehrlichkeit einer Fristsetzung werden hingegen nicht beantwortet. Außerdem kann ein selbstständiges Beweisverfahren lange dauern und verursacht vor allem dann erhebliche Kosten, wenn ein Gutachter tätig wird. Es kann aber durchaus sein, dass es auf ein derartiges Gutachten am Ende gar nicht ankommt, weil beispielsweise der Auftraggeber aus rein rechtlichen Gründen keinen Mängelanspruch hat. **16**

E. Vorschuss

Der Auftraggeber kann nach § 637 Abs. 3 BGB auch Vorschuss für die Mängelbeseitigungskosten verlangen. Ein solcher Vorschuss hat zumindest den Vorteil, dass der Auftraggeber nicht mit den Mängelbeseitigungskosten in Vorlage gehen muss. Der Nachteil ist, dass der Auftragnehmer den Vorschuss normalerweise nicht freiwillig zahlt. Will der Auftraggeber auch bei einer solchen Weigerung nicht die Mängelbeseitigung vorfinanzieren, muss er den Vorschuss einklagen und kann während der gesamten Dauer des **Klageverfahrens** die Mängel nicht beseitigen – außer er entschließt sich später, doch mit den Kosten in Vorlage zu gehen. **17**

Der Höhe nach orientiert sich der Vorschuss an den erforderlichen Mängelbeseitigungskosten, die der Auftraggeber nachweisen muss. Hierzu kann er z.B. Kostenvoranschläge vorlegen. **18**

Hat der Auftraggeber einen Vorschuss vom Auftragnehmer erhalten, muss er den Vorschuss zweckentsprechend verwenden und über die Verwendung dieses Vorschusses **abrechnen**. Feste Fristen für die Mängelbeseitigung und Abrechnung gibt es nicht. **19**

Wenn der Auftraggeber den Vorschuss nicht für die Mängelbeseitigung verwendet, muss er ihn **zurückzahlen**. Er hat allerdings die Möglichkeit, mit anderen Ansprüchen gegen den Rückzahlungsanspruch aufzurechnen. Für die Beseitigung des konkreten Mangels ist dies jedoch in der Regel nicht hilfreich. **20**

§ 638 BGB
Minderung

(1) Statt zurückzutreten, kann der Besteller die Vergütung durch Erklärung gegenüber dem Unternehmer mindern. Der Ausschlussgrund des § 323 Abs. 5 Satz 2 findet keine Anwendung.

(2) Sind auf der Seite des Bestellers oder auf der Seite des Unternehmers mehrere beteiligt, so kann die Minderung nur von allen oder gegen alle erklärt werden.

(3) Bei der Minderung ist die Vergütung in dem Verhältnis herabzusetzen, in welchem zur Zeit des Vertragsschlusses der Wert des Werkes in mangelfreiem Zustand zu dem wirklichen Wert gestanden haben würde. Die Minderung ist, soweit erforderlich, durch Schätzung zu ermitteln.

(4) Hat der Besteller mehr als die geminderte Vergütung gezahlt, so ist der Mehrbetrag vom Unternehmer zu erstatten. § 346 Abs. 1 und § 347 Abs. 1 finden entsprechende Anwendung.

A. Allgemeines

I. Bedeutung des § 638 BGB

1 Die Minderung ist ein rein finanzieller Ausgleich von Mängeln. Für den Auftraggeber hat die Minderung die folgenden Vor- und Nachteile:

Als Vorteil gegenüber	Als Nachteil gegenüber
dem Rücktritt: dass der Vertrag nicht vollständig aufgehoben wird;	dem Rücktritt: dass der AG die mangelhafte Leistung behält;
der Selbstvornahme: dass er den Mangel nicht auf eigenes Risiko beseitigen muss;	der Selbstvornahme und dem Vorschuss: dass der Mangel nicht beseitigt wird;
dem Vorschuss: dass er die Minderung auch erhält, wenn er den Mangel nicht beseitigt.	dem Schadensersatz: dass die Minderung nicht alle Folgeschäden abdeckt und insoweit neben dem Schadensersatz gefordert werden sollte.

II. § 638 und VOB/B

2 Die VOB/B weicht in § 13 Abs. 6 VOB/B leicht vom BGB ab und lässt die Minderung nur zu, wenn

- die Beseitigung des Mangels für den Auftraggeber unzumutbar ist oder
- die Beseitigung unmöglich ist und der Auftragnehmer sie deswegen verweigert.

Anders als nach dem BGB kann der Auftraggeber bei der VOB/B also die Minderung nicht völlig frei wählen.

B. Voraussetzungen

3 Man muss schon recht genau lesen, um im § 638 BGB die Voraussetzungen für die Minderung zu finden. Das Gesetz verweist in den ersten Worten von Absatz 1 auf den Rücktritt und sagt, dass der Auftraggeber „statt zurückzutreten" auch die Vergütung mindern kann. Dadurch wird klar, dass die Voraussetzungen für Minderung **identisch** mit denen für den Rücktritt sind.

Damit ergeben sich folgende Voraussetzungen: 4

- Vorliegen eines Mangels
- Setzen einer angemessenen Frist zur Mängelbeseitigung
- Ausbleiben der Mängelbeseitigung
- Verschulden des Auftragnehmers an der unterbliebenen Mängelbeseitigung.

Um Wiederholungen zu vermeiden, wird auf die Darstellung dieser Voraussetzungen oben bei § 636 BGB verwiesen.

C. Durchführung

Die Minderung wird ganz einfach dadurch vollzogen, dass der Auftraggeber die Minderung des Werklohnes **erklärt**. Mit dieser Erklärung reduziert sich der Werklohnanspruch des Auftragnehmers. Es ist aber Vorsicht geboten: Mit der Erklärung der Minderung ist diese **endgültig** vollzogen. Der Auftragnehmer hat also kein Wahlrecht mehr, er kann also z.B. nicht mehr den Rücktritt erklären oder einen Vorschuss für die Mängelbeseitigung fordern. Er kann auch **kein Zurückbehaltungsrecht** mehr geltend machen, also auch keinen Druckzuschlag (z.B. das Doppelte der voraussichtlichen Mängelbeseitigungskosten) zurückhalten. Auch der Rücktritt und die damit verbundene Rückgabe einer mangelhaften Leistung sind dem Auftraggeber verschlossen. 5

Praxistipp:

Was ist vor Erklärung der Minderung zu beachten?

Wenn der Auftraggeber die Minderung erklären will, muss er vorab prüfen, ob er mit anderen Mängelansprüchen sein wirtschaftliches Ziel besser erreichen würde. Nach Erklärung der Minderung kann er sich nicht mehr für andere Mängelansprüche entscheiden.

D. Berechnung der Minderung

Die Höhe der Minderung ergibt sich aus dem Vergleich von zwei verschiedenen Werten der betroffenen Leistung. Das Verhältnis von dem (fiktiven) Wert der Leistung ohne Mangel und dem mangelbedingt reduzierten, tatsächlich gegebenen Wert ergibt den Faktor, um den der Werklohn zu reduzieren ist. Etwas mathematischer ausgedrückt: 6

(**Wert der mangelhaften Leistung**) / (**Wert der mangelfreien Leistung**) = **Minderungsfaktor F**

Geminderte Vergütung = Vereinbarte Vergütung × Minderungsfaktor F

Problematisch ist diese Berechnung, weil zum einen der Wert der mangelfreien Leistung ein rein hypothetischer Wert ist und zum anderen der Wert der mangelhaften Sache oft nicht leicht zu ermitteln ist. 7

Eine gewisse Vereinfachung kann darin liegen, dass man auch für die Minderung die Höhe der voraussichtlichen Mängelbeseitigungskosten verwendet. Dies wird von der Rechtsprechung zugelassen; in Höhe der Mehrwertsteuer nur, wenn der Auftraggeber nicht vorsteuerabzugsberechtigt ist[1]. Die Minderung kann daher auch in Höhe der voraussichtlichen Mängelbeseitigungskosten geltend gemacht werden. Der Auftraggeber muss jedoch prüfen, ob dies für ihn günstig ist. Unter Umständen können auch mit geringem Aufwand zu beseitigende Mängel zu einer erheblich höheren **Wertminderung** führen. Bei einer gar nicht durchführbaren Mangelbeseitigung oder wenn der Auftragnehmer die Mangelbeseitigung wegen unver- 8

1 KG, Urteil v. 15.9.2009, 7 U 120/08.

hältnismäßig hoher Kosten verweigert, ist diese Methode ebenfalls nicht anwendbar und es kommt allein auf die geschilderten Wertverhältnisse an.

9 In einem etwaigen Prozess kann die Höhe der Minderung vom Gericht geschätzt werden. Dies wird das Gericht jedoch nur auf der Grundlage von nachvollziehbaren Unterlagen machen. Dies können Kostenvoranschläge und Privatgutachten sein. Auch wenn Gerichte oft dennoch eigene Gutachten einholen, können solche Unterlagen gute Grundlagen für sinnvolle Vergleichsverhandlungen sein.

10 Wenn nur die Höhe einer Minderung streitig ist, können die Parteien überlegen, ob sie die Entscheidung an einen Schiedsgutachter übergeben wollen. Dies kann sinnvoll sein, wenn die rechtlichen Fragen geklärt sind und es nur noch um die Ermittlung von Werten geht. Soweit Auftraggeber Zuwendungen erhalten, müssen sie vorab prüfen, ob der Zuwendungsgeber mit einem Schiedsgutachten einverstanden ist.

§ 639 BGB
Haftungsausschluss

Auf eine Vereinbarung, durch welche die Rechte des Bestellers wegen eines Mangels ausgeschlossen oder beschränkt werden, kann sich der Unternehmer nicht berufen, wenn er den Mangel arglistig verschwiegen oder eine Garantie für die Beschaffenheit des Werkes übernommen hat.

A. Allgemeines

I. Bedeutung des § 639 BGB

1 Die Vorschrift widmet sich der Frage, unter welchen Umständen sich der Auftragnehmer auf einen vereinbarten Haftungsausschluss nicht berufen darf. Damit wird aber zugleich deutlich, dass ein Haftungsausschluss vereinbart werden kann und normalerweise auch wirksam ist. Die Vertragspartner können also vertraglich von den gesetzlich geregelten Gewährleistungsansprüchen abweichen. § 639 BGB widmet sich nur dem Extremfall, dem völligen Ausschluss jeglicher Gewährleistung.

2 Nach § 639 BGB hilft dem Auftragnehmer ein Haftungsausschluss nicht weiter, wenn er

- eine Garantie übernommen hat oder
- einen Mangel arglistig verschwiegen hat oder
- einen Mangel aus organisatorischem Versagen heraus nicht feststellt und dem Auftraggeber verschweigt oder
- etwas ins Blaue hinein behauptet.

3 Das Verbraucherschutzrecht und das AGB-Recht setzen dieser Vertragsfreiheit natürlich Grenzen. Bei Verträgen zwischen Unternehmern haben die Vertragspartner aber sehr große Freiheiten, erst recht bei völlig frei ausgehandelten Verträgen.

II. § 639 BGB und VOB/B

4 Die VOB/B enthält keine von § 639 BGB abweichende Regelung.

B. Vereinbarung des Haftungsausschlusses

I. Zulässigkeit, insbesondere bei Verbraucherverträgen

1. Ausschluss aller Gewährleistungsansprüche

Ein Ausschluss aller Gewährleistungsansprüche ist grundsätzlich **unzulässig**. Nur dann, wenn ein solcher Ausschluss individualvertraglich verhandelt wurde, kann er wirksam sein. Allerdings kommt es zu solchen Verhandlungen in der vom BGH verlangten Form praktisch nie[1]. 5

2. Ausschluss einzelner Gewährleistungsansprüche

Oben wurde schon angesprochen, dass man die Gewährleistung in verschiedenen Weisen einschränken kann. Am weitesten greift natürlich der völlige Ausschluss der Gewährleistung, der in § 639 BGB angesprochen ist. Es besteht aber grundsätzlich auch die Möglichkeit, nur einzelne Gewährleistungsansprüche auszuschließen. Bei solchen Klauseln kommt es ganz besonders darauf an, ob es sich um AGB oder um individuell verhandelte Formulierungen handelt. Der Gewährleistungsbereich ist im BGB relativ umfassend geregelt, sodass viele Regelungen von den gesetzlichen Vorgaben abweichen und daher als AGB problematisch sind. 6

Auftraggeber haben normalerweise kein Interesse daran, ihre eigenen Gewährleistungsrechte einzuschränken. Im Hinblick auf diese Interessenlage wird bei den nachfolgenden Einzelfällen davon ausgegangen, dass die Initiative für die Regelung vom Auftragnehmer ausgeht, bei AGB indem er sie in den Vertrag eingeführt hat. 7

- **Beschränkung** der Gewährleistungsrechte auf die Nachbesserung 8

Der Auftragnehmer will vereinbaren, dass der Auftraggeber außer der Nachbesserung keine weiteren Ansprüche gegen den Auftragnehmer haben soll. Davon wären insbesondere der Anspruch auf Minderung und der Rücktritt betroffen. Eine solche Regelung ist in AGB auf jeden Fall unwirksam. In individuell verhandelten Verträgen ist ein solcher Ausschluss möglich.

- **Ausschluss** des Rücktritts 9

Der Rücktritt führt dazu, dass der Vertrag vollständig aufgehoben ist und rückabgewickelt werden muss. Beide Seiten müssen die erhaltenen Leistungen zurückgeben. Wenn eine Rückgabe nicht möglich ist, muss die betroffene Partei Wertersatz leisten. Diese weitreichenden Folgen sind bei einem Bauvertrag ungünstig, da Bauleistungen fast nie einfach herausgegeben werden können. Deshalb stellt sich die Frage, ob ein Rücktritt beim Bauvertrag überhaupt sinnvoll sein kann. Auftragnehmer versuchen oft, dieser Fragestellung vorzubeugen und schließen die Möglichkeit des Rücktritts in ihren Verträgen aus. Dies wird bei Bauverträgen auch in AGB für zulässig gehalten[2].

- **Ausschluss** der Minderung 10

Wenn die Mangelbeseitigung fehlschlägt, muss der Auftraggeber irgendeine Möglichkeit haben, die fortbestehende Vertragsabweichung sanktionieren zu können. Genau dazu dient die Minderung des Werklohnes. Dieses Recht kann dem Auftraggeber daher in AGB nicht genommen werden.

- Verweisung auf **Dritte** 11

Wenn der Auftragnehmer Leistungen nicht selber ausführt, hat er bei Mängeln normalerweise selber Gewährleistungsansprüche gegen seine Subunternehmer. In technischer Hinsicht geht es meist um die gleichen Mängel. In rechtlicher Sicht unterscheiden sich die Vertragsverhältnisse jedoch oft. Ein stark vereinfachtes Beispiel: Hat der Auftraggeber den Auftragnehmer bezahlt, der Auftragnehmer aber nicht den Subunternehmer, darf der Subunternehmer, nicht aber der Auftragnehmer, die Mängelbeseitigung bis zur Zahlung verweigern.

1 Vgl. Allgemeines zum Vertragsabschluss, Rn. 65.
2 BGH NJW 2002, S. 511.

Der Auftraggeber weiß normalerweise nicht, wie die Verträge des Auftragnehmers mit den Subunternehmern aussehen und wie die jeweils aktuelle Situation zwischen Auftragnehmer und Subunternehmer aussieht. Deshalb ist es für den Auftraggeber nicht einfach, selber auf die Subunternehmer zuzugreifen, auch wenn dies scheinbar auf den ersten Blick die Abwicklung von Mängeln zu vereinfachen scheint.

12 Auftragnehmer versuchen oft, dennoch in ihre Verträge aufzunehmen, dass der Auftragnehmer keine eigenen Gewährleistungsansprüche hat, sondern nur auf die Subunternehmer zugreifen muss, oder dass der Auftragnehmer nur dann haftet, wenn der Auftraggeber vorher versucht hat, den Subunternehmer in Anspruch zu nehmen. Diese Klauseln sind oft damit verbunden, dass der Auftragnehmer seine Ansprüche an den Auftraggeber abtritt.

Derartige Klauseln sind in AGB ebenfalls nicht möglich.

II. Reichweite eines vereinbarten Haftungsausschlusses

13 Oft sind Verträge nicht ganz deutlich formuliert. Der rechtliche Inhalt undeutlicher Verträge muss durch Auslegung ermittelt werden. Formularverträge sind eng auszulegen.

14 Der Auftragnehmer kann u.U. bei Mängeln auch nach anderen Vorschriften als denen des Werkvertragsrechts haften. So kann ein Schaden an Sachen, die in einem Gebäude lagern und dort beschädigt werden, zu einer sog. Deliktshaftung nach § 823 BGB führen. Die Deliktshaftung ist von einem Gewährleistungsausschluss regelmäßig nicht erfasst.

C. Arglistiges Verschweigen

15 Wenn wirksam ein Haftungsausschluss vereinbart wurde, gilt er nicht für arglistig verschwiegene Mängel. Das arglistige Verschweigen setzt mehr voraus als nur das Wissen um einen Mangel. Denn meistens weiß der Auftragnehmer – oder einer seiner Erfüllungsgehilfen – genau, dass ein Mangel vorhanden ist. Es muss vielmehr etwas hinzukommen, nämlich eine **Pflicht**, den Auftraggeber auf den Mangel hinzuweisen. Eine solche Pflicht besteht grundsätzlich für alle Mängel; nur ganz geringfügige Mängel, die sich nicht auf die Bereitschaft, das Werk abzunehmen, auswirken können, müssen vom Auftragnehmer nicht offenbart werden. Außerdem muss es sich um einen erheblichen Mangel handeln. Es geht also um Mängel, die im Zweifel den Auftraggeber auch zu einer Abnahmeverweigerung berechtigen würden.

Arglistiges Verschweigen liegt also vor

- wenn ein erheblicher Mangel vorliegt,
- den der Auftragnehmer kennt und
- den er dem Auftraggeber offenbaren müsste.

16 Wenn der Auftraggeber einen Mangel behauptet, muss der Auftragnehmer nachweisen, dass er keine Kenntnis davon hatte. Dies dürfte ihm normalerweise nicht gelingen, da er die Leistung selber oder durch einen Erfüllungsgehilfen ausgeführt hat und daher von dem Mangel weiß.

17 Die Rechtsfolge des § 639 BGB – das Verbot, sich auf einen Haftungsausschluss zu berufen – betrifft immer nur die Mängel, die der Auftragnehmer arglistig verschwiegen hatte. Bei anderen Mängeln, die der Auftragnehmer nicht arglistig verschwiegen hatte, kann er sich durchaus auf den Haftungsausschluss berufen.

D. Organisatorisches Versagen

18 Die gleichen Folgen wie ein verschwiegener Mangel kann organisatorisches Versagen des Auftragnehmers beim Einsatz von Subunternehmern haben. Der Auftragnehmer muss seinen Betrieb so organisieren, dass die sachgerechte Durchführung der Leistung gesichert und überwacht wird. Ganz besonders dann, wenn der Auftragnehmer auch Nachunternehmer einschaltet, muss er sicherstellen, dass er die Leistung des Nachunternehmers überwacht und dadurch die mangelfreie Ausführung sicherstellt.

Der Auftragnehmer darf also die Unkenntnis von einem Mangel nicht dadurch herbeiführen, dass er sich gar nicht darum kümmert, ob und wie die Leistung ausgeführt wird. Ein solches Verhalten steht dem arglistigen Verschweigen gleich, wenn der Mangel bei einer richtigen Organisation entdeckt worden wäre. 19

Also hätte eine solche **fehlerhafte Organisation** des Auftragnehmers die gleichen Folgen wie das arglistige Verschweigen; der Auftragnehmer darf sich nicht auf einen vereinbarten Gewährleistungsausschluss berufen. 20

E. Behauptungen ins Blaue

Nicht selten kommt es vor, dass Auftragnehmer sog. Behauptungen ins Blaue machen. Dabei handelt es sich um Aussagen, die der Auftragnehmer macht, ohne ihren Inhalt geprüft zu haben oder ihn prüfen zu können. Typisches Beispiel sind Aussagen über neue Baustoffe. Bei neuen Baustoffen drängen sich Fragen zu ihrer Haltbarkeit und der Vergleichbarkeit mit bewährten Stoffen auf. Beantwortet der Auftragnehmer diese Fragen ohne sachliche Prüfung („Den Hersteller kenne ich, alles was der produziert, hält hundert Jahre") und ohne sachlichen Hintergrund, behauptet er etwas ins Blaue hinein. Weitere Beispiele sind Behauptungen über eine Ausführungsart, wenn der Auftragnehmer selber gar nicht auf der Baustelle war und keinerlei Möglichkeit hatte, die Wahrheit seiner Aussage zu kennen. 21

Derartige Behauptungen sind dem arglistigen Verschweigen gleichgestellt, weil der Auftragnehmer eine Kenntnis vortäuscht, die er nicht hat oder gar nicht haben kann, und vor allem den Auftraggeber von einer weiteren Nachforschung abhält. 22

Auch solche Behauptungen ins Blaue hinein führen also dazu, dass die betroffenen Mängel von einem Gewährleistungsausschluss nicht erfasst werden. 23

F. Garantie

Auch wenn der Auftragnehmer eine Garantie für etwas übernommen hat, kann er sich – soweit die Garantie reicht – nicht auf einen vereinbarten Gewährleistungsausschluss berufen. Das Gesetz verwendet zwar in § 639 BGB den Begriff der „Garantie", sagt aber nicht, was eine Garantie sein soll. Ganz generell liegt eine Garantie vor, wenn der Auftragnehmer über die normale Leistungsbeschreibung hinaus für die Beschaffenheit oder die Verwendbarkeit der Leistung haften will. Wie die Vertragspartner sich dabei ausdrücken, ist nicht allein entscheidend. So muss der Begriff „Garantie" **nicht ausdrücklich** verwendet werden. Wenn der Auftragnehmer aber eine bestimmte Beschaffenheit „garantiert", ist dies im Zweifel eine Garantie im Sinne des § 639 BGB. Eine Garantie kann sich aber auch aus anderen Formulierungen ergeben. Wenn der Auftragnehmer zum Beispiel sagt, dass eine Leistung „ganz sicher" einen bestimmten Zweck erfüllt, oder wenn er ankündigt, bestimmte vom Auftraggeber befürchtete Mängel „auf jeden Fall" zu beseitigen, liegt eine Garantie vor. 24

Die Rechtsfolge des § 639 BGB – das Verbot, sich auf einen Haftungsausschluss zu berufen – betrifft immer nur die Mängel, für die der Auftragnehmer eine Garantie übernommen hatte. Bei anderen Mängeln, für die der Auftragnehmer keine Garantie übernommen hatte, kann er sich durchaus auf den Haftungsausschluss berufen. 25

§ 640 BGB
Abnahme

(1) Der Besteller ist verpflichtet, das vertragsmäßig hergestellte Werk abzunehmen, sofern nicht nach der Beschaffenheit des Werkes die Abnahme ausgeschlossen ist. Wegen unwesentlicher Mängel kann die Abnahme nicht verweigert werden.

(2) Als abgenommen gilt ein Werk auch, wenn der Unternehmer dem Besteller nach Fertigstellung des Werks eine angemessene Frist zur Abnahme gesetzt hat und der Besteller die Abnahme nicht innerhalb dieser Frist unter Angabe mindestens eines Mangels verweigert hat. Ist der Besteller ein Verbraucher, so treten die Rechtsfolgen des Satzes 1 nur dann ein, wenn der Unternehmer den Besteller zusammen mit der Aufforderung zur Abnahme auf die Folgen einer nicht erklärten oder ohne Angabe von Mängeln verweigerten Abnahme hingewiesen hat; der Hinweis muss in Textform erfolgen.

(3) Nimmt der Besteller ein mangelhaftes Werk gemäß Absatz 1 Satz 1 ab, obschon er den Mangel kennt, so stehen ihm die in § 634 Nr. 1 bis 3 bezeichneten Rechte nur zu, wenn er sich seine Rechte wegen des Mangels bei der Abnahme vorbehält.

A. Allgemeines

I. Bedeutung des § 640 BGB

1 Die Abnahme bedeutet einen entscheidenden Einschnitt für jedes Bauvorhaben mit wichtigen Folgen für den Auftraggeber, vor allem aber für den Auftragnehmer. Deswegen heißt es ganz am Anfang des § 640 Abs. 1 BGB auch ganz deutlich, dass der Auftraggeber die Leistungen des Auftragnehmers abnehmen muss. Der Auftragnehmer hat das **Recht**, die Abnahme zu fordern und damit die für ihn so wichtigen Folgen auszulösen (z.B. Fälligkeit des Werklohnes!).

2 Diese Folgen treten auch dann ein, wenn die Abnahme erklärt wurde, **obwohl** die Voraussetzungen dafür gar nicht vorlagen. Weil die Abnahme eine Willenserklärung ist, kann sie an jedem Ort und zu jeder Zeit erklärt werden.

Beispiel:

Auftraggeber A erklärt bei sich im Büro ohne jegliche Ortsbegehung, dass er die Leistung seines Rohbauunternehmers B abnimmt. Erst einige Zeit später besichtigt A die Baustelle und stellt ganz erhebliche offensichtliche Fehler im Rohbau fest.

3 Die im Beispielsfall vom Auftraggeber festgestellten Mängel haben keine Auswirkungen darauf, dass die Abnahme wirksam ist und die Wirkungen der Abnahme eintreten. Der Auftraggeber kann sich auch nicht darauf berufen, dass er die Abnahme in seinem Büro erklärt hat. Es ist sein eigener Fehler, wenn er nicht die Möglichkeit nutzt, die Leistung vor Ort zu begutachten und zu prüfen, ob die Voraussetzungen für die Abnahme überhaupt vorliegen. Natürlich hat der Auftraggeber aber Anspruch darauf, dass der Auftragnehmer die festgestellten Mängel beseitigt. Selbst wenn diese Mängel noch so offensichtlich sind: Nur wenn der Auftraggeber genau weiß, dass ein Mangel vorhanden ist, verliert er bei einer vorbehaltlosen Abnahme seine Gewährleistungsansprüche.

4 In dieser Erläuterung wird dargelegt, wann der Auftraggeber die Leistung des Auftragnehmers abnehmen **muss** und wann er die Abnahme verweigern kann.

5 Weiter wird es um die **Folgen** der Abnahme gehen. Auf die nur für Bauverträge geltende Regelung des § 650g BGB und insbesondere die dort angesprochene Zustandsfeststellung und die Folgen offenkundiger Mängel wird an dieser Stelle hingewiesen.

II. § 640 BGB und VOB/B

Die VOB/B enthält in § 12 VOB/B Regelungen, die in wichtigen Punkten das BGB ergänzen oder von ihm abweichen. § 640 BGB spielt daher bei VOB-Verträgen keine wesentliche Rolle. **6**

B. Abnahmeprotokoll

Um bei der Abnahme nichts Wichtiges zu vergessen, empfiehlt es sich, immer entlang eines vorgefertigten **Abnahmeprotokolls** vorzugehen. Nachstehend ist ein solches Protokoll abgedruckt. Es muss nur noch um die Daten des Bauvorhabens ergänzt werden. **7**

Muster für ein Abnahmeprotokoll

Bauvorhaben: Schloss Schneewittchen

Abnahmeprotokoll

Die Leistungen wurden vom … bis … erbracht.

❑ *Die Abnahme erfolgte ohne sichtbare Mängel.*

❑ *Die Abnahme erfolgte mit nachstehend aufgeführten Mängeln:*

[…]

❑ *Die Abnahme wird mit folgender Begründung verweigert:*

[…]

Eine Geltendmachung der Vertragsstrafe wird vom Auftraggeber ausdrücklich vorbehalten.

Der Auftraggeber behält sich alle Ansprüche wegen der oben genannten und aller anderen ihm bekannten Mängel vor.

Die aufgeführten Mängel werden innerhalb einer Frist bis zum … [Datum] behoben. Die Abnahme der Nachbesserungsleistung wird beantragt.

Anerkannt:

Märchenwald, den … [Datum]

– Auftragnehmer – *(– Architekt –)* *– Bauherr –*

C. Voraussetzung für die Abnahme

Praxistipp:

Was macht ein Auftraggeber, wenn ein Auftragnehmer die Abnahme verlangt?

- *Voraussetzungen prüfen: Ist die Leistung fertiggestellt? Sind Mängel bekannt?*
- *bei Zweifeln: Ablehnen?*
- *Dokumentieren*
- *Vorbehalte prüfen: bekannte Mängel, Vertragsstrafe*

Grundsätzlich kann der Auftraggeber die Leistung jederzeit abnehmen. Die Abnahme hat jedoch erhebliche rechtliche Folgen, weswegen der Auftraggeber genau prüfen sollte, ob er eine Abnahme erklärt oder nicht. **8**

D. Pflicht zur Abnahme

Der Auftragnehmer hat ein Interesse daran, dass der Auftraggeber die Leistungen abnimmt, weil die Abnahme insgesamt für den Auftragnehmer wichtige und positive Folgen hat. Des- **9** wegen gibt ihm das Gesetz das **Recht**, die Abnahme als selbstständiges Recht zu verlangen, nach neuer Rechtsprechung auch im Falle einer Kündigung aus wichtigem Grund.

10 Der Auftraggeber muss also die Leistung abnehmen, allerdings nicht unter allen Umständen.

Praxistipp:

Der Auftragnehmer verlangt die Abnahme. Was muss der Auftraggeber machen?

- *prüfen, ob die Leistung insgesamt erbracht ist;*
- *prüfen, ob wesentliche Mängel vorliegen.*

Wenn die Leistung erbracht ist und keine wesentlichen Mängel vorliegen, ist der Auftraggeber zur Abnahme verpflichtet.

Checkliste:

Herbeiführen der Abnahme

Was mache ich als Auftragnehmer, wenn der Auftraggeber die Abnahme ablehnt?

- ❑ *Voraussetzungen prüfen*
- ❑ *Handlungsmöglichkeiten:*
  - *Frist nach § 641 Abs. 2 BGB: Beweislage berücksichtigen*
  - *Konkludente Abnahme prüfen*
  - *Klage auf Abnahme*
  - *Klage auf Werklohn*

E. Durchführung der Abnahme

I. Teilabnahmen

11 Die Abnahme von Teilen der Leistung sieht das BGB – anders als die VOB/B – **nicht** vor. Der Auftraggeber ist also nicht verpflichtet, vor der Gesamtfertigstellung einzelne Teile der Leistung endgültig abzunehmen. Aus Sicht des Auftraggebers besteht grundsätzlich wenig Bedarf an Teilabnahmen.

12 Teilabnahmen führen dazu, dass die abgenommenen und die nicht abgenommenen Teile der Leistung voneinander abgegrenzt werden müssen. Außerdem beginnt mit jeder Teilabnahme die Gewährleistungsfrist für die betroffenen Leistungen. Der Auftraggeber muss also mehrere Gewährleistungsfristen überwachen, für jede durchgeführte Teilabnahme eine andere.

13 Der Auftragnehmer darf außerdem nach § 641 Abs. 2 BGB die Vergütung für die abgenommenen Leistungen verlangen.

14 Insgesamt bestehen daher aus Sicht des Auftraggebers bei Teilabnahmen zahlreiche Nachteile. Nur wenn im Ausnahmefall einzelne Leistungen deutlich abgegrenzt werden können und eine separate Teilabnahme sinnvoll ist, sollte sie vereinbart werden.

Formulierungsvorschlag:

§ Teilabnahmen

Der Auftraggeber nimmt die Leistung des Auftragnehmers in zwei Teilen ab, das Gebäude A nach der für den 30.3. vereinbarten Fertigstellung, die Halle B nach der für den 31.12. vereinbarten Fertigstellung.

II. Ausdrücklich

Der Normalfall ist sicherlich, dass beide Vertragspartner gemeinsam die Leistung abnehmen. Die Vertragspartner erstellen gemeinsam ein Abnahmeprotokoll, in dem die vor Ort getroffenen Feststellungen zusammengefasst und von beiden Vertragspartnern unterschrieben werden. 15

Dieses Abnahmeprotokoll ist im Hinblick auf die Folgen der Abnahme ein **wichtiger Schritt**. Auftraggebern kann nur geraten werden, die Abnahme nur dann zu erklären, wenn sie sich davon überzeugt haben, dass die Leistungen auch wirklich abnahmereif sind. 16

Oft wird auch die Abnahme den beauftragten Architekten oder Ingenieuren überlassen, weil diese besonders fachkundig sind. Für technische Fragen ist dies meist sinnvoll. Der Auftraggeber muss jedoch sicherstellen, dass zum einen alle für ihn wichtigen Erklärungen (Vorbehalt von Mängelansprüchen und Vertragsstrafe etc.) abgegeben werden und dass zum anderen ein intensiver Abgleich der geschuldeten und der ausgeführten Leistung stattfindet. Diesen Abgleich kann oft nur der Auftraggeber selber durchführen: Ist die Leistung wirklich wie geplant nutzbar? Hat sich der Auftragnehmer an die Vorgaben der Bemusterung gehalten? Ist in rechtlicher Hinsicht der Vertrag richtig verstanden und ausgeführt? 17

Dies führt zu der Empfehlung, dass der Auftraggeber an der Abnahme nach Möglichkeit selber teilnimmt und die eigentliche Abnahmeerklärung nicht aus der Hand geben sollte. 18

Will der Auftraggeber dennoch dem Architekten die Abnahme insgesamt überlassen, so müssen Auftraggeber und Architekt sicherstellen, dass der Architekt hierfür gesondert **beauftragt und bevollmächtigt** wird (mehr dazu unten in Rn. 32 f.). 19

III. Konkludent

Bei manchen Bauvorhaben kommt es nicht zu einer gemeinsamen Abnahmebegehung mit einer eindeutigen Regelung zur Abnahme. Welche Folgen hat es, wenn ein Auftraggeber eine Leistung einfach nutzt oder ein Haus bezieht? 20

Auch das BGB kennt eine sog. konkludente Abnahme (oder Abnahme durch schlüssiges Handeln). Sie hat die gleichen Folgen wie eine ausdrücklich erklärte Abnahme.

Eine konkludente Abnahme findet statt, wenn 21

- der Auftraggeber durch schlüssiges Verhalten deutlich macht, dass er die Leistung als vertragsgerecht entgegennehmen will
- und der Auftragnehmer Grund hat, eine Annahme annehmen zu können.

Typische Verhaltensweisen sind z.B. der endgültige **Einzug** in ein Gebäude mit einer längeren Nutzung. Aber auch wenn der Auftraggeber die Vergütung des Auftragnehmers bezahlt, kann dies eine konkludente Abnahme sein. Dabei muss der Auftragnehmer Grund haben, die Abnahme der Leistung vermuten zu dürfen. So muss die Leistung im Wesentlichen vollständig sein.

Der Auftraggeber kann die Abnahmewirkungen vermeiden, indem er z.B. nach Beginn der Nutzung dem Auftragnehmer Mängel mitteilt und deutlich macht, dass er die Leistung wegen dieser Mängel nicht abnehmen will. 22

Eine konkludente Abnahme liegt auch dann nicht vor, wenn der Auftraggeber aus einer **Zwangslage** heraus handelt. Typisches Beispiel ist, dass der Auftraggeber einen Neubau errichtet, weil der Mietvertrag über das bisher benutzte Gebäude ausläuft. Wenn der Auftraggeber nicht gegenüber seinem Vermieter vertragsbrüchig werden will (mit Folgen wie Verzugsschaden etc.), ist er gezwungen, auszuziehen und in dem neuen Gebäude die unfertige oder mangelhafte Leistung des Auftragnehmers zu nutzen, auch wenn er dies eigentlich gar nicht will.

Formulierungsmuster für ein Vorbehaltsschreiben:

Behörde für ländliches Bauen
Mauerstraße 4711
12345 Hochbaustadt
[Datum]

Maurerbetrieb
Egon Lotrecht
Ziegelgasse 12
98765 Wandhausen

Sehr geehrter Herr Lotrecht,

der von Ihnen erstellte Anbau zum städtischen Krankenhaus hat mehrere wesentliche Mängel, die wir Ihnen bereits mit Schreiben vom ... [Datum] angezeigt haben.

Wir müssen dennoch den Anbau nutzen, um dort die Chirurgische Abteilung unterzubringen. Wir sind in der Zwangslage, dass der Mietvertrag über das bisher von der Chirurgischen Abteilung genutzte Gebäude am ... [Datum] ausläuft.

Wir sind wegen der genannten wesentlichen Mängel nicht bereit, den Anbau abzunehmen. Der Einzug und die Benutzung des Anbaus sind im Hinblick auf unsere Zwangslage keine Abnahme. Wir behalten uns vorsorglich alle Ansprüche wegen Mängeln und der vereinbarten Vertragsstrafe vor.

Mit freundlichen Grüßen
Meyer
Oberbaurat

Der Auftraggeber sollte bei allen Handlungen vorsichtig sein, die sich nach außen als Verwendung der Leistung darstellen können. Im Zweifel sollte er **vorsichtshalber** einen Vorbehalt erklären.

IV. Abnahmefiktion nach § 640 Abs. 2 BGB

23 Der Auftragnehmer hat die Möglichkeit, einseitig dem Auftraggeber eine Frist zur Abnahme zu setzen und damit nach § 640 Abs. 2 BGB die Wirkungen der Abnahme herbeizuführen. Allerdings führt diese Frist nicht dazu, dass die Leistung endgültig abgenommen ist. Mit Ablauf der Frist tritt nur eine **Abnahmefiktion** ein, also eine Vermutung, dass die Leistung abgenommen wurde. Der Auftragnehmer muss aber nach wie vor beweisen, dass die Leistung auch tatsächlich fertiggestellt war. Wenn er dies nicht beweisen kann, dann kommt es auch nicht zu der Abnahmefiktion. Anders als nach altem Recht wirkt die Abnahmefiktion aber auch dann, wenn die Leistung wesentliche Mängel hat. Dies ist aus Sicht der Auftraggeber eine deutliche Verschlechterung.

24 Der Auftraggeber muss bei einer solchen Aufforderung zur Abnahme auf der Hut sein. Wenn der Auftragnehmer die Abnahme nämlich zu Recht verlangt, verliert der Auftraggeber mit Fristablauf alle Ansprüche wegen ihm bekannter Mängel und alle Ansprüche auf eine Vertragsstrafe, wenn er sich diese Ansprüche nicht rechtzeitig **vorbehält**!

25 Was als **angemessene Frist** im Sinne dieser Vorschrift anzusehen ist, war soweit ersichtlich bisher noch nicht Gegenstand der Rechtsprechung (die Vorgängervorschrift enthielt bereits diese Anforderung). Es kommt jeweils auf den Einzelfall, also die abzunehmende Leistung, an. Der Auftraggeber muss die Möglichkeit haben, die Leistung zu besichtigen und etwaige Mängel feststellen zu können. Ist ggf. eine Anlage zu erproben, muss dies bei der Länge der Frist berücksichtigt werden.

Um die Rechtsfolgen einer solchen Fristsetzung zu verhindern, muss der Auftraggeber mindestens einen Mangel rügen. Undeutlich ist, ob es Mängel einer gewissen Schwere sein müssen (vergleichbar sog. wesentlichen Mängeln). Der Gesetzeswortlaut fordert das nicht. Es scheint aber angemessen, dass der Auftraggeber sich nicht auf kleinste Mängel stützen darf, sondern nur auf solche, bei denen eine Fertigstellung einer nutzbaren Leistung in Frage gestellt ist. Die Begründung des Gesetzes aber sagt, dass bewusst keine hohen Anforderungen an die zu rügenden Mängel gestellt wurden. Nur in Ausnahmefällen, z.B. bei eindeutig unwesentlichen Mängeln, soll es bei der Abnahmefiktion bleiben. Allerdings dürfen später bei der Frage, ob die Leistung mangelfrei war oder nicht, auch andere nicht gerügte Mängel vom Auftraggeber eingewandt werden. Der Auftraggeber kann die Verweigerung bei wiederholten Aufforderungen zur Abnahme wiederholen. 26

Gegenüber **Verbrauchern** muss auf diese Wirkung der Fristsetzung hingewiesen werden. Die Information muss zusammen mit der Aufforderung zur Abnahme erfolgen. Diese Mitteilung muss in „Textform" erfolgen, was z.B. in Form von Telefax oder Mail wäre. Ohne einen solchen Hinweis kommt es bei Verträgen mit Verbrauchen nicht zu einer fiktiven Abnahme, dadurch sollen Verbraucher vor überraschenden Rechtsfolgen geschützt werden. 27

Formulierungsvorschlag für Auftragnehmer:

Maurerbetrieb
Egon Lotrecht
98765 Wandhausen
[Datum]

Behörde für städtisches Bauen
Herrn Oberbaurat Meyer
Mauerstraße 4711
12345 Hochbaustadt

Sehr geehrter Herr Meyer,

hiermit fordere ich Sie auf, die von mir erstellte Leistung für das Bauvorhaben Stadtmauer bis zum … [Datum] abzunehmen.

Mit freundlichen Grüßen
Lotrecht

Der Auftraggeber sollte auf dieses Schreiben **auf jeden Fall** reagieren. Als Erstes sollte er die betroffene Leistung besichtigen, um fehlende Leistungen und Mängel festzustellen. In seiner Antwort sollte der Auftraggeber den Auftragnehmer auf diese Feststellungen hinweisen und sich vorsorglich Ansprüche wegen bekannter Mängel und wegen der Vertragsstrafe vorbehalten. Diese Antwort muss noch innerhalb der gesetzten **Frist** beim Auftragnehmer sein. Ganz besonders wichtig ist diese Antwort natürlich, wenn sich bei der Besichtigung der Leistung ergibt, dass diese vollständig und mangelfrei ist. Dann hat der Auftraggeber nur diese Möglichkeit, seine Ansprüche zu sichern. 28

Formulierungsvorschlag für Auftraggeber:

Behörde für ländliches Bauen
Mauerstraße 4711
12345 Hochbaustadt
[Datum]

Maurerbetrieb
Egon Lotrecht
Ziegelgasse 12
98765 Wandhausen

Sehr geehrter Herr Lotrecht,

mit Schreiben vom ... [Datum] haben Sie uns zur Abnahme Ihrer Leistungen aufgefordert. Ihre Leistungen sind nicht abnahmereif, weil noch wesentliche Teile fehlen, so u.a. die Stützmauer West. Außerdem liegen mehrere Mängel vor, so ist [näher beschreiben]. Nur vorsorglich behalten wir uns alle Ansprüche wegen bekannter Mängel und der vereinbarten Vertragsstrafe vor.

Mit freundlichen Grüßen

Meyer

Oberbaurat

29 ***Praxistipp:***

Was muss ein Auftraggeber machen, wenn er eine Fristsetzung zur Abnahme erhält?

- *Der Auftraggeber muss den Zustand der Leistung überprüfen und vorhandene Mängel feststellen. Das Vorhandensein muss er später nachweisen.*
- *Der Auftraggeber muss innerhalb der Frist Vorbehalte wegen bekannter Mängel und einer angefallenen Vertragsstrafe geltend machen.*

V. Verweigerung bei wesentlichen Mängeln

30 Bei wesentlichen Mängeln ist der Auftraggeber nicht verpflichtet, die Leistung abzunehmen. Wann ein Mangel wesentlich oder unwesentlich ist, muss in jedem **Einzelfall** neu entschieden werden. Die Rechtsprechung hat versucht, die Wesentlichkeit bzw. Unwesentlichkeit eines Mangels abstrakt zu definieren. Unwesentlich ist danach ein Mangel, wenn er an Bedeutung so weit zurücktritt, dass es unter Abwägung der beiderseitigen Interessen für den Besteller zumutbar ist, eine zügige Abwicklung des gesamten Vertragsverhältnisses nicht länger aufzuhalten und deshalb nicht mehr auf den Vorteilen zu bestehen, die sich ihm vor vollzogener Abnahme bieten.

31 Um es etwas konkreter zu formulieren: Ein Mangel ist jedenfalls dann immer wesentlich, wenn die **Funktionsfähigkeit** einer Leistung betroffen ist. Wenn die Leistung ganz oder teilweise nicht funktionsfähig ist, kann die Abnahme verweigert werden. Auf die Höhe der Mangelbeseitigungskosten kommt es dabei nicht an. Auch wenn von der Leistung Gefahren für Passanten bzw. Nutzer ausgehen, liegt ein wesentlicher Mangel vor.

Aber auch viele kleinere, für sich genommen unwesentliche Mängel können sich zu einem wesentlichen Mangel aufaddieren, wenn ihre Beseitigung Kosten verursacht, die im Vergleich zum Werklohn erheblich sind. Auch hierzu gibt es keine festen und verlässlichen Grundsätze der Rechtsprechung, es kommt immer auf den Einzelfall an.

F. Vollmacht und Haftung

32 Grundsätzlich muss der Auftraggeber selber die Abnahme durchführen. Architekten oder Ingenieure sind nur dann zur Abnahme berechtigt, wenn der Auftraggeber sie hierzu bevollmächtigt hat. Allein die Tatsache, dass sie für den Auftraggeber im Rahmen der Bauüberwachung tätig sind, reicht dabei nicht aus. Der Bauüberwacher darf zwar in ganz kleinem Umfang den Auftraggeber vertreten und muss die Auftraggeber-Interessen wahrnehmen, aber die Abnahme gehört nicht zu diesen Aufgaben.

33 Der Architekt kann sich bei der Abnahme schadensersatzpflichtig machen, wenn er Fehler macht, z.B. indem er den Vorbehalt betreffend Vertragsstrafen vergisst und eine angefallene Vertragsstrafe verfällt. Ein solcher Fehler bei der Abnahme ist von den üblichen **Haftpflichtversicherungen** ausdrücklich **nicht** abgedeckt!

G. Rechtsfolgen der Abnahme

Die wichtigsten Rechtsfolgen der Abnahme sind: 34

- Fälligkeit des Werklohnes und Verjährungsbeginn
- Übergang der Gefahr für zufällige Beschädigungen, zufälligen Untergang
- Beweislastumkehr bei Mängeln
- Beginn der Gewährleistungsfrist
- teilweiser Verlust von bekannten Mängelansprüchen bei unterlassenem Vorbehalt
- Verlust von Vertragsstrafen bei unterlassenem Vorbehalt

I. Fälligkeit des Werklohnes und Verjährungsbeginn

Anders als die VOB/B verlangt das BGB für Werkverträge nicht, dass der Auftragnehmer seine 35
Ansprüche prüffähig abrechnet (anders für BGB-Bauverträge). Dies ist an anderer Stelle ausführlich angesprochen, vgl. § 632 BGB, Rn. 28 sowie die Erläuterungen zu § 650g Abs. 4 BGB für Bauverträge. Deshalb wird nach dem Gesetz der Werklohn mit der Abnahme fällig. Das bedeutet zugleich, dass auch seine **Verjährung** beginnt.

Die Werklohnforderung verjährt in drei Jahren. Die Verjährung beginnt nicht sofort mit der 36
Fälligkeit, sondern erst am Schluss des Jahres, in dem die Forderung fällig wurde.

Beispiel:

Das Bauvorhaben wird am 1.6.2017 abgenommen. Mit der Abnahme wird die Vergütung fällig. Die Verjährung beginnt daher am 31.12.2017, 24.00 Uhr und endet drei Jahre später, am 31.12.2020.

Da das BGB für Werkverträge nicht verlangt, dass der Auftragnehmer seine Leistungen prüffä- 37
hig abrechnet, beginnt die Verjährung ganz unabhängig davon, ob der Auftragnehmer seine Vergütung mit einer Rechnung geltend macht oder nicht. Die Vergütung wird mit der Abnahme fällig und ab diesem Zeitpunkt läuft damit die Verjährung. Anders ist es bei BGB-Bauverträgen i.S.d. § 650a BGB: Diese müssen prüffähig abgerechnet werden und die Verjährung beginnt erst mit Vorlage einer prüffähigen Rechnung bzw. dem Ablauf der Rügefrist.

Die Wirkungen der Verjährung treten nicht automatisch ein. Es kann durchaus dazu kommen, 38
dass ein Gericht mit vollem Recht eine verjährte Forderung zuspricht, weil sich der Gegner nicht auf die Verjährung berufen hat. Ausschließlich dann, wenn eine Partei die Verjährung geltend macht, muss ein Gericht diesen Einwand prüfen.

Auf die Möglichkeiten, die Verjährung des Werklohnes zu hemmen oder einen Neubeginn der Verjährung herbeizuführen, wird oben in § 632 BGB, Rn. 40 eingegangen.

II. Übergang der Gefahr

Gefahrübergang heißt, dass der Auftraggeber das Risiko trägt, dass die Leistung des Auftrag- 39
nehmers zufällig **beschädigt** oder **vernichtet** wird. Kommt es zu solch einem Schaden, muss der Auftraggeber alle Kosten der Beschädigung oder Wiederherstellung tragen.

III. Teilweiser Verlust von bekannten Mängelansprüchen bei unterlassenem Vorbehalt

Die Erklärung der Abnahme bedeutet, dass der Auftraggeber eine Leistung als im Wesentli- 40
chen vertragsgerecht annimmt und dies mit der Abnahme erklärt. Wenn der Auftraggeber aber bereits bei der Abnahme Mängel kennt, steht dies in einem bestimmten Spannungsverhältnis zu der Erklärung der Abnahme. Soll die Leistung nach Auffassung des Auftraggebers im Wesentlichen mangelfrei sein (wie mit der Abnahme bestätigt) oder soll sie die vom Auftraggeber gerügten Mängel haben? Der Gesetzgeber hat diese Spannung aufgelöst, indem

er den Auftraggeber zwingt, bei der Abnahme einen Vorbehalt wegen bekannter Mängel zu erklären. Gemeint sind dabei alle tatsächlich bekannten Mängel, nicht nur die erkennbaren. Erklärt der Auftraggeber keinen Vorbehalt, so **verliert** er alle auf Vertragserfüllung bezogenen Ansprüche wegen dieser bekannten Mängel, es zählt also nur noch die mit der Abnahme verbundene Bestätigung, dass die Leistung im Wesentlichen mangelfrei ist. Der Auftraggeber kann weder Nacherfüllung verlangen, noch den Mangel durch Selbstvornahme zu Lasten des Auftragnehmers beseitigen, mindern oder vom Vertrag zurücktreten. Er kann allerdings weiterhin **Schadensersatz** nach §§ 634 Abs. 4, 636 BGB geltend machen.

41 Der Vorbehalt kann ohne nähere Erläuterungen im Abnahmeprotokoll erscheinen, die betroffenen Mängel müssen nicht noch einmal aufgenommen werden. Bei der Vorbereitung der Abnahme sollte der Auftraggeber aber die bekannten Mängel sowieso sammeln und prüfen, ob sie noch bestehen und ob sie vielleicht wesentliche Mängel sind, und damit die Leistung nicht abnahmefähig ist. Diese Sammlung kann der Auftraggeber natürlich auch in das Abnahmeprotokoll übernehmen.

Formulierungsvorschlag:

> Der Auftraggeber behält sich alle Ansprüche wegen ihm bekannter Mängel vor. Dies betrifft insbesondere ... [Aufzählung der bekannten Mängel].

42 Dieser Vorbehalt wird besonders leicht vergessen, wenn es nicht zu einer normalen Abnahme mit gemeinsamer Begehung und einem Abnahmeprotokoll kommt.

43 Bei einigen Arten der Abnahme gehört es gewissermaßen dazu, dass es keine gemeinsame Begehung gibt. So kann der Auftragnehmer einseitig die Wirkungen der Abnahme herbeiführen, indem er dem Auftraggeber eine Frist setzt, § 640 Abs. 2 BGB. Auch die konkludente Abnahme durch den Auftraggeber ist einseitig, in diesem Fall wird der Auftraggeber tätig. Auch in diesen Fällen muss der Auftraggeber den Vorbehalt erklären, um nicht seine Ansprüche zu verlieren.

44 Dieser Vorbehalt ist auch notwendig, wenn der Vertrag wegen einer **Kündigung** vorzeitig endet.

IV. Beweislastumkehr bei Mängeln

45 Wenn der Auftraggeber eine Leistung abnimmt, ist die Abnahme eine rechtsgeschäftliche Erklärung. Die Erklärung der „Abnahme" bedeutet, dass der Auftraggeber – in Langform übersetzt – erklärt, dass die Leistung im Wesentlichen mangelfrei ist. Oft wird der Auftraggeber aber erst nach der Abnahme Mängel feststellen oder Mängel werden überhaupt erst später sichtbar, weil sie eine gewisse Zeit oder gewisse Umstände benötigen (ein undichtes Dach wird erst bei starkem Regen erkannt).

46 Auch wenn der Auftraggeber solche Mängel aus welchen Gründen auch immer bei der Abnahme nicht feststellt, kann er dennoch später Mängelansprüche wegen dieser Mängel geltend machen.

47 Es ist dabei völlig egal, ob diese Mängel bei der Abnahme bereits erkennbar oder **„verdeckte Mängel"** waren. Selbst wenn sie offen zutage lagen, aber dennoch vom Auftraggeber nicht erkannt wurden, kann der Auftraggeber später diese Mängel geltend machen. Lediglich für die Zustandsfeststellung bei Bauverträgen enthält § 650g Abs. 3 BGB eine Vermutensregel bei offenkundigen Mängeln.

V. Beginn der Gewährleistungsfrist

48 Auf die Verjährung von Mängelansprüchen wird oben bei § 632a BGB ausführlich eingegangen, da es in § 632a BGB ausschließlich um diese Frage geht. Hier sollen nur im Überblick die Gewährleistungsfristen zusammengefasst werden:

Dauer	betroffene Leistungen	Beginn
zwei Jahre (Absatz 1 Nr. 1)	Leistungen für die Veränderung einer beweglichen Sache (z.B. Reparaturleistungen an Maschinen, Gartenpflegearbeiten) und dafür erforderliche Planungs- und Überwachungsleistungen	mit Abnahme
drei Jahre (Absatz 1 Nr. 3)	• Leistungen, die unter keine der anderen beiden Regelungen fallen, z.B. Gutachten, Programmierung von individuell angepasster Software • In Absatz 1 Nr. 1 genannte Leistungen, wenn der Auftragnehmer den Mangel arglistig verschwiegen hat	mit Ende des Jahres, in dem der Anspruch fällig wurde
fünf Jahre (Absatz 1 Nr. 2)	• Bauleistungen für Bauwerke und dafür erforderliche Planungs- und Überwachungsleistungen • Reparatur- und Umbauarbeiten, wenn sie für Konstruktion und Bestand des Gebäudes von wesentlicher Bedeutung sind.	mit Abnahme

VI. Verlust von Vertragsstrafen bei unterlassenem Vorbehalt

Eine ganz wichtige formale Voraussetzung dafür, dass der Auftraggeber eine Vertragsstrafe erfolgreich durchsetzen kann, ist der Vorbehalt bei der Abnahme. Dieser Vorbehalt wird besonders leicht vergessen, wenn es nicht zu einer normalen Abnahme mit gemeinsamer Begehung und einem Abnahmeprotokoll kommt. 49

Bei einigen Arten der Abnahme gehört es gewissermaßen dazu, dass es keine gemeinsame Begehung gibt. So kann der Auftragnehmer einseitig die Wirkungen der Abnahme herbeiführen, indem er dem Auftraggeber eine Frist setzt, § 640 Abs. 2 BGB. Auch die konkludente Abnahme durch den Auftraggeber ist einseitig, in diesem Fall wird der Auftraggeber tätig. Auch in diesen Fällen muss der Auftraggeber den Vorbehalt erklären, um nicht seine Ansprüche zu verlieren. 50

Dieser Vorbehalt ist auch notwendig, wenn der Vertrag wegen einer **Kündigung** vorzeitig endet. 51

Formulierungsvorschlag:

> Der Auftraggeber behält sich die Geltendmachung der vereinbarten Vertragsstrafe vor.

H. Anfechtung der Abnahmeerklärung

Der Auftraggeber kann die Abnahme anfechten, wenn ihn der Auftragnehmer z.B. arglistig getäuscht hat. Eine solche arglistige Täuschung wäre es z.B., wenn der Auftragnehmer dem Auftraggeber ausdrücklich wahrheitswidrig versichert, bestimmte, jetzt nicht mehr sichtbare Leistungen ausgeführt zu haben. 52

§ 641 BGB
Fälligkeit der Vergütung

(1) Die Vergütung ist bei der Abnahme des Werkes zu entrichten. Ist das Werk in Teilen abzunehmen und die Vergütung für die einzelnen Teile bestimmt, so ist die Vergütung für jeden Teil bei dessen Abnahme zu entrichten.

(2) Die Vergütung des Unternehmers für ein Werk, dessen Herstellung der Besteller einem Dritten versprochen hat, wird spätestens fällig,

1. **soweit der Besteller von dem Dritten für das versprochene Werk wegen dessen Herstellung seine Vergütung oder Teile davon erhalten hat,**
2. **soweit das Werk des Bestellers von dem Dritten abgenommen worden ist oder als abgenommen gilt oder**
3. **wenn der Unternehmer dem Besteller erfolglos eine angemessene Frist zur Auskunft über die in den Nummern 1 und 2 bezeichneten Umstände bestimmt hat.**

Hat der Besteller dem Dritten wegen möglicher Mängel des Werks Sicherheit geleistet, gilt Satz 1 nur, wenn der Unternehmer dem Besteller entsprechende Sicherheit leistet.

(3) Kann der Besteller die Beseitigung eines Mangels verlangen, so kann er nach der Fälligkeit die Zahlung eines angemessenen Teils der Vergütung verweigern; angemessen ist in der Regel das Doppelte der für die Beseitigung des Mangels erforderlichen Kosten.

(4) Eine in Geld festgesetzte Vergütung hat der Besteller von der Abnahme des Werkes an zu verzinsen, sofern nicht die Vergütung gestundet ist.

A. Allgemeines

I. Bedeutung des § 641 BGB

1 In der Vorschrift geht es um die Vergütung des Auftragnehmers. Es ist kein Zufall, dass sich diese Vorschrift direkt an § 640 BGB und seine Bestimmungen zur Abnahme anschließt: Nach dem BGB kann der Auftragnehmer mit der Abnahme seinen gesamten Werklohn abrechnen, vor der Abnahme nur für die erbrachten nachgewiesenen Teilleistungen.

2 Im Normalfall nimmt der Auftraggeber die Leistung des Auftragnehmers ausdrücklich ab, dann gilt der erste Absatz von § 641 BGB: Die Vergütung des Auftragnehmers wird fällig. **Subunternehmerverhältnisse** sind im zweiten Absatz angesprochen, dort ist die sog. Durchgriffsfälligkeit geregelt.

3 Im dritten Absatz geht es um **Mängel** und ihre Folgen auf die Zahlungspflicht des Auftraggebers. Nach der Abnahme darf der Auftraggeber in der Regel das Doppelte der voraussichtlichen Mängelbeseitigungskosten zurückhalten. Vor der Abnahme gilt das erst recht.

4 Der vierte und in der Praxis unwichtigste Absatz betrifft die **Verzinsung** der Vergütung. Die Verzinsung beginnt automatisch mit der Fälligkeit, also immer dann mit der Abnahme, wenn der Auftraggeber keine Gegenansprüche hat.

II. § 641 BGB und VOB/B

5 Anders als das BGB verlangt die VOB/B in § 16 VOB/B immer eine prüfbare Abrechnung (das BGB nur für BGB-Bauverträge i.S.d. § 650a BGB). Ohne eine solche Abrechnung wird der Vergütungsanspruch nach der VOB/B nicht fällig. Die Anforderungen an die Abrechnung beschreibt die VOB/B detailliert in § 14 VOB/B.

Ein weiterer Unterschied liegt bei den Voraussetzungen für eine Verzinsung. Nach der VOB/B kann der Auftragnehmer Zinsen nur verlangen, wenn 6

- es um ein geprüftes und unbestrittenes Guthaben aus einer Schlussrechnung geht oder
- wenn er dem Auftraggeber eine Nachfrist gesetzt hat.

Eine automatische Verzinsung sieht die VOB/B ebenfalls vor, und zwar nach § 16 Abs. 5 Nr. 3 VOB/B 30 Tage nach Zugang der Rechnung.

B. Rechtsfolgen der Fälligkeit

Fälligkeit der Vergütung **bedeutet** 7

- Durchsetzbarkeit, z.B. vor Gericht;
- bei Verzug Beginn der Verzinsung;
- Beginn der Verjährung des Werklohnes.

Fälligkeit der Vergütung des Auftragnehmers heißt z.B., dass der Auftragnehmer seinen Werklohnanspruch abrechnen kann, dass er den Auftraggeber mahnen kann und gegebenenfalls eine Klage auf Zahlung einreichen kann. Nur wenn die Vergütung fällig ist, kann der Auftragnehmer seine Klage gewinnen. Ist die Vergütung nicht fällig, wird die Klage ohne Prüfung des Anspruches selber als „zurzeit unbegründet" abgewiesen. Der Auftragnehmer trägt die Kosten und muss ggf. einen zweiten Anlauf machen, um sein Geld zu erhalten. 8

C. Voraussetzungen

Die wichtigste und beim BGB normalerweise auch einzige Voraussetzung für die Fälligkeit der Vergütung ist die **Abnahme** der Leistungen. Nur bei BGB-Bauverträgen muss der Auftragnehmer seinen Anspruch prüffähig abrechnen. 9

I. Abnahme

Auf die Abnahme wird oben bei der Erläuterung des § 640 BGB ausführlich eingegangen. Es ist für die Vergütung völlig egal, in welcher Form der Auftraggeber die Leistung abnimmt.

Auftraggeber versuchen gelegentlich, die Fälligkeit der Vergütung zu verhindern, indem sie die Abnahme verweigern. Auftraggeber sind nach dem ausdrücklichen Wortlaut des § 640 Abs. 1 BGB **verpflichtet**, die Leistung abzunehmen. Durch eine unberechtigte Weigerung können sie sich dieser Pflicht und den Folgen der Abnahme nicht entziehen. Entscheidend ist aber eben, ob eine Abnahmeverweigerung unberechtigt ist oder nicht, und dies hängt allein davon ab, ob die Leistung eigentlich abnahmereif ist oder nicht. 10

Der Auftragnehmer kann dem Auftraggeber mitteilen, dass er seine Leistung für abnahmereif hält. Dies macht der Auftragnehmer, indem er den Auftraggeber zur Abnahme auffordert. Diese Möglichkeit gibt das Gesetz dem Auftragnehmer in § 640 Abs. 2 BGB. Nach Ablauf der Frist gilt die Leistung als abgenommen, wiederum aber nur, wenn sie fertiggestellt war. 11

Die Vertragspartner haben die Möglichkeit, **Teilabnahmen** zu vereinbaren. In diesem Fall fällt bei jeder Teilabnahme Vergütung für die abgenommenen Leistungen an. Das BGB sieht – anders als die VOB/B – keine Teilabnahmen ohne ausdrückliche Vereinbarung vor. 12

II. Kündigung

Auch bei einer Kündigung des Vertrages muss für die Fälligkeit des Werklohnes eine Abnahme erfolgen. Von der **Abnahme** hängen wichtige Rechtsfolgen ab und der BGH hat deswegen entschieden, dass auch bei einer Kündigung die erbrachten Leistungen abgenommen werden müssen.[1] 13

---

1 BGH, Urteil v. 11.5.2006 – VII ZR 146/04.

D. Abrechnung erforderlich?

Zur Frage der Abrechnung wird auf die Erläuterung zu § 632 BGB, Rn. 28 ff. verwiesen.

E. Subunternehmerverträge

I. Sonderregelung des Abs. 2

14 Zugunsten von Subunternehmern enthält § 641 Abs. 2 BGB eine Ausnahmeregelung. Zur Verdeutlichung der Sprachregelung dieser Erläuterung sollen kurz die Vertragsverhältnisse dargestellt werden:

15 Ziel der Regelung ist es, dem Subunternehmer einen Zahlungsanspruch gegen den Auftragnehmer zu geben, wenn dieser vom Bauherren sein Geld erhalten hat oder nach einer Abnahme die Abwesenheit von wesentlichen Mängeln feststeht.

16 **Voraussetzungen** für die Fälligkeit des Subunternehmer-Werklohnes sind damit

- ein mehrstufiges Auftragsverhältnis, also mindestens zwei Verträge zwischen Haupt-Auftraggeber und Auftragnehmer sowie Auftragnehmer und Subunternehmer;
- die Verträge müssen die identische Leistung betreffen;
- ggf. Sicherheitsleistung, wenn der Auftragnehmer dem Haupt-Auftraggeber Sicherheit für Mängel geleistet hat.

Hinzukommen muss, dass entweder

- der Haupt-Auftraggeber den Auftragnehmer bezahlt hat oder
- die Leistungen abgenommen hat oder sie als abgenommen gilt oder
- dem Subunternehmer über das Vorliegen dieser Umstände keine Auskunft erteilt wurde.

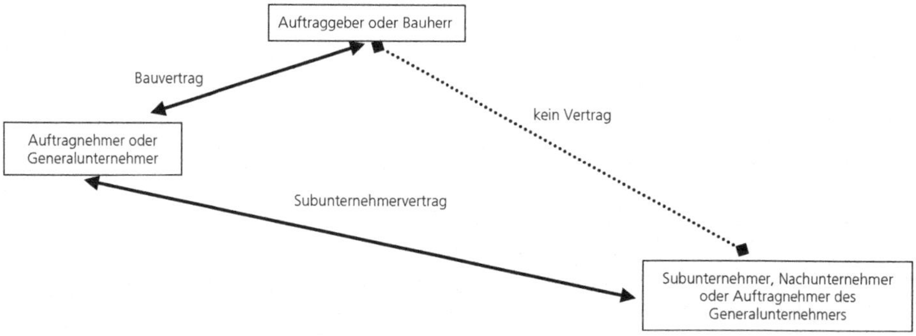

Abbildung: Subunternehmerverhältnisse

17 Die Mehrstufigkeit der Vertragsverhältnisse – wie oben in der Grafik dargestellt – ist einfach nachzuweisen. Nicht ganz so einfach ist es dagegen mit der **Identität der Leistungen**. Wenn ein Subunternehmer nur bewegliche Gegenstände herstellt und anliefert, fällt sein Vertrag rechtlich gesehen ganz oft unter das Kaufvertragsrecht, wo es keine dem § 641 Abs. 2 BGB vergleichbare Regelung gibt. Viele Leistungen kann der Auftragnehmer aber auch gegenüber dem Haupt-Auftraggeber gar nicht selbstständig abrechnen, z.B. weil sie echte Nebenleistungen darstellen. Einfaches Beispiel sind die Gerüste, die der Haupt-Auftraggeber regelmäßig nicht separat vergütet. Das gleiche Problem stellt sich aber auch für andere Leistungen wie Schalungen oder Planungsleistungen.

18 Für derartige Leistungen wird sich auch oft genug das Problem stellen, ob der Haupt-Auftraggeber sie denn bereits dem Auftragnehmer bezahlt hat oder nicht. Die Bezahlung durch den Haupt-Auftraggeber ist die wichtigste und zugleich schwierigste Voraussetzung dafür, dass der Werklohn des Subunternehmers fällig wird. Für diese Voraussetzung – wie für alle ande-

ren – ist der Subunternehmer beweispflichtig, d.h., er muss ggf. vor Gericht beweisen, dass der Auftraggeber genau für seine Leistungen bezahlt hat.

Aus Sicht des Subunternehmers bedeutet diese Beweislast ein erhebliches Problem: Wie soll er eine Zahlung auf seine Leistungen nachweisen, wenn der Auftragnehmer Leistungen mehrerer Subunternehmer in einer Abschlagsrechnung zusammenfasst und der Haupt-Auftraggeber hierauf nur 80% zahlt? Woher soll der Subunternehmer überhaupt wissen, wann der Auftragnehmer welche Leistungen abrechnet und wann der Haupt-Auftraggeber welche Rechnungen bezahlt? Welche Folgen hat es für den Subunternehmer, wenn der Haupt-Auftraggeber eine Rechnung wegen Mängeln bei ganz anderen Leistungen nicht bezahlt? 19

Alternativ kann der Subunternehmer seine Vergütung verlangen, wenn der Auftraggeber seine Leistungen abgenommen hat oder sie – nach § 640 Abs. 2 BGB nach Fristablauf – als abgenommen gelten. Eine Voraussetzung der **Abnahme** ist, dass die betroffenen Leistungen frei von wesentlichen Mängeln sind. Nimmt also der Bauherr die Leistungen ab, so ist anzunehmen, dass keine wesentlichen Mängel vorliegen – auch wenn der Vertragspartner des Subunternehmers die Abnahme nicht erklärt hat! 20

Der Gesetzgeber hat auch erkannt, dass Subunternehmer normalerweise gar nicht wissen können, wie sich das Vertragsverhältnis von Haupt-Auftraggeber und Auftraggeber entwickeln. Ob und wann der Haupt-Auftraggeber bezahlt oder die Leistungen abnimmt, erfährt ein Subunternehmer eben nicht. Daher hat der Gesetzgeber dem Subunternehmer die Möglichkeit gegeben, den Auftraggeber um **Auskunft** zu bitten, ob seine Leistungen vom Haupt-Auftraggeber bezahlt bzw. abgenommen wurden. **Schweigt** der Auftraggeber auf diese Anfrage, wird der Werklohn des Subunternehmers fällig, so ausdrücklich § 641 Abs. 2 S. 1 Nr. 3 BGB. 21

Eine Sonderregelung enthält § 641 Abs. 2 BGB für den Fall, dass der Auftragnehmer dem Auftraggeber für **Mängel** Sicherheit leistet und nur deswegen eine Zahlung erhält. Der Subunternehmer muss dann ebenfalls eine Sicherheit stellen, um seinerseits seinen Werklohn fordern zu dürfen. 22

Wenn der Haupt-Auftraggeber nur Teile der auf die Subunternehmer-Leistung entfallenden Vergütung bezahlt, hat der Subunternehmer auch nur Anspruch auf eine teilweise Vergütung. Nicht geklärt ist wiederum, ob der Auftragnehmer die von ihm einkalkulierten Teile für Wagnis und Gewinn einbehalten kann. 23

Praxistipp:

▶ *Wie soll sich ein Hauptauftraggeber verhalten, wenn sich ein Subunternehmer an ihn wendet und um Auskunft über Zahlungen an den Auftragnehmer bittet?*

Der Subunternehmer hat auf eine derartige Auskunft keinen Anspruch. Der Hauptauftraggeber muss bedenken, dass es für seinen Auftragnehmer nachteilig sein kann, wenn der Haupt-Auftraggeber eine Auskunft erteilt. Der Hauptauftraggeber wiederum hat normalerweise keine Vorteile, wenn Ansprüche des Subunternehmers fällig werden.

Deswegen ist der Haupt-Auftraggeber regelmäßig gut beraten, wenn er dem Subunternehmer keine Auskunft erteilt.

II. Abweichende Vereinbarungen

Zumindest in AGB kann der Auftragnehmer keinen vollständigen Verzicht auf dieses Recht zu Lasten des Subunternehmers wirksam vereinbaren. 24

F. Weitere Voraussetzungen für die Fälligkeit

25 Der Auftraggeber kann weitere Voraussetzungen für die Fälligkeit des Werklohnes **vereinbaren**.

So kann es sinnvoll sein, die Fälligkeit an einen erfolgreichen Probebetrieb (wenn er nicht sowieso vor der Abnahme stattfindet) oder andere leistungsbezogene Faktoren binden.

Formulierungsvorschlag:

> Die Schlussrechnung des Auftragnehmers wird erst fällig, wenn das Gebäude innerhalb der ersten zwölf Monate nach Abnahme nicht mehr als 12.000 kWh für Klimatisierung und Allgemeinstrom benötigt.

26 Gerade öffentliche Auftraggeber sind an einer prüfbaren Schlussrechnung interessiert. Nur so können sie die erbrachten Leistungen prüfen. Außerdem benötigen sie die Schlussrechnung oft für Zuwendungszwecke oder für die Anlagenbuchhaltung. Weil das BGB eine solche Abrechnung vom Auftragnehmer nur für BGB-Bauverträge verlangt, muss der Vertrag bei anderen Werkverträgen entsprechend ergänzt werden. Ein Formulierungsvorschlag und Hinweise finden sich oben bei § 632 BGB, Rn. 30.

G. Druckzuschlag bei Mängeln, Abs. 3

27 Mängel der Leistung sind für den Auftraggeber problematisch: Er hat selber meist nicht die Fachkenntnisse und die Werkzeuge, sie selber zu beseitigen. Oft ist die Ursache der Mängel unklar, genauso wie die Methode und die Kosten der Beseitigung.

28 Der Auftragnehmer ist zur Beseitigung der Mängel verpflichtet. Um die Mängelbeseitigung für den Auftragnehmer reizvoll zu machen, hat die Rechtsprechung dem Auftraggeber schon lange erlaubt, ein Mehrfaches der voraussichtlichen Mängelbeseitigungskosten zurückzuhalten. Dieses Recht hat der Gesetzgeber in § 641 Abs. 3 BGB aufgenommen, wobei er es allerdings Anfang 2009 zu Lasten der Auftraggeber verändert hat.

29 Das Gesetz spricht ausdrücklich den Fall an, dass der Auftragnehmer nach der Abnahme Mängel feststellt. Aber auch **vor der Abnahme** darf der Auftraggeber wegen der Mängel Werklohn zurückbehalten. Man kann sagen, dass er diese Möglichkeit vor der Abnahme erst recht haben muss: Der Auftragnehmer muss mit einer mangelfreien Werkleistung in Vorlage gehen, bevor es überhaupt zur Abnahme und damit zur Fälligkeit des Werklohnes kommt.

30 Vor der Abnahme darf der Auftraggeber bei Abschlagszahlungen nach § 632a BGB ebenfalls in der Regel das Doppelte der voraussichtlichen Mängelbeseitigungskosten zurückhalten.

Zu der Höhe des einzuhaltenden Betrages sagt das Gesetz ausdrücklich, dass der Auftraggeber in der Regel das Doppelte der voraussichtlichen Mängelbeseitigungskosten ansetzen darf. Ein höherer Ansatz ist auch möglich, allerdings muss der Auftraggeber dies begründen können.

Mögliche Begründungen für einen im Einzelfall **höheren Einbehalt** sind besonders hohe Ungewissheiten bei der Abschätzung der Mangelbeseitigungskosten. Es gab nach dem alten Recht Ausnahmefälle, in denen wegen der besonderen Umstände das 21-Fache für zulässig gehalten wurde[2], doch ist dies für den Normalfall deutlich übertrieben und wohl mit dem neuen Recht kaum noch zu vereinbaren.

31 Wenn der Auftraggeber zu Recht einen Einbehalt wegen Mängeln macht, wird der Werklohn des Auftragnehmers insoweit nicht fällig. Der Auftraggeber gerät nicht in Verzug, sodass der Auftragnehmer auch keinerlei Rechte wie Verzugszinsen, Schadensersatz etc. geltend machen kann. Allerdings kann der Auftragnehmer eine Sicherheit nach § 650f BGB verlangen und seinerseits deswegen ein Recht zur Einstellung der Arbeiten haben. In einem solchen Fall

2 OLG Oldenburg, NJW-RR 1996, S. 817 (wegen mehrerer fehlgeschlagener Nachbesserungsversuche).

muss einer der beiden Vertragspartner die Ansprüche der anderen Seite erfüllen, um die Pattsituation aufzulösen. Es muss also entweder der Auftraggeber die geforderte Sicherheit stellen oder der Auftragnehmer muss die Mängel beseitigen. Eine Beseitigung zu Lasten des Auftragnehmers ist nach einem Sicherheitsverlangen nicht zulässig!

Das Zurückbehaltungsrecht des Auftraggebers endet, wenn er den Anspruch auf die Mängelbeseitigung verliert. So darf der Auftraggeber nach erklärter Minderung nicht mehr die Mängelbeseitigung fordern, ein Druckzuschlag (zusätzlich zur Minderung) wäre offensichtlich unbillig.

Das Zurückbehaltungsrecht ist **ausgeschlossen** 32

- wenn der Auftraggeber wegen des Mangels vom Vertrag zurückgetreten ist;
- wenn der Auftraggeber wegen des Mangels gemindert hat.

Wenn der Auftraggeber dem Auftragnehmer eine Mängelbeseitigung verweigert hat, darf er zwar noch Geld zurückbehalten, allerdings dürfte dann das Doppelte der voraussichtlichen Mängelbeseitigungskosten unbedingt die Obergrenze sein. Aus Sicht des Auftragnehmers ist es widersprüchlich, einerseits die Mängelbeseitigung zu fordern und mit einem Druckzuschlag durchzusetzen, andererseits die tatsächliche Beseitigung aber zu verweigern.

Auch wenn ein **Sicherheitseinbehalt** vereinbart ist, darf der Auftraggeber den Druckzuschlag zurückhalten. Nur bei der Höhe des Einbehaltes ist der Sicherheitseinbehalt zu berücksichtigen. Da der Einbehalt aber für alle zukünftigen Mängel sein soll, kann er nicht voll auf den Druckzuschlag angerechnet werden. 33

Der Auftraggeber sollte den Auftragnehmer darüber **informieren**, warum er den Werklohn nicht auszahlt, indem er ihn auf die Mängel hinweist und den Einbehalt darstellt. Dies ergibt sich aus der allgemeinen Kooperationspflicht der Vertragspartner. Der Auftraggeber kann sich natürlich auch stillschweigend und ohne Mitteilung an den Auftragnehmer auf sein Zurückbehaltungsrecht stützen, aber er kann den Auftragnehmer durch die Mitteilung z.B. am Rücktritt hindern. Wenn dem Auftragnehmer der Grund für eine an sich berechtigte Zahlungseinstellung nicht bekannt ist, kann er nämlich durchaus wegen unterbliebener Zahlung zurücktreten. Dies kann der Auftraggeber durch die Mitteilung verhindern. 34

Praxistipp:

Wie ist ein Zurückbehaltungsrecht geltend zu machen?

- *Der Mangel ist festzustellen.*
- *Die Kosten für die Beseitigung sind zu schätzen.*
- *Es empfiehlt sich, den Auftragnehmer über den Einbehalt zu informieren.*

Formulierungsvorschlag für eine Information über Einbehalt: 35

Behörde für ländliches Bauen
Mauerstraße 4711
12345 Hochbaustadt
[Datum]

Maurerbetrieb
Egon Lotrecht
Ziegelgasse 12
98765 Wandhausen

Sehr geehrter Herr Lotrecht,

die von Ihnen errichtete Mauer ist mangelhaft, weil die Krone nicht gegen eintretendes Regenwasser geschützt ist. Hiermit fordere ich Sie auf, diesen Mangel zu beseitigen. Bis zu Beseitigung werden wir das Doppelte der voraussichtlichen Mängelbeseitigungskosten in Höhe von 800 €, also insgesamt 1.600 €, einbehalten.

Mit freundlichen Grüßen

Meyer

Oberbaurat

H. Beginn der Verzinsung

36 Nach § 640 Abs. 4 BGB beginnt die Verzinsung eines fälligen Zahlungsanspruches sofort mit der Abnahme. Anders als nach der VOB/B muss der Auftragnehmer dem Auftraggeber aber keine Nachfrist setzen.

37 Für den Beginn der Verzinsung gibt es vier Fälle:

- bei Fälligkeit mit der Abnahme
- wenn der Auftragnehmer eine **Zahlungsfrist** setzt mit Ablauf dieser Frist, sonst
- dreißig Tage nach Zugang der Rechnung oder
- bei endgültiger und ernsthafter Zahlungsverweigerung des Auftraggebers.

Besonders der erste Fall, also die automatische Verzinsung, ist für die Praxis nach wie vor ungewohnt. Der Auftraggeber darf sich nicht darauf verlassen, dass der Auftragnehmer für seine Zinsen „etwas tun muss", der Auftragnehmer erhält seine Zinsen auch durch reines Zuwarten. Daher hat es keinerlei Zweck, eine (berechtigte) Rechnung einfach zurückzusenden. Rechtlich hat eine solche Rücksendung keine Folgen.

38 Die Zinsen haben eine ganz erhebliche Höhe. Nach § 288 BGB liegen sie zwischen Unternehmen neun Punkte über dem Basiszinssatz. Der Basiszinssatz kann über die Web-Seite der Bundesbank abgerufen werden.

§ 642 BGB
Mitwirkung des Bestellers

(1) Ist bei der Herstellung des Werkes eine Handlung des Bestellers erforderlich, so kann der Unternehmer, wenn der Besteller durch das Unterlassen der Handlung in Verzug der Annahme kommt, eine angemessene Entschädigung verlangen.

(2) Die Höhe der Entschädigung bestimmt sich einerseits nach der Dauer des Verzugs und der Höhe der vereinbarten Vergütung, andererseits nach demjenigen, was der Unternehmer infolge des Verzugs an Aufwendungen erspart oder durch anderweitige Verwendung seiner Arbeitskraft erwerben kann.

A. Allgemeines

I. Bedeutung des § 642 BGB

1 Auftraggeber sind auch während der Ausführung von Bauvorhaben gefordert. Sie können nicht davon ausgehen, dass sie dem Auftragnehmer einen Auftrag geben und sich dann erst wieder am Tag der Abnahme um das Bauvorhaben kümmern müssen. Jeder Auftraggeber muss dem Auftragnehmer

- den Zutritt und das Arbeiten auf der Baustelle ermöglichen;
- zuverlässige Pläne zur Verfügung stellen;
- die Baugenehmigung zur Verfügung stellen;
- ggf. notwendige Entscheidungen über Änderungen oder Bemusterungen mitteilen.

Wenn der Auftraggeber gegen diese **Obliegenheiten** verstößt und der Auftragnehmer bereit zur Leistung ist, kann der Auftragnehmer nicht arbeiten. Eine eintretende Terminüberschreitung hat der Auftragnehmer dann nicht zu vertreten, er befindet sich daher nicht im Verzug im rechtlichen Sinne. Der Auftragnehmer hat sogar die Möglichkeit, gegen den Auftraggeber vorzugehen und ggf. eine **Entschädigung** geltend zu machen oder den Vertrag zu kündigen.

II. § 642 BGB und VOB/B

Die VOB/B enthält keine von § 642 BGB abweichende Regelung. § 642 BGB gilt unbeschränkt auch für VOB-Verträge. Die VOB/B enthält zusätzlich nur in §§ 3 und 4 BGB eine nähere Beschreibung der gegenseitigen Pflichten und damit auch der Mitwirkungspflichten des Auftraggebers. Zusätzlich enthält die VOB/B in § 6 Abs. 6 VOB/B eine verschuldensabhängige Schadensersatzpflicht bei Pflichtverletzungen. 2

B. Mitwirkungshandlungen

Der Auftraggeber hat je nach Art der Baudurchführung unterschiedliche Obliegenheiten. In jedem Fall muss er aber dem Auftragnehmer die Möglichkeit geben, auf die Baustelle zu kommen und dort zu arbeiten. 3

Wenn also die Baustelle nicht betreten werden kann, geht dies zu Lasten des Auftraggebers. Dies betrifft insbesondere den Fall, dass dort ein anderer Unternehmer tätig ist und den Auftragnehmer an der Arbeitsaufnahme hindert. Bei diesem Beispiel wird auch ein wichtiger Unterschied zu anderen Ansprüchen (wie z.B. Schadensersatz nach § 6 Abs. 6 VOB/B) sichtbar. Der behindernde Unternehmer ist nämlich nicht Erfüllungsgehilfe des Auftraggebers, der Auftraggeber haftet vielmehr unabhängig davon, ob er die Verzögerung zu vertreten hat oder nicht. Diese verschuldensunabhängige Haftung für die Erfüllung seiner Obliegenheiten macht § 642 BGB für den Auftraggeber durchaus problematisch.

Deswegen muss besonders darauf hingewiesen werden, dass § 642 BGB nur Obliegenheiten des Auftraggebers betrifft. So ist es beispielsweise keine Obliegenheit des Auftraggebers, für gutes **Wetter** zu sorgen[1]. Kommt es zu Unwettern, ist dies keine Obliegenheitsverletzung des Auftraggebers und der Auftragnehmer kann die dargestellten Ansprüche Entschädigung und Kündigung nicht geltend machen. 4

In die gleiche Richtung geht die Verpflichtung des Auftraggebers, für die **Baugenehmigung** zu sorgen. Wenn der Auftraggeber keine Baugenehmigung hat und es deswegen zu einem behördlich angeordneten Baustopp kommt, geht dies zu Lasten des Auftraggebers. 5

Aber auch die Lieferung von **Plänen** ist eine wichtige Aufgabe des Auftraggebers. Ohne die vom Auftraggeber zu bringende Planung kann der Auftragnehmer nicht arbeiten, das erschließt sich von selbst. Sehr oft stellt sich aber die Frage, wann der Auftraggeber eine bestimmte Planung zu bringen hatte. Mit welchen **Übergabeterminen** darf bzw. muss der Auftragnehmer rechnen? Auftragnehmer werden oft versuchen, eine möglichst frühe Planübergabe zu fordern und argumentativ zu verteidigen. Auftraggeber können diese Termine aber oft nicht einhalten und sind dann gezwungen, andere Übergabetermine zu belegen. 6

Um diesen Problemen aus dem Weg zu gehen, empfiehlt sich eine klare Regelung im Bauvertrag.

1 BGH v. 20.4.2017, VII ZR 194/13.

Formulierungsvorschlag:

§ Planübergabe

Variante 1:

Der Auftragnehmer erhält die fertige Ausführungsplanung am 30.9.2014.

Variante 2:

Der Auftragnehmer erhält die Ausführungsplanung jeweils sechs Wochen vor dem vereinbarten Beginn der Arbeiten.

Variante 3:

Der Auftragnehmer erhält die Ausführungsplanung entsprechend der Planlieferliste, die Anlage zu diesem Vertrag ist.

7 Es gibt einzelne Entscheidungen, bei denen aus dem vereinbarten **Bauzeitenplan** eine Planlieferfrist des Auftraggebers ermittelt wird bzw. werden kann. Diese Gefahr besteht tatsächlich, zumal eines feststeht: Wird ein Bauzeitenplan vereinbart, muss offensichtlich allerspätestens bei Beginn des jeweiligen Arbeitsschrittes die fertige Planung vorliegen. Im Hinblick auf Liefer- und Vorbereitungszeiten benötigen Auftragnehmer jedoch oft eine gewisse Vorlauffrist. Wie lange diese Vorlauffrist sein soll, ist jedoch kaum mit Sicherheit festzustellen, was wiederum für eine klare Regelung im Vertrag spricht.

C. Verstoß und fehlende Leistungsbereitschaft des Auftragnehmers

8 Eine Obliegenheitsverletzung des Auftraggebers hat nur dann Folgen, wenn der Auftragnehmer dadurch bei der Durchführung seiner Leistung beeinträchtigt ist. Vereinfacht ausgedrückt: Wenn der Auftragnehmer sowieso nicht auf der Baustelle bereitsteht, dann kann eine fehlende Planung keine Auswirkungen auf den Bauablauf haben. Der Auftragnehmer muss also **leistungsbereit** sein, er muss dem Auftraggeber die Ausführung der Leistungen anbieten.

9 Dabei reicht es aus, wenn der Auftragnehmer seine Leistungsbereitschaft schriftlich oder mündlich anzeigt. Warum sollte ein Auftragnehmer auf der Baustelle erscheinen, wenn er wegen fehlender Vorleistungen sowieso nicht arbeiten kann?

D. Behinderungsanzeige

10 Eine **Behinderungsanzeige** im strengen Sinne ist bei einem reinen BGB-Vertrag nicht notwendig. Der Auftragnehmer muss jedoch seine Leistung anbieten. Dies läuft letztlich darauf hinaus, dass der Auftragnehmer nach Art einer Behinderungsanzeige mitteilen muss, dass er arbeitswillig ist, aber aus bestimmten Gründen nicht arbeiten kann. Diese Gründe muss er dem Auftraggeber mitteilen, um dem Auftraggeber die Möglichkeit zu geben, die Behinderung zu beseitigen.

Formelle Anforderungen an diese Anzeige gibt es – anders als bei der VOB/B – nicht. So reicht auch eine mündliche Mitteilung, dass der Auftragnehmer leistungsbereit ist.

Formulierungsbeispiel für eine Behinderungsanzeige: 11

Maurerbetrieb
Egon Lotrecht
98765 Wandhausen
[Datum]

Behörde für städtisches Bauen
Herrn Oberbaurat Meyer
Mauerstraße 4711
12345 Hochbaustadt

Sehr geehrter Herr Meyer,

hiermit melde ich an, dass ich bei der Durchführung meiner Leistungen behindert bin. Als ich gestern mit der Anlieferung meiner Baustelleneinrichtung beginnen wollte, musste ich feststellen, dass keinerlei Lagerplätze für Maschinen und Baustoffe vorhanden sind. So kann ich auch den vereinbarten Baustellencontainer nicht aufstellen. Alle im Vertrag zugesagten Lagerplätze werden von anderen Firmen benutzt.

Ich kann die Baustelleneinrichtung erst ausführen, wenn die im Vertrag zugesagten Lagerplätze frei sind. Ein Arbeitsbeginn ist damit im Moment ausgeschlossen.

Bitte teilen Sie mir mit, wann die Lagerplätze zur Verfügung stehen.

Mit freundlichen Grüßen

Lotrecht

E. Rechtsfolge

I. Bauzeitverlängerung

12 Das BGB spricht es nicht ausdrücklich an, aber es ist eigentlich schlüssig, dass der Auftragnehmer bei einer Obliegenheitsverletzung des Auftraggebers auch Anspruch auf Verlängerung der Bauzeit hat. Die genaue **Dauer** dieser Verlängerung richtet sich nach der Art der Obliegenheitsverletzung und ihren Auswirkungen auf den Bauablauf.

Der Auftragnehmer muss nachweisen, dass der Auftraggeber eine Obliegenheit verletzt hat und dass ihn dies bei der Durchführung seiner Leistung aufgehalten hat. Außerdem muss er nachweisen, in welchem Umfang sich seine Bauzeit aufgrund dieser Behinderung verlängert. Eine von Auftragnehmern oft verlangte Schätzung oder eine Vermutung bestimmter Folgen muss der Auftraggeber nicht hinnehmen, er kann einen genauen Nachweis verlangen. Lediglich bei der Höhe einer Entschädigung kann der Auftragnehmer eine Schätzung verlangen, sofern er ausreichende Anhaltspunkte für diese Schätzung nachgewiesen hat.

Praxistipp: 13

▶ *Die Rechtsprechung zu den Nachweispflichten des Auftragnehmers ist relativ streng. Der Auftragnehmer muss genau nachweisen,*

- *wie er nach dem Bauvertrag arbeiten sollte*
- *dass er – abgesehen von der Behinderung – auch wie vereinbart gearbeitet hat*
- *welche Behinderung eingetreten ist*
- *welche Auswirkungen diese auf den bauvertraglich vorgesehenen Bauablauf hatte.*

Auf der Kostenseite muss der Auftragnehmer nachweisen

- *wie er die Kosten der Ausführung kalkuliert hat und*
- *welche behinderungsbedingten Mehrkosten entstanden sind.*

Hierzu wird der Auftragnehmer regelmäßig genaue **Bauablaufpläne** vorlegen müssen. Aus Sicht des Auftraggebers dürfte dabei wichtig sein, ob der Auftragnehmer überhaupt wie vertraglich gearbeitet hat oder zumindest bereit war, so zu arbeiten.

14 Auftraggeber sollten daher bei Auftreten von Behinderungen stets selber aktiv werden und den Stand der Baustelle und die Aktivitäten des Auftragnehmers genau dokumentieren. Im Nachhinein ist es schwierig, wenn nicht unmöglich, eine fehlende Leistungsbereitschaft des Auftragnehmers **nachzuweisen** oder vorzutragen, dass der vom Auftragnehmer behauptete tatsächliche Bauablauf falsch ist.

15 Kommt es zu mehreren Behinderungen, so kann ein Auftragnehmer die eingetretenen Behinderungszeiten nicht einfach addieren. Er muss vielmehr nachweisen, wie der Bauablauf zum Zeitpunkt der jeweiligen Behinderung geplant war und welche Folgen die eintretende Behinderung hatte. Die Nachweispflicht des Auftragnehmers bei mehreren Behinderungen umfasst:

- Behinderung I
  - Behinderung I mit Grund der Behinderung, Behinderungsanzeige
  - tatsächliche Auswirkungen der Behinderung I
  - zeitliche Folgen im Vergleich zum Ausgangs-Bauzeitenplan
  - finanzielle Folgen im Vergleich mit Vertragskalkulation
- Behinderung II
  - Behinderung II mit Grund der Behinderung, Behinderungsanzeige
  - tatsächliche Auswirkungen der Behinderung II
  - zeitliche Folgen im Vergleich zum wegen Behinderung I angepassten Bauzeitenplan
  - finanzielle Folgen im Vergleich mit wegen Behinderung I angepasster Kalkulation

II. Entschädigungsanspruch

16 Nach der ausdrücklichen Regelung des § 642 Abs. 1 BGB hat der Auftragnehmer einen Anspruch auf eine angemessene Entschädigung, wenn der Auftraggeber gegen eine Obliegenheitsverpflichtung verstößt. Zu der **Höhe** dieser Entschädigung findet sich etwas mehr im zweiten Absatz von § 642 BGB. Danach richtet sich die Höhe der Entschädigung einerseits nach der Dauer des Verzugs und der Höhe der vereinbarten Vergütung. Außerdem ist zu berücksichtigen, was sich der Auftragnehmer an Aufwendungen erspart.

17 Auch für den **Nachweis** der Entschädigung gilt, dass der Auftragnehmer hierzu sehr detailliert vortragen muss. Er muss nachweisen, welche Kosten ursprünglich kalkuliert waren und welche Folgen die jeweilige Behinderung hatte.

18 Es gibt gewisse Ähnlichkeiten zwischen der Berechnung des Schadens nach § 6 Abs. 6 VOB/B und der Berechnung der Entschädigung nach § 642 Abs. 2 BGB. So gibt es auch bei § 642 BGB für den Auftragnehmer keinen Gewinn und kein Wagnis. Entschieden ist aber, dass der Auftragnehmer insoweit Umsatzsteuer geltend machen muss[2]. Deshalb muss der Auftragnehmer bei der Darstellung seiner Ansprüche genau differenzieren, worauf er sich stützt. Die in der Regel möglichen Ansprüche unterscheiden sich bei der Erstattung von Wagnis und Gewinn und der Umsatzsteuerpflichtigkeit erheblich:

2 BGH, Urteil v. 24.1.2008, VII ZR 280/05.

Anspruchsgrundlage	Umsatzsteuerpflicht	Erstattung von Wagnis und Gewinn
§ 2 Abs. 5, Abs. 6 VOB/B	Ja	Ja
§ 642 BGB	Ja	Nein
§ 6 Abs. 6 VOB/B	Nein	Nein

Wenn der Auftragnehmer die Voraussetzungen für eine Bauzeitverlängerung nachweist, kann der Umfang der Entschädigung **geschätzt** werden, wenn der Auftragnehmer ausreichend **Anhaltspunkte** für eine solche Schätzung nachweist. Als Minimum ist zu fordern, dass der Auftragnehmer die betroffenen Kapazitäten und die für sie resultierenden Mehraufwände vorträgt. 19

III. Kündigung nach § 643 BGB

Der Auftragnehmer kann außerdem durch eine Fristsetzung erreichen, dass der Vertrag nach Fristablauf gekündigt ist. Bei der Fristsetzung muss der Auftragnehmer die Kündigung des Vertrages ankündigen. Nach Ablauf der Frist ist der Vertrag gewissermaßen **automatisch** gekündigt, der Auftragnehmer muss die Kündigung nicht ausdrücklich erklären. Die genauen Voraussetzungen und Folgen einer solchen Kündigung sind unten bei § 643 BGB erläutert. 20

§ 643 BGB
Kündigung bei unterlassener Mitwirkung

Der Unternehmer ist im Falle des § 642 berechtigt, dem Besteller zur Nachholung der Handlung eine angemessene Frist mit der Erklärung zu bestimmen, dass er den Vertrag kündige, wenn die Handlung nicht bis zum Ablauf der Frist vorgenommen werde. Der Vertrag gilt als aufgehoben, wenn nicht die Nachholung bis zum Ablauf der Frist erfolgt.

A. Allgemeines

I. Bedeutung des § 643 BGB

Die Vorschrift knüpft inhaltlich an § 642 BGB an und beschreibt, wie der Auftragnehmer den Vertrag kündigen kann, wenn der Auftraggeber eine Mitwirkungspflicht verletzt. Das Besondere und geradezu Gefährliche an dieser Kündigungsmöglichkeit ist, dass es gewissermaßen automatisch zu einer Kündigung kommen kann. 1

Der Auftragnehmer muss dem Auftraggeber eine Frist setzen und ihm die Kündigung androhen. Dann muss nur noch die gesetzte Frist ablaufen und der Vertrag ist gekündigt. Diese Vertragsbeendigung tritt mit Fristablauf automatisch ein. Der Auftragnehmer muss also keine Kündigung mehr aussprechen! Er kann umgekehrt die Vertragsbeendigung auch nicht mehr verhindern, wenn er einmal die Frist gesetzt hat.

Da der Auftragnehmer bei den nicht erbrachten Leistungen aber nur die entstandenen Auslagen erstattet erhält, ist dieser Weg für Auftragnehmer regelmäßig **nicht interessant**. 2

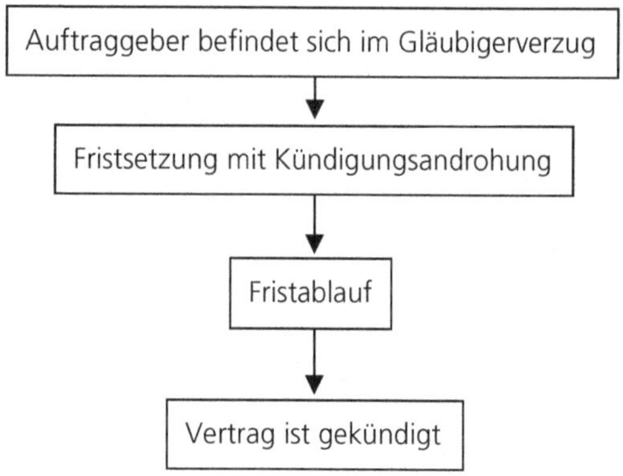

Es ist keine ausdrückliche Kündigung erforderlich!

Abbildung: Ablauf mit Hinweis auf automatische Kündigung

II. § 643 BGB und VOB/B

Die VOB/B enthält keine von § 643 BGB abweichende Regelung. § 643 BGB gilt unbeschränkt auch für VOB-Verträge.

B. Voraussetzungen für die Kündigung/Vertragsbeendigung

3 Die Voraussetzungen für die Kündigung bzw. die automatisch erfolgende Vertragsbeendigung sind

- Verletzung einer Mitwirkungspflicht durch den Auftraggeber;
- Setzen einer angemessenen Pflicht durch den Auftragnehmer;
- Androhung der Kündigung bei der Fristsetzung;
- Ablauf der gesetzten Frist.

4 Der Auftragnehmer muss also keine ausdrückliche Kündigung erklären, um den Vertrag zu beenden; diese Rechtsfolge tritt allein aufgrund des Fristablaufes ein.

Die Mitwirkungspflichten des Auftraggebers sind u.a., dass er dem Auftragnehmer den Zugang zur Baustelle gewährt und ihm die Möglichkeit gibt, zu arbeiten. Auch die Sicherung der Baugenehmigung und die Übergabe von Plänen gehört zu diesen Mitwirkungspflichten. Näheres ist oben bei § 642 BGB erläutert. Voraussetzung für eine Kündigung nach § 643 BGB ist natürlich, dass der Auftraggeber tatsächlich gegen eine bestehende Mitwirkungspflicht verstößt. Dies muss der Auftragnehmer nachweisen.

5 Wie lange eine „angemessene" Frist sein muss, ist leider nicht allgemein zu sagen. Es hängt auch davon ab, welche **konkrete Leistung** der Auftraggeber erbringen muss. Die Beistellung von Plänen ist regelmäßig schneller zu leisten als etwa das Herbeiführen einer Baugenehmigung. Eine Fristsetzung ist übrigens auch hier entbehrlich, wenn der Auftraggeber eine bestimmte Leistung endgültig verweigert. Der Auftraggeber sollte daher mit der endgültigen Ablehnung geforderter Mitwirkungsleistungen vorsichtig sein, der Auftragnehmer kann dies ggf. nutzen, um sich ohne Fristsetzung vom Vertrag zu lösen.

6 Zusammen mit der Fristsetzung muss der Auftragnehmer ankündigen, dass er den Vertrag nach Ablauf der Frist kündigen will. Dabei muss der Auftragnehmer ganz deutlich machen, dass er den Vertrag nach Fristablauf **unbedingt** beenden will. Es reicht z.B. nicht aus, wenn

sich der Auftragnehmer nach Fristablauf „alle rechtlichen Schritte vorbehält" oder „die Kündigung des Vertrages vorbehält".

Praxistipp:

Wie soll sich ein Auftraggeber verhalten, der eine Fristsetzung mit einer Kündigungsandrohung erhält?

- *Zuerst ist der Sachverhalt zu prüfen. Verletzt der Auftraggeber wirklich seine Mitwirkungspflicht?*
- *Um der Kündigungswirkung vorzubeugen, sollte der Auftraggeber im Zweifel versuchen, die Forderung des Auftragnehmers unter Vorbehalt zu erfüllen.*

Alternativ sollte er prüfen, ob wegen der für den Auftragnehmer eher nachteiligen Wirkungen die Beendigung des Vertrages zu provozieren ist.

Formulierungsvorschlag für ein Vorbehaltsschreiben:

Behörde für ländliches Bauen
Mauerstraße 4711
12345 Hochbaustadt
[Datum]

Maurerbetrieb
Egon Lotrecht
Ziegelgasse 12
98765 Wandhausen

Sehr geehrter Herr Lotrecht,

mit Schreiben vom ... [Datum] haben Sie uns aufgefordert, Ihnen noch fehlende Ausführungspläne für das 1. Stockwerk zu übergeben. Auch wenn wir Ihnen die Pläne bereits in der Baubesprechung vom ... [Datum] zur Verfügung gestellt haben, senden wir Ihnen beigefügt eine weitere Kopie der geforderten Pläne. Dies erfolgt nur vorsorglich und ohne Anerkenntnis einer Rechtspflicht oder einer Pflichtverletzung unsererseits.

Mit freundlichen Grüßen
Meyer
Oberbaurat

C. Wirkung der Kündigung im Überblick

Nach dem Fristablauf ist der Vertrag durch den Auftragnehmer gekündigt. Das heißt, dass der Auftrag **für die Zukunft** beendet ist, der Auftragnehmer muss keine weiteren Leistungen erbringen. Deswegen muss er z.B. auch nicht mehr die übernommenen Verkehrssicherungspflichten erfüllen. Die erbrachten Leistungen darf der Auftragnehmer abrechnen, er muss aber für sie die Gewährleistung übernehmen. 7

Der Auftragnehmer erhält aber auch für die nicht erbrachten Leistungen etwas, aber nur die Erstattung der entstandenen Auslagen. 8

Die Abrechnung wird im nachfolgenden Abschnitt noch näher erläutert.

	Abrechnung nach der Kündigung	
Für	Leistung Auftraggeber	Leistung Auftragnehmer
erbrachte Bauleistungen	vertraglich vereinbarte Vergütung	Gewährleistung
nicht erbrachte Bauleistungen	Erstattung der Auslagen	keine Leistung
fehlende Mitwirkung des Auftraggebers vor Kündigung	Entschädigung nach § 642 BGB besteht für Zeitraum Behinderung fort	

9 Damit der Auftragnehmer seine Leistungen abrechnen kann, muss er im Zweifel ein **Aufmaß** anfertigen. Dies muss ihm der Auftraggeber ermöglichen. Wenn der Auftraggeber das Aufmaß nicht zulässt, muss der Auftraggeber in einem späteren Prozess an der Stelle des Auftragnehmers nachweisen, welche Leistungen der Auftragnehmer erbracht hatte, wenn ein neues Aufmaß oder die Überprüfung des alten Aufmaßes nicht mehr möglich ist. Der Auftraggeber hat aber auch die Möglichkeit, den Auftragnehmer zu einem Aufmaß aufzufordern. Kommt der Auftragnehmer dieser Forderung nicht nach, muss der Auftragnehmer einen Fehler im Aufmaß des Auftraggebers nachweisen.

Praxistipp:

▶ *Was muss ein Auftragnehmer beachten, wenn der Vertrag nach § 643 BGB gekündigt ist?*

- *Anfertigung des Aufmaßes*
- *Sicherung und Entfernen von Geräten, Gerüsten, Material*

Praxistipp:

▶ *Was muss ein Auftraggeber beachten, wenn sein Auftragnehmer den Vertrag nach § 643 BGB gekündigt hat?*

- *Wenn vom Auftragnehmer gefordert, ein gemeinsames Aufmaß;*
- *Wenn Auftragnehmer kein Aufmaß fordert, einseitige Erstellung prüfen;*
- *Verkehrssicherungspflichten beachten!*

D. Abrechnung des gekündigten Vertrages

10 Beim gekündigten Vertrag muss der Auftragnehmer die erbrachte und die nicht erbrachte Leistung trennen und kann sie dann jeweils nach eigenen Vorschriften abrechnen.

I. Trennung erbrachter/nicht erbrachter Leistungen

11 Der Auftragnehmer muss nachweisen, welche Leistungen er erbracht hat und welche nicht. Hierzu muss er im Zweifel ein Aufmaß erstellen.

12 Besonders bei Pauschalverträgen ist diese Feststellung schwierig. Der Auftragnehmer wird zwar meist feststellen können, welche Leistungen er erbracht hat. Es ist bei Pauschalverträgen jedoch oft schwierig zu ermitteln, welche Leistungen noch fehlen. Aber der Auftragnehmer muss dies tun, weil er sonst bei der Vergütung nicht darlegen kann, welcher Teil der Vergütung auf die erbrachten, welcher auf die nicht erbrachten Leistungen entfällt. Damit kann er aber im Ergebnis seine Vergütung nicht ordnungsgemäß abrechnen.

II. Abrechnung erbrachter Leistungen

Für die erbrachten Leistungen kann der Auftragnehmer die vertraglich vereinbarte Vergütung abrechnen. 13

Bei Einheitspreisverträgen kann dies ganz normal erfolgen. Je nach Vereinbarung kann der Auftragnehmer verpflichtet sein, seine Leistungen prüffähig abzurechnen (vgl. oben zu § 632 BGB Rn. 28).

Bei Pauschalverträgen muss der Auftragnehmer nachweisen, inwieweit er Leistungen erbracht hat und welche Teile des Pauschalpreises er deswegen verlangen kann. Dazu muss er darlegen, welche Leistungen nicht erbracht sind und wie der Pauschalpreis auf die erbrachten und die nicht erbrachten Leistungen aufzuteilen ist. 14

III. Abrechnung nicht erbrachter Leistungen

Für die nicht erbrachten Leistungen kann der Auftragnehmer nicht die vereinbarte Vergütung abrechnen, sondern nur die bisher entstandenen Auslagen ersetzt verlangen. Grundlage ist die Vorschrift des § 645 Abs. 1 BGB. Dies betrifft beispielsweise die Kosten für beschaffte Materialien, Transporte oder für Genehmigungsgebühren. 15

Ein entgangener Gewinn ist dem Auftragnehmer nicht zu bezahlen. Dies dürfte einer der Gründe sein, warum Auftragnehmer nur selten den Weg über § 643 BGB gehen. 16

§ 644 BGB
Gefahrtragung

(1) Der Unternehmer trägt die Gefahr bis zur Abnahme des Werkes. Kommt der Besteller in Verzug der Annahme, so geht die Gefahr auf ihn über. Für den zufälligen Untergang und eine zufällige Verschlechterung des von dem Besteller gelieferten Stoffes ist der Unternehmer nicht verantwortlich.

(2) Versendet der Unternehmer das Werk auf Verlangen des Bestellers nach einem anderen Ort als dem Erfüllungsort, so findet die für den Kauf geltende Vorschrift des § 447 entsprechende Anwendung.

§ 645 BGB
Verantwortlichkeit des Bestellers

(1) Ist das Werk vor der Abnahme infolge eines Mangels des von dem Besteller gelieferten Stoffes oder infolge einer von dem Besteller für die Ausführung erteilten Anweisung untergegangen, verschlechtert oder unausführbar geworden, ohne dass ein Umstand mitgewirkt hat, den der Unternehmer zu vertreten hat, so kann der Unternehmer einen der geleisteten Arbeit entsprechenden Teil der Vergütung und Ersatz der in der Vergütung nicht inbegriffenen Auslagen verlangen. Das Gleiche gilt, wenn der Vertrag in Gemäßheit des § 643 aufgehoben wird.

(2) Eine weitergehende Haftung des Bestellers wegen Verschuldens bleibt unberührt.

A. Allgemeines

I. Bedeutung der §§ 644, 645 BGB

Die beiden Vorschriften § 644 BGB und § 645 BGB betreffen jeweils die Phase vor der Abnahme und legen fest, welche **Risiken** die Vertragspartner in dieser Phase tragen. Dies ist eine für jedes Bauvorhaben wichtige Regelung. Der Auftragnehmer trägt bis zur Abnahme die hauptsächlichen Risiken, so etwa das Risiko von Beschädigungen oder der Vernichtung der ganz oder teilweise fertig gestellten Leistung. Juristisch wird dies als die **Leistungsgefahr** bezeichnet. Wenn die Leistung vom Auftragnehmer noch einmal hergestellt werden muss, stellt 1 sich die Frage einer zusätzlichen Vergütung. Auch dies ist in diesen Vorschriften geregelt. Juristisch wird von **Vergütungsgefahr** gesprochen.

In weiten Teilen regeln beide Vorschriften außerdem einen Fall, der im Baubereich sicherlich eher die Ausnahme ist. Voraussetzung beider Vorschriften ist nämlich, dass der Auftraggeber dem Auftragnehmer die zu verarbeitenden Stoffe zur Verfügung stellt. Der Regelfall ist aber, dass der Auftragnehmer alle für den Werkerfolg erforderlichen Stoffe, Werkzeuge etc. selber einkauft und vorhält.

II. §§ 644, 645 BGB und VOB/B

Die VOB/B enthält vom BGB abweichende Regelungen. So ist § 7 VOB/B für den Auftragnehmer manchmal günstiger, soweit es um die zufällige Vernichtung oder Beschädigung geht.

In § 13 Abs. 3 VOB/B enthält die VOB/B ausdrücklich eine Hinweispflicht des Auftragnehmers, wenn der Auftraggeber ungeeignete Baustoffe stellt.

B. Leistungsgefahr

2 Die Leistungsgefahr betrifft wie angesprochen das Risiko, dass die vom Auftragnehmer ganz oder teilweise ausgeführte Leistung vor der Abnahme beschädigt oder vernichtet wird. In § 644 BGB wird die Phase vor der Abnahme angesprochen und geregelt.

Vor der Abnahme trägt allein der Auftragnehmer das Risiko, dass die Leistung beschädigt oder vernichtet wird.

Beispiele:

- *Der fast fertige Außenputz wird von randalierenden Globalisierungsbefürwortern mit Graffiti versehen.*
- *Der fast fertige Dachstuhl verbrennt, weil der Schweißer eines anderen Unternehmers unvorsichtig ist.*
- *Der eingebaute, aber noch nicht abgenommene Heizungskessel wird von Unbekannten gestohlen.*

In all diesen Fällen muss der Auftragnehmer seine Leistung noch einmal ausführen. Erst wenn er die Leistung ausgebessert bzw. erneut ausgeführt hat, kann er beispielsweise die Abnahme verlangen oder die Bezahlung der ausgeführten Leistungen.

Auch wenn der Auftraggeber die Beschädigung oder Vernichtung der Leistung zu vertreten hat, muss der Auftragnehmer sie ausbessern bzw. noch einmal herstellen. Ein Unterschied ergibt sich erst bei der Vergütung der dafür erforderlichen zusätzlichen Leistungen.

C. Vergütungsgefahr

3 Die sogenannte Vergütungsgefahr betrifft die Frage, wer die Kosten für die Ausbesserung bzw. Wiederherstellung der beschädigten oder vernichteten Leistung zu **bezahlen** hat.

Das Gesetz geht davon aus, dass der Auftragnehmer bis zur Abnahme für seine Leistung verantwortlich ist. Im Normalfall trägt daher der Auftragnehmer auch diese Vergütungsgefahr. Wird also die Leistung vor der Abnahme beschädigt oder vernichtet, muss der Auftragnehmer sie auf eigene Kosten in einen vertragsgerechten Zustand bringen.

4 Nur in **Ausnahmefällen** muss der Auftraggeber die Kosten für Reparatur oder Neuherstellung der Leistung übernehmen. Es ist dies

- nach Abnahme
- bei Annahmeverzug des Auftraggebers
- bei Schäden aus dem Verantwortungsbereich des Auftraggebers

Wenn als erster Ausnahmefall die Abnahme genannt wird, ist das nach dem oben Gesagten 5
eine Selbstverständlichkeit, da mit der Abnahme die Leistungsgefahr auf den Auftraggeber übergeht. Der Auftragnehmer hat seine Verpflichtung vertragsgemäß erfüllt und mit der Abnahme übernimmt der Auftraggeber das Risiko, dass die fertige Leistung beschädigt oder vernichtet wird.

Der zweite genannte Fall des Annahmeverzugs des Auftraggebers betrifft die Situationen, in 6
denen der Auftragnehmer seine Leistung **vollendet** haben will, aber nicht dazu gekommen ist, weil der Auftraggeber ihm das Weiterarbeiten nicht ermöglicht. Ganz deutlich ist dieser Annahmeverzug, wenn die Leistung fertig gestellt und abnahmereif ist, der Auftraggeber aber ohne sachlichen Grund die Abnahme verweigert. Aber auch bei einer vom Bauherrn angeordneten Arbeitseinstellung gehen Beschädigungen zu Lasten des Auftraggebers.

Die in der Praxis wichtigste Fallgestaltung betrifft Schäden aus dem Verantwortungsbereich 7
des Auftraggebers. Als Beispiele für diesen Verantwortungsbereich nennt das Gesetz selber den vom Auftraggeber gelieferten **Stoff** oder eine von ihm erteilte **Anordnung**. Aber nicht jede Anordnung führt dazu, dass der Auftraggeber für daraus resultierende Schäden haftet. Es muss vielmehr so sein, dass der Auftraggeber trotz Bedenkenhinweis des Auftragnehmers auf einer bestimmten Ausführungsweise besteht und dabei insbesondere das später eingetretene Risiko übernimmt.

Beispiel: 8

Der Auftraggeber wünscht eine bestimmte Ausführung des Daches. Der Auftragnehmer weist den Auftraggeber darauf hin, dass das fertige Dach möglicherweise undicht sein wird. Der Auftraggeber besteht auf der von ihm angeordneten Ausführung.

Vor Fertigstellung stürzt das Dach ein, weil die angeordnete Ausführungsweise instabil ist.

Auf diese Instabilität hatte der Auftragnehmer nicht hingewiesen und muss daher das Dach auf eigene Kosten entsprechend den Regeln der Technik herstellen.

Aber auch wenn der Auftraggeber in anderer Weise das **Risiko** für die noch nicht abgenommene Leistung **erhöht**, geht dies zu seinen Lasten. Wenn der Auftraggeber beispielsweise einen von ihm zu stellenden Hochwasserschutz entfernt oder selbstentzündliche Gegenstände einlagert und es deswegen zu Schäden kommt, muss der Auftraggeber die daraus resultierenden Kosten übernehmen.

Der Auftraggeber ist aber nicht verantwortlich für die Handlungen anderer Unternehmer. 9

Beispiel:

Der Auftragnehmer Zimmerstuhl führt für den Auftraggeber einen Dachstuhl aus. Vor Abnahme kommt es zu einem Brand, weil ein anderer Unternehmer Schweißarm beim Schweißen unvorsichtig ist.

Der Auftraggeber muss die Kosten für die Neuherstellung des Dachstuhls nicht übernehmen[1]*.*

D. Risikotragung des Auftraggebers – insbesondere Baugrundrisiko

In § 645 BGB sind die vom Bauherren gelieferten Stoffe angesprochen. Grundsätzlich trägt 10
der Auftraggeber die Verantwortung dafür, dass diese Stoffe geeignet sind. In der Praxis enstehen die meisten Probleme im Zusammenhang mit dem Baugrund. Zum **Baugrund** und der Risikoverteilung hat der BGH in 2009 ein grundsätzliches Urteil getroffen[2]. Dabei geht der

1 BGHZ 78, S. 352.
2 BGH, Urteil v. 20.8.2009 – VII ZR 205/07.

BGH davon aus, dass der Auftraggeber **nicht** für jede Abweichung des Baugrundes haftet. Lag einer Vertragsunterlage ein Baugrundgutachten bei, so wird dieses regelmäßig zum Gegenstand des Vertrages. Weichen die Bodenverhältnisse von diesem Baugrundgutachten ab, so kann dies dem Auftragnehmer einen Anspruch auf Vergütung nach § 2 Abs. 5 VOB/B geben.

11 Es ist aber eine wichtige Einschränkung zu machen: Wenn der Auftragnehmer selber eine bestimmte Leistung geplant hat, so übernimmt er das diesbezügliche Baugrundrisiko. Dies hat der BGH im Falle einer vom Auftragnehmer angebotenen, funktional beschriebenen Leistung ausdrücklich festgestellt[3]. Der Auftraggeber trägt das Baugrundrisiko nur deshalb, weil er die Möglichkeit hat, durch Untersuchungen und seine Planungen Einfluss auf die Leistungsbeschreibung und die damit verbundenen Risiken zu nehmen. Plant der **Auftragnehmer**, muss er die möglichen Einflüsse und Risiken selber berücksichtigen (bei Bauverträgen erhält der Auftragnehmer nach § 650c BGB keine Vergütung für zusätzliche oder geänderte Leistungen, wenn er die Leistung selber geplant hat).

E. Schadensersatzansprüche

12 Wenn der Auftraggeber die Beschädigung oder die Zerstörung schuldhaft verursacht hat, hat der Auftragnehmer einen Schadensersatzanspruch gegen den Auftraggeber.

13 Außerdem kann der Auftragnehmer verlangen, dass der Auftraggeber ihm Schadensersatzansprüche gegen Dritte abtritt.

Beispiel:

In dem vorigen Beispiel mit dem abgebrannten Dachstuhl hat der Auftraggeber einen Schadensersatzanspruch gegen Schweißarm, weil der das Eigentum des Auftraggebers (den Dachstuhl) beschädigt hat. Diesen Schadensersatzanspruch muss der Auftraggeber auf Verlangen an Zimmerstuhl abtreten.

Der Auftragnehmer darf die erneute Herstellung des Dachstuhls davon abhängig machen, dass ihm der Auftraggeber diesen Anspruch abtritt.

F. Abweichende Vereinbarungen

14 Die VOB/B enthält in § 7 VOB/B eine vom Gesetz abweichende Vereinbarung. Danach kann der Auftragnehmer in bestimmten Ausnahmefällen bei Beschädigung oder Zerstörung eine zusätzliche Vergütung fordern.

Aus Sicht von Auftraggebern ist eine vom Gesetz abweichende Vereinbarung nicht sinnvoll. Auftragnehmer werden in AGB regelmäßig Probleme mit abweichenden Regelungen bekommen, da es ein Kernpunkt der gesetzlichen Regelung ist, dass der Auftragnehmer bis zur Abnahme für seine Leistung verantwortlich ist. Allenfalls eine dem § 7 VOB/B ähnliche Regelung erscheint denkbar.

3 BGH, Urteil v. 20.8.2009 – VII ZR 205/07.

§ 646 BGB
Vollendung statt Abnahme

Ist nach der Beschaffenheit des Werkes die Abnahme ausgeschlossen, so tritt in den Fällen des § 634a Abs. 2 und der §§ 641, 644 und 645 an die Stelle der Abnahme die Vollendung des Werkes.

A. Allgemeines

I. Bedeutung des § 646 BGB

In § 646 BGB geht es um die Leistungen, bei denen eine Abnahme im Sinne einer körperlichen Entgegennahme nicht möglich ist. Diese Regelung betrifft den Baubereich aber praktisch nicht, da eigentlich alle im **Baubereich** anfallenden Werkleistungen körperlich sind und eine Abnahme stets möglich ist. 1

II. § 646 BGB und VOB/B

Die VOB/B enthält keine von § 646 BGB abweichende Regelung. § 646 BGB gilt unbeschränkt auch für VOB-Verträge. 2

B. Regelungsinhalt

I. Betroffene Leistungen

Eine Abnahme ist vor allem bei gewissermaßen **flüchtigen Werkleistungen** nicht möglich, also bei Beförderungsleistungen, aber auch bei einem Konzert oder einer Theateraufführung. Im Baubereich führen aber praktisch alle Leistungen zu körperlich fassbaren und damit der Abnahme zugänglichen Folgen: Ein Gutachten kann abgenommen werden, ebenso eine Planung und erst recht natürlich eine Bauleistung. Daher spielt § 646 BGB in der Baupraxis keine Rolle, eine umfangreiche Erläuterung ist entbehrlich. 3

II. Vollendung statt Abnahme

Wenn eine solche Leistung vorliegt, dann treten die Folgen der Abnahme bereits mit der Vollendung ein. Vollendung ist dabei die **vollständige Herstellung**. Bei einer Beförderungsleistung beispielsweise treten die Folgen der Abnahme (Gewährleistungsbeginn, Vergütungspflicht) mit der Übergabe der beförderten Ware beim Auftraggeber ein. 4

In diesem Moment muss der Auftraggeber sich also Ansprüche wegen bekannter Mängel und eine Vertragsstrafe vorbehalten.

§ 647 BGB
Unternehmerpfandrecht

Der Unternehmer hat für seine Forderungen aus dem Vertrag ein Pfandrecht an den von ihm hergestellten oder ausgebesserten beweglichen Sachen des Bestellers, wenn sie bei der Herstellung oder zum Zwecke der Ausbesserung in seinen Besitz gelangt sind.

A. Allgemeines

I. Bedeutung des § 647 BGB

1 Der Auftragnehmer muss beim Werkvertrag immer erst leisten und kann erst nach Abnahme seine Vergütung geltend machen. Dadurch geht er erhebliche Risiken ein. Um diese Risiken abzumildern, enthält das BGB eine Reihe von Sicherungsrechten des Auftragnehmers. Die erste findet sich im § 647 BGB. § 647 BGB hat weder im Baubereich noch sonst im Werkvertragsrecht eine besondere Bedeutung gewonnen. Es geht in dieser Vorschrift um das **Pfandrecht** des Auftragnehmers an Sachen, die er für die Durchführung seiner Leistung erhalten hat. Typische Fälle sind z.B. die Autowerkstatt, die das Auto für die Reparatur erhält, oder der Möbelrestaurator, dem der Auftraggeber ein Möbelstück zu Überarbeitung gibt. Im Baubereich ist eine derartige **Übergabe** an den Auftragnehmer der Ausnahmefall, da der Auftragnehmer typischerweise auf das Grundstück des Auftraggebers kommt und an dessen Gebäude arbeitet.

Das gesetzliche Pfandrecht gibt dem Auftragnehmer die Möglichkeit, den betroffenen Gegenstand erst nach Bezahlung herauszugeben und das Pfand ggf. zu verwerten.

Die Vorschriften §§ 650e und 650f BGB gelten nur für BGB-Bauverträge i.S.d. § 650a BGB.

II. § 647 BGB und VOB/B

Die VOB/B enthält keine von § 647 BGB abweichende Regelung. § 647 BGB gilt unbeschränkt auch für VOB-Verträge.

B. Voraussetzungen für das Pfandrecht

2 Der Auftragnehmer bekommt von Gesetz wegen ein Pfandrecht an

- beweglichen Sachen
- bei denen der Auftraggeber Eigentümer ist
- die der Auftragnehmer zum Zweck der Bearbeitung in seinen Besitz erhält.

Ein Pfandrecht entsteht nur **an beweglichen Sachen**. Gebäude gehören hierzu nicht. Selbst wenn der Auftragnehmer also „das ganze Haus in Besitz nimmt", erhält er kein Pfandrecht.

Der Auftraggeber muss **Eigentümer** der betroffenen Sache sein. Dabei kommt es allein auf die objektive Lage an und nicht darauf, ob der Auftragnehmer den Auftraggeber für den Eigentümer hält oder halten darf. So greift zugunsten des Auftragnehmers keine gesetzliche Vermutung ein, dass der Auftraggeber als Besitzer der Sache auch der Eigentümer ist.

Weiter muss der Auftragnehmer die Sache zum Zwecke der Bearbeitung in seinen **Besitz** erhalten. Der Auftragnehmer darf sich die Sache also nicht eigenmächtig nehmen, er muss sie vom Auftraggeber erhalten. Außerdem muss er Besitz an der Sache haben. Ein reines Zugangsrecht reicht nicht aus.

Beispiel:

Der Auftragnehmer soll eine wertvolle Waschbeckenarmatur reparieren. Er kommt vor Ort und repariert sie. Er hat keinen Besitz an der Armatur, sondern ein reines Zugangsrecht.

C. Ausübung des Pfandrechts

Der Auftragnehmer kann das Pfandrecht in der Weise ausüben, dass er 3

- die Herausgabe des Gegenstandes verweigert,
- den Pfandgegenstand versteigern lässt.
- Dabei darf er das Pfandrecht immer nur wegen der Forderungen ausüben, für die er den Besitz der Sache erhalten hat.

Beispiel:

Der Auftraggeber Rahmenlos übergibt Auftragnehmer Schreinbau einen alten Fensterrahmen mit Fensterflügeln zum Aufarbeiten. Schreinbau führt den Auftrag aus und gibt Rahmenlos den Fensterrahmen zurück. Rahmenlos zahlt die Rechnung von Schreinbau nicht.

Als kurz darauf jemand eine Scheibe der Fensterflügel einwirft, übergibt Rahmenlos diesen Flügel an Schreinbau.

Nach Austausch der Scheibe will Schreinbau den Flügel nicht herausgeben, bis Rahmenlos die Aufarbeitung aus dem ersten Auftrag bezahlt hat. Rahmenlos hat den Austausch des Glases bezahlt und verlangt den Fensterflügel heraus.

Zu Recht. Da Schreinbau den Flügel nach dem Aufarbeiten zurückgegeben hatte, war sein Pfandrecht unwiderruflich erloschen.

§ 648 BGB Kündigungsrecht des Bestellers

Der Besteller kann bis zur Vollendung des Werkes jederzeit den Vertrag kündigen. Kündigt der Besteller, so ist der Unternehmer berechtigt, die vereinbarte Vergütung zu verlangen; er muss sich jedoch dasjenige anrechnen lassen, was er infolge der Aufhebung des Vertrags an Aufwendungen erspart oder durch anderweitige Verwendung seiner Arbeitskraft erwirbt oder zu erwerben böswillig unterlässt. Es wird vermutet, dass danach dem Unternehmer 5 vom Hundert der auf den noch nicht erbrachten Teil der Werkleistung entfallenden vereinbarten Vergütung zustehen.

A. Allgemeines

I. Ausnahmecharakter der Vorschrift

Das BGB geht ganz allgemein davon aus, dass Verträge so durchzuführen sind, wie sie abgeschlossen wurden. So kann nach dem Gesetz kein Käufer „einfach so" von seinem Kaufvertrag zurücktreten. Für das Werkvertragsrecht macht das BGB eine Ausnahme. 1

§ 648 BGB erlaubt es dem Auftraggeber, jederzeit jeden Werkvertrag zu kündigen, und zwar ohne jegliche Begründung. Dies wird damit begründet, dass viele Auftraggeber von Werkverträgen ganz erheblich belastet werden und daher eine Möglichkeit brauchen, sich durch Kündigung vor einer unzumutbaren Belastung lösen zu können. Da denkt der Gesetzgeber möglicherweise an den „Häuslebauer", dem ein Vertrag am Ende zu teuer wird und der auf Eigenbau umstellen oder die Vertragsdurchführung ganz aufgeben will.

2 Es kann aber auch sein, dass der Auftraggeber die beauftragte Leistung ganz einfach nicht mehr braucht.

Dieses Kündigungsrecht war bisher in § 649 BGB zu finden und ist jetzt – inhaltlich unverändert – in § 648 BGB geregelt.

3 ***Beispiel:***

Überflüssiger Werkvertrag:

Ehepaar Fleißig will ein Einfamilienhaus bauen. Sie finden endlich ein Baugrundstück und kaufen es. Danach beauftragen sie einen Bauunternehmer mit der Errichtung eines schlüsselfertigen Hauses. Sie wollen diesen Vertrag kündigen als

- *Frau Fleißig schwanger wird. Herr Fleißig will zwei Jahre Elternzeit nehmen, sodass sie sich das Haus erst in zwei Jahren leisten können, dann allerdings in ganz anderer Ausführung.*
- *sich herausstellt, dass auf dem Grundstück erhebliche und dem Verkäufer bekannte Altlasten (Ölrückstände) sind und das Ehepaar deswegen vom Kaufvertrag zurücktritt. Ohne Grundstück brauchen sie auch kein Haus.*

Dies sind letztlich alles Gründe, mit denen der Auftragnehmer gar nichts zu tun hat. Dennoch erlaubt das Gesetz dem Auftraggeber, dem Auftragnehmer den abgeschlossenen Vertrag durch die Kündigung „wegzunehmen".

4 Der Auftragnehmer erhält allerdings einen Ausgleich. Es soll für ihn wirtschaftlich keinen Unterschied machen, ob der Vertrag durchgeführt wird oder nicht. Das Gesetz formuliert es so, dass ihm die „**vereinbarteVergütung**" zusteht und dass davon z.B. ersparte Aufwendungen abzuziehen sind. Seit dem 1.1.2009 bietet das BGB die Möglichkeit, pauschaliert eine Restvergütung von 5 % geltend zu machen.

Dies müssen Auftraggeber bei ihrer Entscheidung, einen Vertrag zu kündigen, natürlich berücksichtigen. Besonders nach Baubeginn kann es sein, dass sich der Auftragnehmer nur wenig oder gar nichts mehr erspart, weil er z.B. Teile vorgefertigt, aber noch nicht eingebaut hat.

II. § 648 BGB und VOB/B

5 Die VOB/B enthält keine von § 648 BGB abweichende Regelung und weist in § 8 Abs. 1 VOB/B ausdrücklich auf diese gesetzliche Regelung hin (allerdings in der alten Nummerierung). § 648 BGB gilt unbeschränkt auch für VOB-Verträge.

III. Kündigungserklärung

6 Der Auftraggeber kann einen Werkvertrag **jederzeit** und ohne Angabe eines Grundes kündigen. Die Kündigung kann schriftlich, mündlich oder in anderer Form erfolgen, für BGB-Bauverträge verlangt § 650h BGB Textform.

Eine Kündigung liegt immer dann vor, wenn der Auftraggeber **eindeutig** erklärt, die Durchführung des Vertrages nicht mehr zu wünschen, und das Vertragsverhältnis beenden will. Der Begriff „Kündigung" muss nicht ausdrücklich verwendet werden.

7 Die Kündigung muss dem Auftragnehmer **zugehen**. Diesen Zugang muss der Auftraggeber notfalls **beweisen** können. Daher empfiehlt sich eine Kündigung in einer schriftlichen Form, bei der sich der Zugang nachweisen lässt – auch wenn das Gesetz **keine Form** zwingend vorschreibt. Die Kündigung kann persönlich übergeben oder eingeworfen werden. Bei E-Mail und Fax muss der Auftraggeber nachweisen können, dass sie nicht nur versendet wurden, sondern auch tatsächlich angekommen sind. Sendeprotokolle etc. sind hierfür allein nicht ausreichend.

Formulierungsvorschlag:

> Hiermit kündigen wir den Bauvertrag vom 11.11.2017 aus wichtigem Grund. Sollte die Kündigung aus wichtigem Grund unwirksam sein, soll der Vertrag nicht nach § 648 BGB ordentlich gekündigt werden, sondern fortbestehen.

IV. Verhalten nach der Kündigung

Die Kündigung des Bauvertrages ist ein einschneidender Moment, der auch aus Sicht des Auftraggebers nicht zu leicht genommen werden darf. **8**

1. Vorgehensweise des Auftraggebers

Praxistipp: **9**

Was macht der Auftraggeber, wenn er dem Auftragnehmer kündigt?

- *ggf. Sicherungsmaßnahmen an Teilleistungen, die wegen Witterung etc. beschädigt werden könnten oder von denen eine Gefahr für Dritte ausgehen könnte;*
- *Geräte, Gerüste, Material sichern;*
- *Abnahme und Aufmaß, bei geplantem Weiterbau dem Auftragnehmer einen Termin hierfür mitteilen.*

So geht beispielsweise mit der Kündigung die **Verkehrssicherungspflicht** auf den Auftraggeber über. Er muss dafür sorgen, dass die Baustelle gesichert bleibt. Wenn der Auftragnehmer nach der Kündigung seine Baustelleneinrichtung abzieht, muss der Auftraggeber dafür sorgen, dass die vorhandenen Sicherungseinrichtungen überwacht werden. Der Auftragnehmer ist nicht berechtigt, beim Abzug von der Baustelle nicht abgesicherte Leistungen zu hinterlassen. Der Auftraggeber ist allerdings dafür verantwortlich, dass die vom Auftragnehmer hinterlassenen Sicherungseinrichtungen wirksam bleiben. **10**

Wenn der Auftragnehmer Leistungen erbracht hat, die unter der Witterung leiden könnten, muss der Auftraggeber schnellstmöglich für Provisorien sorgen. Der Auftragnehmer trägt zwar die Risiken bis zu Abnahme, aber oft sind Leistungen verschiedener Auftragnehmer betroffen. **11**

Beispiel:

Der Auftraggeber kündigt dem Dachdecker vor Fertigstellung des Daches ordentlich. Der Dachdecker ist nicht verpflichtet, die Leistungen anderer Unternehmer (z.B. Trockenbau im Dachgeschoss) vor Beschädigungen zu schützen.

Der Auftraggeber will nicht selten schnellstmöglich die Arbeiten weiterführen. Deswegen sollte er den Auftragnehmer auffordern, zu einem Abnahme- und Aufmaßtermin zu kommen. Wie bei jedem anderen derartigen Termin kann der Auftraggeber selber ein Aufmaß erstellen, wenn der Auftragnehmer nicht erscheint. Kann dieses Aufmaß später z.B. wegen des Baufortschrittes nicht mehr überprüft werden, geht dies zu Lasten des Auftragnehmers. **12**

Auch diese **Einladung** muss dem Auftragnehmer nachweisbar zugehen.

2. Verhalten des Auftragnehmers

13 *Praxistipp:*

Was macht ein Auftragnehmer, wenn der Auftraggeber kündigt?
- *Abnahme und Aufmaß beantragen*
- *Verkehrssicherungspflicht übergeben*
- *Geräte, Gerüste, Material: nach Möglichkeit von der Baustelle entfernen; ggf. § 9 VOB/B beachten*

V. Geltung bei VOB-Verträgen

14 Die Regelung des § 648 BGB gilt uneingeschränkt auch bei VOB-Verträgen. Auch diese kann der Auftraggeber jederzeit und ohne Angaben von Gründen beenden.

B. Abrechnung

15 Bei der Abrechnung des nach § 648 BGB ordentlich gekündigten Vertrages muss der Auftragnehmer zwischen den ausgeführten und den nicht ausgeführten Leistungen trennen.

Für die ausgeführten und von der Kündigung nicht betroffenen Leistungen kann der Auftragnehmer die volle vereinbarte Vergütung abrechnen. Für die nicht ausgeführten Leistungen erhält der Auftragnehmer

- die vereinbarte Vergütung (einschließlich des einkalkulierten Wagnisses)
- abzüglich ersparter Aufwendungen
- abzüglich dessen, was der Auftragnehmer durch andere Verwendung seiner Arbeitskraft erwirbt oder
- böswillig zu erwerben unterlässt.

Die beiden in der Praxis wichtigsten Abzugsposten sind die ersparten Aufwendungen und die Einkünfte aus anderen Aufträgen.

16 Der Auftragnehmer muss für erbrachte und nicht erbrachte Leistungen unterschiedlich abrechnen. Deswegen muss er vor Beginn der Abrechnung feststellen, welche Leistungen

- er erbracht hat und welche
- beauftragt waren, aber nicht ausgeführt wurden.

I. Ermittlung der erbrachten und der nicht erbrachten Leistungen

17 Die Ermittlung der erbrachten Leistungen erfolgt nach den Abrechnungsregeln des geschlossenen Vertrags.

Bei einem Einheitspreisvertrag muss der Auftragnehmer seine Leistungen genauso nachweisen, wie er es bei vollständiger Abwicklung des Vertrages gemusst hätte.

Bei Pauschalverträgen (oder pauschal berechneten Einheitspreispositionen) muss der Auftragnehmer nachweisen, welchen Teil der Pauschalleistung er ausgeführt hat. Dazu muss er

- den ursprünglichen Vertragsumfang darlegen
- den davon erbrachten Teil nachweisen.

18 Diese Abrechnung ist bei Pauschalverträgen oft schwierig. So ist bei funktional beschriebenen Leistungen der ursprüngliche Leistungsumfang möglicherweise gar nicht abschließend bestimmbar (oder zumindest hat der Auftragnehmer ihn nicht vorab detailliert ermittelt). Fehler können dazu führen, dass der Auftragnehmer für die gesamte ursprünglich beauftragte Leistung keine Vergütung erhält, weil er die Abgrenzung zwischen erbrachter und nicht erbrachter Leistung nicht darstellen kann.

Beispiel: 19

Der Auftragnehmer hatte einen Auftrag über die Errichtung von Fundamenten für Ferienhäuser. Er sollte hierfür pauschal 100.000 € erhalten. Die Leistung war wie folgt beschrieben:

„15 Fundamente für Ferienhäuser Typ Dreieck Hochkant, einschließlich Aushub für Ver- und Entsorgungsleitungen ab Zentralpunkt, Erdaushub für Fundamente und Fundamente aus bewehrtem Beton. Bewehrung gemäß vom Auftragnehmer zu erstellender Statik."

Als der Auftraggeber den Vertrag ordentlich kündigt, hatte der Auftragnehmer erst den Aushub für 10 Fundamente ausgeführt. Außerdem hatte er für fünf Häuser die Gräben für die Entsorgungsleitungen ausgehoben, für drei wurde mit den Arbeiten gerade begonnen. Zuletzt wurde ein Minibagger umgesetzt. Eine Statik hatte der Auftragnehmer nicht erstellt.

In der Pauschalposition sind im Wesentlichen fünf Leistungen zusammengefasst:

- *der Aushub für die Ver- und Entsorgungsleistungen*
- *der Aushub für Fundamente*
- *Erstellen der Statik*
- *Einbringen der Bewehrung*
- *Betonierung der Fundamente.*

Der Auftragnehmer muss jetzt nachweisen, wie er diese Leistungen ursprünglich kalkuliert hatte. Nimmt man beispielsweise den Aushub für die Ver- und Entsorgungsleitungen, muss der Auftragnehmer nachweisen, welchen Erdaushub er ursprünglich kalkuliert hatte und wie viel hiervon er ausgeführt hat. Dazu muss er für alle Ferienhäuser die Entfernung zum Zentralpunkt ermittelt und berücksichtigt haben. Dabei kann es z.B. dazu kommen, dass er die gerade begonnenen Aushubarbeiten als nicht erbracht abrechnet, weil er ansonsten im Einzelnen nachweisen müsste, wie er die Leistungen kalkuliert hatte, im Beispiel detailliert bis hin zum Umsetzen des Mini-Baggers.

Die Kosten für Statik, Kauf des Bewehrungsstahls und des Betons sind von der Vergütung abzuziehen. Der Auftragnehmer kann aber den hierauf kalkulierten Wagnis und Gewinn sowie die nicht ersparten Arbeitskosten verlangen. Deswegen sind auch die Fundamentierarbeiten noch einmal aufzuteilen. Weil sich die genaue Art der Bewehrung erst aus der Statik ergeben würde, ist der Auftragnehmer gezwungen, den Umfang der Bewehrung glaubhaft zu ermitteln.

Der Auftragnehmer muss aber nachweisen, welche Leistungen er von der insgesamt pauschal beauftragten Leistung erbracht hat und welche nicht. Und deswegen muss er sich auch zum Bewehrungsstahl positionieren und nachweisen, wie viel von den beauftragten 100.000 € auf den Bewehrungsstahl entfallen wären.

Falsch wäre es, nur die erbrachten Leistungen nach „ortsüblichen" oder anders bezeichneten Einheitspreisen abzurechnen, weil für jede Leistung der Bezug zur Pauschalposition hergestellt werden muss.

II. Erbrachte Leistungen

Für die nachgewiesenen ausgeführten Leistungen erhält der Auftragnehmer die volle vereinbarte Vergütung. Deren Höhe ist bei Einheitspreisen nach den Einheitspreisen zu ermitteln. Bei Pauschalpreisen oder nur teilweise ausgeführten Leistungen ist darzulegen, welche Teile der Leistung erbracht wurden und wie diese nach der ursprünglich vereinbarten Vergütungsregelung zu bezahlen sind. 20

III. Nicht erbrachte Leistungen

21 Bei nicht erbrachten Leistungen muss der Auftragnehmer

- den Umfang der nicht erbrachten Leistungen ermitteln
- für diese nicht erbrachten Leistungen die angefallenen Abzugsposten ermitteln.

1. Mengennachweise

22 Das Beispiel hat schon gezeigt, dass besonders bei Pauschalpreisen die Ermittlung der nicht erbrachten Leistungen so wichtig sein kann wie die Darstellung der erbrachten.

23 Bei Einheitspreispositionen ist die Abrechnung deutlich einfacher. Der Auftragnehmer kann davon ausgehen, dass die beauftragten Mengen auch tatsächlich hätten ausgeführt werden müssen und kann hierfür abrechnen.

Es kann hin und wieder dazu kommen, dass Auftragnehmer oder Auftraggeber die ursprünglich beauftragten Mengen für falsch halten. So kann sich bereits während der Bauausführung eine Mengenüberschreitung angedeutet haben. Eine solche eindeutig bevorstehende Mengenmehrung kann der Auftragnehmer als im Zweifel mitbeauftragt ebenfalls berücksichtigen.

Beispiel:

Der Auftragnehmer sollte ein Dach decken. Beauftragt waren eine Unterbahn und Ziegel, je 75 m². Bevor der Auftragnehmer mit den Ziegeln beginnen konnte, kündigt der Auftraggeber den Vertrag ordentlich. Der Auftragnehmer misst die Unterbahn auf und ermittelt 95 m². Dann kann der Auftragnehmer auch bei den Ziegeln von einer Fläche von 95 m² ausgehen und dies seiner Abrechnung zugrunde legen.

2. Abrechnung

24 Für die nicht ausgeführten Leistungen erhält der Auftragnehmer

- die vereinbarte Vergütung,
- abzüglich ersparter Aufwendungen,
- abzüglich dessen, was der Auftragnehmer durch andere Verwendung seiner Arbeitskraft erwirbt oder
- böswillig zu erwerben unterlässt.

Die beiden in der Praxis wichtigsten Abzugsposten sind die ersparten Aufwendungen und die Einkünfte aus anderen Aufträgen.

25 Zuerst muss der Auftragnehmer für die von ihm ermittelte, nicht ausgeführte Leistung die vereinbarte Vergütung ermitteln. Weil sich aber sein Vergütungsanspruch von Gesetz wegen um die Abzugspositionen reduziert, muss er immer zu diesen Abzugspositionen auch etwas sagen. Da er regelmäßig auch Material zu kalkulieren hat, muss er insoweit die Ersparnisse errechnen.

26 **Ersparte Aufwendungen** können sein:

- nicht erworbene und/oder nicht eingebaute Baumaterialien,
- projektbezogene Herstellungskosten,
- variable Gemeinkosten,
- nicht beauftragte/gekündigte Subunternehmerleistungen.

27 Auch wenn der Auftragnehmer bereits Material eingekauft hat, kann er dies nicht immer als Teil der vereinbarten Vergütung abrechnen. Bei vielen Materialien handelt es sich um Standardmaterialien, die der Auftragnehmer bei anderen Bauvorhaben einsetzen kann. Der Auftragnehmer soll nicht die Möglichkeit haben, diese Materialien zweimal abrechnen zu können: einmal beim kündigenden Auftraggeber und einmal bei einem Nachfolgeauftrag.

Nur wenn es sich nachweisbar um **Baumaterialien** handelt, die der Auftragnehmer nicht bei anderen Bauvorhaben einsetzen kann, erhält er hierfür eine Vergütung.

Beispiel:

Ein Fensterbauer hat den Auftrag, in einem denkmalgeschützten Gebäude Fenster einzubauen. Er lässt die Fenster nach Vorgaben des Denkmalschutzes als Sonderanfertigung herstellen. Außerdem kauft er Standard-Materialien für Fensterbleche, Dämmung und Montage der Fenster.

Bei einer ordentlichen Kündigung müsste der Auftraggeber die fertig gestellten, aber nicht eingebauten Fenster bezahlen, nicht aber die anderen Materialien.

Eine Übergabe und Übereignung der derart „maßgeschneiderten" Materialien kann der Auf- 28
traggeber von Gesetz wegen nicht fordern. Das Gesetz geht davon aus, dass der Auftraggeber keinerlei Bedarf mehr an den gekündigten Leistungen hat. Will der Auftraggeber dies vermeiden, muss er eine Teilkündigung aussprechen. Im vorherigen Beispielfall des Fensterbauers könnte die Teilkündigung etwa so lauten:

Formulierungsvorschlag für eine Teilkündigung:

> Sehr geehrter Herr Fensterschlag,
>
> wie Ihnen bekannt ist, muss die Sanierung des Schlosses Gernegroß auf unbestimmte Dauer eingestellt werden, weil der einzige Mieter insolvent geworden ist und wir ohne Mieteinnahmen das Projekt nicht weiterführen können.
>
> Wir kündigen daher die Teilleistung „Einbau der Fenster". Die Teilleistung „Herstellung Fenster nach Vorgaben AG" kündigen wir nicht und bitten Sie, die Fenster auf der Baustelle an den Bauleiter zu übergeben.
>
> Mit freundlichen Grüßen

Eine solche Teilkündigung ist natürlich nur sinnvoll, wenn der Auftraggeber selber eine Ver- 29
wendung für die nicht gekündigten Leistungen hat. Wenn das im Formulierungsvorschlag angesprochene Schloss abgebrannt wäre, hätte der Auftraggeber im Zweifel keinerlei Interesse, die hergestellten Fenster einzulagern.

Anderweitige Einkünfte muss sich der Auftragnehmer anrechnen lassen. So kann es kommen, 30
dass der Auftragnehmer wegen der Kündigung bereits vorliegende Aufträge früher beginnen und abrechnen kann.

IV. Beweislast

Der Auftragnehmer muss seinen Vergütungsanspruch **nachweisen**. Dabei muss er zu den er- 31
sparten Aufwendungen und den anderweitigen Einkünften Stellung nehmen. Der Auftraggeber muss gegebenenfalls nachweisen, dass die Darstellung des Auftragnehmers unrichtig ist.

Außerdem muss der Auftragnehmer nachweisen, dass seine Leistung mangelfrei ist.

§ 648 Satz 2 BGB enthält zugunsten des Auftragnehmers eine **Vermutensregel**. Danach wird 32
vermutet, dass dem Auftragnehmer für die nicht ausgeführten Leistungen 5 % der hierauf entfallenden, vereinbarten Vergütung zustehen.

Aufgrund dieser Vermutensregel kann der Auftragnehmer sich darauf beschränken, die nicht 33
ausgeführten Leistungen zu ermitteln und hierfür 5% der vereinbarten Vergütung abzurechnen.

Beide Vertragspartner haben die Möglichkeit, diese Vermutung zu widerlegen. Der Auf- 34
tragnehmer kann also einen höheren Anspruch nachweisen, der Auftraggeber einen niedrigeren. Weil der Auftraggeber keinen Einblick in die Kalkulation des Auftragnehmers hat, muss er nur Anhaltspunkte für eine niedrigere Vergütung vortragen, der Auftragnehmer muss dann

diese Anhaltspunkte entkräften. In der Praxis dürften die 5 % allerdings bereits recht niedrig sein, sodass ein Unterschreiten kaum nachweisbar sein dürfte.

35 Bei einer Kündigung nach § 648 BGB entsteht nur für einen Teil der Gesamtforderung des Auftragnehmers **Umsatzsteuer**. Soweit der Auftragnehmer Vergütung für erbrachte Leistungen abrechnet, kann und muss er Umsatzsteuer geltend machen (und an das Finanzamt abführen). Soweit der Auftragnehmer nicht erbrachte Leistungen abrechnet, handelt es sich um eine Entschädigungsleistung, für die der Auftragnehmer keine Umsatzsteuer geltend machen kann[1].

C. Mängel

36 Der Auftragnehmer ist trotz der ordentlichen Kündigung verpflichtet, vorhandene Mängel zu **beseitigen**. Es bestehen insoweit keinerlei Unterschiede zu einem nicht gekündigten Vertrag.

Dabei ist aber zwischen Mängeln und nicht fertig gestellten Leistungen zu unterscheiden. Nicht fertig gestellte Leistungen müssen wegen der Kündigung (natürlich) nicht mehr beendet werden.

D. Abnahme

37 Der Auftragnehmer kann verlangen, dass die erbrachten Leistungen abgenommen werden. Die Kündigungserklärung selber beinhaltet keine Abnahme.

Deswegen muss sich der Auftraggeber bei der Kündigung auch keine Ansprüche wegen bekannten Mängeln und einer Vertragsstrafe vorbehalten. Dies kann er bei der Abnahme machen, die keinerlei Unterschiede zu einer normalen Abnahme aufweist.

38 Nach der Rechtsprechung des BGH **muss** auch bei einer Kündigung eine Abnahme durchgeführt werden. Hierauf sollte der Auftragnehmer unbedingt bestehen.

E. Abweichende Vereinbarungen

39 Auftragnehmer können in AGB das Kündigungsrecht des Auftraggebers nicht vollständig ausschließen. Allerdings kann es auf Kündigungen aus wichtigem Grund beschränkt werden.

40 Die Folgen einer ordentlichen Kündigung sind nur schwer zu kalkulieren. Deswegen kann es sinnvoll sein, bereits im Bauvertrag die Folgen zu pauschalieren. Das Gesetz selber sieht eine Vermutung vor, dass dem Auftragnehmer für die nicht erbrachten Leistungen 5 % zustehen. Hieran anknüpfend könnte man einen höheren Prozentsatz aufnehmen. Allerdings muss dieser Prozentsatz einen **nachweisbaren Bezug** zu dem kündigungsbedingten Vergütungsanspruch haben. Überzogene Forderungen sind daher nicht wirksam.

41 Individuell ist eine solche Vereinbarung grundsätzlich immer möglich. Bei AGB muss eine Regelung den Zusatz enthalten, dass der Nachweis anderer Kosten möglich ist.

---

1 BGH, v. 22.11.2007, VII ZR 83/05, BGHZ 174, 267.

§ 648a BGB
Kündigung aus wichtigem Grund

(1) Beide Vertragsparteien können den Vertrag aus wichtigem Grund ohne Einhaltung einer Kündigungsfrist kündigen. Ein wichtiger Grund liegt vor, wenn dem kündigenden Teil unter Berücksichtigung aller Umstände des Einzelfalls und unter Abwägung der beiderseitigen Interessen die Fortsetzung des Vertragsverhältnisses bis zur Fertigstellung des Werks nicht zugemutet werden kann.

(2) Eine Teilkündigung ist möglich; sie muss sich auf einen abgrenzbaren Teil des geschuldeten Werks beziehen.

(3) § 314 Absatz 2 und 3 gilt entsprechend.

(4) Nach der Kündigung kann jede Vertragspartei von der anderen verlangen, dass sie an einer gemeinsamen Feststellung des Leistungsstandes mitwirkt. Verweigert eine Vertragspartei die Mitwirkung oder bleibt sie einem vereinbarten oder einem von der anderen Vertragspartei innerhalb einer angemessenen Frist bestimmten Termin zur Leistungsstandfeststellung fern, trifft sie die Beweislast für den Leistungsstand zum Zeitpunkt der Kündigung. Dies gilt nicht, wenn die Vertragspartei infolge eines Umstands fernbleibt, den sie nicht zu vertreten hat und den sie der anderen Vertragspartei unverzüglich mitgeteilt hat.

(5) Kündigt eine Vertragspartei aus wichtigem Grund, ist der Unternehmer nur berechtigt, die Vergütung zu verlangen, die auf den bis zur Kündigung erbrachten Teil des Werks entfällt.

(6) Die Berechtigung, Schadensersatz zu verlangen, wird durch die Kündigung nicht ausgeschlossen.

A. Allgemeines

1 Bisher war im BGB die Kündigung aus wichtigem Grund nicht ausdrücklich geregelt. In der Vergangenheit bereits wurden jedoch Bauverträge vielfach, gerichtlich bestätigt, mit einer solchen Kündigung beendet, ohne dass hierfür eine ausdrückliche und eindeutige gesetzliche Grundlage bestand. Dies empfand der Gesetzgeber als unbefriedigend und hat mit § 648a BGB Anforderungen und Wirkungen einer solchen Kündigung ausdrücklich geregelt. Die Vorschrift gilt daher im Ergebnis auch für vor dem 1.1.2018 abgeschlossene Verträge.

B. Voraussetzung: Wichtiger Grund

2 Ausdrücklich wird **beiden Vertragspartnern**, also Auftragnehmern und Auftraggebern, die Möglichkeit gegeben, einen Vertrag aus wichtigem Grund ohne Einhalt einer Frist zu kündigen. Nach § 648a BGB liegt ein wichtiger Grund vor, wenn dem kündigenden Teil die Fortsetzung des Vertragsverhältnisses bis zur Fertigstellung nicht zugemutet werden kann.

3 Dabei sind alle Umstände des Einzelfalls zu betrachten.

4 Bisher schon war die Kündigung **aus wichtigem Grund** anerkannt, wenn z.B.

- der Auftragnehmer zu Unrecht Abschlagszahlungen fordert und droht, sein Personal zu reduzieren;
- der Auftragnehmer die Arbeiten unberechtigt einstellt, um einen Nachtrag durchzusetzen, und die Arbeiten auch nach Fristsetzung nicht aufnimmt;
- der Auftragnehmer nicht vorher benannte Subunternehmer beauftragt;
- es offensichtlich ist, dass der Auftragnehmer die Fristen nicht einhalten kann und er sich weigert, die Zahl der Arbeitskräfte zu erhöhen;
- der Auftragnehmer unqualifiziertes Personal einsetzt.

5 Nach der neuesten Rechtsprechung des BGH steht fest, dass der Auftraggeber **nur ausnahmsweise vor der Abnahme** Mängelansprüche geltend machen kann. (BGH v. 19.1.2017, VII ZR 235/15).

C. Kündigung bei Mängeln

6 Bereits in der Vergangenheit vor Einführung des § 648a BGB hat die Rechtsprechung dem Auftraggeber ein Recht zur außerordentlichen Kündigung gegeben, wenn der Auftragnehmer mangelhaft gearbeitet hat (OLG Schleswig, 9.3.2010 – 3 U 55/09, OLG Celle, 16.12.2004 – 5 U 71/04).

Es spricht einiges dafür, dass die Rechtsprechung zur Kündigung bei Mängeln weiterhin anwendbar ist, insbesondere weil die Kündigung aus wichtigem Grund nunmehr gesetzlich neben den Mängelansprüchen geregelt ist.

7 Für eine solche Kündigung aus wichtigem Grund muss der Auftraggeber zum einen dem Auftragnehmer eine **Frist** zur Beseitigung des Mangels setzen, zum anderen muss es sich um einen **Mangel von einem bestimmten Gewicht** handeln, um die massiven Wirkungen der Kündigung zu rechtfertigen.

8 Nach § 648a Abs. 2 BGB ist auch eine Teilkündigung möglich, das entspricht auch der bisherigen Rechtsprechung. Diese Möglichkeit dürfte allerdings nur dann möglich sein, wenn die **Unzumutbarkeit** der weiteren Zusammenarbeit auf diesen Teil der Leistung beschränkt ist. Dies könnte z.B. der Fall sein, wenn der Auftraggeber dem Auftragnehmer kündigt, weil dieser hartnäckig für bestimmte Teile eine Mangelbeseitigung verweigert.

D. Teilkündigung

9 Ausdrücklich nimmt § 648a BGB außerdem die bisherige Rechtslage auf, dass sich die Teilkündigung auf **einen abgrenzbaren Teil der Leistung** beziehen muss. Dadurch soll sichergestellt werden, dass die Folgen der Kündigung eindeutig auf bestimmte Leistungsteile begrenzt werden können und für die vom Kündigungsgrund betroffenen Teile die zukünftige Zusammenarbeit sicher beendet ist.

E. Fristen

10 § 648a BGB verweist für die Voraussetzungen für eine Kündigung auf § 314 Abs. 2 und 3 BGB.

11 § 314 Abs. 2 BGB fordert, dass die Kündigung erst nach erfolglosem Ablauf einer **zur Abhilfe bestimmten Frist** zulässig ist, wenn der wichtige Grund in der Verletzung einer Pflicht aus dem Vertrag besteht. Für die Entbehrlichkeit der Bestimmung einer Frist zur Abhilfe findet § 323 Abs. 2 Nr. 1 und 2 BGB entsprechende Anwendung, wobei der in der Praxis wichtigste Fall der ist, dass der Auftragnehmer die Abhilfe **ernsthaft und endgültig verweigert**, § 322 Abs. 2 Nr. 1 BGB.

12 Die Bestimmung einer Frist zur Abhilfe ist auch dann entbehrlich, wenn **besondere Umstände** vorliegen, die unter Abwägung der beiderseitigen Interessen die sofortige Kündigung rechtfertigen. Dies ist als weitere Ausnahme ebenfalls eng auszulegen.

13 Nach § 314 Abs. 3 BGB kann jeweils nur **innerhalb einer angemessenen Frist** gekündigt werden. Diese Frist beginnt, wenn der Berechtigte vom Kündigungsgrund Kenntnis erlangt hat. Die angemessene Dauer der Kündigungsfrist ist im Regelfall sehr kurz, der Auftraggeber sollte sich daran orientieren, dass eine Woche wohl die Obergrenze darstellt.

14 Eine Kündigung erst nach Ablauf der angemessenen Frist kann auf den wichtigen Grund nicht mehr gestützt werden. Es bleibt im Einzelfall zu prüfen, ob die Kündigung auch als ordentliche Kündigung anzusehen ist und der Vertrag damit dennoch beendet ist, allerdings bei einer Kündigung durch den Auftraggeber mit den Rechtsfolgen des § 648 BGB. Dem Auftragnehmer steht nicht die Möglichkeit einer ordentlichen Kündigung offen, sodass bei einer verspäteten Kündigung zu prüfen ist, ob nun seinerseits die verspätete Kündigung und eine nachfolgende Arbeitseinstellung einen Vertragsbruch darstellen und den Auftragnehmer zur Kündigung aus wichtigem Grund berechtigen.

F. Nach der Kündigung

§ 648a Abs. 4 BGB trifft Regelungen für die Zeit nach der Kündigung. 15

Nach § 648a Abs. 4 Satz 1 BGB kann jede Vertragspartei von der anderen verlangen, dass sie an einer **gemeinsamen Feststellung des Leistungsstandes** mitwirkt Dies ist insbesondere aus Sicht des Auftragnehmers eine wichtige Maßnahme, da er seine Leistungen nur abrechnen kann, wenn er den genauen Leistungsstand nachweisen kann. Dieser Nachweis wird durch ein gemeinsames Aufmaß erheblich erleichtert. 16

Auch **Auftraggeber** sollten über diese gemeinsame Leistungsfeststellung nachdenken, da sie ggf. einen von der Darstellung in der Schlussrechnung abweichenden Leistungsstand vortragen und beweisen müssten. 17

Rechtsfolgen einer Nicht-Teilnahme an einem solchen Termin sind in § 648a Abs. 4 Satz 2 BGB vorgesehen. Danach trifft eine Partei die Beweislast für den Leistungsstand zum Zeitpunkt der Kündigung, wenn sie entweder einen vereinbarten Termin oder einen von der anderen Seite mit angemessener Frist festgesetzten Termin nicht wahrgenommen hat. 18

Diese Beweislastverteilung greift nicht, wenn die nicht erschienene Vertragspartei infolge eines Umstandes, den sie nicht zu vertreten hat, nicht erscheint und sie dies der anderen Vertragspartei unverzüglich mitteilt. 19

G. Vergütung

Unabhängig davon, welcher Vertragspartner aus wichtigem Grund kündigt, kann der Auftragnehmer nur die Vergütung verlangen, **die auf den bis zur Kündigung erbrachten Teil der Leistung entfällt**. Für noch nicht erbrachte Leistungen kann der Auftragnehmer allerdings Schadensersatz verlangen, wenn er den Vertrag wegen eines wichtigen Grundes wirksam gekündigt hat. 20

H. Schadensersatz

Ausdrücklich spricht § 648a Abs. 6 BGB an, dass die Berechtigung beider Vertragspartner, Schadensersatz zu verlangen, durch die Kündigung nicht ausgeschlossen wird. 21

Dies betrifft den jeweils kündigenden Auftraggeber und Auftragnehmer in gleicher Weise. 21

Der kündigende Auftraggeber kann also im Falle einer Kündigung z.B. Mehrkosten wegen der Herstellung durch einen anderen Unternehmer oder Verzögerungsschaden wegen der verspäteten Herstellung verlangen. 23

Der kündigende Auftragnehmer kann wegen der ihm entgangenen Vergütung Schadensersatz vom Auftraggeber verlangen. Durch das zur Kündigung aus wichtigem Grund führende Verhalten hat der Auftraggeber den Grund dafür gesetzt, dass der Auftragnehmer diese Vergütung nach § 648a Abs. 5 BGB nicht erhält und muss daher dem Auftragnehmer dem hierdurch entstandenen Schaden ersetzen. Dieser Schaden wird regelmäßig in dem entgangenen Gewinn sowie entgangenen Deckungsbeiträgen wie z.B. zu Baustellengemeinkosten und Allgemeinen Geschäftskosten liegen. 24

§ 649 BGB
Kostenanschlag

(1) Ist dem Vertrag ein Kostenanschlag zugrunde gelegt worden, ohne dass der Unternehmer die Gewähr für die Richtigkeit des Anschlags übernommen hat, und ergibt sich, dass das Werk nicht ohne eine wesentliche Überschreitung des Anschlags ausführbar ist, so steht dem Unternehmer, wenn der Besteller den Vertrag aus diesem Grund kündigt, nur der im § 645 Abs. 1 bestimmte Anspruch zu.

(2) Ist eine solche Überschreitung des Anschlags zu erwarten, so hat der Unternehmer dem Besteller unverzüglich Anzeige zu machen.

A. Allgemeines

I. Bedeutung des § 649 BGB

1 Das Gesetz geht davon aus, dass ein Kostenvoranschlag des Auftragnehmers eine unverbindliche fachmännische Stellungnahme des Auftragnehmers ist. Der so verstandene Kostenvoranschlag wird zwar zur Geschäftsgrundlage des Vertrages und der Auftraggeber hat ein gegenüber § 648 BGB **erleichtertes Kündigungsrecht**. Der Auftraggeber kann aber nicht verlangen, dass der Auftragnehmer sich an einen solchen Kostenvoranschlag gebunden hält, und alle zusätzlich erforderlichen Leistungen ohne zusätzliche Vergütung ausführt. Allerdings kann der Auftraggeber Schadensersatzansprüche gegen den Auftragnehmer haben.

Die Regelung des § 649 BGB war bisher – inhaltlich unverändert – unter § 650 BGB zu finden.

2 Wenn der Auftraggeber eine verbindliche Zusage des Auftragnehmers haben will, welche Kosten entstehen, muss er sich die Leistungen vom Auftragnehmer verbindlich anbieten lassen und mit der angebotenen Summe beauftragen.

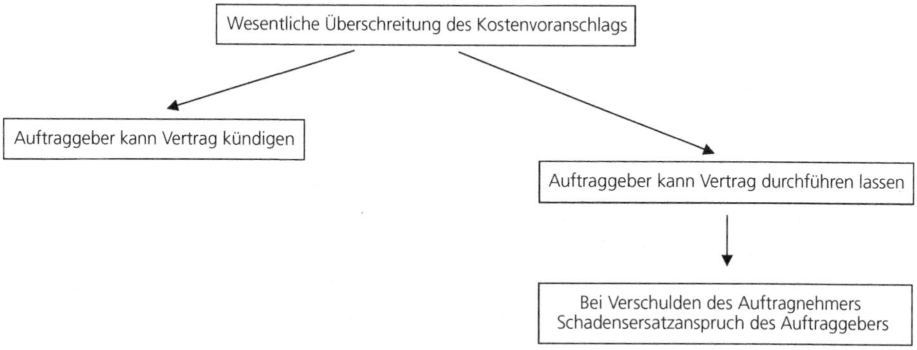

Abbildung: § 649 BGB – Kostenvoranschlag

II. § 649 BGB und VOB/B

3 Die VOB/B enthält keine von § 649 BGB abweichende Regelung. § 649 BGB gilt unbeschränkt auch für VOB-Verträge.

B. Kündigungsrecht

4 Wenn die tatsächlichen Kosten den Kostenvoranschlag wesentlich übersteigen, kann der Auftraggeber den Vertrag kündigen. Im Vergleich zu einer Kündigung nach § 648 BGB muss er bei einer derartigen Kündigung für die nicht erbrachten Leistungen weniger bezahlen. Bei § 648 BGB schuldet er die vereinbarte Vergütung abzüglich der gesetzlich vorgesehenen Ab-

zugsposten, bei einer Kündigung nach § 649 BGB nur die in § 645 Abs. 1 BGB angesprochenen Auslagen des Auftragnehmers.

Praxistipp:

Was macht ein Auftraggeber, wenn eine Kostensteigerung im Sinne des § 649 BGB eintritt?

Es ist dann zu überlegen, ob der Auftraggeber den Vertrag kündigen will. Der Auftraggeber hat auch die Möglichkeit, den Vertrag ausführen zu lassen und ggf. Schadensersatz beim Auftragnehmer geltend zu machen.

Wichtigstes Entscheidungskriterium dürfte regelmäßig sein, ob der Auftraggeber auf die vollständige Ausführung der Leistung angewiesen ist oder nicht.

I. Wesentliche Überschreitung des Kostenanschlags

Wann eine wesentliche Überschreitung des Kostenanschlages gegeben ist, bestimmen die Gerichte immer im Einzelfall. Eine allgemeingültige Zahl gibt es daher leider nicht. **5**

Es ist davon auszugehen, dass ab 10% Mehrkosten, jedenfalls aber ab 25%, eine wesentliche Überschreitung vorliegt.

II. Vergütung erbrachter Leistungen

Die erbrachten Leistungen sind wie bei einer ordentlichen Kündigung nach § 648 BGB zu ermitteln und abzurechnen (vgl. dazu 648 BGB, Rn. 17 ff.). **6**

III. Vergütung nicht erbrachter Leistungen

Soweit der Auftragnehmer wegen der Kündigung des Auftraggebers Leistungen nicht erbracht hat, erhält er hierfür nur Ersatz der ihm entstandenen Auslagen. Grundlage ist die Vorschrift des § 645 Abs. 1 BGB. Dies betrifft beispielsweise die Kosten für beschaffte Materialien, Transporte oder für Genehmigungsgebühren. **7**

IV. Schadensersatzansprüche des Auftraggebers

Wenn der Auftragnehmer den Kostenvoranschlag schuldhaft falsch aufgestellt hat, kann der Auftraggeber einen Schadensersatzanspruch gegen den Auftragnehmer geltend machen. Dabei ist allerdings zu berücksichtigen, dass der Auftraggeber sich sog. Sowieso-Kosten anrechnen lassen muss. **8**

Ein Schadensersatzanspruch kommt daher vor allem dann in Frage, wenn der Auftraggeber die Leistungen ohne den Kostenvoranschlag gar nicht vergeben hätte.

C. Anzeige

Der Auftragnehmer ist verpflichtet, dem Auftraggeber eine Überschreitung des Kostenanschlages mitzuteilen. Wenn der Auftragnehmer diese Anzeige unterlässt, schuldet er dem Auftraggeber Schadensersatz. Dabei wird vermutet, dass der Auftraggeber den Vertrag in Kenntnis der Überschreitung gekündigt hätte und daher die im Moment, in dem die Überschreitung erkennbar wurde, noch nicht erbrachten Leistungen auch nicht vergütet hätte. **9**

Wenn der Auftraggeber das vom Auftragnehmer unter Verletzung der Anzeigepflicht erstellte Werk behalten will (oder muss), erhält der Auftragnehmer nur eine noch oben begrenzte Vergütung, und zwar beschränkt auf die im Kostenanschlag genannte Summe zuzüglich einer zulässigen Überschreitung.

§ 650 BGB
Anwendung des Kaufrechts

Auf einen Vertrag, der die Lieferung herzustellender oder zu erzeugender beweglicher Sachen zum Gegenstand hat, finden die Vorschriften über den Kauf Anwendung. § 442 Abs. 1 Satz 1 findet bei diesen Verträgen auch Anwendung, wenn der Mangel auf den vom Besteller gelieferten Stoff zurückzuführen ist. Soweit es sich bei den herzustellenden oder zu erzeugenden beweglichen Sachen um nicht vertretbare Sachen handelt, sind auch die §§ 642, 643, 645, 648 und 649 mit der Maßgabe anzuwenden, dass an die Stelle der Abnahme der nach den §§ 446 und 447 maßgebliche Zeitpunkt tritt.

A. Allgemeines

I. Unterschiede Kaufrecht/Werkvertragsrecht

1 Die Unterscheidung zwischen Werkvertrag und Kaufvertrag hat für beide Vertragspartner erhebliche Bedeutung, weil sich das Kaufrecht in einigen Bereichen deutlich vom Werkvertragsrecht unterscheidet. Die Regelung des § 650 war bisher – inhaltlich unverändert – im § 651 BGB zu finden.

Das Kaufrecht ist in diesem Buch ausführlich in einem eigenen Abschnitt dargestellt, weil es bei allen Lieferungen beweglicher Gegenstände relevant sein kann.

Dies sind insbesondere folgende Punkte:

- das **Wahlrecht**, ob der Auftragnehmer eine mangelhafte Sache nachbessern oder eine ganz neue Sache liefern muss, steht im Kaufvertragsrecht dem Auftraggeber (§ 439 Abs. 1 BGB) und im Werkvertragsrecht dem Auftragnehmer zu (§ 635 Abs. 1 BGB);
- deshalb kann der Verkäufer anders als beim Werkvertragsrecht nicht eine bestimmte Art der Nacherfüllung durch Nachbesserung oder durch Nachlieferung verlangen (sofern der Käufer die durch § 439 Abs. 3 BGB gesetzten Grenzen einhält);
- Beim Kaufvertrag hat der Käufer **kein Selbstvornahmerecht**. Deswegen hat er auch nicht die Möglichkeit, einen Einbehalt in der Höhe eines Mehrfachen der voraussichtlichen Kosten der Mängelbeseitigung zu machen (die Möglichkeiten, andere Zurückbehaltungsrechte geltend zu machen oder zu mindern, bleiben natürlich unberührt);
- der Käufer hat kein freies gesetzliches Kündigungsrecht, wie es dem Werkbesteller nach § 648 BGB zusteht, und ist daher an seinen Vertrag gebunden, auch wenn er die bestellte Leistung nicht mehr wünscht oder gar nicht mehr verwenden kann;
- Bei Kaufverträgen zwischen Unternehmen kommt die **Untersuchungs- und Rügepflicht** hinzu. Diese beruht auf Regelungen des HGB und verlangt von Unternehmen, die erworbene Ware demnächst nach Erhalt zu prüfen und erkennbare Mängel beim Lieferanten zu rügen.

II. § 650 BGB und VOB/B

2 Die VOB/B enthält keine von § 650 BGB abweichende Regelung. § 650 BGB gilt unbeschränkt auch für VOB-Verträge. Wenn für einen Kaufvertrag die Geltung der VOB/B vereinbart wird, ist im Einzelnen zu prüfen, ob die Regelungen des gesetzlichen Kaufvertragsrechts und die VOB/B überhaupt zueinander passen und welche Regelung jeweils gilt. Dies führt zu erheblichen Unsicherheiten, weswegen die VOB/B für Kaufverträge nicht vereinbart werden sollte.

III. Anwendungsbereich Kaufrecht

Kaufrecht ist anwendbar, wenn der Auftragnehmer dem Auftraggeber (also der Verkäufer dem Käufer) 3

- das Eigentum an einer **beweglichen Sache** verschaffen muss oder
- der Auftragnehmer eine bewegliche Sache herstellen oder erzeugen soll.

Der gewissermaßen klassische Anwendungsbereich des Auftraggebers ist gegeben, wenn die vertragliche Hauptleistung einer Seite darin besteht, dem anderen Vertragspartner das Eigentum an einer bestimmten Sache zu verschaffen. Bei Werkverträgen dagegen schuldet der Auftragnehmer wie oben bei § 631 BGB dargestellt einen bestimmten Leistungserfolg (vgl. dazu § 631 BGB, Rn. 3). Dementsprechend können von vorneherein alle Verträge über erfolgsbezogene Leistungen, bei denen der Auftragnehmer keine Sachen zu übergeben hat, nur Werkverträge sein. Dies betrifft z.B. Verträge über Gutachten oder über Planungs- und Bauüberwachungsleistungen. 4

Das Kaufrecht ist außerdem immer dann anzuwenden, wenn die Leistung des Auftragnehmers darin besteht, dass er herzustellende oder zu erzeugende bewegliche Sachen liefern muss. Bewegliche Sachen sind solche, die nicht wesentliche Bestandteile eines Grundstückes werden. Wenn also z.B. ein Schreiner für den Auftraggeber maßgefertigte Fenster anfertigt und sein Vertrag mit der Übergabe dieser Fenster an den Auftraggeber erfüllt ist, weil der Auftraggeber sie einbauen will, ist Kaufvertragsrecht anwendbar. Sobald der Auftragnehmer außer der Lieferung noch eine weitere wesentliche Verpflichtung übernimmt, also insbesondere den **Einbau** der von ihm hergestellten bzw. gelieferten Gegenstände, gilt wie bisher das Werkvertragsrecht. 5

Kapitel 2 Bauvertrag

§ 650a BGB
Bauvertrag

(1) Ein Bauvertrag ist ein Vertrag über die Herstellung, die Wiederherstellung, die Beseitigung oder den Umbau eines Bauwerks, einer Außenanlage oder eines Teils davon. Für den Bauvertrag gelten ergänzend die folgenden Vorschriften dieses Kapitels.

(2) Ein Vertrag über die Instandhaltung eines Bauwerks ist ein Bauvertrag, wenn das Werk für die Konstruktion, den Bestand oder den bestimmungsgemäßen Gebrauch von wesentlicher Bedeutung ist.

§ 650a BGB wurde mit Reform des Bauvertragsrechts 2017 in das BGB aufgenommen. Mit dem gesamten Kapitel 2 (§§ 650a bis 650h BGB) gilt er nur für Verträge, die **nach dem 1.1.2018** geschlossen wurden. Für früher geschlossene Verträge bleibt es bei den bisher geltenden Regelungen. 1

§ 650a BGB ist die die zentrale Vorschrift, die festlegt, für welche Art von Verträgen das neue Bauvertragsrecht gilt. Danach liegt ein Bauvertrag vor, wenn folgende Voraussetzungen erfüllt sind. Der Vertrag betrifft 2

- Herstellung oder
- Wiederherstellung oder
- Beseitigung oder
- Umbau

entweder

- eines Bauwerks oder
- einer Außenanlage oder
- eines Teils davon.

3 Insgesamt wird bei diesen Begriffen auf das zurückgegriffen, was bereits zur Verjährung von Gewährleistungsansprüchen nach § 634a BGB galt. Es wird daher für die Begriffe auf die dortigen Erläuterungen verwiesen.

4 **Herstellung** ist danach die erstmalige Herstellung eines Gebäudes und bei einer Außenanlage die erstmalige Bearbeitung mit dem Ziel, eine bauliche Anlage zu errichten.

5 **Wiederherstellung** ist die danach zweit-intensivste Maßnahme und ist bei einer faktischen Neuherstellung gegeben. Die – letztlich nicht relevante – Abgrenzung zum Umbau dürfte dabei wohl in vielen Fällen unsicher bleiben. **Umbau** ist jeder wesentliche gestaltende und ändernde Eingriff in eine bauliche Anlage, wobei angesichts Abs. 2 – der Regelung zu Instandhaltungsmaßnahmen – eine deutlich höhere Intensität als bei einer reinen Instandhaltung vorhanden sein muss.

6 Nach § 650a BGB sind auch bestimmte Verträge über **Instandhaltungsarbeiten** an Bauwerken Bauverträge im Sinne dieser Vorschrift. Ein wichtiger Unterscheidungsfaktor ist, ob dieser Vertrag von der Intensität der Leistung und der Dauer der Zusammenarbeit einem Vertrag über die erstmalige Herstellung etc. ähnelt.

▶ *Instandhaltungsmaßnahmen sind solche Leistungen, die zur Erhaltung des Soll-Zustandes des Bauwerkes dienen. Dies sind grundsätzlich kleinere Arbeiten, die auch ohne Eingriff erfolgen können.*

7 Ein Vertrag über die **Instandhaltung** eines Bauwerkes ist ein **Bauvertrag** im Sinne dieser Vorschrift, wenn die Leistung

- für die Konstruktion,
- den Bestand
- oder den bestimmungsgemäßen Gebrauch

von wesentlicher Bedeutung ist.

8 Die **wesentliche Bedeutung** ist ganz sicher immer dann gegeben, wenn ein Bauwerk ohne die Arbeiten nicht „funktioniert". Insoweit kann auf die Gedanken zu „wesentlichen" Mängeln zurückgegriffen werden. So kann z.B. bei einer Holzkonstruktion der Austausch einzelner Teile „wesentlich" für die Funktion sein. Der rein dekorative Anstrich hingegen dürfte diese Voraussetzung nicht erfüllen. Instandhaltungsarbeiten an Außenanlagen führen nicht zu einem Bauvertrag i.S.d. § 650a BGB.

§ 650b BGB
Änderung des Vertrags; Anordnungsrecht des Bestellers

(1) Begehrt der Besteller

1. eine Änderung des vereinbarten Werkerfolgs (§ 631 Absatz 2) oder

2. eine Änderung, die zur Erreichung des vereinbarten Werkerfolgs notwendig ist,

streben die Vertragsparteien Einvernehmen über die Änderung und die infolge der Änderung zu leistende Mehr- oder Mindervergütung an. Der Unternehmer ist verpflichtet, ein Angebot über die Mehr- oder Mindervergütung zu erstellen, im Falle einer Änderung nach Satz 1 Nummer 1 jedoch nur, wenn ihm die Ausführung der Änderung zumutbar ist. Macht der Unternehmer betriebsinterne Vorgänge für die Unzumutbarkeit einer Anordnung nach Absatz 1 Satz 1 Nummer 1 geltend, trifft ihn die Beweislast

hierfür. Trägt der Besteller die Verantwortung für die Planung des Bauwerks oder der Außenanlage, ist der Unternehmer nur dann zur Erstellung eines Angebots über die Mehr- oder Mindervergütung verpflichtet, wenn der Besteller die für die Änderung erforderliche Planung vorgenommen und dem Unternehmer zur Verfügung gestellt hat. Begehrt der Besteller eine Änderung, für die dem Unternehmer nach § 650c Absatz 1 Satz 2 kein Anspruch auf Vergütung für vermehrten Aufwand zusteht, streben die Parteien nur Einvernehmen über die Änderung an; Satz 2 findet in diesem Fall keine Anwendung.

(2) Erzielen die Parteien binnen 30 Tagen nach Zugang des Änderungsbegehrens beim Unternehmer keine Einigung nach Absatz 1, kann der Besteller die Änderung in Textform anordnen. Der Unternehmer ist verpflichtet, der Anordnung des Bestellers nachzukommen, einer Anordnung nach Absatz 1 Satz 1 Nummer 1 jedoch nur, wenn ihm die Ausführung zumutbar ist. Absatz 1 Satz 3 gilt entsprechend.

A. Allgemeines

Die Vorschrift regelt, wie ein Auftraggeber einen Vertrag ändern kann, sodass der Auftragnehmer diese Änderung ausführen muss. Die Folgefrage der Anpassung der **Vergütung** ist in § 650c BGB geregelt. 1

B. Welche Änderungen sind erfasst

Nach § 650b Abs. 1 Satz 1 BGB geht es um **zwei Fälle der Vertragsänderung**, und zwar um 2

- eine Änderung des vereinbarten Werkerfolgs nach § 631 Abs. 2 oder
- eine Änderung, die zur Erreichung des vereinbarten Werkerfolgs notwendig ist.

Die erste Variante ist eine inhaltliche Änderung des ursprünglichen Vertrages mit neuem Inhalt, die zweite Variante bedeutet die Beibehaltung des ursprünglichen Leistungszieles mit einer notwendigen Änderung, die in einer geänderten oder einer zusätzlichen Leistung besteht. 3

Wie bereits jetzt bei § 2 Abs. 5, 6 VOB/B werden die unterschiedlichen Arten der Vertragsänderungen nicht immer ganz trennscharf zu unterscheiden sein. Ganz grob dürfte die **Unterscheidung** danach erfolgen können, ob die ursprüngliche Leistung ohne die Änderung mangelfrei und nutzbar wäre. Ist dies der Fall, liegt im Zweifel eine nicht notwendige Änderung vor. 4

So wird gegenüber einem Estrichleger die Änderung von Betonboden zu einem Holzboden ein neues Werk sein. Es kann aber auch sein, dass eine solche Änderung aus Gründen der Statik oder wegen drohender Feuchtigkeitsschäden notwendig ist. 5

Die Unterscheidung ist jedoch aus Rechtsgründen wichtig, da das BGB an manchen Stellen nur an eine der beiden Änderungs-Situationen Rechtsfolgen knüpft, so muss nur im ersten Fall der Unternehmer einen Kostenvoranschlag erstellen. 6

C. Wie wird der Vertrag geändert?

I. Vergleich zur VOB/B

Die VOB/B sieht vor, dass der Auftraggeber bestimmte Vertragsänderungen einfach anordnen kann und der Auftragnehmer dieser Anordnung nachkommen muss. Das BGB hat ein komplizierteres Vorgehen vorgesehen, um die schlichte „Befehl und Gehorsam"-Konstruktion der VOB/B zu vermeiden und mehr Einvernehmlichkeit herzustellen. 7

Es sind dabei folgende Schritte einzuhalten.

1. Schritt: Streben nach Einvernehmen

8 In einem ersten Schritt sollen die Vertragspartner versuchen, **Einvernehmen** über die Durchführung der Änderung und die hieraus resultierende Vergütung zu finden. In diesem Rahmen muss der Auftragnehmer **ein Angebot einreichen**, allerdings für Änderung des Werkerfolges nur, wenn es ihm zumutbar ist. Die Beweislast für betriebsinterne Vorgänge, die zur Unzumutbarkeit führen sollen, liegt beim Auftragnehmer.

9 Eine **Frist** für die Einreichung des Angebotes sieht das Gesetz nicht vor. Der Auftraggeber kann aber eine Frist setzen, diese muss angemessen sein, um die Erstellung eines Angebotes zu ermöglichen. Das Angebot muss es dem Auftraggeber ermöglichen, die Vergütungsänderung nach § 650c BGB nachvollziehen zu können. Es muss also in sich schlüssig und prüfbar sein.

10 Außerdem wird differenziert danach, **wer für die Planung verantwortlich ist**. Ist der Auftraggeber für die Planung verantwortlich, muss er die Planung erstellen und dem Auftragnehmer zur Verfügung stellen, bevor er von diesem ein Angebot verlangen kann. Dies ist auch bei einer Fristsetzung durch den Auftraggeber zu beachten. Trägt der Unternehmer die Planungsverantwortung, muss er auch die Planung erstellen.

Praxishinweis:

*Das Verlangen nach einer Änderung muss dem Auftragnehmer zugehen. Damit dieser **Zugang** später als Anknüpfungspunkt für eine Frist dienen kann, muss der Auftraggeber den Zeitpunkt des Zugangs nachweisen können. Das Verlangen sollte daher im Zweifel in Textform (z.B. per Mail), schriftlich oder in einem Baustellenprotokoll erfolgen. Außerdem muss der Auftraggeber auch bei einer Mail Zugang und seinen Zeitpunkt nachweisen können, das Versenden einer Mail allein reicht hierfür nicht.*

11 Wenn die Änderung notwendig ist und dem Unternehmer hierfür nach § 650c Abs. 1 Satz 2 BGB keine Vergütung zusteht (weil dem Auftragnehmer nämlich auch die – in diesen Fällen fehlerhafte bzw. unvollständige – Planung oblag), dann verhandeln die Vertragspartner nur über die Änderung als solche. Das stellt der letzte Satz von § 650b Abs. 1 BGB klar, indem er auf § 650c Abs. 1 Satz 2 BGB verweist.

2. Schritt: Anordnung

12 Einigen sich die Parteien nicht innerhalb von 30 Tagen nach Zugang des Änderungsbegehrens beim Auftragnehmer, dann kann der Auftraggeber einseitig die Änderung anordnen. **Der Auftraggeber muss also nachweisen können, dass und wann sein Änderungsbegehren beim Auftragnehmer zugegangen ist**.

13 Für die Anordnung nach Fristablauf sieht das Gesetz dann wiederum eine bestimmte Form vor. Die Anordnung muss in Textform erfolgen, also z.B. in einer E-Mail. Der Auftraggeber muss die Anordnung so erteilen, dass er den Zugang und seinen Zeitpunkt nachweisen kann.

14 Der Auftragnehmer muss eine solche Anordnung ausführen, aber bei einer Änderung des Werkerfolges i.S.d. § 650b Abs. 1 Satz 1 Nr. 1 BGB (also die nicht notwendige Änderung) nur dann, wenn sie ihm zumutbar ist. Die **Zumutbarkeit** ist dabei nach den Interessen beider Partner zu prüfen. Aus Sicht des Auftraggebers ist zu berücksichtigen, dass der Einsatz eines anderen Unternehmens neben zusätzlichem Planungs- und Koordinierungsaufwand auch zusätzliche Schnittstellen, z.B. bei der Gewährleistung, mit sich bringen kann.

15 Die Zumutbarkeit einer Ausführung ist z.B. dann näher zu prüfen, wenn der Auftraggeber dem Auftragnehmer nicht nur Ausführungsleistungen übertragen will, sondern auch Planungsleistungen. Das gilt erst recht, wenn der Auftragnehmer bisher keine Planungsverantwortung hatte und nun mit der Anordnung erstmals diese Verantwortung übernehmen soll. Es liegt nahe, dass die mit dieser Übertragung verbundene Risiko-Übertragung in vielen Fällen für den Auftragnehmer nicht zumutbar ist, insbesondere wenn es um nicht erkennbare Risiken geht oder wenn sein Betrieb auf solche Leistungen nicht eingerichtet ist. Für eine Zumut-

barkeit kann sprechen, dass die Übernahme einer bestimmten Planung branchenüblich ist und dass der Auftragnehmer mögliche Risiken in der geforderten Vergütung einkalkulieren kann.

Ausdrücklich angesprochen werden auch mögliche **betriebsinterne Gründe** für eine Unzumutbarkeit. So kann eine Zusatzaufgabe für den Auftragnehmer unzumutbar sein, wenn er hierfür erforderliche Kapazitäten anderweitig gebunden hat oder wenn ihm und seinen Mitarbeitern bestimmte Spezialkenntnisse fehlen. 16

Will sich der Auftragnehmer für die Zumutbarkeit auf betriebsinterne Vorgänge stützen, so liegt nach § 650b Abs. 1 Satz 3 BGB die Beweislast für diese Gründe beim Auftragnehmer. 17

Auf diese Unzumutbarkeit kann sich der Auftragnehmer **nicht** berufen, wenn eine notwendige Änderung i.S.d. § 650b Abs. 1 Satz 1 Nr. 2 BGB vorliegt, also das Leistungsziel sonst in Frage gestellt wäre. 18

Trägt der **Auftraggeber die Verantwortung für die Planung**, stellt sich die Frage, ob der Auftragnehmer die Leistung auch dann ausführen muss, wenn der Auftraggeber die Umplanung noch nicht vorgenommen hat. Für ein Recht zur Verweigerung der Ausführung spricht der Gedanke, dass der Auftragnehmer in dieser Situation noch nicht einmal ein Nachtragsangebot einreichen müsste. Allerdings ist auch zu betrachten, welchen Umfang genau die angeordnete Leistung hat und ob eine Planung überhaupt erforderlich ist. Der Auftraggeber kann durchaus in einer solchen Situation auch die Erstellung der geänderten Planung anordnen, vgl. dazu oben die Betrachtungen zur Zumutbarkeit einer solchen Anordnung. 19

D. Was passiert in der Zwischenzeit?

Nicht näher geregelt ist, was während der Zeit, in der Einvernehmen erzielt werden soll, auf der Baustelle stattfinden soll. 20

Das ist dann unproblematisch, wenn die Baudurchführung uneingeschränkt fortgesetzt werden kann.

Wie aber sieht es aus, wenn die Änderung der Leistung durch eine unveränderte Fortführung der Arbeiten erschwert oder unmöglich gemacht werden würde? Darf der Auftraggeber in diesem Fall einen **Baustopp** anordnen? Oder muss er hierfür – weil es um eine bauzeitliche Änderung des Leistungssolls handelt – wiederum ein Einvernehmen mit dem Auftragnehmer erzielen? 21

Ein Anordnungsrecht des Auftraggebers unterstellt, wer trägt in diesem Fall die Kosten eines Baustellenstillstandes? Handelt es sich z.B. um eine notwendige Leistung, die auf einem Planungsversehen des Auftraggebers beruht, so können sich auch Fragen stellen, ob der Auftragnehmer beispielsweise rechtzeitig Behinderung angemeldet hat, ob ihm aus Schadensminderungsgründen eine frühere Durchführung zumutbar ist etc. 22

Für Auftragnehmer erst recht problematisch sind die Fälle, bei denen sie die Planungsverantwortung hatten und daher nach § 650c Abs. 1 Satz 2 BGB keinen Anspruch auf zusätzliche Vergütung haben. Umfasst dies auch einen etwaigen Baustellenstillstand? Kann ein Auftragnehmer in solchen Fällen überhaupt Behinderung anmelden (wegen eines selbstverursachten Fehlers?) und dadurch den späteren Eintritt des Verzuges verhindern? All dies muss sich erst noch in der Praxis klären. 23

E. Vergütung

Die Frage der Vergütung ist in § 650c BGB geregelt. In § 650b geht es also generell nur um das „Ob“ einer Änderung. 24

§ 650c BGB
Vergütungsanpassung bei Anordnungen nach § 650b Absatz 2

(1) Die Höhe des Vergütungsanspruchs für den infolge einer Anordnung des Bestellers nach § 650b Absatz 2 vermehrten oder verminderten Aufwand ist nach den tatsächlich erforderlichen Kosten mit angemessenen Zuschlägen für allgemeine Geschäftskosten, Wagnis und Gewinn zu ermitteln. Umfasst die Leistungspflicht des Unternehmers auch die Planung des Bauwerks oder der Außenanlage, steht diesem im Fall des § 650b Absatz 1 Satz 1 Nummer 2 kein Anspruch auf Vergütung für vermehrten Aufwand zu.

(2) Der Unternehmer kann zur Berechnung der Vergütung für den Nachtrag auf die Ansätze in einer vereinbarungsgemäß hinterlegten Urkalkulation zurückgreifen. Es wird vermutet, dass die auf Basis der Urkalkulation fortgeschriebene Vergütung der Vergütung nach Absatz 1 entspricht.

(3) Bei der Berechnung von vereinbarten oder gemäß § 632a geschuldeten Abschlagszahlungen kann der Unternehmer 80 Prozent einer in einem Angebot nach § 650b Absatz 1 Satz 2 genannten Mehrvergütung ansetzen, wenn sich die Parteien nicht über die Höhe geeinigt haben oder keine anderslautende gerichtliche Entscheidung ergeht. Wählt der Unternehmer diesen Weg und ergeht keine anderslautende gerichtliche Entscheidung, wird die nach den Absätzen 1 und 2 geschuldete Mehrvergütung erst nach der Abnahme des Werks fällig. Zahlungen nach Satz 1, die die nach den Absätzen 1 und 2 geschuldete Mehrvergütung übersteigen, sind dem Besteller zurückzugewähren und ab ihrem Eingang beim Unternehmer zu verzinsen. § 288 Absatz 1 Satz 2, Absatz 2 und § 289 Satz 1 gelten entsprechend.

A. Voraussetzungen für eine Vergütungsanpassung

1 Wenn sich die Vertragspartner über die Ausführung einer geänderten Leistung und die hierfür anfallende Vergütung einig werden, besteht natürlich kein gesetzlicher Regelungsbedarf mehr. Daher beschränkt sich § 650c BGB darauf, die **Folgen einer einseitigen Anordnung des Auftraggebers** nach § 650b Abs. 2 BGB zu regeln, wenn also keine Einigung erfolgt.

Alle Voraussetzungen des § 650b Abs. 2 BGB müssen vorliegen, also

- Fristablauf ab Zugang des Änderungsverlangens,
- Anordnung in Textform,
- Zumutbarkeit.

B. Berechnung der Vergütungsanpassung

I. Grundsatz: Keine Fortschreibung der Kalkulation

2 Die Höhe der geänderten Vergütung soll nach § 650c Abs. 1 BGB von den **tatsächlich erforderlichen Kosten** abhängen. Dies sind letztlich **zwei Voraussetzungen**: Kosten müssen sowohl tatsächlich angefallen als auch erforderlich sein. Der Auftragnehmer darf außerdem angemessene Zuschläge für Allgemeine Geschäftskosten und Wagnis und Gewinn berechnen.

3 Ganz bewusst löst sich das Gesetz von der Fortschreibung der Kalkulation. Dabei werden ausdrücklich in der Begründung auch die Fälle angesprochen, dass der Auftragnehmer einen Vertragspreis wegen der Wettbewerbssituation kaum oder gar nicht kostendeckend kalkuliert hat.

4 Allerdings kann der Unternehmer sich nach Abs. 2 auf die Kalkulation zurückziehen. Tut er dies nicht, muss er hingegen die tatsächlich erforderlichen Kosten nachweisen.

5 Als **„tatsächliche" Kosten** sind die Kosten anzusetzen, die für die Ausführung der geänderten Leistung entstehen. Diese sind vom Auftragnehmer nachzuweisen, beispielsweise anhand von entsprechenden Rechnungen über Materialkäufe. Dabei muss er damit rechnen, dass der Auftraggeber bestreitet, dass bestimmte Materialien und Baustoffe auch tatsächlich für genau die geänderte Leistung erforderlich waren.

Bei **Baumaschinen** sind ebenfalls die tatsächlichen Kosten nachzuweisen. Es ist derzeit nicht abzuschätzen, ob in diesem Rahmen z.B. Abschreibungen als Teil der Kosten angesetzt werden können und wie etwa weitere Kosten (Verbrauchskosten etc.) abzurechnen sind. 6

Auch bei den **Personalkosten** muss der Auftragnehmer die „tatsächlichen" Kosten nachweisen können. Der Auftragnehmer kann sich also z.B. nicht auf einen kalkulierten Kolonnen-Lohn zurückziehen (sonst müsste er sich für die Abrechnung unter Fortschreibung der Kalkulation entscheiden), sondern muss konkret zu Dauer des Einsatzes und der Lohnhöhe der jeweils eingesetzten Mitarbeiter vortragen können. Wie z.B. Gehaltsfaktoren wie Urlaubs- und Weihnachtsgeld eingerechnet werden können, ist jedoch vorerst nicht klar. 7

Wenn sich der Auftragnehmer also zu dieser Art der Abrechnung entscheidet, muss er umso genauer vortragen und beweisen können, welche Leistungen ausgeführt wurden und welche Kosten dadurch entstanden sind. 8

Es muss außerdem hinzukommen, dass **die tatsächlichen Kosten auch „erforderlich"** waren. Das soll verhindern, dass für diese Arbeiten z.B. ungelernte Mitarbeiter mit einem völlig unüblichen hohen Aufwand tätig werden oder dass überqualifizierte Mitarbeiter mit einem ungewöhnlich hohen Lohn eingesetzt werden. Die Bedeutung der „Erforderlichkeit" ist derzeit noch nicht einzuschätzen. Es kann durchaus sein, dass sich diese – neben der sowieso schon nicht einfachen Ermittlung der „tatsächlichen" Kosten – zu einem weiteren Streitpunkt bei Verfahren wegen geänderter Leistungen entwickeln wird. 9

Gegenzurechnen sind natürlich **die Kosten für nicht ausgeführte Leistungen**. Soweit diese gar nicht ausgeführt wurden, geht es um die hypothetischen Kosten. Diese kann der Auftragnehmer nur anhand seiner Kalkulation ermitteln, sodass diese auch bei dieser Art der Nachtragskalkulation relevant ist. 10

II. Keine Vergütung bei planendem Auftragnehmer

Eine Ausnahme gilt, wenn **der Auftragnehmer für die Planung des Bauwerkes verantwortlich** ist und es um eine Änderung geht, die für das Erreichen des Werkerfolges notwendig ist. In diesen Fällen soll der Auftragnehmer nicht für eine schlechte Planung belohnt werden oder sich die Tür für Nachträge offenhalten dürfen. Für solche Leistungen steht dem Auftragnehmer keine Vergütung zu. 11

Es erscheint jedoch **zweifelhaft**, ob diese Regelung immer greifen wird. So kann es sein, dass bestimmte Risiken auch für den Auftragnehmer nicht erkennbar waren, z.B. bestimmte Bodenrisiken wie eine Kontamination. Ein Planer könnte sich in vielen solcher Fälle auf den Grundsatz der sog. Sowieso-Kosten zurückziehen oder darauf, dass seine Planungsleistung in keiner Weise mangelhaft war. Im relativ strengen Wortlaut des BGB ist eine solche Ausnahme nicht vorgesehen. 12

Es bleibt abzuwarten, ob es in begründeten Fällen zu einer Anpassung der Vergütungsansprüche kommt, weil es ansonsten zu Wertungswidersprüchen zu anderen Situationen kommt. 13

III. Fortschreibung der Kalkulation

Nur der **Auftragnehmer** – nach dem Wortlaut der Vorschrift nicht aber der Auftraggeber – **darf aber auch auf die Kalkulation zurückgreifen**. § 650c Abs. 2 BGB erlaubt dem Unternehmer, zur Berechnung der Vergütung für den Nachtrag auf die Ansätze **in einer vereinbarungsgemäß hinterlegten Urkalkulation** zurückzugreifen. 14

Der **Vertrag** muss also diese Möglichkeit zulassen, dass der Auftragnehmer seine Urkalkulation hinterlegt, und muss hierfür auch nähere Vorgaben machen: Wo wird sie hinterlegt, wie wird sie geöffnet (insbesondere zum Schutz vor Manipulationen)? 15

Entscheidet sich der Auftragnehmer für diese Möglichkeit, seinen Nachtrag zu berechnen, wird **vermutet**, dass die so kalkulatorisch fortgeschriebene Berechnung der Vergütung nach 16

Abs. 1 entspricht, also der Berechnung der tatsächlich erforderlichen Mehr- und Minderkosten.

17 Dem Auftraggeber wird (zumindest theoretisch) die Möglichkeit eröffnet, **diese Vermutung zu widerlegen**. Für diese Widerlegung muss der Auftraggeber allerdings Anhaltspunkte haben, wie die geänderten tatsächlichen Kosten aussehen. Dazu dürften ihm regelmäßig die erforderlichen Informationen fehlen. Allenfalls soweit die Kalkulation ihm ein Bestreiten ermöglicht, kann er ergänzend gegen die Berechnung vorgehen.

IV. Vergütung bei Abschlagszahlungen

18 Für die Abrechnung bei Abschlagszahlungen sieht § 650c Abs. 3 BGB für Bauverträge eine besondere Regelung vor.

Danach kann der Auftragnehmer

- wenn Abschlagszahlungen vereinbart wurden oder
- sie nach § 632a BGB geschuldet werden,
- sich die Parteien über die Höhe der Nachtragsforderung nicht geeinigt haben oder
- keine anderslautende gerichtliche Entscheidung ergeht,

bei Abschlagszahlungen 80 % der Mehrvergütung nach § 650c Abs. 1 Satz 2 BGB, also der tatsächlichen Mehrkosten, abrechnen. Diese Voraussetzungen müssen **alle** vorliegen.

19 Diese Vergütung wird, sofern keine anderslautende gerichtliche Entscheidung ergeht, erst nach der Abnahme des Werkes fällig. Sie kann also vor der Abnahme vom Auftragnehmer abgerechnet werden, eine Zahlungspflicht (und damit auch die Möglichkeit, den Auftraggeber in Verzug zu setzen und z.B. Zinsen zu verlangen) besteht erst nach der Abnahme.

20 Leistet der Auftraggeber dennoch Zahlungen (z.B. im Rahmen eines Zahlungsplanes), die über die Nachtragsvergütung hinausgehen, muss der Auftragnehmer sie zurückzahlen und ab Erhalt verzinsen.

§ 650d BGB
Einstweilige Verfügung

Zum Erlass einer einstweiligen Verfügung in Streitigkeiten über das Anordnungsrecht gemäß § 650b oder die Vergütungsanpassung gemäß § 650c ist es nach Beginn der Bauausführung nicht erforderlich, dass der Verfügungsgrund glaubhaft gemacht wird.

A. Besonderheiten der einstweiligen Verfügung

1 In § 650d BGB geht es um die Anforderungen, unter denen ein Partner eines Bauvertrages eine einstweilige Verfügung beantragen kann. Eine einstweilige Verfügung ist eine gerichtliche Entscheidung in einem beschleunigten und vereinfachten gerichtlichen Verfahren. Die Hauptmerkmale dieses gerichtlichen Verfahrens sind

- Zulässigkeit beschränkt auf bestimmte Fälle,
- kein Beweis durch Zeugen etc., sondern Glaubhaftmachung, regelmäßig durch eidesstattliche Erklärungen,
- Möglichkeit der Entscheidung ohne mündliche Verhandlung;
- eingeschränkte Rechtsmittelmöglichkeiten;
- Möglichkeit der Überprüfung in einem nachfolgenden Hauptsacheverfahren.

Eine in vielen Fällen hinderliche Hürde für dieses Verfahren räumt § 650d BGB aus dem Weg. Allerdings gilt diese Regelungen nur dann und nur insoweit als es um Anordnungen nach § 650b BGB oder die Anpassung der Vergütung nach § 650c BGB geht. Sobald auch andere

Streitpunkte betroffen sind, hilft diese Vorschrift also weiter. Diese Einschränkung greift also z.B. dann, wenn in einer Abschlagsrechnung unveränderte und veränderte/zusätzliche Leistungen abgerechnet werden.

B. Kein Verfügungsgrund erforderlich

Nach dieser Vorschrift ist für einstweilige Verfügungen **2**

- über das Anordnungsrecht nach § 650b BGB
- oder die Vergütungsanpassung nach § 650c BGB

nach Beginn der Bauausführung **nicht erforderlich**, dass der jeweilige Antragsteller den Verfügungsgrund glaubhaft macht. **Verfügungsgrund ist** normalerweise die besondere Dringlichkeit des Anspruches, weil nur für diese dringlichen Fälle das vereinfachte Verfahren des einstweiligen Rechtsschutzes offenstehen soll. Hierdurch soll Missbrauch verhindert werden.

Diese Dringlichkeit muss in den genannten Fällen nicht nachgewiesen werden. Der Antragsteller muss also vor allem seinen eigentlichen Anspruch dem Grunde nach glaubhaft machen, also z.B. das Bestehen eines Anordnungsrechts. **3**

C. Umfang der erreichbaren Regelung

In der Praxis bleibt abzuwarten, wie die gerichtliche Praxis mit einem weiteren Problem umgeht: In einstweiligen Verfügungen kann im Regelfall nur eine einstweilige Regelung erreicht werden. Eine Leistung, z.B. eine Zahlung, wurde bisher nur in Ausnahmefällen ausgesprochen, und zwar, wenn der Antragsteller auf eine unmittelbare Erfüllung so dringend angewiesen war, dass ihm ein Abwarten eines ordentlichen Gerichtsverfahrens nicht zumutbar war. Dies dürfte in vielen Fällen gelten, wenn es um **die Rechtmäßigkeit einer Anordnung** geht, denn ohne diese Entscheidung droht häufig ein Baustellenstillstand mit massiven Folgen. Eine **Zahlung** aber ist in der Regel nicht in dieser Weise dringend. **4**

D. Hinweis auf Haftungsfalle § 945 ZPO

Hinzuweisen ist darauf, dass der erfolgreiche Antragsteller dem Antragsgegner ohne Rücksicht auf fehlendes Verschulden haftet, wenn er aus einer später nicht aufrecht erhaltenen einstweiligen Verfügung vollstreckt. **5**

§ 650e BGB
Sicherungshypothek des Bauunternehmers

Der Unternehmer kann für seine Forderungen aus dem Vertrag die Einräumung einer Sicherungshypothek an dem Baugrundstück des Bestellers verlangen. Ist das Werk noch nicht vollendet, so kann er die Einräumung der Sicherungshypothek für einen der geleisteten Arbeit entsprechenden Teil der Vergütung und für die in der Vergütung nicht inbegriffenen Auslagen verlangen.

A. Allgemeines

I. Zur Bauhandwerkersicherung

Hauptproblem des Auftragnehmers in wirtschaftlicher und rechtlicher Hinsicht ist, dass er erst leisten muss, um dann nach der Abnahme seine volle Vergütung verlangen zu können. Ganz besonders belastend ist, dass der Auftragnehmer bei der Ausführung von Gesetz wegen das Eigentum an den eingebauten Gegenständen verliert. **1**

Um das Vorleistungsrisiko des Auftragnehmers zu reduzieren, hat der Gesetzgeber mit § 650e und § 650f BGB zwei Sicherungsmöglichkeiten des Auftragnehmers geschaffen.

Diese Vorschriften entsprechen den §§ 648 und 648a BGB in der Fassung vor der Einführung des besonderen Bauvertragsrechts.

2 In der nachfolgenden Tabelle sind die Vor- und Nachteile der beiden gesetzlichen Sicherungsmöglichkeiten des Auftragnehmers dargestellt.

§ 650e BGB, Bauhandwerkersicherungshypothek		**§ 650f BGB, Bauhandwerkersicherung**	
Vorteile	Nachteile	Vorteile	Nachteile
Sicherung nicht kündbar bei Verschlechterung der Vermögensverhältnisse des Auftraggebers	In der Regel nachrangig gegenüber anderen Gläubigern und daher wirtschaftlich oft wertlos	Nicht nachrangig gegenüber anderen Gläubigern	Teilweise Kündigungsmöglichkeit bei Vermögensverschlechterung des Auftraggebers zulässig
Selbstständig durchzusetzen, ggf. durch Einstweilige Verfügung	Durchsetzung nur für Vormerkung unkompliziert möglich	Bei Verweigerung Recht zur Arbeitseinstellung und Kündigung oder zur selbstständigen klageweisen Durchsetzung	
Insolvenzfestigkeit	Nur für Werklohn betreffend erbrachte Leistungen und Auslagen	Auch für Werklohn betreffend noch nicht erbrachte Leistungen	
	Verwertung durch Zwangsversteigerung aufwendig und langwierig	Unabhängig von Mängeln	

3 § 650e BGB gibt dem Auftragnehmer die Möglichkeit, sich an dem Baugrundstück eine Sicherungshypothek eintragen zu lassen. In der Praxis hat diese Sicherungsmöglichkeit vor allem deswegen keine besonders große Bedeutung, weil ganz oft die **anderen Gläubiger** des Bauherrn bereits vorrangig im Grundbuch eingetragen sind. Dies sind ganz besonders die Banken. Der Bauunternehmer kann nur dann etwas aus der Verwertung des Grundstückes erhalten, wenn der Erlös der Versteigerung die gesicherten Ansprüche der Banken übersteigt. Dies ist nicht sehr oft der Fall.

4 Der größte **Vorteil** der Sicherungshypothek aus Sicht des Auftragnehmers ist, dass er relativ schnell durch eine einstweilige Verfügung eine Vormerkung eintragen lassen kann und dadurch Verkäufe und weitere Belastungen des Grundstückes erheblich erschweren kann. Allerdings steht dem ein erhebliches Schadensersatzrisiko gegenüber.

Die in der Praxis wichtigste Sicherungsmöglichkeit ist daher die des § 650f BGB, die dem Auftragnehmer außerdem auch noch eine Absicherung zukünftiger Forderungen bietet und regelmäßig werthaltiger und sicherer durchsetzbar ist.

II. § 650e BGB und VOB/B

5 Der Auftragnehmer kann die gesetzlichen Ansprüche aus §§ 650e und 650f BGB auch bei VOB-Verträgen verlangen, soweit nicht eine wirksame abweichende Vereinbarung vorliegt, was zumindest für § 650e BGB zulässig ist.

B. Voraussetzungen

Der Auftragnehmer kann sich eine Sicherungshypothek (oder in einer Vorstufe eine Vormer- 6
kung) eintragen lassen,

- wenn er Bauwerkunternehmer ist,
- am Baugrundstück,
- wenn der Auftraggeber auch Eigentümer des Baugrundstückes ist,
- für den Werklohn hinsichtlich bereits erbrachter Leistungen.

I. Bauwerkunternehmer

Die Sicherungsmöglichkeit des § 650e BGB gilt ausdrücklich nur für Auftragnehmer, die ein 7
Bauwerk herstellen oder Arbeiten an einem Bauwerk verrichten sollen. Dies ist bei den meisten Gewerken ohne Weiteres der Fall. Voraussetzung ist, dass die Leistungen konkret zur Vollendung des Bauwerkes führen.

So ist z.B. der reine **Baustofflieferant** kein Bauwerkunternehmer und der reine Gerüstbauer wohl nicht, da sich seine Leistung nicht im Bauwerk niederschlägt. Der Architekt wiederum hat nur dann einen Sicherungsanspruch, wenn seine Planung auch tatsächlich umgesetzt wird. Vor Beginn der Bauausführung kann er keine Sicherheit verlangen. Auch für Leistungen wie Finanzberatung etc. kann ein Architekt keine Sicherheit eintragen lassen.

II. Baugrundstück

Das Baugrundstück ist das Grundstück, auf dem das Bauwerk errichtet wird. Soll das Grund- 8
stück später z.B. in einzelne Reihenhausgrundstücke geteilt werden, kann der Auftragnehmer dennoch Sicherheit am **Gesamtgrundstück** verlangen, wenn es bei Beginn der Arbeiten noch ungeteilt ist.

Andere Grundstücke des Auftraggebers – auf denen der Auftragnehmer keine Arbeiten ausführt – darf der Auftragnehmer nicht nach § 650e BGB in Anspruch nehmen.

III. Auftraggeber als Eigentümer

Der Auftraggeber muss Eigentümer des Baugrundstückes sein. Dabei kommt es in erster Linie 9
ganz formell auf die genaue Bezeichnung von Auftraggeber und Eigentümer an. Rechtlich muss es sich um die **gleiche** juristische oder natürliche Person handeln.

Es reicht nicht aus, dass Auftraggeber und Eigentümer nach wirtschaftlicher Betrachtungsweise identisch sind.

Beispiel:

Der Auftraggeber ist alleiniger Gesellschafter einer GmbH.

Der Bauvertrag wird von der GmbH geschlossen. Die Arbeiten werden aber auf einem Grundstück ausgeführt, das dem Auftraggeber persönlich gehört.

Dennoch kann der Auftragnehmer keine Sicherheit an dem Baugrundstück verlangen.

Nur in ganz wenigen **Ausnahmefällen** kommt es nicht auf eine derart formale Betrachtung 10
an. Eine Sicherheit kann auch an einem Grundstück beantragt werden, dass dem Auftraggeber nicht gehört, wenn

- der Auftraggeber ganz offensichtlich nur aus formalen Gründen „dazwischengeschaltet" wurde,
- der Grundstückseigentümer die tatsächlichen Vorteile aus der Werkleistung zieht und den Auftraggeber tatsächlich beherrscht.

IV. Werklohn für erbrachte Leistungen, Mängel

11 Eine Absicherung kann bei der Sicherungshypothek immer nur nach **Baufortschritt** erfolgen und auch nur für mangelfreie Leistungen. Voraussetzung für die Eintragung ist nämlich eine bestehende Forderung des Auftragnehmers.

Eine solche Forderung besteht nur, wenn der Auftragnehmer hierfür Leistungen erbracht hat und für seine Leistungen auch Werklohn verlangen kann.

12 Zukünftige Forderungen kann der Auftragnehmer nicht absichern lassen – anders als bei § 650f BGB.

Der Auftragnehmer kann also nur Sicherheit für den jeweiligen Bautenstand fordern und muss nach einer Eintragung wieder das Risiko der Vorleistung eingehen. Außerdem kann sein Eintragungswunsch vom Auftraggeber sehr intensiv angegriffen werden, indem der Auftraggeber Mängel der Leistung behauptet. Vor der Abnahme muss der Auftragnehmer beweisen, dass seine Leistung **mangelfrei** ist, um die Hypothek eintragen zu können. Es kann daher – nur wegen einer Sicherheit! – zu einem umfangreichen Verfahren mit Beweisaufnahme etc. kommen.

13 Zu den Forderungen, die der Auftragnehmer sichern lassen kann, gehören auch **Schadensersatzansprüche** aus dem Vertrag und die Kosten für die Eintragung der Vormerkung bzw. der Hypothek. Auch ein Sicherheitseinbehalt ist zugunsten des Auftragnehmers zu berücksichtigen, wenn der Auftragnehmer entsprechende Leistungen erbracht hat, die der Auftraggeber aber noch nicht bezahlt hat.

C. Kein Anspruch auf Sicherung

14 Der Auftragnehmer kann keine Bauhandwerkersicherung verlangen, wenn er auf andere Weise abgesichert ist oder abgesichert sein könnte, beispielsweise

- wenn der Auftraggeber dem Auftragnehmer eine Bürgschaft anbietet, die den Werklohn abdeckt,
- wenn der Auftragnehmer eine bereits übergebene Sicherheit nach § 650f BGB zurückreicht.

Hintergrund ist, dass die Eintragung im Grundbuch eine erhebliche Belastung des Auftraggebers bedeutet. Zu dieser Belastung soll es nur kommen, wenn der Auftragnehmer keine weniger belastende Möglichkeit hat, sich abzusichern.

15 Außerdem kann der Auftragnehmer in einer individuell verhandelten Regelung auf seine Sicherungsmöglichkeit **verzichten**.

Praxistipp:

Wie verhält sich ein Auftraggeber, wenn er vom Auftragnehmer aufgefordert wird, eine Bauhandwerkersicherung eintragen zu lassen?

- *Der Auftraggeber kann dem Auftragnehmer anbieten, dass er statt der Eintragung eine normale Bürgschaft erhält.*
- *Der Auftraggeber muss sowieso damit rechnen, dass der Auftragnehmer auch eine Sicherheit nach § 650f BGB verlangt. Mit dem Angebot einer Sicherheit nimmt er dem Auftragnehmer die Möglichkeit, sich im Grundbuch abzusichern.*
- *Dies ist dann vorteilhaft, wenn der Auftraggeber das Grundstück kurzfristig teilen, belasten oder verkaufen will.*
- *Außerdem sollte der Auftraggeber prüfen, ob es andere Ansprüche gibt, die vorrangig zu sichern sind und die er eintragen lassen sollte, bevor der Auftragnehmer seine Vormerkung eintragen lässt.*

- *Im Vorgriff auf eine einstweilige Verfügung kann der Auftragnehmer die Einreichung einer Schutzschrift überlegen.*
- *Außerdem kann er zur Glaubhaftmachung von Mängeln einen Gutachter beauftragen und so Zeit gewinnen.*

D. Durchsetzung

Der Auftragnehmer kann sein Sicherungsrecht auf zwei Weisen **durchsetzen**: 16

- durch Eintragung einer Vormerkung mittels **einstweiliger Verfügung**,
- durch Eintragung der Hypothek selber durch **Klageverfahren**.

Theoretisch besteht auch die Möglichkeit, auf Eintragung einer Vormerkung zu klagen. Diese mögliche Vorgehensweise hat jedoch in der Praxis keine Bedeutung.

I. Eintragung einer Vormerkung durch einstweilige Verfügung

Der Auftragnehmer kann relativ schnell durch eine einstweilige Verfügung erreichen, dass zu 17
seinen Gunsten eine Vormerkung eingetragen wird. Die Vormerkung ist nur eine Art „vorläufige Eintragung" oder „Platzhalter". Sie stellt sicher, dass das Baugrundstück nur mit diesem „Platzhalter" verkauft oder belastet werden kann, sodass die spätere Eintragung der Hypothek selber nicht ins Leere geht.

Die **Vormerkung** ist daher aus Sicht des Auftragnehmers ein wichtiger erster Schritt auf dem Weg zu einer „richtigen" Sicherheit, der Hypothek. Aus Sicht des Auftraggebers handelt es sich um eine vor allem lästige Eintragung. Es steht nämlich gar nicht fest, ob der Vormerkung auch tatsächlich eine Hypothek folgt, aber erst einmal steht sie im Grundbuch. Sind noch Veränderungen im Grundbuch nachzuvollziehen (z.B. die Aufteilung in Wohnungseigentum), stört die Vormerkung erheblich.

Allerdings sichert die Vormerkung die Forderung nur mit dem Stand ab, den der Auftragneh- 18
mer mit seinen Leistungen bei Beantragung erreicht hatte. Wenn der Auftragnehmer nach Eintragung der Vormerkung weitere Leistungen erbringt, sind diese nicht mehr durch die Vormerkung gesichert.

Nachfolgend wird beschrieben 19

- wie der Auftragnehmer eine Vormerkung eintragen lassen kann und wie der Auftraggeber sich dagegen wehren kann,
- welche Schadensersatzansprüche der Auftraggeber deswegen haben kann,
- wie der Auftraggeber den Auftragnehmer zu einer Klageerhebung und damit einer endgültigen Klärung zwingen kann.

1. Vorgehensweise

Der Auftragnehmer kann eine Vormerkung eintragen lassen, indem er einen entsprechenden 20
Antrag auf Erlass einer einstweiligen Verfügung stellt und diesen vollstrecken lässt. Der Auftraggeber kann sich wehren, indem er glaubhaft macht, dass der Auftragnehmer keine Forderung hat oder dass seine Leistung mangelhaft ist.

a. Antrag auf Erlass einer einstweiligen Verfügung

Der Antrag auf Erlass einer einstweiligen Verfügung ist vergleichsweise einfach. Der Auftrag- 21
nehmer muss glaubhaft machen

- dass er eine Forderung gegen den Auftraggeber hat,
- dass es sich um eine Forderung aus einem Bauvertrag handelt,
- dass der Auftraggeber Eigentümer des Baugrundstückes ist.

Der Auftragnehmer kann sich nach seiner Wahl an das Amtsgericht wenden, in dessen Bezirk das Grundstück liegt, oder aber an das zuständige Landgericht (wenn der Anspruch die entsprechende Wertgrenze übersteigt).

Den Antrag kann der Auftragnehmer selber stellen, ohne einen **Anwalt** zu beauftragen. Dies kommt in der Praxis auch durchaus vor. Kommt es vor dem Landgericht zu einer mündlichen Verhandlung, muss der Auftragnehmer allerdings doch einen Anwalt beauftragen. Dies spricht dafür, für die gleichen Kosten von vornherein einen Anwalt einzusetzen.

22 ***Formulierungsvorschlag für einen Antrag auf Eintragung einer Vormerkung:***

An das
Landgericht Laufnichtweg
Postfach
12345 Laufnichtweg

Antrag der

Trockenbau Experten GmbH, Putzweg 11, Plattenhausen
– nachfolgend Antragstellerin –

gegen

Herrn Dietmar Schönbau, Nachtigallweg 40, Singstadt
– nachfolgend Antragsgegner –

wegen Eintragung einer Vormerkung zur Sicherung einer Bauhandwerkersicherungshypothek

Es wird beantragt

Auf dem Grundstück Nachtigallweg 40, Grundbuch Singstadt, Blatt 0815, Flur 13, Flurstück 7, wird zugunsten der Antragstellerin eine Vormerkung zur Sicherung einer Bauhandwerkersicherungshypothek in Höhe von 41.356 € eingetragen.

Begründung:

Der Antragsgegner hat die Antragstellerin mit der Ausführung von Trockenbauarbeiten auf dem im Antrag genannten Grundstück Nachtigallweg 40 beauftragt. Zur Glaubhaftmachung wird als

Anlage AST 1

der Bauvertrag vom 1.7.2019 beigefügt. Die Antragstellerin hat bisher Leistungen im Umfang von 41.356 € erbracht. Diese Leistungen sind mangelfrei. Zur Glaubhaftmachung wird die Abschlagsrechnung vom 11.11.2019 als

Anlage AST 2

beigefügt und auf die als

Anlage AST 3

beigefügte eidesstattliche Erklärung des Bauleiters der Antragstellerin verwiesen.

Die Antragstellerin kann daher die Eintragung einer Bauhandwerkersicherung in dieser Höhe beanspruchen und beantragt hiermit die Eintragung einer anspruchssichernden Vormerkung.

Beglaubigte und einfache Abschrift anbei.

Unterschrift

23 Viel mehr als ein derartiger Antrag ist tatsächlich nicht nötig. Entsprechend der üblichen Praxis sieht das Muster vor, dass der Auftraggeber im Vorfeld dieses Antrages noch nicht einmal aufgefordert wurde, die Vormerkung freiwillig einzutragen. Eine solche **Aufforderung** muss der Auftragnehmer nicht aussprechen! Der Auftragnehmer kann den Auftraggeber auffordern, muss dies aber nicht.

Eine solche Aufforderung beinhaltet für den Auftragnehmer das **Risiko**, dass der Auftraggeber schnellstmöglich andere Rechte eintragen lässt (z.B. Verkaufsvormerkungen, Grundschulden), die dann gegenüber der Bauhandwerkerhypothek vorrangig wären. Für den Auftragnehmer liegt ein **Vorteil** der Aufforderung darin, dass der Auftraggeber die Verfahrenskosten auch dann übernehmen muss, wenn er den Anspruch des Auftragnehmers sofort anerkennt. Außerdem erfährt der Auftragnehmer möglicherweise, wie sich der Auftraggeber gegen die Eintragung verteidigen will. Sind die Risiken zu groß, wird der Auftragnehmer vernünftigerweise von einer Eintragung absehen, nicht zuletzt auch, um den verschuldensunabhängigen Schadensersatzanspruch des § 945 ZPO zu vermeiden.

b. Vollstreckung

Die Vollstreckung der einstweiligen Verfügung muss innerhalb **eines Monats** erfolgen. Sie 24
findet so statt, dass

- zum einen die einstweilige Verfügung an das Grundbuchamt übergeben wird, dies macht üblicherweise der Antragsteller,
- zum anderen die einstweilige Verfügung an den Antragsgegner zugestellt werden muss, auch dies muss der Antragsteller selber veranlassen.

Gerichte erlassen derartig beantragte einstweilige Verfügungen sehr häufig ohne mündliche 25
Verhandlung. Der Auftraggeber sollte daher überlegen, ob er vorsichtshalber eine sog. **Schutzschrift** hinterlegt. Wenn der Auftraggeber vermutet, dass der Auftragnehmer eine einstweilige Verfügung beantragen will, kann er in der Schutzschrift bereits seine Einwände gegen den Anspruch des Auftragnehmers geltend machen.

Wichtigste Einwände des Auftraggebers sind

- dass der Auftragnehmer nicht den dargestellten Leistungsstand erreicht hat, dass also z.B. nicht erbrachte Leistungen abgerechnet wurden,
- dass die Leistung des Auftragnehmers mangelhaft ist,
- dass der Auftraggeber dem Auftragnehmer eine andere Sicherheit angeboten hatte.

Diese Einwände muss der Auftraggeber in Schriftsätzen vortragen und glaubhaft machen. In dem Verfahren über die einstweilige Verfügung kommt es nicht zu einer regelrechten Beweisaufnahme mit Sachverständigengutachten etc., sondern es kommt allein auf eine Glaubhaftmachung an.

Formulierungsvorschlag für eine Schutzschrift des Auftraggebers:

An das
Landgericht Laufnichtweg
Postfach
Laufnichtweg

Schutzschrift in Sachen

Trockenbau Experten GmbH, Putzweg 11, Plattenhausen
– nachfolgend Antragstellerin –

gegen

Herrn Dietmar Schönbau, Nachtigallweg 40, Singstadt
– nachfolgend Antragsgegner –

wegen

Eintragung einer Vormerkung zur Sicherung einer Bauhandwerkersicherungshypothek

Der Antragsgegner geht davon aus, dass die Antragstellerin einen Antrag auf Erlass einer einstweiligen Verfügung stellen wird, gerichtet auf Eintragung einer Vormerkung zur Sicherung einer Bauhandwerkerhypothek im Grundbuch des Grundstückes

Nachtigallweg 40, Singstadt. Der Antragstellerin steht jedoch kein Werklohn zu, sodass auch kein Anspruch auf Eintragung der Vormerkung besteht.

Im Einzelnen:

Die Antragstellerin hat bisher nur eine Abschlagsrechnung vom 11.11.2019 über 41.356 € eingereicht, die als

Anlage AG 1

beigefügt ist. Eine Forderung in Höhe dieser Abschlagsrechnung hat die Antragstellerin jedoch nicht.

In der Abschlagsrechnung rechnet die Antragstellerin unter Pos. 50 insgesamt 30.000 € für die Ausführung von Trockenbauarbeiten in Bädern ab. Mit diesen Arbeiten sollte die Antragstellerin bereits Anfang November 2018 fertig sein. Aus nicht ersichtlichen Gründen konnte die Antragstellerin die dafür benötigten Materialien jedoch bisher nicht erwerben und hat mit den Arbeiten noch nicht einmal begonnen.

Glaubhaftmachung: Eidesstattliche Erklärung des Architekten Ingo Toll-Kühn, **Anlage AG 2**

Die bereits ausgeführten Leistungen weisen erhebliche Mängel auf. Die ausgeführten Wände sind innen nicht mit Dämmmaterial versehen, sodass keinerlei Schallschutz vorhanden ist. Deswegen hat der Antragsteller ein Zurückbehaltungsrecht in Höhe des Doppelten der dafür abgerechneten Kosten von 15.000 €, also in Höhe von 30.000 €.

Glaubhaftmachung: Eidesstattliche Erklärung des Architekten Ingo Tollkühn, **Anlage AG 2**

Einfache und beglaubigte Abschrift anbei.

Unterschrift

2. Schadensersatzrisiko

26 Wenn der Auftragnehmer die einstweilige Verfügung vollziehen lässt, geht er ein ganz erhebliches Risiko ein. Wenn sich nämlich herausstellt, dass er gar keinen Anspruch auf die Eintragung der Vormerkung hatte, dann muss er alle Schäden übernehmen, die dem Auftraggeber durch die Eintragung entstanden sind.

Dieser Anspruch nach § 945 ZPO setzt **kein Verschulden** des Auftragnehmers voraus: Selbst wenn der Auftragnehmer bei der Eintragung keinerlei Anlass hatte, an seiner Berechtigung zu zweifeln, muss er dennoch alle Schäden des Auftraggebers übernehmen.

27 Ein Schaden des Auftraggebers kann beispielsweise darin bestehen, dass der Auftraggeber das Grundstück nicht verkaufen kann und später nur einen geringeren Kaufpreis erhält. Zu denken ist auch daran, dass bereits vorhandene Käufer von ihren Kaufverträgen zurücktreten können und dass der Auftraggeber daher Schadensersatz an diese Käufer zahlen muss, oder an mögliche Reaktionen der finanzierenden Bank des Auftraggebers. Diese Schadensersatzansprüche kann der Auftraggeber an den Auftragnehmer weiterleiten.

3. Antrag auf Klageerhebung

28 Der Auftraggeber hat die Möglichkeit, den Auftragnehmer zu einer Klageerhebung zu zwingen. Dazu muss er einen entsprechenden Antrag an das Gericht stellen. In einem Klageverfahren kommt es nicht mehr allein auf eine Glaubhaftmachung an, sondern es wird – wie in jedem anderen Klageverfahren – Beweis erhoben. Wenn der Auftraggeber also gewisse Mängel behauptet, wird in einem solchen Klageverfahren ganz normal **Beweis** erhoben, bei Mängeln praktisch immer durch ein Sachverständigengutachten. Wie bei einer Zahlungsklage muss der Auftragnehmer, wenn noch keine Abnahme erklärt wurde, die Mängelfreiheit nachweisen, nach der Abnahme muss der Auftraggeber die Mängel beweisen.

Der Auftragnehmer kann in einer individuell verhandelten Regelung auf seine Rechte aus § 650e BGB verzichten. In AGB kann der Auftraggeber einen solchen Verzicht allerdings nicht festschreiben. 29

§ 650f BGB
Bauhandwerkersicherung

(1) Der Unternehmer kann vom Besteller Sicherheit für die auch in Zusatzaufträgen vereinbarte und noch nicht gezahlte Vergütung einschließlich dazugehöriger Nebenforderungen, die mit 10 Prozent des zu sichernden Vergütungsanspruchs anzusetzen sind, verlangen. Satz 1 gilt in demselben Umfang auch für Ansprüche, die an die Stelle der Vergütung treten. Der Anspruch des Unternehmers auf Sicherheit wird nicht dadurch ausgeschlossen, dass der Besteller Erfüllung verlangen kann oder das Werk abgenommen hat. Ansprüche, mit denen der Besteller gegen den Anspruch des Unternehmers auf Vergütung aufrechnen kann, bleiben bei der Berechnung der Vergütung unberücksichtigt, es sei denn, sie sind unstreitig oder rechtskräftig festgestellt. Die Sicherheit ist auch dann als ausreichend anzusehen, wenn sich der Sicherungsgeber das Recht vorbehält, sein Versprechen im Falle einer wesentlichen Verschlechterung der Vermögensverhältnisse des Bestellers mit Wirkung für Vergütungsansprüche aus Bauleistungen zu widerrufen, die der Unternehmer bei Zugang der Widerrufserklärung noch nicht erbracht hat.

(2) Die Sicherheit kann auch durch eine Garantie oder ein sonstiges Zahlungsversprechen eines im Geltungsbereich dieses Gesetzes zum Geschäftsbetrieb befugten Kreditinstituts oder Kreditversicherers geleistet werden. Das Kreditinstitut oder der Kreditversicherer darf Zahlungen an den Unternehmer nur leisten, soweit der Besteller den Vergütungsanspruch des Unternehmers anerkennt oder durch vorläufig vollstreckbares Urteil zur Zahlung der Vergütung verurteilt worden ist und die Voraussetzungen vorliegen, unter denen die Zwangsvollstreckung begonnen werden darf.

(3) Der Unternehmer hat dem Besteller die üblichen Kosten der Sicherheitsleistung bis zu einem Höchstsatz von 2 Prozent für das Jahr zu erstatten. Dies gilt nicht, soweit eine Sicherheit wegen Einwendungen des Bestellers gegen den Vergütungsanspruch des Unternehmers aufrechterhalten werden muss und die Einwendungen sich als unbegründet erweisen.

(4) Soweit der Unternehmer für seinen Vergütungsanspruch eine Sicherheit nach Absatz 1 oder 2 erlangt hat, ist der Anspruch auf Einräumung einer Sicherungshypothek nach § 650e ausgeschlossen.

(5) Hat der Unternehmer dem Besteller erfolglos eine angemessene Frist zur Leistung der Sicherheit nach Absatz 1 bestimmt, so kann der Unternehmer die Leistung verweigern oder den Vertrag kündigen. Kündigt er den Vertrag, ist der Unternehmer berechtigt, die vereinbarte Vergütung zu verlangen; er muss sich jedoch dasjenige anrechnen lassen, was er infolge der Aufhebung des Vertrages an Aufwendungen erspart oder durch anderweitige Verwendung seiner Arbeitskraft erwirbt oder böswillig zu erwerben unterlässt. Es wird vermutet, dass danach dem Unternehmer 5 Prozent der auf den noch nicht erbrachten Teil der Werkleistung entfallenden vereinbarten Vergütung zustehen.

(6) Die Absätze 1 bis 5 finden keine Anwendung, wenn der Besteller

1. **eine juristische Person des öffentlichen Rechts oder ein öffentlich-rechtliches Sondervermögen ist, über deren Vermögen ein Insolvenzverfahren unzulässig ist, oder**
2. **Verbraucher ist und es sich um einen Verbraucherbauvertrag nach § 650i oder um einen Bauträgervertrag nach § 650u handelt.**

Satz 1 Nummer 2 gilt nicht bei Betreuung des Bauvorhabens durch einen zur Verfügung über die Finanzierungsmittel des Bestellers ermächtigten Baubetreuer.

(7) Eine von den Absätzen 1 bis 5 abweichende Vereinbarung ist unwirksam.

A. Allgemeines

I. Bedeutung des § 650f BGB

1 Der Auftragnehmer muss beim Werkvertrag vorleisten. Erst nach Abnahme – oder wenn er eine Abschlagszahlung verlangen kann – erhält er eine Zahlung. Gerade bei Bauvorhaben bedeutet dies, dass der Auftragnehmer mit erheblichen Kosten für Material und Arbeit in Vorleistung geht. Er geht daher ein erhebliches **Risiko** ein. Was passiert, wenn der Auftraggeber nicht zahlt? Um dieses Risiko des Auftragnehmers zu verringern, hat der Gesetzgeber dem Auftragnehmer das Recht gegeben, vom Auftraggeber eine Sicherheit zu fordern. Diese Sicherheit ist insbesondere dann ein entscheidender Vorteil, wenn ein Auftraggeber insolvent wird – z.B. nach oder während eines langwierigen Rechtsstreits um die Vergütung. Sie sichert den Auftragnehmer über den Tag hinaus.

2 Von den Möglichkeiten nach §§ 647 BGB (Pfandrecht) und 650e BGB (Bauhandwerkerhypothek) ist die Sicherung nach § 650f BGB diejenige, die am einfachsten durchzusetzen ist und die dem Auftragnehmer die beste Absicherung bietet – die beste Absicherung, was Werthaltigkeit, Umfang und Durchsetzbarkeit angeht.

Die Vor- und Nachteile der für die Baupraxis relevanten Vorschriften §§ 650e, 650f BGB sind in der Tabelle zu § 650e Rn. 2 zusammengefasst.

II. § 650f BGB und VOB/B

3 Die VOB/B enthält keine von § 650f BGB abweichende Regelung. § 650f BGB gilt unbeschränkt auch für VOB-Verträge.

B. Der Sicherungsanspruch

4

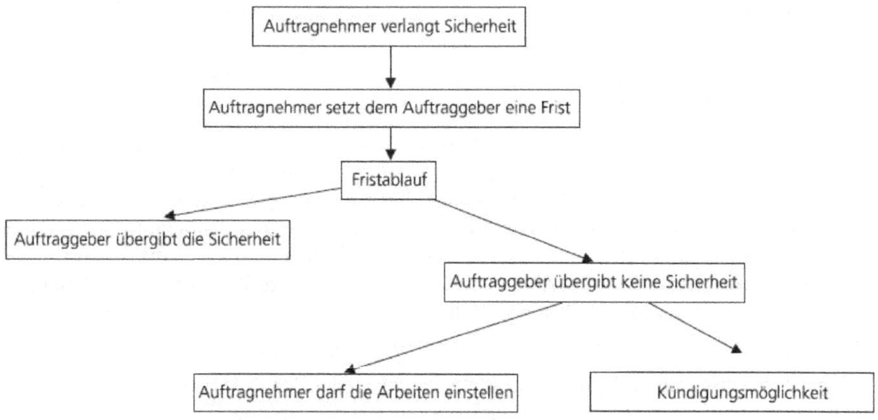

Abbildung: § 650f Darstellung Verlauf

I. Voraussetzungen für eine Sicherheit

5 Der Auftragnehmer hat Anspruch auf eine Sicherheit nach § 650f BGB, wenn:

- er Auftragnehmer bei einem Bauvertrag i.S.d. § 650a BGB ist,
- jetzt oder zukünftig eine Vergütung fordern kann,
- der Auftraggeber nicht von der Sicherheitsleistung nach § 650f Abs. 6 BGB ausgenommen ist.

1. Wer darf Sicherheit verlangen?

Der Anspruch auf Sicherheit setzt als Erstes voraus, dass der Auftragnehmer einen Bauvertrag i.S.d § 650a BGB abgeschlossen hat. Dies ist gegenüber dem früheren Recht eine durchaus erhebliche Einschränkung und führt zu einem deutlichen engeren Anwendungsbereich dieser Vorschrift. 6

So kann beispielsweise der reine Lieferant von **Baumaterialien** keine Sicherheit nach § 650f BGB fordern. Auch Handwerker, die reine Vorbereitungsarbeiten (Baufeldfreimachung) ausführen, sowie der Gerüstaufsteller haben diese Möglichkeit nicht.

Anders als nach der früheren Fassung können aber **Architekten und Ingenieure** nicht mehr nach § 650f BGB vorgehen. 7

2. Zeitpunkt des Sicherheitsverlangens

Der Auftragnehmer darf die Sicherheit **jederzeit** verlangen. Bereits Anfang 2009 hat der Gesetzgeber ausdrücklich in § 650f Abs. 1 S. 3 BGB aufgenommen, dass der Auftragnehmer auch nach der Abnahme noch die Sicherheit verlangen kann. 8

3. Verfahren, Art der Sicherheit

Um eine Sicherheit nach § 650f BGB zu bekommen, muss der Auftragnehmer dem Auftraggeber eine **Frist** setzen und die Sicherheit **verlangen**. Der **Höhe** nach kann er Sicherheit für seinen gesamten noch nicht gezahlten Werklohn verlangen, also wegen der erbrachten und darüber hinaus wegen der noch nicht erbrachten Leistungen. Außerdem darf er Sicherheit für Nebenforderungen in Höhe von 10 % des zu sichernden Vergütungsanspruches verlangen. 9

Praxistipp:

▶ *Wie reagiert der Auftraggeber, wenn er eine Aufforderung erhält, eine Sicherheit nach § 650f BGB zu stellen?*

- *Ausnahmen prüfen,*
- *Höhe prüfen, ggf. selbst angemessene Höhe ermitteln.*

Die **Kosten** für die Sicherheit (bis maximal 2% p.a. der Sicherheitssumme) muss der Auftragnehmer tragen. Darüber hinausgehende Kosten trägt der Auftraggeber.

Es bleibt dem Auftraggeber überlassen, für welche Art der Sicherheit er sich entscheidet. Die üblichste Art der Sicherheit ist die Bürgschaft, die in § 650f Abs. 2 BGB ausdrücklich angesprochen wird. Der Auftraggeber hat aber auch die Möglichkeit, dem Auftragnehmer eine Hypothek an einem Grundstück zu bestellen. Dabei muss dieses Grundstück in Deutschland liegen und es darf nicht schon derart belastet sein, dass der Auftragnehmer wirtschaftlich von der Sicherheit nichts hat. Die weiteren im Gesetz benannten Sicherungsmittel (Verpfändung von Forderungen etc., vgl. § 232 BGB) haben in der Praxis keine Bedeutung. 10

Wenn der Auftraggeber eine **Bürgschaft** stellt, muss sie von einem in Deutschland zum Geschäftsbetrieb zugelassenen Kreditinstitut oder Kreditversicherer stammen. Die Bürgschaft muss keine selbstschuldnerische sein. Sie darf aber keine Befristung enthalten. Außerdem darf auch die Bürgschaft einen Widerrufsvorbehalt enthalten. Dies lässt § 650f Abs. 1 S. 3 BGB ausdrücklich zu. Der Sicherheitsgeber darf sich den Widerruf für den Fall vorbehalten, dass sich die Vermögensverhältnisse des Auftraggebers wesentlich verschlechtern. Allerdings darf der Widerruf nur die Absicherung noch nicht erbrachter Werkleistungen betreffen, bezogen auf den Zugang des Widerrufs. Zum Zeitpunkt des Zugangs des Widerrufs erbrachte Leistungen sind also abgesichert. 11

Die Sicherheit nach § 650f BGB unterscheidet sich daher von anderen üblichen Bürgschaften. Sie ist zu Gunsten des Auftraggebers und des Sicherungsgebers anders. 12

Formulierungsvorschlag für eine Bürgschaft:

> Hiermit verbürgt sich die
>
> **Volksbank Hochbaustadt e.G. (Bürge)**
>
> für alle Vergütungsansprüche der
>
> **Fa. Lotrecht (Auftragnehmer)**
>
> gegen die
>
> **Hochbaustadt Wohnungsbau GmbH (Auftraggeber)**
>
> aus dem Bauvorhaben Linksrumstraße bis zu einer Höhe von 20.000 €.
>
> Der Bürge behält sich vor, die Sicherheit bei wesentlicher Verschlechterung der Vermögensverhältnisse des Auftraggebers zu widerrufen, und zwar für Vergütungsansprüche aus Bauleistungen, die der Auftragnehmer bei Zugang der Widerrufserklärung noch nicht erbracht hat.
>
> Unterschrift
>
> Volksbank Hochbaustadt eG

13 Nach Ablauf der ersten Frist kann der Auftragnehmer die Arbeiten einstellen oder den Vertrag kündigen.

4. Höhe der Sicherheit und Mängel

14 Der Auftragnehmer kann bei § 650f BGB seinen gesamten Vergütungsanspruch gegen den Auftraggeber absichern. Und zwar betrifft dies den **gesamten Werklohn** sowohl für erbrachte Leistungen als auch für **noch nicht erbrachte**. Das Gesetz spricht vom „voraussichtlichen" Vergütungsanspruch des Auftragnehmers. Der Auftragnehmer kann also bereits beauftragte, aber noch nicht ausgeführte Zusatz- und Änderungsaufträge einbeziehen.

15 Abzuziehen sind allerdings bereits geleistete Zahlungen, weil der Auftragnehmer insoweit keine Sicherung benötigt. Hinzu kommen Nebenleistungen in Höhe von bis zu 10 % des zu sichernden Vergütungsanspruches.

16 Der Auftragnehmer muss die Höhe der angeforderten Sicherheit nicht im Einzelnen nachweisen. Es reicht auch eine **Schätzung**. Dabei empfiehlt es sich, dem Auftraggeber die Grundlagen der Schätzung mitzuteilen, damit er Anhaltspunkte hat, um die geforderte Höhe prüfen zu können. Der Auftraggeber ist nicht verpflichtet, ohne Prüfung die vom Auftragnehmer genannte Höhe der Sicherheit zu akzeptieren. Wenn der Auftragnehmer allerdings aus Sicht des Auftraggebers eine zu hohe Sicherheit fordert, darf der Auftraggeber nicht einfach die Sicherheitsleistung vollständig verweigern. Er muss stattdessen ermitteln, welche Sicherheit aus seiner Sicht angemessen ist und dann die Sicherheit in angemessener Höhe stellen.

17 Auch wenn die Leistung **mangelhaft** ist und der Auftragnehmer die Mängel noch beseitigen muss, darf der Auftragnehmer in voller Höhe Sicherheit verlangen. Erst wenn der Auftraggeber gemindert hat oder wegen der Mängel gegen den Werklohn aufgerechnet hat (z.B. mit Schadensersatzansprüchen), sind diese Gegenansprüche auch bei der Sicherheit abzuziehen. Dies macht die Sicherheit nach § 650f BGB zu einem besonders rechtssicheren Werkzeug für Auftragnehmer. Sie müssen keine risikoreichen und langwierigen Beweisaufnahmen wegen Mängeln über sich ergehen lassen, wenn sie die Arbeit bei unterlassener Sicherheitsleistung einstellen.

18 Bei der **Aufrechnung** mit anderen Forderungen hat der Gesetzgeber zu Gunsten der Auftragnehmer bereits Anfang 2009 eine wichtige Beschränkung ergänzt: Der Auftraggeber darf nur mit Forderungen aufrechnen, die unstreitig oder rechtskräftig festgestellt sind, § 650e Abs. 1 S. 4 BGB. Auch dies erleichtert dem Auftragnehmer die Durchsetzung seines Rechts auf Sicherheit.

Schadensersatzansprüche welcher Art auch immer kann der Auftragnehmer nicht nach 19
§ 650f BGB absichern lassen. Dagegen spricht der eindeutige Gesetzeswortlaut, der von „Vergütungsanspruch" redet.

Hat der Auftragnehmer bei einer ordentlichen **Kündigung** einen Anspruch nach § 648 BGB, 20
so kann er auch diesen nach § 650f BGB absichern lassen. Dieser Anspruch ist nämlich auch ein Vergütungsanspruch, auch wenn der Auftragnehmer dafür keine Leistung mehr erbringen muss. Dies ergibt sich ohne Weiteres aus § 648 BGB selber, der davon spricht, dass der Auftragnehmer Anspruch auf die „vereinbarte Vergütung" hat.

5. Wenn der Auftraggeber keine Sicherheit gibt: Arbeitseinstellung oder Kündigung

Wenn der Auftragnehmer nach Ablauf der gesetzten Frist keine Sicherheit vom Auftraggeber 21
erhält, hat er verschiedene Möglichkeiten. Er kann

- die Arbeiten vorläufig einstellen **oder**
- den Vertrag kündigen.

Mit einer einzigen Fristsetzung kann der Auftragnehmer also erreichen, dass er den Vertrag kündigen kann. Nach altem Recht war zu beachten, dass die Kündigung des Vertrages automatisch mit Ablauf einer zweiten Frist eintrat. Dies hat der Gesetzgeber korrigiert. Jetzt kann sich der Auftragnehmer **frei entscheiden**, ob er bereits nach Ablauf der ersten Frist die Arbeiten einstellt oder den Vertrag kündigt.

Wenn sich der Auftragnehmer für die Arbeitseinstellung entscheidet, betrifft dies alle von ihm 22
noch geschuldeten Leistungen. Insbesondere ist er während der Arbeitseinstellung auch nicht verpflichtet, vom Auftraggeber gerügte **Mängel** zu beseitigen. Der Auftraggeber kann daher auch nicht die Mängel auf Kosten des Auftragnehmers durch einen Dritten beseitigen lassen. Es kommt vielmehr zu einer besonderen Pattsituation.

Beispiel: 23

Auftragnehmer Feuchtbau hat für Auftraggeber Zahlemann mehrere Einfamilienhäuser gebaut. Z hat die Leistungen des F abgenommen.

Nach der Abnahme stellt F seine Schlussrechnung, danach sind 120.000 € offen. Z will nicht zahlen, weil die Häuser nach seiner Auffassung Mängel haben und er deswegen das Doppelte der Mängelbeseitigungskosten einbehält. Die Mängelbeseitigungskosten beziffert er mit 60.000 € und hält daher 120.000 € zurück.

F will nicht noch weiter vorleisten und verlangt Sicherheit nach § 650f BGB für seinen Werklohn. Er setzt dem Auftraggeber hierzu eine Frist. Nach Fristablauf teilt F dem Z die Einstellung der Arbeiten mit.

Nun verlangt Z von F die Beseitigung der Mängel und will erst nach Beseitigung die Schlussrechnung bezahlen.

F will erst die Sicherheit haben und dann die Mängel beseitigen.

Keiner fühlt sich zur sofortigen Leistung verpflichtet. Der Auftraggeber beruft sich auf sein Zurückbehaltungsrecht wegen der Mängel, der Auftragnehmer auf die Arbeitseinstellung nach § 650f BGB. Die Baustelle ruht.

Erstaunlicherweise haben beide Recht. Da der Auftragnehmer den Vertrag nicht gekündigt hat, besteht er weiter. Deswegen hat der Auftraggeber Z Anspruch auf Beseitigung der Mängel und darf Werklohn einbehalten. Der Auftragnehmer F seinerseits hat aus dem Werkvertrag den gesetzlichen Anspruch auf die Sicherheit und zur Arbeitseinstellung und darf daher die Mängelbeseitigung verweigern. Und so blockieren sich die Vertragspartner gegenseitig – der BGH[1] spricht von einem „**Schwebezustand**", andere Gerichte von einer „Pattsituation". Keiner der beiden muss seine Leistung bringen: Der Auftraggeber muss nicht zahlen (wegen

1 BGH 22.1.2004, VII ZR 183/02, VII ZR 68/03, VII ZR 267/02. BauR 2004, S. 830.

der Mängel) und der Auftragnehmer muss die Mängel nicht beseitigen (wegen der fehlenden Sicherheit). Wie kommt man aus dieser Situation heraus?

24 Beide Vertragspartner haben die Möglichkeit, diese unbefriedigende Situation zu beenden.

Der Auftraggeber kann dem Auftragnehmer die Sicherheit nach § 650f BGB übergeben. Dann darf der Auftragnehmer nicht mehr die Beseitigung der Mängel verweigern. Zahlen muss der Auftraggeber weiterhin erst, wenn der Auftragnehmer die Mängel beseitigt hat.

Der Auftragnehmer kann den Vertrag kündigen. Damit muss er die Mängel nicht mehr beseitigen, der Auftraggeber verliert sein Zurückbehaltungsrecht und muss den Werklohn – allerdings wegen der Mängel gekürzt – auszahlen.

6. Abrechnung nach Kündigung

25 Kündigt der Auftragnehmer, kann er den Vertrag abrechnen. Diese **Abrechnung** findet genau so statt wie bei einer Kündigung des Auftraggebers nach § 648 BGB. Der Auftragnehmer muss ermitteln, welche Leistungen erbracht wurden, welche nicht. Für die erbrachten Leistungen erhält der Auftragnehmer die vereinbarte Vergütung. Für die noch nicht ausgeführten Leistungen erhält der Auftragnehmer die vereinbarte Vergütung abzüglich der ersparten Aufwendungen und der Einnahmen durch andere Aufträge. Die Regelung des § 650f Abs. 5 BGB enthält die **Vermutung**, dass dem Auftragnehmer für die nicht erbrachten Leistungen 5 % des hierauf entfallenden Werklohnes zustehen.

26 Nach der Kündigung muss der Auftraggeber also den Werklohn auszahlen, allerdings reduziert um eine auf die Mängel entfallende Minderung. Der Auftraggeber darf aber nicht mehr den sog. Druckzuschlag geltend machen. Betragen die voraussichtlichen Mangelbeseitigungskosten also z.B. 40.000 €, so darf der Auftraggeber genau diesen Betrag für die Mängelbeseitigung abziehen. Er darf nicht weitere Gelder als Druckzuschlag einbehalten.

Damit reduziert sich das Streitpotenzial – und damit das Risiko – für den Auftragnehmer ganz erheblich, nämlich auf den einfachen Betrag der Mängelbeseitigungskosten.

27 Aufpassen muss der Auftragnehmer allerdings dann, wenn die angeblich mangelhafte Leistung von einem **Subunternehmer** ausgeführt wurde. Denn der Subunternehmer hat wie jeder Auftragnehmer das Recht, seine Mängel zu beseitigen und dadurch einer Minderung vorzubeugen. Der Auftragnehmer muss also vorsichtshalber den Subunternehmer mit Fristsetzung auffordern, die Mängel zu beseitigen. Kommt der Subunternehmer dieser Aufforderung nicht nach, ist die Minderung auch nach § 13 Abs. 6 VOB/B zulässig. Eine Mängelbeseitigung durch den Subunternehmer ist dem Auftragnehmer außerdem in vielen Fällen gar nicht zumutbar, da er ansonsten die Pattsituation gegenüber dem Auftraggeber nicht wie geschildert auflösen kann.

28 Zur den Einzelheiten der Abrechnung wird, um Wiederholungen zu vermeiden, auf die Erläuterungen zu § 648 BGB verwiesen.

7. Gesetzliche Ausnahmen: nicht erfasste Auftraggeber

29 Ein paar Auftraggeber hat der Gesetzgeber in § 650f Abs. 6 BGB von der Pflicht zur Sicherheitsstellung ausgenommen. Es sind dies

- juristische Personen des öffentlichen Rechts und
- sog. „Häuslebauer".

30 **Juristische Personen des öffentlichen Rechts** sind im Wesentlichen der Bund, die Länder und die Gemeinden, aber auch die Kirchen. Als weitere Voraussetzung muss hinzukommen, dass über ihr Vermögen ein Insolvenzverfahren unzulässig ist.

31 Die sog. „Häuslebauer" sind im Gesetz näher beschrieben. Es sind

- Verbraucher i.S.d. § 13 BGB,
- die einen Verbraucherbauvertrag i.S.d. § 650i BGB oder
- einen Bauträgervertrag nach § 650u BGB

beauftragt haben. Bei diesen Personen geht der Gesetzgeber davon aus, dass sie über eine solide Finanzierung verfügen. Außerdem haften sie dem Auftraggeber ggf. ihr Leben lang für die Schulden. Auch wenn dies im Zeitalter der Restschuldbefreiung so nicht zutrifft, hat der Gesetzgeber bisher keinen Anlass gesehen, diese natürlich recht volksnahe Regelung zu ändern.

Auch der Erbauer einer Eigentumswohnung oder eines Reihenhauses sowie nach der Neufassung auch eines Mehrfamilienhauses ist von der Sicherheitsleistung befreit.

Aber der Häuslebauer ist nicht von § 650f BGB befreit und muss dem Auftragnehmer auf dessen Verlangen hin eine Sicherheit stellen, wenn das Bauvorhaben durch einen zur Verfügung über die Finanzierungsmittel des Auftraggebers ermächtigten **Baubetreuer** betreut wird.

Außerdem lässt es die Rechtsprechung zu, dass **vertraglich vereinbart** wird, dass der Auftraggeber dem Auftragnehmer eine Sicherheit **bis zur vollständigen Höhe der gesamten Werklohnforderung** übergibt (BGH v. 27.2010, VII ZR 165/09); für Einschränkungen bei Verbraucherbauverträgen siehe § 650m Abs. 4 BGB.

8. Vorbehalt des Widerrufs der Sicherheit

Der Sicherheitsgeber hat nach § 650f BGB die Möglichkeit, seine Sicherheitsleistung zu widerrufen, wenn sich die Vermögensverhältnisse des Auftraggebers wesentlich verschlechtern. Allerdings nur dann, wenn er sich diese Möglichkeit **vorbehält**! Wenn der Sicherheitsgeber keinen solchen Vorbehalt erklärt, kann er seine Sicherheit nicht widerrufen. **32**

Der Widerruf kann sich allerdings nur auf Werklohn für Leistungen beziehen, die zum Zeitpunkt des Widerrufs noch nicht ausgeführt wurden.

C. Abweichende Vereinbarungen

Das Gesetz selber verbietet in Absatz 7 ausdrücklich vom Gesetz abweichende Regelungen. Dabei kommt es nicht darauf an, ob diese Vereinbarung individuell verhandelt wurde oder nicht. **33**

Abweichende und damit unwirksame Regelungen sind insbesondere **34**

- Verzicht auf die Sicherheit,
- Beschränkung auf Sicherheit für erbrachte Leistungen.

Wirksam hingegen sind folgende Regelungen:

- Vereinbarung, dass sich eine übergebene Sicherheit mit Baufortschritt reduziert,
- Vereinbarung, dass der Auftraggeber eine Sicherheit nach § 650f BGB nur stellen muss, wenn der Auftragnehmer in gleicher Höhe eine Erfüllungsbürgschaft stellt.

Außerdem lässt es die Rechtsprechung zu, dass **vertraglich vereinbart** wird, dass der Auftraggeber dem Auftragnehmer eine Sicherheit bis zur vollständigen Höhe der gesamten Werklohnforderung übergibt (BGH v. 27.2010, VII ZR 165/09); für Einschränkungen bei Verbraucherbauverträgen siehe § 650m Abs. 4 BGB.

§ 650g BGB
Zustandsfeststellung bei Verweigerung der Abnahme; Schlussrechnung

(1) Verweigert der Besteller die Abnahme unter Angabe von Mängeln, hat er auf Verlangen des Unternehmers an einer gemeinsamen Feststellung des Zustands des Werks mitzuwirken. Die gemeinsame Zustandsfeststellung soll mit der Angabe des Tages der Anfertigung versehen werden und ist von beiden Vertragsparteien zu unterschreiben.

(2) Bleibt der Besteller einem vereinbarten oder einem von dem Unternehmer innerhalb einer angemessenen Frist bestimmten Termin zur Zustandsfeststellung fern, so kann der Unternehmer die Zustandsfeststellung auch einseitig vornehmen. Dies gilt nicht, wenn der Besteller infolge eines Umstands fernbleibt, den er nicht zu vertreten hat und den er dem Unternehmer unverzüglich mitgeteilt hat. Der Unternehmer hat die einseitige Zustandsfeststellung mit der Angabe des Tages der Anfertigung zu versehen und sie zu unterschreiben sowie dem Besteller eine Abschrift der einseitigen Zustandsfeststellung zur Verfügung zu stellen.

(3) Ist das Werk dem Besteller verschafft worden und ist in der Zustandsfeststellung nach Absatz 1 oder 2 ein offenkundiger Mangel nicht angegeben, wird vermutet, dass dieser nach der Zustandsfeststellung entstanden und vom Besteller zu vertreten ist. Die Vermutung gilt nicht, wenn der Mangel nach seiner Art nicht vom Besteller verursacht worden sein kann.

(4) Die Vergütung ist zu entrichten, wenn

1. der Besteller das Werk abgenommen hat oder die Abnahme nach § 641 Absatz 2 entbehrlich ist und

2. der Unternehmer dem Besteller eine prüffähige Schlussrechnung erteilt hat.

Die Schlussrechnung ist prüffähig, wenn sie eine übersichtliche Aufstellung der erbrachten Leistungen enthält und für den Besteller nachvollziehbar ist. Sie gilt als prüffähig, wenn der Besteller nicht innerhalb von 30 Tagen nach Zugang der Schlussrechnung begründete Einwendungen gegen ihre Prüffähigkeit erhoben hat.

A. Allgemeines

1 In § 650g BGB geht es um die Modalitäten bei Beendigung des Bauvertrages.

Zum einen wird eine Verpflichtung zur Durchführung einer **Zustandsfeststellung** eingeführt, wenn der Auftraggeber unter Angabe von Mängeln die Abnahme verweigern will. Durchführung und Folgen einer solchen Zustandsfeststellung sind in den Absätzen 1 bis 3 geregelt. Zum anderen wird in Abs. 4 dem Auftragnehmer die Erstellung einer **prüffähigen Schlussrechnung** aufgegeben.

B. Zustandsfeststellung bei Abnahmeverweigerung

I. Pflicht zur gemeinsamen Zustandsfeststellung

2 Wenn der Auftraggeber die Abnahme wegen Mängeln verweigert, bleibt der Auftragnehmer in der Pflicht, entweder die Mangelfreiheit nachzuweisen oder die Leistung abnahmereif herzustellen. Oft kommt es aber zu Streit, wie genau die Leistung aussah und welchen Zustand sie hatte. Dem soll mit der gemeinsamen Zustandsfeststellung abgeholfen werden. Dabei wird der **Begriff der Zustandsfeststellung** sowohl für die gemeinsame **Begehung** selber als auch für das **Protokoll** hierzu verwendet.

3 Die gemeinsame Zustandsfeststellung ist nach § 650g Abs. 1 Satz 1 BGB für den Fall vorgesehen, dass der Auftraggeber **die Abnahme unter Angabe von Mängeln** verweigert. In anderen Fällen – z.B. zur Feststellung später verdeckter Leistungen während der Bauausführung – ist jedenfalls nach dem Wortlaut des Gesetzes keine Pflicht zu einer gemeinsamen Zustandsfeststellung vorgesehen.

Voraussetzung für die Anwendung der Regelungen in § 650g Abs. 1 bis 3 BGB ist also die verweigerte Abnahme und deren Verweigerung wegen Mängeln. **Dem Wortlaut nach nicht abgedeckt** ist die Verweigerung wegen unvollständiger Herstellung. Die unvollständige Herstellung kann im Einzelfall auch einen Mangel darstellen, hat jedoch rechtlich eine andere Wirkung. Der Auftraggeber kann überhaupt nur verpflichtet sein, eine vollständig ausgeführte und abnahmereife Leistung abzunehmen; die in § 650g Abs. 1 Satz 1 BGB dargestellte Situation betrifft nur die Frage, ob Abnahmereife vorliegt oder ob der Auftraggeber die Leistung wegen wesentlicher Mängel verweigern kann. 4

Verweigert der Auftraggeber die Abnahme wegen der **fehlenden vollständigen Leistungserbringung**, kann § 650g Abs. 1 Satz 1 BGB allenfalls analog angewendet werden. Hierfür spricht einiges, weil die Situationen vergleichbar sind. Weiter ist aus Sicht beider Vertragspartner zu berücksichtigen, dass die Abgrenzung von Mängeln und fehlenden Leistungen teilweise schwierig ist und daher faktisch in beiden Fällen Bedarf an einer Zustandsfeststellung bestehen kann. 5

II. Verpflichtung des Auftraggebers

Nach dem Wortlaut von § 650g Abs. 1 Satz 1 BGB trifft die **Verpflichtung zur Mitwirkung** an der Zustandsfeststellung nur den die Abnahme verweigernden **Auftraggeber**. Umgekehrt kann aus Sicht des Auftraggebers aber auch der Wunsch bestehen, den Auftragnehmer zu einer gemeinsamen Zustandsfeststellung zu bewegen. Es erscheint aber fraglich, ob insbesondere die Beweislastregel des Abs. 3 auch zu Lasten des Auftragnehmers gehen kann, ohne dass dies im Gesetz ausdrücklich so vorgesehen ist. 6

III. Verlangen des Auftragnehmers

Die Verpflichtung zur Durchführung einer gemeinsamen Zustandsfeststellung besteht nur, wenn der Auftragnehmer dies **ausdrücklich verlangt**. Weil diese Zustandsfeststellung mit der Beweislastregelung in Abs. 3 für den Auftragnehmer günstige Folgen haben kann, sollte er von dieser Möglichkeit auch tatsächlich Gebrauch machen. 7

Das BGB stellt an das Verlangen des Auftragnehmers keine weiteren Anforderungen, insbesondere nicht an die **Form** dieser Erklärung. 8

Es ist aber zum einen davon auszugehen, dass der Auftragnehmer bei diesem Verlangen auf die Interessen des Auftraggebers Rücksicht nehmen muss, also z.B. eine kurze, aber angemessene **Frist** setzen muss und den Termin nicht vorsätzlich zur Unzeit (bekannte Abwesenheit des Auftraggebers) setzen darf. Dies ergibt sich jedenfalls aus Abs. 2, bei dem sich die Möglichkeit einer einseitigen Zustandsfeststellung nach Ablauf einer angemessenen Frist ergibt. 9

Zum anderen muss der Auftragnehmer nachweisen können, dass dem Auftraggeber das Verlangen auch **tatsächlich zugeht**. Eine bestimmte Form sieht das BGB für das Verlangen, wie gesagt, nicht vor. Es empfiehlt sich daher, das Verlangen entweder unter Zeugen mündlich zu erklären oder durch eine schriftliche Erklärung oder eine Erklärung in Textform, deren Zugang der Auftragnehmer nachweisen kann. 10

IV. Durchführung der Zustandsfeststellung

Für die Zustandsfeststellung und das Protokoll hierzu selber macht das BGB nur wenig Vorgaben. 11

Auf die vom Auftragnehmer vorzugebende Frist wurde bei der Darstellung an das Verlangen des Auftragnehmers eingegangen. Weiter ergibt sich aus § 650g Abs. 1 Satz 2 BGB, dass die Zustandsfeststellung von beiden Vertragspartnern zu unterschreiben ist, also offensichtlich in Schriftform erfolgen muss. Außerdem ist das Datum der Erstellung zu nennen. 12

Aus Sicht des Auftraggebers ist wichtig, dass diese schriftliche Zustandsfeststellung keine weiteren Erklärungen enthält, die über die Feststellung eines Zustandes hinausgehen. 13

14 Insbesondere ist **zu warnen** vor Formulierungen wie: „Außer den benannten Mängeln waren keine weiteren sichtbar." Der Auftraggeber sollte auch darauf achten, dass seine Rechtsauffassung, dass die Leistung wegen Mängeln nicht abnahmereif ist, deutlich zum Ausdruck gibt.

15 Soweit sich der Auftraggeber bei der Abnahmeweigerung **auf bestimmte Mängel** gestützt hat, muss er dafür sorgen, dass diese Mängel im Protokoll der Zustandsfeststellung erscheinen.

16 Wenn es darum geht, wie ein tatsächlicher Zustand zu bewerten ist, ist wiederum **aus Sicht eines Auftragnehmers** Vorsicht geboten. Nicht jeder richtig wiedergegebene Ist-Zustand stellt auch in rechtlicher und technischer Sicht einen Mangel dar.

17 **Daher sollten die Feststellungen tatsächlich auf eine Feststellung eines tatsächlichen Zustandes ohne Bewertung reduziert bleiben.**

18 Nicht ausdrücklich ausgeschlossen ist die Mitwirkung eines Sachverständigen. Da der Auftraggeber auf der Baustelle im Regelfall das Hausrecht hat, kann er sowieso einen Sachverständigen mitnehmen. Für den Auftragnehmer ist eine solche Mitwirkung eines Sachverständigen nicht vorgesehen. Im Hinblick auf seine Sachkompetenz ist das auch regelmäßig nicht erforderlich. Anders sieht es aus, wenn der Auftraggeber einen Sachverständigen dabei hat, dann sollte dies aus Gründen der Waffengleichheit auch dem Auftragnehmer möglich sein.

Auch eine Videoaufnahme der Begehung dürfte regelmäßig für beide Vertragspartner zulässig sein.

V. Folgen der fehlenden Mitwirkung des Auftraggebers

19 Wenn der Auftraggeber bei einem Termin, der entweder vereinbart wurde oder den der Auftragnehmer innerhalb einer angemessenen Frist bestimmt hat, **nicht teilnimmt**, kann der Auftragnehmer auch alleine eine Zustandsfeststellung vornehmen.

Wegen der Folgen des Abs. 3 müssen diese Voraussetzungen stets sorgfältig geprüft werden.

20 Bei der **Angemessenheit der Fristsetzung** ist neben dem Interesse des Auftraggebers an der Teilnahme auch zu berücksichtigen, ob eine Veränderung der ausgeführten Leistungen durch Witterungseinflüsse oder andere Unternehmen droht. Der Auftragnehmer sollte dabei lieber eine etwas zu lange Frist setzen, da er sonst von der durchgeführten Zustandsfeststellung keinen Vorteil hat.

21 Diese Möglichkeit einer **einseitigen Zustandsfeststellung** besteht nicht, wenn der Auftraggeber wegen eines Umstands, den er nicht zu vertreten hat, fernbleibt und dies dem Auftragnehmer unverzüglich mitteilt. Zu denken ist z.B. an ungewöhnliche Verkehrsverhältnisse oder den Ausfall eines erforderlichen Fluges.

22 Ist der Auftragnehmer zur einseitigen Durchführung der Zustandsfeststellung berechtigt und nimmt er sie vor, so muss er das Protokoll hierzu mit dem Datum der Durchführung und der Erstellung des Protokolls versehen und dem Auftraggeber eine Kopie zur Verfügung stellen. Dies sollte der Auftragnehmer, auch wenn das BGB das nicht ausdrücklich vorsieht, kurzfristig machen, um Manipulationsvorwürfen vorzubeugen.

C. Vermutung der Mangelfreiheit

23 § 650g Abs. 3 BGB enthält eine **Vermutensvorschrift** für den Fall, dass eine gemeinsame Zustandsfeststellung nach Abs. 1 oder eine einseitige Zustandsfeststellung nach Abs. 2 durchgeführt wurde.

24 Dabei geht es um die in dem Protokoll (im BGB ebenfalls als „Zustandsfeststellung" bezeichnet) verzeichneten Mängel. **Wenn in diesem Protokoll ein offenkundiger Mangel nicht angegeben ist**, dann werden zwei Sachverhalte vermutet: Zum einen wird vermutet, dass der Mangel erst nach der Zustandsfeststellung entstanden ist, und zum anderen, dass er vom Auftraggeber zu vertreten ist.

Wie jede gesetzliche Vermutung kann auch diese widerlegt werden. 25

Ein erster Streitpunkt dürfte jedoch sein, was ein „offenkundiger" Mangel ist. Dabei dürfte es nicht nur darum gehen, dass ein bestimmter Zustand klar erkennbar ist, sondern es muss zusätzlich seine Mangelhaftigkeit klar erkennbar sein. Dies wäre z.B. bei einer offensichtlich schiefen Bodenfläche, weit klaffenden Fugen an Fenstern oder Wasserhähnen ohne Anschluss zum Wassernetz sicher klar gegeben. Deutlich schwieriger wird es aber, wenn sich ein Mangel entweder nur bei einer vertieften Kenntnis der einschlägigen technischen Normen oder der genauen Kenntnis des Ursprungsvertrages ergibt. 26

Dabei kommt es nicht darauf an, ob ein solcher „offenkundiger" Mangel auch tatsächlich erkannt wurde, es reicht seine potenzielle Erkennbarkeit. 27

Unklar ist, ob sich diese Vermutensregel auf alle offenkundigen Mängel bezieht oder ob es nur um die tatsächlich besichtigten Räume geht. Im Moment kann **dem Auftraggeber** nur geraten werden, im Zweifel die gesamte Leistung in Augenschein zu nehmen oder zumindest den Umfang der durchgeführten Begehung protokollieren lassen. 28

Bei der Offenkundigkeit könnte es zu Lasten des Auftraggebers gehen, wenn er sich von einem Sachverständigen begleiten lässt, weil dieser z.B. Abweichungen von den anerkannten Regeln der Technik erkennen kann, die dem Auftraggeber unbekannt sein können. Dies sollten Auftraggeber bei der Überlegung, ob sie einen Sachverständigen mitnehmen oder nicht, berücksichtigen. 29

Die Widerlegung dieser Vermutung kann sich z.B. durch Zeugen, Fotos oder Sachverständigenbeweis ergeben. 30

Die genannten Vermutungen gelten auch dann nicht, wenn der Mangel nach seiner Art nicht vom Auftraggeber verursacht worden sein kann. So kann er z.B. für Risse im frisch erstellten Putz regelmäßig nicht verantwortlich sein. Anders dürfte es bei beschädigten oder fehlenden Leistungen sein. 31

D. Prüffähige Abrechnung

Eine echte Änderung im Bereich des BGB-Bauvertragsrechts ist, dass **der Auftragnehmer seine Leistungen prüffähig abrechnen muss**. Bisher hat nur die VOB/B dies gefordert. Beim BGB reichte auch eine vereinfachte Rechnung aus, die nicht den strengen Anforderungen der Prüffähigkeit genügen musste. Dies hatte auch prozessuale Folgen: Eine nicht prüffähige Rechnung wird gar nicht erst fällig, es kommt also nicht zu einer inhaltlichen Prüfung. 32

Diese bisher nur bei der VOB/B geltende Rechtslage ist jetzt auch bei BGB-Bauverträgen zu beachten.

I. Voraussetzungen für die Fälligkeit

Die Vergütung des Auftragnehmers wird **fällig**, wenn zum einen die Abnahme erfolgt ist oder sie nach § 640 Abs. 2 BGB (infolge einer Fristsetzung des Auftragnehmers) entbehrlich ist und wenn außerdem der Auftragnehmer dem Auftraggeber eine prüffähige Abrechnung geschickt hat. 33

Zu der Durchführung einer **Abnahme** bzw. ihrer Entbehrlichkeit wird auf die Darstellung zu § 640 BGB verwiesen.

II. Anforderungen an die Prüffähigkeit

Nach § 650g Abs. 4 Satz 2 BGB ist die Schlussrechnung prüffähig, wenn sie **eine übersichtliche Aufstellung der erbrachten Leistung enthält und für den Auftraggeber nachvollziehbar ist**. Anders als die VOB/B in § 14 Abs. 1 VOB/B enthält das BGB ansonsten keine weiteren detaillierten Regelungen. 34

35 Die Regelungen der VOB/B standen jedoch Pate für die Vorgaben des BGB und lassen sich daher im Zweifel heranziehen, um die Anforderungen an die Prüffähigkeit näher zu beschreiben. Es wird daher auf die Erläuterungen zu § 14 Abs. 1 VOB/B verwiesen.

III. Rüge des Auftraggebers

36 Wenn der Auftraggeber die fehlende Prüffähigkeit der Rechnung zu Recht rügt, kommt es nicht zu einer inhaltlichen Prüfung der Rechnung. Die Vergütung des Auftragnehmers wird **nicht fällig**.

37 Der Auftragnehmer hat aber die Möglichkeit, erneut eine Rechnung einzureichen und diese prüffähig auszugestalten. Hatte er wegen der ersten Rechnung einen Rechtsstreit begonnen, muss er natürlich die Kosten dieses ersten wegen der fehlenden Fälligkeit verlorenen Rechtsstreits tragen. Dafür hat er die Chance, ggf. in einem zweiten Verfahren die neue, dann prüffähige Rechnung durchzusetzen.

1. Anforderungen an eine Rüge

38 Die Rüge muss nach dem ausdrücklichen Wortlaut des Gesetzes **mit begründeten Einwendungen** erfolgen. Der Auftraggeber muss also konkret angeben, weshalb er die fehlende Prüffähigkeit rügen will und welche Leistungen betroffen sind.

2. Unterlassen der Rüge

39 Wenn der Auftraggeber die fehlende Prüffähigkeit nicht innerhalb von 30 Tagen ab Zugang rügt, gilt die Rechnung als prüffähig.

Praxishinweis:

▶ *Der Auftragnehmer muss den Zeitpunkt des Zugangs der Rechnung nachweisen können.*

40 Allerdings kann der Auftraggeber nach wie vor **die inhaltliche Richtigkeit der Rechnung** bestreiten.

Im Moment gibt es widersprüchliche Entscheidungen, ob der Auftraggeber dieses Bestreiten immer mit einem eigenen Aufmaß untermauern muss oder nicht.

41 In einem Punkt besteht aber anscheinend Einigkeit: Wenn der Auftraggeber ein Aufmaß überhaupt nicht mehr erstellen kann – beispielsweise weil die Leistung verdeckt ist, wie etwa unter Putz verlegte Stromleitungen, überbaute Dichtungsschichten und Ähnliches –, kann man ihn nicht verpflichten, im Streit um die erbrachte Leistung ein Aufmaß vorzulegen. Das kann allein der Auftragnehmer, und zwar muss er dies Aufmaß während der Ausführung der Arbeiten erstellen. Tut er das nicht, kann er den Umfang seiner Leistungen inhaltlich nicht nachweisen und kann daher – trotz der vermuteten Prüffähigkeit seiner Rechnung – seinen Vergütungsanspruch nicht durchsetzen.

§ 650h BGB
Schriftform der Kündigung

Die Kündigung des Bauvertrags bedarf der schriftlichen Form.

A. Allgemeines

Neu eingeführt wurde, dass die Kündigung von Bauverträgen eine bestimmte Form haben muss. Das Einhalten dieser Form soll zum einen dazu dienen, eine spontane und übereilte Kündigung auf der Baustelle zu verhindern, und zum anderen, eine klare Beweislage schaffen. 1

Die Anforderung dieser Form gilt für alle Formen der Kündigung und für **beide Seiten**, also Auftraggeber wie Auftragnehmer. 2

B. Einzuhaltende Form

Die vom Gesetz geforderte schriftliche Form ist nach § 126 BGB eingehalten, wenn der Kündigende eine ausgedruckte Erklärung **unterschreibt** und sie der Gegenseite übermittelt. 3

Diese schriftliche Form kann auch durch die sog. elektronische Form nach § 126a BGB ersetzt werden. Diese verlangt eine qualifizierte elektronische Signatur. 4

Eine Kündigung durch E-Mail ist nicht formgerecht möglich! Die E-Mail hält nur die sog. Textform ein, die nicht der verlangten Schriftform entspricht. 5

C. Zugang

Wie jede Willenserklärung muss die Kündigung auch zugehen, d.h., der Kündigende muss im Streitfall auch den Zugang beim Gekündigten nachweisen können. Bestreitet die Gegenseite die Kündigung, sind allein eine versandte Mail oder ein Fax-Sendeprotokoll kein Beweis. Am sichersten sind die Übergabe unter Zeugen oder die Empfangsbestätigung. 6

D. Folgen eines Verstoßes

Wird die gesetzlich vorgeschriebene Form nicht eingehalten (oder kann der Zugang einer formgerechten Erklärung nicht nachgewiesen werden), **bleibt die Kündigung wirkungslos**. 7

Bei einer ordentlichen Kündigung besteht die Möglichkeit, sie ohne Weiteres nachzuholen. 8

Bei einer Kündigung aus wichtigem Grund ist zu beachten, dass diese Kündigung regelmäßig mit einer gewissen zeitlichen Nähe zu dem Vertragsverstoß erfolgen muss. Der Grundgedanke der Kündigung aus wichtigem Grund ist, dass einem Vertragspartner die weitere Zusammenarbeit nicht mehr zumutbar ist, weil sich die andere Seite in besonders schwerer Weise als vertragsbrüchig erwiesen hat. Setzen die Partner ihre Zusammenarbeit fort (z.B. weil die Kündigung formunwirksam ist), ist dies offensichtlich nicht unzumutbar und der Kündigungsgrund kann nicht mehr geltend gemacht werden. 9

Kapitel 3 Verbraucherbauvertrag

§ 650i BGB
Verbraucherbauvertrag

(1) Verbraucherbauverträge sind Verträge, durch die der Unternehmer von einem Verbraucher zum Bau eines neuen Gebäudes oder zu erheblichen Umbaumaßnahmen an einem bestehenden Gebäude verpflichtet wird.

(2) Der Verbraucherbauvertrag bedarf der Textform.

(3) Für Verbraucherbauverträge gelten ergänzend die folgenden Vorschriften dieses Kapitels.

A. Allgemeines

1 Mit dem neuen Bauvertragsrecht wurden auch einige besondere Regelungen **für Verträge mit Verbrauchern** eingeführt. Bei Verbrauchern stellt sich die Situation beim Abschluss von Bauverträgen immer besonders dar.

2 So sind Verbraucher normalerweise unerfahren, was die technischen, organisatorischen und wirtschaftlichen Rahmenbedingungen eines Bauvorhabens angeht. Im Normalfall baut ein Verbraucher genau einmal im Leben ein Haus. Außerdem fehlen ihnen oft die wirtschaftlichen Spielräume, Streitigkeiten, wie z.B. die Rückforderung überhöhter Abschlagszahlungen, durchzustehen.

Daher wurden für diese Gruppe von Vertragspartnern besondere Regelungen eingeführt.

B. Begriff des Verbraucherbauvertrages

3 Der Verbraucherbauvertrag ist als Untergruppe der **Bauverträge i.S.d. § 650a BGB** definiert.

Ein Verbraucherbauvertrag liegt nur vor, wenn er mit einem Verbraucher als Auftraggeber geschlossen wurde und bestimmte Leistungen umfasst.

I. Verbraucher

4 **Verbraucher** ist nach § 13 BGB jede natürliche Person, die ein Rechtsgeschäft zu Zwecken abschließt, die überwiegend weder ihrer gewerblichen noch ihrer selbstständigen beruflichen Tätigkeit zugerechnet werden können. Dies gilt immer unabhängig von der sonstigen gewerblichen oder selbstständigen Tätigkeit.

5 So ist auch ein Architekt oder der Leiter einer Bauabteilung Verbraucher, wenn er sein privates Gebäude errichtet. Auch für diesen Vertrag gelten dann alle Sonderregeln für Verbraucherbauverträge, selbst wenn z.B. die berufliche Erfahrung bei diesen Personen natürlich auch im privaten Bereich Anwendung findet. Aber z.B. das wirtschaftliche Ungleichgewicht dürfte bei diesen Personen in gleicher Weise wie bei anderen Verbrauchern anzutreffen sein.

II. Betroffene Bauleistungen

6 Die Regelungen des Verbraucherbauvertrages sollen nur **für bestimmte besonders intensive Maßnahmen** gelten. Genannt sind Bau eines neuen Gebäudes und erhebliche Umbaumaßnahmen an einem bestehenden Gebäude.

Nicht umfasst sind also insbesondere Verträge über unerhebliche Umbaumaßnahmen sowie alle Verträge bezogen auf Außenanlagen.

7 Was unter „Bau eines neuen Gebäudes“ zu verstehen ist, dürfte regelmäßig unstreitig bleiben. Der Gesetzestext legt nahe, dass der Vertrag alle Arbeiten für diesen Bau umfassen muss.

Bei der gewerkeweisen Vergabe wären also die einzelnen Verträge keine Verbraucherbauverträge. Es bleibt abzuwarten, wie dies die Rechtsprechung zukünftig entscheidet.

Bei den **„erheblichen" Umbaumaßnahmen** verweist die Gesetzesbegründung auf die EU-Verbraucherrechterichtlinie. Danach sind Umbaumaßnahmen gemeint, die dem Bau eines neuen Gebäudes vergleichbar sind, beispielsweise wenn nur die Fassade eines alten Gebäudes erhalten bleibt. Entscheidend kommt es auf Komplexität und Umfang des Eingriffes an und darauf, inwieweit in die Substanz des Gebäudes eingegriffen wird. **8**

C. Form des Verbraucherbauvertrages

I. Textform

Nach § 605i Abs. 2 BGB muss der Verbraucherbauvertrag in **Textform** abgeschlossen werden. **9** Die Anforderungen an die Textform sind in § 126b BGB aufgestellt. Danach ist die Form eingehalten, wenn eine lesbare Erklärung, in der die Person des Erklärenden genannt ist, auf einem dauerhaften Datenträger abgegeben werden. Ein dauerhafter Datenträger ist jedes Medium, das entweder es dem Empfänger ermöglicht, eine auf dem Datenträger befindliche, an ihn persönlich gerichtete Erklärung so aufzubewahren oder zu speichern, dass sie ihm während eines für ihren Zweck angemessenen Zeitraums zugänglich ist, und außerdem geeignet ist, die Erklärung unverändert wiederzugeben.

Diese Form wird natürlich in der klassischen **Schriftform**, also dem beidseitig unterschriebenen Vertrag oder dem schriftlichen Angebot mit schriftlicher Auftragsbestätigung, erfüllt. **10**

Aber auch etwa der Vertragsschluss per **E-Mail** oder per **Computerfax** wird dadurch ermöglicht.

II. Folgen einer falschen Form

Ein formunwirksamer Vertrag ist unwirksam und bindet die Vertragspartner nicht. **11**

D. Anwendbarkeit der §§ 650j bis 650n BGB

Nach Abs. 3 sind die Vorschriften „dieses Kapitels", also die §§ 650j bis 650n BGB, ergänzend **12** auf Verbraucherbauverträge anzuwenden, also neben den sowieso anwendbaren Vorschriften über den Bauvertrag in § 650a ff. BGB.

§ 650j BGB
Baubeschreibung

Der Unternehmer hat den Verbraucher über die sich aus Artikel 249 des Einführungsgesetzes zum Bürgerlichen Gesetzbuche ergebenden Einzelheiten in der dort vorgesehenen Form zu unterrichten, es sei denn, der Verbraucher oder ein von ihm Beauftragter macht die wesentlichen Planungsvorgaben.

A. Erforderlichkeit einer Baubeschreibung

I. Grundsatz der Erstellung durch Auftragnehmer

Nach § 650j BGB muss der Auftragnehmer den Verbraucher über die Einzelheiten der Bauleistung informieren, das Gesetz verweist dabei auf die Anforderungen in Art. 249 EGBGB, und zwar hinsichtlich der erforderlichen Informationen und der Art und Weise der Informationen. **1**

II. Ausnahme: Verbraucher plant selber

2 Eine Ausnahme besteht nur dann, wenn der Verbraucher selber oder ein von ihm beauftragter Beauftragter **die wesentlichen Planungsvorgaben macht**. Dies erfasst die Fälle, bei denen der Verbraucher einen Architekten oder Ingenieur beauftragt, der für die Unternehmen die inhaltlichen Vorgaben macht. In diesem Fall erhält der Verbraucher die erforderlichen Informationen von diesem Planer, die ausführenden Unternehmen werden in solchen Fällen in der Regel nur die vom Planer aufgestellten Vertragsunterlagen, Pläne und Leistungsverzeichnisse haben.

B. Inhalt einer Baubeschreibung

3 Nach Artikel 249 § 2 Abs. 1 EGBGB sind in der Baubeschreibung die wesentlichen Eigenschaften des angebotenen Werkes in klarer Weise darzustellen.

4 Die Baubeschreibung muss mindestens folgende Informationen enthalten:

1. allgemeine Beschreibung des herzustellenden Gebäudes oder der vorzunehmenden Umbauten, gegebenenfalls Haustyp und Bauweise,
2. Art und Umfang der angebotenen Leistungen, gegebenenfalls der Planung und der Bauleitung, der Arbeiten am Grundstück und der Baustelleneinrichtung sowie der Ausbaustufe,
3. Gebäudedaten, Pläne mit Raum- und Flächenangaben sowie Ansichten, Grundrisse und Schnitte,
4. gegebenenfalls Angaben zum Energie-, zum Brandschutz- und zum Schallschutzstandard sowie zur Bauphysik,
5. Angaben zur Beschreibung der Baukonstruktionen aller wesentlichen Gewerke,
6. gegebenenfalls Beschreibung des Innenausbaus,
7. gegebenenfalls Beschreibung der gebäudetechnischen Anlagen,
8. Angaben zu Qualitätsmerkmalen, denen das Gebäude oder der Umbau genügen muss,
9. gegebenenfalls Beschreibung der Sanitärobjekte, der Armaturen, der Elektroanlage, der Installationen, der Informationstechnologie und der Außenanlagen.

Die Baubeschreibung hat verbindliche Angaben zum Zeitpunkt der Fertigstellung des Werks zu enthalten. Steht der Beginn der Baumaßnahme noch nicht fest, ist ihre Dauer anzugeben.

§ 650k BGB
Inhalt des Vertrags

(1) Die Angaben der vorvertraglich zur Verfügung gestellten Baubeschreibung in Bezug auf die Bauausführung werden Inhalt des Vertrags, es sei denn, die Vertragsparteien haben ausdrücklich etwas anderes vereinbart.

(2) Soweit die Baubeschreibung unvollständig oder unklar ist, ist der Vertrag unter Berücksichtigung sämtlicher vertragsbegleitender Umstände, insbesondere des Komfort- und Qualitätsstandards nach der übrigen Leistungsbeschreibung, auszulegen. Zweifel bei der Auslegung des Vertrags bezüglich der vom Unternehmer geschuldeten Leistung gehen zu dessen Lasten.

(3) Der Bauvertrag muss verbindliche Angaben zum Zeitpunkt der Fertigstellung des Werks oder, wenn dieser Zeitpunkt zum Zeitpunkt des Abschlusses des Bauvertrags nicht angegeben werden kann, zur Dauer der Bauausführung enthalten. Enthält der Vertrag diese Angaben nicht, werden die vorvertraglich in der Baubeschreibung übermittelten Angaben zum Zeitpunkt der Fertigstellung des Werks oder zur Dauer der Bauausführung Inhalt des Vertrags.

A. Einbeziehung von Werbeaussagen

I. Vorvertragliche Übergabe einer Baubeschreibung

Auch eine vorvertraglich übergebene Baubeschreibung wird zum Inhalt des Vertrages, außer es wird ausdrücklich etwas anderes vereinbart. 1

II. Ausnahme der anderweiten Vereinbarung

Die anderweitige Vereinbarung, also dass die vorvertraglich übergebene Baubeschreibung nicht Vertragsinhalt wird, muss **deutlich** sein und insbesondere nicht hinsichtlich Formulierung und Art der Darstellung für den Verbraucher überraschend sein. Es muss klar sein, was statt der übergebenen Baubeschreibung gilt. 2

B. Unklarheitenregelung

I. Umstände für die Auslegung

Für den Fall, dass die Baubeschreibung unvollständig oder unklar ist, enthält § 650k Abs. 2 BGB eine Auslegungshilfe. Danach sollen in solchen Fällen zur Vervollständigung und zur Erläuterung der Baubeschreibung herangezogen werden 3

- sämtliche vertragsbegleitende Umstände,
- insbesondere der Komfort- und Qualitätsstandard nach der übrigen Leistungsbeschreibung.

Die angesprochenen Komfort- und Qualitätsstandards betreffen vornehmlich die Art und Weise der Ausführung. Für den **Umfang der Leistung** werden sich diese Standards regelmäßig nicht heranziehen lassen, für die Schließung von Lücken wird es eher auf andere vertragsbegleitende Umstände ankommen. 4

II. Zweifel zu Lasten des Auftragnehmers

Nach dem letzten Satz des § 650k Abs. 2 BGB gehen Zweifel bei der Auslegung des Vertrages – bezogen auf die von ihm geschuldete Leistung – zu Lasten des Auftragnehmers. 5

Zweifel heißt, dass eine eindeutige Bestimmung des Inhaltes einer Leistungsbeschreibung nicht möglich ist. Ist also z.B. unklar, ob der Auftragnehmer einen vom Auftraggeber gewünschten Standard ausführen muss oder nicht, so wird dies zu Lasten des Auftragnehmers entschieden. 6

C. Zeitplan

Der Vertrag muss nach § 650k Abs. 3 BGB enthalten: 7

- verbindliche Angaben zum Zeitpunkt der Fertigstellung
- oder zumindest zur Dauer der Bauausführung.

Fehlen solche Angaben, werden vorvertraglich übermittelte Angaben zum Inhalt des Vertrages.

Problematisch dürfte vor allem der Fall sein, dass der Auftragnehmer nur die Dauer der Bauausführung benennen will. Diese wird oft z.B. von Witterungsumständen oder von der Durchführung von anderen erforderlichen Leistungen abhängen. Der Auftragnehmer sollte, um insoweit Klarheit zu schaffen, daher die Bedingungen für den Beginn der Arbeiten eindeutig beschreiben. 8

Der Beginn darf dabei nicht ins Belieben des Auftragnehmers gesetzt werden.

§ 650l BGB
Widerrufsrecht

Dem Verbraucher steht ein Widerrufsrecht gemäß § 355 zu, es sei denn, der Vertrag wurde notariell beurkundet. Der Unternehmer ist verpflichtet, den Verbraucher nach Maßgabe des Artikels 249 § 3 des Einführungsgesetzes zum Bürgerlichen Gesetzbuche über sein Widerrufsrecht zu belehren.

A. Widerrufsrecht

1 Nach § 650l BGB steht dem Verbraucher ein Widerrufsrecht zu, **außer** der Vertrag wurde notariell beurkundet. Bei notarieller Beurkundung sieht man den Verbraucher als ausreichend geschützt an, zumal das Widerrufsrecht insbesondere vor einem übereilten Vertragsschluss schützen soll.

2 Das Widerrufsrecht ist **nicht an weitere Voraussetzungen** wie z.B. den Abschluss in den Räumen des Auftragnehmers geknüpft, sondern besteht bei jedem Verbraucherbauvertrag.

B. Belehrung

3 Über das Widerrufsrecht muss der Unternehmer den Verbraucher informieren. Zu den Anforderungen an diese Information verweist die Regelung des § 650l BGB auf Art. 249 Abs. 3 EGBGB. Dort wird verlangt, dass der Unternehmer den Verbraucher vor Abgabe von dessen Vertragserklärung in Textform über sein Widerrufsrecht belehrt (zur Textform vgl. oben näher bei § 650i BGB).

4 Weiter ist verlangt, dass die Widerrufsbelehrung deutlich gestaltet ist und dem Verbraucher seine wesentlichen Rechte in einer an das benutzte Kommunikationsmittel angepassten Weise deutlich macht. Außerdem wird dort als zwingender Inhalt gefordert:

1. ein Hinweis auf das Recht zum Widerruf,
2. ein Hinweis darauf, dass der Widerruf durch Erklärung gegenüber dem Unternehmer erfolgt und keiner Begründung bedarf,
3. der Namen, die ladungsfähige Anschrift und die Telefonnummer desjenigen, gegenüber dem der Widerruf zu erklären ist, gegebenenfalls seine Telefaxnummer und E-Mail-Adresse,
4. ein Hinweis auf die Dauer und den Beginn der Widerrufsfrist sowie darauf, dass zur Fristwahrung die rechtzeitige Absendung der Widerrufserklärung genügt, und
5. ein Hinweis darauf, dass der Verbraucher dem Unternehmer Wertersatz nach § 357d BGB schuldet, wenn die Rückgewähr der bis zum Widerruf erbrachten Leistung ihrer Natur nach ausgeschlossen ist.

Zur Erleichterung der verpflichteten Unternehmen enthält das EGBGB in Anlage 10 ein Muster für die Widerrufsbelehrung.

Muster einer Widerrufsbelehrung

> Anlage 10 zu Art. 249 EGBGB:
>
> **Widerrufsbelehrung**
>
> **Widerrufsrecht**
>
> Sie haben das Recht, binnen 14 Tagen ohne Angabe von Gründen diesen Vertrag zu widerrufen.
>
> Die Widerrufsfrist beträgt 14 Tage ab dem Tag des Vertragsabschlusses. Sie beginnt nicht zu laufen, bevor Sie diese Belehrung in Textform erhalten haben.
>
> Um Ihr Widerrufsrecht auszuüben, müssen Sie uns (*) mittels einer eindeutigen Erklärung (z. B. Brief, Telefax oder E-Mail) über Ihren Entschluss, diesen Vertrag zu widerrufen, informieren.

Zur Wahrung der Widerrufsfrist reicht es aus, dass Sie die Erklärung über die Ausübung des Widerrufsrechts vor Ablauf der Widerrufsfrist absenden.

Folgen des Widerrufs

Wenn Sie diesen Vertrag widerrufen, haben wir Ihnen alle Zahlungen, die wir von Ihnen erhalten haben, unverzüglich zurückzuzahlen.

Sie müssen uns im Falle des Widerrufs alle Leistungen zurückgeben, die Sie bis zum Widerruf von uns erhalten haben. Ist die Rückgewähr einer Leistung ihrer Natur nach ausgeschlossen, lassen sich etwa verwendete Baumaterialien nicht ohne Zerstörung entfernen, müssen Sie Wertersatz dafür bezahlen.

* Fügen Sie Ihren Namen oder den Namen Ihres Unternehmens, Ihre Anschrift und Ihre Telefonnummer ein. Sofern verfügbar sind zusätzlich anzugeben: Ihre Telefaxnummer und E-Mail-Adresse.

C. Fristen

Nach § 356e BGB **beginnt** die Widerrufsfrist erst, wenn der Auftragnehmer den Auftraggeber über sein Widerrufsrecht belehrt hat. Diese Belehrung kann frühestens mit dem Vertragsschluss erfolgen, denn vorher gibt es keinen zu widerrufenden Vertrag. Ausdrücklich geregelt ist das außerdem in § 355 Abs. 2 Satz 2 BGB. 5

Das Widerrufsrecht **endet** auch ohne die Belehrung, allerdings nach § 356e Satz 2 BGB erst zwölf Monate und vierzehn Tage nach dem Vertragsschluss. 6

Während dieses gesamten Zeitraumes hätte also der Verbraucher bei einer unterlassenen Belehrung die Möglichkeit, den Vertrag noch zu widerrufen. 7

D. Folgen eines Widerrufs

Die Folgen eines Widerrufes sind in § 357d BGB geregelt. 8

Grundsätzlich muss der Verbraucher bei einem Widerruf die Leistungen **zurückgeben**, die er erhalten hat. Das ist bei einem Bauvertrag in der Regel natürlich nicht 1:1 möglich. Eine ausgehobene Baugrube kann nicht „zurückgegeben" werden, und bei der Ausführung eines Rohbaus scheitert die „Rückgabe" der eingebauten Baustoffe wie Bewehrungsstahl und Beton daran, dass sie fest miteinander und mit dem Grundstück verbunden sind. 9

Wenn der Auftragnehmer aber beispielsweise Materialien angeliefert hat oder sich eingebaute Gegenstände ohne Zerstörung des auszubauenden Gegenstandes und des verbleibenden Gebäudes wieder entfernen lassen, so muss dies vorrangig erfolgen. So dürften z.B. Solarelemente regelmäßig so zu entfernen sein, dass eine Rückgabe ohne Weiteres in Frage kommt. 10

Kann eine Rückgabe nicht erfolgen, schuldet der vom Vertrag zurücktretende Verbraucher **Wertersatz** für die Leistung. Für die Höhe dieses Wertersatzes kommt es im Regelfall auf die vereinbarte Vergütung an. 11

Tritt also der Verbraucher vom Vertrag über die Ausführung einer Baugrube zurück und ist diese bereits vollständig ausgeführt, muss er im Zweifel die vereinbarte Vergütung zahlen. 12

Gegenansprüche wie z.B. **Schadensersatzansprüche oder Minderung wegen Mängeln** sind hierbei zu Lasten des Auftragnehmers zu berücksichtigen. 13

§ 356d BGB sieht für den Fall, dass **die vereinbarte Vergütung unverhältnismäßig hoch** ist, vor, dass die Vergütung auf Grundlage des Marktwertes der erbrachten Leistung zu berechnen ist. Wann genau eine Vergütung „unverhältnismäßig" ist, muss jeweils im Einzelfall bestimmt werden. Ein möglicher Anhaltspunkt ist die Rechtsprechung zur wucherischen Überhöhung. Dabei ist davon auszugehen, dass ein wucherisch überhöhter Preis auf jeden Fall auch unverhältnismäßig ist. Es kann eine Unverhältnismäßigkeit aber auch vorliegen, wenn die Wuchergrenze nicht erreicht ist. 14

15 Die **Wuchergrenze** ist im Regelfall erreicht, wenn die vereinbarte Vergütung die marktübliche Vergütung um das Doppelte überschreitet. Dies kann bei einem Bauvertrag z.B. passieren, wenn der Unternehmer bestimmte Leistungen besonders hoch bepreist hatte und diese vor Erklärung des Rücktritts ausgeführt hat.

In diesem Fall ist der Wertersatz nur auf Grundlage der marktüblichen Vergütung zu berechnen.

16 Aus Sicht des Unternehmers ist eine wichtige Voraussetzung für den Wertersatz, dass er den Umfang der erbrachten Leistungen und die hierauf entfallende Vergütung nachweisen kann. Bei den Anforderungen an eine solche Abrechnung kann auf die Abrechnung des durch Kündigung vorzeitig beendeten Vertrages verwiesen werden.

17 Für **nicht ausgeführte Leistungen** entfällt mit dem Rücktritt jegliche Rechtsgrundlage, sodass insoweit beide Seiten keine Ansprüche haben.

§ 650m BGB
Abschlagszahlungen; Absicherung des Vergütungsanspruchs

(1) Verlangt der Unternehmer Abschlagszahlungen nach § 632a, darf der Gesamtbetrag der Abschlagszahlungen 90 Prozent der vereinbarten Gesamtvergütung einschließlich der Vergütung für Nachtragsleistungen nach § 650c nicht übersteigen.

(2) Dem Verbraucher ist bei der ersten Abschlagszahlung eine Sicherheit für die rechtzeitige Herstellung des Werks ohne wesentliche Mängel in Höhe von 5 Prozent der vereinbarten Gesamtvergütung zu leisten. Erhöht sich der Vergütungsanspruch infolge einer Anordnung des Verbrauchers nach den §§ 650b und 650c oder infolge sonstiger Änderungen oder Ergänzungen des Vertrags um mehr als 10 Prozent, ist dem Verbraucher bei der nächsten Abschlagszahlung eine weitere Sicherheit in Höhe von 5 Prozent des zusätzlichen Vergütungsanspruchs zu leisten. Auf Verlangen des Unternehmers ist die Sicherheitsleistung durch Einbehalt dergestalt zu erbringen, dass der Verbraucher die Abschlagszahlungen bis zu dem Gesamtbetrag der geschuldeten Sicherheit zurückhält.

(3) Sicherheiten nach Absatz 2 können auch durch eine Garantie oder ein sonstiges Zahlungsversprechen eines im Geltungsbereich dieses Gesetzes zum Geschäftsbetrieb befugten Kreditinstituts oder Kreditversicherers geleistet werden.

(4) Verlangt der Unternehmer Abschlagszahlungen nach § 632a, ist eine Vereinbarung unwirksam, die den Verbraucher zu einer Sicherheitsleistung für die vereinbarte Vergütung verpflichtet, die die nächste Abschlagszahlung oder 20 Prozent der vereinbarten Vergütung übersteigt. Gleiches gilt, wenn die Parteien Abschlagszahlungen vereinbart haben.

A. Allgemeines

1 Die gesamte Vorschrift des § 650m BGB unterliegt nicht dem in § 650o BGB enthaltenen Verbot abweichender Vereinbarungen. Es kann daher auch bei Verträgen von Verbrauchern von diesen Regelungen abgewichen werden. Allerdings setzt § 309 Nr. 15 b) BGB solchen Vereinbarungen Grenzen, wie unten dargestellt.

Dies ist bei der **Vertragsgestaltung** zu beachten.

B. Beschränkung der Gesamthöhe

2 Für die Höhe der **insgesamt** vom Auftraggeber zu leistenden **Abschlagszahlungen** sieht § 650m Abs. 1 BGB vor, dass sie 90 % der vereinbarten Gesamtvergütung einschließlich der Nachtragsleistungen nach § 650c BGB nicht übersteigen dürfen.

3 Dadurch soll für viele Fälle verhindert werden, dass vor Abnahme der Leistungen und der dadurch ermöglichten Fälligkeit der Schlussrechnung eine Überzahlung des Auftragnehmers er-

folgt, denn durch die Beschränkung auf 90 % ist gesichert, dass 10 % der Vergütung für den Fall etwaiger Mängel an der Leistung noch nicht ausbezahlt sind.

C. Sicherheit des Auftragnehmers

Mit der ersten Abschlagszahlung – gemeint ist, als Voraussetzungen für die Fälligkeit der ersten Abschlagsrechnung – ist dem Verbraucher nach § 650m Abs. 2 Satz 1 BGB eine Sicherheit in Höhe von 5 % der Gesamtvergütung zu übergeben. 4

Abgesichert ist die rechtzeitige Herstellung des Werks ohne wesentliche Mängel. 5

Bei einer **Erhöhung der Gesamtvergütung** um mehr als 10 % hat der Verbraucher einen Anspruch auf eine weitere Sicherheit in Höhe von 5 % des zusätzlichen Vergütungsanspruches. Diese Erhöhung kann sich z.B. aus Anordnungen und Vergütungsanpassungen nach §§ 650c, 650b BGB ergeben, aber auch aus anderweitig vereinbarten Ergänzungen und Vereinbarungen. 6

Nach § 650m Abs. 3 BGB kann diese Sicherheit auch durch eine Garantie oder eine Bankbürgschaft erfolgen. 7

D. Sicherheit des Auftraggebers

Der BGH hatte 2010 entschieden, dass Auftragnehmer auch von Verbrauchern eine Sicherheit in Höhe der vertraglich geschuldeten Vergütung verlangen können (BGH v. 27.5.2010, VII ZR 165/09). Um Verbraucher vor einem solchen Sicherungsverlangen zu schützen, wird in § 650m Abs. 4 BGB die Zulässigkeit eines solchen **Sicherheitsverlangens der Höhe nach** begrenzt. Dieses Sicherheitsverlangen kann bzw. muss sich aus dem Vertrag ergeben, da Verbraucher keine Sicherheit nach § 650f BGB leisten müssen. 8

Die Höhe der Sicherheit, die ein Auftragnehmer zulässigerweise fordern kann, orientiert sich an seinem Vorleistungsrisiko und soll ihn so vor der Insolvenz des Auftraggebers schützen. 8

Verlangt der Auftragnehmer **keinerlei Abschlagszahlungen**, so darf er weiterhin eine Sicherheit in voller Höhe der vereinbarten Vergütung im Vertrag vorsehen. 9

Will der Auftragnehmer Abschlagszahlungen erhalten, darf die Höhe der Sicherheit die Höhe der dann jeweils nächsten Abschlagszahlung oder 20 % der vereinbarten Vergütung nicht übersteigen. Dabei kommt es nicht darauf an, ob der Auftragnehmer die Abschlagszahlungen auf § 632a BGB oder auf eine vertragliche Vereinbarung stützt. 10

E. Unwirksamkeit von Vereinbarungen

Nach § 309 Nr. 15 b) BGB sind Vereinbarungen **unwirksam**, nach denen ein Auftragnehmer eine Sicherheit nicht oder nur in geringerer Höhe leisten muss. Anders als bei vergleichbaren Vorschriften (etwa § 309 Nr. 15a) BGB) wird keine „wesentliche" Abweichung gefordert. Es ist daher davon auszugehen, dass jede Abweichung von der richtigen Höhe der Sicherheit zur Unwirksamkeit führt. 11

Die gesetzliche Regelung greift immer nur dann ein, wenn der Unternehmer den Vertrag als **Allgemeine Geschäftsbedingung** vorformuliert. In einem vom Verbraucher selber stammenden Vertrag wäre die Regelung wirksam. 12

§ 650n BGB
Erstellung und Herausgabe von Unterlagen

(1) Rechtzeitig vor Beginn der Ausführung einer geschuldeten Leistung hat der Unternehmer diejenigen Planungsunterlagen zu erstellen und dem Verbraucher herauszugeben, die dieser benötigt, um gegenüber Behörden den Nachweis führen zu können, dass die Leistung unter Einhaltung der einschlägigen öffentlich-rechtlichen Vorschriften ausgeführt werden wird. Die Pflicht besteht nicht, soweit der Verbraucher oder ein von ihm Beauftragter die wesentlichen Planungsvorgaben erstellt.

(2) Spätestens mit der Fertigstellung des Werks hat der Unternehmer diejenigen Unterlagen zu erstellen und dem Verbraucher herauszugeben, die dieser benötigt, um gegenüber Behörden den Nachweis führen zu können, dass die Leistung unter Einhaltung der einschlägigen öffentlich-rechtlichen Vorschriften ausgeführt worden ist.

(3) Die Absätze 1 und 2 gelten entsprechend, wenn ein Dritter, etwa ein Darlehensgeber, Nachweise für die Einhaltung bestimmter Bedingungen verlangt und wenn der Unternehmer die berechtigte Erwartung des Verbrauchers geweckt hat, diese Bedingungen einzuhalten.

A. Herstellung und Übergabe vor Baubeginn

1 Nach § 650n BGB muss der Auftragnehmer dem Verbraucher als Auftraggeber rechtzeitig vor Beginn der Ausführung die Unterlagen übergeben, die dieser benötigt, um gegenüber Behörden den Nachweis führen zu können, dass die Bauleistungen unter Einhaltung der einschlägigen öffentlich-rechtlichen Vorschriften ausgeführt werden. Was hierfür erforderlich ist, ergibt sich jeweils entsprechend dem Auftragsinhalt und den hierfür maßgeblichen öffentlich-rechtlichen Bestimmungen.

2 Diese Pflicht besteht nicht, wenn der Verbraucher selber oder ein von ihm beauftragter Architekt oder Ingenieur die Planung übernommen hat.

B. Übergabe nach Fertigstellung

3 Nach § 650n Abs. 2 BGB muss der Auftragnehmer dem Verbraucher als Auftraggeber spätestens bei der Fertigstellung die Unterlagen übergeben, die er benötigt, um gegenüber Behörden den Nachweis führen zu können, dass die Bauleistungen unter Einhaltung der einschlägigen öffentlich-rechtlichen Vorschriften ausgeführt wurden.

C. Erweiterung bei Einbeziehung Dritter

4 Diese Herausgabepflichten vor Beginn der Herstellung bzw. nach Fertigstellung greifen auch dann, wenn der Verbraucher einem Dritten – genannt ist als Beispiel ein Darlehensgeber – Nachweise für die Einhaltung bestimmter Bedingungen übergeben muss. Es muss allerdings hinzukommen, dass der Auftragnehmer die berechtigte Erwartung des Verbrauchers geweckt hat, diese Bedingungen einzuhalten. Dabei geht es um nachzuweisende Bedingungen. Die Gesetzesbegründung spricht ausdrücklich als Beispiel die Finanzierung durch die KfW und die hierfür zu beachtenden Nachweispflichten an, wenn ein Unternehmen die Erwartung geweckt hat, seine Leistung sei förderfähig.

§ 650o BGB
Abweichende Vereinbarungen

Von § 640 Absatz 2 Satz 2, den §§ 650i bis 650l und 650n kann nicht zum Nachteil des Verbrauchers abgewichen werden. Diese Vorschriften finden auch Anwendung, wenn sie durch anderweitige Gestaltungen umgangen werden.

Von den in der Vorschrift genannten Regelungen darf nicht zum Nachteil des Verbrauchers 1 abgewichen werden. **Dennoch vereinbarte Abweichungen sind unwirksam**.

Nicht eingeschlossen in dies Verbot ist § 650m BGB zu **Abschlagszahlungen und Sicherungen**, allerdings sind die dort dargestellten Einschränkungen zu beachten. 2

Teil 2 VOB/B

Einführung in die VOB/B

A. Einleitung

Die VOB/B (Vergabe- und Vertragsordnung für Bauverträge Teil B) enthält in 18 Paragrafen Regelungen zur Ausführung von Bauleistungen nach Abschluss eines Bauvertrages. Die VOB/B wird vom DVA, dem Deutschen Vergabe- und Vertragsausschuss, herausgegeben und regelmäßig an veränderte Bedingungen angepasst[1]. Der DVA ist beim Bundesministerium für Umwelt, Naturschutz, Bau und Reaktorsicherheit (BMUB) angesiedelt. 1

Die VOB/B ergänzt und ersetzt mit ihren Regelungen die des Werkvertragsrechts im Bürgerlichen Gesetzbuch (BGB). Die Modifikationen der VOB/B sind zweckmäßig und für die Praxis sinnvoll. 2

Um heutigen Erfordernissen gerecht zu werden, wurde und wird die VOB/B entwickelt. Dabei ist zu berücksichtigen, dass die VOB/B von Profis für Profis fortgeschrieben wird: Beteiligt sind überwiegend öffentliche Auftraggebervertreter und Vertreter von Bauhandwerk und Bauindustrie. Dies hat zur Folge, dass die VOB/B auf professionelle Ansprüche zugeschnitten ist. Die Grundidee der VOB ist die Kooperation der Vertragsparteien. Ziel der Regelungen ist die Vermeidung von Konflikten in Folge der Bauausführung. 3

Daher setzt die erfolgreiche Anwendung der VOB/B deren genaue Kenntnis voraus, denn im Vergleich zu den gesetzlichen Vorgaben gewährt die VOB/B Auftraggeber und Auftragnehmer mehr Rechte, aber auch mehr Pflichten. Diese müssen wahrgenommen und beachtet werden. Gerade für Auftraggeber gilt, dass die VOB/B nur vorteilhaft ist, wenn die Rechte der VOB/B genutzt werden. Außerdem müssen Auftraggeber beachten, dass die VOB/B Fiktionen aufstellt. Dies bedeutet, dass typisiertes Verhalten eine normative Wirkung entfaltet – etwa bei der fiktiven Abnahme i.S.d. § 12 Abs. 5 VOB/B[2] –, auch ohne dass ein entsprechender Wille des Erklärenden vorliegt[3]. Auftraggeber sollten folglich bei Verwendung der VOB/B wissen, wann eine Reaktion oder Handlung ihrerseits erforderlich ist. 4

B. Einbeziehung der VOB/B in einen Bauvertrag

Bei der VOB/B handelt es sich nicht um ein Gesetz, das für Bauverträge gilt. Vielmehr findet die VOB/B nur dann Anwendung auf einen Bauvertrag, wenn die Bauvertragsparteien dies vereinbart haben. Bei der VOB/B handelt es sich um Allgemeine Geschäftsbedingungen i.S.v. § 305 Abs. 1 S. 1 BGB[4]. Daher sind die Vorgaben der §§ 305 ff. BGB bei der Einbeziehung in einen Vertrag zu beachten. Geschieht dies nicht, wird die VOB/B nicht Bestandteil des Vertrages und es gelten nur die Vereinbarungen des Vertrages sowie die gesetzlichen Vorschriften (§ 306 Abs. 2 BGB). 5

Vom Grundsatz der Freiwilligkeit der Einbeziehung der VOB/B bestehen zwei Ausnahmen: Sie muss einbezogen werden, wenn es sich um einen Bauvertrag zwischen einem VOB/B-Hauptunternehmer und einem Subunternehmer i.S.d. § 4 Abs. 8 VOB/B handelt (vgl. dazu die Kommentierung zu § 4 VOB/B Rn. 152 ff.) oder wenn es durch öffentlich-rechtliche Normen vorgeschrieben ist. Letzteres ist beispielsweise bei der Vergabe von Bauleistungen nach der VOB/A gem. § 10 Abs. 1 VOB/A der Fall. 6

Die Bauvertragspartei, auf deren Initiative hin die VOB/B in den Vertrag einbezogen werden soll, wird als Verwender i.S.d. § 305 Abs. 2 BGB bezeichnet. Eine wirksame Einbeziehung der 7

---

1 Dies geschah zuletzt im Rahmen der Umsetzung der Richtlinie 2014/24/EU in Gestalt der VOB/B 2016.
2 Vgl. Pöhlker, § 12 VOB/B Rn. 106 ff.
3 BGH, NJW 1975, 344.
4 Vgl. BGH, NJW-RR 1998, 235.

VOB/B in einen Bauvertrag setzt voraus, dass der Verwender auf die Einbeziehung der VOB/B hingewiesen hat und die Einbeziehung im Bauvertrag vereinbart wird.

8 Seit der Entscheidung des Bundesgerichtshofes vom 24. Juli 2008[5] gilt, dass die Klauseln der VOB/B bei einer Verwendung in einem Vertrag mit einem Verbraucher auch dann einer Inhaltskontrolle unterliegen, wenn die VOB/B als Ganzes vereinbart ist. Dies hat zu Folge, dass eine wirksame Einbeziehung der VOB/B ausgeschlossen ist, wenn der Vertragspartner ein Verbraucher i.S.d. § 13 BGB ist. Verbraucher sind gemäß § 13 BGB alle natürlichen Personen, die den Vertrag zu einem Zweck abschließen, der nicht Teil ihrer beruflichen Tätigkeit ist. Verbraucher ist demnach, wer einen Vertrag als Privatmann abschließt.

9 Die wirksame Vereinbarung der VOB/B setzt daher voraus, dass der Bauvertragspartner des Verwenders entweder eine juristische Person des öffentlichen Rechts (Körperschaft, Stiftung, Anstalt) oder ein Unternehmer i.S.d. § 14 BGB ist. Unternehmer sind gemäß § 14 BGB alle natürlichen oder juristischen Personen (GmbH, KG, Verein, etc.), die einen Vertrag im Rahmen ihrer gewerblichen oder beruflichen Tätigkeit abschließen.

C. Die VOB/B als Vertragsbestandteil

10 Von der Frage, ob die VOB/B formell wirksam in einen Bauvertrag einbezogen wurde, ist zu unterscheiden, ob sie auch wirksam Vertragsbestandteil geworden ist und der Verwender sich auf VOB/B-Klauseln berufen kann. Denn selbst wenn die formellen Anforderungen zur Einbeziehung der VOB/B in einen Bauvertrag beachtet worden sind, bedeutet dies nicht, dass die VOB/B auch materiell wirksam Bestandteil des Vertrags wurde.

11 Der Grund dafür ist, dass die VOB/B der Inhaltskontrolle nach den §§ 305 ff. BGB unterliegt. Danach sind Klauseln unwirksam, wenn sie von bestimmten gesetzlichen Regelungen zum Nachteil des Vertragspartners abweichen. Eine solche, verglichen mit Verbraucherverträgen allerdings eingeschränkte Prüfung erfolgt auch bei Verträgen mit Unternehmern gemäß § 307 BGB. Zwar findet keine Inhaltskontrolle entsprechend den Katalogen der §§ 308 f. BGB statt. Jedoch nutzen viele Gerichte eben diese Kataloge als Maßstab für die nach § 307 BGB erforderliche Inhaltskontrolle.

12 Eine wirksame Vereinbarung der VOB/B liegt jedenfalls dann vor, wenn die VOB/B insgesamt in den Vertrag einbezogen wurde. Dies setzt voraus, dass in den übrigen, vorrangigen Vertragsbestandteilen[6] keine zu Lasten des Vertragspartners von der VOB/B abweichenden Vereinbarungen getroffen wurden. Seit dem Urteil des BGH vom 22. Januar 2004[7] führt jede vertragliche Abweichung von der VOB/B dazu, dass diese nicht „als Ganzes" vereinbart wurde. Dies wiederum bedeutet, dass die Privilegierung der VOB/B entfällt und jede ihrer Klauseln einzeln einer Inhaltskontrolle unterzogen wird. Da die VOB/B in einer Vielzahl von Klauseln von den gesetzlichen Vorgaben des Werkvertragsrechts abweicht und nur insgesamt einen ausgewogenen Ausgleich der Rechte und Pflichten zwischen den Vertragsparteien herstellt, führt eine isolierte Prüfung einzelner VOB/B-Klauseln häufig zu deren Unwirksamkeit.

13 Als unwirksam bei isolierter Betrachtung wurden von der BGH-Rechtsprechung z.B. folgende Klauseln der VOB/B angesehen:

- § 13 Abs. 4 VOB/B[8],
- § 16 Abs. 3 Nr. 2 VOB/B[9],
- § 16 Abs. 6 S. 1 VOB/B[10].

---

5 BGH, NZBau 2008, 640.
6 Vgl. zur Rangfolge der Vertragsbestandteile: Warnecke in § 1 VOB/B Rn. 27.
7 BGH, ZfBR 2004, 362.
8 BGH, BauR 1986, 89.
9 BGH, BauR 2004, 668.
10 BGH, NJW 1990, 2384.

14 Als bei isolierter Betrachtung wirksam wurden von der BGH-Rechtsprechung folgende Klauseln der VOB/B erachtet:

- § 1 Abs. 4 S. 1 VOB/B[11],
- § 2 Abs. 5 S. 1 VOB/B[12],
- § 18 Abs. 4 VOB/B[13].

15 Zur Prüfung, ob die eine Klausel der VOB/B wirksam ist, kann folgendes Schema verwendet werden:

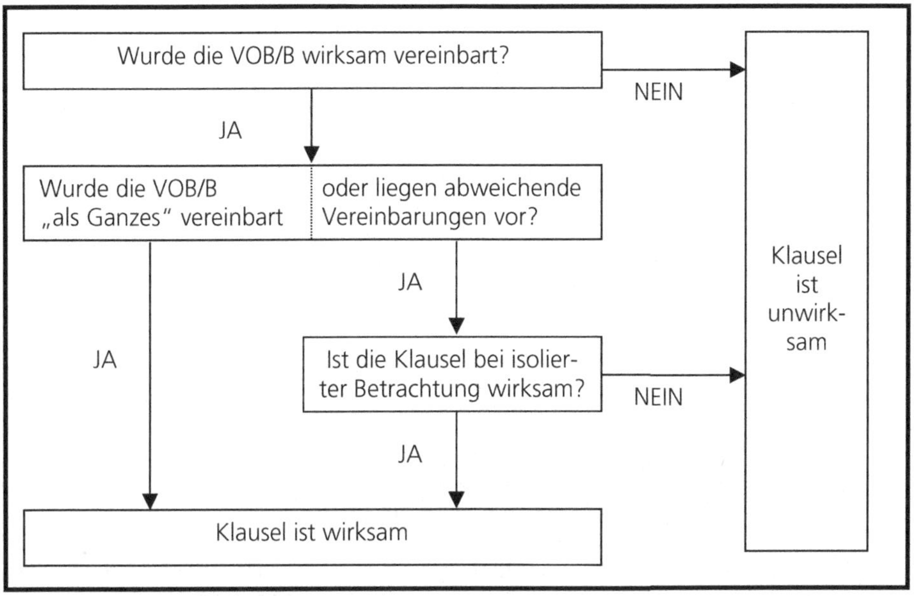

Abbildung: Materiell wirksame Einbeziehung der VOB/B

16 Die Regelungen der VOB/B gelten nur für Bauleistungen. Dies sind gemäß § 1 VOB/A Arbeiten jeder Art, durch die eine bauliche Anlage hergestellt, instandgehalten, geändert oder beseitigt wird.

Arbeiten in diesem Sinne sind bauhandwerkliche und bauindustrielle Maßnahmen, mit denen ein Bauwerk unmittelbar geschaffen, erhalten oder geändert wird[14]. Entscheidend ist, dass die Leistungen auf einen unmittelbaren Erfolg am Bauwerk gerichtet sind[15]. Unter einem Bauwerk versteht man eine unbewegliche, durch Verwendung von Arbeit und Material in Verbindung mit der Erdoberfläche hergestellte Sache[16]. Da Architekten- und Ingenieurleistungen keine unmittelbaren Auswirkungen auf Bauwerke haben, sind dies keine Bauleistungen[17]. Zu den Bauleistungen zählt auch die Einrichtung und Versorgung einer Baustelle. Instandsetzungs- und Instandhaltungsarbeiten gelten nur insoweit als Bauleistungen, als sie für das Bauwerk von wesentlicher Bedeutung sind und die eingebauten Materialien dauerhaft mit dem Gebäude verbunden werden[18]. Ob dies der Fall ist, wird letztlich immer eine Frage des Einzel-

11 BGH, NJW 1996, 1346.
12 BGH, NJW 1996, 1346.
13 BGH, NJW 1996, 1346.
14 BGH, NJW 1973, 368.
15 BGH, NJW 1973, 368.
16 BGH, NJW 1971, 2219.
17 BGH, BGHZ 101, 369, 376.
18 BGH NZBau 2002, 388.

falles sein: So hat die Rechtsprechung umfangreiche Malerleistungen schon als Bauleistungen anerkannt, dies andererseits aber für den Austausch einer Elektroleitung abgelehnt[19].

17 Soweit die VOB/B in Bauverträge einbezogen werden soll, die andere Nebenleistungen beinhalten, ist dies grundsätzlich möglich. Eine pauschale Einbeziehung in den gesamten Vertrag ohne Differenzierung der Leistungen ist dabei unschädlich. Die VOB/B findet dann lediglich auf die Bauleistungen Anwendung[20]. Zu beachten ist in diesen Fällen, dass für unterschiedliche Leistungen unterschiedliches Recht gilt.

18 Etwas anderes gilt für Verträge, die keine Bauverträge sind. In diese ist eine Einbeziehung der VOB/B nicht wirksam möglich. Für folgende Verträge kann bzw. kann die VOB/B nicht wirksam vereinbart werden:

Kann vereinbart werden	Kann nicht vereinbart werden
Bauvertrag mit andersartigen Neben- leistungen	Architektenvertrag
Generalübernehmervertrag[21]	Baubetreuungsvertrag
Generalunternehmervertrag	Bauträgervertrag
	Fertighausvertrag
	Ingenieurvertrag
	Statikervertrag

§ 1 VOB/B
Art und Umfang der Leistung

(1) Die auszuführende Leistung wird nach Art und Umfang durch den Vertrag bestimmt. Als Bestandteil des Vertrags gelten auch die Allgemeinen Technischen Vertragsbedingungen für Bauleistungen (VOB/C).

(2) Bei Widersprüchen im Vertrag gelten nacheinander:

1. **die Leistungsbeschreibung,**
2. **die Besonderen Vertragsbedingungen,**
3. **etwaige Zusätzliche Vertragsbedingungen,**
4. **etwaige Zusätzliche Technische Vertragsbedingungen,**
5. **die Allgemeinen Technischen Vertragsbedingungen für Bauleistungen,**
6. **die Allgemeinen Vertragsbedingungen für die Ausführung von Bauleistungen.**

(3) Änderungen des Bauentwurfs anzuordnen, bleibt dem Auftraggeber vorbehalten.

(4) Nicht vereinbarte Leistungen, die zur Ausführung der vertraglichen Leistung erforderlich werden, hat der Auftragnehmer auf Verlangen des Auftraggebers mit auszuführen, außer wenn sein Betrieb auf derartige Leistungen nicht eingerichtet ist. Andere Leistungen können dem Auftragnehmer nur mit seiner Zustimmung übertragen werden.

A. Einleitung

1 § 1 VOB/B beinhaltet Regelungen zur vom Auftragnehmer geschuldeten Leistung. Dazu gehört, wie im Zweifel Art und Umfang der vom Auftragnehmer geschuldeten Bauleistungen

19 Vgl. BGH BauR 1994, 101.
20 Vgl. BGH, BGHZ 101, 369, 376.
21 Vgl. Warnecke, Die Unternehmereinsatzform Generalübernehmer, S. 185.

zu bestimmen sind (§ 1 Abs. 1 VOB/B), welche vertragliche Vereinbarung bei Widersprüchen innerhalb eines Bauvertrages Priorität genießt (§ 1 Abs. 2 VOB/B) und welche Leistungen ein Auftragnehmer auf Wunsch des Auftraggebers bei fehlender Regelung im Vertrag auszuführen hat (§ 1 Abs. 4 VOB/B). Darüber hinaus ist das Recht zur einseitigen Änderung des Bauentwurfs durch den Auftraggeber geregelt (§ 1 Abs. 3 VOB/B).

Davon ausgehend, dass Bauverträge aus verschiedenen Elementen zusammengesetzt und daher teilweise lückenhaft sind oder konträre Regelungen beinhalten, umfasst § 1 VOB/B Regelungen zur Lösung von Zweifelsfragen. Mittels § 1 VOB/B lassen sich die vom Auftragnehmer geschuldeten Leistungen eines VOB/B-Bauvertrages bestimmen: 2

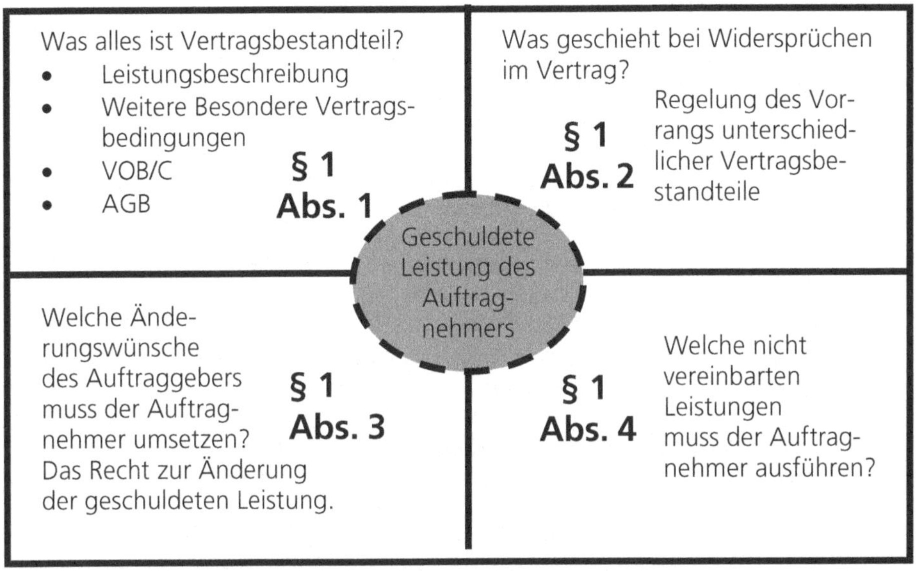

Abbildung 1: Regelungsgehalt des § 1 VOB/B

B. Vertragsinhalt (§ 1 Abs. 1 Satz 1)

Gemäß § 1 Abs. 1 S. 1 VOB/B werden Art und Umfang der der vom Auftragnehmer auszuführenden Leistungen durch den Vertrag bestimmt. Zum VOB/B-Bauvertrag zählt nicht nur die Vertragsurkunde als solche, sondern auch 3

- Leistungsbeschreibung,
- Leistungsverzeichnis,
- Pläne,
- allgemeine Vertragsbedingungen,
- VOB/B,
- VOB/C sowie
- sonstige individuelle Bedingungen und Vorgaben, die zum Vertragsinhalt gemacht worden sind.

Alle Vertragsunterlagen sind in Zweifelsfällen zur Auslegung des Leistungsinhalts des Auftragnehmers heranzuziehen, wobei die Ermittlung des Vertragsinhaltes bei Mehrdeutigkeit nach den Grundsätzen der §§ 133, 157 BGB zu erfolgen hat[1]. Dies bedeutet, dass die Auslegung des Vertrages nach allgemeinem Verständnis und dem objektiven Empfängerhorizont erfolgt. 4

1 Vgl. BGH, BauR 1995, 538.

5 Zur Ermittlung der vertraglich geschuldeten Leistung des Auftragnehmers wird im Wesentlichen die Leistungsbeschreibung herangezogen. In ihr sollte geregelt sein, welche Leistungen der Auftragnehmer zu erbringen hat. Eine detaillierte Beschreibung der Leistungen liegt im Interesse beider Vertragsparteien, denn dadurch können Streitigkeiten vermieden werden. Wie schwierig dies umzusetzen ist, zeigt die Tatsache, dass sich die meisten Streitigkeiten über Bauverträge an dieser Frage entzünden. Ziel der Erarbeitung einer Leistungsbeschreibung sollte daher sein, diese vollständig und fehlerfrei aufzustellen. Dazu ist jedem Auftraggeber zu empfehlen, sich an den Anforderungen an Leistungsbeschreibungen gemäß § 9 VOB/A zu orientieren, die für öffentliche Auftraggeber gelten.

6 ***Checkliste Leistungsbeschreibung:***

Anforderungen entsprechend § 9 VOB/A für die Erstellung einer vollständigen und fehlerfreien Leistungsbeschreibung:

- *Aufstellung einer Baubeschreibung, in der eine allgemeine Darstellung der Bauaufgabe mitsamt Leistungsziel erfolgt. Die Baubeschreibung sollte einen Überblick über die geforderten Leistungen und die gewünschten technischen Rahmenbedingungen, wie beispielsweise der Örtlichkeit, liefern. Im Idealfall beinhaltet sie Angaben zu Zweck, Art und Nutzung des zu errichtenden Bauwerkes, bereits ausgeführte Vorarbeiten, gleichzeitig laufende Arbeiten von anderen Auftragnehmern, Lage und örtliche Gegebenheiten, wie zum Beispiel die Verkehrsverhältnisse, sowie die erwartete Konstruktion des Bauwerkes[2].*
- *Erstellung eines Leistungsverzeichnisses, in dem Art und Umfang der auszuführenden Arbeiten in tabellarischer Form, sortiert nach einzelnen Teilleistungen möglichst detailliert aufgeführt sind[3].*
- *Soweit möglich, sollten der Baubeschreibung und dem Leistungsverzeichnis neben einer zeichnerischen Darstellung, die klar und übersichtlich und mit den in Fachkreisen üblichen zeichnerischen Ausdrucksmitteln und Maßstäben erstellt worden ist, auch Muster und Proben beigefügt werden. Dies sollte immer dann erfolgen, wenn die Art der Ausführung oder die zu verwendenden Materialien für den Auftraggeber von besonderer Bedeutung sind. Wenn der Auftraggeber keine über die technischen Normalausführungen hinausgehenden Anforderungen an ein Bauwerk hat, bedarf es keiner besonderen Erläuterung dieser in der Leistungsbeschreibung, denn nach § 1 Abs. 1 S. 2 VOB/B werden die Allgemeinen Technischen Vertragsbedingungen (VOB/C) ohnehin Gegenstand des Vertrages (vgl. oben Rn. 3).*

7 Alternativ hierzu kann eine Leistungsbeschreibung funktional erfolgen. Dies bedeutet, dass der Auftraggeber nur den Zweck der einzelnen Bauleistung (bei einem einzelnen Gewerk) oder die spätere Funktion des Bauwerkes (bei einer Gesamtbauleistung) beschreibt. Eine solche Leistungsbeschreibung zu erstellen ist verlockend, weil sie vergleichsweise einfach fertig gestellt werden kann (Beispiel: „Errichtung einer Kläranlage für eine Stadt mit 20.000 Einwohnern"). Zu bedenken ist jedoch, dass in diesen Fällen die konstruktive Umsetzung – von den Vorgaben durch den Stand der Technik einmal abgesehen – dem Auftragnehmer überlassen ist. Soweit dies bei funktionalen Bauwerken, wie etwa einer Kläranlage, noch sinnvoll ist, muss der Auftraggeber bedenken, dass seine ästhetischen und gestalterischen Vorstellungen nicht berücksichtigt werden. Überdies wird der Auftragnehmer versuchen, das Bauwerk möglichst kostengünstig zu errichten. Von einer funktionalen Leistungsbeschreibung kann daher nur abgeraten werden, es sei denn, es handelt sich um einen standardisierten Gebäudetyp.

2 Vgl. Vergabehandbuch des Bundes VHB, § 9 VOB/A Ziff. 2.2.1.
3 Vgl. Vergabehandbuch des Bundes VHB, § 9 VOB/A Ziff. 2.2.2.

C. Die VOB/C als Vertragsinhalt (§ 1 Abs. 1 S. 2)

I. Inhalt

Gemäß § 1 Abs. 1 S. 2 VOB/B werden die Allgemeinen Technischen Vertragsbedingungen für Bauleistungen (ATV) Bestandteil eines Bauvertrages, in den die VOB/B wirksam einbezogen wird. Die ATV werden als VOB/C bezeichnet und setzen sich aus den DI-Normen (DIN) 18299 bis 18451 zusammen. Die ATV beinhalten eine Vielzahl von Vorschriften für einzelne Gewerke und legen die technische Normalausführung der jeweiligen Leistung fest. 8

1. Aufbau der ATV/DIN

Alle DIN sind nach demselben Schema aufgebaut und setzen sich jeweils aus folgenden Abschnitten zusammen: 9

a. Abschnitt 0: „Hinweise für das Aufstellen der Leistungsbeschreibung"

Abschnitt 0 beinhaltet eine Aufzählung der Angaben, die – soweit im Einzelfall erforderlich – in einer Leistungsbeschreibung gemacht werden sollten. Dazu gehören in 10

- Abschnitt 0.1 Angaben zur Baustelle selbst,
- Abschnitt 0.2 Vorgaben zur Ausführung (z.B. Arbeitsschritte, Erschwernisse, Anforderungen),
- Abschnitt 0.3 Regelungen zu erforderlichen Einzelangaben bei einer Abweichung von der DIN,
- Abschnitt 0.4 Vorgaben zu Nebenleistungen und Besonderen Leistungen,
- Abschnitt 0.5 Angaben zu den Abrechnungseinheiten.

b. Abschnitt 1: „Geltungsbereich"

In diesem Abschnitt werden die Bauleistungen beschrieben, für welche die jeweilige DIN gilt. Abschnitt 1 ist demnach primär zu der Feststellung heranzuziehen, ob die DIN zur Bestimmung der technischen Normalausführung einer Bauleistung herangezogen werden kann. 11

c. Abschnitt 2: „Stoffe, Bauteile"

Der Abschnitt 2 umfasst Angaben zu den Baumaterialien, untergliedert in die Unterabschnitte: 12

- Abschnitt 2.1 mit allgemeinen Angaben (z.B. Umfang),
- Abschnitt 2.2 mit Regelungen betreffend Stoffe und Bauteile, die für die Ausführung erforderlich sind, jedoch nicht verbaut werden (z.B. Schalungsbretter),
- Abschnitt 2.3. mit Vorgaben zur Lieferung der Baustoffe und Bauteile.

d. Abschnitt 3: „Ausführung"

Dieser Abschnitt beinhaltet die vom Auftragnehmer bei der Ausführung der Bauleistungen zu beachtenden technischen Vorgaben und bildet damit den eigentlichen Kern der einzelnen DIN: Die vom Auftragnehmer geschuldete Normalausführung einer Bauleistung wird definiert. Bei Einhaltung dieser Vorgaben gilt eine Bauleistung als mängelfrei i.S.d. VOB/B und insoweit als vereinbarungsgemäß ausgeführt. 13

e. Abschnitt 4: „Nebenleistungen und Besondere Leistungen"

Abschnitt 4 gliedert sich in eine Auflistung der Nebenleistungen und der Besonderen Leistungen. Als Nebenleistungen (Unterabschnitt 4.1) gelten alle Leistungen, die der Auftragnehmer einer in Abschnitt 1 genannten Bauleistung schuldet, auch ohne dass dies im Bauvertrag ausdrücklich erwähnt wurde. Besondere Leistungen (Unterabschnitt 4.2) sind alle Leistungen, die ohne besondere Vereinbarung gerade nicht vom Auftragnehmer geschuldet werden. Damit grenzt Abschnitt 4 in Ergänzung des Abschnittes 3 ab, welche Leistungen ein Auftragnehmer schuldet und welche Arbeiten er auszuführen hat, wenn die VOB/C gilt. 14

f. Abschnitt 5: „Abrechnung"

15 Der Abschnitt 5 schließlich beinhaltet Vorgaben zur Abrechnung der Bauleistungen.

16 Zusammenfassend gilt: Der Auftragnehmer einer Bauleistung i.S.d. Abschnitt 1 schuldet die Ausführung dieser Leistung gemäß der Abschnitte 3 und 4 unter Verwendung der Materialien gemäß Abschnitt 2.

2. DIN 18299

17 Von grundlegender Bedeutung für die Praxis ist die Allgemeine Technische Vertragsbedingung DIN 18299, die „Allgemeine Regelungen für Bauarbeiten jeder Art" beinhaltet. Diese ATV gilt folglich für alle Arten von Bauleistungen und findet daher bei Einbeziehung der VOB/C in den Bauvertrag grundsätzlich Anwendung. Sie beinhaltet allgemein gültige, Gewerke übergreifende Regelungen und bildet die Grundlage der VOB/C.

3. DIN 18300 bis 18451

18 In den DIN 18300 ff. sind sodann technische Vorgaben für einzelne Gewerke geregelt. Diese Regelungen ergänzen die DIN 18299 gewerkespezifisch und sind im Zweifel vorrangig.

II. Auswirkungen

19 Durch Einbeziehung der VOB/C in den Vertrag wird in technischer Hinsicht festgelegt, was der Auftragnehmer als vertragsgemäße Leistung schuldet. Dabei ist grundsätzlich der Vorrang der individuellen Vereinbarung zu beachten. Dies bedeutet, dass die VOB/C immer dann nicht Maßstab ist, wenn die Parteien etwas anderes vereinbart haben. Ist dies nicht der Fall, kann die VOB/C zur Bestimmung des technischen Leistungssolls herangezogen werden. Maßgeblich ist die DIN, die zum Zeitpunkt der Abnahme der Leistungen gültig ist.

20 Zur Prüfung der vertraglich geschuldeten Leistung des Auftragnehmers in einem VOB/B-Bauvertrag im Hinblick auf die verwendeten Materialien und Bauteile, die Art und Weise der Ausführung, die vom Preis umfassten Leistungen und die Art der Abrechnung kann nach folgender Checkliste vorgegangen werden:

Checkliste:

Wurde individuell eine spezielle Regelung hinsichtlich des strittigen Punktes getroffen?

- ☐ *Wenn ja: Das Vereinbarte gilt.*
- ☐ *Ansonsten:*
  - ☐ *Welche ist die für das betroffene Gewerk einschlägige ATV der DIN 18300 ff.? Prüfung gemäß Abschnitt 1.*
  - ☐ *Danach kann geprüft werden, ob die erbrachten Leistungen den Vorgaben der Abschnitte 2 bis 4 entsprechen.*

III. Abweichung vom BGB

21 Eine entsprechende Regelung findet sich im Werkvertragsrecht nicht. Die Rechtsprechung unterstellt einem Unternehmer eines Werkvertrages jedoch, dass sich dieser stillschweigend zur Beachtung der anerkannten Regeln seines Faches verpflichtet, wenn nichts anderes vereinbart worden ist[4]. Zu diesen zählen auch die DIN-Normen der VOB/C, so dass die Anforderungen an die vom Auftragnehmer geschuldeten Leistungen in technischer Hinsicht identisch sind.

4 BGH, BGHZ 139, 16.

IV. Abweichende Vertragsgestaltung

Die VOB/C tritt zurück, wenn Auftraggeber und Auftragnehmer eine von der VOB/C abweichende Vereinbarung hinsichtlich der geschuldeten technischen Ausführung getroffen haben. 22

Häufig finden sich in den Allgemeinen Geschäftsbedingungen von Bauverträgen Vollständigkeitsklauseln, mittels derer sich der Auftraggeber dahin gehend absichern will, dass der Auftragnehmer nicht nur sämtliche Vertragsunterlagen, sondern auch die örtlichen Gegebenheiten geprüft hat. Ziel ist es, Nachforderungen auf Grund unberücksichtigter Schwierigkeiten auszuschließen. Derartige Klauseln sind wegen Verstoßes gegen die §§ 305 ff. BGB unwirksam[5] und sollten daher nicht verwendet werden. Außerhalb von Allgemeinen Geschäftsbedingungen kann eine solche Vollständigkeitsklausel jedoch individuell vereinbart werden. 23

V. Isolierte Vereinbarung

Die isolierte Vereinbarung des § 1 Abs. 1 S. 2 VOB/B zur Konkretisierung des Leistungssolls hält einer Prüfung nach den §§ 305 ff. BGB stand. 24

D. Widersprüche im Vertrag (§ 1 Abs. 2)

I. Inhalt

§ 1 Abs. 2 VOB/B beinhaltet eine Rangfolgeregelung für Fälle, in denen einzelne Vereinbarungen eines Bauvertrages widersprüchlich sind. Diese Rangfolgeregelung dient nicht der Lösungsfindung bei Unklarheiten des Vertrages, sondern findet nur dann Anwendung, wenn sich in den einzelnen Vertragsbestandteilen widersprüchliche Vereinbarungen finden. Von Widersprüchen sind einander ergänzende Unterlagen zu unterscheiden. Bei ergänzenden Angaben (beispielsweise eine nur in den Plänen, aber nicht im Leistungsverzeichnis beschriebene Leistung) sind alle Angaben für die geschuldete Leistung maßgeblich. Ein Widerspruch liegt hingegen vor, wenn die gleiche Leistung in verschiedenen Vertragsbestandteilen unterschiedlich beschrieben ist (beispielsweise Tür „F 60" gemäß der Vorbemerkung, Tür „F 90" laut Leistungsverzeichnis). 25

II. Auswirkungen

Da Widersprüche im Vertrag keinen Einfluss auf den Bestand als solchen haben, ist in § 1 Abs. 2 VOB/B geregelt, welcher Vertragsbestandteil primär Gültigkeit hat. Die in diesem vorhandene Regelung ist sodann maßgeblich. Von der Rangfolgeregelung zur Lösung von den Widersprüchen zwischen einzelnen Vertragsbestandteilen ist die Lösung von den Widersprüchen innerhalb gleichrangiger Vertragsbestandteile im Sinne dieser Rangfolgeregelung zu unterscheiden. 26

1. Widersprüche zwischen verschiedenen Vertragsteilen

Entsprechend den allgemeinen Rechtsgrundsätzen ist in § 1 Abs. 2 VOB/B für Bauverträge eine Rangfolge der verschiedenen Vertragsbestandteile vorgesehen. Bei Widersprüchen gilt die Vereinbarung, die im vorrangigen Vertragsbestandteil niedergelegt ist. Folgende Vertragsbestandteile sind in der aufgeführten Reihenfolge nacheinander heranzuziehen: 27

- Die Leistungsbeschreibung: Darunter sind alle Dokumente i.S.d. § 9 VOB/A zu verstehen; Baubeschreibung, Leistungsverzeichnis, Zeichnungen und Pläne, Muster sowie Proben (vgl. oben Rn. 6).

5 BGH, IBR 2004, 300.

- Die besonderen Vertragsbedingungen: Dies sind alle Vertragsbedingungen, die einen konkreten Bezug zu dem in Auftrag gegebenen Bauvorhaben haben und nicht Teil der Leistungsbeschreibung sind.
- Etwaige zusätzliche Vertragsbedingungen: Unter den zusätzlichen Vertragsbedingungen sind die Allgemeinen Geschäftsbedingungen einer oder beider Vertragsparteien zu verstehen, die wirksam in den Vertrag einbezogen wurden und nicht speziell für das betreffende Bauvorhaben ausgehandelt worden sind.
- Etwaige zusätzliche technische Vertragsbedingungen: Damit sind allgemeine Geschäftsbedingungen einer oder beider Vertragsparteien gemeint, die einen technischen Inhalt haben, wirksam in den Vertrag einbezogen wurden und nicht speziell für das betreffende Bauvorhaben ausgehandelt worden sind.
- Die Allgemeinen Technischen Vertragsbedingungen für Bauleistungen: die VOB/C bzw. ATV DIN 18299 ff. (vgl. oben Rn. 8).
- Die Allgemeinen Vertragsbedingungen für die Ausführung von Bauleistungen: die VOB/B.

2. Widersprüche innerhalb eines Vertragsteiles

28 Soweit sich aus einem oder mehreren Vertragsbestandteilen, die nach der Rangfolgenregelung gleichrangig zu bewerten sind, ein Widerspruch ergibt, ist zur Lösung auf allgemeine Rechtsgrundsätze zurückzugreifen: Danach hat die individuelle Vereinbarung Vorrang vor Allgemeinen Vertragsbedingungen, ebenso wie die spezielle Regelung der allgemeinen vorgeht. Daher kann nur im Einzelfall festgestellt werden, welche von zwei widersprüchlichen Vereinbarungen die vorrangige Regelung beinhaltet. Grundsätzlich ist davon auszugehen, dass alle Bestandteile – beispielsweise einer Leistungsbeschreibung – gleichrangig und gleichbedeutend sind.

29 Ein grundsätzlicher Vorrang einzelner Vertragsbestandteile, etwa von Bauzeichnungen oder Plänen vor Leistungsverzeichnissen, besteht nicht[6]. Vielmehr kann der Wortlaut einer Leistungsbeschreibung vor einem Plan Vorrang haben, wenn die Leistung im Einzelnen textlich exakt beschrieben wird, die Pläne sich im Detail jedoch nicht am angebotenen Bauvorhaben orientieren[7]. In der Praxis kann folglich für die Feststellung einer vorrangigen Vereinbarung ausschließlich entscheidend sein, welche der Vereinbarungen spezieller ist.

30 Dementsprechend sind für die Lösung von Widersprüchen folgende Regeln als allgemeine Grundsätze zu beachten:

Praxistipp:

Eine individuell ausgehandelte, auf das spezielle Bauvorhaben abstellende Vereinbarung geht einer standardisierten Vereinbarung vor, gleichgültig ob es sich dabei um eine textliche oder zeichnerische Vereinbarung handelt.

Bei zwei individuellen oder zwei standardisierten, widersprüchlichen Vereinbarungen ist diejenige vorrangig, welche die Bauleistung textlich oder zeichnerisch detaillierter darstellt.

III. Abweichung vom BGB

31 Eine Rangfolgeregelung für Widersprüche in verschiedenen Vertragsteilen eines BGB-Bauvertrages existiert im Werkvertragsrecht nicht. Bei Widersprüchen ist im Rahmen eines Werkvertrages auf die allgemeinen Grundsätze zurückzugreifen (vgl. oben Rn. 27).

---

6 A.A.: Jagenburg, in: Beck'scher VOB-Kommentar, § 1 Abs. 2 VOB/B Rn. 13.
7 BGH NJW 1999, 2432; NJW 2003, 743.

IV. Abweichende Vertragsgestaltung

Von § 1 Abs. 2 VOB/B abweichende Vertragsgestaltungen sind möglich. So erscheint es durchaus sinnvoll, die Leistungsbeschreibung weiter zu unterteilen und eine Rangfolge zwischen Plänen, Vorbemerkungen und Leistungsverzeichnis zu bestimmen. 32

V. Isolierte Vereinbarung

§ 1 Abs. 2 VOB/B lässt sich als Allgemeine Geschäftsbedingung auch isoliert wirksam i.S.d. §§ 305 ff. BGB vereinbaren. 33

E. Leistungsbestimmungsrecht des Auftraggebers (§ 1 Abs. 3)

I. Inhalt

§ 1 Abs. 3 VOB/B gewährt dem Auftraggeber das Recht, Änderungen des Bauentwurfes anzuordnen. Das Änderungsrecht des Auftraggebers dient dazu, diesem die für die Durchführung des Bauvorhabens erforderliche planerische und gestalterische Freiheit zu geben. Gerade bei größeren Bauvorhaben ist es regelmäßig notwendig, Planungsänderungen im Verlauf der Bauausführungen vorzunehmen. Da das Änderungsrecht des Auftraggebers diesen vom zivilrechtlichen Grundsatz der Vertragsbindung befreit, ist der Auftraggeber hinsichtlich der Ausübung des Rechts und hinsichtlich Umfang und Gegenstand der Änderung eingeschränkt. Gleichzeitig löst der Auftraggeber mit Ausübung seiner Rechte Rechtsfolgen aus. 34

II. Auswirkungen

1. Ausübung der Änderungsanordnung

Die Änderung des Bauentwurfes kann vom Auftraggeber jederzeit angeordnet werden. Erforderlich hierzu ist lediglich eine einseitige Willenserklärung des Auftraggebers, die dem Auftragnehmer zugehen muss. Zu Beweiszwecken und zur Vermeidung von Streitigkeiten über den Inhalt der Änderungsanordnung sollte diese grundsätzlich schriftlich erfolgen und der Empfang vom Auftragnehmer quittiert werden, auch wenn die mündliche Erklärung auf der Baustelle gegenüber dem Bauleiter in der Regel als wirksam zu bewerten ist. 35

Neben dem Auftraggeber ist auch der mit der Planung beauftragte Architekt bei einer entsprechenden Vertretungsbefugnis i.S.d. §§ 164 ff. BGB zur Anordnung von Änderungen befugt. Liegt eine entsprechende Vollmacht – die sich regelmäßig nicht aus dem Architektenvertrag ergibt – nicht vor, so ist nach der Rechtsprechung das Recht zur Anordnung von Änderungen durch den Architekten auf solche beschränkt, die nicht zu Mehrkosten i.S.d. § 2 Abs. 5 VOB/B führen[8]. 36

2. Gegenstand und Umfang der Änderungsanordnung

Die Änderungsanordnung des Auftraggebers ist auf solche Änderungen beschränkt, die sich auf den Bauentwurf beziehen. Unter Bauentwurf ist die Planung zu verstehen, die ihren Niederschlag in der Leistungsbeschreibung gefunden hat. Dazu gehören neben den gestalterischen Merkmalen auch alle technischen Vorgaben des Entwurfes[9]. 37

Hingegen umfasst das Anordnungsrecht nicht solche Änderungen, welche die Bauzeit betreffen[10]. Daher kann der Auftraggeber keine einseitigen Änderungen des zeitlichen Ablaufs vornehmen. Keine Änderungen des Bauentwurfes, sondern eine Zusatzleistung i.S.v. § 1 Abs. 4 VOB/B liegt vor, wenn bisher nicht vereinbarte Leistungen angeordnet werden. Eine Änderung 38

8 Vgl. BGH BauR 1978, 358.
9 BGH NZBau 2008, 437.
10 Strittig, wie hier: Thode, ZfBR 2004, 214; a.A.: Zanner/Keller, NZBau 2004, 353.

des Bauentwurfes kann nur dann vorliegen, wenn die Leistung als solche bereits vorgesehen ist. Aus diesem Grunde liegt eine Änderung auch dann nicht mehr vor, wenn es faktisch zu einer Neuplanung kommt. Gleiches gilt, wenn lediglich die Massen der Vordersätze des Leistungsverzeichnisses geändert werden und somit bei gleicher Leistung nur Mehr- oder Mindermassen anfallen. Dies ist entsprechend § 2 Abs. 3 VOB/B zu behandeln (vgl. dazu § 2 VOB/B Rn. 12 f.). Vom Änderungsrecht des Auftraggebers ist die Herausnahme von Teilleistungen aus dem Auftrag umfasst. Dieses stellt keine Teilkündigung i.S.v. § 8 Abs. 1 VOB/B dar. Diese Möglichkeit findet jedoch dort ihre Grenze, wo der Wegfall von Leistungen einer überwiegenden Auftragsentziehung gleichkommt. Ebenfalls kein Fall der Änderungsanordnung ist die Selbstübernahme von Leistungen, denn für diese ist eine Sonderregelung in § 2 Abs. 4 VOB/B vorhanden. Unzulässig ist die Herausnahme einzelner Teilleistungen, um diese an einen anderen Auftragnehmer weiter zu vergeben.

39 Nach alledem bleibt es immer eine Frage des Einzelfalles, ob eine Anordnung vom Änderungsrecht nach § 1 Abs. 3 VOB/B gedeckt ist. Im Zweifel ist eine Abwägung der berechtigten Interessen beider Vertragspartner vorzunehmen. Grundsätzlich kann dabei das Interesse des Auftraggebers im Vordergrund stehen, weil dem Auftragnehmer nach § 2 Abs. 5 VOB/B eine Anpassung seines Vergütungsanspruches zusteht.

3. Rechtsfolgen der Änderungsanordnung

40 Trifft der Auftraggeber eine Änderungsanordnung gemäß § 1 Abs. 3 VOB/B, hat der Auftragnehmer einen Anspruch auf Anpassung seiner Vergütung gemäß § 2 Abs. 5 VOB/B (vgl. dazu § 2 VOB/B Rn. 56 ff.). Nicht erforderlich ist, dass zeitgleich mit der Änderungsanordnung eine Einigung mit dem Auftragnehmer über den finanziellen Ausgleich zustande kommen muss. Gemäß § 2 Abs. 5 S. 2 VOB/B „soll“ diese Vereinbarung lediglich vor der Ausführung getroffen werden. Schließlich ist zu beachten, dass eine Änderungsanordnung eine Behinderung des Auftragnehmers i.S.d. § 6 VOB/B sein kann. Ansprüche daraus kann ein Auftragnehmer jedoch nur ableiten, wenn er dem Auftraggeber die Behinderung angezeigt hat (vgl. dazu § 6 VOB/B Rn. 11 f.).

III. Abweichung vom BGB

41 Das Leistungsbestimmungsrecht des Auftraggebers ist eine Abweichung nicht nur vom Werkvertragsrecht, sondern vom zivilrechtlichen Grundsatz der Vertragsbindung. Dennoch wird auch dem Besteller eines BGB-Werkvertrages ein einseitiges Recht zur Änderung der Bauleistungspflicht zuerkannt[11].

IV. Abweichende Vertragsgestaltung

42 Eine abweichende Vertragsgestaltung ist aus Sicht des Auftraggebers nicht zweckmäßig und würde diesem eines seiner wesentlichen, zusätzlichen Rechte nach der VOB/B nehmen.

V. Isolierte Vereinbarung

43 Auch die isolierte Vereinbarung des § 1 Abs. 3 VOB/B ist für einen BGB-Bauvertrag wirksam i.S.d. §§ 305 ff. BGB, wenn gleichzeitig der Vergütungsanspruch nach § 2 Abs. 5 VOB/B vereinbart wird.

11 BGH, BauR 1996, 378.

F. Nicht vereinbarte, erforderliche Leistungen (§ 1 Abs. 4 S. 1)

I. Inhalt

Gerade bei großen und komplexen Bauvorhaben besteht häufig eine Diskrepanz zwischen der Planung und der baulichen Umsetzung. Zur Kompensation dieser natürlichen Schwäche einer Planung dient die Regelung des § 1 Abs. 4 S. 1 VOB/B, nach der der Auftraggeber die Ausführung nicht vereinbarter, aber erforderlicher Leistungen verlangen kann. Dies betrifft die Fälle, in denen eine bestimmte Leistung zwar nicht Gegenstand der Vereinbarung zwischen den Vertragspartnern i.S.d. § 2 Abs. 1 VOB/B ist, aber dennoch erforderlich ist, um den geschuldeten Leistungserfolg zu erreichen. Es handelt sich um Leistungen, die aufgrund einer nach Vertragsschluss gemachten Feststellung notwendig werden, um den ursprünglichen Leistungserfolg zu erreichen, die der Auftragnehmer aber nicht schuldet, weder nach der Leistungsbeschreibung noch nach den besonderen Vertragsbedingungen oder aufgrund der allgemeinen technischen Vorschriften entsprechend der VOB/C. Unerheblich ist, ob es sich bei den Leistungen um Nebenleistungen oder Besondere Leistungen i.S.d. VOB/C handelt[12]. 44

II. Auswirkungen

Soweit der Auftraggeber eine nicht vereinbarte, aber erforderliche Leistung i.S.d. § 1 Abs. 4 S. 1 VOB/B vom Auftragnehmer verlangt, sollte dies zu Beweiszwecken schriftlich geschehen. Das Verlangen ist eine einseitige empfangsbedürftige Willenserklärung mit dem Inhalt, die Leistungen des Vertrages zu ändern[13]. Die Erklärung kann daher nur vom Auftraggeber selbst oder einem bevollmächtigten Dritten abgegeben werden. Der Architekt oder Bauleiter darf für den Auftraggeber unter normalen Umständen nur minimale Änderungen anordnen. Zusatzaufträge oder andere Anordnungen mit finanziellen Folgen darf der Architekt oder Bauleiter nur erteilen, wenn er hierzu vom Auftraggeber gesondert bevollmächtigt ist. 45

Für diese Leistungen hat der Auftragnehmer einen zusätzlichen Vergütungsanspruch gemäß § 2 Abs. 6 VOB/B (vgl. dazu im Einzelnen § 2 VOB/B Rn. 60). Verweigert der Auftraggeber die Vergütung der zusätzlichen Leistung i.S.d. § 1 Abs. 4 VOB/B, kann auch der Auftragnehmer die Ausführung der Leistung verweigern[14]. 46

Eine Zustimmung des Auftragnehmers ist immer dann entbehrlich, wenn der Auftragnehmer diese Leistungen in seinem eigenen Betrieb erbringen kann. Maßgeblich ist, ob die für die Leistungen erforderlichen Gewerke vom Auftragnehmer in seinem eigenen gewerblichen Baubetrieb erbracht werden können. 47

Bei einer engen Auslegung dieser Norm würde das Anordnungsrecht des Auftragnehmers jedoch häufig unterlaufen: Generalunternehmer oder gar Generalübernehmer sind regelmäßig nicht in der Lage, viele der Bauleistungen im eigenen Betrieb auszuführen, sondern vergeben diese an Subunternehmer. Daher ist § 1 Abs. 4 S. 1 VOB/B so auszulegen, dass alle Leistungen von Gewerken, die der Hauptunternehmer bereits vertraglich übernommen hat, Leistungen sind, die der Auftragnehmer im eigenen Betrieb erbringt. Dies gilt umso mehr, als der Auftragnehmer für diese Leistungen einen zusätzlichen Vergütungsanspruch nach § 2 Abs. 6 VOB/B hat. 48

III. Abweichung vom BGB

Auch das einseitige Recht zur Anordnung von nicht vereinbarten, aber erforderlichen Leistungen kennt das BGB nicht. Nach dem Werkvertragsrecht ist grundsätzlich eine neue Vereinbarung zwischen den Parteien erforderlich. 49

12 Vgl. BGH NZBau 2002, 324.
13 BGH, NJW-RR 2004, 449.
14 BGH, NJW-RR 2004, 1539.

IV. Abweichende Vertragsgestaltung

50 Abweichende Vereinbarungen sind für keine der Vertragsparteien sinnvoll, da diese Regelung eine kooperative Durchführung des Bauvorhabens fördert, ohne eine Seite übermäßig zu benachteiligen. Der Auftragnehmer erhält einen zusätzlichen Vergütungsanspruch und kann nur mit solchen Leistungen ohne Zustimmungen belastet werden, die er auch ausführen kann.

V. Isolierte Vereinbarung

51 Die isolierte Vereinbarung des § 1 Abs. 4 S. 1 VOB/B ist nach den §§ 305 ff. BGB wirksam[15], wenn auch der Vergütungsanspruch nach § 2 Abs. 6 VOB/B vereinbart wird.

G. Andere Leistungen (§ 1 Abs. 4 S. 2)

I. Inhalt

52 Zusätzliche Leistungen, die nicht für die Ausführung der vertraglich vereinbarten Leistung benötigt werden, die mithin keine Leistungen i.S.d. § 1 Abs. 4 S. 1 VOB/B sind, kann der Auftraggeber nicht ohne Zustimmung an den Auftragnehmer übertragen. Hier liegt die Grenze des einseitigen Änderungsrechts des Auftraggebers, denn dieser muss insoweit eine Vereinbarung mit seinem Auftragnehmer erzielen.

53 Die Zustimmung des Auftragnehmers zur Ausführung einer anderen Leistung i.S.d. § 1 Abs. 4 S. 2 VOB/B kann allerdings auch stillschweigend erfolgen[16]. Aus Beweisgründen ist es empfehlenswert, die Vereinbarung über die anderen Leistungen schriftlich festzuhalten.

54 Bei den anderen Leistungen in diesem Sinn handelt es sich um solche, die weder vertraglich vereinbart sind, noch für eine ordnungsgemäße Ausführung des vereinbarten Werkes erforderlich sind. Eine andere Leistung liegt typischerweise dann vor, wenn es sich dabei um eine Leistung handelt, die in keinem Zusammenhang mit dem Leistungsziel des ursprünglichen Vertrages steht: beispielsweise wenn neben die ursprüngliche Leistung – die Errichtung des Rohbaus eines aus Keller-, Erd- und zwei Obergeschossen bestehenden Gebäudes – die Aufstockung um ein Dachgeschoss tritt[17].

II. Auswirkungen

55 Soweit der Auftraggeber andere Leistungen an den Auftragnehmer übertragen will, ist der Abschluss einer gesonderten Vereinbarung erforderlich. Durch eine einseitige Anordnung wird der Auftragnehmer jedenfalls nicht zur Ausführung derartiger Leistungen verpflichtet.

Bei dieser Vereinbarung handelt es sich um einen echten Zusatzauftrag. Die Bedingungen des ursprünglichen Vertrages gelten für diese Zusatzaufträge nicht, also z.B. die Vereinbarung von Sicherheiten oder Vertragsstrafen betreffen diesen Zusatzauftrag nur, wenn dies ausdrücklich vereinbart wird. Ohne eine solche Vereinbarung bleibt es bei der gesetzlichen Regelung, die z.B. weder Sicherheiten noch eine Vertragsstrafe vorsieht. Natürlich gilt ohne ausdrückliche Vereinbarung auch nicht die VOB/B.

III. Abweichung vom BGB

56 Die Regelung definiert die Grenze der vom BGB abweichenden Pflicht zur Ausführung von Leistungen i.S.d. § 1 Abs. 4 S. 1 VOB/B und entspricht insoweit dem Werkvertragsrecht.

---

15 BGH, NJW 1996, 1346.
16 OLG Düsseldorf, NZBau 2002, 226.
17 Vgl. BGH NZBau 2002, 215.

IV. Abweichende Vertragsgestaltung

Es ist nicht möglich, den Auftragnehmer bereits bei Abschluss des Vertrages zu verpflichten, auch derartige Zusatzleistungen auszuführen. Ein solcher Abschlusszwang für Zusatzleistungen ohne Bezug zur Hauptleistung stünde nicht im Einklang mit dem Gesetz. 57

V. Isolierte Vereinbarung

Die isolierte Vereinbarung des § 1 Abs. 4 S. 2 VOB/B ist nach den §§ 305 ff. BGB wirksam, wenn auch der Vergütungsanspruch vereinbart wird. 58

§ 2 VOB/B
Vergütung

(1) Durch die vereinbarten Preise werden alle Leistungen abgegolten, die nach der Leistungsbeschreibung, den Besonderen Vertragsbedingungen, den Zusätzlichen Vertragsbedingungen, den Zusätzlichen Technischen Vertragsbedingungen, den Allgemeinen Technischen Vertragsbedingungen für Bauleistungen und der gewerblichen Verkehrssitte zur vertraglichen Leistung gehören.

(2) Die Vergütung wird nach den vertraglichen Einheitspreisen und den tatsächlich ausgeführten Leistungen berechnet, wenn keine andere Berechnungsart (z.B. durch Pauschalsumme, nach Stundenlohnsätzen, nach Selbstkosten) vereinbart ist.

(3) 1. Weicht die ausgeführte Menge der unter einem Einheitspreis erfassten Leistung oder Teilleistung um nicht mehr als 10 v.H. von dem im Vertrag vorgesehenen Umfang ab, so gilt der vertragliche Einheitspreis.

2. Für die über 10 v.H. hinausgehende Überschreitung des Mengenansatzes ist auf Verlangen ein neuer Preis unter Berücksichtigung der Mehr- oder Minderkosten zu vereinbaren.

3. Bei einer über 10 v.H. hinausgehenden Unterschreitung des Mengenansatzes ist auf Verlangen der Einheitspreis für die tatsächlich ausgeführte Menge der Leistung oder Teilleistung zu erhöhen, soweit der Auftragnehmer nicht durch Erhöhung der Mengen bei anderen Ordnungszahlen (Positionen) oder in anderer Weise einen Ausgleich erhält. Die Erhöhung des Einheitspreises soll im Wesentlichen dem Mehrbetrag entsprechen, der sich durch Verteilung der Baustelleneinrichtungs- und Baustellengemeinkosten und der Allgemeinen Geschäftskosten auf die verringerte Menge ergibt. Die Umsatzsteuer wird entsprechend dem neuen Preis vergütet.

4. Sind von der unter einem Einheitspreis erfassten Leistung oder Teilleistung andere Leistungen abhängig, für die eine Pauschalsumme vereinbart ist, so kann mit der Änderung des Einheitspreises auch eine angemessene Änderung der Pauschalsumme gefordert werden.

(4) Werden im Vertrag ausbedungene Leistungen des Auftragnehmers vom Auftraggeber selbst übernommen (z.B. Lieferung von Bau-, Bauhilfs- und Betriebsstoffen), so gilt, wenn nichts anderes vereinbart wird, § 8 Absatz 1 Nummer 2 entsprechend.

(5) Werden durch Änderung des Bauentwurfs oder andere Anordnungen des Auftraggebers die Grundlagen des Preises für eine im Vertrag vorgesehene Leistung geändert, so ist ein neuer Preis unter Berücksichtigung der Mehr- oder Minderkosten zu vereinbaren. Die Vereinbarung soll vor der Ausführung getroffen werden.

(6) 1. Wird eine im Vertrag nicht vorgesehene Leistung gefordert, so hat der Auftragnehmer Anspruch auf besondere Vergütung. Er muss jedoch den Anspruch dem Auftraggeber ankündigen, bevor er mit der Ausführung der Leistung beginnt.

2. Die Vergütung bestimmt sich nach den Grundlagen der Preisermittlung für die vertragliche Leistung und den besonderen Kosten der geforderten Leistung. Sie ist möglichst vor Beginn der Ausführung zu vereinbaren.

(7) 1. Ist als Vergütung der Leistung eine Pauschalsumme vereinbart, so bleibt die Vergütung unverändert. Weicht jedoch die ausgeführte Leistung von der vertraglich vorgesehenen Leistung so erheblich ab, dass ein Festhalten an der Pauschalsumme nicht zumutbar ist (§ 313 BGB), so ist auf Verlangen ein Ausgleich unter Berücksichtigung der Mehr- oder Minderkosten zu gewähren. Für die Bemessung des Ausgleichs ist von den Grundlagen der Preisermittlung auszugehen.

2. Die Regelungen der Absätze 4, 5 und 6 gelten auch bei Vereinbarung einer Pauschalsumme.

3. Wenn nichts anderes vereinbart ist, gelten die Nummern 1 und 2 auch für Pauschalsummen, die für Teile der Leistung vereinbart sind; Absatz 3 Nummer 4 bleibt unberührt.

(8) 1. Leistungen, die der Auftragnehmer ohne Auftrag oder unter eigenmächtiger Abweichung vom Auftrag ausführt, werden nicht vergütet. Der Auftragnehmer hat sie auf Verlangen innerhalb einer angemessenen Frist zu beseitigen; sonst kann es auf seine Kosten geschehen. Er haftet außerdem für andere Schäden, die dem Auftraggeber hieraus entstehen.

2. Eine Vergütung steht dem Auftragnehmer jedoch zu, wenn der Auftraggeber solche Leistungen nachträglich anerkennt. Eine Vergütung steht ihm auch zu, wenn die Leistungen für die Erfüllung des Vertrags notwendig waren, dem mutmaßlichen Willen des Auftraggebers entsprachen und ihm unverzüglich angezeigt wurden. Soweit dem Auftragnehmer eine Vergütung zusteht, gelten die Berechnungsgrundlagen für geänderte oder zusätzliche Leistungen der Absätze 5 oder 6 entsprechend.

3. Die Vorschriften des BGB über die Geschäftsführung ohne Auftrag (§§ 677 ff. BGB) bleiben unberührt.

(9) 1. Verlangt der Auftraggeber Zeichnungen, Berechnungen oder andere Unterlagen, die der Auftragnehmer nach dem Vertrag, besonders den Technischen Vertragsbedingungen oder der gewerblichen Verkehrssitte, nicht zu beschaffen hat, so hat er sie zu vergüten.

2. Lässt er vom Auftragnehmer nicht aufgestellte technische Berechnungen durch den Auftragnehmer nachprüfen, so hat er die Kosten zu tragen.

(10) Stundenlohnarbeiten werden nur vergütet, wenn sie als solche vor ihrem Beginn ausdrücklich vereinbart worden sind (§ 15).

A. Einleitung

1 § 2 VOB/B regelt den Vergütungsanspruch des Auftragnehmers abschließend. Die Regelungen beinhalten allgemeine Vorgaben für Bauvorhaben, die ohne Besonderheiten ablaufen, aber auch spezielle Regelungen, etwa für den Fall, dass es zu Abweichungen vom erwarteten Bauablauf kommt. Soweit es im Rahmen eines Bauvorhabens zu Auseinandersetzungen über die Höhe der Vergütung kommt – unabhängig davon, ob diese Folge eines Verhaltens des Auftragnehmers oder des Auftraggebers sind – ist zur Lösung auf § 2 VOB/B zurückzugreifen.

Folgende Darstellung gewährt eine Übersicht über den Regelungsgehalt des § 2 VOB/B: 2

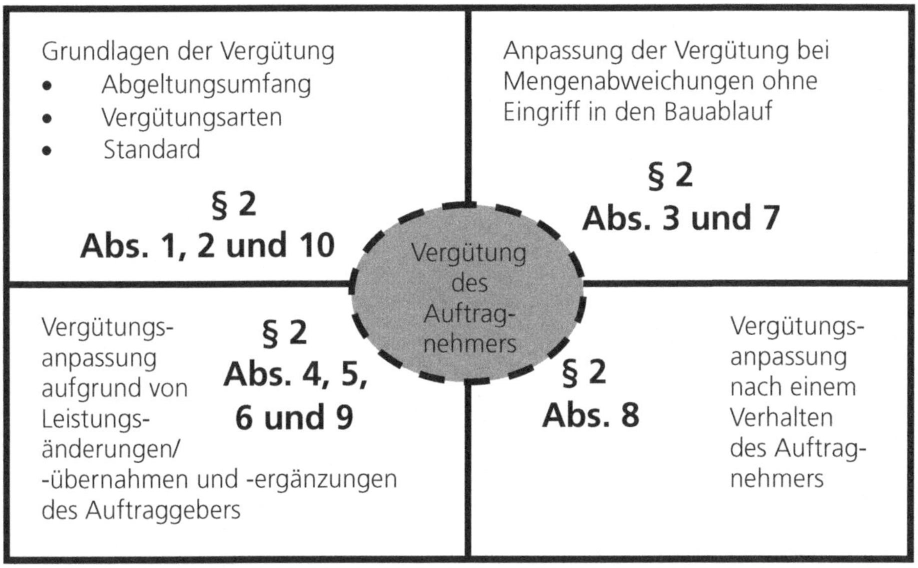

Abbildung 1: Regelungsgehalt des § 2 VOB/B

Die umfangreichen Regelungen des § 2 VOB/B setzen für einen erfolgreichen Einsatz deren genaue Kenntnis und bewusste Anwendung voraus. § 2 VOB/B ist das Paradebeispiel dafür, dass sich die Vereinbarung der VOB/B nur dann auszahlt, wenn beide Vertragspartner ihre Rechte und Pflichten kennen und aktiv und kooperativ nutzen. 3

§ 2 VOB/B ergänzt § 1 VOB/B: Beide gemeinsam regeln die Hauptleistungspflichten von Auftragnehmer und Auftraggeber und die gegenseitigen Auswirkungen bei verschiedenen Abweichungen der tatsächlichen von der geschuldeten Leistung. Die Verzahnung der beiden Paragrafen macht folgende Übersicht deutlich: 4

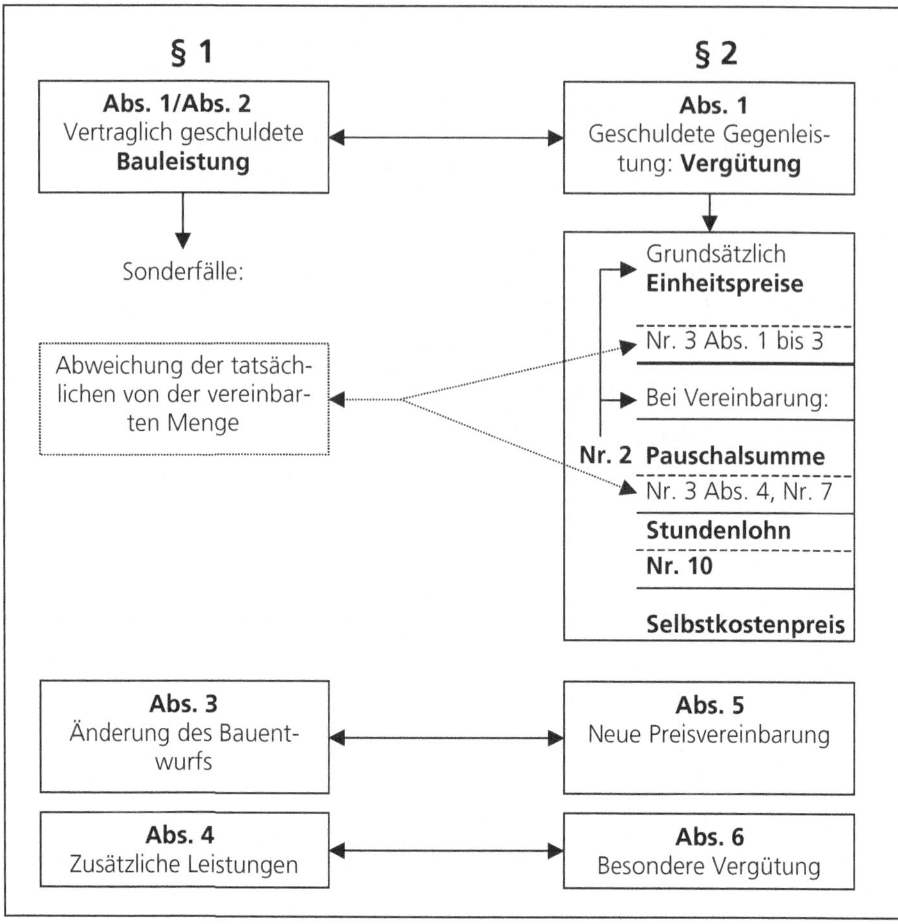

Abbildung 2: Verzahnung der §§ 1 und 2 VOB/B

5 Um die Regelungen des § 2 VOB/B nutzen zu können, müssen Erklärungen abgegeben werden (vgl. § 2 Abs. 3 oder Abs. 5 VOB/B). Dies setzt voraus, dass Personen mit entsprechender Vollmacht ausgestattet sind und die Erklärungsberechtigten und die Erklärungsempfänger auf beiden Seiten bekannt sind. Den Vertragsparteien ist daher zu empfehlen, entsprechende Vertreter auf der Baustelle zu benennen. Dies erspart Diskussionen über die Frage der Wirksamkeit einer Erklärung i.S.d. § 2 VOB/B.

B. Die Vergütung des Auftragnehmers

Für den Normalfall – den planungsgemäßen und ungestörten Ablauf eines Bauvorhabens – sehen § 2 Abs. 1 und Abs. 2 VOB/B eine Regelung der Vergütung des Auftragnehmers vor.

I. Inhalt

6 Neben der Regelung der Leistungen des Auftragnehmers normiert § 2 Abs. 1 und 2 VOB/B die Hauptleistungspflicht des Auftraggebers: die Pflicht zur Zahlung einer Vergütung.

1. Vergütung/Generalklausel (§ 2 Abs. 1 VOB/B)

§ 2 Abs. 1 VOB/B knüpft an § 1 Abs. 1 und Abs. 2 VOB/B an. Für die Leistungen, die auf Grund 7
der in diesen Vorschriften genannten Vertragsbestandteile vom Auftragnehmer geschuldet werden, schuldet der Auftraggeber die vereinbarten Preise. § 2 Abs. 1 VOB/B gibt nur wieder, welche Leistungspflichten einander gegenüberstehen.

2. Berechnungsart (§ 2 Abs. 2 VOB/B)

Nach § 2 Abs. 2 VOB/B wird die Vergütung eines Auftragnehmers vorbehaltlich einer beson- 8
deren Vereinbarung

- nach Einheitspreisen und
- den tatsächlich ausgeführten Leistungen

berechnet. Diese Festlegung basiert darauf, dass öffentliche Auftraggeber nach § 5 Abs. 1 Buchst. a) VOB/A angehalten sind, Bauleistungen auf Grundlage von Einheitspreisen zu vergeben.

Unter Einheitspreisen sind die im Vertrag vereinbarten Preise für einzelne Teilleistungen zu ver- 9
stehen. Teilleistungen sind wirtschaftlich oder technisch abgrenzbare Leistungen der Gesamtbauleistung. Unter tatsächlich ausgeführten Leistungen versteht man die Anzahl der bei Durchführung des Bauvorhabens ausgeführten Teilleistungen. Die Vergütung berechnet sich demnach aus der Summe aller Produkte von tatsächlich ausgeführten Leistungen und dem jeweiligen Einheitspreis.

Beispiel:

Vereinbarung:	*100 m²*	*à 100 €/m²*	*Vergütung: 10.000 €*
Tats. Menge:	*100 m²*	*à 100 €/m²*	*Vergütung: 10.000 €*

Voraussetzung für eine Vergütung nach Einheitspreis ist eine detaillierte Ausschreibung bzw. 10
Leistungsbeschreibung, in der sich alle notwendigen Teilleistungen sowie die dafür vom Auftragnehmer abzurechnenden Einheitspreise finden. Können oder wollen die Parteien eine derartige Aufstellung nicht vor Vertragsschluss erstellen, müssen sie eine abweichende Vergütungsart vereinbaren. Dies können sein: Pauschalsumme, Stundenlohn oder Selbstkosten.

II. Auswirkungen

Die Vereinbarung von Einheitspreisen basiert auf den voraussichtlich benötigten Mengen ein- 11
zelner Teilleistungen. In § 2 Abs. 3 VOB/B sind die Folgen von Mengenabweichungen bei Einheitspreisen geregelt. Diese orientieren sich am Umfang der Mengenabweichung. Voraussetzung ist,

- dass eine entsprechende Abweichung zwischen im Leistungsverzeichnis vereinbarter Menge und der tatsächlich ausgeführten Menge festgestellt wird und
- diese Abweichung eingetreten ist, obwohl eine Bauausführung entsprechend den Planungen erfolgt ist; Mengenänderungen in Folge von Anordnungen des Auftraggebers fallen nicht unter § 2 Abs. 3 VOB/B.

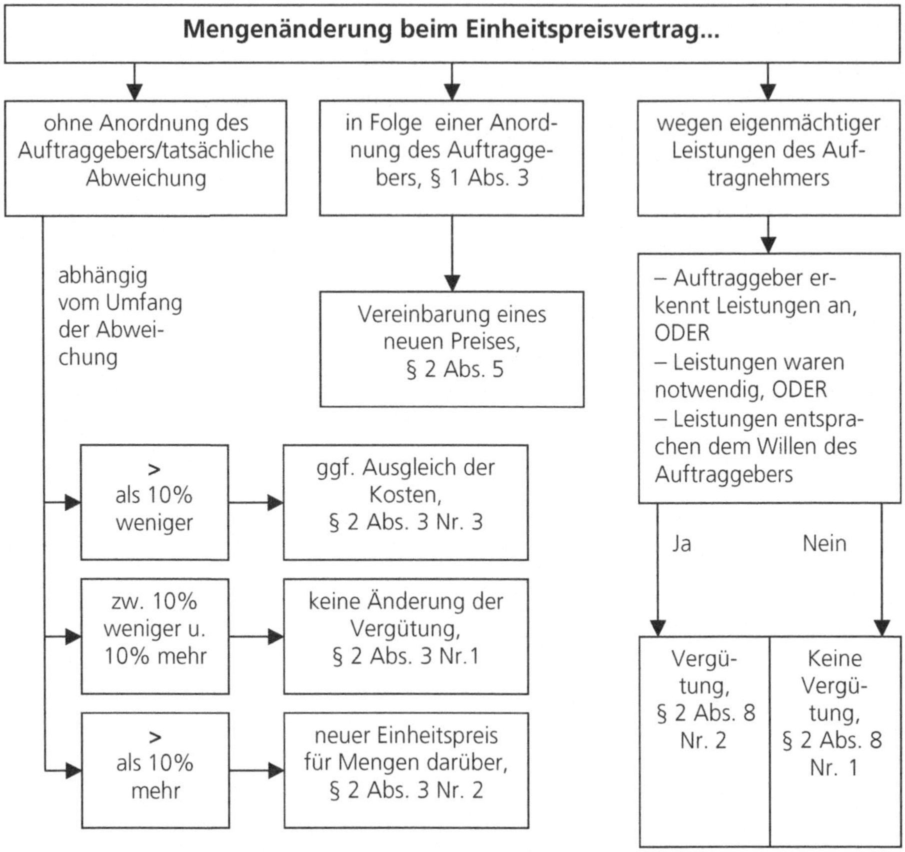

Abbildung 3: Mengenänderungen und Auswirkungen auf die Vergütung

1. 10% Abweichung (§ 2 Abs. 3 Nr. 1 VOB/B)

12 Mengenabweichungen von bis zu 10%, d.h. sowohl Mengenunterschreitungen als auch Mengenüberschreitungen, haben gemäß § 2 Abs. 3 Nr. 1 VOB/B keine Auswirkungen auf einen Einheitspreisvertrag. Dieser Toleranzbereich kann sich zum Nachteil des Auftraggebers oder des Auftragnehmers auswirken. In jedem Fall profitieren beide Vertragspartner zumindest insoweit, als diese Abweichungen keine erneuten Verhandlungen über die Vergütung notwendig machen. Mengen von 90% bis 110% der vereinbarten Menge werden demnach zum vereinbarten Einheitspreis abgerechnet.

Beispiel:

Vereinbarung:	*100 m²*	*à 100 €/m²*	*Vergütung: 10.000 €*
Tats. Menge:	*105 m²*	*à 100 €/m²*	*Vergütung: 10.500 €*

2. Mehr als 10% Überschreitung (§ 2 Abs. 3 Nr. 2 VOB/B)

13 Soweit eine Mengenüberschreitung von mehr als 10% eintritt, kann gemäß § 2 Abs. 3 Nr. 2 VOB/B ein neuer Preis vereinbart werden. Eine solche Vereinbarung setzt voraus, dass sie von einer der Vertragsparteien gefordert wird. Wird von keiner Partei eine entsprechende Vereinbarung verlangt, gilt der vereinbarte Einheitspreis auch für die Mengen, die die vereinbarte Menge um mehr als 10% überschreiten.

Beispiel:

Vereinbarung:	*100 m²*	*à 100 €/m²*	*Vergütung: 10.000 €*
Tats. Menge:	*115 m²*	*à 100 €/m²*	*Vergütung: 11.500 €*

14 Die Vereinbarung des neuen Preises hat unter Berücksichtigung der Mehr- und Minderkosten zu erfolgen. Dies bedeutet, dass der neue Einheitspreis auf Grundlage des ursprünglich vereinbarten Einheitspreises gefunden werden muss[1]. Daher ist der neue Preis nicht auf Grundlage der zusätzlichen Menge zu kalkulieren, sondern als Teil der Gesamtmenge. So ist beispielsweise zu berücksichtigen, dass erforderliche Maschinen bereits auf der Baustelle zur Verfügung stehen, sodass deren Bereitstellung nicht erneut in die Kalkulation einbezogen werden darf. Ebenso sind bereits gewährte Mengenrabatte auch auf die zusätzlichen Mengen zu gewähren.

15 Eine neue Vereinbarung ist für den Auftraggeber bei einer solchen Überschreitung folglich immer dann ratsam, wenn der Auftragnehmer auf Grund der erhöhten Menge einen zusätzlichen Rabatt erhalten kann, von dem auch der Auftraggeber profitieren will. Genau andersherum liegt der Fall, wenn der Auftragnehmer die zusätzlich benötigten Kapazitäten nur mit erheblichem Mehraufwand erhalten kann, etwa weil er zusätzliche Arbeitskraft teuer bei einem Subunternehmer einkaufen muss.

16 Sofern eine neue Vergütung verlangt wird, kann diese nur für die über die zehnprozentige Überschreitung hinausgehende Menge vereinbart werden[2]. Für die ersten 10% der Überschreitung gilt nach § 2 Abs. 3 Nr. 1 VOB/B weiterhin der ursprünglich vereinbarte Einheitspreis.

Beispiel:

Vereinbarung:	*100 m²*	*à 100 €/m²*	
Vergütung:		*10.000 €*	
Tats. Menge:	*125 m² :110 m²*	*à 100 €/m²*	
Vergütung:		*11.000 €*	
plus 15 m²	*à 90 €/m²*	*Vergütung:*	*<u>1.350 €</u>*
Summe		*Vergütung:*	*12.350 €*

17 Auch wenn die VOB/B für Preisanpassungsverlangen keine zeitlichen Vorgaben macht oder gar Grenzen setzt, sind die Vertragspartner gehalten, ein Preisanpassungsverlangen möglichst schnell geltend zu machen[3].

18 Problematisch sind die Fälle, in denen nach Verlangen eine entsprechende Vereinbarung nicht zustande kommt. Dieser Fall ist in der VOB/B nicht vorgesehen. Je nach vertraglicher Vereinbarung muss dann ein Dritter, sei es nun ein Schiedsgericht oder ein ordentliches Gericht, eine Entscheidung über die Höhe des neuen Einheitspreises nach § 315 Abs. 3 BGB analog treffen[4]. Ein auf Zahlung gerichteter Anspruch kann jedenfalls unmittelbar eingeklagt werden[5].

19 Ein Zahlungsanspruch besteht hingegen nicht, wenn der neu zu vereinbarende Einheitspreis für Mehrmengen in einem auffälligen, wucherähnlichen Missverhältnis zur Bauleistung steht

1 BGH, MDR 1969, 655.
2 BGH, NJW 1987, 1820.
3 BGH, NJW-RR 2005, 1041.
4 Vgl. OLG Celle BauR 1982, 381.
5 BGH, ZfBR 2009, 341.

und daher die dieser Preisbildung zugrunde liegende Vereinbarung sittenwidrig und damit nichtig ist. Ein wucherähnliches Missverhältnis ist zumindest dann anzunehmen, wenn der zu vereinbarende Einheitspreis für Mehrmengen um mehr als das Achtfache überhöht ist[6]. In diesen Fällen sind die Mehrmengen nach den üblichen Preisen zu vergüten.

3. Mehr als 10% Unterschreitung (§ 2 Abs. 3 Nr. 3 VOB/B)

20 Bei einer mehr als zehnprozentigen Mengenunterschreitung nach § 2 Abs. 3 Nr. 3 VOB/B ist auf Verlangen der Einheitspreis für die erbrachten Mengen insgesamt neu zu vereinbaren. Soweit weniger als 90% der vereinbarten Mengen zu erbringen sind, können beide Vertragsparteien eine Anpassung des Einheitspreises für die verbliebenen Mengen fordern.

21 Im Gegensatz zu § 2 Abs. 3 Nr. 2 VOB/B ist in diesen Fällen jedoch ausschließlich eine Erhöhung des Einheitspreises vorgesehen. Regelmäßig werden daher von dieser Möglichkeit die Auftragnehmer Gebrauch machen. Der Grund für diese einseitige Regelung und die Grenze für eine mögliche Erhöhung ergeben sich aus § 2 Abs. 3 Nr. 3 Satz 2 VOB/B. Danach soll die Erhöhung des Einheitspreises nur den Betrag ausgleichen, den der Auftragnehmer durch die Mengenunterschreitung hinsichtlich der Baustelleneinrichtungs- und Baustellengemeinkosten sowie der Allgemeinen Geschäftskosten einbüßt. Dies bedeutet, dass der Auftragnehmer offenlegen muss, welche der genannten Kosten durch die Mengenunterschreitung nicht mehr gedeckt sind. Voraussetzung für diese Anpassung ist damit die Gewähr der vollständigen Kostentransparenz zumindest hinsichtlich der vom Auftragnehmer als nicht gedeckt bezeichneten Kosten.

Beispiel:

Vereinbarung:	*100 m² à 100 €/m²*	*Vergütung:*	*10.000 €*
Tats. Menge:	*80 m²*		
Bei altem Einheitspreis	*à 100 €/m²*	*Vergütung:*	*8.000 €*

Der Auftragnehmer kann darlegen, dass von den 100 €/m² genau 10 €/m² Baustelleneinrichtungs- und Baustellengemeinkosten sind, die unabhängig von der Menge in Höhe von 1.000 € anfallen. Soweit der Auftragnehmer keinen anderen Ausgleich erhalten hat, können 20 [m²] mal 10 €/m² bei einer Neuberechnung des Einheitspreises berücksichtigt werden. Daraus folgt ein neuer Einheitspreis von 102,50 €/m².

Bei neuem Einheitspreis:

80 m²	*à 102,50 €/m²*	*Vergütung:*	*8.200 €*

22 Eine Anpassung kann nur verlangt werden, wenn dem Auftragnehmer nicht in anderer Weise ein Ausgleich zufließt. Dies ist regelmäßig anzunehmen, wenn durch anderweitige Mengenerhöhungen dem Auftragnehmer zusätzliche Einnahmen zukommen, durch die er eine Vergütung für tatsächlich nicht angefallene Baustelleneinrichtungs- und Baustellengemeinkosten sowie Allgemeiner Geschäftskosten erhält. Möglich ist eine Gesamtbetrachtung nach Art einer Gesamtkostenbilanz.

23 Nach der Rechtsprechung des BGH ist § 2 Abs. 3 VOB/B eine abschließende Regelung für die Überschreitung über 10 % hinaus. Die Regelung ist nicht auf eine bestimmte prozentuale Überschreitung beschränkt. Die Grundsätze über den Wegfall der Geschäftsgrundlage gemäß § 313 BGB finden daneben daher keine Anwendung[7]. Allerdings ist die Anwendung des § 313 BGB auf Fälle, in denen die Mengenänderung das von den Parteien gemeinsam vorausgesetzte Maß überschreitet, auch vom BGH nicht ausgeschlossen.

---

6 BGH, ZfBR 2009, 341.
7 BGH, Beschluss v. 23.3.2011, Az.: VII ZR 216/08.

§ 2 Abs. 3 Nr. 3 VOB/B dient einer fairen Preisfindung zwischen Auftragnehmer und Auftraggeber. Unterstellt bzw. vorausgesetzt wird, dass der Auftragnehmer seine Kalkulation soweit offenlegt, dass für den Auftraggeber Kostenpositionen und Gewinnmargen nachvollziehbar werden. Ziel der Regelung soll sein, dass das Risiko von Mengenabweichungen von beiden Vertragspartnern getragen wird. Inwieweit diese Regelung der VOB/B, die eine faire Kooperation erfordert, den wirtschaftlichen Realitäten entspricht, muss dahingestellt bleiben. Auftraggeber müssen viel Zeit und Geld in die Kooperation investieren, um letztlich von dieser Regelung zu profitieren. Für Auftraggeber kann diese Regelung von Nachteil sein, wenn die notwendige Kontrolle der Angaben des Auftragnehmers nicht stattfindet. 24

Checkliste: Mehr als 10% Unterschreitung

Folgende Voraussetzungen sind eingetreten:

- *Eine tatsächliche Mengenunterschreitung von mehr als 10% im Vergleich zur vereinbarten Menge ist eingetreten.*
- *Eine der Vertragsparteien hat eine Erhöhung eines Einheitspreises verlangt.*
- *Bei anderen Leistungen ist es nicht zu einer Mengenerhöhung gekommen, die zu einem Ausgleich geführt hat.*

Rechtsfolge:

Eine Vereinbarung einer Erhöhung des Einheitspreises für die gesamte Menge ist zulässig.

Der Umfang der Erhöhung bemisst sich nach der Höhe der Einbußen bei Baustelleneinrichtungskosten, Baustellengemeinkosten sowie allgemeinen Geschäftskosten. 25

III. Abweichung vom BGB

Die detaillierten Regelungen zur Vergütung fehlen im Werkvertragsrecht des Bürgerlichen Gesetzbuches. Einschlägig ist § 632 BGB. Danach ist die regelmäßige Vergütung bei Bestehen einer Taxe die taxmäßige Vergütung, im Übrigen die übliche Vergütung. 26

Die Regelungen der VOB/B zu Mengenabweichungen (§ 2 Abs. 3 VOB/B) und deren Auswirkungen auf die Vergütung sind eine Abweichung vom BGB. Im Werkvertragsrecht finden sich keine Regeln für Mengenänderungen. Nur in Ausnahmefällen kann es im Rahmen eines BGB-Werkvertrages zu einer Änderung des vereinbarten Preises kommen. Dies kann gemäß § 313 BGB beim Wegfall der Geschäftsgrundlage der Fall sein, der allerdings als Korrektiv für außergewöhnliche Situationen erst ab ca. 50% Abweichung zu bejahen sein dürfte. 27

IV. Abweichende Vertragsgestaltung

Treffen die Parteien keine besondere Vereinbarung, gelten nach § 2 VOB/B Einheitspreise. Soll eine andere Berechnungsart gelten, bedarf es einer entsprechenden Vereinbarung. 28

Das Abweichen von der VOB/B führt dazu, dass diese insgesamt nicht mehr vereinbart ist (vgl. dazu oben Einführung in die VOB/B Rn. 12). Demnach sind solche Klauseln zu vermeiden, die zu einer Abweichung führen, auch wenn sie für sich genommen nicht nach §§ 307 ff. BGB unwirksam sind. Dies sind beispielsweise Klauseln, auf Grund derer Einheitspreise als Festpreise für die Zeit der Bauausführung gelten, auch wenn es zu Mengenänderungen i.S.d. § 2 Abs. 3 VOB/B kommt. Gleiches gilt auch für Klauseln, die zu einer Abbedingung von § 2 Abs. 3 VOB/B insgesamt führen. 29

V. Isolierte Vereinbarung

Die gemeinsame isolierte Vereinbarung des § 2 Abs. 1, 2 und 3 VOB/B ist wirksam i.S.d. §§ 305 ff. BGB. Jedoch ist eine solche Vereinbarung nur zusammen mit den Regelungen des § 1 VOB/B zweckmäßig. 30

C. Weitere Berechnungsarten (§ 2 Abs. 2)

I. Inhalt

31 Neben der Berechnungsart Einheitspreis finden sich in der VOB/B auch Regelungen zu weiteren Berechnungsarten. Diese sind in § 2 Abs. 2 VOB/B aufgezählt: Pauschalsumme, Stundenlohnsätze und Selbstkosten.

II. Auswirkungen

1. Pauschalsumme

32 Von einer Pauschalsumme oder einem Pauschalpreis wird gesprochen, wenn die Vergütung für eine Leistung oder eine Teilleistung im Voraus mit einem bestimmten Endbetrag vereinbart wird. Wird für den gesamten Bauvertrag eine Pauschalsumme vereinbart, so wird dieser als Pauschalvertrag bezeichnet.

a. Grundsätzliche Unveränderlichkeit

33 Wesentliches Merkmal eines Pauschalvertrages ist, dass die vertraglich vereinbarte Bauleistung zur Pauschalsumme erbracht werden muss. Ein Pauschalpreis ist daher grundsätzlich unveränderlich (§ 2 Abs. 7 Nr. 1 S. 1 VOB/B). Abweichungen der Mengen, aufgrund derer der Pauschalpreis kalkuliert wurde, haben keine Auswirkungen auf die Vergütung. Vorbehaltlich entgegenstehender Vereinbarungen sind Pauschalsummen Preise inklusive Umsatzsteuer[8].

b. Änderungen der Pauschalsumme (§ 2 Abs. 7 Nr. 1 und 2 VOB/B)

34 Von der grundsätzlichen Unveränderlichkeit eines Pauschalpreises macht die VOB/B Ausnahmen: Soweit es zu einer erheblichen Abweichung von der vereinbarten Bauleistung kommt, kann nach § 2 Abs. 7 Nr. 1 S. 2 VOB/B ein finanzieller Ausgleich gefordert werden. Dies gilt sowohl für Pauschalsummen, die für die gesamte Bauleistung, als auch für solche, die für einzelne Teilleistungen vereinbart wurden (§ 2 Abs. 7 Nr. 2 1. Halbs. VOB/B). Sowohl Auftragnehmer als auch Auftraggeber können grundsätzlich einen Anspruch auf Preisanpassung haben[9]. Aber auch jede Änderungsanordnung des Auftraggebers führt zu einer Änderung des Pauschalpreises.

35 Letztlich führt diese Regel die Vereinbarung eines Pauschalpreises ad absurdum. Sinn der Vereinbarung eines Pauschalpreises für den Auftraggeber ist es, einen festen Preis für die Bauleistungen zu vereinbaren und damit das Kostenrisiko zu minimieren. Bei Vereinbarung eines Pauschalpreises tragen Auftragnehmer und Auftraggeber die Risiken von Mengenabweichungen – je nachdem ob positive oder negative Mengenabweichungen eintreten.

36 Der Anwendungsbereich des § 2 Abs. 7 Nr. 1 S. 2 und 3 VOB/B und damit eine Anpassung des Pauschalpreises ist in folgenden Fällen eröffnet:

- Bei erheblichen Mengenabweichungen i.S.d. § 2 Abs. 7 Nr. 1 S. 2 VOB/B. Erhebliche Mengenabweichungen in diesem Sinne erfordern zunächst, dass die Vertragsparteien bei Abschluss des Vertrages eine gemeinsame Vorstellung von der für eine Leistung notwendigen Menge gehabt haben. Denn nur in diesen Fällen kann eine bestimmte Menge Gegenstand des Vertrages oder der Geschäftsgrundlage geworden sein. Des Weiteren muss die Abweichung erheblich sein. Dies ist grundsätzlich im Einzelfall festzustellen[10]. Anhaltspunkte für die Erheblichkeit liefert die Rechtsprechung der Oberlandesgerichte, nach der eine solche ab einer zwanzigprozentigen Abweichung zu bejahen ist[11]. Nicht beachtlich ist hingegen, ob die Abweichung zu einem Mangel geführt hat[12].

---

8 Kleine-Möller, in: Kleine-Möller/Merl, Hdb. des privaten Baurechts, § 2, Rn. 187.
9 BGH, NJW-RR 2004, 305.
10 BGH, BauR 1996, 250 (LS).
11 OLG Düsseldorf, BauR 1995, 286 (LS).
12 BGH, NJW-RR 2004, 305.

- Bei der Übernahme von Leistungen des Auftragnehmers durch den Auftraggeber i.S.d. § 2 Abs. 4 VOB/B[13] (§ 2 Abs. 7 Nr. 1 S. 4 VOB/B).
- Bei Änderungen des Bauentwurfes i.S.d. § 1 Abs. 3 VOB/B bzw. § 2 Abs. 5 VOB/B[14] (§ 2 Abs. 7 Nr. 1 S. 4 VOB/B).
- Bei sonstigen Anordnungen des Auftraggebers i.S.d. § 2 Abs. 5 VOB/B[15] (§ 2 Abs. 7 Nr. 1 S. 4 VOB/B).
- Bei zusätzlichen Leistungen i.S.d. § 1 Abs. 4 VOB/B bzw. § 2 Abs. 6 VOB/B[16] (§ 2 Abs. 7 Nr. 1 S. 4 VOB/B).

Soweit die jeweiligen Voraussetzungen vorliegen, ist ein Ausgleich zu gewähren, wenn dies **37** von einer Vertragspartei verlangt wird. Das Verlangen sollte unter Hinweis auf § 2 Abs. 7 Nr. 2 VOB/B schriftlich gestellt werden. Die Parteien müssen sich sodann auf einen finanziellen Ausgleich einigen.

Den Parteien eines Bauvertrages steht es frei, die erhebliche Abweichung i.S.d. § 2 Abs. 7 Nr. 1 **38** S. 2 VOB/B zu definieren. So kann in einem auf der Grundlage eines detaillierten Leistungsverzeichnisses mit Mengenangaben geschlossenen Pauschalpreisvertrag vereinbart werden, dass lediglich Mehr- und Mindermassen von 5 % als vereinbart gelten. Dann ist bei einer nicht durch Planänderungen bedingten Mengenabweichung, die über 5 % hinausgeht, auf Verlangen ein neuer Preis nach Maßgabe des § 2 Abs. 7 Nr. 1 S. 2 und 3 VOB/B zu bilden[17].

Die Höhe des Ausgleichsbetrages hat auf Basis der Grundlagen der ursprünglichen Preiser- **39** mittlung zu erfolgen und die Mehr- und Minderkosten zu berücksichtigen. Dies bedeutet, dass ein neuer Pauschalpreis für die damit abgegoltenen Leistungen insgesamt zu vereinbaren ist[18]. Die Kalkulation dieses neuen Pauschalpreises mussentsprechend der ursprünglichen Vergütungsvereinbarung erfolgen. Die Differenz zwischen altem und neuem Pauschalpreis ist sodann auszugleichen.

Es ist allein die Aufgabe des Auftragnehmers nachzuweisen, wie der Pauschalpreis anzupassen ist. Dabei muss er die Voraussetzung für die Änderung genauso vortragen und beweisen wie die richtige Berechnungsweise des geänderten Preises.

c. Auswirkungen von bestimmten Mengenabweichungen (§ 2 Abs. 3 Nr. 4 VOB/B)

Einen weiteren Sonderfall regelt § 2 Abs. 3 Nr. 4 VOB/B. Eine Anpassung der Pauschalsumme **40** kann auch in den Fällen gefordert werden, in denen die Pauschalsumme für eine Leistung vereinbart worden ist, die von einer anderen (Teil-) Leistung abhängig ist, für die wiederum ein Einheitspreis vereinbart wurde. Voraussetzung ist demnach zunächst die Abhängigkeit einer pauschal zu vergütenden Leistung von einer nach Einheitspreis zu vergütenden Leistung. Tritt sodann eine Mengenabweichung der nach Einheitspreis zu vergütenden Leistung ein, kann jede Vertragspartei eine Anpassung der Pauschalsumme für die abhängige Leistung fordern.

Die Forderung sollte unter Hinweis auf § 2 Abs. 3 Nr. 4 VOB/B schriftlich gestellt werden. Die **41** Parteien müssen sich sodann auf eine Anpassung einigen. Die Höhe der Anpassung muss angemessen sein. Dies bedeutet, dass sie den Vorteil kompensieren sollte, den eine Partei durch die Mengenabweichung erlangt.

Letztlich führt auch diese Regel die Vereinbarung eines Pauschalpreises ad absurdum. Eine solche Vergütungsvereinbarung sollten Auftraggeber, die an festen Preisen interessiert sind, vermeiden.

---

13 Vgl. dazu unten Rn. 82.
14 Vgl. dazu unten Rn. 52.
15 Vgl. dazu unten Rn. 52.
16 Vgl. dazu unten Rn. 60.
17 BGH, NJW-RR 2004, 305.
18 OLG Düsseldorf, BauR 1995, 286 (LS).

2. Stundenlohnsätze

42 Sind Stundenlohnsätze vereinbart, erfolgt die Vergütung nach den vereinbarten Stundenlöhnen. Bemessungsgrundlage ist nicht die erbrachte Leistung, sondern der Aufwand an Arbeit und Material[19]. Wie bei der Abrechnung nach Einheitspreisen kann die Vergütung erst nach Abschluss der Arbeiten errechnet werden.

43 Voraussetzung für eine Vergütung nach Stundenlohnsätzen ist gemäß § 2 Abs. 10 VOB/B eine ausdrückliche Vereinbarung vor Beginn der Arbeiten. Wollen die Vertragsparteien diese Vergütungsart vereinbaren, sollte dies aus Beweisgründen schriftlich erfolgen. Des Weiteren ist eine Einigung vor Beginn der Ausführung der Bauleistungen erforderlich. Ein Vertrag über Stundenlohnleistungen wird nicht geschlossen, wenn der Bauleiter nachträglich Stundenlohnnachweise unterschreibt[20]. Die Anforderungen an eine Abrechnung nach Stundenlohnsätzen ergeben sich aus § 15 VOB/B[21].

3. Selbstkosten

44 Ist als Vergütung die Erstattung der Selbstkosten vereinbart, erfolgt die Berechnung auf Grundlage der Kosten, die dem Auftragnehmer entstanden sind. Dazu werden die tatsächlichen Selbstkosten des Auftragnehmers errechnet und darauf ein Zuschlag als Gewinn aufgeschlagen. Bemessungsgrundlage ist somit der Gesamtaufwand des Auftragnehmers aus nachträglicher Sicht[22]. In der Praxis ist dieser Vertragstyp praktisch nicht bekannt.

III. Abweichung vom BGB

45 Berechnungsarten sind im BGB nicht geregelt. Insoweit weichen die Regelungen der VOB/B vom Werkvertragsrecht ab.

IV. Abweichende Vertragsgestaltung

46 Wenn der Auftraggeber weitestgehende Kostensicherheit haben will, ist die Vereinbarung einer Pauschalsumme zweckmäßig. Auf Grund der Anpassung von Pauschalpreisen nach § 2 Abs. 7 Nr. 1 S. 2 VOB/B sind der Preissicherheit jedoch Grenzen gesetzt. Ein Ausschluss dieser Klausel führt zu einem Eingriff in die VOB/B.

V. Isolierte Vereinbarung

47 Die isolierte Vereinbarung der § 2 Abs. 2 bzw. des § 2 Abs. 7 VOB/B ist weder wirksam i.S.d. §§ 305 ff. BGB, noch ist eine solche Vereinbarung ohne die übrigen Regelungen der §§ 1, 2 VOB/B zweckmäßig.

D. Weitere Vergütungsansprüche des Auftragnehmers

48 Neben den Regelungen zur Vergütung für die vereinbarte Leistung beinhaltet § 2 VOB/B Vergütungsansprüche für weitere Leistungen und für Sonderfälle.

---

19 Kleine-Möller, in: Kleine-Möller/Merl, Hdb. des privaten Baurechts, § 10, Rn. 24.
20 BGH, NJW-RR 2004, 92.
21 Vgl. Hällßig, § 15, Rn. 20 ff.
22 Kleine-Möller, in: Kleine-Möller/Merl, Hdb. des privaten Baurechts, § 10, Rn. 33.

I. Inhalt

§ 2 VOB/B umfasst Regelungen für weitere Vergütungsansprüche des Auftragnehmers: **49**

- in Folge geänderter Leistungen auf Grund von Anordnungen des Auftraggebers i.S.d. § 1 Abs. 3 VOB/B (§ 2 Abs. 5 VOB/B),
- für zusätzliche Leistungen i.S.d. § 1 Abs. 4 VOB/B (§ 2 Abs. 6 VOB/B),
- für Leistungen, die der Auftragnehmer eigenmächtig oder ohne Auftrag i.S.d. § 2 Abs. 8 Nr. 2 VOB/B ausgeführt hat (§ 2 Abs. 8 Nr. 1 bis 3 VOB/B),
- für besondere Planungs- und Prüfungsleistungen (§ 2 Abs. 9 VOB/B), sowie
- für die Fälle der Übernahme von Leistungen durch den Auftragnehmer (§ 2 Abs. 4 VOB/B).

II. Auswirkungen

Nicht alle Einwirkungen auf die Leistungspflichten des Auftragnehmers haben auch Auswirkungen auf die Gegenleistung, die Vergütung. In welchen Fällen die Vergütung angepasst werden kann oder muss, ergibt sich aus § 2 VOB/B.

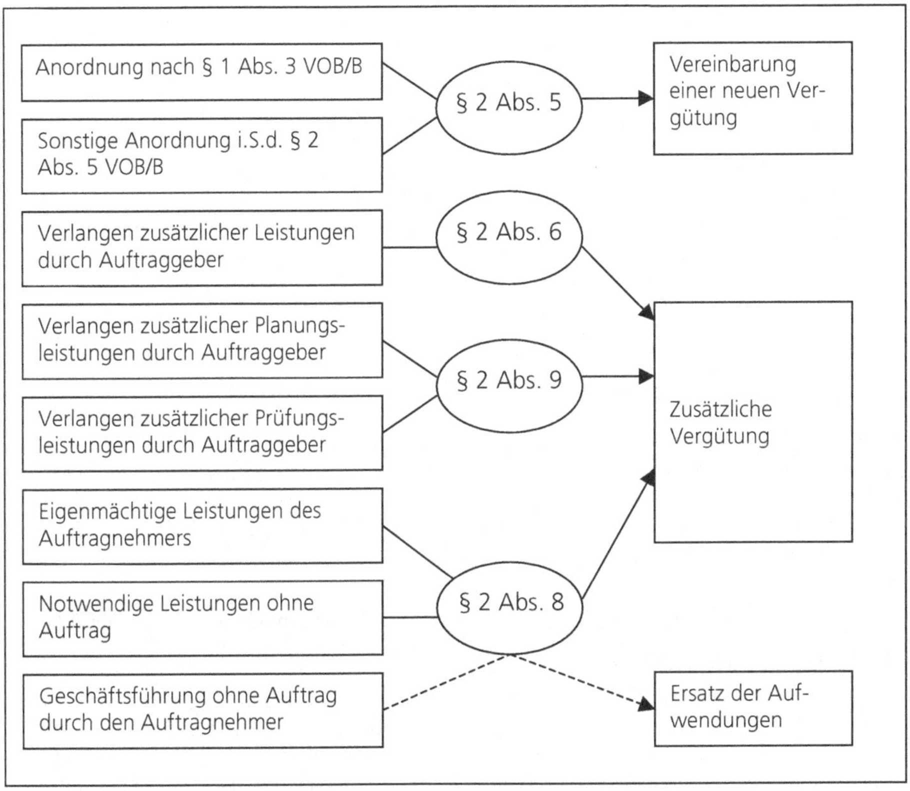

Abbildung 4: Weitere Vergütungsansprüche

1. Zusätzliche Vergütungsansprüche bei geänderten Leistungen auf Anordnung des Auftraggebers (§ 2 Abs. 5 VOB/B)

Ein zusätzlicher Vergütungsanspruch des Auftragnehmers i.S.d. § 2 Abs. 5 VOB/B kommt in Betracht, wenn der Auftraggeber den Bauleistungsumfang ändert und dadurch Mengenänderungen verursacht. Der Anspruch kann nach § 2 Abs. 5 VOB/B in zwei Fällen entstehen. **50**

a. Anordnungen i.S.d. § 1 Abs. 3 VOB/B

51 Ein Anspruch kann entstehen bei Anordnungen i.S.d. § 1 Abs. 3 VOB/B. Zu Inhalt, Ausübung und Umfang des Anordnungsrechts siehe § 1 Abs. 3 VOB/B[23].

b. Andere Anordnungen i.S.d. § 2 Abs. 5 VOB/B

52 Ein Anspruch kann zum anderen bei allen anderen Anordnungen i.S.d. § 2 Abs. 5 VOB/B entstehen. „Andere Anordnungen" in diesem Sinne sind solche, durch die vertraglich geschuldete Leistungen des Auftragnehmers geändert werden und die über eine Anordnung i.S.d. § 1 Abs. 3 VOB/B hinausgehen. Dies können beispielsweise Anordnungen betreffend die Art und Weise der Ausführung von vereinbarten Leistungen sein, wie eine Änderung der Baustelleneinrichtung[24]. Entscheidend ist, dass durch die Anordnung eine Änderung der Leistungspflichten eintritt.

53 Der BGH entschieden, dass ein Mehrvergütungsanspruch wegen einer Bauzeitverschiebung nach einem verzögerten öffentlichen Vergabeverfahren bestehen kann, wenn der Zuschlag ungeachtet der inzwischen verstrichenen in der Ausschreibung genannten Bautermine unverändert auf das Angebot erteilt worden ist[25]. Ein solcher Fall des Zuschlages zu den ausgeschriebenen Fristen und Terminen liegt im Zweifel auch dann vor, wenn diese im Zeitpunkt des Zuschlages nicht mehr eingehalten werden können und der Auftraggeber daher im Zuschlagsschreiben eine neue Bauzeit erwähnt[26].

54 Maßgeblich für das Vorliegen einer Anordnung ist weniger der Inhalt oder die grundsätzliche Zulässigkeit zum Erlass als ihr als Vertragserklärung verpflichtender Charakter[27]: Anordnungen müssen übereinstimmend von Auftragnehmer und Auftraggeber als vertraglich bindend aufgefasst werden. Eine Anordnung muss zwar nicht als solche bezeichnet werden. Sie kann das Ergebnis eines klärenden Gespräches sein. Nicht ausreichend ist allerdings das reine Vorliegen einer Behinderung der Ausführung durch äußere Umstände wie beispielsweise der Witterung. Ein solches, von beiden Seiten übereinstimmend wahrgenommenes Ereignis allein lässt sich nicht als Anordnung werten, so der BGH[28]. Hinsichtlich der Ausübung der Anordnungen gilt das zu § 1 Abs. 3 VOB/B Ausgeführte entsprechend (vgl. dazu § 1, Rn. 35 f.).

c. Voraussetzungen des Vergütungsanspruchs

55 Neben einer Anordnung des Auftraggebers ist weitere Voraussetzung für einen Vergütungsanspruch, dass durch diese die Grundlage des Preises für eine im Vertrag vorgesehene Leistung geändert wird. Dementsprechend muss die Anordnung eine wie auch immer geartete Auswirkung auf eine bereits vertraglich geschuldete Bauleistung und damit Einfluss auf einen für die Preisbildung maßgeblichen Faktor haben. Leistungen in diesem Sinne sind alle, die der Auftragnehmer bereits nach der Leistungsbeschreibung oder den besonderen Vertragsbedingungen oder aufgrund der allgemeinen technischen Vorschriften entsprechend der VOB/C schuldet.

Auf Grund dieses Kriteriums grenzt sich dieser Anspruch zu dem aus § 2 Abs. 6 VOB/B ab.

d. Vereinbarung eines neuen Preises

56 Als Folge einer Anordnung i.S.d. § 2 Abs. 5 VOB/B ist die Vereinbarung eines neuen Preises unter Berücksichtigung der Mehr- und Minderkosten vorgesehen. Diese soll nach § 2 Abs. 5 S. 2 VOB/B noch vor der Ausführung der Arbeiten getroffen werden. Demnach können beide Parteien die Vereinbarung eines neuen Preises fordern. Sofern ein neuer Preis einvernehmlich gefunden wird, ersetzt dieser die alte Preisvereinbarung.

57 Solche Vereinbarungen gestalten sich in der Praxis häufig schwierig. Zwar kann der Auftragnehmer keinesfalls die Arbeiten einstellen, um seiner Preisvorstellung Nachdruck zu verleihen.

---

23 Vgl. zu Gegenstand und Umfang der Anordnungen: Erläuterungen zu § 1, Rn. 37 ff.
24 Vgl. OLG Frankfurt, BauR 1999, 43.
25 BGH, Urteil v. 11.5.2009, Az.: VII ZR 11/08.
26 BGH, Urteil v. 22.7.2010, Az.: VII ZR 129/09.
27 Vgl. BGH ZfBR 1992, 211 (LS).
28 BGH, Urteil v. 20.4.2017, Az.: VII ZR 194/13.

Jedoch muss im Zweifel ein Gericht darüber befinden. Um Streitigkeiten zu vermeiden, können die Parteien für diese Fälle ein Schiedsverfahren vereinbaren. Soweit der Auftraggeber öffentliche Mittel verwendet, ist im Zweifel eine solche Vereinbarung mit dem Fördermittelgeber abzustimmen. Dies ermöglicht eine zeitnahe Entscheidung, die unter Umständen noch vor der Ausführung der Bauleistungen, die von der Änderung betroffen sind, erfolgen kann.

Da der neue Preis die Mehr- und Minderkosten berücksichtigen soll, muss seine Kalkulation **58** auf Grundlage der Berechnung des ursprünglichen Preises erfolgen. So sind für die Höhe des Mehrvergütungsanspruchs, der auf einer durch eine verzögerte Vergabe verursachten Bauzeitverschiebung beruht, nur diejenigen Mehrkosten maßgeblich, die ursächlich auf die Verschiebung der Bauzeit zurückzuführen sind[29]. Auch hier ist der Auftragnehmer zur Offenlegung seiner Kalkulation verpflichtet.

e. Hinweispflicht des Auftragnehmers

Der Auftragnehmer kann nicht einfach jede Anordnung des Auftraggebers entgegennehmen **59** und im Nachhinein seine geänderte Vergütung abrechnen. Oft geht der Auftraggeber ganz erkennbar davon aus, dass seine Anordnung keine finanziellen Folgen haben kann. Wenn dies so ist, muss der Auftragnehmer den Auftraggeber darauf hinweisen, dass die Anordnung zusätzliche Kosten verursacht. Der Auftraggeber kann auf diese Weise prüfen, ob er die zusätzlichen Kosten übernehmen will und die Anordnung aufrechterhält oder nicht.

2. Zusätzliche Vergütungsansprüche bei zusätzlichen Leistungen (§ 2 Abs. 6 VOB/B)

a. Anwendungsbereich

Ein zusätzlicher Vergütungsanspruch kann gemäß § 2 Abs. 6 VOB/B entstehen, wenn vom **60** Auftragnehmer eine zusätzliche Leistung gefordert wird. Zusätzliche Leistungen sind solche, die der Auftragnehmer weder nach der Leistungsbeschreibung, den besonderen Vertragsbedingungen noch aufgrund der allgemeinen technischen Vorschriften schuldet. Dazu gehören alle Leistungen i.S.d. § 1 Abs. 4 VOB/B, d.h. sowohl die nicht vereinbarten, erforderlichen Leistungen i.S.d. § 1 Abs. 4 S. 1 VOB/B (vgl. dazu § 1, Rn. 44 f.) als auch die anderen Leistungen i.S.d. § 1 Abs. 4 S. 2 VOB/B (vgl. dazu § 1, Rn. 52 f.). Für echte Zusatzaufträge gilt diese Regelung allerdings nicht.

b. Voraussetzungen

Voraussetzung für das Entstehen eines Vergütungsanspruches ist gemäß § 2 Abs. 6 Nr. 1 S. 1 **61** VOB/B neben der Forderung einer zusätzlichen Leistung vom Auftragnehmer auch die Ankündigung, dass die Ausführung dieser Leistungen mit einer zusätzlichen Vergütung verbunden ist. Diese Regelung soll den Auftraggeber vor unerwarteten Kostensteigerungen schützen. Die Ankündigung muss nach § 2 Abs. 6 Nr. 1 S.2 VOB/B vor Beginn der Ausführung der Arbeiten erfolgen, um Streitigkeiten im Nachhinein zu vermeiden. Nur in wenigen Ausnahmefällen kann auf eine entsprechende Ankündigung verzichtet werden. Dies kann etwa der Fall sein, wenn eine Weigerung des Auftraggebers auf Zahlung treuwidrig wäre. Die von einigen Oberlandesgerichten entschiedenen Fälle, wonach beispielsweise eine Ankündigung gegenüber erfahrenen Bauherren entbehrlich sein soll, sind Einzelfallentscheidungen, denen keine grundsätzliche Bedeutung zugemessen werden kann.

---

29 BGH, Az.: VII ZR 152/08.

Formulierungsvorschlag für eine Ankündigung nach § 2 Abs. 6 Nr. 1 S. 1 VOB/B:

Maurerbetrieb
Egon Lotrecht
98765 Wandhausen

[Datum]

Behörde für städtisches Bauen
Herrn Oberbaurat Meyer
Mauerstraße 4711
12345 Hochbaustadt

Sehr geehrter Herr Meyer,

mit Schreiben vom ... *[Datum]* haben Sie eine Leistung i.S.d. § 1 Abs. 4 S. 2 VOB/B gefordert, die bisher nicht vertraglich geschuldet war. Gemäß § 2 Abs. 6 Nr. 1 VOB/B kündige ich an, dass ich für diese Leistung eine besondere Vergütung verlangen werde.

Mit freundlichen Grüßen

Lotrecht

62 Der Auftraggeber sollte auf eine solche Ankündigung hin umgehend einen Termin zur Vereinbarung der besonderen Vergütung mit dem Auftragnehmer abstimmen. Ein Konsens lässt sich am besten vor Beginn der Ausführung erzielen. Hat der Auftragnehmer vor Zugang des Schreibens mit der Ausführung der Arbeiten begonnen, hat er keinen Anspruch auf eine besondere Vergütung.

c. Höhe der zusätzlichen Vergütung

63 Die zusätzliche Vergütung ist der Höhe nach gemäß § 2 Abs. 6 Nr. 2 Satz 1 VOB/B zu bestimmen. Danach ist Grundlage die Kalkulation der bisherigen Vergütung unter Berücksichtigung der besonderen Kosten für die zusätzliche Leistung. Erforderlich ist eine erneute Einigung der Parteien. Erfolgt diese nicht, muss im Zweifel eine gerichtliche Entscheidung gesucht werden. Auch insoweit kann sich die Vereinbarung eines Schiedsverfahrens empfehlen. Die Vergütung soll nach § 2 Abs. 6 Nr. 2 Satz 2 VOB/B möglichst vor Beginn der Ausführung vereinbart werden.

64 Die Vereinbarung einer zusätzlichen Vergütung ist wegen ihrer Höhe nichtig, wenn sie in einem auffälligen, wucherähnlichen Missverhältnis zu den Leistungen steht. Dann nämlich kann die der Preisbildung zugrunde liegende Vereinbarung sittenwidrig sein[30]. Nach Ansicht des BGH kann ein auffälliges Missverhältnis vorliegen, wenn die nach zu bestimmende Vergütung nahezu das Achtfache des ortsüblichen und angemessenen Preises beträgt[31]. Ein auffälliges Missverhältnis ist dann wucherähnlich, wenn der aufgrund dieses auffälligen Missverhältnisses über das übliche Maß hinausgehende Preisanteil sowohl absolut gesehen als auch im Vergleich zur Gesamtauftragssumme in einer Weise erheblich ist, dass dies von der Rechtsordnung nicht mehr hingenommen werden kann[32].

30 BGH, Urteil v. 7.3.2013, Az.: VII ZR 68/10.
31 BGH, Urteil v. 7.3.2013, Az.: VII ZR 68/10.
32 BGH, Urteil v. 7.3.2013, Az.: VII ZR 68/10.

3. Zusätzliche Vergütung für Leistungen, die der Auftragnehmer eigenmächtig ausführt (§ 2 Abs. 8 Nr. 1 bis 3 VOB/B)

Grundsätzlich gilt gemäß § 2 Abs. 8 Nr. 1 S. 1 VOB/B, dass ein Auftragnehmer keine Vergütung für Leistungen erhält, die er entweder 65

- ohne Auftrag oder
- unter eigenmächtiger Abweichung vom Auftrag

ausgeführt hat[33].

Ohne Auftrag ausgeführte Leistungen sind solche, die weder nach dem Inhalt des Vertrages i.S.d. § 1 Abs. 1 S. 1 VOB/B geschuldet sind (vgl. § 1 Rn. 3), noch vom Auftraggeber i.S.d. § 1 Abs. 3 bzw. Abs. 4 S. 1 VOB/B angeordnet worden sind (vgl. § 1 Rn. 34 f.). Es handelt sich folglich um Leistungen, die nicht beauftragt waren. 66

Unter Leistungen, die unter eigenmächtiger Abweichung vom Auftrag ausgeführt wurden, sind solche zu verstehen, die zwar grundsätzlich i.S.d. § 1 Abs. 1 S. 1 VOB/B geschuldet sind oder i.S.d. § 1 Abs. 3 bzw. Abs. 4 S. 1 VOB/B angeordnet wurden, die aber in Art oder Menge der Ausführung weder geschuldet noch angeordnet waren (Beispiel: Verwendung von höherwertigen Baumaterialien). 67

Vom Grundsatz, dass kein Vergütungsanspruch besteht, gibt es gemäß § 2 Abs. 8 Nr. 2 VOB/B Ausnahmen. 68

a. Vergütung für nachträglich anerkannte Leistungen (§ 2 Abs. 8 Nr. 2 S. 1 VOB/B)

Der Auftragnehmer erhält nach § 2 Abs. 8 Nr. 2 S. 1 VOB/B dann eine Vergütung, wenn der Auftraggeber die Leistungen nachträglich anerkennt. Wann ein solches Anerkenntnis vorliegt, ist umstritten. Grundsätzlich erfordert dies die ausdrückliche Erklärung des Auftraggebers, dass er die von ihm nicht beauftragte oder vom Auftragnehmer eigenmächtig ausgeführte Leistung als solche erkannt und anerkannt hat. 69

Die Rechtsprechung erkennt jedoch häufig konkludente Erklärungen als Anerkenntnis an. Insoweit ist dem Auftraggeber zur Vorsicht zu raten, damit er durch sein Verhalten keinen Vergütungsanspruch des Auftragnehmers auslöst. Grundsätzlich gilt, dass weder das bloße Hinnehmen der Leistung ohne besondere Reaktion noch die Abnahme i.S.d. § 12 VOB/B ein Anerkenntnis in diesem Sinne sind.

Die Berechnung der Vergütung erfolgt gemäß § 2 Abs. 8 Nr. 2 S. 3 VOB/B nach § 2 Abs. 5 und 6 VOB/B. 70

b. Vergütung für Leistungen i.S.d. § 2 Abs. 8 Nr. 2 S. 2 VOB/B

Eine Vergütung erhält der Auftragnehmer nach § 2 Abs. 8 Nr. 2 S. 2 VOB/B auch dann, wenn 71

- die Leistung für die Erfüllung des Vertrages notwendig war,
- ihre Ausführung dem mutmaßlichen Willen des Auftraggebers entsprach und
- sie dem Auftraggeber unverzüglich angezeigt wurde.

Eine Leistung ist zur Erfüllung des Vertrages notwendig, wenn ohne diese das vertraglich geschuldete Bauwerk nicht errichtet werden kann. Entscheidend ist, dass ohne diese Leistungen die Bauleistung mangelhaft oder vertragswidrig, d.h. nicht mit dem Vertragszweck vereinbar, ist[34]. 72

Des Weiteren muss die Ausführung der Leistungen dem objektiven Willen des Auftraggebers entsprochen haben. Maßgeblich ist, wie sich der Auftraggeber bei Kenntnis der Sachlage entschieden hätte. Sofern der Auftraggeber Alternativen gehabt hätte, beispielsweise in der Auswahl eines anderen Baumaterials oder eines anderen Auftragnehmers, kann ein mutmaßlicher Willen des Auftraggebers nicht unterstellt werden. Ein in der Praxis häufiger Fall ist, dass ein Auftragnehmer mit solchen Leistungen Mängel anderer Unternehmer ausgleichen will.

33 Zu den sonstigen Folgen solcher Leistungen sogleich, Warnecke, § 2, Rn. 76 f.
34 OLG Stuttgart, BauR 1993, 743.

Der Auftraggeber hat gegen diesen anderen Unternehmer jedoch Gewährleistungsansprüche, die zu einer für ihn unentgeltlichen Mängelbeseitigung führen würden. Es entspricht daher regelmäßig nicht seinem mutmaßlichen Willen, Mängelbeseitigungen gegen eine zusätzliche Vergütung durch einen anderen Auftragnehmer durchführen zu lassen.

73 Schließlich muss die Anzeige der Ausführung von Leistungen i.S.d. § 2 Abs. 8 Nr. 1 VOB/B unverzüglich erfolgen. Dies bedeutet ohne schuldhaftes Verzögern i.S.d. § 121 BGB. Der Auftragnehmer muss demnach die Leistungen anzeigen, sobald er feststellt, dass entsprechende Leistungen notwendig sind. Dabei gilt grundsätzlich, dass die Anzeige an den Auftraggeber vor der Ausführung der Leistung erfolgen muss[35]. Etwas anderes kann nur dann gelten, wenn dies aufgrund technischer Zwänge zeitlich nicht möglich ist.

74 Die Berechnung der Vergütung erfolgt gemäß § 2 Abs. 8 Nr. 2 S. 3 VOB/B nach § 2 Abs. 5 und 6 VOB/B.

c. Kein Ausschluss der Geschäftsführung ohne Auftrag (§ 2 Abs. 8 Nr. 3 VOB/B)

75 Gemäß § 2 Abs. 8 Nr. 3 VOB/B gilt, dass Ansprüche des Auftragnehmers nach den §§ 677 ff. BGB grundsätzlich neben den Vergütungsansprüchen aus § 2 Abs. 8 Nr. 2 VOB/B bestehen können.

d. Weitere Folgen eigenmächtig abweichender oder ohne Auftrag ausgeführter Leistungen des Auftragnehmers

76 Für die Fälle der Ausführung von Leistung ohne Auftrag oder unter eigenmächtiger Abweichung vom Auftrag sind neben der Regelung der Vergütung weitere Rechtsfolgen vorgesehen. Sofern die Leistungen nicht ausnahmsweise vergütet werden müssen, stehen dem Auftraggeber weitere Ansprüche gemäß § 2 Abs. 8 Nr. 1 S. 2 und 3 VOB/B zu, nämlich

- Anspruch auf Beseitigung der Leistung
- Haftung für andere Schäden des Auftraggebers

Nach § 2 Abs. 8 Nr. 1 S. 2 1. Halbs. VOB/B kann der Auftraggeber die Beseitigung der Leistungen vom Auftragnehmer verlangen. Dies sollte schriftlich geschehen. Dem Auftragnehmer ist eine angemessene Frist zu setzen, deren Dauer sich am Umfang der vorzunehmenden Arbeiten orientieren sollte. Kommt der Auftragnehmer dieser Aufforderung nicht innerhalb der Frist nach, hat der Auftraggeber gemäß § 2 Abs. 8 Nr. 1 S. 2 2. Halbs. VOB/B das Recht zur Selbstausführung der Arbeiten. Dies kann im eigenen Betrieb oder durch Dritte geschehen. Die entstandenen Kosten hat der Auftragnehmer zu tragen.

Schließlich haftet der Auftragnehmer dem Auftraggeber für alle Schäden, die diesem in Folge der Ausführung und Beseitigung der ohne Auftrag oder unter eigenmächtiger Abweichung vom Auftrag ausgeführten Leistungen entstehen.

Formulierungsvorschlag für eine Aufforderung mit Fristsetzung nach § 2 Abs. 8 Nr. 1 VOB/B:

Behörde für ländliches Bauen
Mauerstraße 4711
12345 Hochbaustadt

[Datum]

Maurerbetrieb
Egon Lotrecht
Ziegelgasse 12
98765 Wandhausen

Sehr geehrter Herr Lotrecht,

wie eine Begehung der Baustelle am … *[Datum]* ergeben hat, haben Sie ohne Auftrag in eigenmächtiger Abweichung vom Bauvertrag vom … *[Datum]* folgende Leis-

35 Vgl. OLG Stuttgart, BauR 1993, 743.

tungen ausgeführt ... *[möglichst genaue Bezeichnung der Leistung, ggf. auch der vereinbarten]*. Ich fordere Sie auf, die bezeichneten Leistungen bis zum *[angemessene Frist]* zu beseitigen. Geschieht dies nicht, werde ich einen Dritten mit der Beseitigung auf Ihre Kosten beauftragen.

Mit freundlichen Grüßen

Meyer

Oberbaurat

4. Vergütung für Planungsleistungen (§ 2 Abs. 9 Nr. 1 VOB/B)

Einen weiteren Vergütungsanspruch gewährt § 2 Abs. 9 Nr. 1 VOB/B dem Auftragnehmer für besondere Planungsleistungen. Voraussetzungen für diesen Vergütungsanspruch sind **77**

- das vom Auftraggeber geäußerte Verlangen,
- dass der Auftragnehmer Zeichnungen, Berechnungen oder sonstige Unterlagen herstellen möge,
- die er nicht bereits aufgrund des Vertrages (vgl. dazu § 1 Rn. 3) oder der gewerblichen Verkehrssitte schuldet.

Welche Unterlagen der Auftragnehmer schuldet, ergibt sich aus § 3 Abs. 5 VOB/B (vgl. dazu § 3 Rn. 56 ff.). Alle darüber hinaus verlangten Unterlagen können sodann diesen Anspruch auslösen. **78**

Die Höhe der geschuldeten Vergütung bemisst sich nach der üblichen Vergütung für derartige Leistungen i.S.d. § 632 BGB. Soweit Architekten oder Ingenieure mit diesen Leistungen beauftragt sind, kann zur Bestimmung der Vergütung auf die HOAI zurückgegriffen werden. **79**

5. Vergütung für Prüfungsleistungen (§ 2 Abs. 9 Nr. 2 VOB/B)

Ein zusätzlicher Vergütungsanspruch steht dem Auftragnehmer auch für Prüfungsleistungen zu. Voraussetzungen dieses Anspruches nach § 2 Abs. 9 Nr. 2 VOB/B sind **80**

- das vom Auftraggeber geäußerte Verlangen,
- dass der Auftragnehmer von diesem nicht erstellte technische Berechnungen prüfen möge.

Bei den technischen Berechnungen muss es sich folglich um solche handeln, die der Auftraggeber dem Auftragnehmer zur Verfügung gestellt hat[36]. **81**

Die Höhe der geschuldeten Vergütung bemisst sich nach der üblichen Vergütung für derartige Leistungen i.S.d. § 632 BGB. Soweit Architekten oder Ingenieure mit diesen Leistungen beauftragt sind, kann zur Bestimmung der Vergütung auf die HOAI zurückgegriffen werden.

6. Vom Auftraggeber selbst übernommene Leistungen (§ 2 Abs. 4 VOB/B)

Werden vom Auftraggeber Leistungen ausgeführt, die der Auftragnehmer schuldet, so behält der Auftragnehmer gemäß § 2 Abs. 4 seinen Anspruch auf Vergütung nach Maßgabe des § 8 Abs. 1 Nr. 2 VOB/B. Zu den Einzelheiten der Berechnung der Vergütung ist auf § 8 VOB/B zu verweisen (vgl. dazu die Erläuterungen zu § 8, Rn. 7). **82**

Eine Selbstausführung in diesem Sinne liegt vor, wenn der Auftraggeber die Leistungen entweder im eigenen Betrieb oder durch Dritte ausführen lässt[37].

36 Vgl. zu diesen im Einzelnen § 3, Rn. 17 ff.
37 A.A.: Keldungs, in: Ingenstau/Korbion, B § 2, Rn. 216.

III. Abweichung vom BGB

83 Soweit der Auftraggeber im Rahmen eines BGB-Bauvertrages überhaupt berechtigt ist, Änderungen der Bauleistung anzuordnen oder zusätzliche Leistungen zu verlangen, so hat dies, anders als nach § 2 Abs. 5 und 6 VOB/B, keine Auswirkungen auf die Vergütung. Entsprechend § 632 Abs. 2 ist allein für die zusätzliche Leistung oder die geänderte Leistung die ortsübliche Vergütung geschuldet.

IV. Abweichende Vertragsgestaltung

84 Die Begrenzung von Mehrvergütungsansprüchen des Auftragnehmers ist nur eingeschränkt möglich. So sind Klauseln nach den §§ 307 ff. BGB unwirksam, auf Grund deren die Vergütungsansprüche des Auftragnehmers nach § 2 Abs. 5 und 6 VOB/B ausgeschlossen oder erheblich eingeschränkt werden. Zulässig dürfte hingegen eine Klausel sein, die den Auftragnehmer verpflichtet, den neuen Preis vor der Ausführung der Arbeiten mit dem Auftraggeber zu vereinbaren, und für den Fall der Nichteinhaltung dem Auftraggeber das Recht zur einseitigen Festsetzung des Preises nach billigem Ermessen zugesteht[38]. Eine entsprechende Vereinbarung ist zur Vermeidung von langwierigen Auseinandersetzungen ratsam. Ebenfalls unwirksam sind Klauseln, die entgegen § 2 Abs. 9 VOB/B eine Vergütung für nachträglich beauftragte Planungs- und Prüfungsleistungen ausschließen[39].

V. Isolierte Vereinbarung

85 Über die isolierte Vereinbarung des § 2 Abs. 5 VOB/B hat die Rechtsprechung entschieden und hat diese als wirksam erachtet[40]. Die isolierte Vereinbarung des § 2 Abs. 8 Nr. 1 S. 1 VOB/B ist hingegen nach der Rechtsprechung nicht wirksam[41]. Auch die isolierte Vereinbarung des § 2 Abs. 4 VOB/B in Allgemeinen Geschäftsbedingungen ist nach den §§ 307 ff. BGB unwirksam. Wirksam dürfte die isolierte Einbeziehung der Nummern 6, 9, 10 des § 2 VOB/B sein, dass diese eine Konkretisierung des § 632 Abs. 2 BGB sind. Allerdings ist die Vereinbarung dieser Klauseln nur in Verbindung mit den §§ 1, 2 VOB/B insgesamt sinnvoll und zweckmäßig.

§ 3 VOB/B
Ausführungsunterlagen

(1) Die für die Ausführung nötigen Unterlagen sind dem Auftragnehmer unentgeltlich und rechtzeitig zu übergeben.

(2) Das Abstecken der Hauptachsen der baulichen Anlagen, ebenso der Grenzen des Geländes, das dem Auftragnehmer zur Verfügung gestellt wird, und das Schaffen der notwendigen Höhenfestpunkte in unmittelbarer Nähe der baulichen Anlagen sind Sache des Auftraggebers.

(3) Die vom Auftraggeber zur Verfügung gestellten Geländeaufnahmen und Absteckungen und die übrigen für die Ausführung übergebenen Unterlagen sind für den Auftragnehmer maßgebend. Jedoch hat er sie, soweit es zur ordnungsgemäßen Vertragserfüllung gehört, auf etwaige Unstimmigkeiten zu überprüfen und den Auftraggeber auf entdeckte oder vermutete Mängel hinzuweisen.

(4) Vor Beginn der Arbeiten ist, soweit notwendig, der Zustand der Straßen und Geländeoberfläche, der Vorfluter und Vorflutleitungen, ferner der baulichen Anlagen im Baubereich in einer Niederschrift festzuhalten, die vom Auftraggeber und Auftragnehmer anzuerkennen ist.

---

38 Vgl. BGH, NJW 1985, 624.
39 BGH, BauR 1997, 1036.
40 BGH, NJW 1996, 1346.
41 BGH, BauR 1991, 331.

(5) Zeichnungen, Berechnungen, Nachprüfungen von Berechnungen oder andere Unterlagen, die der Auftragnehmer nach dem Vertrag, besonders den Technischen Vertragsbedingungen, oder der gewerblichen Verkehrssitte oder auf besonderes Verlangen des Auftraggebers (§ 2 Abs. 9) zu beschaffen hat, sind dem Auftraggeber nach Aufforderung rechtzeitig vorzulegen.

(6) 1. Die in Absatz 5 genannten Unterlagen dürfen ohne Genehmigung ihres Urhebers nicht veröffentlicht, vervielfältigt, geändert oder für einen anderen als den vereinbarten Zweck benutzt werden.

2. An DV-Programmen hat der Auftraggeber das Recht zur Nutzung mit den vereinbarten Leistungsmerkmalen in unveränderter Form auf den festgelegten Geräten. Der Auftraggeber darf zum Zwecke der Datensicherung zwei Kopien herstellen. Diese müssen alle Identifikationsmerkmale enthalten. Der Verbleib der Kopien ist auf Verlangen nachzuweisen.

3. Der Auftragnehmer bleibt unbeschadet des Nutzungsrechts des Auftraggebers zur Nutzung der Unterlagen und der DV-Programme berechtigt.

A. Allgemeines

I. Inhalt und Einordnung der Vorschrift

Die VOB/B unterscheidet in den §§ 3 und 4 zwischen Planung und Ausführung der Leistungen. Während § 3 VOB/B die Rechte und Pflichten der Vertragspartner im Zusammenhang mit der Planung des Bauvorhabens regelt, beschreibt § 4 VOB/B die vertraglichen Beziehungen von der Ausführung bis zur Abnahme. 1

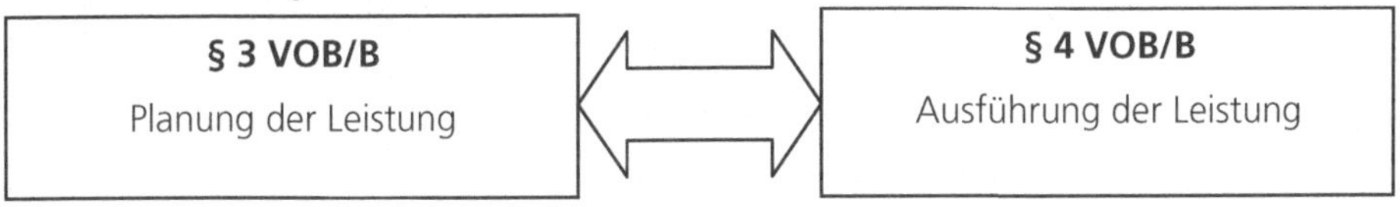

Abbildung 1: Planung/Ausführung

Die Planung eines Bauvorhabens ist maßgeblich von den Vorstellungen des Auftraggebers geprägt, er hat daher grundsätzlich die erforderlichen Unterlagen zu beschaffen bzw. Vorleistungen zu erbringen. Der Auftragnehmer hat hingegen die ihm übergebenen Unterlagen zu prüfen und auf Unstimmigkeiten hinzuweisen. Bei einer entsprechenden vertraglichen Vereinbarung, beispielsweise bei einer Leistungsbeschreibung mit Leistungsprogramm, kann allerdings ausnahmsweise der Auftragnehmer verpflichtet sein, Zeichnungen, Berechnungen oder andere Unterlagen zu beschaffen und dem Auftraggeber vorzulegen. 2

Aufgaben des Auftraggebers: 3

- Unterlagen beschaffen
- Vorleistungen erbringen

Aufgaben des Auftragnehmers:

- übergebene Unterlagen prüfen
- auf Unstimmigkeiten hinweisen
- Zeichnungen, Berechnungen oder andere Unterlagen beschaffen und dem Auftraggeber vorlegen, wenn dies vereinbart wurde

II. Folgen mangelhafter Leistung

Kommen die Vertragspartner ihren vertraglichen Verpflichtungen nicht hinreichend nach, kann dies: 4

- Schadensersatzansprüche des jeweils anderen Vertragspartners nach § 280 Nr. 1 BGB bzw. § 6 Abs. 6 VOB/B

- Bauablaufstörungen und erhebliche Mehrkosten für den jeweils anderen Vertragspartner
- Anspruch des Auftragnehmers auf Vorlage einer Sanierungsplanung
- Kündigungsrecht des Auftragnehmers nach § 9 Abs. 1 VOB/B
- Kündigungsrecht des Auftraggebers nach § 8 Abs. 3 VOB/B

zur Folge haben.

1. Geltendmachung von Schadensersatzansprüchen

5 Beauftragt der **Auftraggeber** mit der Erfüllung seiner Verpflichtungen einen Architekten, Statiker, Bau- oder Vermessungsingenieur, so sind diese seine Erfüllungsgehilfen. Liefern die Erfüllungsgehilfen unbrauchbare Ausführungsunterlagen oder ist das Gelände fehlerhaft abgesteckt, muss sich dies der Auftraggeber im Verhältnis zum Auftragnehmer zurechnen lassen. Dem Auftraggeber verbleibt jedoch die Möglichkeit, seine Erfüllungsgehilfen für die mangelhafte Leistung in Anspruch zu nehmen. Je nach Schadenshöhe werden sich diese wiederum an ihren Haftpflichtversicherer zur Regulierung der Schadensersatzforderung wenden.

6 Liegt der Schaden allerdings unter dem regelmäßig vereinbarten Selbstbehalt, wird der Erfüllungsgehilfe letztlich für den Schaden allein aufzukommen haben. Liegt der Schaden über dem Selbstbehalt, ist der Vorgang unverzüglich – also innerhalb weniger Tage – bei dem Versicherer anzuzeigen, da dieser anderenfalls allein wegen verspäteter Schadensanzeige berechtigt wäre, die Schadensregulierung abzulehnen.

7 Bestehen Zweifel, ob der Schaden über dem Selbstbehalt liegt, empfiehlt es sich, den Schaden vorsorglich anzuzeigen, damit sich der Haftpflichtversicherer seiner Verantwortung nicht entziehen kann.

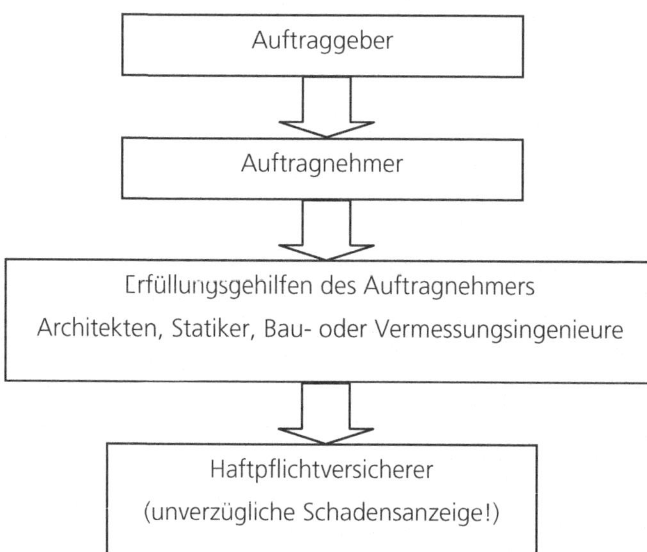

Abbildung 2: Schadensersatzanspruch des Auftragnehmers

8 Bedient sich der Auftragnehmer zur Erfüllung seiner vertraglichen Verpflichtungen gegenüber dem Auftraggeber Dritter, gilt nichts Anderes. Auch im Verhältnis zum Auftraggeber hat der Auftragnehmer für die mangelhaften Leistungen seiner Erfüllungsgehilfen einzustehen. Wird er vom Auftraggeber auf Schadensersatz in Anspruch genommen, verbleibt ihm allerdings der Rückgriff auf die von ihm gebundenen Nachunternehmer, diesen wiederum ggf. die Inanspruchnahme des Haftpflichtversicherers.

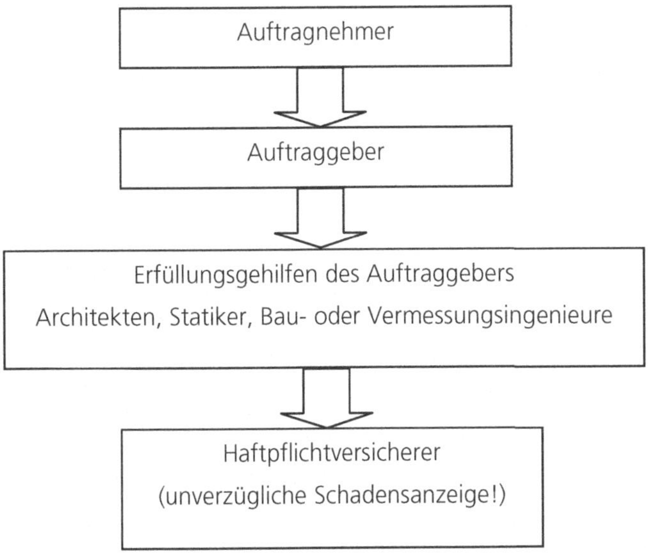

Abbildung 3: Schadensersatzanspruch des Auftraggebers

Schreiben für die Inanspruchnahme des Auftragnehmers: 9

[Absender]

[Anschrift]

[Datum]

Bauvorhaben ...

Vertragsnummer ...

Mängelanzeige ...

Sehr geehrte Damen und Herren,

bei dem vorbezeichneten Bauvorhaben haben Sie sich verpflichtet, bis zum ... die Ausführungsplanung zu erstellen. Bei der Prüfung der uns übergebenen Planunterlagen haben wir folgende Mängel festgestellt:

– ...

– ...

– ...

Wir fordern Sie auf, die Planung unverzüglich zu überarbeiten und spätestens bis zum ... *[Datum]* neu einzureichen. Bereits jetzt zeigt sich, dass es durch die Überarbeitung der Planung zu Verzögerungen im Bauablauf kommen wird. Sämtliche uns hieraus entstehenden Nachteile werden wir an Sie weiterreichen.

Wir empfehlen Ihnen, die Angelegenheit vorsorglich Ihrer Versicherung anzuzeigen.

Mit freundlichen Grüßen

Unterschrift

10 ***Schreiben für die Inanspruchnahme der Erfüllungsgehilfen:***

[Absender]

[Anschrift]

[Datum]

Bauvorhaben ...

Vertragsnummer ...

Mängelanzeige ...

Sehr geehrte Damen und Herren,

mit dem anliegenden Schreiben unseres Auftraggebers vom ... [Datum] wird die von Ihnen erstellte Ausführungsplanung als mangelhaft gerügt. Wir machen uns die Mängelanzeige unseres Auftraggebers zu eigen und fordern Sie auf, die gerügten Mängel unverzüglich zu beseitigen und uns spätestens zum ... [Datum] mangelfreie Planunterlagen zu übergeben.

Sollte uns der Auftraggeber auf Grund Ihrer Schlechtleistungen auf Schadensersatz in Anspruch nehmen, werden wir bei Ihnen Rückgriff nehmen.

Wir empfehlen Ihnen, den Vorgang Ihrer Haftpflichtversicherung anzuzeigen.

Mit freundlichen Grüßen

Unterschrift

11 Die Schadensanzeige an den Haftpflichtversicherer erfolgt regelmäßig über einen gesonderten Vordruck, der von dem Haftpflichtversicherer als Anlage zum Versicherungsvertrag zur Verfügung gestellt wird. Es wird empfohlen, ausschließlich diesen Vordruck zu verwenden. Fehlt der Vordruck, sollte dieser bei dem Haftpflichtversicherer angefragt werden.

12 Wenn kein Vordruck zur Verfügung gestellt wird, sollte die Schadensanzeige – je nach Anforderung – folgende Mindestangaben enthalten:

- Versicherungsnehmer
- Versicherungsvertragsnummer
- Geschädigter/Anspruchsteller
  - Firma; Name, Vorname; Straße, Nr.; Postleitzahl; Ort
  - Ansprechpartner
  - Auftrag, Bezeichnung, Nr.
- Schaden
  - genauer Schadensort
  - Schadenstag (Datum, Uhrzeit)
  - Schadensfeststellung (Datum)
  - Sachschäden
  - Personenschäden
  - Schadenshöhe (_)
- Schadensschilderung
  - Art der Schädigung
  - Schadensumfang
  - Schadenshergang
  - Schadensursache
  - Schadensfotos, Zeichnungen

- Schadensverursacher
  - Firma; Name, Vorname; Straße, Nr.; Postleitzahl; Ort
  - Ansprechpartner

Formulierungsvorschlag für eine Schadensanzeige an den Haftpflichtversicherer: 13

[Absender]

[Anschrift]

[Datum]

Schadensanzeige

Versicherungsvertragsnummer: ...

Versicherungsnehmer: ...

Schaden auf Grund mangelhafter Ausführungsplanung

Sehr geehrte Damen und Herren,

mit den anliegenden Schreiben unseres Vertragspartners vom ... [Datum] wird eine von uns erstellte Ausführungsplanung als mangelhaft gerügt. Darüber hinaus wird die Geltendmachung von Schadensersatzansprüchen angekündigt. Art und Umfang eines möglichen Schadens können noch nicht konkretisiert werden, insoweit erfolgt die Schadensanzeige lediglich vorsorglich.

Sobald uns weiterer Schriftverkehr zugeht, werden wir Sie unterrichten. Für Rückfragen steht Ihnen Herr ... (Tel.: ...) gerne zur Verfügung. Bitte teilen Sie uns für mögliche Rückfragen die Schadensnummer mit.

Mit freundlichen Grüßen

Unterschrift

2. Anspruch auf Vorlage einer Sanierungsplanung

14 Sind Nachbesserungsarbeiten des Auftragnehmers auf Grund von Planungsmängeln der vom Auftraggeber übergebenen Unterlagen notwendig, steht dem Auftragnehmer ein Anspruch auf Bereitstellung einer Sanierungsplanung durch den Auftraggeber zu[1].

Praxistipp: 15

Zur Vermeidung von Behinderungen des Bauablaufes und der sich daraus ergebenden terminlichen und finanziellen Nachteile für den Auftraggeber sollte der Anspruch des Auftragnehmers umgehend erfüllt werden. Hat sich der Auftraggeber zur Erstellung der fehlerhaften Unterlagen eines Architekten bedient, können diesem gegenüber Ansprüche auf Nachbesserung oder Schadensersatz geltend gemacht werden.

III. Inhaltskontrolle einzelner VOB/B-Klauseln

16 VOB/B-Klauseln sind allgemeine Geschäftsbedingungen (AGB) und unterliegen unabhängig davon, ob die VOB/B als Ganzes oder lediglich einzelne VOB/B-Klauseln vereinbart werden, dem Anwendungsbereich der §§ 305 ff. BGB.

17 Werden **einzelne** VOB/B-Klauseln vereinbart, findet deren uneingeschränkte Inhaltskontrolle statt. Voraussetzung ist lediglich, dass die VOB/B-Klauseln durch einen Vertragspartner gestellt, also beispielsweise über seine AGB in den Vertrag einbezogen werden. Eine Inhaltskontrolle unterbleibt, wenn die Vertragspartner die Einbeziehung einzelner VOB/B-Klauseln übereinstimmend vereinbart haben.

1 OLG Hamm, Urteil vom 16.2.2011 – 12 U 82/10, I-12 U 82/10 – IBR 2011, S. 260.

Praxistipp:

Wer als Verwender von VOB/B-Klauseln deren Inhaltskontrolle vermeiden möchte, muss diese mit seinem Vertragspartner im Einzelnen verhandeln. Hierbei ist unbedingt darauf zu achten, dass die Vertragsklauseln inhaltlich geändert werden. Unveränderte Klauseln gelten regelmäßig als unverhandelt. Eine unveränderte Klausel kann nach Auffassung des Bundesgerichtshofs nur Gegenstand von Verhandlungen gewesen sein, wenn sie nach gründlicher Erörterung unverändert blieb[2]. Dies stellt eine seltene Ausnahme dar, die vom Verwender der Klausel in der Praxis nur schwer dargelegt und bewiesen werden kann. Im Zweifel sollte die Klausel daher inhaltlich geändert werden.

Die Inhaltskontrolle erfolgt nur zu Lasten des Verwenders, also des Vertragspartners, der sie gestellt hat. Auf die Unwirksamkeit einer von ihm gestellten Klausel kann sich der Verwender nicht berufen.

18 Wird die VOB/B als **Ganzes** vereinbart, ist zu hinterfragen, ob der Vertragspartner des Verwenders Verbraucher, also eine natürliche Person, ist, die außerhalb ihrer gewerblichen oder beruflichen Tätigkeit handelt.

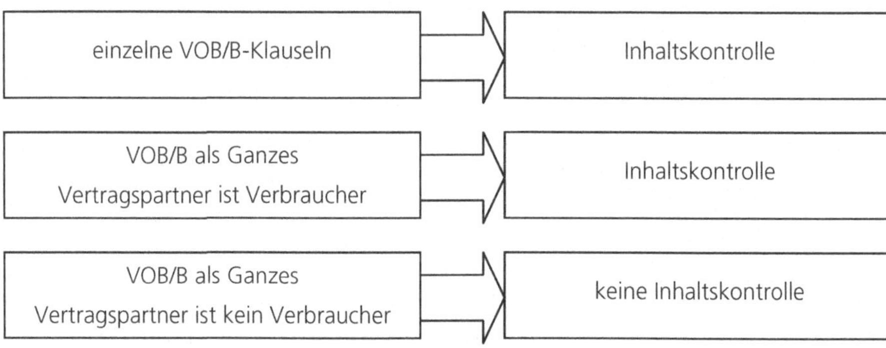

Abbildung 4: Übersicht Inhaltskontrolle

19 Ist der Vertragspartner des Verwenders Verbraucher, findet nach der Entscheidung des Bundesgerichtshofes vom 24.7.2008[3] die Inhaltskontrolle unabhängig davon statt, ob die VOB/B als Ganzes oder einzeln vereinbart wurde. Nur in Verträgen, in denen die VOB/B

- als Ganzes und
- nicht gegenüber Verbrauchern

vereinbart wurde, ist sie – weiterhin – der Inhaltskontrolle nach den §§ 305 ff. BGB entzogen. Der Vertragspartner des Verwenders kann sich nicht auf die Unwirksamkeit einzelner Klauseln berufen, selbst wenn diese einer Einzelprüfung nicht standhalten und unwirksam sein sollten.

Auf die Wirksamkeit der einzelnen Klauseln des § 3 VOB/B wird in der nachfolgenden Kommentierung eingegangen.

2 BGH, Urteil vom 22.11.2012 – VII ZR 222/12 – ZfBR 2013, S. 151.
3 BGH, Urteil vom 24.7.2008 - AZ.: VII ZR 55/07 – BGHZ 178, 1 ff.

B. Pflicht des Auftraggebers zur Übergabe der Ausführungsunterlagen (§ 3 Abs. 1 VOB/B)

Nach § 3 Abs. 1 VOB/B hat der Auftraggeber die für die Ausführung nötigen Unterlagen un- 20
entgeltlich und rechtzeitig an den Auftragnehmer zu übergeben. Es steht den Vertragspartnern allerdings frei, eine hiervon abweichende vertragliche Vereinbarung zu treffen.

Ausnahmsweise kann sich eine Pflicht des Auftragnehmers zur Beibringung der Unterlagen auch aus Allgemeinen Technischen Vertragsbedingungen ergeben (z.B. DIN 18330 Abschnitt 4.1.1; DIN 18331 Abschnitt 4.1.5).

Beispiel:

DIN 18330 Abschnitt 4.1.1; DIN 18331 Abschnitt 4.1.5:

Anfertigen und Liefern von statischen Verformungsberechnungen und Zeichnungen, soweit sie für Baubehelfe nötig sind.

I. Begriff der nötigen Ausführungsunterlagen

Ausführungsunterlagen sind sämtliche Schriftstücke, Pläne, Zeichnungen, Berechnungen 21
oder Anleitungen, die für eine reibungslose Baudurchführung erforderlich sind. Sie müssen übersichtlich, vollständig, eindeutig und deutlich sein. Der Begriff ist weit auszulegen und umfasst insbesondere:

Technische Unterlagen:

- Einzel-, Detail- und Gesamtzeichnungen
- Ausführungspläne gemäß § 15 Abs. 1 Nr. 5 HOAI
- statische Berechnungen
- Gutachten und Untersuchungen der Gelände-, Boden- und Wasserverhältnisse
- Vermessungsunterlagen
- Einzeldarstellungen und Bedienungsanleitungen
- Proben und Modelle

Öffentlich-rechtliche Unterlagen:

- Planfeststellungsbeschlüsse
- Baugenehmigungen
- Erlaubnisse nach Straßenverkehrsrecht, Wasserrecht und Gewerberecht
- Baufreigaben
- Standsicherheitsnachweise

Nötig sind die Unterlagen, die objektiv zur vertragsgerechten und mangelfreien Baudurch- 22
führung erforderlich sind, und ohne die der Auftragnehmer die Bauleistungen nicht erbringen darf.

II. Pflicht zur unentgeltlichen und rechtzeitigen Übergabe

Der Auftraggeber hat dem Auftragnehmer die nötigen Ausführungsunterlagen in der erfor- 23
derlichen Stückzahl unentgeltlich zur Verfügung zu stellen. Er kann weder für die Anfertigung noch die Überlassung eine Vergütung verlangen. Die Stückzahl der zu übergebenden Ausführungsunterlagen ist von der Art und Größe des Bauvorhabens abhängig. Damit es zwischen den Vertragspartnern hierüber nicht zum Streit kommt, empfiehlt es sich, eine entsprechende Regelung im Bauvertrag aufzunehmen.

Formulierungsvorschlag für Bauvertrag:

Der Auftraggeber stellt dem Auftragnehmer die Ausführungsunterlagen in dreifacher Ausfertigung bis zum ... unentgeltlich zur Verfügung. Für jede weitere Ausfertigung erhält der Auftraggeber eine Vergütung in Höhe von 750,00 €.

Der Auftraggeber stellt dem Auftragnehmer die Ausführungsunterlagen in digitalisierter Form (...-Format) bis zum ... unentgeltlich zur Verfügung.

24 Der Auftraggeber hat dem Auftragnehmer die Unterlagen so zeitig zur Verfügung zu stellen, dass diesem eine ausreichende Frist zur Ausführung der Leistungen verbleibt. Der genaue Zeitpunkt bestimmt sich nach den vertraglich vereinbarten Ausführungsfristen (§ 5 VOB/B). Es ist nicht erforderlich, alle Unterlagen bei Vertragsschluss vollständig vorzulegen, dies ist auch noch während der Bauausführung möglich. Die Unterlagen müssen allerdings so rechtzeitig übergeben werden, dass es nicht zu Behinderungen des Aufragnehmers kommt, die Schadensersatzansprüche nach § 6 Abs. 6 VOB/B auslösen oder zu Nachtragsforderungen führen können.

25 Liegt die Planung bei Auftragsvergabe an den Auftragnehmer noch nicht oder nicht vollständig vor, hat der Auftraggeber Folgendes zu berücksichtigen:

- Fristen hinsichtlich der Fertigstellung und Übergabe der Planunterlagen durch den Planer
- Aufnahme realistischer Fristen in den Bauvertrag bezüglich der Übergabe der Planung an den Auftragnehmer
- Fristenkontrolle und Mahnwesen
- ggf. Kündigung des Planervertrages und Durchführung einer Ersatzvornahme zur Schadensminimierung, wenn die Unterlagen nicht rechtzeitig zur Verfügung gestellt werden

26 Vorteilhaft und empfehlenswert ist es, dem Auftragnehmer auch technische Ausführungsunterlagen, die er für seine Kalkulation benötigt, bereits mit den Ausschreibungsunterlagen zu übergeben. Dies trifft im Übrigen auch auf öffentlich-rechtliche Genehmigungen wie Baugenehmigung oder Planfeststellungsbeschluss zu, die gleichfalls zusammen mit den Ausschreibungsunterlagen spätestens mit der Beauftragung des Auftragnehmers übergeben werden sollten. Eine verspätete Übergabe dieser Unterlagen führt regelmäßig zu Bauablaufstörungen und damit verbundenen Mehrkosten. Hinzu kommt, dass öffentlich-rechtliche Genehmigungen Abweichungen gegenüber dem Bausoll definieren und sich auch hieraus Mehrkosten ergeben können.

27 ***Praxistipp:***

In der Praxis hat es sich bewährt, die vereinbarten Fristen zur Übergabe der Ausführungsunterlagen in den Bauzeitenplan aufzunehmen und deren Einhaltung konsequent zu überwachen. Sofern die Fristen überschritten werden sollten, sind diese fortzuschreiben bzw. neu zu vereinbaren. Hierbei auftretende Versäumnisse sind im späteren Bauablauf nur schwer heilbar und führen regelmäßig zu Rechtsstreitigkeiten wegen eines gestörten Bauablaufs. Zur Vermeidung von Darlegungs- und Beweisschwierigkeiten sollten Fristüberschreitungen und deren Gründe umgehend und ausführlich im Bautagebuch oder in Planlauflisten dokumentiert werden.

III. Inhaltskontrolle des § 3 Abs. 1

28 § 3 Abs. 1 VOB/B hält einer isolierten Inhaltskontrolle nach den §§ 305 ff. BGB stand (siehe hierzu oben Rn. 16 ff.).

C. Pflicht des Auftraggebers zum Abstecken der Hauptachsen, Geländegrenzen und Schaffen der Höhenfestpunkte (§ 3 Abs. 2)

29 Das Abstecken der Hauptachsen der baulichen Anlagen, ebenso der Grenzen des Geländes, das dem Auftragnehmer zur Verfügung gestellt wird, und das Schaffen der notwendigen Höhenfestpunkte in unmittelbarer Nähe der baulichen Anlagen sind nach § 3 Abs. 2 VOB/B Sache des Auftraggebers. Er ist verpflichtet, Vorbereitungsarbeiten zu erbringen, damit der Auftragnehmer mit der Bauausführung beginnen kann.

30 Wie bei § 3 Abs. 1 VOB/B können die Vertragspartner hiervon abweichend vereinbaren, dass der Auftragnehmer an Stelle des Auftraggebers die Vorbereitungsarbeiten neben seiner Verpflichtung zur Bauausführung übernimmt. Weiterhin hat der Auftraggeber die Möglichkeit, die Durchführung der Vorleistungen durch den Auftragnehmer nach § 1 Abs. 4 VOB/B einseitig anzuordnen. Der Auftragnehmer erhält dann nach § 2 Abs. 9 Nr. 1 VOB/B eine zusätzliche Vergütung.

31 § 3 Abs. 2 VOB/B hält einer isolierten Inhaltskontrolle nach den §§ 305 ff. BGB stand (siehe hierzu § 3 Rn. 16 ff.).

D. Verbindlichkeit der Ausführungsunterlagen; Prüf- und Hinweispflichten des Auftragnehmers (§ 3 Abs. 3)

32 Nach § 3 Abs. 3 VOB/B sind die vom Auftraggeber zur Verfügung gestellten Geländeaufnahmen und Absteckungen und die übrigen für die Ausführung übergebenen Unterlagen für den Auftragnehmer maßgebend. Jedoch hat er sie, soweit es zur ordnungsgemäßen Vertragserfüllung gehört, auf etwaige Unstimmigkeiten zu überprüfen und den Auftraggeber auf entdeckte oder vermutete Mängel hinzuweisen.

33 ***Schreiben für die Übergabe von Ausführungsunterlagen:***

> [Absender]
>
> [Anschrift]
>
> [Datum]
>
> **Bauvorhaben ...**
>
> **Vertragsnummer ...**
>
> **Übergabe von Ausführungsunterlagen ...**
>
> Sehr geehrte Damen und Herren,
>
> anliegend erhalten Sie die vereinbarten Ausführungsunterlagen mit der Bitte, uns deren Vollständigkeit auf der gleichfalls anliegenden Abschrift dieses Schreibens durch Unterschrift zu bestätigen.
>
> Wir weisen darauf hin, dass Sie nach § 3 Abs. 3 VOB/B verpflichtet sind, die Ausführungsunterlagen auf Unstimmigkeiten zu überprüfen und uns auf entdeckte oder vermutete Mängel hinzuweisen.
>
> Im Hinblick auf den vereinbarten Bauablauf ist uns das Ergebnis Ihrer Prüfung bis zum ... [Datum] schriftlich vorzulegen.
>
> Mit freundlichen Grüßen
>
> Unterschrift

I. Verbindlichkeit der Ausführungsunterlagen (Abs. 3 Satz 1)

34 Der Auftragnehmer ist nach § 3 Abs. 3 Satz 1 VOB/B verpflichtet, die vertraglich gebundenen Bauleistungen nach den ihm übergebenen Unterlagen auszuführen, wobei er nicht nur die in Satz 1 exemplarisch aufgeführten, sondern sämtliche ihm zur Verfügung gestellten Ausfüh-

rungsunterlagen zu beachten hat. Die überlassenen Unterlagen sind für den Auftragnehmer auch dann verbindlich, wenn sie ihm verspätet übergeben wurden.

Praxistipp:

Den Vertragspartnern steht es auch nach Vertragsschluss frei, eine von den Ausführungsunterlagen abweichende Bauausführung zu vereinbaren. Die Abweichung kann auch die Folge einer Anordnung des Auftraggebers zur Änderung des Bauentwurfs nach § 1 Abs. 3 VOB/B sein.

Eigenmächtige Abweichungen des Auftragnehmers werden von der VOB/B nicht zugelassen und können zu Ansprüchen des Auftraggebers nach § 4 Abs. 7 bzw. § 13 Abs. 5 bis 7 VOB/B führen.

II. Prüf- und Hinweispflicht des Auftragnehmers (Abs. 3 Satz 2)

1. Art und Umfang der Prüfpflicht

35 Der Auftragnehmer hat zur ordnungsgemäßen Vertragserfüllung zu **überprüfen**, ob die ihm übergebenen Unterlagen Unstimmigkeiten aufweisen, und den Auftraggeber auf entdeckte und vermutete Mängel **hinzuweisen**. Bei der Überprüfung sind insbesondere zu berücksichtigen:

- Fehler und Ungenauigkeiten
- Abweichungen vom geäußerten oder erkennbaren Willen des Auftraggebers
- Verstöße gegen allgemein anerkannte Regeln der Technik, technische Normen (DIN-Normen), öffentlich-rechtliche Regelwerke (z.B. technische Regeln für Aufzüge/TRA)
- Verstöße gegen gesetzliche oder behördliche Bestimmungen (z.B. Bau- und Bauordnungsrecht, Verkehrsrecht, Straßenrecht, Wasserrecht, Gewerberecht, Strafrecht, Gesundheitsrecht, Immissionsschutzrecht)
- Verstoß gegen behördliche Anordnungen und Entscheidungen (z.B. nach Wärmeschutz-VO, Feuerschutzvorschriften, Lärmschutzbestimmungen)

36 Der **Umfang** der Prüfpflicht ist einzelfallbezogen und bestimmt sich danach, welche Unrichtigkeiten der Auftragnehmer im normalen und zumutbaren Rahmen erkennen kann. Maßgebend hierfür sind das beim Auftragnehmer vorauszusetzende branchenübliche Wissen, Art und Umfang der übernommenen vertraglichen Verpflichtungen sowie die Bedeutung des Bauvorhabens.

37 Erkennt der Auftragnehmer auf Grund seiner Fachkunde, dass die Ausschreibungsunterlagen ersichtlich fehlerhaft sind, so muss er seine Überprüfung intensivieren, Aufklärungsgespräche führen und den Auftraggeber auf die entdeckten oder vermuteten Mängel hinweisen. Hierzu ist der Auftragnehmer selbst dann verpflichtet, wenn der Auftraggeber eigene Fachkunde besitzt oder sich kompetent beraten lässt.

38 Bei der Prüfung durch den Auftragnehmer ist zu unterstellen, dass er den neuesten Stand der Technik kennt, den Stand der Diskussionen in Fachkreisen verfolgt und sich in der einschlägigen Fachliteratur informiert.

2. Hinweispflicht

39 Der Hinweis hat **unverzüglich** nach Feststellung oder Vermutung einer Unstimmigkeit gegenüber dem Auftraggeber zu erfolgen. Sofern zwischen den Vertragspartnern entsprechende Vereinbarungen getroffen wurden, kann der Hinweis auch dem bauplanenden oder bauleitenden Architekten bzw. der Bauüberwachung des Auftraggebers gegeben werden. Fehlt eine derartige vertragliche Regelung, verbleibt es dabei, dass der Hinweis ausschließlich gegenüber dem Auftraggeber erfolgen muss, um Rechtswirkungen entfalten zu können.

Praxistipp: 40

Zur Erfüllung seiner Hinweispflicht ist der Auftragnehmer an keine bestimmte Form gebunden. Der Hinweis kann daher mündlich, telefonisch, per Telefax, E-Mail oder schriftlich erfolgen. Zur Vermeidung von Beweisschwierigkeiten sollte stets die Schriftform gewählt werden.

3. Folgen erkannter und unerkannter Unstimmigkeiten in den Ausführungsunterlagen

Stellt der Auftragnehmer bei der Überprüfung der ihm vom Auftraggeber übergebenen Ausführungsunterlagen Unstimmigkeiten fest, die sich auf seine Leistung nachteilig auswirken können, ist er bis zur Berichtigung oder bis zum Erhalt einer klaren Anordnung durch den Auftraggeber von der Leistungserbringung befreit. 41

Ist der Auftragnehmer seinen Prüf-, Hinweis- und Unterstützungspflichten nicht hinreichend nachgekommen, können sich hieraus Schadensersatzansprüche des Auftraggebers ergeben. Allerdings muss sich der Auftraggeber grundsätzlich eigenes Verschulden anrechnen lassen, da die Ausführungsunterlagen in seinem Verantwortungsbereich erstellt wurden. 42

Nach der Auffassung des Oberlandesgerichts Frankfurt soll dem Auftraggeber ein Mitverschulden selbst dann entgegen gehalten werden können, wenn der Auftragnehmer auf die fehlerhaften Unterlagen wegen unterlassener Prüfung nicht hingewiesen hat, die Fehler allerdings bei pflichtgemäßer Überprüfung hätte feststellen können. Durch die Pflichtverletzung des Auftragnehmers wird das in der Überlassung fehlerhafter Unterlagen liegende Verschulden des Auftraggebers nicht beseitigt. Je nach Umständen kann dies zu einer hälftigen Teilung des Schadens führen. Eine solche Schadensteilung soll insbesondere angemessen sein, wenn im Einzelfall weder das Verhalten des einen oder des anderen Vertragspartners den Eintritt des Schadens in erheblich höherem Maße wahrscheinlich gemacht hat, weil es in diesem Fall an einem wesentlichen Kriterium für die Bestimmung unterschiedlicher Haftungsquoten fehlt[4]. 43

Praxistipp: 44

Die Anrechnung eines Mitverschuldens kommt ***nicht*** *in Betracht, wenn der Auftragnehmer Unstimmigkeiten in den vom Auftraggeber übergebenen Unterlagen erkannt hat, aber seiner Hinweispflicht gegenüber dem Auftraggeber nicht oder nur unzureichend nachgekommen ist[5] und es in diesen Fällen zu einem Schaden kommt, der hätte vermieden werden können, wenn der Auftragnehmer seiner Hinweispflicht nachgekommen wäre.*

4 OLG Frankfurt, Urteil vom 16.3.2010 – 14 U 21/04 – IBR 2012, S. 701.
5 Heiermann/Riedl/Rusam, Handkommentar zur VOB, B § 3 Rn. 15.

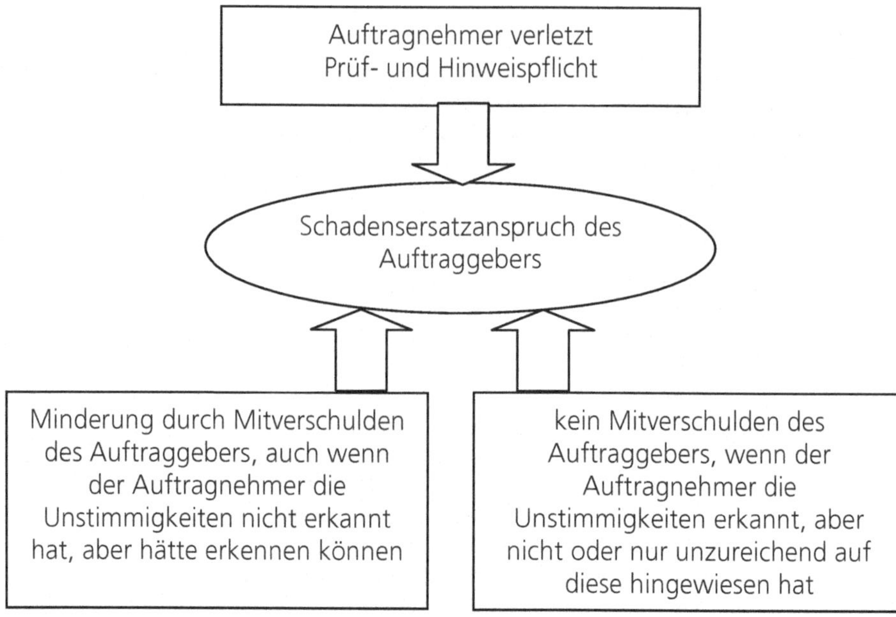

Abbildung 5: Folgen erkannter Unstimmigkeiten in den Ausführungsunterlagen

4. Umgang des Auftraggebers mit Hinweisen des Auftragnehmers

45 ***Praxistipp:***

Wie sollte der Auftraggeber vorgehen, wenn der Auftragnehmer auf Unstimmigkeiten in den Ausführungsunterlagen hinweist?

- *Prüfung des Hinweises durch ihn, seinen Planer oder neu hinzugezogenen Sachverständigen*
- *Treffen neuer Anordnungen oder Beharren auf der geplanten Ausführungsvariante*
- *ggf. Aufforderung des Planers zur Überarbeitung der Planung, bzw. Ersatzvornahme bei Leistungsverweigerung*
- *ggf. vorsorglich unverzügliche Schadensanzeige an den Haftpflichtversicherer des Auftraggebers, wenn er sämtliche Planungs- und Bauleistungen selbst versichert hat; anderenfalls Hinweis an den Planer, den Schaden seiner Versicherung zu melden*
- *ggf. Inanspruchnahme des Planers in Höhe des eingetretenen Schadens oder des Selbstbehaltes, wenn die Versicherung den Schaden reguliert hat*

III. Inhaltskontrolle des § 3 Abs. 3

46 § 3 Abs. 3 VOB/B hält einer isolierten Inhaltskontrolle nach den §§ 305 ff. BGB stand (siehe hierzu oben Rn. 16 ff.).

E. Gemeinsame Niederschrift über örtliche Gegebenheiten (§ 3 Abs. 4)

47 Gemäß § 3 Abs. 4 VOB/B ist vor Beginn der Arbeiten, soweit notwendig, der Zustand der Straßen und Geländeoberfläche, der Vorfluter und Vorflutleitungen, ferner der baulichen Anlagen im Baubereich in einer Niederschrift festzuhalten, die vom Auftraggeber und Auftragnehmer anzuerkennen ist. Da die gemeinsame Niederschrift Beweiszwecken dient und späteren Strei-

tigkeiten vorbeugen soll, ist sie mit besonderer Sorgfalt zu erstellen. Sie sollte weiterhin richtig, klar und verständlich formuliert sowie vollständig sein.

Ob eine gemeinsame Feststellung **„notwendig"** ist, bestimmt sich nach den Umständen des 48
Einzelfalls, wobei ein objektiver Maßstab anzulegen ist. Eine gemeinsame Niederschrift ist nur zu fertigen, wenn Anhaltspunkte vorliegen, die dies sinnvoll erscheinen lassen. Dies kommt insbesondere in folgenden Fällen in Betracht:

- Rammarbeiten in der Nähe von Gebäuden, wenn sich auf Grund der Erschütterungen Risse bilden können
- Feststellung des Zustandes von Brücken, Straßen oder Gleisanlagen, die für den Baustellenverkehr in Anspruch genommen werden
- Feststellung des Zustandes vorhandener Bausubstanz bei Umbaumaßnahmen

Praxistipp: 49

Können sich die Vertragspartner nicht über den Inhalt der Niederschrift einigen, sollten sie nicht von der Erstellung der Niederschrift Abstand nehmen, sondern vielmehr die unterschiedlichen Auffassungen in das Protokoll aufnehmen und begründen oder einen unparteiischen und in Bausachen erfahrenen Sachverständigen mit der Feststellung beauftragen. Die Hinzuziehung eines Sachverständigen sollte auch in Betracht gezogen werden, wenn den Vertragspartnern die erforderlichen Fachkenntnisse fehlen oder Belange Dritter durch die Baumaßnahme berührt werden, die an der gemeinsamen Feststellung nicht mitwirken.

Lässt sich zwischen den Vertragspartnern eine Einigung auf die Feststellung eines bestimmten 50
Zustandes oder einen bestimmten Sachverständigen nicht erzielen, besteht weiterhin die Möglichkeit, ein selbstständiges gerichtliches Beweisverfahren durchzuführen. Da dieses Verfahren regelmäßig sehr zeitintensiv ist und zusätzliche Kosten für Terminwahrnehmungen und Rechtsanwälte verursacht, ist in jedem Fall einer einvernehmlichen Vorgehensweise der Vorrang einzuräumen.

Ist ein Vertragspartner nicht zur gemeinsamen Niederschrift bereit, kann dies nicht im Klage- 51
weg erzwungen werden. Die Verletzung der Mitwirkungspflicht führt allerdings regelmäßig zur Verlängerung der Ausführungsfristen und kann Schadensersatzansprüche nach § 6 Abs. 6 VOB/B auslösen. Ob die Ansprüche letztlich berechtigt sind, bestimmt sich danach, ob eine gemeinsame Feststellung notwendig war.

Die **Kosten** der Feststellung trägt grundsätzlich der Auftraggeber. Nach den Regelungen der 52
VOB/C für Tiefbauarbeiten[6] handelt es sich bei den anfallenden Leistungen allerdings um Nebenleistungen, die auch ohne gesonderte Erwähnung in der Leistungsbeschreibung zur vertraglichen Leistung des Auftragnehmers gehören und daher ohne gesonderte Vergütung zu erbringen sind. Im Hochbaubereich finden sich in den DIN-Normen keine vergleichbaren Regelungen, sodass der Auftraggeber die Kosten zu tragen hat.

Beispiel:

DIN 18330 Abschnitt 4.1.1:

Feststellen des Zustandes der Straßen, Geländeoberfläche, der Vorfluter usw. nach § 3 Abs. 4 VOB/B.

Will der Auftraggeber die Kostentragung vermeiden, bedarf es einer entsprechenden vertrag- 53
lichen Vereinbarung mit dem Auftragnehmer und darüber hinaus eines besonderen Verhandlungsgeschicks, da der Auftragnehmer diese Kosten sonst in seiner Angebotskalkulation berücksichtigen wird.

6 Vgl. z.B. Allgemeine Technische Vertragsbestimmungen ATV DIN 18330 Abschnitt 4.1.1 bzw. Abschnitt 4.1.3.

54 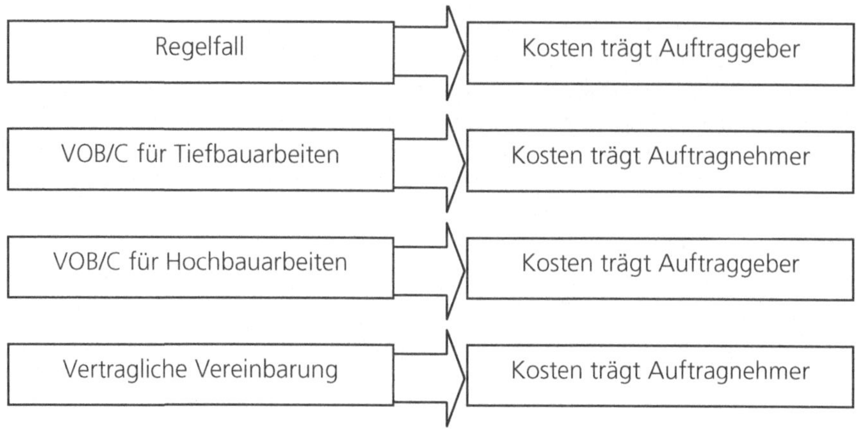

Abbildung 6: Kosten gemeinsamer Niederschriften

55 § 3 Abs. 4 VOB/B hält einer isolierten Inhaltskontrolle nach den §§ 305 ff. BGB stand (siehe hierzu oben Rn. 16 ff.).

F. Pflicht des Auftragnehmers zur Beschaffung und Vorlage von Zeichnungen und Unterlagen (§ 3 Abs. 5)

56 Nach § 3 Abs. 5 VOB/B sind dem Auftraggeber

- Zeichnungen,
- Berechnungen,
- Nachprüfungen von Berechnungen oder
- andere Unterlagen,

die der Auftragnehmer nach dem Vertrag, besonders den Technischen Vertragsbedingungen, oder der gewerblichen Verkehrssitte oder auf besonderes Verlangen des Auftraggebers (§ 2 Abs 9) zu beschaffen hat, nach Aufforderung rechtzeitig vorzulegen.

57 Der Auftragnehmer hat die Unterlagen so **rechtzeitig** zu übergeben, dass dem Auftraggeber vor Ausführung der Leistung ausreichend Zeit verbleibt, diese sorgfältig zu prüfen, und es nicht zu Verzögerungen im Bauablauf kommt. Welche Fristen im Einzelfall zu beachten sind, bestimmt sich nach dem Umfang der übergebenen Unterlagen.

Praxistipp:

▶ *Damit während der Bauausführung kein Streit zwischen den Vertragspartnern über den zur Prüfung erforderlichen Zeitraum entsteht, sollten bereits in der Ausschreibung, spätestens bei Vertragsschluss entsprechende Prüffristen schriftlich vereinbart werden.*

58 Die **Kosten** für die Beschaffung und Vorlage trägt der Auftraggeber, wenn es sich nicht um eine nicht zu vergütende Nebenleistung des Auftragnehmers nach VOB/C Abschnitt 0.4 und Abschnitt 4 der jeweiligen ATV handelt. Eine Vergütung des Auftragnehmers erfolgt auch nicht, wenn er Leistungen erbringt, die über seine allgemeine Prüf- und Hinweispflicht nicht hinausgehen, oder eine entsprechende Kostentragung durch den Auftragnehmer vereinbart wurde. Die Höhe der Vergütung richtet sich nach der vertraglichen Vereinbarung, fehlt diese, ist eine übliche angemessene Vergütung zu zahlen (§ 632 Abs. 2 BGB).

Beispiel: 59

DIN 18312 Abschnitt 4.1.6:

Erstellen von Standsicherheitsnachweisen und Ausführungszeichnungen für den Verbau, soweit nach DIN 4124 erforderlich.

DIN 18303 Abschnitt 4.1.17:

Erstellen prüffähiger Standsicherheitsnachweise und Ausführungszeichnungen, soweit sie für Baubehelfe nötig sind.

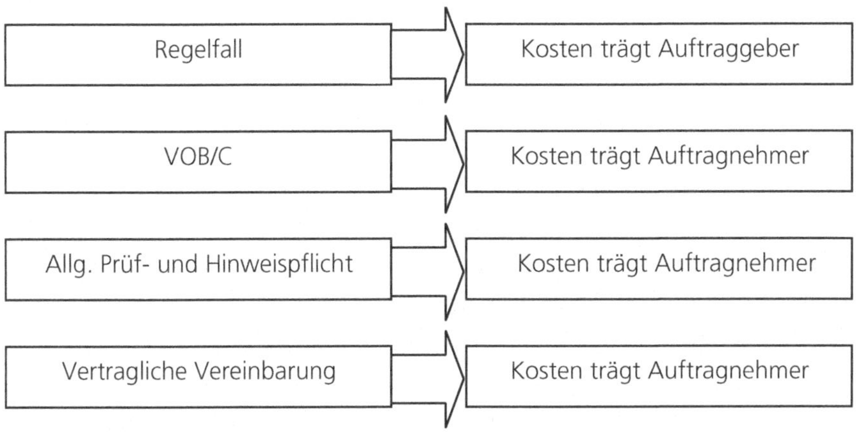

Abbildung 7: Kosten für Beschaffung und Vorlage

Welche Möglichkeiten stehen dem Auftraggeber zur Verfügung, wenn der Auftragnehmer die Unterlagen nicht, nicht vertragsgerecht oder nicht rechtzeitig vorlegt? 60

- Klage auf Beschaffung und Übergabe von Zeichnungen und Unterlagen (Bei der Pflicht zur Beschaffung und Vorlage von Ausführungsunterlagen nach § 3 Abs. 5 VOB/B handelt es sich um eine sog. selbstständige Nebenleistungspflicht, die der Auftraggeber einklagen kann, wenn der Auftragnehmer ihr nicht nachkommt. Da das Verfahren sehr zeitintensiv ist, sollte sehr genau geprüft werden, ob nicht die Kündigung des Vertrages bzw. eine Ersatzvornahme schneller zum Erfolg führen.)
- Verlangen nach Mängelbeseitigung gemäß § 4 Abs. 7 Satz 1 VOB/B bzw. § 13 Abs. 5 Nr. 1 VOB/B
- Kündigung des Vertrages nach § 4 Abs. 7 Satz 3 i.V.m. § 8 Abs. 3 VOB/B
- Durchführung einer Ersatzvornahme nach § 8 Abs. 3 Nr. 2 VOB/B bzw. § 13 Abs. 5 Nr. 2 VOB/B
- Werklohnminderung § 13 Abs. 6 VOB/B
- Geltendmachung von Schadensersatz nach § 4 Abs. 7 Satz 2 VOB/B bzw. § 13 Abs. 7 VOB/B
- Geltendmachung eines Verzugsschadens nach § 285 i.V.m. § 280 Abs. 2 BGB

§ 3 Abs. 5 VOB/B hält einer isolierten Inhaltskontrolle nach den §§ 305 ff. BGB stand (siehe hierzu oben Rn. 16 ff.). 61

G. Nutzungsbeschränkung der in Abs. 5 genannten Zeichnungen und Unterlagen (§ 3 Abs. 6)

I. Urheberrechtliche Genehmigung (Abs. 6 Nr. 1)

62 Die vom Auftragnehmer vorgelegten Unterlagen dürfen nach § 3 Abs. 6 Nr. 1 VOB/B ohne Genehmigung ihres Urhebers nicht

- veröffentlicht,
- vervielfältigt,
- geändert oder
- für einen anderen als den vereinbarten Zweck
- benutzt werden.

63 Von der Vorschrift werden neben Zeichnungen sämtliche Berechnungen, Nachprüfungen von Berechnungen und sonstigen Unterlagen erfasst, die in der Regel nicht urheberrechtlich geschützt sind. **Urheber** i.S.d. § 3 Abs. 6 VOB/B ist danach jeder, der die in Abs. 5 erfassten Unterlagen hergestellt hat. Der Begriff des „Urhebers" ist nicht i.S.d. Urheberrechtsgesetzes zu verstehen, sondern geht darüber hinaus.

64 Bei der **„Genehmigung"** handelt es sich nicht um eine nachträgliche Zustimmung im rechtstechnischen Sinne (§ 184 Abs. 1 BGB). Sie ist vielmehr – wie eine Einwilligung i.S.v. § 183 BGB – vor der Benutzung einzuholen, kann allerdings auch nachträglich eingeholt bzw. erteilt werden. In diesen Fällen trägt jedoch der Auftraggeber das Risiko, dass die Genehmigung nicht erteilt wird und er sich Ansprüchen des Auftragnehmers oder der Personen aussetzt, welche die Unterlagen erstellt haben.

65 Überschreitet der Auftraggeber die Grenzen seines Nutzungsrechts, kann der Auftragnehmer

- Unterlassung oder
- Ersatz des ihm entstandenen Schadens verlangen. Daneben kommen
- Ansprüche auf Herausgabe der Unterlagen

in Betracht, da der Auftragnehmer mit der Übergabe der Unterlagen grundsätzlich nicht das Eigentum verliert und der Auftraggeber diese nach Gebrauch zurückzugeben hat.

Praxistipp:

Die Vertragspartner können vereinbaren, dass der Auftraggeber das Eigentum an den Unterlagen mit der Übergabe erhalten soll, sodass Ansprüche des Auftragnehmers auf Herausgabe ausgeschlossen sind.

II. Nutzungsrecht des Auftraggebers an DV-Programmen (Abs. 6 Nr. 2)

66 Nach Abs. 6 Nr. 2 hat der Auftraggeber das Recht zur Nutzung an DV-Programmen

- mit den vereinbarten Leistungsmerkmalen
- in unveränderter Form
- auf den festgelegten Geräten.

67 Bei DV-Programmen handelt es sich einerseits um

- **Systemsoftware**, also die Gesamtheit der Programme, die die Ressourcen des Computers verwalten, Programmabläufe steuern und Befehle der Benutzer ausführen, aber keiner praktischen Anwendung dienen (z.B. Betriebssystem), und andererseits um
- **Anwendungssoftware**, also Software, die dazu dient, praktische Arbeitsaufgaben zu erledigen, wie Erstellen von Texten, Tabellen, Grafiken und Datenlisten (z.B. Textverarbeitungsprogramm).

Bei Abschluss des Bauvertrages sollten die Vertragspartner darauf achten, dass die Voraussetzungen für die Nutzung der DV-Programme eindeutig und präzise festgelegt werden, damit es später nicht zu Missverständnissen kommt. 68

Zum Zwecke der Datensicherung darf der Auftraggeber maximal zwei Kopien herstellen. Diese müssen jedoch alle Identifikationsmerkmale erhalten, um als erlaubt hergestellte Kopien zu gelten. Unabdingbar sind beispielsweise die Angabe des Urhebers und die Projektbezeichnung. Die Feststellung der Identität mit dem Originalprogramm muss zweifelsfrei möglich sein. Der Verbleib der Kopien ist auf Verlangen nachzuweisen. 69

III. Nutzungsrecht des Auftragnehmers (Abs. 6 Nr. 3)

Der Auftragnehmer bleibt nach § 3 Abs. 6 Nr. 3 VOB/B unbeschadet des Nutzungsrechts des Auftraggebers zur uneingeschränkten Nutzung der Unterlagen und der DV-Programme berechtigt. Individualvertraglich können die Vertragspartner eine hiervon abweichende Vereinbarung treffen. 70

IV. Inhaltskontrolle des § 3 Abs. 6

§ 3 Abs. 6 VOB/B hält einer isolierten Inhaltskontrolle nach den §§ 305 ff. BGB stand (siehe hierzu oben Rn. 16 ff.). 71

§ 4 VOB/B
Ausführung

(1) 1. Der Auftraggeber hat für die Aufrechterhaltung der allgemeinen Ordnung auf der Baustelle zu sorgen und das Zusammenwirken der verschiedenen Unternehmer zu regeln. Er hat die erforderlichen öffentlich-rechtlichen Genehmigungen und Erlaubnisse – z.B. nach dem Baurecht, dem Straßenverkehrsrecht, dem Wasserrecht, dem Gewerberecht – herbeizuführen.

2. Der Auftraggeber hat das Recht, die vertragsgemäße Ausführung der Leistung zu überwachen. Hierzu hat er Zutritt zu den Arbeitsplätzen, Werkstätten und Lagerräumen, wo die vertragliche Leistung oder Teile von ihr hergestellt oder die hierfür bestimmten Stoffe und Bauteile gelagert werden. Auf Verlangen sind ihm die Werkzeichnungen oder andere Ausführungsunterlagen sowie die Ergebnisse von Güteprüfungen zur Einsicht vorzulegen und die erforderlichen Auskünfte zu erteilen, wenn hierdurch keine Geschäftsgeheimnisse preisgegeben werden. Als Geschäftsgeheimnis bezeichnete Auskünfte und Unterlagen hat er vertraulich zu behandeln.

3. Der Auftraggeber ist befugt, unter Wahrung der dem Auftragnehmer zustehenden Leitung (Absatz 2) Anordnungen zu treffen, die zur vertragsgemäßen Ausführung der Leistung notwendig sind. Die Anordnungen sind grundsätzlich nur dem Auftragnehmer oder seinem für die Leitung der Ausführung bestellten Vertreter zu erteilen, außer wenn Gefahr im Verzug ist. Dem Auftraggeber ist mitzuteilen, wer jeweils als Vertreter des Auftragnehmers für die Leitung der Ausführung bestellt ist.

4. Hält der Auftragnehmer die Anordnungen des Auftraggebers für unberechtigt oder unzweckmäßig, so hat er seine Bedenken geltend zu machen, die Anordnungen jedoch auf Verlangen auszuführen, wenn nicht gesetzliche oder behördliche Bestimmungen entgegenstehen. Wenn dadurch eine ungerechtfertigte Erschwerung verursacht wird, hat der Auftraggeber die Mehrkosten zu tragen.

(2) 1. Der Auftragnehmer hat die Leistung unter eigener Verantwortung nach dem Vertrag auszuführen. Dabei hat er die anerkannten Regeln der Technik und die gesetzlichen und behördlichen Bestimmungen zu beachten. Es ist seine Sache, die Ausführung seiner vertraglichen Leistung zu leiten und für Ordnung auf seiner Arbeitsstelle zu sorgen.

2. Er ist für die Erfüllung der gesetzlichen, behördlichen und berufsgenossenschaftlichen Verpflichtungen gegenüber seinen Arbeitnehmern allein verantwortlich. Es ist ausschließlich seine Aufgabe, die Vereinbarungen und Maßnahmen zu treffen, die sein Verhältnis zu den Arbeitnehmern regeln.

(3) Hat der Auftragnehmer Bedenken gegen die vorgesehene Art der Ausführung (auch wegen der Sicherung gegen Unfallgefahren), gegen die Güte der vom Auftraggeber gelieferten Stoffe oder Bauteile oder gegen die Leistungen anderer Unternehmer, so hat er sie dem Auftraggeber unverzüglich – möglichst schon vor Beginn der Arbeiten – schriftlich mitzuteilen; der Auftraggeber bleibt jedoch für seine Angaben, Anordnungen oder Lieferungen verantwortlich.

(4) Der Auftraggeber hat, wenn nichts anderes vereinbart ist, dem Auftragnehmer unentgeltlich zur Benutzung oder Mitbenutzung zu überlassen:

1. die notwendigen Lager- und Arbeitsplätze auf der Baustelle,
2. vorhandene Zufahrtswege und Anschlussgleise,
3. vorhandene Anschlüsse für Wasser und Energie. Die Kosten für den Verbrauch und den Messer oder Zähler trägt der Auftragnehmer, mehrere Auftragnehmer tragen sie anteilig.

(5) Der Auftragnehmer hat die von ihm ausgeführten Leistungen und die ihm für die Ausführung übergebenen Gegenstände bis zur Abnahme vor Beschädigung und Diebstahl zu schützen. Auf Verlangen des Auftraggebers hat er sie vor Winterschäden und Grundwasser zu schützen, ferner Schnee und Eis zu beseitigen. Obliegt ihm die Verpflichtung nach Satz 2 nicht schon nach dem Vertrag, so regelt sich die Vergütung nach § 2 Absatz 6.

(6) Stoffe oder Bauteile, die dem Vertrag oder den Proben nicht entsprechen, sind auf Anordnung des Auftraggebers innerhalb einer von ihm bestimmten Frist von der Baustelle zu entfernen. Geschieht es nicht, so können sie auf Kosten des Auftragnehmers entfernt oder für seine Rechnung veräußert werden.

(7) Leistungen, die schon während der Ausführung als mangelhaft oder vertragswidrig erkannt werden, hat der Auftragnehmer auf eigene Kosten durch mangelfreie zu ersetzen. Hat der Auftragnehmer den Mangel oder die Vertragswidrigkeit zu vertreten, so hat er auch den daraus entstehenden Schaden zu ersetzen. Kommt der Auftragnehmer der Pflicht zur Beseitigung des Mangels nicht nach, so kann ihm der Auftraggeber eine angemessene Frist zur Beseitigung des Mangels setzen und erklären, dass er nach fruchtlosem Ablauf der Frist den Vertrag kündigen werde (§ 8 Absatz 3).

(8) 1. Der Auftragnehmer hat die Leistung im eigenen Betrieb auszuführen. Mit schriftlicher Zustimmung des Auftraggebers darf er sie an Nachunternehmer übertragen. Die Zustimmung ist nicht notwendig bei Leistungen, auf die der Betrieb des Auftragnehmers nicht eingerichtet ist. Erbringt der Auftragnehmer ohne schriftliche Zustimmung des Auftraggebers Leistungen nicht im eigenen Betrieb, obwohl sein Betrieb darauf eingerichtet ist, kann der Auftraggeber ihm eine angemessene Frist zur Aufnahme der Leistung im eigenen Betrieb setzen und erklären, dass er nach fruchtlosem Ablauf der Frist den Vertrag kündigen werde (§ 8 Absatz 3).

2. Der Auftragnehmer hat bei der Weitervergabe von Bauleistungen an Nachunternehmer die Vergabe- und Vertragsordnung für Bauleistungen Teile B und C zugrunde zu legen.

3. Der Auftragnehmer hat dem Auftraggeber die Nachunternehmer und deren Nachunternehmer ohne Aufforderung spätestens bis zum Leistungsbeginn des Nachunternehmers mit Namen, gesetzlichen Vertretern und Kontaktdaten bekannt zu geben. Auf Verlangen des Auftraggebers hat der Auftragnehmer für seine Nachunternehmer Erklärungen und Nachweise zur Eignung vorzulegen.

(9) Werden bei Ausführung der Leistung auf einem Grundstück Gegenstände von Altertums-, Kunst- oder wissenschaftlichem Wert entdeckt, so hat der Auftragnehmer vor jedem weiteren Aufdecken oder Ändern dem Auftraggeber den Fund anzuzeigen und ihm die Gegenstände nach näherer Weisung abzuliefern. Die Vergütung etwaiger Mehrkosten regelt sich nach § 2 Absatz 6. Die Rechte des Entdeckers (§ 984 BGB) hat der Auftraggeber.

(10) Der Zustand von Teilen der Leistung ist auf Verlangen gemeinsam von Auftraggeber und Auftragnehmer festzustellen, wenn diese Teile der Leistung durch die weitere Ausführung der Prüfung und Feststellung entzogen werden. Das Ergebnis ist schriftlich niederzulegen.

A. Einleitung

§ 4 VOB/B regelt mit dem Ziel, klare Verhältnisse zu schaffen, die Rechte und Pflichten der Vertragsparteien eines Bauvertrages, insbesondere diejenigen des Auftragnehmers vom Beginn der Ausführung der Bauleistungen bis zur Abnahme des Bauwerks durch den Auftraggeber. 1

Rechte und Pflichten des Auftragnehmers sind:

- Geltendmachung von Bedenken bei Anordnungen des Auftraggebers (Abs. 1 Nr. 4)
- Eigenverantwortliche Leistungserbringung (Abs. 2)
- Schriftliche Anmeldung von Bedenken gegenüber dem Auftraggeber (Abs. 3)
- Schutzpflichten im Hinblick auf die ausgeführten Leistungen und ihm übergebenen Gegenstände (Abs. 5)
- Entfernen nicht vertragsgemäßer Gegenstände von der Baustelle (Abs. 6)
- Mängelbeseitigungspflicht vor der Abnahme (Abs. 7)
- Leistungserbringung im eigenen Betrieb (Abs. 8)
- Anzeige von entdeckten Gegenständen von Altertums-, Kunst- oder wissenschaftlichem Wert und Ablieferung an den Eigentümer (Abs. 10)

Rechte und Pflichten des Auftraggebers sind:

- Aufrechterhaltung der Ordnung auf der Baustelle, Koordinationspflichten und Herbeiführung öffentlich-rechtlicher Genehmigungen und Erlaubnisse (Abs. 1 Nr. 1)
- Überwachung der vertragsgemäßen Ausführung der Leistung (Abs. 1 Nr. 2)
- Anordnungsrechte zur vertragsgemäßen Ausführung der Leistung (Abs. 1 Nr. 3)
- Bereitstellung und Nutzungsüberlassung der erforderlichen Hilfsmittel zur Leistungserbringung (Abs. 4).

Zu den beiderseitigen Rechten und Pflichten gehört die Feststellung des Zustandes von Teilen der Leistung (Abs. 10).

Die in § 4 VOB/B geregelten und näher skizzierten Mitwirkungspflichten gehören in rechtlicher Hinsicht grundsätzlich zu den sog. Obliegenheiten des Auftraggebers, welche u.a. ein diesbezügliches Mitverschulden des Auftraggebers, nicht aber ein einklagbares Recht des Auftragnehmers begründen können[1]. Um echte einklagbare und zugleich schadensersatzbewehrte Mitwirkungspflichten handelt es sich nur, soweit sich dies aus dem Gesetz oder dem Bauvertrag ergibt[2]. Eine derartige Vereinbarung kann darin liegen, dass sich der Auftraggeber verpflichtet hat, dem Auftragnehmer zu einem bestimmten Datum ein bestimmtes Bauteil zur Verfügung zu stellen[3]. Allein die Vereinbarung von Vertragsfristen ist jedoch nicht ausreichend[4]. Nimmt der Auftraggeber die erforderlichen Mitwirkungshandlungen nicht vor, kann der Auftragnehmer trotz seiner grundsätzlichen Vorleistungspflicht (gemäß dem jeweiligen Bauabschnitt) die vereinbarte Vergütung als erfüllende Vorauszahlung beanspruchen[5]. Dahinter steht folgender Rechtsgedanke: Dass der Auftragnehmer die Bauleistungen nicht erbringen kann, hat in diesem Fall der Auftraggeber zu verantworten. Dies kann dem Auftragnehmer nicht zum Nachteil gereichen, sodass er die vereinbarte Vergütung verlangen kann[6]. So-

1 BGHZ 179, 55 = NJW 2009, 582 zu § 642 BGB; Oppler, in: Ingenstau/Korbion, § 4 Abs. 1 VOB/B Rn. 31 f.
2 BGHZ 179, 55 = NJW 2009, 582. A.A. Hofmann, in: Ganten/Jagenburg/Motzke, 2. A. 2008, Vorbemerkung § 4 VOB/B Rn. 13: stets einklagbare Nebenpflicht.
3 Oppler, in: Ingenstau/Korbion, § 4 Abs. 1 VOB/B Rn. 33. Weitere Beispiele bei Sprau, in: Palandt, § 642 BGB Rn. 1.
4 BGHZ 143, 32 = BauR 2000, 722; Oppler a.a.O.
5 Heiermann/Riedel/Rusam, 11. A. 2008, § 4 VOB/B Rn. 5 m.w.N. aus der Rspr.
6 BGHZ 50, 175 = WM 1968, 847; BGH NJW 1990, 3008.

weit der Auftragnehmer jedoch von seiner Leistung befreit wird, etwa durch zugleich erfolgte Kündigung nach § 9 Abs. 1 VOB/B, muss er sich jedoch anrechnen lassen, was er infolge der Befreiung von seiner Leistung erspart oder durch anderweitige Verwendung seiner Arbeitskraft erwirbt oder zu erwerben böswillig unterlässt[7].

2 Kann der Auftragnehmer die Bauarbeiten ausführen (lassen), aber nur mit erheblicher zeitlicher Verzögerung, hat dies der Auftraggeber hinzunehmen[8]. Insbesondere kann der Auftragnehmer mit der von ihm geschuldeten Bauleistung nicht in Schuldnerverzug (§ 286 BGB) geraten, wenn die Bauverzögerung darauf beruht, dass der Auftraggeber seiner Obliegenheit zur Mitwirkung nicht nachkommt[9]. Im Gegenteil hat der Auftraggeber dem Auftragnehmer die zur ordnungsgemäßen Erbringung der Bauleistungen notwendige Zeitverlängerung einzuräumen[10]. Zudem gerät der Auftraggeber regelmäßig in Annahmeverzug (§ 293 BGB), wenn er erforderliche Mitwirkungshandlungen unterlässt. Dem Auftragnehmer kann dann das Kündigungsrecht nach § 9 Abs. 1 Nr. 1a VOB/B zustehen sowie ein Anspruch auf angemessene Entschädigung nach § 642 BGB (vgl. § 9 Abs. 3 Satz 2 VOB/B; zu Einzelheiten vgl. hier § 9 VOB/B Rn. 52).

3 Wirkt der Auftraggeber nicht oder nicht in ausreichendem Umfang mit und führt dies zur Behinderung oder Unterbrechung der Bauarbeiten, kann der Auftragnehmer zudem die Ansprüche nach § 6 VOB/B geltend machen (zu Einzelheiten vgl. hier § 6 VOB/B Rn. 32 ff.). Überträgt der Auftraggeber seine Koordinationsverpflichtungen auf einen Dritten, wie beispielsweise einen Architekten oder Ingenieur, wird ihm dessen Verhalten gemäß §§ 276, 278 BGB zugerechnet[11].

B. Mitwirkungshandlungen des Auftraggebers, § 4 Abs. 1 Nr. 1 VOB/B

I. § 4 Abs. 1 Nr. 1 VOB/B

1. Allgemeine Ordnung auf der Baustelle

4 Der Auftraggeber hat während der gesamten Zeit der Bauausführung für die Aufrechterhaltung der allgemeinen Ordnung auf der Baustelle zu sorgen. Mit „Baustelle" ist nicht nur das Baugelände selbst gemeint, sondern auch die dazu gehörenden Plätze zur Lagerung von Baumaterialien, die Unterkünfte der Arbeiter, die Baustelleneinrichtung und die Zufahrtswege. Der Auftraggeber hat nach seinem Ermessen diejenigen Maßnahmen zu ergreifen, die geeignet sind, dem Auftragnehmer die ungestörte und fristgerechte Ausführung der geschuldeten Bauleistung zu ermöglichen sowie auf der Baustelle Tätige, aber auch Dritte (z.B. Nachbarn und Passanten), vor Schaden zu bewahren. Der Auftraggeber ist dafür verantwortlich, dass die von ihm angeordneten Maßnahmen von den am Bauvorhaben beteiligten Unternehmen und Subunternehmen befolgt werden[12]. Dies kann er mittels seines ihm zustehenden Anordnungsrechtes (§ 4 Abs. 1 Nr. 2 und 3 VOB/B; vgl. hierzu unten Rn. 16 ff., 20 ff.) durchsetzen.

2. Zusammenwirken verschiedener Unternehmer

5 Der Auftraggeber hat darüber hinaus das Zusammenwirken der verschiedenen Unternehmer zu regeln (sog. Koordinationspflicht), in der Regel durch Aufstellen eines Bauablaufs- bzw. Bauzeitenplans. Er hat dafür zu sorgen, dass die verschiedenen bei demselben Bauvorhaben tätigen Unternehmer ohne Behinderungen zusammen arbeiten und reibungslos jeweils ihre Leistungen erbringen können (z.B. Abstimmung der Liefertermine, der aufeinander folgenden Bauleistungen). So kann es notwendig sein, dass verschiedene Unternehmer zur gleichen Zeit am Bau arbeiten. Andererseits kann es erforderlich sein, dass der eine Auftragnehmer seine

---

7 BGH BauR 2005, 861.
8 Vgl. bereits § 6 Abs. 2 Nr. 1 VOB/B: Verlängerung der Ausführungsfrist.
9 BGH NJW 1996, 1745; Sprau, in: Palandt, § 642 BGB Rn. 2.
10 Vgl. § 6 Abs. 2 Nr. 1 lit. a VOB/B und Heiermann/Riedel/Rusam, 11. A. 2008, § 4 VOB/B Rn. 5.
11 BGH BauR 1972,112.
12 Heiermann/Riedel/Rusam, 11. A. 2008, § 4 VOB/B Rn. 7; Oppler, in: Ingenstau/Korbion, § 4 Abs. 1 VOB/B Rn. 15.

Leistung erst vollständig erbringen muss, weil sie die Voraussetzung für den Beginn der Leistung eines anderen Auftragnehmers ist. Ist ein Architekt oder ein Ingenieur eingeschaltet, hat dieser jeweils die erforderlichen Koordinierungsmaßnahmen vorzunehmen[13]. Die Koordinationspflicht ist eine für den Auftraggeber sehr wichtige und zugleich eine anerkannt schadensersatzbewehrte Pflicht[14]. Ein Verschulden des für die Koordination eingesetzten Architekten muss sich der Auftraggeber dann zurechnen lassen[15]. Damit der Auftraggeber seiner Koordinationspflicht wirksam nachkommen kann, sind auch die Auftragnehmer zur Mitwirkung verpflichtet, insbesondere dürfen sie nicht grundlos die Teilnahme an Besprechungen oder Baustellenbegehungen verweigern. Andernfalls kann sich auch der Auftragnehmer schadensersatzpflichtig machen[16].

Anders als bei den Maßnahmen zur Aufrechterhaltung der allgemeinen Ordnung ist der Auftraggeber hinsichtlich der Abstimmung der Arbeiten der einzelnen Unternehmer aufeinander nicht dafür verantwortlich, dass sich diese an seine Anweisungen bzw. die des Architekten halten. Da eine Koordinierung aber nur in dem Umfang Erfolg haben kann, in dem sie auch befolgt wird, kann der Auftraggeber den Baubeteiligten gegenüber die Einhaltung und Durchsetzung seiner Anordnungen gemäß § 4 Abs. 1 Nr. 3 VOB/B verlangen[17]. 6

3. Mögliche Maßnahmen

In welcher Weise der Auftraggeber die vorgenannten Pflichten erfüllt, bestimmt sich nach den Erfordernissen des Einzelfalls. Dem Auftraggeber steht insofern ein Ermessensspielraum zu[18]. Das heißt, er darf und muss nur diejenigen Maßnahmen anordnen, die seiner Einschätzung nach geeignet sind, die Ordnung aufrechtzuerhalten und die Zusammenarbeit der Unternehmer zu gewährleisten. Nur bei extremeren Fehleinschätzungen, die einem pflichtbewussten Auftraggeber nicht hätten unterlaufen dürfen, verletzt er seine Pflicht zur Mitwirkung bei der Ausführung des Bauvorhabens. In rechtlicher Hinsicht spricht man insofern vom pflichtgemäßen Ermessen des Auftraggebers. Häufige Maßnahmen sind: 7

8

Maßnahme	Beschreibung
Festlegung des Arbeitsraums	Die Baustelle selbst ergibt sich i.d.R. bereits aus dem Vertrag. Bei größeren Vorhaben mit mehreren Unternehmen und ausführenden Subunternehmen kann es erforderlich sein, jedem einzelnen Auftragnehmer seinen „Arbeitsplatz" anzuweisen (vgl. auch § 3 Abs. 2 VOB/B).
Baustellenordnungsplan	Zur Festlegung des Arbeitsraums bietet sich ein sog. Baustellenordnungsplan an, der Lagerplätze, Anfuhrwege, Büros etc. ausweist und allen Auftragnehmern auszuhändigen oder gut sichtbar auf der Baustelle aufzuhängen ist.
Bauzeitenpläne	Zur Ermöglichung des richtigen Zusammenwirkens der verschiedenen Unternehmer kann eine Auflistung des zeitlichen Ablaufs der verschiedenen Bauleistungen (Beginn, Fortschritt und Ende der Arbeiten) nützlich sein. Hält sich der Auftragnehmer an den Bauzeitenplan, trifft ihn grundsätzlich kein Mitverschulden für einen ihm entstandenen Behinderungsschaden Für die Sanierung vermieteter Räume oder Gebäude muss zudem § 554 Abs. 3 BGB beachtet werden. Auch zur (teilweisen) Erfüllung dieser Hinweispflicht gegenüber den Mietern ist ein Bauzeitenplan empfehlenswert. Die in einem Bauzeitenplan enthaltenen Fris-

13 BGH NJW 1960, 431; NJW 1978, 322.
14 Vgl. OLG Hamm NJW-RR 1999, 319.
15 Vgl. die Nachweise in Fn. 10.
16 OLG Köln BauR 1995, 243.
17 Hofmann, in: Ganten/Jagenburg/Motzke, 2. A. 2008, § 4 Nr. 1 VOB/B Rn. 44, 50; Oppler, in: Ingenstau/Korbion, § 4 Abs. 1 VOB/B Rn. 10.
18 Hofmann, in: Ganten/Jagenburg/Motzke, 2. A. 2008, § 4 Nr. 1 VOB/B Rn. 44; Oppler, in: Ingenstau/Korbion, § 4 Abs. 1 VOB/B Rn. 10.

Maßnahme	Beschreibung
	ten gelten nur dann als Vertragsfristen, wenn dies im Bauvertrag ausdrücklich vereinbart ist (vgl. § 5 Abs. 1 Satz 2 VOB/B).
Baustellenverordnung (BaustellV)	Diese hat die Sicherheit und den Gesundheitsschutz der Beschäftigten auf der Baustelle im Blick (Arbeitsschutz). Der Bauherr (also in der Regel der Auftraggeber) oder ein durch ihn beauftragter Dritter ist bei der überwiegenden Anzahl aller Bauvorhaben verpflichtet, einen solchen Sicherheits- und Gesundheitsschutzplan in der Planungsphase zu errichten und diesen in der Ausführungsphase fortzuschreiben. Hier sollen mögliche Gefahren ermittelt und geeignete Gegenmaßnahmen dokumentiert werden.

4. Genehmigungen und Erlaubnisse

9 Der Auftraggeber hat ferner für die rechtliche Durchführbarkeit der Bauarbeiten zu sorgen. Er muss deshalb dafür sorgen, dass die im Einzelfall erforderlichen behördlichen Genehmigungen und Erlaubnisse beantragt und erteilt werden. Um welche Genehmigungen und Erlaubnisse es sich handelt, hängt vom konkreten Einzelfall ab. Der Architekt bzw. der Ingenieur, der den Auftraggeber grundsätzlich auf Vorschriften des öffentlichen Rechts hinzuweisen hat[19], die für die Umsetzung der konkreten Baumaßnahme beachtet werden müssen, wie auch der Auftragnehmer, wenn es dem Architekten und dem Auftraggeber an der erforderlichen Sachkunde mangelt, haben den Auftraggeber auf die erforderlichen Entscheidungen hinzuweisen[20]. Verletzt der Auftragnehmer diese Aufklärungspflicht, ist er dem Auftraggeber zum Ersatz des daraus entstandenen Schadens verpflichtet[21]. In rechtlicher Hinsicht handelt es sich dann um eine Pflichtverletzung zum Zeitpunkt der Vertragsverhandlungen[22], wenn er bereits bei Abschluss des Bauvertrages hätte wissen und aufklären müssen, welche Genehmigungen erforderlich sind, und um eine Verletzung seiner Pflichten aus dem Vertrag, wenn sich nach Vertragsschluss[23] das Erfordernis einer Genehmigung ergibt, das er schuldhaft dem Auftraggeber nicht mitteilt.

10 Welche Genehmigungen und Erlaubnisse unter welchen Voraussetzungen beantragt werden müssen, bevor mit dem Bauvorhaben begonnen werden kann, ist in speziellen Gesetzen geregelt, u.a.:

- Baugesetzbuch (BauGB)
- Landesbauordnungen
- Gewerbeordnung (GewO)
- Feuerpolizeiliche Vorschriften
- Straßenverkehrsrechtliche Vorschriften
- Wasserrechtliche Vorschriften
- Bundesimmissionsschutzgesetz (BImSchG)

19 BGHZ 60, 1 = NJW 1973, 237; BGH BB 1992, 950; ausführlich Hofmann, in: Ganten/Jagenburg/Motzke, 2. A. 2008, § 4 Nr. 1 VOB/B Rn. 74 f.; Oppler, in: Ingenstau/Korbion, § 4 Abs. 1 VOB/B Rn. 18. Regelmäßig schuldet der Architekt gegenüber dem Auftraggeber die genehmigungsfähige Planung: vgl. hierzu BGH NJW 2003, 287 und ausführlich Spiegels, in: NZBau 2007, 270: „Die Haftung des Architekten für die öffentlich-rechtliche Genehmigungsfähigkeit seiner Planung". Das Rechtsdienstleistungsgesetz (RDG) verbietet dem Architekten regelmäßig nicht, diese rechtlichen Geschäfte für den Auftraggeber zu besorgen (§ 5 Abs. 1 RDG); vgl. Langen, in AnwBl. 2009, 436 (437) und OVG Münster NJW 1966, 2232 noch zum alten (strengeren) Rechtsberatungsgesetz.

20 Hofmann, in: Ganten/Jagenburg/Motzke, 2. A. 2008, § 4 Nr. 1 VOB/B Rn. 78.; Oppler, in: Ingenstau/Korbion, § 4 Abs. 1 VOB/B Rn. 19.

21 OLG Hamburg BauR 1998, 338 zu Änderungsvorschlägen des Auftragnehmers, die Vertragsinhalt geworden sind. Ferner OLG Stuttgart BauR 1980, 67 und Oppler, in: Ingenstau/Korbion, § 4 Abs. 1 VOB/B Rn. 19.

22 Vgl. zur sog. culpa in contrahendo Hofmann, in: Ganten/Jagenburg/Motzke, 2. A. 2008, § 4 Nr. 1 VOB/B Rn. 79 m.w.N.

23 Vgl. hierzu OLG Hamburg a.a.O.

Genehmigungen, die speziell nur den Tätigkeitsbereich des einzelnen Bauunternehmers betreffen, werden hiervon nicht erfasst. Vielmehr hat der Unternehmer selbst für seine eigene Leistungsfähigkeit zu sorgen. Das heißt, er hat für die möglicherweise erforderlichen Genehmigungen für den Betrieb seiner Baumaschinen, für die Verwendung gewisser Baumaterialien usw. Sorge zu tragen. Hat der Auftraggeber jedoch aufgrund spezieller gesetzlicher Vorschriften die Genehmigung für die Verwendung bestimmter Baustoffe oder Bauteile einzuholen und widerruft die zuständige Behörde die Genehmigung, so hat der Auftraggeber die Verwendung zugelassener Baustoffe, Bauteile oder Bauverfahren anzuordnen (für die Vergütung des Auftragnehmers gilt dann ggf. § 2 Abs. 5 bzw. § 2 Abs. 8 VOB/B, vgl. hierzu die Kommentierung zu § 2 VOB/B Rn. 50 ff., 65 ff.). 11

Wie bereits eingangs dargestellt, handelt es sich auch bei der Beschaffungspflicht um eine Obliegenheit und keine Vertragspflicht des Auftraggebers[24]. Durch die Regelung soll lediglich klargestellt werden, wer die erforderlichen Genehmigungen zu besorgen hat, damit ein reibungsloser Ablauf gewährleistet ist und es nicht zu bauverzögernden Missverständnissen zwischen Auftraggeber und Auftragnehmer kommt[25]. Der Auftragnehmer hat – soweit im Bauvertrag nicht anders vereinbart – daher keinen Anspruch gegenüber dem Auftraggeber auf Einholung der erforderlichen Genehmigungen. Geht der Auftraggeber aber nachlässig mit der Einholung um, verletzt er den Bauvertrag. Der Auftragnehmer kann nicht mit der Erbringung der von ihm geschuldeten Bauleistung in Verzug geraten, weil der Anspruch des Auftraggebers auf die Bauleistung in diesem Fall noch nicht fällig ist[26]. Der Auftragnehmer ist vor der Beschaffung der Genehmigungen nicht verpflichtet, mit der Ausführung der Bauarbeiten zu beginnen. Er kann so lange warten, bis die erforderlichen Genehmigungen vorliegen[27]. Beginnt er gleichwohl mit der Ausführung der Arbeiten, kann er sich später auf das Fehlen der Genehmigung(en) nicht mehr berufen. Er muss sich bei seinen Ansprüchen, die über seinen reinen Vergütungsanspruch hinausgehen, nach § 254 BGB ein Mitverschulden anrechnen lassen, da er sich „sehenden Auges" selbst in diese Lage gebracht hat, obwohl er hierzu nicht verpflichtet war[28]. Lehnt der Bauunternehmer aber in dem unzutreffenden Glauben, die Baugenehmigung sei bereits erteilt, die Ausführung der übernommenen Bauarbeiten aus einem anderen nicht gerechtfertigten Grunde ernsthaft und endgültig ab, darf der Auftraggeber ihm den Auftrag entziehen (Kündigung)[29]. 12

Wird die Baugenehmigung rechtskräftig versagt, kann die Bauleistung nicht mehr erbracht werden. Sie ist daher in rechtlicher Hinsicht nach § 275 Abs. 1 BGB unmöglich geworden. Hat eine Vertragspartei die Versagung der Baugenehmigung verschuldet oder hat sie das Risiko zur Beschaffung dieser übernommen, haftet sie der anderen Partei auf Schadensersatz. Regelmäßig wird man davon ausgehen müssen, dass der Auftraggeber ein entsprechendes Beschaffungsrisiko übernimmt, wenn der Bauvertrag vor Genehmigungserteilung abgeschlossen wird[30]. Da der Auftraggeber regelmäßig zugleich in Annahmeverzug gerät und in der Regel für die Nichterteilung der Baugenehmigung einzustehen hat, bleibt dem Auftragnehmer unter Anrechnung der von ihm ersparten Aufwendungen sein Vergütungsanspruch dann erhalten (§ 326 Abs. 2 BGB). 13

Soweit der Auftraggeber seinen Architekten/Ingenieur mit der Beschaffung der erforderlichen Genehmigungen beauftragt hat, ist dieser sein Erfüllungsgehilfe nach § 278 BGB mit der Folge, dass sich der Auftraggeber so behandeln lassen muss, als hätte er selbst gehandelt. Er steht folglich für das ordnungsgemäße Vorgehen des Beauftragten ein. 14

---

24 Das ist streitig. A.A. offenbar OLG Düsseldorf BauR 1996, 862 (864) und deutlich Hofmann, in: Ganten/Jagenburg/Motzke, 2. A. 2008, § 4 Nr. 1 VOB/B Rn. 64, die von einer echten Nebenpflicht des Auftraggebers ausgehen.

25 Vgl. BGH NJW 1974, 1080 = BauR 1974, 274.

26 So BGH a.a.O.; ferner bereits oben Rn. 2.

27 Heiermann/Riedel/Rusam, 11. A. 2008, § 4 VOB/B Rn. 10.

28 Hofmann, in: Ganten/Jagenburg/Motzke, 2. A. 2008, § 4 Nr. 1 VOB/B Rn. 111 auch zu Ausnahmen; ferner: Heiermann/Riedel/Rusam, 11. A. 2008, § 4 VOB/B Rn. 12.

29 Vgl. BGH NJW 1974, 1080.

30 So auch Heiermann/Riedel/Rusam, 11. A. 2008, § 4 VOB/B Rn. 10.

15 Müssen die Bauarbeiten durch eine Behörde genehmigt werden, so muss der Auftraggeber/Bauherr während der gesamten Dauer des Bauvorhabens auf der Baustelle eine sog. **Bautafel** aufstellen, die von der öffentlichen Verkehrsfläche aus gut sichtbar sein muss. Dies schreiben die Landesbauordnungen vor[31]. Die Bautafel muss das Bauvorhaben bezeichnen, die Namen und Anschriften des Bauherrn sowie des Entwurfsverfassers, also i.d.R. des Architekten, der Unternehmer für den Rohbau und der Bauleiter[32]. Es handelt sich mithin um gesetzliche Verpflichtungen, bei deren Verletzung der Auftraggeber – stellt er die Bautafel nicht oder nur mit ungenügenden Angaben auf – denjenigen Schaden ersetzen muss, der Dritten dadurch entsteht;, es handelt sich um die Verletzung eines Schutzgesetzes im Sinne von § 823 Abs. 2 BGB[33]. Insbesonderebei der Bezeichnung des Entwurfverfassers sollte der Bauherr Vorsicht walten lassen. Die Bautafel kann den Anschein erwecken, dass der Bauherr Handlungen der hier bezeichneten Personen billigt, sie also in seinem Namen handeln (dürfen). Tätigt die versehentlich bezeichnete Person Geschäfte, kann dies dazu führen, dass der Auftraggeber dafür einstehen muss, obwohl er keine Kenntnis hatte und dies auch nicht wollte, nur weil er mit der Bautafel einen gegenteiligen und ihm zurechenbaren Anschein gesetzt hat. In rechtlicher Hinsicht spricht man von einer sog. **Anscheinsvollmacht**[34]. Aus Sicht des Dritten hat der Auftraggeber dem durch die Bautafel gesetzten Anschein nach der falsch bezeichneten Person die Vollmacht erteilt, in seinem Namen für ihn Geschäfte zu tätigen. Nicht geregelt, aber selbstverständlich ist, dass der Auftraggeber auch unter Umständen erforderliche Einverständniserklärungen betroffener Personen, z.B. von Nachbarn bzw. dinglich Berechtigten, einholt.

II. Überwachungsrecht des Auftraggebers, § 4 Abs. 1 Nr. 2 VOB/B

1. Allgemeines Recht zum Zutritt zu Arbeitsplätzen, Recht zur Einsichtnahme in Unterlagen

16 Der Auftraggeber darf während des gesamten Bauablaufs die Bauausführung überwachen. Dieses Recht kann er notfalls auch vor Gericht einklagen[35]. Dadurch soll im Interesse der Vertragspartner erreicht werden, dass das Entstehen von Mängeln oder vorhandene Mängel rechtzeitig erkannt werden. Zur Ausübung seines Überwachungsrechts kann der Auftraggeber verlangen:

17
- Zutritt zu den Arbeitsplätzen, Werkstätten und Lagerräumen: Dieses Zutrittsrecht erstreckt sich nur auf den Bereich, der der Verfügungsgewalt des Auftragnehmers unterliegt. Zu den Betriebsstätten Dritter (z.B. Subunternehmer) besteht kein Zutrittsrecht, es sei denn, es ist mit diesen vereinbart[36] oder der Auftragnehmer ermächtigt den Auftraggeber, sein gegenüber dem Subunternehmer zustehendes Zutrittsrecht wahrzunehmen.
- Einsicht in die Unterlagen des Auftragnehmers betreffend die Bauausführung.

  Recht auf Auskunftserteilung: Der Auftraggeber soll hierdurch die Möglichkeit haben, die tatsächliche Durchführung des Bauvorhabens mit den bereits als richtig befundenen Bauunterlagen zu vergleichen.

---

31 Etwa § 14 Abs. 3 BauO NRW; § 12 Abs. 3 LBO BW; Art. 9 Abs. 3 BayBO; § 11 Abs. 3 SächsBO; § 14 Abs. 3 Hamb.BauO (HBO); § 10 Abs. 2 Hess.BauO (HBO); § 12 Abs. 3 LBO SH.

32 Die landesrechtlichen Bestimmungen können allerdings Unterschiede aufweisen. So ist nach Art. 9 Abs. 3 BayBO die Angabe des Bauleiters nicht erforderlich.

33 Vgl. Hofmann, in: Ganten/Jagenburg/Motzke, 2. A. 2008, § 4 Nr. 1 VOB/B Rn. 92.

34 Vgl. speziell Hofmann, in: Ganten/Jagenburg/Motzke, 2. A. 2008, § 4 Nr. 1 VOB/B Rn. 93.

35 Oppler, in: Ingenstau/Korbion, § 4 Abs. 1 VOB/B Rn. 56.

36 Oppler, in: Ingenstau/Korbion, § 4 Abs. 1 VOB/B Rn. 61. Vgl. auch § 4 Abs. 8 VOB/B.

2. Einschränkung des Überwachungsrechts durch das Recht des Auftragnehmers zur Wahrung seiner Geschäftsgeheimnisse

Das Überwachungsrecht des Auftraggebers ist – ausgenommen des Rechts auf Zutritt zu Arbeitsplätzen, Werkstätten und Lagerräumen[37] – durch das Recht des Auftragnehmers auf Wahrung seiner Geschäftsgeheimnisse beschränkt, sofern eine Ausübung des Rechts zu einer Preisgabe von Geschäftsgeheimnissen führen würde. Ein Geschäftsgeheimnis ist jede Tatsache, die im Zusammenhang mit einem Geschäftsbetrieb steht, nur einem eng begrenzten Personenkreis bekannt ist und nach dem erkennbaren Willen des Betriebsinhabers geheim gehalten werden soll. An der Geheimhaltung muss ein berechtigtes wirtschaftliches Interesse des Auftragnehmers bestehen[38]. Gibt er dem Auftraggeber gleichwohl die gewünschte Auskunft, ist diese vertraulich zu behandeln (vgl. § 4 Abs. 1 Nr. 2 Satz 4 VOB/B): Der Auftraggeber muss bei Verletzung dieser Vertraulichkeitspflicht nur dann Schadensersatz leisten, wenn der Auftragnehmer die Informationen ausdrücklich als Geschäftsgeheimnis bezeichnet hat (§ 4 Abs. 1 Nr. 2 Satz 4 VOB/B). Die Vertraulichkeit ist solange zu wahren, wie ein schutzwürdiges Interesse des Auftragnehmers besteht. Dies kann und wird regelmäßig über die Zeit des Bauvertrages hinausgehen. 18

3. Keine Pflicht zur Ausübung des Überwachungsrechts

Der Auftraggeber ist nicht verpflichtet, die Bauausführung zu überwachen. Es handelt sich nicht um eine echte Pflicht zur Mitwirkung, welche der Auftragnehmer erzwingen könnte[39]. Dem Auftragnehmer stehen im Hinblick auf die Ausführung der Überwachung keine Rechte zu[40]. Er kann sich nicht darauf berufen, dass der Auftraggeber oder dessen Bevollmächtigter ihn hätte besser überwachen müssen[41]. Bei der Ausführung von Bauvorhaben hat der Auftraggeber allerdings alle denkbaren Sicherungsvorkehrungen zu treffen, um Schädigungen von Nachbarparzellen zu verhindern. Bei Verletzung dieser sog. Verkehrssicherungspflicht ist der Bauherr dem geschädigten Nachbarn gegenüber zum Ersatz des dadurch entstandenen Schadens verpflichtet[42]. Das bedeutet, dass im Verhältnis zu einem Dritten eine Überwachungspflicht bestehen kann. Erkennt der Auftraggeber zudem eine Gefahrenlage, kann er nicht einfach die Augen verschließen, sondern muss mit dafür Sorge tragen, dass geeignete Gegenmaßnahmen ergriffen werden. Dies gilt umso mehr, je größer die Möglichkeit ist, dass tatsächlich ein Schaden eintritt[43]. In diesem Fall trifft ihn ausnahmsweise ein Mitverschulden nach § 254 BGB[44]. 19

III. Anordnungsrecht des Auftraggebers, § 4 Abs. 1 Nr. 3 VOB/B

1. Begriff

Stellt der Auftraggeber fest, dass die Bauausführung nicht ordnungsgemäß, das heißt entsprechend der vertraglichen Vereinbarungen erfolgt, kann er diejenigen Maßnahmen anordnen, die zur Durchführung der in Auftrag gegebenen Leistung notwendig sind. Damit ist für den Auftraggeber jedoch die Gefahr verbunden, dass er in eine Mithaftung gerät, wenn bei der Umsetzung der Anordnung Probleme auftreten, denn für die Folgen seiner Anordnung trägt er das (rechtsgeschäftliche) Risiko[45]. Fehlerhafte Maßnahmen und selbst bestimmte An- 20

---

37 Heiermann/Riedel/Rusam, 11. A. 2008, § 4 VOB/B Rn. 14; Oppler, in: Ingenstau/Korbion, § 4 Abs. 1 VOB/B Rn. 67; freilich gilt dies wiederum dann nicht, wenn allein durch den Zutritt Geschäftsgeheimnisse offenbart werden würden.
38 Oppler, in: Ingenstau/Korbion, § 4 Abs. 1 VOB/B Rn. 68.
39 Vgl. OLG Brandenburg, Urteil vom 28.5.2009, 12 U 171/07.
40 BGH NJW 1973, 518.
41 BGH NJW 1973, 518.
42 OLG Düsseldorf NJW 1965, 1278; ferner: BGH VersR 1969, 542.
43 Vgl. BGH ZfBR 2006, 336 zu einem unterlassenen Hinweis des Auftraggebers auf eine besonders hohe Schadensmöglichkeit.
44 Vgl. hierzu OLG Brandenburg a.a.O.; ferner: Oppler, in: Ingenstau/Korbion, § 4 Abs. 1 VOB/B Rn. 59.
45 Heiermann/Riedel/Rusam, 11. A. 2008, § 4 VOB/B Rn. 16; Oppler, in: Ingenstau/Korbion, § 4 Abs. 1 VOB/B Rn. 76 und 105 ff.

weisungen des Bauherrn oder des Architekten bzw. Ingenieurs entlasten den Auftragnehmer allerdings nicht zwangsläufig; sie verpflichten ihn vielmehr zur Prüfung und Mitteilung, unter Umständen sogar zur Weigerung, diese Anordnungen zu befolgen[46]. Nur wenn der Auftragnehmer der größeren Fachkenntnis des ihn Anweisenden vertrauen darf, ist er von der Verpflichtung zu eigener Prüfung und Mitteilung etwaiger Bedenken frei[47]. Hierfür reicht es aber nicht aus, dass der Auftraggeber lediglich eine Problemlösungsmöglichkeit aufzeigt[48]. Die Anordnung muss vielmehr von bloßen Vorschlägen und der Äußerung von Wünschen unterschieden werden. Eine Anordnung liegt nur vor, wenn der Auftraggeber seinen Willen im Sinne einer für den Auftragnehmer unübersehbaren Bestimmtheit und mit dem erforderlichen Nachdruck zum Ausdruck bringt. Eine solche Willensäußerung kann in einer bindenden, dem Unternehmer keinen Spielraum lassenden, Anweisung oder einem, gegenüber ausreichender Belehrung, beharrlichen Bestehen auf dem Wunsch erblickt werden[49].

2. Begrenzung: Wahrung der dem Auftragnehmer zustehenden Leistung und Notwendigkeit zur vertragsgemäßen Ausführung

21 Der Auftraggeber darf nur unter **Wahrung der dem Auftragnehmer zustehenden Leitung** (Leitungsbefugnis des Auftragnehmers nach § 4 Abs. 2 VOB/B) Anordnungen treffen. Er darf deshalb insbesondere nicht den Arbeitnehmern oder Subunternehmern des Auftragnehmers unmittelbare Anordnungen erteilen. Wie der Auftragnehmer die Anordnung umsetzt, bestimmt er selbst. Er trifft die fachlichen Entscheidungen und Weisungen zur Arbeitsdurchführung. Er allein ist gegenüber seinen Angestellten weisungsbefugt und entscheidet daher über Arbeitseinteilung, Zeitpunkt der vorzunehmenden Arbeiten, die Bestellung und Anlieferung von Material etc.[50]. Die Anordnung muss auch **notwendig** sein **zur Durchführung der** vom Auftragnehmer nach dem Bauvertrag **geschuldeten Leistung**. **Das Anordnungsrecht beinhaltet nicht das Recht, Änderungen der Leistung oder zusätzliche Leistungen zu fordern; diese Rechte bestehen nur unter den Voraussetzungen des § 1 Abs. 3 und 4 VOB/B**. Über die Notwendigkeit entscheidet nicht die Ansicht des anordnenden Auftraggebers. Maßgebend ist, was die entsprechenden Fachkreise als notwendig erachten. Da die Anordnungen nur die Durchführung der geschuldeten Leistung betreffen dürfen, können sie sich nur auf die Art der Ausführung beziehen oder die geschuldete Leistung aufgrund nun eingetretener Umstände näher konkretisieren[51].

3. Gefahr im Verzug

22 Zwar darf der Auftraggeber seine Anordnungen daher nur an den Auftragnehmer persönlich oder einen von diesem bestellten, ihn vertretenden Leiter richten; zu diesem Zweck hat der Auftragnehmer dem Auftraggeber mitzuteilen, wer jeweils als Vertreter des Auftragnehmers für die Leitung bestellt ist (Nr. 3 Satz 3). Bei **Gefahr im Verzug**, also dann, wenn ein Schaden unmittelbar bevorsteht, kann der Auftraggeber alle zur Abwendung des Schadens erforderlichen Maßnahmen treffen, insbesondere die Arbeitnehmer oder Subunternehmer des Auftragnehmers direkt anweisen. Er muss den Auftragnehmer hiervon unverzüglich, das heißt ohne schuldhaftes Zögern, in Kenntnis setzen. Auch ohne dass ein Schaden unmittelbar einzutreten droht, kann der Auftraggeber ausnahmsweise diese Maßnahmen treffen, wenn dies zur Erfüllung der Bauleistung erforderlich ist, weil ansonsten Mängel auftreten oder es zu einer Bauverzögerung kommt, und der Auftragnehmer (oder der ihn vertretende Leiter) für unverhältnismäßig lange Zeit nicht erreicht werden kann[52].

---

46 BGH NJW 1956, 787; BGH WM 1972, 76.
47 BGH NJW 1977, 1966.
48 OLG Celle BauR 2006, 118.
49 Vgl. OLG Bremen NJW 1963, 495.
50 Vgl. Oppler, in: Ingenstau/Korbion, § 4 Abs. 1 VOB/B Rn. 80.
51 BGH BauR 1992, 759 = NJW-RR 1992, 1046. Zur Abgrenzung der leistungsändernden Anordnung (§ 1 Abs. 3 bzw. 4 i.V.m. § 2 Abs. 5 VOB/B) vgl. ausführlich Hofmann, in: Ganten/Jagenburg/Motzke, 2. A. 2008, § 4 Nr. 1 VOB/B Rn. 199 f. m.w.N. und unten Rn. 23.
52 Oppler, in: Ingenstau/Korbion, § 4 Abs. 1 VOB/B Rn. 86.

4. Selbstständige Bedeutung des Anordnungsrechts nach § 4 Abs. 1 Nr. 4 Satz 1 VOB/B gegenüber der Anordnung nach § 1 Abs. 3, Abs. 4 VOB/B

23 Die nach dem Vertrag geschuldete Leistungsdurchführung des Auftragnehmers kann nach § 4 Abs. 1 Nr. 3 VOB/B nur so weit beeinflusst werden, als der Auftraggeber mit der Anordnung immer noch die jeweils vertraglich festgelegte Bauausführung verlangt[53]. Es können nur solche Maßnahmen angeordnet werden, die – wie bereits dargestellt – die Art und Weise der durch den Vertrag festgelegten Bauausführung betreffen. Die bestehende vertragliche Leistungspflicht wird dadurch konkretisiert. Es geht also letztlich um die praktische Umsetzung. Die Anordnungen nach § 1 Abs. 3 und 4 VOB/B hingegen greifen in den Umfang der Leistungspflicht des Auftragnehmers ein[54] (vgl. hierzu auch die Kommentierung zu § 1 VOB/B Rn. 34 ff.).

IV. Pflicht des Auftragnehmers zur Mitteilung von Bedenken, § 4 Abs. 1 Nr. 4 VOB/B

1. Prüfungs- und Mitteilungspflicht des Auftragnehmers

24 Der Auftragnehmer muss die Anordnungen des Auftraggebers daraufhin überprüfen, ob diese unberechtigt oder unzweckmäßig sind. Hat er Einwände gegen die Anordnungen, muss er den Auftraggeber darauf hinweisen. Er darf sich nicht ohne weiteres auf den Anweisungen des Auftraggebers „ausruhen" und diesem die gesamte Verantwortung für die entsprechende Bauausführung übertragen. Er muss die Anweisungen prüfen, mögliche Bedenken zumindest mündlich mitteilen und unter Umständen die Umsetzung der Anordnungen verweigern[55] (vgl. hier auch § 4 VOB/B Rn. 20).

25 **Unberechtigt** ist die Anordnung, wenn für diese keine vertragliche oder gesetzliche Grundlage besteht. Als **unzweckmäßig** werden Anordnungen angesehen, wenn bei ihrer Befolgung nach Einschätzung des Auftragnehmers das vereinbarte Vertragsziel nicht oder fachlich nicht einwandfrei oder nur unter unzumutbaren Erschwerungen zu erreichen ist[56].

26 Wie bereits der Wortlaut („hält der Auftragnehmer die Anordnungen des Auftraggebers für unberechtigt oder unzweckmäßig …") klarstellt, kommt es maßgeblich auf die Einschätzung des Auftragnehmers an, soweit diese fachlich (objektiv) begründet ist[57]. Dennoch behält der Auftraggeber das letzte Wort; er muss die Bedenken des Auftragnehmers und den durch ihn vorgegebenen Leistungsinhalt bzw. die durch ihn getroffenen Anordnungen (Abs. 1 Nr. 3) überprüfen. Besteht der Auftraggeber auf seinen Anordnungen, muss der Auftragnehmer die Anordnungen trotz seiner Bedenken und auch entgegen seines Fachwissens grundsätzlich ausführen[58]. Selbstverständlich muss der Auftraggeber dann die durch die Umsetzung der Anordnung verursachten **Mehrkosten** tragen. Stehen den Mehrkosten ersparte Aufwendungen gegenüber, sind diese zu verrechnen. Über die Höhe der Mehrkosten sollte der Auftragnehmer den Auftraggeber schon vor Ausführung der Anordnung z.B. durch die Erstellung eines Nachtragsangebots informieren[59].

27 Der Auftragnehmer kann, respektive muss aber **die Leistung verweigern**, wenn er durch Befolgen der Anordnung gegen gesetzliche oder behördliche Bestimmungen verstößt oder wenn Treu und Glauben dies gebieten. Der Grundsatz von Treu und Glauben erfasst beispielsweise solche Fälle, in denen bei Befolgung der Anordnung mit hinreichender Wahrscheinlichkeit ein Schaden – insbesondere an Leib oder Leben[60] – einzutreten droht, der Auftraggeber sein Anordnungsrecht missbraucht, indem er auf der Anordnung besteht, obwohl er die Berechtigung der angeführten Bedenken kennt, oder der Auftragnehmer seinen Ruf als fach-

53 Oppler, in: Ingenstau/Korbion, § 4 Abs. 1 VOB/B Rn. 78.
54 Ausführlich Hofmann, in: Ganten/Jagenburg/Motzke, 2. A. 2008, § 4 Nr. 1 VOB/B Rn. 199 f. m.w.N.
55 Vgl. BGH NJW 1956, 787.
56 Oppler, in: Ingenstau/Korbion, § 4 Abs. 1 VOB/B Rn. 88.
57 Vgl. BGHZ 92, 244 (247) = NJW 1985, 631: „fachlich begründete Meinung".
58 Vgl. auch OLG Karlsruhe BauR 2005, 729.
59 Oppler, in: Ingenstau/Korbion, § 4 Abs. 1 VOB/B Rn. 102.
60 Vgl. OLG Karlsruhe BauR 2005, 729.

kundigen Unternehmer schädigen könnte, weil die Befolgung der Anordnung klar gegen die technischen Vorschriften des Bauvertrages und gleichzeitig gegen die anerkannten Regeln der Bautechnik verstoßen würde[61].

28 Da dem Auftragnehmer in diesen Fällen das Recht zusteht, seine Leistung zu verweigern, kann er mit dieser auch nicht in Verzug geraten. Das Recht des Auftraggebers zur fristlosen Kündigung (§ 8 Abs. 3 Nr. 1 i.V.m. 5 Abs. 4 VOB/B) ist daher ausgeschlossen[62]. Ein gleichwohl erklärte Kündigung wird regelmäßig als „freie Kündigung" nach § 8 Abs. 1 Nr. 1 VOB/B zu werten sein[63].

2. Risikoverteilung

29

Auftragnehmer äußert keine Bedenken	→ Er hat die Leistung in der durch die Anordnung konkretisierten Form zu erbringen; er trägt das Risiko für etwaige Schäden und Mängel.
Auftragnehmer äußert Bedenken, Auftraggeber beharrt aber auf seiner Anordnung	→ Grundsätzlich trägt der Auftraggeber das Risiko für auftretende Schäden; Ausnahme: Haftungsfreizeichnung im Falle des § 4 Abs. 3 VOB/B unter den dort genannten Voraussetzungen, insbesondere schriftliche Mitteilung der Bedenken (siehe hierzu unter Rn. 43 f.).
Die Befolgung der Anordnung führt zu einem Verstoß gegen gesetzliche oder behördliche Bestimmungen	→ Auftragnehmer und Auftraggeber haften nebeneinander. Es gilt § 10 Abs. 2 f. VOB/B (siehe hierzu die Kommentierung zu § 10 VOB/B Rn. 24 ff.).

30 ***Praxistipp:***

Was macht ein Auftragnehmer, wenn er Bedenken gegen die Anordnung hat?

Zwar reicht grundsätzlich eine mündliche Mitteilung an den Auftraggeber; aus Beweiszwecken und insbesondere, um in jedem Fall einer Haftung zu entgehen, wenn der Auftraggeber trotz der Bedenken auf der Ausführung beharrt, ist eine schriftliche Mitteilung in jedem Fall zu empfehlen. Die Mitteilung der Bedenken ist zudem Anspruchsvoraussetzung für die Erstattung der entstandenen Mehrkosten.

C. Ausführungsverantwortung des Auftragnehmers, § 4 Abs. 2 VOB/B

I. Allgemeines

31 Unabhängig vom Überwachungs- und Anordnungsrecht des Auftraggebers nach Absatz 1 schuldet der Auftragnehmer entsprechend den von ihm zu erwartenden Fachkenntnissen den vertraglichen Leistungserfolg im Sinne der vertragsgemäßen Ausführung der vereinbarten Bauleistung. Er hat lediglich kein Recht auf Herstellung, wie sich aus der jederzeitigen Kündigungsmöglichkeit des Auftraggebers (§ 8 Abs. 1 Nr. 1 VOB/B bzw. § 649 BGB) ergibt.

32 Trotz des Weisungsrechts des Auftraggebers haftet daher der Auftragnehmer für die von ihm erbrachte Leistung. Er kann sich nicht darauf berufen, er sei nicht ordnungsgemäß überwacht worden[64], insbesondere, da ein Überwachungsrecht, aber keine Überwachungspflicht des Auftraggebers besteht (siehe hierzu oben Rn. 19). Selbst bei Planungsfehlern kann er sich nicht auf ein Mitverschulden des Auftraggebers oder des Architekten berufen, wenn er diese

---

61 Vgl. OLG Hamm BauR 2001, 1594; ferner Oppler, in: Ingenstau/Korbion, § 4 Abs. 1 VOB/B Rn. 93.
62 Vgl. nur OLG Karlsruhe BauR 2005, 729.
63 Vgl. BGHZ 92, 244 (247) = NJW 1985, 631.
64 BGH NJW 1973, 518; OLG Brandenburg, Urteil vom 28.5.2009, 12 U 171/07.

erkannt hat[65]. Es ist sogar häufig so, dass der Auftragnehmer zusätzlich auch die Planung in dem Bauvertrag mit übernommen hat (sog. Planungsverantwortung). Er hat dann sämtliche Ermittlungen durchzuführen, die aus fachlicher Sicht erforderlich sind, um eine mangelfreie Bauausführung zu ermöglichen[66]. Die Grenzen der Verantwortlichkeit des Auftragnehmers liegen in seiner nach objektiven Maßstäben zu erwartenden Fachkunde[67].

II. Vertragsgemäße Ausführung

1. Allgemeines

Der Auftragnehmer hat die Leistung nach dem Vertrag auszuführen. Eine vertragsgemäße Leistung liegt nur dann vor, wenn diese den **anerkannten Regeln der Technik** (in erster Linie der **Bautechnik**) entspricht und nicht gegen gesetzliche oder behördliche Bestimmungen verstößt. Bei den zu beachtenden gesetzlichen und behördlichen Bestimmungen sowie bei der Frage, welche Regeln der Bautechnik zu beachten sind, kommt es grundsätzlich auf den Zeitpunkt der Abnahme an, wie sich aus dem Wortlaut von § 13 Abs. 1 VOB/B ergibt: „Der Auftragnehmer hat dem Auftraggeber seine Leistung **zum Zeitpunkt der Abnahme** frei von Sachmängeln zu verschaffen. Die Leistung ist zur Zeit der Abnahme frei von Sachmängeln, wenn sie ... den anerkannten Regeln der Technik entspricht." Dabei kann es sogar dazu kommen, dass der Auftragnehmer seine Leistung entgegen dem ausdrücklichen Wortlaut des Vertrages ausführen muss, weil er sonst die anerkannten Regeln der Technik nicht einhalten würde. Der Auftragnehmer muss immer selbst prüfen, ob die vom Auftraggeber beschriebene Lösung mangelfrei ist, und darf sich nicht allein auf den Wortlaut des Vertrages verlassen. 33

2. Die anerkannten Regeln der Technik

Eine allgemein gültige Definition der anerkannten Regeln der Technik gibt es nicht. In der Literatur werden diese wie folgt beschrieben: Anerkannte Regeln der Technik sind für den Entwurf und die Ausführung baulicher Anlagen bestimmte bautechnische Regeln, die in der technischen Wissenschaft als theoretisch richtig erkannt sind und feststehen und in dem für ihre Anwendung maßgeblichen, nach dem neuesten Erkenntnisstand vorgebildeten Kreis der Techniker durchweg bekannt und aufgrund fortdauernder praktischer Erfahrung als technisch geeignet, angemessen und notwendig anerkannt sind[68]. Kurz gesagt: Maßgeblich soll sein, dass die Regeln **in der Wissenschaft als theoretisch richtig** anerkannt sind und **sich in der Baupraxis als zutreffend bewährt** haben[69]. 34

Die anerkannten Regeln der Bautechnik müssen nicht identisch sein mit den Allgemeinen Technischen Vertragsbedingungen der VOB Teil C oder den DIN-Normen. Es handelt sich jeweils nur um Mindestanforderungen, deren Unterschreitung zu einem Mangel führt, ohne dass eine Gebrauchsfähigkeitsbeeinträchtigung vorliegen muss[70]. Wichtig ist, dass es nach der Rechtsprechung darauf ankommt, was der Auftraggeber aufgrund der vertraglichen Vereinbarung an „Funktionalität" erwarten konnte, entscheidend ist also in erster Linie der Zustand, welchen die Parteien des Bauvertrages vereinbart haben[71]. Der Begriff der anerkannten Regeln der Technik geht damit über die Inhalte der einschlägigen DIN-Normen hinaus. Nach der Rechtsprechung sind diese auch dann nicht allein ausschlaggebend, wenn sie im Bauvertrag in Bezug genommen worden sind[72]. Haben nämlich die Parteien in technischer Hinsicht 35

65 Es sei denn, er hat seine Bedenken gemäß § 4 Abs. 3 VOB/B schriftlich mitgeteilt. Vgl. dazu unten Rn. 43 ff.; BGH NJW 1973, 518; BGH BauR 1997, 301; großzügiger bei fehlerhaften Plänen wohl aber BGH Z 179, 55 = NJW 2009, 582.
66 OLG Düsseldorf BauR 1997, 475 = IBR 1997, 61.
67 Heiermann/Riedel/Rusam, 11. A. 2008, § 4 VOB/B Rn. 33.
68 Heiermann/Riedel/Rusam, 11. A. 2008, § 4 VOB/B Rn. 37.
69 Vgl. Oppler, in: Ingenstau/Korbion, § 4 Abs. 2 VOB/B Rn. 48 f.
70 OLG Stuttgart IBR 2008, 381.
71 Deutlich BGHZ 172, 346 = NJW 2007, 2983; bestätigt durch BGHZ 181, 225 = NJW 2009, 2439, jeweils zur DIN 4109 (Schallschutz).
72 BGHZ 181, 225 = NJW 2009, 2439; vgl. ausführlich Zimmermann, in: NZBau 2009, 633 zu den Schallschutz-Entscheidungen des BGH.

einen Leistungsstand vereinbart, der über die anerkannten Regeln der Technik hinausgeht, so gilt diese vertragliche Vereinbarung als vorrangig. Der Auftragnehmer muss dann diesen höheren Standard einhalten, um eine vertragsgemäße Leistung zu erbringen[73]. Ändern sich die technischen Regeln nach Abschluss der Vertrages, muss der Auftragnehmer dies mitteilen, da er die zum Zeitpunkt der Abnahme geltenden Regelungen einhalten muss.

3. Gesetzliche und behördliche Bestimmungen

36 Der Auftragnehmer muss sich selbstverständlich auch an sämtliche behördliche und gesetzliche Bestimmungen halten. Davon sind alle Regelungen gesetzlicher oder sonstiger Art umfasst.

37 **Sonstiger Art**: Verordnungen (Energieeinsparverordnung – ENEV 2009), Satzungen, behördliche Genehmigungen mit den entsprechenden Auflagen (z.B. die dem Auftraggeber erteilte Baugenehmigung[74]) etc.

38 Privates und öffentliches Baurecht: Strafrecht, Verwaltungsrecht, Bauordnungsrecht, Gesundheitsrecht, Immissionsschutzrecht, Verkehrsrecht, Straßen- und Wasserrecht, Gewerberecht oder die allgemeinen Verkehrssicherungspflichten des Auftragnehmers, ferner Arbeitsschutzvorschriften etc.

39 Der Auftragnehmer ist dazu verpflichtet, sich zuverlässige Kenntnis von den einschlägigen Vorschriften und sonstigen Bestimmungen zu verschaffen und sie zu beachten. Er haftet dafür, dass er die anerkannten Regeln seines Fachs beherrscht, er muss sich insoweit informieren, über Empfehlungen der Fachpresse in Kenntnis sein und diese natürlich auch berücksichtigen. Entstehen durch Nichtbeachtung Mängel oder sonstige Schäden, so haftet der Auftragnehmer dem Auftraggeber[75]. Soweit der Auftraggeber Dritten gegenüber für etwa entstandene Schäden haftet, kann er grundsätzlich den Auftragnehmer in Regress nehmen[76].

III. Pflicht des Auftragnehmers zur Leitung und Ausführung der Leistung, § 4 Abs. 2 Nr. 1 Satz 3 VOB/B

40 Der Auftragnehmer kann auch einen (oder mehrere) Vertreter bestellen, der (die) die Bauleitung übernimmt (vgl. § 4 Abs. 1 Nr. 3 Satz 2 VOB/B). Dieser ist dann sein Erfüllungsgehilfe im Sinne von § 278 BGB. Die Konsequenz ist, dass der Auftragnehmer für ein Verschulden seines Vertreters so haftet, als hätte er selbst gehandelt. Er kann sich also der Verantwortung für die Leitung der Bauausführung nicht durch Übertragung der Aufgabe auf einen Dritten entziehen. Von einer Haftung für sonstiges (deliktisches) Fehlverhalten, dass sich der Vertreter im Rahmen der Ausführung seiner Tätigkeit zu Schuldenkommen lässt, kann der Auftragnehmer sich dadurch freizeichnen, indem er eine ordnungsgemäße Auswahl des Vertreters seinerseits nachweist (§ 831 BGB).

41 Der Auftragnehmer hat für die Ordnung an den Stellen zu sorgen, an denen er zur Erfüllung seiner geschuldeten Bauleistung Platz für Arbeitskräfte, Baugeräte, Material etc. in Anspruch nimmt. Dazu gehören alle Maßnahmen, die geeignet sind in seinem Bereich der Baustelle die reibungslose Bauausführung zu gewährleisten[77]. Er trägt dann auch das Risiko für den zufälligen, also unverschuldeten Untergang oder die Verschlechterung z.B. von Baumaterial. Der Auftraggeber hat hingegen nach § 4 Abs. 1 Nr. 1 VOB/B nur für die allgemeine Ordnung auf der Baustelle zu sorgen.

---

73 BGH BauR 1981, 395; BGHZ 174, 110 = NJW 2008, 511.
74 BGH BauR 1998, 397 = NJW-RR 1998, 738.
75 Vgl. etwa OLG Köln BauR 1997, 831 = IBR 1997, 282.
76 Oppler, in: Ingenstau/Korbion, § 4 Abs. 2 VOB/B Rn. 62.
77 Heiermann/Riedel/Rusam, 11. A. 2008, § 4 VOB/B Rn. 43.

IV. Abs. 2 Nr. 2 VOB/B

Für die Erfüllung seiner privat- und öffentlich-rechtlichen Pflichten seinen Arbeitern gegenüber ist der Auftragnehmer natürlich selbst und allein verantwortlich. 42

D. Prüfungs- und Hinweispflicht des Auftragnehmers, § 4 Abs. 3 VOB/B[78]

I. Regelungsinhalt

Der Auftragnehmer hat als Fachmann zu prüfen, ob die Vorgaben des Auftraggebers geeignet sind, eine ordnungsgemäße, mangelfreie Bauausführung zu ermöglichen. Die Prüfpflicht ist in Abs. 3 nicht ausdrücklich erwähnt. Geregelt ist nur die schriftliche Mitteilung eventueller Bedenken. Denknotwendig hat dieser Mitteilung aber eine Prüfung vorauszugehen. Die Prüfungs- und Hinweispflicht ist deshalb von großer praktischer Bedeutung, weil sie Voraussetzung für eine Begrenzung der Haftung des Auftragnehmers gemäß § 13 Abs. 3 VOB/B ist (siehe hierzu die Kommentierung zu § 13 VOB/B Rn. 51 ff.). Nach der Rechtsprechung handelt es sich bei der Prüfungs- und Hinweispflicht daher ausschließlich um einen die Haftung des Auftragnehmers ausschließenden Tatbestand, eine (Mängel-)Haftung wird nicht dadurch begründet, dass diese Pflicht verletzt wird[79]. Es handelt sich um einen Entlastungstatbestand[80]. Im Wege der Individualvereinbarung kann § 4 Abs. 3 VOB/B natürlich abbedungen oder abweichend ausgestaltet werden[81]. Inwiefern dies im Wege vorformulierter Vertragsbedingungen (AGB) zulässig ist, wird unterschiedlich beurteilt[82]. 43

II. Umfang der Prüfungs- und Anzeigepflicht

Insbesondere für die Haftungsfreizeichnung kommt es somit entscheidend darauf an, ob der Auftragnehmer seine Prüfungs- und Hinweispflicht ordnungsgemäß erfüllt hat. Grundsätzlich gilt ein als subjektiv zu bezeichnender Prüfungsmaßstab, der durch die nach objektiven Gesichtspunkten zu beurteilende Sachkenntnis des Auftragnehmers bestimmt wird[83]. Von Bedeutung ist, ob die prüfungsrelevanten Umstände für den Auftragnehmer erkennbar sein müssen bzw. er diese hätte erkennen müssen[84]. Hingegen ist es nicht von Bedeutung, ob der Auftragnehmer tatsächlich auch Bedenken hat. Es ist entscheidend, ob er sie hätte haben müssen. Zu klären ist daher zunächst, in welchem Umfang die Prüf- und Hinweispflicht besteht. Hier kommt es auf die **Umstände des Einzelfalls** an[85]. An dieser Stelle können daher nur Richtlinien aufgestellt werden, nach denen sich die Prüfungs- und Hinweispflicht grundsätzlich richtet. 44

1. Begrenzung durch die vertragliche Leistungspflicht

Die Pflicht erstreckt sich nicht auf Mängel, die die vom Auftragnehmer geschuldete Leistung nicht berühren. Dies geht soweit, dass der Auftragnehmer im Grundsatz auch nicht auf Mängel hinzuweisen braucht, die er anlässlich der Ausführung seiner Leistung an den bereits fertig gestellten Teilen des Bauwerks tatsächlich entdeckt, wenn diese Mängel die von ihm geschuldete Leistung überhaupt nicht berühren und mit ihr auch nicht im Zusammenhang stehen[86]. 45

---

78 Vgl. hierzu auch Fuchs/Hangwitz, Die Prüf- und Bedenkenhinweispflicht des Bauunternehmers/Erfahrungen aus der Praxis, in: Der Bausachverständige 2009, Nr. 6, S. 58 ff.

79 So jetzt deutlich BGHZ 174, 110 = NJW 2008, 511 auch mit Nachweisen zur vormals streitigen Rechtsnatur der Pflicht aus § 4 Abs. 3 VOB/B. Vgl. hierzu auch Heiermann/Riedel/Rusam, 11. A. 2008, § 4 VOB/B Rn. 47.

80 Zahn, in: Ganten/Jagenburg/Motzke, 2. A. 2008, Vorbemerkung § 13 VOB/B Rn. 6.

81 OLG Saarbrücken MDR 2008, 845.

82 Vgl. Ganten, in: Ganten/Jagenburg/Motzke, 2. A. 2008, § 4 Nr. 3 VOB/B Rn. 70 f. m.w.N.; Oppler, in: Ingenstau/Korbion, § 4 Abs. 3 VOB/B Rn. 5.

83 OLG Brandenburg, BauR 2003, 1054.

84 Vgl. BGH BauR 1981, 201; ferner: Heiermann/Riedel/Rusam, 11. A. 2008, § 4 VOB/B Rn. 48.

85 BGHZ 174, 110 = NJW 2008, 511 (514); KG Berlin IBR 2009, 209; OLG Saarbrücken MDR 2008, 845.

86 BGH NJW 1974, 747.

In besonderen Ausnahmefällen kann den Auftragnehmer aber eine Aufklärungspflicht auch im Hinblick auf diese Umstände treffen[87]. Ist das Werk des Vorunternehmers aber Anknüpfungspunkt für die Arbeiten des nunmehr tätig werdenden Auftragnehmers, ist dieser verpflichtet, zu prüfen und ggf. geeignete Erkundigungen einzuziehen, ob diese Vorarbeiten, Stoffe oder Bauteile eine geeignete Grundlage für sein Werk bieten und keine Eigenschaften besitzen, die den Erfolg seiner Arbeit in Frage stellen können[88]. Die demnach maßgebliche vertragliche Leistungspflicht wird dabei etwa durch einen zweifelsfrei erkennbaren Rahmen der Leistungsbeschreibung umgrenzt[89].

2. Begrenzung durch die nach objektiven Gesichtspunkten zu beurteilende Sachkenntnis des Auftragnehmers

46 Der Auftragnehmer muss die Angaben des Auftraggebers nur insoweit prüfen, wie die Sachkenntnis reicht, die von ihm als Spezialist für seinen Leistungsbereich erwartet werden kann. Andernfalls würde er unzumutbar belastet. Es gilt demnach auch hier die allgemeine Grenze der Zumutbarkeit[90].

3. Keine Befreiung, wenn Auftraggeber selbst fachkundig ist

47 Nach der Rechtsprechung ist der Auftragnehmer von seiner Prüfungspflicht auch dann nicht befreit, wenn der Auftraggeber selbst[91] oder sein Bauleiter[92] fachkundig ist. Etwas anderes soll allenfalls dann gelten, wenn der Auftraggeber über besondere, dem Unternehmer evtl. sogar überlegene Spezialkenntnisse verfügt[93]. Dies dürfte insbesondere relevant sein im Verhältnis zwischen Sub- und Hauptunternehmen. Darüber hinaus kommt es immer auf die Umstände des Einzelfalls an. Je weniger Kenntnisse vom Auftraggeber bezogen auf die geschuldeten Arbeiten erwartet werden können (etwa bei äußerst speziellen Tätigkeiten), umso weitreichender ist die Prüfungspflicht des Auftragnehmers. Die Prüfungs- und Hinweispflicht des Auftragnehmers entfällt auch dann nicht, wenn der Auftraggeber einen Architekten oder Ingenieur mit der Planung und/oder Objektüberwachung beauftragt hat[94].

III. Die einzelnen Fälle des § 4 Abs. 3 VOB/B

1. Vorgesehene Art der Bauausführung

48 Davon erfasst sind sämtliche Fragen der Art der Bauausführung, wie z.B. die Frage der zu verwendenden Materialien, der einzusetzenden persönlichen und technischen Mittel. Die Pflicht zur Prüfung erfasst auch die von der Seite des Auftraggebers kommende Planung[95] sowie eine Überprüfung des Leistungsverzeichnisses auf Einhaltung der anerkannten Regeln der Technik und erkennbare Lücken[96]. Die Prüfungspflicht endet nicht zwangsläufig nach einer erstmaligen Prüfung und einem einmaligen Hinweis. Auch die daraufhin geänderte Planung muss der Auftragnehmer (nochmals) überprüfen[97]. Zur Art der Ausführung gehört auch die Sicherung gegen Unfallgefahren (die im Zusammenhang mit der Leistung des Auftragnehmers stehen), wie sich aus § 4 Abs. 3 VOB/B ergibt[98].

---

87 Hierzu OLG Dresden IBR 2004, 615.
88 BGH NZBau 2008, 109.
89 OLG Saarbrücken MDR 2008, 845.
90 BGHZ 174, 110 = NJW 2008, 511 (514).
91 BGH BauR 1975, 420.
92 BGH BauR 2001, 622.
93 KG Berlin IBR 2009, 209; OLG Saarbrücken MDR 2008, 845.
94 OLG Koblenz, IBR 2012, 641.
95 BGH BauR 1975, 420 und NJW 1987, 643; OLG Düsseldorf IBR 2008, 1190; Oppler, in: Ingenstau/Korbion, § 4 Abs. 3 VOB/B Rn. 22.
96 OLG Celle, NJW-RR 1999, 1693; OLG Dresden, NZBau 2000, 333.
97 BGH BauR 1974, 128; Oppler, in: Ingenstau/Korbion, § 4 Abs. 3 VOB/B Rn. 26.
98 Vgl. hierzu Oppler, in: Ingenstau/Korbion, § 4 Abs. 3 VOB/B Rn. 34 f.

2. Güte der vom Auftraggeber gelieferten Stoffe und Bauteile

Der Auftragnehmer muss nicht nur solche Stoffe und Bauteile auf ihre Tauglichkeit (Art und Qualität) prüfen, die der Auftraggeber geliefert hat, sondern auch diejenigen, deren Verwendung dieser vorgeschrieben hat[99]. Unterlässt er dies, haftet er auch für einen Mangel, der lediglich einem „Ausreißer" geschuldet ist[100]. Vom Auftragnehmer selbst bezogenes Material muss dieser ohnehin auf seine Tauglichkeit prüfen. 49

Der Umfang der Prüfungspflicht ist einzelfallabhängig. Der Umfang ist umso geringer, je höher die Fachkenntnis des Auftraggebers ist (insbesondere bei von diesem bereitgestellten oder vorgeschriebenen Materialien) und umso aufwendiger eine erforderliche Untersuchung für den Auftragnehmer ist (Grenze der Zumutbarkeit)[101]. So kann sich bei einem Subunternehmer der Prüfungsumfang bei vom Hauptunternehmer beigestellten Stoffen auf eine Sicht- und Fühlprobe beschränken[102]. Dies ändert – wie bereits oben ausgeführt – nichts daran, dass den Auftragnehmer im Hinblick auf andere Leistungen oder Umstände eine Aufklärungspflicht im Hinblick auf die an dieser Stelle verwendeten Materialien treffen kann, etwa wenn gesundheitsgefährdende Stoffe zum Einsatz kommen. Dadurch wird der Auftraggeber nämlich in die Lage versetzt, seiner Pflicht zum Ergreifen geeigneter Gegenmaßnahmen nachzukommen[103]. 50

3. Vorleistungen anderer Unternehmer

Der Auftraggeber muss auch die seiner Bauausführung vorangegangenen Leistungen anderer Unternehmer auf Tauglichkeit prüfen, wenn die Leistungen anderer Unternehmer im ursächlichen, dabei vor allem im Einzelfall gegebenen technischen Zusammenhang mit der eigenen Leistungspflicht des Auftragnehmers stehen, das Werk des Auftragnehmers also darauf aufgebaut wird[104]. Selbiges gilt für Vorleistungen des Auftraggebers selbst, die hier nicht anders zu beurteilen sind[105]. Die Vorleistung muss nicht unbedingt auf Mängel geprüft werden. Entscheidend ist, ob die Vorleistungen eine taugliche Grundlage für die Arbeiten des Auftragnehmers sind und dessen ordnungsgemäßen Arbeitserfolg in Frage stellen können[106]. 51

Darüber hinaus muss der Auftragnehmer seine Leistung so erbringen, dass diese wiederum eine geeignete Grundlage für die darauf aufbauenden weiteren Leistungen anderer Auftragnehmer bildet[107]. In Ausnahmefällen kann der Auftragnehmer trotz ordnungsgemäßer Erfüllung seiner Arbeiten verpflichtet sein, den Auftraggeber auf besondere Umstände im Hinblick auf nachfolgende Arbeiten hinzuweisen[108]. Dies gilt etwa dann, wenn die nachfolgende Leistung nicht auf die eigene aufgebaut werden kann, z.B. die verlegten Betonplatten wegen des unzureichend verdichteten Untergrunds keine Grundlage für den sich anschließenden Plattenbelag bieten, weil dann das Absacken der Platten oder Risse zu befürchten sind[109]. Diese Pflicht hat aber mit derjenigen des § 4 Abs. 3 VOB/B nichts zu tun. Es handelt sich um eine vertragliche Nebenpflicht sämtlicher Auftragnehmer, auf derart besondere Umstände hinzuweisen. Sie kann den Auftragnehmer bei Verletzung zum Schadensersatz verpflichten. 52

99 BGHZ 132, 189 = BauR 1996, 702.
100 BGHZ 132, 189 = BauR 1996, 702.
101 Zur Überprüfung von angeliefertem Beton vgl. OLG Hamm IBR 2009, 208. Zur Einordnung des Baustofflieferanten vgl. Oppler, in: Ingenstau/Korbion, § 4 Abs. 3 VOB/B Rn. 46 f.
102 OLG Brandenburg BauR 2001, 102.
103 Vgl. hierzu BGH NJW 2000, 280.
104 OLG Bamberg BauR 2007, 893; OLG Düsseldorf OLGR 1999, 45; Oppler, in: Ingenstau/Korbion, § 4 Abs. 3 VOB/B Rn. 48 m.w.N.
105 OLG Karlsruhe IBR 2006, 88; OLG Düsseldorf IBR 2012, 511.
106 Vgl. BGH NZBau 2008, 109.
107 BGH BauR 1975, 341; BGH BauR 1983, 70.
108 Vgl. hierzu ausführlich Oppler, in: Ingenstau/Korbion, § 4 Abs. 3 VOB/B Rn. 49 m.w.N.
109 Vgl. OLG Köln BauR 1995, 243; BGH IBR 2011, 508.

IV. Anforderungen an die Hinweispflicht und Rechtsfolgen

1. Inhalt

53 Der Auftraggeber muss dem Auftragnehmer die konkreten Folgen der fehlerhaften Anweisung darstellen, damit der Auftraggeber die Möglichkeit hat, die Bedenken des Auftragnehmers im Hinblick auf mögliche Mängel zu prüfen und zu würdigen. Die Mitteilung muss so eindeutig sein, dass dem Auftraggeber die Tragweite einer Nichtbefolgung klar wird. Die Bedenken müssen also inhaltlich richtig, fachgerecht und erschöpfend mitgeteilt werden[110]. Der Auftragnehmer muss zudem sichergehen, dass der Auftraggeber seine Bedenken wahrgenommen hat. Ist dies für ihn erkennbar zweifelhaft, muss er erneut seine Bedenken vortragen und wird bei bloßer Untätigkeit nicht von seiner Mängelhaftung befreit[111].

54 ***Praxistipp:***

Achtung: Nach einem Urteil des OLG Celle[112] übernimmt ein Bauunternehmer im Einzelfall Planungsverantwortung und damit Haftungsrisiken, wenn er Vorschläge zur Bauausführung unterbreitet, die über eine bloße Bedenkenanmeldung hinausgehen.

2. Form

55 Die Bedenken müssen **schriftlich** mitgeteilt werden. Nur so ist gewährleistet, dass der Auftraggeber auch in zuverlässiger Art und Weise die notwendige Kenntnis erlangt. Die Schriftform ist bereits aus Beweiszwecken die mithin sicherste Form, auch wenn im Einzelfall eine zuverlässige, inhaltlich klare und vollständige mündliche Bedenkenerläuterung ausreichend sein kann[113].

56 ***Praxistipp:***

Was mache ich wenn...

... mein Vertragspartner bestreitet, dass ich den Hinweis ordnungsgemäß erteilt habe? Gerade für diesen Fall ist die schriftliche Mitteilung ebenfalls von großer praktischer Bedeutung. Der Auftragnehmer hat nämlich grundsätzlich zu beweisen, dass er seiner Prüfungs- und Hinweispflicht nachgekommen ist[114]. Daher kann der Auftragnehmer durch Vorlage einer Kopie beweisen, dass er den ordnungsgemäßen Hinweis abgegeben hat (Beweisfunktion). Es sollte also immer ein Duplikat des erteilten Hinweises sorgfältig aufbewahrt werden. Darüber hinaus kann der Hinweis auch postalisch zugestellt werden, etwa im Wege des Einwurfeinschreibens. Dies erhöht die Beweiskraft auch im Hinblick auf einen möglicherweise bestrittenen Zugang[115].

3. Frist

57 Der Hinweis muss unverzüglich erteilt werden. Unverzüglich bedeutet ohne schuldhaftes Zögern (§ 121 BGB). Eine gewisse Überlegungsfrist für den Auftragnehmer ist dabei nicht ausgeschlossen. Die Mitteilung muss aber so rechtzeitig wie nur möglich erfolgen.

---

110 Heiermann/Riedel/Rusam, 11. A. 2008, § 4 VOB/B Rn. 59.
111 OLG Jena BauR 2007, 1106.
112 IBR 2000, 68.
113 Ausnahmefall des OLG Düsseldorf BauR 1996, 260.
114 BGH NZBau 2008, 109; OLG Brandenburg BauR 2009, 542.
115 Vgl. hierzu Ellenberger, in: Palandt, 69. A. 2010, § 130 BGB Rn. 21 m.w.N.

4. Adressat

Richtiger Adressat ist immer der Auftraggeber[116]. Daneben können auch der Architekt und/oder der Bauleiter als richtige Adressaten in Betracht kommen. Dies gilt aber jedenfalls dann nicht, wenn der Auftragnehmer Bedenken gerade gegen Anordnungen des Architekten oder eines sonstigen Sonderfachmanns hat und dieser sich diesen verschließt; in diesem Fall muss der Bauherr unmittelbar unterrichtet werden[117]. Es ist daher empfehlenswert, dem Auftraggeber selbst immer auch eine Kopie des Bedenkenhinweises zu übersenden. 58

5. Rechtsfolgen

Hat der Auftragnehmer seine Prüf- und Hinweispflicht ordnungsgemäß erfüllt, ist er von der Haftung wegen der Mängel befreit, die auf diejenigen Ursachen zurückgehen, auf welche er zuvor ordnungsgemäß hingewiesen hat (§ 13 Abs. 3 VOB/B; siehe hierzu die Kommentierung zu § 13 VOB/B Rn. 51 ff.). Bei Verletzung dieser Pflicht aus § 4 Abs. 3 VOB/B haftet der Auftragnehmer im Grundsatz auch für solche Mängel, die auf die Leistungsbeschreibung oder auf Anordnungen des Auftraggebers, auf die von diesem gelieferten oder vorgeschriebenen Stoffe oder Bauteile oder die Beschaffenheit der Vorleistung eines anderen Unternehmers zurückzuführen sind. Konkret bedeutet dies z.B., dass die Verletzung der Prüfungs- und Hinweispflicht nur dazu führt, dass der Auftragnehmer entweder die erforderlichen Nachbesserungen seines Gewerks selbst vorzunehmen oder die Kosten hierfür zu tragen hat. Nicht dagegen trifft den Auftragnehmer eine Pflicht, fehlerhafte Vorleistungen anderer Unternehmer nachzubessern[118]. 59

E. Überlassungspflichten des Auftraggebers, § 4 Abs. 4 VOB/B

Nach § 4 Abs. 4 VOB/B hat der Auftraggeber – soweit im Bauvertrag nichts anderes vereinbart ist – dem Auftragnehmer unentgeltlich zur Benutzung oder Mitbenutzung zu überlassen: die notwendigen Lager- und Arbeitsplätze auf der Baustelle, hierzu gehören auch Flächen für ggf. erforderliche sanitäre Einrichtungen, für Unterkünfte usw.; ferner vorhandene Zufahrtswege und Anschlussgleise sowie vorhandene Anschlüsse für Wasser und Energie. Hierunter fallen auch Heizungsanlagen. Nach § 4 Abs. 4 Satz 2 VOB/B ist der Auftragnehmer jedoch verpflichtet, die Kosten für die entsprechenden Messer oder Zähler sowie für den Verbrauch zu tragen[119]. Insoweit wird also das Prinzip der Unentgeltlichkeit eingeschränkt. 60

Praxistipp: 61

Was macht ein Auftragnehmer…

… wenn etwa erforderliche Anlagen nicht auf der Baustelle vorhanden sind? Für erst noch zu schaffende Einrichtungen bedarf es einer gesonderten Vereinbarung; § 4 Abs. 4 VOB/B spricht nämlich jeweils von „vorhandenen" Wegen und Anschlüssen. Es sollte daher bereits bei Vertragsschluss darauf geachtet werden, dass entsprechende Regelungen für diesen Fall in den Vertrag mit aufgenommen werden.

F. Schutzpflichten des Auftragnehmers, § 4 Abs. 5 VOB/B

Bis zur Abnahme hat der Auftragnehmer seine bereits ausgeführte Leistung sowie vom Auftraggeber zur Verfügung gestellte Gegenstände unentgeltlich in dem im Bausektor üblichen Umfang gegen Beschädigung und Diebstahl zu schützen. Nur aufgrund einer gesonderten vertraglichen Vereinbarung oder anderenfalls auf ausdrückliches Verlangen des Auftragge- 62

116 BGH NJW 1975, 1217 und IBR 1997, 277.
117 Vgl. hierzu ausführlich Oppler, in: Ingenstau/Korbion, § 4 Abs. 3 VOB/B Rn. 73 m.z.N.
118 OLG Celle BauR 2008, 2046; OLG München BauR 1996, 547 = IBR 1996, 64. Beachte aber auch die Entscheidung des BGH NZBau 2008, 109 zu möglichen weiteren Rechtsfolgen.
119 Vgl. hierzu Oppler, in: Ingenstau/Korbion, § 4 Abs. 4 VOB/B Rn. 4.

bers hat der Auftragnehmer darüber hinaus Winter- und Grundwasserschäden zu vermeiden und Eis und Schnee zu beseitigen. Erfolgen die Schutzmaßnahmen erst auf Verlangen des Auftragnehmers, richtet sich ein möglicher Vergütungsanspruch nach § 2 Abs. 6 VOB/B. Der Auftragnehmer muss demnach den Anspruch auf Vergütung ankündigen, bevor er mit der Ausführung der Schutzmaßnahmen beginnt (§ 2 Abs. 6 Nr. 1 VOB/B). Diese in § 4 Abs. 5 VOB/B geregelten Schutzpflichten des Auftragnehmers sind bauvertragliche Nebenpflichten, bei deren schuldhafter Verletzung sich der Auftragnehmer gegenüber dem Auftraggeber schadensersatzpflichtig machen kann[120]. Die entsprechenden Schutzpflichten werden großteils auch in einschlägigen DIN-Vorschriften wiedergegeben und konkretisiert.

G. Pflicht des Auftragnehmers zur Beseitigung vertragswidriger Stoffe und Bauteile, § 4 Abs. 6 VOB/B

63 Diese Bestimmung hat den Zweck, bereits eine Gefährdung der vertragsgemäßen Leistung zu beseitigen, um so Baufehler frühzeitig zu verhindern. Erfahrungsgemäß lassen sich Mängel an Stoffen und Bauteilen ungleich schwerer feststellen, soweit diese bereits verarbeitet bzw. eingebaut worden sind. Die Beseitigungspflicht bezieht sich daher auf die vom Auftragnehmer selbst gelieferten oder vorbereiteten Baustoffe und Bauteile, die noch nicht verarbeitet bzw. eingebaut worden sind.

64 Kommt der Auftragnehmer nach einer entsprechenden fristgebundenen Aufforderung durch den Auftraggeber der Beseitigungspflicht nicht nach, kann Letzterer entscheiden: Entweder lässt er sie auf Kosten des Auftragnehmers entfernen oder für seine Rechnung veräußern (Selbsthilferechte). Die Entfernung auf Kosten des Auftragnehmers gestattet in der Regel nur eine Verbringung an einen nach den Umständen nach angemessenen Ort. Der Auftraggeber muss den Auftragnehmer hierüber informieren[121]. Die zweite Möglichkeit ist die Veräußerung an einen Dritten[122]. Da der Verkauf ausdrücklich auf Rechnung des Auftragnehmers zu erfolgen hat, muss der Auftraggeber nach Abzug der Eigenkosten dem Auftragnehmer den Erlös aus der Veräußerung aushändigen[123]. Den Auftraggeber treffen bei Ausübung seines Selbsthilferechts Fürsorgepflichten. Verletzt er diese, kann er sich gegenüber dem Auftragnehmer schadensersatzpflichtig machen.

H. Mängelbeseitigungs- und Schadensersatzpflicht des Auftragnehmers vor der Abnahme (§ 4 Abs. 7)

I. Allgemeines

1. Mängelbeseitigungs- und Schadensersatzansprüche vor der Abnahme

65 Im Hinblick auf die Mängelbeseitigungs- und damit zusammenhängenden Schadensersatzansprüche wird im VOB/B-Vertrag zwischen dem Zeitpunkt vor und nach der Abnahme i.S.d. § 12 VOB/B unterschieden: Vor der Abnahme gilt § 4 Abs. 7 VOB/B. Nach der Abnahme richten sich die Mängel- und Schadensersatzansprüche nach § 13 Abs. 5 bis 7 VOB/B.

66 Demgegenüber wird im BGB-Vertrag zwischen dem Zeitpunkt vor der Abnahme und demjenigen nach der Abnahme nicht unterschieden (vgl. dazu im Einzelnen § 13 VOB/B Rn. 19 ff.); § 4 Abs. 7 VOB/B stellt aber eine abschließende Sonderregelung dar, sodass der Auftraggeber Ersatz von Fremdnachbesserungskosten nur unter den dort geregelten Voraussetzungen und insbesondere erst nach Kündigung bzw. Teilkündigung des Vertrages vor Beginn der Mängelbeseitigung beanspruchen kann.

---

120 Vgl. OLG Rostock BauR 2000, 105.

121 Vgl. zum Ganzen Heiermann/Riedel/Rusam, 11. A. 2008, § 4 VOB/B Rn. 80 f.; Oppler, in: Ingenstau/Korbion, § 4 Abs. 5 VOB/B Rn. 14 f.

122 Der Auftraggeber darf die Stoffe oder Bauteile indes nicht selbst erwerben, auch nicht durch einen Vertreter. Dies ergibt sich aus dem in § 450 BGB niedergelegten Rechtsgedanken.

123 Oppler, in: Ingenstau/Korbion, § 4 Abs. 6 VOB/B Rn. 20.

67

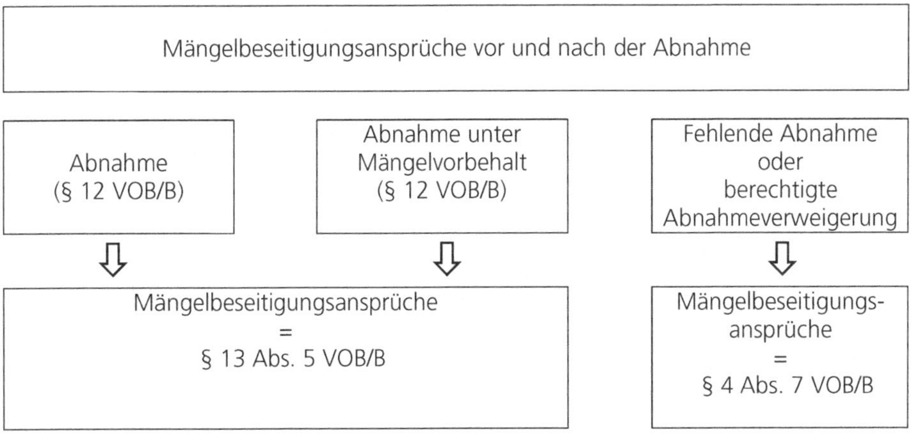

Abbildung 1: Mängelbeseitigungsansprüche vor und nach der Abnahme

Der Grund für diese Differenzierung in der VOB/B liegt in der unterschiedlichen Betrachtung der Leistungspflicht des Auftragnehmers. Mit der rechtsgeschäftlichen Abnahme als „Dreh- und Angelpunkt" des Bauvertrages konkretisiert sich die Leistungspflicht des Auftragnehmers auf die erbrachte und abgenommene Leistung (vgl. dazu § 12 VOB/B Rn. 6). Der vor der Abnahme bestehende Erfüllungsanspruch wandelt sich mit der Abnahme in einen Mängelbeseitigungsanspruch um (vgl. dazu § 12 VOB/B Rn. 136 f.). Erklärt der Auftraggeber mit der Abnahme, dass er die Leistung als im Wesentlichen vertragsgemäß anerkennt (vgl. dazu § 12 VOB/B Rn. 9), wird das Erfüllungsstadium beendet und die Mängelbeseitigungsansprüche – auch die nicht erledigten, welche sich der Auftraggeber bei der Abnahme vorbehält – richten sich nach § 13 Abs. 5 bis 7 VOB/B. Verweigert der Auftraggeber dagegen die Abnahme zu Recht (vgl. dazu § 12 VOB/B Rn. 24 ff.), verbleibt es bei § 4 Abs. 7 VOB/B als Anspruchsgrundlage. Die Zuerkennung von ausdrücklich festgelegten Erfüllungsansprüchen soll verhindern, dass Bauleistungsmängel nach Beendigung der Leistungen durch den Auftragnehmer – also der vollständigen Herstellung des Objektes – sich nicht mehr oder lediglich äußerst schwer feststellen und nachweisen lassen und den Auftraggeber bereits zu einem sehr frühen Zeitpunkt in die Lage versetzen, größere Schäden zu verhindern und die Fortführung der Leistungen – insbesondere bei aufbauenden Leistungen – zu bewirken[124]. 68

124 Oppler, in: Ingenstau/Korbion, § 4 Abs. 7 VOB/B Rn. 3.

69

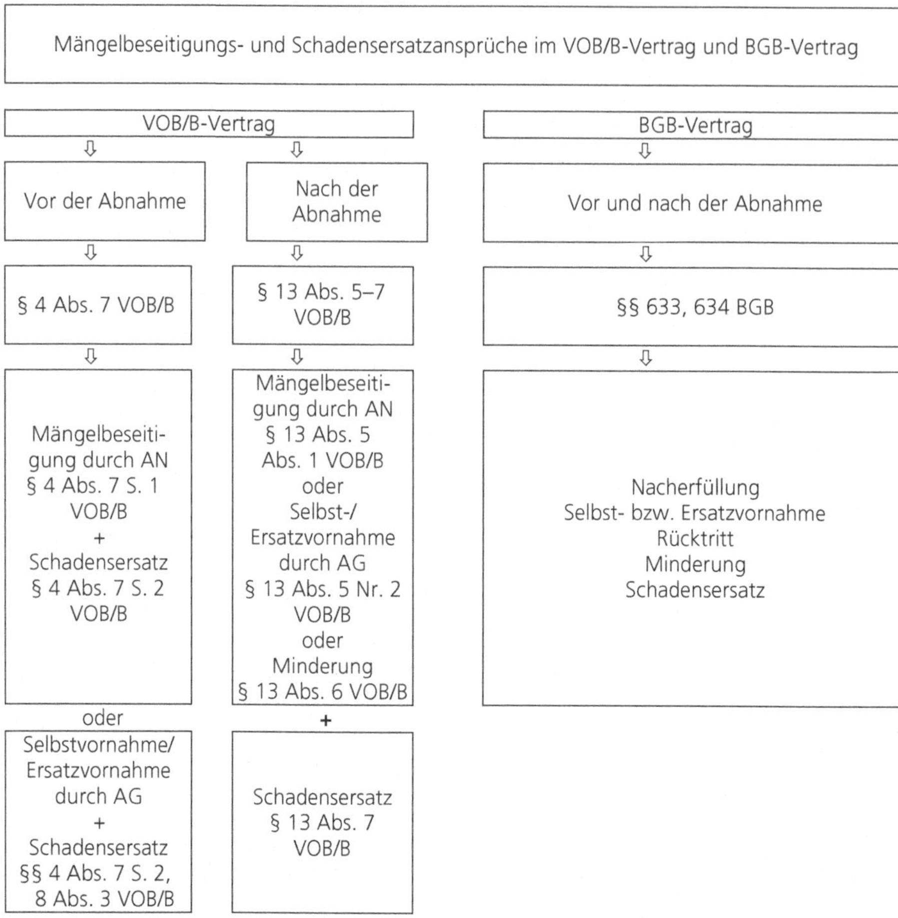

Abbildung 2: Mängelbeseitigungs- und Schadensersatzansprüche im BGB-Vertrag und VOB/B-Vertrag

2. Inhalt der Regelung

70 § 4 Abs. 7 VOB/B regelt über § 4 Abs. 6 VOB/B – vertragswidrige Stoffe oder Bauteile betreffend – hinaus die Rechte des Auftraggebers sowie die Pflichten des Auftragnehmers für den Fall, dass bereits während der Bauausführung und vor der Abnahme (§ 12 VOB/B) die Leistungen als mangelhaft oder vertragswidrig erkannt werden: Während § 4 Abs. 6 VOB/B die Verpflichtung des Auftragnehmers regelt, noch nicht eingebaute vertragswidrige Stoffe oder Bauteile zu entfernen (vgl. dazu oben Rn. 63 f.), hat der Auftragnehmer nach Maßgabe des § 4 Abs. 7 Satz 1 VOB/B mangelhafte oder vertragswidrige Leistungen, die sich bereits im Bauwerk realisiert haben, auf eigene Kosten durch mangelfreie zu ersetzen (§ 4 Abs. 7 Satz 1 VOB/B).

71 Der Anspruch (Herstellung der vertragsgemäßen Leistung) ist – als Erfüllungsanspruch – auf die Erbringung einer mangelfreien und vertragsgemäßen Leistung gerichtet und unabhängig von einem Verschulden des Auftragnehmers. Der zu behebende Mangel muss dem Auftragnehmer aber zurechenbar sein. Dies ist dann nicht der Fall, wenn der Mangel bzw. die Vertragswidrigkeit auf ein Eingreifen des Auftraggebers – etwa einen Planungsfehler des beauftragten Architekten oder Ingenieurs – oder auf mangelhafte Leistungen eines Dritten aus der Sphäre des Auftraggebers – etwa eines Vorunternehmers – zurückzuführen ist (dazu im Einzelnen § 13 VOB/B Rn. 52 bis 75). Voraussetzung dafür ist aber, dass der Auftragnehmer sei-

ner Prüfungs- und Hinweispflicht gemäß § 4 Abs. 3 VOB/B (zum Inhalt und Umfang der Prüfungs- und Hinweispflicht vgl. oben Rn. 43 bis 59) nachgekommen ist; ist dies nicht geschehen, bleibt der Auftragnehmer trotz der „Eingriffe" des Auftraggebers in das Baugeschehen mängelbeseitigungspflichtig (vgl. dazu im Einzelnen § 13 VOB/B Rn. 52 bis 75).

Darüber hinaus steht dem Auftraggeber – bei Weiterführung des Vertrages – neben dem Anspruch auf Mängelbeseitigung ein Schadensersatzanspruch für die trotz der Mängelbeseitigung verbleibenden und mit den Mängeln verbundenen Nachteile zu (§ 4 Abs. 7 Satz 2 VOB/B). **72**

Kommt der Auftragnehmer seiner Pflicht zur Mängelbeseitigung trotz Aufforderung des Auftraggebers unter Setzung einer angemessenen Frist und der gleichzeitigen Erklärung, dass nach fruchtlosem Ablauf der Frist der Auftrag entzogen wird (Kündigung), nicht fristgerecht nach, kann der Auftraggeber den Vertrag ganz oder teilweise kündigen (§ 8 Abs. 3 VOB/B) und den noch nicht vollendeten Teil der Leistung auf Kosten des Auftragnehmers durch einen Dritten ausführen lassen (§§ 4 Abs. 7 Satz 3, 8 Abs. 3 Nr. 2 Satz 1 VOB/B). Der Auftraggeber kann aber auch auf die weitere Ausführung verzichten und Schadensersatz wegen Nichterfüllung – was bedeutet, dass er so gestellt wird, als sei der Vertrag ordnungsgemäß erfüllt worden – verlangen, wenn die Ausführung der beauftragten Leistung aus den Gründen, die zur Kündigung geführt haben, für ihn kein Interesse mehr hat (§§ 4 Abs. 7 Satz 3, 8 Abs. 3 Nr. 2 Satz 2 VOB/B). **73**

74

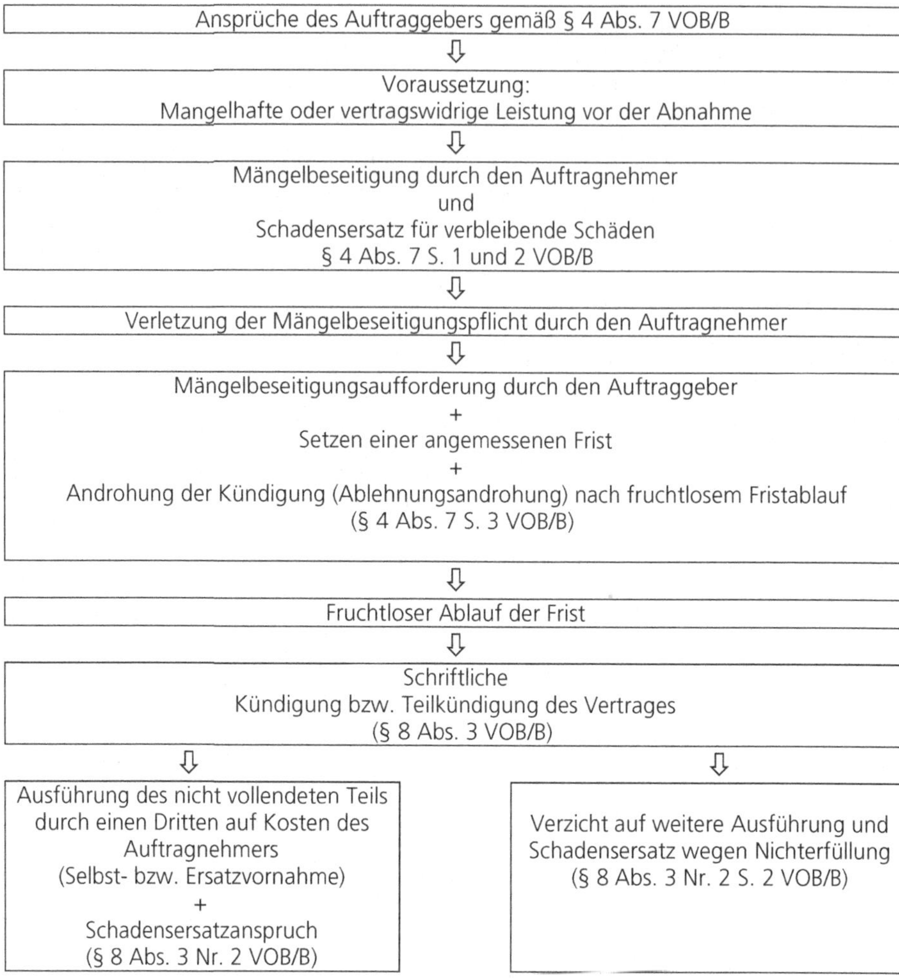

Abbildung 3: Ansprüche des Auftraggebers gemäß § 4 Abs. 7 VOB/B

II. Voraussetzungen des § 4 Abs. 7 VOB/B

75 Voraussetzung für die Anwendung des § 4 Abs. 7 VOB/B ist, dass die Leistung während der Ausführung der Bauleistung als mangelhaft oder vertragswidrig erkannt wird. Dies ist der Zeitpunkt zwischen dem Ausführungsbeginn und der Abnahme der Bauleistung.

76 Beweispflichtig dafür, dass – sofern vom Auftragnehmer behauptet – keine mangelhafte oder vertragswidrige Leistung vorliegt, die Leistung also fehlerfrei ist, ist der Auftragnehmer, da dieser in diesem Leistungsstadium noch die uneingeschränkte Erfüllung der vertraglich übernommenen Leistungspflicht schuldet[125]. Diese Beweislast kehrt sich zu Lasten des Auftraggebers erst mit der Abnahme der Leistung um (vgl. dazu im Einzelnen § 12 VOB/B Rn. 142).

77 Darauf, ob die Mängel oder die Vertragswidrigkeit erheblich oder unerheblich sind, kommt es nicht an, es sei denn, der mit der Beseitigung des Mangels und der Vertragswidrigkeit zu erzielende Erfolg stände außer Verhältnis zum insoweit erforderlichen Aufwand[126].

---

125 Oppler, in: Ingenstau/Korbion, § 4 Abs. 7 VOB/B Rn. 8 m.w.N. aus der Rechtsprechung; BGH, NZBau 2009, S. 117 und IBR 2009, S. 15 und 16.

126 Heiermann, Riedl, Rusam-Riedl, § 4 VOB/B Rn. 83; Oppler, in: Ingenstau/Korbion, § 4 Abs. 7 Rn. 11 m.w.N.

78

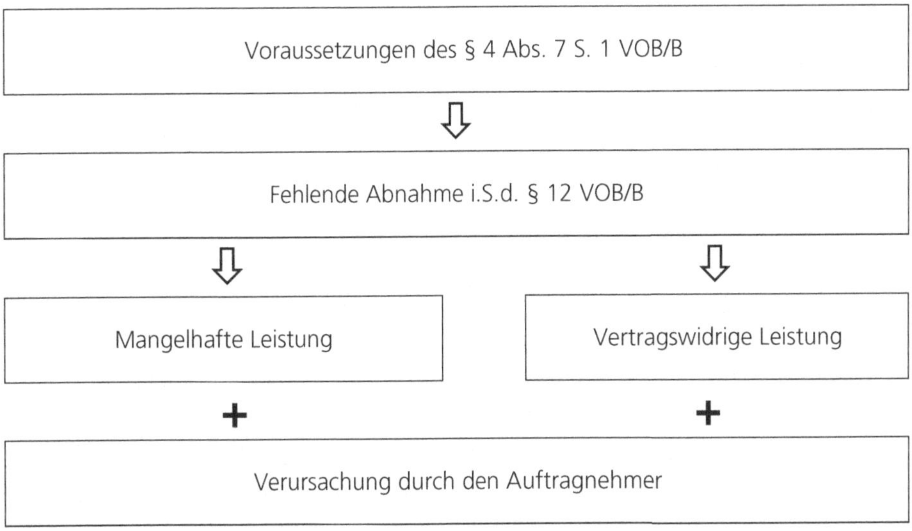

Abbildung 4: Voraussetzungen des § 4 Abs. 7 Satz 1 VOB/B

1. Mangelhafte Leistung

Der Mangelbegriff des § 4 Abs. 7 VOB/B ist identisch mit der in § 13 VOB/B definierten Man- 79
gelhaftigkeit der Leistung: Der Auftragnehmer hat seine Leistung frei von Sachmängeln herzustellen. Dies ist dann der Fall, wenn die Leistung der vertraglich vereinbarten Beschaffenheit und den anerkannten Regeln der Technik entspricht. Ist eine Beschaffenheit nicht vereinbart, ist die Leistung mangelfrei, wenn sie entweder für die nach dem Vertrag vorausgesetzte Verwendung oder für die gewöhnliche Verwendung geeignet ist und eine übliche und nach der Art der Leistung zu erwartende Beschaffenheit aufweist (vgl. dazu im Einzelnen § 13 VOB/B Rn. 35 ff.).

2. Vertragswidrige Leistung

Eine Leistung ist vertragswidrig, wenn sie dem Inhalt der vertraglichen Vereinbarung – wie ins- 80
besondere der Leistungsbeschreibung, Mustern, Plänen und Zeichnungen, Proben, technischen Normen oder anderen vornehmlich technischen Beschreibungen – nicht entspricht. Die Vertragswidrigkeit muss das Bauwerk als solches beeinträchtigen. Eine bloße Leistungsverzögerung fällt nicht darunter; in diesem Fall richtet sich die Rechtsfolge nach §§ 5 Abs. 4, 8 Abs. 3 VOB/B. Führt aber eine vertragswidrige oder mangelhafte Leistung zu einer Leistungsverzögerung, so unterfallen daraus resultierende Verzögerungskosten dem Ersatzanspruch nach Satz 2 (vgl. dazu im Einzelnen unten Rn. 147 ff.). Eine vertragswidrige Leistung wird regelmäßig identisch sein mit einer mangelhaften Leistung. In beiden Fällen hat der Auftragnehmer sie durch eine mangelfreie zu ersetzen[127].

3. Verursachung durch den Auftragnehmer

Eine Haftung und Beseitigungspflicht des Auftragnehmers für den Mangel sowie die Vertrags- 81
widrigkeit bestehen nur dann, wenn sie ihm zurechenbar sind, also in seinem Verantwortungsbereich liegen. Eine Verursachungszurechnung zu Lasten des Auftragnehmers kann dann entfallen, wenn er seiner Prüfungs- und Mitteilungspflicht gemäß § 4 Abs. 3 VOB/B nachgekommen ist.

127 Heiermann, Riedl, Rusam-Riedl, § 4 VOB/B Rn. 82 m.w.N.

4. Mitverursachung durch den Auftraggeber

82 Hat der Auftraggeber durch sein oder das Verhalten eines von ihm beauftragten Dritten – wie eines Architekten oder Ingenieurs durch eine fehlerhafte Planung oder fehlerhafte Anweisungen bzw. im Falle bauseits gelieferter Materialien – die mangelhafte oder vertragswidrige Leistung mitverursacht, ist zu unterscheiden:

- Hat die mangelhafte Leistung des Auftragnehmers bereits für sich allein zu der Mangelhaftigkeit geführt, verbleibt es bei der Verantwortlichkeit des Auftragnehmers.
- Ist der Auftraggeber dagegen mitverantwortlich für die Mangelhaftigkeit, wird er kostenmäßig in Gestalt eines Zuschusses in Höhe der Mitverursachungsquote an der Herstellung der Mangelfreiheit beteiligt.

83 Eine Mitverursachung des Auftraggebers kann auch dadurch entstehen, dass bereits im Zusammenhang mit der Angebotswertung und Zuschlagserteilung bzw. bei der Auftragserteilung Zweifel an der fachlichen und sachlichen Kompetenz des Auftragnehmers, etwa dann, wenn ihm die für die konkrete Aufgabe erforderlichen Spezialkenntnisse fehlen oder der Betrieb für die Leistungen nicht eingerichtet ist, erkennbar geworden sind[128]. Voraussetzung dafür ist aber, dass der konkrete Sachverhalt Anlass für solche Annahmen bietet. Ohne einen besonderen Anlass muss der Auftraggeber die Eignung, Befähigung sowie Ausstattung des Betriebs des – potenziellen – Auftragnehmers aber nicht überprüfen.

84 Muss der Auftragnehmer zur Wiederherstellung eines mangelfreien oder vertragsgemäßen Zustandes seiner Leistung Aufwendungen vornehmen, die nicht vom Leistungssoll erfasst sind, so steht ihm in Höhe dieser sog. „Sowieso-Kosten" ein Kostenerstattungsanspruch zu[129].

85

Abbildung 5: Zurechenbarkeit der mangelhaften bzw. vertragswidrigen Leistung

128 BGH, NJW 1993, S. 1191; Heiermann, Riedl, Rusam-Riedl, § 4 VOB/B Rn. 83.
129 BGH, NZBau 2002, S. 31.

III. Verpflichtung zur Herstellung einer mangelfreien Leistung (Mängelbeseitigung: § 4 Abs. 7 Satz 1)

§ 4 Abs. 7 Satz 1 VOB/B verpflichtet den Auftragnehmer, die während der Ausführung als mangelhaft oder vertragswidrig erkannten Leistungen auf eigene Kosten durch mangelfreie zu ersetzen. Geschieht dies nicht, kann der Auftraggeber unter Beachtung weiterer zwingender Formvorschriften (angemessene Fristsetzung mit Ablehnungsandrohung und anschließender schriftlicher Kündigung) selbst oder durch einen Dritten die mangelhafte Leistung im Wege der Selbst- bzw. Ersatzvornahme herstellen lassen. 86

Stellt der Auftragnehmer den Mangel oder die Vertragswidrigkeit fest, muss er die Initiative ergreifen und die Leistung mangelfrei herstellen. In der Regel lässt sich ein solches positives Wissen des Auftragnehmers aber nicht nachweisen. Deshalb sollte eine schriftliche Aufforderung durch den Auftraggeber erfolgen, um den Auftragnehmer auf seine Verpflichtung hinzuweisen (vgl. dazu auch unten Rn. 107). 87

1. Mängelbeseitigung durch den Auftragnehmer

a. Inhalt der Mängelbeseitigung

Die Mängelbeseitigungspflicht des Auftragnehmers ist – im Sinne eines Erfüllungsanspruchs des Auftraggebers – auf die Herstellung der vertraglich geschuldeten mangelfreien Leistung gerichtet. Führen Nachbesserungen nicht zu einem dauerhaften Erfolg, muss der Auftragnehmer die Leistung neu herstellen. 88

Dem Auftraggeber steht zwar kein Recht zu, dem Auftragnehmer vorzuschreiben, auf welche Weise er die Mangelfreiheit herbeiführt[130], er kann aber erkennbar ungeeignete Maßnahmen zurückweisen[131] oder in Fällen der Unzumutbarkeit[132] die Vergütung mindern[133]. Eine Neuherstellung kann nur gefordert werden, wenn eine vertragsgerechte Erfüllung der vereinbarten Leistung auf andere Weise nicht möglich ist[134]. Akzeptiert der Auftraggeber, dass der Auftragnehmer die Mängelbeseitigung in einer bestimmten Art herbeizuführen versucht, liegt darin kein Verzicht auf die bestehenden Mängelbeseitigungsansprüche[135]. 89

Ist der Mängelbeseitigungsaufwand unter Beachtung des hohen Interesses des Auftraggebers an der Mängelbeseitigung im Verhältnis zu dem für den Auftraggeber daraus resultierenden Vorteil unverhältnismäßig und kann der Auftragnehmer die Unverhältnismäßigkeit nachweisen, darf er die Mängelbeseitigung verweigern[136]. Dem Auftraggeber steht dann gemäß § 13 Abs. 6 VOB/B – der analog anzuwenden ist – ein Minderungsrecht zu[137]. 90

b. Umfang der Mängelbeseitigung

Zur erfolgreichen Durchführung der Mängelbeseitigung und Herstellung des vertragsgemäßen Zustandes muss der Auftragnehmer in analoger Anwendung des § 635 Abs. 2 BGB – auf seine Kosten unter Berücksichtigung der Mitverursachungskosten bzw. „Sowieso-Kosten" des Auftraggebers – sämtliche Maßnahmen erbringen, die dazu erforderlich sind. 91

Dazu gehören insbesondere die 92

- Kosten für die Beseitigung der Mängel und deren Vorbereitung sowie Kosten für Sicherungsmaßnahmen oder das notwendige Entfernen von Bauteilen oder für erforderliche Eingriffe in andere Bauteile,
- Gutachter- bzw. Planungs- und Überwachungskosten,

130 BGH, NJW-RR 1988, S. 208 und IBR 2013, 340.
131 OLG Köln, BauR 1977, S. 275.
132 I.S.d § 13 Abs. 6 VOB/B, vgl. dazu hier § 13 VOB/B Rn. 173 bis 182.
133 Heiermann, Riedl, Rusam-Riedl, § 4 VOB/B Rn. 85.
134 BGH IBR 2011, 398 und IBR 2013, 340.
135 BGH, ZfBr 1997, S. 32.
136 BGH, BauR 1996, S. 858 (859); Heiermann, Riedl, Rusam-Riedl, § 4 Rn. 85b; Leinemann-Sterner, § 4, Rn. 100 m.w.N.
137 Oppler, in: Ingenstau/Korbion, § 4 VOB/B Rn. 21.

- Sekundärkosten für erforderliche Sicherungsmaßnahmen an und außerhalb des Werkes sowie
- Transportkosten.

93 Nicht unter die Beseitigungskosten fällt ein als Folge der Mängelbeseitigung entstandener Nutzungsausfall; er kann aber unter bestimmten Voraussetzungen als Schadensersatzanspruch geltend gemacht werden[138].

c. Mitwirkungspflichten des Auftraggebers

94 Der Auftraggeber muss alles tun, um dem Auftragnehmer die Mängelbeseitigung zu ermöglichen, und ihm insbesondere den Zutritt zur Baustelle gewähren. Kommt der Auftraggeber seinen Mitwirkungspflichten nicht nach, entsteht ein Kündigungsrecht des Auftragnehmers nach Maßgabe des § 9 Abs. 1 a VOB/B sowie – bei Verschulden des Auftraggebers – ein Schadensersatzanspruch gemäß §§ 280 Abs. 1, 241 Abs. 2 BGB bzw. § 6 Abs. 6 VOB/B.

d. Leistungsverweigerungsrecht des Auftraggebers

95 Kommt der Auftragnehmer seiner Mängelbeseitigungspflicht nicht nach, kann der Auftraggeber im Hinblick auf einen bestehenden Vergütungsanspruch (Abschlagszahlung) ein Leistungsverweigerungsrecht gemäß §§ 320 bzw. 273 BGB geltend machen und als Druckmittel einen Einbehalt in Höhe der dreifachen voraussichtlichen Mängelbeseitigungskosten vornehmen; der Einbehalt ist entsprechend der Mängelbeseitigungsfortschritte freizugeben[139]. Eine Verpflichtung, insoweit auf Sicherheiten – insbesondere die Vertragserfüllungssicherheit – zurückzugreifen, besteht nicht, da diese einerseits das Risiko einer Auftragnehmerinsolvenz abdecken und andererseits das Druckmittel des Einbehalts nicht wirksam werden würde[140].

e. Verjährung des Mängelbeseitigungsanspruchs

96 Der Anspruch auf Mängelbeseitigung verjährt gemäß §§ 195, 199 BGB in drei Jahren. Die Frist beginnt mit dem Schluss des Jahres zu laufen, in dem der Anspruch fällig wird.

97 Nach der Abnahme richten sich die Verjährungsfristen für die nicht erledigten Mängelansprüche nach § 13 Abs. 4 VOB/B.

98 ***Beispiel:***

Im Verlaufe einer Baumaßnahme werden am 1.8.2010 Mängel festgestellt. Die Verjährungsfrist für den insoweit fälligen Mängelbeseitigungsanspruch des Auftraggebers beginnt am 31.12.2010 zu laufen und endet am 31.12.2013. Zieht sich die Beendigung der Leistung des Auftragnehmers über diesen Zeitpunkt hinaus, ohne dass im Hinblick auf die Mängelbeseitigung etwas unternommen wird, kann der Auftragnehmer ab dem 1.1.2014 die Einrede der Verjährung erheben. Erfolgt zuvor eine Abnahme der Leistung (§ 12 VOB/B) und behält sich der Auftraggeber die Mängel vor (vgl. dazu § 12 VOB/B Rn. 31 ff.), gelten ab dem Zeitpunkt die Verjährungsfristen des § 13 Abs. 4 VOB/B.

99 Die Beweislast dafür, dass eine mangelfreie bzw. vertragsgerechte Leistung vorliegt, trägt bis zum Zeitpunkt der Abnahme der Auftragnehmer[141].

---

138 Vgl. dazu im Einzelnen unten Rn. 146 ff. sowie Oppler, in: Ingenstau/Korbion, § 4 Abs. 7 VOB/B Rn. 36–38.
139 OLG Dresden, BauR 2001, S. 1261.
140 Leinemann-Schliemann § 13 VOB/B Rn. 311.
141 BGHZ 41, S. 41 (42); BGH, NJW-RR 1999, S. 347 (349).

2. Mängelbeseitigung durch den Auftraggeber (Ersatz- bzw. Selbstvornahme: §§ 4 Abs. 7 Satz 1 und 3, 8 Abs. 3 VOB/B)

100

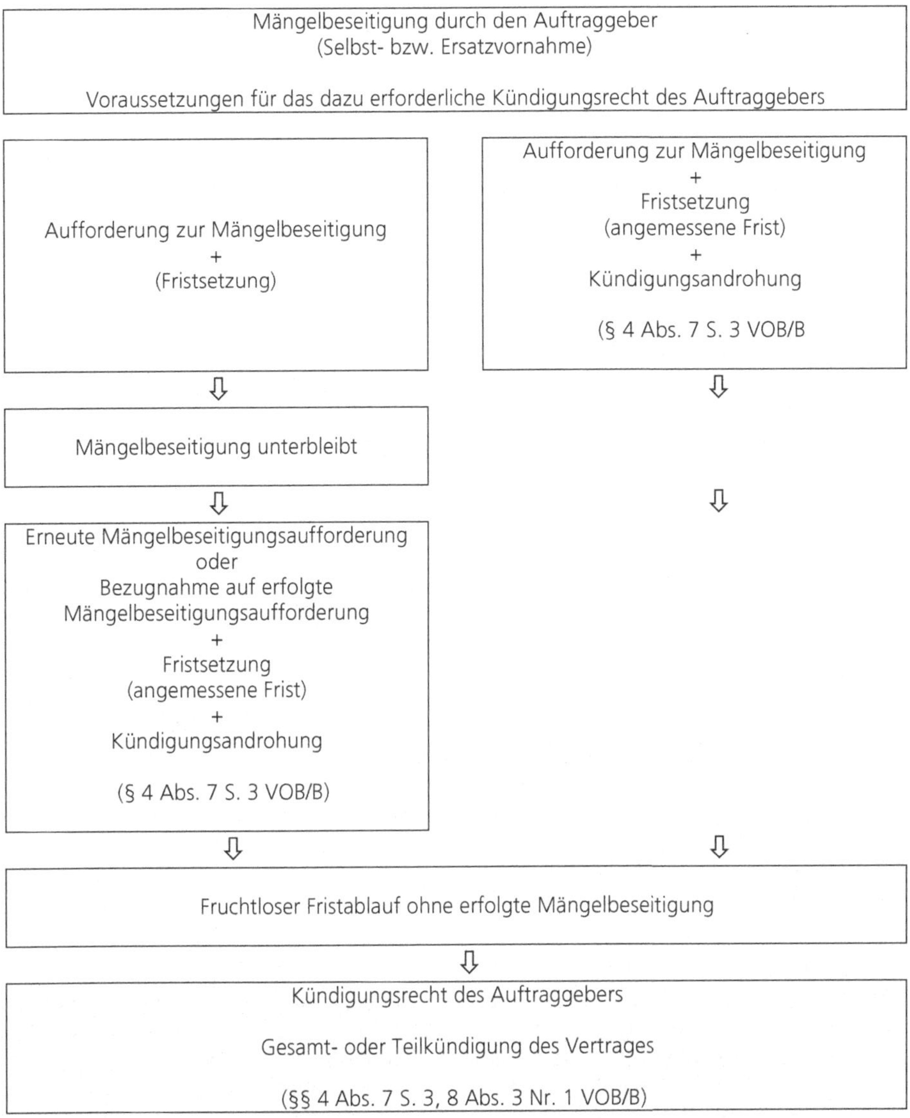

Abbildung 6: Mängelbeseitigung durch den Auftraggeber (Ersatz- bzw. Selbstvornahme)

101 Will der Auftraggeber die Mängel auf Kosten des Auftragnehmers selbst bzw. durch einen Dritten beseitigen lassen (Ersatz- bzw. Selbstvornahme), muss er zuvor den Vertrag ganz oder teilweise gemäß § 8 Abs. 3 VOB/B kündigen. Dazu muss er zwingend die in §§ 4 Abs. 7 Satz 3, 8 Abs. 3 VOB/B vorgesehenen Voraussetzungen für die Kündigung bzw. Teilkündigung des Vertrages beachten.

102 Er muss den Auftragnehmer

- zur Mängelbeseitigung auffordern und eine angemessene Frist zur Mängelbeseitigung setzen und diese
- mit der Androhung der Auftragsentziehung (Kündigung)

verbinden[142].

Praxistipp:

> *Dem Auftraggeber ist aus Beweisgründen dringend anzuraten, für die Mängelbeseitigungsaufforderung, Fristsetzung und Kündigungsandrohung die Schriftform zu wahren.*

103 Nach

- Ablauf der Frist

muss der Auftraggeber den

- Vertrag ganz oder teilweise (bezogen auf in sich abgeschlossene Leistungsteile) schriftlich (§ 8 Abs. 5 VOB/B) kündigen.

104 ***Praxistipp:***

> *Die Kündigung muss schriftlich erfolgen (§ 8 Abs. 5 VOB/B).*

105 Danach darf er einen Dritten mit der Durchführung der Leistungen beauftragen und kann dem Auftragnehmer die dadurch entstehenden Kosten auferlegen.

106 ***Praxistipp:***

> *Der Auftraggeber muss darauf achten, sämtliche Voraussetzungen für eine Kündigung eindeutig und exakt zu erfüllen sowie die Kündigung ordnungsgemäß – also insbesondere schriftlich, selbst oder durch einen Bevollmächtigten – auszusprechen. Geschieht dies nicht, sind die Grundlagen für eine ordnungsgemäße Auftragsentziehung nach § 8 Abs. 3 VOB/B nicht erfüllt. Eine solche – mängelbehaftete – Kündigung könnte als Kündigung nach § 8 Abs. 1 Nr. 1 VOB/B mit der Folge eines Anspruchs des Aufragnehmers nach § 8 Abs. 1 Nr. 2 VOB/B ausgelegt werden (vgl. dazu auch § 8 VOB/B Rn. 5 ff.).*

a. Mängelbeseitigungsaufforderung

107 Grundvoraussetzung für das Kündigungsrecht ist, dass der Auftragnehmer verpflichtet ist, eine mangelhafte oder vertragswidrige Leistung durch eine mangelfreie zu ersetzen, und dieser Pflicht nicht nachkommt. Dies ist dann der Fall, wenn der Auftraggeber diese Verpflichtung kennt; um Klarheit zu schaffen, sollte der Auftraggeber diese Voraussetzung durch eine Mängelbeseitigungsaufforderung herbeiführen. Des Weiteren bedarf es – als erste Voraussetzung für das Kündigungsrecht – einer eindeutigen und unmissverständlichen Aufforderung gegenüber dem Auftragnehmer, die im Einzelnen konkret nach dem Erscheinungsbild (Symptom) zu bezeichnenden Mängel/Vertragswidrigkeiten zu beseitigen.

---

142 Sofern der Auftraggeber den Auftragnehmer zunächst lediglich unter Setzung einer angemessenen Frist zur Mängelbeseitigung auffordert, muss er, sofern der Auftragnehmer die Mängel nicht fristgerecht beseitigt und der Auftraggeber die Mängel selbst beseitigen möchte, dem Auftragnehmer – unter Bezugnahme auf die Mängelbeseitigungsaufforderung – zuvor eine weitere angemessene Mängelbeseitigungsfrist setzen und diese mit der Androhung des Auftragsentzuges verbinden.

Praxistipp: 108

Nach der sog. Symptomrechtsprechung des BGH ist es für eine ordnungsgemäße Mängelrüge ausreichend, wenn der Auftraggeber das Erscheinungsbild und die Lage des Mangels ausreichend beschreibt (vergl. dazu § 13 VOB/B Rn. 129-135).

Der Auftragnehmer muss allerdings zweifelsfrei erkennen können, welche Leistung von ihm gefordert wird[143]. 109

Praxistipp: 110

Die Aufforderung muss unmissverständlich sein. Der Auftraggeber sollte jegliche „Allgemeinplätze", welche einer eindeutigen Mängelbeseitigungsaufforderung entgegenstehen könnten, unterlassen. So reicht beispielsweise die Aufforderung an den Auftragnehmer, er möge erklären, in welchem Umfang er die Mängel beseitigen wolle, nicht aus.

b. Setzen einer angemessenen Frist

Der Auftraggeber muss dem Auftragnehmer eine angemessene Frist zur Mängelbeseitigung bzw. Herbeiführung der vertragsgemäßen Leistung setzen. Die Frist muss sich auf die Beendigung der erforderlichen Mängelbeseitigungsarbeiten beziehen und sollte datumsmäßig benannt werden. 111

Von dieser auf das Leistungsende bezogenen Fristsetzung sind zwei Ausnahmen denkbar: 112

Eine auf den Beginn der Mängelbeseitigungsleistung gerichtete Fristsetzung kann geboten sein, wenn der Auftraggeber die Dauer der Maßnahme nicht oder nur schwer abschätzen kann[144]. Ist es dem Auftraggeber aus Gründen des Termindrucks nicht zumutbar, eine Beendigung abzuwarten bzw. hat der Auftraggeber insoweit berechtigte, aus der Verantwortungssphäre des Auftragnehmers herrührende ernsthafte Zweifel daran, dass die Mängelbeseitigung rechtzeitig erbracht und das Bauobjekt überhaupt bzw. rechtzeitig fertiggestellt wird, wird man ihm gestatten müssen, dem Auftragnehmer eine angemessene mit einer Ablehnungsandrohung verbundene Erklärungsfrist mit dem Inhalt zu setzen, nachzuweisen, dass er in der Lage ist, die geforderte Mängelbeseitigung ordnungsgemäß und rechtzeitig zu erfüllen und ihm dadurch Klarheit über die Leistungsfähigkeit sowie -bereitschaft des Auftragnehmers zu verschaffen; wird dieser Nachweis nicht fristgerecht geführt und ist ein weiteres Zuwarten für den Auftraggeber nicht zumutbar, wird ihm ebenfalls ein Kündigungsrecht gemäß § 4 Abs. 7 Nr. 3 VOB/B zugestanden werden müssen[145]. 113

Ebenfalls wird für den Fall, dass die zu setzende Frist für den Auftraggeber zu lang ist, eine dreifache Fristsetzung empfohlen, die darin besteht, dem Auftragnehmer abgestufte Termine zu setzen. Das bedeutet jeweils unter Terminsetzung und Ablehnungsandrohung, ihn erstens aufzufordern, seine Mängelbeseitigungsbereitschaft zu erklären, zweitens mit den Arbeiten zu beginnen und drittens Mängel zu beseitigen. Lässt der Auftragnehmer die Erklärungsfrist fruchtlos verstreichen und beginnt er auch nicht mit den Arbeiten, wird man annehmen dürfen, dass die Nachbesserung durch den Auftragnehmer für den Auftraggeber unzumutbar sein wird bzw. eine endgültige und eindeutige Erfüllungsverweigerung vorliegt[146]. 114

Darüber hinaus kann eine Fristsetzung entbehrlich sein, wenn dem Auftragnehmer ein Festhalten am Vertrag nicht mehr zumutbar ist und der Auftragnehmer die Mängelbeseitigung eindeutig ernsthaft und endgültig verweigert[147]; dabei handelt es sich um eine Ausnahme, 115

---

143 BGH, BauR 1982, S. 66.
144 Heiermann, Riedl, Rusam-Riedl, § 4 VOB/B Rn. 98.
145 Heiermann, Riedl, Rusam-Riedl, § 4 VOB/B Rn. 98 mit Hinweis auf Kaiser, Mängelhaftungsrecht Rn. 31a in analoger Anwendung der Entscheidung des BGH, BauR 1983, S. 73.
146 Leinemann-Averhaus, S. 165 m.w.N.
147 Leinemann-Sterner, VOB/B § 4 Rn. 112; vgl. dazu auch hier § 8 VOB/B Rn. 47.

deren Voraussetzungen im Hinblick auf die weit reichenden Folgen der unterlassenen Formvoraussetzungen eindeutig vorliegen müssen.

116

Abbildung 7: Mängelbeseitigungsaufforderung unter Fristsetzung – Fristenzeitpunkt

117 Die Bestimmung der Mängelbeseitigungsfrist muss exakt erfolgen: Eine Aufforderung zur Mängelbeseitigung „binnen angemessener Frist" oder „binnen kürzester Frist" ist nicht geeignet, die Voraussetzung für eine Kündigung und die Selbstvornahme herbeizuführen.

118 Die Frist muss unter Berücksichtigung von Art und Umfang der erforderlichen Mängelbeseitigungsleistungen angemessen sein. Dabei ist ein objektiver Maßstab anzulegen und die Zeit zu bestimmen, die ein „tüchtiger und sorgfältig arbeitender Auftragnehmer" benötigt, um den Mangel und die Vertragswidrigkeit zu beheben[148]. Wird die Frist zu kurz bemessen, gilt eine angemessene Frist[149].

119 ***Praxistipp:***

Auf die Bestimmung einer angemessenen Frist ist großer Wert zu legen. Zwar ist eine zu kurz bemessene Frist nicht wirkungslos. Es wird vielmehr eine angemessene Frist in Gang gesetzt. Wird diese in der Folgezeit durch den Auftraggeber nicht berücksichtigt, erfolgt eine Kündigung auf der Grundlage des § 8 Abs. 3 VOB/B vor Ablauf der in Gang gesetzten angemessenen Frist zu früh. Dies kann dazu führen, dass die verfrühte Kündigung als solche nach § 8 Abs. 1 Nr. 1 VOB/B mit der Vergütungsfolge des § 8 Abs. 1 Nr. 2 VOB/B angesehen wird.

148 Heiermann, Riedl, Rusam-Riedl, § 4 VOB/B Rn. 98.
149 BGH, ZfBR 2003, S. 253.

Erfolgt die Kündigung durch einen Nichtberechtigten, kann sie nicht gemäß § 184 BGB genehmigt werden[150]. **120**

c. Ankündigung des Auftragsentzugs (Ablehnungsandrohung)

Zusammen mit der Fristsetzung muss der Auftraggeber dem Auftragnehmer erklären, dass er ihm nach fruchtlosem Ablauf der Frist den Auftrag entzieht. Dies dient dem Zweck, dem Auftragnehmer die Folgen des weiteren Untätigbleibens zu verdeutlichen und ihn im Hinblick auf die Kündigung und deren Folgen zu warnen. Diese Erklärung muss eindeutig sein. Zwar muss der Wortlaut des § 4 Abs. 7 Satz 3 VOB/B nicht verwendet werden. Ausreichend wäre auch eine Erklärung, dass der Auftraggeber nach Fristablauf einen anderen Unternehmer beauftragen wird[151]. Zur Vermeidung späterer Auslegungsunwägbarkeiten ist aber dringend zu empfehlen, sich am Wortlaut des § 4 Abs. 7 Satz 3 VOB/B zu orientieren und die Schriftform zu wählen. **121**

Da das Kündigungsrecht bzw. die Kündigung sich auf den gesamten Vertrag oder auf einen Teil des Vertrages im Sinne einer Teilkündigung erstrecken kann (vgl. dazu § 8 VOB/B Rn. 50), ist darauf bereits bei der Androhung zu achten: Bezieht sich die Androhung auf den Gesamtvertrag, darf der Auftraggeber nach fruchtlosem Fristablauf entscheiden, ob er den Vertrag ganz oder teilweise kündigt. Wird dagegen eine teilweise Kündigung angedroht, anschließend aber der Gesamtvertrag gekündigt, so erfolgt die Teilkündigung gemäß § 8 Abs. 3 VOB/B, die übrige Kündigung zieht allerdings die Rechtsfolgen des § 8 Abs. 1 Nr. 2 VOB/B nach sich[152]. **122**

Formulierungsvorschlag für eine Fristsetzung nach § 4 Abs. 7 VOB/B: **123**

Behörde für städtisches Bauen
Mauerstraße 4711
12345 Hochbaustadt
[Datum]

Maurerbetrieb
Egon Lotrecht
98765 Wandhausen

Sehr geehrter Herr Lotrecht,

wie Ihnen bereits bekannt ist (oder: wie wir Ihnen bereits mit Schreiben vom ... [Datum] mitgeteilt haben), ist die durch Sie hergestellte Leistung im Sinne der nachfolgenden Mängel mangelhaft:

1. ... [konkrete Mängelbeschreibung]
2. ... [konkrete Mängelbeschreibung bzw. Vertragswidrigkeit]
3. ...

Wir fordern Sie auf, die vorstehend benannten Mängel bis zum ... [Datum: angemessene Mängelbeseitigungsfrist]

zu beseitigen.

Nach fruchtlosem Ablauf der vorstehend genannten Frist werden wir Ihnen den Auftrag gemäß § 8 Abs. 3 VOB/B entziehen.

Mit freundlichen Grüßen

Meyer Oberbaurat

150 BGH, NJW 1998, S. 3058.
151 BGH, BauR 1983, S. 258.
152 Leinemann-Sterner, VOB/B § 4 Rn. 136.

d. Entbehrlichkeit von Mängelbeseitigungsaufforderung, Fristsetzung und Ablehnungsandrohung

124 Die Mängelbeseitigungsaufforderung und Fristsetzung sowie die Kündigungsandrohung sind entbehrlich, wenn

- die Mängelbeseitigung unmöglich ist[153] oder
- der Auftragnehmer die Mängelbeseitigung ernsthaft und endgültig verweigert hat[154].

125 Die ernsthafte und endgültige Verweigerung muss eindeutig sein. Das ist dann der Fall, wenn der Auftragnehmer

- seine Mängelbeseitigungsverpflichtung eindeutig und schlechthin bestreitet,
- das Vorliegen der Mängel eindeutig und bestimmt leugnet oder
- die Mängelbeseitigung ohne Rechtsgrund von Zahlungen des Auftraggebers abhängig macht[155].

126 Der Auftraggeber sollte von der Mängelbeseitigungsaufforderung, Fristsetzung und Ablehnungsandrohung nur in Ausnahmefällen und bei eindeutiger Verweigerung durch den Auftragnehmer absehen.

127 ***Praxistipp:***

▶ *Es gilt: Im Regelfall sind die Mängelbeseitigungsaufforderung, die Fristsetzung und die Kündigungsandrohung erforderlich und unbedingt zu beachten.*

e. Kündigungsrecht des Auftraggebers

128

Kündigungsrecht des Auftraggebers

Mängelbeseitigungsaufforderung
\+
Setzen einer angemessenen Frist
\+
Androhung der Kündigung des Vertrages für den Fall fruchtlosen Fristablaufs
(§ 4 Abs. 7 S. 3 VOB/B)

⇩

Kündigungsrecht des Auftraggebers gemäß § 8 Abs. 3 VOB/B

Abbildung 8: Kündigungsrecht des Auftraggebers

129 Ist die gesetzte Frist verstrichen, ohne dass die mit der Fristbestimmung verbundene Handlung erfolgt ist, hat der Auftraggeber das Recht, dem Auftragnehmer den Vertrag bzw. einen in sich abgeschlossenen Teil des Vertrages zu entziehen, ihm gemäß § 8 Abs. 3 VOB/B zu kündigen. Ob der Auftraggeber von diesem Recht Gebrauch macht oder weiter am Vertrag festhalten will, liegt in seinem Ermessen. Erklärt er die Kündigung, was unverzüglich – ohne schuldhaftes Zögern – zu erfolgen hat, da anderenfalls das Kündigungsrecht verbraucht wäre, ist er hieran gebunden: Sein Erfüllungsanspruch erlischt.

---

153 BGH, BauR 1988, S. 592 (593).
154 BGH, BauR 1985, S. 450 m.w.N.
155 BGH, BauR 1988, S. 592.

Erfolgt die Kündigung nicht unverzüglich nach Fristablauf, sondern wartet der Auftraggeber damit unangemessen lange, kann dadurch beim Auftragnehmer der Eindruck erweckt werden, dass er von der angedrohten Kündigung Abstand nimmt. Der Auftraggeber verwirkt in einem solchen Fall sein Kündigungsrecht[156]. Will er dann später die Kündigung aussprechen, muss er den Auftragnehmer erneut warnen und zuvor eine neue angemessene Frist mit der Androhung der Kündigung erklären[157]. 130

Praxistipp: 131

Erklärt der Auftraggeber die Kündigung nicht unverzüglich nach fruchtlosem Ablauf der gesetzten angemessenen Frist, muss er im Falle einer späteren Kündigung zuvor die Fristsetzung und Kündigungsandrohung wiederholen und die Kündigungsvoraussetzungen nach § 4 Abs. 7 VOB/B erneut herbeizuführen.

f. Inhalt der Kündigung

Formulierungsvorschlag für ein Kündigungsschreiben: 132

Behörde für städtisches Bauen
Mauerstraße 4711
12345 Hochbaustadt

[Datum]

Maurerbetrieb
Egon Lotrecht
98765 Wandhausen

Betreff: Kündigung des Vertrages vom ... [Datum] gemäß § 8 Abs. 3 Nr. 1 VOB/B

Sehr geehrter Herr Lotrecht,

mit Schreiben vom ... *[Datum]* hatten wir Sie unter Fristsetzung und Androhung der Kündigung des Vertrages für den Fall eines fruchtlosen Fristablaufs zur Mängelbeseitigung (ggf. der nachstehenden Mängel) aufgefordert.

Sie haben die Mängel nicht innerhalb der gesetzten Frist beseitigt.

Aus diesem Grunde entziehen wir Ihnen den Auftrag vom ... [Datum].

Den nicht vollendeten Teil der Leistung werden wir zu Ihren Lasten durch einen Dritten ausführen lassen.

Mit freundlichen Grüßen

Meyer Oberbaurat

3. Schriftform

Der Auftraggeber oder sein Bevollmächtigter hat die Kündigung schriftlich zu erklären (§ 8 Abs. 5 VOB/B); die Voraussetzungen für das Schriftformerfordernis sind in §§ 126, 127a BGB geregelt. Eine Kündigung durch den Architekten bzw. Ingenieur ist ohne besondere Vollmacht nicht wirksam (vgl. dazu auch oben Rn. 120). Eine nicht schriftlich ausgesprochene Kündigung ist wirkungslos und kann einen Vergütungsanspruch nach 8 Abs. 1 Nr. 2 VOB/B nach sich ziehen. Erfolgt die Kündigung durch einen Nichtberechtigten, kann sie nicht gemäß § 184 BGB genehmigt werden[158]. 133

156 Leinemann-Sterner, VOB/B, § 4, Rn. 134.
157 Ebd.; vgl. dazu auch hier § 8 VOB/B Rn. 49.
158 BGH, NJW 1998, S. 3058.

Praxishinweis:

Die Kündigung gemäß § 8 Abs. 3 VOB/B muss schriftlich erfolgen.

4. Gesamt- oder Teilkündigung

134 Der Auftraggeber kann die Kündigung auf einen in sich abgeschlossenen Teil der vertraglich vereinbarten Leistung beschränken (§ 8 Abs. 3 Nr. 1 Satz 2 VOB/B, vgl. dazu auch § 8 VOB/B Rn. 50), der übrige, nicht gekündigte Teil bleibt in diesem Fall bestehen. Zur Feststellung einer „in sich abgeschlossenen Leistung" kann auf die Voraussetzungen zur Zulässigkeit einer Teilabnahme gemäß § 12 Abs. 2 VOB/B abgestellt werden[159].

135 **Formulierungsvorschlag für ein Teilkündigungsschreiben:**

Behörde für städtisches Bauen
Mauerstraße 4711
12345 Hochbaustadt

[Datum]

Maurerbetrieb
Egon Lotrecht
98765 Wandhausen

Betreff: Teilkündigung des Vertrages vom ... [Datum] gemäß § 8 Abs. 3 Nr. 1 VOB/B

Sehr geehrter Herr Lotrecht,

mit Schreiben vom ... *[Datum]* hatten wir Sie unter Fristsetzung und Androhung der Kündigung des Vertrages für den Fall eines fruchtlosen Fristablaufs zur Mängelbeseitigung (ggf. der nachstehenden Mängel) aufgefordert.

Sie haben die Mängel nicht innerhalb der gesetzten Frist beseitigt.

Aus diesem Grunde entziehen wir Ihnen den Auftrag vom ... [Datum] im Hinblick auf nachfolgende Gewerke (oder: Leistungen): ...

Im Übrigen bleibt der Vertrag bestehen.

Den aufgrund der vorstehenden Teilkündigung nicht vollendeten Teil der Leistung werden wir zu Ihren Lasten durch einen Dritten ausführen lassen.

Mit freundlichen Grüßen

Meyer Oberbaurat

5. Kündigungsfolgen

136 Nach Kündigung des Vertrages mit der Folge der Beendigung des Vertrages im Umfang der Kündigung kann der Auftraggeber gemäß § 8 Abs. 3 Nr. 2 Satz 1 VOB/B die Mängel selbst beseitigen (Selbst- bzw. Ersatzvornahme) und Schadensersatz für diejenigen Schäden, die zum Zeitpunkt der Kündigung bereits vorhanden waren und ihm erhalten bleiben, geltend machen (§ 4 Abs. 7 Satz 2 VOB/B). Er kann gemäß § 8 Abs. 3 Nr. 2 Satz 1 VOB/B aber auch auf die weitere Ausführung der Leistung verzichten und Schadensersatz wegen Nichterfüllung verlangen, wenn die Ausführung aus Gründen, die zur Kündigung des Auftrags geführt haben, für ihn kein Interesse mehr hat.

159 Heiermann, Riedl, Rusam-Riedl, § 4 VOB/B Rn. 25; zur Teilabnahme vgl. hier, § 12 VOB/B Rn. 127 ff.

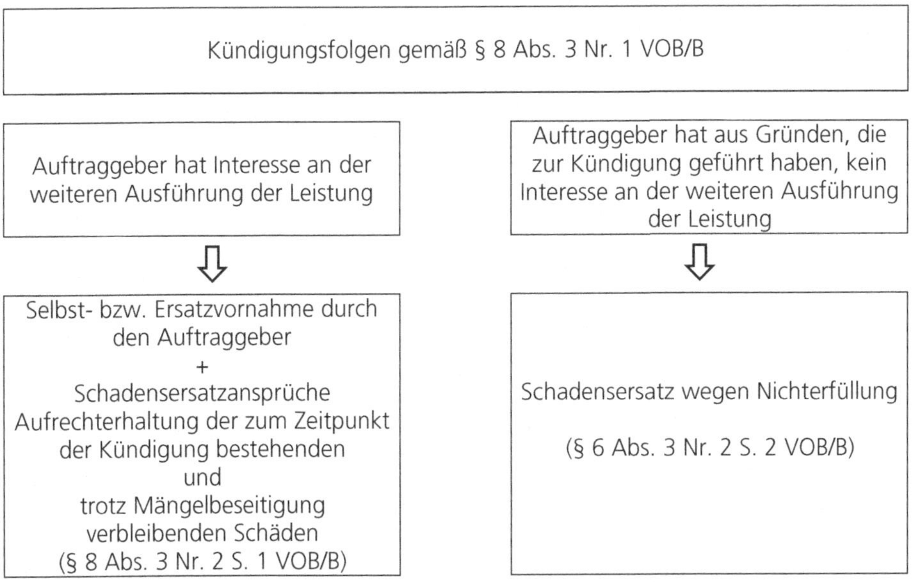

137

Abbildung 9: Kündigungsfolgen gemäß § 8 Abs. 3 Nr. 1 VOB/B

6. Selbst- bzw. Ersatzvornahme durch den Auftraggeber

138 Der Auftraggeber kann den durch die Kündigung konkretisierten nicht vollendeten Teil der Leistung, zu dem auch die Mängelbeseitigung gehört, zu Lasten des Auftragnehmers selbst oder durch einen Dritten ausführen lassen.

139 Treten nach erfolgter Kündigung Mängel hervor, die nicht Gegenstand der Kündigung waren, darf der Auftraggeber diese allerdings nicht im Wege der Ersatzvornahme beheben lassen. Er muss insoweit nach erfolgter Kündigung gemäß § 13 Abs. 5 VOB/B verfahren[160].

140 Die im Wege des verschuldensunabhängigen Aufwendungsersatzanspruchs gegenüber dem gekündigten Auftragnehmer beanspruchbaren Kosten entsprechen in der Regel dem Differenzbetrag, den der Auftraggeber an den Dritten über die mit dem Auftragnehmer vertraglich vereinbarte Vergütung hinaus zu entrichten hat[161]. Dem Auftraggeber steht in Höhe der voraussichtlichen Mängelbeseitigungskosten ein Vorschussanspruch zu[162].

141 Im Hinblick auf die Mängel, die zur Kündigung des Vertrages geführt haben, hat der Auftragnehmer kein Recht mehr zur Mängelbeseitigung. Für die übrigen Mängel besteht allerdings auch nach erfolgter Kündigung eine Pflicht zur Beseitigung. Da die Kündigung für die Zukunft wirkt, bleiben Ansprüche, die bis zu diesem Zeitpunkt entstanden sind, nämlich bestehen[163].

142 Der im Rahmen der Selbstausführung bzw. Ersatzvornahme des Auftraggebers beauftragte Dritte darf mit seinen Leistungen erst nach erfolgter und wirksamer Kündigung beginnen, andernfalls verliert der Auftraggeber seinen Erstattungsanspruch. Allerdings stellt sich die Frage, ob zumindest die Beauftragung des Dritten bereits vor dem Wirksamwerden der Kündigung erfolgen darf. Dafür kann insbesondere auf Seiten des Auftraggebers im Hinblick auf den nahtlosen Übergang zwischen den Leistungen des gekündigten Auftragnehmers und dem Dritten ein erhebliches Bedürfnis bestehen, welches anderenfalls nicht zu realisieren wäre[164]. Insoweit mag es – wie Averhaus[165] ausführt – praxisgerecht erscheinen, es dem Auftraggeber

160 BGH, BauR 1988, S. 82.
161 OLG Düsseldorf, BauR 1980, S. 276.
162 BGH, BauR 1989, S. 462 m.w.N.
163 BGH, NJW 1988, S. 140.
164 Leinemann, Averhaus, S. 167 m.w.N.
165 Leinemann, Averhaus, ebd.; Leinemann, Sterner, VOB/B, § 4 Rn. 122.

unter diesen Voraussetzungen zu gestatten, die Beauftragung des Dritten bereits vor der Wirksamkeit der Kündigung vorzunehmen, ihm aber den Erstattungsanspruch auf die Mehrkosten zu versagen, wenn der Auftragnehmer vor der Kündigung die Mängelbeseitigung vornimmt. Ein solches Verfahren ist für den Auftraggeber allerdings nicht ungefährlich und kostenträchtig. Einerseits muss er in einem solchen Falle den mit dem Dritten geschlossenen Vertrag mit der Vergütungsfolge des § 649 Satz 2 BGB bzw. § 8 Abs. 1 Nr. 2 VOB/B kündigen und darauf achten sowie dafür Sorge tragen, dass der beauftragte Dritte nicht vor dem Zeitpunkt der Kündigung mit der Leistungserbringung beginnt. Andererseits ist die vorstehend dargestellte Meinung umstritten; ihr stehen Meinungen entgegen, welche auch den Vertragsschluss erst nach erfolgter Kündigung zulassen wollen (vgl. dazu im Einzelnen § 8 VOB/B Rn. 55).

143 ***Praxistipp:***

Gemäß § 8 Abs. 3 Nr. 3 VOB/B kann der Auftraggeber für die Weiterführung der Arbeiten Geräte, Gerüste, auf der Baustelle vorhandene Einrichtungen und angelieferte Stoffe und Bauteile gegen eine angemessene Vergütung in Anspruch nehmen[164]. Darüber hinaus hat der Auftraggeber dem Auftragnehmer eine Aufstellung über die Mehrkosten und seine weiteren Ansprüche spätestens binnen 12 Werktagen nach Abrechnung mit dem Dritten zu übersenden (vgl. dazu im Einzelnen § 8 VOB/B Rn. 68).

144 Der in § 8 Abs. 3 Nr. 2 Satz 1 VOB/B neben der Selbstausführungsbefugnis geregelte verschuldensabhängige Schadensersatzanspruch erhält dem Auftraggeber diejenigen Ersatzansprüche aufrecht, die bereits zum Zeitpunkt der Kündigung vorhanden waren[166].

7. Schadensersatz bei Verzicht auf die weitere Ausführung (§ 8 Abs. 3 Nr. 2 Satz 2 VOB/B)

145 Sofern der Auftraggeber aus den Gründen, die Ursache für die Kündigung gewesen sind, kein nachweisbares weiteres Interesse an der Ausführung (Selbstvornahme) hat, wie etwa bei Leistungen, die zu einem bestimmten Zeitpunkt genutzt werden sollen, kann er stattdessen, sofern der Auftragnehmer den Mangel vorsätzlich oder fahrlässig verursacht hat, Schadensersatz wegen Nichterfüllung verlangen (§ 8 Abs. 3 Nr. 2 Satz 2 VOB/B, vgl. dazu im Einzelnen hier § 8 VOB/B Rn. 58 ff.). Der Schadensersatzanspruch beinhaltet das sog. positive Interesse. Das bedeutet, dass der Auftraggeber so zu stellen ist, als wäre der Vertrag erfüllt worden: Er kann die bis zum Zeitpunkt der Kündigung hergestellte Leistung zurückweisen und deren Beseitigung fordern, geleistete (Abschlags-)Zahlungen zurückverlangen und Schadensersatz im Hinblick auf darüber hinaus verbleibende Vermögenseinbußen geltend machen. Er kann die Leistung allerdings auch entgegennehmen mit der Folge, dass sie insoweit zu vergüten ist. Die Verjährungsfrist richtet sich auch hier nach § 195 BGB bzw. nach der Abnahme nach § 13 Abs. 4 VOB/B.

166 So beispielsweise Ersatzansprüche gemäß § 4 Abs. 7 VOB/B; vgl. Heiermann, Riedl, Rusam-Riedl, § 8 VOB/B Rn. 32.

IV. Schadensersatzanspruch des Auftraggebers (§ 4 Abs. 7 Satz 2)

146

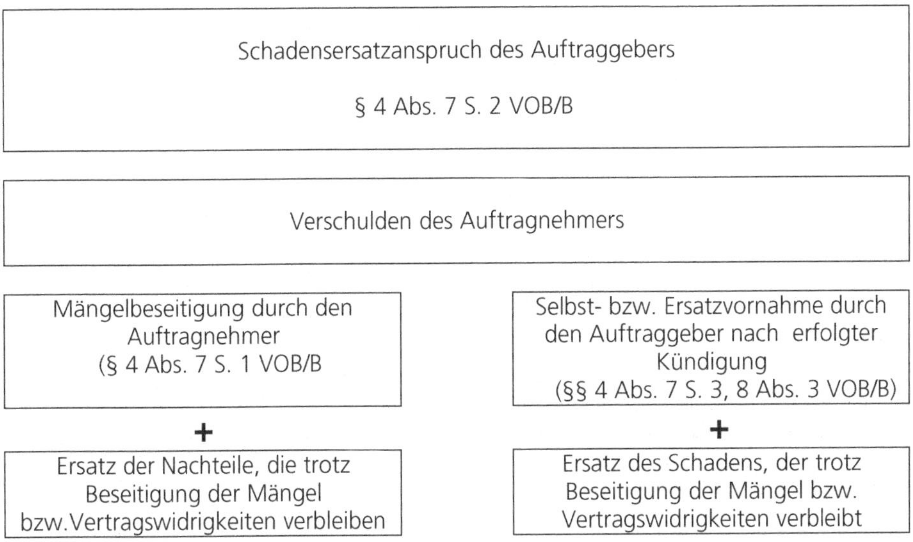

Abbildung 10: Schadensersatzanspruch des Auftraggebers (§ 4 Abs. 7 Satz 2 VOB/B)

Hat der Auftragnehmer den Mangel oder die Vertragswidrigkeit verschuldet, steht dem Auftraggeber neben dem Mängelbeseitigungsanspruch ein Schadensersatzanspruch zu. Der in § 4 Abs. 7 Satz 2 VOB/B geregelte Anspruch stellt einen „besonders geregelten Ausgleich für bereits vor der Abnahme erkannte weitere Nachteile"[167] dar. 147

Der Schadensersatzanspruch umfasst die Schäden, die bei Aufrechterhaltung des Vertrages trotz Herstellung der mangelfreien Leistung auf Seiten des Auftraggebers verbleiben[168] und auf den Mangel bzw. die Vertragswidrigkeit zurückzuführen sind (Mangelfolgeschaden). Ein solcher Schaden auf Seiten des Auftraggebers kann insbesondere entstehen durch 148

- Bauausführungsverzögerungen als Folge des Unterlassens bzw. der Verzögerung der Mängelbeseitigung und dadurch verursachte Vermögensschäden sowie Vermögensschäden (einschließlich eines Gewinnausfalles), die durch die mangelhafte beziehungsweise vertragswidrige Leistung herbeigeführt worden sind, wie Miet- oder Nutzungsausfalleinbußen und entgangene Gebrauchsvorteile zumindest bei zu Wohnzwecken bestimmten Gebäuden inklusive des Nutzungsausfalls bei einer zum Objekt gehörenden Garage[169],
- Sachverständigen- bzw. Gutachter- und Rechtsanwaltskosten, sofern diese zum Zwecke der Durchsetzung des Mangelbeseitigungsanspruchs erforderlich geworden sind,
- Folgekosten für durch die Mängelbeseitigung notwendig zu erneuernden Leistungen, die durch andere Unternehmer hergestellt worden sind (Beispiel: als Folge einer durch den Unternehmer A mangelhaft hergestellten Deckenkonstruktion müssen im Rahmen der Mängelbeseitigung die dort durch den Unternehmer B eingebauten Leuchten und Leitungen neu hergestellt werden),

167 BGH, BauR 1982, S. 277 (278).
168 Ebd.
169 Oppler, in: Ingenstau/Korbion, § 4 Abs. 7 VOB/B Rn. 36 und 37.

- Kosten der Instandsetzung oder Wiederbeschaffung von durch die mangelhafte Leistung beeinträchtigten Bauteilen außerhalb der mangelhaften Leistung[170] sowie
- Finanzierungsmehraufwendungen (Zinsaufwand unter Berücksichtigung entstehender Zinsvorteile)[171].

149 Der Schadensersatzanspruch erfasst auch diejenigen Nachteile, welche nach Kündigung des Vertrages und erfolgter Selbst- bzw. Ersatzvornahme durch den Auftraggeber bestehen bleiben. Hierzu gehören auch die Kosten für die Mängelbeseitigung an den bis zum Zeitpunkt der Kündigung ausgeführten Leistungen[172].

150 Die Geltendmachung des Schadensersatzanspruchs ist, da er mit der Mängelbeseitigungspflicht des Auftragnehmers korrespondiert, bis zum Zeitpunkt der Abnahme bzw. Abnahmereife möglich. Danach gilt für Schadensersatzansprüche § 13 Abs. 7 VOB/B. Lediglich für den Fall, dass die Mängel, die den Schaden bewirken, vor der Abnahme erhoben worden sind, kann der Schadensersatzanspruch auch nach der Abnahme bzw. Abnahmereife auf § 4 Abs. 7 Satz 2 VOB/B gestützt werden, da ein Mängelbeseitigungsrecht aus § 13 Abs. 5 VOB/B als Grundlage für einen Schadensersatzanspruch gemäß § 13 Abs. 7 VOB/B fehlt[173]; allerdings gilt auch in diesem Falle nach der Abnahme die Verjährungsfrist des § 13 Abs. 4 VOB/B. Im Übrigen gilt für den Anspruch aus § 4 Abs. 7 Satz 2 VOB/B die Verjährungsfrist der §§ 195, 199 BGB. Auch den Schadensersatzanspruch kann der Auftraggeber nur bis zur Abnahme geltend machen, danach gilt – wie beim Mängelbeseitigungsanspruch – § 13 VOB/B.

I. Verpflichtung des Auftragnehmers zur Selbstausführung, § 4 Abs. 8 VOB/B

151 In § 4 Abs. 8 Nr. 1 Satz 1 VOB/B ist die sog. Eigenleistungsverpflichtung des Auftragnehmers geregelt. Danach muss dieser grundsätzlich die Bauleistung im eigenen Betrieb, das heißt selbst, mit Hilfe seiner Angestellten und der ihm sämtlich zur Verfügung stehenden Betriebsmittel ausführen. Die Eigenleistungsverpflichtung ist aber nicht örtlich zu verstehen. Im Betrieb bedeutet nicht, dass die Bauleistung in der dem Auftragnehmer eigenen Betriebsstätte auszuführen ist[174].

152 Ausnahmsweise darf der Auftragnehmer nur mit schriftlicher Zustimmung des Auftraggebers die Ausführung der Bauleistung auf Subunternehmer übertragen. Übertragen bedeutet, dass der Nachunternehmer der Erfüllungsgehilfe des Auftragnehmers wird[175]. Die Zustimmung kann bereits anfänglich bei Vertragsschluss (als Einwilligung, § 183 BGB) oder nachher (als Genehmigung, § 184 BGB) erteilt werden[176]. Die Erforderlichkeit der Schriftform entspringt der Vereinbarung der Parteien, die die VOB/B und damit auch § 4 Abs. 8 VOB/B in den Bauvertrag einbezogen haben. Damit gilt § 127 BGB, wonach im Zweifel auch die Textform (Fax, E-Mail) genügt. Zudem kann die Schriftform abbedungen werden; dann genügt auch die mündliche Zustimmung des Auftraggebers. Eine Zustimmung zur Übertragung ist nach § 4 Abs. 8 Nr. 1 Satz 3 VOB/B entbehrlich bei Leistungen, auf die der Betrieb des Auftragnehmers nicht eingerichtet ist. Da der Auftragnehmer sich selbstverständlich nur um Bauaufträge bemühen darf, für die er auch die erforderlichen Kompetenzen aufweist, kann sich Letzteres nur auf Nebenleistungen beziehen, die zur ordnungsgemäßen Erbringung der Hauptleistung erforderlich sind[177]. Im Übrigen hat der Auftragnehmer grundsätzlich keinen Anspruch gegen den Auftraggeber auf Erteilung der begehrten Zustimmung. Anderes kann gelten, wenn der Nachun-

170 BGH, BauR 2000, S. 1189.
171 BGH, BauR 1990, S. 464.
172 BGHZ 50, S. 160 (165); Heiermann, Riedl, Rusam-Riedl, § 4 VOB/B Rn. 90.
173 Heiermann, Riedl, Rusam-Riedl, § 4 VOB/B Rn. 93 m.w.N.
174 Vgl. Oppler, in: Ingenstau/Korbion, § 4 Abs. 8 VOB/B Rn. 4.
175 Da der Nachunternehmer selbstständig ist, wird er aber nicht Verrichtungsgehilfe nach § 831 BGB. Vgl. BGH NJW 1994, 2756.
176 Heiermann/Riedel/Rusam, 11. A. 2008, § 4 VOB/B Rn. 122.
177 Vgl. auch Heiermann/Riedel/Rusam, 11. A. 2008, § 4 VOB/B Rn. 122.

ternehmereinsatz – wie im Baugewerbe – derart allgemein üblich ist, dass es als willkürlich erschiene, die Zustimmung ohne sachlichen Grund zu verweigern[178].

Beauftragt der Auftragnehmer Subunternehmer für Bauleistungen, die er sehr wohl selbst erbringen könnte, ohne zuvor die Zustimmung des Auftraggebers einzuholen, kann der Auftraggeber nach vorheriger angemessener Fristsetzung zur Eigenleistung und Androhung der Kündigung den Vertrag gemäß § 8 Abs. 3 VOB/B kündigen. Auch ein Schadensersatzanspruch des Auftraggebers kommt bei Nichtbeachtung der Eigenleistungsverpflichtung in Betracht. Dies gilt auch, wenn der Auftragnehmer seiner Pflicht nicht nachkommt, auf Verlangen des Auftraggebers diesem die Nachunternehmer bekannt zu geben (§ 4 Abs. 8 Nr. 3 VOB/B). Die Weitergabe von **Bau**leistungen an Nachunternehmer setzt zudem voraus, dass der Auftragnehmer diesen Verträgen die VOB (Teil B und C) zugrunde legt (vgl. § 4 Abs. 8 Nr. 2 VOB/B)[179]. **153**

Praxishinweis: **154**

Was mache ich als Auftragnehmer, wenn ich bereits ohne Zustimmung einen Subunternehmer beauftragt habe?

Es sollte in diesem Fall unverzüglich eine Zustimmung des Auftraggebers eingeholt werden. Versagt dieser später die Zustimmung zum Nachunternehmereinsatz und hat der Auftragnehmer auch keinen Anspruch hierauf, so muss der Auftragnehmer die Arbeiten in Eigenleistung ausführen. Andernfalls riskiert er eine Kündigung durch den Auftraggeber. Die Konsequenz ist, dass der Auftragnehmer seinerseits seinen Vertrag mit dem Nachunternehmer nach § 8 Abs. 1 VOB/B kündigen muss. Dem Nachunternehmer steht dann aber die vereinbarte Vergütung und Abzug ersparter Aufwendungen zu. Diese Situation der fehlenden Zustimmung birgt demnach große Haftungsrisiken für den Auftragnehmer. Auch wenn die Leistungen im eigenen Betrieb ausgeführt werden, sollte immer auch eine Zustimmung zum Nachunternehmereinsatz eingeholt werden.

J. Anzeige- und Ablieferungspflicht von Funden, § 4 Abs. 9 VOB/B

Die Rechte des Entdeckers von Funden im Sinne beweglicher Sachen (§ 984 BGB) und unbeweglicher Sachen/Grundstücksbestandteile hat im Verhältnis zum Auftragnehmer[180] stets der Auftraggeber, auch wenn der Auftragnehmer im Rahmen seiner Tätigkeit die Fundsache in Besitz nimmt[181]. Dies bedeutet, dass das Eigentum am Fund zur Hälfte dem Eigentümer des Grundstücks zusteht. Ist der Auftraggeber zugleich Eigentümer des Grundstücks, erwirbt er das Alleineigentum. Der Auftragnehmer ist verpflichtet, dem Auftraggeber jeden Fund anzuzeigen und ihm die Gegenstände nach dessen näherer Weisung abzuliefern. Dem Auftragnehmer durch Entdeckung und/oder Ablieferung etwaig entstandene Mehrkosten hat der Auftraggeber zu ersetzen. Die Berechnung folgt § 2 Abs. 6 Nr. 2 VOB/B. Verletzt der Auftragnehmer die Nebenpflichten aus § 4 Abs. 9 VOB/B, kann er sich schadensersatzpflichtig machen. **155**

178 OLG Celle BauR 2008, 103: Anspruch aus Treu und Glauben (§ 242 BGB).

179 Hierzu Oppler, in: Ingenstau/Korbion, § 4 Abs. 8 VOB/B Rn. 26 f.

180 Zum Verhältnis des Auftraggebers zu den Arbeitnehmern des Auftragnehmers vgl. BGH BauR 1988, 1204; Oppler, in: Ingenstau/Korbion, § 4 Abs. 9 VOB/B Rn. 9.

181 Der Auftragnehmer ist im Verhältnis zum Auftraggeber lediglich Besitzmittler (§ 868 BGB).

K. Zustandsfeststellung, § 4 Abs. 10 VOB/B

156 Nach dieser Vorschrift ist der Zustand von Teilen der Leistung **auf Verlangen** gemeinsam von Auftraggeber und Auftragnehmer festzustellen, wenn diese Teile der Leistung durch die weitere Ausführung der Prüfung und Feststellung entzogen werden. Das Ergebnis ist schriftlich niederzulegen. In der Praxis wird die Zustandsfeststellung oftmals auch als **Begehung** oder – irreführend – als technische Abnahme bezeichnet. Die Zustandsfeststellung hat mit der Abnahme, auch mit der Teilabnahme nach § 12 Abs. 2 VOB/B nichts zu tun[182]. Vielmehr dient die Zustandsfeststellung regelmäßig der Vorbereitung der späteren Endabnahme des gesamten Werkes. Sie dient dazu, später nicht mehr – oder nur noch mit erheblichem Aufwand – mögliche Feststellungen zur ordnungsgemäßen Beschaffenheit unselbstständig Leistungsteile vornehmen zu können und hierdurch die tatsächliche Grundlage für die endgültige Abnahme zu schaffen[183]. Da die Wirkungen der Abnahme nicht eintreten, kann der Auftragnehmer nach der Zustandsfeststellung auch keine (teilweise) Vergütung verlangen[184].

157 Die Zustandsfeststellung bezweckt damit in erster Linie die Beweissicherung, da die Feststellung der Mangelhaftigkeit nach weiterer Ausführung nur noch ungleich schwerer realisierbar wäre[185]. Erforderlich ist, dass eine Partei die Zustandsfeststellung verlangt. Der Beweissicherung dient dann auch die anschließende Niederschrift über das Ergebnis.

158 ***Praxishinweis:***

Was macht der Auftraggeber, wenn …

… eine Zustandsfeststellung durchgeführt wird? Angebliche Mängel (über welche sich die Parteien u.U. streiten) sollten detailliert festgehalten werden, ebenso wie die Mangelfreiheit der bereits erbrachten Bauleistung. Schließlich sollte unbedingt darauf geachtet werden, dass sowohl der Auftraggeber als auch der Auftragnehmer (bzw. jeweils vertretungsberechtigte Personen) ihre Unterschriften unter die Niederschrift setzen. Jede Partei sollte sich eine unterschriebene Ausfertigung der Niederschrift aushändigen lassen.

159 Etwa in dem Protokoll abgegebene Erklärungen, z.B. hinsichtlich der Mängelfreiheit der Bauleistung, begründen keine rechtliche Bindung dergestalt, dass sie als Anerkenntnis gewertet werden können. Es wird aber häufig vertreten, dass das Protokoll zu einer Umkehr der Beweislast führen kann („tatsächliches Anerkenntnis"; „Wissenserklärung gegen sich selbst")[186]. Wird danach etwa die Mangelfreiheit dokumentiert, muss der Auftraggeber beweisen, dass abweichend von den früheren Erklärungen nun doch ein Mangel vorliegt. Selbiges wird diskutiert, wenn eine Zustandsfeststellung zu Unrecht von einer der Parteien verweigert wird[187]. Führt die auftraggeberseitige Verweigerung der Zustandsfeststellung zu Behinderungen, können dem Auftragnehmer die Rechte aus § 6 VOB/B zustehen.

---

182 Die Parteien können anderes vereinbaren, vgl. BGHZ 50, 160 = NJW 1968, 1524.
183 Oppler, in: Ingenstau/Korbion, § 4 Abs. 10 VOB/B Rn. 3 unter Verweis auf OLG Düsseldorf BauR 1996, 121.
184 Es bleiben nur Abschlagszahlungen nach § 16 Abs. 1 VOB/B.
185 Heiermann/Riedel/Rusam, 11. A. 2008, § 4 VOB/B Rn. 127.
186 Vgl. etwa Grauvogel, in: BauR 2003, 1481; ferner: Oppler, in: Ingenstau/Korbion, § 4 Abs. 10 VOB/B Rn. 6 f. m.w.N.
187 Vgl. Oppler a.a.O. auch zur Frage der Beweisvereitelung.

§ 5 VOB/B
Ausführungsfristen

(1) Die Ausführung ist nach den verbindlichen Fristen (Vertragsfristen) zu beginnen, angemessen zu fördern und zu vollenden. In einem Bauzeitenplan enthaltene Einzelfristen gelten nur dann als Vertragsfristen, wenn dies im Vertrag ausdrücklich vereinbart ist.

(2) Ist für den Beginn der Ausführung keine Frist vereinbart, so hat der Auftraggeber dem Auftragnehmer auf Verlangen Auskunft über den voraussichtlichen Beginn zu erteilen. Der Auftragnehmer hat innerhalb von 12 Werktagen nach Aufforderung zu beginnen. Der Beginn der Ausführung ist dem Auftraggeber anzuzeigen.

(3) Wenn Arbeitskräfte, Geräte, Gerüste, Stoffe oder Bauteile so unzureichend sind, dass die Ausführungsfristen offenbar nicht eingehalten werden können, muss der Auftragnehmer auf Verlangen unverzüglich Abhilfe schaffen.

(4) Verzögert der Auftragnehmer den Beginn der Ausführung, gerät er mit der Vollendung in Verzug, oder kommt er der in Absatz 3 erwähnten Verpflichtung nicht nach, so kann der Auftraggeber bei Aufrechterhaltung des Vertrages Schadensersatz nach § 6 Absatz 6 verlangen oder dem Auftragnehmer eine angemessene Frist zur Vertragserfüllung setzen und erklären, dass er nach fruchtlosem Ablauf der Frist den Vertrag kündigen werde (§ 8 Absatz 3).

A. Einleitung

Die §§ 5 und 6 VOB/B beinhalten Regelungen zur Bauzeit und deren Störung. § 5 VOB/B umfasst Regelungen zu vereinbarten Ausführungsfristen (Abs. 1), den Baubeginn bei fehlender Vereinbarung einer Ausführungsfrist (Abs. 2), Ansprüche des Auftraggebers bei sich abzeichnender Nichteinhaltung der Ausführungsfristen (Abs. 3) sowie Befugnisse des Auftraggebers für Fälle des Verstoßes gegen die Ausführungsfristen und die Vorgaben des § 5 VOB/B (Abs. 4). Diese Regelungen werden ergänzt durch die Bestimmungen des § 6 VOB/B zu Behinderungen und Unterbrechungen sowie zu Kündigungs-, Abrechnungs- und Schadenersatzmodalitäten. 1

Sowohl für den Auftraggeber als auch für den Auftragnehmer ist die Erstellung und Einhaltung von Ausführungsfristen von wirtschaftlicher Bedeutung. Dem Auftraggeber ermöglicht die Festlegung und Einhaltung einer Bauzeit die Konkretisierung des Nutzungsbeginns. Dies ist nicht nur für die Renditeerzielung von Bedeutung, sondern ermöglicht erst die baubegleitende Vermarktung des Objektes und den Abschluss von Mietverträgen ab einem bestimmten Zeitpunkt. Aber auch für den Auftragnehmer sind entsprechende Fristen von Vorteil, beispielsweise um den eigenen Personal- und Materialeinsatz planen zu können und somit frühzeitig Folgeverträge abschließen zu können. 2

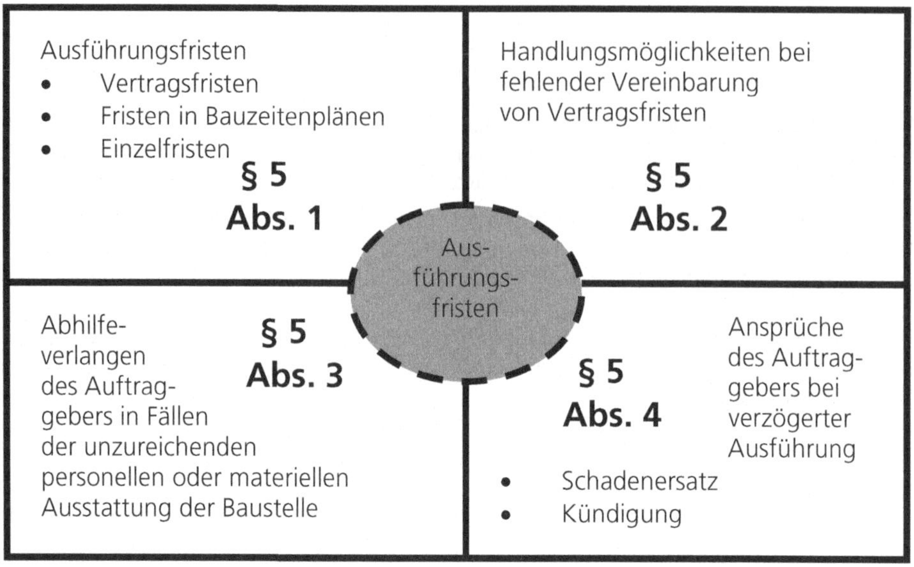

Abbildung 1: Regelungsgehalt des § 5

B. Festlegung von Ausführungsfristen

3 Die §§ 5, 6 VOB/B können beide Vertragsparteien zum eignen Vorteil nutzen, wenn im Bauvertrag Ausführungsfristen vereinbart wurden. Eine entsprechende Vereinbarung wird in der VOB/B unterstellt, weil sie an das Vergabeverfahren nach der VOB/A anknüpft. § 11 VOB/A beinhaltet Vorgaben für den öffentlichen Auftraggeber hinsichtlich der Ausführungsfristen, die bei der Vergabe zu beachten sind. Daher kann § 11 VOB/A zur Orientierung für die Vereinbarung von Ausführungsfristen herangezogen werden.

I. Einleitung

4 VOB/A und VOB/B unterscheiden verschiedene Arten von Fristen. Unter Ausführungsfrist wird der Zeitraum verstanden, in dem die Bauarbeiten ausgeführt werden müssen. Die Ausführungsfrist kann für eine bauliche Anlage insgesamt oder auch für einzelne Teile vereinbart werden. Letztere werden als Einzelfristen bezeichnet. Soweit Fristen verbindlich vereinbart wurden, werden diese als Vertragsfristen bezeichnet.

II. Fristenvereinbarung bei Abschluss eines Bauvertrages

5 In Bauverträgen sollten Ausführungsfristen vereinbart werden. Geschieht dies nicht, unterstellen die Gerichte, dass der Auftragnehmer die Zeit der Leistung nur in Aussicht stellen wollte[1] – mit anderen Worten: Der Auftragnehmer ist nicht an Fristen gebunden.

6 Für Auftraggeber ist es folglich von erheblicher Bedeutung, entsprechende Fristen im Vertrag festzuschreiben. Dabei sollten folgende Grundsätze der Fristenvereinbarung analog § 11 VOB/A beachtet werden:

- Die Fristen sollten eindeutig sein, d.h., sie sollten sich entweder mit einem Fertigstellungstermin direkt aus dem Kalender (zum Beispiel: „bis 2. Februar 2007", „bis Ende Juni 2007" oder „in der 27. Kalenderwoche") ergeben oder zumindest anhand eines Kalenders bestimmbar sein (zum Beispiel „innerhalb von 8 Monaten nach Vertragsabschluss"). Erfolgt

1 Vgl. OLG Düsseldorf, BauR 1997, 851.

keine konkrete Vereinbarung (Negativbeispiel: „und je nach Witterung"[2]), ist eine Mahnung erforderlich, aber auch ausreichend, damit der Auftragnehmer in Verzug gerät[3].

- Analog § 11 Abs. 1 Nr. 1 Satz 1 und 2 VOB/A sollten die Ausführungsfristen ausreichend bemessen werden. Der exakte Zeitraum ist im Einzelfall zu bestimmen, sollte jedoch genügend Zeit für Bauvorbereitung und -durchführung unter normalen Bedingungen gewähren.
- Ebenfalls analog § 11 Abs. 1 Nr. 1 Satz 1 VOB/A sollten die Jahreszeit (witterungsbedingte Verzögerungen im Winter), erschwerte Arbeitsbedingungen (Lage des Grundstücks) sowie besondere Schwierigkeiten bei der Fristberechnung berücksichtigt werden.

Soweit für die Ausführung der Bauarbeiten notwendig oder vom Auftraggeber gewünscht, sollten für konkretisierbare Teilleistungen einzelne Vertragsfristen vereinbart werden. Die Vereinbarung solcher Einzelfristen ist insbesondere dann ratsam, wenn die Koordination verschiedener Auftragnehmer erfolgen muss. Gegebenenfalls ist zu diesem Zweck ein Bauzeitenplan (vgl. dazu im Einzelnen sogleich unter Rn. 14 f.) aufzustellen und in den Vertrag einzubeziehen. 7

Eine Fristenvereinbarung kann entsprechend den Vorgaben der VOB/C erfolgen. Nach den Abschnitten 0. und 0.2.1. der DIN 18299 sind in einer Leistungsbeschreibung vorgesehene Arbeitsabschnitte, Arbeitsunterbrechungen und Arbeitsbeschränkungen nach Art, Ort, Zeit und Abhängigkeit von anderen Leistungen anzugeben. Diese sollen sich an den Erfordernissen des konkreten Bauvorhabens orientieren. 8

Zur Vermeidung von Streitigkeiten ist es auch für den Auftraggeber ratsam, Fristen zu vereinbaren, soweit dieser durch eigene Handlungen in den Bauablauf eingreifen kann oder muss. Eine solche Bindung des Auftraggebers gegenüber dem Auftragnehmer führt zu erhöhter Planungssicherheit beim Auftragnehmer und damit auch zu gesteigerter Kostensicherheit. So sollte in den Fällen, in denen der Auftragnehmer erst nach einer gesonderten Aufforderung durch den Auftraggeber mit den Arbeiten beginnen soll, die Frist, innerhalb derer die Aufforderung durch den Auftraggeber erfolgen kann, im Vertrag festgelegt werden (vgl. § 11 Abs. 1 Nr. 3 VOB/A). Im Übrigen sollte sie den o.g. Grundsätzen entsprechen. Gleiches gilt für die Übergabe von Zeichnungen und anderen für die Bauausführung wichtigen Unterlagen an den Auftragnehmer (vgl. § 11 Abs. 3 VOB/A). 9

Der Auftraggeber muss aber beachten, dass auch er durch solche Fristen gebunden wird. Er muss sich daher überlegen, ob er in der Lage ist, jeweils rechtzeitig die vom Auftragnehmer benötigten Voraussetzungen zu schaffen.

Vor allem bei öffentlichen Vergabeverfahren sollten vor Abschluss des Bauvertrages erneut die Datumsangaben der Fristenvereinbarung auf ihre Durchführbarkeit geprüft werden. Nicht selten kommt es bei öffentlichen Vergabeverfahren zu Verzögerungen, beispielsweise durch Nachprüfungsverfahren. Die in Ausschreibung und Angebot vorgesehenen Ausführungsfristen werden verbindlicher Vertragsgegenstand, selbst wenn diese durch die Verzögerung bei der Vergabe im Zeitpunkt des Vertragsschlusses nicht mehr einzuhalten sind[4]. 10

C. Vertragsfristen (§ 5 Abs. 1)

I. Inhalt

§ 5 Abs. 1 VOB/B beinhaltet grundsätzliche Regelungen betreffend Fristen. Seine Anwendung setzt voraus, dass sich die Vertragsparteien auf entsprechende Fristen geeinigt haben. 11

2 Vgl. OLG Düsseldorf, BauR 1997, 702.
3 BGH, NZBau 2002, 265.
4 BGH, NZBau 2009, 370.

II. Auswirkungen

12 Bei Vereinbarung von Fristen gilt gem. § 5 Abs. 1 VOB/B Folgendes.

1. Verbindliche Fristen (§ 5 Abs. 1 Satz 1 VOB/B)

13 Gemäß § 5 Abs. 1 Satz 1 VOB/B ist der Auftragnehmer verpflichtet, die Bauausführung gemäß den Vertragsfristen (dazu oben Rn. 3 ff.) zu beginnen, angemessen zu fördern und zu vollenden. Die Bauausführung hat begonnen, wenn der Auftragnehmer mit den ersten Arbeiten zur Herstellung der geschuldeten baulichen Anlagen begonnen hat. Dies gilt unabhängig davon, ob es sich um Arbeiten am Werk selbst oder um vorbereitende Maßnahmen, wie beispielsweise die Baustelleneinrichtung, handelt. Unter angemessener Förderung sind stetige Maßnahmen zur Einhaltung der Bauzeit zu verstehen. Vollendung tritt mit der Abnahme ein (vgl. zur Abnahme die Kommentierung zu § 12 VOB/B).

2. Bauzeitenplan (§ 5 Abs. 1 Satz 2 VOB/B)

14 Unter einem Bauzeitenplan sind alle – regelmäßig grafischen – Darstellungen von Ausführungszeiträumen für einzelne Bauarbeiten, typischerweise sortiert nach den verschiedenen Gewerken, zu verstehen. Solche Bauzeitenpläne werden in der Regel vom Auftraggeber zur Koordinierung und Kontrolle des Bauvorhabens erstellt.

15 Gemäß § 5 Abs. 1 Satz 2 VOB/B sind die in Bauzeitenplänen festgelegten Fristen keine Vertragsfristen, es sei denn die Parteien haben ausdrücklich etwas anderes vereinbart. Sofern ein Auftraggeber die im Bauzeitenplan erarbeiteten Ausführungsfristen verbindlich mit dem Auftragnehmer vereinbaren will, muss er dies ausdrücklich in den Bauvertrag aufnehmen. Dabei sind hinsichtlich der Gestaltung der Fristen die allgemeinen Grundsätze zu beachten (dazu oben Rn. 6).

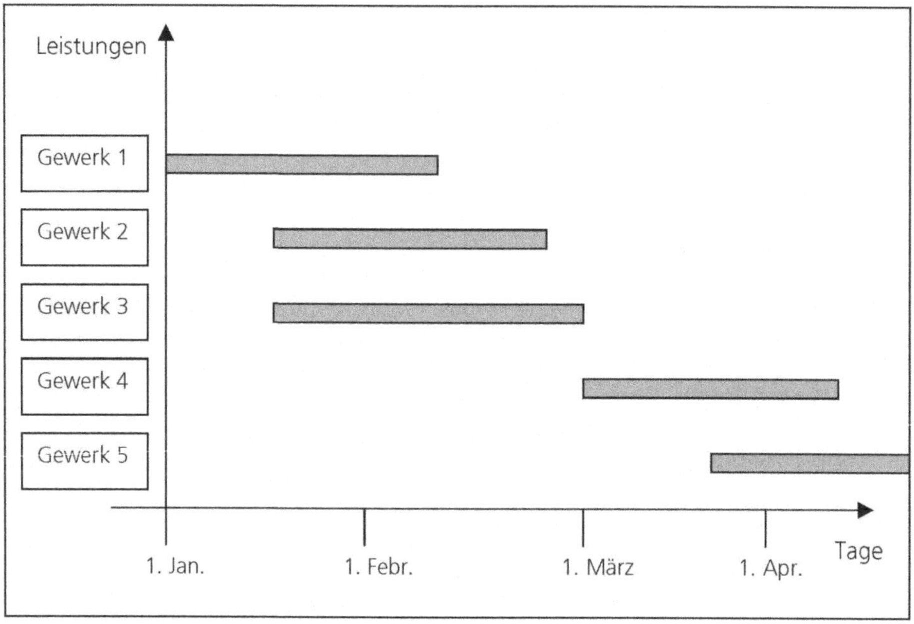

Abbildung 2: Beispiel eines Bauzeitenplanes

III. Abweichung vom BGB

Die VOB/B weist erhebliche Abweichungen zum BGB auf. Im Werkvertragsrecht des BGB finden sich keine bauvertragsspezifischen Regelungen, die der langen Dauer eines Bauvorhabens gerecht werden. Insoweit entbehrt das BGB jeglicher Regelungen zu Ausführungsfristen und deren Beachtung. **16**

Nach dem BGB gilt für alle Verträge, in denen keine bestimmte Frist oder Bauzeit, beispielsweise in Gestalt des Baubeginns, vereinbart wurde, die grundsätzliche Leistungszeit gemäß § 271 Abs. 1 BGB. Danach kann der Auftraggeber die Leistung, d.h. den Baubeginn, sofort nach Vertragsschluss verlangen (Fälligkeit der Leistung). Umgekehrt darf der Auftragnehmer die Leistung sofort erbringen (Erfüllbarkeit der Leistung). Für die Fälle der Leistungsverzögerung gelten die allgemeinen Vorschriften des BGB. **17**

IV. Abweichende Vertragsgestaltung

Soweit die Parteien keine Ausführungsfristen vereinbart haben, gilt § 5 Abs. 2 VOB/B. **18**

V. Isolierte Vereinbarung

Die isolierte Vereinbarung des § 5 Abs. 1 ist zwar wirksam i.S.d. §§ 305 ff. BGB, ist jedoch nur bei Vereinbarung der §§ 5, 6 VOB/B insgesamt sinnvoll. **19**

D. Fehlende Vereinbarung des Ausführungsbeginns (§ 5 Abs. 2)

I. Inhalt

Soweit es die Parteien bewusst oder unbewusst unterlassen haben, den Beginn der Ausführung im Bauvertrag festzulegen, ergeben sich die Möglichkeiten zur Herbeiführung des Ausführungsbeginns aus § 5 Abs. 2 VOB/B. Diese gelten sowohl für den Auftraggeber als auch den Auftragnehmer. Sofern keine Seite Initiative zeigt, muss der Auftragnehmer „alsbald" nach Abschluss des Vertrages mit den Arbeiten beginnen und diese in angemessener Zeit zügig zu Ende führen[5]. **20**

II. Auswirkungen

Alternativ gewährt § 5 Abs. 2 VOB/B den Vertragsparteien folgende Möglichkeiten. **21**

1. Handlungsmöglichkeit des Auftraggebers

Gemäß § 5 Abs. 2 Satz 2 VOB/B hat der Auftraggeber die Möglichkeit, den Auftragnehmer zum Beginn der Ausführung aufzufordern. Diese Aufforderung kann – am besten unter Verweis auf § 5 Abs. 2 VOB/B – grundsätzlich formlos erfolgen, sollte dem Auftragnehmer jedoch zu Beweiszwecken schriftlich übergeben werden. **22**

5 Vgl. BGH, NZBau 2001, 389.

Formulierungsvorschlag für eine Aufforderung nach § 5 Abs. 2 Satz 2 VOB/B:

Behörde für ländliches Bauen
Mauerstraße 4711
12345 Hochbaustadt

[Datum]

Betrieb
Egon Lotrecht
Ziegelgasse 12
98765 Wandhausen

Bauprojekt …

Sehr geehrter Herr Lotrecht,

ich fordere Sie auf, das oben bezeichnete Bauprojekt innerhalb von 12 Werktagen ab Zugang dieses Schreibens zu beginnen. Ich erwarte, dass Sie mir den Beginn der Arbeiten unverzüglich anzeigen (§ 5 Abs. 2 Satz 3 VOB/B).

[Ggf.: Beginnen Sie nicht fristgerecht mit den Arbeiten, werde ich Ihnen den Auftrag gemäß § 5 Abs. 4 VOB/B entziehen.]

Mit freundlichen Grüßen

Meyer Oberbaurat

23 Nach Zugang der Aufforderung muss der Auftragnehmer innerhalb von zwölf Werktagen mit der Ausführung der Arbeiten beginnen. Als Werktage gelten alle Wochentage mit Ausnahme von Sonn- und Feiertagen. Den Beginn der Arbeiten muss der Auftragnehmer dem Auftraggeber gemäß § 5 Abs. 2 Satz 3 VOB/B anzeigen.

24 Kommt der Auftragnehmer der Aufforderung nicht nach und verzögert er die Arbeiten, so stehen dem Auftraggeber die Rechte entsprechend § 5 Abs. 4 VOB/B (vgl. dazu Rn. 43 ff.) zu, nämlich

- Schadensersatzanspruch wegen Verzugs,
- Kündigung.

2. Handlungsmöglichkeit des Auftragnehmers

25 Der Auftragnehmer seinerseits hat in Ermangelung von Vorgaben des Auftraggebers die Möglichkeit, den Beginn der Arbeiten zu forcieren, indem er den Auftraggeber um Auskunft über den Zeitpunkt des Beginns der Arbeiten bittet. Der Auftraggeber hat sodann die Pflicht, eine entsprechende Auskunft zu erteilen. Der Auftraggeber kann den Beginn nach billigem Ermessen festsetzen.

26 Soweit der Auftraggeber seiner Auskunftspflicht nicht Folge leistet, stehen dem Auftragnehmer unter den jeweiligen Voraussetzungen die Ansprüche auf Verlängerung der Ausführungsfristen aus § 6 Abs. 2 VOB/B (vgl. dazu § 6 VOB/B Rn. 33) und auf Schadenersatz nach § 6 Abs. 6 VOB/B (vgl. dazu § 6 VOB/B Rn. 62 ff.) zu.

III. Abweichung vom BGB

27 Durch die Vereinbarung des § 5 Abs. 2 VOB/B wird von § 271 BGB abgewichen, sodass weder der Auftraggeber den Baubeginn sofort nach Vertragsschluss verlangen kann, noch der Auftragnehmer die Leistung sofort erbringen darf. Stattdessen ist nach der VOB/B zunächst Koordination und Kooperation erforderlich.

IV. Abweichende Vertragsgestaltung

Eine abweichende Vertragsgestaltung ist nicht empfehlenswert. Vielmehr sollten die Parteien angemessene und eindeutige Fristen vereinbaren und gegebenenfalls die Einzelfristen eines Bauzeitplanes ausdrücklich in den Vertrag einbeziehen. **28**

V. Isolierte Vereinbarung

Die isolierte Vereinbarung des § 5 Abs. 2 VOB/B ist als Konkretisierung des § 271 BGB wirksam i.S.d. §§ 305 ff. BGB. **29**

E. Folgen unzureichender Maßnahmen, Verzögerung und Verzug betreffend die Ausführungsfristen (§ 5 Abs. 3 und Abs. 4)

Zur Sicherung der Einhaltung der Ausführungsfristen sind in § 5 Abs. 3 und Abs. 4 VOB/B Ansprüche des Auftraggebers gegen den Auftragnehmer vorgesehen. **30**

I. Inhalt

§ 5 Abs. 3 und Abs. 4 VOB/B definieren bauvertragsspezifische Tatbestände der nicht fristgerechten Ausführung der Bauleistungen durch den Auftragnehmer. Dieses sind im Einzelnen **31**

- die Verzögerung des Beginns der Bauausführung durch den Auftragnehmer (§ 5 Abs. 4 1. Alt. VOB/B),
- die drohende Nichteinhaltung der Ausführungsfristen wegen unzulänglicher Ausrüstung des Auftragnehmers in materieller und personeller Hinsicht (§ 5 Abs. 3 und Abs. 4 3. Alt. VOB/B) sowie
- der Verzug des Auftragnehmers mit der Vollendung der baulichen Anlage (§ 5 Abs. 4 2. Alt. VOB/B).

An diese Tatbestände sind Ansprüche des Auftraggebers auf Schadenersatz und Kündigung geknüpft. **32**

Durch die Vereinbarung des § 5 VOB/B werden dem Auftraggeber die Mittel an die Hand gegeben, frühzeitig auf die drohende Nichteinhaltung der Ausführungsfristen zu reagieren. Tatbestände und Rechtsfolgen stellen sich im Einzelnen wie folgt dar.

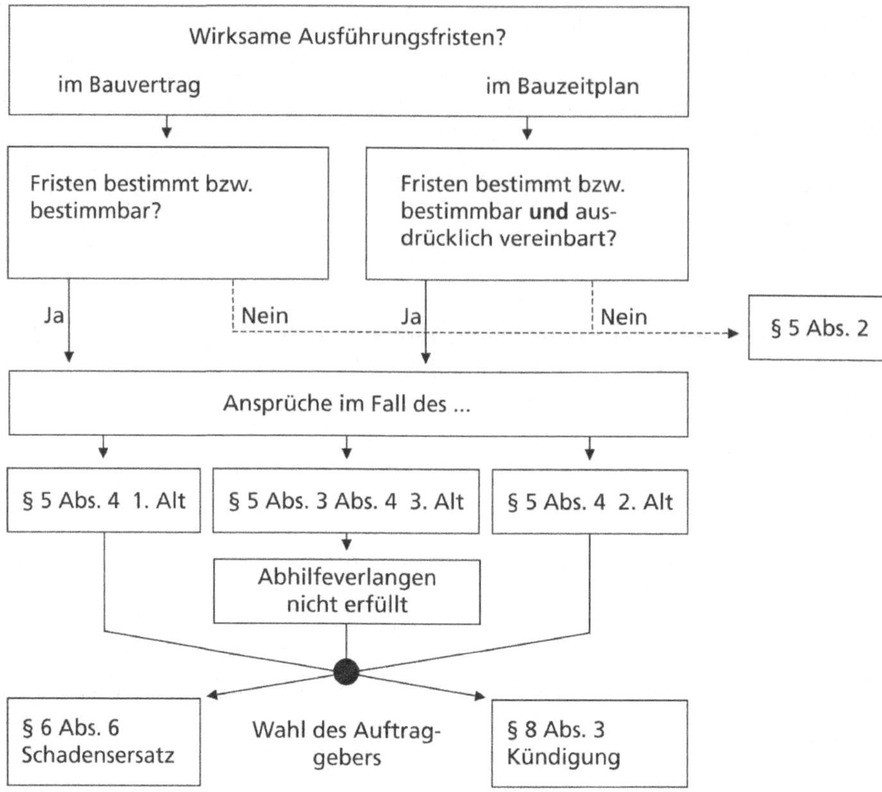

Abbildung 3: Übersicht zur Einhaltung von Ausführungsfristen

Bei verzögerter Ausführung der Arbeiten stehen dem Auftraggeber die Rechte nach § 5 Abs. 3 und Abs. 4 VOB/B nur unter den ebenda aufgeführten Voraussetzungen zu, die wie folgt zu unterscheiden sind.

1. Verzögerung durch den Auftragnehmer (§ 5 Abs. 4 1. Alt VOB/B)

33 Eine Verzögerung des Beginns der Ausführung der Bauleistungen durch den Auftragnehmer liegt vor, wenn dieser einen verbindlichen Anfangstermin nicht einhält. Ein solcher Anfangstermin kann sich sowohl aus einer Ausführungsfrist, aber auch aus einer vertraglich vereinbarten Einzelfrist ergeben. Darüber hinaus kann der Auftraggeber einen Anfangstermin durch eine Aufforderung nach § 5 Abs. 2 VOB/B setzen, sofern eine vertragliche Fristsetzung fehlt.

34 Die Ursache für die Verzögerung muss in der Sphäre des Auftragnehmers liegen. Ein Verschulden ist jedoch nicht erforderlich.

2. Unzureichende Maßnahmen des Auftragnehmers (§ 5 Abs. 3, Abs. 4 3. Alt VOB/B)

35 Eine Verzögerung der Ausführung kann während der laufenden Arbeiten sichtbar werden. Daher ergibt sich aus § 5 Abs. 3 VOB/B die Pflicht des Auftragnehmers zur Beseitigung von Unzulänglichkeiten in seiner Sphäre, die offensichtlich eine Verzögerung der Arbeiten bedingen. Eine verzögerte Bauausführung ist zu bejahen, wenn erstens

- Arbeitskräfte,
- Baugeräte,

- Baugerüste,
- Baustoffe oder
- Bauteile

unzureichend sind, und zweitens deswegen die Nichteinhaltung der Ausführungsfristen offensichtlich ist.

Die Verzögerung während der Bauphase muss auf eine der Ursachen zurückzuführen sein.

Wann das Nichteinhalten „offenbar" wird, ist umstritten und wird sich letztlich nur im Einzelfall feststellen lassen. Erforderlich ist die objektive Feststellbarkeit, eine nur subjektive Befürchtung ist nicht ausreichend. Eine Verzögerung lässt sich am einfachsten darlegen, wenn für das konkrete Bauvorhaben ein Maßstab, beispielsweise in Form eines Bauzeitenplanes oder definierter Einzelfristen, existiert. Damit lässt sich die fristgemäße Fertigstellung einzelner Gewerke oder Teilleistungen kontrollieren und objektivieren. Andernfalls ist eine Nichteinhaltung dann offenbar, wenn sich einem verständigen Beobachter ernstliche Zweifel an der Einhaltung der Termine aufdrängen müssen[6]. Dies wiederum wird anzunehmen sein, wenn angesichts des bisherigen Baufortschrittes unter Berücksichtigung des Zeit-, Personal- und Materialaufwandes eine fristgerechte Ausführung unwahrscheinlich ist. **36**

Ausreichend ist die Nichteinhaltung einer der Ausführungsfristen, nicht aber der endgültigen Fertigstellung der baulichen Anlage. **37**

Auch wenn bei Vorliegen dieser Voraussetzung eine Verzögerung durch Unzulänglichkeiten des Auftragnehmers zu bejahen ist, kann der Auftraggeber seine Rechte aus § 5 Abs. 4 VOB/B nur dann geltend machen, wenn einem Abhilfeverlangen des Auftraggebers nicht nachgekommen wurde. Zu diesem Zweck muss der Auftraggeber den Auftragnehmer ausdrücklich dazu auffordern, die Baustelle entsprechend dem Vertrag zu besetzen. Zu Beweiszwecken sollte diese Aufforderung schriftlich erfolgen und zwecks Klarstellung einen Verweis auf § 5 Abs. 3 VOB/B beinhalten. **38**

Formulierungsvorschlag für eine Aufforderung nach § 5 Abs. 3 VOB/B:

> Behörde für ländliches Bauen
> Mauerstraße 4711
> 12345 Hochbaustadt
>
> [Datum]
>
> Betrieb
> Egon Lotrecht
> Ziegelgasse 12
> 98765 Wandhausen
>
> Bauprojekt …
>
> Sehr geehrter Herr Lotrecht,
>
> wie eine Besichtigung der Baustelle am … [Datum] ergeben hat, sind … [Arbeitskräfte/Geräte/Gerüste/Stoffe/Bauteile: bitte im Einzelnen bezeichnen] in so unzureichendem Maße vorhanden, dass Sie die Ausführungsfristen offensichtlich nicht einhalten können. Ich fordere Sie entsprechend § 5 Abs. 3 VOB/B auf, diesen Missstand zu beseitigen und unverzüglich Abhilfe zu schaffen.
>
> *[Ggf.: Kommen Sie dieser Verpflichtung nicht nach, werde ich Ihnen den Auftrag gemäß § 5 Abs. 4 VOB/B entziehen.]*
>
> Mit freundlichen Grüßen
>
> Meyer Oberbaurat

6 Staudinger/Peters, § 636, Rn. 7.

Der Aufforderung kommt der Auftragnehmer nur dann nach, wenn eine Einhaltung der Ausführungsfristen wahrscheinlich wird. Diese Feststellung ist ebenfalls anhand der genannten Kriterien im Einzelfall zu treffen.

3. Verzug mit der Vollendung (§ 5 Abs. 4 2. Alt)

39 Dritte Alternative zur Feststellung einer verzögerten Ausführung ist der Verzug mit der Vollendung der baulichen Anlage. Unter Vollendung ist die mangelfreie Fertigstellung i.S.d. § 13 Abs. 1 VOB/B zu verstehen (vgl. dazu § 13 VOB/B Rn. 3).

40 Verzug mit der Vollendung liegt vor, wenn der Auftragnehmer Ausführungs- oder verbindliche Einzelfristen i.S.d. § 5 Abs. 1 VOB/B nicht eingehalten hat. Soweit entsprechende Fristen nicht vereinbart wurden, tritt Verzug ein, wenn die nach den Umständen des Einzelfalls angemessene Leistungszeit überschritten wurde[7].

41 Teilweise wird eine Mahnung für erforderlich gehalten, um den Auftragnehmer in Verzug zu setzen, wenn ein Vollendungszeitpunkt nicht unmittelbar nach dem Kalender bestimmt ist, sondern nur mittels eines Kalenders bestimmt werden kann[8]. Diesem kann nicht zugestimmt werden, da für die Bestimmtheit eines Zeitpunktes i.S.d. § 286 Abs. 2 Nr. 1 BGB nicht maßgeblich ist, ob sich dieser einem Kalender unmittelbar oder nur mittelbar durch Berechnung entnehmen lässt[9].

42 Erforderlich ist schließlich ein Verschulden des Auftragnehmers i.S.d. § 286 Abs. 4 BGB[10]. Sofern der Auftragnehmer die Verzögerung nicht vertreten muss, tritt kein Verzug ein. Ein Verschulden des Auftragnehmers liegt immer dann vor, wenn er die Verzögerung der Vollendung i.S.d. § 5 Abs. 4 VOB/B vorsätzlich oder fahrlässig i.S.d. § 276 BGB verursacht hat oder sie auf einem vorsätzlichen oder fahrlässigen Verhalten eines Vertreters oder eines Erfüllungsgehilfen i.S.d. § 278 BGB beruht.

II. Auswirkungen

43 Soweit einer der drei Verzögerungstatbestände erfüllt ist, hat der Auftraggeber die Möglichkeit von einem der ihm nunmehr zustehenden Rechte Gebrauch zu machen. Mit der Auswahl einher geht die Entscheidung, ob er den Vertrag mit dem Auftragnehmer fortsetzen oder beenden will.

44 Die Entscheidung, ob eine Fortsetzung des Vertrages zweckmäßig und sinnvoll ist, wird sich vor allem an wirtschaftlichen Kriterien festmachen lassen. Dabei ist zu berücksichtigen, dass der Wechsel des Auftragnehmers regelmäßig mit Zusatzkosten verbunden ist.

1. Schadenersatz

45 Gemäß § 5 Abs. 4 VOB/B kann der Auftraggeber vom Auftragnehmer Schadenersatz unter den Voraussetzungen des § 6 Abs. 6 VOB/B verlangen (vgl. zu den Einzelheiten die Erläuterungen zu § 6 VOB/B Rn. 62 ff.). In diesem Fall bleibt der Bauvertrag zwischen den Parteien unberührt.

2. Kündigung

46 Alternativ kann der Auftraggeber den Vertrag gemäß § 8 Abs. 3 VOB/B kündigen. Voraussetzung ist jedoch nach § 5 Abs. 4 VOB/B, dass dem Auftragnehmer zuvor erfolglos eine angemessene Frist zur Erfüllung des Vertrages gesetzt wurde, verbunden mit der Androhung der Kündigung des Vertrages.

47 Der Auftraggeber sollte die Fristsetzung mit Ablehnungsandrohung zu Beweiszwecken schriftlich verfassen. Mit der Fristsetzung muss die Aufforderung an den Auftragnehmer ver-

7 BGH, BauR 1996, 554.
8 Vgl. Motzke, in: Beck'scher VOB-Kommentar, B § 5 Nr. 4 Rn. 19.
9 Ebenso: Ernst/MüKo, § 286 Rn. 56.
10 A.A.: Kuß, in: VOB-Kommentar, B § 5 Rn. 24.

bunden werden, seine vertragsgemäßen Pflichten zu erfüllen, und für den Fall der Nichterfüllung die Kündigung des Vertrages unter Verweis auf § 5 Abs. 4 VOB/B angekündigt werden. Nicht notwendig ist es, die im Einzelnen notwendigen Bauleistungen konkret zu bezeichnen[11]. Insoweit dürfen die Anforderungen an den Auftraggeber nicht überspannt werden. Ausreichend ist vielmehr die Bezeichnung des innerhalb der Frist gewünschten Erfolges. Denn im Rahmen eines Bauvertrages schuldet der Auftragnehmer nicht eine oder mehrere bestimmte Leistungen, sondern einen Erfolg.

Die vom Auftraggeber gesetzte Frist muss schließlich angemessen sein. Die Angemessenheit ist im Einzelfall anhand der Möglichkeit zur Erbringung der Leistungen zu bemessen. Eine kalendermäßig zu bestimmende Frist ist nicht erforderlich. Soweit der Auftraggeber eine unangemessen kurze Frist setzt, beginnt mit der Aufforderung eine angemessene Frist zu laufen[12]. **48**

Soweit die Frist ungenutzt abgelaufen ist, kann der Auftraggeber nach § 8 Abs. 3 VOB/B kündigen[13]. **49**

Formulierungsvorschlag für eine Fristsetzung nach § 5 Abs. 4 VOB/B:

Behörde für ländliches Bauen
Mauerstraße 4711
12345 Hochbaustadt

[Datum]

Betrieb
Egon Lotrecht
Ziegelgasse 12
98765 Wandhausen

Bauprojekt ...

Sehr geehrter Herr Lotrecht,

Sie sind mit dem Beginn der Ausführung Ihrer Leistungen an oben bezeichnetem Bauprojekt *[Bezeichnung des Leistungserfolges, z.B. Rohbau, Baustellenaushub etc.]* in Verzug (§ 5 Abs. 4 1. Alt VOB/B).

[oder]

Sie sind mit der Vollendung der Ausführung Ihrer Leistungen an oben bezeichnetem Bauprojekt *[Bezeichnung des Leistungserfolges, z.B. Rohbau, Baustellenaushub etc.]* in Verzug (§ 5 Abs. 4 3. Alt VOB/B).

[oder]

Sie sind meiner Aufforderung vom ... *[Datum]* zur Beseitigung der unzulänglichen Ausstattung der Baustelle nicht nachgekommen (§ 5 Abs. 4 2. Alt VOB/B).

Ich fordere Sie auf, das oben bezeichnete Bauprojekt innerhalb von ... [angemessene Frist, z.B. 6 Werktage] ab Zugang dieses Schreibens zu beginnen (§ 5 Abs. 4 1. Alt VOB/B).

[oder]

Ich fordere Sie auf, das oben bezeichnete Bauprojekt innerhalb von ... *[angemessene Frist]* ab Zugang dieses Schreibens zu vollenden (§ 5 Abs. 4 3. Alt VOB/B).

[oder]

Ich fordere Sie auf, diesen Missstand bis zum ... *[angemessene Frist]* ab Zugang dieses Schreibens zu beseitigen.

---

11 A.A.: Kuß, in: VOB-Kommentar, B § 5 Rn. 32.
12 BGH NZBau 2002, 265.
13 Vgl. zum Kündigungsschreiben § 8 VOB/B Rn. 44 ff.

Nach Ablauf dieser Frist werde ich den Vertrag gemäß § 5 Abs. 4 VOB/B, § 8 Abs. 3 VOB/B kündigen.

Mit freundlichen Grüßen

Meyer Oberbaurat

III. Abweichung vom BGB

50 Das Werkvertragsrecht beinhaltet keine entsprechenden Regelungen. Dennoch sind die Regelungen der Abs. 3 und 4 des § 5 VOB/B nur eine praxisnahe und bauvorhabenbezogene Variante der Verzugs-, Schadenersatz- und Kündigungsregelungen des BGB (vgl. §§ 280, 286, 636 sowie 649 BGB), deren Anwendung überdies komplexer ist. So beinhaltet das BGB eine dem § 5 Abs. 3 VOB/B entsprechende Regelung nicht. Der BGB-Auftraggeber ist nicht in der Lage, einer sich abzeichnenden Verzögerung wegen unzureichender Maßnahmen des Auftragnehmers frühzeitig zu begegnen. Darüber hinaus sieht die VOB/B nicht die Möglichkeit des Rücktritts vor – angesichts der dann notwendigen Rückabwicklung nach § 346 BGB in der Praxis kein Nachteil für den Auftraggeber.

IV. Abweichende Vertragsgestaltung

51 Zur Vermeidung von Auseinandersetzungen über die Höhe des Schadenersatzes nach § 6 Abs. 6 VOB/B kann es sinnvoll sein, eine Vertragsstrafe für den Fall der ungenügenden Ausführung i.S.d. § 5 Abs. 4 VOB/B zu vereinbaren[14].

V. Isolierte Vereinbarung

52 Die isolierte Vereinbarung des § 5 Abs. 3 und 4 VOB/B ist nicht zweckmäßig.

§ 6 VOB/B
Behinderung und Unterbrechung der Ausführung

(1) Glaubt sich der Auftragnehmer in der ordnungsgemäßen Ausführung der Leistung behindert, so hat er es dem Auftraggeber unverzüglich schriftlich anzuzeigen. Unterlässt er die Anzeige, so hat er nur dann Anspruch auf Berücksichtigung der hindernden Umstände, wenn dem Auftraggeber offenkundig die Tatsache und deren hindernde Wirkung bekannt waren.

(2) 1. Ausführungsfristen werden verlängert, soweit die Behinderung verursacht ist:

a) durch einen Umstand aus dem Risikobereich des Auftraggebers,

b) durch Streik oder eine von der Berufsvertretung der Arbeitgeber angeordnete Aussperrung im Betrieb des Auftragnehmers oder in einem unmittelbar für ihn arbeitenden Betrieb,

c) durch höhere Gewalt oder andere für den Auftragnehmer unabwendbare Umstände.

2. Witterungseinflüsse während der Ausführungszeit, mit denen bei Abgabe des Angebots normalerweise gerechnet werden musste, gelten nicht als Behinderung.

(3) Der Auftragnehmer hat alles zu tun, was ihm billigerweise zugemutet werden kann, um die Weiterführung der Arbeiten zu ermöglichen. Sobald die hindernden Umstände wegfallen, hat er ohne weiteres und unverzüglich die Arbeiten wieder aufzunehmen und den Auftraggeber davon zu benachrichtigen.

(4) Die Fristverlängerung wird berechnet nach der Dauer der Behinderung mit einem Zuschlag für die Wiederaufnahme der Arbeiten und die etwaige Verschiebung in eine ungünstigere Jahreszeit.

14 Vgl. zur Vertragsstrafe im Einzelnen die Erläuterungen zu § 11 VOB/B, Rn. 14 ff.

(5) Wird die Ausführung für voraussichtlich längere Dauer unterbrochen, ohne dass die Leistung dauernd unmöglich wird, so sind die ausgeführten Leistungen nach den Vertragspreisen abzurechnen und außerdem die Kosten zu vergüten, die dem Auftragnehmer bereits entstanden und in den Vertragspreisen des nicht ausgeführten Teils der Leistung enthalten sind.

(6) Sind die hindernden Umstände von einem Vertragsteil zu vertreten, so hat der andere Teil Anspruch auf Ersatz des nachweislich entstandenen Schadens, des entgangenen Gewinns aber nur bei Vorsatz oder grober Fahrlässigkeit. Im Übrigen bleibt der Anspruch des Auftragnehmers auf angemessene Entschädigung nach § 642 BGB unberührt, sofern die Anzeige nach Absatz 1 Satz 1 erfolgt oder wenn Offenkundigkeit nach Absatz 1 Satz 2 gegeben ist.

(7) Dauert eine Unterbrechung länger als 3 Monate, so kann jeder Teil nach Ablauf dieser Zeit den Vertrag schriftlich kündigen. Die Abrechnung regelt sich nach den Absätzen 5 und 6; wenn der Auftragnehmer die Unterbrechung nicht zu vertreten hat, sind auch die Kosten der Baustellenräumung zu vergüten, soweit sie nicht in der Vergütung für die bereits ausgeführten Leistungen enthalten sind.

A. Einleitung

Ergänzend zu § 5 VOB/B beinhaltet § 6 VOB/B Regelungen betreffend die Störung der vertraglichen Ausführungsfristen für Bauleistungen. Im Einzelnen umfasst § 6 VOB/B den Anspruch auf Verlängerung der Vertragsfristen bei Behinderungen (§ 6 Abs. 2 VOB/B) und regelt Voraussetzungen (§ 6 Abs. 1 VOB/B) sowie Rechtsfolgen dieses Anspruchs (§ 6 Abs. 3 und Abs. 4). Darüber sind die Ansprüche der Vertragspartner bei Unterbrechungen (§ 6 Abs. 5 VOB/B), Unterbrechungen, die länger als drei Monate andauern (§ 6 Abs. 7 VOB/B), sowie bei Verschulden einer Partei für eine Störung des Bauablaufs (§ 6 Abs. 6 VOB/B) festgelegt. 1

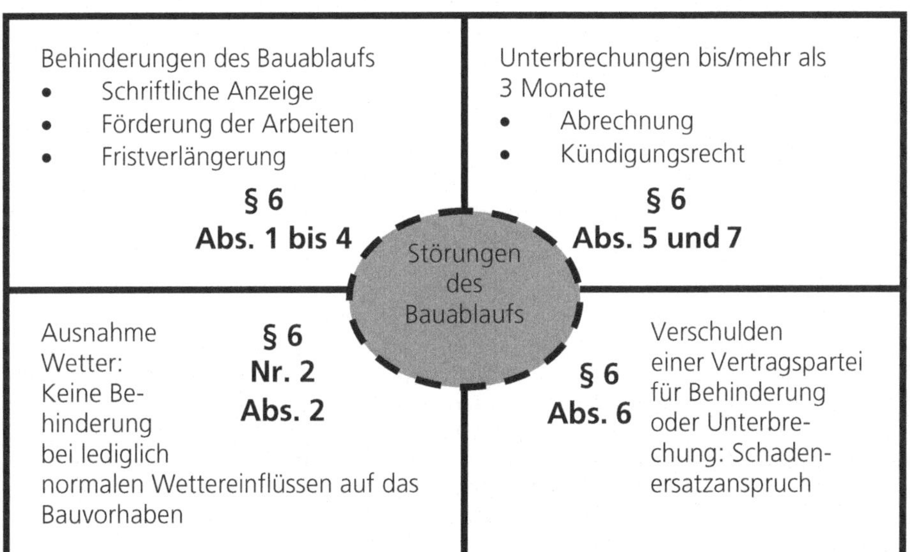

Abbildung 1: Regelungsgehalt des § 6 VOB/B

Die verzögerte Baufertigstellung ist ein verbreitetes Problem. § 6 VOB/B trifft insoweit Regelungen mit hoher praktischer Relevanz. Neben der Anpassung der Fristen sind vor allem die Rechte und Pflichten des Auftragnehmers in § 6 VOB/B geregelt. Die Ansprüche aus § 6 VOB/B sind überwiegend auf eine kooperative Lösung der Folgen von Behinderung und Unterbrechung gerichtet und sollen grundsätzlich eine einvernehmliche und erfolgreiche weitere Abwicklung des Bauvorhabens nach Ende der Störung ermöglichen. Daher basieren mit Ausnahme des § 6 Abs. 6 VOB/B sowohl die Regelungen zur Behinderung als auch die zur Unter- 2 brechung auf der Annahme, dass keine der Vertragsparteien ein Verschulden an den Ursachen für die Behinderung bzw. die Unterbrechung trifft.

3 Maßgeblich für die richtige Anwendung des § 6 VOB/B ist die Differenzierung zwischen Behinderung und Unterbrechung der Bauausführung.

4 Eine Behinderung liegt vor,

- wenn die Ausführung der Bauleistungen,
- die grundsätzlich weiterhin möglich ist,
- durch Umstände, die bei Abschluss des Vertrags weder bekannt noch vorhersehbar waren,
- entweder langsamer als geplant voranschreitet, ohne völlig zum Erliegen zu kommen, oder nur durch zusätzlichen personellen, maschinellen oder sonstigen Aufwand des Auftragnehmers im Rahmen der zeitlichen Planungen erbracht werden kann,
- unabhängig davon, ob die Behinderung vor oder nach Beginn der Arbeiten eintritt.

5 Kein Fall der Behinderung liegt vor, wenn es sich lediglich um normale Witterungseinflüsse i.S.d. § 6 Abs. 2 Nr. 2 VOB/B handelt.

6 Eine Unterbrechung liegt hingegen vor,

- wenn die Ausführung der Bauleistungen,
- die grundsätzlich weiterhin möglich ist,
- durch Umstände, die bei Abschluss des Vertrags weder bekannt noch vorhersehbar waren,
- vorübergehend vollständig zum Erliegen kommt,
- unabhängig davon, ob die Unterbrechung vor oder nach Beginn der Arbeiten eintritt.

7 Eine Unterbrechung ist folglich der schlechteste Fall einer Behinderung. Zu beachten ist, dass nur die Fälle von vorübergehender Leistungsstörung durch § 6 VOB/B erfasst sind. Unmöglichkeit oder Unvermögen sowie die Erfüllungsverweigerung sind nicht in der VOB/B geregelt. Insoweit muss auf die Vorschriften des BGB zurückgegriffen werden.

B. Behinderung der Ausführung (§ 6 Abs. 1 bis Abs. 4)

8 Für die Fälle der Behinderung der Ausführung eines Bauvorhabens sieht § 6 Abs. 1 bis Abs. 4 VOB/B die aus der nebenstehenden Abbildung ersichtlichen Regelungen vor.

I. Inhalt

9 In § 6 Abs. 1 VOB/B ist geregelt, wie sich der Auftragnehmer bei einer von ihm wahrgenommenen Behinderung zu verhalten hat, insbesondere wann und in welcher Weise eine Mitteilung über die Behinderung an den Auftraggeber zu machen ist. In § 6 Abs. 2 VOB/B sind abschließend die Behinderungen aufgezählt, bei deren Vorliegen die Ausführungsfristen zu verlängern sind. Außerdem werden übliche Witterungseinflüsse als Behinderung ausgeschlossen. § 6 Abs. 3 VOB/ B beinhaltet den Pflichtenkatalog während und nach Behinderungen. Schließlich wird durch § 6 Abs. 4 VOB/B Art und Weise der Berechnung der verlängerten Ausführungsfristen festgelegt.

10 In der Baupraxis ist die Frage der Verlängerung der Ausführungsfristen von erheblicher, da finanzieller Bedeutung. Soweit beispielsweise ein Auftragnehmer nicht fristgerecht mit der Bauausführung fertig wird und für diesen Fall eine Vertragsstrafe vereinbart ist, ist die Frage einer Fristverlängerung maßgeblich für die Fälligkeit der Vertragsstrafe.

1. Anzeigepflicht des Auftragnehmers (§ 6 Abs. 1 VOB/B)

§ 6 Abs. 1 VOB/B knüpft an eine Behinderung (vgl. zum Begriff oben Rn. 4) an. Die Behinderung kann auch zu einer Unterbrechung führen. Sofern ein Auftragnehmer eine entsprechende Behinderung feststellt, muss er diese dem Auftraggeber anzeigen. Entscheidend für die Pflicht zur Anzeige ist nicht das objektive Vorliegen einer Behinderung, sondern allein die subjektive Sicht des Auftragnehmers. Grund dafür ist, dass der Auftraggeber einen Überblick über alle denkbaren, bevorstehenden oder bereits eingetretenen Behinderungen erhalten soll, damit er die Möglichkeit zur Abstellung der etwaigen Behinderungen hat und zum Beispiel seine Befugnisse nach § 4 Abs. 1 S. 1 VOB/B ausüben kann[1]. Gleichzeitig soll der Auftraggeber vor unberechtigten Behinderungsansprüchen der Auftragnehmer geschützt werden. Nur eine rechtzeitige und richtige Behinderungsanzeige erlaubt dem Auftraggeber eine adäquate Reaktion: Nur bei Kenntnis von der Behinderung kann er Beweise für deren Vorliegen, deren Umfang und Ursachen sammeln. Deswegen besteht die Anzeigepflicht für alle Behinderungen, von denen sich ein Auftragnehmer betroffen meint, selbst wenn diese keine Verlängerung der Ausführungsfristen begründen können. 11

Praxistipp:

Erhält der Auftraggeber eine Behinderungsanzeige des Auftragnehmers, sollte er sich unverzüglich auf der Baustelle ein eigenes Bild von der Lage machen. Sofern er mit der Einschätzung des Auftragnehmers übereinstimmt, dass eine Behinderung vorliegt, kann er ihm dies bestätigen. Liegt jedoch keine Behinderung vor, muss er die Behinderungsanzeige zurückweisen. Andernfalls muss er die Rechtsfolgen des § 6 VOB/B gegen sich gelten lassen.

1 Vgl. BGH, NJW 2000, 1338; OLG Koblenz, NJW-RR 1988, 851.

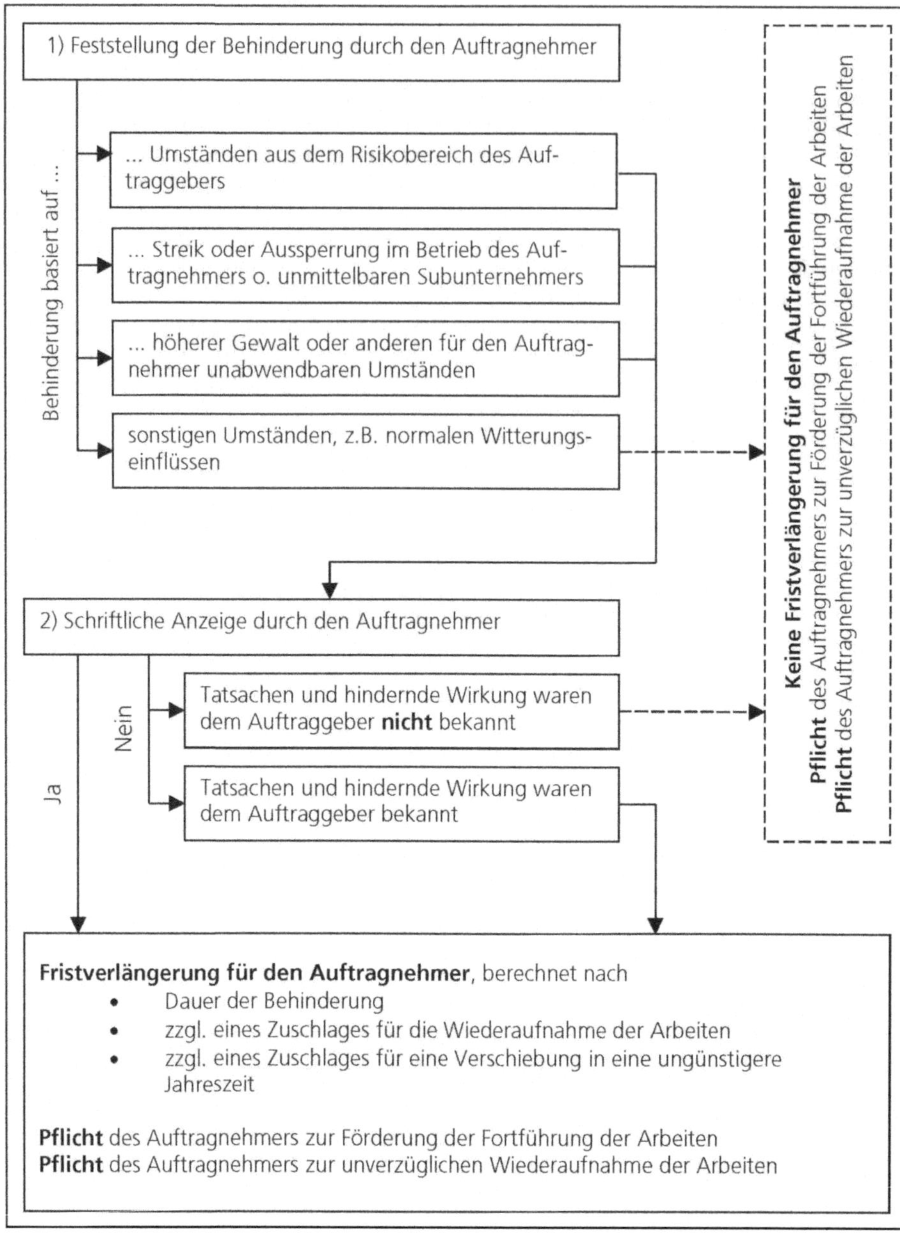

Abbildung 2: Behinderungen i.S.d. § 6 Abs. 1 bis 4 VOB/B

Formulierungsvorschlag für eine Zurückweisung:

Behörde für ländliches Bauen
Mauerstraße 4711
12345 Hochbaustadt
[Datum]

Betrieb
Egon Lotrecht
Ziegelgasse 12
98765 Wandhausen

Bauprojekt …

Sehr geehrter Herr Lotrecht,

ich fordere Sie auf, die Arbeiten an oben bezeichnetem Bauprojekt unverzüglich wieder aufzunehmen. Die von Ihnen mit Schreiben vom … *[Datum]* erklärte Behinderungsanzeige weise ich zurück, weil eine Behinderung i.S.d. § 6 Abs. 2 VOB/B nicht vorliegt. Ursache der Behinderung ist … *[wenn möglich darlegen; andernfalls Beschreibung, weshalb es sich zumindest um keine der in § 6 Abs. 2 Nr. 1 VOB/B genannten Behinderungen handelt]*. Ich erwarte, dass Sie mir die Wiederaufnahme der Arbeiten unverzüglich anzeigen.

Mit freundlichen Grüßen

Meyer Oberbaurat

Aus denselben Gründen hat der Auftragnehmer keinen Anspruch auf Berücksichtigung der Behinderung, wenn er seiner Pflicht zur Anzeige nicht nachkommt. Eine Ausnahme gilt gemäß § 6 Abs. 1 S. 2 VOB/B nur in den Fällen, in denen dem Auftraggeber offenkundig **12**

- die Ursache selbst und
- deren behindernde Wirkungen

bekannt waren. Offenkundigkeit wird immer dann anzunehmen sein, wenn ausnahmsweise die beschriebene Informations-, Warn- und Schutzfunktion der Anzeigepflicht entbehrlich ist[2], d.h. der Auftraggeber keines Schutzes bedarf. Diese Feststellung ist immer nur im Einzelfall zu treffen.

Offenkundig sind hindernde Umstände einem Auftraggeber, wenn er ohne Zweifel darüber unterrichtet ist und sich dieses aus seinem Verhalten, seinen Äußerungen oder seinen Anordnungen schließen lässt. Dies ist beispielsweise der Fall, wenn Auftragnehmer und Auftraggeber über die Behinderungen sowie mögliche Fristverlängerungen auf der Baustelle gesprochen haben[3] oder der Auftraggeber wegen fehlender Baugenehmigung einen Baustopp angeordnet hat[4], d.h. dann, wenn die Anzeige eines ihm schon bekannten Umstandes einer reinen „Förmelei“[5] gleichkäme.

Die Anzeige des Auftragnehmers muss alle Tatsachen enthalten, aus denen sich für den Auftraggeber mit hinreichender Klarheit die Gründe der Behinderung ergeben[6]. Dies erfordert Angaben des Auftragnehmers dazu, ob und wann seine Arbeiten, die nach dem Bauablauf nunmehr ausgeführt werden müssen, nicht oder nicht wie vorgesehen ausgeführt werden können[7]. **13**

Die Anzeige muss schriftlich und unverzüglich, d.h. ohne schuldhaftes Zögern, erfolgen. Sie kann gegenüber dem Auftraggeber selbst oder seinem Vertreter auf der Baustelle, seinem Ar- **14**

2 Vgl. BGH, NJW 2000, 1338.
3 Vgl. BGH, BauR 1976, 279.
4 Vgl. OLG Düsseldorf BauR 1988, 487.
5 BGH, NJW-RR 1990, 403.
6 BGH, NJW-RR 1990, 403.
7 BGH, NJW 2000, 1338.

chitekten, abgegeben werden. Da teilweise die Rechtsansicht vertreten wird, dass eine Anzeige nur gegenüber dem Auftraggeber selbst abgegeben werden kann[8], ist es für Auftragnehmer ratsam bei einer Anzeige gegenüber dem Architekten auch den Auftraggeber selbst zu informieren, um Rechtssicherheit zu haben.

2. Behinderungen i.S.d. § 6 Abs. 2 Nr. 1 VOB/B

15 Behinderungen verursachen in der Regel Verzögerungen. Das Risiko der Bauzeitverzögerung und das damit einhergehende Risiko der Nichteinhaltung von Vertragsfristen im Sinne des § 5 VOB/B trägt grundsätzlich der Auftragnehmer. Dies bedeutet, dass eine Verlängerung der Ausführungsfristen bei Behinderungen nur in den drei Ausnahmefällen i.S.d. § 6 Abs. 2 Nr. 1 VOB/B in Betracht kommt.

a. Risikobereich des Auftraggebers (§ 6 Abs. 2 Nr. 1 Buchst. a) VOB/B)

16 Nicht in den Risikobereich des Auftragnehmers fallen gemäß § 6 Abs. 2 Nr. 1 Buchst. a) VOB/B Behinderungen, deren Ursachen im Risikobereich des Auftraggebers liegen. Entscheidend ist, dass die Ursache der Sphäre des Auftraggebers zuzurechnen ist. Ein Verschulden des Auftraggebers für die Ursache ist nicht erforderlich[9]. Die Ursachen müssen dem bauvertraglichen Risikobereich des Auftraggebers zuzuordnen sein[10]. Daher ist für die Feststellung des Risikobereiches immer der jeweilige Bauvertrag heranzuziehen und auf die ebenda fixierten Vereinbarungen abzustellen. Eine endgültige Feststellung des Risikobereiches ist folglich nur im Einzelfall möglich.

Bei Nebenangeboten übernehmen Auftragnehmer oft Planungsaufgaben, beispielsweise wenn eine von den Verdingungsunterlagen abweichende Gründung vorgeschlagen wird. Kommt es bei der Ausführung des Nebenangebotes zu Verzögerungen, die nach der auftraggeberseitig vorgegebenen Ausführungsweise nicht entstanden wären, geht dies zu Lasten des Auftragnehmers.

Beispiel:

Der Auftraggeber hatte eine Flachgründung vorgeschrieben und ein Bodengutachten für den dabei benötigten Bereich vorgelegt. Der Auftragnehmer schlägt eine Gründung auf Bohrpfählen vor. Bei der Ausführung der Bohrpfähle trifft der Auftragnehmer überraschend auf massiven Fels. Der Fels beginnt weit unterhalb des für die Flachgründung untersuchten Bereiches. Die Arbeiten verzögern sich. Diese Verzögerung ist allein dem Auftragnehmer anzulasten.

17 Soweit VOB/B oder VOB/C wirksamer Bestandteil eines Bauvertrages sind, können diesen Grenzen des Risikobereiches des Auftraggebers entnommen werden. Gleiches gilt auch für Normen des BGB. Soweit die Vergabe des Bauvorhabens auf Grundlage der VOB/A erfolgt ist, kann auch diese zur Feststellung des Risikobereiches des Auftraggebers herangezogen werden. Sofern eine der genannten Quellen Bestandteil des Bauvertrages ist bzw. für diesen maßgeblich ist, können die folgenden Ursachen dem Risikobereich des Auftraggebers zugerechnet werden:

18 **VOB/A:**

- § 9 Abs. 3 Nr. 3 VOB/A: Bodenverhältnisse;
- § 9 Abs. 3 Nr. 3 VOB/A: Grundwasserverhältnisse.

19 **VOB/B**:

- § 1 Abs. 3 VOB/B: Änderungsanordnungen;
- § 1 Abs. 4 VOB/B: Verlangen nicht vereinbarter, erforderlicher Leistungen;

8 So zum Beispiel: Nicklisch in: Nicklisch/Weick, VOB/B § 6, Rn. 20.
9 BGH, NJW-RR 1990, 403.
10 BGH, NJW-RR 1990, 403.

- § 3 Abs. 1 VOB/B: nicht rechtzeitig übergebene Ausführungsunterlagen;
- § 3 Abs. 2 VOB/B: nicht rechtzeitige Baugrundvorbereitung;
- § 4 Abs. 1 Nr. 1 S. 1 VOB/B: unkoordinierte Zusammenarbeit mit anderen Auftragnehmern (nicht Subunternehmern);
- § 4 Abs. 1 Nr. 1 S. 2 VOB/B: fehlende öffentlich-rechtliche Genehmigungen;
- § 4 Abs. 1 Nr. 1 S. 2 VOB/B: fehlende öffentlich-rechtliche Erlaubnis;
- § 4 Abs. 1 Nr. 4 S. 1 VOB/B: Anweisungen des Auftraggebers entgegen Bedenken des Auftragnehmers;
- § 4 Abs. 3 S. 1 VOB/B: Bauausführungen entgegen Bedenken des Auftragnehmers.

VOB/C: 20

- VOB/C, DIN 18299, Abschnitt 0.1.: Baugrundverhältnisse;
- VOB/C; DIN 18299, Abschnitt 0.2.1.: Vorleistungen anderer Auftragnehmer (nicht Subunternehmer).

BGB: 21

- § 645 BGB: Baugrundverhältnisse;
- § 645 BGB: vom Auftraggeber gelieferte Baumaterialien;
- § 645 BGB: Anweisungen des Auftraggebers gegen Bedenken des Auftragnehmers.

b. Streik und Aussperrung (§ 6 Abs. 2 Nr. 1 Buchst. b) VOB/B)

Streik und Aussperrung fallen nach § 6 Abs. 2 Nr. 1 VOB/B weder in den Risikobereich des Auftraggebers noch den des Auftragnehmers. Vom Streik oder der Aussperrung müssen entweder der Betrieb des Auftragnehmers selbst oder der eines unmittelbar für ihn arbeitenden Unternehmens betroffen sein. Letzteres sind alle Unternehmen, die Bauleistungen i.S.d. § 1 VOB/A erbringen, d.h. in der Regel alle Subunternehmer des Auftragnehmers. Ebenfalls dazu gehören Betriebe von Sonderfachleuten und Baustofflieferanten, soweit der Auftragnehmer auf deren Leistungen angewiesen ist. Letzteres ist dann anzunehmen, wenn die Leistungen nicht bei einem Dritten bezogen werden können, beispielsweise weil es sich um Sonderanfertigungen oder um einen Monopolisten handelt. 22

Streik wird definiert als jede gemeinsam und geplant durchgeführte, auf ein bestimmtes Ziel gerichtete Einstellung der Arbeit einer verhältnismäßig großen Anzahl von Arbeitnehmern[11]. 23

Unter einer Aussperrung ist der auf ein bestimmtes Ziel gerichtete planmäßige Ausschluss einer verhältnismäßig großen Anzahl von Arbeitnehmern von der Arbeit durch den Arbeitgeber zu verstehen[12]. 24

c. Höhere Gewalt und unabwendbare Umstände (§ 6 Abs. 2 Nr. 1 Buchst. c) VOB/B)

Ebenfalls nicht in den Risikobereich des Auftragnehmers fallen Behinderungen durch höhere Gewalt und für den Auftragnehmer unabwendbare Umstände. 25

Höhere Gewalt ist jedes von außen einwirkende, unabwendbare Ereignis, das objektiv unvorhersehbar ist und auch bei Anwendung äußerster Sorgfalt ohne Gefährdung des wirtschaftlichen Erfolges des Unternehmens nicht abgewendet werden kann und nicht wegen seiner Häufigkeit vom Auftragnehmer in Kauf zu nehmen ist[13]. Ereignisse in diesem Sinn können sowohl Naturereignisse sein als auch vom Menschen verursachte Geschehnisse. Entscheidend bei Letzteren ist allerdings, dass den Auftragnehmer kein Mitverschulden trifft. Entsprechend dieser Definition sind beispielsweise die Insolvenz eines Nachunternehmers oder die Krankheit eines wichtigen Mitarbeiters keine unabwendbaren Umstände. 26

---

11 BAG NJW 1989, 57.
12 BAG NJW 1996, 1428.
13 BGH, BGHZ 7, 338.

27 Umstände sind dann für den Auftragnehmer unabwendbar i.S.d. § 6 Abs. 2 Nr. 1 Buchst. c) VOB/B, wenn sie nach menschlicher Einsicht und Erfahrung in dem Sinne unvorhersehbar sind, dass sie oder ihre Auswirkungen trotz Anwendung wirtschaftlich verträglicher Mittel durch die äußerste nach der Sachlage zu erwartende Sorgfalt nicht verhütet oder in ihren Wirkungen bis auf ein erträgliches Maß unschädlich gemacht werden können[14]. Die Feststellung dieser Unvorhersehbarkeit muss nach objektiven Maßstäben und unabhängig von der konkreten Situation des betroffenen Auftragnehmers erfolgen.

28 Anerkannt als Fälle höherer Gewalt bzw. als unabwendbares Ereignis sind

- Naturereignisse wie Erdbeben, Wirbelstürme, Blitzschlag, außergewöhnliche Überschwemmungen[15] sowie in Ausnahmefällen wolkenbruchartiger Regen[16],
- außergewöhnliche Handlungen Dritter wie Brandstiftungen, vorsätzliche Zerstörungen, politische Unruhen oder Krieg.

3. Keine Behinderung (§ 6 Abs. 2 Nr. 2 VOB/B)

29 Keine Behinderungen sind gemäß § 6 Abs. 2 Nr. 2 VOB/B Witterungseinflüsse während der Bauausführung, mit denen normalerweise gerechnet werden muss. Ob mit einer bestimmten Witterung wie etwa Schnee, Sturm oder Frost gerechnet werden muss, ist im Einzelfall zu beurteilen. Abzustellen ist dabei auf die

- lokalen Witterungsverhältnisse
- in den Monaten der vereinbarten Bauausführung.

So sind an der Nordsee im Winter Stürme und Sturmfluten ebenso absehbar wie das Frühjahrshochwasser an Rhein und Donau oder starker Schneefall im Hochgebirge.

30 Eine bestimmte Witterungslage gilt als nicht vorhersehbar, wenn sie für Region und Jahreszeit untypisch ist und mit ihr allenfalls ein- oder zweimal pro Jahrhundert gerechnet werden kann. Dies ist zum Beispiel bei kleinen Windhosen oder Überschwemmungen der Fall. Derartige Witterungslagen sind Behinderungen i.S.d. § 6 Abs. 2 Nr. 1 Buchst. c) VOB/B.

31 Aber auch vorhersehbare Witterungseinflüsse sind eine Behinderung und fallen nicht unter § 6 Abs. 2 Nr. 2 VOB/B, wenn bei Abgabe des Angebots nicht mit ihnen gerechnet werden musste. Dies ist der Fall, wenn sich die Ausführung der Bauleistungen auf Grund eines im Risikobereich des Auftraggebers liegenden Umstandes derart verzögert, dass für das Bauvorhaben nicht erwartete Witterungsumstände eintreten.

II. Auswirkungen

32 Die Rechtsfolgen einer Behinderung ergeben sich aus § 6 VOB/B. Diese sind:

- der Anspruch auf Bauzeitverlängerung sowie
- bei Verschulden des Vertragspartners ein Schadensersatzanspruch.

Zeitliche und vergütungsbezogene Folgen von Behinderungen haben unterschiedliche Voraussetzungen und müssen daher immer getrennt voneinander betrachtet werden.

1. Verlängerung der Ausführungsfristen bei Behinderung (§ 6 Abs. 2 VOB/B)

33 Die Ausführungsfristen für den Auftragnehmer verlängern sich,

- soweit eine Behinderung
- durch einen der in § 6 Nr. 2 Abs. 1 VOB/B genannten Gründe verursacht worden ist und
- der Auftragnehmer seiner Anzeigepflicht entsprechend § 6 Abs. 1 S. 1 VOB/B nachgekommen ist oder eine Anzeige wegen Offenkundigkeit der Behinderung i.S.d. § 6 Abs. 1 S. 2 VOB/B entbehrlich war.

---

14 BGH, NJW 1997, 3019.
15 BGH, BauR 1997, 1019.
16 Zur Abgrenzung zu § 6 Abs. 2 Nr. 2 vgl. sogleich Rn. 29 f.

2. Berechnung der verlängerten Ausführungsfristen (§ 6 Abs. 4 VOB/B)

Die Berechnung der verlängerten Ausführungsfristen erfolgt nach § 6 Abs. 4 VOB/B durch Addition von drei Summanden. Zu berücksichtigen sind 34

- der Zeitraum der Behinderung selbst, der abhängig von der Auswirkung der Behinderung festzustellen ist (volle Tage bei Unterbrechung, anteilige Tage bei Behinderung),
- der Zeitraum, den der Auftragnehmer zusätzlich zur Wiederaufnahme der Arbeiten benötigt (Zeitraum zur Reaktivierung der Baustelle), sowie
- ein zusätzlicher Zeitraum für eine Erschwernis der Ausführung der Arbeiten durch Verschiebung in eine ungünstigere Jahreszeit.

Der Umfang der Zeiträume ist jeweils zwischen den Vertragsparteien einvernehmlich festzustellen. Dies sollte umgehend nach dem Wegfall der Behinderung erfolgen. 35

3. Pflichten des Auftragnehmers bei Behinderungen (§ 6 Abs. 3 VOB/B)

Aus § 6 Abs. 3 VOB/B ergeben sich Pflichten für den Auftragnehmer bei Eintritt einer Behinderung. Diese Pflichten treffen den Auftragnehmer unabhängig davon, ob die Behinderung eine Verlängerung der Ausführungsfristen zur Folge hat. 36

Solange die Behinderung andauert, ist der Auftragnehmer gemäß § 6 Abs. 3 S. 1 VOB/B verpflichtet, alle ihm zumutbaren Maßnahmen zu ergreifen, damit die Weiterführung der Bauarbeiten ermöglicht wird. Ziel der Maßnahmen ist, abhängig vom Umfang der Behinderung, die Sicherung des bereits errichteten Bauwerks und – soweit möglich – die zeitgleiche Fortsetzung zumindest von Teilen der Arbeiten. Die einem Auftragnehmer zumutbaren Aufgaben können nur im Einzelfall festgelegt werden. Die Zumutbarkeit einer Leistung hängt im Wesentlichen davon ab, welchen Anteil der Auftragnehmer an der Ursache der Behinderung hat. Dabei gilt: Je mehr Verantwortung der Auftragnehmer für die Ursachen einer Behinderung trägt, desto größer sind die an ihn zu stellenden Anforderungen. Ist der Auftragnehmer allein für die Ursache der Behinderung verantwortlich, so muss er alles in seiner Macht Stehende veranlassen, um die Störung zu beseitigen. Insoweit muss der Auftragnehmer auch zusätzlich entstehende Kosten tragen. Ist ein Dritter für die Ursache der Behinderung verantwortlich, muss der Auftragnehmer mindestens die Beseitigung der Ursachen fördern. Einen zusätzlichen finanziellen Aufwand muss der Auftragnehmer dann jedoch in aller Regel nicht übernehmen. 37

Endet die Behinderung, ist der Auftragnehmer nach § 6 Abs. 3 Satz 2 VOB/B verpflichtet, die Arbeiten unverzüglich wieder aufzunehmen. Unverzüglich bedeutet ohne schuldhaftes Zögern. Darüber hinaus muss er den Auftraggeber über die Wiederaufnahme der Arbeiten in Kenntnis setzen. Die Anzeige der Wiederaufnahme sollte analog den Vorgaben zur Anzeige i.S.d. § 6 Abs. 1 VOB/B erfolgen. 38

III. Abweichungen vom BGB

Eine dem § 6 Abs. 1 bis Abs. 4 VOB/B vergleichbare Regelung ist im BGB nicht vorhanden. Die VOB/B bietet insoweit länger dauernden Bauvorhaben angepasste Möglichkeiten zur Reaktion und Kooperation der Vertragsparteien, die dem BGB fremd sind. 39

IV. Abweichende Vertragsgestaltungen

Zur Vermeidung von Streitigkeiten über die Notwendigkeit einer Anzeige wegen Offenkundigkeit i.S.d. § 6 Abs. 1 Satz 2 VOB/B kann die Vereinbarung einer nach den §§ 305 ff. BGB wirksamen Klausel, aufgrund derer der Auftragnehmer zur schriftlichen Anzeige auch bei Offenkundigkeit verpflichtet wird, zweckmäßig sein. Abweichende Vertragsgestaltungen in Form von Klauseln, die Fristverlängerungen entgegen den in § 6 Abs. 2 VOB/B genannten Gründen ausschließen, sind regelmäßig unwirksam wegen Verstoßes gegen die §§ 305 ff. BGB. 40

V. Isolierte Vereinbarung

41 Die isolierte Vereinbarung des § 6 Abs. 1 bis Abs. 4 VOB/B ist im Hinblick auf die §§ 305 ff. BGB wirksam.

C. Unterbrechung der Ausführung (§ 6 Abs. 5 und Abs. 7)

42 Für den Fall der Unterbrechung der Bauausführungen sieht § 6 VOB/B besondere Regelungen vor: Die vom Auftragnehmer erbrachten Leistungen können abgerechnet werden (Abs. 5) und unter Umständen ist die Kündigung des Vertrags zulässig (Abs. 7).

I. Inhalt

43 Die Regelungen des § 6 Abs. 5 und Abs. 7 VOB/B knüpfen an den Begriff der Unterbrechung an (vgl. dazu oben Rn. 6). Für diesen Fall werden den Parteien angemessene Reaktionsmöglichkeiten eingeräumt.

1. Zwischenzeitliche Abrechnung bei Unterbrechung (§ 6 Abs. 5 VOB/B)

44 Nach § 6 Abs. 5 VOB/B hat der Auftragnehmer bei längerer Unterbrechung das Recht zur zwischenzeitlichen Abrechnung seiner Vergütung. Ob er davon Gebrauch macht, ist allein in sein Ermessen gestellt.

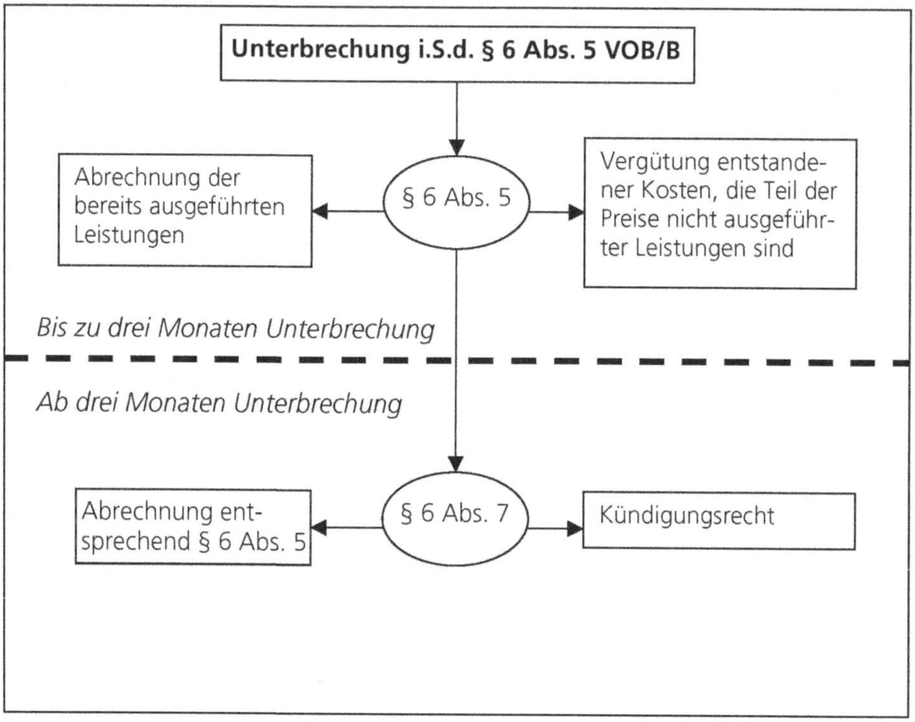

Abbildung 3: Übersicht: Unterbrechung i.S.d. § 6 Abs. 5 und 7 VOB/B

a. Voraussetzungen der Abrechnung

45 Der Anspruch besteht, wenn die Unterbrechung voraussichtlich länger andauern wird. Der Auftragnehmer kann die Abrechnung schon zu Beginn der Unterbrechung vornehmen, vorausgesetzt die Unterbrechung wird über einen längeren Zeitraum andauern. Eine entsprechende Prognose kann nur im Einzelfall getroffen werden. Sie ist regelmäßig zu bejahen,

wenn für einen objektiven Betrachter der Ursachen der Behinderung entweder das Ende der Unterbrechung nicht absehbar ist oder zumindest über einen kurzen oder mittelfristigen Zeitraum ausgeschlossen ist.

Eine Unterbrechung ist jedenfalls dann „länger" i.S.d. § 6 Abs. 5 VOB/B, wenn sie drei Monate andauert. Aber auch kürzere Zeiträume können längere Unterbrechungen in diesem Sinne sein. Dies ist im Einzelfall anhand der geplanten Dauer und den sonstigen Vereinbarungen zu beurteilen. So ist die einmonatige Unterbrechung eines Bauvorhabens mit einer dreimonatigen Ausführungsfrist eine längere Unterbrechung. Bei einem mehrjährigen Bauvorhaben ist dies jedoch nicht zwingend anzunehmen. 46

b. Gegenstand der Abrechnung

Die Abrechnung bedarf keiner besonderen Erklärung. Sie muss den Grundsätzen des § 6 Abs. 5 VOB/B genügen. Dies bedeutet, dass der Auftragnehmer in folgendem Umfang abrechnen kann: 47

Die bereits ausgeführten Leistungen können entsprechend der vertraglichen Vereinbarung (Einheitspreisvertrag, Pauschalvertrag, Stundenlohnvertrag, Selbstkostenvertrag) unter Berücksichtigung der Maßgaben der §§ 14, 15 VOB/B abgerechnet werden. Soweit das Bauwerk insgesamt oder einzelne Teile einen wesentlichen Mangel i.S.d. § 12 Abs. 3 VOB/B aufweisen, liegen keine abrechnungsfähigen Leistungen i.S.d. § 6 Abs. 5 VOB/B vor. 48

Des Weiteren kann der Auftragnehmer alle Kosten abrechnen, die in den Vertragspreisen des noch nicht ausgeführten Teils beinhaltet sind, wenn sie ihm bereits entstanden sind. Dies sind regelmäßig die Kosten für bereits beschafftes, aber noch nicht verarbeitetes Baumaterial und die zeitunabhängigen Gemeinkosten, zu denen beispielsweise die Kosten der Baustelleneinrichtung und der Baustellenausstattung gehören.

2. Kündigungsrecht bei Unterbrechung (§ 6 Abs. 7 VOB/B)

Dauert eine Unterbrechung länger als drei Monate an, haben Auftraggeber und Auftragnehmer das Recht zur Kündigung des Bauvertrages gemäß § 6 Abs. 7 VOB/B. 49

a. Voraussetzungen der Kündigung

Erforderlich für eine Kündigung nach § 6 Abs. 7 VOB/B ist, dass diese 50

- nach drei Monaten durchgängiger Unterbrechung (vorher nur, wenn mit Sicherheit feststeht, dass die Unterbrechung mehr als drei Monate dauern wird[17]),
- während der Dauer der Unterbrechung und
- schriftlich

erfolgt.

Nicht erforderlich für eine Kündigung ist , dass der Auftragnehmer bereits mit der Bauausführung begonnen hat. Die Unterbrechung kann auch vorab eingetreten sein[18]. 51

b. Ausschluss der Kündigung

Die Kündigung nach § 6 Abs. 7 VOB/B ist nicht für die Vertragspartei ausgeschlossen, in deren Risikobereich die Ursache der Unterbrechung fällt oder die ein Verschulden an der Ursache der Behinderung trägt[19]. Ein Kündigungsausschluss ist nur dann anzunehmen, wenn es der kündigenden Partei im Einzelfall zumutbar ist, an dem Vertrag festzuhalten. Dies ist nach der Rechtsprechung des BGH der Fall, wenn die kündigende Vertragspartei bei Abschluss des Vertrages vom drohenden Eintritt der Unterbrechung Kenntnis hatte oder sie ohne Weiteres in der Lage ist, die Unterbrechung zu verhindern oder zu beenden[20]. 52

17 Vgl. zum Begriff des „wesentlichen Mangels" die Erläuterungen zu § 12 VOB/B Rn. 17 ff.
18 BGH, NJW 2004, 2373.
19 BGH NJW 2004, 2373; NZBau 2006, 108.
20 BGH NJW 2004, 2373.

c. Kündigungserklärung

53 Hinsichtlich der Kündigungserklärung selbst sind die Grundsätze des § 8 VOB/B zu beachten (vgl. dazu § 8 VOB/B Rn. 5). Die Kündigungsmöglichkeit steht grundsätzlich neben den weiteren Kündigungsmöglichkeiten für Auftragnehmer nach § 9 VOB/B (vgl. dazu im Einzelnen § 9 VOB/B Rn. 6) und Auftraggeber nach § 8 VOB/B (vgl. dazu im Einzelnen § 8 VOB/B Rn. 2). Diese werde nicht verdrängt, ihr Anwendungsbereich bleibt vielmehr neben § 6 Abs. 7 VOB/B bestehen, denn die VOB/B überlässt den Vertragsparteien die Wahl ihrer Rechte.

II. Auswirkungen

1. Zwischenzeitliche Abrechnung (§ 6 Abs. 5 VOB/B)

54 Mit einer Abrechnung nach § 6 Abs. 5 VOB/B sind keine Rechtsfolgen verbunden. Eine Abnahme i.S.d. § 12 VOB/B erfolgt nicht. Das Vertragsverhältnis setzt sich unverändert fort.

2. Kündigungsrecht bei Unterbrechung (§ 6 Abs. 7 VOB/B)

55 Die Kündigung nach § 6 Abs. 7 VOB/B führt zur Beendigung des Bauvertrags ex nunc. Hinsichtlich des bereits fertig gestellten Teiles des Bauwerkes haben die Vertragsparteien jeweils die ihnen bei vollständiger Ausführung zustehenden Rechte.

56 Die Abrechnung hat sodann gemäß § 6 Abs. 5 VOB/B zu erfolgen (vgl. dazu oben Rn. 44). Zusätzlich kann der Auftragnehmer nach § 6 Abs. 7 VOB/B unter folgenden Voraussetzungen auch die Kosten, die durch die Räumung der Baustelle entstanden sind, abrechnen:

- Die Vergütung für die Baustellenräumung darf nicht bereits Teil der nach § 6 Abs. 5 VOB/B abgerechneten Summe sein und
- der Auftragnehmer darf die Unterbrechung, die zur Kündigung geführt hat, nicht zu vertreten haben. Vertreten in diesem Sinne setzt kein Verschulden i.S.d. § 276 BGB voraus, sondern ist bereits dann zu bejahen, wenn ein Umstand aus dem Risikobereich des Auftragnehmers die Ursache für die Unterbrechung war. Andernfalls träfen den durch den Auftragnehmerwechsel ohnehin zusätzlich belasteten Auftraggeber auch noch Kosten, die durch ein nach dem Vertrag dem Auftragnehmer obliegendes Risiko verursacht wurden. Dies wäre mit den Grundsätzen von Treu und Glauben nicht zu vereinen.

57 Darüber hinaus sind bei der Abrechnung nach einer Kündigung auch die gegenseitigen Schadensersatzansprüche nach § 6 Abs. 6 VOB/B[21] zu beachten. Unabhängig davon, welche Vertragspartei einen Schaden zu vertreten hat, sind die begründeten Schadenersatzbeträge in der Abrechnung zu berücksichtigen.

58 Nach ständiger Rechtsprechung ist die Abrechnung erst dann fällig, wenn der Auftragnehmer eine ordentliche Schlussrechnung i.S.d. § 14 VOB/B[22] vorgelegt hat[23].

III. Abweichungen vom BGB

59 Eine dem § 6 Abs. 5 und Abs. 7 VOB/B vergleichbare Regelung findet sich im BGB nicht. Insbesondere eine Teilabrechnung ohne Abnahme ist nach dem BGB nicht zulässig[24]. Die VOB/B bietet auch hinsichtlich Unterbrechungen bei Bauvorhaben angepasste Möglichkeiten zur Reaktion und Kooperation der Vertragsparteien. Im BGB ist auf das Recht der Leistungsstörungen zurückzugreifen. Vertragslösungsrechte ergeben sich im Werkvertragsrecht nur nach den §§ 643, 649 und 650 BGB sowie bei Unzumutbarkeit der Vertragsfortsetzung aus § 314 BGB.

---

21 Dazu im Einzelnen sogleich unter D, Rn. 62 ff.
22 Zu den Anforderungen an eine Schlussrechnung vgl. die Erläuterungen zu § 14 VOB/B Rn. 40 ff.
23 BGH, NJW 1987, 382.
24 Vgl. § 641 Abs. 1 Satz 2 BGB.

IV. Abweichende Vertragsgestaltungen

Eine abweichende Vertragsgestaltung ist nicht zu empfehlen. Sowohl Klauseln in Allgemeinen Geschäftsbedingungen des Auftraggebers als auch des Auftragnehmers, mittels derer das Haftungsrisiko einseitig erhöht oder ausgeschlossen oder die Risikoverteilung zuungunsten der anderen Vertragspartei verschoben wird, werden von den Gerichten regelmäßig wegen Verstoßes gegen die §§ 305 ff. BGB als unwirksam erachtet. **60**

V. Isolierte Vereinbarung

Die isolierte Vereinbarung des § 6 Abs. 5 und Abs. 7 VOB/B ist im Hinblick auf die §§ 305 ff. BGB unwirksam. **61**

D. Schadensersatz (§ 6 Abs. 6)

§ 6 Abs. 6 VOB/B regelt Schadensersatzansprüche in Folge von hindernden Umständen. Der Anspruch ist sowohl bei Unterbrechungen als auch Behinderungen einschlägig. Er steht grundsätzlich demjenigen Vertragspartner zu, der einen Schaden durch einen vom anderen Vertragspartner zu vertretenen hindernden Umstand erlitten hat. **62**

I. Inhalt

§ 6 Abs. 6 VOB/B beinhaltet Regelungen zu Voraussetzungen und Umfang des Schadensersatzanspruchs. **63**

1. Anspruchsvoraussetzungen

Folgende Voraussetzungen für einen Schadensersatzanspruch müssen vorliegen: **64**

- hindernde Umstände
- Anzeige/Offenkundigkeit
- Verschulden des Vertragspartners sowie
- ein Schaden.

a. Hindernde Umstände

Es müssen hindernde Umstände vorliegen. Hindernde Umstände sind alle Behinderungen und Unterbrechungen i.S.d. § 6 VOB/B (zu den Begriffen vgl. oben Rn. 4 und 6) sowie darüber hinaus jedes Ereignis, dass den vorgesehenen Bauablauf hemmt oder verzögert[25]. Das hindernde Ereignis muss tatsächlich vorgelegen haben[26]; eine lediglich subjektiv wahrgenommene Behinderung ist hier – entgegen § 6 Abs. 1 VOB/B – nicht ausreichend. **65**

b. Anzeige/Offenkundigkeit

Nach der Rechtsprechung des Bundesgerichtshofes ist des Weiteren erforderlich, dass das hindernde Ereignis angezeigt worden ist oder offenkundig bekannt war[27]. Die Anzeige muss die Tatsachen beinhalten, aus denen sich mit hinreichender Klarheit die Gründe für die Behinderung ergeben. Des Weiteren muss die Anzeige Angaben darüber enthalten, welche Arbeiten auf Grund der hindernden Umstände nicht ausgeführt werden können[28]. Die Anzeigepflicht besteht jedoch nur dann, wenn der Auftragnehmer einen Schadensersatzanspruch geltend macht. In den Fällen der Schadenersatzforderung des Auftraggebers könnte andernfalls der Auftragnehmer den Anspruch gegen sich durch Unterlassen der Anzeige verhindern, wenn ihm dies vorteilhafter erscheint. **66**

25 BGH, NJW 1967, 2262.
26 BGH, NJW 2000, 1336.
27 BGH, NZBau 2002, 381.
28 BGH, NJW 2005, 1653.

c. Verschulden

67 Der Anspruch nach § 6 Abs. 6 VOB/B setzt weiter voraus, dass das hindernde Ereignis

- adäquat-kausal durch Umstände verursacht wurde,
- die auf der Verletzung einer vertraglichen Pflicht durch den in Anspruch genommenen Vertragsteil beruhen[29].

Dies bedeutet, dass die vorsätzliche oder fahrlässige Verletzung einer sich aus dem Vertrag ergebenen Pflicht die Ursache für den Schadenseintritt gewesen sein muss. Soll im Rahmen des Schadensersatzanspruches auch entgangener Gewinn geltend gemacht werden[30], muss dem Schuldner nach § 6 Abs. 6 3. HS VOB/B wenigstens grobe Fahrlässigkeit für die hindernden Umstände im Sinne der §§ 276, 278 BGB vorwerfbar sein.

d. Schaden

68 Schließlich muss ein Schaden i.S.d. § 6 Abs. 6 VOB/B entstanden sein. Dazu gehört der nachweislich entstandene unmittelbare Schaden[31]. Soweit dem Schädigenden zumindest grobe Fahrlässigkeit vorgeworfen werden kann, ist auch der entgangene Gewinn ersatzfähiger Schaden.

2. Prozessuales

a. Anspruchsberechtigter

69 Anspruchsberechtigt ist der geschädigte Auftragnehmer oder Auftraggeber, dessen Vertragspartner die den Schaden verursachenden, hindernden Umstände zu vertreten hat.

b. Anspruchsgegner

70 Anspruchsgegner ist der den Schaden verursachende Bauvertragspartner.

II. Auswirkungen

1. Schadenersatz

71 § 6 Abs. 6 VOB/B gewährt den Ersatz aller durch die Verzögerung oder Unterbrechung der Bauausführung in Folge der hindernden Umstände entstandenen Schäden. Art, Inhalt und Umfang der Schadenersatzleistungen richten sich grundsätzlich nach den §§ 249 ff. BGB[32], mit Ausnahme des entgangenen Gewinns i.S.d. § 252 BGB.

72 Als Schäden können die zusätzlichen Kosten für die Vorhaltung von Personal, Maschinen und Material[33] beim Auftragnehmer und die Kosten der verlängerten Finanzierung[34] beim Auftraggeber geltend gemacht werden.

73 Da § 6 Abs.6 VOB/B einen Schadenersatz gewährt, handelt es sich nicht um eine steuerbare Leistung, sodass eine Umsatzsteuerpflicht für den Schadenersatz nicht besteht.[35]

2. Entgangener Gewinn

74 In den Fällen, in denen den Schädigenden wenigstens grobe Fahrlässigkeit oder gar Vorsatz i.S.d. §§ 276, 278 BGB[36] hinsichtlich der hindernden Umstände trifft, kann der Geschädigte auch seinen in der Folge entgangenen Gewinn geltend machen. Unter entgangenem Gewinn sind alle Vermögensvorteile zu verstehen, die zwar zum Zeitpunkt des schädigenden Ereignis-

29 BGH, NJW 1998, 456.
30 Zum Umfang des Anspruchs vgl. sogleich unten Rn. 71 f.
31 BGH NJW 1986, 1685.
32 BGH NZBau 2008, 318.
33 Vgl. OLG Düsseldorf, BauR 1998, 340.
34 BGH NJW-RR 2000, 1188.
35 BGH NZBau 2008, 318.
36 Zum Verschulden im Einzelnen vgl. die Erläuterungen zu § 10 VOB/B Rn. 9 ff.

ses noch nicht zum Vermögen des Geschädigten gehörten, die ihm aber bei Ausbleiben des Ereignisses zugeflossen wären[37].

Typische Fälle entgangenen Gewinns sind auf der Auftragnehmerseite finanzielle Einbußen durch eine schlechtere Verwertung der personellen und maschinellen Ressourcen und auf der Auftraggeberseite Mindereinnahmen durch einen verspäteten Nutzungsbeginn in Gestalt von Mietmindereinnahmen oder einem verlängerten Finanzierungszeitraum[38]. **75**

3. Verjährung

Für Schadensersatzansprüche aus § 6 Abs. 6 VOB/B gilt die regelmäßige Verjährungsfrist von drei Jahren gemäß § 195 BGB. Die Berechnung der Verjährungsfrist erfolgt nach den §§ 199 ff. BGB. **76**

III. Darlegungs- und Beweislast

Nach ständiger Rechtsprechung des Bundesgerichtshofes muss der Geschädigte das hindernde Ereignis und das Vertretenmüssen des Anspruchsgegners darlegen und beweisen. Nicht ausreichend ist, eine oder mehrere Pflichtverletzungen vorzutragen. Vielmehr müssen die dadurch entstandenen Behinderungen vorgetragen werden. Dies erfordert nach ständiger Rechtsprechung des Bundesgerichtshofes in der Regel eine konkrete, bauablaufbezogene Darstellung der jeweiligen hindernden Umstände in Form einer aussagekräftigen Dokumentation[39]. Die für diese Dokumentation anfallenden Kosten sind Teil der sowieso auf der Baustelle anfallenden Berichts-, Dokumentations- und Abrechnungskosten. Der Auftragnehmer kann insoweit keine Erstattung verlangen. **77**

Des Weiteren muss auch der Schaden im Einzelnen dargelegt werden, d.h., welche konkreten Mehrkosten durch die Behinderung tatsächlich entstanden sind[40]. **78**

IV. Abweichungen vom BGB

§ 6 Abs. 6 VOB/B stellt keine abschließende Regelung der Ansprüche bei Leistungsstörungen dar. Insoweit liegt nur eine Ergänzung der Regelungen des BGB vor. Ausdrücklich hat der Bundesgerichtshof daher auch festgestellt, dass § 6 Abs. 6 VOB/B sowohl bei aufrechterhaltenem, als auch bei gekündigtem Bauvertrag § 642 BGB nicht verdrängt[41]. **79**

V. Abweichende Vertragsgestaltungen

Eine von § 6 Abs. 6 VOB/B abweichende Vereinbarung ist nicht zu empfehlen. **80**

VI. Isolierte Vereinbarung

Die isolierte Vereinbarung von § 6 Abs. 6 VOB/B ist nicht sinnvoll. Insoweit ist zumindest die Einbeziehung der §§ 5, 6 VOB/B insgesamt anzuraten. **81**

---

37 BGH NJW-RR 1989, 981.
38 BGH BauR 1993, 600.
39 BGH NJW 2005, 1653.
40 BGH NJW 1986, 1685.
41 BGH NJW 2000, 1336 und NJW 2004, 2373.

§ 7 VOB/B
Verteilung der Gefahr

(1) Wird die ganz oder teilweise ausgeführte Leistung vor der Abnahme durch höhere Gewalt, Krieg, Aufruhr oder andere objektiv unabwendbare vom Auftragnehmer nicht zu vertretende Umstände beschädigt oder zerstört, so hat dieser für die ausgeführten Teile der Leistung die Ansprüche nach § 6 Absatz 5; für andere Schäden besteht keine gegenseitige Ersatzpflicht.

(2) Zu der ganz oder teilweise ausgeführten Leistung gehören alle mit der baulichen Anlage unmittelbar verbundenen, in ihre Substanz eingegangenen Leistungen, unabhängig von deren Fertigstellungsgrad.

(3) Zu der ganz oder teilweise ausgeführten Leistung gehören nicht die noch nicht eingebauten Stoffe und Bauteile sowie die Baustelleneinrichtung und Absteckungen. Zu der ganz oder teilweise ausgeführten Leistung gehören ebenfalls nicht Hilfskonstruktionen und Gerüste, auch wenn diese als Besondere Leistung oder selbstständig vergeben sind.

A. Allgemeines

I. Bedeutung des § 7 VOB/B

1 Da sich die Erbringung von Bauleistungen üblicherweise über einen längeren Zeitraum hinzieht, besteht immer die Möglichkeit, dass auf dem Weg bis zur Fertigstellung der geschuldeten Gesamtleistung Umstände auftreten, durch die die vom Auftragnehmer bereits erbrachten Leistungen beeinträchtigt, beschädigt oder zerstört werden. Die Vorschrift des § 7 VOB/B regelt die Frage, welche der Bauvertragsparteien das Risiko des Auftretens derartiger Umstände zu tragen hat. Erfahrungsgemäß wird dem Problem der Gefahrtragung in vielen Bauverträgen keine besondere Bedeutung beigemessen. Das überrascht, weil insbesondere bei komplexen Baumaßnahmen die Leistungen verschiedener Gewerke ineinandergreifen und sich wechselseitig beeinflussen, sodass es zwangsläufig zu Berührungspunkten und damit zur Gefahr der Beeinträchtigung bereits erbrachter Leistungen kommen kann. Ein typisches Beispiel dafür ist die Ausführung von Dachabdichtungsarbeiten, wenn nach Fertigstellung erst einer Teilfläche diese bereits von Drittgewerken betreten wird, um dort Dachaufbauten etc. unterzubringen. Hier stellt sich ganz praktisch die Frage, wer das Risiko trägt, dass es bei dem Betreten der erst teilfertigen Dachabdichtung zu Beschädigungen kommt.

2 § 7 VOB/B regelt lediglich die Frage der sog. Vergütungsgefahr, also die Frage, ob und in welchem Umfang dem Auftragnehmer für die bis zum Eintritt der Gefahr geleistete Arbeit ein Vergütungsanspruch zusteht.

II. § 7 VOB/B und § 644 BGB

3 Die gesetzliche Regelung in § 644 BGB bezieht sich anders als § 7 VOB/B nicht allein auf die Vergütungsgefahr, sondern auch auf die sogenannte Leistungsgefahr, die das Risiko betrifft, dass die vom Auftragnehmer ganz oder teilweise hergestellte Leistung vor der Abnahme beschädigt oder zerstört wird. Dabei befasst sich die Vorschrift des § 644 BGB nur mit solchen Gefahren, die zufällig auftreten, die also von keiner der Bauvertragsparteien zu vertreten sind.

4 Grundsätzlich trägt vor der Abnahme der Auftragnehmer die Leistungsgefahr, also das Risiko, dass die Leistungen unbrauchbar bzw. ganz oder teilweise beschädigt oder vernichtet werden. Der Auftragnehmer muss in diesem Fall, also im Fall einer Beschädigung oder Zerstörung der Leistungen, die notwendigen Leistungen erbringen, die erforderlich sind, um ein mangelfreies Werk herzustellen. Eine Ausnahme von diesem Grundsatz ist in § 644 Abs. 1 Satz 3 BGB geregelt. Danach trägt der Auftragnehmer nicht das Risiko des zufälligen Untergangs oder der zufälligen Verschlechterung von Baustoffen oder Bauteilen, die ihm vom Auftraggeber zur Verfügung gestellt werden – ein in der Praxis eher seltener Fall (vgl. §§ 644, 645 BGB Rn. 1).

Die Vergütungsgefahr trägt nach der gesetzlichen Regelung ebenfalls grundsätzlich der Auftragnehmer, es sei denn, es ist einer der in den §§ 644, 645 BGB geregelten Ausnahmefälle gegeben (vgl. §§ 644, 645 BGB Rn. 4 ff.). Zwar geht auch bei Geltung der VOB/B die Vergütungsgefahr grundsätzlich erst mit der Abnahme auf den Auftraggeber über. Anders als bei § 644 BGB enthält § 7 Abs. 1 VOB/B jedoch Regelungen, die sicherstellen, dass dem Auftragnehmer in bestimmten Fällen der Vergütungsanspruch auch dann erhalten bleibt, wenn seine Leistung vor der Abnahme beschädigt oder vernichtet wird. 5

Neben dieser Besserstellung des Auftragnehmers, die erreicht wird, wenn die Bauvertragsparteien die Geltung der VOB/B vereinbaren, bleiben die in §§ 644, 645 BGB gesetzlich geregelten Ausnahmefälle, die die Vergütungsgefahr auch vor Abnahme auf den Auftraggeber verlagern (vgl. §§ 644, 645 BGB Rn. 3 ff.), auch bei Geltung der VOB/B selbstverständlich bestehen. 6

B. § 7 Abs. 1 VOB/B: Vom Auftragnehmer nicht zu vertretende Beschädigung oder Zerstörung

Wie bereits erwähnt, führt die Regelung in § 7 VOB/B bei der Vergütungspflicht zu einer Verbesserung der Rechtsstellung des Auftragnehmers im Vergleich zu den gesetzlichen Regelungen aus §§ 644, 645 BGB. Dies wird dadurch erreicht, dass in § 7 Abs. 1 VOB/B der Vergütungsanspruch des Auftragnehmers auch bei einer vor Abnahme eintretenden Beschädigung oder Zerstörung seiner Leistungen erhalten bleibt, wenn die Beschädigung oder Zerstörung der Leistungen durch einen der in § 7 Abs. 1 VOB/B konkret genannten Umstände erfolgt (wobei auch der Diebstahl von Bauteilen oder Baumaterialien als Beschädigung oder Zerstörung eingeordnet wird). Tritt die Zerstörung oder Beschädigung der Leistungen also durch höhere Gewalt, Krieg, Aufruhr oder andere objektiv unabwendbare, vom Auftragnehmer nicht zu vertretende Umstände ein, kann der Auftragnehmer die bis zum Eintritt der Gefahr erbrachten Leistungen nach Maßgabe des § 6 Abs. 5 VOB/B vergütet verlangen. Damit trägt für die in § 7 Abs. 1 VOB/B genannten Risiken der Auftraggeber die Vergütungsgefahr. 7

I. Die in § 7 Abs. 1 VOB/B geregelten Risiken

1. Höhere Gewalt

Höhere Gewalt ist ein von außen auf den Betrieb einwirkendes außergewöhnliches, unvorhersehbares Ereignis, das auch bei Anwendung äußerster Sorgfalt ohne Gefährdung des wirtschaftlichen Erfolgs des Auftragnehmers nicht abgewendet werden kann und auch nicht wegen seiner Häufigkeit in Rechnung zu stellen oder in Kauf zu nehmen ist. Die Regelung in § 7 Abs. 1 VOB/B nennt keine Beispielsfälle, wann ein Fall höherer Gewalt anzunehmen ist. Für die Bauvertragsparteien bestehen daher oft Schwierigkeiten einzuschätzen, ob ein bestimmtes Ereignis höhere Gewalt darstellt. Bei der Beantwortung dieser Frage ist die hinter der Verwendung des Begriffs höhere Gewalt offensichtlich stehende Wertung hilfreich, dass der Auftragnehmer vor solchen Ereignissen geschützt werden sollte, die zufällig und unerwartet auftreten und auf deren Eintreten er keinen Einfluss hat. 8

Beispiele:

Keine höhere Gewalt sind Witterungseinflüsse, mit denen der Auftragnehmer regelmäßig rechnen muss, beispielsweise auch ein im Sommer auftretender Starkregen, der Beschichtungsarbeiten zerstört.

Ebenso keine höhere Gewalt ist bei Arbeiten von Drittunternehmen anzunehmen, die die Leistungen des Auftragnehmers beschädigen, da der Auftragnehmer grundsätzlich damit rechnen muss, dass bei Baumaßnahmen, die arbeitsteilig von einer Vielzahl von Gewerken ausgeführt werden, die eigene Leistung mit den Leistungen anderer Gewerke in Berührung kommt. Entsprechende Vorkehrungen hat der Auftragnehmer zu treffen.

9 Die soeben beschriebene Wertung bedeutet aber auch, dass höhere Gewalt dann ausscheidet, wenn den Auftragnehmer ein sei es auch geringes Verschulden für das Auftreten höherer Gewalt trifft oder aber wenn der Auftragnehmer bereits aufgrund vertraglicher Regelungen für die Abwehr bestimmter Fälle höherer Gewalt Sorge zu tragen hat.

Beispiel:

Der Zimmermann hat nach den vertraglichen Regelungen besondere Vorkehrungen gegen die Beschädigung seiner Leistungen durch Brand, beispielsweise durch Funkenflug einer benachbarten Anlage, zu tragen. Unterlässt er diese Vorkehrungen und kommt es zu einem Brand und damit zur Zerstörung seiner Leistungen, verliert er seinen Vergütungsanspruch.

2. Andere unabwendbare Umstände

10 Dieser Begriff ist weiter gefasst, da für einen anderen unabwendbaren Umstand ein betriebsfremder Charakter (wie bei der höheren Gewalt) nicht erforderlich ist. Die Rechtsprechung versteht unter anderen unabwendbaren Umständen Ereignisse, die nach menschlicher Einsicht und Erfahrung in dem Sinne unvorhersehbar sind, dass sie oder ihre Auswirkungen trotz Anwendung wirtschaftlich erträglicher Mittel durch die äußerste, nach der Sachlage zu erwartende Sorgfalt nicht verhütet und in ihren Wirkungen bis auf ein erträgliches Maß unschädlich gemacht werden können. Wichtig ist, dass in § 7 Abs. 1 VOB/B der unabwendbare Umstand „objektiv" gegeben sein muss, d.h., dass es nicht darauf ankommt, ob der Umstand speziell für den Auftragnehmer in seiner konkreten Situation unvorhersehbar und unvermeidbar gewesen ist. Das hat die auf den ersten Blick überraschende Folge, dass der Auftragnehmer seinen Vergütungsanspruch nach § 7 Abs. 1 VOB/B nicht behält, wenn der seine Leistungen zerstörende Umstand zwar nicht von ihm, aber von seinem Auftraggeber vorhergesehen werden konnte.

Beispiel:

Ein Elektrounternehmer, der Arbeiten auf einer Großbaustelle auszuführen hat, lagert dort mit Einwilligung des Auftraggebers umfangreiches Material und Teilleistungen. Diese werden durch ein sogenanntes Jahrhunderthochwasser zerstört, weil der Auftraggeber trotz Kenntnis von der Möglichkeit des Auftretens starker Hochwasserlagen keine entsprechenden Abwehrmaßnahmen in Auftrag gegeben hatte.

11 Der Auftragnehmer kann sich nicht auf § 7 Abs. 1 VOB/B berufen, da die Hochwassergefahr zwar möglicherweise nicht von ihm, aber von seinem Auftraggeber vorhergesehen werden konnte. In einem solchen Fall „hilft" die Rechtsprechung dem Auftragnehmer jedoch dadurch, dass ein Vergütungsanspruch aus einer entsprechenden Anwendung der bereits diskutierten Regelung aus § 645 BGB in Betracht kommen könnte, weil der Auftraggeber ihn treffende Pflichten schuldhaft verletzt hat.

Witterungseinflüsse, mit denen bei Abgabe des Angebots durch den Auftragnehmer normalerweise gerechnet werden muss (vgl. § 6 Abs. 2 Nr. 6), gelten nicht als unabwendbarer Umstand. Im Umkehrschluss bedeutet das, dass außergewöhnliche Wetterlagen einen unabwendbaren Umstand darstellen können.

Auch der Diebstahl von Bauteilen und Material wird von der Rechtsprechung begrifflich als Zerstörung oder Beschädigung eingeordnet. Insoweit trägt der Auftragnehmer bis zur Abnahme seiner Leistungen das Risiko, dass Bauteile und Baumaterialien gestohlen werden. Er kann das Risiko durch Ergreifen geeigneter Maßnahmen zum Schutz vor Diebstahl abzuwenden.

II. Benachrichtigungspflicht

12 Zwar ist in § 7 Abs. 1 VOB/B keine ausdrückliche Pflicht des Auftragnehmers geregelt, den Auftraggeber vom Eintritt eines der in der Regelung genannten Ereignisse in Kenntnis zu setzen. Aus der allgemeinen den Auftragnehmer treffenden Fürsorgepflicht und aus den Kooperationspflichten der Bauvertragsparteien wird jedoch die Pflicht zur Benachrichtigung des Auftraggebers als Nebenpflicht angenommen.

Formulierungsvorschlag für ein entsprechendes Benachrichtigungsschreiben:

> Beispiel
>
> „Sehr geehrter ...,
>
> aufgrund von ... wurden meine bereits erbrachten Leistungen für die Baumaßnahme ... beschädigt/zerstört. Hierbei handelte es sich um höhere Gewalt/ein objektiv unabwendbares Ereignis, die/das ich als Auftragnehmer nicht zu vertreten habe.
>
> Im Einzelnen sind hiervon folgende Leistungen betroffen:
>
> - ...
> - ...
> - ...
>
> Gemäß § 7 Abs. 1 VOB/B steht mir für die beschädigten/zerstörten Leistungen dennoch ein Vergütungsanspruch nach § 6 Abs. 5 VOB/B zu. Ich behalte mir daher vor, die Vertragspreise für meine bereits erbrachten, aber beschädigten / zerstörten Leistungen sowie deren Beseitigung separat geltend zu machen.
>
> Ich werde die Leistungen erneut vornehmen. Die Abrechnung hierfür erfolgt vertragsgemäß."

13 Auch hat der Auftragnehmer die Pflicht einen drohenden Schaden abzuwenden oder zu mindern. Verletzt er diese Pflichten, schuldet er dem Auftraggeber Schadenersatz, was jedenfalls dazu führt, dass sein Vergütungsanspruch für die bis zur Zerstörung erbrachten Teilleistungen, der ihm nach § 7 Abs. 1 VOB/B grundsätzlich erhalten bleiben soll, entfällt.

C. § 7 Abs. 2 und 3 VOB/B: Ganz oder teilweise ausgeführte Leistungen

14 § 7 Abs. 2 und 3 VOB/B definieren den Umfang derjenigen Leistungen, für die dem Auftragnehmer ein Vergütungsanspruch trotz Beschädigung oder Zerstörung zusteht. Die Regelungen machen deutlich, dass es für die Vergütungspflicht darauf ankommt, ob die jeweilige Leistung bereits mit der baulichen Anlage verbunden worden oder in ihre Substanz eingegangen ist.

Beispiele:

- *bereits auf die Unterkonstruktion aufgebrachte und fest mit ihr verbundene Flachdachabdichtung*
- *bereits ausgeführte Ortbetonarbeiten*
- *in die Fassade eingebaute Fenster*

15 § 7 Abs. 3 VOB/B stellt klar, dass zu diesen Leistungen eben nicht die noch nicht eingebauten Stoffe und Bauteile, die Baustelleneinrichtung, Hilfskonstruktionen und Gerüste gehören, und zwar auch dann nicht, wenn sie selbstständig vergeben worden sind. Für diese Leistungen bleibt es bei den gesetzlichen Regelungen, insbesondere bei den Regelungen aus §§ 644, 645 BGB.

D. Rechtsfolgen

16 Hat der Auftragnehmer (Teil-) Leistungen erbracht und werden diese vor Abnahme durch einen in § 7 Abs. 1 VOB/B genannten Umstand beschädigt oder zerstört und kommt der Auftragnehmer seiner Benachrichtigungspflicht nach (siehe oben Rn. 21), behält der Auftragnehmer seinen Vergütungsanspruch für die zerstörte oder beschädigte Leistung, und zwar nach Maßgabe des § 6 Abs. 5 VOB/B. Die Leistung ist abzurechnen nach den Vertragspreisen zuzüglich der in § 6 Abs. 5 VOB/B genannten Kosten, also derjenigen Kosten, die dem Auftragnehmer hinsichtlich der nicht erstellten Leistungen bereits entstanden und nicht in den Vertragspreisen der beschädigten oder zerstörten Leistungen enthalten sind. Daneben gibt es, da § 7 Abs. 1 VOB/B dies ja für die dort geregelten Fälle gerade vermeiden will, keine Reduzierung der Preise um einen auf den Auftragnehmer entfallenden Risikoanteil.

17 Wie bereits erwähnt, regelt § 7 VOB/B allein die Vergütungsgefahr. Im Hinblick auf die Leistungsgefahr, also im Hinblick auf die Frage, ob der Auftragnehmer die vor Abnahme zerstörte oder beschädigte Leistung noch einmal zu erbringen hat, bleibt es bei der gesetzlichen Regelung. Das heißt, der Auftragnehmer bekommt über § 7 VOB/B die beschädigte oder zerstörte Leistung vergütet, muss jedoch erneut leisten. Der für die erneute Leistung entstehende Vergütungsanspruch wird als zusätzliche Leistung angesehen (§ 2 Abs. 6 VOB/B), sodass der Auftragnehmer auf diese Regelung auch seinen Vergütungsanspruch stützen kann. Die Leistung wird also nach den Vertragspreisen abgerechnet zuzüglich der besonderen Kosten der geforderten Leistung. Dabei sind diejenigen Gemein- und Vorhaltekosten abzuziehen, die der Auftragnehmer bereits über die Vergütung der zerstörten Leistung nach § 6 Abs. 5 VOB/B vergütet bekommen hat.

18 Der letzte Halbsatz in § 7 Abs. 1 sieht vor, dass dem Auftragnehmer für die beschädigte oder zerstörte Leistung nur der nach Maßgabe des § 6 Abs. 5 VOB/B zu berechnende Vergütungsanspruch zusteht. Für andere Schäden gibt es keine wechselseitigen Ansprüche. Insoweit bleibt es bei dem allgemeinen oben bereits erwähnten Grundsatz, dass der Auftragnehmer bis zur Abnahme die Vergütungsgefahr trägt.

E. Abweichende Vertragsbedingungen und Praxishinweise für die Bauvertragsparteien

19 Der Auftraggeber hat grundsätzlich ein Interesse daran, die für den Auftragnehmer wie zuvor beschriebene günstige Regelung aus § 7 Abs. 1 VOB/B auszuschließen. Dies ist zwar möglich, führt allerdings zu einem Eingriff in die VOB/B, sodass sie bei einer Verwendung durch den Auftraggeber nicht mehr als Ganzes vereinbart wäre. Im Falle des Ausschlusses der Regelung in § 7 VOB/B gelten die gesetzlichen Regelungen zur Gefahrtragung, insbesondere die §§ 644, 645 BGB.

20 Der Auftragnehmer seinerseits hat wegen der durch § 7 VOB/B erfolgenden Besserstellung regelmäßig ein Interesse daran, dass diese Regelung unverändert zum Vertragsbestandteil gemacht wird. Im Übrigen stellt die Frage der Gefahrtragung immer für denjenigen Auftragnehmer eine besondere Herausforderung dar, dessen Leistungen, wie oben bereits beschrieben, bestimmungsgemäß und typischerweise schon vor Abnahme mit den Leistungen anderer Gewerke in Berührung kommen. Dies ist bei dem bereits vorgestellten Beispiel der Dachabdichtung häufig der Fall, aber auch bei der Erstellung von Kabelleitersystemen, die üblicherweise schon vor Abschluss aller Leistungen des Auftragnehmers durch Drittunternehmer mit Kabeln und Leitungen bestückt werden. Hierbei kommt es oft zu Beschädigungen und zu Auseinandersetzungen zwischen Auftragnehmer und Auftraggeber über die Frage, wer das Risiko dieser Beschädigungen trägt.

21 Es ist praxisfern und vom Auftragnehmer auch realistischerweise nicht durchzusetzen, für eine Vielzahl von kleinen Leistungsabschnitten jeweils Abnahmen zu verlangen, um damit die Gefahr auf den Auftraggeber zu verlagern. Über den Appell an den Auftragnehmer hinaus seine Leistungen vor Abnahme bestmöglich vor der Zerstörung durch Dritte zu schützen, ist dem

Auftragnehmer zu empfehlen im Vertrag in Anlehnung an § 4 Abs. 10 VOB/B ein Recht des Auftragnehmers vorzusehen, vor Beginn der Leistungen der Drittunternehmer vom Auftraggeber eine Zustandsfeststellung der erbrachten Teilleistungen zu verlangen.

§ 8 VOB/B
Kündigung durch den Auftraggeber

(1) 1. Der Auftraggeber kann bis zur Vollendung der Leistung jederzeit den Vertrag kündigen.

2. Dem Auftragnehmer steht die vereinbarte Vergütung zu. Er muss sich jedoch anrechnen lassen, was er infolge der Aufhebung des Vertrags an Kosten erspart oder durch anderweitige Verwendung seiner Arbeitskraft und seines Betriebs erwirbt oder zu erwerben böswillig unterlässt (§ 649 BGB).

(2) 1. Der Auftraggeber kann den Vertrag kündigen, wenn der Auftragnehmer seine Zahlungen einstellt, von ihm oder zulässigerweise vom Auftraggeber oder einem anderen Gläubiger das Insolvenzverfahren (§§ 14 und 15 InsO) beziehungsweise ein vergleichbares gesetzliches Verfahren beantragt ist, ein solches Verfahren eröffnet wird oder dessen Eröffnung mangels Masse abgelehnt wird.

2. Die ausgeführten Leistungen sind nach § 6 Absatz 5 abzurechnen. Der Auftraggeber kann Schadensersatz wegen Nichterfüllung des Restes verlangen.

(3) 1. Der Auftraggeber kann den Vertrag kündigen, wenn in den Fällen des § 4 Absätze 7 und 8 Nummer 1 und des § 5 Absatz 4 die gesetzte Frist fruchtlos abgelaufen ist. Die Kündigung kann auf einen in sich abgeschlossenen Teil der vertraglichen Leistung beschränkt werden.

2. Nach der Kündigung ist der Auftraggeber berechtigt, den noch nicht vollendeten Teil der Leistung zu Lasten des Auftragnehmers durch einen Dritten ausführen zu lassen, doch bleiben seine Ansprüche auf Ersatz des etwa entstehenden weiteren Schadens bestehen. Er ist auch berechtigt, auf die weitere Ausführung zu verzichten und Schadensersatz wegen Nichterfüllung zu verlangen, wenn die Ausführung aus den Gründen, die zur Kündigung geführt haben, für ihn kein Interesse mehr hat.

3. Für die Weiterführung der Arbeiten kann der Auftraggeber Geräte, Gerüste, auf der Baustelle vorhandene andere Einrichtungen und angelieferte Stoffe und Bauteile gegen angemessene Vergütung in Anspruch nehmen.

4. Der Auftraggeber hat dem Auftragnehmer eine Aufstellung über die entstandenen Mehrkosten und über seine anderen Ansprüche spätestens binnen 12 Werktagen nach Abrechnung mit dem Dritten zuzusenden.

(4) Der Auftraggeber kann den Vertrag kündigen,

1. wenn der Auftragnehmer aus Anlass der Vergabe eine Abrede getroffen hatte, die eine unzulässige Wettbewerbsbeschränkung darstellt. Absatz 3 Nummer 1 Satz 2 und Nummer 2 bis 4 gilt entsprechend.

2. sofern dieser im Anwendungsbereich des 4. Teils des GWB geschlossen wurde,

a) wenn der Auftragnehmer wegen eines zwingenden Ausschlussgrundes zum Zeitpunkt des Zuschlags nicht hätte beauftragt werden dürfen. Absatz 3 Nummer 1 Satz 2 und Nummer 2 bis 4 gilt entsprechend.

b) bei wesentlicher Änderung des Vertrages oder bei Feststellung einer schweren Verletzung der Verträge über die Europäische Union und die Arbeitsweise der Europäischen Union durch den Europäischen Gerichtshof. Die ausgeführten Leistungen sind nach § 6 Absatz 5 abzurechnen. Etwaige Schadensersatzansprüche der Parteien bleiben unberührt.

Die Kündigung ist innerhalb von 12 Werktagen nach Bekanntwerden des Kündigungsgrundes auszusprechen.

(5) Sofern der Auftragnehmer die Leistung, ungeachtet des Anwendungsbereichs des 4. Teils des GWB, ganz oder teilweise an Nachunternehmer weitervergeben hat, steht auch ihm das Kündigungsrecht gemäß Absatz 4 Nummer 2 Buchstabe b zu, wenn der ihn als Auftragnehmer verpflichtende Vertrag (Hauptauftrag) gemäß Absatz 4 Nummer 2 Buchstabe b gekündigt wurde. Entsprechendes gilt für jeden Auftraggeber der Nachunternehmerkette, sofern sein jeweiliger Auftraggeber den Vertrag gemäß Satz 1 gekündigt hat.

(6) Die Kündigung ist schriftlich zu erklären.

(7) Der Auftragnehmer kann Aufmaß und Abnahme der von ihm ausgeführten Leistungen alsbald nach der Kündigung verlangen; er hat unverzüglich eine prüfbare Rechnung über die ausgeführten Leistungen vorzulegen.

(8) Eine wegen Verzugs verwirkte, nach Zeit bemessene Vertragsstrafe kann nur für die Zeit bis zum Tag der Kündigung des Vertrags gefordert werden.

A. Grundsätzliches

1 Die Bestimmung regelt umfassend und übersichtlich die Problematik der Auftraggeberkündigung beim VOB-Bauvertrag. Daneben gibt es in der VOB/B weitere Bestimmungen, die sich mit der Kündigungsproblematik beschäftigen (z.B. §§ 2 Abs. 4, 4 Abs. 7 und Abs. 8, 5 Abs. 4, 6 Abs. 7) und oftmals auf § 8 VOB/B verweisen. Es handelt sich bei § 8 also nicht um die einzige, aber um die wichtigste und auch „gebräuchlichste" Kündigungsregel im privaten Baurecht.

2 § 8 ist im Unterschied zu vielen anderen Bestimmungen der VOB/B äußerst klar aufgebaut und sinnvoll und verständlich gegliedert. Die Bestimmung regelt grob gesagt zwei Grundarten der Kündigung, nämlich die ordentliche, so genannte „freie" Kündigung (Abs. 1), sowie die außerordentlichen Kündigungen aus wichtigem Grund (Abs. 2 bis 5). Anders als im BGB ergibt sich aus § 8 eine übersichtliche Anleitung für den „Fall der Fälle". Vor diesem Hintergrund lohnt sich für jeden Beteiligten eines Bauvertrags, insbesondere für den baurechtlichen Laien, eine kurze Lektüre der Vorschrift, die wie folgt gegliedert ist:

§ 8	Gegenstand	Rechtsfolge
Abs. 1	„freie" Kündigung	Anspruch auf volle Vergütung abzügl. ersparter Kosten oder erzielter (oder böswillig nicht erzielter) Einnahmen
Abs. 2	Kündigung bei Insolvenz des AN	Abrechnung der bisherigen Leistungen nach § 6 Abs. 5, aber Schadensersatzanspruch des AG
Abs. 3	Kündigung bei Verzug des AN (§ 4 Abs. 7, Abs. 8, § 5 Abs. 4)	Fertigstellung durch Dritte („Ersatzvornahme") und Schadensersatzanspruch des Auftraggebers; Weiternutzung von Gerät und Baustoffen gegen Vergütung
Abs. 4	Kündigung wegen wettbewerbswidriger Abreden des AN und aus vergaberechtlichen Gründen	Rechtsfolgen Abs. 3
Abs. 5	Kündigung des AN ggü. Nachunternehmer bei Kündigung des AG	Wie Abs. 4 Nr. 2
Abs. 6	Schriftform	Gilt entsprechend für alle Kündigungen nach VOB/B

§ 8	Gegenstand	Rechtsfolge
Abs. 7	Aufmaß, Abnahme Rechnung	Anspruch des AN auf Abnahme + Aufmaß Anspruch des AG auf Rechnungslegung
Abs. 8	Vertragsstrafe	Nur bis zur Kündigung anzusetzen

An dieser Stelle sei zunächst ein grundsätzlicher Hinweis für jeden Auftraggeber erlaubt: Die Kündigung stellt einen drastischen Eingriff in den Bauvertrag dar, der nicht ohne weiteres rückgängig gemacht werden kann, jedenfalls nicht einseitig (dazu später mehr). Die Rechtsfolgen sind mit Zugang der Kündigung fest vorgezeichnet, nicht selten mit erheblichen Ansprüchen des Auftragnehmers. Dies gilt insbesondere für die „freie" Kündigung. Der Auftraggeber tut daher gut daran, einen solchen Schritt sorgfältig zu überdenken. Die Kündigung sollte stets „Ultima Ratio" bleiben, das wirklich letzte Mittel. Zuvor sollte eine einvernehmliche Anpassung des Vertrags oder – wenn eine Zusammenarbeit tatsächlich nicht mehr gewünscht ist – eine Aufhebungsvereinbarung erwogen werden. Hierdurch kann den Interessen beider Seiten im Verhandlungswege oftmals besser Rechnung getragen werden als durch die starren Rechtsfolgen der Kündigung. Dies wird angesichts der Vergütungsfolge in § 8 Abs. 1 deutlich. Der Streit über die angeblich ersparten Aufwendungen ist hier allzu oft eine für beide Seiten komplizierte Angelegenheit im Hinblick auf Darlegungspflichten. Eine Aufhebungsvereinbarung bietet da meist eine praxisgerechtere Lösung. Die Kündigung kann dann immer noch ausgesprochen werden, wenn die Verhandlungen scheitern sollten. 3

Es wird nicht selten vorkommen, dass der Auftraggeber nicht den ganzen Auftrag kündigt, sondern nur Teile davon. Solche Teilkündigungen sind selbstverständlich möglich und – unter denselben Voraussetzungen wie die Vollkündigung – auch zulässig. Soweit nichts anderes im Vertrag oder in der VOB/B geregelt ist, gelten für die Teilkündigung auch dieselben Rechtsfolgen entsprechend für den gekündigten Leistungsbereich. 4

B. Einzelne Kündigungstatbestände

I. Die „freie" Kündigung (§ 8 Abs. 1)

1. Voraussetzungen (Nr. 1)

§ 8 Abs. 1 VOB/B legt das Grundprinzip des Kündigungsrechts beim Werkvertrag dar: Der Auftraggeber darf den Vertrag bis zur Vollendung des Werks kündigen, wann immer es ihm beliebt, und zwar ohne jeden Grund. Der AN kann sich also gegen eine Kündigung nicht wehren. Dieses einseitige Kündigungsrecht – Gleiches steht dem Auftragnehmer nicht zur Verfügung – beruht auf der Tatsache, dass die Erstellung des Werks im alleinigen Interesse des Auftraggebers liegt. Dem Auftragnehmer geht es hingegen fast ausschließlich um die Vergütung. Nur auf der Vergütungsseite muss ihm daher ein Gegenanspruch verbleiben. Der Auftragnehmer wird also erst auf der Rechtsfolgenseite beteiligt, an der Kündigung selbst kann er nichts ändern. 5

Für eine Teilkündigung nach § 8 Abs. 1 gilt, dass diese nicht auf in sich abgeschlossene Teile der Leistung beschränkt ist (anders bei § 8 Abs. 3), sondern ebenfalls zeitlich und inhaltlich völlig „frei" erfolgen kann. Dem Auftraggeber ist allerdings bei einer Teilkündigung dringend zu raten, eine klare und eindeutige Abgrenzung der gekündigten Teilleistungen vom verbleibenden Vertrag vorzunehmen. Hierzu empfiehlt sich eine präzise Bezeichnung der gekündigten Leistungen anhand der Positionen des Leistungsverzeichnisses. 6

2. Rechtsfolgen (Nr. 2)

a. Allgemeines

Auch wenn die Kündigung jederzeit möglich ist, erlaubt § 8 Abs. 1 dennoch keine folgenlose Schikanierung des Auftragnehmers. Denn entscheidend sind die Rechtsfolgen einer solchen 7

„freien" Kündigung nach § 8 Abs. 1 Nr. 2: Der Auftraggeber schuldet die volle Vergütung abzüglich

- ersparter Kosten,
- angenommener Ersatzaufträge oder
- böswillig unterlassener Ersatzaufträge.

Hieran wird deutlich, dass es zunächst nur darum geht, dem Auftraggeber eine einfache Möglichkeit zu geben, sich von einer ungewollten Werkleistung zu befreien. Der Auftragnehmer kann dem Auftraggeber das Werk also nicht aufzwingen. Dieses einseitige Recht des Auftraggebers, den Vertrag zu kündigen ist dem Auftragnehmer auch zumutbar, schließlich bleibt ihm die finanzielle Kompensation. Und diese finanzielle Rechtsfolge des Auftragsentzugs ist für den Auftraggeber durchaus drastisch. Er schuldet nämlich grundsätzlich die vollständige vertragliche Vergütung. Der Auftragnehmer muss sich lediglich bestimmte Kosten anrechnen lassen. Nach § 649 Satz 3 BGB a.F. (ab 1.1.2018 § 648 Satz 3) geltenden Fassung wird gesetzlich vermutet, dass dem Auftragnehmer für den entfallenden Leistungsteil 5 % der hierfür vereinbarten Vergütung zustehen. Diese Vermutung kann allerdings von beiden Seiten widerlegt werden. Hierzu müsste die jeweilige Vertragspartei darlegen und beweisen, dass entweder mehr (Auftraggeber) oder weniger (Auftragnehmer) Kosten erspart wurden. Diese Darlegung ist in der Praxis äußerst schwierig (siehe unten c.)

b. Mängelansprüche

8 Da sich die Kündigung nur auf den noch nicht ausgeführten Teil der Bauleistung bezieht, bleibt der Auftragnehmer für die ausgeführten Leistungen voll gewährleistungspflichtig. Es ist somit wichtig, zu unterscheiden, ob es sich um einen Mangel an den ausgeführten Leistungen oder lediglich um das Fehlen eines gekündigten Leistungsteils handelt. Konnte beispielsweise ein Rohbauunternehmer eine Außentreppe nicht mehr errichten, weil ihm zuvor der Auftrag entzogen wurde, so ist dies kein Mangel des Gebäudes, sondern nur Folge der Kündigung. Der Auftraggeber hat es schließlich selbst in der Hand, die Treppe noch errichten zu lassen und nur die darüber hinausgehenden Leistungen zu kündigen. Hat der Unternehmer hingegen die Treppe noch errichtet, aber mit einem falschen Stufenmaß, oder hat er Sichtbeton mit erheblichen Unebenheiten und Einschlüssen erstellt, so ist dies ein Mangel seiner bereits erstellten und vom Auftraggeber gewollten Leistung. Diesen Mangel muss der Auftragnehmer – ohne zusätzliche Vergütung und ohne dass der Auftraggeber die Kündigung damit wieder zurücknimmt – auf Anforderung des Auftraggebers beseitigen.

c. Abzug ersparter Kosten

9 Der Auftragnehmer soll im Falle einer „freien" Kündigung schadlos gestellt werden, also genau das erhalten, was er bei Erstellung des Werks erhalten hätte. Er soll durch die Kündigung weder einen Verlust erleiden noch etwas hinzuverdienen. Es gilt auch hier der im Nachtragswesen (§ 2 Nr. 3 bis 7) herrschende Grundsatz „schlechter Preis bleibt schlechter Preis, guter Preis bleibt guter Preis". Abzugsfähig sind daher nur die Kosten, die der Auftragnehmer aufgrund der Kündigung erspart, also als Folge der unterlassenen Ausführung. Ersparnisse aus anderen Gründen sind irrelevant. Ferner ist auch in § 8 Abs. 1 Nr. 2 stets auf der Grundlage der Urkalkulation abzurechnen.

10 Selbstverständlich muss der Auftragnehmer für die bereits erbrachten Leistungen keinen Abzug hinnehmen, denn dort kann er nichts mehr einsparen. Der Abzug bezieht sich nur auf die noch nicht ausgeführten Teilleistungen. Daher muss zunächst eine getrennte Berechnung der ausgeführten und der noch nicht ausgeführten Leistungen erfolgen. Beim Einheitspreisvertrag ist dies anhand des Leistungsverzeichnisses leicht möglich. Für den nicht ausgeführten Leistungsanteil können hierbei die im LV genannten Vordersätze herangezogen werden, bei erkennbaren Unrichtigkeiten kann auch eine Korrektur dieser Massenansätze als hypothetische Vorausschau erfolgen. Schwieriger liegt der Fall beim Pauschalpreisvertrag. Hier muss – schlimmstenfalls unter Hinzuziehung eines Sachverständigen – das Verhältnis des Werts der erbrachten Leistungen zum vereinbarten Gesamtpauschalpreis errechnet werden. Dies kann

sich im Einzelfall tatsächlich äußerst kompliziert gestalten. Unter Umständen empfiehlt es sich, den Pauschalpreis in Einheitspreispositionen zu zerlegen, die sich selbstverständlich an der Pauschale und an der Urkalkulation orientieren müssen. Sodann sollte ein Aufmaß erstellt werden oder zumindest eine prüfbare Darstellung des Bautenstands. Grobe prozentuale Aufteilungen, z.B. „60 bis 40%", sind selten ausreichend, weil zu unsubstantiiert. Angesichts des Pauschalpreises ist ferner zu beachten, dass es irrelevant ist, welche Mengen bei einer späteren Ersatzvornahme tatsächlich ausgeführt werden.

Das Erfordernis der Aufteilung in erbrachte und nicht erbrachte Teilleistungen ergibt sich auch 11
aus der Tatsache, dass die Berechnung von Mehrwertsteuer für die nicht erbrachten Leistungen höchst umstritten ist, da hier die Vergütung mangels Gegenleistung – jedenfalls nach einer früher herrschenden Auffassung – keinen steuerbaren Umsatz im Sinne des UStG darstellt. Hier spielt das EU-Recht inzwischen eine entscheidende Rolle. Weder die Rechtsprechung noch die Praxis der Finanzämter ist diesbezüglich einheitlich, weshalb für beide Parteien dringend eine vorherige Klärung durch einen Steuerberater oder das zuständige Finanzamt zu empfehlen ist.

Wie oben dargelegt, sind nur die Kosten abzugsfähig, die der Auftragnehmer bei vertragsge- 12
mäßer Ausführung gehabt hätte, die er jedoch wegen der Kündigung nicht mehr hat. Zu den ersparten Kosten im Sinne von § 8 Abs. 1 Nr. 2 zählen in erster Linie noch nicht bestellte Lieferungen, Leistungen und Baustoffe. Für Letztere kann auch nach deren Beschaffung noch eine Anrechnung in Betracht kommen, wenn sie grundsätzlich anderweitig verwendbar sind, was bei Einzelanfertigungen (Fertigteile etc.) jedoch meist nicht der Fall ist. Für die Baustelleneinrichtungskosten ist eine differenzierte Betrachtung erforderlich, denn hier kommen nur die noch nicht bereitgestellten Einrichtungsgegenstände in Betracht. Regelmäßig ist jedoch hier bereits eine komplette Einrichtung vorhanden und daher ebenso wenig wie die Baustellenräumung abzugsfähig. Für die Vorhaltekosten, die oftmals zeitabhängig kalkuliert und abgerechnet werden, ist hingegen eine Ersparnis nach Kündigung anzunehmen. Dies gilt entsprechend für Baustellengemeinkosten (BGK), da sich durch die Kündigung zwangsläufig die Bauzeit verkürzt. Bei Allgemeinen Geschäftskosten (AGK) hingegen wird man keine Abzugsfähigkeit annehmen können, da diese über das gesamte Geschäftsjahr kalkuliert werden und sie tatsächlich nicht erspart werden. Hier käme allerdings ein Abzug bei einer Kostenentlastung durch Ersatzaufträge in Betracht (siehe unten, d). Gleiches gilt für Lohnkosten, die in die AGK einkalkuliert wurden. Abzugsfähig können jedoch Lohnkosten sein, die in den BGK enthalten sind. Für alle Lohnkosten gilt, dass bei einer bereits ohne den gekündigten Auftrag bestehenden vollen Auslastung des Auftragnehmers eine Abzugsfähigkeit nach § 8 Abs. 1 Nr. 2 Satz 2 vorliegt. Denn er hätte diesen Auftrag nur durch Beschaffung zusätzlicher Personalkapazitäten abwickeln können.

Für die Darlegungslast bei § 8 Abs. 1 gilt, dass der Auftragnehmer Anspruchsteller ist und da- 13
her alle hierfür notwendigen Fakten beweisen muss. Der Auftraggeber hat seinerseits kaum Möglichkeiten, die Kostenersparnisse des Auftragnehmers zu beweisen. Die Rechtsprechung hat daher auch hinsichtlich der ersparten Aufwendungen den Grundsatz entwickelt, dass der Auftragnehmer hierzu zunächst substantiiert vortragen muss. Der lapidare Einwand, er habe nichts erspart, wird daher nicht ausreichen, schon gar nicht vor Gericht. Die Abrechnung muss so detailliert sein, dass der Auftraggeber sie prüfen kann. Hierzu muss der Auftragnehmer die Urkalkulation seiner Vertragspreise nachvollziehbar zugrunde legen, gleichzeitig jedoch seine tatsächlichen Kostenersparnisse offenlegen, denn insofern kommt es nicht auf die kalkulierten Kosten an. Im Falle einer Unterkalkulation bestimmter Positionen kann die Vergütung für nicht erbrachte Leistungen erheblich reduziert werden. Erst wenn der Auftragnehmer die Kalkulation der Restvergütung und deren Grundlagen plausibel erläutert hat, kann wiederum der Auftraggeber die Richtigkeit der Abrechnung prüfen und präzise erwidern, wenn er dennoch von einer größeren Ersparnis ausgeht.

d. Abzug von Ersatzerlösen

14 Wenn der Auftragnehmer durch die Kündigung in die Lage versetzt wird, einen anderen Auftrag anzunehmen, so ist dieser Ersatzauftrag ebenfalls nach § 8 Abs. 1 Nr. 2 abzugsfähig. Hätte jedoch der Auftragnehmer diesen Ersatzauftrag auch ohne Kündigung, also neben dem gekündigten Vertrag, ausführen können, weil er noch genug Kapazitäten frei hat, so findet kein Abzug statt. Denn dann war es kein Erlös, der nur durch die Kündigung ermöglicht wurde. Es ist also immer zu prüfen, ob der gekündigte Auftragnehmer ausgelastet war oder nicht und ob er eine Beschäftigungslücke, die durch die Kündigung entstanden ist, geschlossen hat. Dies alles ist im Einzelfall äußerst kompliziert und eröffnet Raum für Streit und Manipulation. Auch hierbei wird deutlich, dass eine einvernehmliche Trennung einschließlich Vergütungsvereinbarung gegenüber der Kündigung oft vorzugswürdig ist.

15 Abzuziehen sind aber nur die durch den Ersatzauftrag erzielten Gewinne sowie die Beiträge zur Deckung der allgemeinen Geschäftskosten. Es kommt also nicht auf den Gesamtauftragswert an.

16 Für die Darlegungslast gilt das unter Rn. 13 Gesagte entsprechend. Es liegt allerdings auf der Hand, dass dem Auftraggeber ein Beweis hier nur schwer gelingen wird. In der Praxis hat daher diese Variante im Rahmen von Nr. 2 keine erhebliche Bedeutung.

e. Abzug von böswillig unterlassenen Erlösen

17 Noch seltener sind in der Praxis die Fälle, bei denen der Auftragnehmer nachweislich einen Ersatzauftrag böswillig nicht angenommen hat. Denn hierfür muss nicht nur Vorsatz vorliegen, sondern auch die Absicht, den Auftraggeber zu schädigen, was ebenfalls selten nachweisbar sein dürfte. Auch für diese dritte Variante der Nr. 2 gilt, dass nur Gewinn und Kostendeckungsbeitrag abzuziehen sind.

II. Die insolvenzbedingte Kündigung (§ 8 Abs. 2)

1. Allgemeines

18 § 8 Abs. 2 VOB/B regelt den ersten der drei außerordentlichen Kündigungsgründe (Nr. 2 bis 4), die vom Auftragnehmer zu vertreten sind. Im Gegensatz zur „freien" Kündigung muss also hier ein Kündigungsgrund vorliegen, andernfalls ist die Kündigung unwirksam oder – mangels Kündigungsgrund – in eine „freie" Kündigung (§ 8 Abs. 1) umzudeuten, mit den dortigen unangenehmen Rechtsfolgen für den Auftraggeber. Hintergrund für die Regelung des § 8 Abs. 2 ist, dass es dem Auftraggeber nicht zuzumuten ist, mit einem Vertragspartner zusammenzuarbeiten, der seinen Vertrag vermutlich nicht mehr erfüllen kann. Da das Zivilrecht generell voraussetzt, dass man für eine ausreichende Liquidität selbst zu sorgen hat, um die eigenen Vertragspflichten zu erfüllen („Geld hat man zu haben"), ist die Regelung in § 8 Abs. 2 verschuldensunabhängig formuliert. Die Insolvenz gilt per se als selbstverschuldet. § 8 Abs.2 passt insofern systematisch zu den anderen außerordentlichen Kündigungsgründen, die ein Verschulden voraussetzen.

19 Für den Auftraggeber steht in der Praxis zunächst die tatsächliche Situation des Auftragnehmers im Vordergrund, d.h. seine Leistungsfähigkeit vor Ort. Sind die Zahlungsschwierigkeiten eines Bauunternehmers erst einmal fortgeschritten, leidet sehr schnell auch seine Leistung darunter, sei es durch mangelnde Arbeitsmoral der Arbeitnehmer, nicht selten sogar deren Arbeitsverweigerung, oder durch fehlenden „Nachschub" mit Material und Nachunternehmerleistungen (Gerüste, Spezialgeräte etc.). Für den Auftraggeber ist es also wichtig, so schnell wie möglich von einer drohenden Insolvenz seines Auftragnehmers zu erfahren, um rechtzeitig die „Reißleine" ziehen zu können, indem er das Vertragsverhältnis kündigt. Er muss sich also bei ersten Anzeichen von Liquiditätsproblemen schnell informieren. Hierzu empfiehlt sich zunächst eine Anfrage beim zuständigen Insolvenzgericht. Dies ist das Amtsgericht, in dessen Handelsregister der Auftragnehmer eingetragen ist und das auf seinem Briefbogen genannt ist. Die Insolvenzgerichte geben auch telefonisch Auskunft, zumindest über Insolvenzanträge und Verfahrenseröffnungen. Kopien von Eröffnungsbeschlüssen oder anderen Unterlagen er-

hält man meist nur auf schriftlichen Antrag. Der Auftraggeber sollte sich diese Kopien in jedem Fall besorgen, um Irrtümer auszuschließen, und natürlich zu Beweiszwecken im Hinblick auf den Kündigungsgrund.

Der Auftraggeber sollte als nächstes abklären, ob der Auftragnehmer auf der Baustelle noch präsent und handlungsfähig ist. Denn hiervon hängt ab, ob es sich lohnt, mit der Kündigung zu warten, auch wenn bereits Insolvenzantrag gestellt wurde. Schließlich muss der Auftraggeber nicht kündigen, es ist lediglich sein Recht. Er sollte zunächst sorgfältig prüfen, ob der Auftragnehmer möglicherweise noch in der Lage ist, trotz seiner Liquiditätsprobleme das Bauvorhaben abzuschließen. In diesem Fall könnte sich auch der Auftraggeber viel Mühe und Kosten sparen. Oft hängt dies vom Stadium des Bauvorhabens ab. Steht dieses nämlich ohnehin kurz vor der Fertigstellung, so unternehmen in vielen Fällen selbst insolvente Auftragnehmer die letzten Anstrengungen, um mit wenig Aufwand noch die Schlusszahlung auszulösen – Voraussetzung hierfür ist natürlich eine ausreichende „Mannschaft" vor Ort. Insbesondere ein bereits bestellter Insolvenzverwalter kann ein Interesse haben, auf diese Weise die Insolvenzmasse aufzustocken. Der Auftraggeber wiederum muss sich bewusst sein, dass er das Bauvorhaben nach einer Kündigung mit einem anderen Unternehmer fertig stellen müsste, was oft mit erheblichen Schwierigkeiten und Mehrkosten verbunden ist. Und diese Mehrkosten müssen dann wieder beim gekündigten Unternehmer geltend gemacht werden, was ebenfalls nicht einfach ist, hier bleibt meist nur noch die Anmeldung der Forderungen zur Insolvenztabelle. 20

Die Entscheidung für oder gegen eine sofortige Kündigung hängt also insbesondere vom Stadium des Insolvenzverfahrens, von der (Rest-)Leistungsfähigkeit des Auftragnehmers und vom Leistungsstand auf der Baustelle ab. All dies gilt es zunächst in Erfahrung zu bringen, bevor eine Kündigung nach § 8 Abs. 2 ausgesprochen wird. 21

Wenn dann jedoch die Entscheidung für eine Kündigung gefallen ist, hat der Auftraggeber bei einer insolvenzbedingten Kündigung eine durchaus komfortable Rechtsposition. Denn schon die Beweislast bezüglich des Kündigungsgrundes bereitet, anders als beim Verzug, meist keine Probleme. Dies gilt jedenfalls für die häufigsten Kündigungsgründe des § 8 Abs. 2, nämlich Insolvenzantrag und Verfahrenseröffnung. Hier liegen gerichtliche Unterlagen vor, die einfach zu beschaffen sind und vom Auftragnehmer nicht bestritten werden können. 22

Der Auftraggeber kann an einigen äußeren Anzeichen erkennen, dass die finanzielle Situation des Auftragnehmers kritisch ist.

Praxistipp:

Erste Anzeichen für drohende Insolvenz

- *Nachunternehmer beanstanden ausstehende Zahlungen des AN*
- *Lieferanten bestehen auf Vorkasse*
- *Abtretungen und Eigentumsvorbehalte werden offengelegt*
- *Baustellenpersonal reduziert sich plötzlich oder zieht ab*
- *Medienberichte über Schwierigkeiten*

Bei solchen Anzeichen kann der Auftraggeber folgende Sofortmaßnahmen treffen, um die eigene Position zu sichern:

Praxistipp:

Erste Sofortmaßnahmen bei vermuteter Insolvenzgefahr

- *Information beim Amtsgericht einholen (s.o. Rn. 19)*
- *Zahlungen einstweilen zurückhalten*
- *Auftragnehmer zur Stellungnahme zur Leistungsfähigkeit auffordern*
- *Baustellenpersonal einschl. Nachunternehmer befragen*

- *soweit möglich, Baustelle sichern (Baustoffe, Geräte etc.)*
- *Leistungsstand feststellen*

2. Kündigungsgründe (Abs. 2 Nr. 1)

23 § 8 Abs. 2 nennt folgende einzelne Kündigungsgründe:

- Zahlungseinstellung
- Insolvenzantrag
- Eröffnung des Insolvenzverfahrens
- Ablehnung der Verfahrenseröffnung mangels Masse

Diese Kündigungsgründe sind fast alle (außer der Zahlungseinstellung) einfach feststellbar und auch beweisbar. Jeder für sich berechtigt bereits zur Kündigung, ohne dass weitere Voraussetzungen vorliegen müssen. Die Kündigung nach § 8 Abs. 2 beschert dem Auftraggeber also eine relativ leicht überschaubare und günstige Rechtsposition. Er kann auch sorgfältig die Situation des Auftragnehmers und der Baustelle beobachten und prüfen, bevor er sich zur Kündigung entschließt, denn eine Frist ist nicht zu beachten. Allerdings sollte der Auftraggeber sich im eigenen Interesse bald entscheiden, sonst wird sein Handeln mehr und mehr von weiteren äußeren Faktoren bestimmt, die die Lage schwieriger machen. Beispielsweise wird er es nach Eröffnung des Insolvenzverfahrens mit einem Verwalter zu tun haben, auch Lieferanten und Nachunternehmer werden „unruhig", und außerdem muss es auf der Baustelle zügig weitergehen. Die Situation sollte daher schnell geklärt werden.

24 Für alle Kündigungsgründe nach § 8 Abs. 2 ist entscheidend, dass sie im Zeitpunkt der Kündigung vorliegen, sonst ist die Kündigung unwirksam. Ist der Auftragnehmer eine **ARGE**, so reicht es ferner nicht aus, dass nur bei einem einzelnen Mitglied dieser ARGE ein Kündigungsgrund nach § 8 Abs. 2 vorliegt. Vielmehr stellt die Vorschrift auf die Vermögensverhältnisse des Auftragnehmers ab, also des bauvertraglichen Vertragspartners, dies ist die ARGE in ihrer Gesamtheit. Nur wenn bei dieser selbst ein Vermögensverfall im Sinne von § 8 Abs. 2 feststellbar ist, kann der Bauvertrag gekündigt werden.

a. Zahlungseinstellung

25 Dieser Kündigungsgrund ist als einziger in § 8 Abs. 2 nur sehr schwer feststellbar oder gar beweisbar, weshalb seine praktische Bedeutung gering ist. Denn auf eine bloße Vermutung wird und sollte kein Auftraggeber eine Kündigung stützen. Zahlungseinstellung liegt nach der Rechtsprechung vor, wenn der Auftragnehmer „wegen eines voraussichtlich dauernden Mangels an Zahlungsmitteln mindestens für die beteiligten Verkehrskreise erkennbar nicht mehr in der Lage ist, seine fälligen und von den jeweiligen Gläubigern ernsthaft eingeforderten Geldschulden im Allgemeinen zu erfüllen". Es wird jedoch selten eine ausreichende Sicherheit für den Auftraggeber geben, dass dieser Zustand auch tatsächlich vorliegt, um darauf eine Kündigung zu stützen. Es gibt auch keine Regeln, wann dieser Zustand erkennbar erreicht ist. Jedenfalls muss mehr als nur ein vorübergehender Zahlungsengpass vorliegen. Schlechte Vermögensverhältnisse reichen allein nicht aus. Ein Anzeichen für die „Zahlungseinstellung" kann die Einstellung der Lohn- und Gehaltszahlungen sein, sicher ist jedoch auch dies nicht immer.

b. Antrag auf Eröffnung des Insolvenzverfahrens

26 Dieser Kündigungsgrund ist durch Nachfrage beim Insolvenzgericht (siehe oben Rn. 19) einfach festzustellen. Der Antrag muss in der Regel vom Auftragnehmer selbst gestellt worden sein. Ein – im Insolvenzrecht zulässiger – Antrag eines Gläubigers reicht als Kündigungsgrund faktisch nicht aus, auch wenn der Wortlaut der Bestimmung eine solche Auslegung zulässt. Denn der Antrag muss „zulässigerweise" gestellt worden sein, was für den Auftraggeber nicht prüfbar ist, ein solcher Drittantrag kann sich später leicht als unbegründet erweisen. Daher kann sich der Auftraggeber nicht auf eine solche unsichere Kündigungsgrundlage verlassen. Außerdem wären auf diesem Wege Manipulationen (seitens des Auftraggebers) zur

Schaffung eines Kündigungsgrunds möglich. Wenn hingegen der Auftragnehmer selbst durch seinen Antrag deutlich macht, dass er insolvent ist, darf der Auftraggeber dies als zutreffend unterstellen und darauf seine Kündigung stützen. Sollte der Antrag später zurückgenommen werden, so ist dies unerheblich, es kommt nur auf den Zeitpunkt der Kündigung an. Gefährlich wird es lediglich, wenn der Auftragnehmer vor der Kündigung den Antrag unbemerkt zurücknimmt. In diesem Fall ist die Kündigung unwirksam. Der Auftraggeber muss sich also auf dem Laufenden halten. Um sicherzugehen, sollte er am Tag der Kündigung nochmals beim Insolvenzgericht anrufen und den letzten Stand abfragen.

c. Eröffnung des Insolvenzverfahrens

Es muss ein rechtskräftiger Eröffnungsbeschluss vorliegen. Wird dieser in der Beschwerdeinstanz aufgehoben, so ist dies meist unerheblich, da dann immer noch der Insolvenzantrag des Auftragnehmers als Kündigungsgrund besteht und dieser als Begründung nachgeschoben werden kann. Problematisch sind nur die seltenen Fälle der Verfahrenseröffnung auf Antrag eines Gläubigers des Auftragnehmers. Wird bei einer solchen Konstellation der Eröffnungsbeschluss aufgehoben, entfällt der Kündigungsgrund nach § 8 Abs. 2 komplett, da nur der Eigenantrag des Auftragnehmers zur Kündigung berechtigt (siehe oben Rn. 26). In diesem Fall ist die Kündigung unwirksam. 27

d. Verfahrenseinstellung mangels Masse

Auch hier ist der Fall einfach, es muss ein entsprechender Beschluss vorliegen, der beim Insolvenzgericht (gegen Gebühr) angefordert werden kann. 28

3. Umdeutung in „freie" Kündigung?

Fehlt es an einem in § 8 Abs. 2 genannten Kündigungsgrund, so ist die Kündigung grundsätzlich unwirksam. Nur in Einzelfällen kommt eine Umdeutung in eine „freie" Kündigung nach § 8 Abs. 1 in Betracht. Hierfür muss erkennbar sein, dass der Auftraggeber den Vertrag in jedem Fall, also auch ohne den Vermögensverfall des Auftragnehmers gekündigt hätte. Die Erklärung des Auftraggebers muss also unter den konkreten Umständen des Einzelfalls ausgelegt werden. Eine Umdeutung muss auch unter Berücksichtigung der für den Auftraggeber empfindlichen finanziellen Folgen nach § 8 Abs. 1 sorgfältig geprüft werden und wird daher in vielen Fällen nicht in Betracht kommen. Es könnten jedoch durch die Insolvenz andere Kündigungsgründe bestehen, insbesondere Verzug, und daher eine Kündigung nach § 8 Abs. 3 rechtfertigen. Daher sollte der Auftraggeber eine Kündigung nach Abs. 2 vorsorglich auch auf Abs. 3 stützen. 29

4. Kündigungsempfänger

Im Insolvenzverfahren besteht das Problem, dass vom Gericht ein Insolvenzverwalter bestellt wird, der je nach Gerichtsbeschluss mehr oder weniger Befugnisse bezüglich des Schuldnervermögens hat. Auch vor Eröffnung des Verfahrens (nach dem Antrag) kann das Insolvenzgericht bereits einen vorläufigen Verwalter mit derartigen Befugnissen bestellen. Zu den üblichen Verwalterbefugnissen gehören Kontrollfunktionen, teilweise sogar Geschäftsführungsbefugnisse, alleinige Empfangsvollmachten etc. Der Auftraggeber muss daher darauf achten, dass der Verwalter in den Kündigungsvorgang mit einbezogen wird. Nach Verfahrenseröffnung ist beispielsweise nur noch der Verwalter befugt, über das Vermögen des Auftragnehmers zu verfügen und dieses zu verwalten. In diesem Fall ist daher die Kündigung an ihn zu richten. Da es jedoch gerade für Nichtjuristen – aber nicht nur für diese – oft schwierig ist, die genauen Verwalterzuständigkeiten im aktuellen Stadium des Insolvenzverfahrens zu überschauen, sollte der Auftraggeber eine Kündigung nach § 8 Abs. 2 sicherheitshalber stets gleichzeitig an den Auftragnehmer und an den Insolvenzverwalter richten. Da es sich bei Insolvenzverwaltern meistens um Rechtsanwaltskanzleien oder Wirtschaftsprüfer (die genaue Adresse ist dem Bestellungsbeschluss des Insolvenzgerichts zu entnehmen) mit einer Vielzahl verschiedener Mandate und Funktionen handelt, sollte der Auftraggeber darauf achten, das Kündigungsschreiben an den Verwalter „in seiner Eigenschaft als (vorläufiger) Insolvenzver- 30 walter der Fa. ..." zu richten, damit die Zuordnung erleichtert wird und keine Missverständnisse über den wahren Betroffenen (Verwalter stellvertretend für den Auftragnehmer) entstehen.

Unverzichtbar für das Kündigungsschreiben ist selbstverständlich die Nennung des betroffenen Bauvertrags sowie (beim Schreiben an den Verwalter) des Aktenzeichens des Insolvenzverfahrens.

31 Problematisch ist § 8 Abs. 2 allerdings im Hinblick auf die Position des Insolvenzverwalters nach der InsO. Nach §§ 103 ff. InsO besitzt der Insolvenzverwalter Verfügungsbefugnisse, insbesondere ein Wahlrecht, ob er den Vertrag erfüllen will. Nach § 119 InsO sind Vereinbarungen, die diese Rechte einschränken, unwirksam, weshalb die Kündigungsmöglichkeit nach § 8 Abs. 2 vereinzelt für unwirksam gehalten wurde. Der BGH (VII ZR 56/15, NJW 2016, 1945) hat nunmehr entschieden, dass § 8 Abs. 2 wirksam ist. Die Kündigungsmöglichkeit verstößt insbesondere nicht gegen § 119 InsO, weil sie an die im BGB vorgesehene Kündigung aus wichtigem Grund wegen unzumutbarer Fortführung des Vertrags angelehnt ist, insofern also nichts Abweichendes regelt. Der Auftraggeber eines Bauvertrags ist in den Fällen des Eigeninsolvenzantrags schutzwürdig, weshalb der Insolvenzverwalter eine Kündigung hinzunehmen hat.

5. Rechtsfolgen (Nr. 2)

32 In § 8 Abs. 2 Nr. 2 sind sowohl für den Auftraggeber als auch für den Auftragnehmer Ansprüche nach einer insolvenzbedingten Kündigung genannt. Der Auftragnehmer kann seine erbrachten Leistungen abrechnen, der Auftraggeber hingegen kann Schadenersatz wegen Nichterfüllung verlangen. Beides widerspricht sich nicht, doch kommt es häufig zu Aufrechnungen oder Rückforderungen seitens des Auftraggebers. Um zu vermeiden, dass der Auftraggeber später seinem Geld „hinterherläuft", sollte er rechtzeitig Leistungsstand und Zahlungsstand abgleichen sowie die Folgekosten abschätzen, die durch eine Ersatzvornahme und die Verzögerung entstehen werden. In diesem Prüfungszeitraum sollte jegliche Zahlung an den Auftragnehmer unterbleiben, da der Auftraggeber sonst möglicherweise seine Folgeansprüche nicht mehr (z.B. durch Aufrechnung) befriedigen kann.

a. Abrechnung der bisherigen Leistungen (Nr. 2 Satz 1)

33 Wie bei § 8 Abs. 1 teilt auch die Kündigung nach Abs. 2 den Bauvertrag in zwei Teile, nämlich den bereits ausgeführten und den noch nicht ausgeführten Leistungsteil. Hinsichtlich der bereits erbrachten Leistungen bleibt es auch nach der Kündigung bei den vertraglichen Regelungen, denn die Kündigung wirkt grundsätzlich nur für die Zukunft. Der Auftragnehmer bleibt daher insbesondere gewährleistungspflichtig für die bereits erbrachten Leistungen. Insofern gilt das Gleiche wie bei § 8 Abs. 1 (siehe oben Rn. 8). Umgekehrt steht ihm nach Abs. 2 Nr. 2 eine Vergütung für diese Leistungen zu, die nach § 6 Abs. 5 zu berechnen sind.

34 Nach § 6 Abs. 5 **„sind die ausgeführten Leistungen nach den Vertragspreisen abzurechnen und außerdem die Kosten zu vergüten, die dem Auftragnehmer bereits entstanden und in den Vertragspreisen des nicht ausgeführten Teils der Leistung enthalten sind."** Die Besonderheit besteht hier darin, dass auch die Kosten, die dem Auftragnehmer faktisch zwar entstanden sind, aber (insbesondere beim EP-Vertrag) noch nicht mit den ausgeführten Teilleistungen abrechenbar waren, im Fall einer Kündigung doch abgerechnet werden können. Wichtigstes Beispiel sind Baustellengemeinkosten (BGK), die als prozentualer Zuschlag auf andere, noch nicht ausgeführte Leistungspositionen umgelegt sind. Im Falle einer Kündigung nach § 8 Abs. 2 ist dieser Betrag aus den noch nicht ausgeführten Leistungspositionen herauszurechnen und gesondert in Rechnung zu stellen. Voraussetzung ist jedoch, dass die den BGK zugrunde liegenden Leistungen (z.B. örtliche Bauleitung, Baustelleneinrichtung) auch erbracht wurden, die Kosten also tatsächlich entstanden sind. Näheres hierzu unter § 6.

b. Schadenersatz wegen Nichterfüllung (Nr. 2 Satz 2)

Da der Auftragnehmer die eigene Insolvenz grundsätzlich zu vertreten hat („Geld hat man zu haben", siehe oben Rn. 18), ist die weitere Folge der insolvenzbedingten Kündigung, nämlich Schadenersatz wegen Nichterfüllung der Leistung, folgerichtig und angemessen. Ein weiteres Verschulden des Auftragnehmers ist nicht erforderlich. **35**

Schadenersatz bedeutet in diesem Fall, dass der Auftragnehmer den Auftraggeber so stellen muss, wie dieser bei vertragsgemäßer Fertigstellung durch den Auftragnehmer gestanden hätte. **36**

Der Schaden besteht hauptsächlich in der Differenz zwischen dem vereinbarten Werklohn für die gekündigte Leistung und den Kosten für die Fertigstellung nach Kündigung. Der Auftraggeber muss nämlich hierfür einen anderen Unternehmer beauftragen, der für die Restleistungen meistens einen höheren Preis verlangt als der gekündigte Unternehmer. Dies liegt zum einen daran, dass eine geringere Restleistung verhältnismäßig teurer kalkuliert wird als die ursprünglich umfangreichere Gesamtleistung, sowie daran, dass der neue Unternehmer einen Risikozuschlag vornehmen wird, weil er eine „fremde" Leistung übernehmen muss. Hinzu kommt, dass die Fertigstellungsarbeiten in aller Regel nicht erneut in einem harten Wettbewerb vergeben werden, da der Auftraggeber unter zeitlichem Druck handelt. Nach dem Prinzip von Angebot und Nachfrage ist daher ein höherer Preis wahrscheinlich. Diese Mehrkosten muss der Auftragnehmer ersetzen. **37**

Der Auftraggeber ist dabei nicht verpflichtet, eine Ausschreibung durchzuführen, um die Fertigstellungskosten und damit den Schadenersatz möglichst gering zu halten. Er muss also nicht im Kosteninteresse des Auftragnehmers handeln, insbesondere muss er nicht den billigsten Unternehmer auswählen. Zwar darf der Auftraggeber nicht mutwillig Kosten produzieren, indem er absichtlich zu überteuerten Preisen vergibt, vielmehr sollten auch bei der Neuvergabe angemessene Preise erfolgen. Diese lassen jedoch erfahrungsgemäß Spielraum. Die Anforderungen an die Bemühungen des Auftraggebers sind hier nicht allzu hoch anzusetzen. Da ihm regelmäßig eine gewisse Eilbedürftigkeit zugestanden werden kann, darf er hier eine Ermessensentscheidung nach eigenen Interessen (Qualität, Zeit, Vertrauensverhältnis) treffen. In der Regel hat der Auftraggeber aber selbst ein Interesse an einer möglichst preisgünstigen Vergabe, da er nicht damit rechnen kann, seinen gesamten Schaden vollständig vom Auftragnehmer erstattet zu bekommen. Vielmehr dürften die Fälle überwiegen, bei denen die verbleibenden Sicherheiten des Auftraggebers (Einbehalt, Bürgschaft etc.) den Schaden nicht decken. Bei einer Kündigung wegen Insolvenz ist die Aussicht auf vollständigen Schadensausgleich zwangsläufig begrenzt. **38**

Zu den Instrumenten des Auftraggebers, die Kosten zu senken, gehört auch, dass er die Geräte, Gerüste, Stoffe, Bauteile etc. gegen angemessene Vergütung weiter benutzen darf. Diese in Abs. 3 Nr. 3 enthaltene Regelung ist nach allgemeiner Ansicht auch bei einer Kündigung nach Abs. 2 anwendbar. Allerdings kann es bei einer insolvenzbedingten Kündigung nach Abs. 2 zu einer Kollision mit den Eigentumsrechten des Insolvenzverwalters nach dem Insolvenzverfahrensrecht kommen. Jedenfalls nach Eröffnung des Insolvenzverfahrens haben diese Rechte meistens Vorrang. Da der Verwalter aber ohnehin auf die Schnelle nichts mit den Geräten anfangen kann, kann man sich mit ihm über eine „Anmietung" nach Abs. 3 Nr. 3 oftmals einigen. **39**

Besonders wichtig ist, dass der Auftraggeber den Drittunternehmer erst nach wirksamer Kündigung mit der Fertigstellung der Leistungen beauftragen darf, da er sonst keinen Anspruch auf Ersatz der Kosten hat. Der Grund hierfür ist, dass eine klare Trennung in technischer und in zeitlicher Hinsicht erfolgt und dieselbe Leistung nicht „doppelt" in zwei laufenden Verträgen enthalten ist. Erst mit der Kündigung wird dem Auftragnehmer der Auftrag entzogen und die Restleistung kann damit erneut beauftragt werden (siehe auch unten Rn. 55). **40**

Der Auftraggeber darf die Leistungen auch in veränderter Form fertig stellen lassen. Sein Schadensersatzanspruch beschränkt sich jedoch auf die Kosten, die bei einer Fertigstellung **41** nach Maßgabe des ursprünglichen Vertrags entstanden wären. Mehrkosten, die auf die veränderte Ausführung zurückzuführen sind, hat der Auftraggeber selbst zu tragen.

42 Zum Schadenersatz zählen auch Mehrkosten des Auftraggebers, die durch die kündigungsbedingte Verzögerung entstanden sind, beispielsweise Mietausfälle.

43 Der Auftraggeber kann mit seinem Schadensersatzanspruch gegen den Vergütungsanspruch des Auftragnehmers für die erbrachten Leistungen aufrechnen. Dies dürfte der Regelfall sein, da der insolvente Auftragnehmer den Schadensersatzanspruch kaum bezahlen wird.

Beispiel:

Fallbeispiel zur Abrechnung nach Kündigung gem. § 8 Abs. 2 VOB/B:

Der ursprünglich vereinbarte Werklohn betrug 100.000,– €. Der Vertrag wird bei einem Leistungsstand von 80% gekündigt, der Wert der erbrachten Leistungen beträgt 80.000,– €. Die Erstellung der Restleistungen durch einen anderen Unternehmer kostet 35.000,– €.

***Variante a:** Der Zahlungsstand beträgt bei Kündigung nur 62.000,– €, da der Auftraggeber noch rechtzeitig eine Abschlagszahlung zurückhalten konnte. Der Auftragnehmer hat einen restlichen Vergütungsanspruch nach § 8 Abs. 2 Nr. 2 Satz 1 i.H.v. 18.000,– €. Der Auftraggeber kann jedoch mit seinem Anspruch auf Mehrkostenerstattung nach Abs. 2 Nr. 2 Satz 2 (Fertigstellungskosten 35.000,– € abzügl. Sowieso-Kosten 20.000,– € = 15.000,– €; oder als Gesamtbetrachtung: Gesamtrestkosten nach Zahlungsstand 53.000,– €, abzüglich 38.000,– € für Sowieso-Kosten/Restzahlung aus Vertrag = 15.000,– €) gegen den Vergütungsanspruch des Auftragnehmers aufrechnen und zahlt diesem noch 3.000,– € aus. Der Auftragnehmer erhält somit nur 65.000,– € statt leistungsgerechter 80.000,– €, da er die Mehrkosten der Fertigstellung i.H.v. 15.000,– € erstatten muss.*

***Variante b:** Der Zahlungsstand beträgt 80.000,– €, der Auftragnehmer hat also keinen Restvergütungsanspruch mehr nach Abs. 2 Nr. 2.*

Der Auftraggeber muss noch 35.000,– € statt ursprünglich 20.000,– € aufwenden und hat daher Mehrkosten von 15.000,– €, die er vom Auftragnehmer zurückfordern kann. Wenn er eine Vertragserfüllungsbürgschaft des Auftragnehmers hat, kann er diese in Höhe von 15.000,– € in Anspruch nehmen, andernfalls bleibt ihm nur die Anmeldung zur Insolvenztabelle, vermutlich ohne Aussicht auf Erfolg.

III. Die verzugsbedingte Kündigung (§ 8 Abs. 3)

1. Voraussetzungen, Kündigungsgründe (Nr. 1)

44 Diese Vorschrift regelt den wohl häufigsten Kündigungsgrund, nämlich Verzug. Genauer gesagt geht es um die Fristversäumnis in den Fällen des § 4 Abs. 7 und Abs. 8 und des § 5 Abs. 4. Insofern enthält § 8 Abs. 3 nur eine Verweisung. Einzelheiten sind daher der Kommentierung zu § 4 und § 5 zu entnehmen. Die genauen Kündigungsvoraussetzungen sind in den vorgenannten Bestimmungen geregelt und sollen hier nur kurz zusammengefasst werden:

45 In § 4 Abs. 7 ist die Mängelbeseitigung während der Bauausführung, also vor Abnahme, geregelt (nach Abnahme gilt § 13), § 4 Abs. 8 regelt die Zustimmungspflicht seitens des Auftraggebers, wenn der Auftragnehmer Nachunternehmer beauftragen will. In beiden vorgenannten Fällen kann der Auftraggeber dem Auftragnehmer bei Zuwiderhandlung eine Frist mit Kündigungsandrohung setzen. § 5 Abs. 4 regelt die Kündigungsmöglichkeiten des Auftraggebers bei unzureichender Baustellenausstattung durch den Auftragnehmer sowie bei Verzug mit dem Beginn oder der Fertigstellung der Leistungen.

46 Wichtig ist, dass der Auftraggeber die Kündigung androhen muss, bevor er sie ausspricht. Hierauf weisen §§ 4 Nrn. 7, 8 und 5 Abs. 4 ausdrücklich hin. Um spätere Streitigkeiten über die Auslegung der Androhung zu vermeiden, sollte sich der Auftraggeber die Kündigung daher

nicht nur „vorbehalten", sondern eindeutig erklären, dass er nach Fristablauf kündigen wird. Ferner kann die Kündigung erst nach Ablauf der vom Auftraggeber gesetzten Fristen ausgesprochen werden. Eine Kündigung in demselben Schreiben wie die Fristsetzung ist unwirksam.

Fristsetzung und Kündigungsandrohung können ausnahmsweise entbehrlich sein, wenn der Auftragnehmer die Vertragserfüllung ernsthaft und endgültig verweigert. Da man sich jedoch über die entsprechenden Erklärungen des Auftragnehmers und ihre Auslegung nachträglich sehr oft streiten wird, sollte nur in Ausnahmefällen eine schriftliche Fristsetzung mit Kündigungsandrohung unterbleiben. Viele Kündigungen scheitern (insbesondere vor Gericht) nachträglich an Formalien, daher sollte der Auftraggeber sicherheitshalber auch in den vorgenannten Verweigerungsfällen stets ein entsprechendes Schreiben an den Auftragnehmer richten. Insbesondere die spätere „saubere" Aktenlage wird ihm später von Vorteil sein. 47

Der Auftraggeber ist nach Ablauf der Fristen nach §§ 4, 5 keineswegs verpflichtet, zu kündigen. Es ist lediglich sein Recht. Er kann stattdessen weiterhin am Vertrag festhalten und vom Auftragnehmer die Beseitigung der Missstände verlangen. Tut er dies nach Ablauf der Frist, indem er erneut zur Mängelbeseitigung auffordert oder indem er den Auftragnehmer wissentlich weiterarbeiten lässt, so verwirkt er sein Kündigungsrecht zunächst und muss erneut die formalen Voraussetzungen für die Kündigung schaffen, also insbesondere eine neue Fristsetzung mit Kündigungsandrohung an den Auftragnehmer richten. 48

Die Kündigung muss umgehend nach Ablauf der dem Auftragnehmer gesetzten Frist erfolgen. Zwar gibt es weder im BGB noch in der VOB/B eine präzise Vorgabe, wie lange der Auftraggeber mit der Kündigung warten darf. Längeres Abwarten nach Kündigungsandrohung und Fristablauf kann jedoch beim Auftragnehmer einen Vertrauenstatbestand erzeugen, dass die Kündigung nicht mehr erfolgen wird. Der Auftraggeber kann daher nach einer gewissen Zeit sein Kündigungsrecht verwirken, jedenfalls wenn der Auftragnehmer weiter seine Leistungen ausführt. Denn der Auftraggeber nimmt die Leistungen damit weiterhin an. Hinzu kommt, dass ja die Kündigung zuvor wegen Verzugs angedroht wurde, der Auftraggeber somit selbst die Dringlichkeit geltend gemacht hat. Dazu würde es schlecht passen, wenn er selbst sich dann mit der Kündigungserklärung viel Zeit lässt. Daher wird zwar dem Auftraggeber eine angemessene Zeit zum Überlegen zugestanden, deren Dauer in jedem Einzelfall zu bestimmen ist. Hierbei ist insbesondere der Grad der vom Auftraggeber zuvor geltend gemachten Dringlichkeit von Bedeutung sowie die Tatsache, dass der Auftragnehmer unverändert seine Leistung anbietet und erbringt. Außerdem hatte der Auftraggeber während der von ihm gesetzten Frist ausreichend Zeit, sich seine weitere Vorgehensweise zu überlegen. Nach der Rechtsprechung beträgt die Überlegungszeit und damit die Frist für die Kündigungserklärung daher nur wenige Tage. Dem Auftraggeber ist daher dringend zu empfehlen, nicht länger als zwei Tage mit der Kündigung zu warten. 49

2. Teilkündigung

§ 8 Abs. 3 geht grundsätzlich von einer vollständigen Kündigung des gesamten Vertrags aus. Nach Abs. 3 Nr. 1 Satz 2 ist eine Teilkündigung aber ebenfalls zulässig. Im Gegensatz zu Abs. 1 und Abs. 2 geht dies jedoch nicht beliebig, vielmehr legt Abs. 3 Nr. 1 Satz 2 ausdrücklich fest, dass eine solche Teilkündigung nur für in sich abgeschlossene Teile der Leistung ausgesprochen werden kann. Dieser Begriff ist auch bei einer Teilabnahme nach § 12 Abs. 2 entscheidend (siehe auch die dortige Kommentierung). Es können somit nur solche Teilleistungen kündbar sein, die für sich getrennt abgenommen werden können. Der Auftraggeber muss sich also entscheiden, ob er entweder den gesamten Vertrag (also alle noch offenen Leistungen) kündigen will, oder nur einzelne Teile, die dann jedoch abgrenzbar sein müssen. Hintergrund ist, dass Klarheit herrschen soll, welche Leistungen der Auftraggeber noch verlangt und welche nicht. Bei Teilkündigungen würde es sonst zu unlösbaren Konflikten kommen, z.B. in Bezug auf die spätere (oder parallele!) Ersatzvornahme durch einen anderen Unternehmer oder bei Gewährleistungsfragen. Nach dieser Regelung können nur solche Teilleistungen gesondert gekündigt werden, die sich nach allgemeiner Verkehrsauffassung von den anderen 50 im Vertrag enthaltenen Leistungen getrennt beurteilen lassen, und zwar in Bezug auf Funktionsfähigkeit und Gebrauchstauglichkeit. Die Teilleistung darf nicht nur Grundlage für weitere Bauleistungen sein. Der Begriff ist eng auszulegen, im Zweifel also eine Trennbarkeit zu verneinen. Nicht in sich abgeschlossen sind daher beispielsweise einzelne Geschossdecken oder auch Stockwerke, weil hier die Gewährleistung nur für den gesamten Rohbau betrachtet werden kann. Getrennt gekündigt werden kann jedoch eine Heizungsanlage, auch wenn der Auftragnehmer noch weitere Installationsarbeiten im Auftrag hat. Trennbar sind auch Sondereigentum und Gemeinschaftseigentum bei Wohnanlagen, also können einzelne Wohnungen oder Büros regelmäßig teilgekündigt werden, erst recht verschiedene Gebäude einer Anlage.

3. Entsprechende Anwendung auf anderweitige Vertragsaufhebung

51 Obwohl § 8 Abs. 3 vom Wortlaut her auf die Fälle der §§ 4 und 5 beschränkt ist, ist die Bestimmung auch auf andere Fälle entsprechend anwendbar, bei denen es dem Auftraggeber nach Treu und Glauben unzumutbar ist, das Vertragsverhältnis fortzusetzen. Dies ist der Fall, wenn der Auftragnehmer durch grob vertragswidriges Verhalten den Vertragszweck gefährdet oder das Vertrauensverhältnis so empfindlich stört, dass dem Auftraggeber objektiv eine weitere Zusammenarbeit nicht zumutbar erscheint. § 8 Abs. 3 ist demnach eine Generalklausel für schwere Verfehlungen des Auftragnehmers. Beispiele hierfür können sein: beharrliche Verstöße gegen Vertragspflichten trotz mehrfacher Abmahnung; unberechtigte Einstellung der Arbeiten; Verschweigen fehlender Qualitätsnachweise (Schweißerqualifikation, Eintragung in die Handwerksrolle o.Ä.). Es muss jedoch in jedem Einzelfall geprüft werden, ob tatsächlich eine so schwere Vertragsverletzung vorliegt, dass eine weitere Zusammenarbeit unzumutbar ist. Allgemeine Auslegungsregeln helfen hier wenig.

4. Rechtsfolgen (Nr. 2 bis 4)

52 Nach § 8 Abs.3 Nr. 2 entstehen zunächst zwei alternative Ansprüche des Auftraggebers. Entweder er lässt die Restleistungen zu Lasten des Auftragnehmers durch Dritte fertig stellen oder – wenn die Leistungen für ihn kein Interesse mehr haben – er verzichtet auf die weitere Ausführung und verlangt Schadenersatz wegen Nichterfüllung.

53 Nach Nr. 3 kann der Auftraggeber ferner die bereits auf der Baustelle befindlichen Geräte und Materialien des Auftragnehmers gegen angemessene Vergütung weiter in Anspruch nehmen.

Schließlich ist in Nr. 4 geregelt, dass 12 Werktage nach der Ersatzvornahme und deren Abrechnung durch Drittunternehmer auch der Auftraggeber seinem gekündigten Auftragnehmer eine Abrechnung zukommen lassen muss.

a. Ersatzvornahme (Nr. 2 Satz 1)

54 In Abs. 3 Nr. 2 Satz 1 ist im Gegensatz zu Abs. 2 (insolvenzbedingte Kündigung), wo allgemein nur der Schadensersatz wegen Nichterfüllung genannt ist, die Ersatzvornahme ausdrücklich als Rechtsfolge beschrieben. Beide Bestimmungen meinen jedoch insofern das Gleiche. Inhaltliche Unterschiede bestehen bezüglich Ersatzvornahme und Mehrkostenerstattung nicht, weshalb auf die Ausführungen zu § 8 Abs. 2 verwiesen werden kann (siehen oben Rn. 18 ff.).

55 Auch bei einer außerordentlichen Kündigung nach Abs. 3 muss der Auftraggeber dringend darauf achten, dass die Beauftragung der Fertigstellung an einen anderen Unternehmer erst nach der wirksamen Kündigung (d.h. Zugang des Kündigungsschreibens!) erfolgt. Die Rechtsprechung hat hier ein striktes zeitliches Trennungsgebot aufgestellt, da ein Nebeneinander von altem und neuem Auftragnehmer keine klare Zuordnung und Abrechnung zulässt. Zwar hat die Rechtsprechung vereinzelt zugelassen, dass der bloße Vertragsabschluss mit dem neuen Auftragnehmer auch schon vor der Wirksamkeit der Kündigung erfolgen darf, die Arbeiten dürfen allerdings erst nach Kündigung begonnen werden. Es gibt jedoch auch strengere Stimmen in Rechtsprechung und Literatur, die auch den neuen Vertragsschluss erst nach der Kündigung zulassen. Der Bundesgerichtshof hat zwar inzwischen mehrfach entschieden, dass ein Anspruch auf Erstattung der Ersatzvornahmekosten ohne vorherige Kündigung dann besteht, wenn der Auftragnehmer die vertragsgemäße Fertigstellung endgültig verweigert.

Ob eine solche endgültige Verweigerung vorliegt, kann aber im Einzelfall durchaus streitig sein. Da bei einer Missachtung des vorherigen Kündigungserfordernisses schlimmstenfalls der gesamte Schadensersatzanspruch gefährdet ist, muss von einer Ersatzvornahme vor Kündigung dringend abgeraten werden. Der Auftraggeber sollte vielmehr in jedem Fall den Merksatz beherzigen: „Erst kündigen, dann neu beauftragen." Da die außerordentliche Kündigung nach allgemeinen Grundsätzen ohnehin immer kurz nach Fristablauf ausgesprochen werden muss, dürfte der neue Vertragsabschluss diese wenigen Tage warten können.

Der Auftraggeber hat Anspruch auf Vorschuss in Höhe der Mehrkosten, die voraussichtlich durch die Ersatzvornahme entstehen werden. 56

Der zweite Halbsatz in Nr. 2 Satz 1 („... doch bleiben seine Ansprüche auf Ersatz des etwa entstehenden weiteren Schadens bestehen") stellt keine eigene Anspruchsgrundlage dar. Es wird damit nur festgestellt, dass bereits vor Kündigung entstandene Ansprüche (z.B. aus § 4 Abs. 7, § 6 Abs. 6) bestehen bleiben, und zwar neben den Mehrkosten für die Ersatzvornahme.

Der Auftragnehmer hat nur Anspruch auf Vergütung der bis zur Kündigung erbrachten Leistungen. Bauteile, die noch nicht eingebaut wurden, sind – anders als bei der insolvenzbedingten Kündigung (§ 8 Abs.2 i.V.m. § 6 Abs.5) – nicht zu vergüten. 57

b. Schadenersatz wegen Nichterfüllung bei Verzicht auf die weitere Ausführung (Nr. 2 Satz 2)

Der Auftraggeber kann alternativ zur Ersatzvornahme auch vollständig auf die Ausführung verzichten. Dieser Anspruch setzt voraus, dass der Auftraggeber kein Interesse mehr an der Fertigstellung hat. Der Interessenwegfall muss jedoch auf denselben Gründen wie die Kündigung beruhen. Fällt das Auftraggeberinteresse hingegen aus anderen, z.B. persönlichen Gründen, weg, besteht kein Schadensersatzanspruch. Beispiel für Nr. 2 Satz 2 ist die Errichtung von Bauleistungen, die nur einem zeitlich befristeten Einsatzzweck dienen (Messen, Provisorien). Die Vorschrift hat vor diesem Hintergrund nur eine geringe praktische Bedeutung. 58

Der Auftraggeber muss ferner endgültig kein Interesse mehr an der Ausführung haben. Es reicht nicht, dass er nur die Ausführung durch diesen Auftragnehmer nicht mehr wünscht. 59

Der Schadensersatzanspruch nach Abs. 3 Nr. 2 Satz 2 geht der Höhe nach auf das so genannte positive Interesse des Auftraggebers, d.h., er ist vom Auftragnehmer so zu stellen, als wäre der Vertrag voll erfüllt worden. Der Auftraggeber kann daher sogar die gesamte Leistung ablehnen und die bereits geleisteten Zahlungen zurückverlangen. In diesem Fall muss der Auftragnehmer auch die Abbruchkosten übernehmen. Ferner sind sämtliche Folgeschäden und entgangener Gewinn vom Auftragnehmer zu erstatten. 60

5. Anspruch des Auftraggebers auf Weiternutzung der Geräte und Materialien (Nr. 3)

Der Auftraggeber darf nach § 8 Abs. 3 Nr. 3 die Geräte, Gerüste, Einrichtungen, Stoffe und Bauteile des Auftragnehmers gegen angemessene Vergütung für die Weiterführung der Arbeiten benutzen. Dieser Anspruch besteht natürlich nur, falls der Auftraggeber sich für die Ersatzvornahme entscheidet. Wählt er hingegen Schadenersatz wegen Nichterfüllung (Nr. 2 Satz 2), so entfällt das Benutzungsrecht. Dieses Recht des Auftraggebers hat in der Praxis keine besondere Bedeutung, da die Ersatzvornahme durch einen weiteren Bauunternehmer regelmäßig mit dessen eigener Ausstattung erfolgt. Gerade bei bestimmten Stoffen und Bauteilen (z.B. maßgefertigte Fenster) kann dies jedoch durchaus von erheblichem Interesse sein. 61

Der Auftraggeber muss das Weiterbenutzungsrecht ausdrücklich geltend machen. Es handelt sich nicht um ein Recht, das der Auftragnehmer unaufgefordert befolgen muss. Bis der Auftraggeber sich äußert, ist daher das Entfernen der Geräte kein Rechtsverstoß. Versäumt der Auftraggeber die Anmeldung des Anspruchs und schafft der Auftragnehmer die Geräte von der Baustelle, so geht das Recht verloren. Denn Gegenstand des Anspruchs sind nach dem eindeutigen Wortlaut der Bestimmung nur die noch auf der Baustelle befindlichen Geräte und Baustoffe. 62

Für die Verwendung der Gegenstände schuldet der Auftraggeber dem Auftragnehmer eine angemessene Vergütung. Maßgeblich sind hierbei nicht die vertraglich vereinbarten Preise, 63 sondern nur die objektive Angemessenheit. Falls sich die Parteien nicht auf einen Preis einigen können, wird die Angemessenheit spätestens vom Gericht festgelegt. Bis dahin besteht kein Zurückbehaltungsrecht des Auftragnehmers an den Geräten und Stoffen. Vielmehr geht das dringende Auftraggeberinteresse an der zügigen Fertigstellung vor. Zu beachten ist jedoch, dass hier kein Selbsthilferecht des Auftraggebers besteht. Er darf den Auftragnehmer nicht mit Gewalt an der Räumung hindern, sondern muss gegebenenfalls gerichtliche Hilfe in Anspruch nehmen.

64 Während der Weiterbenutzung haftet der Auftraggeber dem Auftragnehmer für etwaige Beschädigungen der Geräte etc.

6. Abrechnung des Auftraggebers nach Ersatzvornahme (Nr. 4)

65 Die Regelung in § 8 Abs. 3 Nr. 4 gibt dem Auftraggeber das Recht, zunächst die Ersatzvornahme durch den Drittunternehmer zu Ende zu führen, dann mit diesem abzurechnen und erst danach mit dem gekündigten Erstunternehmer abzurechnen. Dies beschert dem Auftraggeber eine zeitlich komfortable Situation. Auch wenn der gekündigte Auftragnehmer noch so massiv eine Abrechnung fordert, kann der Auftraggeber dies zurückstellen, bis die Leistungen fertig gestellt sind.

66 Die Abrechnung nach Kündigung ist allerdings kompliziert. Denn zunächst bedarf es einer prüfbaren Rechnung des gekündigten Auftragnehmers für die bis zur Kündigung erbrachten Leistungen. Gegebenenfalls kommt eine angemessene Vergütung für die Weiternutzung von Geräten etc. hinzu (Abs. 3 Nr. 3). Sodann muss der Auftraggeber die kündigungsbedingten Mehrkosten darlegen, und zwar durch Aufstellung der Ersatzvornahmekosten nebst weiterer Schadensersatzansprüche abzüglich der noch offenen Restvergütung des Erstunternehmers (Sowieso-Kosten). Die Abrechnung muss prüfbar sein, dabei aber nicht zwingend den Anforderungen des § 14 Nr. 2 entsprechen.

67 Angesichts der Abrechnungsschwierigkeiten ist dem Auftraggeber ein – möglichst gemeinsames – Aufmaß der bis zur Kündigung erbrachten Leistungen dringend zu empfehlen. Es erleichtert die Abrechnung ferner, wenn der Auftraggeber größere Änderungen am Bausoll nach der Kündigung unterlässt.

68 Wichtig für den Auftraggeber ist, dass er die Mehrkostenentwicklung bis zur Fertigstellung abwarten kann und erst danach mit den Restansprüchen des Auftragnehmers verrechnen kann. Für die Abrechnung der Mehrkosten gegenüber dem Erstunternehmer hat er nach Nr. 4 eine Frist von 12 Werktagen ab Abrechnung mit dem zweiten Unternehmer. Auf den Zeitpunkt der Zahlung an diesen kommt es hierbei nicht an. Dieses Recht des Auftraggebers, mit der Abrechnung zu warten, bis die Ersatzvornahme abgerechnet ist, führt dazu, dass die Fälligkeit der Schlussrechnung des gekündigten Auftragnehmers unter Umständen über den Fälligkeitszeitpunkt des § 16 Abs. 3 hinausgeschoben wird.

Die 12-Tage-Frist ist keine Ausschlussfrist, der Auftraggeber verliert also mit Fristablauf nicht seine Ansprüche.

IV. Kündigung aus vergaberechtlichen Gründen (§ 8 Abs. 4)

1. Allgemeines

69 Diese Kündigung kommt in der Praxis nicht annähernd so häufig vor wie die Fälle nach Abs. 1 bis 3, dennoch ist ihre Bedeutung, insbesondere wegen der Neuregelung in § 8 Abs. 4, nicht zu unterschätzen. Ob sich aus dem neuen Zusammenhang mit dem ebenfalls 2016 novellierten Vergaberecht (§§ 97 ff. GWB) eine Zunahme an Kündigungen in der baurechtlichen Praxis ergibt, bleibt abzuwarten. Angesichts der in § 132 GWB neu geregelten vergaberechtlichen Systematik von Vertragsänderungen kann dies nicht ausgeschlossen werden. Die beibehaltene Kündigungsregelung § 8 Abs. 4 Nr. 1 bietet dem Auftraggeber die Möglichkeit, einen während des Vergabeverfahrens unerkannten Rechtsverstoß des Auftragnehmers noch nach dem Vertragsabschluss zu ahnden. Dieses Recht ist im Unterschied zu den Kündigungsrechten nach Abs. 2 und 3 völlig unabhängig von der Vertragserfüllung, sondern bezieht sich auf ein vorvertragliches Verhalten des Auftragnehmers („aus Anlass der Vergabe"). Neben der bisherigen Kündigungsmöglichkeit bei unzulässigen Wettbewerbsabreden (Abs. 4 Nr. 1) enthält der neue § 8 Abs. 4 Nr. 2 nunmehr auch die Möglichkeit, einen eigentlich nicht zulässigen Zuschlag nachträglich zu korrigieren. Die Kündigung ist demnach auch dann zulässig,

- wenn der Auftragnehmer wegen eines zwingenden Ausschlussgrundes nicht hätte beauftragt werden dürfen,
- bei einer wesentlichen Änderung des Vertrags oder
- bei Feststellung einer schweren Verletzung der EU-Verträge durch den Europäischen Gerichtshof.

2. Kündigung wegen wettbewerbswidriger Absprachen (§ 8 Abs.4 Nr. 1)

Vor Vertragsabschluss (Zuschlag) hat der Auftraggeber den Auftragnehmer bei wettbewerbs- **70**
widrigen Absprachen nach § 16 Abs. 1 Nr. 5 VOB/A auszuschließen, vorausgesetzt er bemerkt diesen Verstoß. Tut er dies nicht und erteilt den Zuschlag, bleibt ihm das Kündigungsrecht nach § 8 Abs. 4 VOB/B.

Als wettbewerbswidrige Abrede, die nach Abs. 4 zur Kündigung berechtigt, gilt jeder Verstoß **71**
des Auftragnehmers gegen das Gesetz gegen Wettbewerbsbeschränkungen (GWB). Insbesondere §§ 1, 18 ff. GWB verbieten Preisabsprachen und Ähnliches. Wegen dieser komplexen Thematik muss auf die umfangreiche Literatur zum GWB verwiesen werden.

Es kommt für das Kündigungsrecht nach Abs. 4 Nr. 1 nicht darauf an, ob dem Auftraggeber **72**
ein Schaden durch den Verstoß des Auftragnehmers entstanden ist.

Liegt eine wettbewerbswidrige Abrede vor, so kann der Auftraggeber den Vertrag kündigen. **73**
Nach der Neuregelung ist nunmehr ausdrücklich auch eine Teilkündigung zulässig, dies ergibt sich aus dem Verweis auf § 8 Abs. 3 Nr. 1 Satz 2. Ferner gelten ausdrücklich die Rechtsfolgen nach Abs. 3 Nrn. 2-4. Der Auftraggeber hat also das Recht zur Ersatzvornahme und den Anspruch auf Schadensersatz wegen Nichterfüllung. Er kann ferner Geräte, Einrichtungen und angelieferte Stoffe des Auftragnehmers in Anspruch nehmen und hat Zeit zur Abrechnung bis 12 Tage nach Beendigung der Ersatzvornahme. Auf die Ausführungen hierzu wird daher verwiesen (siehe oben Rn. 52 ff.).

3. Vergaberechtliche Kündigungsgründe (§ 8 Abs. 4 Nr. 2)

Diese Neuregelung in § 8 Abs. 4 Nr. 2 steht im Zusammenhang mit dem Vergaberecht. In Nr. **74**
2a) wird zunächst auf zwingende Ausschlussgründe zum Zeitpunkt des Zuschlags verwiesen, also insbesondere auf § 16 VOB/A und § 123 GWB. In Nr. 2b) wird darüber hinaus den in § 132 GWB geregelten Vorgaben für die Neuvergabe von Nachtragsleistungen Rechnung getragen und darüber hinaus eine Kündigungsmöglichkeit bei Verstößen gegen EU-Recht geschaffen. Letztere müssen allerdings vom EuGH festgestellt werden, was die Häufigkeit der Anwendungsfälle stark reduzieren wird. Anders hingegen die genannten Kündigungsgründe bei vergaberechtswidrigen Vertragsabschlüssen, die an Relevanz zunehmen dürfte. Hintergrund ist, dass eigentlich nicht zulässige Zuschlagserteilungen nachträglich korrigiert werden können. Im Rahmen des Vergaberechts ist dies nach Zuschlagserteilung kaum möglich. Auch die bisherigen Kündigungsmöglichkeiten in Abs. 3 und 4 bildeten diese Variante nicht ausreichend ab, weil die herkömmlichen Verschuldensgrundsätze hier oftmals nicht greifen. Wenn jedoch ein Vertrag unter Verstoß gegen das Vergaberecht erteilt wurde, muss die Möglichkeit bestehen, den Vertrag zu kündigen, um auch weiteren Vorgaben des Vergaberechts Rechnung zu tragen.

Dies gilt insbesondere für zwingende Ausschlussgründe des Vergaberechts. Wenn diese nicht **75**
rechtzeitig erkannt wurden und der Bauvertrag durch den Zuschlag zustande kam, besteht nunmehr durch den neu geschaffenen Abs. 4 Nr. 2a ein ausdrücklicher Kündigungsgrund. Insofern werden vergaberechtliche Erwägungen in das spätere Vertragsstadium hineingetragen. Insbesondere bei Kenntniserlangung erst nach Zuschlag ist dies eine überfällige Rege-

lung. Auch hier ist qua Verweis auf Abs. 3 Nr. 1 Satz 2 eine Teilkündigung ausdrücklich zulässig. Die Rechtsfolgen der vergaberechtlichen Kündigung ergeben sich aus Abs. 3 Nr. 2-4, auf die dortigen Ausführungen wird verwiesen.

76 Eine deutlich kompliziertere Variante ist die Kündigung nach Abs. 4 Nr. 2b 1.Alt, nämlich bei wesentlichen Änderungen des Vertrags (§132 GWB). Seit 2016 gelten neue Rahmenbedingungen im Falle von Nachträgen. In § 132 GWB wird nunmehr festgelegt, wann eine Änderung des Bauvertrags wesentlich ist und daher ein neues Vergabeverfahren erfordert. Sollte sich aus diesen vergaberechtlichen Vorgaben die Notwendigkeit ergeben, den Bauvertrag (teilweise) zu kündigen, so besteht diese Möglichkeit jetzt über § 8 Abs. 4 Nr. 2b. Dies kommt insbesondere bei Verstößen gegen das genannte Gebot einer Neuvergabe nach § 132 GWB in Betracht. Bereits beauftragte Nachtragsleistungen erfordern dann gegebenenfalls wieder eine Herauslösung der Leistung aus dem ursprünglichen Vertrag, um diese neu auszuschreiben.

77 Die Kündigungsmöglichkeit nach Abs. 4 Nr. 2b 2. Alt. wegen einer vom EuGH festgestellten schweren Verletzung von EU-Recht spielt, schon wegen des langen Instanzenzugs und der wenigen dort anhängigen Fälle, bisher und wohl auch in den ersten Jahren nach Inkrafttreten der VOB/B 2016 keine erhebliche Rolle. Die jeweiligen Kündigungsvoraussetzungen müssen sich in jedem Einzelfall aus einem Urteil des EUGH ergeben. Dieser verlangt regelmäßig, dass festgestellte Vergabeverstöße rückgängig gemacht werden, was bisher schwierig war, jetzt jedoch über Abs. 4 Nr. 2b möglich ist. Die sich oftmals ergebenden Auslegungsschwierigkeiten dürften jedoch die Praxisrelevanz weiter reduzieren.

78 Die Rechtsfolge einer Kündigung nach Abs. 4 Nr. 2b ergibt sich aus § 6 Abs. 5, die erbrachten Leistungen sind also nach den Vertragspreisen abzurechnen und außerdem die bereits entstandenen Kosten zu vergüten (siehe oben, Kommentierung zu § 6). Diese Kündigungsfolgen sind also in aller Regel günstiger für den Auftraggeber als bei einer „freien" Kündigung nach § 8 Abs. 1, auch wenn Schadensersatzansprüche der Parteien in Abs. 4 Nr. 2b ausdrücklich vorbehalten bleiben. Diese setzen schließlich stets Verschulden voraus, das nicht in jedem Fall vorliegen dürfte.

79 Anders als bei § 8 Abs. 1–3 besteht bei einer Kündigung nach Abs. 4 eine Frist. Der Auftraggeber kann die Kündigung nur innerhalb von 12 Werktagen nach Kenntnisnahme von dem Verstoß aussprechen. Erforderlich ist hierbei positives Wissen des Auftraggebers, fahrlässige Unkenntnis reicht also nicht aus. Die 12-Tages-Frist ist eine absolute Ausschlussfrist. Der Auftraggeber verliert also mit Fristablauf sein Kündigungsrecht. Entscheidend ist, dass die Kündigung dem Auftragnehmer innerhalb der Frist zugeht, denn die Kündigung ist eine empfangsbedingte Willenserklärung. Zu beachten ist, dass auch der Samstag zu den Werktagen zählt.

V. Kündigung durch den Nachunternehmer aus vergaberechtlichen Gründen (§ 8 Abs. 5)

80 Die ebenfalls durch die VOB/B 2016 neu eingefügte Vorschrift des § 8 Abs. 5 enthält die konsequente Fortschreibung bestimmter neuer vergaberechtlicher Kündigungsgründe. Sollte der Auftraggeber nach § 8 Abs. 4 Nr. 2b gekündigt haben, so steht das gleiche Recht (aus Abs. 4 Nr. 2b) auch dem Nachunternehmer und seinen Nachunternehmern zu, da diese sonst an ihre Verträge gebunden sind, während sie selbst ohne Verschulden ihren eigenen Auftrag verloren haben. Durch den Verweis in Abs. 5 auf Abs. 4 Nr. 2b werden auch die Rechtsfolgen der Kündigung (§ 6 Abs. 5) gleichlautend übernommen.

VI. Schriftform der Kündigung (§ 8 Abs. 6)

81 § 8 Abs. 6 stellt klar, dass die Kündigung schriftlich erfolgen muss. Die Bestimmung gilt für sämtliche Kündigungen nach § 8. Das Schriftformerfordernis ist zwingende Voraussetzung für die Wirksamkeit der Kündigung. Wenn nichts anderes im Vertrag vereinbart ist (z.B. Einschreiben), ist eine Kündigung per Fax ausreichend.

Die Kündigung ist ferner empfangsbedürftig. Sie wird also nur wirksam, wenn und sobald sie dem Kündigungsempfänger tatsächlich zugeht. Auf ein bloßes Fax sollte sich der Auftraggeber daher nicht verlassen. Hier ist – gegebenenfalls zusätzlich – ein Einschreiben zu empfehlen. 82

Der Auftraggeber muss nicht zwingend das Wort „Kündigung" verwenden, es muss sich jedoch aus dem Schreiben unmissverständlich ergeben, dass er den Vertrag endgültig beenden will. Der Auftraggeber sollte ferner den Grund für die Kündigung nennen, da es sich andernfalls um eine „freie" Kündigung nach § 8 Abs. 1 handeln könnte (zur Umdeutung der Kündigung siehe oben Rn. 29), mit den dort geregelten finanziellen Nachteilen für den Auftraggeber. 83

VII. Aufmaß, Abnahme und Abrechnung nach Kündigung (§ 8 Abs. 7)

§ 8 Abs. 7 gilt ebenso wie Abs. 6 für alle Kündigungen nach § 8. 84

Nach Abs. 7 kann der Auftragnehmer Aufmaß und Abnahme der erbrachten Leistungen alsbald nach der Kündigung verlangen. Er hat umgekehrt seine Leistungen unverzüglich prüfbar abzurechnen. Aus dieser Bestimmung ergibt sich kein eigener Vergütungsanspruch, sie setzt vielmehr einen solchen voraus und regelt nur seine Durchsetzbarkeit. Hierfür werden Aufmaß, Abnahme und Abrechnung als Anforderung genannt.

1. Aufmaß

Das Aufmaß bezieht sich auf die bis zur Kündigung erbrachten Leistungen. Es richtet sich nach § 14 Abs. 2 und sollte gemeinsam erfolgen. Weigert sich jedoch der Auftraggeber mitzuwirken, so hat der Auftragnehmer das Recht, es allein aufzunehmen und hierzu – nach vorheriger rechtzeitiger Anmeldung – die Baustelle zu betreten. Dabei hat er allerdings Beeinträchtigungen des weiteren Baustellenbetriebs zu unterlassen. 85

Aufmaß und Abnahme können „alsbald" verlangt werden. Diese Formulierung stellt klar, dass es im Interesse des Auftragnehmers liegt, nicht allzu lange zu warten, denn andernfalls hat er die negativen Folgen zu tragen. Führt nämlich der Auftraggeber das Bauvorhaben fort, so lässt sich der bisherige Leistungsstand bis zur Kündigung später nur noch schwer nachweisen. Die Beweislast hierfür trägt allerdings bis zur Abnahme allein der Auftragnehmer. Dem Auftraggeber hingegen ist es nicht zuzumuten, mit der Ersatzvornahme allzu lange zu warten, nur weil der Auftragnehmer sich nicht zügig um das Aufmaß kümmert. 86

Über den Wortlaut von Abs. 6 hinaus kann nicht nur der Auftragnehmer, sondern auch der Auftraggeber die Abnahme verlangen. Dies geht eindeutig aus § 14 Abs. 2 hervor. 87

2. Abnahme

Die in Abs. 7 genannte Abnahme ist eine rechtsgeschäftliche Abnahme nach § 12. Der Auftraggeber darf diese also verweigern, wenn es sich um eine völlig mangelhafte Leistung handelt, wobei der Mangel nicht allein in der kündigungsbedingten Unvollständigkeit der Leistung bestehen darf. Mit der Abnahme tritt Beweislastumkehr und Verjährungsbeginn für die Mängelansprüche ein. 88

Eine fiktive Abnahme nach § 12 Abs. 5 ist jedoch im Fall einer Ersatzvornahme nach Kündigung ausgeschlossen, da nach § 12 Abs. 5 Nr. 2 Satz 2 die Benutzung von Teilen der baulichen Anlage zur Weiterführung der Arbeiten ausdrücklich nicht als Abnahme gilt. Auch § 12 Abs. 5 Nr. 1 ist hier nicht anwendbar, da dort eine schriftliche Fertigstellungsmitteilung gefordert wird, die bei einer Kündigung ausgeschlossen ist. 89

Die Kündigung ändert nichts daran, dass der Auftragnehmer die Beweislast für die Mängelfreiheit bis zur Abnahme trägt. 90

3. Abrechnung

91 Für die Abrechnung des Auftragnehmers nach Abs. 7 gelten die Prüfbarkeitsanforderungen des § 14 Abs. 1. Da die Kündigung ferner die Leistungspflicht des Auftragnehmers beendet, also auch seine Vorleistungspflicht, kann er umgekehrt keine Abschlagszahlungen mehr verlangen.

92 Der Auftragnehmer muss die Abrechnung „unverzüglich" vorlegen, d.h. ohne schuldhaftes Zögern (Definition § 121 BGB). Eine Verletzung dieser Regelung kann zu Schadensersatzansprüchen des Auftraggebers führen, beispielsweise bei Beweiserschwernissen durch die Ersatzvornahme. Darüber hinaus kann der Auftraggeber die Rechnung nach § 14 Abs. 4 selbst aufstellen.

93 Zu beachten ist, dass bei einer berechtigten Ersatzvornahme durch den Auftraggeber nach Kündigung gemäß Abs. 2 bis 4 die Fälligkeit einer Schlussrechnung des Auftragnehmers bis nach der Abrechnung der Ersatzvornahme verschoben wird (12-Tage-Frist gem. § 8 Abs. 3 Nr. 4).

VIII. Vertragsstrafe nach Kündigung (§ 8 Abs. 8)

94 Auch diese Regelung gilt für alle in § 8 geregelten Kündigungen. Nach Abs. 8 kann eine nach Zeit bemessene Vertragsstrafe wegen Auftragnehmerverzugs nur für den Zeitraum bis zur Kündigung geltend gemacht werden. Dies scheint bei näherer Betrachtung selbstverständlich, denn dem Auftragnehmer wird durch die Kündigung ja die Möglichkeit genommen, weiteren Verzug zu verhindern oder sogar die bisherigen Verzögerungen aufzuholen. Schadensersatzansprüche des Auftraggebers hingegen bleiben hiervon völlig unberührt.

§ 9 VOB/B
Kündigung durch den Auftragnehmer

(1) Der Auftragnehmer kann den Vertrag kündigen:

1. **wenn der Auftraggeber eine ihm obliegende Handlung unterlässt und dadurch den Auftragnehmer außerstande setzt, die Leistung auszuführen (Annahmeverzug nach §§ 293 ff. BGB),**
2. **wenn der Auftraggeber eine fällige Zahlung nicht leistet oder sonst in Schuldnerverzug gerät.**

(2) Die Kündigung ist schriftlich zu erklären. Sie ist erst zulässig, wenn der Auftragnehmer dem Auftraggeber ohne Erfolg eine angemessene Frist zur Vertragserfüllung gesetzt und erklärt hat, dass er nach fruchtlosem Ablauf der Frist den Vertrag kündigen werde.

(3) Die bisherigen Leistungen sind nach den Vertragspreisen abzurechnen. Außerdem hat der Auftragnehmer Anspruch auf angemessene Entschädigung nach § 642 BGB; etwaige weitergehende Ansprüche des Auftragnehmers bleiben unberührt.

A. Grundsätzliches

1 Während § 8 die Kündigung durch den Auftraggeber regelt, betrifft § 9 den umgekehrten, viel selteneren Fall, nämlich die Auftragnehmerkündigung. Dieser Fall hat aus mehreren Gründen in der Praxis nicht die gleiche Bedeutung wie die Auftraggeberkündigung nach § 8. Zunächst steht dem Auftragnehmer, anders als dem Auftraggeber, kein allgemeines Kündigungsrecht zu.

2 Diese unterschiedliche Behandlung macht Sinn, denn der Auftraggeber hat eine viel engere persönliche und wirtschaftliche Beziehung zu dem Bauvorhaben als der Auftragnehmer. Würde man ihm keine Loslösung vom Vertrag im Wege einer „freien" Kündigung nach § 8 Abs. 1 gestatten, so käme dies quasi einem aufgedrängten Bauwerk gleich. Der Auftraggeber könnte sich von einem möglicherweise ungewollten Gebäude nur durch einen späteren Abriss

wieder befreien. Dies kann vom Werkvertragsrecht und insbesondere vom Baurecht nicht gewollt sein.

Der Auftragnehmer hat ähnliche Folgen nicht zu befürchten. Denn nach der Fertigstellung endet in der Regel seine Verbindung zum Bauwerk, das er für jemand anderen erstellt hat. Die Vertragsdurchführung bis zum Ende ist ihm in jedem Fall – selbst gegen seinen Willen – zuzumuten. Umgekehrt sind die Folgen einer freien Auftraggeberkündigung für den Auftragnehmer durch die finanziellen Regelungen in § 8 Abs. 1 Nr. 2 ausreichend kompensiert. 3

Hätte der Auftragnehmer ebenfalls ein allgemeines Kündigungsrecht, so würde dies den Auftraggeber vor gravierende Probleme stellen. Er müsste sich mit erheblichem Aufwand erneut einen Unternehmer suchen. Dies würde insbesondere nach Baubeginn zu absurden Ergebnissen führen und das Bauvorhaben nicht selten für Monate unterbrechen. Selbst eine denkbare finanzielle Ausgleichsregelung, ähnlich wie in § 8 Abs. 1, würde diese Problemlage nicht beheben. Dem Auftraggeber geht es eben nicht nur um Geld, sondern – in den meisten Fällen – auch um das Bauwerk an sich. 4

Angesichts des bewusst eingeschränkten Kündigungsrechts des Auftragnehmers ist § 9 folgerichtig auch sehr viel kürzer als § 8. Umso einfacher ist sein Aufbau: 5

§ 9	Inhalt
Abs. 1	2 Kündigungsgründe: a) Annahmeverzug des AG b) Schuldnerverzug des AG
Abs. 2	Formale Erfordernisse: • Schriftform • Fristsetzung • Kündigungsandrohung
Abs. 3	Rechtsfolge: • Abrechnung nach Vertragspreisen • angemessene Entschädigung

B. Kündigungsgründe (§ 9 Abs. 1)

I. Zwei Kündigungsgründe: Unterschiede

Wie oben dargestellt, nennt § 9 Abs. 1 zwei Kündigungsgründe, nämlich einerseits Annahmeverzug und andererseits Schuldnerverzug des Auftraggebers. Die Unterscheidung mag für den Nichtjuristen auf den ersten Blick verwirrend sein, bei näherer Betrachtung ist sie jedoch logisch. 6

Der Auftraggeber hat einerseits bloße Mitwirkungspflichten, die dem Auftragnehmer die Leistungserbringung erleichtern oder gar erst ermöglichen. Diese Mitwirkungspflichten des Auftraggebers bestehen grundsätzlich in seinem eigenen Interesse. Sie sind für den Auftragnehmer daher nicht einklagbar. Bei Nichterfüllung dieser Mitwirkungspflichten darf der Auftraggeber sich jedoch auch nicht über die dadurch beeinträchtigte Leistung des Auftragnehmers beschweren. Er hat die Leistung nicht ordnungsgemäß angenommen. Der Auftraggeber gerät hierbei in einen sogenannten Annahmeverzug, da er durch eigenes Fehlverhalten die Erbringung der angebotenen Leistung vereitelt. 7

Andererseits bestehen für den Auftraggeber auch echte Leistungspflichten, die der Auftragnehmer als Hauptpflichten einfordern und gegebenenfalls auch einklagen kann. Die wichtigste dieser Hauptpflichten ist selbstverständlich die Zahlung des vereinbarten Werklohns. Der Auftraggeber ist also diesbezüglich Schuldner und gerät bei Nichterfüllung unter bestimmten Voraussetzungen in Verzug wie jeder andere säumige Schuldner. 8

II. Annahmeverzug des Auftraggebers (Abs. 1a)

9 Der erste der beiden in § 9 Abs. 1 genannten Kündigungsgründe für den Auftragnehmer besteht,

> „a) wenn der Auftraggeber eine ihm obliegende Handlung unterlässt und dadurch den Auftragnehmer außerstande setzt, die Leistung auszuführen (Annahmeverzug nach §§ 293 ff. BGB)"

Dieser Wortlaut klingt zunächst banal. Die Regelung enthält jedoch Kündigungsvoraussetzungen, deren Feststellung in vielen Fällen kompliziert ist. Denn § 9 Abs. 1a setzt genau genommen drei Dinge voraus. Der Auftragnehmer hat demnach nur dann ein Recht zur Kündigung, wenn

- der Auftraggeber eine bestimmte Mitwirkungspflicht hat,
- er diese Handlung unterlässt und
- der Auftragnehmer dadurch außerstande ist, seine Leistung auszuführen.

1. Mitwirkungspflichten des Auftraggebers

10 § 9 Abs. 1 Nr. 1 regelt die Kündigungsmöglichkeit bei Verletzung einer Mitwirkungspflicht. Welche Mitwirkungspflichten der Auftraggeber hat, legt jedoch § 9 nicht fest. Vielmehr handelt es sich um einen allgemeinen Verweis auf alle bauvertraglichen Mitwirkungspflichten des Auftraggebers. Diese ergeben sich aus dem Bauvertrag und insbesondere aus der VOB/B.

Folgende Mitwirkungspflichten des Auftraggebers bestehen:

11 • Pflicht zur Bereitstellung des Baugrundstücks oder anderer baulicher Vorleistungen

Hierbei handelt es sich um die wichtigste Obliegenheit des Auftraggebers, denn ohne Grundstück ist keine Bauleistung möglich. Auch ein Nachunternehmer mit einem noch so kleinen und nachgeordneten Gewerk ist stets auf die Bereitstellung einer Arbeitsgrundlage angewiesen, auf die er seine Leistung „aufsetzen" kann. So kann der Dachstuhl erst nach Fertigstellung des obersten Geschosses montiert werden, das Parkett erst nach Verlegung des Estrichs. Mit dem Hausbau kann erst begonnen werden, wenn das Baufeld freigemacht wurde. Es handelt sich also um die allgemeine Pflicht des Auftraggebers, dem Auftragnehmer den Boden oder die Leistungen von Vorunternehmern zur Verfügung zu stellen, die er für die Ausführung seiner Leistungen zwingend benötigt. Diese Auftraggeberpflicht ist zwar weder in der VOB/B noch im BGB ausdrücklich geregelt, sie ergibt sich aber selbstverständlich aus der Systematik des Bauvertragsrechts. Denn der Auftragnehmer kann seine „Arbeitsgrundlage" selbst nicht mitbringen (dann wäre er Verkäufer oder Bauträger). In § 645 BGB und § 4 Abs. 3 VOB/B kommt diese Systematik zum Ausdruck, wenn dort von „Stoffen" die Rede ist, die der Auftraggeber „liefert". Während das BGB in seinem Werkvertragsrecht auch Verträge außerhalb des Baus, beispielsweise mit Schneidern, Mechanikern und anderen Unternehmern, im Auge hat, bei denen das Mitbringen des „Stoffes" einleuchtet, hat die VOB/B dieses logische Prinzip für das Bauwesen übernommen. Ein Bauwerk kann eben nur mit und auf einem Grundstück errichtet werden.

12 • Pflicht zur Übergabe der Ausführungsunterlagen (§ 3 Abs. 1 VOB/B)

Der Auftraggeber hat dem Auftragnehmer rechtzeitig und unentgeltlich die erforderlichen Planunterlagen zur Verfügung zu stellen. Dies ist quasi die Fortschreibung der Pflicht zur Bereitstellung des Baugrunds. Denn der Auftraggeber muss dem Bauunternehmer natürlich auch mitteilen, welche Bauleistung er wünscht. Hierzu bedient sich der Auftraggeber meist eines Architekten oder eines Ingenieurs, die ihm allerdings nur im eigenen Vertragsverhältnis zuarbeiten. Die Übergabe dieses Bestellinhalts an den Auftragnehmer in Gestalt von „Ausführungsunterlagen" erfolgt jedoch im Rahmen des Bauvertrags durch den Auftraggeber.

13 • Pflicht zur Absteckung der Hauptachsen und Geländegrenzen; Schaffen der Höhenfestpunkte (§ 3 Abs. 2 VOB/B)

Auch diese Auftraggeberpflicht folgt aus der grundsätzlichen Bereitstellungspflicht, denn der Auftragnehmer benötigt natürlich auch Angaben zu den Grundstücksgrenzen und zu Anschluss- und Berührungspunkten. Andernfalls besteht beispielsweise die Gefahr eines Überbaus auf Nachbargrundstücke. Es handelt sich hier um Informationen und Unterlagen, die normalerweise nur der Auftraggeber hat oder sich beschaffen kann.

- Pflicht zur Feststellung der örtlichen Zustände vor Baubeginn (§ 3 Abs. 4 VOB/B) **14**

Hierbei handelt es sich um eine Pflicht zum Zusammenwirken, denn die Zustandsfeststellung sollen die Bauvertragsparteien vor Baubeginn in einer Niederschrift festhalten und „anerkennen". Dies allerdings nur, „soweit notwendig" (siehe hierzu § 3 Rn. 48).

- Pflicht zur Aufrechterhaltung der allgemeinen Ordnung und zur Koordinierung der Unternehmer (§ 4 Abs. 1 Nr. 1 Satz 1 VOB/B) **15**

Diese Auftraggeberpflicht wird in vielen Fällen durch den Bauvertrag relativiert, indem der Auftragnehmer Teilpflichten übernimmt. Beispielsweise hat ein Generalunternehmer, der alleine auf dem Baugrundstück tätig ist, selbst die vertragliche Pflicht zur Koordinierung der Einzelgewerke. Auch die örtlichen Verhältnisse spielen für die Pflichtenverteilung eine Rolle. Der Auftraggeber hat eine gesteigerte Ordnungs- und Verkehrssicherungspflicht, wenn während der Baumaßnahme Dritteinflüsse auf das Grundstück oder Betriebszustände herrschen, beispielsweise beim Gleis- oder Straßenbau. Hingegen ist beispielsweise bei der Erstellung einer Tunnelröhre regelmäßig der Auftragnehmer „Herr im Haus", da die Baustelle nur einen eng umgrenzten Arbeitsraum bietet und auch nicht frei zugänglich ist. Beim herkömmlichen „Häuslebau" jedoch hat der Auftraggeber Einflüsse z.B. durch Nachbarn, Besucher oder andere von ihm gesondert beauftragte Unternehmer fernzuhalten. Es ist also in jedem Einzelfall zu prüfen, inwiefern diese Auftraggeberpflichten – ausdrücklich oder aus den Umständen heraus – bauvertraglich ausgeweitet oder eingeschränkt wurden. Die Vorgaben der VOB/B gelten nur, soweit nichts anderes vereinbart ist.

- Pflicht zur Herbeiführung der erforderlichen öffentlich-rechtlichen Genehmigungen (§ 4 Abs. 1 Nr. 1 Satz 2 VOB/B) **16**

Auch hierbei handelt es sich um eine originäre Bauherrenaufgabe. Denn wer keine Baugenehmigung hat, darf auch kein Bauwerk erstellen lassen. Der Bauvertrag wäre in diesem Fall schlichtweg nicht erfüllbar.

- Pflicht zur Überlassung von Lager- und Arbeitsplätzen und Anschlüssen (§ 4 Abs. 4 VOB/B) **17**

Die Vorschrift regelt einen bedeutsamen Bereich, nämlich den Flächenbedarf über die eigentliche Bauwerksfläche hinaus (Lager- und Geräteflächen, sanitäre Anlagen) und die Baustellenzufahrten. Hinsichtlich Wasser und Energie hat der Auftraggeber nur die entsprechenden Anschlüsse bereitzustellen. Den Verbrauch trägt hingegen der Auftragnehmer. Die in § 4 Abs. 4 geregelten Pflichten sind im Bauvertrag oftmals abweichend geregelt. Insbesondere hat der Auftragnehmer seinen Bedarf an Baustelleneinrichtungsfläche meist eigenverantwortlich zu klären und zu decken. Auch die Anschluss- und Zufahrtsmöglichkeiten werden in vielen Fällen vom Auftragnehmer geregelt.

- Auskunfts- und Abrufpflicht (§ 5 Abs. 2 VOB/B) **18**

In § 5 Abs. 2 VOB/B ist geregelt, dass der Auftraggeber dem Auftragnehmer auf Verlangen Auskunft über den voraussichtlichen Beginn der Arbeiten erteilen muss, wenn hierfür keine Frist vereinbart ist. Da dies jedoch fast immer der Fall ist, hat die Bestimmung keine allzu große praktische Bedeutung. Der Auftragnehmer muss innerhalb von 12 Werktagen nach Aufforderung mit den Arbeiten beginnen (Satz 2). Aus der Auskunftspflicht ergibt sich für den Auftraggeber gleichzeitig die Pflicht, die Leistung tatsächlich auch innerhalb zumutbarer Zeit abzurufen.

- Pflicht zum Treffen von Anordnungen **19**

Da der Auftragnehmer für den Fortgang der Arbeiten oftmals auf eine klare Anweisung des Auftraggebers angewiesen ist, besteht für letzteren eine Mitwirkungspflicht. Dies kann beispielsweise Anordnungen nach § 1 Abs. 4, § 4 Abs. 1 Nr. 3, § 4 Abs. 3 betreffen. Auch in den Bestimmungen der VOB/C sind vereinzelt Mitwirkungspflichten in Form von Anordnungen geregelt. So muss der Auftraggeber beispielsweise (gemeinsame) Festlegungen beim Antreffen von Schadstoffen treffen (DIN 18299, Ziff. 3.3).

20 • Bauvertragliche Kooperationspflichten

Da der Bauvertrag ein dauerhaftes, meist sogar ein regelrechtes Langzeit-Vertragsverhältnis ist, ergibt sich für die Parteien das Erfordernis, vertrauensvoll zusammenzuarbeiten. Anders lässt sich ein Bauwerk nicht reibungslos und erfolgreich erstellen. Beide Parteien sind aufeinander angewiesen, so dass es keiner Partei wirklich etwas nützt, seine (vermeintlichen) Ansprüche ohne Rücksicht auf die Belange des anderen durchzusetzen. Die Frage beispielsweise, ob ein vom Auftraggeber zurückgewiesener Vergütungsanspruch – in der geltend gemachten Höhe – berechtigt ist, und daher zu einer Arbeitseinstellung oder Kündigung berechtigt, wird in vielen Fällen erst Jahre später vor Gericht geklärt. Beide Parteien sind sich also im Moment der Auseinandersetzung im Ungewissen über den Erfolg ihrer Handlungsweise. Da erscheint es sinnvoll, durch beiderseitiges Entgegenkommen den Fortgang des Projekts zu ermöglichen und eine einvernehmliche Lösung zu finden oder die Angelegenheit jedenfalls erst im Nachgang auszufechten. Diese Kooperationspflicht hat an vielen Stellen der VOB/B Niederschlag gefunden, beispielsweise in § 2 Abs. 3, Abs. 5 (Preisvereinbarung), § 4 Abs. 10 (gemeinsame Zustandsfeststellung), §§ 12 Abs. 4, 14 Abs. 2 (weitere gemeinsame Feststellungen bei Aufmaß und Abnahme).

21 Darüber hinaus hat die Rechtsprechung aus der oben dargestellten Konfliktsituation im Rahmen eines Langzeitvertrags eine allgemeine bauvertragliche Kooperationspflicht hergeleitet. Die Parteien sind demnach grundsätzlich verpflichtet, den Vertragszweck nicht an der eigenen Maximalposition scheitern zu lassen. Wer, ohne Kompromissbereitschaft zu zeigen, Verhandlungen verweigert oder ein Kompromissangebot ohne ernsthafte Prüfung zurückweist und stur und beharrlich auf seiner Position besteht, der kann dadurch auch in rechtlicher Hinsicht gegen eine allgemeine vertragliche Pflicht verstoßen. Beide Vertragspartner haben darauf hinzuwirken, dass das Bauvorhaben termingerecht, wirtschaftlich und mängelfrei fertig gestellt wird. Dieser Zweck muss im Vordergrund stehen. Daher wird von beiden Parteien erwartet, dass sie im Falle von Meinungsverschiedenheiten ihre Maximalpositionen zumindest überdenken, die Forderung des anderen Vertragspartners prüfen und gemeinsam durch Verhandlungen eine einvernehmliche Lösung suchen.

22 Die konkrete Mitwirkungspflicht des Auftraggebers muss allerdings fällig sein, d.h., der Auftragnehmer muss sie zum fraglichen Zeitpunkt auch schon einfordern dürfen. Dies ist insbesondere dann nicht der Fall, wenn nach dem Bauvertrag die Mitwirkung des Auftraggebers erst zu einem späteren Zeitpunkt vorgesehen ist oder wenn der Auftragnehmer mit seinen Leistungen zu früh beginnt.

23 Der Auftragnehmer muss ferner seinerseits zur Leistungserbringung und damit zur Entgegennahme der Auftraggebermitwirkung imstande sein. Es müssen Leistungsbereitschaft, Leistungsvermögen und Leistungswillen vorhanden sein. Dies kann in Einzelfällen durchaus zweifelhaft sein. Dann ist der Auftragnehmer hierzu darlegungspflichtig.

24 Schließlich muss der Auftragnehmer seine Leistung auch anbieten und den Auftraggeber zur Mitwirkung auffordern. Dies ist jedoch in der Praxis selten problematisch. Denn das Leistungsangebot kann schon durch mündliche Erklärung oder durch schlüssiges Verhalten erfolgen, beispielsweise durch Einrichten der Baustelle oder Personalvorhaltung. Die Aufforderung an den Auftraggeber, seine Mitwirkungspflicht zu erbringen, muss zwar ausdrücklich erfolgen, liegt aber in den meisten Fällen ebenfalls vor.

2. Unterlassen der Mitwirkungspflicht

25 Unterlässt der Auftraggeber die ihm obliegende und fällige Mitwirkungspflicht, so gerät er in Annahmeverzug. Ein Verschulden ist hierfür nicht erforderlich.

3. Ursächlichkeit

Eine weitere Voraussetzung für die Kündigung nach § 9 Abs. 1 ist, dass das Unterlassen seitens des Auftraggebers die Ursache dafür ist, dass der Auftragnehmer außerstande ist, seine Leistung auszuführen. Der Wortlaut der Regelung („...und dadurch den Auftragnehmer außerstande setzt...") setzt diese nachweisbare Kausalität zwingend voraus. 26

Dieser Aspekt ist bei weitem nicht selbstverständlich und wird oft vernachlässigt. Denn ist der Auftragnehmer aus anderen Gründen nicht in der Lage, die Leistung zu erbringen, so mag der Auftraggeber zwar seine Mitwirkungspflicht verletzt haben. Ein Kündigungsgrund für den Auftragnehmer liegt dennoch nicht vor.

III. Schuldnerverzug des Auftraggebers (§ 9 Abs. 1 Nr. 2)

Der zweite in § 9 genannte Kündigungsgrund ist der naheliegendste und auch häufigste, nämlich Zahlungs- und sonstiger Schuldnerverzug des Auftraggebers. 27

Der auffälligste Unterschied zwischen den beiden Kündigungsgründen aus Abs. 1 Nr. 1 und Nr. 2 ist zunächst, dass beim Schuldnerverzug (Nr. 2) nicht verlangt wird, dass der Auftragnehmer an der Weiterführung der Leistungen gehindert ist. Vielmehr ist hier der Verzug des Auftraggebers ausreichend.

§ 9 Abs. 1 Nr. 2 lautet wörtlich: 28

> „wenn der Auftraggeber eine fällige Zahlung nicht leistet oder sonst in Schuldnerverzug gerät"

Aus dieser Formulierung („oder sonst ...") wird deutlich, dass nur die Nichtzahlung nicht ausreicht, sondern Verzug im eigentlichen Sinne vorliegen muss.

1. Zahlung

Erste Voraussetzung für eine Kündigung nach § 9 Abs. 1 Nr. 2 ist zunächst, dass der Auftraggeber zu einer Zahlung verpflichtet ist. Dies wird in aller Regel eine Geldleistung sein. Haben die Vertragspartner jedoch andere Gegenleistungen des Auftraggebers vereinbart, so gelten auch diese als „Zahlungen" im Sinne des § 9 Abs. 1 Nr. 2 VOB/B. 29

Gemeint sind grundsätzlich alle Zahlungen im Rahmen eines Bauvertrags, also insbesondere Abschlagszahlungen nach § 16 Abs. 1, Vorauszahlungen nach § 16 Abs. 2, Teilzahlungen nach § 16 Abs. 4 sowie auch Stundenlohnzahlungen nach § 15 Abs. 4 VOB/B. 30

Die Schlusszahlung hingegen fällt nicht unter § 9 Abs. 1, weil sie erst nach Stellung der Schlussrechnung und Abnahme fällig ist, also erst nach Fertigstellung der Leistungen. Zu diesem Zeitpunkt ist jedoch eine Kündigung des Bauvertrags nicht mehr möglich. Diese macht nur während des noch laufenden Vertrags Sinn, solange vom Auftragnehmer noch Leistungen zu erbringen sind. Der Auftragnehmer kann also seine Kündigung nicht auf die unterlassene Schlusszahlung stützen. 31

2. Fälligkeit

Die Zahlung, auf deren Unterlassen der Auftragnehmer seine Kündigung stützen will, muss natürlich fällig sein. Der Auftraggeber muss sie also zu diesem Zeitpunkt tatsächlich schulden. Hierbei sind jeweils die in § 16 Abs. 1–4 genannten Zahlungsfristen zu beachten. Vor deren Ablauf ist eine Kündigung nach § 9 Abs. 1 Nr. 2 unzulässig. 32

Die Fälligkeit setzt selbstverständlich voraus, dass die entsprechende Bauleistung vom Auftragnehmer erbracht und nach Maßgabe der §§ 14, 16 VOB/B prüfbar abgerechnet wurde.

3. Verzug

Die Fälligkeit der Zahlung allein reicht jedoch – wie oben erwähnt – nicht aus, den Bauvertrag zu kündigen. Dies leuchtet ein, andernfalls wäre bei einer versäumten Zahlung schon am nächsten Tag die Kündigung möglich. Vielmehr muss der Auftraggeber mit der fälligen Zah- 33 lung darüber hinaus auch in Verzug sein, seine Säumnis muss also quasi das nächste Stadium erreicht haben.

34 Zahlungsverzug ist zunächst in § 16 Abs. 5 Nr. 3 definiert. Zahlt der Auftraggeber demnach auch nach Fälligkeit nicht, so kann ihm der Auftragnehmer eine „angemessene Nachfrist" setzen. Lässt der Auftraggeber auch diese Nachfrist verstreichen, so gerät er in Verzug. Zu beachten ist, dass § 16 hier Sonderregeln für VOB-Verträge enthält. Diese gelten vorrangig vor den in den letzten Jahren mehrfach geänderten BGB-Bestimmungen zum Zahlungsverzug; insbesondere ist § 286 Abs. 3 BGB mit Vereinbarung der VOB/B abbedungen. Somit gilt beispielsweise für die Fälligkeit von Abschlagsrechnungen allein die 21-tägige Frist des § 16 Abs. 1 Nr. 3 VOB/B. Für den Verzug gilt allein § 16 Abs. 5 VOB/B.

35 Was eine angemessene Nachfrist ist, lässt sich nicht generell festlegen. Hier ist die Einzelfallbetrachtung maßgebend. Der Auftraggeber muss objektiv in der Lage sein, die von ihm verlangte Zahlung oder Handlung, insbesondere bei einer Kündigung nach § 9 Abs. 1 Nr. 2, nachzuholen.

36 Der Auftraggeberverzug tritt hingegen nicht ein, wenn dem Auftraggeber ein Zurückbehaltungsrecht oder ein Leistungsverweigerungsrecht zusteht. Hat der Auftragnehmer beispielsweise bestimmte Leistungen selbst nicht ordnungsgemäß oder nicht termingerecht erbracht, so gerät der Auftraggeber selbstverständlich nicht in Verzug, weil er seinerseits ein Recht hat, die Zahlung zurückzuhalten.

37 Der Auftraggeber gerät ferner nur dann in Verzug, wenn er die Verzögerung auch zu vertreten hat. § 9 setzt also Verschulden voraus. Dieses Merkmal ist jedoch selten problematisch. Insbesondere bei Zahlungspflichten geht unsere Rechtsordnung davon aus, dass „man Geld zu haben hat" und eine Zahlungsunfähigkeit somit immer vom Schuldner zu vertreten ist.

38 Der „sonstige Verzug" im Sinne von § 9 Abs. 1 Nr. 2 spielt in der Praxis so gut wie keine Rolle. Es geht um echte Schuldnerpflichten des Auftraggebers außerhalb der Zahlung. Hier käme beispielsweise Verzug des Auftraggebers mit der Teilabnahme in sich abgeschlossener Leistungen – nicht der Gesamtabnahme, denn diese erfolgt erst nach Fertigstellung der Leistungen, wenn eine Kündigung nicht mehr möglich ist – in Betracht.

C. Weitere formale Voraussetzungen (§ 9 Abs. 2)

39 Neben den in § 9 Abs. 1 genannten Kündigungsgründen müssen noch einige weitere formale Voraussetzungen erfüllt sein, damit der Auftragnehmer eine Kündigung aussprechen darf. Zu diesen formalen Kündigungsvoraussetzungen stellt § 9 Abs. 2 wörtlich Folgendes fest:

- Die Kündigung ist schriftlich zu erklären
- Sie ist erst zulässig, wenn der Auftragnehmer dem Auftraggeber ohne Erfolg eine angemessene Nachfrist zur Vertragserfüllung gesetzt
- und erklärt hat, dass er nach fruchtlosem Ablauf der Frist den Vertrag kündigen werde.

§ 9 Abs. 2 VOB/B setzt also drei Dinge voraus, nämlich

- Schriftform
- angemessene Nachfrist
- Kündigungsandrohung

I. Schriftform

40 Hierzu ist nicht viel zu sagen. Die Kündigung muss schriftlich erfolgen, andernfalls ist sie unwirksam. Fax ist ausreichend, birgt aber stets Beweisschwierigkeiten. Der Sendebericht des absendenden Gerätes ist – falls der Empfänger dies bestreitet – als Beweis überwiegend untauglich. Ob eine E-Mail ausreicht, ist umstritten, daher ist hiervon abzuraten.

II. Angemessene Nachfristsetzung

Zunächst ist wichtig, dass der Auftragnehmer den Auftraggeber unmissverständlich und auch inhaltlich präzise zur Erfüllung der versäumten Vertragspflicht auffordert. Er muss dem Auftraggeber mitteilen, was er von diesem verlangt. Im Gegensatz zur späteren Kündigungserklärung ist für diese Aufforderung mit Nachfristsetzung keine Schriftform erforderlich. Auch hier ist jedoch aus Beweisgründen eine schriftliche Erklärung dringend zu empfehlen. **41**

Die vom Auftragnehmer gesetzte Frist muss ferner angemessen sein. Für die Beurteilung der Angemessenheit gilt die Betrachtung des Einzelfalles. Die vom Auftraggeber verlangte Handlung muss innerhalb der Frist nachholbar sein. Andererseits ist hier durchaus zur Eile zu mahnen. Eine zu kurz bemessene Frist ist im Übrigen keineswegs unwirksam, sondern setzt die objektiv angemessene in Gang, vor deren Ablauf allerdings nicht gekündigt werden darf. **42**

Das Recht, den Vertrag zu kündigen, entsteht erst mit Ablauf der Frist. Eine bereits vor Fristablauf, quasi vorsorglich oder bedingt erklärte Kündigung ist unwirksam. **43**

In bestimmten Fällen muss der Auftragnehmer keine Nachfrist setzen. Dies ist beispielsweise der Fall, wenn der Auftraggeber bereits klar und endgültig erklärt hat, dass er die von ihm verlangte Handlung ohnehin nicht erbringen wird. Oder wenn er objektiv gar nicht mehr in der Lage ist, seine Verpflichtung zu erfüllen, wobei Letzteres kaum zu beweisen ist. In den vorgenannten Fällen, insbesondere bei einer eindeutigen und endgültigen Verweigerung seitens des Auftraggebers, wäre eine erneute Fristsetzung durch den Auftragnehmer reine Förmelei. **44**

III. Kündigungsandrohung

Die Fristsetzung muss mit der Kündigungsandrohung versehen werden. Beides muss also gleichzeitig erfolgen. Das Prinzip einer Pflicht zur Androhung taucht auch bei einigen anderen in der VOB/B genannten Kündigungsmöglichkeiten auf (§§ 4 Abs. 7 und Abs. 8, 5 Abs. 4). Es soll den Auftraggeber warnen und ihm die Folgen weiterer Säumnis noch einmal vor Augen führen. Dies ist für beide Vertragsparteien von Vorteil. Der Auftraggeber erhält die letzte Warnung und der Auftragnehmer ein Druckmittel, das den Auftraggeber in vielen Fällen noch einmal zur Vernunft bringt. **45**

Es sollte bei der Androhung ausdrücklich das Wort „Kündigung" verwendet werden. Zwar ist diese Rechtsfolge theoretisch auch mit anderen Worten zu vermitteln, weshalb in der Literatur ein Formalismus verneint wird. Die spätere Diskussion, ob denn die Kündigung auch ausreichend deutlich angedroht wurde und daher überhaupt wirksam ist, sollte sich der Auftragnehmer jedoch ersparen. Das Wort „Kündigung" beseitigt jeden Zweifel und hat darüber hinaus den oben genannten Vorteil, tatsächlich die erhoffte drastische Warnwirkung zu entfalten. **46**

D. Rechtsfolgen der Kündigung (§ 9 Abs. 3)

Ist die Kündigung erst einmal ausgesprochen, so stellt sich die Frage, wie der nunmehr beendete Vertrag abzurechnen ist und welche weiteren, insbesondere finanziellen Folgen die Kündigung nach sich zieht. Hierzu enthält § 9 Abs. 3 eine einfache und klar formulierte Regelung: **47**

„Die bisherigen Leistungen sind nach den Vertragspreisen abzurechnen. Außerdem hat der Auftragnehmer Anspruch auf angemessene Entschädigung nach § 642 BGB; etwaige weiter gehende Ansprüche des Auftragnehmers bleiben unberührt."

I. Abrechnung bisheriger Leistungen (§ 9 Abs. 3 Satz 1)

Da der Auftragnehmer in der Regel bis zur Kündigung Leistungen erbracht hat, die im Zweifel noch nicht vollständig durch Abschlagszahlungen vergütet sind, ist die in § 9 Abs. 3 Satz 1 genannte Rechtsfolge einleuchtend: Die erbrachten Leistungen sind vollständig zu vergüten. Ein **48** bloßer Abschlag wäre auch unbillig, weil es sich bei § 9 um eine außerordentliche Kündigung handelt, die vom Auftraggeber zu vertreten ist.

49 Zunächst ist es wichtig, die erbrachten Leistungen in einem Aufmaß festzuhalten. Denn der Auftraggeber wird bemüht sein, das Bauwerk bald durch einen anderen Unternehmer fertig stellen zu lassen. Eine Beweissicherung wird dann nicht mehr möglich sein. Daher wird dem Auftragnehmer in entsprechender Anwendung von § 8 Abs. 7 ein Anspruch auf ein gemeinsames Aufmaß zuerkannt (siehe Erläuterungen zu § 8 Abs. 7, Rn. 84 ff.).

50 Der Auftragnehmer hat die von ihm erbrachten Leistungen nach den Vertragspreisen abzurechnen, was bei einem Einheitspreisvertrag keine Schwierigkeiten bereitet. Beim Pauschalvertrag sind die zu § 8 und § 6 Abs. 5 VOB/B entwickelten Grundsätze anwendbar. Der Auftragnehmer soll im Falle der Kündigung nach § 9 nicht schlechter stehen als bei dem nicht so schwerwiegenden Kündigungsgrund des § 6 Abs. 7 VOB/B (längere Unterbrechung der Baustelle).

51 Der Auftragnehmer bleibt für die bereits erbrachten Leistungen gewährleistungspflichtig. Hier ist – wie bei § 8 (siehe dort Rn. 8) – zu unterscheiden, ob es sich um eine in Folge der Kündigung nicht mehr fertig gestellte oder eine bereits erbrachte Leistung mit Mängeln handelt.

II. Anspruch auf angemessene Entschädigung (§ 9 Abs. 3 Satz 2 i.V.m. § 642 BGB)

52 Die zweite in § 9 Abs. 3 genannte Rechtsfolge regelt über die Vertragspreise für die bisherigen Leistungen hinaus noch eine weitere finanzielle Kompensation für den Auftragnehmer. Hierbei handelt es sich zwar um keinen Schadensersatzanspruch im eigentlichen Sinne, aber dennoch um eine Kompensation, die die Aufwendungen des Auftragnehmers angemessen berücksichtigen soll. Denn er hat die Kündigung nach § 9 nicht zu vertreten und soll daher nicht schlechter gestellt werden als bei Fertigstellung der Leistungen. Insofern sind hier sowohl die Verzugsdauer als auch die Höhe der Vergütung, aber auch etwaige ersparte Aufwendungen, zu berücksichtigen. Der Entschädigungsanspruch hat insofern vergütungsähnlichen Charakter.

53 Die Entschädigung hat sich somit folgerichtig allein nach der Urkalkulation zu richten, nicht nach den tatsächlichen Kosten oder Nachteilen. Zu entschädigen sind, grob dargestellt, Baustellengemeinkosten, allgemeine Geschäftskosten und die Mehraufwendungen in Folge des Verzugs. Sodann sind die ersparten oder böswillig nicht ersparten Aufwendungen abzuziehen. Nicht entschädigungsfähig sind nach neuerer Rechtsprechung Wagnis und Gewinn.

54 Die Beweis- und Darlegungslast für den Entschädigungsanspruch trägt der Auftragnehmer.

55 Da es sich bei der Entschädigung nicht um einen Schadensersatzanspruch ohne Gegenleistung handelt, ist sie – anders als Ansprüche nach § 8 Abs. 1 (siehe dort Rn. 11) mehrwertsteuerpflichtig.

III. Weitergehende Ansprüche des Auftragnehmers (§ 9 Abs. 3 Satz 2, 2. Halbsatz)

56 Nach § 9 Abs. 3 Satz 2, 2. Halbsatz VOB/B bleiben etwaige weiter gehende Ansprüche des Auftragnehmers unberührt. Eine eigene Anspruchsgrundlage bildet der letzte Halbsatz in § 9 nicht. Hier wird lediglich klargestellt, dass der Auftragnehmer seine Ansprüche aus anderen Regelungen und Sachverhalten, insbesondere solchen, die bei Kündigung bereits bestanden, nicht verliert. Diese Ansprüche werden durch § 9 Abs. 3 nicht ausgeschlossen.

57 Es geht hier also nur darum, dass der Auftraggeber sich anderweitig bereits schadensersatz-, vergütungs- oder entschädigungspflichtig gemacht haben könnte. Ist dies der Fall, aus welchen Gründen auch immer, so werden diese Ansprüche nicht durch die Ansprüche aus § 9 beseitigt.

§ 10 VOB/B
Haftung der Vertragsparteien

(1) Die Vertragsparteien haften einander für eigenes Verschulden sowie für das Verschulden ihrer gesetzlichen Vertreter und der Personen, deren sie sich zur Erfüllung ihrer Verbindlichkeiten bedienen (§§ 276, 278 BGB).

(2) 1. Entsteht einem Dritten im Zusammenhang mit der Leistung ein Schaden, für den auf Grund gesetzlicher Haftpflichtbestimmungen beide Vertragsparteien haften, so gelten für den Ausgleich zwischen den Vertragsparteien die allgemeinen gesetzlichen Bestimmungen, soweit im Einzelfall nichts anderes vereinbart ist. Soweit der Schaden des Dritten nur die Folge einer Maßnahme ist, die der Auftraggeber in dieser Form angeordnet hat, trägt er den Schaden allein, wenn ihn der Auftragnehmer auf die mit der angeordneten Ausführung verbundene Gefahr nach § 4 Absatz 3 hingewiesen hat.

2. Der Auftragnehmer trägt den Schaden allein, soweit er ihn durch Versicherung seiner gesetzlichen Haftpflicht gedeckt hat oder durch eine solche zu tarifmäßigen, nicht auf außergewöhnliche Verhältnisse abgestellten Prämien und Prämienzuschlägen bei einem im Inland zum Geschäftsbetrieb zugelassenen Versicherer hätte decken können.

(3) Ist der Auftragnehmer einem Dritten nach den §§ 823 ff. BGB zu Schadensersatz verpflichtet wegen unbefugten Betretens oder Beschädigung angrenzender Grundstücke, wegen Entnahme oder Auflagerung von Boden oder anderen Gegenständen außerhalb der vom Auftraggeber dazu angewiesenen Flächen oder wegen der Folgen eigenmächtiger Versperrung von Wegen oder Wasserläufen, so trägt er im Verhältnis zum Auftraggeber den Schaden allein.

(4) Für die Verletzung gewerblicher Schutzrechte haftet im Verhältnis der Vertragsparteien zueinander der Auftragnehmer allein, wenn er selbst das geschützte Verfahren oder die Verwendung geschützter Gegenstände angeboten oder wenn der Auftraggeber die Verwendung vorgeschrieben und auf das Schutzrecht hingewiesen hat.

(5) Ist eine Vertragspartei gegenüber der anderen nach den Absätzen 2, 3 oder 4 von der Ausgleichspflicht befreit, so gilt diese Befreiung auch zugunsten ihrer gesetzlichen Vertreter und Erfüllungsgehilfen, wenn sie nicht vorsätzlich oder grob fahrlässig gehandelt haben.

(6) Soweit eine Vertragspartei von dem Dritten für einen Schaden in Anspruch genommen wird, den nach den Absätzen 2, 3 oder 4 die andere Vertragspartei zu tragen hat, kann sie verlangen, dass ihre Vertragspartei sie von der Verbindlichkeit gegenüber dem Dritten befreit. Sie darf den Anspruch des Dritten nicht anerkennen oder befriedigen, ohne der anderen Vertragspartei vorher Gelegenheit zur Äußerung gegeben zu haben.

A. Überblick

§ 10 VOB/B enthält Regelungen zur Haftung der Vertragsparteien, wenn während der Vertragserfüllung einer Vertragspartei oder einem Dritten ein Schaden entsteht. **1**

Ob und unter welchen Voraussetzungen ein Schadensersatzanspruch gegen eine Vertragspartei besteht, ergibt sich allerdings nicht aus § 10 VOB/B, sondern vielmehr, falls vorhanden, aus vertraglichen Regelungen, ansonsten aus den allgemeinen gesetzlichen Bestimmungen, insbesondere den §§ 280 ff., § 288 BGB, sowie weiteren Bestimmungen der VOB/B. **2**

Das neue gesetzliche Bauvertragsrecht im BGB, das ab 1. Januar 2018 für ab diesem Zeitpunkt geschlossene Bauverträge gilt, enthält keine Regelungen zur Haftung.

Hier eine Übersicht der Regelungen zur Haftung der VOB/B:

Haftung für während der Ausführung der Leistung entstandene Schäden, für Beschädigung/Mängel der Leistung und Folgen dieser Beschädigung	
§ 4 Abs. 7 Satz 2 VOB/B	Betrifft die Haftung für Mängel der Leistung und daraus resultierende Schäden vor Fertigstellung; da der Auftragnehmer ein mangelfreies Werk herstellen muss, muss er Mängel und Schäden, die während der Ausführung entstehen, beseitigen bzw. ersetzen.
§ 5 Abs. 4 VOB/B	Haftung des Auftragnehmers für durch Verzug entstandene Schäden des Auftraggebers
§ 6 Abs. 6 VOB/B	Betrifft die Haftung für Schäden infolge einer Behinderung der Ausführung der Leistung, die eine Vertragspartei zu vertreten hat.
§ 7 VOB/B	Betrifft die Haftung für Schäden an der Leistung, die keine Vertragspartei zu vertreten hat; es haftet vor Abnahme zunächst der Auftragnehmer, der ein mangelfreies Werk auf eigene Gefahr herstellen muss.
§ 8 Abs. 3 Nr. 2 VOB/B	Regelt die Haftung des Auftragnehmers für (i.d.R. Vermögens-)Schäden des Auftraggebers, die dieser dadurch erleidet, dass er infolge einer Vertragspflichtverletzung des Auftragnehmers den Vertrag mit diesem kündigt.
§ 10 VOB/B	Betrifft die Haftung einer Vertragspartei für Schäden der anderen Vertragspartei oder die Haftung der Vertragsparteien für Schäden Dritter, die eine oder beide Vertragsparteien zu vertreten haben.
§ 13 Abs. 7 VOB/B	Betrifft die Haftung für Mängel/Schäden durch Mängel, für die der Auftragnehmer im Rahmen seiner Gewährleistung nach Abnahme der Leistung (Mängelhaftung) haftet; der Auftragnehmer muss auch nach Abnahme der Leistung für solche Mängel/Schäden einstehen und diese beseitigen, deren Ursache schon bei Abnahme vorhanden war.

3 Die in § 7 VOB/B geregelte Gefahrtragung beschäftigt sich mit der Frage, wer für Beschädigungen am Vertragsgegenstand, beim Bauvertrag also am Bauwerk, einzustehen hat, wenn weder der Auftragnehmer noch der Auftraggeber den Schaden verschuldet hat. Dass Verschulden des Auftragnehmers oder des Auftraggebers gerade nicht vorausgesetzt wird, wird schon an der beispielhaften Aufzählung von Ursachen in § 7 VOB/B deutlich, wo „höhere Gewalt", „Krieg", „Aufruhr" und „andere objektiv unabwendbare, vom Auftragnehmer nicht zu vertretende Umstände" genannt werden. Häufig handelt es sich bei solchen Beschädigungen um Fälle des sog. zufälligen Untergangs (Beispiele: Abbrennen eines Gebäudes nach Blitzeinschlag, Einsturz des Gebäudes nach Erdbeben, zerstörtes Dach nach Hagel).

Die Mängelhaftung regelt die Frage, wer für einen Mangel an dem Bauwerk und daraus resultierende Schäden einzustehen hat. Regelungen hierzu finden sich in § 4 Abs. 7 VOB/B und in § 13 VOB/B.

Die Regelungen des § 5 Abs. 4 VOB/B, des § 6 Abs. 6 VOB/B und des § 8 Abs. 3 VOB/B hingegen behandeln Fälle der Haftung für Schäden der einen Vertragspartei, die infolge eines sonstigen Fehlverhaltens der anderen Vertragspartei anlässlich der Vertragsdurchführung entstehen.

4 § 10 VOB/B betrifft also die Haftung der Vertragsparteien in ihrem Verhältnis zueinander (im Innenverhältnis) für Schäden, die anlässlich der Errichtung des Bauwerks eintreten. Geschä-

digter kann sowohl eine der beiden Vertragsparteien des Bauvertrags als auch ein Dritter sein; Schädiger hingegen ist in diesen Fällen immer mindestens eine der beiden Vertragsparteien. § 10 VOB/B betrachtet nur, wie die Vertragsparteien in ihrem Innenverhältnis zueinander für einen Schaden einzustehen haben.

§ 10 Abs. 1 VOB/B regelt die Haftung und den Haftungsmaßstab der beiden Vertragsparteien untereinander bei einer Schädigung der jeweils anderen Vertragspartei. § 10 Abs. 2–6 VOB/B regeln, wie die beiden Vertragsparteien in ihrem Verhältnis zueinander einen Schaden, der einem Dritten zugefügt wurde und zu ersetzen ist, ausgleichen. Im Wesentlichen wird das Folgende geregelt: 5

Regelungsinhalt § 10 VOB/B		
Abs. 1	Haftung und Haftungsmaßstab der Vertragsparteien untereinander bei Schädigung einer Vertragspartei durch die andere	Jede Vertragspartei haftet der anderen gegenüber für vorsätzliches und fahrlässiges Verhalten.
Abs. 2	Ausgleich zwischen den Vertragsparteien für den einem Dritten entstandenen und ersetzten Schaden	Grundsatz: Beide Vertragsparteien haften für von ihnen verursachte Schäden, die Dritte im Zusammenhang mit der Leistung erleiden, gemeinsam. Ausnahme 1: Der Auftraggeber haftet jedoch allein für den Schaden, wenn er eine den Schaden verursachende Maßnahme angeordnet hat, obwohl der Auftragnehmer hiergegen Bedenken angezeigt hat. Ausnahme 2: Der Auftragnehmer haftet allein für den Schaden, wenn er gegen ihn versichert ist oder eine Versicherung hätte abschließen können.
Abs. 3	Kein Ausgleich zwischen den Vertragsparteien bei deliktischer Haftung des Auftragnehmers	Der Auftragnehmer haftet aus Deliktsrecht allein für Schäden, die er durch die in Abs. 3 genannten Handlungen gegenüber Dritten herbeigeführt hat.
Abs. 4	Grds. alleinige Haftung des Auftragnehmers bei Schutzrechtsverletzung	Der Auftragnehmer haftet bei Schutzrechtsverletzungen allein, wenn der Gegenstand des Schutzrechts in seinem Angebot enthalten ist oder der Auftraggeber dessen Verwendung vorgeschrieben hat und der Auftraggeber den Auftragnehmer auf ein bestehendes Schutzrecht hingewiesen hat.
Abs. 5	Erweiterung der Haftungsbefreiung auf gesetzliche Vertreter und Erfüllungsgehilfen	Die in den Absätzen 2, 3 und 4 geregelten Haftungsbefreiungen einer Vertragspartei gelten auch für ihre gesetzlichen Vertreter und Erfüllungsgehilfen, sofern diese nicht vorsätzlich oder grob fahrlässig gehandelt haben.
Abs. 6	Freistellungsanspruch der nach dem Innenverhältnis von der Haftung befreiten Vertragspartei	Leistet eine Vertragspartei trotz eigener Haftungsbefreiung und Haftung der anderen für die andere Vertragspartei Schadensersatz an einen Dritten, kann die leistende Vertragspartei von der haftenden Vertragspartei Freistellung verlangen.

§ 10 VOB/B regelt nicht das „Ob" der Haftung, sondern das „Wie" der Haftung der Vertragsparteien untereinander bei einer gegenseitigen Rechtsverletzung (Abs. 1) und nach einer Inanspruchnahme von außen (Abs. 2–6).

B. Prüfungsschema Haftung gegenüber Dritten nach § 10 VOB/B

6 ***Voraussetzungen:***

1. *Schadensereignis (Schädigung eines Dritten)*
2. *Schadensersatzanspruch des Dritten sowohl gegen den Auftraggeber als auch gegen den Auftragnehmer (gesamtschuldnerische Haftung/gemeinsame Haftung nach gesetzlichen Haftpflichtbestimmungen), d.h.:*
   - *objektiver Haftungstatbestand erfüllt, insbesondere auch Verursachung,*
   - *subjektiver Haftungstatbestand (Verschulden) erfüllt,*
   - *keine Ausnahme des § 10 Abs. 3 VOB/B,*
   - *keine Ausnahme des § 10 Abs. 4 VOB/B.*
3. *keine Ausnahme/Alleinhaftung des Auftraggebers oder des Auftragnehmers nach:*
   - *§ 10 Abs. 2 Nr. 1 Satz 2 VOB/B,*
   - *§ 10 Abs. 2 Nr. 2 VOB/B,*
   - *einer anderweitigen vertraglichen oder gesetzlichen Regelung?*

Konsequenz:

Haftungsausgleich 50%/50%, wenn nicht Mitverschulden/überwiegendes Verschulden einer Vertragspartei zu einer anderen Quote führt.

C. § 10 Abs. 1 VOB/B

I. Vertragspflichten

7 Vertragsparteien haben bei der Durchführung eines Vertrages eine Fülle von vertraglichen Haupt- und Nebenpflichten, die sich aus dem Vertrag selbst und aus sonstigen gesetzlichen Regelungen ergeben. Bei einem Bauvertrag besteht die Hauptpflicht des Auftragnehmers darin, das geschuldete Werk mangelfrei zu erstellen, und die Hauptpflicht des Auftraggebers darin, das erstellte Werk zu bezahlen. Daneben hat der Auftragnehmer weitere Pflichten, wie z.B. das Werk rechtzeitig zu liefern. Weitere Pflichten des Auftraggebers sind z.B. rechtzeitig zu zahlen, in vereinbarter Weise mitzuwirken (z.B. Pläne bereitzustellen) usw. Darüber hinaus haftet selbstverständlich jede Vertragspartei dafür, einem Dritten keinen Schaden zuzufügen.

8 Verletzt eine Vertragspartei eine ihr obliegende Pflicht, ergeben sich für sie Konsequenzen: Sie haftet für ihre Pflichtverletzung. § 10 Abs. 1 VOB/B regelt hierzu die Haftung der Vertragsparteien und den Haftungsmaßstab. Näheres ergibt sich durch den Verweis auf §§ 276 und 278 des Bürgerlichen Gesetzbuches (BGB) aus den dortigen Regelungen.

II. Verschulden

9 Voraussetzung für die Haftung einer Vertragspartei ist Verschulden. Gleichwohl kann eine Vertragspartei auch ohne Verschulden haften, wenn sie sich hierzu besonders verpflichtet. Das verschuldensunabhängige Einstehenwollen für einen bestimmten Umstand oder Erfolg wird Garantie genannt. Eine Garantie geht in ihren Rechtsfolgen über das normale Verschulden weit hinaus. Ebenfalls als verschuldensunabhängig zu betrachten ist die Haftung bei sog. systemimmanenten Gefahren, die sich in einem Schaden realisieren, der auch bei Anwendung allerhöchster Sorgfalt nicht vermeidbar ist. Die Haftung für solche Schäden muss nach den

allgemeinen Regeln über die Gefahrtragung bestimmt werden. Vertragliche Regelungen hierzu sind nur eingeschränkt möglich (vgl. dazu unten Rn. 66).

1. Definition

Verschulden bedeutet Vorsatz oder Fahrlässigkeit, wobei Fahrlässigkeit unterschieden wird nach einfacher und grober Fahrlässigkeit. 10

a. Vorsatz

Mit Vorsatz handelt, wer einen rechtswidrigen Erfolg mit Wissen und Willen verwirklicht, obwohl ihm ein rechtmäßiges Handeln zugemutet werden kann, sodass auch das Bewusstsein der Pflichtwidrigkeit oder des Unerlaubten erforderliche Voraussetzung für Vorsatz ist. Dabei genügt es, wenn der Täter nur mit der Möglichkeit des pflichtwidrigen Erfolgs rechnet, den Eintritt aber billigt[1]. Den Nachteil eines anderen muss der vorsätzlich Handelnde also nicht beabsichtigen; es reicht insoweit aus, dass er ihn als mögliche Folge billigend in Kauf nimmt (sog. bedingter Vorsatz)[2]. 11

b. Fahrlässigkeit

Fahrlässigkeit hingegen bedeutet nach dem Wortlaut des Gesetzes das Außerachtlassen der im Verkehr erforderlichen Sorgfalt. Eine allgemeine Sorgfaltspflicht gibt es nicht, sondern die Anforderungen an die Sorgfaltspflicht sind nach den Umständen des Einzelfalls zu beurteilen. Von einem Bauunternehmer, der Bauleistungen anbietet, darf erwartet werden, dass er die nötige Fachkunde besitzt[3]. Außerdem hat er etwaige Vorgaben aus DIN-Vorschriften, Unfallverhütungsmaßnahmen oder dem Sicherheits- und Gesundheitsschutzplan auf der Baustelle (sh. unten Anhang I zu § 10 VOB/B) zu beachten, aus denen sich bestimmte (Sorgfalts-)Pflichten ergeben können. Während einfache oder leichte Fahrlässigkeit schon vorliegt, wenn die Sorgfalt nur in geringem Maße verletzt wird[4], kann grobe Fahrlässigkeit erst angenommen werden, wenn die erforderliche Sorgfalt in ungewöhnlich großem Maße verletzt wurde, wenn z.B. schon einfachste und nächstliegende Überlegungen nicht angestellt wurden und das nicht beachtet wurde, was im gegebenen Fall jedermann einleuchten musste[5]. 12

c. Haftungsmilderung oder -verschärfung

Neben den gesetzlichen Regelungen zu Vorsatz und Fahrlässigkeit können sich Haftungsmilderungen oder -verschärfungen aus dem Gesetz oder vertraglichen Vereinbarungen ergeben. Für vertraglich vereinbarte Haftungsmilderungen oder -verschärfungen sind jedoch immer die Grenzen der Regelungen über Allgemeine Geschäftsbedingungen[6], des Grundsatzes über Treu und Glauben[7] oder der Sittenwidrigkeit[8] zu beachten. 13

2. Eigenes und fremdes Verschulden

Die Vertragspartei haftet entweder für sich (für „eigenes Verschulden") oder für das Verschulden anderer, die für sie tätig sind. Hierunter fallen die gesetzlichen Vertreter der Vertragspartei („Verschulden ihrer gesetzlichen Vertreter") und sog. Erfüllungsgehilfen. 14

a. Eigenes Verschulden (§ 276 BGB)

Bei eigenem Verschulden handelt die Vertragspartei selbst vorsätzlich oder fahrlässig. Ist die Vertragspartei eine juristische Person, z.B. eine GmbH oder eine Aktiengesellschaft, liegt eigenes Verschulden vor, wenn der Geschäftsführer bzw. der Vorstand oder der jeweils nach dem 15

1 BGH vom 8.2.1965 – III ZR 170/63 = NJW 1965, 962.
2 BGH vom 29.11.1983 – VI ZR 137/82 = NJW 1984, S. 801.
3 BGH vom 13.12.1973 – VII ZR 89/71 = BauR 74, S. 125.
4 Wirth, in: Ingenstau/Korbion, § 10 Abs. 1 VOB/B Rn. 11.
5 BGH vom 11.5.1953 – IV ZR 170/52 = NJW 1953, S. 1139.
6 Früher AGB-Gesetz, heute §§ 305 ff. BGB.
7 § 242 BGB.
8 § 138 BGB.

Gesellschaftsrecht berufene Vertreter der juristischen Person, mithin die Organe der juristischen Person, vorsätzlich oder fahrlässig gehandelt haben.

b. Fremdes Verschulden gesetzlicher Vertreter oder Erfüllungsgehilfen (§ 278 BGB)

16 Haftet die Vertragspartei für ihre gesetzlichen Vertreter oder Erfüllungsgehilfen, so haftet sie für deren Vorsatz oder Fahrlässigkeit.

17 Gesetzliche Vertreter sind Eltern, Betreuer, Insolvenzverwalter, Zwangsverwalter etc., nicht hingegen der Vorstand einer GmbH oder Aktiengesellschaft. Da eine juristische Person naturgemäß nur durch ihre Organe handelt, liegt bei deren schuldhaftem Verhalten eigenes Verschulden der juristischen Person im Sinne des § 276 BGB und kein fremdes Verschulden im Sinne des § 278 BGB vor. Der juristischen Person wird das Verschulden ihrer Organe über §§ 31, 89 BGB unmittelbar zugerechnet.

18 Erfüllungsgehilfe ist, wer nach den tatsächlichen Verhältnissen des gegebenen Falles mit Willen des Schuldners bei der Erfüllung der dem Schuldner obliegenden Verbindlichkeit als seine Hilfsperson tätig wird[9]. Ein Erfüllungsgehilfe hilft also der einen Vertragspartei, ihre Pflichten aus und im Zusammenhang mit einem Vertrag gegenüber der anderen Vertragspartei zu erfüllen.

Klassische Erfüllungsgehilfen bei einem Bauvertrag sind:

- Monteure, die im Auftrag des Auftragnehmers für diesen den Vertrag gegenüber dem Auftraggeber erfüllen helfen und das Werk (ganz oder teilweise) erstellen,
- Architekten/Statiker/Bauleiter, soweit sie im Auftrag des Auftraggebers dessen Leistungspflichten gegenüber dem Auftragnehmer (z.B. Mitwirkungspflichten, Bereitstellung der Planung o.Ä.) erfüllen helfen[10].

19 Nicht als Erfüllungsgehilfen hingegen gelten Lieferanten des Auftragnehmers, weil diese nicht in die Vertragspflicht des Auftragnehmers einbezogen sind, d.h., sie nicht unmittelbar bei der Erfüllung des Vertrages gegenüber dem Auftraggeber mitwirken. Die Lieferung erfolgt nämlich im Rahmen und zur Erfüllung des zwischen Auftragnehmer und Lieferanten abgeschlossenen Kaufvertrages und gehört damit gerade nicht in den werkvertraglichen Pflichtenkreis des Auftragnehmers gegenüber dem Auftraggeber[11].

20 Ebenfalls sind Vorunternehmer, die Leistungen für den Auftraggeber erbringen, auf denen der Auftragnehmer aufbaut, regelmäßig keine Erfüllungsgehilfen des Auftraggebers im Verhältnis zum Auftragnehmer. Dies hat der Bundesgerichtshof (BGH) immer wieder in seinen Urteilen betont und einen Anspruch des Auftragnehmers gegen den Auftraggeber aus § 6 Abs. 6 VOB/B abgelehnt[12]. Folgen einer Pflichtverletzung von Vorunternehmern, die sich auf die Leistung des Auftragnehmers später auswirken, und damit insgesamt die Werkleistungen des Vorunternehmers können dem Auftraggeber nicht zugerechnet werden. Der Auftraggeber will sich regelmäßig nicht gegenüber dem Auftragnehmer verpflichten, notwendige Vorarbeiten zu erbringen. Anders ist der Fall nur, wenn aufgrund besonderer Umstände anzunehmen ist, dass der Auftraggeber dem Auftragnehmer als Nachunternehmer für die ordnungsgemäße Erfüllung der Vorleistungen einstehen will. Allerdings reicht bspw. die bloße Vereinbarung von Fristen regelmäßig nicht für die Annahme aus, der Auftraggeber wolle für die rechtzeitige Übergabe der Vorleistungen gegenüber dem Auftragnehmer einstehen.

Gleichwohl haftet der Auftraggeber in solchen Fällen: In seinem Urteil vom 21.10.1999 hat der BGH festgestellt, dass der Auftraggeber durch die verspätete Übergabe von Vorleistungen seine eigene Mitwirkungshandlung gegenüber dem Auftragnehmer verletze[13]. Die Mitwirkungshandlung besteht nach Ansicht des BGH darin, dem Auftragnehmer das Baugrundstück

9 BGH vom 21.4.1954 – VI ZR 55/53 = BGHZ 13, 111.
10 BGH vom 29.11.1971 – VII ZR 101/70 = NJW 1972, S. 447.
11 BGH vom 12.12.2001 – X ZR 192/00 = NJW 2002, 1565.
12 BGH vom 27.6.1985 – VII ZR 23/84 = BGHZ 95, S. 128; BGH vom 21.10.1999 – VII ZR 185/98 = NJW 2000, 1336 = NZBau 2000, 187.
13 BGH vom 21.10.1999 – VII ZR 185/98 – BauR 2000, S. 722 = NJW 2000, 1336.

(und damit die Vorleistungen) für seine Leistungserbringung aufnahmebereit zur Verfügung zu stellen.

Praxistipp: 21

Was heißt das für den Auftraggeber?

Er muss bei der Vergabe des Auftrags an den Auftragnehmer sicherstellen, dass er seine Mitwirkungshandlung auch rechtzeitig erbringen kann. Wenn nacheinander mehrere Unternehmer tätig sein sollen, müssen also die Vertragstermine zueinander passen. Der Auftraggeber muss darauf achten, dass der jeweils zuerst tätige Unternehmer (Vorunternehmer) bei Fristüberschreitungen entstehende Schäden übernimmt. Dazu muss er

- *Vertragstermine mit dem Vorunternehmer vereinbaren,*
- *vorsorglich noch einmal mahnen, um Verzug des Vorunternehmers herbeizuführen,*
- *den Vorunternehmer im Vertrag darauf hinweisen, dass sein Verzug zu einem größeren Schaden durch Verzögerung der Folgegewerke führen kann und der Vorunternehmer diesen Schaden als Verzugsschaden übernehmen muss.*
- *Außerdem könnte die Vereinbarung einer Vertragsstrafe helfen, den Vorunternehmer zur Einhaltung der Vertragstermine zu bewegen.*

Beispiel: 22

Der Auftraggeber beauftragt den Auftragnehmer mit der Erstellung eines Rohbaus und stellt ihm hierfür die fertige Baugrube zur Verfügung, die jedoch ein anderer Unternehmer (Vorunternehmer) herstellt. Der Vorunternehmer gerät mit der Fertigstellung der Baugrube drei Monate in Verzug, sodass der Auftragnehmer erst drei Monate später als geplant mit dem Rohbau beginnen kann. Den hierfür benötigten Kran hatte er aber schon gemietet, um pünktlich zum vorgesehenen Termin beginnen zu können, sodass er drei Monate umsonst Miete gezahlt hat.

Der Auftraggeber soll für diesen Schaden nun haften. Tatsächlich haftet der Auftraggeber für die verspätete Übergabe der Baugrube. Der BGH sieht den Vorunternehmer allerdings – wie auch in seiner früheren Rechtsprechung – nicht in der Rolle des Erfüllungsgehilfen, sondern er begründet die Haftung des Auftraggebers damit, dass dieser seiner eigenen Mitwirkungsverpflichtung, nämlich die Baugrube rechtzeitig an den Auftragnehmer zu übergeben, nicht nachgekommen sei.

Der Auftragnehmer, der sich durch den Verzug eines Vorunternehmers und dadurch bedingte fehlende Mitwirkungshandlung des Auftraggebers in seiner Ausführung behindert sieht, muss dem Auftraggeber diese Behinderung anzeigen, um seine Ansprüche auf Bauzeitverlängerung zu wahren. 23

D. § 10 Abs. 2 VOB/B

§ 10 Abs. 2 VOB/B betrachtet das Innenverhältnis zwischen den beiden Vertragsparteien, und zwar für den Fall, dass ein Dritter bei der Ausführung des Bauvertrages zwischen Auftraggeber und Auftragnehmer zu Schaden gekommen ist, für den beide Vertragsparteien haften. Es geht hier um den internen Haftungsausgleich zwischen den beiden Vertragsparteien, wenn dem Dritten der Schaden ersetzt wird. Die Haftung der Vertragsparteien selbst gegenüber dem Dritten richtet sich wiederum nach den gesetzlichen Bestimmungen, die die objektiven und subjektiven Haftungstatbestände regeln. Im Falle des Bauvertrages kann sich z.B. die Haftung des Auftraggebers aus seiner Stellung als Bauherr, der grundsätzlich für die Sicherung der Baustelle zu sorgen hat, und die des Auftragnehmers, der durch die tatsächliche Leistungserbringung auf der Baustelle Gefahrenquellen eröffnet, ergeben; damit könnten beide 24

Vertragsparteien von einem durch die Bauausführung geschädigten Dritten bspw. bei einer Verletzung einer Verkehrssicherungspflicht auf Schadensersatz in Anspruch genommen werden.

I. Haftungstatbestände

25 Von zentraler Bedeutung sind folgende Haftungstatbestände, die eine Schadensersatzpflicht auslösen können:

Haftungstatbestände	
§ 823 Abs. 1 BGB	Schadensersatzpflicht für verursachte Schäden an Rechtsgütern (Eigentum, Leben, Gesundheit etc.) eines Dritten; besonderer Unterfall: Verletzung einer Verkehrssicherungspflicht
§ 823 Abs. 2 BGB	Schadensersatzpflicht bei Verletzung eines Schutzgesetzes (z.B. eines Straftatbestands) Für Bauvorhaben relevante Schutzgesetze sind: § 319 StGB: Baugefährdung: Gesundheits- oder Lebensgefährdung durch Verstoß gegen anerkannte Regeln der Technik bei Errichtung oder Abbruch eines Bauwerks § 909 BGB: Haftung für Schäden auf dem Nachbargrundstück infolge von (unsachgemäß ausgeführten) Vertiefungen auf dem Baugrundstück
§ 836 BGB	Haftung für Personen- und Sachschäden infolge eines auf fehlerhafte Errichtung oder Unterhaltung zurückzuführenden Gebäudeeinsturzes
§ 618 BGB	Verletzung von dem Auftraggeber obliegenden Sorgfalts- und Obhutspflichten im Hinblick auf die Sicherheit der Arbeitsplätze, wenn der Auftraggeber Bauleistungen vergibt und Arbeitsplätze zur Verfügung stellt

1. Unerlaubte Handlungen nach §§ 823 ff. BGB

26 § 823 BGB regelt die Schadensersatzpflicht eines Schädigers, der einem anderen einen Schaden an bestimmten Rechtsgütern wie Gesundheit, Eigentum o.Ä. zufügt.

2. Insbesondere: Verkehrssicherungspflicht

27 Von großer Bedeutung ist die Verkehrssicherungspflicht, die Schäden zu Lasten Dritter verhindern soll.

Die Verkehrssicherungspflicht trifft denjenigen, der eine Gefahrenquelle eröffnet. Das ist bei einem Bauvorhaben zunächst der Bauherr/Auftraggeber, der das Bauvorhaben in Auftrag gibt. Auch der vom Bauherrn/Auftraggeber beauftragte Architekt ist verkehrssicherungspflichtig, wenn er verantwortlicher Bauleiter im Sinne der Landesbauordnung ist und ihn hierdurch die öffentlich-rechtliche Verpflichtung zur Schadensverhütung trifft. Vor Ort wird jedoch regelmäßig ein Bauunternehmer für den Auftraggeber tätig, der tatsächlich und greifbar Gefahrenquellen schafft und häufig aufgrund vertraglicher Vereinbarungen mit dem Auftraggeber auch den Bauleiter nach Landesbauordnung stellen muss. Insoweit ist der Auftragnehmer verkehrssicherungspflichtig.

28 Der Auftraggeber wird durch die Übertragung der Verkehrssicherungspflicht auf einen Dritten nicht automatisch von seiner eigenen Verkehrssicherungspflicht entbunden. Auch wenn Auftraggeber die Verkehrssicherungspflicht häufig im Bauvertrag auf den Auftragnehmer übertragen, der sodann allein verkehrssicherungspflichtig ist, verbleiben beim Auftraggeber Kon-

troll- und Überwachungspflichten zumindest dahingehend, zu prüfen, ob und wie der Auftragnehmer seiner Verkehrssicherungspflicht in geeigneter Weise nachkommt.

Praxistipp: 29

Die Verkehrssicherungspflicht des Bauherrn/Auftraggebers sollte im Bauvertrag auf den Auftragnehmer übertragen werden. Zudem bietet es sich an, die Rechtsfolgen einer Verletzung der Verkehrssicherungspflicht zwischen den Vertragsparteien ausdrücklich festzulegen.

Formulierungsvorschlag: 30

§ Haftung

Der Auftragnehmer hat die alleinige Verkehrssicherungspflicht auf der Baustelle und haftet für alle Schäden, die durch Verletzung seiner Verkehrssicherungspflicht entstehen. Er übernimmt insoweit auch die Verkehrssicherungspflicht des Auftraggebers und haftet im Verhältnis zum Auftraggeber gegenüber Dritten allein. Der Auftragnehmer stellt den Auftraggeber von allen Ansprüchen Dritter wegen Verletzung der Verkehrssicherungspflicht frei, soweit der Auftragnehmer die Verletzung der Verkehrssicherungspflicht verschuldet oder zu vertreten hat.

Die Verkehrssicherungspflicht endet bei ordnungsgemäßem Abschluss der Bauarbeiten. 31
Wenn jedoch eine Gefahrenquelle auch nach Abschluss der Bauarbeiten fortbesteht, wie z.B. unabgeschlossene Bauarbeiten bei einem gekündigten Vertrag, endet die Verkehrssicherungspflicht erst, wenn sie von einem anderen übernommen wurde. Andernfalls verbleibt diese Last bei dem bisherigen Verkehrssicherungspflichtigen. Diesem ist dringend zu raten, eine Übernahmevereinbarung im Hinblick auf die Verkehrssicherungspflicht oder zumindest im Hinblick auf die Kosten zu schließen; gelingt dies nicht, muss er entweder seiner Verkehrssicherungspflicht weiter nachkommen oder die Gefahrenquelle beseitigen. Beides kann insbesondere für einen Auftragnehmer eines gekündigten Bauvertrages sehr teuer werden!

Praxistipp: 32

Bei vorzeitigem Ende der Bauausführung, z.B. durch Kündigung, ist bei Fortbestehen der Gefahrenquelle ggf. die Verkehrssicherungspflicht neu zu regeln. Der Auftraggeber, der als Veranlasser der Baustelle grds. eine Verkehrssicherungspflicht hat, sollte sich nicht darauf verlassen, dass der gekündigte Bauunternehmer seiner Verkehrssicherungspflicht auf der Baustelle weiter nachkommt, sondern muss entweder selber tätig werden, wenn der gekündigte Auftragnehmer keine Sicherungsmaßnahmen mehr ergreift, oder die Verkehrssicherungspflicht auf einen anderen Auftragnehmer übertragen oder es gelingt ihm, mit dem bisherigen Auftragnehmer die weitere Übernahme der Verkehrssicherungspflicht gesondert zu regeln. In letzterem Fall wird sicherlich eine Regelung zur Kostentragung nötig.

Formulierungsvorschlag: 33

[kurze Sachverhaltsdarstellung voranstellen, z.B.:]

Der Werkvertrag zwischen den Parteien … (Auftraggeber) und … (Auftragnehmer) vom … wurde durch die Kündigung des Auftraggebers/Auftragnehmers vom … (Datum) vorzeitig beendet. Die Bauarbeiten sind noch nicht abgeschlossen. Die Baustelle wird vom Auftragnehmer zum … (Datum) geräumt.

Der Auftragnehmer bleibt weiterhin verkehrssicherungspflichtig und stellt den Auftraggeber von etwaigen Ansprüchen Dritter wegen Verletzung der Verkehrssicherungspflicht frei. Er wird im Rahmen seiner Verkehrssicherungspflicht sämtliche erforderlichen Maßnahmen inkl. des Rückbaus von Bauleistungen, soweit erforderlich, zum Schutze der Rechte des Auftraggebers sowie Dritter und der bereits erbrachten Bauleistungen vornehmen. Die Kosten hierfür übernimmt der Auftraggeber, wenn der Auftragnehmer einen Grund zur Kündigung gesetzt hat.

3. § 823 Abs. 2 BGB (Schutzgesetze)

34 § 823 Abs. 2 BGB befasst sich mit der Schadensersatzpflicht bei Verletzung sog. Schutzgesetze. Schutzgesetze sind Vorschriften, die Belange der Allgemeinheit schützen sollen und damit auch einem Geschädigten nützen, wobei nach der Zielrichtung des Schutzgesetzes sich ein Einzelner nur auf das Schutzgesetz berufen kann, wenn der Schutz des einzelnen Geschädigten neben dem Schutz der Allgemeinheit zumindest auch bezweckt ist.

a. § 319 StGB Baugefährdung

35 Schutzgesetze im Sinne des § 823 Abs. 2 BGB sind insbesondere Straftatbestände nach dem Strafgesetzbuch. Zu nennen ist im Zusammenhang mit Bauverträgen § 319 StGB, der Straftatbestand der Baugefährdung. Hiernach wird mit Freiheitsstrafe oder mit Geldstrafe bestraft, wer bei der Planung, Leitung oder Ausführung eines Baues oder des Abbruchs eines Bauwerks gegen die allgemein anerkannten Regeln der Technik verstößt und hierdurch Leib oder Leben eines anderen Menschen gefährdet. Gleiches trifft diejenigen, die bei der Planung, Leitung oder Ausführung eines Vorhabens, technische Einrichtungen in ein Bauwerk einzubauen oder eingebaute Einrichtungen zu verändern, gegen die allgemein anerkannten Regeln der Technik verstoßen und hierdurch Leib oder Leben eines anderen Menschen gefährden. Die Strafe droht nicht nur bei vorsätzlichem Handeln, sondern auch schon bei Fahrlässigkeit.

36 ***Praxistipp:***

Eine ungewollte mangelhafte Planung oder Ausführung kann also strafrechtliche Folgen haben und führt in Verbindung mit § 823 Abs. 2 BGB darüber hinaus auch zu zivilrechtlichen Schadensersatzansprüchen.

b. § 909 BGB Haftung für Vertiefungen

37 Für den Bauvertrag von Bedeutung ist § 909 BGB, der ein Schutzgesetz im Sinne des § 823 Abs. 2 BGB darstellt. Diese Vorschrift beschreibt die Haftung für Vertiefungen auf einem Grundstück, die zu einem Stützverlust des Nachbargrundstücks führen, und spielt in Bauverträgen eine große Rolle. Nicht selten kommt es im Rahmen einer Baumaßnahme zu Schäden an Gebäuden auf Nachbargrundstücken, z.B. zu Rissen bei Rammarbeiten oder wegen fehlender oder unzureichender Unterfangungen beim Baugrubenaushub. § 909 BGB als Schutzgesetz in Verbindung mit § 823 Abs. 2 BGB führt zu einer Schadensersatzverpflichtung, die sowohl den Bauherrn als auch den ausführenden Bauunternehmer genauso wie die vom Bauherrn/Auftraggeber beauftragten Statiker oder andere Fachingenieure treffen kann.

c. §§ 836 ff. BGB

38 § 836 BGB regelt die Schadensersatzpflicht desjenigen, dessen Bauwerk wegen fehlerhafter Errichtung oder Unterhaltung eingestürzt ist und einen Personen- oder Sachschaden herbeigeführt hat. Ersatzpflichtig ist der sog. Eigenbesitzer des Grundstücks; es haftet damit derjenige, der im Besitz des Grundstücks ist, also hierauf zugreifen oder es bearbeiten kann. Eigenbesitzer sind demnach sowohl Auftraggeber als auch Auftragnehmer.

d. § 618 BGB

39 § 618 BGB dient der Vermeidung von Unfällen im Rahmen von Dienstverträgen und überträgt dem Arbeitgeber (Dienstherrn) damit bestimmte Sorgfalts- und Obhutspflichten. Zur Vermeidung von Bauunfällen und damit verbunden Personenschäden ist diese Vorschrift auch auf

den Bauvertrag entsprechend anwendbar, auch auf einen VOB-Vertrag[14]. Der Arbeitgeber hat hiernach bestimmte Pflichten für die Arbeitsplatzgestaltung und Arbeitsregelung, bei deren Verletzung er schadensersatzpflichtig wird. In Bezug auf die Arbeitsverhältnisse ist jedoch zu beachten, dass Regelungen des Arbeitsschutzes (z.B. Arbeitsschutzgesetz, Arbeitsstättenverordnung) und die der Unfallverhütungsvorschriften vorrangig gelten.

§ 618 BGB hat aber auch für den Auftraggeber, der im Hinblick auf Bauleistungen als Arbeitgeber anzusehen ist, Bedeutung und ist vom Auftraggeber zu beachten, wenn dieser dem Auftragnehmer und seinen Mitarbeitern Räume, Vorrichtungen oder Gerätschaften zur Verfügung stellt. 40

Die Haftung des Bauherrn/Auftraggebers als Arbeitgeber für Bauleistungen wird durch die Baustellenverordnung erweitert (siehe hierzu Anhang I zu § 10 VOB/B).

II. Schadensverursachung

Weitere Voraussetzung für das Vorliegen eines objektiven Haftungstatbestandes ist die Schadensverursachung. Das bedeutet, dass der Schädiger irgendeinen Beitrag für den Schadenseintritt geleistet haben muss, wobei ein mittelbarer Beitrag schon ausreichen kann. 41

Denkbar ist auch, dass zwei Beiträge parallel zu einem Schadenseintritt geführt haben; an der Haftung ändert sich hierdurch nichts. Klassisches Beispiel hierfür ist ein mangelhaftes Bauwerk sowohl aufgrund eines Planungsfehlers des Architekten als auch aufgrund fehlerhafter Ausführung des Bauunternehmers. Der Schädiger kann sich in solch einem Fall also nicht etwa durch den Verweis, dass der Schaden durch das Verhalten des anderen Schädigers sowieso eingetreten wäre, entlasten; vielmehr haften beide Schädiger gemeinsam. 42

III. Verschulden

Wenn ein Haftungstatbestand objektiv erfüllt ist, also jemand durch eine Handlung eines anderen zu Schaden gekommen ist, muss in subjektiver Hinsicht Verschulden des Schädigers vorliegen. Hierbei gelten die Maßstäbe der §§ 276 und 278 BGB, also Vorsatz und Fahrlässigkeit (dazu oben Rn. 10 ff.). 43

IV. Rechtsfolge: Schadensersatzpflicht

Rechtsfolge einer Haftung für einen Schadenseintritt infolge eines schuldhaften Verhaltens ist Ersatz des dem Geschädigten entstandenen Schadens. 44

Grundsätzlich hat der Schadensersatz in natura (sog. Naturalrestitution) zu erfolgen, d.h., der Schädiger muss dem Geschädigten den Schaden reparieren (entweder selbst oder durch einen Fachmann) oder eine beschädigte Sache durch eine gleichwertige ersetzen. 45

Der weitaus häufigere Fall ist jedoch der Schadensersatz in Geld. Der Schädiger entschädigt den Geschädigten durch eine Zahlung, die häufig von einer Versicherung übernommen wird. Der Geschädigte kann diese Zahlung entweder für die Reparatur ausgeben, er kann sich aber auch entscheiden, den Schaden nicht zu beseitigen und das Geld anderweitig zu verwenden. 46

V. Versicherbarkeit

Die Haftung im Rahmen der Verkehrssicherungspflicht, aber auch aufgrund sonstiger Verpflichtungen ist regelmäßig versicherbar, sodass Schutz gegen übliche Schäden bei Verstößen gegen Vertragspflichten und durch eine Haftpflichtversicherung gegeben ist. Zu beachten ist aber: Regelmäßig nicht versicherbar sind die Mängelbeseitigungspflicht bzw. die Kosten einer Mängelbeseitigung; versichert werden in Bezug auf Mängel der Bauleistung selbst lediglich Mangelfolgeschäden. 47

14 BGH vom 5.2.1952 – GSZ 4/51 = NJW 1952, S. 458.

Bauunternehmen unterhalten regelmäßig selbst eine Haftpflichtversicherung. Häufig schließen die Bauherren weitreichende Versicherungen ab, die sowohl ihre Haftpflicht als Bauherren als auch die Haftung der übrigen am Bau Beteiligten (Architekten etc.) und der den Bau ausführenden Unternehmen abdecken. Damit besteht in wohl fast allen Fällen eines Bauvorhabens Versicherungsschutz und wird § 10 Abs. 2 Nr. 2 VOB/B damit in der Praxis zum häufigsten Anwendungsfall.

48 Der Bauvertrag sollte eine Regelung zur Versicherung enthalten. Der Auftraggeber kann die Versicherungspflicht auf den Auftragnehmer übertragen und sein eigenes (Bauherren-)Haftpflichtrisiko mit in diese Versicherung einbeziehen lassen. Hat der Auftragnehmer eine eigene Versicherung, wirkt sich diese häufig auf seine Haftung im Verhältnis zum Auftraggeber aus; ihn trifft regelmäßig die alleinige Haftung gemäß § 10 Abs. 2 Nr. 2 VOB/B (Einzelheiten dazu unten Rn. 63 f.).

49 ***Praxistipp:***

Die Notwendigkeit von Versicherungen ist zu prüfen. Im Bauvertrag sind ggf. Regelungen zu treffen für den Abschluss von Versicherungen oder die Einbeziehung von Leistungen in bestehende Versicherungsverträge. Bei großen Projekten kann eine sog. Exzedentenversicherung erforderlich sein, wenn die normalen Versicherungssummen das Risiko nicht mehr ausreichend abdecken.

50 ***Formulierungsvorschlag:***

„Der Auftragnehmer hat vor Baubeginn eine Bauleistungsversicherung, in welcher auch das Bauherrenrisiko abgedeckt ist, sowie eine Bauherrenhaftpflichtversicherung abzuschließen. Die Vertragsabschlüsse sind dem Auftraggeber unaufgefordert nachzuweisen."

oder

„Der Auftraggeber hat für alle an der Ausführung beteiligten Planer und Unternehmer (Mitversicherte) eine kombinierte Bauleistungs-, Montage- und Haftpflichtversicherung unter Einbezug seines eigenen Interesses abgeschlossen (siehe Anlage). Es gilt der Wortlaut des Versicherungsvertrages.

Die Versicherungsprämie einschließlich der jeweils gültigen Versicherungssteuer wird vom Auftraggeber gezahlt. Der Auftraggeber weist darauf hin, dass Prämien für weitere Versicherungen, deren Deckung dieser vom Auftraggeber beigestellten Versicherung entspricht (Doppelversicherungen), nicht vergütet werden. Der Auftragnehmer versichert, dass Prämien für derartige Versicherungen nicht in seine Preise einkalkuliert sind.

Alle Kosten, die dem Auftragnehmer durch seine Mitwirkung bei der Schadensabwicklung entstehen, sind mit der Vergütung abgegolten.

Der Auftragnehmer wird an den Kosten der Versicherung beteiligt; dazu werden ... % der Nettoschlussrechnungssumme von der Schlusszahlung einbehalten. Im Versicherungsfall trägt der Auftragnehmer den Selbstbehalt; dieser wird von der Schlusszahlung abgezogen."

VI. Interner Haftungsausgleich

51 Die Struktur der Haftung der beiden Vertragsparteien nach einem Schadenseintritt sieht folgendermaßen aus: Die Vertragsparteien haften gegenüber Dritten im Ausgangspunkt grundsätzlich gesamtschuldnerisch[15].

15 § 10 Abs. 2 Nr. 1 Satz 1 VOB/B.

In der Praxis hat sich jedoch eine auch nach außen wirksame Haftungsübernahme durchgesetzt, sodass der Grundsatz der gesamtschuldnerischen Haftung in der Praxis keine Wirkung hat.

Regel-Ausnahme-Prinzip: Zwischen den Vertragsparteien erfolgt der Gesamtschuldnerausgleich (Regel), wenn nicht eine Vertragspartei von der Ausgleichspflicht befreit ist (Ausnahme).

1. Grundsatz: Gesamtschuldnerische Haftung

a. Definition Gesamtschuld

Gesamtschuldnerische Haftung beider Vertragsparteien eines Bauvertrages bedeutet, dass beide gegenüber dem Geschädigten haften, dieser sich also entweder an den Auftraggeber oder an den Auftragnehmer halten und Schadensersatz verlangen kann (insgesamt aber selbstverständlich nur einmal). Die gesamtschuldnerische Haftung ergibt sich aus den gesetzlichen Bestimmungen oder bisweilen auch aus dem Vertrag. 52

Weitere Beispiele für Gesamtschuldverhältnisse sind: 53

Gesamtschuldverhältnisse	
§ 830 Abs. 1 Satz 1 BGB	Beide Vertragsparteien verursachen gemeinschaftlich bewusst und gewollt einen Schaden eines Dritten.
§ 830 Abs. 1 Satz 2 BGB	Beide Vertragsparteien verursachen einen Schaden eines Dritten, aber der genaue Verschuldensanteil der Vertragsparteien ist nicht feststellbar.
§ 840 Abs. 1 BGB	Beide Vertragsparteien verursachen einen Schaden eines Dritten, haben aber nicht bewusst und gewollt zusammengewirkt.
Vertragliche Regelungen	Beide Vertragsparteien verpflichten sich gegenüber einem Dritten, im Falle eines Schadens dem Dritten unabhängig von Verursachungsbeiträgen und Verschulden Schadensersatz zu leisten.

b. § 830 Abs. 1 Satz 1 BGB

§ 830 Abs. 1 Satz 1 BGB regelt die Gesamtschuldnerschaft bei einem Schadensereignis infolge einer gemeinschaftlich begangenen unerlaubten Handlung. 54

Diese Form eines Gesamtschuldverhältnisses hat bei Bauvorhaben wenig praktische Relevanz. Sie liegt nur vor, wenn Auftraggeber und Auftragnehmer als Mittäter gemeinsam einem Dritten bewusst und gewollt einen Schaden zufügen. Solche Fälle sind eher selten.

c. § 830 Abs. 1 Satz 2 BGB

§ 830 Abs. 1 Satz 2 BGB regelt die Gesamtschuldnerschaft, wenn sich bei einem Schadensereignis, das sowohl vom Auftragnehmer als auch vom Auftraggeber verursacht wurde, der Verschuldensanteil der beiden Vertragsparteien nicht eindeutig ermitteln lässt, aber ein Verursachungsbeitrag beider Vertragsparteien feststeht. 55

d. § 840 Abs. 1 BGB

§ 840 Abs. 1 BGB regelt ähnlich wie § 830 Abs. 1 Satz 1 BGB die gesamtschuldnerische Haftung, wenn beide Vertragsparteien ein Schadensereignis verursacht haben, jedoch mit dem Unterschied, dass sie nicht bewusst und gewollt zusammengewirkt haben müssen. 56

e. Vertragliche Regelungen

Die Parteien können in Verträgen beliebig anderweitige Regelungen treffen, mit denen sie eine gesamtschuldnerische Haftung begründen. Solche Regelungen sind mit Dritten zu treffen, die sich sodann entweder an den einen oder den anderen Schuldner halten können; vertragliche Vereinbarungen zwischen den Vertragsparteien begründen eine gesamtschuldnerische Haftung hingegen nicht. In der Praxis sind solche Regelungen eher selten. 57

f. Rechtsfolge der Gesamtschuld: Gesamtschuldnerausgleich

58 Konsequenz der gesamtschuldnerischen Haftung ist der Ausgleich unter den Gesamtschuldnern, der grundsätzlich nach der allgemeinen Regel in § 426 Abs. 1 BGB zu jeweils gleichen Anteilen der Gesamtschuldner erfolgt. Hat also beispielsweise der Auftragnehmer allein einem Geschädigten den erlittenen Schaden ersetzt, kann er vom Auftraggeber im Anschluss die Erstattung der Hälfte der Zahlung an sich verlangen. Die Quote kann anders lauten, wenn einer der Vertragsparteien ein höheres Verschulden als Mitverschulden angelastet werden

59 kann.

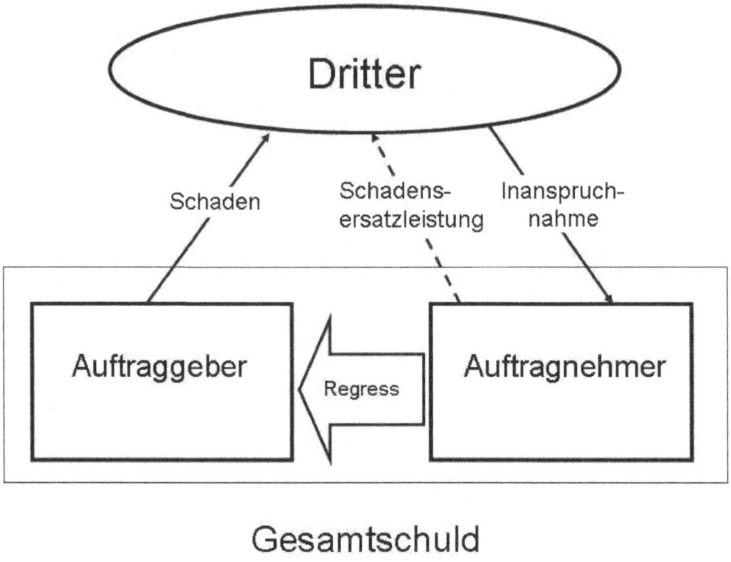

Abbildung: Gesamtschuldnerausgleich

Erläuterung: *In der Übersicht wird der interne Ausgleich der gesamtschuldnerisch haftenden Vertragsparteien deutlich: Der Auftraggeber hat einen Schaden verursacht, beide Vertragsparteien haften gesamtschuldnerisch. Der geschädigte Dritte wählt bspw. den Auftragnehmer für die Inanspruchnahme aus. Der Auftragnehmer ersetzt dem Dritten den Schaden vollständig und kann – je nach Größe des jeweiligen Verursachungsbeitrages – den Anteil des Auftraggebers hieran verlangen.*

2. Ausnahme: Alleinhaftung oder Haftungsbefreiung

60 Der Gesamtschuldnerausgleich erfolgt in folgenden Fällen nicht:

- den Auftraggeber trifft eine Alleinhaftung gemäß § 10 Abs. 2 Nr. 1 Satz 2 VOB/B (dazu unten Rn. 62)
- den Auftragnehmer trifft eine Alleinhaftung gemäß § 10 Abs. 2 Nr. 2 VOB/B (dazu unten Rn. 63 ff.)
- den Auftragnehmer trifft eine Alleinhaftung gemäß § 10 Abs. 3 VOB/B (dazu unten Rn. 67 f.)
- den Auftragnehmer trifft eine Alleinhaftung gemäß § 10 Abs. 4 VOB/B (dazu unten Rn. 69 ff.)
- die Vertragsparteien haben in den Grenzen der AGB-Regeln vertraglich etwas anderes geregelt, was ihnen gemäß § 10 Abs. 2 Absatz 1 Satz 1 letzter Halbsatz VOB/B möglich ist.

Der Vollständigkeit halber soll erwähnt werden, dass es weitere Sonderregelungen im Gesetz und in Nebengesetzen gibt, die aber beim Bauvertrag eher von untergeordneter Bedeutung sind, aber gegenüber den allgemeinen gesetzlichen Bestimmungen vorrangig gelten: **61**

- § 840 Abs. 2 oder Abs. 3 BGB: Mit dieser Vorschrift haftet derjenige allein, dessen Verhalten erwiesenermaßen zu dem Schaden geführt hat, und wird derjenige entlastet, dessen Haftung vermutet wird oder der allein wegen einer Gefährdungslage haftet, ohne dass ein Schaden eingetreten sein muss
- §§ 17, 18 Straßenverkehrsgesetz: Schaden durch mehrere Kraftfahrzeuge
- § 12 Haftpflichtgesetz: Weiter gehende gesetzliche Vorschriften (z.B. die besondere Haftung beim Betrieb gefährlicher Anlagen wie Anlagen des Bahnbetriebs, Energieanlagen) haben gegenüber der Haftung nach Haftpflichtgesetz Vorrang.

a. Ausnahme des § 10 Abs. 2 Nr. 1 Satz 2 VOB/B – Alleinhaftung des Auftraggebers

Geregelt wird hier die Alleinhaftung des Auftraggebers (richtigerweise: die Befreiung des Auftragnehmers von der internen Ausgleichspflicht), wenn ein Schadensereignis aus einer vom Auftraggeber angeordneten Maßnahme resultiert und der Auftragnehmer auf diese Gefahr aber hingewiesen hat oder er von der Hinweispflicht befreit ist, wenn er die Gefahr nicht hätte erkennen müssen. Dieser Hinweis hat entsprechend einer Bedenkenanzeige im Sinne von § 4 Abs. 3 VOB/B (vgl. dazu die Erläuterungen zu § 4 VOB/B) zu erfolgen. Der Auftraggeber haftet gerechterweise allein, wenn er trotz des Hinweises des Auftragnehmers auf der Ausführung bestanden hat. **62**

b. Ausnahme des § 10 Abs. 2 Nr. 2 VOB/B – Alleinhaftung des Auftragnehmers

Der Auftragnehmer haftet allein, wenn für den Schadensfall seine Versicherung greift oder der Auftragnehmer eine einschlägige Versicherung hätte abschließen können. Dies gilt sogar, wenn auch den Auftraggeber ein Verschulden am Schaden trifft. Ausschlaggebend für die Alleinhaftung des Auftragnehmers ist somit allein die Versicherbarkeit des Schadens durch den Auftragnehmer.[16] **63**

Übliche Versicherungen sind die Betriebshaftpflichtversicherungen, die ein Bauunternehmer regelmäßig abschließt (sonst erhält er keine Gewerbeerlaubnis und – nicht nur von der öffentlichen Hand – keine Aufträge). Da also Betriebshaftpflichtversicherungen des Auftragnehmers fast immer bestehen, hat die Alleinhaftung des Auftragnehmers in der Praxis eine große Bedeutung, oder genauer ausgedrückt: Es haftet der Auftragnehmer im Innenverhältnis zum Auftraggeber fast immer allein. **64**

c. Ausnahme des § 10 Abs. 2 Nr. 1 Satz 1, letzter Halbsatz VOB/B – Alleinhaftung einer Vertragspartei durch anders lautende vertragliche Vereinbarung

Die Parteien können eine vertragliche Vereinbarung zu ihrer Haftung treffen, die vom Grundsatz der gesamtschuldnerischen Haftung abweicht. Solche Vereinbarungen stoßen jedoch häufig an die Grenze der Vorschriften zu Allgemeinen Geschäftsbedingungen[17], wenn sie als Allgemeine Geschäftsbedingungen vereinbart werden, sodass mit deren Verwendung sparsam umgegangen werden sollte. **65**

Unwirksam sind z.B. folgende Klauseln: **66**

- Verzicht auf Schadensersatzansprüche des Auftragnehmers gegen den Auftraggeber (weil hierdurch auch seine Schadensersatzansprüche wegen Vorsatzes oder grober Fahrlässigkeit des Auftraggebers ausgeschlossen werden, was unbillig wäre)[18].
- Haftungsausschluss für leichte Fahrlässigkeit, wenn der Ausschluss auch vertragliche Hauptpflichten treffen kann (hierdurch würde einseitig und zu Lasten einer Vertragspartei

---

16 BGH, Urt. v. 17.12.1998 – VII ZR 243/97.
17 §§ 305 ff. BGB.
18 Wirth, in: Ingenstau/Korbion, § 10 Abs. 2 VOB/B Rn. 18.

von dem gesetzlichen Vorbild abgewichen; das Recht einer Vertragspartei, Schadensersatz zu verlangen, kann nicht ausgeschlossen werden)[19].

- Verschuldensunabhängige generelle Haftung einer Vertragspartei für die andere (geht über eine Garantie hinaus); solche Klauseln sind nach dem Bundesgerichtshof (BGH) eng auszulegen und dahin zu verstehen, dass solche Schäden ausgenommen sind, die auch bei ordnungsgemäßer Ausführung der Leistung zwangsläufig entstehen müssen (systemimmanente Schäden; Beispiel: Eine völlig einwandfrei ausgeführte Wasserhaltung führt planmäßig zum Absterben benachbarter Bäume). Im Rahmen Allgemeiner Geschäftsbedingungen sind solche Klauseln unwirksam, mit denen der Auftraggeber auch solche Risiken auf den Auftragnehmer abwälzen möchte[20].

E. Ausnahme des § 10 Abs. 3 VOB/B

67 § 10 Abs. 3 VOB/B regelt eine Alleinhaftung des Auftragnehmers (resp. die Befreiung des Auftraggebers von der gesamtschuldnerischen Ausgleichspflicht) aus Billigkeitsgesichtspunkten bei bestimmten Sachverhalten, bei denen der Auftragnehmer einem Dritten bei der Ausführung der Bauleistung Schaden zufügt. Es handelt sich hierbei um Handlungen des Auftragnehmers im Rahmen seiner Leistungserbringung, auf die er allein Einfluss hat.

68 Der Auftraggeber haftet auch in den Fällen des § 10 Abs. 3 VOB/B zunächst in seiner Eigenschaft als Grundstückseigentümer oder Bauherr, wenn er nicht alles ihm Zumutbare getan hat, schädigende Handlungen im Sinne von § 10 Abs. 3 VOB/B zu vermeiden. Eine Verletzung dieser Pflicht durch den Auftraggeber wiegt jedoch weniger schwer als die schädigende Handlung des Auftragnehmers selbst. Gerechterweise soll der Auftraggeber also durch diese Vorschrift von Schadensersatzansprüchen aus solchen Handlungen verschont bleiben, die er selbst nicht beeinflussen oder verhindern kann. Der Auftragnehmer kann sich allenfalls auf Mitverschulden des Auftraggebers berufen, was in der Praxis aber kaum vorkommen dürfte.

F. Ausnahme des § 10 Abs. 4 VOB/B

69 Einen ähnlichen Hintergrund wie die Regelung in § 10 Abs. 3 VOB/B hat die Regelung in § 10 Abs. 4 VOB/B. Der Auftragnehmer haftet für Fälle von Schutzrechtsverletzungen, die er allein hätte verhindern können.

70 Schutzrechte können sich ergeben aus dem

- Urheberrechtsgesetz
- Patentgesetz
- Gebrauchsmustergesetz
- Geschmacksmustergesetz
- Markengesetz

71 Die Alleinhaftung des Auftragnehmers ist gerecht und billig, weil der Auftragnehmer für die nötige Genehmigung zu sorgen hat, wenn die von ihm angebotene Leistung ein Schutzrecht betrifft. Kann er diese nicht einholen, muss er Bedenken nach § 4 Abs. 1 Nr. 3 VOB/B anmelden oder die Ausführung der Leistung verweigern. Der Auftraggeber hingegen hat kaum Einfluss darauf, ob der Auftragnehmer ein Schutzrecht verletzt oder nicht, und ist daher im Rahmen der Haftung zu entlasten. Unterlässt der Auftraggeber jedoch den nach § 10 Abs. 4 VOB/B nötigen Hinweis auf ein bestehendes Schutzrecht, gilt § 10 Abs. 2 Nr. 1 Satz 1 VOB/B (dazu oben Rn. 51 ff.).

---

19 BGH NJW-RR 1989, 625.
20 BGH vom 18.11.1971 – VII ZR 48/70 = NJW 1972, 256.

G. § 10 Abs. 5 VOB/B als ergänzende Regelung zu § 10 Abs. 2, 3 und 4 VOB/B

§ 10 Abs. 5 VOB/B regelt, dass die Haftungsbefreiung zugunsten einer Vertragspartei auch zugunsten der gesetzlichen Vertreter (Vormund o.Ä., dazu oben Rn. 17) und der Erfüllungsgehilfen (dazu oben Rn. 18 ff.) der befreiten Vertragspartei gilt. Nur weil der gesetzliche Vertreter bzw. der Erfüllungsgehilfe als Handelnder an die Stelle der Vertragspartei tritt, soll sich hierdurch das Haftungsverhältnis nicht ändern. **72**

Zunächst muss jedoch ein Haftungstatbestand durch den gesetzlichen Vertreter oder den Erfüllungsgehilfen ausgelöst worden sein, damit § 10 Abs. 5 VOB/B greift. Weiterhin darf der gesetzliche Vertreter oder Erfüllungsgehilfe nicht vorsätzlich oder grob fahrlässig gehandelt haben; andernfalls wären die Befreiung der Vertragspartei von der Haftung und die alleinige Belastung der anderen Vertragspartei unbillig. **73**

H. § 10 Abs. 6 VOB/B als ergänzende Regelung zu § 10 Abs. 2, 3 und 4 VOB/B

I. Freistellungsanspruch

§ 10 Abs. 6 VOB/B regelt nichts anderes als die Vorgehensweise, um das in § 10 Abs. 2 bis 4 VOB/B gewollte Ergebnis in die Tat umzusetzen. **74**

Der geschädigte Dritte kann die vom Haftungsausgleich befreite Vertragspartei aufgrund der ihm gegenüber unverändert bestehenden gesamtschuldnerischen Haftung in Anspruch nehmen. Auch wenn er weiß, dass eine Haftungsbefreiung besteht, muss er sich nicht an die allein haftende Vertragspartei halten, weil die Befreiung nur im Innenverhältnis der Vertragsparteien gilt. Dem Dritten nach außen gegenüber haftet auch die nach innen befreite Vertragspartei. **75**

Greift beispielsweise eine Haftungsbefreiung zugunsten der Vertragspartei A und wird A vom Geschädigten in Anspruch genommen, muss sich A an die allein haftende Vertragspartei B wenden und Freistellung verlangen. Freistellung heißt, dass B direkt an den Geschädigten Schadensersatz leisten muss. Dies gilt sogar, wenn der Geschädigten tatsächlich gar keinen Anspruch hat, die Inanspruchnahme des Freizustellenden also unberechtigt erfolgt. In diesem Falle muss der Freistellungsverpflichtete B den unbegründeten Anspruch abwehren[21]. Weigert sich der zur Freistellung verpflichtete B, A freizustellen und an den Geschädigten Schadensersatz zu leisten, wird A in Vorlage treten und an den Geschädigten Schadensersatz leisten müssen. A kann sich diese Leistung aber später von B als Schadensersatz zurückholen (vgl. dazu die Abbildung zu Rn. 59). **76**

II. Anhörungspflicht

Die von der Ausgleichspflicht befreite Vertragspartei darf sich jedoch nicht auf ihren Anspruch auf Befreiung zurückziehen und sich nicht zu Lasten des Haftenden allzu sorglos verhalten. Sie darf daher nach § 10 Abs. 6 Satz 2 VOB/B den Anspruch gegenüber dem Geschädigten weder anerkennen noch befriedigen, bevor die allein haftende Vertragspartei Gelegenheit zur Äußerung zur Inanspruchnahme hatte. Diese Pflicht zum Unterlassen eines Anerkenntnisses oder einer Befriedigung eines Anspruchs muss von der ausgleichsbefreiten Vertragspartei dringend beachtet werden, da sie sich andernfalls gegenüber der zur Freistellung verpflichteten Vertragspartei schadensersatzpflichtig macht. Verweigert die haftende Vertragspartei schon im Vorfeld jegliche Freistellung, kann auf die Anhörung verzichtet werden; sie wäre nur eine unnötige Förmelei. **77**

---

21 So die herrschende Meinung in der Literatur (z.B. Franke/Kemper/Zanner/Grünhagen, VOB/B § 10 Rn. 58; Wirth, in: Ingenstau/Korbion, § 10 Abs. 6 VOB/B Rn. 2 mit Verweis auf BGH NJW 1970, S. 1594).

Anhang I zu § 10 VOB/B: Baustellenverordnung

1 Am 1. Juli 1998 ist die Baustellenverordnung (BaustellV) in Kraft getreten. Sie beruht auf § 19 Arbeitsschutzgesetz (ArbSchG), ist also ein wichtiges Regelungswerk im Hinblick auf Sicherheit und Gesundheitsschutz auf Baustellen. Sie richtet sich an Arbeitgeber und ist daher für den Auftraggeber eines Bauvorhabens von großer Bedeutung und mit vielen Pflichten für diesen verbunden. Die Pflichten des Arbeitsschutzes sind nach überwiegender Auffassung nicht in den Leistungsbildern der HOAI enthalten und werden also nicht durch die Beauftragung und Tätigkeit eines Architekten abgedeckt[22].

2 Die BaustellV führt zu einer Erweiterung der Haftung des Bauherrn nach § 618 BGB.

I. Anwendungsbereich

3 Örtlich bezieht sich die BaustellV auf die Baustelle; dies ist der Ort, an dem ein Bauvorhaben durchgeführt wird, wobei unter „Bauvorhaben" wiederum das Vorhaben zu verstehen ist, eine oder mehrere bauliche Anlagen zu errichten, zu ändern oder abzubrechen (§ 1 Nr. 3 BaustellV).

4 Persönlich richtet sich die BaustellV an den Bauherrn (§§ 2, 3 Nr. 1 BaustellV) bzw. denjenigen Dritten, auf den der Bauherr seine Verpflichtungen übertragen hat (§ 4 BaustellV), an den von ihm eingesetzten Koordinator (§ 3 Nr. 2 BaustellV) und den (oder die) Arbeitgeber der Beschäftigten, die auf der Baustelle tätig werden (§ 5 BaustellV), oder an sonstige auf der Baustelle beschäftigte Unternehmer ohne Beschäftigte (§ 6 BaustellV).

II. Pflichten des Bauherrn (§ 2 BaustellV)

5 Die Baustellenverordnung ergänzt das Arbeitsschutzrecht um bestimmte Pflichten für den Bauherrn. Der Bauherr kann diese Aufgaben selbst wahrnehmen oder sie einem Dritten übertragen (§ 4 BaustellV). Die Verpflichtungen entstehen meist kumulativ.

1. Berücksichtigung der allgemeinen Grundsätze nach § 4 Arbeitsschutzgesetz

6 Der Bauherr hat gemäß § 2 Nr. 1 BaustellV bei der Planung der Ausführung des Bauvorhabens die Grundsätze nach § 4 ArbSchG zu berücksichtigen. Der Arbeitgeber von Baumaßnahmen, damit auch ein Bauherr, muss nach ArbSchG u.a.

- die Gefährdung der Beschäftigten möglichst vermeiden,
- verbleibende Gefahren gering halten,
- Gefahren an der Quelle bekämpfen und
- hierauf Planung und Organisation seines Betriebes ausrichten.

Dazu gehören beispielsweise die Analyse von Gefahren, deren Dokumentation und die Unterweisung der Beschäftigten in Sicherheit und Gesundheitsschutz. Individuelle Schutzmaßnahmen sind hierbei nachrangig zu anderen Maßnahmen.

Da der Bauherr bestimmten Pflichten nach der BaustellV schon bei der Planung nachkommen muss, kann er diese nicht mehr vollständig auf den Auftragnehmer übertragen.

22 Schmidt ZfBR 2000, S. 5; Kleinhenz ZfBR 1999, S. 179; a.A. nur Wingsch, BauR 2001, S. 314.

2. Vorankündigungspflicht

Der Bauherr hat gem. § 2 Abs. 2 BaustellV für Baustellen mit einer bestimmten Größe eine Vorankündigungspflicht. 7

Wenn

- die voraussichtliche Dauer der Arbeiten mehr als 30 Arbeitstage beträgt und mehr als 20 Beschäftigte gleichzeitig tätig werden (§ 2 Abs. 2 Nr. 1 BaustellV) **oder**
- der Umfang der Arbeiten voraussichtlich 500 Personentage[23] überschreitet (§ 2 Abs. 2 Nr. 2 BaustellV),

dann muss der Bauherr der zuständigen (Baugenehmigungs-)Behörde eine Vorankündigung mit folgenden Angaben gemäß Anhang I zur BaustellV übermitteln:

- Ort der Baustelle,
- Name und Anschrift des Bauherrn,
- Art des Bauvorhabens,
- Name und Anschrift des anstelle des Bauherrn verantwortlichen Dritten,
- Name und Anschrift des Koordinators,
- voraussichtlicher Beginn und voraussichtliche Dauer der Arbeiten,
- voraussichtliche Höchstzahl der Beschäftigten auf der Baustelle,
- Zahl der Arbeitgeber und Unternehmer ohne Beschäftigte, die voraussichtlich auf der Baustelle tätig werden,
- Angabe der bereits ausgewählten Arbeitgeber und Unternehmer ohne Beschäftigte.

Die Vorankündigung muss mindestens zwei Wochen vor Einrichtung der Baustelle übermittelt werden, d.h. bei der Behörde eingehen, und auf der Baustelle sichtbar aushängen. Der Aushang kann auch durch Aufnahme der Daten auf eine etwaige Bautafel erfolgen, die in einigen Bundesländern vorgeschrieben ist. 8

3. Bestellung eines Sicherheits- und Gesundheitsschutzkoordinators

Sind auf der Baustelle Beschäftigte mehrerer Arbeitgeber tätig, hat der Bauherr oder der von ihm nach § 4 BaustellV beauftragte Dritte die Verpflichtung zur Koordination. Er kann jedoch einen oder mehrere geeignete Koordinatoren beauftragen (§ 3 Abs. 1 BaustellV), wird aber hierdurch nicht von seiner Verantwortung entbunden (§ 3 Abs. 1a BaustellV). 9

Bei der Bauausführung durch eine Arbeitsgemeinschaft oder einen Generalunternehmer stellt sich die Frage, ob ein Arbeitgeber oder mehrere Arbeitgeber tätig werden. Die Frage ist nach dem Koordinationsaufwand zu beantworten. Der Generalunternehmer ist nur ein einzelner Arbeitgeber, und die für einen Generalunternehmer tätigen Bauunternehmen (Nachunternehmer) werden vom Generalunternehmer koordiniert, sodass eine weitere Koordination überflüssig ist. Bei einer Arbeitsgemeinschaft werden bereits in diesem Verhältnis mindestens zwei Arbeitgeber tätig, sodass hier noch Koordination durch den Bauherrn erforderlich wird[24]. 10

4. Erstellung eines Sicherheits- und Gesundheitsschutzplans

Der Bauherr muss nach § 2 Abs. 3 BaustellV einen Sicherheits- und Gesundheitsschutzplan erstellen, wenn 11

- auf einer Baustelle Beschäftigte mehrerer Arbeitgeber tätig werden **und**
- für die Baustelle eine Vorankündigung übermittelt werden muss oder
- besonders gefährliche Arbeiten ausgeführt werden.

---

23 Ein Personentag umfasst die Arbeitsleistung einer Person über eine Arbeitsschicht.
24 So auch v. Wietersheim, in: Korbion, Baurecht, Teil 28, Rn. 93.

12 Auf die Anzahl der tätigen Unternehmen kommt es nicht an[25]. Als besonders gefährliche Arbeiten gelten nach Anhang II zur BaustellV, wenn Beschäftigte folgenden Gefahren ausgesetzt werden (verkürzte Wiedergabe):

- Gefahr des Versinkens, Verschüttetwerdens in Baugruben oder in Gräben tiefer als 5 m oder des Absturzes aus mehr als 7 m Höhe
- Explosionsgefährliche, hochentzündliche, Krebs erzeugende (Kategorie 1 oder 2), erbgutverändernde, fortpflanzungsgefährdende oder sehr giftige Stoffe und Zubereitungen im Sinne der Gefahrstoffverordnung oder biologische Arbeitsstoffe der Risikogruppen 3 und 4 im Sinne der Richtlinie 90/679/EWG des Rates vom 26.11.1990 über den Schutz der Arbeitnehmer gegen Gefährdung durch biologische Arbeitsstoffe bei der Arbeit
- Ionisierende Strahlungen
- Abstand zu Hochspannungsleitungen von weniger als 5 m
- Unmittelbare Gefahr des Ertrinkens
- Brunnenbau, unterirdische Erdarbeiten und Tunnelbau
- Arbeiten mit Tauchgeräten
- Arbeiten mit Druckluft
- Arbeiten mit Sprengstoff oder Sprengschnüren
- Auf- oder Abbau von Massivbauelementen mit mehr als 10 t Eigengewicht

13 Der Sicherheits- und Gesundheitsschutzplan kann wie ein Bauablaufplan tabellarisch dargestellt werden.

14 Wird eine Baumaßnahme erst in ihrem weiteren Verlauf so komplex, dass die Voraussetzungen für die Erstellung eines Sicherheits- und Gesundheitsschutzplans vorliegen, oder werden erst nachträglich gefährliche Arbeiten gemäß Anhang II zur BaustellV erforderlich, ist ein Sicherheits- und Gesundheitsschutzplan sofort nachträglich zu erstellen. Es kommt also immer auf die konkrete aktuelle Situation der Baustelle an, ob ein Sicherheits- und Gesundheitsschutzplan erstellt werden muss, nicht darauf, wie die Baustelle ursprünglich einmal geplant war.

Verletzt sich ein Mitarbeiter eines der Bauunternehmen, hat er auch bei einem fehlerhaften Sicherheits- und Gesundheitsschutzplan keinen Anspruch gegen den Bauherrn bzw. ein von ihm beauftragtes Unternehmen, da sich der Plan allein an die Arbeitgeber richtet[26]. Ein Unternehmer haftet jedoch, wenn sich ein Mitarbeiter des Auftraggebers verletzt[27].

---

25 EuGH v. 7.10.2010, Rs. C-224/09.
26 OLG Hamm v. 9.11.2012, 9 U 7/11.
27 OLG Celle v. 3.3.2004, 9 U 208/03.

Von Wietersheim[28] folgend können die Pflichten anhand eines Stufensystems dargestellt werden: 15

	Wann?	Was?
1. Stufe	Bei jedem Bauvorhaben im Sinne der BaustellV	Berücksichtigung der allgemeinen Grundsätze von § 4 ArbSchG bei der Planung und Ausführung
2. Stufe	Wenn • die voraussichtliche Dauer der Arbeiten mehr als 30 Arbeitstage betragen wird und mehr als 20 Beschäftigte gleichzeitig tätig werden oder • der Umfang der Arbeiten voraussichtlich 500 Personentage überschreitet	Vorankündigung
3. Stufe	Wenn mehrere Arbeitgeber tätig werden	Bestellung eines Koordinators mit Aufgaben gemäß § 3 BaustellV
4. Stufe	Wenn auf einer Baustelle mehrere Arbeitgeber tätig werden und entweder • der Umfang der Arbeiten die Dauer von 30 Arbeitstagen überschreitet und mehr als 20 Beschäftigte tätig werden oder • die Arbeiten einen Gesamtumfang von mehr als 500 Personentagen haben (wenn eine Vorankündigung nach § 2 Nr. 2 BaustellV einzureichen ist) oder • besonders gefährliche Arbeiten gemäß Anhang II zur BaustellV ausgeführt werden	(ggf. Vorankündigung) Bestellung eines Koordinators, Aufstellung eines Sicherheits- und Gesundheitsschutzplans

III. Übertragung auf einen Dritten (§ 4 BaustellV)

Häufig werden die Pflichten aus der Baustellenverordnung in Bauverträgen einem Dritten, meist dem Auftragnehmer, übertragen. Die Einschaltung eines Koordinators nach § 3 Abs. 1 BaustellV ist hiervon zu unterscheiden: 16

Bestellt der Bauherr einen Koordinator nach § 3 Abs. 1 BaustellV, so hat der Koordinator nur die ihm nach § 3 Abs. 2 und 3 BaustellV auferlegten Pflichten zu erfüllen. Die Pflichten des Bauherrn gehen jedoch darüber hinaus und sind vom Bauherrn weiterhin zu erfüllen.

Bei der Übertragung der Bauherrenpflichten auf den Auftragnehmer darf auch nicht übersehen werden, dass sich für den Bauherrn schon bei der Planung Pflichten aus der Baustellenverordnung ergeben können, also im Vorfeld des Bauvertrages mit dem Auftragnehmer, die somit beim Bauherrn verbleiben.

Auch bei der Übertragung der Verpflichtungen des Bauherrn auf einen Dritten ist der Bauherr nicht gänzlich entlastet. Bei ihm verbleibt zumindest die Verantwortung dafür, dass er einen 17

28 V. Wietersheim, in: Korbion, Baurecht, Teil 28, Rn. 26.

geeigneten Dritten ausgesucht hat und diesen bei der Erfüllung der Bauherrenverpflichtungen ausreichend überwacht.

Hinsichtlich der Eignung des Dritten und der Ausgestaltung der Überwachungspflicht des Bauherrn enthält die BaustellV keine Regelungen. Sicherlich haben vor allem Architekten, Meister und Ingenieure die nötige Fachkunde, die Bauherrenverpflichtungen zu erfüllen. In jedem Falle sollte der Dritte Kenntnisse des Arbeitsschutzes, von Bauabläufen und Baustellenorganisation haben; bei komplexen Bauvorhaben oder bei der Durchführung von gefährlichen Arbeiten gemäß Anhang II zur BaustellV sollten einschlägige Erfahrungen vorhanden sein[29].

18 Der Bauherr muss die Eignung des Dritten überprüft haben und die Tätigkeit des Dritten überwachen. Da er regelmäßig seine Aufgaben aufgrund fehlender eigener Fachkunde auf einen fachkundigen Dritten überträgt, dürfen an die Überwachungspflicht keine allzu hohen Anforderungen gestellt werden; der Bauherr kann nicht kompetenter sein als der Dritte, also allenfalls auf offensichtliche oder grobe Fehler sowie darauf achten, dass der Dritte seine Aufgaben überhaupt wahrnimmt[30].

19 Die Übertragung der Bauherrenverpflichtungen auf den Bauunternehmer könnte wie folgt aussehen:

Formulierungsvorschlag:

§ Arbeits- und Gesundheitsschutz

Pflichten nach der Baustellenverordnung

(1) Der Auftragnehmer ist verpflichtet, die Einhaltung der arbeitsschutzrechtlichen Vorschriften bezüglich seiner Beschäftigten nach den gesetzlichen Vorschriften zu gewährleisten.

(2) Der Bauherr/Auftraggeber überträgt dem Auftragnehmer darüber hinaus sämtliche Verpflichtungen des Bauherrn nach der Baustellenverordnung.

Der Auftragnehmer hat insbesondere dafür zu sorgen, dass die am Bau Beteiligten die Vorschriften zum Arbeits-, Sicherheits- und Gesundheitsschutz einhalten und die Anweisungen und Aussagen des Sicherheits- und Gesundheitsschutzkoordinators bzw. des Sicherheits- und Gesundheitsschutzplanes befolgen. Solche Anweisungen sind als Weisungen des Bauherrn/Auftraggebers zu verstehen und zu befolgen. Dies gilt auch im Falle einer Übertragung der Bauherrenpflichten auf einen Dritten für Anweisungen des Dritten.

(3) Die Parteien sind sich einig, dass dem Bauherrn/Auftraggeber durch Weisungen keine Mehrkosten entstehen.

Entstehen dem Auftragnehmer durch eine solche Weisung oder durch die Anweisungen des Sicherheits- und Gesundheitsschutzkoordinators oder des Sicherheits- und Gesundheitsschutzplans Mehrkosten oder entstehen Widersprüche zu anderen Weisungen, so hat der Auftragnehmer unverzüglich Bedenken und Mehrkosten anzuzeigen bzw. den Bauherrn/Auftraggeber unverzüglich auf Widersprüche hinzuweisen. Unterlässt er eine Bedenkenanzeige oder einen Hinweis, haftet er für die Folgen und kann keine Mehrkosten beanspruchen.

(4) Im Falle einer Pflichtverletzung stellt der Auftragnehmer den Bauherrn/Auftraggeber von den Rechtsfolgen frei.

(5) Darüber hinaus hat der Bauherr/Auftraggeber das Recht zur fristlosen Vertragskündigung aus wichtigem Grund, wenn eine dem Auftragnehmer gesetzte Frist zur Abstellung der Pflichtverletzung fruchtlos abgelaufen ist oder nach einer Pflichtverletzung der Auftragnehmer in gleicher Weise erneut seine Pflichten in gleicher Weise verletzt.

---

29 V. Wietersheim in: Korbion, Baurecht, Teil 28, Rn. 59.
30 V. Wietersheim in: Korbion, Baurecht, Teil 28, Rn. 26.

IV. Pflichten des Koordinators (§ 3 Abs. 2 und 3 BaustellV)

Der Koordinator hat folgende Pflichten während der Planung und der Ausführung der Baumaßnahme: 20

- Koordination der Maßnahmen aufgrund des § 4 ArbSchG während der Planung und der Ausführung
- Ausarbeitung eines Sicherheits- und Gesundheitsschutzplans (selbst oder durch Dritte) während der Planung
- Zusammenstellung der erforderlichen und später zu berücksichtigenden Angaben zur Sicherheit und zum Gesundheitsschutz in einer Unterlage während der Planung
- Überwachung der Einhaltung der BaustellV durch Arbeitgeber und Unternehmer ohne Beschäftigte
- Anpassung des Sicherheits- und Gesundheitsschutzplans bei erheblichen Änderungen in der Bauausführung
- Organisation der Zusammenarbeit der Arbeitgeber
- Koordination der Überwachung der ordnungsgemäßen Anwendung der Arbeitsverfahren durch die Arbeitgeber

V. Pflichten der Arbeitgeber (§ 5 BaustellV)

Die Arbeitgeber haben bei der Ausführung der Arbeiten die erforderlichen Maßnahmen des Arbeitsschutzes zu treffen und die Hinweise des Koordinators sowie des Sicherheits- und Gesundheitsschutzplans zu berücksichtigen sowie die Beschäftigten in verständlicher Form und Sprache darüber zu informieren. Dies betrifft insbesondere die 21

- Instandhaltung der Arbeitsmittel
- Vorkehrungen zur Lagerung und Entsorgung der Arbeitsstoffe und Abfälle, insbesondere der Gefahrstoffe
- Anpassung der Ausführungszeiten für die Arbeiten unter Berücksichtigung der Gegebenheiten auf der Baustelle
- Zusammenarbeit zwischen Arbeitgebern und Unternehmern ohne Beschäftigte
- Wechselwirkungen zwischen den Arbeiten auf der Baustelle und anderen betrieblichen Tätigkeiten auf dem Gelände, auf dem oder in dessen Nähe die erstgenannten Arbeiten ausgeführt werden.

VI. Pflichten sonstiger Personen (§ 6 BaustellV)

Auch Unternehmer ohne Beschäftigte oder selbst tätig werdende Arbeitgeber haben die Arbeitsschutzvorschriften einzuhalten und den Hinweisen des Koordinators und des Sicherheits- und Gesundheitsschutzplans Folge zu leisten. 22

VII. Pflichten der Arbeitnehmer

Für die Arbeitnehmer gilt das Arbeitsschutzgesetz. Nach § 15 Abs. 1 ArbSchG sind sie verpflichtet, entsprechend ihren Möglichkeiten selbst für ihre Sicherheit und Gesundheit Sorge zu tragen und insbesondere nach § 9 Abs. 2 S. 2 ArbSchG bei unmittelbaren erheblichen Gefahren für sich und andere Maßnahmen der Gefahrenabwehr zu ergreifen. 23

VIII. Verstöße

Der Bauherr, der die richtige Vorankündigung versäumt oder nicht für einen Sicherheits- und Gesundheitsschutzplan sorgt, handelt ordnungswidrig nach § 7 Abs. 1 BaustellV. Handelt er 24 vorsätzlich und wird dadurch Leben oder Gesundheit eines Beschäftigten gefährdet, macht er sich nach § 26 Abs. 2 ArbSchG strafbar[31].

25 Zivilrechtlich haftet der Bauherr wegen Pflichtverletzung eines Vertrages zugunsten Dritter nach § 280 BGB, wegen Verstoßes gegen ein Schutzgesetz im Sinne des § 823 Abs. 2 BGB und möglicherweise wegen Verletzung von Verkehrssicherungspflichten[32] und macht sich gegenüber dem Geschädigten schadensersatzpflichtig.

26 Offen bleibt die Folge von Verstößen des Arbeitgebers gegen seine Verpflichtungen nach der BaustellV. Diese sind in der BaustellV nicht geregelt, sodass hier nur die allgemeinen zivilrechtlichen und ggf. vertraglichen Vorschriften greifen.

Anhang II zu § 10 VOB/B: § 906 BGB (kein Haftungstatbestand!)

§ 906 BGB
Zuführung unwägbarer Stoffe

(1) Der Eigentümer eines Grundstücks kann die Zuführung von Gasen, Dämpfen, Gerüchen, Rauch, Ruß, Wärme, Geräusch, Erschütterungen und ähnliche von einem anderen Grundstück ausgehende Einwirkungen insoweit nicht verbieten, als die Einwirkung die Benutzung seines Grundstücks nicht oder nur unwesentlich beeinträchtigt. Eine unwesentliche Beeinträchtigung liegt in der Regel vor, wenn die in Gesetzen oder Rechtsverordnungen festgelegten Grenz- oder Richtwerte von den nach diesen Vorschriften ermittelten und bewerteten Einwirkungen nicht überschritten werden. Gleiches gilt für Werte in allgemeinen Verwaltungsvorschriften, die nach § 48 des Bundes-Immissionsschutzgesetzes erlassen worden sind und den Stand der Technik wiedergeben.

(2) Das Gleiche gilt insoweit, als eine wesentliche Beeinträchtigung durch eine ortsübliche Benutzung des anderen Grundstücks herbeigeführt wird und nicht durch Maßnahmen verhindert werden kann, die Benutzern dieser Art wirtschaftlich zumutbar sind. Hat der Eigentümer hiernach eine Einwirkung zu dulden, so kann er von dem Benutzer des anderen Grundstücks einen angemessenen Ausgleich in Geld verlangen, wenn die Einwirkung eine ortsübliche Benutzung seines Grundstücks oder dessen Ertrag über das zumutbare Maß hinaus beeinträchtigt.

(3) Die Zuführung durch eine besondere Leitung ist unzulässig.

1 Keine Anspruchsgrundlage/kein Haftungstatbestand, aber für den Bauvertrag dennoch von Bedeutung ist die Vorschrift des § 906 BGB.

§ 906 BGB regelt, inwieweit ein Grundstückseigentümer die Einwirkungen, die von einem anderen Grundstück ausgehen, dulden muss. Unter derartigen Einwirkungen ist die Zuführung von Gasen, Dämpfen, Gerüchen, Rauch und Wärme, aber auch – und bei Bauvorhaben vielleicht von größerer Bedeutung – die Zuführung von Geräusch und Erschütterungen zu verstehen. Die Aufzählung in § 906 BGB ist nicht abschließend.

2 Derartige Einwirkungen sind zu erdulden, wenn sie entweder nur unwesentlich oder zwar wesentlich, aber ortsüblich sind.

Die Durchführung von Bauarbeiten auf dem Nachbargrundstück ist regelmäßig hinzunehmen. Zu beachten und einzuhalten sind jedoch alle sonstigen, für die Baumaßnahme geltenden Vorschriften und Regelungen (Lärmschutz, Nachtarbeitsverbot, Sonn- und Feiertagsarbeitsverbot etc.). Der Bauherr kann gegebenenfalls Ausnahmegenehmigungen beantragen, wenn Einwirkungen zu groß werden.

3 § 906 BGB verschafft dem belästigten Grundstückseigentümer keinen Schadensersatzanspruch, sondern nur für den Fall einer Duldungspflicht einen Ausgleichsanspruch dafür, dass

31 § 7 Nr. 2 BaustellV.
32 § 823 Nr. 1 BGB.

er sein Grundstück nicht mehr ortsüblich nutzen kann oder sich Erträge aus dem Grundstück unzumutbar vermindern.

§ 11 VOB/B
Vertragsstrafe

(1) Wenn Vertragsstrafen vereinbart sind, gelten die §§ 339 bis 345 BGB.

(2) Ist die Vertragsstrafe für den Fall vereinbart, dass der Auftragnehmer nicht in der vorgesehenen Frist erfüllt, so wird sie fällig, wenn der Auftragnehmer in Verzug gerät.

(3) Ist die Vertragsstrafe nach Tagen bemessen, so zählen nur Werktage; ist sie nach Wochen bemessen, so wird jeder Werktag angefangener Wochen als 1/6-Woche gerechnet.

(4) Hat der Auftraggeber die Leistung abgenommen, so kann er die Strafe nur verlangen, wenn er dies bei der Abnahme vorbehalten hat.

Die §§ 339 bis 345 BGB lauten:

§ 339 BGB Verwirkung der Vertragsstrafe

Verspricht der Schuldner dem Gläubiger für den Fall, dass er seine Verbindlichkeit nicht oder nicht in gehöriger Weise erfüllt, die Zahlung einer Geldsumme als Strafe, so ist die Strafe verwirkt, wenn er in Verzug kommt. Besteht die geschuldete Leistung in einem Unterlassen, so tritt die Verwirkung mit der Zuwiderhandlung ein.

§ 340 BGB Strafversprechen für Nichterfüllung

(1) Hat der Schuldner die Strafe für den Fall versprochen, dass er seine Verbindlichkeit nicht erfüllt, so kann der Gläubiger die verwirkte Strafe statt der Erfüllung verlangen. Erklärt der Gläubiger dem Schuldner, dass er die Strafe verlange, so ist der Anspruch auf Erfüllung ausgeschlossen.

(2) Steht dem Gläubiger ein Anspruch auf Schadensersatz wegen Nichterfüllung zu, so kann er die verwirkte Strafe als Mindestbetrag des Schadens verlangen. Die Geltendmachung eines weiteren Schadens ist nicht ausgeschlossen.

§ 341 BGB Strafversprechen für nicht gehörige Erfüllung

(1) Hat der Schuldner die Strafe für den Fall versprochen, dass er seine Verbindlichkeit nicht in gehöriger Weise, insbesondere nicht zu der bestimmten Zeit, erfüllt, so kann der Gläubiger die verwirkte Strafe neben der Erfüllung verlangen.

(2) Steht dem Gläubiger ein Anspruch auf Schadensersatz wegen der nicht gehörigen Erfüllung zu, so findet die Vorschrift des § 340 Abs. 2 Anwendung.

(3) Nimmt der Gläubiger die Erfüllung an, so kann er die Strafe nur verlangen, wenn er sich das Recht bei der Abnahme vorbehält.

§ 342 BGB Andere als Geldstrafe

Wird als Strafe eine andere Leistung als die Zahlung einer Geldsumme versprochen, so finden die Vorschriften der §§ 339 bis 342 Anwendung; der Anspruch auf Schadensersatz ist ausgeschlossen, wenn der Gläubiger die Strafe verlangt.

§ 343 BGB Herabsetzung der Strafe

(1) Ist eine verwirkte Strafe unverhältnismäßig hoch, so kann sie auf Antrag des Schuldners durch Urteil auf den angemessenen Betrag herabgesetzt werden. Bei der Beurteilung der Angemessenheit ist jedes berechtigte Interesse des Gläubigers, nicht bloß das Vermögensinteresse, in Betracht zu ziehen. Nach der Entrichtung der Strafe ist die Herabsetzung ausgeschlossen.

(2) Das Gleiche gilt auch außer in den Fällen der §§ 339, 342, wenn jemand eine Strafe für den Fall verspricht, dass er eine Handlung vornimmt oder unterlässt.

§ 344 BGB Unwirksames Strafversprechen

Erklärt das Gesetz das Versprechen einer Leistung für unwirksam, so ist auch die für den Fall der Nichterfüllung des Versprechens getroffene Vereinbarung einer Strafe unwirksam, selbst wenn die Parteien die Unwirksamkeit des Versprechens gekannt haben.

§ 345 BGB Beweislast

Bestreitet der Schuldner die Verwirkung der Strafe, weil er seine Verbindlichkeit erfüllt habe, so hat er die Erfüllung zu beweisen, sofern nicht die geschuldete Leistung in einem Unterlassen besteht.

A. Einleitung

I. Überblick

1 § 11 VOB/B regelt in Verbindung mit den §§ 339 bis 345 BGB die näheren Bedingungen der Vertragsstrafe (das „Wie"). Das neue gesetzliche Bauvertragsrecht im BGB, das ab 1. Januar 2018 für ab diesem Zeitpunkt geschlossene Bauverträge gilt, enthält keine besonderen Regelungen zur Vertragsstrafe.

Ob und wofür überhaupt eine Vertragsstrafe vereinbart wird, haben die Vertragsparteien im Vertrag festzulegen. Dies geschieht in dem sog. Vertragsstrafenversprechen, das eine besondere Vereinbarung zwischen den Vertragsparteien darstellt. In diesem Vertragsstrafenversprechen können die Vertragsparteien noch weitere, über die gesetzlichen Regelungen und die Regelungen des § 11 VOB/B hinausgehende Vereinbarungen zur Ausgestaltung der Vertragsstrafe treffen.

II. Fallgruppen

2 Die Vertragsstrafe ist immer abhängig von einer Verpflichtung, deren nicht sachgemäße Erfüllung mit der Vertragsstrafe belegt wird. Die §§ 339 ff. BGB unterscheiden hierbei zwei Fälle der Vertragsstrafe:

- die – gänzliche oder teilweise – Nichterfüllung einer Verbindlichkeit, d.h., der Schuldner ist überhaupt außerstande, seine Leistung oder einen Teil hiervon zu erbringen (§§ 339, 340 BGB)
- die nicht gehörige Erfüllung einer Verbindlichkeit, hier vor allem die verspätete Erfüllung (§§ 339, 341 BGB)

3 Während die Nichterfüllung bei einer Bauleistung nur darin liegen kann, dass die Bauleistung – ganz oder teilweise – nicht abnahmefähig ist, zählen zur nicht gehörigen Erfüllung die schlechte oder die verspätete Erfüllung, somit die Fallgruppen der Mängelhaftung und des Verzugs.

4 Die in der Baupraxis häufigste Vertragsstrafe ist das Versprechen des Auftragnehmers, seine Leistung pünktlich zu einem bestimmten Termin zu erbringen und im Falle des Verzugs eine Zahlung an den Auftraggeber zu leisten. Daher enthalten § 11 Abs. 2 und 3 VOB/B besondere Regelungen für diesen Fall.

In Bauverträgen finden sich über die zuvor genannten Fallgruppen häufig auch Vertragsstrafen bei Verstößen gegen

- das Abwerbeverbot von Mitarbeitern,
- das Verbot eines weiteren Subunternehmereinsatzes,
- das Verbot eines Austauschs gesondert vereinbarten Personals (z.B. Bauleitung oder sonstige Experten in Schlüsselpositionen),
- das Verbot von Schwarzarbeit,
- Mindestlohnbestimmungen,
- das Verbot von Veröffentlichungen über das Bauvorhaben.

Allen Fallgruppen der Vertragsstrafe ist jedoch gemeinsam, dass Verzug des Schuldners vorliegen muss. Dies ergibt sich aus der Grundnorm des § 339 Satz 1 BGB. 5

III. Funktionen der Vertragsstrafe

Die Vertragsstrafe hat zwei Funktionen: 6

- Druckfunktion für den Schuldner (den Vertragsstrafe Versprechenden)
- Ausgleichsfunktion für den Gläubiger (den durch die Vertragsstrafe Begünstigten)

Der Schuldner gerät durch die Vertragsstrafe unter Druck, seine Leistung vertragsgemäß zu erbringen. Die Vertragsstrafe ist also keine Sanktion und wird schon im Vorfeld der Zuwiderhandlung, nämlich bei Vertragsabschluss vereinbart. 7

Der Gläubiger erhält bei gegebenen Voraussetzungen die Vertragsstrafe zum Ausgleich für die Verletzung vertraglicher Pflichten durch den Auftragnehmer[1], unabhängig davon, ob ein Schaden überhaupt entstanden ist ,und ohne dass der Gläubiger die Schadenshöhe näher beziffern und nachweisen müsste. 8

IV. Unterscheidungen

Die Vertragsstrafe ist von Folgendem zu unterscheiden:

- **Verfallsklausel**: Mit einer Verfallsklausel wird der Rechtsverlust des Auftragnehmers bei Nichterfüllung oder nicht gehöriger Erfüllung vereinbart. Bsp.: „Liefert der Konditor die Hochzeitstorte nicht bis spätestens 16.00 Uhr am Tage der Hochzeitsfeier, erhält er keine Vergütung." 9
- **Pauschaler Schadensersatz**: Pauschaler Schadensersatz ist anders als die Vertragsstrafe kein Druckmittel, sondern echter Schadensersatz für erlittenen Schaden des Gläubigers; der Gläubiger ist allerdings davon befreit, die genaue Höhe nachzuweisen. Bsp.: „Überschreitet der Auftragnehmer schuldhaft den vertraglichen Fertigstellungstermin, zahlt er an den Auftraggeber für jeden Tag der Überschreitung 5.000,00 Euro für entgangene Mieteinnahmen." 10
- **Selbstständiges Strafversprechen:** Ein selbstständiges Strafversprechen (§ 343 Abs. 2 BGB) zielt anders als die Vertragsstrafe nicht auf die Einhaltung der vertraglichen Verpflichtung, sondern darauf, eine bestimmte Handlung vorzunehmen oder zu unterlassen.
- **Beschleunigungsvergütung**: Mittels einer Beschleunigungsvergütung erfolgt eine Zahlung durch eine Vertragspartei als Belohnung für die andere und nicht als Strafe für eigene Versäumnisse. Bsp.: „Für jeden Tag der vorzeitigen Fertigstellung erhält der Auftragnehmer einen zusätzlichen Betrag von 5.000,00 Euro netto vergütet." 11

1 BGH vom 20.1.2000 – VII ZR 46/98 = BauR 2000,1049.

B. Prüfungsschema Vertragsstrafe

12 *Voraussetzungen:*

- *Bestehen einer (durch die Vertragsstrafe gesicherten) Verbindlichkeit*
- *Wirksames Vertragsstrafenversprechen*
  - ***Tagessatz 0,1–0,2% der Nettobezugsgröße/Werktag***
  - ***Höchstsatz 5% der Nettobezugsgröße***
  - ***Keine Kumulation mehrerer Vertragsstrafen***
- *Verletzung der gesicherten Verbindlichkeit*
- *Verwirkung der Vertragsstrafe*
  - ***Nichterfüllung***
  - ***Nicht gehörige Erfüllung***
  - ***Zuwiderhandlung***
- *Verschulden*
- *Kein Hinfälligwerden der Vertragsstrafe*
- *Kein Entfall der Vertragsstrafe/bei öffentlichen Auftraggebern: Schadenseintritt*
- *Vorbehalt bei Abnahme*

Rechtsfolge:

- *Vertragsstrafe*
- *Ggf. Anrechnung auf weiter gehenden Schadensersatz*
- *Ggf. Herabsetzung der Vertragsstrafe bei Nicht-Kaufleuten*

C. Voraussetzungen

I. Hauptverbindlichkeit

13 Voraussetzung für eine Vertragsstrafe ist das Bestehen einer gesicherten **Hauptverbindlichkeit**, für deren Verletzung eine Vertragsstrafe versprochen wird. Als insoweit akzessorischer Anspruch verjährt der Vertragsstrafenanspruch in derselben Zeit wie der mit der Vertragsstrafe belegte Hauptanspruch[2]. Als Hauptverbindlichkeiten kommen alle vertraglichen und gesetzlichen Verpflichtungen einer Vertragspartei in Betracht. Im Baubereich ist dies in der Regel die Fertigstellung der Bauleistung.

II. Vertragsstrafenversprechen

14 Eine besondere **Form**, z.B. die schriftliche Abfassung, ist für das Vertragsstrafenversprechen grundsätzlich nicht erforderlich, jedoch zu Beweiszwecken empfehlenswert. Ausnahmsweise kann auch das Vertragsstrafenversprechen einem Formzwang unterliegen, wenn die gesicherte Hauptpflicht formpflichtig ist (z.B. bedarf ein Grundstückskaufvertrag der notariellen Beurkundung; wird die Verpflichtung einer Kaufvertragspartei des Grundstückskaufvertrags mit einer Vertragsstrafe bewehrt, muss auch das Vertragsstrafenversprechen notariell beurkundet werden).

---

2 Döring, in: Ingenstau/Korbion, § 11 Abs. 1 VOB/B Rn. 32.

Formulierungsvorschlag: 15

§ Vertragsstrafe wegen Verzuges

1. Bei schuldhafter Überschreitung der Vertragstermine für den Beginn der Bauausführung, für den Zwischentermin der Fertigstellung der 1. Baustufe und für die Gesamtfertigstellung hat der Auftragnehmer Vertragsstrafe zu zahlen. Die Vertragsstrafe beträgt für jeden Kalendertag der schuldhaften Überschreitung
   - für den Zwischentermin 0,1% der Auftragssumme für die betroffene Teilleistung netto
   - für Beginn und Endtermin 0,1% der Auftragssumme.

   Die vorstehenden Vertragsstrafen sind auf insgesamt 5% der Auftragssumme netto begrenzt.
2. Die Geltendmachung weiterer Ansprüche durch den Auftraggeber bleibt unberührt. Auf einen weitergehenden Schadensersatzanspruch wird die verwirkte Vertragsstrafe angerechnet.
3. Bereits verwirkte Vertragsstrafen entfallen nicht durch die Vereinbarung neuer Termine. Im Falle der Vereinbarung neuer Termine oder der einvernehmlichen Fortschreibung von Vertragsterminen bei Bauzeitverschiebungen gilt das Vertragsstrafenversprechen entsprechend für neue Termine.
4. Eine einmal verwirkte Vertragsstrafe für den Beginn- oder den Zwischentermin wird auf die nachfolgend verwirkten Vertragsstrafen für weitere Zwischentermine oder den Fertigstellungstermin angerechnet.
5. Dem AG bleibt vorbehalten, den Vorbehalt der Vertragsstrafe bis zur Schlusszahlung geltend zu machen.

Formulierungsvorschlag:

§ Andere Vertragsstrafen

Neben der Vertragsstrafe in Ziffer ... sind noch folgende Vertragsstrafen vereinbart:

Ohne das vorherige Einverständnis des Auftraggebers ist der Auftragnehmer nicht berechtigt, von sich aus die Presse, den Rundfunk, das Fernsehen oder andere öffentliche Nachrichtenträger über die Erteilung oder den Inhalt des Auftrages zu informieren. Gleiches gilt für Veröffentlichungen über das Bauvorhaben und seine Realisierung in (Fach-)Zeitschriften und Zeitungen. Verstößt der Auftragnehmer schuldhaft gegen die Verpflichtung, das vorherige Einverständnis des Auftraggebers einzuholen, so ist der Auftragnehmer verpflichtet, dem Auftraggeber pro Verstoß eine Vertragsstrafe in Höhe von 1% der Auftragssumme zu zahlen.

III. Verwirkung

1. Definition

Die Vertragsstrafe fällt an, wenn der Schuldner (Auftragnehmer) seine Leistung nicht erbringt 16
(Nichterfüllung), sie verspätet oder in sonstiger Weise nicht so erbringt, wie er sie nach dem Vertrag schuldet (nicht gehörige Erfüllung). Das Gesetz nennt dies „Verwirkung" einer Vertragsstrafe.

2. Nichterfüllung

Nichterfüllung bedeutet, dass der Schuldner seiner Leistungspflicht ganz oder teilweise nicht 17
nachkommt. Bei einem Bauvertrag liegt Nichterfüllung dann vor, wenn der Auftragnehmer das Bauwerk entweder ganz oder teilweise nicht erstellt oder es wegen Mängeln ganz oder teilweise nicht abnahmefähig ist.

3. Nicht gehörige Erfüllung

18 Bei nicht gehöriger Erfüllung hingegen erbringt der Schuldner zwar seine Leistung, aber nicht in der geschuldeten Art und Weise. Typische Beispiele hierfür sind Verzug, Mängel (die jedoch der Abnahme nicht entgegenstehen dürfen, sonst läge Nichterfüllung vor), Verursachung von Schäden bei der Leistungserbringung o.Ä. Die Abgabe einer mangelbehafteten Leistung wird hingegen im Gewährleistungsrecht abschließend geklärt und ist selten vertragsstrafenbewehrt.

4. Verzug (§ 339 Satz 1 BGB)

19 Verzug ist Voraussetzung für sämtliche Fälle der Vertragsstrafe, die sich nicht auf das Unterlassen, sondern auf die Vornahme einer bestimmten Handlung beziehen, sodass die folgenden Verzugsmerkmale erfüllt sein müssen:

- Nichtleistung zu einem bestimmten Zeitpunkt trotz Möglichkeit der Leistungserbringung
- Fälligkeit der Leistung
- ggf. Mahnung des Gläubigers

a. Nichtleistung zu einem bestimmten Zeitpunkt/Fristüberschreitung

20 Verzug liegt also vor, wenn die Leistung des Schuldners fällig geworden ist und er sie trotz **Mahnung** des Gläubigers nicht oder nicht rechtzeitig erbringt. Verpflichtet sich der Auftragnehmer eines Bauvertrages beispielsweise, das Bauvorhaben innerhalb von 12 Monaten nach Baubeginn fertig zu stellen, wird die Leistung mit Ablauf von 12 Monaten nach Baubeginn fällig. Ist der Auftragnehmer nach 12 Monaten nach Baubeginn tatsächlich noch nicht fertig, kann der Gläubiger ihn mahnen und ihm eine Frist zur Fertigstellung des Bauvorhabens setzen. Verstreicht auch diese Frist, ohne dass der Auftragnehmer fertig wird, ist der Auftragnehmer im Verzug.

21 Ist die Zeit, zu der der Schuldner seine Verpflichtung erfüllen muss, **kalendermäßig bestimmt oder bestimmbar**, bedarf es keiner Mahnung des Gläubigers. Der Schuldner kommt allein durch Zeitablauf in Verzug, wenn er seine Leistung nicht termingerecht erbracht hat. Beispiel: Der Schuldner hat seine Leistung zum Monatsende fertig zu stellen. Schafft er dies nicht, befindet er sich auch ohne Mahnung des Gläubigers am ersten Tag des Folgemonats im Verzug.

22 Um Verzug des Auftragnehmers anzunehmen, müssen verbindliche Vertragsfristen oder -termine vereinbart und vom Auftragnehmer nicht eingehalten worden sein. Vertragstermine sind ausdrücklich als solche zu bezeichnen. Die Vereinbarung eines Terminplans, aus dem sich Termine ergeben, reicht insoweit nicht aus, wenn die Vertragsparteien nicht ausdrücklich vereinbart haben, dass dort genannte Termine als Vertragstermine gelten sollen.

b. Verzug bei Bauzeitverzögerungen

23 Gibt es geringfügige Bauverzögerungen, die der Auftragnehmer nicht zu vertreten hat und die zu einem Anspruch des Auftragnehmers auf Verlängerung der Ausführungsfristen führen[3], verschieben sich die Termine. Die Leistung des Auftragnehmers wird erst zu den späteren Terminen fällig. Schafft der Auftragnehmer es jedoch nicht, zu den späteren Terminen seine Leistung fertig zu stellen, kommt er erst in Verzug, wenn der Auftraggeber den Auftragnehmer noch einmal ausdrücklich mahnt.

3 § 6 Abs. 1 VOB/B.

Praxistipp: 24

▶ *Bei geringfügiger Verschiebung von Terminen/Verlängerung von Ausführungsfristen nach den Regelungen des § 6 Abs. 1 VOB/B entfällt zwar das Vertragsstrafenversprechen nicht automatisch, jedoch muss der Auftraggeber den Auftragnehmer ausdrücklich mahnen, damit Verzug und damit die Vertragsstrafe überhaupt entstehen können!*

Formulierungsvorschlag für eine Mahnung: 25

[Absender]

[Anschrift]

– Gegen Empfangsbekenntnis –

[Datum]

Bauvorhaben …

Bauvertrag vom …

Terminverzug/Mahnung

Sehr geehrte Damen und Herren,

nach dem zwischen uns bestehenden Vertrag waren Sie verpflichtet, Ihre Bauleistungen zum vereinbarten Fertigstellungstermin am … *[Datum]* fertigzustellen. Obwohl dieser Termin verbindlich war, haben Sie den Termin nicht eingehalten. Wir mahnen daher Ihre Leistungserbringung an und fordern Sie auf, Ihre Leistungen bis zum

… [Datum]

vertragsgerecht zu erbringen.

Wir weisen ausdrücklich darauf hin, dass diese Mahnung keinerlei Beschleunigungsanordnung darstellt und etwaige Beschleunigungskosten nicht von uns übernommen werden.

Mit freundlichen Grüßen

Unterschrift

Bei erheblichen, vom Auftragnehmer nicht zu vertretenden Bauverzögerungen, die dazu führen, dass sich der Bauablauf insgesamt ändert, wird das Vertragsstrafenversprechen jedoch hinfällig, auch wenn bereits neue Termine gefunden und vereinbart wurden[4]. Die Vertragsstrafe muss dann zwischen den Vertragsparteien für die neuen Termine neu vereinbart werden. 26

Praxistipp: 27

▶ *Bei erheblichen Bauverzögerungen wird das Vertragsstrafenversprechen hinfällig; es muss für die neuen Termine neu vereinbart werden!*

c. Keine Einreden oder Einwendungen des Schuldners

Letztlich dürfen keine anderen Umstände vorliegen, die der Leistungserbringung aus rechtlichen Gründen im Wege stehen, sog. Einwendungen oder Einreden. Diese schließen Verzug des Schuldners aus. Von besonderer Bedeutung ist hier die Einrede des nicht erfüllten Vertrages gemäß § 320 BGB (bekannter als das sog. Leistungsverweigerungsrecht), die der Schuldner erheben kann, wenn der Gläubiger seinerseits seine Hauptvertragspflichten, die der Leistung des Schuldners gegenüberstehen, nicht erfüllt. 28

4 BGH vom 13.1.1966 – VII ZR 262/63 = NJW 1966, 971; BGH vom 14.1.1999 – VII ZR 73/98 = BauR 1999, S. 645.

Es **spielt hierbei keine Rolle, ob der Auftragnehmer von seinem Leistungsverweigerungsrecht tatsächlich Gebrauch gemacht hat** oder nicht oder Gebrauch machen wollte; es reicht das alleinige Bestehen des Leistungsverweigerungsrechts, also die Möglichkeit, sich hierauf zu berufen, aus.

29 ***Beispiel:***

Ein Auftragnehmer verspricht in einem Bauvertrag seinem Auftraggeber eine Vertragsstrafe dafür, dass er mit der Vertragserfüllung im Verzug ist und das Bauvorhaben zu einem bestimmten Termin nicht fertig stellt. Genau dieser Fall tritt durch Verschulden des Auftragnehmers ein, weil der Auftragnehmer sich mit seinem Bauablauf verkalkuliert und zu wenige Arbeitskräfte eingesetzt hat. Der Auftraggeber hat sich seinerseits verkalkuliert und noch nicht die notwendigen Finanzmittel von seiner Bank erhalten können, sodass er die letzte Abschlagsrechnung des Auftragnehmers nicht beglichen hat, obwohl diese längst fällig ist. In diesem Fall kann der Auftragnehmer nicht in Verzug geraten, obwohl er die zeitlichen Vorgaben nicht erfüllt hat. Er hat zwar seine Leistung verspätet erbracht, konnte sich aber wegen der offenen Rechnung auf ein Leistungsverweigerungsrecht gegenüber dem Auftraggeber berufen.

d. Verschulden

30 Der Schuldner muss den Termin **schuldhaft** (vorsätzlich oder fahrlässig) versäumt haben. Ein Verschulden ist immer dann anzunehmen, wenn der Schuldner es entweder selbst in der Hand hat, einen Termin einzuhalten, oder wenn sich ein Risiko realisiert und zu einer Verspätung führt, welches aus der Risikosphäre des Schuldners stammt.

31 ***Beispiel:***

Der Auftragnehmer eines Bauvertrages hat die Beantragung der Baugenehmigung und dabei auch ausdrücklich das Risiko ihrer rechtzeitigen Erteilung übernommen. Wenn die Baugenehmigungsbehörde nun langsamer als vorherzusehen arbeitet und die Baugenehmigung später als geplant erteilt, ist der Auftragnehmer in Verzug, obwohl er keinen Einfluss auf die Behörde hat. Er hat aber dieses Risiko übernommen und muss für die Folgen einstehen.

Der Auftragnehmer eines Bauvertrages kann den Fertigstellungstermin nicht einhalten, da der von ihm eingesetzte Subunternehmer in Insolvenz gerät und die Leistungen nicht mehr ausführen kann. Der Auftragnehmer haftet für den Subunternehmer, dessen er sich zur Erfüllung seiner Leistungsverpflichtung bedient (Erfüllungsgehilfe), vollumfänglich, auch für dessen Verzug. Es handelt sich hierbei nicht um Fremdverschulden, sondern der Auftragnehmer haftet für das Verhalten seines Subunternehmers wie für eigenes Verhalten und damit auch für den Verzug des Subunternehmers.

IV. Verschulden

32 Eine Vertragsstrafe ist nicht mit einer Garantie gleichzusetzen. Daher ist Voraussetzung für einen Anspruch auf Zahlung einer Vertragsstrafe immer schuldhaftes (vorsätzliches oder fahrlässiges) Verhalten des Schuldners der Vertragsstrafe. Eine Garantie hingegen ist das verschuldensunabhängige Einstehenmüssen für einen bestimmten Erfolg.

33 Bei Verzug ist Verschulden ohnehin eine vom Gesetz vorgesehene Voraussetzung, sodass es ausreicht, die Vertragsstrafe wegen Verzugs zu vereinbaren, ohne in dem Vertragsstrafenversprechen nochmals ausdrücklich das Verschulden als Voraussetzung zu nennen. Es reicht sogar aus, in einem Vertragsstrafenversprechen auf § 11 VOB/B zu verweisen, weil § 11 VOB/B Verzug als Voraussetzung nennt[5].

---

5 BGH vom 8.7.2004 – VII ZR 231/03 = BauR 2004, S. 1500.

V. Vorbehalt

Um Zahlung aufgrund des Vertragsstrafenversprechens vom Auftragnehmer im Falle der Verwirkung der Vertragsstrafe verlangen zu können, muss sich der Auftraggeber die Geltendmachung der Vertragsstrafe ausdrücklich und deutlich vorbehalten (§ 11 Abs. 4 VOB/B). Ein Verweis auf die Vertragsstrafenvereinbarung im Vertrag reicht hierfür nicht aus. 34

Auch im Hinblick auf die Formulierung werden häufig Fehler gemacht. So ist es falsch, sich „die Vertragsstrafe vorzubehalten", sondern der Auftraggeber muss deutlich äußern, dass er die Vertragsstrafe begehrt. 35

Formulierungsvorschlag:

> Hiermit erkläre ich ausdrücklich, dass ich die im Vertrag vereinbarte Vertragsstrafe wegen der schuldhaften Überschreitung des Fertigstellungstermins geltend machen werde.

Der Vorbehalt der Vertragsstrafe muss vom Auftraggeber selbst oder von einer von ihm bevollmächtigten Person ausgesprochen werden. Die normale Architektenvollmacht reicht hierfür nicht aus; allerdings kann der Auftraggeber die Vorbehaltserklärung durch den nicht bevollmächtigten Architekten im Nachhinein noch genehmigen. 36

Der Vorbehalt muss bei der Abnahme erklärt werden, wenn nichts anderes vereinbart wurde. Die Vertragsparteien können durch vertragliche Vereinbarung den Termin für die Vorbehaltserklärung für den Auftraggeber verschieben und statt des Zeitpunkts der Abnahme den Zeitpunkt der Schlusszahlungserklärung festlegen. 37

Formulierungsvorschlag:

> Der Auftraggeber kann Vertragsstrafe bis zur Schlusszahlung durch einen entsprechenden Abzug geltend machen. Eines ausdrücklichen Vorbehalts bedarf es insoweit nicht.

Bei der förmlichen Abnahme ist der Vorbehalt im Zeitpunkt der Abnahmehandlung zu erklären und sollte – zu Beweiszwecken – später protokolliert werden. Die erstmalige Nennung des Vorbehalts im späteren Protokoll reicht nicht! Sie genügt dort nur, wenn das Protokoll zeitgleich mit der Abnahmehandlung erstellt wird. 38

Bei der fiktiven Abnahme muss der Vorbehalt in der Frist des § 12 Abs. 5 erklärt werden, also entweder binnen zwölf Werktagen nach Fertigstellungsanzeige oder binnen sechs Werktagen nach Nutzungsbeginn. 39

Falls sich der Termin- oder Bauablaufplan ändert und neue Termine vereinbart werden, muss sich der Auftraggeber schon verwirkte Vertragsstrafen vorbehalten. Anderenfalls verfällt die Möglichkeit, diese Vertragsstrafen geltend zu machen. 40

Praxistipp:

> *Der Vorbehalt muss bei der Neuvereinbarung von Terminen hinsichtlich der schon eingetretenen Verzüge und damit schon verwirkter Vertragsstrafen erklärt werden!*

Wenn die Leistung zwar mangelfrei hergestellt wird, aber der Schuldner dabei die Ausführungsfrist überschreitet, kann der Gläubiger weiterhin die Fertigstellung der Leistung, aber daneben zugleich die Vertragsstrafe verlangen. Wenn er weiterhin die Leistung verlangt, muss er sich aber die Geltendmachung der Vertragsstrafe bei der Abnahme ausdrücklich vorbehalten; anderenfalls kann er seinen Anspruch auf Vertragsstrafe verlieren. Dies gilt selbst dann, wenn der Gläubiger sogar schon vorher mit der Vertragsstrafe gegen Vergütungsansprüche des Schuldners aufgerechnet hat.[6]

VI. Hinfälligwerden und Ausschluss einer Vertragsstrafe

41 Das Vertragsstrafenversprechen kann ausnahmsweise hinfällig werden mit der Folge, dass der Gläubiger die Vertragsstrafe nicht (mehr) verlangen kann.

Die Vertragsstrafe wird hinfällig, wenn der Bauablauf infolge erheblicher, nicht vom Auftragnehmer zu vertretender Bauzeitverzögerungen neu geordnet wird (dazu oben Rn. 26).

42 Strittig diskutiert wird die Frage, ob ein öffentlicher Auftraggeber auch dann Vertragsstrafe geltend machen darf, wenn ihm tatsächlich überhaupt kein Schaden entstanden ist und unter keinem Gesichtspunkt ein Schaden denkbar ist. Ein öffentlicher Auftraggeber sollte möglichst einen erheblichen Nachteil als Folge des Verzuges darlegen können, um dieser Streitfrage im Streitfalle aus dem Wege zu gehen.

D. Rechtsfolge: Vertragsstrafe

43 Liegen die Voraussetzungen für eine Vertragsstrafe vor, erfolgt

- Zahlung der Vertragsstrafe durch den Schuldner an den Gläubiger
- Ggf. ausnahmsweise Herabsetzung der Vertragsstrafe
- Anrechnung auf darüber hinausgehenden Schadensersatz

Fällt eine Vertragsstrafe an, ist der Schuldner zur Zahlung der Vertragsstrafe verpflichtet. In der Baupraxis wird die Vertragsstrafe von Zahlungen regelmäßig von der Schlusszahlung nach Aufrechnung abgezogen.

44 Der Vertragsstrafenanspruch ist nach der Änderung der Rechtsprechung des BGH zur Verrechnung[7] nunmehr nicht mehr als selbstständiger Rechnungsposten zur Verrechnung mit Vergütungsansprüchen des Auftragnehmers aus demselben Bauvorhaben anzusehen, sondern er muss gegen den Vergütungsanspruch aufgerechnet werden. Als eigenständig durchsetzbarem Anspruch bedarf es für die Geltendmachung einer Vertragsstrafe auch keiner Schlussrechnung[8].

I. Berechnung der Vertragsstrafe

45 Die Höhe der Vertragsstrafe ist frei vereinbar, wenn es sich bei dem Vertragsstrafenversprechen nicht um eine Allgemeine Geschäftsbedingung handelt. Für Allgemeine Geschäftsbedingungen ist eine Vielzahl von Urteilen gefällt worden, deren Ergebnis nur eine beschränkte Ausgestaltung der Vertragsstrafe in Allgemeinen Geschäftsbedingungen zulässt. Die Gerichte widersprechen sich teilweise. Einig sind sie sich in Folgendem: Eine zulässige Vertragsstrafenvereinbarung muss einen Tagessatz, einen Höchstsatz und eine Regelung vorsehen, die eine Kumulation von mehreren Vertragsstrafen vermeidet, damit der Höchstsatz nicht überschritten wird.

46 **Unbedenklich ist:**

- Tagessatz bis zu 0,2% pro Werktag; zu beachten ist: auch ein Samstag ist ein Werktag, da § 11 Abs. 3 VOB/B von 6 Werktagen pro Woche („1/6 Woche") ausgeht
- Bezugsgröße ist der Nettobetrag (Auftragssumme oder Abrechnungssumme), da die Vertragsstrafe ähnlich wie der Schadensersatz nicht der Mehrwertsteuer unterliegt
- Höchstsatz von 5%[9]

---

6 BGH vom 4.11.1982 – VII ZR 11/82 = NJW 1983, 384.
7 BGH vom 23.6.2005 – VII ZR 197/03 = BauR 2005, 1477 = NZBau 2005, 582.
8 Döring, in: Ingenstau/Korbin, § 11 VOB/B Rn. 31.
9 BGH vom 23.1.2003 – VII ZR 210/01 = NJW 2003, S. 1805; BGH vom 8.7.2004 – VII ZR 24/03 = BauR 2004, 1609.

Höhere Vertragsstrafenregelungen sind als Allgemeine Geschäftsbedingungen i.d.R. unwirksam. 47

Unzulässig ist z.B. ein Tagessatz

- von 0,5%/Arbeits- oder Werktag[10],
- von 0,5%/Kalendertag[11] oder
- von 0,3%/Kalendertag[12].

Der Gläubiger kann in diesen Fällen die Vertragsstrafe nicht verlangen, der Schuldner muss sie nicht zahlen. Hintergrund dieser Rechtsprechung ist, dass der Schuldner durch höhere Beträge unangemessen benachteiligt wird, wenn er bei Verwirkung einer Vertragsstrafe im Hinblick auf seinen Vergütungsanspruch entweder ganz oder teilweise seinen Gewinn abgibt oder darüber hinaus sogar noch einen Verlust erleidet.

Nicht wenige Alt-Verträge sehen noch eine Vertragsstrafenbegrenzung von 10% vor. Der BGH hat anlässlich seiner Entscheidung vom 23.1.2003, in der er die Höchstgrenze von 5% „eingeführt" hat, in einer weiteren Entscheidung eine Übergangsregelung getroffen[13]. 48

Danach gilt:

Vertragsstrafenklauseln mit einem Höchstsatz von 10% in vor dem 1. Juli 2003 geschlossenen Verträgen sind wirksam, wenn die Abrechnungssumme unterhalb von 15 Mio. DM bleibt. In diesen Fällen genießt der Verwender Vertrauensschutz.

In allen anderen Fällen sind nur Klauseln wirksam, die einen Höchstsatz von 5% vorsehen.

II. Keine Kumulation von Vertragsstrafen

Eine Kumulation von Vertragsstrafen, z.B. durch Belegung von Zwischenterminen mit Vertragsstrafen, ist zu vermeiden. Wenn derartig viele Zwischentermine vertragsstrafenbewehrt sind, dass die Nichteinhaltung eines Zwischentermins auch gleich zur Nichteinhaltung der folgenden Zwischentermine oder des Endtermins führt, läuft der Auftragnehmer Gefahr, gleich die gesamte Vertragsstrafe zu verwirken. Dies stellt jedoch eine unangemessene Benachteiligung dar. Außerdem ist die Ausgleichsfunktion der Vertragsstrafe zu beachten. Die Einhaltung von Zwischenterminen ist in den meisten Fällen weitaus weniger wichtig als die Einhaltung des Endtermins, weil sich meistens erst aus der Überschreitung des Endtermins für den Auftraggeber Nachteile ergeben. Dem Auftraggeber soll die Vertragsstrafe keine zusätzliche Einkommensquelle, sondern lediglich einen gewissen Ausgleich von Nachteilen schaffen. 49

Formulierungsvorschlag: 50

> Führt Verzug mit einem Zwischentermin zugleich zu Verzug mit weiteren Zwischenterminen oder mit dem Gesamtfertigstellungstermin, fällt die Vertragsstrafe nur einmal an. Eine Kumulation von Vertragsstrafen findet nicht statt.

Kumulation sollte daher ausgeschlossen werden. Um eine unzulässige Kumulation zu vermeiden, kann Vertragsstrafe auf **Zwischentermine** vereinbart werden, wenn sich die Vertragsstrafenhöhe nach den zu diesen Zwischenterminen zu erbringenden Bauleistungen, also den Bauabschnitten richtet. Dies ist nach einer Entscheidung des BGH zulässig[14]. Wichtig ist nur, dass die Obergrenze für sämtliche Vertragsstrafen nicht überschritten wird; 5% sollten hier 51

---

10 BGH vom 20.1.2000 – VII ZR 46/98 = IBR 2000, S. 369 = BauR 2000, S. 1049; BGH vom 7.3.2002 – VII ZR 41/01 – BauR 2002, S. 1086.

11 BGH vom 12.3.1981 – VII ZR 293/79 = BauR 1981, S. 374.

12 OLG Dresden vom 27.5.2004 – 13 U 1925/01 = IBR 2005, 467.

13 BGH vom 23.1.2003 – VII ZR 210/01 – NJW 2003, 1803, BauR 2003, 870, in Verbindung mit BGH vom 8.7.2004 – VII ZR 24/03 – IBR 2004, 561, BauR 2004, 1609.

14 BGH vom 23.1.2003 –VII ZR 210/01 = BauR 2003, S. 870 = IBR 2003, S. 293.

angesetzt werden, und der Tagessatz der Vertragsstrafe auf die Zwischenfristen sollte unter 0,2% pro Kalendertag liegen[15].

52 Des Weiteren kann eine Vereinbarung dahin gehend getroffen werden, dass verwirkte Vertragsstrafen auf Zwischentermine bei **Einhaltung des Endtermins** wieder entfallen. Das schafft für den Auftragnehmer den Anreiz, Beschleunigungsmaßnahmen zu ergreifen, die für den Auftraggeber kostenlos sind.

Formulierungsvorschlag:

> Bei Einhaltung des Gesamtfertigstellungstermins entfällt rückwirkend eine verwirkte Vertragsstrafe auf Zwischentermine.

III. Herabsetzen der Vertragsstrafe (§ 343 BGB)

53 Ist eine Vertragsstrafe ausnahmsweise unverhältnismäßig hoch, kann der Schuldner deren Herabsetzung durch Urteil beantragen. Damit wird die Beurteilung der Angemessenheit einer Vertragsstrafe dem Richter übertragen.

54 Unter Kaufleuten ist diese Vorschrift jedoch nicht anwendbar (vgl. § 348 Handelsgesetzbuch), da Kaufleute in der Regel weniger schutzbedürftig sind als Privatpersonen. Hier kann eine nachträgliche Reduzierung der Vertragsstrafe allenfalls über § 242 BGB erfolgen, wenn die Vertragsstrafe im Verhältnis zum vertragsstrafenbewehrten Verstoß gegen die Vertragspflicht unangemessen hoch ist[16]. Die Vorschrift des § 343 BGB hat in der Baupraxis kaum Bedeutung, da die Parteien eines Bauvertrages häufig Kaufleute sind.

IV. Anrechnung auf weitergehenden Schadensersatz (§ 340 Abs. 2 BGB, § 341 Abs. 2 BGB)

55 Ist dem Gläubiger durch die Zuwiderhandlung des Schuldners der Vertragsstrafe ein Schaden entstanden und sind die Voraussetzungen für einen Schadensersatzanspruch gegen den Schuldner gegeben, kann der Gläubiger neben der Vertragsstrafe auch Schadensersatz verlangen. Die Vertragsstrafe wird aber auf den weitergehenden Schadensersatz angerechnet. Der Gläubiger soll die Vertragsstrafe als Ausgleich bekommen (Ausgleichsfunktion der Vertragsstrafe, dazu oben Rn. 8), aber nicht zusätzlich durch die Vertragsstrafe verdienen.

56

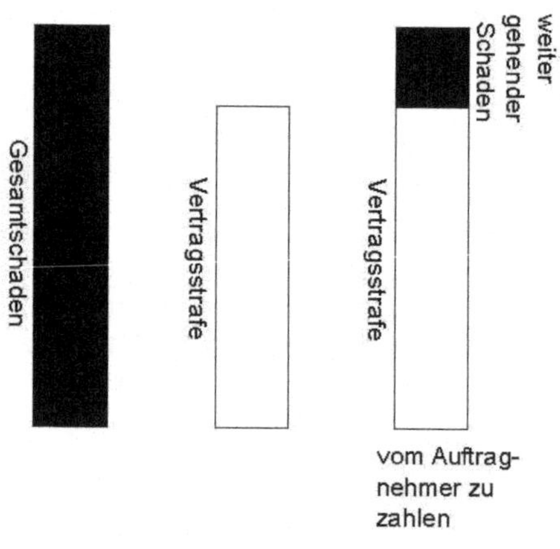

Abbildung: Anrechnung Vertragsstrafe auf Schadensersatz

15 OLG Naumburg, Urt. v. 15.11.2011 – 1 U 51/11.
16 BGH vom 17.7.2008 – _I ZR 168/05 = BauR 2009, 501.

Hat der Auftraggeber einen betragsmäßig größeren Schaden als er Vertragsstrafe verlangen kann, kann er neben der Vertragsstrafe den darüber hinausgehenden Schaden ersetzt verlangen und erhält seinen Schaden zu 100% ausgeglichen.

Formulierungsvorschlag: **57**

§ Vertragsstrafe

1. Gerät der Auftragnehmer mit seiner Leistung in Verzug, hat er Vertragsstrafe wie folgt an den Auftraggeber zu zahlen:

   Für jeden Werktag des Verzuges mit einem Zwischentermin zahlt der Auftragnehmer 0,1% der Nettoauftragssumme (alternativ: 0,1% des vereinbarten Nettopreises bezogen auf den jeweiligen Bauabschnitt). Folgende Zwischentermine sind vertragsstrafenbewehrt: ...

   Für jeden Werktag des Verzuges mit dem Gesamtfertigstellungstermin am ... zahlt der Auftragnehmer 0,1% der Nettoauftragssumme.
2. Die Vertragsstrafen gemäß Ziffer 1 werden insgesamt auf 5% der Netto- Auftragssumme begrenzt.
3. Die spätere Vereinbarung neuer Termine lässt eine bereits verwirkte Vertragsstrafe nicht entfallen. Insoweit macht der Auftraggeber bereits jetzt die Vertragsstrafe geltend; es bedarf keines weiteren Vorbehaltes.
4. Führt Verzug mit einem Zwischentermin zugleich zu Verzug mit weiteren Zwischenterminen oder mit dem Gesamtfertigstellungstermin, fällt die Vertragsstrafe nur einmal an. Eine Kumulation von Vertragsstrafen findet nicht statt.
5. [wahlweise:] Bei Einhaltung des Gesamtfertigstellungstermins entfällt rückwirkend eine verwirkte Vertragsstrafe auf Zwischentermine.
6. Andere Vertragsstrafen

   Neben der Vertragsstrafe in Ziffer 1 sind noch folgende Vertragsstrafen vereinbart:

   [z.B.] Ohne das vorherige Einverständnis des Auftraggebers ist der Auftragnehmer nicht berechtigt, von sich aus die Presse, den Rundfunk, das Fernsehen oder andere öffentliche Nachrichtenträger über die Erteilung oder den Inhalt des Auftrages zu informieren. Gleiches gilt für Veröffentlichungen über das Bauvorhaben und seine Realisierung in (Fach-) Zeitschriften und Zeitungen. Verstößt der Auftragnehmer schuldhaft gegen die Verpflichtung, das vorherige Einverständnis des Auftraggebers einzuholen, so ist der Auftragnehmer verpflichtet, dem Auftraggeber pro Verstoß eine Vertragsstrafe in Höhe von 1% der Auftragssumme zu zahlen.
7. Insgesamt werden die Vertragsstrafen gemäß vorstehender Ziffern 1–6 auf einen Gesamtbetrag von 5% der Auftragssumme netto begrenzt.
8. Die Geltendmachung weitergehender Ansprüche durch den Auftraggeber bleibt unberührt. Auf einen weitergehenden Schadensersatzanspruch wird die Vertragsstrafe angerechnet.
9. Der Auftraggeber muss sich die Geltendmachung der Vertragsstrafen gemäß Ziffern 1 und 6 vorbehalten. Den Vorbehalt kann er bis zur Schlusszahlungserklärung äußern.

§ 12 VOB/B
Annahme

(1) Verlangt der Auftragnehmer nach der Fertigstellung – gegebenenfalls auch vor Ablauf der vereinbarten Ausführungsfrist – die Abnahme der Leistung, so hat sie der Auftraggeber binnen 12 Werktagen durchzuführen; eine andere Frist kann vereinbart werden.

(2) Auf Verlangen sind in sich abgeschlossene Teile der Leistung besonders abzunehmen.

(3) Wegen wesentlicher Mängel kann die Abnahme bis zur Beseitigung verweigert werden.

(4) 1. Eine förmliche Abnahme hat stattzufinden, wenn eine Vertragspartei es verlangt. Jede Partei kann auf ihre Kosten einen Sachverständigen zuziehen. Der Befund ist in gemeinsamer Verhandlung schriftlich niederzulegen. In die Niederschrift sind etwaige Vorbehalte wegen bekannter Mängel und wegen Vertragsstrafen aufzunehmen, ebenso etwaige Einwendungen des Auftragnehmers. Jede Partei erhält eine Ausfertigung.

Die förmliche Abnahme kann in Abwesenheit des Auftragnehmers stattfinden, wenn der Termin vereinbart war oder der Auftraggeber mit genügender Frist dazu eingeladen hatte. Das Ergebnis der Abnahme ist dem Auftragnehmer alsbald mitzuteilen.

(5) 1. Wird keine Abnahme verlangt, so gilt die Leistung als abgenommen mit Ablauf von 12 Werktagen nach schriftlicher Mitteilung über die Fertigstellung der Leistung.

2. Wird keine Abnahme verlangt und hat der Auftraggeber die Leistung oder einen Teil der Leistung in Benutzung genommen, so gilt die Abnahme nach Ablauf von 6 Werktagen nach Beginn der Benutzung als erfolgt, wenn nichts anderes vereinbart ist. Die Benutzung von Teilen einer baulichen Anlage zur Weiterführung der Arbeiten gilt nicht als Abnahme.

3. Vorbehalte wegen bekannter Mängel oder wegen Vertragsstrafen hat der Auftraggeber spätestens zu den in den Nummern 1 und 2 bezeichneten Zeitpunkten geltend zu machen.

(6) Mit der Abnahme geht die Gefahr auf den Auftraggeber über, soweit er sie nicht schon nach § 7 trägt.

A. Allgemeines

I. Rechtsgeschäftliche Abnahme und andere Abnahmeformen

1 Die – rechtsgeschäftliche – Abnahme einer Werkleistung ist in §§ 640, 641, 641a und 645 BGB sowie bei Vereinbarung der VOB/B in § 12 VOB/B unter ergänzender Anwendung der Vorschriften des BGB geregelt.

Die in § 12 VOB/B geregelte Abnahme – sowohl in Form der den Regelfall bildenden Abnahme der Gesamtleistung als auch in Form der Teilabnahme für in sich abgeschlossene Teile der Leistung (§ 12 Abs. 2 VOB/B) – der erstellten Bauleistung, mit der der Auftraggeber gegenüber dem Auftragnehmer das fertig gestellte Werk als vertragsgemäße Leistungserfüllung billigt, betrifft ausschließlich das Rechtsverhältnis zwischen dem Auftraggeber und dem Auftragnehmer. Eine weitere rechtsgeschäftliche Abnahmeregelung findet sich in § 8 Abs. 6 VOB/B, wonach der Auftragnehmer nach einer erfolgten Kündigung Aufmaß und Abnahme der von ihm ausgeführten Leistung alsbald nach der Kündigung verlangen kann; die Abnahme selbst richtet sich dann nach § 12 VOB/B.

2

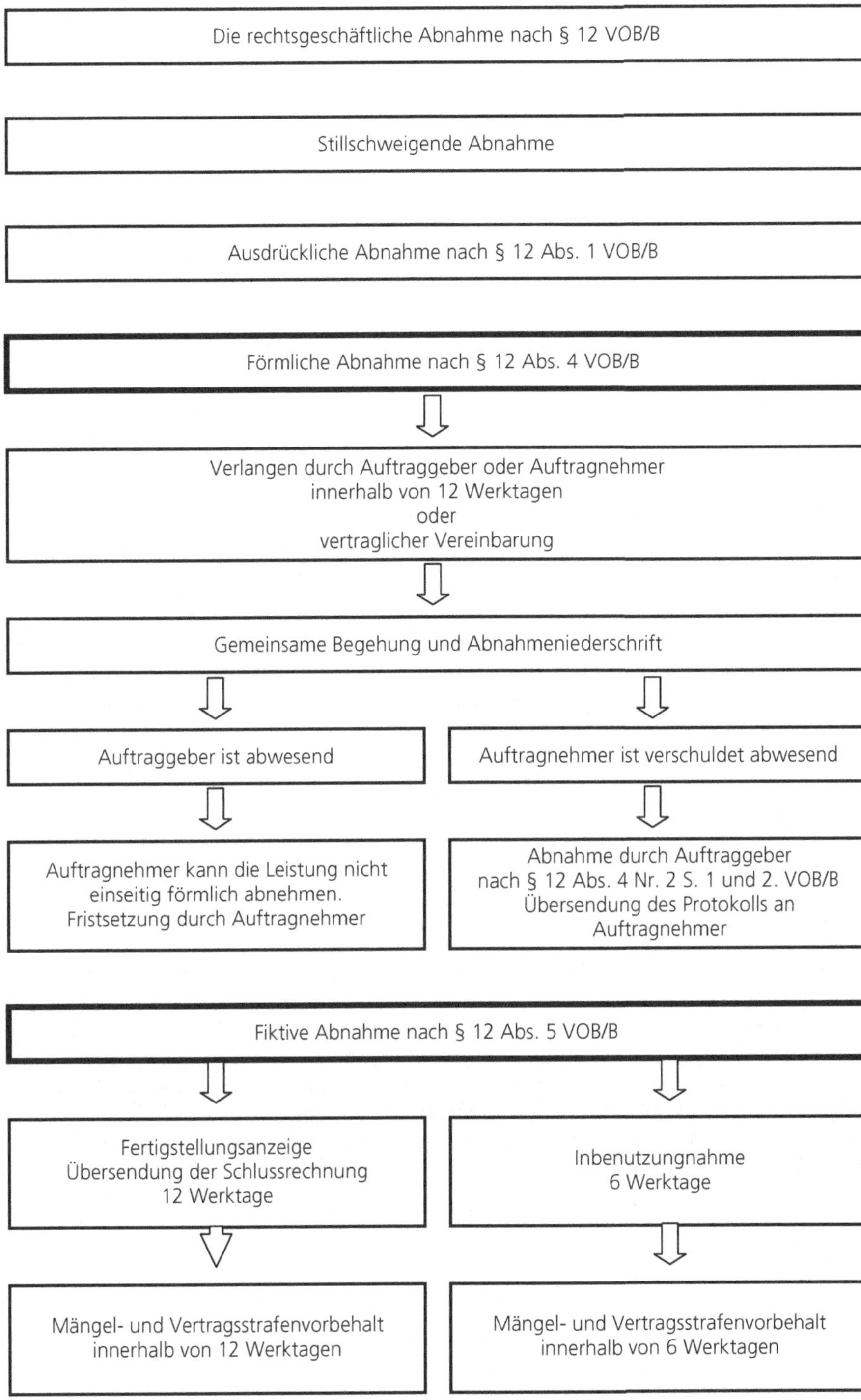

Abbildung 1: Die rechtsgeschäftliche Abnahme nach § 12 VOB/B

3 Davon zu unterscheiden sind andere – nicht rechtsgeschäftliche – Abnahmen. Dies sind zum einen die behördliche Bauabnahme auf der Grundlage der jeweiligen Landesbauordnungen und zum anderen die sog. Zustandsfeststellung.

Formulierungsvorschlag für eine Zustandsfeststellung:

Maurerbetrieb
Egon Lotrecht
98765 Wandhausen

[Datum]

Behörde für städtisches Bauen
Herrn Oberbaurat Meyer
Mauerstraße 4711
12345 Hochbaustadt

Bauvorhaben Rathaus

Sehr geehrter Herr Meyer,

ich beabsichtige, am … [Datum] die Fundamentplatte zu erstellen und bitte Sie kurzfristig, spätestens aber bis zum … [Datum] um Durchführung einer gemeinsamen Feststellung des Zustands der hergestellten Abwasser- und Versorgungsleitungen.

Mit freundlichen Grüßen

Lotrecht

4 Eine auf öffentlich-rechtlichen Vorschriften basierende behördliche Abnahme dient lediglich der Kontrolle, ob das Bauwerk den öffentlich-rechtlichen Standards und Sicherheitsvoraussetzungen entspricht und ob für die Allgemeinheit durch das Bauwerk keine Gefahren entstehen: Sie trifft keine Aussage über die Mangelhaftigkeit des Bauwerks.

5 Die Zustandsfeststellung erfolgt ausschließlich zu dem Zweck der Überprüfung von Leistungsteilen, die – durch den weiteren Baufortschritt bedingt – später einer Überprüfung entzogen sind; diese Abnahme entfaltet – wie die behördliche Abnahme – keine rechtsgeschäftlichen Abnahmewirkungen[1].

6 Die rechtsgeschäftliche Abnahme wird zu Recht als „Dreh- und Angelpunkt"[2] des Bauvertrages bzw. der Baudurchführung angesehen: Der Auftraggeber nimmt die erstellte Bauleistung entgegen und gibt dem Auftragnehmer gegenüber zu erkennen, dass er das Bauwerk als eine im Wesentlichen vertragsgemäße Erfüllung anerkennt[3]. Sie zieht durch die Beendigung des Erfüllungsstadiums eine Vielzahl rechtlicher Folgen für den Auftraggeber und den Auftragnehmer nach sich[4]. Zur Durchführung der Abnahme, die nicht ausdrücklich erfolgen muss, sondern sich in vielerlei Formen – mündlich, schriftlich oder durch schlüssiges Verhalten[5] – darstellen kann, sind sowohl der Auftraggeber als auch der Auftragnehmer verpflichtet. Hauptfall der Abnahme einer Leistung bei einem VOB/B-Vertrag ist die sog. förmliche Abnahme (§ 12 Abs. 4 VOB/B)[6], die allerdings verlangt oder vereinbart werden muss.

1 Vgl. zu den rechtsgeschäftlichen Abnahmewirkungen unten Rn. 135 ff.
2 Jagenburg in BauR 1980, S. 406 ff.
3 BGH, BauR 1997, S. 173.
4 Vgl. dazu Rn. 135 ff.
5 Vgl. dazu Rn. 49 ff.
6 Vgl. dazu Rn. 72 ff.

7

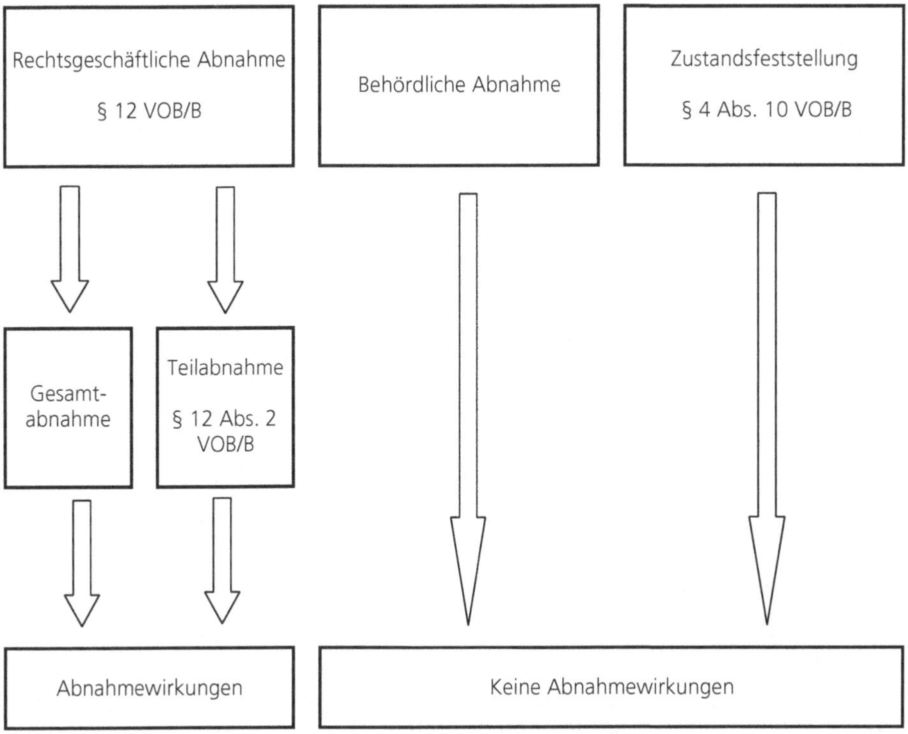

Abbildung 2: Abgrenzung der rechtsgeschäftlichen von der behördlichen Abnahme und Zustandsfeststellung

8

Abbildung 3: Rechtsgeschäftliche Abnahme als „Dreh- und Angelpunkt" des Bauvertrags

Außerhalb des § 12 VOB/B ist die Abnahme der Bauleistung für einen Sonderfall in § 13 VOB/B geregelt. § 13 Abs. 5 Nr. 1 Satz 3 VOB/B sieht eine Abnahme der Mängelbeseitigungsleistung vor. Diese führt zu einem Neubeginn des Laufs der Verjährungsfrist für zwei Jahre[7].

II. Abnahmeerklärungen durch den Auftraggeber oder einen Bevollmächtigten

Die rechtsgeschäftliche Abnahme bzw. Abnahmeerklärung erfolgt durch den Auftraggeber[8] 9
und stellt eine einklagbare Hauptleistungspflicht dar. Bei einer gemeinsamen förmlichen Abnahme gibt auch der Auftragnehmer eine entsprechende Erklärung ab.

7 Vgl. dazu im Einzelnen: Pöhlker, § 13 VOB/B Rn. 127 ff.
8 BGH, BauR 1974, S. 69.

10 Eine wirksame Abnahmeerklärung – wie auch die Entgegennahme entsprechender Erklärungen – durch einen vom Auftraggeber beauftragten Architekten bzw. Ingenieur setzt – da weder die Berechtigung zur Abnahme noch zur Abgabe von Vorbehaltserklärungen durch die originäre Vollmacht im Zusammenhang mit der Beauftragung mit Planungs- und Bauüberwachungsleistungen bzw. der Bauüberwachung erteilt wird[9] – eine besondere Bevollmächtigung voraus. Diese kann konkludent dadurch erteilt werden, dass der Auftraggeber den Architekten/Ingenieur zu einer gemeinsam mit dem Auftragnehmer anberaumten förmlichen Abnahme entsendet[10]. Auch eine Anscheinsvollmacht reicht aus, etwa dann, wenn der Architekt/Ingenieur die Vertragsanbahnung und -durchführung in seinen Händen gehabt hat und keine Befugniseinschränkungen ersichtlich waren und sind[11]. Die Voraussetzung für das Vorhandensein einer Vollmacht auf Seiten des Auftraggebers muss im Streitfall vom Auftragnehmer bewiesen werden, sodass im Zweifel eine Klärung herbeigeführt werden sollte.

III. Beratungspflichten des Architekten/Ingenieurs

11 Der Architekt/Ingenieur ist verpflichtet, den Auftraggeber bei der Abnahme fachlich zu beraten und auf Mängel sowie die Notwendigkeit von Vorbehaltserklärungen wegen bekannter Mängel und der Vertragsstrafe hinzuweisen. Unterlässt er dies, führt das zu Schadensersatzansprüchen des Auftraggebers gegen ihn.

IV. Heilung mangelnder Bevollmächtigung

12 Eine mangelnde Bevollmächtigung kann nachträglich durch eine Genehmigung geheilt werden (§ 184 BGB)[12]. Beweispflichtig dafür ist derjenige, der sich auf die Genehmigung beruft.

V. Vertretung öffentlich-rechtlicher Körperschaften

13 Ist eine öffentliche Körperschaft Auftraggeberin, muss die Abnahme zu ihrer Wirksamkeit nicht durch das durch öffentlich-rechtliche Vorschriften[13] befugte Organ erklärt werden, da es sich insoweit nicht um eine Verpflichtungserklärung handelt[14]. Die Abnahme kann vielmehr durch einen – beauftragten – Bediensteten des – z.B. kommunalen – Auftraggebers erfolgen.

---

9 OLG Düsseldorf, BauR 1997, S. 647.

10 Oppler, in: Ingenstau/Korbion, § 12 VOB/B, Rn. 13.

11 Ebd., Rn. 14.

12 OLG Düsseldorf, BauR 2000, S. 1878; a.A. für den Vertragsstrafenvorbehalt, sofern der Auftragnehmer die fehlende Vertretungsmacht zur Erklärung des Vorbehalts im Rahmen der Abnahme rügt, Oppler, in: Ingenstau/Korbion, § 11 Abs. 4 VOB/B, Rn. 15.

13 Z.B. § 71 Nr. 2 Hessische Gemeindeordnung (HGO), wonach Erklärungen, durch die die Gemeinde verpflichtet werden soll, der Schriftform bedürfen und nur rechtsverbindlich sind, wenn sie vom Bürgermeister oder seinem allgemeinen Stellvertreter sowie von einem weiteren Mitglied des Gemeindevorstandes unterzeichnet sind.

14 BGH, BauR 1986, S. 444.

B. Abnahmevoraussetzungen

I. Allgemeines

14

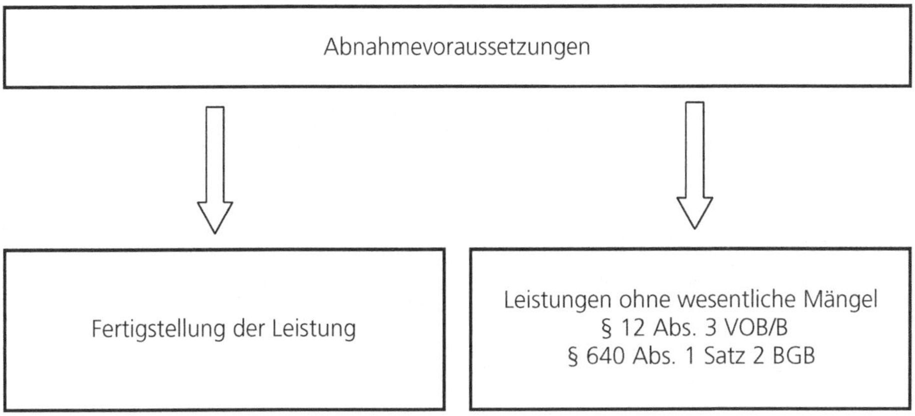

Abbildung 4: Abnahmevoraussetzungen

Grundlegende Voraussetzung für eine Abnahme ist die Fertigstellung der vertraglich verein- 15 barten Leistung. Dies ist allerdings – wie § 12 Abs. 3 VOB/B und § 640 Abs. 2 Satz 2 BGB[15], wonach die Abnahme wegen wesentlicher Mängel verweigert werden darf, zeigen – nicht gleichbedeutend mit einer absoluten Mangelfreiheit des Werkes. Naturgemäß entsteht gerade über die Frage der Berechtigung des Auftraggebers, die Abnahme wegen wesentlicher Mängel zu verweigern (vgl. dazu sogleich Rn. 17 ff.), zwischen den Vertragsparteien Streit, da der Auftraggeber im Hinblick auf die Abnahmewirkungen (vgl. dazu unten Rn. 135 ff.) die Abnahme so weit wie möglich hinausschieben, während der Auftragnehmer die Abnahme – schon im Hinblick auf die damit einhergehende Fälligkeit seines Vergütungsanspruchs – so schnell wie möglich herbeiführen möchte.

II. Fertigstellung der Leistung

Die Leistung ist fertig gestellt, wenn ihre vertraglich festgelegte – bestimmungsgemäße – Be- 16 nutzung gewährleistet ist[16]. Daraus folgt – wie erwähnt – nicht, dass das Werk frei von jeglichen Mängeln sein muss. Noch ausstehende Restarbeiten geringen Umfangs schließen die Abnahmereife nicht aus.

III. Keine wesentlichen Mängel (§ 12 Abs. 3)

Gemäß § 12 Abs. 3 VOB/B – wie auch § 640 Abs. 1 Satz 2 BGB – darf die Abnahme nur wegen 17 wesentlicher Mängel verweigert werden. Für die Frage, ob ein Mangel wesentlich oder unwesentlich ist und deshalb den Auftraggeber berechtigt, die Abnahme bis zur Behebung des Mangels zu verweigern, ist entscheidend, ob dem Mangel unter Berücksichtigung von Art, Umfang und Auswirkung eine so geringe Bedeutung zukommt, dass es unter Abwägung der beiderseitigen Interessen des Auftraggebers einerseits und des Auftragnehmers andererseits für den Auftraggeber zumutbar ist, eine zügige Abwicklung des gesamten Vertragsverhältnis-

15 Vor der Neufassung des § 640 Nr. 1 Satz 2 BGB zum 1.5.2000 war der Auftraggeber bei Anwendung des BGB befugt, die Abnahme auch wegen unwesentlicher Mängel zu verweigern; ab dem 1.5.2000 ist § 640 Nr. 1 Satz 3 BGB an § 12 Abs. 3 VOB/B angeglichen worden.
16 BGHZ 50, S. 160 (162); BGHZ 54, S. 352 (354).

ses nicht länger aufzuhalten und deshalb nicht mehr auf die Vorteile zu bestehen, die ihm vor der Abnahme zustehen[17].

18 Grundlagen für die Beurteilung sind

- das Ausmaß der durch die Mängel hervorgerufenen Einschränkung der Gebrauchstauglichkeit und Funktionsfähigkeit des Bauwerkes und
- die Höhe des finanziellen Aufwandes, des Schwierigkeitsgrades sowie der Dauer für die Mängelbeseitigung.

Dabei kann eine Vielzahl vorhandener Mängel gegen eine Zumutbarkeit auf Seiten des Auftraggebers sprechen, auch wenn die Mängel für sich allein gesehen nicht erheblich sind. Die Frage, ob die Leistung wesentliche Mängel aufweist, lässt sich nur im konkreten Einzelfall beurteilen, eine allgemein gültige Lösung gibt es dafür nicht.

19 Beispiele für wesentliche Mängel:

- Verwendung einer vertraglich nicht vereinbarten Holzart[18],
- Nicht ausreichend tief angebrachte Bewehrungsstäbe und Risse in den Attikaplatten[19],
- Falsche Höhe und Stärke des Estrichs[20],
- Fehlen einer ausreichenden Dampfsperre mit der Folge einer erheblichen Beeinträchtigung der Gebrauchsfähigkeit[21],
- Gefährdung der Standsicherheit des Gebäudes[22],
- Fehlende Funktionsfähigkeit/Gebrauchsfähigkeit eines Bauwerks im Hinblick auf den Bezug eines Wohn- oder Geschäftsgebäudes.

20 Auch optische Mängel können wesentlich sein. Voraussetzung dafür ist aber, dass sich der optische Mangel erheblich auf den Wert des Gebäudes – etwa bei einer Veräußerung oder Vermietung – auswirkt und zu einer Minderbewertung führt oder die Nutzung des Bauwerks beeinträchtigt, wie z.B. bei einem Gebäude (Büro- oder Geschäftshaus) mit Repräsentationsfunktion[23].

21 Mängel, welche die Funktionsfähigkeit des Werkes nicht beeinträchtigen und die zudem mit geringem Aufwand zu beseitigen sind, sind nicht wesentlich[24]; ebenso nicht solche – geringen – Mängel, deren Beseitigung der Auftraggeber unter Geltendmachung seines Zurückbehaltungsrechts – bis zum dreifachen Mängelbeseitigungsaufwand – Zug um Zug gegen Begleichung des Vergütungsanspruchs durchsetzen kann[25].

22 Bei der Beurteilung der Wesentlichkeit eines Mangels kommt es nicht auf Vermutungen oder Vorstellungen des Auftraggebers bzw. des Auftragnehmers an. Entscheidend ist – im Falle eines Rechtsstreits – vielmehr, zu welchem objektiven Ergebnis ein Gericht zum Zeitpunkt der letzten mündlichen Verhandlung – in der Regel unter Berücksichtigung eines Sachverständigengutachtens – gelangt. Da sich die Bestimmung der Wesentlichkeit eines Mangels in vielen Fällen nicht eindeutig prognostizieren lassen wird, bietet es sich an, dass die Vertragsparteien in Zweifelsfällen zur Vermeidung prozessualer Risiken einvernehmlich eine außergerichtliche Begutachtung vornehmen lassen.

---

17 BGH, BauR 1992, S. 627.
18 Franke, Kemper, Zanner, Grünhagen-Zanner, § 12 VOB/B Rn. 98; BGH NJW 1962, 1569.
19 Ebd.
20 Ebd.
21 Ebd.
22 BGH, BauR 1992, S. 627 (629).
23 OLG Köln, IBR 2001, S. 501 für den Fall eines Planungsfehlers.
24 OLG Dresden, BauR 2001, S. 949 für den Fall von Mängelbeseitigungskosten in Höhe von 3.000,00 DM bei einem Gesamtauftrag in Höhe von 9.000.000,00 DM.
25 BGH, BauR 1981, S. 284 (287).

Darlegungs- und beweispflichtig für das Fehlen wesentlicher Mängel zum Zeitpunkt der Abnahme ist der Auftragnehmer. 23

C. Abnahmeverweigerung

Wird die Abnahme, ohne dass dafür eine Berechtigung besteht, vom Auftraggeber endgültig verweigert, treten gleichwohl die Rechtsfolgen der Abnahme ein[26]. Insbesondere wird die Vergütung ohne Abnahme fällig[27], im Hinblick auf den Lauf der Mängelanspruchsfristen wird der Auftraggeber so gestellt, als hätte er rechtzeitig abgenommen[28]. 24

Außerdem gerät er nach Ablauf der Frist in Annahmeverzug (§ 293 BGB) mit der Folge, dass die Gefahr des zufälligen Untergangs der Leistung auf ihn übergeht (§ 644 Abs. 1 Satz 2 BGB), sofern nicht den Auftragnehmer für die Zerstörung oder Beschädigung des Werkes Vorsatz oder grobe Fahrlässigkeit trifft (§ 300 BGB). Auch kann der Auftragnehmer gegenüber dem Auftraggeber Ersatz derjenigen Kosten verlangen, die er während der Zeit der verweigerten Abnahme zur Bewahrung und Erhaltung der Leistung aufgewendet hat. Sofern der Auftragnehmer nach Ablauf der 12-Tage-Frist die Abnahme anmahnt, gerät der Auftraggeber im Falle einer verschuldeten Nichtabnahme zudem – im Hinblick auf seine Hauptleistungspflicht „Abnahme" – in Schuldnerverzug (§§ 286, 280 BGB) mit der Folge, dass dem Auftragnehmer dann ein Anspruch auf Verzugsschäden, die aus der nicht rechtzeitigen Abnahme resultieren, zusteht. 25

Praxistipp: 26

▶ *Wird die Abnahme ohne Rechtsgrund verweigert, treten die Rechtsfolgen der Abnahme gleichwohl ein.*

Nach dem ab dem 1.1.2018 geltenden **§ 640 Abs. 2 Satz 1 BGB** (Gesetz zur Reform des Bauvertragsrechts vom 28. April 2017 (BGBl. I S. 969 ff.) gilt das Werk als abgenommen, wenn der Auftragnehmer dem Auftraggeber nach Fertigstellung des Werks eine angemessene Frist zur Abnahme gesetzt hat und der Auftraggeber die Abnahme nicht innerhalb der gesetzten Frist **unter Angabe mindestens eines Mangels verweigert** hat. Ob und ggf. in welchem Umfang dies eine Modifikation des § 12 nach sich ziehen wird, bleibt abzuwarten. Die Mängelangabe sollte seitens des Auftragggebers allerdings im Zweifel beachtet werden. Nach der Begründung zum Gesetzentwurf soll die Erweiterung um die Nennung eines Mangels für den Wegfall einer fiktiven Abnahme dem Schutz des Auftragnehmers dienen, die Fälligkeit seiner Werklohnforderung nicht unangemessen lang hinauszuschieben. Die Möglichkeit einer fiktiven Abnahme sollte erhalten bleiben. Der Gesetzgeber wollte sie allerdings effektiver ausgestalten und dabei die Risiken und Belastungen zwischen den Vertragsparteien gerecht verteilen. Um der Fiktion zu entgehen, soll es also nicht mehr genügen, lediglich die Abnahme zu verweigern. Vielmehr muss der Auftraggeber zumindest einen Mangel angeben, wobei nicht zwischen wesentlichen und unwesentlichen Mängeln unterschieden wird. Die Fiktion soll eintreten, wenn der Auftraggeber sich entweder überhaupt nicht zu dem Abnahmeverlangen äußert oder wenn er die Abnahme ohne Benennung eines Mangels verweigert. 27

Die Vorschrift wird durch **§ 650g BGB** ergänzt, der in **Abs. 1** eine Regelung zur Zustandsfeststellung auf Verlangen des Auftragnehmers für den Fall enthält, dass die Abnahme unter Angabe von Mängeln verweigert wird. Nach Ansicht des Gesetzgebers besteht in diesen Fällen ein Bedürfnis, den Zustand des Werkes zum Zeitpunkt des Abnahmeverlangens zu dokumentieren, um in einem späteren Prozess die Sachaufklärung zu erleichtern. Bleibt der Auftraggeber einem vereinbarten oder einem von dem Auftragnehmer innerhalb einer angemessenen

---

26 BGH, SF Z 3.010, Bl. 20; vgl. dazu auch Rn. 135 ff.
27 BGH, ZfBR 1996, S. 156 (157).
28 BGH, BauR 1996, S. 960.

Frist bestimmten Termin zur Zustandsfeststellung fern, soll der Unternehmer die Zustandsfeststellung auch einseitig vornehmen können (**Abs. 2** Satz 1), es sei denn, dass der Auftraggeber dem Termin infolge eines Umstandes fernbleibt, den er nicht zu vertreten hat. Der Auftragnehmer muss eine solche einseitige Zustandsfeststellung mit der Angabe des Tages der Anfertigung versehen, sie unterschreiben und dem Auftraggeber eine Abschrift zur Verfügung stellen.

In **Abs. 3** wird festgelegt, dass für den Fall, dass der Auftragnehmer dem Auftraggeber das Werk verschafft hat und in der Zustandsfeststellung ein offenkundiger Mangel nicht angegeben wird, vermutet wird, dass ein solcher Mangel nach der Zustandsfeststellung entstanden und vom Auftraggeber zu vertreten ist.

Abs.4 regelt eine Vergütungspflicht des Auftraggebers. Die Vergütungspflicht besteht, wenn der Auftraggeber das Werk abgenommen hat oder die Abnahme nach § 641 Abs. 1 Satz 2 BGB entbehrlich ist und der Auftragnehmer dem Auftraggeber eine prüffähige Schlussrechnung erteilt hat. Die Prüffähigkeit ist gegeben, wenn die Schlussrechnung eine übersichtliche Aufstellung der erbrachten Leistungen enthält und für den Auftraggeber nachvollziehbar ist. Sie gilt als prüffähig, wenn der Auftraggeber nicht innerhalb von 30 Tagen nach Zugang der Schlussrechnung begründete Einwendungen gegen die Prüffähigkeit erhoben hat.

Eine berechtigte Abnahmeverweigerung – wegen wesentlicher Mängel – ist seitens des Auftraggebers eindeutig zu erklären. Die Abnahme kann allerdings dann nicht mehr verweigert werden, wenn bereits eine Abnahme – in welcher Form auch immer – erfolgt ist[29].

28 Der Auftraggeber muss dem Auftragnehmer die Mängel, auf die er sich zur Begründung seiner Abnahmeverweigerung stützt, konkret benennen. Nur dadurch wird der Auftragnehmer in die Lage versetzt, die behaupteten Mängel zu prüfen und dazu Stellung nehmen zu können bzw. die Mängel zu beseitigen. Erfolgt die Abnahmeverweigerung ohne eine konkrete Mängelbenennung mit dem Hinweis, man werde zum gegebenen Zeitpunkt auf das Abnahmeverlangen zurückkommen, ohne darzulegen, wann der gegebene Zeitpunkt sein werde bzw. wovon die Abnahmebereitschaft abhänge, ist sie unberechtigt[30].

29 **Formulierungsvorschlag für eine Ablehnung der Abnahme wegen wesentlicher Mängel:**

Maurerbetrieb
Egon Lotrecht
98765 Wandhausen

[Datum]

Behörde für städtisches Bauen
Herrn Oberbaurat Meyer
Mauerstraße 4711
12345 Hochbaustadt

Bauvorhaben Stadtmauer

Sehr geehrter Herr Lotrecht,

mit Schreiben vom … [Datum] haben Sie die Abnahme des obigen Bauwerkes verlangt.

Das Bauwerk weist folgende wesentliche Mängel auf:

… [hier ausführliche Beschreibung der Mängel]

Die Abnahme wird von uns bis zur Beseitigung der vorstehend benannten Mängel abgelehnt.

---

29 BGH, BauR 1980, S. 357.
30 OLG Stuttgart, IBR 2002, S. 341.

Wir fordern Sie auf, die Mängel zu beseitigen und uns über die durchgeführte Beseitigung zu informieren. Nach erfolgter Beseitigung der Mängel werden wir die Leistung abnehmen.

Mit freundlichen Grüßen

Meyer

Oberbaurat

Die Abnahmeverweigerung darf nicht mit der Abnahme unter Vorbehalt verwechselt werden (vgl. dazu unten Rn. 39). **30**

Beispiel:

Am 15.8.2010 findet eine förmliche Abnahme statt. Im an diesem Tage von beiden Vertragsparteien unterzeichneten Abnahmeprotokoll werden Mängel aufgelistet und festgelegt, dass diese bis zum 15.11.2010 zu beseitigen sind. Abnahmezeitpunkt ist der 15.8.2010, unabhängig davon, ob die Mängel fristgemäß oder überhaupt nicht beseitigt werden.

D. Vorbehaltserklärungen bei der Abnahme

I. Allgemeines

Der Auftraggeber muss im Zusammenhang mit der Abnahme Vorbehalte wegen zum Zeitpunkt der Abnahme bekannter Mängel und wegen Vertragsstrafen geltend machen. Beim VOB/B-Vertrag ist dies für die förmliche Abnahme (§ 12 Abs. 4 Nr. 1 Satz 3 VOB/B) sowie die fiktive Abnahme (§ 12 Abs. 5 Nr. 3 VOB/B) ausdrücklich geregelt; für die übrigen Abnahmeformen ergibt sich das Vorbehaltserfordernis – auch für den VOB/B-Vertrag – aus § 640 Abs. 2 BGB[31]. **31**

II. Vorbehalt bekannter Mängel

Unterlässt der Auftraggeber den Vorbehalt ihm bei der Abnahme bekannter Mängel, verliert er insoweit seine Mängelansprüche i.S.d. § 13 Abs. 5 und 6 VOB/B (Mängelbeseitigungs- und Minderungsrecht); die verschuldensabhängigen Schadensersatzansprüche i.S.d. § 13 Abs. 7 VOB/B bleiben davon allerdings unberührt und auch bei fehlendem Vorbehalt bestehen. **32**

Betroffen sind nur die bei der Abnahme bekannten Mängel, eine Erkennbarkeit reicht nicht aus. Vorhandene Mängel, die dem Auftraggeber zum Zeitpunkt der Abnahme nicht bekannt waren und deren Kenntnis der Auftragnehmer nicht beweisen kann, sind von der Ausschlusswirkung nicht betroffen und werden vom Mängelbeseitigungsrecht nach § 13 Abs. 5 VOB/B erfasst. **33**

31 OLG Köln, IBR 1993, S. 199.

34 ***Beispiel:***

Der Auftraggeber macht bereits während der Bauausführung Mängelansprüche gemäß § 4 Abs. 7 VOB/B schriftlich geltend. Diese werden aber nicht beseitigt, mit der Folge, dass nach der Abnahme für die Mängelbeseitigung § 13 Abs. 5 VOB/B Anwendung findet. Da die Mängel dem Auftraggeber zum Zeitpunkt der Abnahme bekannt sind und der Auftragnehmer dies aufgrund der schriftlichen Mängelanzeige auch nachweisen kann, muss der Auftraggeber sich diese Mängel bei der Abnahme vorbehalten, will er nicht den Anspruch auf Mängelbeseitigung (§ 13 Abs. 5 VOB/B) und Minderung (§ 13 Abs. 6 VOB/B) verlieren. Der Schadensersatzanspruch nach § 13 Abs. 7 VOB/B ist trotz fehlenden Vorbehaltes allerdings nicht ausgeschlossen.

Der Auftraggeber fordert den Auftraggeber kurz nach der Abnahme auf, einen sichtbaren Fenstereinbaumangel zu beseitigen. Der Auftragnehmer lehnt dies mit der Begründung ab, dieser Mangel sei bereits bei der Abnahme vorhanden und erkennbar gewesen; da der Auftraggeber aber keinen Vorbehalt geltend gemacht habe, sei der Anspruch entfallen. Der Auftragnehmer darf die Mängelbeseitigung nicht ablehnen, wenn er nicht nachweisen kann, dass dem Auftraggeber der Mangel bekannt war. Der Mangel mag zwar erkennbar gewesen sein. Dies reicht aber nicht aus.

35 Die Vorbehaltserklärung muss bei der Abnahme erfolgen bzw. zum Ausdruck kommen. Vorbehaltserklärungen zu einem zeitlich früheren oder späteren Zeitpunkt sind unbeachtlich[32], es sei denn, der Mängelanspruch ist bereits vor der Abnahme im Wege einer Klage geltend gemacht worden und wird zum Zeitpunkt der Abnahme weiterverfolgt[33].

36 Eine ausdrückliche Regelung für den Zeitpunkt der Vorbehaltserklärungen enthält die VOB/B für die förmliche und die fiktive Abnahme. Danach muss die Erklärung erfolgen

- bei der förmlichen Abnahme im Abnahmeprotokoll vor der Unterzeichnung desselben (§ 12 Abs. 4 Nr. 1 Satz 4 VOB/B[34], allerdings ist darauf zu achten, dass zwischen dem Zeitpunkt der Vornahme der Abnahmehandlung (Begehung) und der Protokollerstellung sowie der Unterschriftsleistung ein enger zeitlicher Zusammenhang besteht. Anderenfalls lassen sich das Abnahmeprotokoll und die Unterschrift nicht mehr als Teil der Abnahme werten und führen zu entsprechenden Rechtsverlusten;
- bei der fiktiven Abnahme innerhalb der in § 12 Abs. 5 Nr. 1 und Nr. 2 VOB/B benannten Fristen (§ 12 Abs. 5 Nr. 3 VOB/B).

37 Der Vorbehalt ist vom Auftraggeber oder einem von ihm zur rechtsgeschäftlichen Abnahme des Bevollmächtigten (z.B. von dem Architekten oder Ingenieur) gegenüber dem Auftragnehmer oder dessen Bevollmächtigten zu erklären. Eine durch einen nicht bevollmächtigten Dritten abgegebene bzw. eine gegenüber einem nicht bevollmächtigten Dritten abgegebene Vorbehaltserklärung ist nicht wirksam, kann aber gemäß § 184 BGB nachträglich genehmigt werden (vgl. dazu oben Rn. 12).

38 ***Praxistipp:***

Weist der Architekt/Ingenieur seinen Auftraggeber nicht darauf hin, dass er sich bekannte Mängel vorbehalten muss, kann dies zu Schadensersatzansprüchen des Auftraggebers gegen ihn führen.

32 BGH, BauR 1973, S. 192.
33 BGHZ 62, S. 328.
34 BGH, BauR 1974, S. 206.

Die Abnahme, bei welcher der Auftraggeber Mängel aufführt – bei der förmlichen Abnahme im Abnahmeprotokoll – und sich diese vorbehält, darf nicht mit einer Abnahmeverweigerung verwechselt werden. Eine Abnahme unter Mängelvorbehalt und der Aufforderung bzw. Festlegung der Mängelbeseitigung innerhalb einer bestimmten Frist stellt eine Abnahme mit sämtlichen Abnahmefolgen dar (vgl. auch oben Rn. 30). 39

Praxistipp: 40

Eine Abnahme unter Mängelvorbehalt ist eine Abnahme mit sämtlichen Abnahmefolgen.

III. Vorbehalt der Vertragsstrafe

Ein fehlender Vertragsstrafenvorbehalt führt zum Verlust der Vertragsstrafe (§ 11 Abs. 4 VOB/B bzw. § 341 Abs. 2 BGB). Die Vorbehaltserklärung muss bei der Abnahme erfolgen bzw. zum Ausdruck kommen. Vorbehaltserklärungen zu einem zeitlich früheren oder späteren Zeitpunkt sind unbeachtlich[35], es sei denn, der Vertragsstrafenanspruch ist bereits vor der Abnahme im Wege einer Klage geltend gemacht worden und wird zum Zeitpunkt der Abnahme weiterverfolgt[36]. 41

Nach Ansicht des OLG Düsseldorf[37] soll allerdings ein ausdrücklich und schriftlich erklärter Vertragsstrafenvorbehalt ein oder zwei Tage vor der Abnahme ausreichen, da der Auftragnehmer in diesem Falle nicht davon ausgehen dürfe, der Auftraggeber habe auf die kurz zuvor geltend gemachte Vertragsstrafe verzichtet. Der Auftraggeber sollte eine solche Situation aber gar nicht erst entstehen lassen, sondern den Vorbehalt bei der Abnahme erklären. 42

Beispiel: 43

Der Auftragnehmer hat die vereinbarte Vertragsfrist schuldhaft überschritten. Die vereinbarte Vertragsstrafe ist verwirkt. Der Auftraggeber teilt dem Auftragnehmer einige Wochen vor der Abnahme mit, dass er die Vertragsstrafe beanspruchen werde. Bei der Abnahme unterlässt der Auftraggeber den Vorbehalt der Vertragsstrafe. Gleichwohl zieht er die Vertragsstrafe von der Schlussrechnung ab. Zu Unrecht: Aufgrund des fehlenden Vorbehalts ist der Vertragsstrafenanspruch entfallen.

35 BGH, BauR 1973, S. 192.
36 BGH, BauR 1983, S. 80.
37 OLG Düsseldorf, BauR 2000, S. 112.

44

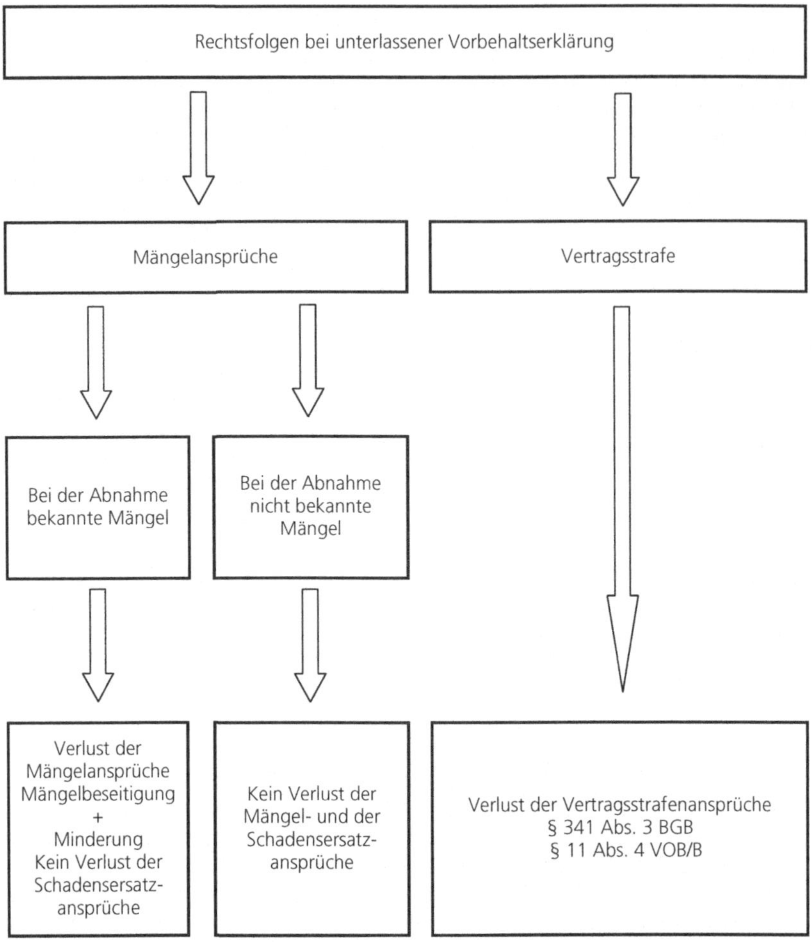

Abbildung 5: Rechtsfolgen bei unterlassener Vorbehaltserklärung

45 Eine Ausnahme vom Vorbehaltserfordernis bei der Abnahme besteht dann, wenn im Vertrag – auch in Besonderen oder Zusätzlichen Vertragsbedingungen – vereinbart ist, dass sich der Auftraggeber die Vertragsstrafe nicht schon bei der Abnahme vorbehalten muss, sondern er sie vielmehr noch bis zur Schlussrechnung geltend machen darf[38]; das bedeutet, dass der Vorbehalt spätestens bis zur Fälligkeit der Schlusszahlung erklärt werden muss; hierin liegen allerdings erhebliche Unsicherheiten, sodass auch insoweit die Geltendmachung des Vorbehalts bei der Abnahme dringend zu empfehlen ist.

46 Schließlich ist das Unterlassen der Vorbehaltserklärung bei der Abnahme unbeachtlich, wenn der Auftraggeber mit seinem Vertragsstrafenanspruch bereits vor der Abnahme aufgerechnet hat[39].

47 Auch der Vertragsstrafenvorbehalt ist vom Auftraggeber oder seinem Bevollmächtigten gegenüber dem Auftragnehmer oder dessen Bevollmächtigten zu erklären. Eine durch einen nicht bevollmächtigten Dritten abgegebene bzw. eine gegenüber einem nicht bevollmächtigten Dritten abgegebene Vorbehaltserklärung ist nicht wirksam, kann aber gemäß § 184 BGB nachträglich genehmigt werden (vgl. dazu oben Rn. 12).

38 BGH, BauR 1979, S. 56.
39 BGHZ 85, S. 240 und BauR 1993, S. 77.

Im Falle der Vertragskündigung gemäß § 8 VOB/B kann die bei der Abnahme vorzubehaltene Vertragsstrafe nur bis zum Zeitpunkt der Kündigung gefordert werden (§ 8 Abs. 6 und 7 VOB/B).

Praxistipp: **48**

Weist der Architekt/Ingenieur seinen Auftraggeber nicht darauf hin, dass er sich den Vertragsstrafenanspruch vorbehalten muss, kann dies zu Schadensersatzansprüchen des Auftraggebers gegen ihn führen.

E. Abnahmearten

I. Allgemeines

49

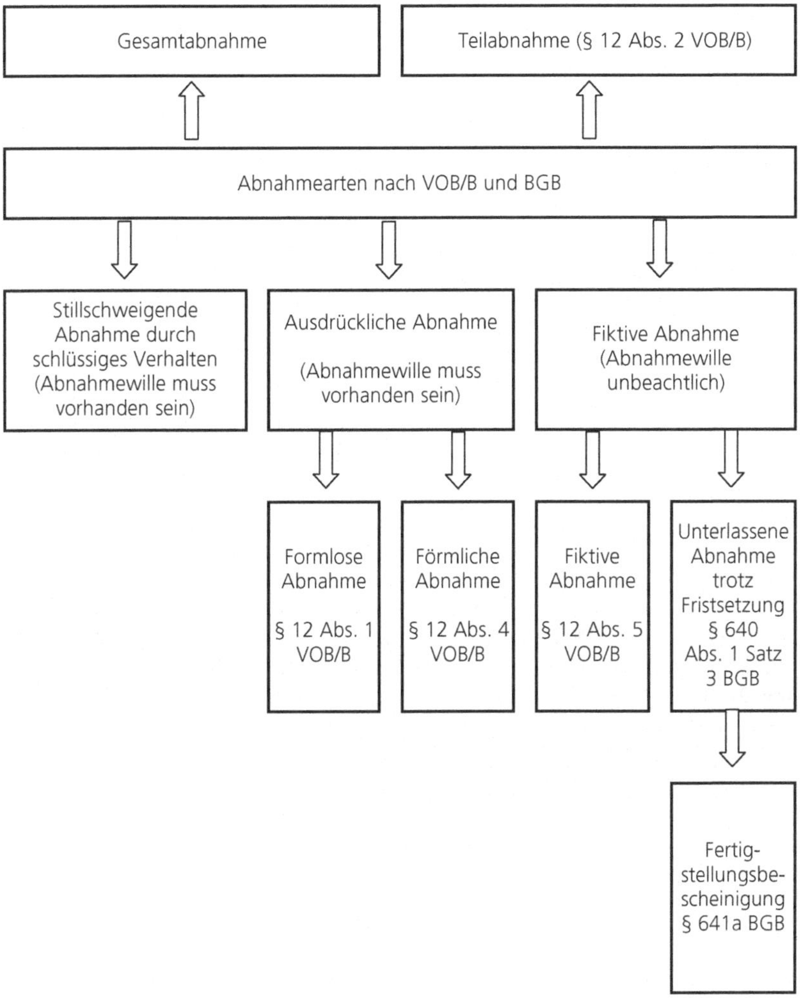

Abbildung 6: Abnahmearten

50 § 12 VOB/B benennt drei Abnahmearten, nämlich:

- die ausdrückliche Abnahme (§ 12 Abs. 1 VOB/B),
- die – den im Hinblick auf die Abnahme von Bauleistungen (§ 1 VOB/A) den Regelfall bildende – förmliche Abnahme (§ 12 Abs. 4 VOB/B) sowie
- die fiktive Abnahme (§ 12 Abs. 5 VOB/B).

Darüber hinaus ist bei einem VOB-Vertrag auch eine stillschweigende Abnahme durch konkludentes oder schlüssiges Verhalten möglich.

51 Im BGB finden sich zwei weitere Formen von Abnahmefiktionen, welche auch für die VOB/B gelten.

52 Nach § 640 Abs. 1 Satz 3 BGB steht es einer Abnahme gleich, wenn der Auftraggeber das Werk nicht innerhalb einer ihm vom Auftragnehmer bestimmten angemessenen Frist – bei Bauwerken wird die 12-Tages-Frist des § 12 Abs. 5 VOB/B ausreichend sein[40] – abnimmt, obwohl das Werk – was der Auftragnehmer beweisen muss – abnahmereif ist.

53 Einer Abnahme steht es ebenfalls gleich, wenn dem Auftragnehmer von einem Gutachter eine sog. Fertigstellungsbescheinigung darüber erteilt wird, dass das beauftragte Werk oder ein Teil desselben hergestellt und mangelfrei ist (§ 641a BGB); unwesentliche Mängel sind unbeachtlich (§ 640 Abs. 1 Satz 2 BGB). Verlangt der Auftraggeber bei einem VOB/B-Vertrag allerdings eine förmliche Abnahme (§ 12 Abs. 4 VOB/B), schließt dies die Abnahmewirkung durch eine Fertigstellungsbescheinigung aus[41]. Abgesehen davon kommt dieser Form der Abnahme in der Praxis wegen ihres komplizierten Verfahrens und den damit zusammenhängenden Risiken so gut wie keine Bedeutung zu.

54 Um im Zusammenhang mit späteren „Streitigkeiten am Bau" – wie etwa die vom Zeitpunkt der Abnahme abhängige Frage nach der Verjährung von Mängelbeseitigungsansprüchen oder der Fälligkeit des Vergütungsanspruchs des Auftragnehmers – eindeutige und beweisbare Sachverhalte zur Verfügung zu haben, sollte die Durchführung einer förmlichen Abnahme, bei der die Ergebnisse in einem Abnahmeprotokoll dokumentiert werden, die Regel sein. Im Hinblick auf § 12 Abs. 4 Nr. 1 VOB/B, der das Verlangen einer förmlichen Abnahme fordert, empfiehlt es sich, diese Abnahmeform bereits im Vertrag – beispielsweise durch Besondere oder Zusätzliche Vertragsbedingungen (§ 8 Abs. 6 Nr. 1 lit. g VOB/A) – festzulegen.

55 ***Praxistipp:***

> ▶ *Um späteren Streitigkeiten über den Zeitpunkt und den Inhalt einer Abnahme vorzubeugen, sollte eine förmliche Abnahme im Vertrag vereinbart oder nach § 12 Abs. 4 VOB/B verlangt werden.*

56 Schließlich regelt § 12 Abs. 2 VOB/B – als Abnahmeform – die Teilabnahme in sich abgeschlossener Teile der Leistung aufgrund eines einheitlichen Vertrags, die auf Verlangen des Auftraggebers oder des Auftragnehmers durchzuführen ist[42].

57 Auch Leistungen der Architekten und Ingenieure bedürfen – insbesondere im Hinblick auf den Lauf der Verjährungsfristen für Schadensersatzansprüche wegen mangelhafter Planungs-, Ausschreibungs- und Überwachungsleistungen – einer Abnahme[43]. Erfolgt diese nicht ausdrücklich, ist auch eine stillschweigende Abnahme möglich. Eine solche kann beispielsweise in der Begleichung der Schlussrechnung des Architekten bzw. Ingenieurs gesehen werden[44]. Sofern keine Teilabnahme vereinbart worden ist, kommt eine stillschweigende Abnahme vor Vollendung der beauftragten Gesamtleistung – soweit nichts anderes vereinbart ist – nach Be-

---

40 Palandt-Sprau, BGB, § 640, Rn. 10.
41 Ebd., § 641a, Rn. 18.
42 Vgl. dazu Rn. 127 ff.
43 BGH, BauR 2000, S. 128.
44 BGH, BauR 2002, S. 108.

endigung der Leistungsphase 9 (Objektbetreuung) nicht in Betracht[45]; die Begleichung einer insoweit „vermeintlichen" Schlussrechnung nach Fertigstellung des Werkes reicht nicht aus[46]. In der HOAI 2013 wird die Fälligkeit der Honorarschlusszahlung sowohl von der Überreichung einer prüffähigen Honorarschlussrechnung als auch einer Abnahme der Architekten- bzw. Ingenieurleistung abhängig gemacht (§ 15 Abs. 1 HOAI 2013).

II. Stillschweigende Abnahme

Eine stillschweigende Abnahme, der beim VOB/B-Vertrag insbesondere im Hinblick auf die Vereinbarung oder Forderung einer förmlichen oder ausdrücklichen Abnahme eine allenfalls sehr geringe Bedeutung zukommt, liegt vor, wenn der Auftraggeber durch schlüssiges bzw. konkludentes Handeln „erklärt", die erbrachte Leistung als im Wesentlichen vertragsgemäß anzunehmen[47]. Anders als bei der fiktiven Abnahme nach § 12 Abs. 5 VOB/B ist es für die stillschweigende Abnahme erforderlich, dass der Auftraggeber einen Abnahmewillen hat, auf den aus dem Verhalten des Auftraggebers geschlossen werden muss, sodass eine stillschweigende Abnahme ausgeschlossen ist, wenn das Verhalten des Auftraggebers darauf hindeutet, dass er die Leistung nicht als vertragsgemäß anerkennt[48]. 58

Beispiel: 59

Der Auftraggeber zieht in ein Gebäude ein und nutzt es, hat aber vor dem Einzug Mängel gerügt und die Abnahme berechtigterweise verweigert. In diesem Fall kann aus dem Verhalten des Auftraggebers nicht der Schluss gezogen werden, dass er das Werk billigt. Eine stillschweigende Abnahme liegt nicht vor[49].

Der Auftraggeber zieht in ein – im Wesentlichen noch nicht fertig gestelltes – Wohnhaus, weil er seine bisherige Wohnung räumen muss. In diesem Fall ist nicht von einer stillschweigenden Abnahme auszugehen[50].

Praxistipp: 60

Der Auftraggeber sollte in den Fällen, in denen eine stillschweigende Abnahme durch sein Verhalten angenommen werden könnte, dem Auftragnehmer schriftlich die Gründe mitteilen, aus denen der fehlende Abnahmewille hervorgeht.

Eine stillschweigende Abnahme kann dagegen vorliegen, wenn 61

- der Auftraggeber ohne Einwände das Bauwerk in Benutzung nimmt und nutzt, in einem solchen Verhalten wird allerdings beim VOB/B-Vertrag eine fiktive Abnahme (§ 12 Abs. 5 Nr. 2 VOB/B) vorliegen,
- der Auftraggeber vorbehaltlos die vereinbarte bzw. die geforderte Vergütung bezahlt[51] oder den Sicherheitseinbehalt ausbezahlt,
- der Auftraggeber das Werk veräußert[52],
- der Auftraggeber Ansprüche nach § 13 VOB/B geltend macht.

Bei einer bestimmungsgemäßen Ingebrauchnahme ist der Zeitpunkt der Benutzung nicht mit dem Zeitpunkt der stillschweigenden Abnahme identisch. Dem Auftraggeber wird vielmehr vom Zeitpunkt der Inbenutzungnahme eine angemessene Prüfungsfrist (Nutzungsfrist) einge- 62

45 BGH, BauR 1994, S. 394.
46 BGH, ebd.
47 BGH, BauR 1994, S. 242.
48 Palandt-Sprau, BGB, § 640, Rn. 6.
49 BGH, BauR 1999, S. 1186.
50 BGH, BauR 1975, S. 344.
51 OLG Hamm, BauR 2003, S. 106.
52 BGH, NJW-RR 1996, S. 883.

räumt, die von den Umständen des Einzelfalls abhängt[53]. Die mit der Bestimmung eines solchen Zeitpunktes verbundenen Unwägbarkeiten machen deutlich, dass der Auftraggeber den Eintritt einer stillschweigenden Abnahme – etwa auch durch das Verlangen einer förmlichen Abnahme – vermeiden sollte.

63 Haben die Vertragspartner eine förmliche Abnahme vereinbart oder wird die Durchführung einer förmlichen Abnahme verlangt (§ 12 Abs. 4 VOB/B), so schließt dies eine stillschweigende Abnahme aus. Trotz Vereinbarung einer förmlichen Abnahme liegt eine stillschweigende Abnahme allerdings dann vor, wenn eine förmliche Abnahme nach Abschluss der Baumaßnahme unterbleibt, sie „vergessen" wird und ein längerer Zeitraum verstrichen ist (vgl. dazu unten Rn. 84 ff.).

III. Ausdrückliche Abnahme (§ 12 Abs. 1)

64 § 12 Abs. 1 VOB/B regelt die ausdrückliche Abnahme, die von einem Abnahmeverlangen des Auftragnehmers abhängt. Das Abnahmeverlangen ist, sofern vertraglich nichts anderes vereinbart ist, an keine Form gebunden. Es kann somit zwar auch mündlich gestellt werden; dies ist im Hinblick auf das Beweiserfordernis im Streitfall aber nicht tunlich.

65 ***Praxistipp:***

Die Abnahmeaufforderung des Auftragnehmers sollte immer schriftlich erfolgen.

66 Das Abnahmeverlangen muss nicht den Begriff „Abnahme" beinhalten, aus ihm muss aber eindeutig die Forderung zu entnehmen sein, dass der Auftragnehmer eine Abnahme will.

67 **Formulierungsvorschlag für Abnahmeaufforderung:**

Maurerbetrieb
Egon Lotrecht
98765 Wandhausen

[Datum]

Behörde für städtisches Bauen

Herrn Oberbaurat Meyer

Mauerstraße 4711

12345 Hochbaustadt

Bauvorhaben Stadtmauer

Sehr geehrter Herr Meyer,

die im Zusammenhang mit dem obigen Bauvorhaben beauftragte Leistung ist fertig gestellt.

Ich fordere Sie hiermit auf, die von mir erstellte Leistung für das Bauvorhaben Stadtmauer bis zum … [Datum] abzunehmen.

Mit freundlichen Grüßen

Lotrecht

68 Mit Zugang des Abnahmeverlangens beim Auftraggeber oder einem ausdrücklich für die Entgegennahme von Auftraggeber Bevollmächtigten beginnt die in Abs. 1 genannte Frist zu laufen.

53 BGH, BauR 1985, S. 220.

Praxistipp: 69

Der Auftragnehmer muss den Zugang der Abnahmeaufforderung beim Auftraggeber sicherstellen. Anderenfalls kann er den Beginn der 12-Werktage- Frist nicht nachweisen.

Sofern vertraglich nichts anderes vereinbart ist, muss der Auftraggeber die Abnahme binnen 70
12 Werktagen[54] durchführen, also die Leistung entgegennehmen und sie als in der Hauptsache als vertragsgemäß erfüllt annehmen, es sei denn, der Auftraggeber darf die Abnahme mangels Abnahmereife wegen wesentlicher Mängel verweigern oder eine förmliche Abnahme ist vereinbart oder wird innerhalb der Frist verlangt.

Praxistipp: 71

Um eine ausdrückliche Abnahme auf Verlangen des Auftragnehmers zu vermeiden, muss der Auftraggeber innerhalb von 12 Werktagen (Zugang beim Auftragnehmer) die Abnahme wegen wesentlicher Mängel verweigern (dies ist nur zu empfehlen, wenn kein Zweifel über das Vorhandensein wesentlicher Mängel besteht) oder eine förmliche Abnahme verlangen.

IV. Förmliche Abnahme (§ 12 Abs. 4)

1. Allgemeines

Die in § 12 Abs. 4 VOB/B geregelte förmliche Abnahme ist ein Sonderfall der ausdrücklichen 72
Abnahme und die gebräuchlichste – sowie sinnvollste – Abnahmeart für Bauleistungen. Von der ausdrücklich erklärten Abnahme unterscheidet sie sich dadurch, dass

- ein gemeinsamer Abnahmetermin (Abnahmebegehung) stattfindet und
- das Ergebnis der Abnahmebegehung in einer gemeinsam unterzeichneten Niederschrift (Abnahmeprotokoll) niedergelegt wird.

Die Durchführung eines solchen förmlichen Verfahrens mit dem Ergebnis einer Dokumenta- 73
tion über eine durchgeführte oder fehlgeschlagene Abnahme, Beanstandungen und Vorbehalte (Mängel- und Vertragsstrafenvorbehalte) dient der Vermeidung späterer Streitigkeiten und Beweisschwierigkeiten. Ihr kommt deshalb eine wesentliche Bedeutung zu.

74

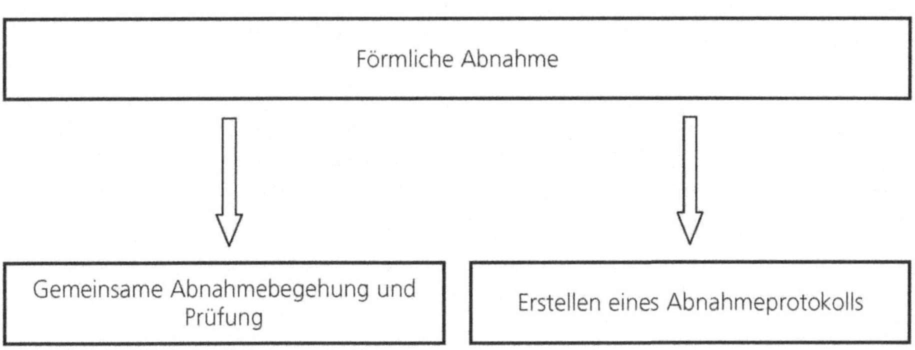

Abbildung 7: Inhalt der förmlichen Abnahme

54 Für die Fristberechnung gelten die §§ 186 ff. BGB.

2. Abnahmevereinbarung bzw. -verlangen und „vergessene" Abnahme

75

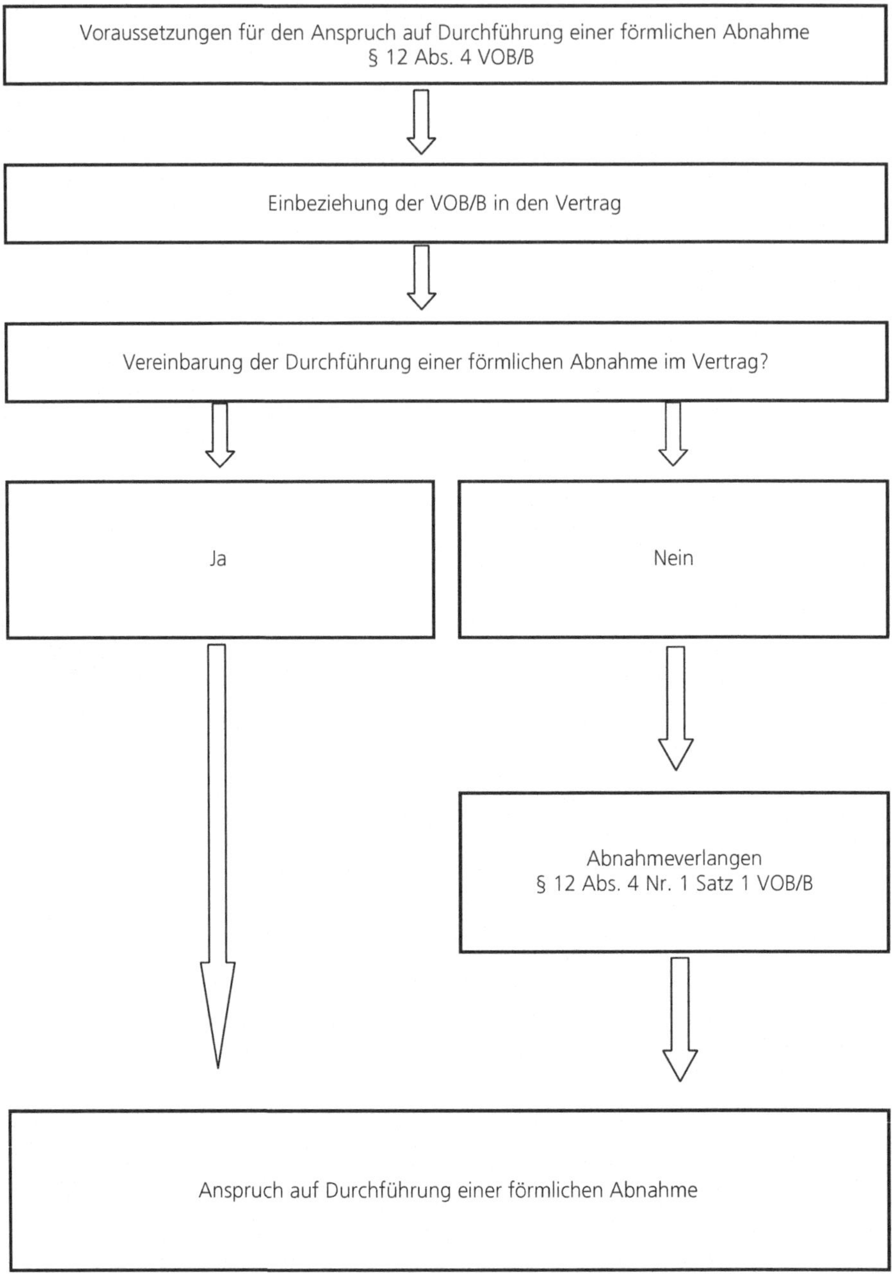

Abbildung 8: Anspruchsvoraussetzungen für die förmliche Abnahme

a. Abnahmeverlangen

76 Eine förmliche Abnahme hat stattzufinden, wenn eine der beiden Vertragsparteien (Auftraggeber, Auftragnehmer) oder beide Vertragsparteien dies selbst oder durch einen insoweit besonders bevollmächtigten Vertreter verlangt (§ 12 Abs. 4 Nr. 1 Satz 1 VOB/B).

Ein solches Abnahmeverlangen kann – wenn nicht im Vertrag vereinbart – auch aufgrund des § 12 Abs. 4 Nr. 1 Satz 1 VOB/B gestellt werden. Voraussetzung ist lediglich, dass die VOB/B vereinbart worden ist; zu beachten ist aber, dass nicht schon die Vereinbarung der VOB/B den Vertragsparteien einen Anspruch auf Durchführung einer förmlichen Abnahme verschafft, sondern diese verlangt werden muss. Die Vertragsparteien können aber auch bereits im Vertrag – in Zusätzlichen Vertragsbedingungen oder Besonderen Vertragsbedingungen – eine förmliche Abnahme unter gleichzeitigem Ausschluss der fiktiven Abnahme vereinbaren[55]. 77

Formulierungsvorschlag für Abnahmeverlangen seitens des Auftraggebers 78

Maurerbetrieb
Egon Lotrecht
98765 Wandhausen

[Datum]

Behörde für städtisches Bauen

Herrn Oberbaurat Meyer

Mauerstraße 4711

12345 Hochbaustadt

Bauvorhaben Stadtmauer

Sehr geehrter Herr Lotrecht,

in der obigen Angelegenheit haben Sie uns mitgeteilt, dass die Leistungen fertig gestellt worden sind.

Bezug nehmend auf § 12 Abs. 4 Nr. 1 VOB/B verlangen wir eine förmliche Abnahme der Leistung und setzen als Abnahmetermin den ... [Datum] fest.

Mit freundlichen Grüßen

Meyer

Oberbaurat

Formulierungsvorschlag für ein Abnahmeverlangen seitens des Auftragnehmers ohne Vereinbarung einer förmlichen Abnahme: 79

Maurerbetrieb
Egon Lotrecht
98765 Wandhausen

[Datum]

Behörde für städtisches Bauen

Herrn Oberbaurat Meyer

Mauerstraße 4711

12345 Hochbaustadt

Bauvorhaben Stadtmauer

Sehr geehrter Herr Meyer,

in der obigen Angelegenheit teile ich Ihnen mit, dass ich die beauftragten Leistungen fertig gestellt habe.

---

55 BGH, BauR 1997, S. 302.

Ich fordere Sie auf, die Leistung für das Bauvorhaben Stadtmauer förmlich abzunehmen und sich mit mir zwecks gemeinsamer Festlegung eines solchen Termins in Verbindung zu setzen.

Mit freundlichen Grüßen

Lotrecht

80 **Formulierungsvorschlag für ein Abnahmeverlangen seitens des Auftragnehmers bei vertraglich vereinbarter förmlicher Abnahme:**

Maurerbetrieb
Egon Lotrecht
98765 Wandhausen

[Datum]

Behörde für städtisches Bauen

Herrn Oberbaurat Meyer

Mauerstraße 4711

12345 Hochbaustadt

Bauvorhaben Stadtmauer

Sehr geehrter Herr Meyer,

in der obigen Angelegenheit teile ich Ihnen mit, dass ich die beauftragten Leistungen fertig gestellt habe.

Gemäß Vereinbarung (Ziffer XY der ZVB) des Vertrages vom … *[Datum]* fordere ich Sie auf, mit mir innerhalb von 12 Werktagen einen Termin zwecks Durchführung einer förmlichen Abnahme zu vereinbaren und schlage dafür den … *[Datum]* vor.

Mit freundlichen Grüßen

Lotrecht

81 Der Auftragnehmer kann im Zusammenhang mit der Aufforderung zur Abnahme – oder früher – auch seine Schlussrechnung übersenden: Dies hat den Vorteil, dass die Fälligkeit des Vergütungsanspruchs beschleunigt wird. Auch kann damit die Aufforderung verbunden werden, ein gemeinsames Aufmaß zum Abnahmezeitpunkt oder einem anderen Termin zu nehmen. Falls der Auftraggeber zu einem solchen Zeitpunkt verschuldet nicht anwesend ist, geht die Beweislast im Hinblick auf die ausgeführten Mengen auf ihn über, wenn sich zu einem späteren Zeitpunkt Aufmaßstreitigkeiten nicht oder nur mit unverhältnismäßig hohem Aufwand klären lassen[56].

82 Das Abnahmeverlangen geht „ins Leere", wenn bereits eine Abnahme in anderer Abnahmeform eingetreten ist, wie etwa die ausdrückliche Abnahme (§ 12 Abs. 1 VOB/B) oder eine fiktive Abnahme (§ 12 Abs. 5 VOB/B). Der Auftraggeber muss in dem Fall, in dem der Auftragnehmer ein Abnahmeverlangen nach § 12 Abs. 1 VOB/B stellt, deshalb innerhalb der dort genannten Frist von 12 Werktagen seinerseits eine förmliche Abnahme verlangen. Entsprechendes gilt für die in § 12 Abs. 5 Nr. 1 und 2 VOB/B genannten Fristen im Falle der fiktiven Abnahme. Maßgeblich ist dabei der Zugang des Verlangens beim Auftragnehmer bzw. seines insoweit bevollmächtigten Vertreters.

56 BGH, IBR 2003, S. 347; OLG Celle, IBR 2003, S. 64.

Praxistipp: **83**

> *Haben die Vertragsparteien keine förmliche Abnahme im Vertrag vereinbart und verlangt der Auftragnehmer nach Fertigstellung eine Abnahme (§ 12 Abs. 1 VOB/B), muss der Auftraggeber, wenn er eine förmliche Abnahme durchführen will, diese innerhalb der Frist von 12 Werktagen gegenüber dem Auftragnehmer verlangen (§ 12 Abs. 4 VOB/B).*

b. „Vergessene" Abnahme

Ist eine förmliche Abnahme verlangt oder vertraglich vereinbart worden, so kann diese Verpflichtung durch die Vertragsparteien zu einem späteren Zeitpunkt wieder aufgehoben werden. Dies kann formlos geschehen. Auch kann ein solcher Verzichtswille sich aus den Umständen ergeben; die Vertragsparteien können sie auch einfach „vergessen" haben. Wird also eine verlangte oder vereinbarte förmliche Abnahme nicht durchgeführt, stellt sich die Frage, ob und ab welchem Zeitpunkt daraus der Schluss gezogen werden darf, dass im Nachhinein auf die Durchführung der förmlichen Abnahme verzichtet worden ist und somit ab dem Zeitpunkt des Verzichts eine Abnahme in anderer Form mit den entsprechenden Abnahmewirkungen eintritt bzw. eingetreten ist. **84**

Ein solcher – nachträglicher – Verzicht auf eine förmliche Abnahme kann in Betracht kommen, wenn **85**

- der Auftraggeber dem Auftragnehmer die Schlussrechnung übersandt hat und der Auftraggeber daraufhin mehrere Monate lang keine förmliche Abnahme verlangt[57],
- der Auftraggeber die Schlussrechnung anerkennt und bezahlt[58],
- der Auftraggeber an einer öffentlich-rechtlichen Abnahme teilnimmt und im Anschluss daran vereinbarungsgemäß die Vergütung oder einen wesentlichen Teil der Vergütung bezahlt[59],
- die Vertragsparteien eine vertragliche Regelung über eine förmliche Abnahme „vergessen" haben[60],
- im Bauvertrag die förmliche Abnahme an einen schriftlichen Antrag des Auftragnehmers gebunden sein soll und der Auftraggeber, ohne dass ein solcher Antrag vorliegt, an einer Abnahme mitwirkt[61],
- der Auftraggeber auf die Rechnungen und Mahnungen des Auftragnehmers nicht reagiert und weder Mängel gerügt noch eine förmliche Abnahme verlangt hat[62].

Die Feststellung, ob ein nachträglicher konkludenter Verzicht auf eine förmliche Abnahme vorliegt, hängt also im Wesentlichen von der Bestimmung eines Zeitmoments ab. Dafür lässt sich kein fester Zeitraum festlegen. Auch die in § 12 Abs. 5 Nr. 1 und 2 VOB/B genannten Fristen bilden keine generellen Anhaltspunkte für einen solchen Zeitablauf[63]. Vielmehr muss ein weiterer Zeitablauf unter Berücksichtigung der besonderen Umstände des jeweiligen Einzelfalls hinzutreten. Zudem werden an die Bejahung eines konkludenten Absehens von der vereinbarten bzw. geforderten förmlichen Abnahme strenge Anforderungen gestellt, um diese nicht zu entwerten[64]. Der Zeitraum lässt sich im jeweils konkreten Fall aber schwerlich eindeutig festlegen und birgt für den Vertragspartner, der die Angelegenheit „laufen lässt", ein hohes Risiko. Zanner[65]. geht davon aus, dass zumindest bei einer Ingebrauchnahme durch den **86**

57 BGH, BauR 1977, S. 344.
58 BGH, SFH Z 2.414 Bl. 153.
59 BGH, SFH Z 2.50 Bl. 9.
60 BGH, BauR 1977, S. 344.
61 BGH, BauR 1975, S. 423.
62 OLG Stuttgart, BauR 1974, S. 344; in diesem Sinne wohl auch: BGH, BauR 1989, S. 727.
63 BGH, BauR 1998, S. 727.
64 Heiermann, Riedl, Rusam-Riedl, § 12 Rn. 35b m.w.N.
65 Franke, Kemper, Zanner, Grünhagen-Zanner, § 12 VOB/B Rn. 110.

Auftraggeber davon auszugehen sei, dass als Folge dessen die vereinbarte förmliche Abnahme stillschweigend abbedungen werde, da der Auftraggeber ansonsten eine förmliche Abnahme hinausschieben könne, ohne dass ihn die Rechtsfolgen der Abnahme beträfen, obwohl er das Werk bereits in Benutzung genommen habe.

87 Liegt ein festgestellter nachträglicher – ausdrücklicher oder konkludenter – Verzicht auf die vereinbarte oder verlangte förmliche Abnahme vor, kommen die übrigen Abnahmearten „zum Zuge"[66].

88 ***Praxistipp:***

> *Sofern eine förmliche Abnahme vereinbart worden ist, sollten die Vertragsparteien im Falle der Abnahmereife des Werkes darauf ohne schuldhaftes Zögern zurückkommen, um die Folgen einer „vergessenen" Abnahme zu vermeiden.*

3. Durchführung der förmlichen Abnahme

89 Die Durchführung der förmlichen Abnahme wird geprägt durch die

- Vereinbarung bzw. Festlegung eines Abnahmetermins,
- gemeinsame Abnahmeverhandlung oder Abnahme in Abwesenheit des Auftragnehmers unter den Voraussetzungen des § 12 Abs. 4 Nr. 2 VOB/B,
- schriftliche Niederlegung des Abnahmebefundes (Abnahmeniederschrift/ Abnahmeprotokoll),
- Unterzeichnung der Abnahmeniederschrift,
- Übergabe der Abnahmeniederschrift an jede Partei.

Zudem kann jede Vertragspartei auf ihre Kosten einen Sachverständigen zum Abnahmetermin hinzuziehen (§ 12 Abs. 4 Nr. 1 Satz 2 VOB/B).

a. Terminvereinbarung

90 Die förmliche – gemeinsame – Abnahme setzt die Anwesenheit der beiden Vertragsparteien voraus, sie kann aber auch unter den Voraussetzungen des § 12 Abs. 4 Nr. 2 Satz 1 VOB/B in Abwesenheit des Auftragnehmers durchgeführt werden. Um dies zu gewährleisten bzw. die Voraussetzung dafür zu schaffen, die Abnahme – ausnahmsweise – auch in Abwesenheit des Auftragnehmers durchführen zu dürfen, bedarf es einer rechtzeitigen Terminfestlegung, die erfolgen kann durch

- die gemeinsame Festlegung des Abnahmetermins oder
- wenn eine einvernehmliche Festlegung nicht zustande kommt, durch eine einseitige Bestimmung des Termins seitens des Auftraggebers durch Erklärung gegenüber dem Auftragnehmer, welche die abzunehmende Leistung, den Ort und den Abnahmezeitpunkt eindeutig beinhalten muss. Dem Auftragnehmer muss ausreichend Zeit gegeben werden, den Abnahmetermin seinerseits vorzubereiten. Dafür wird als Zeitraum mit der herrschenden Meinung eine Frist von 12 Werktagen i.S.d. § 12 Abs. 1 VOB/B als in der Regel ausreichend angesehen werden können.

91 Ein Recht des Auftragnehmers zur Bestimmung eines Abnahmetermins besteht nicht[67]. Ihm steht – nach erfolgter Mahnung – allerdings das Recht zu, dem Auftraggeber eine Frist – die in der Regel ebenfalls an § 12 Abs. 1 VOB/B zu messen sein wird – zur Abnahme zu setzen. Verstreicht eine solche Frist fruchtlos, wird der Auftraggeber so gestellt, als sei die Abnahme durchgeführt worden[68].

---

66 BGH, BauR 1979, S. 56.
67 Franke, Kemper, Zanner, Grünhagen-Zanner, § 12 VOB/B Rn. 111; Heiermann, Riedl, Rusam-Riedl, § 12 Rn. 35b.
68 Heiermann, Riedl, Rusam-Riedl, § 12 Rn. 37b.

Formulierungsvorschlag für eine Aufforderung zur förmlichen Abnahme: 92

Maurerbetrieb
Egon Lotrecht
98765 Wandhausen
[Datum]

Behörde für städtisches Bauen

Herrn Oberbaurat Meyer

Mauerstraße 4711

12345 Hochbaustadt

Bauvorhaben Stadtmauer

Sehr geehrter Herr Meyer,

mit Datum vom ... hatte ich Ihnen mitgeteilt, dass ich die o. a. Leistung fertig gestellt habe, und Sie aufgefordert, die Leistung förmlich abzunehmen sowie sich mit mir zwecks Festlegung eines Abnahmetermins in Verbindung zu setzen.

Dies ist bis heute – auch nach erfolgter Mahnung am ... [Datum] – nicht geschehen.

Ich fordere Sie deshalb auf, die förmliche Abnahme bis zum ... [Fristsetzung kann sich an der Frist des § 12 Abs. 1 VOB/B orientieren] durchzuführen.

Mit freundlichen Grüßen

Lotrecht

b. Abnahmeverhandlung

Die förmliche Abnahme, deren Ziel in einer gemeinsamen Feststellung der Abnahmeergebnisse und einer insoweit erzielten Übereinstimmung zwischen den Vertragsparteien besteht, setzt im Idealfall die Anwesenheit der Vertragsparteien voraus. Da dies nicht immer möglich ist, etwa weil der Auftragnehmer sich ohne wichtigen Grund weigert, am Abnahmetermin teilzunehmen, eröffnet § 12 Abs. 4 Nr. 2 Satz 1 VOB/B die Möglichkeit, die förmliche Abnahme in Abwesenheit des Auftragnehmers durchzuführen[69]. Voraussetzung dafür ist, dass ein gemeinsamer Abnahmetermin vereinbart worden war oder der Auftraggeber eine rechtzeitige und ausreichende einseitige Fristbestimmung erklärt hat. Der Auftraggeber hat dem Auftragnehmer in diesem Falle das Ergebnis der einseitigen förmlichen Abnahme alsbald – in der Frist des § 12 Abs. 1 VOB/B[70] – mitzuteilen (§ 12 Abs. 4 Nr. 2 Satz 2 VOB/B). Mit Eingang der Mitteilung beim Auftragnehmer gilt die Abnahme als durchgeführt. Die Mitteilung tritt an die Stelle der Abnahmeniederschrift und muss sämtliche dort vorgesehenen Inhalte – insbesondere die Vorbehalte wegen bekannter Mängel und Vertragsstrafen (§ 12 Abs. 4 Nr. 1 Satz 3 VOB/B) – beinhalten[71]. 93

Ist der Auftraggeber trotz Terminfestlegung nicht anwesend, darf der Auftragnehmer die Leistung nicht einseitig förmlich abnehmen, der Auftraggeber gerät vielmehr in Annahme- und Schuldnerverzug. Der Auftragnehmer kann dem Auftraggeber eine angemessene Frist (12 Werktage) zur Abnahme setzen (§ 640 Abs. 1 Satz 3 BGB, § 12 Abs. 1 VOB/B) und nach fruchtlosem Ablauf der Frist die Abnahmefolgen herbeiführen. Insoweit kann er versuchen, durch eine Fertigstellungsanzeige die fiktive Abnahme herbeizuführen. 94

---

69 Liegt die fehlende Teilnahme des Auftragnehmers in einem wichtigen Grund begründet, darf eine Abnahme in Abwesenheit des Auftragnehmers nicht erfolgen (Franke, Kemper, Zanner, Grünhagen-Zanner, § 12 VOB/B Rn. 125); der Auftragnehmer muss den wichtigen Grund unverzüglich mitteilen.

70 Franke, Kemper, Zanner, Grünhagen-Zanner, § 12 VOB/B Rn. 125.

71 Ebd.

c. Abnahmeprotokoll

95 Der Abnahmebefund ist in einer gemeinsamen Verhandlung in Anwesenheit der Vertragsparteien oder ihrer insoweit besonders bevollmächtigten Vertreter schriftlich niederzulegen (§ 12 Abs. 4 Nr. 1 Satz 2 VOB/B). Zu diesem Zweck müssen die Parteien über den Inhalt des Abnahmeprotokolls Einigung erzielen, wollen sie verhindern, dass die Vermutung für seine Richtigkeit und die Vollständigkeit später in Zweifel gezogen wird.

96 ***CHECKLISTE ABNAHMEPROTOKOLL***

Inhalt eines Abnahmeprotokolls:

- ☐ *Bezeichnung des Auftraggebers und des Auftragnehmers sowie Benennung des Vertrages;*
- ☐ *Bezeichnung der Maßnahme, die Gegenstand der Abnahme ist, Objekt, ggf. Bauabschnitt bzw. Gewerk;*
- ☐ *Hinweis darauf, ob eine vollständige Abnahme (Endabnahme) oder eine Teilabnahme erfolgt;*
- ☐ *Tag und Ort der Abnahmeverhandlung;*
- ☐ *Benennung der Vertragsfristen; ggf. Fristüberschreitung;*
- ☐ *Teilnehmer an der Abnahmeverhandlung;*
- ☐ *Mängelauflistung und Beseitigungsfrist, sofern keine Abnahmeverweigerung wegen wesentlicher Mängel erfolgt und dies niedergeschrieben wird;*
- ☐ *Vorbehalte wegen bekannter Mängel und Vertragsstrafe;*
- ☐ *weitere Erklärungen der Parteien, wie z.B. Einwendungen des Auftragnehmers;*
- ☐ *Datum und Unterschrift des Auftraggebers und des Auftragnehmers.*

97 ***Praxistipp:***

Der Vorbehalt wegen bekannter Mängel und Vertragsstrafen ist in das Abnahmeprotokoll aufzunehmen.

98 Das Abnahmeprotokoll ist nach Fertigung des Inhalts zu unterzeichnen. Die Unterschrift ist nach herrschender Meinung Teil der förmlichen Abnahme[72], sie ist allerdings keine Wirksamkeitsvoraussetzung[73].

99 Die Unterschriftsleistung wird auch dann noch als Teil der förmlichen Abnahme angesehen, wenn die Abnahmeniederschrift und Übersendung derselben nach der gemeinsamen Baustellenbegehung erfolgt und beides in engem zeitlichem Zusammenhang steht[74]. Bis zur Unterschriftsleistung können in das Abnahmeprotokoll Erklärungen – wie insbesondere die Vorbehaltserklärungen – niedergeschrieben werden.

100 Mit der Unterschriftsleistung geben die Vertragsparteien kein Anerkenntnis der Richtigkeit der im Abnahmeprotokoll enthaltenen Erklärungen ab; dem Auftragnehmer ist es allerdings im Rahmen seiner Einwendungen unbenommen, klarzustellen, dass er mit seiner Unterschrift weder die aufgeführten Mängel noch die Vertragsstrafe anerkennt bzw. deren Vorhandensein oder seine Verursachung für deren Entstehung bestreitet. Mit dem unterzeichneten Protokoll wird lediglich der Nachweis für den Ablauf des Abnahmetermins dokumentiert. Vorsicht ist allerdings im Hinblick auf die Aufnahme des Ablaufs der Gewährleistungsfrist in das Abnahmeprotokoll geboten. Weicht die dort individuell angegebene Frist von der gesetzlichen oder

72 BGH, BauR 1974. S. 206; Franke, Kemper, Zanner, Grünhagen-Zanner, § 12 VOB/B Rn. 111.
73 Franke, Kemper, Zanner, Grünhagen-Zanner, § 12 VOB/B Rn. 122; Heiermann, Riedl, Rusam-Riedl, § 12 Rn. 38b.
74 BGH, BauR 1974, S. 206.

vertraglich vereinbarten Frist ab, ist die im Abnahmeprotokoll bezeichnete Frist maßgeblich, wenn beide Parteien das Abnahmeprotokoll unterschrieben haben[75].

Praxistipp: **101**

Dem Auftragnehmer steht kein Recht zu, seine Unterschrift mit dem Hinweis zu verweigern, er erkenne die im Abnahmeprotokoll vorbehaltenen Mängel sowie den Vertragsstrafenanspruch nicht an. Er darf dies im Protokoll aber klarstellen.

Gibt der Auftragnehmer keinen Grund dafür an, dass er die Abnahme als solche in Frage stellt, verweigert er aber dennoch seine Unterschrift unter das Abnahmeprotokoll, treten die Abnahmewirkungen gleichwohl ein[76]. **102**

Jede Vertragspartei besitzt einen Anspruch auf eine Ausfertigung des Abnahmeprotokolls (§ 12 Abs. 4 Nr. 1 Satz 5 VOB/B). **103**

d. Zuziehung von Sachverständigen

§ 12 Abs. 4 Satz 2 VOB/B eröffnet jeder Vertragspartei die Möglichkeit, zur förmlichen Abnahme auf eigene Kosten einen Sachverständigen – dem der Zutritt zur Baustelle zu gewähren ist – zur Unterstützung hinzuzuziehen. **104**

Trifft der Sachverständige Feststellungen, entfalten diese für die andere Vertragspartei keine Verbindlichkeit. Der Sachverständige ist nämlich nicht Vertreter der Partei, die ihn beauftragt hat. Deshalb sind seine Erklärungen nicht der Vertragspartei zuzurechnen und können diese auch nicht verpflichten. Für den Fall, dass der Sachverständige dennoch Erklärungen – etwa dahin gehend, die Leistung sei vorbehaltlich geringfügiger Mängel abgenommen – abgibt, ist darin mangels Zurechnung keine Abnahme zu sehen. Gleichwohl muss der Auftraggeber einer solchen Erklärung unverzüglich – also ohne schuldhaftes Zögern – widersprechen, da er anderenfalls die Erklärungen als stillschweigende Abnahme gegen sich gelten lassen müsste[77]. **105**

V. Fiktive Abnahme

1. Allgemeines

Die fiktive Abnahme bewirkt die Abnahmefolge, unabhängig davon, ob der Auftraggeber – wie bei der konkludenten Abnahme – einen Abnahmewillen hat. Sie ist – sofern die Abnahmereife des Werkes vorhanden und eine fiktive Abnahme nicht ausgeschlossen ist oder eine andere Abnahme verlangt wurde – ausschließlich von einem bestimmten Verhalten des Auftraggebers abhängig. **106**

Sofern keine andere Abnahme verlangt wird, gilt – beim VOB/B-Vertrag – die Leistung als abgenommen **107**

- mit Ablauf von 12 Werktagen nach schriftlicher Mitteilung über die Fertigstellung der Leistung (§ 12 Abs. 5 Nr. 1) oder
- nach Ablauf von 6 Werktagen, nachdem der Auftraggeber die Leistung oder einen Teil der Leistung in Benutzung genommen hat, sofern nichts anderes vereinbart ist (§ 12 Abs. 5 Nr. 2 VOB/B).

Auch das BGB kennt die fiktive Abnahme (vgl. dazu oben Rn. 52, 53). **108**

75 OLG Braunschweig IBR 2013, 140.
76 Franke, Kemper, Zanner, Grünhagen-Zanner, § 12 VOB/B Rn. 122; Heiermann, Riedl, Rusam-Riedl, § 12 Rn. 38b.
77 BGH, BauR 1992, S. 232.

2. Ausschluss der fiktiven Abnahme

109 Ausgeschlossen ist die fiktive Abnahme, wenn

- die Leistung nicht fertig gestellt oder nicht abnahmereif (§ 12 Abs. 3 VOB/B) ist[78]; eine fiktive Abnahme scheidet somit aus, wenn der Auftraggeber die Abnahme wegen wesentlicher Mängel zu Recht verweigert[79];
- die fiktive Abnahme vertraglich – auch durch Besondere Vertragsbedingungen bzw. Zusätzliche Vertragsbedingungen – ausgeschlossen worden ist[80]; das muss nicht ausdrücklich geschehen: So kann eine solche Vereinbarung auch darin liegen, dass die Parteien eine Abnahme in einem gemeinsamen Ortstermin festgelegt haben[81] oder die Leistung vom Auftraggeber oder seinem Bevollmächtigten schriftlich abgenommen werden soll[82];
- der Auftraggeber eine förmliche oder eine andere Abnahme innerhalb der in § 12 Abs. 5 Nr. 1 bzw. Nr. 2 VOB/B genannten Fristen verlangt (§ 12 Abs. 5 Nr. 1 und 2 VOB/B: „Wird keine andere Abnahme verlangt ...");
- der Vertrag zuvor gekündigt worden ist[83].

110 ***Praxistipp:***

Der Eintritt und die Rechtsfolgen einer fiktiven Abnahme können beim VOB/B- Vertrag durch ein rechtzeitiges Abnahmeverlangen innerhalb der Fristen des § 12 Abs. 5 Nr. 1 und 2 VOB/B vermieden werden.

78 Franke, Kemper, Zanner, Grünhagen-Zanner, § 12 VOB/B Rn. 127.
79 BGH, BauR 1979; S. 152.
80 BGH, BauR 1996, S. 386; Heiermann, Riedl, Rusam-Riedl, § 12 Rn. 40e.
81 BGH, SFH Z 2.331 Bl. 94.
82 Heiermann, Riedl, Rusam-Riedl, § 12 Rn. 40e; BGH, BauR 1996, S. 386.
83 BGH, BauR 2003, S. 689.

3. Formen der fiktiven Abnahme

111

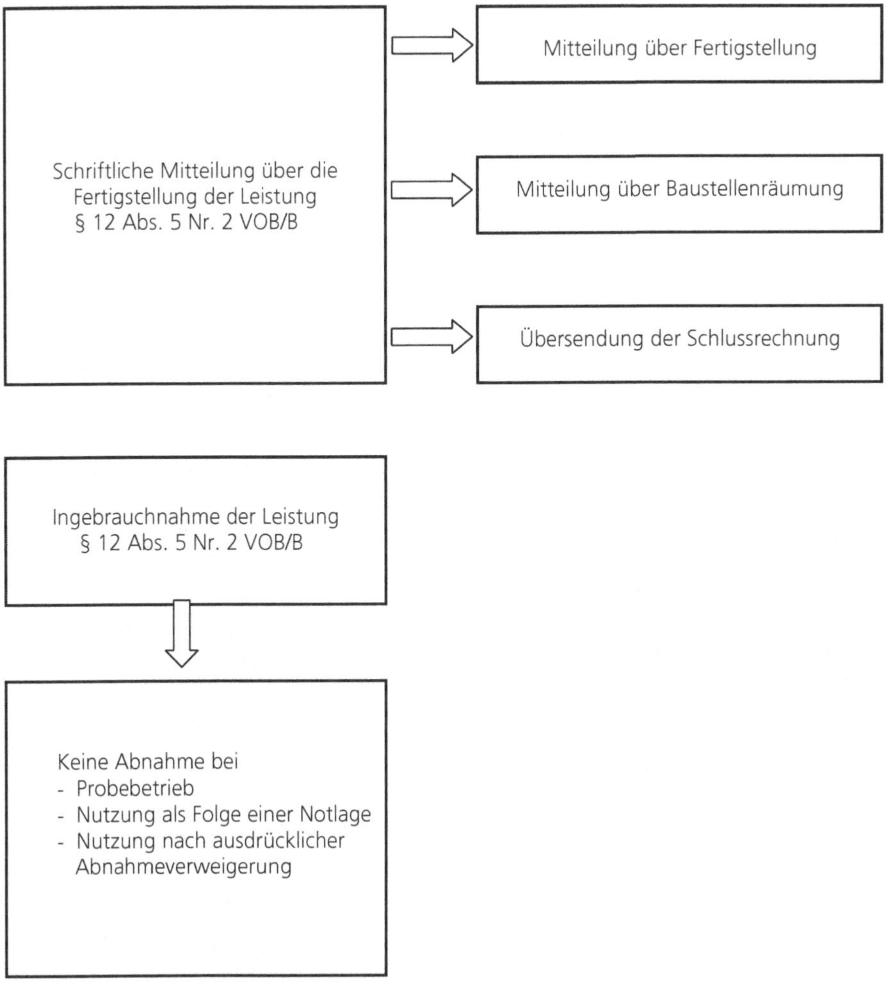

Abbildung 9: Formen der fiktiven Abnahme nach § 12 Abs. 5 VOB/B

4. Schriftliche Mitteilung über die Fertigstellung der Leistung

§ 12 Abs. 5 Nr. 1 VOB/B setzt voraus, dass der Auftragnehmer den Auftraggeber schriftlich **112**
über die Fertigstellung seiner Leistung informiert; eine mündliche Information reicht für die Abnahmefiktion nicht aus. Die Mitteilung muss gegenüber dem Auftraggeber oder einem insoweit ausdrücklich Bevollmächtigten erfolgen.

113 **Formulierungsvorschlag für eine Mitteilung über die Fertigstellung der Leistung:**

Maurerbetrieb
Egon Lotrecht
98765 Wandhausen

[Datum]

Behörde für städtisches Bauen
Herrn Oberbaurat Meyer
Mauerstraße 4711
12345 Hochbaustadt

Bauvorhaben Stadtmauer

Sehr geehrter Herr Meyer,

hiermit teile ich Ihnen mit, dass ich die o. a. Bauleistung fertig gestellt habe.

Mit freundlichen Grüßen

Lotrecht

114 Die Fertigstellungsmitteilung ist in der Praxis aber keinesfalls immer so eindeutig, sondern kann auch „versteckt" erfolgen. Erforderlich ist nämlich nur, dass für den Auftraggeber zweifelsfrei erkennbar ist, dass der Auftragnehmer von der Fertigstellung seiner Leistung ausgeht[84].

115 So kann eine Fertigstellungsanzeige

- in der Übersendung der Schlussrechnung, mit der der Auftragnehmer die Leistung erkennbar abschließend abrechnen will[85] (insoweit kann auch eine als „Abschlagsrechnung" bezeichnete, aber offenkundig abschließende Rechnung ausreichend sein[86]),
- in der Mitteilung des Auftragnehmers, er habe die Baustelle wegen der Fertigstellung der Arbeiten geräumt (Baustellenräumung),

liegen.

116 **Formulierungsvorschlag für „versteckte" Fertigstellungsanzeige:**

Maurerbetrieb
Egon Lotrecht
98765 Wandhausen

[Datum]

Behörde für städtisches Bauen
Herrn Oberbaurat Meyer
Mauerstraße 4711
12345 Hochbaustadt

Bauvorhaben Stadtmauer

Sehr geehrter Herr Meyer,

in der obigen Angelegenheit teile ich Ihnen mit, dass ich die Baustelle am … [Datum] nach Beendigung meiner Arbeiten geräumt habe.

84 Franke, Kemper, Zanner, Grünhagen-Zanner, § 12 VOB/B Rn. 133.
85 BGH, BauR 1989, S. 602.
86 OLG Düsseldorf, BauR 1997, S. 843.

oder

in der obigen Angelegenheit übersende ich Ihnen mit der Bitte um Prüfung und Ausgleich – erforderlichenfalls des unbestrittenen Guthabens – gemäß § 16 Abs. 3 Nr. 1 VOB/B – gemäß meiner Forderung meine Schlussrechnung vom heutigen Tag.

Mit freundlichen Grüßen

Lotrecht

Will der Auftraggeber die Rechtsfolgen einer fiktiven Abnahme vermeiden, muss er seinerseits reagieren und innerhalb der Fristen des § 12 Abs. 5 Nr. 1 und 2 VOB/B z.B. eine förmliche Abnahme verlangen oder die Abnahme wegen wesentlicher Mängel verweigern. **117**

Reaktionen des Auftraggebers zur Vermeidung der Rechtsfolgen einer fiktiven Abnahme: **118**

Behörde für städtisches Bauen
Mauerstraße 4711
12345 Hochbaustadt

[Datum]

Maurerbetrieb
Egon Lotrecht
Ziegelgasse 12
98765 Wandhausen

Bauvorhaben Stadtmauer

Sehr geehrter Herr Lotrecht,

mit Datum vom ... haben Sie uns die Fertigstellung der obigen Bauleistung mitgeteilt.

oder

mit Datum vom ... haben Sie uns für die obige Bauleistung Ihre Schlussrechnung übersandt.

Wir verlangen die Durchführung einer förmlichen Abnahme und setzen als Abnahmetermin den ... [Datum], 10.00 Uhr, fest.

oder

Die Bauleistung weist folgende wesentliche Mängel auf *[ausführliche Beschreibung der Mängel]*. Aus diesem Grunde wird die Abnahme von uns bis zur Beseitigung der vorstehend benannten Mängel verweigert.

Wir fordern Sie auf, die Mängel zu beseitigen und uns über die durchgeführte Beseitigung zu informieren. Nach erfolgter Beseitigung der Mängel werden wir die Leistung im Wege einer förmlichen Abnahme abnehmen.

Mit freundlichen Grüßen

Meyer

Oberbaurat

119 Die Leistung gilt als abgenommen mit Ablauf von 12 Werktagen ab Zugang der schriftlichen Mitteilung über die Fertigstellung. Für die Berechnung des Zeitraumes gelten die §§ 187 ff. BGB.

Praxistipp:

Übersendet der Auftragnehmer in der Hoffnung, eine fiktive Abnahme bewirken zu können, eine Fertigstellungsmitteilung oder eine Schlussrechnung, muss der Auftraggeber innerhalb von 12 Werktagen reagieren und seinerseits entweder schriftlich eine förmliche Abnahme verlangen oder die Abnahme wegen wesentlicher Mängel verweigern. Die schriftliche Erklärung des Auftraggebers muss dem Auftragnehmer innerhalb der Frist zugehen.

5. Ingebrauchnahme der Leistung

120 § 12 Abs. 5 Nr. 2 VOB/B fingiert nach Ablauf von 6 Werktagen die Abnahme, nachdem der Auftraggeber die Leistung oder einen Teil der Leistung in Benutzung genommen hat.

121 Eine solche Ingebrauchnahme liegt z.B.

- im Einzug in ein Wohnhaus[87],
- im Aufstellen von Maschinen in einer Fabrikhalle[88],
- in einer Inbetriebnahme eines Funktionsbauwerks.

122 Keine Inbetriebnahme liegt vor bei

- einem Probebetrieb oder
- einer Nutzung als Folge einer Zwangslage, etwa zur Vermeidung von Mietausfällen oder drohender Obdachlosigkeit oder als Folge notwendiger Abwasserableitung,
- einer Nutzung der Leistung, nachdem der Auftraggeber die Abnahme der Leistung ausdrücklich verweigert hatte[89].

123 Da ein solches – auf einer Zwangslage beruhendes – Nutzungsinteresse seitens des Auftragnehmers erkennbar sein muss, ist dringend zu empfehlen, ihn darüber schriftlich zu informieren.

Praxistipp:

Muss der Auftraggeber eine Handlung vornehmen, die eine fiktive Abnahme nach sich zieht, sollte er den Auftragnehmer darüber informieren, dass dies aus einer (zu beschreibenden) Zwangslage heraus geschieht bzw. er die Abnahme wegen wesentlicher Mängel verweigert.

124 Eine die fiktive Abnahme auslösende Inbetriebnahme liegt ebenfalls nicht vor, wenn die Leistung nachfolgenden Unternehmern zur Weiterarbeit zur Verfügung gestellt wird[90].

6. Vorbehaltserklärung (§ 12 Abs. 3 Nr. 3 VOB/B)

125 Der Vorbehalt wegen bekannter Mängel oder wegen verwirkter Vertragsstrafen muss – sofern der Eintritt und die Rechtsfolge der fiktiven Abnahme durch das Verhalten des Auftraggebers nicht vermieden werden können – innerhalb der 12-Tage- bzw. 6-Tage-Frist erklärt werden. Anderenfalls sind die Ansprüche nicht mehr durchsetzbar.

---

87 BGH, BauR 1971, S. 126.
88 BGH, BauR 1975, S. 344.
89 OLG Frankfurt am Main, IBR 2004, S. 243; OLG Hamm IBR 1997, 449; LG Dessau-Roßlau IBR 2012, 1360.
90 Heiermann, Riedl, Rusam-Riedl, § 12.

Formulierungsvorschlag für eine Vorbehaltserklärung: 126

Behörde für städtisches Bauen
Mauerstraße 4711
12345 Hochbaustadt

[Datum]

Maurerbetrieb
Egon Lotrecht
Ziegelgasse 12
98765 Wandhausen

Bauvorhaben Stadtmauer

Sehr geehrter Herr Lotrecht,

mit Datum vom ... (Eingang bei uns am ...) haben Sie uns die Fertigstellung der obigen Bauleistung mitgeteilt.

oder

mit Datum vom ... (Eingang bei uns am ...) haben Sie uns für die obige Baumaßnahme Ihre Schlussrechnung übersandt.

Im Hinblick auf die nachstehend aufgeführten Mängel behalten wir uns die Mängelansprüche vor und fordern Sie auf, die Mängel unverzüglich, spätestens jedoch bis zum ... [Datum] zu beseitigen.

Mängelauflistung:

... *[hier konkrete Beschreibung der Mängel]*

Außerdem werden wir die vertraglich vereinbarte und wegen schuldhafter Überschreitung des Fertigstellungstermins verwirkte Vertragsstrafe geltend machen.

Mit freundlichen Grüßen

Meyer

Oberbaurat

VI. Teilabnahme (§ 12 Abs. 2)

§ 12 Abs. 2 VOB/B ermöglicht es dem Auftragnehmer sowie richtigerweise auch dem Auftraggeber[91], die Abnahme eines Teils einer beauftragten Gesamtleistung zu verlangen. Voraussetzung für eine solche – echte – Teilabnahme ist, dass sie sich auf „in sich abgeschlossene Teile der Leistung" derselben Baumaßnahme[92] erstreckt. Das bedeutet, dass der Teilleistung als abtrennbarer Teil der Gesamtleistung eine eigenständige Gebrauchsfähigkeit zukommen muss. 127

Eine solche Teilleistung kann sich beispielsweise beziehen auf fertig gestellte 128

- Heizungsanlagen oder andere Gewerke,
- sanitäre Einrichtungen in einzelnen Wohnungen eines Gebäudes[93] oder
- einzelne von mehreren zu errichtenden Häusern[94].

Nicht teilabnahmefähig sind dagegen die einzelnen Geschosse eines Bauwerkes, sofern sie – was den Regelfall darstellt – für sich genommen nicht gebrauchsfähig sind. 129

91 So richtigerweise Oppler, in: Ingenstau/Korbion, § 12 Abs. 2 VOB/B Rn. 5 mit dem Hinweis, dass der Auftraggeber eine solche Teilabnahme auf der Grundlage seines Anordnungsrechtes nach § 4 Abs. 1 Nr. 2 VOB/B verlangen kann.

92 BGH, BauR 1974, S. 63; eine Teilabnahme kommt nicht in Betracht, wenn im Hinblick auf die Leistung Einzelverträge abgeschlossen worden sind und für diese jeweils eine Gesamtabnahme stattzufinden hat.

93 BGH, BauR 1997, S. 423; BGH, BauR 1997, S. 159.

94 Heiermann, Riedl, Rusam-Riedl, § 12 Rn. 28.

130 Für die Teilabnahme kommen sämtliche Abnahmearten in Betracht. Bei der fiktiven Abnahme gilt dies nach h. M. allerdings nur für die Ingebrauchnahme der Leistung (§ 12 Abs. 5 Nr. 2 VOB/B)[95].

131 **Formulierungsvorschlag für eine Aufforderung zur Teilabnahme durch den Auftragnehmer:**

Egon Lotrecht
Heizung – Sanitär
98765 Wandhausen

[Datum]

Behörde für städtisches Bauen
Herrn Oberbaurat Meyer
Mauerstraße 4711
12345 Hochbaustadt

Bauvorhaben Rathaus (Heizungs- und Sanitärinstallationen)

Sehr geehrter Herr Meyer,

in der obigen Angelegenheit habe ich das Gewerk „Heizungsinstallation" fertig gestellt und fordere Sie auf, diese Teilleistung gemäß § 12 Abs. 2 VOB/B förmlich abzunehmen. Als Abnahmetermin schlage ich den … [Datum], 10.00 Uhr vor.

Mit freundlichen Grüßen

Lotrecht

132 Eine Teilabnahme erzeugt – anders als die sogenannte Zustandsfeststellung nach § 4 Abs. 10 VOB/B – die gleichen Rechtsfolgen wie eine Gesamtabnahme[96]. Die Fälligkeit der Vergütung bezieht sich auf die Teilleistung. Auch bedarf es eines Vorbehalts im Hinblick auf bekannte Mängel sowie der Vertragsstrafe, sofern diese die Teilleistung erfasst. Die Mängelansprüche richten sich für die Teilleistung nach § 13 Abs. 5 ff. VOB/B mit der Folge, dass bei mehreren zeitlich auseinanderfallenden Teilabnahmen unterschiedliche Verjährungsfristen zu beachten sind.

133 Keine Teilabnahme liegt vor, wenn vor Beendigung der Gesamtleistung der Vertrag gekündigt oder einvernehmlich aufgehoben worden ist. Da mit der Kündigung die Leistungspflicht des Auftragnehmers endet, handelt es sich bei dieser Abnahme um eine Gesamtabnahme der bis zu dem Zeitpunkt der Kündigung oder einvernehmlichen Vertragsaufhebung fertig gestellten Leistung.

134 Mit der rechtsgeschäftlichen Abnahme, also der Billigung der Leistung als im Wesentlichen vertragsgerecht, treten – auch in den Fällen, in denen eine Abnahme unter Mängelvorbehalten erfolgt, sowie auch im Falle einer unberechtigten Abnahmeverweigerung – nachstehende Rechtsfolgen ein:

- Umwandlung des Erfüllungs- in das Mängelanspruchsstadium,
- Beginn der Verjährungsfrist für die Mängelansprüche,
- Gefahrübergang (Vergütungs- und Leistungsgefahr) auf den Auftraggeber,
- Beweislastumkehr für das Vorhandensein von Mängeln,
- Fälligkeit des Vergütungsanspruchs,
- Verlust von Mängelbeseitigungsansprüchen bei bekannten Mängeln und Vertragsstrafeansprüchen bei fehlendem Vorbehalt.

---

95 Ebd., Rn. 28b.
96 BGHZ 50, S. 160; zur Zustandsfeststellung i.S.d. § 4 Abs. 10 VOB/B vgl. dort Rn. 157 f.

F. Rechtsfolgen der Abnahme

I. Allgemeines

135

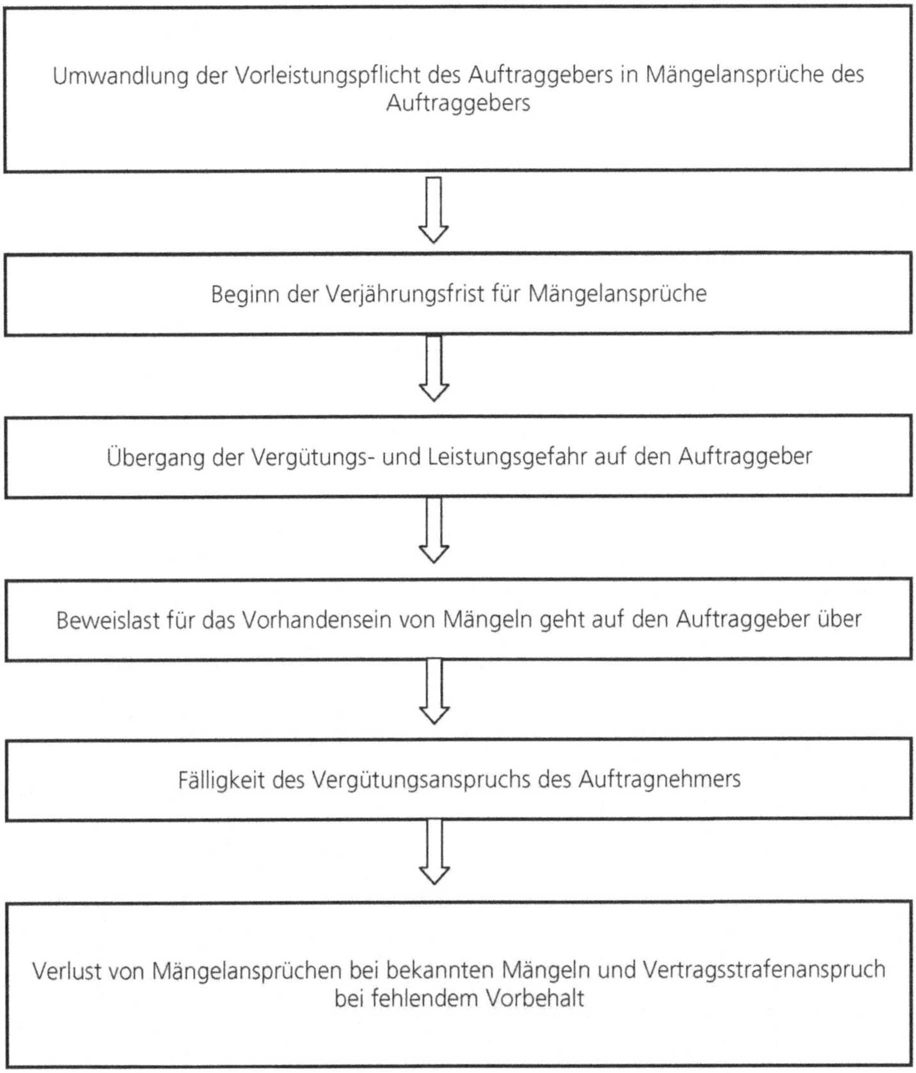

Abbildung 10: Rechtsfolgen der Abnahme

II. Umwandlung des Erfüllungs- in das Mängelanspruchsstadium

Die Vorleistungspflicht des Auftragnehmers endet. Der Anspruch des Auftraggebers auf Erfüllung des Vertrages endet und beschränkt sich auf die abgeschlossene Leistung. Der Erfüllungsanspruch wandelt sich in einen Mängelbeseitigungsanspruch um. Dieser richtet sich ab diesem Zeitpunkt nicht mehr nach § 4 Abs. 7 VOB/B, sondern nach § 13 Abs. 5 VOB/B, es sei denn, der Auftraggeber verweigert die Abnahme wegen wesentlicher Mängel (§ 12 Abs. 2 VOB/B). Dies gilt für alle innerhalb der Mängelverjährungsfrist auftretenden wie auch bei der Abnahme festgestellten und vorbehaltenen Mängel, aber auch für die Leistungen, die zum 136

Zeitpunkt der Abnahme noch nicht erfüllt waren (Restleistungen): Deren Fertigstellung richtet sich nach erfolgter Abnahme ebenfalls nach § 13 Abs. 5 VOB/B.

137 Die Beseitigung von Mängeln, die sich bereits vor der Abnahme gezeigt haben, kann der Auftraggeber, wenn er deren Beseitigung nicht mit Erfolg durchgesetzt hat, nach der Abnahme unter den Voraussetzungen des § 13 Abs. 5 VOB/B durchsetzen. Er muss sich diese Mängel aber bei der Abnahme vorbehalten, will er den Mängelbeseitigungs- sowie den Minderungsanspruch nicht verlieren.

138

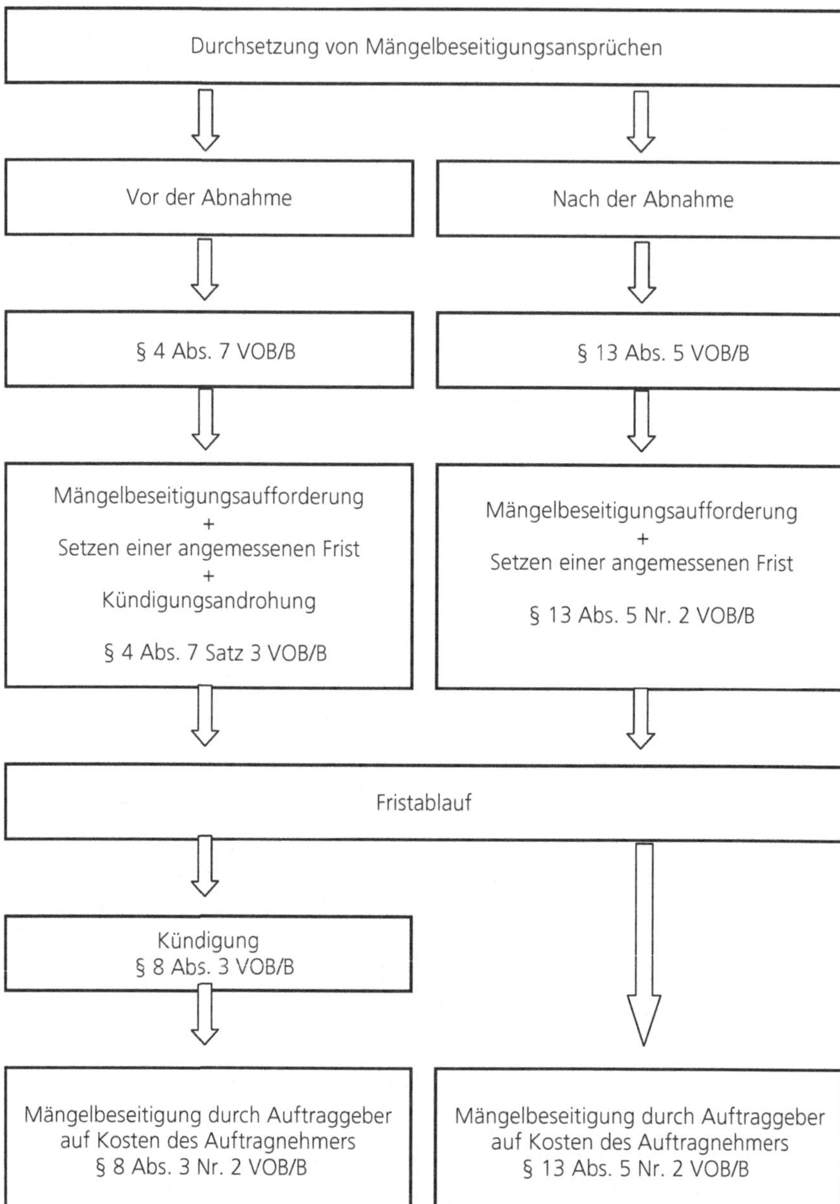

Abbildung 11: Mängelbeseitigungsansprüche vor und nach der Abnahme

III. Beginn der Verjährungsfrist für die Mängelansprüche

Mit dem Zeitpunkt der Abnahme beginnt die Verjährungsfrist für nicht bekannte bzw. bei der Abnahme vorbehaltene bekannte Mängelansprüche (§ 13 VOB/B) zu laufen (§ 13 Abs. 4 Nr. 3 VOB/B, § 634a Abs. 2 BGB). **139**

IV. Gefahrübergang (Vergütungs- und Leistungsgefahr) auf den Auftraggeber

Vor der Abnahme richtet sich die Gefahrtragung nach §§ 644, 645 BGB. Die Vergütungsgefahr liegt – mit der Ausnahme des § 645 BGB bei zufälligem Untergang bzw. einer zufälligen Verschlechterung eines vom Auftraggeber gelieferten Werkstoffes – ausschließlich beim Auftragnehmer. Bei Vereinbarung der VOB/B ermöglicht § 7 VOB/B allerdings unter den dort genannten Voraussetzungen bereits vor der Abnahme einen Gefahrübergang (Vergütungsgefahr) auf den Auftraggeber. **140**

Mit der Abnahme dagegen gehen sowohl die Leistungs- als auch die Vergütungsgefahr auf den Auftraggeber über (§ 12 Abs. 6 VOB/B). Der Auftragnehmer trägt ab diesem Zeitpunkt nicht mehr die Gefahr der Neuherstellung (Leistungsgefahr), wenn seine Bauleistung sich verschlechtert oder untergeht; er muss ab dem Zeitpunkt der Abnahme die zerstörte Leistung nicht wiederherstellen. Auch geht die Gefahr, dass der Auftragnehmer für eine Neuherstellung des Werkes bei einem zufälligen Untergang keine Vergütung erhält (Vergütungsgefahr) – welche allerdings bei einem VOB/B-Vertrag auch bereits vor der Abnahme zugunsten des Auftragnehmers relativiert wird – auf den Auftraggeber über. **141**

V. Beweislastumkehr für das Vorhandensein von Mängeln

Die Beweislast für das Vorhandensein von Mängeln wird umgekehrt. Vor der Abnahme muss der Auftragnehmer beweisen, dass die Leistung mangelfrei ist. Nach der Abnahme muss der Auftraggeber den Nachweis führen, dass die Leistung mangelhaft ist und der Mangel bei der Abnahme begründet war. Ist ein Mangel allerdings bei der Abnahme – etwa im Abnahmeprotokoll bei der förmlichen Abnahme – gerügt und vorbehalten worden, verbleibt es bei der Beweispflicht des Auftragnehmers[97]. **142**

VI. Fälligkeit des Vergütungsanspruchs

Die Abnahme stellt – neben der Einreichung einer prüffähigen Schlussrechnung und einer Prüfungsfrist von zwei Monaten (§ 16 Abs. 3 Nr. 1 VOB/B) – eine Fälligkeitsvoraussetzung für den Vergütungsanspruch des Auftragnehmers dar (§ 641 Abs. 1 BGB); dies gilt nicht für den Fall, dass der Vertrag bereits gekündigt worden ist. Ist die Schlussrechnung bereits vor der Abnahme vorgelegt worden, entsteht die Fälligkeit unter Berücksichtigung der Prüfungsfrist ebenfalls erst bei der Abnahme. **143**

Ist die VOB/B nicht vereinbart, fallen der Fälligkeitszeitpunkt und der Abnahmezeitpunkt zusammen. Die Erteilung einer prüffähigen Schlussrechnung ist dafür dann keine Voraussetzung (§ 641 Abs. 1 BGB).

97 BGH, BauR 1997, S. 129; a.A. OLG Hamburg, IBR 1998, S. 229.

144 ***Beispiel:***

Fälligkeit des Vergütungsanspruchs beim VOB/B-Vertrag

Abnahme	*Einreichung Schlussrechnung*	*Fälligkeit*
7.6.2010	*5.3.2010*	*7.6.2010*
7.6.2010	*5.5.2010*	*5.7.2010*
7.6.2010	*1.7.2010*	*1.9.2010*
7.6.2010	*1.12.2010*	*1.2.2011*

145 ***Beispiel:***

Fälligkeit des Vergütungsanspruchs beim BGB-Vertrag

Abnahme	*Einreichung Schlussrechnung*	*Fälligkeit*
7.11.2010	*12.4.2012*	*7.11.2010*
7.11.2009	*12.4.2012*	*7.11.2009*

146 Die Verjährungsfrist für den Vergütungsanspruch des Auftragnehmers (drei Jahre: § 195 BGB) beginnt mit dem Schluss des Jahres zu laufen, in welches die Fälligkeit fällt (§ 199 Abs. 1 BGB).

147 ***Beispiel:***

Verjährungsablauf beim VOB/B-Vertrag

Fälligkeit	*Verjährungsbeginn*	*Verjährungseintritt*
8.6.2010	*1.1.2011*	*31.12.2013*
2.2.2011	*1.1.2012*	*31.12.2014*

148 ***Beispiel:***

Verjährungsablauf beim BGB-Vertrag

Fälligkeit	*Verjährungsbeginn*	*Verjährungseintritt*
7.11.2010	*1.1.2011*	*31.12.2013*
7.11.2009	*1.1.2010*	*31.12.2012*

VII. Verlust von Mängelbeseitigungsansprüchen bei bekannten Mängeln und Vertragsstrafeansprüchen bei fehlendem Vorbehalt

149 Der Mängelbeseitigungsanspruch bezüglich der bei der Abnahme bekannten und bei der Abnahme erkannten und nicht vorbehaltenen Mängel erlischt ebenso wie der Anspruch auf eine verwirkte Vertragsstrafe, deren Geltendmachung der Auftraggeber sich bei der Abnahme nicht vorbehalten hat.

G. Abnahme nach gekündigtem Bauvertrag

Obwohl der Vergütungsanspruch ohne Abnahme fällig wird, wenn der Vertrag zuvor gekündigt worden ist (vgl. dazu oben Rn. 144), bedeutet dies nicht, dass die Durchführung einer Abnahme entbehrlich wäre. Ziel der Abnahme ist auch hier nämlich die Billigung der erbrachten Leistung als im Wesentlichen vertragsgerecht. In Betracht kommen alle Abnahmearten sowie alle Einwendungen des Auftraggebers. Ausgeschlossen ist lediglich die fiktive Abnahme (vgl. dazu oben Rn. 106). Die Rechtsfolgen der Abnahme entsprechen – außer der Fälligkeit des Vergütungsanspruchs – denjenigen einer Abnahme ohne eine vorherige Kündigung des Vertrages, insbesondere wird dadurch erst der Beginn der Verjährungsfrist für die Mängelansprüche festgestellt[98]. Durch die Abnahme lässt sich aber auch feststellen, ob die bis zum Zeitpunkt der Kündigung erbrachte Leistung mängelfrei ist, bevor ein Dritter die Leistung fertig stellt. **150**

Gemäß § 8 Abs. 6 VOB/B kann der Auftragnehmer die Abnahme – wie auch die Durchführung eines gemeinsamen Aufmaßes – verlangen. Dies sollte innerhalb angemessener Frist – in Anlehnung an § 12 Abs. 1 VOB/B innerhalb von 12 Werktagen nach Zugang der Kündigung – geschehen. Die Abnahme kann aber auch durch den Auftraggeber – etwa im Sinne des Verlangens einer förmlichen Abnahme – bewirkt werden, da dieser im Hinblick auf die Fortführung der Arbeiten ein Interesse an einem zeitnahen Abnahmetermin haben dürfte. **151**

Praxistipp: **152**

Auch nach einer Kündigung des Vertrages ist es erforderlich, eine Abnahme der bis zur Kündigung erbrachten Leistungen durchzuführen.

H. Anfechtung der Abnahme

Die Abnahmeerklärung kann – obwohl sie eine rechtsgeschäftliche Willenserklärung ist – nach h. M. nicht wegen Irrtums gemäß § 119 BGB oder arglistiger Täuschung gemäß § 123 BGB angefochten werden[99]. Grund dafür ist, dass die in § 13 VOB/B geregelten und nach der Abnahme zur Anwendung gelangenden (vgl. insoweit oben Rn. 136 ff.) Mängelanspruchsrechte vorrangig sind und der Auftraggeber insoweit ausreichend geschützt ist. Eine Anfechtung der Abnahmeerklärung als Folge widerrechtlicher Drohung gemäß § 123 BGB ist allerdings möglich[100]. Macht z.B. der Auftragnehmer die Übergabe des Bauwerks davon abhängig, dass der Auftraggeber die bisherigen Rechnungen anerkennt, wird darin eine widerrechtliche Drohung zu sehen sein[101]. **153**

98 BGH, IBR 2003, S. 191.
99 Heiermann, Riedl, Rusam-Riedl, § 12 Rn. 5e.
100 BGH, BauR 1983, S. 77; Franke, Kemper, Zanner, Grünhagen-Zanner, § 12 VOB/B Rn. 10; Heiermann, Riedl, Rusam-Riedl, § 12 Rn. 5e.
101 BGH, BauR 1982, S. 503.

§ 13 VOB/B
Mängelansprüche

(1) Der Auftragnehmer hat dem Auftraggeber seine Leistung zum Zeitpunkt der Abnahme frei von Sachmängeln zu verschaffen. Die Leistung ist zur Zeit der Abnahme frei von Sachmängeln, wenn sie die vereinbarte Beschaffenheit hat und den anerkannten Regeln der Technik entspricht. Ist die Beschaffenheit nicht vereinbart, so ist die Leistung zur Zeit der Abnahme frei von Sachmängeln,

1. wenn sie sich für die nach dem Vertrag vorausgesetzte, sonst
2. für die gewöhnliche Verwendung eignet und eine Beschaffenheit aufweist, die bei Werken der gleichen Art üblich ist und die der Auftraggeber nach der Art der Leistung erwarten kann.

(2) Bei Leistungen nach Probe gelten die Eigenschaften der Probe als vereinbarte Beschaffenheit, soweit nicht Abweichungen nach der Verkehrssitte als bedeutungslos anzusehen sind. Dies gilt auch für Proben, die erst nach Vertragsabschluss als solche anerkannt sind.

(3) Ist ein Mangel zurückzuführen auf die Leistungsbeschreibung oder auf Anordnungen des Auftraggebers, auf die von diesem gelieferten oder vorgeschriebenen Stoffe oder Bauteile oder die Beschaffenheit der Vorleistung eines anderen Unternehmers, haftet der Auftragnehmer, es sei denn, er hat die ihm nach § 4 Absatz 3 obliegende Mitteilung gemacht.

(4) 1. Ist für Mängelansprüche keine Verjährungsfrist im Vertrag vereinbart, so beträgt sie für Bauwerke 4 Jahre, für andere Werke, deren Erfolg in der Herstellung, Wartung oder Veränderung einer Sache besteht, und für die vom Feuer berührten Teile von Feuerungsanlagen 2 Jahre. Abweichend von Satz 1 beträgt die Verjährungsfrist für feuerberührte und abgasdämmende Teile von industriellen Feuerungsanlagen 1 Jahr.

2. Ist für Teile von maschinellen und elektrotechnischen/elektronischen Anlagen, bei denen die Wartung Einfluss auf Sicherheit und Funktionsfähigkeit hat, nichts anderes vereinbart, beträgt für diese Anlagenteile die Verjährungsfrist für Mängelansprüche abweichend von Nummer 1 zwei Jahre, wenn der Auftraggeber sich dafür entschieden hat, dem Auftragnehmer die Wartung für die Dauer der Verjährungsfrist nicht zu übertragen; dies gilt auch, wenn für weitere Leistungen eine andere Verjährungsfrist vereinbart ist.

3. Die Frist beginnt mit der Abnahme der gesamten Leistung; nur für in sich abgeschlossene Teile der Leistung beginnt sie mit der Teilabnahme (§ 12 Absatz 2).

(5) 1. Der Auftragnehmer ist verpflichtet, alle während der Verjährungsfrist hervortretenden Mängel, die auf vertragswidrige Leistung zurückzuführen sind, auf seine Kosten zu beseitigen, wenn es der Auftraggeber vor Ablauf der Frist schriftlich verlangt. Der Anspruch auf Beseitigung der gerügten Mängel verjährt in 2 Jahren, gerechnet vom Zugang des schriftlichen Verlangens an, jedoch nicht vor Ablauf der Regelfristen nach Absatz 4 oder der an ihrer Stelle vereinbarten Frist. Nach Abnahme der Mängelbeseitigungsleistung beginnt für diese Leistung eine Verjährungsfrist von 2 Jahren neu, die jedoch nicht vor Ablauf der Regelfristen nach Absatz 4 oder der an ihrer Stelle vereinbarten Frist endet.

2. Kommt der Auftragnehmer der Aufforderung zur Mängelbeseitigung in einer vom Auftraggeber gesetzten angemessenen Frist nicht nach, so kann der Auftraggeber die Mängel auf Kosten des Auftragnehmers beseitigen lassen.

(6) Ist die Beseitigung des Mangels für den Auftraggeber unzumutbar oder ist sie unmöglich oder würde sie einen unverhältnismäßig hohen Aufwand erfordern und wird sie deshalb vom Auftragnehmer verweigert, so kann der Auftraggeber durch Erklärung gegenüber dem Auftragnehmer die Vergütung mindern (§ 638 BGB).

(7) 1. Der Auftragnehmer haftet bei schuldhaft verursachten Mängeln für Schäden aus der Verletzung des Lebens, des Körpers oder der Gesundheit.

2. Bei vorsätzlich oder grob fahrlässig verursachten Mängeln haftet er für alle Schäden.

3. Im Übrigen ist dem Auftraggeber der Schaden an der baulichen Anlage zu ersetzen, zu deren Herstellung, Instandhaltung oder Änderung die Leistung dient, wenn ein wesentlicher Mangel vorliegt, der die Gebrauchsfähigkeit erheblich beeinträchtigt und auf ein Verschulden des Auftragnehmers zurückzuführen ist. Einen darüber hinausgehenden Schaden hat der Auftragnehmer nur dann zu ersetzen,

a) wenn der Mangel auf einem Verstoß gegen die anerkannten Regeln der Technik beruht,

b) wenn der Mangel in dem Fehlen einer vertraglich vereinbarten Beschaffenheit besteht oder

c) soweit der Auftragnehmer den Schaden durch Versicherung seiner gesetzlichen Haftpflicht gedeckt hat oder durch eine solche zu tarifmäßigen, nicht auf außergewöhnliche Verhältnisse abgestellten Prämien und Prämienzuschlägen bei einem im Inland zum Geschäftsbetrieb zugelassenen Versicherer hätte decken können.

4. Abweichend von Absatz 4 gelten die gesetzlichen Verjährungsfristen, soweit sich der Auftragnehmer nach Nummer 3 durch Versicherung geschützt hat oder hätte schützen können oder soweit ein besonderer Versicherungsschutz vereinbart ist.

5. Eine Einschränkung oder Erweiterung der Haftung kann in begründeten Sonderfällen vereinbart werden.

A. Allgemeines

Die Haftung des Auftragnehmers auf Mängelbeseitigung sowie Schadensersatz für Mangelfolgeschäden als Folge der seinem Werk anhaftenden Mängel – wozu auch vertragswidrige Leistungen gehören – sind im BGB (§§ 633 ff. BGB) sowie in der VOB/B (§ 4 Abs. 7 VOB/B einerseits und § 13 VOB/B andererseits) geregelt. Bei Anwendung der VOB wird – im Gegensatz zum BGB – zwischen Mängeln vor der rechtsgeschäftlichen Abnahme mit der Anwendung des § 4 Abs. 7 VOB/B und nach der Abnahme mit der Anwendung des § 13 VOB/B unterschieden (vgl. dazu hier die Kommentierung zu § 4 VOB/B, Rn. 40 bis 44). 1

2

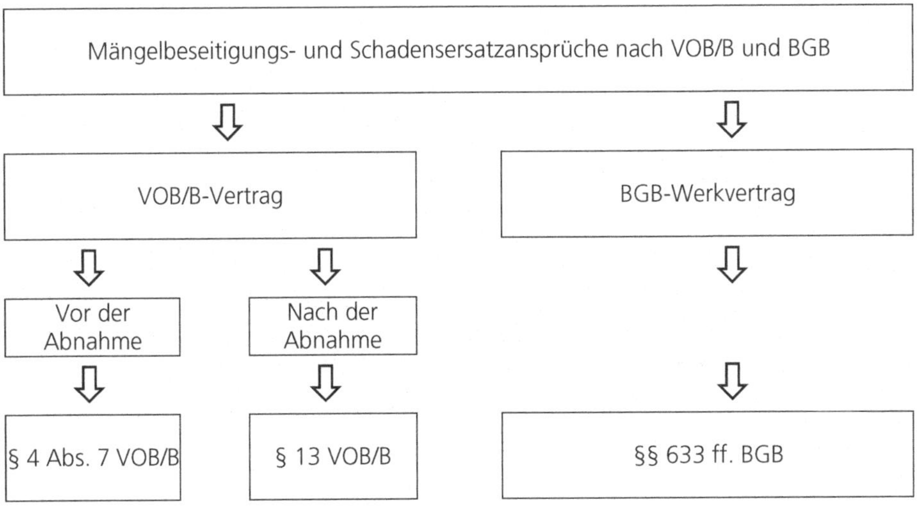

Abbildung 1: Mängelbeseitigungs- und Schadensersatzansprüche

I. Mängelhaftungsrecht nach BGB

1. Mängelbegriff

3 Das ab dem 1.1.2002 geltende Werkvertragsrecht enthält für die nach diesem Zeitpunkt geschlossenen Verträge in § 633 BGB die Definition für den Sach- und Rechtsmangel[1] im Sinne einer Abweichung vom vertraglich vereinbarten Leistungssoll. Der Auftragnehmer hat dem Auftraggeber die vereinbarte Werkleistung frei von Mängeln zu verschaffen (§ 633 Abs. 1 BGB). Diese Verpflichtung erfüllt er vor und nach der Abnahme dann, wenn

- das Werk die vereinbarte Beschaffenheit aufweist (§ 633 Abs. 2 Satz 1 BGB) oder
- das Werk mangels einer solchen Beschaffenheitsvereinbarung sich für die nach dem Vertrag vorausgesetzte (§ 633 Abs. 2 Satz 2 Nr. 1) oder
- für die gewöhnliche Verwendung eignet sowie eine Beschaffenheit aufweist, die bei Werken der gleichen Art üblich ist und die der Auftraggeber nach Art des Werkes erwarten darf (§ 633 Abs. 2 Satz 2 Nr. 2 BGB).

4 Gleichgestellt ist der Fall, dass der Auftragnehmer ein anderes als das beauftragte Werk (Falschleistung) oder ein Werk in einer geringeren Menge als vereinbart (Mengenfehler) herstellt (§ 633 Abs. 3 BGB).

2. Mängelansprüche

5 Die Mängelansprüche des BGB-Werkvertragsrechts sind in § 634 BGB geregelt. Es sind dies der

- Nacherfüllungsanspruch (früher: Nachbesserungsanspruch) i.S.d. § 634 Nr. 1 BGB,
- Selbstvornahmeanspruch des Auftraggebers auf Kosten des Auftragnehmers (§ 634 Nr. 2 BGB),
- Rücktrittsanspruch (§ 634 Nr. 3 BGB),
- Minderungsanspruch (§ 634 Nr. 3 BGB) sowie
- Schadensersatzanspruch (§ 634 Nr. 4 BGB).

6 Der Nacherfüllungsanspruch ist vorrangig. Die übrigen Mängelansprüche setzen voraus, dass der Auftraggeber den Auftragnehmer zuvor zur Nacherfüllung aufgefordert, ihm eine angemessene Frist gesetzt hat und diese Frist fruchtlos abgelaufen ist.

7 Verlangt der Auftraggeber die Nacherfüllung, kann der Auftragnehmer den Mangel beseitigen oder ein neues Werk herstellen (§ 635 Abs. 1 BGB). Zu diesem Zweck hat er die erforderlichen Aufwendungen, insbesondere Transport-, Wege-, Arbeits- und Materialkosten zu tragen (§ 635 Abs. 2 BGB). Der Auftragnehmer darf die Nacherfüllung verweigern, wenn sie nur mit unverhältnismäßig hohen Kosten möglich ist.

8 Hat der Auftraggeber den Auftragnehmer unter Setzung einer angemessenen Frist zur Nacherfüllung aufgefordert und ist die Frist fruchtlos abgelaufen, darf der Auftraggeber – sofern dem Auftragnehmer kein Recht zusteht, die Nacherfüllung zu verweigern – gemäß § 637 Abs. 1 BGB den Mangel selbst beseitigen bzw. beseitigen lassen (Selbst- bzw. Ersatzvornahme) und vom Auftragnehmer den Ersatz der insoweit erforderlichen Kosten – auch als Kostenvorschuss – verlangen (§ 637 Abs. 1 und Abs. 2 BGB). Des Weiteren steht dem Auftraggeber ein Rücktrittsrecht vom Vertrag (§§ 636, 323 und 326 Abs. 5 BGB) sowie anstelle des Rücktritts das Recht zu, die Vergütung durch eine Erklärung gegenüber dem Auftragnehmer gemäß § 638 BGB zu mindern (Minderung). Im VOB-Vertrag ist ein Rücktrittsrecht im Hinblick auf die Besonderheit der Bauleistung nicht vorgesehen.

1 Rechtsmängel können im Rahmen einer Herstellung eines Bauwerkes bei öffentlich-rechtlichen Beschränkungen oder dem Urheberrecht eines dritten Architekten/Ingenieurs von Bedeutung sein und sind den Sachmängeln gleichgestellt (Palandt-Sprau, BGB, § 633, Rn. 4).

Schließlich steht dem Auftraggeber ein verschuldensabhängiger und neben dem Rücktritt beanspruchbarer Schadensersatzanspruch zu, der sich gemäß § 634 Nr. 4 BGB nach den Verweisungsvorschriften der §§ 280, 281, 283, 311a BGB oder § 280 BGB bestimmt und bemisst. 9

3. Verjährung der Ansprüche

Die Verjährung der Mängelansprüche ist in § 634a BGB geregelt. Danach verjähren der Nacherfüllungsanspruch (§ 634 Nr. 1 BGB), der Selbstbeseitigungsanspruch (§ 634 Nr. 2 BGB) sowie der Schadensersatzanspruch (§ 634 Nr. 3 BGB) in 10

- zwei Jahren im Zusammenhang mit der Herstellung, Wartung oder Veränderung von beweglichen Sachen und Grundstücken, sofern sie nicht bauwerksbezogen bearbeitet werden, oder eine darauf bezogene Planungs- oder Überwachungsleistung ab dem Zeitpunkt der Abnahme,
- fünf Jahren im Zusammenhang mit einem Bauwerk bzw. bauwerksbezogenen Grundstücksarbeiten oder darauf bezogenen Planungs- oder Überwachungsleistungen (insbesondere Architekten- und Ingenieurleistungen) ab dem Zeitpunkt der Abnahme[2],
- drei Jahren i.S.d. §§ 195, 199 BGB im Zusammenhang mit allen übrigen Werkleistungen – wie z.B. Gutachten – ab dem Ende des Jahres, in welches der Fälligkeitszeitpunkt fällt; die Verjährung tritt allerdings spätestens 10 Jahre nach Entstehung des Anspruchs ein (§ 199 Abs. 4 BGB).

Eine für den Baubereich relevante Besonderheit findet sich in den kaufrechtlichen Verjährungsvorschriften des § 438 Abs. 1 Satz 2 BGB. Danach verjähren die Mängelansprüche i.S.d. § 437 Nr. 1 und 3 BGB beim Kauf von Bauwerken und bei – neuen oder gebrauchten – Sachen, die entsprechend ihrer üblichen Verwendung für ein Bauwerk verwendet worden sind und die Mangelhaftigkeit des Bauwerks verursacht haben, in fünf Jahren. 11

Beispiel: 12

A kauft in einem Baumarkt Baumaterialien zur Verwendung (Einbau) von Erweiterungsarbeiten in seinem Haus. Führt der Einbau der mangelhaften Baumaterialien zu einer Mangelhaftigkeit des Bauwerkes, verjähren die Ansprüche des A gegenüber dem Verkäufer in 5 Jahren ab dem Zeitpunkt der Ablieferung der Baumaterialien an ihn (§ 438 Abs. 1 Nr. 2 lit. b, Abs. 2 Alt. 2 BGB).

Die Verjährung des Rücktrittsrechts sowie des Minderungsrechts richten sich nach § 218 BGB, wonach die Geltendmachung dieser Rechte unwirksam ist, wenn der Nacherfüllungsanspruch verjährt ist und sich der Auftragnehmer darauf beruft. Allerdings verbleibt dem Auftraggeber in diesem Fall das Recht, die Vergütung in dem Sinne und Umfang zu verweigern, der ihm im Rücktritts- oder Minderungsfall zustände (§ 634a Abs. 4 BGB). 13

Im Falle des arglistigen Verschweigens eines Mangels zum Zeitpunkt der Abnahme verjähren die Ansprüche in drei Jahren gemäß §§ 195, 199 BGB (§ 634a Abs. 3 BGB). Ein Mangel wird arglistig verschwiegen, wenn sich der Auftragnehmer bewusst ist, dass ein bestimmter Umstand für die Entschließung des Auftraggebers von Erheblichkeit ist, er nach Treu und Glauben deshalb verpflichtet ist, diesen Umstand mitzuteilen, er dies aber unterlässt. Dem arglistigen Verschweigen steht das arglistige Vorspiegeln gleich. Die Mitteilungspflicht trifft den Auftragnehmer spätestens bei der Abnahme; zu diesem Zeitpunkt verwirklicht sich das arglistige Verschweigen oder Vorspiegeln und führt auf Seiten des Auftraggebers dazu, dass er die Leistung ohne Vorbehalt abnimmt. 14

2 Zur Abnahme von Architekten- und Ingenieurleistungen vgl. Pöhlker, § 12, Rn. 57.

15 Fälle arglistiger Täuschung bzw. arglistigen Vorspiegelns einer mangelfreien Sache liegen vor, wenn ein Auftragnehmer

- abweichend vom vertraglichen Leistungssoll einen nicht erprobten Baustoff verwendet[3],
- von Auflagen oder Vermerken der Genehmigungsbehörden abweicht,
- eine Leistung abrechnet, die nicht oder schlechter ausgeführt worden ist, als durch das Leistungssoll gefordert worden ist, sodass eine geschuldete Leistung vorgetäuscht wird,
- eine Baustelle so schlecht organisiert, dass Mängel der Leistung nicht erkannt werden: Der Ansatzpunkt für die längere Verjährungsfrist in diesem Falle des sog. Organisationsverschuldens liegt darin, dass der Auftragnehmer es durch mangelhafte Organisation bei arbeitsteiliger Ausführung unterlassen hat, dass sein Mangel rechtzeitig erkannt wird. Dass ein solcher Organisationsmangel vorliegt, wird dann vermutet, wenn es sich um einen sog. „augenfälligen" Mangel handelt. Der Auftragnehmer muss dann – z.B. durch Vorlage von Bautagebüchern – nachweisen, dass er eine ausreichende Organisation im Hinblick auf die Überprüfungs- und Überwachungspflichten gewährleistet hat. Gelingt ihm dies, entfällt der Ansatz für die längere Verjährungsfrist. Eine Haftung aus Organisationsverschulden entfällt somit dann, wenn der Auftragnehmer eine mangelhafte Leistung – etwa im Hinblick auf eine Entscheidung für eine konkrete Ausführung der Leistung – bewusst getroffen hat[4].

  Arglist im Sinne eines Organisationsverschuldens wird beispielsweise angenommen, wenn der Auftragnehmer einen neuen, in der Praxis noch nicht erprobten Baustoff ohne Unterrichtung des Bauherren über das damit verbundene Risiko verwendet[5] oder vorsätzlich einen Baustoff einbaut, der nicht vereinbart war[6]. Allerdings ist zu bedenken, dass eine Abweichung von dem Leistungsverzeichnis allein noch nicht ohne weiteres auf ein arglistiges Verschweigen bzw. ein Organisationsverschulden schließen lässt. Selbst schwerwiegende Mängel rechtfertigen nicht ohne weiteres diese Annahme, weil sich Mängel auch bei ordnungsgemäßer Organisation nicht vollständig ausschließen lassen[7], der Auftragnehmer wird sich in solchen Fällen aber aufgrund des vorliegenden Anscheinsbeweises entlasten müssen. Die Entscheidungen zum Organisationsverschulden haben in der Vergangenheit einen eher restriktiven Charakter eingenommen[8]. Die Haftung für ein Organisationsverschulden ist zwischenzeitlich auch auf die Haftung der Architekten und Ingenieure ausgedehnt worden, sodass ein Architekt oder Ingenieur insoweit für seinen von ihm eingesetzten Bauleiter haften kann[9]; ob die Anwendung auf einen Einzelarchitekten[10] Bestand haben wird, bleibt abzuwarten, weil diese Übertragung nicht unmittelbar dem Zweck des Organisationsverschuldens entspricht, den arbeitsteilig tätig werdenden Auftragnehmer nicht besser zu stellen als denjenigen, der die Leistung alleine ausführt. Diese Ausdehnung ist allerdings für den Fall, dass ein Einzelarchitekt seiner Pflicht zur Bauüberwachung gänzlich nicht nachgekommen ist, vom Bundesgerichtshof bestätigt worden[11].

---

3 BGH, BauR 2002, S. 1401, 1402.
4 OLG Hamm, BauR 2002, S. 1706.
5 OLG Koblenz, IBR 2001, S. 480.
6 OLG Hamburg, BauR 2004, S. 1349.
7 OLG Düsseldorf, IBR 2002, S. 603 und BGH, IBR 2009, S. 91.
8 Übersicht über Entscheidungen zum Organisationsverschulden: Wirth in: Ingenstau/Korbion, § 13 Abs. 4 VOB/A Rn. 121 ff.
9 OLG Celle, NJW-RR 1995, S. 1486.
10 OLG Düsseldorf, IBR 2008, S. 37.
11 BGH, BauR 2008, S. 1917.

- mit Absicht oder bewusst eine mangelhafte Leistung herstellt und dem Bauherrn verschweigt sowie
- zu bereits aufgetretenen Mängelerscheinungen ins Blaue hinein unrichtige Angaben macht, die aus diesem Grunde nicht zu weiteren Überprüfungen führen.

Beispiel: 16

Der Auftragnehmer baut anstelle des ausgeschriebenen Rohrauflagers in Beton ein Mineralgemisch- oder Sandauflager, welches zu Schäden an der Rohrleitung führt. In der Schlussrechnung wird das Betonauflager abgerechnet. Der Auftragnehmer versichert, eine nach dem Inhalt der Planung vorgesehene und beauftragte Dehnungsfuge hergestellt zu haben, obwohl dies nicht erfolgt ist. Der Auftragnehmer hat dadurch jeweils vorgespiegelt, die geschuldete Leistung ausgeführt zu haben.

Die Beweislast dafür, dass der Auftragnehmer arglistig gehandelt hat, liegt beim Auftraggeber. Im Einzelfall ist dieser Nachweis – sofern nicht objektive Anhaltspunkte vorliegen (z.B. bei arglistigem Vorspiegeln einer geschuldeten Leistung oder im Rahmen des Vorwurfs eines Organisationsmangels) – kaum zu führen. 17

→ Zum Lauf der Verjährungsfrist (Beginn, Neubeginn (Unterbrechung) und Hemmung der Verjährung) wird auf die nachfolgenden Ausführungen (Rn. 77 ff.) verwiesen. 18

II. Mängelhaftungsrecht nach VOB/B vor und nach der Abnahme

Die Geltendmachung der Mängelbeseitigungsrechte der Grundlage der VOB/B weichen in nicht unerheblichem Umfang von denen auf der Grundlage des BGB ab. 19

Die gravierendste Unterscheidung liegt – unbeschadet des fehlenden Rücktrittsrechts und der Einräumung des Minderungsrechts unter den engen Voraussetzungen des Abs. 6 – in der Beachtung der Voraussetzungen für die Geltendmachung der Mängel- und Schadensersatzrechte vor und nach dem Zeitpunkt der Abnahme. 20

21

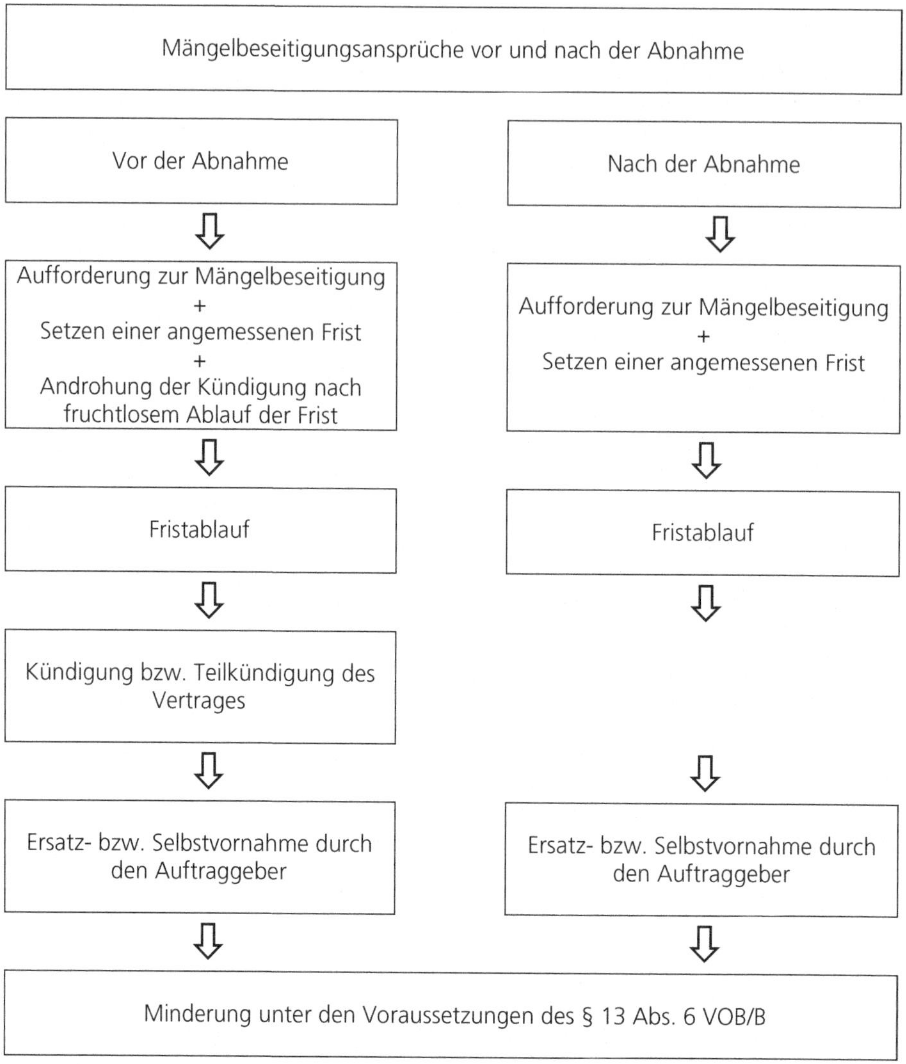

Abbildung 2: Mängelansprüche vor und nach der Abnahme

22

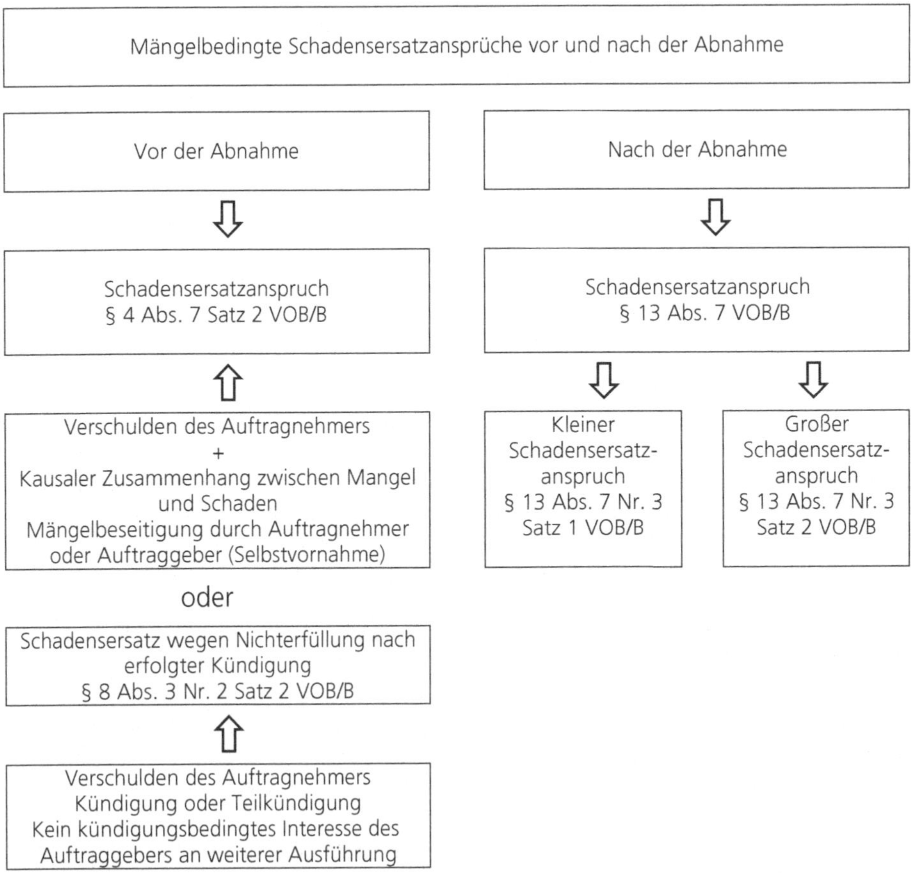

Abbildung 3: Mängelbezogene Schadensersatzansprüche vor und nach der Abnahme

Nach § 13 Abs. 1 VOB/B ist der Auftragnehmer verpflichtet, dem Auftraggeber seine Leistung zum Zeitpunkt der Abnahme[12] im Sinne einer erfolgsbezogenen Verpflichtung frei von Sachmängeln zu verschaffen. 23

Geschieht dies nicht, ist der Auftragnehmer vorrangig verpflichtet, die während der Verjährungsfrist zutage tretenden und vom Auftragnehmer gerügten Mängel, die auf eine vertragswidrige Leistung zurückzuführen sind, zu beseitigen (§ 13 Abs. 5 Nr. 1 Satz 1 VOB/B). 24

Hat der Auftraggeber dem Auftragnehmer zur Mängelbeseitigung eine angemessene Frist gesetzt und verstreicht diese Frist fruchtlos, kann er die Mängelbeseitigung im Wege der Selbst- bzw. Ersatzvornahme auf Kosten des Auftragnehmers beseitigen (§ 13 Abs. 5 Nr. 2 VOB/B). 25

Ist die Beseitigung des Mangels für den Auftraggeber allerdings unzumutbar oder unmöglich oder würde sie einen unverhältnismäßig hohen Aufwand erfordern und wird sie deshalb vom Auftragnehmer verweigert, so kann der Auftraggeber durch Erklärung gegenüber dem Auftragnehmer die Vergütung – ggf. bis 100% der Vergütung bei einer Wertlosigkeit der Leistung – mindern (§ 13 Abs. 6 VOB/B)[13]. 26

12 Zur Systematik der Mängelbeseitigungs- und Schadensersatzansprüche vor und nach der Abnahme vgl. auch hier Pöhlker, § 4 Rn. 65 ff.

13 BGHZ 42, S. 232 ff.

27 Über die vorstehenden Mängelbeseitigungsansprüche hinaus regelt § 13 Abs. 7 VOB/B die Voraussetzungen und den Umfang von Schadensersatzansprüchen und den Umfang von Schadensersatzansprüchen des Auftraggebers.

28 Die VOB/B enthält kein Rücktrittsrecht.

29 Ein weiterer wesentlicher Unterschied zum BGB-Recht betrifft die Verjährungsfristen (§ 13 Abs. 4 VOB/B) sowie die Unterbrechung der Verjährung durch eine schriftliche Mängelrüge (§ 13 Abs. 5 Nr. 1 Satz 2 VOB/B) und Abnahme einer durchgeführten Mängelbeseitigung (§ 13 Abs. 5 Nr. 1 Satz 3 VOB/B).

B. Mängelbegriff (§ 13 Abs. 1)

I. Überblick

30 Der Auftragnehmer hat gemäß § 13 Abs. 1 VOB/B seine Leistung zum Zeitpunkt der Abnahme frei von Sachmängeln herzustellen. Dies ist – wie sich aus dem dreistufigen Prüfungsaufbau des § 13 Abs. 1 VOB/B ergibt – in erster Linie dann der Fall, wenn die Leistung die vertraglich vereinbarte Beschaffenheit besitzt und den anerkannten Regeln der Technik entspricht. Ist eine Beschaffenheit nicht vertraglich vereinbart, ist die Leistung mangelfrei, wenn sie entweder für die nach der Vereinbarung vorausgesetzte Verwendung oder für die gewöhnliche Verwendung geeignet ist und eine übliche und nach der Art der Leistung zu erwartende Beschaffenheit aufweist: Kurz gesagt, schuldet der Auftragnehmer dem Auftraggeber ein funktionstaugliches und zweckentsprechendes Werk[14].

31 Auf ein Verschulden des Auftragnehmers kommt es dabei nicht an. Nicht von Bedeutung ist auch, ob der Mangel einen Schaden verursacht hat[15].

32 Eine Haftung für Rechtsmängel ist in der VOB/B nicht vorgesehen[16]; ebenso fehlt es an einer in § 633 Nr. 3 BGB entsprechenden Regelung für den Fall der Falschlieferung bzw. eines Mengenfehlers: Insoweit gelten die gesetzlichen Regelungen.

33 Die Einhaltung der anerkannten Regeln der Technik bezieht sich – obwohl lediglich in § 13 Abs. 1 Satz 2 VOB/B definiert – über die Beschaffenheitsvereinbarung hinaus im Ergebnis auch auf die beiden weiteren Stufen des Sachmangelbegriffs. Zwar wird dieses Merkmal ausdrücklich nur im Zusammenhang mit der Beschaffenheitsvereinbarung erwähnt. Ausgehend vom Zusammenhang mit dem der Neufassung des § 633 BGB zugrunde liegenden gesetzgeberischen Willen, die anerkannten Regeln der Technik als vom Auftragnehmer geschuldet anzusehen, wird dies auch im Rahmen des § 13 Abs. 1 VOB/B für die Auffangtatbestände des § 13 Abs. 1 Satz 3 Nr. 1 und 2 VOB/B von Bedeutung sein müssen; die Einhaltung der anerkannten Regeln der Technik ist gleichsam der für die Beurteilung eines Mangels geltende Mindeststandard[17]. Ein Verstoß gegen die anerkannten Regeln der Technik führt automatisch zur Mängelbeseitigungspflicht, da der Auftraggeber nicht erst zuwarten muss, dass ein Mangel entsteht[18].

---

14 BGH, BauR 1999, S. 37, NZBau 2007, 243 und NJW 2008, 511.

15 BGH BauR 1997, 129.

16 Vgl. dazu auch Fn. 1.

17 Dazu im Einzelnen Franke, Kemper, Zanner, Grünhagen-Donner, § 13 VOB/B Rn. 32, der darauf hinweist, dass in der 3. Stufe die anerkannten Regeln der Technik im Tatbestand enthalten seien; BGH BauR 1998, 872.

18 BGH BauR 1981, 577; OLG Düsseldorf NJW-RR 1996, 146.

34

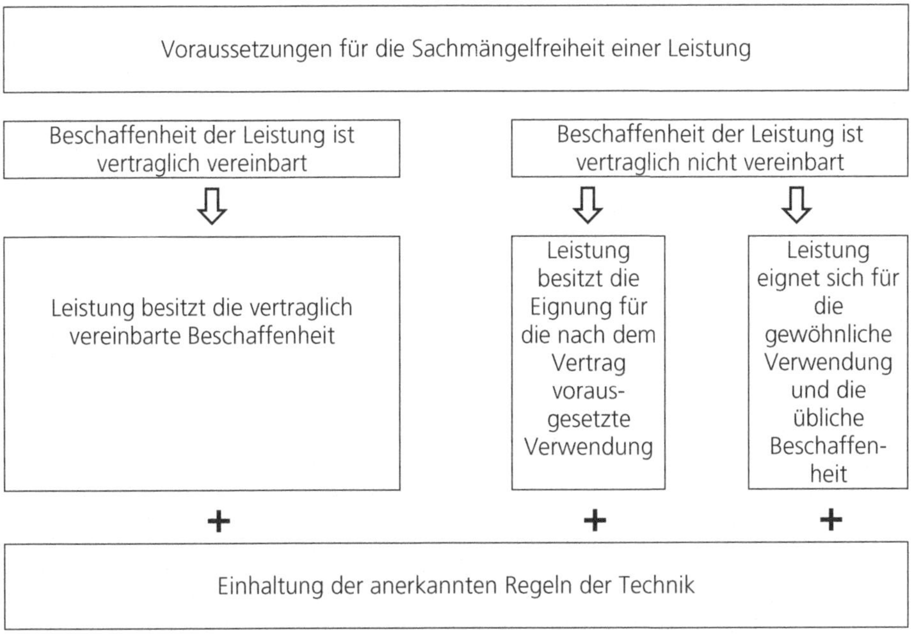

Abbildung 4: Voraussetzung für die Sachmängelfreiheit einer Leistung

II. Vereinbarte Beschaffenheit und anerkannte Regeln der Technik (§ 13 Abs. 1 Satz 2)

1. Beschaffenheitsvereinbarung

Die vereinbarte Beschaffenheit entspricht dem früheren Begriff der „zugesicherten Eigenschaft", geht aber insoweit zu Lasten der Auftragnehmerverpflichtung weiter, als der Auftraggeber nicht mehr erkennbar machen muss, dass er auf das Vorliegen der Beschaffenheit besonderen Wert legt. Die vereinbarte Beschaffenheit wird in der Regel durch das im Leistungsverzeichnis bzw. in der Leistungsbeschreibung oder in sonstigen vertraglichen Regelungen vereinbarte Bausoll bestimmt. 35

Abweichungen davon führen zu einer mangelhaften Leistung. Über ausdrückliche und eindeutige Beschaffenheitsvereinbarungen hinaus lassen sich solche auch im Wege der Auslegung des Willens der beiden Vertragsparteien herleiten[19]. 36

Beschaffenheitsvereinbarungen können erfolgen durch Hersteller- und Produktbeschreibungen unter Beachtung des § 9 Abs. 5 VOB/B oder durch die Festschreibung des mit der Leistung beabsichtigten Vertragsziels: 37

Beispiel: 38

Aus der Vereinbarung der Herstellung einer Luxuswohnanlage ergibt sich konkludent ein erhöhter Schallschutz[20], die Errichtung eines schlüsselfertigen Gebäudes beinhaltet sämtliche Leistungen, die ein Fachmann unter Berücksichtigung der örtlichen, sachlichen und zweckbezogenen Gegebenheiten üblicherweise erwarten darf[21].

Jede Abweichung von einer vereinbarten Beschaffenheit stellt einen Sachmangel dar. Auf einen bestimmten Grad der Wert- bzw. Gebrauchstauglichkeit kommt es dabei nicht an. Nicht 39

19 Wirth, in: Ingenstau/Korbion, § 13 Abs. 1 VOB/B, Rn. 22, 64; BGH NJW-RR 2002, 1533 und NJW 2007, 2983.
20 BGH, BauR 1998, S. 783.
21 BGH, BauR 2001, S. 1254.

von Bedeutung ist auch, ob die anerkannten Regeln der Technik eingehalten worden sind oder nicht:

40 ***Praxistipp:***

> *Weicht die Ausführung der Leistung von der Beschaffenheitsvereinbarung ab, entspricht sie aber gleichwohl den anerkannten Regeln der Technik, ist sie mangelhaft[22], es sei denn, die Vertragsparteien hätten ausdrücklich etwas anderes – etwa im Falle der Verwendung neuer Technologien – vereinbart. Entsprechendes gilt auch für den umgekehrten Fall[23].*

2. Anerkannte Regeln der Technik

41 Bei den anerkannten Regeln der Technik handelt es sich um diejenigen bautechnischen Normen, welche in der Wissenschaft als theoretisch richtig anerkannt sind und sich in der Baupraxis bewährt haben. Neben generellen Erfordernissen, wie der Standsicherheit eines Gebäudes, werden davon auch die fachspezifischen – auf die Fachgewerke bezogenen – Regeln der Technik erfasst.

42 Von besonderer Bedeutung dafür sind die DIN-Normen und insbesondere diejenigen der VOB/C. Des Weiteren werden die anerkannten Regeln der Technik durch Regelwerke (Richtlinien, Merkblätter u.a. der Fachverbände) mit Verbindlichkeitscharakter für die jeweilige Branche[24] konkretisiert[25].

43 Obwohl für die Feststellung der Einhaltung der anerkannten Regeln der Technik auf den Zeitpunkt der Abnahme abgestellt wird, lässt sich allein daraus aber noch keine mangelfreie Leistung herleiten: Stellt sich zu einem späteren Zeitpunkt heraus, dass die zum Zeitpunkt der Abnahme geltenden Regeln der Technik anzutreffen waren, hat der Auftragnehmer gleichwohl eine mangelhafte Leistung hergestellt und ist zur Mängelbeseitigung – ggf. unter Berücksichtigung der Sowieso-Kosten für zusätzliche, den Leistungserfolg herbeiführende Leistungen – verpflichtet[26].

44 Das Risiko einer späteren Änderung der – ohnehin einem dynamischen Prozess unterliegenden – anerkannten Regeln der Technik, sei es während der Ausführungsphase oder während des Laufs der Verjährungsfrist, trägt der Auftragnehmer im Rahmen seiner verschuldensunabhängigen Erfolgshaftung für die Mangelfreiheit seiner Leistung[27].

III. Nach dem Vertrag vorausgesetzte Verwendung (§ 13 Abs. 1 Satz 3 Nr. 1)

45 Haben die Vertragsparteien keine Beschaffenheit vereinbart, ist die vom Auftragnehmer hergestellte Leistung mangelfrei, wenn sie sich für die nach dem Vertrag vorausgesetzte Verwendung eignet. Dabei ist auf den – erkennbaren – subjektiven Willen der Vertragsparteien zum Zeitpunkt des Vertragsschlusses abzustellen[28].

IV. Gewöhnliche Verwendung und übliche Beschaffenheit (§ 13 Abs. 1 Satz 3 Nr. 2)

46 Sofern keine Beschaffenheit vereinbart worden ist und eine vertraglich vorausgesetzte Verwendung sich nicht bestimmen lässt, ist die Leistung mangelfrei, wenn sie sich für die ge-

---

22 BGH, Urteil vom 21.9.2004 – Az. X ZR 244/01.
23 BGH, ebd.
24 Z.B. VDE-Normen oder VDI-Richtlinien.
25 Franke, Kemper, Zanner, Grünhagen-Donner, § 13 VOB/B Rn. 35.
26 BGH, BauR 2000, S. 411.
27 Ebd.
28 BGH-Urteil vom 21.9.2004 – Az. X ZR 244/01.

wöhnliche Verwendung eignet und eine Beschaffenheit aufweist, die bei Werken der gleichen Art üblich ist und die der Auftraggeber nach der Art der Leistung erwarten kann. Die Leistung muss somit für den sich aus dem Inhalt des Vertrages zu ermittelnden Verwendungszweck geeignet sein.

Beispiel: 47

Eine Dachabdichtung muss die Funktion erfüllen, Feuchtigkeitseintritt zu verhindern.

Außenglasscheiben müssen in die einem Auftragnehmer bekannte Rahmenkonstruktion eingefügt werden können; insoweit abweichende Maßtoleranzen führen zur Mangelhaftigkeit[29].

C. Leistungen nach Probe (§ 13 Abs. 2)

Die Regelung legt fest, dass bei der Vereinbarung einer Leistung nach Probe im Sinne einer 48
Ausführungsbeschaffenheit (Muster) – sei es vor oder nach dem Vertragschluss – die Eigenschaften der Probe als vereinbarte Beschaffenheit gelten, und stellt insoweit einen Unterfall der Beschaffenheitsvereinbarung i.S.d. § 13 Abs. 1 Satz 2 VOB/B dar.

Weicht die ausgeführte Leistung in einem solchen Falle von der Probe bzw. dem Muster ab, 49
ist sie mangelhaft, sofern die Abweichung nicht nach der Verkehrssitte als bedeutungslos anzusehen ist. Letzteres ist danach zu beurteilen, ob sich als Folge der Abweichung eine Qualitäts- oder Wertverschlechterung der Leistung feststellen lässt[30]. Stimmt die vom Auftraggeber ausgeführte Leistung somit weitgehend mit den Eigenschaften der Probe überein und sind die Abweichungen insoweit unter Berücksichtigung der Funktions- und Gebrauchtauglichkeit als vernachlässigenswert zu beurteilen, ist die Leistung nicht mangelhaft[31].

War bereits die vom Auftragnehmer stammende Probe mangelhaft und setzt sich der Mangel 50
der Probe in der Leistung fort, ist die Leistung als solche mangelhaft und der Auftragnehmer mangelbeseitigungspflichtig. Hat der Auftraggeber dagegen die Probe vorgelegt, ist § 13 Abs. 3 anzuwenden mit der Folge, dass der Auftragnehmer von seiner Haftung frei wird, soweit er seiner Prüfungs- und Hinweispflicht nachgekommen ist[32].

D. Befreiung des Auftragnehmers von der Mängelhaftung (§ 13 Abs. 3)

I. Allgemeines

§ 13 Abs. 3 VOB/B enthält – i.V.m. § 4 Abs. 3 VOB/B – im Hinblick auf die verschuldensunab- 51
hängige Erfolgshaftung des Auftraggebers für seine mangelhaften Leistungen einen Haftungsausschluss für die Fälle (Ausschlussgründe), dass der Mangel zurückzuführen ist auf

- die vom Auftraggeber vorgegebene Leistungsbeschreibung oder
- Anordnungen des Auftraggebers oder
- vom Auftraggeber gelieferte oder vorgeschriebene Stoffe oder Bauteile oder
- die Beschaffenheit der Vorleistung eines anderen vom Auftraggeber beauftragten Unternehmers und
- den Auftragnehmer, der ihm in der § 4 Abs. 3 VOB/B obliegenden Mitteilungspflicht nachgekommen ist.

---

29 BGH, NZBau 2002, S. 611.
30 Ingenstau, Korbion-Wirth, § 13 Abs. 2 VOB/B, Rn. 7.
31 Wirth, in: Ingenstau/Korbion, § 13 Abs. 1 VOB/B, Rn. 7; Franke, Kemper, Zanner, Grünhagen-Donner, § 13 VOB/B Rn. 50; a.A. Ganten, Jagenburg, Motzke, VOB/B, § 13, Rn. 2, 3.
32 Leinemann-Schliemann, Rn. 13, 45; Heiermann, Riedl, Rusam-Riedl, VOB/B, § 13, Rn. 47; Wirth, in: Ingenstau/Korbion, § 13 Abs. 2 VOB/B Rn. 8.

Vor dem Zeitpunkt der Abnahme ist die Regelung entsprechend für Mängelbeseitigungsansprüche nach § 4 Abs. 7 VOB/B anwendbar.

II. Anordnungen bzw. Maßnahmen aus der Sphäre des Auftraggebers

52 In § 13 Abs. 3 VOB/B sind – abschließend – unterschiedliche Fallgruppen aufgezählt, welche auf die Leistungserbringung des Auftragnehmers Einfluss haben und die aus der Sphäre des Auftraggebers stammen. Um eine Haftungsentlastung des Auftragnehmers zu bewirken, muss neben der Erfüllung seiner Mitteilungspflicht eine der nachfolgenden Fallgruppen vorliegen.

53

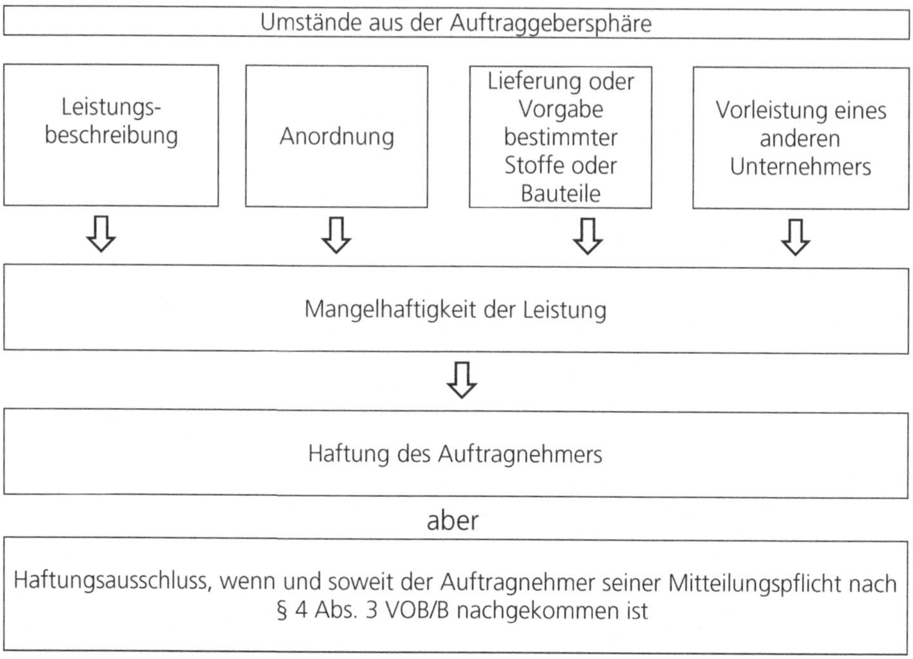

Abbildung 5: Mängelmitverursachung durch den Auftraggeber

1. Mangelhafte Leistungsbeschreibung des Auftraggebers

54 Hat der Auftraggeber oder der von ihm beauftragte Ingenieur oder Architekt eine Leistungsbeschreibung erstellt und ist dies für den Auftragnehmer im Sinne der Festlegung des Leistungssolls verbindlich, kann dies einen Haftungsausschluss zu Gunsten des Auftragnehmers nach sich ziehen. Dies gilt nicht, wenn der Auftragnehmer die Leistungsbeschreibung selbst erstellt hat oder sich von einem Dritten hat erstellen lassen, auch dann, wenn der Auftraggeber eine solche Beschreibung später übernimmt[33]: Der Auftragnehmer führt nämlich in diesem Falle lediglich das aus, was er seinerseits angeboten hat, sodass für eine Haftungsbefreiung schon aus diesem Grunde kein Platz ist.

2. Anordnungen des Auftraggebers

55 Bei den Anordnungen seitens des Auftraggebers oder eines durch ihn Bevollmächtigten handelt es sich um solche i.S.d. § 4 Abs. 1 Nr. 3 VOB/B (vgl. dazu § 4 VOB/B Rn. 20 ff.), die der Auftragnehmer gemäß § 4 Abs. 1 Nr. 4 VOB/B zu befolgen hat. Diese Verpflichtung rechtfer-

33 BGH, BauR 1975, S. 420.

tigt es, den Auftragnehmer aus dem damit verbundenen Risiko für eine daraus resultierende Mangelhaftigkeit der Leistung zu entlasten.

3. Lieferung oder Vorgabe von Stoffen oder Bauteilen

Liefert der Auftraggeber bestimmte Stoffe oder Bauteile, die zu einem Mangel führen, so entfällt die Mängelhaftung des Auftragnehmers, sofern er des Weiteren seiner Mitteilungspflicht nachkommt. Voraussetzung ist, dass dem Auftragnehmer kein Wahlrecht zusteht, sondern die Auswahl und Lieferung ausschließlich durch den Auftraggeber erfolgt. Erwirbt oder liefert der Auftraggeber dagegen vom Auftragnehmer vorgeschlagene Stoffe oder Bauteile, kommt § 13 Abs. 3 VOB/B nicht zur Anwendung. **56**

Der Auftragnehmer muss die bauseits gestellten Stoffe und Bauteile überprüfen (vgl. dazu § 4 VOB/B Rn. 43 ff.). Entsprechendes gilt, wenn der Auftraggeber bestimmte Stoffe oder Bauteile in dem Sinne vorschreibt, dass dem Auftragnehmer keine Wahlmöglichkeit bleibt[34]. Dazu reicht es allerdings nicht aus, wenn der Auftraggeber allgemeine Bezeichnungen, wie z.B. Ortbeton in einer bestimmten Betongüte oder die Verwendung von Fensterrahmen aus Naturholz, vorgibt[35]. Erforderlich ist vielmehr die Vorgabe konkreter Baustoffe, Bauteile oder Bezugsquellen[36]. **57**

Die Haftungsübertragung auf den Auftraggeber geht nur so weit, wie der Inhalt und der Umfang seiner Anordnung für den Mangel ursächlich ist. Haftet der Mangel einem Baustoff nicht allgemein, sondern lediglich im Einzelfall an (sog. Ausreißer), ist zu differenzieren[37]: Hat der Auftraggeber den Baustoff nur allgemein vorgegeben, ist dem Auftragnehmer aber überlassen, daraus eine bestimmte Charge auszusuchen, verbleibt das Ausreißerrisiko beim Auftragnehmer; der Auftraggeber ist lediglich dafür verantwortlich, dass der Baustoff generell für den beabsichtigten Zweck geeignet ist[38]. **58**

Konkretisiert sich der durch den Auftraggeber vorgeschriebene Baustoff dagegen auf bestimmte Materialien, Partien bzw. Chargen, trifft ihn auch insoweit Verantwortung und er wird so behandelt, als hätte er die Materialien selbst geliefert[39]. **59**

4. Vorleistung anderer Unternehmer

Wird ein Bauwerk gewerksweise unter Beteiligung verschiedener Auftragnehmer hergestellt und muss ein Auftragnehmer seine Leistung auf einer Leistung eines Dritten aufbauen, so ist er verpflichtet, zu prüfen, ob seine Leistung als Folge der Beschaffenheit der Vorleistung mangelhaft werden kann. **60**

Beispiel: **61**

An den auf einen Wandanstrich des Vorunternehmers V durch den Auftragnehmer aufgebrachten Fliesen entstehen als Folge des Anstrichs, der isoliert gesehen mangelfrei, aber als Untergrund für das Aufbringen der Fliesen nicht geeignet ist, nach der Abnahme Risse. Obwohl für diesen Mangel nicht die Leistung des Auftragnehmers ursächlich ist, sondern der Anstrich des V, haftet der Auftragnehmer für die entstandenen Mängel an seiner Leistung, es sei denn, dass er seiner Mitteilungspflicht nachgekommen ist[40].

Risse in einem durch den Unternehmer A hergestellten Betonfundament übertragen sich auf das vom Unternehmer B mangelfrei hergestellte Mauerwerk[41].

---

34 BGH, Baur 1984, S. 510.
35 Vgl. dazu im Einzelnen: Heiermann, Riedl, Rusam-Riedl, VOB/B, § 13, Rn. 13, 54.
36 Ebd., Rn. 54.
37 BGH, ZfBR 1996, S. 255.
38 Heiermann, Riedl, Rusam-Riedl, VOB/B, § 13, Rn. 54.
39 Wirth, in: Ingenstau/Korbion, § 13 Abs. 3 VOB/B, Rn. 43.
40 BGH – SFH Z2.410 Bl. 13.
41 Wirth, in: Ingenstau/Korbion, § 13 Abs. 3 VOB/B, Rn. 45.

Wird Fußbodenbelag uneben verlegt, kann sich der Auftragnehmer nicht darauf berufen, dass bereits der Estrich und/oder die Betondecke uneben waren. Sofern er seiner Mitwirkungspflicht nicht nachgekommen ist, haftet er für den Mangel seiner Leistung, auch wenn sie im Übrigen mangelfrei erbracht worden ist.

III. Prüfungs- und Mitteilungspflicht

62 Sofern eine der vorbeschriebenen Maßnahmen aus der Sphäre des Auftraggebers vorliegt, setzt die Befreiung des Auftragnehmers aus seiner Mängelhaftung des Weiteren voraus, dass der gegenüber dem Auftraggeber oder einem durch ihm bevollmächtigten Vertreter seine ihm durch § 4 Abs. 3 VOB/B aufgetragene Prüfungs- und Hinweispflicht erfüllt hat.

1. Prüfungsumfang

63 Der Prüfungsumfang des Auftragnehmers lässt sich nicht generell bestimmen, sondern hängt vom Einzelfall ab.

64 Er wird einerseits durch dessen Fachkenntnisse, wie man sie von ihm als Anbieter einer bestimmten Leistung erwarten darf, bestimmt; im Ergebnis ist auf die Sachkunde eines erfahrenen und sorgfältigen Unternehmers abzustellen[42]. Andererseits ist der Prüfungsumfang auch an der Art der vom Auftraggeber vorgegebenen Maßnahme zu messen: Er ist am stärksten im Hinblick auf die bereitgestellten Stoffe und Bauteile und geringer bei Vorleistungen anderer Unternehmer sowie – weiter abgeschwächt – in den Fällen, in denen es um die vorgesehene Art der Ausführung geht[43]. Auch eine hohe Fachkenntnis des Auftraggebers oder die Einschaltung eines Sonderfachmannes auf Seiten des Auftraggebers können den Umfang reduzieren[44]. Allerdings führt nicht allein der Umstand, dass für den Auftraggeber ein Architekt oder Ingenieur tätig ist, zu einer Befreiung des Auftragnehmers von seiner Prüfungspflicht[45].

2. Hinweispflicht

65 Richtiger Adressat der schriftlichen Mitteilung ist der Auftraggeber oder dessen Bevollmächtigter[46].

66 ***Praxistipp:***

Soweit der Bundesgerichtshof die Auffassung vertritt, dass der Architekt oder Ingenieur des Auftraggebers als dessen Vertreter in technischen Angelegenheiten als Adressat der Mitteilung in Betracht komme[47], ist Vorsicht geboten. Zwar mag dies auf die mit der Planung und/oder Bauleitung beauftragten Architekten oder Ingenieure zutreffen[48]. Dies gilt jedoch nicht für die lediglich mit der Objektüberwachung Beauftragten[49]. Um insoweit Abgrenzungsschwierigkeiten zu vermeiden und im Hinblick auf die negativen Rechtsfolgen im Falle einer unterlassenen Mitteilung, sollte – sofern nicht ausdrücklich etwas anderes vereinbart worden ist – der sichere Weg der Mitteilung gegenüber dem Auftraggeber gewählt werden.

42 Heiermann, Riedl, Rusam-Riedl, VOB/B, § 13, Rn. 56.
43 OLG Brandenburg, BauR 2002, S. 1709, 1710.
44 BGH, ZfBR 1998, S. 244.
45 BGH, BauR 2001, S. 622, 623.
46 BGH, BauR 1978, S. 54.
47 BGH, BauR 2001, S. 622, 623.
48 Heiermann, Riedl, Rusam-Riedl, VOB/B, § 13, Rn. 59.
49 Ebd. mit dem Hinweis darauf, dass die Entgegennahme einer Anzeige nach § 4 Abs. 3 VOB/B über dessen Aufgabenbereich hinausgehe.

Der Auftraggeber ist ohnehin ausschließlich richtiger Adressat, wenn ein Fehler betroffen ist, der aus der Sphäre des Architekten oder Ingenieurs herrührt[50], und wenn sich der Architekt über die Bedenken des Auftragnehmers hinwegsetzt bzw. sich diesem verschließt[51]. 67

Die Mitteilung hat schriftlich zu erfolgen (§ 4 Abs. 3 VOB/B). Geschieht dies nicht, ist eine ordnungsgemäße Mitteilung nicht erfolgt. Der Auftragnehmer haftet für seine Mängel, obwohl die Ursache dafür aus der Sphäre und dem Verantwortungsbereich des Auftraggebers stammt[52]. Der Auftragnehmer kann in einem solchen Falle allerdings ein mitwirkendes Verschulden des Auftragnehmers geltend machen. 68

Praxistipp: 69

Zur Vermeidung nicht unerheblicher Unwägbarkeiten sollte eine Bedenkensanzeige immer schriftlich erfolgen.

3. Rechtsfolgen im Falle der Erfüllung bzw. Nichterfüllung der Prüfungs- und Hinweispflicht

Weist der Aufragnehmer auf Bedenken hin, so muss der Auftraggeber darauf seinerseits reagieren: 70

Er kann die Bedenken mittragen und eine Leistungsänderung anordnen. Geschieht dies, muss der Auftragnehmer im Hinblick auf die geänderte Leistung erneut seiner Prüfungs- und Hinweispflicht nachkommen. 71

Der Auftraggeber kann aber die Bedenken auch verwerfen und vom Auftragnehmer die Ausführung der Leistung – ohne Berücksichtigung der Bedenken – verlangen. Gemäß § 4 Abs. 3 VOB/B verlagert sich das Mängelrisiko dann auf den Auftraggeber. Der Auftragnehmer ist in einem solchen Falle verpflichtet, die Leistung, wie vom Auftraggeber angeordnet, zu erbringen. 72

Ein Leistungsverweigerungsrecht steht ihm nur zu, wenn die Anordnung des Auftraggebers nicht mehr mit Treu und Glauben vereinbar ist. Dies ist dann der Fall, wenn der Auftraggeber sich den fachlich begründeten Bedenken verschließt und darüber hinaus eine Freistellung des Auftragnehmers von der Gewährleistung ohne Begründung ablehnt[53] oder der Auftragnehmer in Befolgung der Anordnung gegen gesetzliche oder behördliche Bestimmungen verstoßen würde[54]. 73

Erfolgt die Prüfungs- und Hinweispflicht durch den Auftragnehmer nicht oder nicht ausreichend, haftet er im Falle der Mangelhaftigkeit seiner Leistung nach § 13 Abs. 5 bis 7 VOB/B[55] unter Berücksichtigung möglicher Sowiesokosten sowie eines möglichen Mitverschuldens auf Seiten des Auftraggebers.[56] 74

Beispiel: 75

Der Auftragnehmer hat die Außenwand eines Gebäudes mit Fliesen zu verkleiden. Dafür gibt der Auftraggeber ihm einen vom Herstellerwerk empfohlenen Kleber vor. Der Kleber ist ungeeignet. Darüber hinaus hat der Auftragnehmer der Verlegeranleitung zuwidergehandelt. Beide Ursachen (ungeeigneter Kleber aus der Sphäre des Auftraggebers und mangelhafte Ausführung durch den Auftragnehmer) waren geeignet, den Mangel (Lösen der Fliesen von der Wand) herbeizuführen. Aus diesem Grunde ist eine Schadensteilung vorzunehmen, die im Streitfall gutachterlich festgestellt werden muss.

50 Heiermann, Riedl, Rusam-Riedl, VOB/B, § 13, Rn. 59.
51 BGH, NJW 1973, S. 518.
52 Heiermann, Riedl, Rusam-Riedl, VOB/B, § 13, Rn. 61 mit Hinweis auf BGHZ 84, S. 1676.
53 Heiermann, Riedl, Rusam-Riedl, VOB/B, § 13, Rn. 63 mit Hinweis auf BGH, BauR 1985, S. 77, 78.
54 Ebd., Rn. 63.
55 BGH, BauR 1981, S. 282.
56 OLG Saarbrücken, NJW 1970, S. 1192.

E. Verjährungsfristen für Mängelansprüche

76 Im Hinblick auf die Verjährungsfristen gilt beim VOB/B-Vertrag in erster Linie § 13 Abs. 4 VOB/B. Dies gilt allerdings nur, wenn im Vertrag keine andere Verjährungsfrist vereinbart worden ist. Darüber hinaus kommt auch bei einem VOB-Vertrag die Regelverjährungsfrist des § 195 BGB in den Fällen der Arglist sowie eines Organisationsmangels in Betracht.

I. Verjährungsfristen gemäß § 13 Abs. 4 Nr. 1 und 2 VOB/B

77 § 13 Abs. 4 VOB/B differenziert im Hinblick auf die Länge der Verjährungsfristen zwischen

- Bauwerksleistungen und – ab der VOB/B 2002 nicht mehr gesondert erwähnten – Holzerkrankungen,
- Werken, deren Erfolg in der Herstellung, Wartung oder Veränderung einer Sache besteht , die auch „Arbeiten an Grundstücken" erfassen,
- vom Feuer berührten Teilen von Feuerungsanlagen mit einer Modifizierung bei industriellen Feuerungsanlagen sowie
- maschinellen und elektrotechnischen/elektronischen Anlagen.

78

Verjährungsfristen gemäß § 13 Abs. 4 Nr. 1 und 2 VOB/B

	VOB/B ab 2002	VOB/B bis 2002
Bauwerke	4 Jahre	2 Jahre
Grundstücksarbeiten	2 Jahre	1 Jahr
Feuerberührte Teile von Feuerungsanlagen	2 Jahre	1 Jahr
Feuerberührte und abgasdämmende Teile von industriellen Feuerungsanlagen	1 Jahr	Keine Regelung
Wartungsrelevante maschinelle und elektrotechnische Anlagen ⇩		
Wartung übertragen	4 Jahre	2 Jahre
Wartung nicht übertragen	2 Jahre	1 Jahr

Abbildung 6: Verjährungsfristen des § 13 Abs. 4 Nr. 1 und 2 VOB/B

79 Die in § 13 Abs. 4 VOB/B genannten Verjährungsfristen gelten – sofern vertraglich nichts anderes vereinbart worden ist – für sämtliche in § 13 Abs. 5 bis 7 VOB/B aufgeführten Mängelansprüche des Auftraggebers, also den Mangelbeseitigungsanspruch sowie das Selbstvornahmerecht und den dazu gehörenden Kostenvorschussanspruch (§ 13 Abs. 5 Nr. 1 und Nr. 2 VOB/B), für den Anspruch auf Minderung (§ 13 Abs. 6 VOB/B) sowie die Schadensersatzansprüche (§ 13 Abs. 7 VOB/B). Dies gilt nach Abnahme der Leistung auch für solche Mängel, die im Hinblick auf § 4 Abs. 7 VOB/B vor der Abnahme geltend gemacht, aber nicht behoben worden sind.

1. Bauwerke

Mit Arbeiten an einem Bauwerk sind alle Arbeiten gemeint, welche die Errichtung, die Veränderung oder den Erhalt eines Bauwerks zum Gegenstand haben[57]. Auch dazu gehören Instandsetzungs-, Wiederaufbau-, Umbau- und Wartungsarbeiten sowie diejenigen Arbeiten, welche bei einer Neuerrichtung als Arbeiten bei Bauwerken zu qualifizieren wären und mit solchen Nebenarbeiten vergleichbar sind. 80

Das Bauwerk – welches in umfassenderem Sinne zu sehen ist als ein Gebäude – kann auf und unter der Erdoberfläche errichtet sein und stellt eine unbewegliche, durch Verwendung von Arbeit und Material und in Verbindung mit dem Erdboden stehende Sache dar[58]. Eine Verbindung mit dem Erdboden ist auch dann gegeben, wenn das Bauwerk allein durch sein Gewicht auf dem Boden ruht bzw. beabsichtigt ist, es ortsfest zu nutzen. 81

Soweit Grundstücksarbeiten im Zusammenhang mit Baumaßnahmen erforderlich werden, gehören diese den jeweiligen Bauleistungen (Bauwerken). Unerheblich ist dabei, ob die Grundstücksarbeiten davon zeitlich getrennt sind oder mit der Baumaßnahme zusammen erfolgen. 82

Beispiele für Bauwerke[59]: 83

- Dachumdeckung
- Aufbringen einer Asphaltdecke
- Verlegen eines Fußbodenbelages durch Verbindung mit dem Untergrund
- Auskoffern einer Baugrube im Zusammenhang mit einer Baumaßnahme (Errichtung eines Gebäudes)
- Verglasung bzw. Austausch aller Fenster eines Hauses
- Hofbefestigung aus Betonformsteinen mit Kiestragschicht
- Beschichtung des Außenputzes zum Zwecke der Verhinderung des Eindringens von Feuchtigkeit, also zum Zwecke der Substanzerhaltung
- Malerarbeiten zum Zwecke der Substanzerhaltung (dies gilt nicht, sofern lediglich eine Verschönerung bezweckt ist)
- Abdichtungsarbeiten an der Kelleraußenwand zum Ziel der Beseitigung und Verhinderung von Feuchtigkeitsbeeinträchtigungen.

Die in § 13 Abs. 4 VOB/B 2002 nicht mehr erwähnten Holzerkrankungen sind den Bauwerksarbeiten zuzuordnen, da insoweit eine Abweichung von der vertraglich vereinbarten Beschaffenheit vorläge, und bedurften deshalb keiner besonderen Erwähnung mehr. 84

2. Werke, deren Erfolg in der Herstellung, Wartung oder Veränderung einer Sache besteht

Von den Werken, deren Entstehung in der Herstellung, Wartung oder Vereinbarung einer Sache besteht, sind insbesondere Arbeiten an einem Grundstück erfasst. Darunter werden solche Erdarbeiten mit dem Zweck der Gestaltung des Erdbodens verstanden, die keinen Zusammenhang mit der Errichtung oder der Veränderung eines Bauwerks aufweisen, wie z.B. Pflanz-, Bagger- oder Planierarbeiten[60]. Ebenfalls um Arbeiten an einem Grundstück handelt es sich bei Gebäudearbeiten, die nicht in erster Linie auf den Bestandschutz gerichtet sind, wie z.B. reine Fassadenverschönerungsarbeiten durch einen Anstrich[61]. 85

Die im Hinblick auf die unterschiedlichen Verjährungsfristen erforderliche Abgrenzung zwischen Bauwerksarbeiten einerseits und Arbeiten an einem Grundstück andererseits unterliegen einer nicht immer im Voraus bestimmbaren Wertung, insbesondere im Falle eines Rechts- 86

57 BGH, NJW-RR, S. 787.
58 BGH, NJW 1971, S. 2219.
59 Vgl. dazu im Einzelnen: Heiermann, Riedl, Rusam-Riedl, VOB/B, § 13, Rn. 75 mit weiteren Beispielen.
60 BGH, BauR 1971, S. 259, 260.
61 BGH, NJW 1978, S. 1522; BGH SF Z 2.414 Bl. 106.

streites. Als ein Kriterium wird man heranziehen können, ob die Arbeiten in die Konstruktion oder die Substanz eines Bauwerkes eingreifen: In einem solchen Falle ist von Bauwerksarbeiten auszugehen[62].

3. Feuerberührte Teile von Feuerungsanlagen

87 Da den vom Feuer berührten Teilen – wie z.B. Ofenwänden oder -rohren sowie sonstigen Teilen, die unmittelbar mit dem Feuer in Berührung kommen – von Feuerungsanlagen eine besondere Verschleißanfälligkeit innewohnt und deshalb die Mangelursache bereits nach kurzer Zeit nicht oder nur sehr schwer feststellbar ist, ist eine kurze Verjährungsfrist gerechtfertigt. Eine weitere Verkürzung der Verjährungsfrist (1 Jahr) ergibt sich für feuerberührte und abgasgedämmte Teile von industriellen Feuerungsanlagen. Diese Regelung erfasst Anlagen bestimmter Industriebereiche[63], in denen Werkstoffe eingesetzt werden, die wegen der entstehenden Belastungen aus dem Gebrauch meist eine kürzere Lebensdauer als ein Jahr aufweisen (Begründung des DVA zu § 13 Abs. 4).

4. Maschinelle und elektrotechnische/elektronische Anlagen

88 Die Lieferung bzw. der dauerhafte und fest eingefügte Einbau maschineller oder elektrotechnischer/elektronischer Anlagen in ein Bauwerk – wie z.B. Aufzüge oder Brandmeldeanlagen – stellt eine Bauleistung dar. Lässt sich die Anlage allerdings vom Bauwerk ohne Substanzverlust und ohne Beeinträchtigung der Benutzbarkeit der baulichen Anlagen trennen, was insbesondere dann der Fall ist, wenn die Anlage einen selbstständigen Nutzungszweck aufweist, unterfällt sie nicht der baulichen Anlage.

89 ***Beispiel:***

EDV-Anlage zur Steuerung einer Sonnenschutzanlage: Die Anlage ist weder ohne Substanzverlust vom Bauwerk abtrennbar noch kommt ihr ein eigenständiger Bedeutungszweck zu. Sie stellt eine Bauleistung dar und unterfällt § 13 Abs. 4 Nr. 2 VOB/B.

90 Sofern bei einer solchen als bauliche Anlage zu qualifizierenden Anlage die Wartung Einfluss auf die Sicherheit und Funktionsfähigkeit hat, macht § 13 Abs. 4 Nr. 2 VOB/B die Länge der Verjährungsfrist (für ein Bauwerk: vier Jahre) von der dem Auftragnehmer eingeräumten Möglichkeit einer solchen Wartung abhängig.

91 Überträgt der Auftraggeber dem Auftragnehmer auch die Wartung, verbleibt es bei der Verjährungsfrist von vier Jahren.

92 Beauftragt der Auftraggeber den Auftragnehmer nicht mit der Wartung, beträgt die Verjährungsfrist zwei Jahre. Dies gilt auch, wenn der Auftraggeber einen Dritten mit der Wartung beauftragt[64].

93 Beauftragt der Auftraggeber weder den Auftragnehmer noch einen Dritten mit der Wartung, soll es nach einem Teil der Literatur[65] bei besonders wartungsintensiven – z.B. bei einem Wartungsintervall von drei Monaten – Anlagen für den Auftragnehmer unzumutbar sein, eine durch die Nichtwartung bedingte Betriebsstörung auf seine Kosten beseitigen zu müssen. Dies kann zwar nicht zur Folge haben, dass der Auftragnehmer von seinen Gewährleistungspflichten befreit wird, weil er in diesem Falle auch nicht für konstruktive Mängel einzustehen hätte[66]. In der Literatur wird deshalb eine Lösung über eine Beweislastverteilung vorgeschlagen: Unterlässt es der Auftraggeber vollständig, jemanden mit der Wartung zu beauftragen, soll er im Hinblick auf einen während der Gewährleistungszeit und nach Ablauf eines Wartungsintervalls auftretenden Mangel darlegungs- und beweispflichtig dafür sein, dass dieser

62 Heiermann, Riedl, Rusam-Riedl, VOB/B, § 13, Rn. 74a.
63 Übersicht bei: Heiermann, Riedl, Rusam-Riedl, VOB/B, § 13, Rn. 78a.
64 Heiermann, Riedl, Rusam-Riedl, VOB/B, § 13, Rn. 79d; Leinemann-Schliemann, VOB/B, § 13, Rn. 109.
65 Heiermann, Riedl, Rusam-Riedl, VOB/B, § 13, Rn. 79e; Leinemann-Schliemann, VOB/B, § 13, Rn. 105.
66 Ebd.

Mangel keine Folge der unterbliebenen Wartung ist[67]. Kann der Auftraggeber den Nachweis führen, dass der Mangel auch bei einer ordnungsgemäßen Wartung entstanden wäre, verbleibt es bei der Mangelbeseitigungspflicht des Auftragnehmers.

94

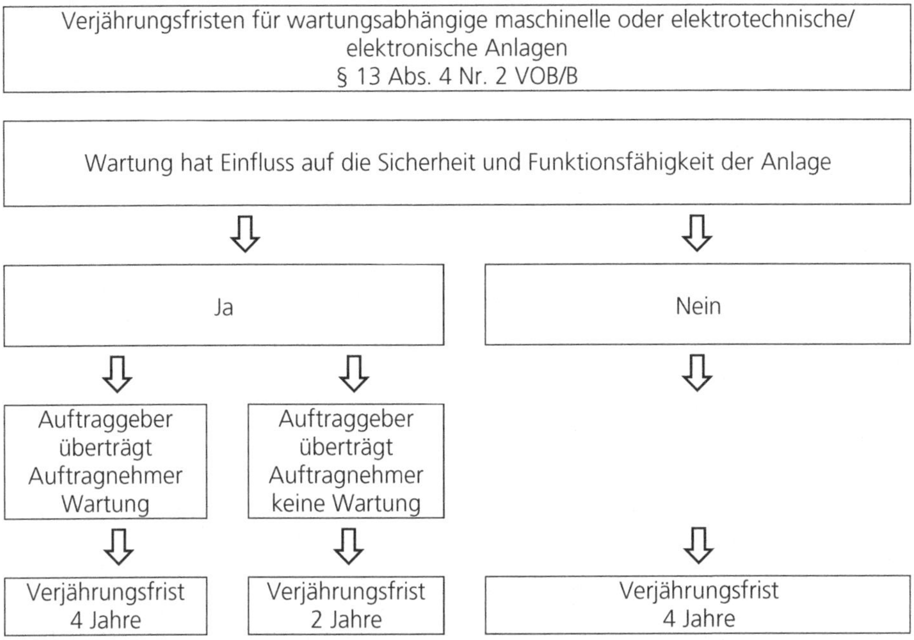

Abbildung 7: Verjährungsfristen bei maschinellen oder elektrotechnischen/elektronischen Anlagen

II. Andere Verjährungsfristen

1. Vertragliche Vereinbarungen

Die in § 13 Abs. 4 Nr. 1 VOB/B geregelten Verjährungsfristen gelten nur, wenn im Vertrag nichts anderes vereinbart worden ist. Nach der Intention der VOB/B ist es in erster Linie Sache der Vertragspartner, eine Regelung über den Verjährungszeitraum zu treffen. Geschieht dies nicht, gelten die VOB/B-Fristen. Eine solche Vereinbarung ist sowohl in individualvertraglicher als auch unter Beachtung des § 310 BGB durch allgemeine Geschäftsbedingungen gemäß § 305 BGB möglich. Letzteres geschieht insbesondere durch die Einbeziehung Besonderer oder Zusätzlicher Vertragsbedingungen in den Vertrag. 95

Die Vereinbarung einer 5-jährigen Verjährungsfrist anstelle der 4-jährigen Verjährungsfrist ist zulässig[68]. 96

Beispiel: 97

Für die Mängelansprüche gilt § 13 VOB/B, jedoch beträgt die Verjährungsfrist in Abweichung von Abs. 4 Nr. 1 fünf Jahre.

67 Ebd.
68 BGH, NJW 1989, S. 1602 und NJW-RR 1991, 980.

98 Auch die Vereinbarung längerer Verjährungsfristen ist im Einzelfall möglich: Eine in Form Allgemeiner Geschäftsbedingung erfolgte Vereinbarung von 10 Jahren und einem Monat für Flachdacharbeiten hat der BGH als zulässig erachtet[69]. Es ist auf die jeweilige Bauleistung abzustellen und unter Berücksichtigung des Interesses die Angemessenheit der Verlängerung der Verjährungsfrist zu prüfen. In der vorgenannten Entscheidung war im Hinblick auf das Interesse des Auftraggebers an einer angemessenen Verjährungsfrist von Bedeutung, dass Flachdachmängel häufig und erfahrungsgemäß später als nach fünf Jahren auftreten.

2. Arglistiges Verschweigen und Vorspiegeln eines Mangels

99 Im Falle des arglistigen Verschweigens eines Mangels zum Zeitpunkt der Abnahme verjähren die Ansprüche in drei Jahren gemäß §§ 195, 199 BGB (§ 634a Abs. 3 BGB, vgl. dazu oben Rn. 14 ff.). Die Verjährungsfrist beginnt mit dem Schluss des Jahres zu laufen, in dem der Anspruch entstanden und der Gläubiger (Auftraggeber) von den den Anspruch begründenden Umständen (Mangel) und der Person des Schuldners (Auftragnehmer) Kenntnis erlangt oder durch grobe Fahrlässigkeit hätte erlangen können (§ 199 Abs. 1 BGB); unabhängig davon verjähren die Ansprüche in zehn Jahren ab ihrer Entstehung (§ 199 Abs. 3 Nr. 1, Abs. 4).

3. Organisationsmangel

100 Eine längere Verjährungsfrist resultiert auch aus dem sog. Organisationsverschulden in den Fällen, in denen eine Baustelle so schlecht organisiert ist, dass Mängel der Leistung nicht erkannt werden (dazu oben Rn. 15).

III. Lauf der Verjährungsfristen

101 Vom Beginn der Verjährungsfrist bis zu deren Ende, dem Zeitpunkt des Verjährungseintritts, kann sich die Zeitdauer der Verjährungsfrist verändern. Dies geschieht durch die sog. Hemmung der Verjährungsfrist sowie die Unterbrechung bzw. dem Neubeginn der Verjährungsfrist. Geregelt sind diese Tatbestände im BGB sowie in § 13 Abs. 5 Nr. 1 VOB/B, der einen besonderen Unterbrechungstatbestand für den Fall der schriftlichen Mängelrüge sowie der Abnahme von Mängelbeseitigungsleistungen beinhaltet. Auch beim VOB/B-Vertrag gelten die Vorschriften des BGB. Ergänzend sind aber die besonderen Regelungen des § 13 Abs. 5 Nr. 1 VOB/B heranzuziehen.

69 BGH, BauR 1996, S. 707.

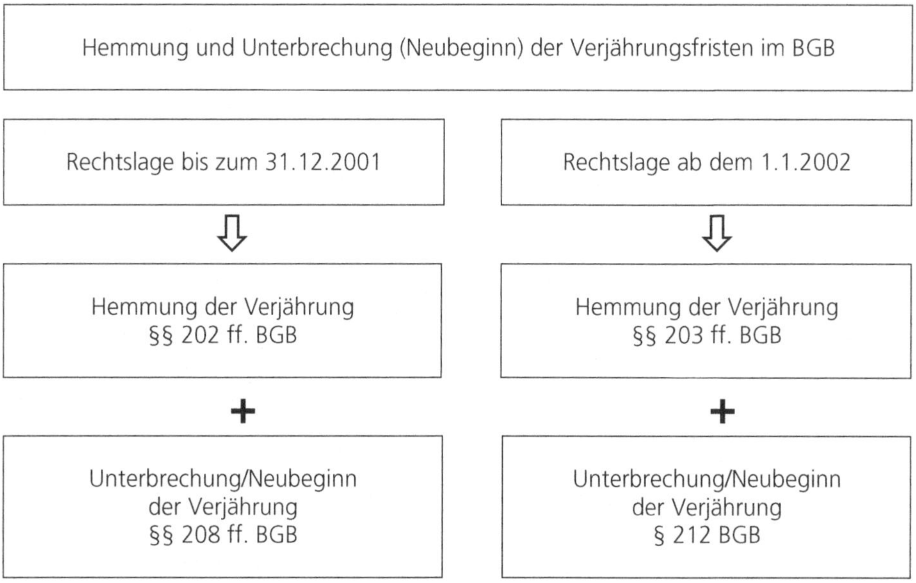

Abbildung 8: Unterbrechung (Neubeginn) und Hemmung der Verjährungsfristen im BGB

Während bei der Unterbrechung bzw. dem Neubeginn der Verjährungsfrist mit dem Ende der Unterbrechung die Verjährungsfristen zurückzulaufen beginnen, wird bei der Hemmung der Zeitraum, währenddessen die Verjährung gehemmt ist, nicht in den Lauf der Verjährungsfrist eingerechnet. Die Verjährungsfrist wird vielmehr um den Hemmungszeitraum verlängert (§ 209 BGB). **102**

Die Hemmungstatbestände sind in §§ 203 bis 208 BGB geregelt. Eine Hemmung der Verjährung kommt insbesondere in Betracht, wenn die Vertragsparteien über den Anspruch oder die den Anspruch begründenden Umstände verhandeln, durch Erhebung einer Klage, durch Streitverkündung, Zustellung eines Mahnbescheides, durch Aufrechnung und durch die Zustellung des Antrags auf Durchführung eines selbstständigen Beweisverfahrens nach den §§ 485 ff. ZPO.

1. Beginn der Verjährungsfrist (§ 13 Abs. 4 Nr. 3 VOB/B)

Die Verjährungsfrist für Mängelansprüche beginnt mit der Abnahme bzw. Teilabnahme (§ 12 Abs. 2 VOB/B) zu laufen. Entsprechendes gilt für das BGB-Recht (§ 634 Abs. 2 BGB). In den Fällen der regelmäßigen Verjährung (§ 195 BGB) – wie z.B. im Falle der Arglist – beginnt die Verjährung mit dem Schluss des Jahres zu laufen, in dem der Anspruch entsteht und der Auftraggeber von den Gründen, die seinen Anspruch begründen, Kenntnis erlangt oder hätte erlangen können; der Anspruch ist begrenzt auf 10 Jahre seit der Entstehung (§ 199 Abs. 1, Abs. 3 Nr. 1 BGB). **103**

2. Neubeginn der Verjährungsfrist durch schriftliche Mängelrüge und Abnahme von Mängelbeseitigungsleistungen (§ 13 Abs. 1 Nr. 1 Satz 2 und 3 VOB/B)

§ 13 Abs. 5 Nr. 1 VOB/B enthält – über § 212 BGB (Anerkenntnis oder gerichtliche bzw. behördliche Vollstreckungshandlungen) hinaus – zwei besondere – im BGB nicht vorhandene – Unterbrechungstatbestände mit der Folge des Neubeginns der Verjährungsfrist. **104**

105 Unterbrechung (Neubeginn) der Verjährungsfrist in § 13 Abs. 5 Nr. 1 VOB/B

Schriftliche Mängelrüge § 13 Abs. 5 Nr. 1 S. 1 und 2 VOB/B Achtung: nur 1 x möglich	Abnahme der Mängelbeseitigungsleistung § 13 Abs. 5 Nr. 1 S. 3 VOB/B

Abbildung 9: Unterbrechung (Neubeginn) der Verjährungsfrist in § 13 Abs. 5 Nr. 1 VOB/B

a. Neubeginn durch schriftliche Mängelrüge

106 Fordert der Auftraggeber den Auftragnehmer schriftlich zur Mängelbeseitigung auf[70], wird die laufende Verjährungsfrist ab dem Zeitpunkt des Zugangs der Mängelbeseitigungsaufforderung unterbrochen und es beginnt eine neue – allerdings nur zweijährige – Verjährungsfrist zu laufen. Die Gesamtverjährungsfrist wird dadurch allerdings nicht kürzer als die Regelfrist des § 13 Abs. 4 Nr. 1 VOB/ B (bei Bauwerken: vier Jahre) bzw. die vertraglich vereinbarte Frist.

107 ***Beispiel:***

Abnahme	*Verjährungsfrist*	*Mängelrüge*	*Verjährung*
1.4.2010	*4 Jahre*	*1.9.2010*	*1.4.2014*
1.4.2010	*4 Jahre*	*1.12.2012*	*1.12.2014*
1.4.2010	*4 Jahre*	*1.2.2014*	*1.2.2016*
1.4.2010	*5 Jahre*	*1.9.2010*	*1.4.2015*
1.4.2010	*5 Jahre*	*1.2.2013*	*1.2.2015*
1.4.2010	*5 Jahre*	*1.2.2014*	*1.2.2016*

108 Die schriftliche Mängelrüge erfasst den gerügten Mangel und gleichzeitig diejenigen Mängel, welche später auftreten, deren Ursache aber mit dem gerügten Mangel identisch ist. Grund dafür ist die sog. Symptomrechtsprechung des BGH, nach der die Bezeichnung der Mangelerscheinung – des Symptoms – den Mangel selbst sowie auch die Ursache des Mangels erfasst. Wird später ein Mangel sichtbar, dessen Ursache mit der des gerügten Mangels identisch ist, ist durch die Rüge die Verjährungsfrist auch insoweit unterbrochen worden.

109 ***Beispiel:***

Bei einer am 1.4.2010 abgenommenen Kanal- und Straßenbauarbeit (Verjährungsfrist: vier Jahre gemäß § 13 Abs. 4 Nr. 1 VOB/B) treten in der Folgezeit an unterschiedlichen Stellen A, B und C Setzungsschäden auf, die auf eine mangelhafte Verdichtung zurückzuführen sind.

Der Auftraggeber rügt schriftlich die Setzung A am 1.11. 2013.

Rüge Mangel A	*Verjährungseintritt*
1.11.2013	*1.11. 2015*

Am 1.6.2014 wird der Mangel B erkennbar.

70 Zum erforderlichen Inhalt einer solchen Mängelbeseitigungsaufforderung vgl. unten Rn. 129 bis 132.

Unter Zugrundelegung des Abnahmetermins wäre der Mängelanspruch B bereits am 1.4.2014 verjährt. Da die schriftliche Mängelbeseitigungsaufforderung vom 1.11.2013 aber auch die Mängel (Mängelansprüche) des Mangels B (und C) erfasst hat, gilt auch für diese die Unterbrechungswirkung und damit als Verjährungszeitpunkt der 1.11.2015, sodass am 1.6.2014 noch keine Verjährung eingetreten war.

Am 5.11.2015 wird der Mangel C erkennbar.

Der Mängelanspruch ist zu diesem Zeitpunkt verjährt.

Die schriftliche Mängelbeseitigungsaufforderung kann die Unterbrechung – bezogen auf den **110** gerügten Mangel bzw. unter Berücksichtigung der Symptomtheorie – nur einmal in Gang setzen. Für weitere neue Mängel, die auf einer anderen Mängelursache beruhen, kann eine Unterbrechung durch eine schriftliche Mängelrüge begründet werden. Werden im vorgenannten Beispiel am 1.1.2014 Mängel im Straßenbelag, deren Ursache nicht auf eine mangelhafte Verdichtung zurückzuführen ist, oder Mängel an den Bordsteinen schriftlich gerügt (Zugang beim Auftragnehmer), so wird die Verjährungsfrist unterbrochen und endet erst am 1.9.2016. Auch für diese Mängel gilt die Unterbrechung für alle weiteren Mängel mit identischer Ursache.

Ist die Verjährungsfrist unterbrochen worden, hängt der weitere Lauf der Verjährungsfrist da- **111** von ab, ob die Mängel innerhalb der noch verbleibenden Frist beseitigt werden oder nicht.

Auch die den Neubeginn oder die Hemmung der Verjährungsfrist begründende Handlung des **112** BGB erfasst nach der Symptomtheorie den Mangel sowie die Mangelursache, sodass auch später auftretende Mängel von der Wirkung erfasst werden.

113

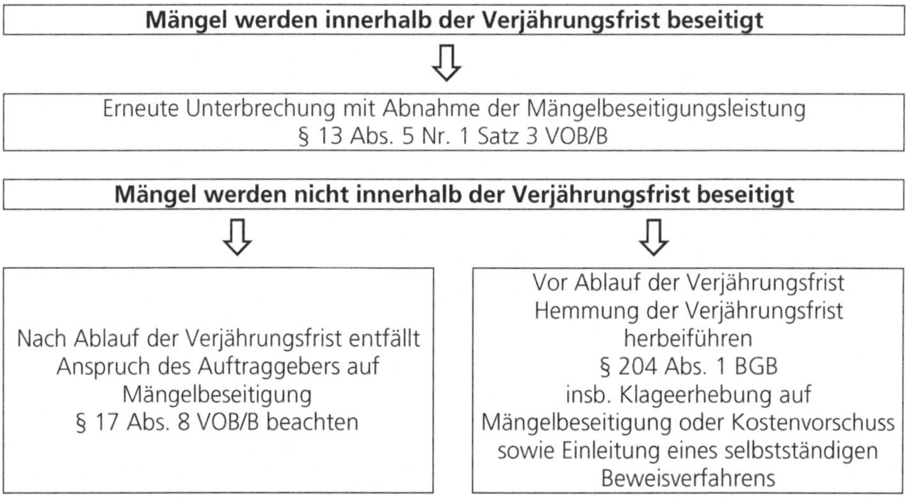

Abbildung 10: Rechtsfolgen durchgeführter und nicht durchgeführter Mängelbeseitigungsmaßnahmen

114 ***Praxistipp:***

> *Steht der Eintritt der Verjährung (unmittelbar) bevor und lässt sich eine Unterbrechung nicht durch eine schriftliche Mängelbeseitigungsaufforderung erreichen, müssen unverzüglich verjährungshemmende Maßnahmen eingeleitet werden. Insoweit kommt insbesondere die Einleitung eines selbstständigen Beweisverfahrens nach Maßgabe der §§ 485 ff. ZPO in Betracht.*

115 Die Unterbrechung durch schriftliche Mängelbeseitigungsaufforderung sowie der Neubeginn und die Hemmung nach Maßgabe des BGB erstrecken sich nicht nur auf den Mängelbeseitigungsanspruch, sondern auf alle in § 13 VOB/B genannten Mängel- und Schadensersatzansprüche inklusive des Kostenvorschusses und des Kostenerstattungsanspruches[71].

116 Für die Unterbrechung bzw. den Neubeginn und die Hemmung der Verjährung nach BGB-Recht für Verträge, die vor dem 1.1.2002 geschlossen worden sind, enthält Art. 229 § 6 Abs. 1 EGBGB Überleitungsvorschriften, wonach die ab dem 1.1.2002 geltenden Verjährungsvorschriften auf alle am 1.1.2002 bestehenden Verträge Anwendung finden. Mit dem Beginn der Hemmung sowie dem Neubeginn der Verjährung verbleibt es dagegen unter Berücksichtigung des Art. 229 § 6 Abs. 3 und 4 EGBGB bei den vor dem 1.1.2002 geltenden Regelungen. Maßgeblich für die Berechnung ist, ob die Verjährungsfrist im Vergleich der neuen zur alten Rechtslage kürzer oder länger als nach der neuen Rechtslage ist.

b. Abnahme von Mängelbeseitigungsleistungen

117 Nimmt der Auftraggeber eine Mängelbeseitigung des Auftragnehmers gemäß § 12 VOB/B ab, beginnt nach der Abnahme für diese wiederum eine Verjährungsfrist von zwei Jahren zu laufen (§ 13 Abs. 5 Nr. 1 Satz 3 VOB/B), sofern die Vertragsparteien für diesen Fall keine abweichende Regelung über die Frist getroffen haben[72]. Auch diese neue Frist kann nicht kürzer sein als die Regelfrist des § 13 Abs. 4 Nr. 1 VOB/B oder eine anstelle der Regelverjährungsfrist vereinbarte Frist.

118 Anders als bei der schriftlichen Mängelbeseitigungsaufforderung kann die durch die Abnahme der Mängelbeseitigungsleistung entstehende neue Verjährungsfrist so oft erfolgen, wie der Auftragnehmer die Nachbesserung durchführt und der Auftraggeber diese jeweils abnimmt.[73]

119 Beseitigt der Auftragnehmer nicht die Mängel, sondern lediglich die Mängelerscheinung, „kuriert er also lediglich am Symptom" und damit nicht dauerhaft, erstreckt sich die neue Verjährungsfrist nicht lediglich auf die gerügte nachgebesserte Mängelerscheinung, sondern es werden sämtliche Mängel erfasst, die für die Mängelerscheinung ursächlich waren[74].

120 Die neue Verjährungsfrist wird auch dann in Gang gesetzt, wenn der Auftragnehmer Mängelbeseitigungsleistungen ausführt, obwohl der Mängelanspruch bereits verjährt war[75]: Für den Fall, dass der Auftraggeber die Abnahme der Mängelbeseitigung zu Unrecht verweigert, richtet sich der Lauf der neuen Verjährungsfrist nach dem Zeitpunkt einer solchen endgültigen Abnahmeverweigerung[76].

3. Rechte des Auftraggebers trotz eingetretener Verjährung

121 Sind die Mängelansprüche verjährt und erhebt der Aufragnehmer die Einrede der Verjährung, verbleiben dem Auftraggeber gleichwohl die Aufrechnungsbefugnis sowie Rechte im Sinne des § 17 Abs. 8 VOB/B (vgl. dazu § 17 VOB/B, Rn. 47 ff.).

---

71 BGH, BauR 1974, S. 280.
72 Heiermann, Riedl, Rusam-Riedl, VOB/B, § 13, Rn. 130.
73 Ebd., m.w.N.
74 BGH, BauR 1999, S. 391.
75 Heiermann, Riedl, Rusam-Riedl, VOB/B, § 13, Rn. 130.
76 BGH, BauR 1977, S. 346.

F. Mängelbeseitigung

Der Auftragnehmer ist unter der Voraussetzung des § 13 Abs. 5 Nr. 1 Satz 1 VOB/B zur Mängelbeseitigung aller während der Verjährungsfrist hervortretenden Mängel verpflichtet, wenn der Auftraggeber dies von ihm verlangt. Geschieht dies nicht, kann der Auftraggeber den Mangel unter Beachtung der in § 13 Abs. 5 Nr. 2 VOB/B genannten Voraussetzungen – also nach fruchtlosem Ablauf einer angemessenen Fristsetzung – selbst auf Kosten des Auftragnehmers beseitigen bzw. beseitigen lassen. **122**

123

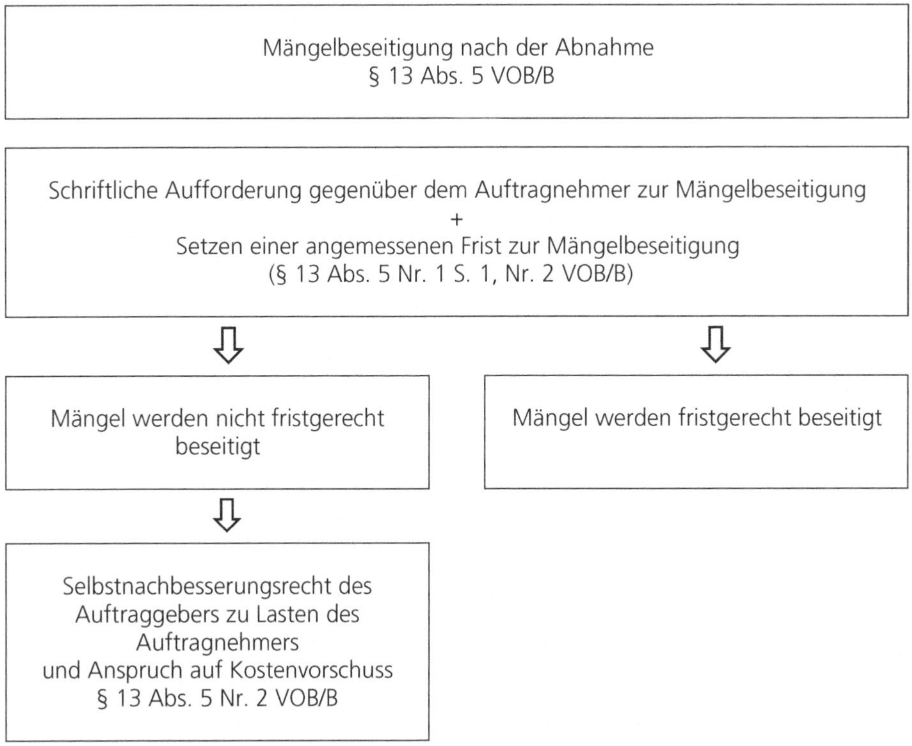

Abbildung 11: Mängelbeseitigung nach der Abnahme (§ 13 Abs. 5 VOB/B)

Keine Mängelbeseitigungspflicht des Auftragnehmers besteht allerdings dann, wenn der Anspruch verjährt ist und er die Einrede der Verjährung erhebt oder er seiner Mitteilungspflicht gemäß § 13 Abs. 3 VOB/B ordnungsgemäß nachgekommen ist (vgl. dazu oben Rn. 51 ff.). **124**

125 ***Formulierungsvorschlag für eine Ablehnung der Mängelbeseitigung durch Einrede der Verjährung:***

Maurerbetrieb
Egon Lotrecht
98765 Wandhausen

[Datum]

Behörde für städtisches Bauen
Herrn Oberbaurat Meyer
Mauerstraße 4711
12345 Hochbaustadt

Sehr geehrter Herr Meyer,

mit Schriftsatz vom ... [Datum] bin ich zur Beseitigung der dort aufgeführten Mängel aufgefordert worden.

Eine Beseitigung der Mängel lehne ich ab, weil Ihr Anspruch auf Mängelbeseitigung zwischenzeitlich verjährt ist. Ich erhebe insoweit ausdrücklich die Einrede der Verjährung.

Die Abnahme der Leistung ist am ... [Datum] erfolgt. Somit ist die Verjährung unter Berücksichtigung der vereinbarten 5-jährigen Verjährungsfrist am ... [Datum] eingetreten.

Mit freundlichen Grüßen

Lotrecht

126 ***Formulierungsvorschlag für eine Ablehnung der Mängelbeseitigung mit Hinweis auf Mitteilung gemäß § 13 Abs. 3 VOB/B:***

Maurerbetrieb
Egon Lotrecht
98765 Wandhausen

[Datum]

Behörde für städtisches Bauen
Herrn Oberbaurat Meyer
Mauerstraße 4711
12345 Hochbaustadt

Sehr geehrter Herr Meyer,

mit Schriftsatz vom ... [Datum] bin ich zur Beseitigung der dort aufgeführten Mängel aufgefordert worden.

Ich lehne die Mängelbeseitigung unter Hinweis auf § 13 Abs. 3 VOB/B ab.

Die Mängel sind auf Ihre Anordnung vom ... [Datum] zurückzuführen, nach der ...

Gegen die Durchführung der Leistung im Sinne Ihrer Anordnung habe ich mit Schreiben vom ... [Datum] Bedenken geltend gemacht und auf die Mängel hingewiesen. Gleichwohl haben Sie darauf bestanden, die Leistung, wie von Ihnen angeordnet, durchzuführen.

Mit freundlichen Grüßen

Lotrecht

I. Mängelbeseitigung durch den Auftragnehmer (§ 13 Abs. 5 Nr. 1)

1. Schriftliches Mängelbeseitigungsverlangen des Auftraggebers gegenüber dem Auftragnehmer

a. Aufforderung zur Mängelbeseitigung

Der Auftraggeber muss den Auftragnehmer eindeutig und inhaltlich zweifelsfrei zur Mängelbeseitigung (Nacherfüllung) auffordern. Aufforderungen anderer Art, wie z.B. die Abgabe einer Erklärung des Auftragnehmers zur Mängelbeseitigung oder zur Vorlage eines Sanierungskonzeptes[77], sind nicht geeignet, eine Verpflichtung des Auftragnehmers zur Mängelbeseitigung zu begründen, und stellen deshalb auch keine Grundlage für das Selbstvornahmerecht des Auftraggebers gemäß § 13 Abs. 5 Nr. 2 VOB/B dar. Die Mängelrüge des Auftraggebers muss gegenüber dem Auftragnehmer deutlich zum Ausdruck bringen, dass der Auftraggeber eine Mängelbeseitigung von ihm verlangt und eine Missachtung dieser Aufforderung nicht hinnehmen wird[78]. Der Auftraggeber darf also nicht nur die Mängel rügen, sondern muss eindeutig klarstellen, dass er die Beseitigung der Mängel verlangt. 127

Praxistipp: 128

Die Mängelbeseitigungsaufforderung des Auftraggebers muss eindeutig auf eine Mangelbeseitigung und darf nicht lediglich auf ein Handeln bzw. Tätigwerden des Auftragnehmers in anderer Art, wie beispielsweise die Aufforderung, einen Lösungsvorschlag zu unterbreiten[79], gerichtet sein.

b. Benennung der Mängel

Der Auftraggeber muss die zu beseitigenden Mängel präzise und eindeutig bezeichnen und damit dafür Sorge tragen, dass der Auftragnehmer erkennen kann und weiß, welche Mängel der Auftraggeber ihm vorhält und beseitigt werden sollen, mit anderen Worten, was von ihm verlangt wird[80]. Dies betrifft sowohl die örtliche Lage als auch die inhaltliche Bezeichnung des Mangels. Die Bezeichnung des Ortes, an dem die Mängel vorhanden sind, muss ebenfalls konkret erfolgen. 129

Beispiel: 130

Eine Mängelrüge des Inhalts „an einigen Fensterrahmen blättert die Farbe ab" reicht zur Benennung der örtlichen Lage nicht aus, es müssen in einem solchen Fall vielmehr auch die Räumlichkeiten genannt werden[81].

Neben der örtlichen Lage der Mängel müssen auch die Mängel selbst eindeutig und konkret benannt werden. Auch insoweit muss dem Auftragnehmer klar werden, welche Mängel der Auftragnehmer ihm zurechnet. Die Benennung des Mangels setzt nicht voraus, dass der Auftraggeber die Mangelursache benennt[82]. Ausreichend ist, wenn die sichtbare Mängelerscheinung, das „Symptom des Mangels", bezeichnet wird. Eine solche Mängelsymptomanzeige erfasst dann auch die Ursache des Mangels mit. 131

77 Leinemann-Schliemann, VOB/B, § 13, Rn. 215.
78 BGH, BauR 1975, S. 341.
79 OLG Düsseldorf, BauR 2001, S. 645.
80 BGH, BauR 1980, S. 574.
81 KG, BauR 1974, S. 345.
82 Sog. Symptomrechtsprechung des BGH, vgl. BGH, BauR 2000, S. 261.

132 ***Beispiel:***

Der Auftraggeber rügt gegenüber dem Generalunternehmer (Kanal- und Straßenbau) Setzungen in der Straße A im Bereich B vor dem Grundstück X. Er muss nicht behaupten, dass dies auf eine mangelhafte Verdichtung zurückzuführen sein könnte. Die Rüge der Mängelerscheinung (Setzung) und die Aufforderung, diesen Mangel zu beseitigen, reicht aus und erstreckt sich automatisch auf die Mangelursache. Sofern der Auftraggeber – wovon abzuraten ist – dennoch die Mängelursache benennt, diese aber falsch oder unvollständig ist, wirkt sich dies zwar nicht zum Nachteil des Auftraggebers aus[83]. Der Auftraggeber sollte dies aber tunlichst vermeiden.

Der Auftraggeber rügt gegenüber dem Heizungsbauer eine unzureichende Heizungsleistung und fordert zur Mängelbeseitigung auf. Er muss – im Sinne einer möglichen Ursache – weder auf mögliche Konstruktions- oder Ausführungsfehler, Undichtigkeiten oder andere Umstände eingehen, da sämtliche mögliche Ursachen durch die Mängelrüge im Sinne der Benennung der Mängelerscheinung erfasst werden[84].

c. Schriftform

133 § 13 Abs. 5 Nr. 1 Satz 1 VOB/B fordert ein schriftliches Mängelbeseitigungsverlangen. Geschieht dies nicht, ist die Mängelbeseitigungsaufforderung zwar nicht unwirksam: Für die Geltendmachung und Durchsetzung des Mängelbeseitigungsanspruchs genügt auch eine mündliche Mängelbeseitigungsaufforderung[85], sofern der Auftraggeber dies im Streitfall beweisen kann. Die Verjährungsunterbrechung des § 13 Abs. 5 Nr. 1 Satz 2 VOB/B tritt allerdings ausschließlich im Falle einer schriftlichen Mängelbeseitigungsaufforderung ein (vgl. dazu oben Rn. 106 ff.).

134 ***Praxistipp:***

Die Mängelrüge (Mängelbeseitigungsaufforderung) nach § 13 Abs. 5 Nr. 1 Satz 1 VOB/B sollte immer schriftlich erfolgen.

Nur dadurch wird die Voraussetzung geschaffen für einen eindeutigen Nachweis der Rüge und der Aufforderung und damit auch eine der beiden Voraussetzungen für eine Selbst- bzw. Ersatzvornahme gemäß § 13 Abs. 5 Nr. 2 VOB/B: Mängelbeseitigungsaufforderung, angemessene Fristsetzung und fruchtloser Ablauf der Frist und die Unterbrechung der Verjährungsfrist gemäß § 13 Abs. 5 Nr. 1 Satz 2 VOB/B.

135 ***Formulierungsvorschlag für eine schriftliche Mängelbeseitigungsaufforderung:***

Behörde für städtisches Bauen
Herrn Oberbaurat Meyer
Mauerstraße 4711
12345 Hochbaustadt

[Datum]

Maurerbetrieb
Egon Lotrecht
98765 Wandhausen

Sehr geehrter Herr Lotrecht,

im Zusammenhang mit der o.a. Baumaßnahme sind nachfolgende Mängel aufgetreten:

---

83 BGH, BauR 1999, S. 391.
84 BGH, BauR 1999, S. 339, 340.
85 Franke, Kemper, Zanner, Grünhagen-Donner, § 13 VOB/B Rn. 135 m.w.N.

1. ... *[konkrete Mängelbeschreibung]*

2. ...

3. ...

Wir fordern Sie auf, die vorstehend genannten Mängel bis zum ... ([Datum]: angemessene Mängelbeseitigungsfrist) zu beseitigen.

Mit freundlichen Grüßen

Meyer

Oberbaurat

2. Umfang der Mängelbeseitigung

136 Die Mängelbeseitigungspflicht des Auftragnehmers „auf seine Kosten" umfasst alle zur Beseitigung des Mangels erforderlichen Maßnahmen inklusive der Nebenleistungen, wie Transport-, Material- sowie Lohnkosten und – soweit zur ordnungsgemäßen Mängelbeseitigung erforderlich – Arbeiten an anderen Gewerken[86]. Er muss die Leistung so herstellen, dass sie dem vertraglich vereinbarten Leistungssoll entspricht[87]. Ist dies im Sinne einer nachhaltigen Mängelbeseitigung nur durch eine Neuherstellung möglich, wird diese geschuldet.

137 Wie der Auftragnehmer die Mängelbeseitigung mit dem Ergebnis der Erfüllung des vertraglich vereinbarten Leistungssolls durchführt, kann er bestimmen. Ihm steht insoweit ein Wahlrecht zu[88], ohne dass dem Auftraggeber das Recht zusteht, die Art und Weise der Mängelbeseitigung vorzugeben. Da das Ziel der endgültigen Beseitigung bestehender Mängel im Vordergrund steht, sind untaugliche Vorschläge des Auftraggebers für den Auftragnehmer nicht von Bedeutung, er muss vielmehr selbst entscheiden, wie er dieses Ziel erreicht, und alle notwendigen Maßnahmen ergreifen[89]. Auch das Einverständnis des Auftraggebers mit einer bestimmten – aber untauglichen – Mängelbeseitigung entlastet den Auftragnehmer nicht, da ein solches Einverständnis in der Regel keinen Verzicht des Auftraggebers auf andere möglichen Arten der Mängelbeseitigung darstellt[90].

3. Kosten der Mängelbeseitigung

a. Kostentragung durch den Auftragnehmer

138 Sämtliche für die Mängelbeseitigung erforderlichen Kosten hat grundsätzlich der Auftragnehmer zu tragen.

b. Kostenbeteiligung durch den Auftraggeber

139 In besonderen Fällen kann eine Kostenbeteiligungspflicht des Auftraggebers bestehen. Dies ist insbesondere dann der Fall, wenn für die Mängelbeseitigung Leistungen erforderlich wären, die bereits zum Zeitpunkt der Erstellung des Werkes als Voraussetzung für eine mangelfreie Leistung erforderlich gewesen wären. Die entsprechenden Kosten, um die die Leistung bei einer mangelfreien Ausführung von vornherein teurer geworden wäre („Sowieso-Kosten"), hat der Auftraggeber zu tragen[91]. Dem Auftragnehmer steht insoweit die Leistung einer Sicherheit zu[92]. Der Auftraggeber soll nicht besser gestellt werden, als er bei Erstellung einer mangelfreien Leistung gestanden wäre[93].

---

86 BGH, BauR 1979, S. 333; entstehen durch die Mängel Schäden an anderen Gewerken, unterfallen die insoweit erforderlichen Arbeiten dem Schadensersatzanspruch i.S.d. § 13 Abs. 7 VOB/B (BGH, BauR 1986, S. 211, 213).

87 BGH, BauR 2002, S. 86, 88.

88 St. RS, zuletzt BGH, IBR 2004, S. 64; weitere Nachweise bei Franke, Kemper, Zanner, Grünhagen-Donner, § 13 VOB/B, Fußn. 265.

89 BGH, BauR 1998, S. 123, 124.

90 BGH, BauR 2002, S. 472.

91 BGH, BauR 2002, S. 86.

92 BGHZ 90, S. 344.

93 BGH, BauR 1990, S. 468.

140 Erhält die Leistung als Folge eines erhöhten Nachbesserungsaufwandes eine Wertsteigerung, so führt dies grundsätzlich nicht zu einem Vorteilsausgleich[94]. Anders kann dies jedoch bei einer aus der Mängelbeseitigung resultierenden verlängerten Nutzungsdauer bzw. einem insoweit reduzierten Instandhaltungsaufwand sein. Voraussetzung dafür ist aber, dass dem Auftraggeber bis zu diesem Zeitpunkt keine Gebrauchsnachteile entstanden sind[95].

141 Eine quotenmäßige Kostenbeteiligung steht dem Auftragnehmer auch dann zu, wenn der Auftraggeber oder eine von ihm eingesetzte Hilfsperson den Mangel mitverursacht hat[96]: Hat ein Planungsmangel des Architekten bzw. Ingenieurs zur Mangelhaftigkeit der Leistung beigetragen, so steht dem Auftragnehmer ein Anspruch auf Ersatz eines insoweit – im Streitfall sachverständig – zustimmenden Quotenanteils der Mängelbeseitigungskosten zu; dies gilt allerdings nicht für den Fall, in dem die Mitverursachung ausschließlich in der Baubewachung des Architekten bzw. Ingenieurs liegt.

II. Mängelbeseitigung (Selbst- bzw. Ersatzvornahme) durch den Auftraggeber auf Kosten des Auftragnehmers (§ 13 Abs. 5 Nr. 2)

142 Kommt der Auftragnehmer der Aufforderung zur Mängelbeseitigung in einer vom Auftraggeber gesetzten angemessenen Frist nicht nach, so kann der Auftraggeber die Mängel auf Kosten des Auftragnehmers beseitigen lassen.

1. Voraussetzungen

143

Voraussetzungen für das Selbstvornahmerecht des Auftraggebers gemäß § 13 Abs. 5 Nr. 2 VOB/B

Durchsetzbarer Mängelbeseitigungsanspruch nach § 13 Abs. 5 Nr. 1 VOB/B

+

Schriftliche Aufforderung zur Mängelbeseitigung und Setzen einer angemessenen Frist zur Mängelbeseitigung

+

Fruchtloser Fristablauf

=

Beseitigungsrecht des Auftraggebers im Wege der Selbstvornahme

Abbildung 12: Voraussetzungen für die Selbstvornahme des Auftraggebers

94 BGH, BauR 1987, S. 207.
95 BGH, BauR 2002, S. 86.
96 BGHZ 90, S. 344; BGH, NJW 1999, S. 416.

a. Durchsetzbarer Mängelbeseitigungsanspruch

Dem Auftraggeber muss ein fälliger und durchsetzbarer Mängelbeseitigungsanspruch gegenüber dem Auftragnehmer zustehen. Dies ist insbesondere dann nicht der Fall, wenn 144

- der Anspruch verjährt ist und der Auftragnehmer die Einrede der Verjährung erhebt,
- die Mängelbeseitigung unmöglich ist oder einen unverhältnismäßig hohen Aufwand erfordern würde und deshalb vom Auftragnehmer verweigert wird (§ 13 Abs. 6 VOB/B mit der Folge eines Minderungsanspruches).

b. Schriftliche Mängelbeseitigungsaufforderung

Der Auftragnehmer muss vom Auftraggeber schriftlich aufgefordert worden sein, den vom Auftraggeber konkret benannten Mangel zu beseitigen (§ 13 Abs. 5 Nr. 1 Satz 1 VOB/B, dazu oben Rn. 106 ff.). Der Auftraggeber muss des Weiteren darauf achten, dass die Selbstvornahmeberechtigung nur diejenigen Mängel erfasst, die er gerügt oder deren Beseitigung er unter Beachtung der Symptomrechtsprechung des Bundesgerichtshofs erlangt hat. Lässt er weitere – nicht von der Aufforderung erfasste – Mängel beseitigen, besteht dafür kein Kostenerstattungsanspruch. 145

c. Setzen einer angemessenen Frist

Über die Mängelbeseitigungsaufforderung (Mängelrüge) hinaus muss der Auftraggeber dem Auftragnehmer – wie sich aus § 13 Abs. 5 Nr. 2 VOB/B ausdrücklich ergibt – eine angemessene Frist zur Mängelbeseitigung setzen. Diese Frist kann mit der Mängelbeseitigungsaufforderung verbunden werden, aber auch später erfolgen[97]. 146

Praxistipp: 147

Erfolgt zunächst – nur – eine Mängelbeseitigungsaufforderung ohne Fristsetzung, muss die Fristsetzung zu einem späteren Zeitpunkt mit erneuter Mängelbeseitigungsaufforderung oder unter Bezugnahme auf die erfolgte Mängelbeseitigungsaufforderung erfolgen. Im Hinblick auf die Bestimmung der Angemessenheit ist auf die später erfolgte Fristsetzung abzustellen.

Die Angemessenheit der Mängelbeseitigungsfrist lässt sich nicht generell und abstrakt bestimmen, sondern ist vom Einzelfall unter Berücksichtigung des konkreten Zeitaufwandes, der aus objektiver Sicht für die Mängelbeseitigung benötigt wird, abhängig[98]. Ist die Fristsetzung zu kurz bemessen, wird eine angemessene Frist in Lauf gesetzt[99]. Lässt sich als Folge einer schwierigen und umfangreichen Mängelbeseitigungsarbeit eine Durchführungsfrist nicht abschätzen, kann der Auftraggeber ausnahmsweise berechtigt sein, dem Auftragnehmer eine angemessene Beginnfrist zu setzen: Der Auftragnehmer ist in diesem Falle verpflichtet, mit den Arbeiten binnen der Frist zu beginnen und sie zügig zu beenden[100]. 148

d. Fruchtloser Fristablauf

Lässt der Auftragnehmer die gesetzte Frist ergebnislos verstreichen, beseitigt er die im Rahmen der Mängelbeseitigungsaufforderung gerügten Mängel nicht oder nicht erfolgreich[101], ist der Auftraggeber nach Ablauf der Frist berechtigt, die Mängelbeseitigung auf Kosten des Auftragnehmers beseitigen zu lassen (§ 13 Abs. 5 Nr. 2 VOB/B). Gibt der Auftraggeber allerdings nach Ablauf der Frist dem Auftragnehmer Gelegenheit zur Mängelbeseitigung und führt diese nicht zum Erfolg, so muss er dem Auftragnehmer im Hinblick auf weitere Mängel- 149

97 Franke, Kemper, Zanner, Grünhagen-Donner, § 13 VOB/B, Fußn. 159.
98 Dazu im Einzelnen: Leinemann-Schliemann, VOB/B, § 13, Rn. 280–285.
99 BGH, NJW 1985, S. 2640; OLG Düsseldorf, BauR 1988, S. 1263.
100 BGH, BauR 1982, S. 456; Heiermann, Riedl, Rusam-Riedl, VOB/B, § 13, Rn. 144.
101 Wirth, in: Ingenstau/Korbion, § 13 VOB/B, Rn. 122.

beseitigungsleistungen eine erneute angemessene Frist setzen, um den Selbstvornahmeanspruch zu begründen[102].

e. Entbehrlichkeit der Fristsetzung

150 In Ausnahmefällen, in denen der Fristsetzung und ggf. auch der Mängelbeseitigungsaufforderung lediglich die Funktion einer „reinen Förmelei" zukäme, kann dieses entbehrlich sein[103]. Solche Förmeleien können beispielsweise in nachfolgenden Fällen gesehen werden:

151 • Der Auftragnehmer verweigert die Mängelbeseitigung ernsthaft und endgültig[104].

152 • Der Auftragnehmer bestreitet eindeutig und bestimmt seine Pflicht zur Mängelbeseitigung bzw. das Vorhandensein eines Mangels überhaupt[105].

153 • Der Auftragnehmer erweist sich als so unzuverlässig, dass der Auftraggeber berechtigterweise nicht mehr das Vertrauen haben kann, dass die Mängelbeseitigungsarbeiten ordnungsgemäß ausgeführt werden[106].

154 • Der Auftragnehmer hat trotz mehrerer Mängelbeseitigungsversuche die Mängel nicht behoben[107].

155 Die Entbehrlichkeit der Fristsetzung sowie der Mängelbeseitigungsaufforderung stellen unter dem Gesichtspunkt der „reinen Förmelei" eine absolute Ausnahme dar. Der Auftraggeber sollte wegen der weitreichenden Folgen des Fehlens der Voraussetzungen für die Selbstvornahme und Kostenerstattung gemäß § 13 Abs. 5 Nr. 2 VOB/B nur in eindeutigen Fällen auf die Mängelbeseitigungsaufforderung und Fristsetzung verzichten und diese im Zweifel vornehmen.

f. Rechtsfolgen unterlassener Mängelbeseitigungsaufforderung und Fristsetzung

156 Hat der Auftraggeber die Voraussetzungen für die Selbstvornahme nicht herbeigeführt, steht ihm für die durch einen Dritten durchgeführte Mängelbeseitigungsmaßnahme gegenüber dem Auftragnehmer kein Kostenerstattungsanspruch zu. Da § 13 Abs. 5 Nr. 2 VOB/B insoweit eine abschließende Regelung darstellt, kann nicht auf eine andere Rechtsgrundlage, wie z.B. die ungerechtfertigte Bereicherung (§§ 812 ff. BGB) oder die Geschäftsführung ohne Auftrag, zurückgegriffen werden[108].

2. Kostenerstattung

157 Hat der Auftraggeber die Voraussetzung für die Selbstvornahme herbeigeführt, gibt ihm dies das Recht, die Mängel auf Kosten des Auftragnehmers durch einen Dritten oder selbst im eigenen Betrieb[109] beseitigen zu lassen, und insoweit einen Anspruch auf Erstattung der dadurch entstehenden Kosten.

a. Durchführung der Mängelbeseitigung

Durchführung durch einen Drittunternehmer

158 Der vom Auftraggeber eingesetzte Drittunternehmer darf zwar vor Ablauf der dem Auftragnehmer gesetzten Mängelbeseitigungsfrist beauftragt werden. Er darf aber nicht vor diesem Zeitpunkt mit den Mängelbeseitigungsleistungen beginnen (vgl. dazu hier die Kommentierung zu § 4 VOB/B Rn. 142). Eine vor Ablauf der Frist erfolgte Beauftragung kann, wenn der Auftragnehmer die Mängelbeseitigung dennoch innerhalb der gesetzten Frist fristgerecht er-

---

102 Ebd.; Heiermann, Riedl, Rusam-Riedl, VOB/B, § 13, Rn. 145.
103 BGH, BauR 1990; S. 466.
104 BGH, BauR 1984, S. 450; Heiermann, Riedl, Rusam-Riedl, VOB/B, § 13, Rn. 144a, sowie Leinemann-Schliemann, VOB/B, § 13, Rn. 286–294, jeweils mit weiteren Darstellungen.
105 BGH, BauR 1983, S. 258, 259; BGH, BauR 1976, S. 285.
106 BGH; NJW 1971, S. 798.
107 OLG Rostock, BauR 1998, S. 552.
108 Heiermann, Riedl, Rusam-Riedl, VOB/B, § 13, Rn. 146 m.w.N.; Wirth, in: Ingenstau/Korbion, § 13 Nr 5 VOB/B, Rn. 126.
109 Wirth, in: Ingenstau/Korbion, § 13 Abs. 5 VOB/B, Rn. 171.

bringt, ein Kündigungserfordernis gegenüber dem Drittunternehmer mit der Folge eines Vergütungsanspruchs „abzüglich ersparter Aufwendungen" i.S.d. § 649 Satz 2 BGB bzw. § 8 Abs. 1 Nr. 2 VOB/B herbeiführen. Grundsätzlich besteht für den Auftraggeber eine Schadensminderungspflicht im Hinblick auf die Höhe der Mängelbeseitigungs- bzw. Ersatzvornahmekosten. Er ist allerdings insoweit nicht verpflichtet, den Drittunternehmer im Wege eines Ausschreibungsverfahrens nach der VOB/A zu ermitteln[110].

Durchführung durch den Auftraggeber

Der Auftraggeber kann die Mängelbeseitigung auch selbst oder im eigenen Betrieb durchführen und insoweit auch im Einzelnen nachzuweisende Personal- und Material- sowie – falls die Leistung im eigenen Gewerbebetrieb erfolgt – Gemeinkosten beanspruchen[111]. **159**

b. Umfang des Kostenerstattungsanspruchs

Der Umfang des Kostenerstattungsanspruchs wird durch die für die nachhaltige Beseitigung des Mangels erforderlichen Aufwendungen bestimmt und erfasst die insoweit erforderlichen technisch sinnvollen und geeigneten Maßnahmen[112]. Dazu gehören die **160**

- Mängelbeseitigungskosten im engeren Sinne, auch im Falle einer erforderlichen Neuherstellung
- Kosten der Aufklärung der Mängel und -ursache, wie erforderliche Gutachterkosten, Kosten eines selbstständigen Beweisverfahrens sowie Rechtsanwaltskosten[113]
- Eigenleistung des Auftraggebers[114]
- Kosten vorbereitender und nachfolgender Arbeiten[115], auch diejenigen, die erforderlich sind, die Folgen der Mängelbeseitigung zu beseitigen, wie z.B. Putz- oder Malerarbeiten[116].

Führt die durch einen Dritten durchgeführte Mängelbeseitigung nicht zum Erfolg, trägt der Auftragnehmer gleichwohl das Risiko und ist kostenerstattungspflichtig, wenn der Auftraggeber den Drittunternehmer sorgfältig ausgewählt hat und die Maßnahmen objektiv erforderlich erschienen[117]. Sind die Mängelbeseitigungsleistungen des Dritten mangelhaft, sind die daraus resultierenden Mängelbeseitigungsansprüche zunächst gegenüber dem Dritten geltend zu machen[118]. Der Auftraggeber ist dabei nicht verpflichtet, gegen den Dritten im Wege einer Klage vorzugehen, sondern wird seine Ansprüche gegenüber dem Dritten an den Auftragnehmer abtreten und diesen auf Kostenersatz in Anspruch nehmen können[119]. **161**

c. Durchsetzung des Kostenerstattungs- und Kostenvorschussanspruchs

Der Auftraggeber kann die durch den Drittunternehmer oder eigene Leistungen entstehenden Kosten zunächst selbst begleichen und danach beim Auftragnehmer einfordern; insoweit trägt der Auftraggeber allerdings ein im Einzelfall nicht unerhebliches Insolvenzrisiko des Auftragnehmers. Er kann aber vor Durchführung der Maßnahme, sofern er den Willen zur Mängelbeseitigung hat, vom Auftragnehmer auch einen Kostenvorschuss in Höhe der mutmaßlichen Mängelbeseitigungskosten beanspruchen (§ 637 Abs. 3 BGB)[120] und mit diesem auch gegen einen Vergütungsanspruch des Auftragnehmers aufrechnen[121], gemäß § 215 BGB **162**

---

110 Str., wie hier: Wirth, in: Ingenstau/Korbion, § 13 Abs. 7 VOB/B, Rn. 157; Franke, Kemper, Zanner, Grünhagen-Donner, § 13 VOB/B, Fußn. 157; a.A. Ganten, Jagenburg, Motzke, VOB/B, § 13, Rn. 104.
111 Leinemann-Schliemann, VOB/B, § 13, Rn. 306 und 308 m.w.N.
112 OLG Frankfurt, BauR 1997, S. 481.
113 BGH, BauR 2002, S. 80; Wirth, in: Ingenstau/Korbion, § 13 Nr 5 VOB/B, Rn. 158; a.A. Franke Kemper, Zanner, Grünhagen-Donner, § 13 VOB/B Rn. 173 unter Hinweis auf die Grenzziehung zum Schadensersatzanspruch.
114 Leinemann-Schliemann, VOB/B, § 13, Rn. 308.
115 Heiermann, Riedl, Rusam-Riedl, VOB/B, § 13, Rn. 151.
116 OLG Celle, BauR 1995, S. 109; Franke, Kemper, Zanner, Grünhagen-Donner, § 13 VOB/B Rn. 323.
117 H.M.; Franke, Kemper, Zanner, Grünhagen-Donner, § 13 VOB/B Rn. 174; a.A. OLG Düsseldorf, BauR 1998, S. 199.
118 Heiermann, Riedl, Rusam-Riedl, VOB/B, § 13, Rn. 153.
119 Ebd.; Wirth, in: Ingenstau/Korbion, § 13 Nr 5 VOB/B, Rn. 175.
120 BGH, BauR 1997, S. 129, 131.
121 BGH, BauR 1988, S. 483.

selbst dann, wenn der Kostenvorschussanspruch bereits verjährt ist, aber noch vor dem Eintritt der Verjährung entstanden ist[122]. Die Höhe der Kostenerstattung sowie des Kostenvorschusses wird im Falle eines Vorteilsausgleichs bzw. berücksichtigender Sowieso-Kosten (vgl. dazu oben Rn. 139) entsprechend gekürzt.

163 ***Formulierungsvorschlag für die Geltendmachung eines Kostenvorschusses:***

Behörde für städtisches Bauen
Mauerstraße 4711
12345 Hochbaustadt

[Datum]

Maurerbetrieb
Egon Lotrecht
98765 Wandhausen

Sehr geehrter Herr Lotrecht,

mit Datum vom ... [Datum] hatten wir Sie zur Beseitigung der dort bezeichneten Mängel aufgefordert und Ihnen dafür eine Frist bis zum ... [Datum] gesetzt.

Da Sie die Mängel nicht bis zum Ablauf der gesetzten Frist beseitigt haben, werden wir die Mängelbeseitigung zu Ihren Lasten durchführen. Die Kosten dafür werden sich ausweislich des beigefügten Kostenanschlags auf voraussichtlich ... [Betrag in _] belaufen.

Wir fordern Sie auf, den vorstehenden Betrag in Höhe von ... [Betrag in _] als Kostenvorschuss bis zum ... [Datum] auf das nachstehende Konto ... [Kontonummer, Bank, BLZ] zu zahlen.

Eine abschließende detaillierte Abrechnung geht Ihnen zum Zwecke der abschließenden Abrechnung nach Durchführung der Mängelbeseitigung zu.

Mit freundlichen Grüßen

Meyer

Oberbaurat

164 Der Auftraggeber ist verpflichtet, den Kostenvorschuss binnen angemessener Frist zur Mängelbeseitigung zu verwenden; geschieht dies nicht und stellt sich heraus, dass eine Mängelbeseitigung nicht mehr beabsichtigt wird, kann dem Auftragnehmer im Einzelfall ein Anspruch auf Rückzahlung zustehen[123].

G. Minderung des Vergütungsanspruchs (§ 13 Abs. 6)

165 Der Minderungsanspruch des § 13 Abs. 6 VOB/B stellt – wie auch der Schadensersatzanspruch gemäß § 13 Abs. 7 VOB/B – ein im Verhältnis zur Mängelbeseitigung nachrangiges Recht dar. Eine Minderung der Vergütung kommt somit erst dann in Betracht, wenn eine Mängelbeseitigung, obwohl sie verlangt worden ist, nicht mehr erreichbar ist[124].

122 OLG Düsseldorf, BauR 1978, S. 408.
123 BGH, BauR 1984, S. 406.
124 Das Minderungsrecht in § 638 Abs. 1 BGB kommt dagegen bereits in Betracht, wenn eine dem Auftragnehmer gesetzte Mängelbeseitigungsfrist fruchtlos verstrichen ist.

I. Voraussetzungen

166

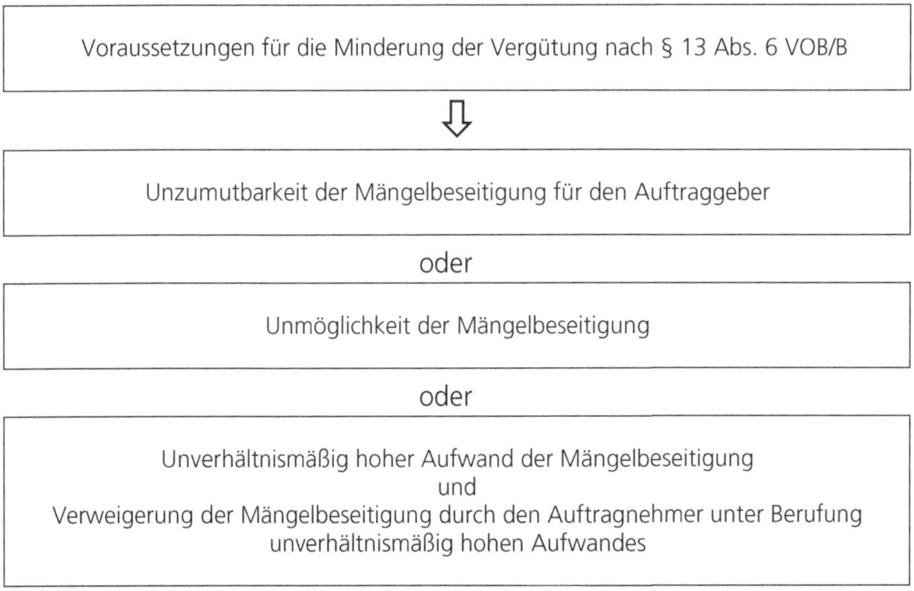

Abbildung 13: Voraussetzungen für die Minderung des Vergütungsanspruchs

1. Unzumutbarkeit der Mängelbeseitigung für den Auftraggeber

Unzumutbar ist die Mängelbeseitigung für den Auftraggeber, wenn eine Mängelbeseitigung 167
für ihn unzumutbare persönliche oder finanzielle Opfer nach sich ziehen würde oder der Mängelbeseitigungserfolg sehr fragwürdig ist[125].

Beispiel: 168

Der Auftraggeber weist die Mängelbeseitigung unter Hinweis auf seine Gebrechlichkeit zurück und verlangt Minderung.

Der Auftraggeber weist die Mängelbeseitigung an einem Industriefußboden mit Hinweis auf einen daraus resultierenden Produktionsausfall mit der Folge hoher Schadensersatzansprüche seiner Kunden zurück[126].

Der Auftraggeber muss sich gegenüber dem Auftragnehmer auf eine solche Unzumutbarkeit 169
berufen und Minderung verlangen. Demgegenüber steht dem Auftragnehmer kein Recht zu, den Auftraggeber auf ein Minderungsrecht zu verweisen[127]. Beweispflichtig für das Vorliegen der Unzumutbarkeit ist der Auftraggeber.

2. Unmöglichkeit der Mängelbeseitigung

Eine objektive Unmöglichkeit der Mängelbeseitigung liegt vor, wenn weder der Auftragneh- 170
mer noch ein Dritter in der Lage sind, die Mängel durch Nachbesserung oder Neuerstellung zu beseitigen. Erschwernisse[128] oder ein erheblich höherer Aufwand[129] reichen für die Annahme einer Unmöglichkeit nicht aus.

125 Heiermann, Riedl, Rusam-Riedl, VOB/B, § 13, Rn. 164.
126 Franke, Kemper, Zanner, Grünhagen-Donner, § 13 VOB/B Rn. 184.
127 Heiermann, Riedl, Rusam-Riedl, VOB/B, § 13, Rn. 164.
128 OLG Düsseldorf, IBR 1999, S. 160.
129 OLG Düsseldorf, BauR 1982, S. 587, 589.

171 ***Beispiel:***

Unmöglichkeit der Mängelbeseitigung

Errichtung eines Hauses mit einer um 10% zu geringen Wohnfläche, ohne dass eine nachträgliche Vergrößerung unter Berücksichtigung öffentlich-rechtlicher Vorschriften möglich wäre[130].

Bei einem zum Zwecke der Büronutzung vorgesehenen Gebäudegeschoss lässt sich diese Nutzung nicht durch Maßnahmen herbeiführen[131].

172 Die Beweislast für die Unmöglichkeit der Mängelbeseitigung trägt der Auftraggeber.

3. Unverhältnismäßig hoher Aufwand und Verweigerung der Mängelbeseitigung durch den Auftragnehmer

173 Ist die Mängelbeseitigung mit einem unverhältnismäßig hohen finanziellen Aufwand verbunden und verweigert der Auftragnehmer sie aus diesem Grunde, kommt die Minderung ebenfalls zum Zuge. Streitpunkt in diesem Falle ist die Bestimmung der Unverhältnismäßigkeit, deren Vorhandensein der Auftragnehmer zwangsläufig eher anzuerkennen bereit ist als der Auftraggeber.

174 Entgegen einer weit verbreiteten Ansicht der Auftragnehmer kommt es bei der Beurteilung nicht auf das Verhältnis der aufzuwendenden Kosten im Vergleich zu den Herstellungskosten an. Abzustellen ist ausschließlich auf das Verhältnis der Mängelbeseitigungskosten zum Vorteil, der dem Auftraggeber durch die Mängelbeseitigung entsteht[132]. Insoweit wird der Auftragnehmer mit dem Einwand der Unverhältnismäßigkeit nur dann durchdringen, wenn unter Abwägung aller Umstände auf Seiten des Auftraggebers ein objektiv geringes Interesse an einer mangelfreien Leistung besteht und dem auf Seiten des Auftragnehmers ein erheblicher und insoweit vergleichsweise unangemessener Aufwand gegenübersteht, sodass sich die Forderung der Mängelbeseitigung als Verstoß gegen Treu und Glauben darstellen würde[133]. Der Einwand der Unverhältnismäßigkeit der Nachbesserung ist dann nicht berechtigt, wenn die Funktionsfähigkeit der Leistung spürbar und nachhaltig beeinträchtigt wird, weil in einem solchen Fall ein objektiv berechtigtes Interesse des Auftraggebers an einer mangelfreien Leistung besteht[134].

175 Ist – anders als beispielsweise bei geringfügigen Maßtoleranzüberschreitungen – die vertraglich geschuldete Funktionsfähigkeit eines Gebäudes nur durch erhebliche finanzielle Aufwendungen zu erreichen, so ist für den Einwand der Unverhältnismäßigkeit kein Raum[135]. Insoweit ist es auch nicht von Bedeutung, dass die Mängelbeseitigungskosten die Herstellungskosten übersteigen[136]. Entsprechendes gilt bei Schallschutzmängeln in Wohngebäuden[137].

176 Sind dagegen lediglich optische Mängel vorhanden, welche die Gebrauchsfähigkeit der Leistung nicht beeinträchtigen, und diese nur mit erheblichem finanziellen Aufwand zu beseitigen, ohne dass der Auftraggeber insoweit Vorteile geltend machen kann[138], lässt sich ein unverhältnismäßig hoher Aufwand begründen. Dies ist allerdings dann nicht mehr der Fall, wenn die Optik eines Bauwerkes für den Auftraggeber im Hinblick auf den beabsichtigten Gebrauchszweck von wesentlicher Bedeutung ist und der Auftraggeber insoweit ein berechtigtes Interesse an der Mängelbeseitigung hat.

130 BGH, BauR 1997, S. 1030.
131 BGH, BauR 1989, S. 219, 221.
132 OLG Düsseldorf, BauR 1993, S. 82, 84.
133 BGH BauR 2002, 177.
134 BGH BauR 1996, 858 und NZBau 2006, 177.
135 BGH, BauR 1996, S. 858, 859.
136 BGH, BauR 2003, S. 533.
137 BGH, IBR 1998, S. 376; OLG Düsseldorf, IBR 2004, S. 571.
138 BGH, BauR 1996, S. 858.

Formulierungsvorschlag für eine Ablehnung der Mängelbeseitigung durch den Auftragnehmer unter Hinweis auf unverhältnismäßig hohen Aufwand: **177**

Maurerbetrieb
Egon Lotrecht
98765 Wandhausen

[Datum]

Behörde für städtisches Bauen
Herrn Oberbaurat Meyer
Mauerstraße 4711
12345 Hochbaustadt

Sehr geehrter Herr Meyer,

mit Schriftsatz vom ... [Datum] haben Sie mich zur Beseitigung der dort aufgeführten Mängel (vereinzelte Farbabweichungen in der Pflasterfläche) aufgefordert. Es handelt sich dabei um optische Beeinträchtigungen, ohne dass dadurch der Gebrauch und die Funktion des Platzes beeinträchtigt werden.

Die von Ihnen geforderte Beseitigung der Mängel würde einen unverhältnismäßig hohen Aufwand erfordern, weil ... [Begründung]. Aus diesem Grunde lehne ich die von Ihnen geforderte Mängelbeseitigung ab.

Mit freundlichen Grüßen

Lotrecht

Darüber hinaus fehlt dem Auftragnehmer die Berechtigung des Einwandes der Unverhältnismäßigkeit, wenn er den Mangel infolge grober Fahrlässigkeit verursacht[139] oder minderwertiges Material verwendet hat[140]. **178**

Über die Unverhältnismäßigkeit hinaus muss als weitere zwingende Voraussetzung für den Minderungsanspruch des Auftraggebers der Auftragnehmer die Mängelbeseitigung gerade unter ausdrücklicher Bezugnahme auf die Unverhältnismäßigkeit verweigern. Er muss darlegen, auf welche Tatsachen er diese stützt. **179**

Verweigert der Auftragnehmer – auch bei bestehender Unverhältnismäßigkeit – die Mängelbeseitigung nicht, ist er beseitigungspflichtig. Dies gilt auch, wenn er die Verweigerung nicht innerhalb der ihm vom Auftraggeber gemäß § 13 Abs. 5 Nr. 2 VOB/B gesetzten Frist erklärt. In diesem Falle ist der Auftraggeber berechtigt, die Mängelbeseitigung im Wege der Selbst- bzw. Ersatzvornahme (§ 13 Abs. 5 Nr. 2 VOB/B) durchzuführen[141]. **180**

Verweigert der Auftragnehmer die Mängelbeseitigung unter Berufung auf einen unverhältnismäßig hohen Aufwand, obwohl dieser nicht vorliegt, steht dem Auftraggeber ein Minderungsanspruch zu; der Auftraggeber kann aber anstelle der Minderung in diesem Fall auch seinen Mängelbeseitigungsanspruch geltend machen und ggf. Klagewege durchsetzen[142]. **181**

Praxistipp: **182**

Bei einer einvernehmlichen Einigung über eine Minderung ist auf Seiten des Auftraggebers Vorsicht geboten. Ist eine solche einvernehmliche Vereinbarung auf eine Minderung der Vergütung erfolgt, kann der Auftraggeber wegen des dem zugrunde liegenden Mangels keinen Schadensersatz mehr verlangen, wenn sich in der Folgezeit weitere funktionelle Beeinträchtigungen der Leistung ergeben[143].

139 OLG Düsseldorf, BauR 1993, S. 82.
140 Heiermann, Riedl, Rusam-Riedl, VOB/B, § 13, Rn. 163a.
141 Ebd.
142 Ebd.
143 Vgl. dazu Franke, Kemper, Zanner, Grünhagen-Donner, § 13 VOB/B, Rn. 198.

II. Durchführung der Minderung

183 Die Minderung erfolgt – wie sich aus dem Hinweis auf § 638 BGB ergibt – durch eine den Auftraggeber bindende Erklärung des Auftraggebers gegenüber dem Auftragnehmer. In dieser Erklärung hat der Auftraggeber den der Minderung zugrunde liegenden Mangel sowie die Höhe der Minderung anzugeben.

184 ***Formulierungsvorschlag für eine Erklärung der Minderung durch den Auftraggeber***

Behörde für städtisches Bauen
Mauerstraße 4711
12345 Hochbaustadt

[Datum]

Maurerbetrieb
Egon Lotrecht
98765 Wandhausen

Sehr geehrter Herr Lotrecht,

mit Schriftsatz vom … [Datum] hatten wir Sie zur Beseitigung der dort aufgeführten Mängel aufgefordert.

Mit Schreiben vom … [Datum] haben Sie die Mängelbeseitigung unter Hinweis auf einen unverhältnismäßig hohen Aufwand abgelehnt.

Wir machen deshalb hiermit gemäß § 13 Abs. 6 VOB/B eine Minderung der Vergütung um … [Betrag in _] geltend.

Mit freundlichen Grüßen

Meyer
Oberbaurat

III. Minderungshöhe

185 Maßgeblich für die Berechnung der Höhe des Minderungsbetrages sowie den Zeitpunkt der Berechnung ist § 638 BGB, auf den § 13 Abs. 6 VOB/B verweist. Für die Berechnung der Minderungshöhe ist somit – außer in den Fällen, in denen die Parteien etwas anderes vereinbaren – nicht mehr auf die Abnahme, sondern den Zeitpunkt des Vertragsschlusses abzustellen (§ 638 Abs. 3 Satz 1 BGB).

186 Für die Berechnung des geminderten Vergütungsanspruchs wird folgende Formel verwendet[144]:

Wert der mangelfreien Leistung : Wert der mangelhaften Leistung

=

Vereinbarte Vergütung : Geminderte Vergütung

187 Die Minderung kann der Höhe der Mängelbeseitigungskosten entsprechen[145]. Problematisch wird dies aber in den Fällen der Unzumutbarkeit sowie des unverhältnismäßig hohen Aufwandes der Mängelbeseitigung. In diesen Fällen bedarf es einer Sachverständigenschätzung der Minderungshöhe (§ 638 Abs. 3 Satz 2 BGB). Bei einer solchen Schätzung wird vom Vergütungsanspruch der merkantile und technische Minderwert sowie der Kostenanteil abgezogen, den der Auftragnehmer durch die Verwendung minderwertigen Materials an Kosten erspart hat[146]. Eine differenzierte Schätzgrundlage stellt auch die sog. Zielbaummethode dar[147].

144 Palandt-Sprau, BGB, § 638, Rn. 4.
145 Ebd.
146 BGH, BauR 2003, S. 533.
147 Dazu: Aurnhammer, BauR 1978, 356 und 1983, 97.

Bei optischen Mängeln kommt ebenfalls – mangels entsprechender Beseitigungskosten – eine **188**
Schätzung in Betracht.

Ist die Leistung für den Auftragnehmer gänzlich wertlos, mindert sich der Vergütungsan- **189**
spruch auf „null"[148].

Bei einer Mitverursachung des Auftraggebers für den Mangel ist dies bei der Berechnung des **190**
Minderbetrages zu berücksichtigen (§ 254 BGB analog)[149].

H. Schadensersatzanspruch (§ 13 Abs. 7)

I. Allgemeines

Über den Mängelbeseitigungs-, Kostenerstattungs- und Minderungsanspruch hinaus haftet **191**
der Auftragnehmer unter den Voraussetzungen des § 13 Abs. 7 VOB/B auch für Schäden, die dem Auftraggeber als Folge schuldhaft verursachter Mängel entstanden sind. Während der Mängelbeseitigungs- und Minderungsanspruch nicht von einem schuldhaften Verhalten des Auftragnehmers abhängig sind, setzt der Schadensersatzanspruch Verschulden voraus.

192

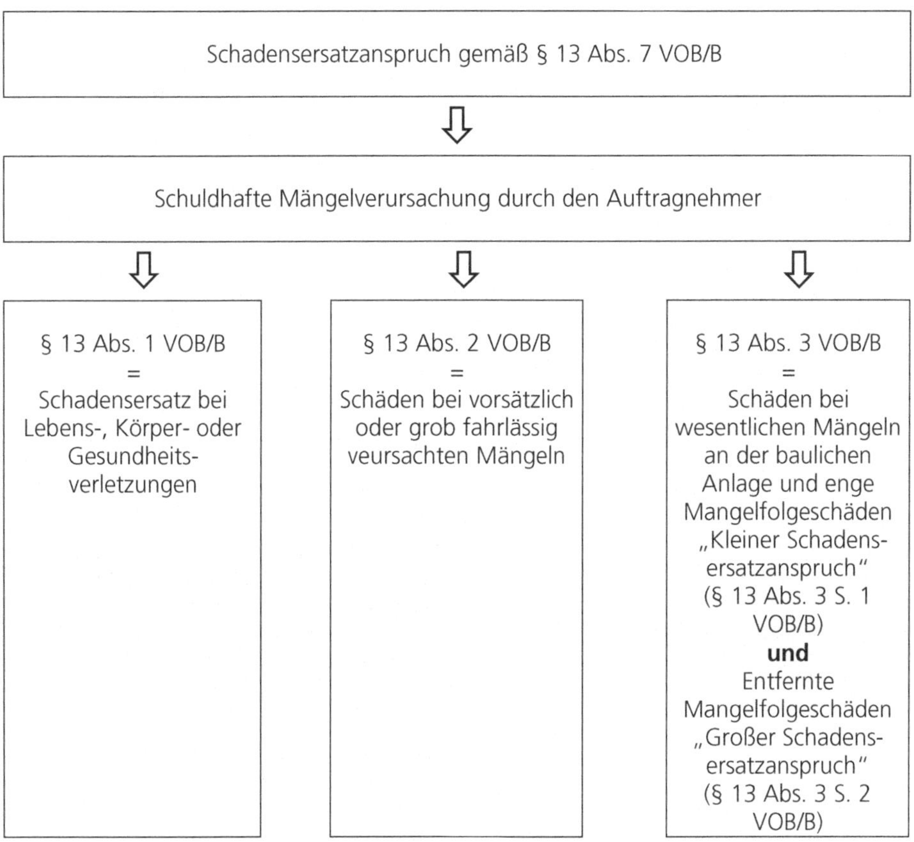

Abbildung 14: Schadensersatzanspruch gemäß § 13 Abs. 7 VOB/B

148 Palandt-Sprau, BGB, § 638, Rn. 4.
149 Ebd.

193 Während § 13 Abs. 7 Nr. 1 und Nr. 2 VOB/B jegliches schuldhafte Verhalten, also Vorsatz sowie grobe und leichte Fahrlässigkeit im Sinne des § 276 BGB – erfasst, schränkt § 13 Abs. 7 Nr. 2 VOB/B die Haftung auf Vorsatz und grobe Fahrlässigkeit ein.

194 § 13 Abs. 7 Nr. 4 VOB/B enthält eine Erweiterung der Regelverjährungsfristen des § 13 Abs. 4 VOB/B für den Fall, dass der Auftragnehmer sich durch eine Versicherung geschützt hat oder hätte schützen können oder zwischen dem Auftraggeber und dem Auftragnehmer ein besonderer Versicherungsschutz vereinbart worden ist.

195 § 13 Abs. 7 Nr. 5 VOB/B eröffnet die Möglichkeit, in begründeten Sonderfällen zur Vermeidung atypischer Risikoverschiebungen zwischen den Vertragsparteien die Vereinbarung einer Erweiterung oder Einschränkung der Haftung zu vereinbaren.

II. Schadensersatzanspruch bei Verletzung höchstpersönlicher und anderer Rechtsgüter Dritter (§ 13 Abs. 7 Nr. 1 und 2)

196 Haben die vom Auftragnehmer schuldhaft verursachten Mängel die Verletzung des Lebens, des Körpers oder der Gesundheit – also höchstpersönlicher Rechtsgüter – zur Folge, haftet der Auftragnehmer dafür im Rahmen eines umfassenden Verschuldens, nämlich bei Vorsatz sowie grober, aber auch insbesondere leichter Fahrlässigkeit. Für Schäden an anderen Rechtsgütern ist die Haftung auf Vorsatz oder grobe Fahrlässigkeit beschränkt. Eine solche – grobe – Fahrlässigkeit liegt vor, wenn die im Verkehr erforderliche Sorgfalt in besonders schwerem Maße verletzt worden ist und nicht beachtet wurde, was im konkreten Fall einleuchten musste[150].

197 Im Zusammenhang mit der Durchführung einer Baumaßnahme kann dies dann der Fall sein, wenn der Auftragnehmer die einleuchtendsten Vorsichtsmaßnahmen nicht beachtet und gegen Regeln verstoßen hat, deren Einhaltung zur Erstellung eines mangelfreien Bauwerks zwingend erforderlich sind[151].

III. Schadensersatzanspruch bei Mängeln an der baulichen Anlage und Mangelfolgeschäden (§ 13 Abs. 7 Nr. 3)

1. Allgemeines

198 Voraussetzung für den sogenannten „kleinen und großen Schadensersatzanspruch" ist ein

- schuldhaft verursachter
- wesentlicher

Mangel.

199 Ein wesentlicher Mangel liegt vor, wenn die Gebrauchsfähigkeit des hergestellten Werkes erheblich beeinträchtigt wird. Zur Beurteilung dieses Kriteriums ist sowohl das durch den Inhalt des Vertrages konkretisierte Interesse des Auftraggebers im Hinblick auf den Nutzungs- und Verwendungszweck[152] heranzuziehen als auch objektiv zu berücksichtigen, ob die Abweichung vom vertraglich vereinbarten Leistungssoll wesentlich oder unwesentlich erscheint[153].

---

150 BGHZ 119, S. 149.
151 OLG Zweibrücken, Urteil vom 30.11.1999, 8 U 62/99; BGH, BauR 2001, S. 181.
152 OLG Stuttgart, BauR 1979, S. 432.
153 Wirth, in: Ingenstau/Korbion, § 13 Nr 7 VOB/B, Rn. 58.

Beispiele für wesentliche Mängel: 200

- *Verwendung einer anderen als der vereinbarten Holzart[154].*
- *Verwendung nachgebender Kokosplatten anstelle von Estrichdämmplatten mit der Folge von Abdrücken aufgrund der Belastung durch Mobiliar[155].*
- *Fehlen einer ausreichenden Dampfsperre mit der Folge, dass in einer zur Lagerung von Textilien vorgesehenen Halle Abtropfungen entstehen[156].*
- *Unzumutbare Formaldehydausdünstungen[157].*

2. „Kleiner Schadensersatzanspruch" (§ 13 Abs. 7 Nr. 3 Satz 1 VOB/B)

Der in § 13 Abs. 7 Nr. 3 Satz 1 VOB/B geregelte „kleine Schadensersatzanspruch" erfasst die Schäden, die an der baulichen Anlage entstanden sind. Damit ist aber nicht nur die vom Auftragnehmer hergestellte Bauleistung gemeint. Der Schadensersatzanspruch erfasst darüber hinaus auch die außerhalb des Werkes des Auftragnehmers auftretenden Mängelfolgeschäden, die im engen – adäquat kausalen – Zusammenhang mit dem Werk des Auftragnehmers stehen (sogenannter enger Mangelfolgeschaden[158]), was insbesondere bei einer arbeitsteiligen – gewerksweisen – Herstellung des Werkes durch verschiedene Auftragnehmer in Betracht kommt. 201

Beispiel: 202

Der Auftragnehmer A bringt an Fenster, die der Auftragnehmer B hergestellt hat, Außenjalousien an. Diese lösen sich und beschädigen die Fensterrahmen[159].

Der Schadensersatzanspruch – im Sinne der erforderlichen Kosten[160] – erfasst 203

- Mängelbeseitigungskosten des Auftraggebers[161], sofern die Voraussetzungen des § 13 Abs. 5 Nr. 2 VOB/B erfüllt sind,
- Gutachterkosten, soweit sie als Folge der Ermittlung der Schadensursache sowie der Behebung und der zu erwartenden Schäden für den Auftraggeber entstanden sind und notwendig waren[162],
- Kosten eines selbstständigen Beweisverfahrens gegenüber einem Dritten, wenn als Ergebnis dieses Verfahrens die Verantwortlichkeit des Auftragnehmers festgestellt worden ist[163],
- Zinsverluste[164],
- Ausgleich für technischen und merkantilen Minderwert, z.B. im Falle verbleibender geringerer Nutzungsdauer oder frühzeitiger Erneuerung[165] oder dauerhafter erhöhter Stromkosten[166],
- entgangenen Gewinn[167],
- Nutzungsausfall, insbesondere Mietausfall, aber auch sonstige daraus resultierende Einbußen[168].

---

154 BGH, NJW 1962, S. 1569.
155 OLG Stuttgart, BauR 1979, S. 432.
156 OLG Düsseldorf, NJW-RR 1997, S. 976.
157 OLG Naumburg, NJW-RR 1993, S. 1300.
158 BGH, BauR 1986, S. 211, 213.
159 BGHZ 62, S. 293 ff.
160 BGHZ 99, S. 81, 84.
161 BGH, BauR 1982, S. 277.
162 BGH, BauR 1985, S. 83 und 1971; S. 51 ff.
163 BGH, BauR 1991, S. 745 ff.
164 BGH, NJW 1978, S. 1805.
165 BGH, BauR 1986, S. 103.
166 BGH, BauR 1992, S. 504 f.
167 BGH, BauR 1985, S. 83.
168 BGH, BauR 1992, S. 504 f.

204 Nicht erfasst wird der im üblichen Rahmen liegende Zeitaufwand, der beim Auftraggeber für die Ermittlung, Feststellung und Abwicklung des Mangels unter Mängelbeseitigung sowie des Schadensersatzanspruchs anfällt[169].

3. „Großer Schadensersatzanspruch" (§ 13 Abs. 7 Nr. 3 Satz 2 VOB/B)

205 Der „große Schadensersatzanspruch" erfasst die sogenannten Mangelfolgeschäden, welche adäquat-kausal, ohne dass ein enger Zusammenhang zwischen dem Schaden und dem Bauwerk vorhanden sein muss, auf den Mangel zurückzuführen sind.

206

Voraussetzungen für den „großen Schadensersatzanspruch"

Dem Auftragnehmer zurechenbare mangelhafte Leistung

+

Verschulden des Auftragnehmers

+

Wesentlicher Baumangel, der die Gebrauchsfähigkeit erheblich beeinträchtigt

+

Mangel als Folge eines Verstoßes gegen die anerkannten Regel der Technik
oder
Fehlen einer vertraglich vereinbarten Beschaffenheit
oder
versicherte bzw. versicherbare Leistung

Abbildung 15: Voraussetzungen für den „großen Schadensersatzanspruch"

a. Verstoß gegen die anerkannten Regeln der Technik

207 Der Begriff der anerkannten Regeln der Technik entspricht dem in § 4 Abs. 2 Nr. 1 VOB/B definierten Begriff (siehe dazu § 4 VOB/B Rn. 33 bis 35).

b. Fehlen einer vertraglich vereinbarten Beschaffenheit

208 Die vertraglich vereinbarte Beschaffenheit korrespondiert mit der einen Mangel im Sinne des § 13 Abs. 1 VOB/B begründeten Beschaffenheitsvereinbarung (vgl. dazu oben Rn. 35). Neben der aus § 13 Abs. 1 VOB/B resultierenden Mängelhaftung ist der Auftragnehmer in einem solchen Falle bei weitergehenden Schäden auch schadenersatzpflichtig.

c. Versicherte und versicherbare Leistung

209 Hat der Auftragnehmer seine Haftung für den Schaden durch eine Haftpflichtversicherung abgedeckt oder hätte er dies unter den einschränkenden Voraussetzungen des § 13 Abs. 7

169 Franke, Kemper, Zanner, Grünhagen-Donner, § 13 VOB/B, Rn. 228.

Nr. 3 Satz 2 lit. c VOB/B tun können, besteht ebenfalls eine Haftung für Mangelfolgeschäden, sofern es sich um versicherbare Schäden[170] handelt.

Der Schadensersatzanspruch erfasst die nicht bauwerksbezogenen Mängel- bzw. Mängelfol- 210
geschäden, sondern z.B. das sonstige Eigentum des Auftraggebers wegen Mobiliar oder anderer am Schadensort befindlicher Gegenstände[171].

Beispiel: 211

Als Folge einer mangelhaften Leistung des Auftragnehmers kommt es zu Feuchtigkeitsschäden an Schränken und Bildern in der Wohnung des Auftraggebers.

Weitere entfernte Mangelfolgeschäden können sein: 212

- Unterbringungskosten, die dem Auftraggeber oder seinen Mietern während der Dauer der Mängelbeseitigungsarbeiten entstehen, wenn während dieser Zeit die Wohnung nicht bewohnt werden kann[172],
- Gesundheitsschäden auf Seiten des Auftraggebers, die aufgrund der Mangelhaftigkeit der Leistung entstanden sind.

IV. Verjährungsfrist für Schadensersatzansprüche (§ 13 Abs. 7)

Für die Verjährung der Schadensersatzansprüche des § 13 Abs. 7 VOB/B gelten die Fristen des 213
§ 13 Abs. 4 VOB/B (vgl. dazu oben Rn. 77 ff.). Allerdings enthält § 13 Abs. 7 Nr. 4 VOB/B eine abweichende Regelung: Hat sich der Auftragnehmer durch eine Haftpflichtversicherung geschützt oder hätte er sich insoweit schützen können oder war ein besonderer Versicherungsschutz vertraglich vereinbart[173] und hat der Auftragnehmer den Abschluss einer solchen Versicherung schuldhaft unterlassen, gelten die gesetzlichen Verjährungsvorschriften und damit für Mängel- sowie die engen Mangelfolgeschäden § 634 a BGB und für die entfernten Mangelfolgeschäden § 195 BGB.

Beispiel: 214

Aufgrund eines Verstoßes gegen die anerkannten Regeln der Technik kommt es in einem vom Rohbauunternehmer A hergestellten und am 1.8.2005 abgenommenen Dachanschlussbereich am 1.11.2009 zu Wasserschäden im Gebäude mit der Folge, dass Mobiliar des Auftraggebers zerstört wird.

Der Schadensersatzanspruch im Hinblick auf das zerstörte Mobiliar ist verjährt. Es gilt die vierjährige Verjährungsfrist des § 13 Abs. 4 VOB/B ab dem Zeitpunkt der Abnahme.

Unter der Voraussetzung des § 13 Abs. 7 Nr. 4 VOB/B wäre zum Schadenszeitpunkt allerdings noch keine Verjährung eingetreten: Für diese entfernten Mangelfolgeschäden gilt § 195 BGB. Die dortige dreijährige Verjährungsfrist beginnt erst am 31.12.2009 zu laufen, sodass die Verjährung erst – innerhalb der 10-Jahre-Höchstfrist ab dem Zeitpunkt der Fälligkeit – am 31.12.2012 beendet ist.

V. Einschränkungen und Erweiterung der Haftung (§ 13 Abs. 7 Nr. 5)

Voraussetzung für eine Haftungseinschränkung oder -erweiterung, die zwischen den Ver- 215
tragsparteien vereinbart werden kann, ist, dass ein begründeter Sonderfall vorliegt. Ziel einer

---

170 Insoweit ist auf die Allgemeinen Versicherungsbedingungen für die Haftpflichtversicherung (AHB) sowie die Besonderen Bedingungen und Risikobeschreibungen (BBR) zu achten; vgl. dazu im Einzelnen Sterner-Schliemann, Rn. 500–511 sowie Heiermann, Riedl, Rusam-Riedl, VOB/B, § 13, Rn. 198d–207.

171 OLG Koblenz, NJW-RR 1988, S. 532; Heiermann, Riedl, Rusam-Riedl, VOB/B, § 13, Rn. 20.

172 Wirth, in: Ingenstau/Korbion, § 13, Nr 7 VOB/B, Rn. 199.

173 Vgl. insoweit DIN 18299 (VOB/C) Abs. 4.2.6.

solchen Haftungsregelung ist es, eine atypische Risikoverteilung zugunsten eines Vertragspartners zu vermeiden, wie sie beispielsweise vorliegt bei

- unklaren Bodenverhältnissen,
- besonderen durch Grundwasser anstehenden Gefährdungen oder
- übermäßigem Verschleiß als Folge der Nutzung des Werkes

der Fall sein kann[174].

216 Haftungsbeschränkungen können in sogenannten Freizeichnungsklauseln, durch deren Inhalt die Haftung des Auftragnehmers ausgeschlossen oder gemildert wird[175], erfolgen. Haftungserweiterungen zu Lasten des Auftragnehmers lassen sich durch Gewähr- bzw. Garantievereinbarungen treffen, mit deren Inhalt z.B. eine bestimmte Beschaffenheit unabhängig vom Verschulden des Auftragnehmers erreicht werden soll und die einen insoweit verschuldensunabhängigen Schadensersatzanspruch herbeiführen können.

§ 14 VOB/B
Abrechnung

(1) Der Auftragnehmer hat seine Leistungen prüfbar abzurechnen. Er hat die Rechnungen übersichtlich aufzustellen und dabei die Reihenfolge der Posten einzuhalten und die in den Vertragsbestandteilen enthaltenen Bezeichnungen zu verwenden. Die zum Nachweis von Art und Umfang der Leistung erforderlichen Mengenabrechnungen, Zeichnungen und andere Belege sind beizufügen. Änderungen und Ergänzungen des Vertrags sind in der Rechnung besonders kenntlich zu machen; sie sind auf Verlangen getrennt abzurechnen.

(2) Die für die Abrechnung notwendigen Feststellungen sind dem Fortgang der Leistung entsprechend möglichst gemeinsam vorzunehmen. Die Abrechnungsbestimmungen in den Technischen Vertragsbedingungen und den anderen Vertragsunterlagen sind zu beachten. Für Leistungen, die bei Weiterführung der Arbeiten nur schwer feststellbar sind, hat der Auftragnehmer rechtzeitig gemeinsame Feststellungen zu beantragen.

(3) Die Schlussrechnung muss bei Leistungen mit einer vertraglichen Ausführungsfrist von höchstens 3 Monaten spätestens 12 Werktage nach Fertigstellung eingereicht werden, wenn nichts anderes vereinbart ist; diese Frist wird um je 6 Werktage für je weitere 3 Monate Ausführungsfrist verlängert.

(4) Reicht der Auftragnehmer eine prüfbare Rechnung nicht ein, obwohl ihm der Auftraggeber dafür eine angemessene Frist gesetzt hat, so kann sie der Auftraggeber selbst auf Kosten des Auftragnehmers aufstellen.

A. Allgemeines

I. Abrechnung

1 Die Bestimmungen dieser Vorschrift sind für Verträge, bei denen die Geltung der VOB/B vereinbart wurde, von erheblicher Bedeutung, da die Vorlage einer prüffähigen Rechnung beim VOB/B-Vertrag eine Fälligkeitsvoraussetzung für den Werklohnanspruch des Auftragnehmers ist. Der Auftragnehmer kann seinen Werklohnanspruch nicht durchsetzen, wenn seine Abrechnung nicht prüffähig ist. Weiterhin wird mit der Vorlage einer prüffähigen Rechnung die Verjährung des Werklohnanspruches in Gang gesetzt.

---

174 Heiermann, Riedl, Rusam-Riedl, VOB/B, § 13, Rn. 214.

175 Zu beachten ist allerdings § 276 Abs. 3 BGB, wonach eine Haftung wegen Vorsatz nicht im Voraus erlassen werden kann.

2

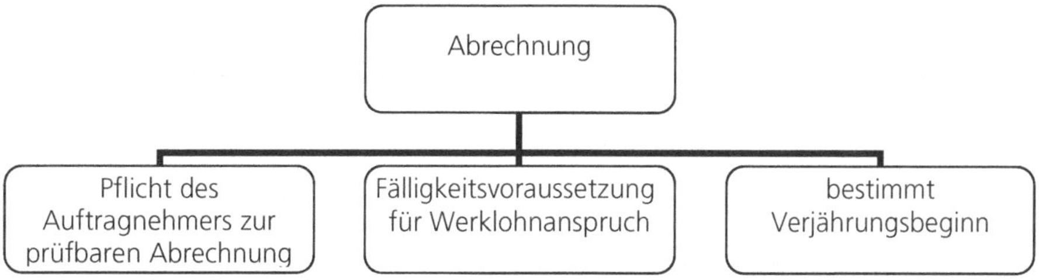

Abbildung 1: Abrechnung

§ 14 VOB/B gilt für jede Art der Abrechnung, mithin für 3

- Abschlags-,
- Zwischen-,
- Teilschluss- sowie
- Schlussrechnungen

gleichermaßen. Hierbei ist unerheblich, ob die Vergütungsvereinbarung auf einem Einheitspreis-, Pauschal-, Stundenlohn- oder Selbstkostenerstattungsvertrag beruht.

Begrifflich wird unter Abrechnung eine übersichtliche, nach Art, Menge und Umfang der erbrachten Bauleistungen gegliederte Aufstellung verstanden, in der die jeweiligen Rechnungsbeträge zu einer Gesamtabrechnungssumme zusammengefasst sind. 4

II. Inhaltskontrolle einzelner VOB/B-Klauseln

VOB/B-Klauseln sind allgemeine Geschäftsbedingungen (AGB) und unterliegen unabhängig davon, ob die VOB/B als Ganzes oder lediglich einzelne VOB/B-Klauseln vereinbart werden, dem Anwendungsbereich der §§ 305 ff. BGB. 5

Werden **einzelne** VOB/B-Klauseln vereinbart, findet deren uneingeschränkte Inhaltskontrolle statt. Voraussetzung ist lediglich, dass die VOB/B-Klauseln durch einen Vertragspartner gestellt, also beispielsweise über seine AGB in den Vertrag einbezogen werden. Eine Inhaltskontrolle unterbleibt, wenn die Vertragspartner die Einbeziehung einzelner VOB/B-Klauseln übereinstimmend vereinbart haben. 6

Praxistipp:

Wer als Verwender von VOB/B-Klauseln deren Inhaltskontrolle vermeiden möchte, muss diese mit seinem Vertragspartner im Einzelnen verhandeln. Hierbei ist unbedingt darauf zu achten, dass die Vertragsklauseln inhaltlich geändert werden. Unveränderte Klauseln gelten regelmäßig als unverhandelt. Eine unveränderte Klausel kann nach Auffassung des Bundesgerichtshofs nur Gegenstand von Verhandlungen gewesen sein, wenn sie nach gründlicher Erörterung unverändert blieb[1]. Dies stellt eine seltene Ausnahme dar, die vom Verwender der Klausel in der Praxis nur schwer dargelegt und bewiesen werden kann. Im Zweifel sollte die Klausel daher inhaltlich geändert werden.

Die Inhaltskontrolle erfolgt nur zu Lasten des Verwenders, also des Vertragspartners, der sie gestellt hat. Auf die Unwirksamkeit einer von ihm gestellten Klausel kann sich der Verwender nicht berufen. 7

Wird die **VOB/B als Ganzes vereinbart**, ist zu hinterfragen, ob der Vertragspartner des Verwenders Verbraucher, also eine natürliche Person ist, die außerhalb ihrer gewerblichen oder beruflichen Tätigkeit handelt. 8

1 BGH, Urteil vom 22.11.2012 – VII ZR 222/12 – ZfBR 2013, S. 151.

Ist der Vertragspartner des Verwenders Verbraucher, findet nach der Entscheidung des Bundesgerichtshofes vom 24.7.2008[2] die Inhaltskontrolle unabhängig davon statt, ob die VOB/B als Ganzes oder einzeln vereinbart wurde.

9 Nur in Verträgen, in denen die VOB/B

- als Ganzes und
- nicht gegenüber Verbrauchern

vereinbart wurde, ist sie – weiterhin – der Inhaltskontrolle nach den §§ 305 ff. BGB entzogen. Der Vertragspartner des Verwenders kann sich nicht auf die Unwirksamkeit einzelner Klauseln berufen, selbst wenn diese einer Einzelprüfung nicht standhalten und unwirksam sein sollten.

Auf die Wirksamkeit der einzelnen Klauseln des § 14 VOB/B wird in der nachfolgenden Kommentierung eingegangen.

10

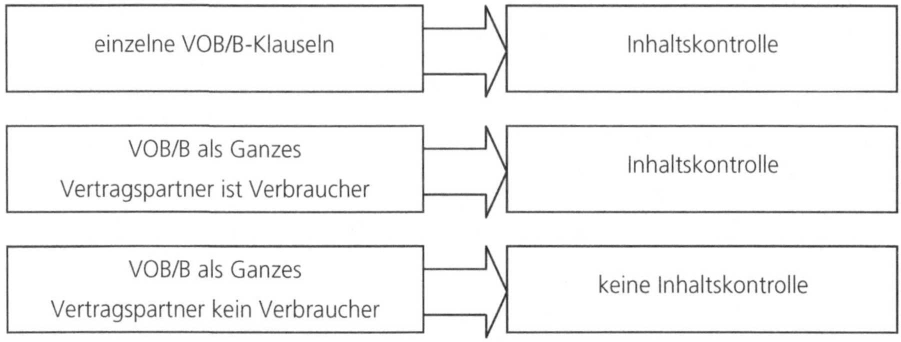

Abbildung 2: Inhaltskontrolle

B. Pflicht zur prüfbaren Abrechnung (§ 14 Abs. 1)

I. Pflicht zur Abrechnung

11 Nach § 14 Abs. 1 Satz 1 VOB/B ist der Auftragnehmer verpflichtet, seine Leistungen auf eigene Kosten abzurechnen. Dabei kommt es nicht darauf an, ob er die vertraglich geschuldeten Leistungen bereits vollständig oder nur teilweise erbracht hat, da er auch bei einer vorzeitigen Beendigung des Vertrages durch Kündigung oder einvernehmliche Vertragsaufhebung zur Abrechnung verpflichtet ist.

12 Erfüllt der Auftragnehmer seine Pflicht zur Abrechnung nicht, kann der Auftraggeber:

- diese zur Vermeidung von Nachteilen auf Kosten des Auftragnehmers selbst vornehmen (§ 14 Abs. 3 VOB/B)
- oder Schadensersatzansprüche geltend machen.

2 BGH, Urteil vom 24.7.2008 – VII ZR 55/07 – ZfBR 2008, S. 670.

Formulierungsvorschlag für eine Aufforderung des Auftragnehmers zur Abrechnung:

[Absender]

[Anschrift]

[Datum]

Bauvorhaben …

Vertragsnummer …

Abrechnung

Sehr geehrte Damen und Herren,

nach § 14 Abs. 1 VOB/B sind Sie verpflichtet, Ihre Leistungen prüfbar abzurechnen. Obwohl die Abnahme bereits vor mehr als … Monaten stattgefunden hat, sind Sie Ihrer Verpflichtung bislang nicht nachgekommen.

Wir fordern Sie auf, uns bis zum … [Datum] eine prüfbare Abrechnung vorzulegen. Sollten Sie diese Frist ergebnislos verstreichen lassen, werden wir die Abrechnung selbst vornehmen und Ihnen die hierdurch entstehenden Kosten in Abzug bringen.

Mit freundlichen Grüßen

Unterschrift

Praxistipp:

Ein Schadensersatzanspruch des Auftraggebers kommt in Betracht, wenn die Auszahlung weiterer Baudarlehen oder die Zuwendungsfähigkeit der in Anspruch genommenen öffentlichen Mittel an der fehlenden Abrechnung des Auftragnehmers scheitern sollte.

Formulierungsvorschlag für die Ankündigung eines Schadensersatzanspruches: **13**

[Absender]

[Anschrift]

[Datum]

Bauvorhaben …

Vertragsnummer …

Schadensersatz wegen unterlassener Abrechnung

Sehr geehrte Damen und Herren,

nach § 14 Abs. 1 VOB/B sind Sie verpflichtet, Ihre Leistungen prüfbar abzurechnen. Obwohl die Abnahme bereits vor mehr als … Monaten stattgefunden hat, sind Sie Ihrer Verpflichtung bislang nicht nachgekommen.

Wir hatten Sie bereits mit Schreiben vom … [Datum] darüber informiert, dass das Bauvorhaben durch öffentliche Haushaltsmittel finanziert wird, wenn die erbrachten Bauleistungen bis zum … [Datum] prüfbar abgerechnet werden.

Wir fordern Sie auf, uns bis zum … [Datum] eine prüfbare Abrechnung vorzulegen. Sollten Sie diese Frist ergebnislos verstreichen lassen und dadurch die Förderfähigkeit des Bauvorhabens verloren gehen, kündigen wir bereits hiermit die Geltendmachung von Schadensersatzansprüchen in Höhe der nicht geförderten Baukosten an.

Mit freundlichen Grüßen

Unterschrift

14 *Formulierungsvorschlag für die Geltendmachung von Schadensersatz:*

[Absender]

[Anschrift]

[Datum]

Bauvorhaben ...

Vertragsnummer ...

Schadensersatz wegen unterlassener Abrechnung

Sehr geehrte Damen und Herren,

mit Schreiben vom ... [Datum] hatten wir Sie nach § 14 Abs. 1 VOB/B aufgefordert, die abgenommenen Bauleistungen zum Erhalt der Förderfähigkeit bis zum ... [Datum] prüfbar abzurechnen.

Da Sie Ihrer Verpflichtung nicht nachgekommen sind, hat das Land ... bewilligte Baukosten in Höhe von ... € nicht zur Auszahlung gebracht. Hierdurch ist uns ein Schaden in gleichlautender Höhe entstanden.

Wir fordern Sie auf, den vorstehend genannten Betrag bis zum ... [Datum] auf unser Konto ... zu überweisen. Sollten Sie diese Frist ergebnislos verstreichen lassen, werden wir die Angelegenheit ohne weitere Ankündigung unserem Rechtsanwalt zur Einleitung gerichtlicher Schritte übergeben.

Mit freundlichen Grüßen

Unterschrift

Praxistipp:

Bevor ein Schadensersatzanspruch geltend gemacht wird, sollte zunächst versucht werden, die Abrechnung selbst zu erstellen, da dies in vielen Fällen ein einfacherer Weg sein wird, die Zuwendungsfähigkeit zu erhalten. Die Geltendmachung eines Schadensersatzanspruches gegen den Auftragnehmer unterliegt dem Insolvenzrisiko sowie dem allgemeinen Prozess- und Kostenrisiko.

II. „Ohne-Rechnung-Abrede"

15 Vereinbaren die Vertragspartner, dass die Vergütung „schwarz", also ohne Rechnung erbracht werden soll, ist der geschlossene Werkvertrag wegen Verstoßes gegen ein gesetzliches Verbot nach § 134 BGB nichtig.

Die Vereinbarung verstößt gegen § 1 Abs. 2 Nr. 2 SchwarzArbG. Dabei kommt es grundsätzlich nicht darauf an, ob sich die Absicht zur Steuerhinterziehung auf den gesamten Werklohn oder nur einen Teil bezieht, da es sich bei dem geschlossenen Werkvertrag um ein einheitliches Rechtsgeschäft handelt. Eine Teilunwirksamkeit des Werkvertrages kann allenfalls angenommen werden, wenn die zu erbringenden Einzelleistungen konkret zugeordnet werden können[3].

---

3 BGH, Urteil vom 10.4.2014 – VII ZR 241/13 – NJW 2014, S. 1805 ff.

16

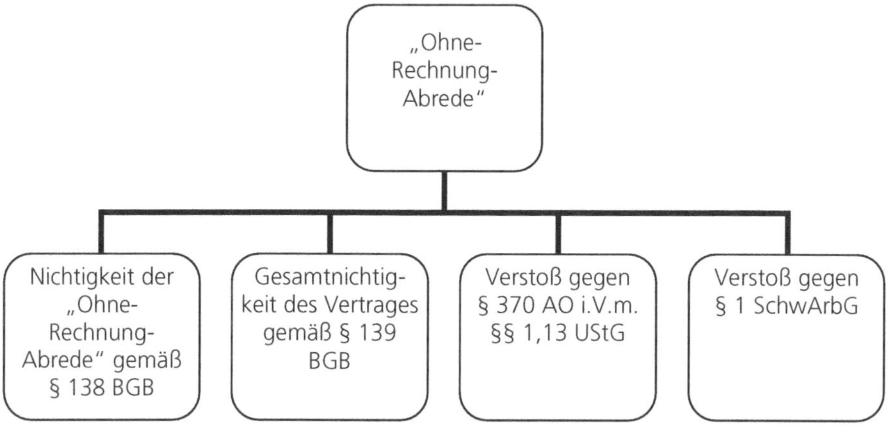

Abbildung 3: „Ohne-Rechnung-Abrede"

Die Folgen der Nichtigkeit des Werkvertrages sind für beide Vertragspartner gravierend. Der Auftragnehmer hat insbesondere: 17

- keinen vertraglichen Werklohnanspruch,
- keinen Aufwendungsersatzanspruch aus Geschäftsführung ohne Auftrag und
- keinen bereicherungsrechtlichen Anspruch auf Wertersatz.

Der vertragliche Werklohnanspruch kommt auf Grund der Nichtigkeit des Vertrages nicht zu Stande. Der Aufwendungsersatzanspruch steht dem Auftragnehmer nicht zu, weil er seine Aufwendungen im Hinblick auf den mit der Ausführung des Geschäfts verbundenen Verstoß gegen das Verbotsgesetz nicht für erforderlich halten durfte. Die Voraussetzungen für einen bereicherungsrechtlichen Anspruch auf Wertersatz sind zwar erfüllt, der Anspruch ist aber nach § 817 Satz 2 BGB ausgeschlossen. 18

Nach § 817 Satz 1 BGB ist der Auftraggeber zwar zur Herausgabe verpflichtet, wenn der Zweck einer Leistung in der Art bestimmt war, dass der Auftraggeber durch die Annahme gegen ein gesetzliches Verbot verstößt. § 817 Satz 2 BGB schließt jedoch die Rückforderung aus, wenn dem Auftragnehmer gleichfalls ein solcher Verstoß vorgeworfen werden kann. Der Ausschluss des Rückforderungsanspruches setzt einen beiderseitigen Gesetzesverstoß nicht voraus, sondern greift bereits dann, wenn lediglich der Auftragnehmer verwerflich gehandelt hat[4].

§ 817 Satz 2 BGB kann bei einem Verstoß gegen das Gesetz zur Bekämpfung der Schwarzarbeit auch nicht einschränkend ausgelegt werden, da es öffentlichen Belangen dient und nicht zum Schutz des Auftragnehmers erlassen worden ist. Der Anwendung des § 817 Satz 2 BGB stehen auch die Grundsätze von Treu und Glauben nicht entgegen. Wer bewusst gegen das Schwarzarbeitsbekämpfungsgesetz verstößt, soll nach der Intention des Gesetzgebers schutzlos bleiben und veranlasst werden, das verbotene Geschäft nicht abzuschließen[5]. 19

Wenn dem Auftragnehmer keinerlei Ansprüche auf Vergütung seiner Leistungen zustehen, stellt sich die Frage, ob er sich zur Abwehr von Mängelansprüchen des Auftraggebers auf die Nichtigkeit des Vertrages berufen kann. 20

4 BGH, Urteil vom 10.4.2014 – VII ZR 241/13 – NJW 2014, S. 1805 ff.
5 BGH, Urteil vom 10.4.2014 – VII ZR 241/13 – NJW 2014, S. 1805 ff.

21 ***Beispiel:***

Der Auftraggeber beauftragt einen Vermessungsingenieur mit Vermessungsarbeiten für den Neubau eines Einfamilienhauses. Für das anfallende Honorar war vereinbarungsgemäß keine Rechnung gestellt worden. Auf Grund eines Vermessungsfehlers wurde das Haus an der falschen Stelle gebaut, wodurch ein Schaden in beträchtlicher Höhe entstand. Als der Auftraggeber Ersatz des Schadens vom Vermessungsingenieur verlangt, wendet dieser ein, dass infolge der Nichtigkeit des Vertrages keine Mängelbeseitigungsansprüche bestehen.

Die Nichtigkeit des Vertrags führt dazu, dass dem Auftraggeber gegen den Vermessungsingenieur keine Gewährleistungsansprüche zustehen. Der Bundesgerichtshof hatte in einer früheren Entscheidung klargestellt, dass der Auftragnehmer regelmäßig gegen den Grundsatz von Treu und Glauben verstößt, wenn er sich auf die Nichtigkeit des Vertrages beruft. Da der Auftragnehmer die vertraglichen Leistungen in Kenntnis der Situation erbracht habe, könne er die Nachbesserung nicht verweigern, da er sich sonst in Widerspruch zu seinem früheren Verhalten setzen würde[6]. Diese Entscheidung ist nach der neuen Rechtsprechung des Bundesgerichtshofes überholt, weil sie zu einer vor 2004 geltenden Rechtslage ergangen ist, bei der allein Steuervorschriften als Verbotsgesetze herangezogen wurden. Das ist durch die zwischenzeitliche Änderung des Schwarzarbeitsbekämpfungsgesetzes und des Umsatzsteuergesetzes anders[7].

***Ergebnis:** Der Auftragnehmer ist bei einer „Ohne-Rechnung-Abrede" nicht zur Mängelbeseitigung verpflichtet.*

22 Auf Grund der Nichtigkeit des Vertrages steht dem Auftraggeber auch kein Rückzahlungsanspruch für bereits gezahlten Werklohn gegen den Auftragnehmer zu. Die Durchsetzung seines bereicherungsrechtlichen *Rückzahlungsanspruches* scheitert wie die Durchsetzung eines bereicherungsrechtlichen *Werklohnanspruches* des Auftragnehmers an § 817 Satz 2 BGB (siehe Rn. 19)[8].

23 „Ohne-Rechnung-Abreden" können neben zivilrechtlichen Auseinandersetzungen auch steuer- und strafrechtliche Sanktionen nach sich ziehen. Nach § 370 Abs. 1 Nr. 2 AO wird bestraft, wer die Finanzbehörden pflichtwidrig über steuerlich erhebliche Tatsachen in Unkenntnis lässt und dadurch Steuern verkürzt oder für sich oder einen anderen nicht gerechtfertigte Steuervorteile erlangt.

6 BGH, Urteil vom 24.4.2008 – VII ZR 140/07 – ZfBR 2008, S. 572.
7 BGH, Urteil vom 1.8.2013 – VII ZR 6/13 – NJW 2013, S. 3167.
8 BGH, Urteil vom 11.6.2015 – VII ZR 216/14 – IBR 2015, S. 405.

24

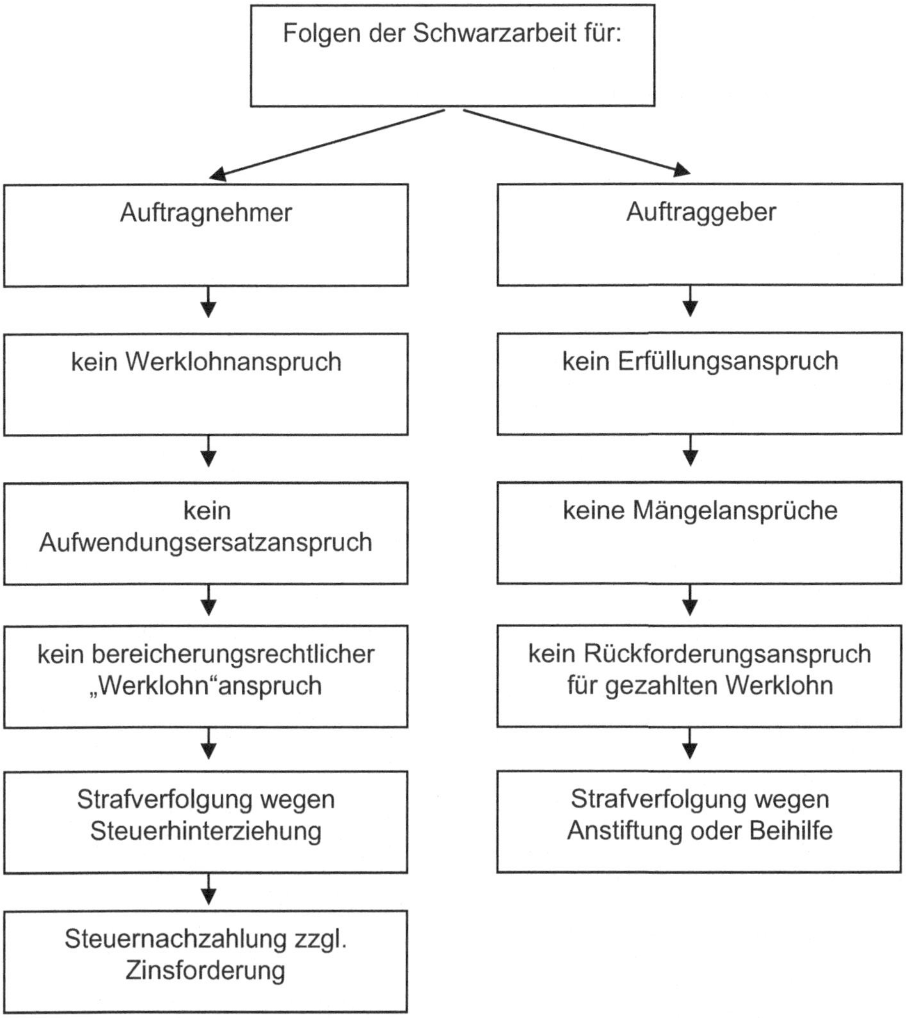

Abbildung 4: Rechtsfolgen der Schwarzarbeit

III. Umfang der Abrechnungsverpflichtung

1. Abrechnungsverpflichtung

Besteht nach § 14 Abs. 1 Satz 1 VOB/B für den Auftragnehmer die Verpflichtung zur Abrechnung, bezieht sich dies auf alle Vergütungsansprüche aus dem Bauvertrag. Er hat jede mit der Bauleistung im Zusammenhang stehende Leistung abzurechnen. Dies gilt auch für alle Forderungen, die ihre Grundlage im Vertrag haben, aber keine Bauleistungen sind, um dem Auftraggeber eine abschließende und vollständige Rechnungsprüfung zu ermöglichen. 25

Die Abrechnungsverpflichtung umfasst insbesondere: 26

- eigentliche vertragliche Leistungen
- Mengenmehrungen (§ 2 Abs. 3 VOB/B)
- geänderte Leistungen (§ 2 Abs. 5 VOB/B)
- zusätzliche Leistungen (§ 2 Abs. 6 VOB/B)
- nachträglich anerkannte Leistungen (§ 2 Abs. 8 VOB/B)

- Schadensersatzforderungen aus Behinderungen (§ 6 Abs. 6 VOB/B)
- Entschädigungsforderungen (§ 642 BGB)
- Voraus- und Abschlagszahlungen (nur bei Schlussrechnungen)

Von der Abrechnungsverpflichtung sind **Forderungen** ausgenommen, die bei vertragskonformem Handeln nicht in die Rechnung eingestellt werden können. Dies betrifft:

- Entgelt für die Nutzung von Geräten, Gerüsten, auf der Baustelle vorhandenen anderen Einrichtungen und angelieferten Stoffen und Bauteilen nach § 8 Abs. 3 Nr. 3 VOB/B

2. Umsatzsteuer

a. Grundsatz

27 Der Auftragnehmer hat die Umsatzsteuer auf die tatsächlich ausgeführten Leistungen und Entschädigungsforderungen (z.B. § 642 BGB) grundsätzlich in seiner Rechnung auszuweisen.

28 Wenn der Auftraggeber ordentlich gekündigt hat und der Auftragnehmer nach § 649 BGB entgangenen Gewinn abrechnet, kann er hierfür keine Umsatzsteuer verlangen. Gleiches gilt nach der Rechtsprechung des Bundesgerichtshofes zu Schadensersatzforderungen nach § 6 Abs. 6 VOB/B, da es sich hierbei nicht um eine Gegenleistung handelt, für die eine Leistung erbracht wird, sondern um einen Ausgleich für Vermögensschäden[9].

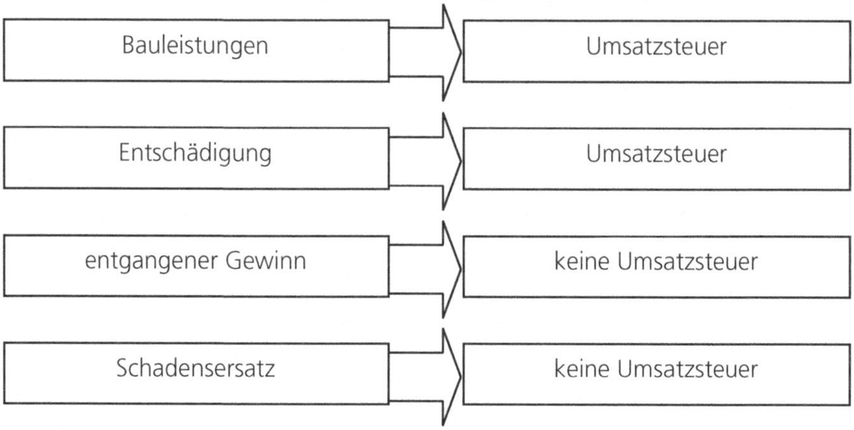

Abbildung 5: Umsatzsteuer

b. Steuerschuldumkehr

29 Eine Besonderheit bei der Abrechnung von Bauleistungen ergibt sich aus § 13b Umsatzsteuergesetz. Nach dieser Vorschrift findet eine Steuerschuldumkehr vom Auftragnehmer auf den Auftraggeber statt, wenn

- Bauleistungen von einem im Inland ansässigen Auftragnehmer im Inland erbracht werden,
- der Auftraggeber Unternehmer ist und
- selbst nachhaltig Bauleistungen erbringt.

Finden die Regelungen zur Steuerschuldumkehr Anwendung, haben die Auftragnehmer die Rechnungen für ihre Leistungen ohne Umsatzsteuer zu stellen und führen diese auch nicht an die Finanzbehörden ab. Die Umsatzsteuer wird durch die Auftraggeber abgeführt.

9 BGH, Urteil vom. 24.1.2008 – VII ZR 280/05 – BauR 2008, S. 821.

Als Auftraggeber, die selbst nachhaltig Bauleistungen erbringen, gelten Unternehmen, die mehr als 10 % ihres Umsatzes mit Bauleistungen erwirtschaften. Darüber hinaus wird auch bei Unternehmen, die eine Freistellungserklärung vorlegen können, davon ausgegangen, dass sie nachhaltig Bauleistungen erbringen. 30

Der Begriff der „Nachhaltigkeit" wurde mit der Neuregelung der Steuerschuldnerschaft zum 1. Oktober 2014 im Umsatzsteuergesetz eingeführt. Dies wurde erforderlich, da der Bundesfinanzhof am 22. August 2013 entschieden hatte, dass es auf den Umfang der vom Leistungsempfänger ausgeführten Bauleistungen an den insgesamt von ihm erbrachten steuerbaren Umsätzen nicht ankomme[10]. Bis zu dieser Entscheidung waren von der Regelung zur Steuerschuldumkehr nur Auftraggeber betroffen, die selbst nachhaltig Bauleistungen erbrachten. Dies wurde angenommen, wenn diese Unternehmen mehr als 10 % ihres Umsatzes mit Bauleistungen erwirtschafteten. Mit der gesetzlichen Neuregelung wurde der Zustand vor der Entscheidung des Bundesfinanzhofes wiederhergestellt.

Praxistipp: 31

▶ *Wenn der Leistungsempfänger bisher noch keine Bauleistungen ausgeführt hat bzw. seine Tätigkeit erst neu aufnimmt, stellt ihm das Finanzamt auf Antrag eine Bescheinigung aus, wenn er nach außen erkennbar mit ersten Handlungen zur nachhaltigen Erbringung von Bauleistungen begonnen hat und die Bauleistungen voraussichtlich mehr als 10 Prozent seines Weltumsatzes betragen werden.*

Die Voraussetzungen für das Vorliegen der Steuerschuldumkehr hat der Auftragnehmer nachzuweisen. Es steht ihm frei, den Nachweis mit allen geeigneten Belegen und Beweismitteln zu führen, aus denen sich ergibt, dass der Auftraggeber ein Unternehmer ist, der die an ihn erbrachte Bauleistung seinerseits zur Erbringung einer derartigen Leistung verwendet. Legt der Auftraggeber dem Auftragnehmer eine im Zeitpunkt der Ausführung der Bauleistung gültige Freiststellungsbescheinigung nach § 48b EStG ausdrücklich für umsatzsteuerliche Zwecke für diesen Umsatz vor, gilt diese als Indiz dafür, dass der Auftraggeber die an ihn erbrachte Leistung seinerseits für eine Bauleistung verwendet. Kann der Auftragnehmer den Nachweis nicht führen, bleibt er Steuerschuldner. Dies kann zu seiner Inanspruchnahme durch die Finanzbehörde führen, wenn der Auftraggeber die Umsatzsteuer nicht abführt. 32

Die Steuerschuldumkehr greift im Übrigen auch, wenn der Auftraggeber, der selbst Bauunternehmer ist, Bauleistungen für seinen privaten Bereich bezieht. Auch dann hat er die Umsatzsteuer seines Auftragnehmers an die Finanzverwaltung abzuführen und dieser seine Leistungen netto unter Hinweis auf die Steuerschuldumkehr abzurechnen. 33

Die Hauptanwendungsfälle des § 13b Umsatzsteuergesetz beschränken sich auf Grund der Anspruchsvoraussetzungen der Norm auf das Verhältnis der Auftragnehmer – als Auftraggeber – zu den Nachauftragnehmern.

10 BFH, Urteil vom 22.8.2013 – V R 37/10 – BStBl 2014 II S. 128; Bartels, Umkehr der Steuerschuldnerschaft: Zur Neufassung des § 13b UStG, IBR 2014, S. 525.

34

Auftraggeber (privater Bauherr) beauftragt Auftragnehmer	keine Steuerschuldumkehr Rechnung brutto
Auftraggeber (Unternehmer) erbringt selbst keine Bauleistungen und beauftragt Auftragnehmer	keine Steuerschuldumkehr Rechnung brutto
Auftraggeber (Unternehmer) erbringt selbst nur geringe Bauleistungen (unter 10 %) und beauftragt Auftragnehmer	keine Steuerschuldumkehr Rechnung brutto
Auftraggeber (Unternehmer) erbringt selbst Bauleistungen und beauftragt Auftragnehmer; die erbrachten Bauleistungen verwendet er seinerseits zur Erbringung einer derartigen Leistung	Steuerschuldumkehr Rechnung netto
Auftraggeber (Unternehmer) erbringt selbst Bauleistungen und beauftragt Auftragnehmer; die erbrachten Bauleistungen verwendet er seinerseits nicht zur Erbringung einer derartigen Leistung	keine Steuerschuldumkehr Rechnung netto
Auftraggeber (Unternehmer) erbringt selbst Bauleistungen und bezieht Leistungen für seinen privaten Bereich	Steuerschuldumkehr Rechnung netto
Auftraggeber (Unternehmer) legt Freistellungsbescheinigung vor	Steuerschuldumkehr Rechnung netto

Abbildung 6: Übersicht: Steuerschuldumkehr

Bauleistungen im Sinne des Umsatzsteuergesetzes sind alle Werklieferungen und sonstigen Leistungen, die der Herstellung, Instandsetzung, Änderung oder Beseitigung von Bauwerken dienen. Hierzu zählen insbesondere folgende Leistungen: 35

- Arbeiten des Bauhauptgewerbes
- Fliesen- und Verlegearbeiten
- Glaserarbeiten
- Installationsarbeiten im Sanitär- und Elektrobereich
- Ofenbau
- Schreiner- und Zimmerarbeiten
- Einbau von Fenstern, Türen, Bodenbelägen, Aufzügen, Rolltreppen
- Einbau von Einrichtungsgegenständen, die mit dem Gebäude fest verbunden sind (z.B. Ladeneinbauten, Schaufensteranlagen, Gaststätteneinrichtungen)
- Erdarbeiten im Zusammenhang mit der Erstellung eines Bauwerkes
- Lieferung von Betonpumpen, wenn gleichzeitig Personal für substanzverändernde Arbeiten zur Verfügung gestellt werden
- Lieferung von Beton, wenn dieser vom Lieferanten mit eigenem Personal fachgerecht verarbeitet wird
- Installation von EDV- und Telefonanlagen (Lieferung von Endgeräten ist keine Bauleistung)
- Installation einer Lichtwerbeanlage
- Montage und Anschließen eines Beleuchtungssystems (Aufhängen und Anschließen von Beleuchtungen und Elektrogeräten ist keineBauleistung)

Keine Bauleistungen sind: 36

- Planungsleistungen
- Überwachungsleistungen
- reine Materiallieferungen
- Lieferung von Wasser und Energie
- Aufstellen von Material- und Bürocontainern
- Entsorgungsleistungen
- Gerüstbau
- Krane liefern, aufbauen, bedienen, Güter befördern
- Befestigung von Maschinen auf einem Fundament im Zusammenhang mit der Lieferung
- Anlegen von Gärten und Wegen
- Anschütten von Hügeln und Böschungen sowie das Ausheben von Gräben und Mulden zur Landschaftsgestaltung
- Arbeitnehmerüberlassung
- Verkehrssicherungsleistungen (Aufbringen der Endmarkierung auf Fahrbahn ist Bauleistung)
- Luftdurchlässigkeitsprüfungen an Gebäuden
- Wartungsarbeiten und Reinigungsarbeiten, die keine Substanzveränderung bewirken
- Reparatur- und Wartungsarbeiten an Bauwerken, wenn das Entgelt der einzelnen Leistung 500 € nicht übersteigt.

37 ***Praxistipp:***

▶ *Zur abschließenden Klärung, ob ein Unternehmen Steuerschuldner ist, empfiehlt es sich, auf die Schreiben bzw. den Umsatzsteuer-Anwendungserlass des Bundesfinanzministeriums*

- *BMF-Schreiben vom 16.10.2009 (Az. IV B 9 – S 7279/0)*
- *BMF-Schreiben vom 11.3.2010 (Az. IV D 3 – S 7279/09/10006)*
- *BMF-Schreiben vom 5.2.2014 (Az. IV D 3 – S 7279/11/10002 (2014/01200973))*
- *Umsatzsteuer-Anwendungserlass vom 1.10.2010*

abzustellen oder einen Steuerberater mit der Klärung zu beauftragen. Die Schreiben und der Anwendungserlass sind unter www.bundesfinanzminsterium.de kostenlos abrufbar.

38 Die Auftragnehmer müssen in ihren Rechnungen ausdrücklich auf die Steuerschuld der Auftraggeber hinweisen.

Formulierungsvorschlag:

Die Rechnung ist gemäß § 13b Umsatzsteuergesetz netto. Wir weisen darauf hin, dass der Auftraggeber zur Anmeldung und Abführung der Umsatzsteuer verpflichtet ist.

Praxistipp:

▶ ***Haftungsrisiko für Auftraggeber:*** *Auftraggeber müssen darauf achten, dass sie auch eine in der Rechnung des Auftragnehmers fehlerhaft ausgewiesene Umsatzsteuer nicht an diesen, sondern an das Finanzamt bezahlen.* ***Anderenfalls wird der Auftraggeber für die nicht abgeführten Beträge vom Finanzamt in Haftung genommen.***

c. Bauabzugssteuer

39 Mit dem Gesetz zur Eindämmung illegaler Betätigung im Baugewerbe ist zum 1.1.2002 ein Steuerabzug für Bauleistungen eingeführt worden (§ 48 Einkommenssteuergesetz). Danach müssen

- gewerbliche und öffentliche Auftraggeber 15 % ihrer Zahlung für die
- Bauleistung

unmittelbar an die Finanzbehörden der Bauleistenden abführen. Der Steuerabzug ist nicht vorzunehmen, wenn der Bauleistende eine gültige Freistellungsbescheinigung vorlegt.

40 Der Umstand, dass der Auftraggeber in bestimmten Fällen einen Steuerabzug vorzunehmen hat, hat auf die Verpflichtung des Auftragnehmers, die Rechnung mit oder ohne Umsatzsteuer zu erstellen, keinen Einfluss. Ob der Auftragnehmer brutto oder netto abzurechnen hat, ergibt sich ausschließlich nach den allgemeinen steuerrechtlichen Bestimmungen unter besonderer Berücksichtigung der Regelungen zur Steuerschuldumkehr nach § 13b UStG.

41 Unabhängig davon, ob der Auftragnehmer netto oder brutto abzurechnen hat, ergeben sich für den Auftraggeber im Hinblick auf die Freistellungsbescheinigung also folgende Konstellationen:

42

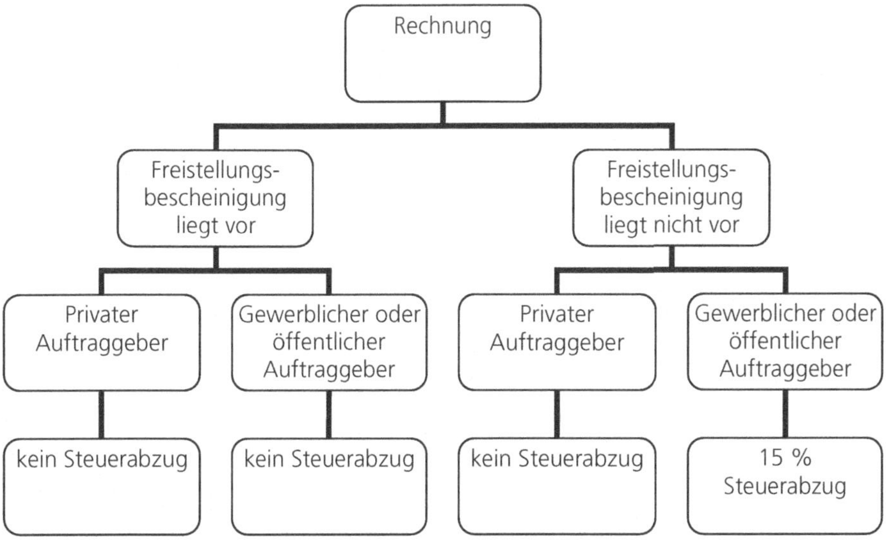

Abbildung 7: Konstellationen Freistellungsbescheinigung

Legt der Auftragnehmer **keine** Freistellungsbescheinigung für die Bauabzugssteuer vor, bleiben die Ermittlung, Anmeldung und Entrichtung der Umsatzsteuer unverändert, allerdings muss der Auftraggeber die Bauabzugssteuer in Höhe von 15 % **bezogen auf den fiktiven Rechnungsbruttobetrag** an das Finanzamt abführen. 43

Beispiel: 44

Auftragnehmer legt Nettorechnung (§ 13b UStG) ohne Freistellungserklärung:

Nettorechnungsbetrag	*1.000.000 €*
Umsatzsteuer	*190.000 €*
Bruttorechnungsbetrag	*1.190.000 €*
davon Bauabzugssteuer 15 %	*178.500 €*

Der Auftraggeber muss folgende Zahlungen leisten:

Zahlung an das Finanzamt:

Umsatzsteuer	*190.000 €*
Bauabzugssteuer	*178.500 €*
Summe	*368.500 €*

Zahlung an den Auftragnehmer:

Nettorechnungsbetrag abzüglich Bauabzugssteuer 821.500 €

45 *Beispiel:*

Auftragnehmer legt Bruttorechnung ohne Freistellungserklärung:

Bruttorechnungsbetrag	*1.190.000 €*
Nettorechnungsbetrag	*1.000.000 €*
Umsatzsteuer	*190.000 €*
Bauabzugssteuer 15 %	*178.500 €*

Der Auftraggeber muss folgende Zahlungen leisten:

Zahlung an das Finanzamt:

Bauabzugssteuer	*178.500 €*

Zahlung an den Auftragnehmer:

Nettorechnungsbetrag abzüglich Bauabzugssteuer	*821.500 €*
Umsatzsteuer	*190.000 €*
Summe	*1.011.500 €*

46 *Beispiel:*

Auftragnehmer legt Nettorechnung (§ 13b UStG) mit Freistellungserklärung:

Nettorechnungsbetrag	*1.000.000 €*
Umsatzsteuer	*190.000 €*
Bruttorechnungsbetrag	*1.190.000 €*
davon Bauabzugssteuer 15 %	*178.500 €*

Der Auftraggeber muss folgende Zahlungen leisten:

Zahlung an das Finanzamt:

Umsatzsteuer	*190.000 €*

Zahlung an den Auftragnehmer:

Nettorechnungsbetrag	*1.000.000 €*

Die Bauabzugssteuer wird bei Vorlage der Freistellungserklärung nicht berücksichtigt.

Beispiel: 47

Auftragnehmer legt Bruttorechnung mit Freistellungserklärung:

Bruttorechnungsbetrag	*1.190.000 €*
Nettorechnungsbetrag	*1.000.000 €*
Umsatzsteuer	*190.000 €*
Bauabzugssteuer 15 %	*178.500 €*

Der Auftraggeber muss folgende Zahlungen leisten:

Zahlung an das Finanzamt:

Keine

Zahlung an den Auftragnehmer:

Nettorechnungsbetrag	*1.000.000 €*
Umsatzsteuer	*190.000 €*
Summe	*1.190.000 €*

Praxistipp: 48

Haftungsrisiko für Auftraggeber: Wird durch den Auftragnehmer keine Freistellungsbescheinigung vorgelegt und behält der Auftraggeber die Bauabzugssteuer dennoch nicht ein, wir er vom Finanzamt für die nicht abgeführten Beträge in Haftung genommen.

d. Zusammenfassung

Grundsätzlich ist der Auftragnehmer verpflichtet, die Umsatzsteuer auf seine Leistungen aus- **49**
zuweisen, sodass sie vom Umfang der Abrechnung erfasst ist (siehe oben Rn. 27). Ist der Auftragnehmer hingegen verpflichtet, seine Leistungen netto abzurechnen, ist die Umsatzsteuer in der Abrechnung nicht auszuweisen. In diesen Fällen ist der Auftraggeber verpflichtet, die Umsatzsteuer an das Finanzamt zu überweisen (siehe oben Rn. 29 ff.). Rechnet der Auftragnehmer seine Leistungen ab, kann der Auftraggeber bei Fehlen einer Freistellungserklärung verpflichtet sein, einen Steuerabzug in Höhe von 15 % vorzunehmen (siehe oben unter Rn. 39 ff.).

IV. Prüfbarkeit der Abrechnung

Der Auftragnehmer hat die Abrechnung so vorzunehmen, dass sie dem Auftraggeber eine ab- **50**
schließende und vollständige Rechnungsprüfung ermöglicht. Dies ist gegeben, wenn der Auftraggeber nachvollziehen kann, ob der Auftragnehmer auf der Grundlage des Vertrages zutreffend abgerechnet hat und er in die Lage versetzt wird, ggf. vorhandene Unrichtigkeiten zu erkennen.

Um diesen Anforderungen zu genügen, hat der Auftragnehmer **51**

- die Rechnung übersichtlich aufzustellen,
- die Reihenfolge der Posten einzuhalten und
- die in den Vertragsbestandteilen verwendeten Bezeichnungen zu verwenden.

Weiterhin sind nach § 14 Abs. 1 Satz 3 VOB/B

- die zum Nachweis von Art und Umfang der Leistung erforderlichen Mengenberechnungen, Zeichnungen und andere Belege beizufügen, sofern dies zum Nachweis einzelner Rechnungspositionen erforderlich ist.
- Änderungen und Ergänzungen des Vertrages sind nach § 14 Abs. 1 Satz 4 VOB/B besonders kenntlich zu machen, auf Verlangen getrennt abzurechnen und ggf. zu begründen.

52 Insbesondere bei komplexen Bauvorhaben werden an die Abrechnung hohe Anforderungen gestellt. So kann es bei einem Einheitspreisvertrag erforderlich sein, die Abrechnung in einer **Baumstruktur** darzustellen und einzelne Leistungen zusätzlich ggf. in sog. Titel zusammenzufassen, damit die Abrechnung überschaubar bleibt. Sämtliche Titel müssen sich widerspruchsfrei in die einzelnen Leistungen zergliedern lassen und sowohl bei den Zwischensummen als auch bei den Einzelsummen muss deutlich sein, wie sich diese zusammensetzen.

Den auf der höchsten Detaillierungsebene zur Abrechnung kommenden Einzelleistungen sind schließlich die zum Nachweis erforderlichen Mengenberechnungen, Zeichnungen und anderen Belege zuzuordnen. Die Abrechnungsunterlagen sind so aufzubereiten, dass sie einer bestimmten Einzelleistung bzw. Leistungsposition konkret und zweifelsfrei zugeordnet werden können. Darüber hinaus hat der Auftragnehmer ggf. aufzuzeigen, in welcher gesonderten Anlage sich die jeweiligen Aufmaße oder Stundenzettel befinden, die sich aus dem Vordersatz jeder einzelnen Leistungsposition ergeben.

53 Ob die Abrechnung den gestellten Anforderungen genügt, hängt vom Einzelfall ab und bestimmt sich insbesondere nach den Informations- und Kontrollinteressen des Auftraggebers. Der Umfang der Abrechnung richtet sich weiterhin nach der Vertragsgestaltung (z.B. Einheitspreisvertrag, Pauschalvertrag, Stundenlohnvertrag), den fachlichen Kenntnissen und Fähigkeiten des Auftraggebers bzw. der Personen, derer er sich zur Rechnungsprüfung bedient.

54 ***Praxistipp:***

Die Anforderungen an die Prüfbarkeit der Abrechnung sind beim Bau einer Wohnanlage durch einen erfahrenen Bauträger andere als beim Bau des Einfamilienhauses durch einen privaten Bauherrn.

Wesentliche Unterschiede bestehen auch bei der Abrechnung von Einheitspreis- und Pauschalverträgen. Die Rechnung eines Einheitspreisvertrages enthält neben den im Leistungsverzeichnis aufgeführten Positionen auch Angaben über die ausgeführten Mengen, den vereinbarten Einheitspreis und die errechneten Gesamtpreise. Bei der Abrechnung einer Pauschalsumme genügt hingegen neben der Leistungsbeschreibung die Angabe der vereinbarten Pauschalvergütung.

55 An die **Form** der Abrechnung stellt die VOB/B keine Anforderungen. In der Praxis wird regelmäßig schriftlich unter Angabe der Vertragspartner, des Bauvorhabens, des Datums sowie des Ortes abgerechnet. Einer Unterschrift auf der Rechnung bedarf es nicht.

56 Die Rüge mangelnder Prüfbarkeit durch den Auftraggeber ist ausführlich zu begründen und ohne weitere Erklärungen oder Erläuterungen nicht ausreichend. Die Rüge muss den Auftragnehmer in die Lage versetzen, die Prüfbarkeit herzustellen[11].

11 OLG Karlsruhe, Urteil vom 13.11.2012 – 8 U 106/09 – IBR 2015, S. 413.

Formulierungsvorschlag für ein Schreiben wegen fehlender Prüffähigkeit der Schlussrechnung: 57

[Absender]

[Anschrift]

[Datum]

Bauvorhaben …

Vertragsnummer …

Fehlende Prüffähigkeit der Schlussrechnung

Sehr geehrte Damen und Herren,

nach § 14 Abs. 1 VOB/B haben Sie Ihre Leistungen prüfbar abzurechnen. Diesen Anforderungen genügt Ihre Schlussrechnung vom … [Datum] nicht. Die Abrechnung ist nicht prüffähig, weil:

- Sie die im Vertrag enthaltenen Bezeichnungen nicht verwendet haben und
- in der Rechnung bereits geleistete Abschlagszahlungen nicht aufgeführt sind.

Wir fordern Sie auf, die Abrechnung nunmehr unverzüglich vorzunehmen und uns bis zum … [Datum] eine prüffähige Abrechnung vorzulegen. Sollten Sie dieser Aufforderung nicht rechtzeitig nachkommen, werden wir die Abrechnung selbst vornehmen und Ihnen die hierdurch entstehenden Kosten in Rechnung stellen.

Mit freundlichen Grüßen

Unterschrift

Formulierungsvorschlag für ein Schreiben wegen Zurücksendung mehrerer – zeitgleich eingereichter - Abschlagsrechnungen: 58

[Absender]

[Anschrift]

[Datum]

Bauvorhaben …

Vertragsnummer …

Prüfung und Zurückweisung Ihrer Abschlagsrechnungen

Sehr geehrte Damen und Herren,

Bezug nehmend auf Ihr Schreiben vom ... halten wir zu den eingereichten Abschlagsrechnungen fest:

Rechnung 1 vom ... (Rechnungsnummer ...)

Der Anspruch auf Abschlagszahlung besteht nicht, da die Abschlagsrechnung auf Grund der fehlenden Leistungsaufstellung nicht prüfbar ist.

Rechnung 2 vom ... (Rechnungsnummer ...)

Der Anspruch auf Abschlagszahlung besteht nicht, da die für die Prüfung notwendigen Leistungsnachweise nicht vorgelegt wurden.

Rechnung 3 vom ... (Rechnungsnummer ...)

Der Anspruch auf Abschlagszahlung ist nicht berechtigt. Die zur Abrechnung gebrachten Nachtragsleistungen sind dem Grunde nach nicht berechtigt, es handelt sich um Leistungen, die zum vertraglichen Bausoll gehören und somit bereits mit der vereinbarten Vergütung abgegolten sind. Es besteht kein zusätzlicher Vergütungsanspruch. Für die geschuldeten Hauptvertragsleistungen wurden bereits Abschlagszahlungen geleistet. Im Einzelnen: Die Farbgebung des Geländers ist auf Seite 5 der Leistungsbeschreibung beschrieben ... weiter mit fachlicher Begründung.

Rechnung 4 vom ... (Rechnungsnummer ...)

Es besteht kein Anspruch auf Abschlagszahlungen. Die zur Abrechnung gebrachten Nachtragsleistungen sind dem Grunde nach nicht berechtigt, da ... weiter mit fachlicher Begründung.

Rechnung 5 vom ... (Rechnungsnummer ...)

Die Abschlagsrechnung ist prüfbar, aber fehlerhaft. Der Anspruch auf Abschlagszahlung besteht hinsichtlich eines Teilbetrages in Höhe von .... Die Positionen .... wurden bereits mit der Abschlagsrechnung vom ... zur Abrechnung gebracht.

Rechnung 6 vom ... (Rechnungsnummer ...)

Der Anspruch auf Abschlagszahlung besteht lediglich in Höhe von ... Hinsichtlich eines Teilbetrages von .... ist der Anspruch nicht berechtigt. Sie haben die Position ... versehentlich doppelt abgerechnet. Wir haben die Rechnung entsprechend korrigiert.

Rechnung 7 vom ... (Rechnungsnummer ...)

Der Anspruch auf Abschlagszahlung besteht in voller Höhe.

Rechnung 8 vom ... (Rechnungsnummer ...)

Der Anspruch auf Abschlagszahlung besteht lediglich in Höhe von ... In Höhe eines Teilbetrages von ... ist der Anspruch nicht berechtigt. In der Nachtragsverhandlung vom ... haben wir uns diesbezüglich abschließend geeinigt.

Rechnung 9 vom ... (Rechnungsnummer ...)

Der Anspruch auf Abschlagszahlung ist in Höhe von ... berechtigt. In Höhe eines Teilbetrages von ... besteht kein Vergütungsanspruch, da Sie ... weiter mit fachlicher Begründung...

Zusammenfassend ist festzuhalten, dass von den eingereichten ... Abschlagsrechnungen in Höhe von insgesamt ... € lediglich ... Abschlagsrechnungen in Höhe von insgesamt ... € berechtigt sind. Dieser Betrag wird auf das von Ihnen benannte Konto überwiesen/auf die am ... geleistete Zahlung von ... € angerechnet. Im Übrigen werden die Rechnungen zurückgewiesen.

Mit freundlichen Grüßen

Unterschrift

Anmerkung:

Bei der Abrechnung kommt es nicht selten vor, dass zurückgewiesene Abschlagsrechnungen vom Auftragnehmer ohne inhaltliche Änderungen erneut beim Auftraggeber eingereicht werden und zugleich deren Zahlung angemahnt wird. In diesen Fällen ist auch auf die Mahnung einzugehen. Wenn bei der Prüfung festgestellt wird, dass keine neuen Sachverhalte vorgetragen werden, bereits alles gesagt und geschrieben wurde und sich der Schriftverkehr lediglich wiederholt, kann auch in einer Kurzfassung geantwortet werden. Auf die Mahnung kann unmittelbar in dem Schreiben zu den Abschlagsrechnungen oder in einem gesonderten Schreiben eingegangen werden.

Formulierungsvorschlag für ein Schreiben zur Zurückweisung einer Mahnung nach vorherigem Schriftverkehr: 59

> Sehr geehrte Damen und Herren,
>
> wir nehmen auf Ihre Mahnung vom ... Bezug. Wie wir Ihnen bereits mehrfach mündlich und schriftlich mitgeteilt haben, sind die geltend gemachten Forderungen aus den unterschiedlichsten Gründen nicht berechtigt. Neue Erkenntnisse liegen nicht vor. Zur Vermeidung von Wiederholungen erlauben wir uns daher, auf die geführten Besprechungen und den gewechselten Schriftverkehr zu verweisen. Für Rückfragen stehen wir gerne zur Verfügung.
>
> Mit freundlichen Grüßen
>
> Unterschrift

Praxishinweis 1: 60

▶ *Der Auftraggeber kann den Einwand der fehlenden Prüfbarkeit der Rechnung nicht mehr erheben, wenn er die Rechnung tatsächlich geprüft hat. Die Prüfung führt insoweit zur Fälligkeit*[12]*. Hält der Auftraggeber die Rechnung für nicht prüfbar, muss er dies ausdrücklich rügen und begründen. Unterlässt er dies, wird die Rechnung ohne Rücksicht auf deren Prüfbarkeit mit Ablauf der jeweiligen Prüffristen fällig.*

Praxishinweis 2: 61

▶ *Achtung, aus der Fälligkeit der Rechnung wegen Ablauf der Prüffrist folgt* ***nicht****, dass der Auftraggeber auch zur Zahlung der geltend gemachten Forderung verpflichtet ist, wenn die Rechnung inhaltlich zu beanstanden ist. Der Einwand der Unrichtigkeit der Rechnung bleibt dem Auftraggeber erhalten. Der Auftraggeber, der die fehlende Prüfbarkeit nicht rügt, ist nicht mit sachlichen Einwendungen gegen den geltend gemachten Werklohnanspruch ausgeschlossen.*

Praxishinweis 3: 62

▶ *Wenn die Rechnung nur in Teilen prüfbar ist, kann der Auftragnehmer die Zahlung des Guthabens verlangen, das unter Berücksichtigung eventueller Voraus- und Abschlagszahlungen zweifelsfrei ermittelt werden kann. Lässt sich dieses Guthaben nicht eindeutig feststellen, besteht kein Zahlungsanspruch. Hat der Auftraggeber allerdings tatsächlich ein Guthaben festgestellt, setzt er sich Zinsansprüchen des Auftragnehmers aus, wenn er die Auszahlung verweigert*[13]*.*

V. Abrechnung vorzeitig beendeter Verträge

Bei der Abrechnung durch Kündigung oder einvernehmliche Vertragsaufhebung vorzeitig beendeter Verträge ergeben sich Besonderheiten, da die Leistungen für den erfüllten und den nicht erfüllten Teil getrennt abzurechnen sind. 63

Nicht selten stellen sich Schwierigkeiten bei der Ermittlung des Leistungsstandes ein. Sind die Vertragspartner nicht in der Lage, den Leistungsstand festzustellen, oder können sie sich nicht auf den Umfang der ausgeführten Leistungen verständigen, sollten sie sich zur Vermeidung langwieriger Verfahren und damit verbundener Mehrkosten eines Sachverständigen bedienen. Ziel sollte dabei sein, sich auf einen Sachverständigen einvernehmlich festzulegen, damit es im Nachgang nicht zum Streit über dessen Feststellungen kommt.

12 OLG München, Urteil vom. 28.11.2010 – 28 U 4905/08 – BauR 2013, S. 635.
13 Bolz, IBR 2017, S. 10 m.w.N.

64 Können sich die Vertragspartner nicht auf einen Sachverständigen einigen, verbleibt ihnen die Möglichkeit, ein selbstständiges Beweisverfahren einzuleiten, in dem der Sachverständige vom Gericht bestimmt wird.

Praxistipp:

Mit der Durchführung des gerichtlichen Verfahrens sind Gerichts- und Rechtsanwaltskosten verbunden, deren Höhe sich nach dem sog. Gegenstandswert bestimmen. Da dieses Verfahren regelmäßig wesentlich mehr Zeit in Anspruch nehmen wird als ein außergerichtliches einvernehmliches Vorgehen, kann dies darüber hinaus zu einer weiteren Kostenerhöhung führen, wenn sich die Fertigstellung des Bauvorhabens auf Grund der Einleitung des Verfahrens um Monate, wenn nicht Jahre verzögern sollte. Wer anschließend für die Mehrkosten aufzukommen hat, beurteilt sich letztlich nach dem Ausgang des Verfahrens und den Gründen, die zur Vertragsbeendigung geführt haben.

Daneben sollte in die Überlegungen einbezogen werden, ob der unterlegene Vertragspartner nach so langer Zeit überhaupt noch wirtschaftlich in der Lage sein wird, entsprechende Zahlungen zu leisten. Bestehen diesbezüglich ernsthafte Zweifel, sollte bereits aus diesem Grund eine außergerichtliche Einigung gesucht werden.

1. Vorzeitig beendeter Einheitspreisvertrag

65 Ist die Ermittlung des Leistungsstandes abgeschlossen, werden beim **Einheitspreisvertrag** die erbrachten Leistungen nach den Einheitspreisen abgerechnet.

Wurde der Vertrag vom Auftraggeber aus wichtigem Grund gekündigt, kann der Auftragnehmer für die nicht erbrachten Leistungen keine Vergütung verlangen. Wurde der Vertrag vom Auftraggeber hingegen ordentlich gekündigt (§ 8 Abs. 1 Nr. 1 VOB/B), steht dem Auftragnehmer die vereinbarte Vergütung zu, wobei er sich die ersparten Aufwendungen oder die Aufwendungen, die er zu ersparen böswillig unterlassen hat, anrechnen lassen muss (§ 8 Abs. 1 Nr. 2 VOB/B).

2. Vorzeitig beendeter Pauschalpreisvertrag

66 Beim **Pauschalpreisvertrag** ist die Höhe der Vergütung für den erbrachten Teil im Verhältnis des Wertes der erbrachten Leistungen zum Wert der nach dem Vertrag geschuldeten Gesamtleistung zu errechnen. In der Praxis bereitet die Abrechnung eines vorzeitig beendeten Pauschalpreisvertrages allerdings nicht selten erhebliche Probleme. Wurde ein Detailpauschalpreisvertrag geschlossen, kann der Auftragnehmer die Abrechnung noch relativ einfach vornehmen. Nach der Rechtsprechung des Bundesgerichtshofes[14] ist es zulässig, das Leistungsverzeichnis als Anhaltspunkt für die Bewertung der ausgeführten Leistungen zu verwenden. Die ausgeführten Leistungen sind über die Einheitspreise im Leistungsverzeichnis zu bewerten und anschließend mit dem Pauschalierungsfaktor zu multiplizieren, der sich aus dem Vergleich der ursprünglichen Angebotssumme und der vereinbarten Pauschale ergibt.

67 Erheblich komplizierter ist hingegen die Abrechnung eines Globalpauschalpreisvertrages, für den kein Leistungsverzeichnis, sondern lediglich eine funktionale Leistungsbeschreibung vorliegt. Es existieren keine Einzelleistungen und Einheitspreise, an denen sich der Auftragnehmer orientieren könnte. Nach der Rechtsprechung des Bundesgerichtshofes[15] ist es nicht zulässig, der Abrechnung Zahlungspläne oder Ähnliches zu Grunde zu legen, da sich hieraus nicht zwingend ergibt, dass die ausgeführten Leistungen tatsächlich mit den vereinbarten Abschlagszahlungen zu bewerten sind. Der Auftragnehmer muss daher die Abrechnung nach-

14 BGH, Urteil vom 4.7.1996 – VII ZR 227/93 – NJW 1996, S. 3270.
15 BGH, Urteil vom 7.11.1996 – VII ZR 82/95 – NJW 1997, S. 733.

vollziehbar an seiner Kalkulation vornehmen. Notfalls muss der Auftragnehmer nachträglich eine Kalkulation erstellen, die den vereinbarten Pauschalpreis plausibel erscheinen lässt[16].

Hinsichtlich der nicht erbrachten Leistungen gelten die für Einheitspreisverträge geltenden Grundsätze, bei einer Kündigung aus wichtigem Grund steht dem Auftragnehmer für die nicht ausgeführten Leistungen keine Vergütung zu. Bei einer ordentlichen Kündigung erhält der Auftragnehmer für die nicht ausgeführten Leistungen vollen Werklohn abzüglich ersparte oder böswillig unterlassene Aufwendungen. **68**

Beispiele: **69**

Ordentliche Kündigung eines Pauschalpreisvertrages

Nach der ordentlichen Kündigung werden die erbrachten Leistungen im Verhältnis zum Wert der vertraglich geschuldeten Gesamtleistung vergütet. Zur Feststellung des Verhältnisses ist ein Aufmaß zu nehmen. Ergibt sich dabei, dass der Auftragnehmer z.B. 45% der Gesamtleistung ausgeführt hat, bestimmt sich danach die an ihn zu zahlende Vergütung. Für die nicht ausgeführten 55% erhält der Auftragnehmer gleichfalls die vereinbarte Vergütung, er muss sich jedoch hiervon ersparte Aufwendungen bzw. Aufwendungen, die er zu ersparen böswillig unterlassen hat, anrechnen lassen.

Kündigung eines Pauschalpreisvertrages aus vom Auftragnehmer zu vertretendem wichtigen Grund

Im Falle einer vom Auftragnehmer zu vertretenden außerordentlichen Kündigung gelten hinsichtlich der Vergütung der erbrachten Leistungen die Ausführungen zur ordentlichen Kündigung. Ergibt sich nach Durchführung des Aufmaßes, dass 45% der geschuldeten Leistungen erbracht wurden, erhält der Auftragnehmer eine daran orientierte Vergütung. Für die nicht ausgeführten Leistungen steht dem Auftragnehmer hingegen keine Vergütung zu.

16 KG, Urteil vom 28.9.2012 – 7 U 253/11, IBR 2015, S. 412.

70

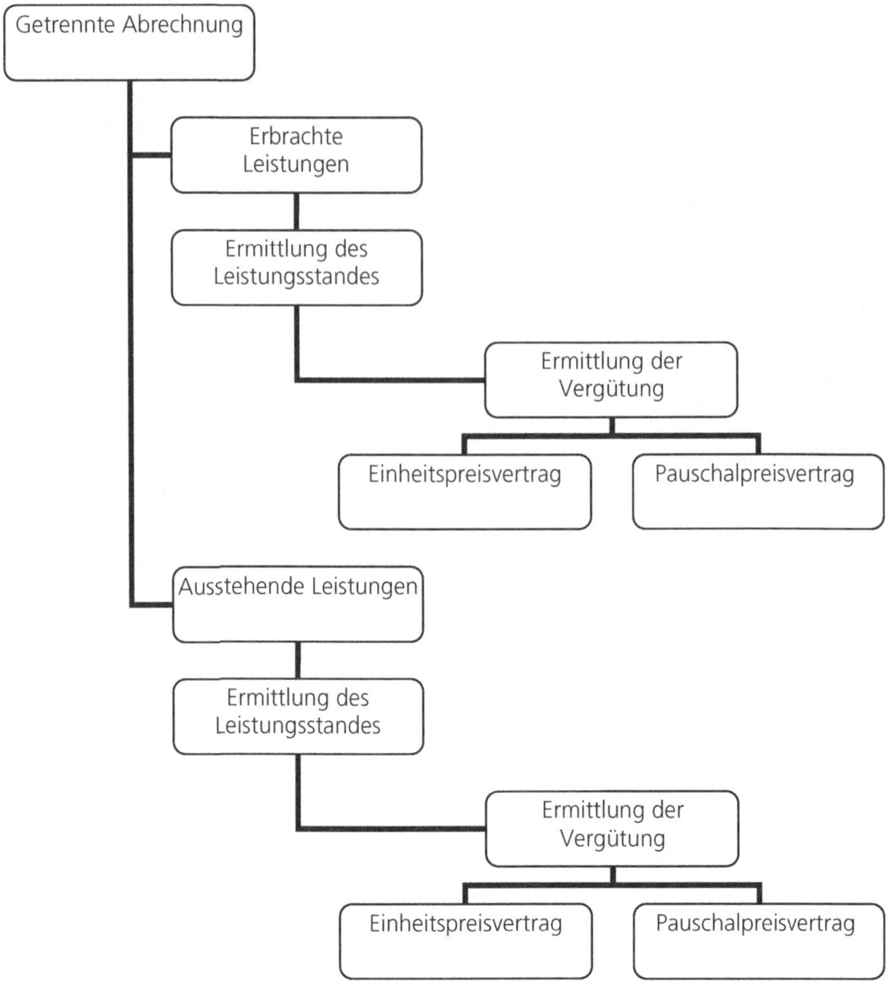

Abbildung 8: Wie sind vorzeitig beendete Verträge abzurechnen?

VI. Inhaltliche Richtigkeit der Abrechnung

71 Von der Prüfbarkeit der Abrechnung ist deren Richtigkeit zu unterscheiden. Rechen-, Schreib- oder sonstige inhaltliche Fehler berühren die Prüfbarkeit der Abrechnung nicht, da es für die Prüfbarkeit nicht entscheidend ist, ob die Berechnung richtig oder falsch ist. Auch eine fehlerhafte Abrechnung kann prüfbar sein.

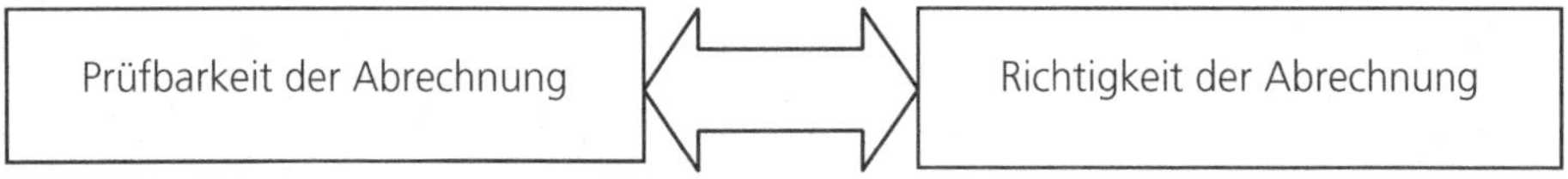

Abbildung 9: Prüfbarkeit/Richtigkeit der Abrechnung

Praxistipp: 72

Hat der Auftraggeber die Rechnung geprüft und dem Auftragnehmer das Ergebnis der Prüfung mitgeteilt, kann er nicht mehr mit dem Einwand gehört werden, dass die Rechnung nicht prüfbar sei.

Ist die Abrechnung prüfbar, aber nach Auffassung des Auftraggebers fehlerhaft, hat der Auftragnehmer die Fehlerfreiheit nachzuweisen. Hierzu kann er sich eines Sachverständigen bedienen. Rügt der Auftraggeber die fehlende Prüfbarkeit, obliegt ihm der Nachweis, dass die Abrechnung nicht prüfbar ist. 73

VII. Inhaltskontrolle des § 14 Abs. 1

§ 14 Abs. 1 VOB/B hält einer isolierten Inhaltskontrolle nach den §§ 305 ff. BGB stand (siehe hierzu oben Rn. 5 ff.). 74

C. Zur Abrechnung notwendige Feststellungen (§ 14 Abs. 2)

Nach § 14 Abs. 2 VOB/B sind die zur Abrechnung notwendigen Feststellungen entsprechend dem Leistungsstand möglichst gemeinsam vorzunehmen. 75

Die Vorschrift bezweckt, dass die tatsächlich ausgeführten Leistungen nach Zahl, Maß und Gewicht im Einvernehmen zwischen den Vertragspartnern dokumentiert werden und der Rechnungslegung eine Grundlage geschaffen wird. Die Feststellungen können durch 76

- Aufzeichnungen,
- Berechnungen sowie
- zeichnerische Darstellungen

getroffen werden. Ihr Umfang richtet sich nach den Vorstellungen der Vertragspartner, sie bestimmen, was notwendig bzw. erforderlich ist.

Wie sich aus der Formulierung „möglichst gemeinsam" ergibt, besteht keine Verpflichtung zum gemeinsamen Handeln, § 14 Abs. 2 VOB/B enthält lediglich eine Empfehlung zur Vermeidung von Meinungsverschiedenheiten. Es ist **alleinige Aufgabe des Auftragnehmers**, eine prüfbare Abrechnung vorzunehmen. Wirkt der Auftraggeber bei der Feststellung nicht mit, kann ihn der Auftragnehmer weder auf Mitwirkung verklagen noch Erstattung ggf. anfallender Sachverständigenkosten für eine nachträgliche Erstellung eines Aufmaßes verlangen. 77

Praxistipp: 78

Wurde der Auftraggeber ordnungsgemäß zum gemeinsamen Aufmaß aufgefordert und ist er dieser Aufforderung nicht nachgekommen, kann sich die Beweislast für die getroffenen Feststellungen zu seinen Lasten umkehren[17]. ***Dies gilt auch, wenn der Auftraggeber nach einer außerordentlichen Kündigung des Bauvertrages der Aufforderung des Auftragnehmers zu einem gemeinsamen Aufmaß nicht gefolgt ist und die Abrechnungspositionen nur deshalb strittig geblieben sind***[18].

Um diese nachteiligen Folgen zu vermeiden, sollte der Auftraggeber stets an der Feststellung der ausgeführten Leistungen mitwirken, zumal ihm dies einen genauen Überblick über die ausgeführten Leistungen des Auftragnehmers ermöglicht und ggf. vorhandene Mängel noch vor Abnahme und Zahlung der Schlussrechnung gerügt werden können.

---

17 BGH, Urteil vom 22.5.2003 – VII ZR 143/02 – BauR 2003, S. 1207.
18 LG Duisburg, Urteil vom 4.9.2010 – 8 O 231/07 – BauR 2011, S. 304.

Was bedeutet Umkehr der Beweislast?

79 Wenn das Gericht nach Ausschöpfung aller Beweismittel von der Wahrheit oder Unwahrheit einer streitigen und entscheidungserheblichen Tatsachenbehauptung nicht überzeugt ist, greifen die Beweislastregeln ein. Diese bestimmen, zu welchen Lasten die Unaufklärbarkeit geht. Nach der allgemeinen Beweislastregel hat derjenige, der sich auf die Rechtsfolgen einer für ihn günstigen Norm beruft, das Vorliegen deren Voraussetzungen darzulegen und zu beweisen. Gelingt ihm dies nicht, trägt er das Risiko der Unaufklärbarkeit und wird den Rechtsstreit verlieren. Bei der Umkehr der Beweislast wird nun das Risiko der Unaufklärbarkeit auf die andere Partei verlagert, sodass diese in dem Rechtsstreit unterliegen wird, wenn das Gericht nicht von der Wahrheit oder Unwahrheit der Tatsachenbehauptung überzeugt ist.

I. Aufmaß

80 Bei einem Aufmaß handelt es sich um eine für die Rechnungslegung notwendige Feststellung der konkret ausgeführten Leistungen nach Zahl, Maß und Gewicht. Ein Aufmaß ist regelmäßig nur beim Einheitspreisvertrag und nicht beim Pauschalpreisvertrag nötig. Etwas anderes gilt allerdings bei geänderten und zusätzlichen Leistungen, wenn sich die Vertragspartner noch nicht auf eine neue Pauschale geeinigt haben, und im Falle der vorzeitigen Beendigung des Vertrages durch Kündigung oder einvernehmliche Vertragsaufhebung. In diesen Fällen sind die ausgeführten Leistungen durch Aufmaß zu ermitteln.

81 Das Aufmaß sollte möglichst gemeinsam auf der Baustelle genommen werden, um Meinungsverschiedenheiten über die vom Auftragnehmer ausgeführten Leistungen zu vermeiden. Wurden die Leistungen exakt nach der ursprünglichen Planung ausgeführt, kann das Aufmaß auch den Ausführungsunterlagen entnommen werden, wenn sich die Vertragspartner hierüber verständigen, anderenfalls ist aufzumessen.

82 ***Formulierungsvorschlag für eine Aufforderung zum gemeinsamen Aufmaß durch den Auftragnehmer:***

[Absender]

[Anschrift]

[Datum]

Bauvorhaben …

Vertragsnummer …

Gemeinsames Aufmaß

Sehr geehrte Damen und Herren,

entsprechend den vereinbarten Vertragsterminen haben wir die nachfolgenden Leistungen planmäßig ausgeführt:

- …
- …
- …

Wir bitten Sie, an der Feststellung des Leistungsumfangs mitzuwirken und somit die Möglichkeit eines gemeinsamen Aufmaßes wahrzunehmen. Die einvernehmliche Feststellung in einem gemeinsamen Aufmaß erleichtert uns die Abrechnung und Ihnen die spätere Prüfung der ausgeführten Leistungen.

Als Aufmaßtermin schlagen wir … [Datum] auf der Baustelle vor.

Sollten Sie diesen Termin nicht wahrnehmen können, bitten wir um eine kurze Mitteilung, damit wir einen anderen Termin vereinbaren können.

Mit freundlichen Grüßen

Unterschrift

Haben die Vertragspartner ein gemeinsames Aufmaß erstellt, sind sie an das gemeinsam festgestellte Ergebnis über den tatsächlichen Umfang der ausgeführten Leistung gebunden. Stellen sie nachträglich fest, dass die getroffenen Feststellungen nicht der Wirklichkeit entsprechen, können sie dies nur mit Erfolg geltend machen, wenn die Unrichtigkeiten erst nach Erstellung des Aufmaßes erkannt wurden und nachgewiesen werden können. **83**

Praxistipp: **84**

Zu beachten ist, dass die Bindungswirkung des gemeinsamen Aufmaßes nicht dazu führt, dass der Auftraggeber die vom Auftragnehmer erbrachten Leistungen als vertragskonform anerkennt. Dies geschieht ausschließlich durch die Abnahme, da es sich bei dem Aufmaß lediglich um eine Sachstandsermittlung handelt.

II. Berücksichtigung der Abrechnungsbestimmungen

Nach § 14 Abs. 2 Satz 2 VOB/B sind bei den zur Abrechnung notwendigen Feststellungen die Abrechnungsbestimmungen in den Technischen Vertragsbedingungen und den anderen Vertragsunterlagen zu berücksichtigen. **85**

Die Allgemeinen Technischen Vertragsbestimmungen (ATV) sind in der VOB/C geregelt, bei anderen Vertragsunterlagen kann es sich beispielsweise um die zwischen den Vertragspartnern vereinbarten zusätzlichen bzw. besonderen Vertragsbedingungen oder Bestimmungen in der Leistungsbeschreibung handeln. **86**

Praxistipp:

Findet die Abrechnung unter Berücksichtigung der ATV statt, ist Abschnitt 0.5 der DIN 18299 zu berücksichtigen, wonach die Abrechnungseinheiten für die Teilleistungen gemäß Abschnitt 0.5 der jeweiligen ATV im Leistungsverzeichnis anzugeben sind.

Weiterhin ist Abschnitt 5 der DIN 18299 zu beachten, wonach die Leistungen aus Zeichnungen zu ermitteln sind, soweit die ausgeführte Leistung diesen Zeichnungen entspricht. Sind keine Zeichnungen vorhanden oder wird die Leistung abweichend von einer vorliegenden Zeichnung ausgeführt, ist die Leistung aufzumessen. Abschnitt 5 der jeweiligen ATV enthält hierzu ergänzende, auf die einzelnen Gewerke angepasste Bestimmungen.

Werden die Abrechnungsbestimmungen der ATV nicht beachtet, ist die Abrechnung in aller Regel unrichtig, ob sie darüber hinaus nicht prüfbar ist, muss im Einzelfall geprüft werden. **87**

III. Schwer bzw. nicht mehr feststellbare Leistungen

Für Leistungen, die bei Weiterführung der Arbeiten nur schwer feststellbar sind, hat der Auftragnehmer rechtzeitig gemeinsame Feststellungen zu beantragen. Der Antrag muss so rechtzeitig gestellt werden, dass durch die Feststellungen die Weiterführung der Arbeiten nicht erschwert oder behindert wird. Kommt der Auftragnehmer seiner Verpflichtung nicht nach und treten hierdurch Behinderungen auf, kann er sich gegenüber dem Auftraggeber schadensersatzpflichtig machen (§ 6 Abs. 6 VOB/B). **88**

Stellt der Auftragnehmer keinen Antrag und kann die Feststellung der Leistungen zu einem späteren Zeitpunkt nur noch erschwert durchgeführt werden, hat er für sämtliche Mehrkosten aufzukommen, die dem Auftraggeber hieraus entstehen. Diese können sich insbesondere ergeben aus: **89**

- erhöhtem Zeitaufwand gegenüber zeitnaher Feststellung
- längerer Vorhaltung der vom Auftraggeber beauftragten Bauüberwachungen
- zusätzlicher Beauftragung von Sachverständigen.

90 Können die Leistungen überhaupt nicht mehr festgestellt werden, geht dies zu Lasten des Auftragnehmers, er erhält für die ausgeführten, aber nicht nachweisbaren Leistungen keine Vergütung. Der Auftragnehmer trägt das Risiko, dass er die tatsächlich erbrachten Leistungen nicht mehr in vollem Umfang darlegen und beweisen kann. Es ist zulässig, dass der Auftraggeber alle nicht anerkannten Aufmaße einfach bestreitet[19].

91 Wirkt der Auftraggeber an den Feststellungen nicht mit, obwohl er hierzu ordnungsgemäß eingeladen wurde, verbleibt es dabei, dass dies zur Beweislastumkehr führen kann. Der Auftraggeber sollte daher an der gemeinsamen Feststellung mitwirken (vgl. Rn. 75 ff.).

92

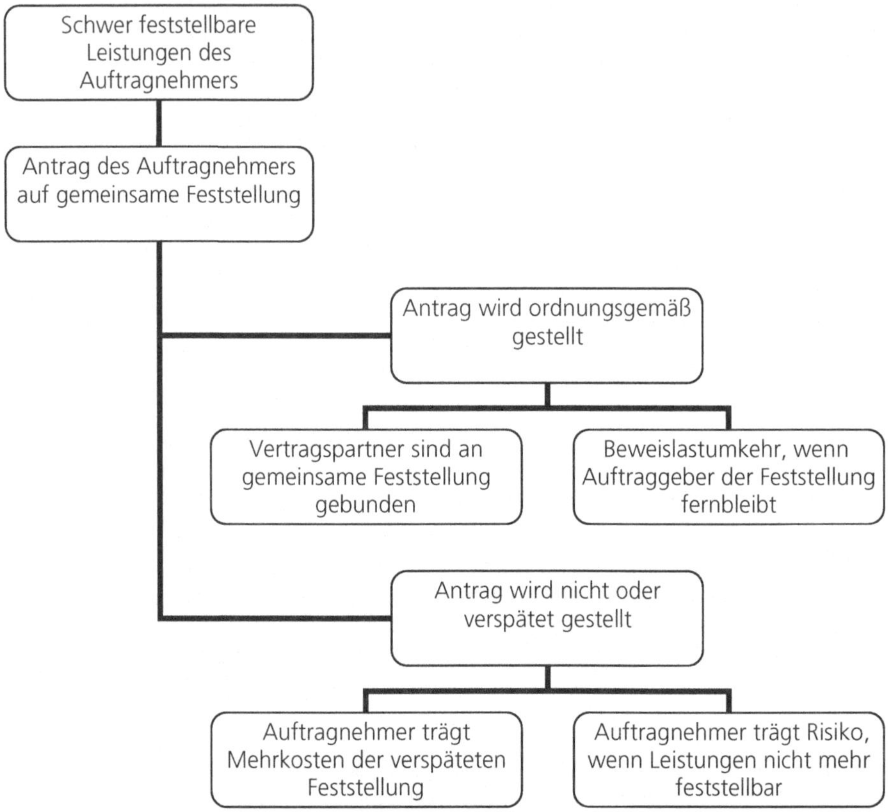

Abbildung 10: Schwer feststellbare Leistungen

IV. Inhaltskontrolle des § 14 Abs. 2

93 § 14 Abs. 2 VOB/B hält einer isolierten Inhaltskontrolle nach den §§ 305 ff. BGB stand (siehe hierzu oben Rn. 5 ff.).

D. Zeitpunkt zur Einreichung der Schlussrechnung (§ 14 Abs. 3)

94 Die Schlussrechnung muss nach § 14 Abs. 3 VOB/B bei Leistungen mit einer vertraglichen Ausführungsfrist von höchstens drei Monaten spätestens zwölf Werktage nach Fertigstellung eingereicht werden, wenn nichts anderes vereinbart ist. Diese Frist wird um je sechs Werktage für je weitere drei Monate Ausführungsfrist verlängert. Je länger die Ausführungsfrist ist, desto länger ist folglich die Frist zur Einreichung der Schlussrechnung.

19 OLG Naumburg, Urteil vom 30.11.2007 – 1 U 18/07 – IBR 2011, 128.

Die Berechnung der Frist beginnt mit der **Fertigstellung** der Leistungen, wenn der Auftragnehmer die vertraglich geschuldete Bauleistung abnahmereif hergestellt hat. Auf die tatsächliche Abnahme der Leistungen kommt es nicht an. Unwesentliche Mängel und Restleistungen geringen Umfangs bleiben bei der Bestimmung des Zeitpunkts gleichfalls unberücksichtigt. Fehlen wesentliche Restleistungen, kann sich aus deren Gewicht und den Bauumständen ergeben, dass die Leistung noch nicht fertiggestellt ist.[20] **95**

Auf Abschlags-, Vorauszahlungs- oder sonstige Rechnungen ist die Vorschrift *nicht* anwendbar. **96**

Praxistipp 1: **97**

▶ *Auftragnehmer müssen sechs Monate nach der Abnahme durch den Auftraggeber ihre Rechnung stellen. Hierzu sind sie nach § 14 Abs. 2 Ziff. 1 Umsatzsteuergesetz (UStG) verpflichtet, wenn sie steuerpflichtige Werklieferungen oder sonstige Leistungen im Zusammenhang mit einem Grundstück ausführen. Die Verletzung der in § 14 Abs. 2 Ziff. 1 UStG normierten Verpflichtung des Auftragnehmers stellt nach § 26a UStG eine Ordnungswidrigkeit dar und kann mit einer Geldbuße bis zu 5.000,00 € geahndet werden.*

Praxistipp 2:

▶ *Wenn dem Auftraggeber die Schlussrechnung erst mehrere Jahre nach Fertigstellung zugehen sollte, kann er sich ggf. auf Verwirkung des Vergütungsanspruches berufen. Der Vergütungsanspruch ist verwirkt, wenn:*

- *der Auftragnehmer über einen längeren Zeitraum keine Schlussrechnung gelegt hat (OLG Hamm: 5 Jahre [21]) und er dadurch*
- *beim Auftraggeber den Eindruck erweckt hat, er brauche mit der Geltendmachung und Durchsetzung des Anspruches nicht mehr zu rechnen,*
- *der Auftraggeber sich darauf eingerichtet hat (z.B. Fördermittelantrag gestellt) und*
- *ihm die verspätete Inanspruchnahme nicht zugemutet werden kann (z.B. Ablauf der Fördermittelfrist)*

§ 14 Abs. 3 VOB/B hält einer isolierten Inhaltskontrolle nach den §§ 305 ff. BGB stand (siehe hierzu oben Rn. 5 ff.). **98**

E. Rechnungslegung durch den Auftraggeber (§ 14 Abs. 4)

Reicht der Auftragnehmer keine oder eine nicht prüfbare Rechnung ein, obwohl ihm der Auftraggeber dafür eine angemessene Frist gesetzt hat, so kann sie der Auftraggeber nach § 14 Abs. 4 VOB/B selbst auf Kosten des Auftragnehmers aufstellen. Der Auftraggeber ist berechtigt, aber nicht verpflichtet, die Schlussrechnung selbst zu erstellen. **99**

Voraussetzungen für eine Selbstvornahme sind:

- der Ablauf der sich nach § 14 Abs. 3 VOB/B ergebenden Frist sowie
- der Ablauf einer weiteren angemessenen, vom Auftraggeber bestimmten Frist.

---

20 BGH, Urteil vom 20.8.2009 – VII ZR 205/07 – BauR 2009, S. 1724.
21 OLG Hamm, Beschluss vom 25.9.2014 – 24 U 65/13 – IBR 2016, S. 73.

100 ***Formulierungsvorschlag für eine Aufforderung zur Rechnungslegung:***

[Absender]

[Anschrift]

[Datum]

Bauvorhaben ...

Vertragsnummer ...

Aufforderung zur Rechnungslegung

Sehr geehrte Damen und Herren,

nach § 14 Abs. 3 VOB/B haben Sie die Schlussrechnung bei Leistungen mit einer vertraglichen Ausführungsfrist von 3 Monaten spätestens 12 Werktage nach Fertigstellung einzureichen. Die Frist wird um je 6 Werktage für je weitere 3 Monate Ausführungsfrist verlängert. Diese Fristen haben Sie überschritten.

Wir fordern Sie auf, die Schlussrechnung nunmehr umgehend, spätestens bis zum ... [Datum] prüffähig einzureichen. Sollten Sie dieser Aufforderung nicht nachkommen, werden wir die Abrechnung selbst vornehmen und Ihnen die hierdurch entstehenden Kosten in Rechnung stellen.

Mit freundlichen Grüßen

Unterschrift

101 Neben dem Recht der Selbstvornahme besitzt der Auftraggeber die Möglichkeit, den Auftragnehmer auf Einreichung der Rechnung zu verklagen. Wofür sich der Auftraggeber entscheidet, obliegt ihm und bestimmt sich nach den Umständen des Einzelfalls.

Praxistipp:

Bei der Abwägung ist zu berücksichtigen, dass ein Klageverfahren mit weiteren Kosten verbunden sein wird und regelmäßig sehr zeitintensiv ist. Die Erstellung der Rechnung durch den Auftraggeber kann hingegen insbesondere bei Großvorhaben sehr aufwändig sein, wenn noch kein Aufmaß vorliegt und dies zur Abrechnung erforderlich ist.

102 Ob der Auftraggeber die **Frist** zur Vorlage der Rechnung **angemessen** gesetzt hat, bestimmt sich gleichfalls nach den Umständen des Einzelfalls.

Beispiel:

Bei einem kleinen Bauvorhaben mit geringem Investitionsvolumen sind andere Maßstäbe anzulegen als bei einer Jahre währenden Großbaustelle. Die Frist kann daher wenige Tage, aber auch einige Wochen betragen.

103 Die vom Auftraggeber erstellte Rechnung hat dieselben rechtlichen Wirkungen wie eine vom Auftragnehmer erstellte Rechnung. Sie bestimmt die Fälligkeit der Werklohnforderung sowie den damit verbundenen Beginn der Verjährungsfrist.

104 Die Fälligkeit und der Beginn der Verjährungsfrist werden im Gegensatz zu einer durch den Auftragnehmer erstellten Schlussrechnung bereits unmittelbar mit Zugang der Schlussrechnung beim Auftragnehmer in Gang gesetzt. Auf den Ablauf der Prüffrist von 30 bzw. 60 Tagen kommt es nicht an[22].

22 OLG Nürnberg, Beschluss vom 24.7.2013 – 13 U 549/12 – IBR 2016, S. 72.

Praxistipp: 105

Um den Zugang der Schlussrechnung beim Auftragnehmer sicher nachzuweisen, gibt es beispielsweise folgende Möglichkeiten:

- *persönliche Übergabe an den Auftragnehmer mit Empfangsbekenntnis*
- *persönlicher Einwurf der Schlussrechnung in den Briefkasten des Auftragnehmers unter Zeugen (Der Zeuge muss den Einwurf der Schlussrechnung zur Kenntnis nehmen, nicht des verschlossenen Umschlages, da dieser kein oder ein anderes Schreiben enthalten kann.)*
- *Zustellung durch den Gerichtsvollzieher*

Von folgenden weiteren Möglichkeiten sollte nur Gebrauch gemacht werden, wenn nicht davon ausgegangen werden muss, dass der Auftragnehmer den Zugang der Schlussrechnung bestreitet:

- *einfacher Brief (Zugang kann vom Auftragnehmer bestritten werden)*
- *Einschreiben mit Rückschein (Mit dem Einschreiben mit Rückschein kann nicht nachgewiesen werden, dass dem Auftragnehmer die Schlussrechnung zugegangen ist, sondern nur ein Schreiben bzw. ein Briefumschlag.)*
- *Einwurfschreiben (garantiert nicht, dass die Schlussrechnung zugegangen ist)*
- *Telefax (Der Sendebericht gilt nicht als Zugangsbeweis, er belegt allerdings das Bestehen einer Datenverbindung, sodass sich der Auftragnehmer hierzu erklären muss.)*

Für die Prüfbarkeit der Rechnung reicht es aus, wenn dem Auftragnehmer an Hand der Schlussrechnung eine abschließende und sachgerechte Klärung des Werklohnanspruchs möglich ist. Ein Aufmaß muss der Auftraggeber auch bei einem Einheitspreisvertrag nicht beifügen, wenn er in der Schlussrechnung die vom Auftragnehmer in seinen Abschlagsrechnungen zu Grunde gelegten Massen übernimmt und zwischenzeitlich keine weiteren Leistungen durch den Auftragnehmer erbracht wurden[23]. Anderenfalls hat der Auftraggeber der von ihm erstellten Schlussrechnung Aufmaße bzw. sonstige rechnungsbegründende Unterlagen beizufügen. **106**

Die mit der Erstellung der Abrechnung verbundenen Kosten kann der Auftraggeber vom Auftragnehmer erstattet verlangen. Der Anspruch umfasst **107**

- den eigenen Zeit- und Materialaufwand sowie
- die Kosten, die dem Auftragnehmer dadurch entstanden sind, dass er mangels eigener Sach- und Fachkenntnisse einen Architekten oder Bauingenieur mit der Aufstellung der Rechnung beauftragen musste.

§ 14 Abs. 4 VOB/B hält einer isolierten Inhaltskontrolle nach den §§ 305 ff. BGB stand (siehe hierzu oben Rn. 5 ff.). **108**

23 OLG Stuttgart, Urteil vom 26.3.2013 – 10 U 146/12 – IBR 2013, S. 461.

§ 15 VOB/B
Stundenlohnarbeiten

(1) 1. Stundenlohnarbeiten werden nach den vertraglichen Vereinbarungen abgerechnet.

2. Soweit für die Vergütung keine Vereinbarungen getroffen worden sind, gilt die ortsübliche Vergütung. Ist diese nicht zu ermitteln, so werden die Aufwendungen des Auftragnehmers für Lohn- und Gehaltskosten der Baustelle, Lohn- und Gehaltsnebenkosten der Baustelle, Stoffkosten der Baustelle, Kosten der Einrichtungen, Geräte, Maschinen und maschinellen Anlagen der Baustelle, Fracht-, Fuhr- und Ladekosten, Sozialkassenbeiträge und Sonderkosten, die bei wirtschaftlicher Betriebsführung entstehen, mit angemessenen Zuschlägen für Gemeinkosten und Gewinn (einschließlich allgemeinem Unternehmerwagnis) zuzüglich Umsatzsteuer vergütet.

(2) Verlangt der Auftraggeber, dass die Stundenlohnarbeiten durch einen Polier oder eine andere Aufsichtsperson beaufsichtigt werden oder ist die Aufsicht nach den einschlägigen Unfallverhütungsvorschriften notwendig, so gilt Absatz 1 entsprechend.

(3) Dem Auftraggeber ist die Ausführung von Stundenlohnarbeiten vor Beginn anzuzeigen. Über die geleisteten Arbeitsstunden und den dabei erforderlichen, besonders zu vergütenden Aufwand für den Verbrauch von Stoffen, für Vorhaltung von Einrichtungen, Geräten, Maschinen und maschinellen Anlagen, für Frachten, Fuhr- und Ladeleistungen sowie etwaige Sonderkosten sind, wenn nichts anderes vereinbart ist, je nach der Verkehrssitte werktäglich oder wöchentlich Listen (Stundenlohnzettel) einzureichen. Der Auftraggeber hat die von ihm bescheinigten Stundenlohnzettel unverzüglich, spätestens jedoch innerhalb von 6 Werktagen nach Zugang, zurückzugeben. Dabei kann er Einwendungen auf den Stundenlohnzetteln oder gesondert schriftlich erheben. Nicht fristgemäß zurückgegebene Stundenlohnzettel gelten als anerkannt.

(4) Stundenlohnrechnungen sind alsbald nach Abschluss der Stundenlohnarbeiten, längstens jedoch in Abständen von 4 Wochen, einzureichen. Für die Zahlung gilt § 16.

(5) Wenn Stundenlohnarbeiten zwar vereinbart waren, über den Umfang der Stundenlohnleistungen aber mangels rechtzeitiger Vorlage der Stundenlohnzettel Zweifel bestehen, so kann der Auftraggeber verlangen, dass für die nachweisbar ausgeführten Leistungen eine Vergütung vereinbart wird, die nach Maßgabe von Absatz 1 Nummer 2 für einen wirtschaftlich vertretbaren Aufwand an Arbeitszeit und Verbrauch von Stoffen, für Vorhaltung von Einrichtungen, Geräten, Maschinen und maschinellen Anlagen, für Frachten, Fuhr- und Ladeleistungen sowie etwaige Sonderkosten ermittelt wird.

A. Allgemeines

I. Stundenlohnarbeiten

1 Bei einem Stundenlohnvertrag oder auch Regievertrag handelt es sich um einen Werkvertrag, bei dem die vereinbarten Leistungen nach der aufgewendeten Arbeitszeit vergütet werden. Da Stundenlohnarbeiten nicht immer das erforderliche Gleichgewicht zwischen Leistung und Vergütung garantieren und somit das Risiko einer Doppelabrechnung besteht, sollten sie eine Ausnahme darstellen und sich auf Bauleistungen geringen Umfangs beschränken, die überwiegend Lohnkosten verursachen.

2 Stundenlohnarbeiten werden nach § 2 Abs. 10 VOB/B nur vergütet, wenn sie als solche **vor ihrem Beginn ausdrücklich vereinbart** worden sind. Die Regelung umfasst sowohl

- *selbstständige* Stundenlohnarbeiten, die unabhängig von anderen Leistungen beauftragt wurden, als auch
- angehängte Stundenlohnarbeiten, die im Rahmen eines bestehenden Einheitspreis- oder Pauschalpreisvertrages erst nachträglich beauftragt werden.

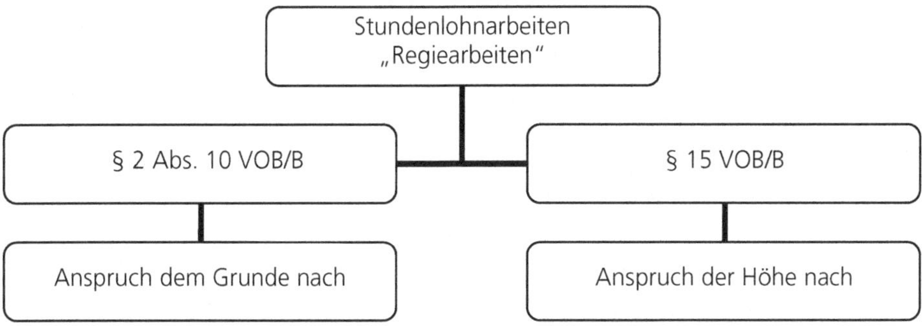

Abbildung 1: Übersicht Stundenlohnarbeiten

Während § 2 Abs. 10 VOB/B den Vergütungsanspruch dem Grunde nach regelt, finden sich 3
in § 15 VOB/B Bestimmungen zur Höhe der Vergütung, deren Berechnung sowie weitere Voraussetzungen für eine Vergütung auf Stundenbasis.

II. Inhaltskontrolle einzelner VOB/B-Klauseln

VOB/B-Klauseln sind Allgemeine Geschäftsbedingungen (AGB) und unterliegen unabhängig 4
davon, ob die VOB/B als Ganzes oder lediglich einzelne VOB/B-Klauseln vereinbart werden, dem Anwendungsbereich der §§ 305 ff. BGB.

Werden **einzelne** VOB/B-Klauseln vereinbart, findet deren uneingeschränkte Inhaltskontrolle 5
statt. Voraussetzung ist lediglich, dass die VOB/B-Klauseln durch einen Vertragspartner gestellt, also beispielsweise über seine AGB in den Vertrag einbezogen werden. Eine Inhaltskontrolle unterbleibt, wenn die Vertragspartner die Einbeziehung einzelner VOB/B-Klauseln übereinstimmend vereinbart haben.

Praxistipp:

Wer als Verwender von VOB/B-Klauseln deren Inhaltskontrolle vermeiden möchte, muss diese mit seinem Vertragspartner im Einzelnen verhandeln. Hierbei ist unbedingt darauf zu achten, dass die Vertragsklauseln inhaltlich geändert werden. Unveränderte Klauseln gelten regelmäßig als unverhandelt. Eine unveränderte Klausel kann nach Auffassung des Bundesgerichtshofs nur Gegenstand von Verhandlungen gewesen sein, wenn sie nach gründlicher Erörterung unverändert blieb[1]. Dies stellt eine seltene Ausnahme dar, die vom Verwender der Klausel in der Praxis nur schwer dargelegt und bewiesen werden kann. Im Zweifel sollte die Klausel daher inhaltlich geändert werden.

Die Inhaltskontrolle erfolgt nur zu Lasten des Verwenders, also des Vertragspartners, der sie 6
gestellt hat. Auf die Unwirksamkeit einer von ihm gestellten Klausel kann sich der Verwender nicht berufen.

Wird die VOB/B **als Ganzes** vereinbart, ist zu hinterfragen, ob der Vertragspartner des Ver- 7
wenders Verbraucher, also eine natürliche Person ist, die außerhalb ihrer gewerblichen oder beruflichen Tätigkeit handelt.

Ist der Vertragspartner des Verwenders Verbraucher, findet nach der Entscheidung des Bundesgerichtshofs vom 24.7.2008[2] die Inhaltskontrolle unabhängig davon statt, ob die VOB/B als Ganzes oder einzeln vereinbart wurde. Nur in Verträgen, in denen die VOB/B

- als Ganzes und
- nicht gegenüber Verbrauchern

---

1 BGH, Urteil vom 22.11.2012 – VII ZR 222/12 – ZfBR 2013, S. 151.
2 BGH, Urteil vom 24.7.2008 – VII ZR 55/07 – ZfBR 2008, S. 670.

vereinbart wurde, ist sie – weiterhin – der Inhaltskontrolle nach den §§ 305 ff. BGB entzogen. Der Vertragspartner des Verwenders kann sich nicht auf die Unwirksamkeit einzelner Klauseln berufen, selbst wenn diese einer Einzelprüfung nicht standhalten und unwirksam sein sollten.

8 Auf die Wirksamkeit der einzelnen Klauseln des § 15 VOB/B wird in der nachfolgenden Kommentierung eingegangen.

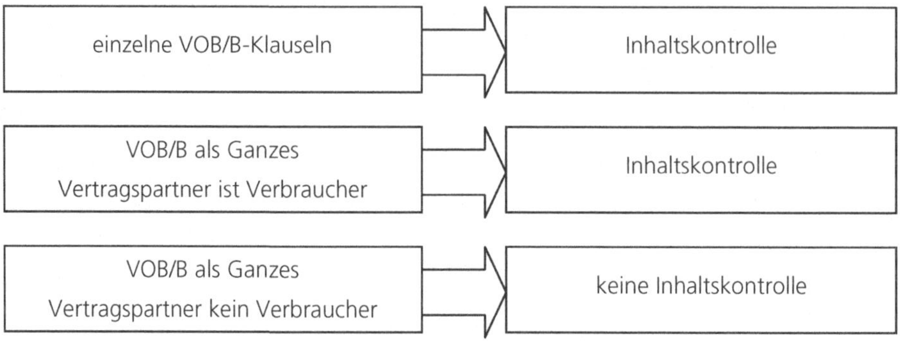

Abbildung 2: Übersicht Inhaltskontrolle

B. Grundlagen der Abrechnung (§ 15 Abs. 1)

I. Abrechnung bei bestehender vertraglicher Vereinbarung (Abs. 1 Nr. 1)

9 Nach § 15 Abs. 1 Nr. 1 VOB/B werden Stundenlohnarbeiten nach den vertraglichen Vereinbarungen abgerechnet. Zur Vermeidung von Meinungsverschiedenheiten empfiehlt es sich, diese Vereinbarungen unbedingt

- ausdrücklich,
- inhaltlich zweifelsfrei und
- vorzugsweise schriftlich zu schließen,

da der Begriff des Stundenlohnes in der VOB nicht definiert und damit auslegungsfähig ist.

10 Im Allgemeinen werden mit den Stundenlohnsätzen die Lohn- und Gehaltskosten einschließlich Nebenkosten, Betriebskosten sowie Wagnis und Gewinn abgegolten. Die Materialkosten sind hingegen gesondert zu vergüten. Werden bestimmte Stundenlohn- und Materialkostensätze vereinbart, kann es wiederum zweifelhaft sein, ob daneben Geräte- und Frachtkosten abgerechnet werden können. Der Zeitaufwand für die An- und Abfahrt von und zur Baustelle kann, muss aber nicht im Stundensatz enthalten sein, während der Zeitaufwand für die Materialbeschaffung regelmäßig gesondert zu vergüten ist. Nach einer Entscheidung des OLG Hamm vom 8.2.2011[3] sind Stundenlohnzettel um die Fahrtzeiten der Auftragnehmer zu kürzen, da es im Baugewerbe nicht üblich sei, Fahrtkosten nach Stundenaufwand zu berechnen.

11 Welche Kosten sind mit den Stundenlohnsätzen abgegolten?

3 OLG Hamm, Urteil vom 8.2.2011 – 21 U 88/10 – NJW-Spezial 2011, S. 205.

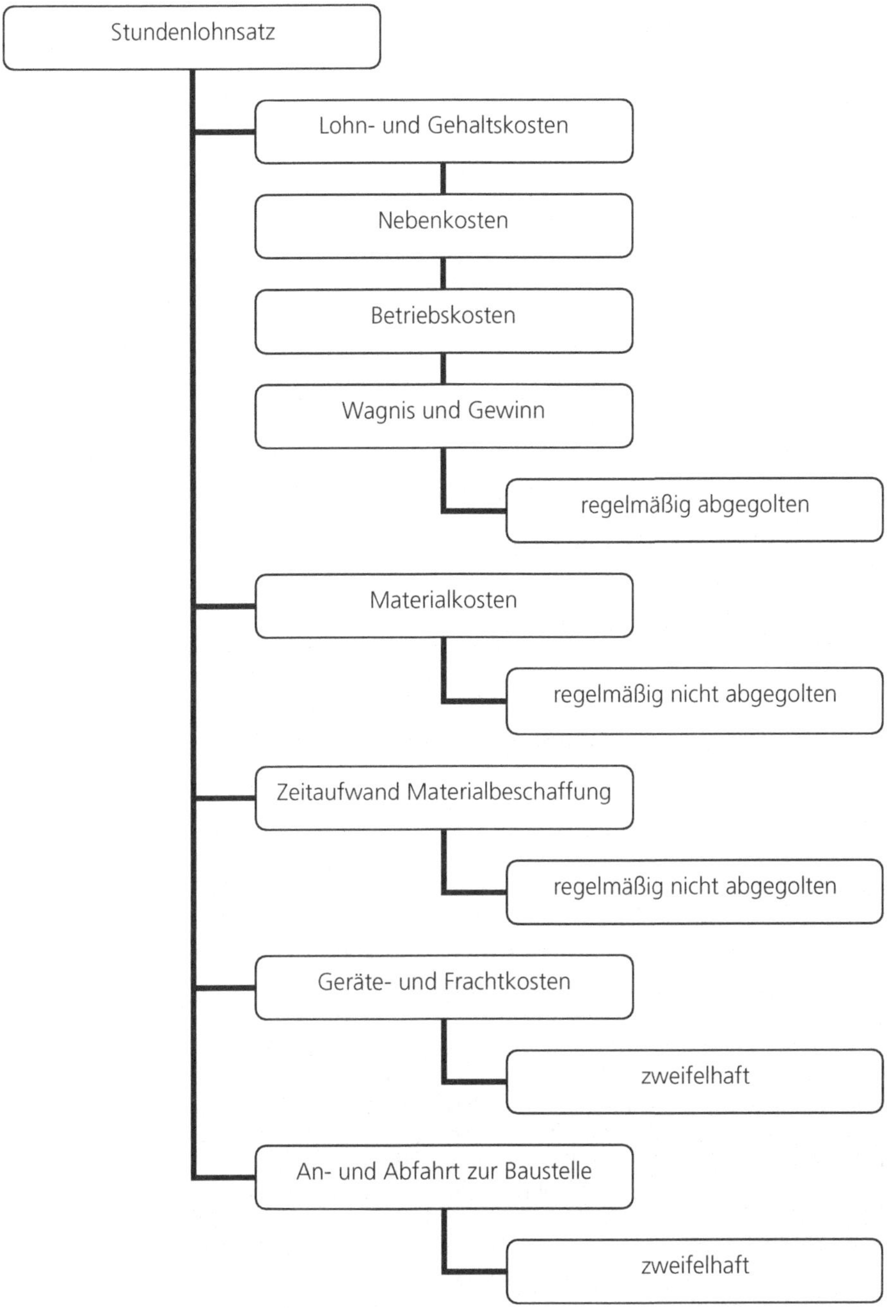

Abbildung 3: Inhalt der Stundenlohnsätze

Auf Grund der Schwierigkeiten bei der Begriffsbestimmung wird den Vertragspartnern dringend empfohlen, alle Vergütungsfragen im Vorfeld der Ausführung eindeutig zu klären. Eine stillschweigende Stundenlohnvereinbarung wird nur in Ausnahmefällen, beispielsweise bei einer länger währenden Zusammenarbeit angenommen werden können, wenn die abgerufe- **12** nen Bauleistungen zudem mit früheren Leistungen vergleichbar sind und diese stets nach Stundenaufwand abgerechnet wurden.

13 ***Praxistipp:***

> *Allein die Unterschrift auf dem Stundenlohnzettel begründet ohne Hinzutreten weiterer Umstände **keine** stillschweigende Vereinbarung zur Abrechnung nach Stundenaufwand. Mit der Unterzeichnung bescheinigt der Auftraggeber lediglich den vom Auftragnehmer vorgegebenen Aufwand.*

14 Fehlt eine vorherige ausdrückliche Vereinbarung und haben sich die Vertragspartner auch nicht stillschweigend geeinigt, werden die erbrachten Leistungen nach Einheitspreisen abgerechnet. Die Vertragspartner haben allerdings im Rahmen der Vertragsfreiheit die Möglichkeit, auch noch während oder sogar nach Ausführung der Arbeiten deren Vergütung auf Stundenbasis zu vereinbaren und damit von der Regelung des § 2 Abs. 10 VOB/B einvernehmlich abzuweichen.

II. Abrechnung bei fehlender vertraglicher Vereinbarung (Abs. 1 Nr. 2)

1. Ortsübliche Vergütung (Abs. 1 Nr. 2 Satz 1)

15 Haben sich die Vertragspartner über die Ausführung von Stundenlohnarbeiten geeinigt, jedoch für deren Vergütung keine Vereinbarungen getroffen, gilt nach § 15 Abs. 1 Nr. 2 Satz 1 VOB/B die ortsübliche Vergütung als vereinbart. Die Stundenlohnvergütung wird nach dem klaren Wortlaut des § 15 Abs. 1 Nr. 2 Satz 1 VOB/B **nicht** nach den Ansätzen der Urkalkulation des Auftragsnehmers ermittelt[4].

16 Nach der Rechtsprechung des Bundesgerichtshofs[5] ist die Vergütung ortsüblich, die:

- nach allgemeiner Auffassung
- am Ort der Leistungsausführung
- von den beteiligten Kreisen
- zur Zeit des Vertragsschlusses
- für Löhne, Geräteeinsatz, Baueinrichtungen, Gemeinkosten, Wagnis und Gewinn

gewährt zu werden pflegt. Vergleichsmaßstab hierbei sind Leistungen gleicher Art und Güte sowie gleichen Umfangs in einer Vielzahl von Einzelfällen.

17 Für die Beurteilung der Ortsüblichkeit der Vergütung ist in Zweifelsfällen auf den **Zeitpunkt der Stundenlohnvereinbarung und nicht der Leistungserbringung** abzustellen, da es sonst weitgehend dem Zufall überlassen bliebe, welche Vergütung der Auftraggeber zu zahlen hat, wenn zwischen Beauftragung und Ausführung ein größerer Zeitraum liegen sollte. Der Auftraggeber muss wie beim Abschluss von Einheitspreis- oder Pauschalpreisverträgen bei der Beauftragung von Stundenlohnarbeiten in der Lage sein, den von ihm geschuldeten Werklohn richtig zu beurteilen. Ausnahmen hiervon sind im Einzelfall nur möglich, wenn es zwischen Beauftragung und Ausführung eine für den Auftragnehmer unzumutbare und nicht vorhersehbare Kostenentwicklung gegeben haben sollte (Wegfall der Geschäftsgrundlage).

18 Zur Vermeidung von Meinungsverschiedenheiten bei der Bestimmung des maßgeblichen Zeitpunkts sollten die Vertragspartner vorsorglich bei Vertragsschluss eine entsprechende Regelung treffen.

---

4 Gross, IBR 2013, S. 325; a.A. Hammacher, BauR 2013, S. 682 ff.
5 BGH, Urteil vom 26.10.2000 – VII ZR 239/98 – BauR 2001, S. 249.

Praxistipp: 19

Kann zwischen den Vertragspartnern kein Einvernehmen über die Ortsüblichkeit der Vergütung hergestellt werden, sollte ein Sachverständiger mit der Klärung beauftragt werden. Zur Vermeidung weiterer Streitigkeiten sollten sich die Vertragspartner auf die Person des Sachverständigen – vorzugsweise schriftlich – einigen. Auch sollte geklärt werden, in welchem Verhältnis die anfallenden Kosten von den Vertragspartnern zu tragen sind.

2. Aufwendungen des Auftragnehmers (Abs. 1 Nr. 2 Satz 2)

Lässt sich die ortsübliche Vergütung nicht ermitteln, so werden die Aufwendungen des Auftragnehmers nach den tatsächlich auf der Baustelle angefallenen personellen und sachlichen Kosten berechnet. Bei der Berechnung ist auf § 15 Abs. 1 Nr. 2 Satz 2 VOB/B abzustellen, wobei die Aufzählung nicht abschließend ist. 20

Im Einzelnen sind folgende Kosten zu berücksichtigen: 21

- Lohn- und Gehaltskosten der Baustelle
- Lohn- und Gehaltsnebenkosten der Baustelle
- Stoffkosten der Baustelle (Kosten für Stoffe und Bauteile, Bauhilfs- und Baubetriebsstoffe wie z.B. Gerüstbretter, Wasser, Kraftstoffe)
- Kosten der Einrichtungen, Geräte, Maschinen und maschinellen Anlagen der Baustelle
- Fracht-, Fuhr- und Ladekosten
- Sozialkassenbeiträge
- Sonderkosten (Zusammenfassung der auf der Baustelle anfallenden besonderen Kosten wie z.B. Lohnzuschläge für Mehr-, Nacht-, Sonntags- bzw. Feiertagsarbeit; Erschwerniszuschläge; Leistungszulagen; Wegezeitentschädigungen; Wege- und Fahrtkosten; Auslösungen wie z.B. Trennungsgelder; Unterkunfts- und Übernachtungsgelder; Kosten für An- und Rückreisen; Familienheimfahrten)
- Zuschläge für Gemeinkosten sowie Wagnis und Gewinn
- Umsatzsteuer.

Bei der Abrechnung ist durch den Auftraggeber zu prüfen, dass einzelne Kosten nicht doppelt zum Ansatz kommen, weil sie bereits bei anderen Positionen abgerechnet werden. Daneben ist darauf zu achten, dass der Auftragnehmer nur den Aufwand zur Abrechnung bringen kann, der bei einer objektiven und fachmännischen Betrachtung zur sachgerechten sowie zügigen Ausführung erforderlich ist und einer wirtschaftlichen Betriebsführung genügt. 22

Praxistipp:

Wenn der Auftragnehmer Leistungen am Wochenende erbringen lässt, obwohl diese ohne Weiteres während der normalen Arbeitszeit ausgeführt werden können, ist dieser zusätzliche Aufwand nicht wirtschaftlich. Auch der Bezug von Materialien über große Entfernungen ist unwirtschaftlich, wenn diese in der Nähe der Baustelle beschafft werden können.

Stellt der Auftraggeber bei der Rechnungsprüfung fest, dass einzelne Kosten doppelt zum Ansatz gekommen sind bzw. der vom Auftragnehmer angegebene Aufwand einer wirtschaftlichen Betriebsführung widerspricht, ist die Rechnung entsprechend zu kürzen[6]. Sollte der Auftragnehmer seinen vermeintlichen Anspruch gleichwohl durchsetzen wollen, wird er den Klageweg bestreiten müssen. Der Ausgang des Rechtsstreits bestimmt sich danach, ob der Auftragnehmer zutreffend oder überhöht abgerechnet hat. Das Gericht wird dies durch Be- 23

6 OLG Schleswig, Urteil vom 15.11.2013 – 1 U 59/12 – IBR 2016, S. 381.

auftragung eines Sachverständigen klären lassen. Die Darlegungs- und Beweislast für die Richtigkeit der Abrechnung trägt nach den allgemeinen prozessualen Grundsätzen der Auftragnehmer, sodass er den Rechtsstreit verlieren wird, wenn das Gericht hiervon nicht überzeugt ist. Anders ist die Frage der Darlegungs- und Beweislast zu beurteilen, wenn nicht die Aufwendungen des Auftragnehmers streitig sind, sondern die Angemessenheit und Wirtschaftlichkeit des geltend gemachten Aufwandes (siehe hierzu Rn. 50 ff.)

24 ***Praxistipp:***

▶ *Zur Vermeidung eines zeit- und kostenintensiven Rechtsstreits sollten die Vertragspartner abwägen, ob die Abrechnung nicht durch einen gemeinsam beauftragten unparteiischen Sachverständigen einvernehmlich überprüft werden kann. Auch in diesem Fall sollten sich die Vertragspartner vorzugsweise schriftlich auf die Person des Sachverständigen und die Aufteilung der anfallenden Kosten einigen.*

III. Inhaltskontrolle des § 15 Abs. 1

25 § 15 Abs. 1 VOB/B hält einer isolierten Inhaltskontrolle nach den §§ 305 ff. BGB stand (siehe hierzu oben Rn. 4 ff.).

C. Vergütung von Aufsichtspersonen (§ 15 Abs. 2)

26 Verlangt der Auftraggeber, dass die Stundenlohnarbeiten durch einen Polier oder eine andere Aufsichtsperson beaufsichtigt werden oder ist die Aufsicht nach den einschlägigen Unfallverhütungsvorschriften notwendig, so gilt nach § 15 Abs. 2 VOB/B die Regelung in Abs. 1 entsprechend.

27 Voraussetzung für die Vergütung ist allerdings, dass es sich bei der Aufsichtsperson um eine zusätzliche, fachlich geeignete Person handelt, die lediglich Kontroll- und Überwachungsfunktionen ausübt und keine Bauleistungen erbringt. Für andere Personen, die selbst Stundenlohnarbeiten ausführen, kann der Auftragnehmer keine gesonderte Vergütung verlangen. Gleiches gilt für die Personen, die der Auftragnehmer im Rahmen seiner Überwachungspflichten nach § 4 Abs. 2 VOB/B einzusetzen hat.

28 Beaufsichtigt die bestellte Person neben Stundenlohnarbeiten noch weitere Arbeiten, ist die Vergütung anteilig zu berechnen.

29 § 15 Abs. 2 VOB/B hält einer isolierten Inhaltskontrolle nach den §§ 305 ff. BGB stand (siehe hierzu oben Rn. 4 ff.).

D. Stundenlohnzettel (§ 15 Abs. 3)

I. Anzeige des Ausführungsbeginns (Abs. 3 Satz 1)

30 Der Auftragnehmer ist nach § 15 Abs. 3 Satz 1 VOB/B verpflichtet, dem Auftraggeber die Ausführung von Stundenlohnarbeiten vor Beginn anzuzeigen. Die Anzeige kann formlos erfolgen, wenn keine anderen vertraglichen Vereinbarungen getroffen wurden, und ist daher:

- mündlich auf der Baustelle,
- telefonisch,
- per Telefax,
- per E-Mail oder
- schriftlich möglich.

Zum späteren Nachweis sollte im Zweifel die Schriftform gewählt werden.

Adressat der Anzeige ist der Auftraggeber. Sofern ein Architekt oder Bauingenieur mit der Überwachung beauftragt sein sollte, kann die Anzeige auch diesen Personen gegenüber erfolgen. **31**

Praxistipp: **32**

Kommt der Auftragnehmer seiner Anzeigepflicht nicht oder nicht rechtzeitig nach, kann der Auftraggeber bei entsprechender Anwendung des § 15 Abs. 5 VOB/B verlangen, dass für die nachweisbar ausgeführten Leistungen eine Vergütung nach Abs. 1 Nr. 2 ermittelt wird. Daneben kann sich der Auftragnehmer nach § 280 Abs. 1 BGB schadensersatzpflichtig machen, wenn dem Auftraggeber durch die Verletzung der Anzeigepflicht beispielsweise zusätzliche Kosten für die Beauftragung eines Sachverständigen zur Ermittlung der Vergütung, Prüfung von Unterlagen oder ggf. Befragung von Arbeitnehmern entstehen.

Beispiel: **33**

Die Vertragspartner haben Stundenlohnarbeiten vereinbart, der Auftragnehmer zeigt dem Auftraggeber jedoch nicht den Ausführungsbeginn an.

Wie wird abgerechnet?

Der Auftraggeber kann verlangen, dass für die nachweisbar ausgeführten Leistungen eine Vergütung nach § 15 Abs. 1 Nr. 2 VOB/B ermittelt wird. Hierfür ist zunächst auf die ortsübliche Vergütung abzustellen (vgl. Rn. 15 ff.). Lässt sich diese nicht ermitteln, so sind die Aufwendungen des Auftragnehmers nach den tatsächlich auf der Baustelle angefallenen personellen und sachlichen Kosten zu berechnen (vgl. Rn. 20 ff.).

Stellt der Auftraggeber bei der Rechnungsprüfung fest, dass einzelne Kosten doppelt zum Ansatz gekommen oder nicht nachvollziehbar sind bzw. der vom Auftragnehmer angegebene Aufwand einer wirtschaftlichen Betriebsführung widerspricht, ist die Rechnung zu kürzen. Da der Auftragnehmer für seinen angeblichen Aufwand die Darlegungs- und Beweislast trägt, wird er in einem ggf. eingeleiteten Gerichtsverfahren unterliegen, wenn er das Gericht nicht von der Richtigkeit seiner Abrechnung überzeugen kann.

II. Einreichung von Stundenlohnzetteln (Abs. 3 Satz 2)

Der Auftragnehmer hat nach § 15 Abs. 3 Satz 2 VOB/B über die geleisteten Arbeitsstunden und den dabei erforderlichen, besonders zu vergütenden Aufwand für den Verbrauch von Stoffen, für Vorhaltung von Einrichtungen, Geräten, Maschinen und maschinellen Anlagen, für Frachten, Fuhr- und Ladeleistungen sowie etwaige Sonderkosten Stundenlohnzettel zu erstellen. **34**

Damit diese ihre Nachweisfunktion erfüllen können und dem Auftraggeber eine Überprüfung möglich ist, sollten sie folgende Mindestangaben enthalten: **35**

- Anzahl der geleisteten Arbeitsstunden
- Zeit (Woche, Tag, Stunde)
- eingesetzte Arbeitskräfte in der jeweiligen Funktion (z.B. Meister, Facharbeiter, Helfer, Aufsichtspersonen)
- Ort des Arbeitseinsatzes (Beschreibung der Baustelle)
- Art der ausgeführten Tätigkeiten (konkrete, nachvollziehbare Beschreibung; „Arbeiten nach Angabe" ist unzureichend)
- sachlicher Aufwand (z.B. verbrauchtes Material, Dauer des Einsatzes von Geräten, Maschinen, Anlagen und Einrichtungen)

- sonstige Leistungen (z.B. Lieferung von Material und Geräten; Abtransport von Aushub)
- Transport- und Frachtkosten
- Sonderkosten (z.B. Erschwerniszuschläge).

36 Nach § 15 Abs. 3 Satz 2 VOB/B sind die Stundenzettel schließlich je nach Verkehrssitte

- werktäglich
- wöchentlich oder entsprechend der
- vertraglichen Vereinbarung

einzureichen.

37 Die Stundenlohnzettel sind dem Auftraggeber und, sofern ein Architekt oder Bauingenieur mit der Überwachung des Bauvorhabens beauftragt sein sollte, auch diesen Personen zu übergeben.

38 ***Praxistipp:***

Kommt der Auftragnehmer seiner Verpflichtung zur rechtzeitigen Vorlage der Stundenlohnzettel nicht oder nicht rechtzeitig nach, kann der Auftraggeber nach § 15 Abs. 5 VOB/B verlangen, dass für die nachweisbar ausgeführten Leistungen eine Vergütung nach Abs. 1 Nr. 2 ermittelt wird. Daneben kann sich der Auftragnehmer wie bei der unterlassenen oder verspäteten Anzeige (vgl. Rn. 30 ff.) nach § 280 Abs. 1 BGB schadensersatzpflichtig machen, wenn dem Auftraggeber durch die Pflichtverletzung des Auftragnehmers zusätzliche Kosten entstehen sollten.

39 ***Praxistipp:***

Eine Klausel, nach der Stundenlohnarbeiten nur vergütet werden, wenn die Stundenlohnzettel spätestens am nächsten Tag der Bauleitung zur Unterschrift vorgelegt worden sind, ist gemäß § 307 Abs. 1 BGB unwirksam, weil sie den Auftragnehmer unangemessen benachteiligt[7].

III. Rückgabe der Stundenlohnzettel (Abs. 3 Satz 3)

40 Der Auftraggeber hat die von ihm bescheinigten Stundenlohnzettel nach § 15 Abs. 3 Satz 3 VOB/B unverzüglich, spätestens jedoch innerhalb von sechs Werktagen nach Zugang, zurückzugeben.

41 Für die Fristberechnung gelten die §§ 186 ff. BGB. Ist danach für den Anfang einer Frist ein Ereignis, wie hier die Übergabe der Stundenlohnzettel, maßgebend, so wird dieser Tag nicht mitgerechnet und erst vom nächsten Tag an gezählt. Das Ende der Frist fällt auf deren letzten Tag. Endet die Frist allerdings an einem Sonnabend, Sonn- oder staatlich anerkannten Feiertag, so tritt an die Stelle dieses Tages der nächste Werktag. Sonnabende, die innerhalb der Frist liegen, werden mitgerechnet.

42 ***Beispielfall 1:***

Wurden die Stundenlohnzettel am Freitag, den 1.4. übergeben, endete die Frist am Freitag, den 8.4. Sonnabend, der 2.4. wird mitgerechnet, da er innerhalb der Frist lag. Sonntag, der 3.4. bleibt unberücksichtigt, da er kein Werktag war.

7 OLG Düsseldorf, Urteil vom 4.7.2006 – I-21 U 149/05, 21 U 149/05 – BauR 2009, S. 1315.

Beispielfall 2: 43

Wurden die Stundenlohnzettel am Freitag, den 18.3. übergeben, wäre die Frist normalerweise nach sechs Werktagen am Karfreitag, den 25.3. abgelaufen. Da dieser Tag allerdings ein Feiertag war und Sonnabend, Sonntag sowie Ostermontag als Fristende gleichfalls nicht in Betracht kommen, endete die Frist somit erst am Dienstag, den 29.3.

Beispielfall 3: 44

Wurden die Stundenlohnzettel am Sonnabend, den 26.3. übergeben, endete die Frist am Montag, den 4.4. Sonntag, der 27.3. und Ostermontag, der 28.3. waren keine Werktage. Sonnabend, der 2.4. wird mitgerechnet, da er innerhalb der Frist lag. Sonntag, der 3.4. wird nicht gerechnet, da er kein Werktag war.

Zu beachten ist, dass dem Auftragnehmer die unterzeichneten Stundenlohnzettel am letzten Tag der Frist **vorliegen** müssen, wenn der Auftraggeber eine für ihn nachteilige Anerkenntniswirkung verhindern will. Unzureichend ist, wenn sie erst am letzten Tag der Frist bei der Post aufgegeben werden. Will sich der Auftraggeber nicht durch Erklärungen der von ihm bevollmächtigten Vertreter (Architekt oder Bauingenieur) binden lassen, muss er dies im Werkvertrag mit dem Auftragnehmer ausdrücklich ausschließen. 45

IV. Einwendungen auf Stundenlohnzetteln (Abs. 3 Satz 4)

Der Auftraggeber hat nach § 15 Abs. 3 Satz 4 VOB/B die Möglichkeit, Einwendungen auf den Stundenlohnzetteln oder gesondert schriftlich zu erheben. Umstritten ist, ob der Auftraggeber über den Wortlaut der Vorschrift hinaus auch mündliche Einwendungen erheben kann. Um ggf. eine spätere Nachweisführung zu ermöglichen, sollten Einwendungen schriftlich geltend gemacht werden. 46

Die Einwendungen sind innerhalb der Frist des § 15 Abs. 5 Satz 3 VOB/B, also sechs Werktagen nach Zugang der Stundenlohnzettel, vorzubringen. 47

Praxistipp:

Verspätet vorgebrachte Einwendungen können berücksichtigt werden, wenn sie auf Tatsachen beruhen, die dem Auftraggeber erst nachträglich bekannt wurden (vgl. hierzu auch im Folgenden unter V. Wirkungen der Rückgabe).

V. Wirkungen der Rückgabe (Abs. 3 Satz 5)

Mit der Rückgabe der unterzeichneten Stundenlohnzettel bescheinigt der Auftraggeber **nur** den vom Auftragnehmer geltend gemachten Aufwand. Er bestätigt jedoch **nicht**, dass der Aufwand auch erforderlich bzw. notwendig war. Mit der Unterzeichnung kommt auch keine Vereinbarung zustande, dass die im Stundenlohnzettel aufgeführten Leistungen vertraglich geschuldet und auf Stundenlohnbasis zu vergüten sind. 48

Da der Auftraggeber mit Unterzeichnung der Stundenlohnzettel ausschließlich den vom Auftragnehmer geltend gemachten Aufwand bescheinigt, kann der Auftraggeber auch **nach Rückgabe** der unterzeichneten Stundenlohnzettel Einwendungen erheben, dass: 49

- der abgerechnete Aufwand nicht erforderlich war,
- die abgerechneten Leistungen vertraglich nicht geschuldet und somit nicht beauftragt waren,

- keine Stundenlohnvereinbarung geschlossen wurde,
- die Arbeiten bereits mit anderen Leistungen abgerechnet wurden.

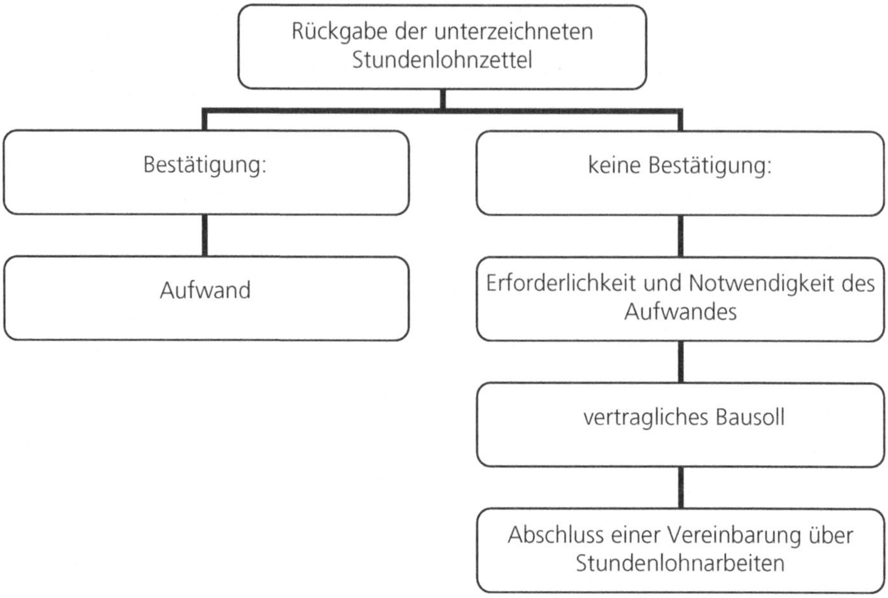

Abbildung 4: Übersicht Rückgabe

50 Kann der Auftraggeber den Nachweis erbringen, dass der berechnete und gegengezeichnete Aufwand in einem groben Missverhältnis zu den erbrachten Leistungen steht und er diese Unrichtigkeiten bei Unterzeichnung nicht kannte und mit ihnen auch nicht rechnen musste, ist er an die Stundenlohnzettel auch hinsichtlich des Aufwandes trotz Gegenzeichnung nicht gebunden.

51 Für den Fall, dass sich die Vertragspartner nicht über die Vergütung des Auftragnehmers einigen können, hat der Bundesgerichtshof entschieden[8], dass der Auftragnehmer zur Schlüssigkeit seiner Werklohnforderung beweisen muss, wie viele Stunden konkret geleistet wurden. Welche konkreten Leistungen zu welchem Zeitpunkt und in welchem zeitlichen Umfang erbracht wurden, ist für die Schlüssigkeit der Klage nicht relevant, dies gilt auch für die Frage, ob die für die Erbringung der Leistung aufgewendete Zeit angemessen ist.

52 Die Beweislast für die Unwirtschaftlichkeit und Unangemessenheit der aufgewendeten Stunden obliegt dem Auftraggeber. Ein unangemessener Aufwand stellt eine Verletzung der vertraglichen Verpflichtung des Auftragnehmers zur wirtschaftlichen Betriebsführung dar und kann einen Gegenanspruch des Auftraggebers rechtfertigen, den er darzulegen und zu beweisen hat.

8 BGH, Urteil vom 28.5.2009 – VII ZR 74/06 – BauR 2009, S. 1291; BGH, Urteil vom 5.1.2017 – VII ZR 184/14 – IBR 2017, S. 121.

Praxistipp: 53

▶ *Zur Vermeidung von Darlegungs- und Beweisschwierigkeiten sollte der Auftraggeber unbedingt darauf achten, dass der Auftragnehmer bereits bei Vertragsschluss verpflichtet wird, die Stundenlohnarbeiten konkret und zeitnah abzurechnen. Die Mindestanforderungen an eine nachvollziehbare Abrechnung (vgl. Rn. 35) gehören in den Bauvertrag. Darüber hinaus sollte im Zweifel vereinbart werden, innerhalb welches Zeitraumes die Stundenlohnzettel zur Prüfung vorzulegen sind.*

Für die Darlegung des Schadensersatzanspruches reicht aus, wenn der Auftraggeber die ihm bekannten Tatsachen vorträgt, aus denen sich die Unwirtschaftlichkeit ergibt (z.B. neues Aufmaß). Der Auftraggeber muss Tatsachen vortragen, aus denen sich die Unwirtschaftlichkeit der Betriebsführung des Auftragnehmers ergibt. Ein pauschales Bestreiten des abgerechneten Aufwandes reicht nicht[9]. In Fällen, in denen dem Auftraggeber nicht bekannt ist, welche konkreten Leistungen durch den Auftragnehmer erbracht worden sind, obliegt dem Auftragnehmer die sekundäre Beweispflicht. 54

Praxistipp: 55

▶ *Im Einzelfall kann es schwierig sein, die Unangemessenheit des geltend gemachten* ***Aufwandes*** *zu beweisen. Sollte die* ***Unangemessenheit*** *im Prozess auch durch einen Sachverständigen nicht festgestellt werden können, wird sich dies nachteilig für den Auftraggeber auswirken. Sollten ernsthafte Zweifel bestehen, dass die Unangemessenheit der Abrechnung bewiesen werden kann, sollte der Auftraggeber zur Vermeidung zusätzlicher Kosten die in diesem Fall günstigere außergerichtliche Einigung mit dem Auftragnehmer suchen.*

Anders wäre ggf. zu entscheiden, wenn die durch den Auftragnehmer nach § 15 Abs. 1 Satz 2 VOB/B geltend gemachten Aufwendungen unklar sind. Hierfür trägt der Auftragnehmer die Darlegungs- und Beweislast, sodass sich die Nichtbeweisbarkeit zu seinen Lasten auswirkt (vgl. Rn. 20 ff.).

Gibt der Auftraggeber ordnungsgemäß eingereichte Stundenlohnzettel nicht oder nicht fristgerecht zurück, gelten sie nach § 15 Abs. 3 Satz 5 VOB/B als anerkannt. Dies gilt nur dann nicht, wenn der Auftraggeber Stundenlohnzettel nicht zurückgibt, die ihm nicht innerhalb der Frist des § 15 Abs. 3 Satz 2 VOB/B übergeben wurden. 56

Verspätet vorgelegte und vom Auftraggeber rechtzeitig oder verspätet zurückgegebene Stundenlohnzettel gelten wiederum als anerkannt. Dies gilt wiederum nicht, wenn die Vorlage der Stundenzettel durch den Auftragnehmer so spät erfolgt, dass dem Auftraggeber die Überprüfung der Richtigkeit des dokumentierten Stundenansatzes nicht mehr möglich ist[10].

---

9 BGH, Urteil vom 28.5.2009 – VII ZR 74/06 – BauR 2009, S. 1291; BGH, Urteil vom 5.1.2017 – VII ZR 184/14 – IBR 2017, S. 121.

10 OLG Saarbrücken, Urteil vom 29.3.2011 – 4 U 242/10 – NZBau 2011, S. 422.

57

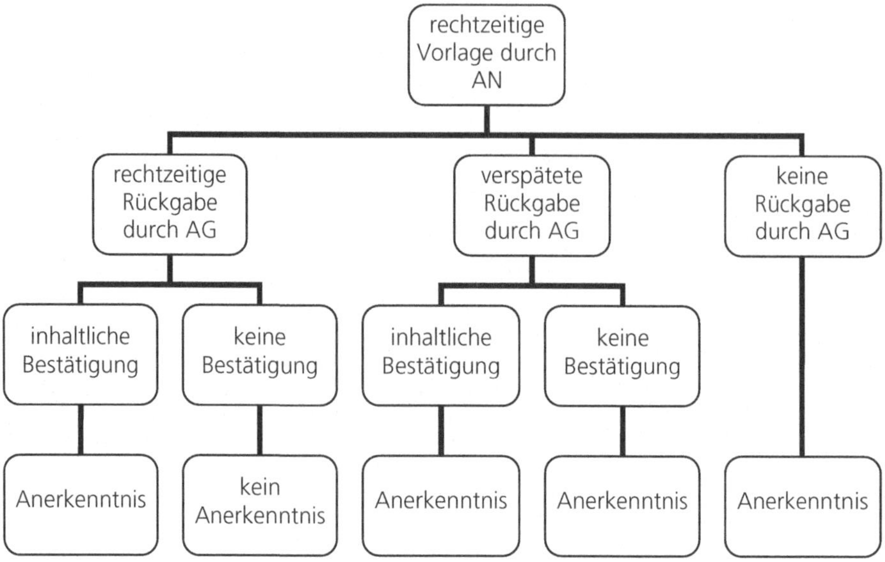

Abbildung 5: Übersicht zu den Wirkungen der Rückgabe der Stundenlohnzettel – hinsichtlich des Aufwandes – bei rechtzeitiger Vorlage durch den Auftragnehmer

58

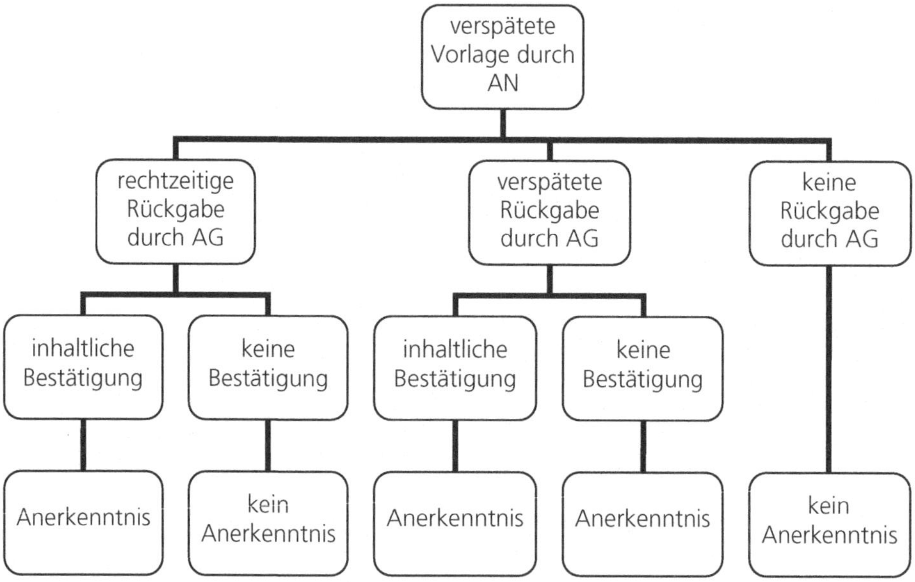

Abbildung 6: Übersicht zu den Wirkungen der Rückgabe der Stundenlohnzettel – hinsichtlich des Aufwandes – bei verspäteter Vorlage durch den Auftragnehmer

Praxistipp: 59

Im Falle der verspäteten Vorlage der Stundenlohnzettel durch den Auftragnehmer kann es für den Auftraggeber von Vorteil sein, die Stundenlohnzettel unter Hinweis auf die verspätete Vorlage und damit nur eingeschränkte Möglichkeit der Überprüfung nicht zu unterzeichnen. Die Vergütung bestimmt sich dann gemäß § 15 Abs. 5 VOB/B nach der ortsüblichen Vergütung bzw. nach den tatsächlichen Aufwendungen des Auftragnehmers. Ob dies für den Auftraggeber günstiger ist, bedarf einer entsprechenden Einzelfallprüfung.

VI. Inhaltskontrolle des § 15 Abs. 3

Die Anerkenntnisfiktion bei Stundenlohnzetteln gemäß § 15 Abs. 3 Satz 5 VOB/B hält einer isolierten Inhaltskontrolle nach den §§ 305 ff. BGB nicht stand. Hieraus ergibt sich Folgendes: 60

Hat der Auftragnehmer die VOB/B einseitig in den Vertrag eingeführt, kann er sich nicht auf die Wirkung des § 15 Abs. 3 Satz 5 VOB/B berufen, wenn der Auftraggeber die Stundenlohnzettel verspätet zurückgibt. Der Auftragnehmer muss daher im Streitfall den von ihm behaupteten Stundenaufwand darlegen und beweisen.

Wurde die VOB/B hingegen einseitig durch den Auftraggeber in den Vertrag eingeführt oder haben die Vertragspartner die Geltung der VOB/B übereinstimmend vereinbart, kann sich der Auftragnehmer auf die Anerkenntnisfiktion berufen, da sich die Unwirksamkeit einzelner Allgemeiner Geschäftsbedingungen nur zu Lasten des sog. Verwenders auswirkt, also des Vertragspartners, der die VOB/B in den Vertrag eingeführt hat. Der andere Vertragspartner ist insoweit privilegiert.

Die Regelungen des § 15 Abs. 3 VOB/B im Übrigen halten einer isolierten Inhaltskontrolle nach den §§ 305 ff. BGB stand (siehe hierzu oben Rn. 4 ff.).

E. Stundenlohnrechnungen (§ 15 Abs. 4)

Nach § 15 Abs. 4 VOB/B sind Stundenlohnrechnungen alsbald nach Abschluss der Stundenlohnarbeiten, längstens jedoch in Abständen von vier Wochen, einzureichen. Für die Fristberechnung kurzzeitiger Stundenlohnarbeiten kommt es danach auf den Abschluss der Arbeiten an. Bei Stundenlohnarbeiten, die länger als vier Wochen andauern, ist auf deren Beginn abzustellen. 61

62

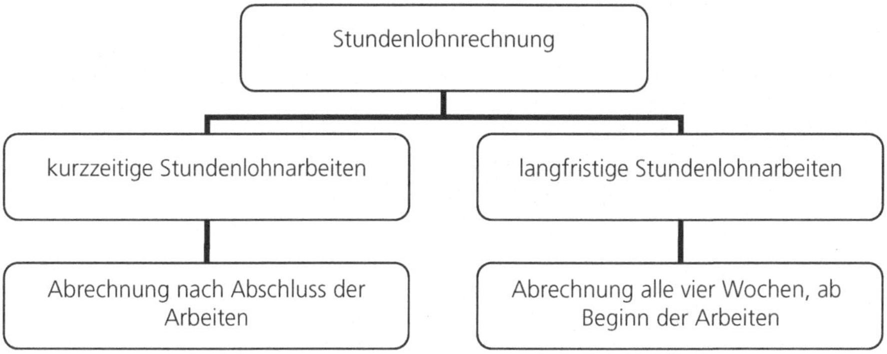

Abbildung 7: Abrechnung von Stundenlohnarbeiten

63 ***Beispielfall 1:***

Wurden die Stundenlohnarbeiten von Montag bis Mittwoch ausgeführt, hat die Abrechnung alsbald im Anschluss zu erfolgen.

64 ***Beispielfall 2:***

Wurden die Stundenlohnarbeiten vom 1.1. bis 30.4. ausgeführt, hat die Abrechnung spätestens zum 29.1., 26.2., 26.3., 23.4. und 21.5. zu erfolgen.

65 Überschreitet der Auftragnehmer die Frist, hat dies zur Folge, dass sein Vergütungsanspruch nicht fällig wird, wobei sich die Fälligkeit nach § 16 VOB/B richtet. Handelt es sich bei der Stundenlohnrechnung um eine Schluss- oder Teilschlussrechnung, wird diese spätestens 30 bzw. bei entsprechender Vereinbarung 60 Tage nach Zugang der Rechnung, jedoch frühestens mit der Abnahme der Gesamtleistung bzw. in sich abgeschlossenen Teilleistung fällig. Liegt lediglich eine Abschlagsrechnung vor, tritt die Fälligkeit spätestens nach Ablauf von 21 Tagen ein.

66 Auch bei Stundenlohnarbeiten ist der Auftragnehmer verpflichtet, die erbrachten Leistungen prüfbar abzurechnen. Hierzu gelten die Ausführungen zu § 14 VOB/B.

67 § 15 Abs. 4 VOB/B hält einer isolierten Inhaltskontrolle nach den §§ 305 ff. BGB stand (siehe hierzu oben Rn. 4 ff.).

F. Abrechnung bei Zweifeln über die Vergütung von Stundenlohnleistungen (§ 15 Abs. 5)

68 Sind Stundenlohnarbeiten vereinbart, bestehen aber über den Umfang der Stundenlohnleistungen mangels rechtzeitiger Vorlage der Stundenlohnzettel Zweifel, so kann der Auftraggeber nach § 15 Abs. 5 VOB/B verlangen, dass für die nachweisbar ausgeführten Leistungen eine Vergütung vereinbart wird, die nach Maßgabe von Abs. 1 Nr. 2 für einen wirtschaftlich vertretbaren Aufwand an Arbeitszeit und Verbrauch von Stoffen, für Vorhaltung von Einrichtungen, Geräten, Maschinen und maschinellen Anlagen, für Frachten, Fuhr- und Ladeleistungen sowie etwaige Sonderkosten ermittelt wird.

69 Voraussetzung für den Anspruch des Auftraggebers ist, dass der Auftragnehmer die Stundenlohnzettel nicht innerhalb der Frist des § 15 Abs. 3 Satz 2 VOB/B vorgelegt hat und berechtigte Zweifel über den Leistungsumfang bestehen. Dem Auftraggeber muss also die Möglichkeit genommen oder zumindest wesentlich erschwert sein, die Stundenlohnarbeiten zu überprüfen. Die Beweislast für die Zweifelhaftigkeit trägt der Auftraggeber, wobei es Sache des Auftragnehmers bleibt, die Richtigkeit seiner Angaben zu beweisen.

70 Über den Wortlaut hinaus findet die Vorschrift auch Anwendung, wenn der Auftragnehmer die Stundenlohnzettel unvollständig eingereicht oder den Beginn der Stundenlohnarbeiten nicht nach § 15 Abs. 3 Satz 1 VOB/B angezeigt hat.

71 Kommt der Auftragnehmer dem berechtigten Verlangen des Auftraggebers nicht nach, kann er nach § 14 Abs. 4 VOB/B vorgehen und die Rechnung selbst erstellen.

72 § 15 Abs. 5 VOB/B hält einer isolierten Inhaltskontrolle nach den §§ 305 ff. BGB stand (siehe hierzu oben Rn. 4 ff.).

§ 16 VOB/B
Zahlung

(1) 1. Abschlagszahlungen sind auf Antrag in möglichst kurzen Zeitabständen oder zu den vereinbarten Zeitpunkten zu gewähren, und zwar in Höhe des Wertes der jeweils nachgewiesenen vertragsgemäßen Leistungen einschließlich des ausgewiesenen, darauf entfallenden Umsatzsteuerbetrages. Die Leistungen sind durch eine prüfbare Aufstellung nachzuweisen, die eine rasche und sichere Beurteilung der Leistungen ermöglichen muss. Als Leistungen gelten hierbei auch die für die geforderte Leistung eigens angefertigten und bereitgestellten Bauteile sowie die auf der Baustelle angelieferten Stoffe und Bauteile, wenn dem Auftraggeber nach seiner Wahl das Eigentum an ihnen übertragen ist oder entsprechende Sicherheit gegeben wird.

2. Gegenforderungen können einbehalten werden. Andere Einbehalte sind nur in den im Vertrag und in den gesetzlichen Bestimmungen vorgesehenen Fällen zulässig.

3. Ansprüche auf Abschlagszahlungen werden binnen 21 Tagen nach Zugang der Aufstellung fällig.

4. Die Abschlagszahlungen sind ohne Einfluss auf die Haftung des Auftragnehmers; sie gelten nicht als Abnahme von Teilen der Leistung.

(2) 1. Vorauszahlungen können auch nach Vertragsabschluss vereinbart werden; hierfür ist auf Verlangen des Auftraggebers ausreichende Sicherheit zu leisten. Diese Vorauszahlungen sind, sofern nichts anderes vereinbart wird, mit 3 v. H. über dem Basiszinssatz des § 247 BGB zu verzinsen.

2. Vorauszahlungen sind auf die nächstfälligen Zahlungen anzurechnen, soweit damit Leistungen abzugelten sind, für welche die Vorauszahlungen gewährt worden sind.

(3) 1. Der Anspruch auf Schlusszahlung wird alsbald nach Prüfung und Feststellung fällig, spätestens innerhalb von 30 Tagen nach Zugang der Schlussrechnung. Die Frist verlängert sich auf höchstens 60 Tage, wenn sie aufgrund der besonderen Natur oder Merkmale der Vereinbarung sachlich gerechtfertigt ist und ausdrücklich vereinbart wurde. Werden Einwendungen gegen die Prüfbarkeit unter Angabe der Gründe nicht bis zum Ablauf der jeweiligen Frist erhoben, kann der Auftraggeber sich nicht mehr auf die fehlende Prüfbarkeit berufen. Die Prüfung der Schlussrechnung ist nach Möglichkeit zu beschleunigen. Verzögert sie sich, so ist das unbestrittene Guthaben als Abschlagszahlung sofort zu zahlen.

2. Die vorbehaltlose Annahme der Schlusszahlung schließt Nachforderungen aus, wenn der Auftragnehmer über die Schlusszahlung schriftlich unterrichtet und auf die Ausschlusswirkung hingewiesen wurde.

3. Einer Schlusszahlung steht es gleich, wenn der Auftraggeber unter Hinweis auf geleistete Zahlungen weitere Zahlungen endgültig und schriftlich ablehnt.

4. Auch früher gestellte, aber unerledigte Forderungen werden ausgeschlossen, wenn sie nicht nochmals vorbehalten werden.

5. Ein Vorbehalt ist innerhalb von 28 Tagen nach Zugang der Mitteilung nach den Nummern 2 und 3 über die Schlusszahlung zu erklären. Er wird hinfällig, wenn nicht innerhalb von weiteren 28 Tagen – beginnend am Tag nach Ablauf der in Satz 1 genannten 28 Tage – eine prüfbare Rechnung über die vorbehaltenen Forderungen eingereicht oder, wenn das nicht möglich ist, der Vorbehalt eingehend begründet wird.

6. Die Ausschlussfristen gelten nicht für ein Verlangen nach Richtigstellung der Schlussrechnung und -zahlung wegen Aufmaß-, Rechen- und Übertragungsfehlern.

(4) In sich abgeschlossene Teile der Leistung können nach Teilabnahme ohne Rücksicht auf die Vollendung der übrigen Leistungen endgültig festgestellt und bezahlt werden.

(5) 1. Alle Zahlungen sind aufs Äußerste zu beschleunigen.

2. Nicht vereinbarte Skontoabzüge sind unzulässig.

3. **Zahlt der Auftraggeber bei Fälligkeit nicht, so kann ihm der Auftragnehmer eine angemessene Nachfrist setzen. Zahlt er auch innerhalb der Nachfrist nicht, so hat der Auftragnehmer vom Ende der Nachfrist an Anspruch auf Zinsen in Höhe der in § 288 Absatz 2 BGB angegebenen Zinssätze, wenn er nicht einen höheren Verzugsschaden nachweist. Der Auftraggeber kommt jedoch, ohne dass es einer Nachfristsetzung bedarf, spätestens 30 Tage nach Zugang der Rechnung oder der Aufstellung bei Abschlagszahlungen in Zahlungsverzug, wenn der Auftragnehmer seine vertraglichen und gesetzlichen Verpflichtungen erfüllt und den fälligen Entgeltbetrag nicht rechtzeitig erhalten hat, es sei denn, der Auftraggeber ist für den Zahlungsverzug nicht verantwortlich. Die Frist verlängert sich auf höchstens 60 Tage, wenn sie aufgrund der besonderen Natur oder Merkmale der Vereinbarung sachlich gerechtfertigt ist und ausdrücklich vereinbart wurde.**
4. **Der Auftragnehmer darf die Arbeiten bei Zahlungsverzug bis zur Zahlung einstellen, sofern eine dem Auftraggeber zuvor gesetzte angemessene Frist erfolglos verstrichen ist.**

(6) Der Auftraggeber ist berechtigt, zur Erfüllung seiner Verpflichtungen aus den Absätzen 1 bis 5 Zahlungen an Gläubiger des Auftragnehmers zu leisten, soweit sie an der Ausführung der vertraglichen Leistung des Auftragnehmers aufgrund eines mit diesem abgeschlossenen Dienst- oder Werkvertrags beteiligt sind, wegen Zahlungsverzugs des Auftragnehmers die Fortsetzung ihrer Leistung zu Recht verweigern und die Direktzahlung die Fortsetzung der Leistung sicherstellen soll. Der Auftragnehmer ist verpflichtet, sich auf Verlangen des Auftraggebers innerhalb einer von diesem gesetzten Frist darüber zu erklären, ob und inwieweit er die Forderungen seiner Gläubiger anerkennt; wird diese Erklärung nicht rechtzeitig abgegeben, so gelten die Voraussetzungen für die Direktzahlung als anerkannt.

A. Allgemeines

I. Zahlungsarten nach § 16 VOB/B

1 Im Anschluss an die Abrechnungsbestimmungen in den §§ 14 und 15 VOB/B befasst sich § 16 VOB/B mit der Zahlung des vereinbarten Werklohnes an den Auftragnehmer. Die Vorschrift regelt die dabei von den Vertragspartnern zu berücksichtigenden Modalitäten und enthält

- Bestimmungen zur Fälligkeit,
- zu verschiedenen Zahlungsarten,
- den Folgen nicht fristgerechter Zahlungen sowie schließlich
- zur Berechtigung des Auftraggebers, in bestimmten Fällen am Auftragnehmer vorbei, unmittelbar an dessen Gläubiger zahlen zu können.

In § 16 VOB/B werden vier Zahlungsarten unterschieden: 2

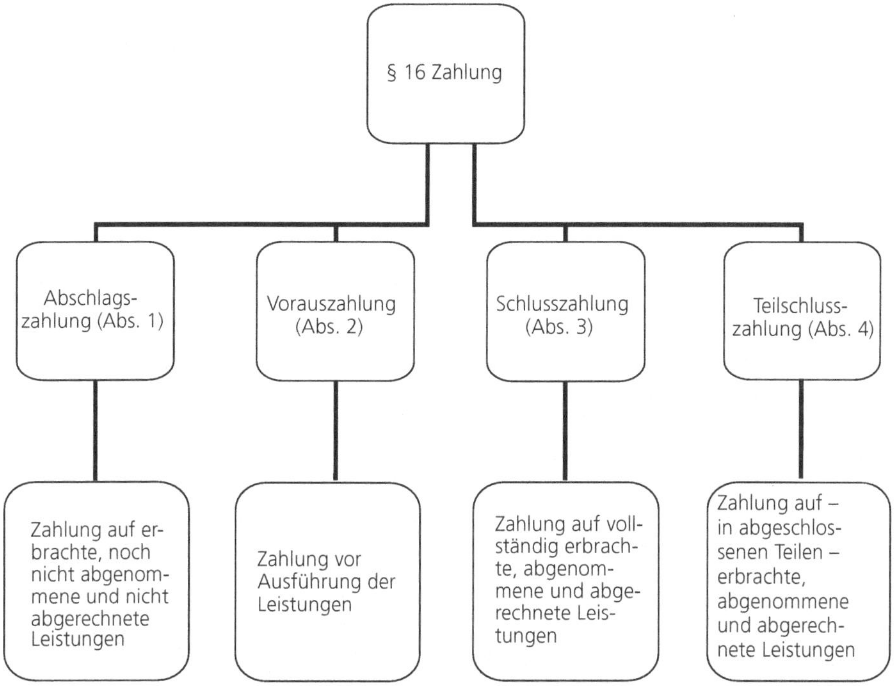

Abbildung 1: Zahlungsarten

II. Inhaltskontrolle einzelner VOB/B-Klauseln

VOB/B-Klauseln sind allgemeine Geschäftsbedingungen (AGB) und unterliegen unabhängig davon, ob die VOB/B als Ganzes oder lediglich einzelne VOB/B-Klauseln vereinbart werden, dem Anwendungsbereich der §§ 305 ff. BGB. 3

Werden **einzelne** VOB/B-Klauseln vereinbart, findet deren uneingeschränkte Inhaltskontrolle statt. Voraussetzung ist lediglich, dass die VOB/B-Klauseln durch einen Vertragspartner gestellt, also beispielsweise über seine AGB in den Vertrag einbezogen werden. Eine Inhaltskontrolle unterbleibt, wenn die Vertragspartner die Einbeziehung einzelner VOB/B-Klauseln übereinstimmend vereinbart haben. 4

Praxistipp:

*Wer als Verwender von VOB/B-Klauseln deren Inhaltskontrolle vermeiden möchte, muss diese mit seinem Vertragspartner **im Einzelnen** verhandeln. Hierbei ist unbedingt darauf zu achten, dass die Vertragsklauseln inhaltlich geändert werden. Unveränderte Klauseln gelten regelmäßig als unverhandelt. Eine unveränderte Klausel kann nach Auffassung des Bundesgerichtshofes nur Gegenstand von Verhandlungen gewesen sein, wenn sie nach gründlicher Erörterung unverändert blieb[1]. Dies stellt eine seltene Ausnahme dar, die vom Verwender der Klausel in der Praxis nur schwer dargelegt und bewiesen werden kann. Im Zweifel sollte die Klausel daher inhaltlich geändert werden.*

1 BGH, Urteil vom 22.11.2012 – VII ZR 222/12 – ZfBR 2013, S. 151.

Die Inhaltskontrolle erfolgt nur zu Lasten des Verwenders, also des Vertragspartners, der sie gestellt hat. Auf die Unwirksamkeit einer von ihm gestellten Klausel kann sich der Verwender nicht berufen.

5 Wird die VOB/B **als Ganzes** vereinbart, ist zu hinterfragen, ob der Vertragspartner des Verwenders Verbraucher, also eine natürliche Person, ist, die außerhalb ihrer gewerblichen oder beruflichen Tätigkeit handelt.

Ist der Vertragspartner des Verwenders Verbraucher, findet nach der Entscheidung des Bundesgerichtshofes vom 24.7.2008[2] die Inhaltskontrolle unabhängig davon statt, ob die VOB/B als Ganzes oder einzeln vereinbart wurde.

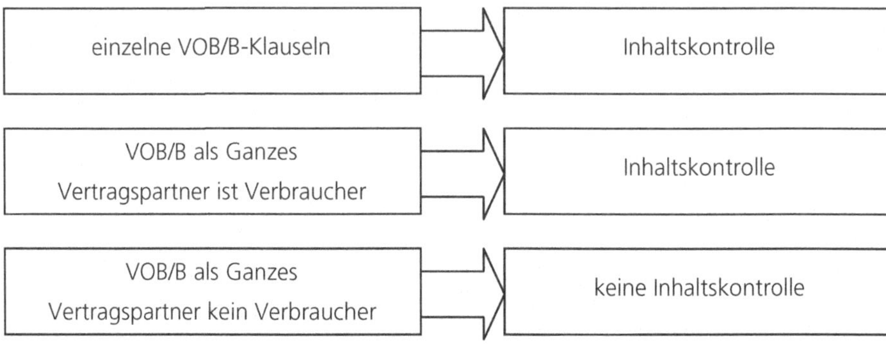

Abbildung 2: Übersicht Inhaltskontrolle

6 Nur in Verträgen, in denen die VOB/B

- als Ganzes und
- nicht gegenüber Verbrauchern

vereinbart wurde, ist sie – weiterhin – der Inhaltskontrolle nach den §§ 305 ff. BGB entzogen. Der Vertragspartner des Verwenders kann sich nicht auf die Unwirksamkeit einzelner Klauseln berufen, selbst wenn diese einer Einzelprüfung nicht standhalten und unwirksam sein sollten.

Auf die Wirksamkeit der einzelnen Klauseln des § 16 VOB/B wird in der nachfolgenden Kommentierung eingegangen.

B. Abschlagszahlungen (§ 16 Abs. 1)

7 Abschlagszahlungen sind vorläufige Zahlungen oder auch Anzahlungen auf den sich aus der Schlussrechnung ergebenden Vergütungsanspruch. Sie werden erst mit den Schluss- oder Teilschlusszahlungen endgültig und erfolgen auf bereits erbrachte, aber noch nicht abgenommene und nicht abgerechnete Leistungen. Sie unterscheiden sich damit von Vorauszahlungen, die noch vor Ausführung der Leistungen und damit unabhängig vom konkreten Leistungsstand erfolgen, sowie von Schluss- bzw. Teilschlusszahlungen, die eine Abnahme und Abrechnung der vollständigen bzw. in abgeschlossenen Teilen erbrachten Leistung voraussetzen.

I. Anspruch auf Abschlagszahlungen

8 Nach § 16 Abs. 1 Nr. 1 VOB/B sind Abschlagszahlungen auf Antrag in möglichst kurzen Zeitabständen oder zu den vereinbarten Zeitpunkten zu gewähren, und zwar in Höhe des Wertes

2 BGH, Urteil vom 24.7.2008 – VII ZR 55/07 – ZfBR 2008, S. 670.

der jeweils nachgewiesenen vertragsgemäßen Leistungen einschließlich des ausgewiesenen, darauf entfallenden Umsatzsteuerbetrages.

Der Auftragnehmer hat nach § 16 Abs. 1 Nr. 1 VOB/B einen Anspruch auf Abschlagszahlungen, sodass es bei Einbeziehung der VOB/B in den Bauvertrag diesbezüglich keiner weiteren Vereinbarung zwischen den Vertragspartnern bedarf. Der Anspruch besteht unabhängig davon, ob es sich um einen Einheitspreis- oder Pauschalpreisvertrag handelt, er kann sich auf jede Art von Leistung erstrecken.

Der Anspruch auf Abschlagszahlungen kann nicht mehr geltend gemacht werden, wenn die fertig gestellte Bauleistung abgenommen ist bzw. die Abnahme vom Auftraggeber verweigert wurde und der Auftragnehmer die Schlussrechnung gestellt hat. Dies gilt auch, wenn nach Abnahme bzw. Abnahmeverweigerung die Frist abgelaufen ist, binnen derer der Auftragnehmer gemäß § 14 Abs. 3 VOB/B die Schlussrechnung einzureichen hat. Eine ggf. bereits erhobene Klage auf Abschlagszahlung ändert dies nicht, die Klage kann nur auf eine Schlussrechnung gestützt fortgeführt werden[3]. 9

Schließlich ist Voraussetzung für einen Anspruch auf Abschlagszahlungen, dass ein wirksamer Bauvertrag besteht, der nicht durch Kündigung oder einvernehmliche Vertragsaufhebung beendet wurde. Hinzu kommt, dass der Auftragnehmer bereit und in der Lage sein muss, die ausstehenden vertraglichen Leistungen fortzuführen. Ein Anspruch eines sich in wirtschaftlichen Schwierigkeiten befindlichen oder nicht leistungsbereiten Auftragnehmers auf Abschlagszahlungen besteht nicht.

Praxistipp: 10

Besteht zwischen Auftraggeber und Auftragnehmer Streit, ob Schlusszahlungsreife eingetreten ist bzw. ob noch Leistungen zur Fertigstellung des Bauvorhabens ausstehen, kann der Auftragnehmer ausnahmsweise die ausstehenden Abschlagszahlungen verlangen und ist nicht verpflichtet, eine Schlussrechnung zu erstellen[4].

II. Nachweis der Leistungen durch prüfbare Aufstellung

Die den Abschlagszahlungen zu Grunde liegenden Leistungen sind nach § 16 Abs. 1 Nr. 1 Satz 2 VOB/B durch eine prüfbare Aufstellung nachzuweisen, die eine rasche und sichere Beurteilung der Leistungen ermöglichen muss. Der Auftragnehmer hat danach bei der Rechnungslegung die Bestimmungen des § 14 VOB/B zu beachten, wobei allerdings die Anforderungen an die Prüfbarkeit von Abschlagsrechnungen wesentlich geringer als bei Schlussrechnungen sind: 11

Zum Nachweis der erbrachten Leistungen reicht bei Abschlagsrechnungen häufig

- die Angabe eines Prozentsatzes der zu erbringenden Gesamtleistung,
- die Bezeichnung der ausgeführten Teilleistungen oder
- die Bezeichnung des Bautenstandes

aus, wenn der Auftraggeber in der Lage ist, dies ohne Weiteres nachzuvollziehen.

Ist dem Auftraggeber eine rasche und sichere Beurteilung der Leistungen hingegen nicht möglich, fehlt es an der Prüfbarkeit der Abschlagsrechnungen und die Fälligkeit tritt nicht ein. In diesem Fall ist der Auftraggeber nicht zur Zahlung verpflichtet, bis der Auftragnehmer die abgerechneten Leistungen durch eine prüfbare Aufstellung nachweist.

3 OLG Koblenz, Beschluss vom 17.12.2012 – 2 U 1320/11 – BauR 2013, S. 642.
4 OLG Koblenz, Beschluss vom 17.12.2012 – 2 U 1320/11 – BauR 2013, S. 642.

III. Abschlagszahlungen für Stoffe und Bauteile

1. Sonderanfertigung und Serienanfertigung

12 Nach § 16 Abs. 1 Nr. 1 Satz 3 VOB/B kann der Auftragnehmer Abschlagszahlungen auch

- für eigens angefertigte und bereitgestellte Bauteile sowie
- die auf der Baustelle angelieferten Stoffe und Bauteile verlangen,

wenn

- dem Auftraggeber nach seiner Wahl das Eigentum an ihnen übertragen ist oder
- entsprechende Sicherheit gegeben wird.

13 Die Vorschrift unterscheidet einerseits zwischen „eigens angefertigten und bereitgestellten Bauteilen" sowie anderseits den „auf der Baustelle angelieferten Stoffen und Bauteilen".

14 Bei **„eigens angefertigten und bereitgestellten Bauteilen"** kann es sich um Sonderanfertigungen, aber auch um Serienanfertigungen handeln, die vom Auftraggeber – zumindest teilweise – für das konkrete Bauvorhaben bestellt wurden und daher für dieses bestimmt sind. Bauteile, die vom Auftragnehmer ohne konkreten Bezug zum Bauvorhaben angefertigt oder beschafft wurden (**„Vorratshaltung"**), gewähren keinen Anspruch auf Abschlagszahlungen. Der Auftragnehmer muss diese Bauteile erst auf der Baustelle anliefern, um seinen Zahlungsanspruch zu realisieren. Für die Bereitstellung eigens angefertigter Bauteile reicht es aus, wenn diese im Lager oder der Werkstatt des Auftragnehmers deutlich gekennzeichnet sind und von anderen Bauteilen gesondert bereitgehalten werden.

15

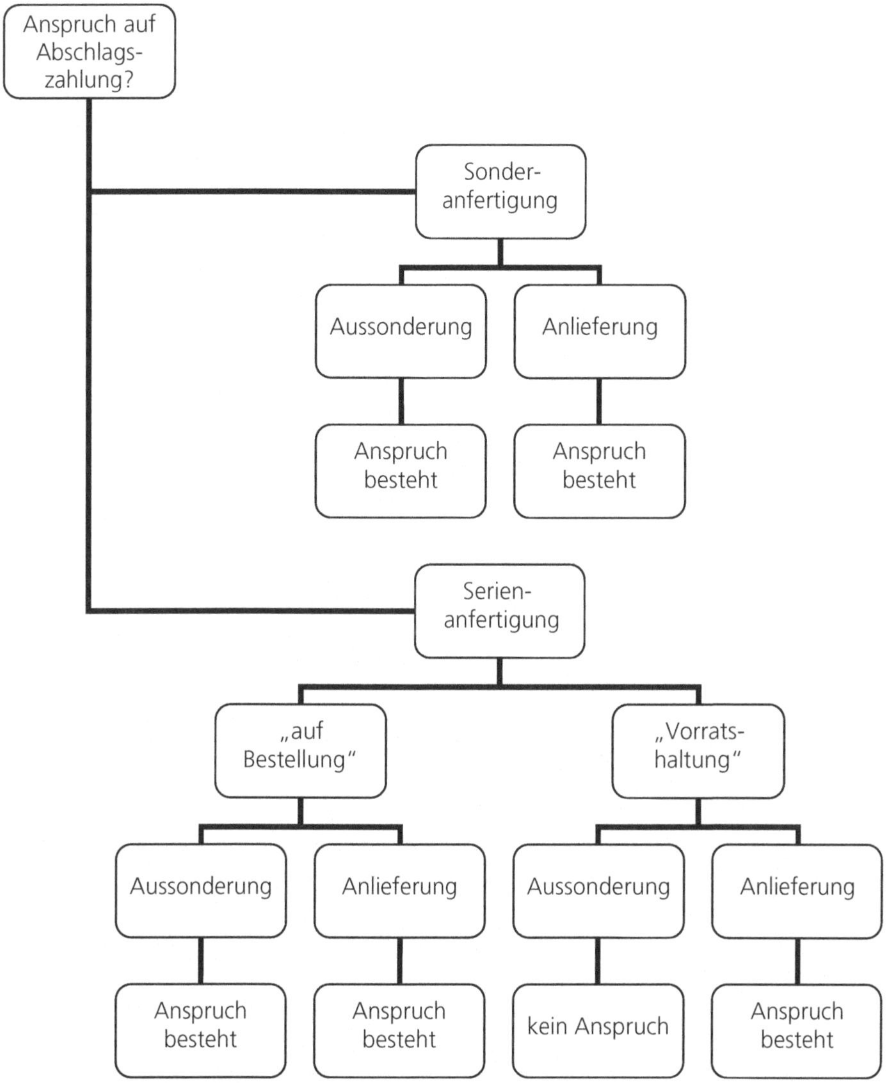

Abbildung 3: Sonderanfertigung/Serienanfertigung

Besteht kein Anspruch auf Abschlagszahlungen, hat der Auftraggeber gleichwohl die Möglichkeit, Zahlungen zu leisten, der Auftragnehmer kann diese nur nicht erzwingen. Die Zahlung kann für den Auftraggeber von Interesse sein, wenn ihm beispielsweise finanzielle Mittel gewährt wurden, die innerhalb eines bestimmten Zeitraums verwendet sein müssen und anderenfalls zu verfallen drohen. 16

Praxistipp:

Bei der Finanzierung eines Bauvorhabens durch Drittmittel sind durch den Auftraggeber die Zuwendungsbestimmungen des Fördermittelgebers zu beachten, die eine Abschlagszahlung ohne entsprechende Gegenleistung regelmäßig nicht zulassen. Ein Verstoß gegen Zuwendungsbestimmungen kann zur Rückforderung des gezahlten, wenn nicht sogar des insgesamt zur Verfügung gestellten Förderbetrages führen. Abhilfe kann in solchen Fällen eine Klärung mit dem Fördermittelgeber bringen, ob eine „Vorauszahlung" ausnahmsweise gegen Eigentumsübertragung oder Sicherheitsleistung möglich ist. Selbstverständlich hat der Auftraggeber auch in allen anderen Fällen, in denen sich die Vertragspartner im Rahmen der Vertragsfreiheit auf eine Vorauszahlung verständigt haben, im eigenen Interesse dafür Sorge zu tragen, dass ihm zur Vermeidung von Nachteilen entweder das Eigentum an den Stoffen und Bauteilen übertragen oder ausreichend Sicherheit gewährt wird.

2. Eigentumsübertragung oder Sicherheitsleistung

a. Eigentumsübertragung

17 Die Eigentumsübertragung oder Sicherheitsleistung ist eine wesentliche Voraussetzung für das Entstehen des Zahlungsanspruchs.

18 Der Übergang des Eigentums bestimmt sich nach den Regelungen des Bürgerlichen Gesetzbuches (§§ 929 ff. BGB) und setzt zunächst eine entsprechende **Einigung** der Vertragspartner voraus. Allein die Anlieferung der Stoffe und Bauteile auf der Baustelle bewirkt ohne Hinzutreten wenigstens schlüssiger Erklärungen noch keinen Eigentumsübergang. Werden die Bauteile allerdings untrennbar auf der Baustelle verbaut, kann dies allein für den Eigentumsübergang ausreichen (§ 946 BGB).

19 ***Beispielsfälle***

- *Angelieferte Betonelemente werden ca. 80 cm tief in den Boden eingegraben.*
- *Mit einem Magerbetonkranz umgebenes Fertigteilschwimmbecken wird in die Grube eingelassen.*
- *Fertiggarage aus Beton, die auf Grund der Schwerkraft eine feste Verbindung mit dem Grundstück herstellt.*
- *nicht: aufgehängte Wandschränke, die ohne Weiteres wieder abgenommen werden können.*

20 Weiterhin setzt der Eigentumsübergang voraus, dass dem Auftraggeber die Stoffe und Bauteile **übergeben** werden. Befinden sich diese nicht beim Auftragnehmer, sondern beispielsweise einem Lieferanten, ist es ausreichend, wenn er seinen Herausgabeanspruch gegen den Lieferanten an den Auftraggeber abtritt (§ 931 BGB).

21 Wurde zwischen Auftragnehmer und Lieferanten ein **Eigentumsvorbehalt** vereinbart, kann dies der Eigentumsübertragung entgegenstehen (§ 932 BGB). Der Auftraggeber hat daher genau zu prüfen, ob die Stoffe und Bauteile von den Lieferanten des Auftragnehmers unter Eigentumsvorbehalt geliefert werden. Da die Lieferung unter Eigentumsvorbehalt die Regel ist, kann sich der Auftraggeber nicht darauf berufen, dass ihm die genauen Eigentumsverhältnisse nicht bekannt waren, ihn trifft insoweit eine Erkundigungspflicht.

Praxistipp:

> *Ist der Auftragnehmer auf Grund eines vereinbarten Eigentumsvorbehaltes nicht in der Lage, das Eigentum zu verschaffen, besteht auch kein Anspruch auf Abschlagszahlungen. Einen Anspruch kann er dann nur noch durchsetzen, wenn er entsprechende Sicherheit leistet. Ist er auch hierzu nicht in der Lage, scheidet ein Anspruch auf Abschlagszahlungen endgültig aus.*

Ein für die Praxis bedeutender Fall der Eigentumsverschaffung ist schließlich die sog. **Sicherungsübereignung** (§ 930 BGB). Bei dieser Form der Eigentumsübertragung bleibt der Auftragnehmer im Besitz der Stoffe und Bauteile und der Auftraggeber wird Eigentümer. Die Übergabe wird dadurch ersetzt, dass er mit dem Auftraggeber einen Vertrag schließt, wonach er bis zur tatsächlichen Übergabe die Verwahrung übernimmt. Für den Auftragnehmer hat dies den Vorteil, seinen Werklohnanspruch über Abschlagszahlungen schneller zu realisieren. Für den öffentlichen Auftraggeber kann von Interesse sein, hierdurch planmäßig finanzielle Mittel abfließen zu lassen, wenn diese nur innerhalb eines bestimmten Zeitraums zur Verfügung stehen und anderenfalls zu verfallen drohen. **22**

Praxistipp: **23**

> *Damit die Sicherungsübereignung nicht mit Nachteilen für den Auftraggeber verbunden ist, sind Stoffe und Bauteile eindeutig und unmissverständlich zu kennzeichnen und von den anderen Sachen des Auftragnehmers getrennt zu lagern. Sollte dies nicht hinreichend beachtet werden, wird der Auftraggeber im Falle einer Insolvenz des Auftragnehmers gegenüber dem Insolvenzverwalter nicht beweisen können, dass es sich um sein Eigentum handelt, und ein Herausgabeverlangen gegen den Verwalter scheitern.*

b. Sicherheitsleistung

Statt der Eigentumsübertragung kann der Auftraggeber schließlich Sicherheit verlangen. Haben die Vertragspartner hierzu keine entsprechenden Vereinbarungen getroffen, bestimmt sich die Sicherheitsleistung nach § 17 VOB/B. Danach darf der Auftragnehmer Sicherheit leisten durch **24**

- Einbehalt von Geld oder
- Hinterlegung von Geld oder durch
- Bürgschaft eines Kreditinstituts oder Kreditversicherers.

In der Regel wird Sicherheit durch Bankbürgschaft geleistet.

c. Rückzahlung der Abschlagszahlung

Werden Stoffe und Bauteile entgegen den ursprünglichen Vorstellungen der Vertragspartner nicht eingebaut, kann der Auftraggeber Rückzahlung der Abschlagszahlung verlangen. In der Praxis findet in diesen Fällen regelmäßig eine Verrechnung mit der nächsten Abschlagsrechnung oder Schlussrechnung statt. **25**

IV. Einbehalt von Gegenforderungen (Abs. 1 Nr. 2)

Nach § 16 Abs. 1 Nr. 2 VOB/B können von Abschlagszahlungen Gegenforderungen einbehalten werden. Andere Einbehalte sind nur in den im Vertrag und in den gesetzlichen Bestimmungen vorgesehenen Fällen zulässig. **26**

27 Die Gegenforderungen können sich aus dem Bauvertrag, aber auch aus anderen Rechts- und Vertragsverhältnissen ergeben. So können dem Anspruch des Auftragnehmers auf Abschlagszahlungen beispielsweise Forderungen des Auftraggebers aus

- ungerechtfertigter Bereicherung,
- Ansprüchen aus Arbeitsgemeinschaften,
- früheren Schädigungen oder
- auf Grund mangelhafter Leistungen

entgegengehalten werden.

28 ***Beispielsfälle:***

- *Auftraggeber hat einen Rückzahlungsanspruch gegen den Auftragnehmer wegen eines Aufmaßfehlers bei einem anderen Bauvorhaben.*
- *Auftraggeber macht Rückzahlungsanspruch wegen fehlerhafter Mengenermittlungen des Auftragnehmers geltend.*
- *Auftraggeber beruft sich auf Rückzahlungsanspruch, weil der Auftragnehmer Leistungen doppelt bzw. nicht zutreffende Positionen abgerechnet hat.*
- *Der Rückzahlungsanspruch des Auftraggebers ergibt sich dem Grunde oder der Höhe nach aus nicht berechtigten Nachtragsvergütungen.*
- *Auftraggeber hat einen Schadensersatzanspruch wegen Beschädigung seiner Anlagen durch Baufahrzeuge des Auftragnehmers.*

29 Nach § 16 Abs. 1 Nr. 2 S. 1 VOB/B ist der Auftraggeber berechtigt, bei der Leistung von Abschlagszahlungen etwaige Gegenforderungen einzubehalten, die er zu dieser Zeit gegenüber dem Auftragnehmer hat. Nach dem Wortlaut der Vorschrift kann der Auftraggeber die Einbehalte ohne weitere Voraussetzungen vornehmen. Von der überwiegenden baurechtlichen Literatur wird jedoch wegen der weitreichenden Folgen der Einbehalte und ihrer Vergleichbarkeit mit der Aufrechnung das Bestehen einer sog. Aufrechnungslage nach den §§ 387 ff. BGB gefordert, also

- Gegenseitigkeit,
- Gleichartigkeit und
- Fälligkeit

der geltend gemachten Gegenforderungen. Für die Gegenseitigkeit kommt es auf eine Identität der jeweiligen Vertragspartner an. Die Gleichartigkeit der Forderungen ist bei wechselseitigen Geldforderungen unproblematisch gegeben. Die Fälligkeit bestimmt sich nach den vertraglichen Vereinbarungen, nach § 16 Abs. 1 Nr. 3 VOB/B bzw. den gesetzlichen Regelungen (§ 271 BGB).

30 Auch in Fällen, in denen der Auftraggeber lediglich „andere Einbehalte" geltend machen kann, ist er nicht rechtlos gestellt. Zwar kann er diese bei der Zahlung von Abschlägen nach § 16 Abs. 1 Nr. 2 VOB/B nicht berücksichtigen, er hat jedoch die Möglichkeit, Sicherheitseinbehalte nach § 17 VOB/B oder andere Einbehalte auf Grund der gesetzlichen Zurückbehaltungsrechte nach § 273 BGB bzw. § 320 BGB geltend zu machen. In der Praxis kommt es daher zu keiner wirtschaftlichen Schlechterstellung des Auftraggebers, sondern lediglich zum Austausch rechtlicher Begründungen.

Beispielsfälle: 31

- *Auftraggeber macht Zurückbehaltungsrecht wegen eines Nachbesserungsanspruches auf Grund mangelhafter Leistungen geltend.*
- *Auftraggeber verweigert Zahlung unter Hinweis auf die vereinbarte und vom Auftragnehmer noch nicht übergebene Vertragserfüllungsbürgschaft.*

V. Fälligkeit von Abschlagszahlungen (Abs. 1 Nr. 3)

Ansprüche auf Abschlagszahlungen werden nach § 16 Abs. 1 Nr. 3 VOB/B binnen 21 Tagen **nach Zugang der Aufstellung** fällig. Nach der Regelung, die bis zum Inkrafttreten der VOB 2012 am 19.7.2012 galt, wurden Ansprüche auf Abschlagszahlungen binnen 18 Werktagen fällig, sodass mit der Neuregelung keine Verlängerung der Fälligkeitsfrist verbunden ist, da es sich bei Tagen im Sinne des neuen § 16 Abs. 1 Nr. 3 VOB/B um Kalendertage handelt. 32

VOB bis 19.7.2012	VOB ab 19.7.2012
18 Werktage	21 Kalendertage

Nach Ablauf dieser Frist kann der Auftragnehmer die Zahlung des Werklohnes verlangen und ist der Auftraggeber zur Leistung verpflichtet. Die Fälligkeit der Abschlagsrechnungen hängt nicht von der Abnahme der Bauleistungen ab.

1. Zugang der Aufstellung

Der Zugang der Aufstellung setzt voraus, dass sie in den sog. Herrschaftsbereich des Auftraggebers gelangt ist, er also unter normalen Umständen von ihr Kenntnis erlangen kann. Dies ist beispielsweise der Fall, wenn ihm die Aufstellung unmittelbar vom Auftragnehmer übergeben, in den Briefkasten eingeworfen oder per Telefax zugesandt wird. 33

Für die Fristberechnung gelten die §§ 186 ff. BGB. Ist danach für den Anfang einer Frist ein Ereignis, wie hier der Zugang der Abschlagsrechnung, maßgebend, so wird dieser Tag nicht mitgerechnet und erst vom nächsten Tag an gezählt. Das Ende der Frist fällt auf deren letzten Tag. Endet die Frist allerdings an einem Sonnabend, Sonn- oder staatlich anerkannten Feiertag, so tritt an die Stelle dieses Tages der nächste Werktag. Sonnabende, die innerhalb der Frist liegen, werden mitgerechnet. 34

Beispielsfall 1: 35

Wurde die Abschlagsrechnung am Freitag, dem 31.8.2012, übergeben, endete die Frist nach 21 Tagen am Freitag, dem 21.9.2012. Die Sonnabende wurden bereits bei der Werktagregelung mitgerechnet, nunmehr gilt dies auch für die Sonntage als Kalendertage.

Beispielsfall 2: 36

Wurde die Abschlagszahlung am Sonnabend, den 1.9.2012, übergeben, endete die Frist am Montag, den 24.9.2012. Die Sonnabende und Sonntage (8./9.9. und 15./16.9.) werden mitgerechnet, da sie innerhalb der Frist lagen. Sonnabend, der 22.9.2012, und Sonntag, der 23.9.2012, kommen als Fristende nicht in Betracht, sodass die Frist am darauf folgenden Montag endete.

37 ***Beispielsfall 3:***

Wurde die Abschlagsrechnung am Freitag, den 8.3.2013, übergeben, wäre die Frist normalerweise nach 21 Tagen am Karfreitag, den 29.3.2013, abgelaufen. Da dieser Tag allerdings ein Feiertag war und Sonnabend, Sonntag sowie Ostermontag als Fristende gleichfalls nicht in Betracht kommen, endete die Frist somit erst am Dienstag, den 2.4.2013.

2. Verlängerung der Prüffrist

38 Die in § 16 Abs. 1 Nr. 3 VOB/B genannte Frist von 21 Werktagen gilt unabhängig davon, ob der Auftraggeber die Aufstellung tatsächlich geprüft hat. Anders als bei Schlussrechnungen (§ 16 Abs. 3 Nr. 1 VOB/B) wird die Frist auch nicht dadurch verkürzt, dass der Auftraggeber die Rechnungsprüfung beschleunigt und vor Ablauf der Frist abschließt (siehe hierzu unten Rn. 87 ff. bei Schlussrechnungen).

39 Erfordert der Umfang der abgerechneten Leistungen allerdings einen so großen Aufwand, dass die Rechnungsprüfung innerhalb der Frist objektiv nicht möglich ist, stellt sich regelmäßig die Frage der Verlängerung der Prüffrist. Nach der Regelung der VOB/B bis zum 19.7.2012 führte dieser Umstand automatisch zu einer angemessenen Verlängerung und damit zum **Hinausschieben der Fälligkeit** bis zum Abschluss der Prüfung.

Es erscheint fraglich, ob dieser Grundsatz auf die Neuregelung der VOB/B übertragen werden kann. Hierfür spricht, dass § 16 Abs. 1 Nr. 3 VOB/B inhaltlich keine Änderungen erfahren hat, sondern lediglich die Fristenregelung im Sinne der Harmonisierung von Werk- auf Kalendertage umgestellt wurde. Es ist allerdings zu berücksichtigen, dass in den Regelungen über Schlusszahlungen nunmehr ausdrücklich die Möglichkeit einer Verlängerung der Prüffrist aufgenommen wurde. Bei Abschlagszahlungen findet sich eine vergleichbare Regelung nicht, was dafür spricht, dass eine automatische Verlängerung der Prüffrist künftig nicht mehr angenommen werden kann.

40 ***Praxistipp:***

Für die Praxis empfiehlt sich, die Frist des § 16 Abs. 1 Nr. 3 VOB/B künftig durch individuelle Vereinbarung mit dem Auftragnehmer vor oder während des Bauablaufs zu verlängern.

Die Verlängerung der Frist ist nach dem im Werkvertragsrecht geltenden Grundsatz der Vertragsfreiheit ohne Weiteres möglich, führt allerdings dazu, dass von den Regelungen der VOB/B abgewichen wird und diese damit der Inhaltskontrolle durch die Gerichte unterliegen. Zu beachten ist weiter, dass die Verlängerung der Frist durch Allgemeine Geschäftsbedingungen des Auftraggebers gleichfalls einer Inhaltskontrolle unterliegt. Eine – angemessene – Verlängerung der Prüffrist in Allgemeinen Geschäftsbedingungen des Auftraggebers auf beispielsweise 30 Tage erscheint rechtlich zulässig, birgt aber das Risiko, dass sie einer späteren Inhaltskontrolle durch die Gerichte nicht standhält. Vorzugsweise ist daher in jedem Fall eine individualvertragliche Vereinbarung mit dem Auftragnehmer zu schließen.

Parallel dazu, und vor allem, wenn eine Vereinbarung mit dem Auftragnehmer nicht zustande kommen sollte oder das Risiko einer Verlängerung der Prüffrist in Allgemeinen Geschäftsbedingungen nicht eingegangen werden soll, empfiehlt sich die Prüfung, ob der Auftraggeber an der Zahlung durch eine von ihm nicht zu vertretende Ungewissheit über das Bestehen und den Umfang der gesicherten Forderung gehindert ist (siehe Rn. 182 ff.).

Sollten auch diesbezüglich keine Anhaltspunkte vorliegen, wird zur Vermeidung von Zinsforderungen des Auftragnehmers zumindest die anteilige Zahlung des geforderten Abschlags in Höhe der nachgewiesenen Leistungen in Betracht zu ziehen sein.

3. Zeitpunkt der Zahlung

Für die Einhaltung der Frist kommt es schließlich auf den Zeitpunkt der Zahlung an. Haben die Vertragspartner hierzu keine gesonderte Vereinbarung getroffen, hat der Auftraggeber den geschuldeten Werklohn im Zweifel auf seine Gefahr und seine Kosten an den Wohnsitz des Auftragnehmers zu übermitteln (§ 270 BGB). 41

Der **Zeitpunkt der Zahlung** bestimmt sich entgegen früheren Auffassungen nicht nach dem Eingang des Überweisungsträgers oder der Bearbeitung der Überweisung durch die ausführende Bank des Auftraggebers. Nach der Rechtsprechung des Europäischen Gerichtshofs ist das Abstellen auf die Leistungshandlung der ausführenden Bank mit Art. 3 Abs. 1c Ziff. ii Zahlungsrichtlinie 00/35/EG unvereinbar und vielmehr auf die **Gutschrift des geschuldeten Betrags auf dem Konto des Auftragnehmers** abzustellen[5]. Für die Rechtzeitigkeit der Zahlung hat der Auftraggeber demnach bei der Überweisung des Werklohns die Bearbeitungsfristen der Banken zu beachten, wenn er Verzugszinsen wegen verspäteter Gutschrift auf dem Konto des Auftragnehmers vermeiden will.

Regelungen zu den Bearbeitungsfristen der Banken finden sich in dem im Jahre 2009 neu geregelten Recht der sog. Zahlungsdienste in den §§ 675c bis 676c BGB. 42

Nach § 675s Abs. 1 BGB hat die Bank des Auftraggebers sicher zu stellen, dass der Zahlbetrag spätestens am Ende des auf den Zugangszeitpunkt des Zahlungsauftrags folgenden Geschäftstags bei der Bank des Auftragnehmers eingeht. Für Zahlungsvorgänge innerhalb des Europäischen Wirtschaftsraums, die *nicht* in Euro erfolgen, können Auftraggeber und Bank eine Frist von maximal vier Geschäftstagen vereinbaren. Für in Papierform ausgelöste Zahlungsvorgänge können die Fristen um einen weiteren Geschäftstag verlängert werden.

Die Bank des Auftragnehmers ist nach § 675t Abs. 1 BGB verpflichtet, dem Zahlungsempfänger den Zahlbetrag unverzüglich verfügbar zu machen, nachdem er auf dem Konto der Bank eingegangen ist, sodass der sog. Wertstellungszeitraum bei der Fristberechnung vernachlässigt werden kann.

Die unterschiedlichen Auffassungen zum richtigen Zahlungszeitpunkt besitzen seit der Neuregelung des sog. Rechts der Zahlungsdienste in den §§ 675c bis 676c BGB keine praktische Relevanz. Überweisungen in Euro werden innerhalb des Europäischen Wirtschaftsraums innerhalb eines Tages ausgeführt. Für Überweisungen in Fremdwährungen kann der Auftraggeber mit seiner Bank eine Ausführungsfrist von bis zu vier Tagen vereinbaren. Sollte eine diesbezügliche Vereinbarung geschlossen worden sein, muss dies zur Vermeidung von Nachteilen bei der Fristberechnung berücksichtigt werden. 43

Praxistipp: 44

▶ *Nach der Zahlungsrichtlinie 00/35/EG kann der Schuldner nicht für Verzögerungen verantwortlich gemacht werden, die ihm nicht zugerechnet werden können. Die Richtlinie schließt die Zahlung von Verzugszinsen für den Fall aus, in dem der Zahlungsverzug nicht die Folge des Verhaltens des Auftraggebers ist, der den üblicherweise für die Durchführung einer Banküberweisung erforderlichen Fristen sorgfältig Rechnung getragen hat.*

4. Folgen der Nichtzahlung

Kommt der Auftraggeber seiner Zahlungsverpflichtung nicht nach, kann ihm der Auftragnehmer nach § 16 Abs. 5 Nr. 3 VOB/B eine angemessene Nachfrist setzen. Zahlt der Auftraggeber auch innerhalb der Nachfrist nicht, so hat der Auftragnehmer nach Ablauf der Nachfrist Anspruch auf Zinsen in Höhe der in § 288 Abs. 2 BGB angegebenen Zinssätze, wenn er nicht einen höheren Verzugsschaden nachweist. 45

---

5 EuGH, Urteil vom 3.4.2008 – RS. C-306/06 – IBR 2008, S. 254.

Der Auftraggeber kommt, ohne dass es einer Nachfristsetzung bedarf, spätestens 30 Tage nach Zugang der Rechnung oder der Aufstellung der Abschlagszahlungen in Zahlungsverzug, wenn der Auftragnehmer seine vertraglichen und gesetzlichen Verpflichtungen erfüllt und den Entgeltbetrag nicht rechtzeitig erhalten hat, es sei denn, der Auftraggeber ist für den Zahlungsverzug nicht verantwortlich (siehe Rn. 182 ff.). Die Frist verlängert sich auf höchstens 60 Tage, wenn sie aufgrund der besonderen Natur oder Merkmale der Vereinbarung sachlich gerechtfertigt ist und ausdrücklich vereinbart wurde (siehe hierzu Rn. 91 ff.).

Weiterhin besteht für den Auftragnehmer die Möglichkeit, den Vertrag nach § 9 Abs. 1 lit. b VOB/B zu kündigen. Entschließt sich der Auftragnehmer zur Kündigung des Vertrags, erlischt sein Anspruch auf Abschlagszahlungen. In diesem Fall verbleibt ihm nur die Möglichkeit, die Schlussrechnung zu legen und ggf. ein Klageverfahren einzuleiten.

VI. Bedeutung von Abschlagszahlungen (Abs. 1 Nr. 4)

46 Abschlagszahlungen besitzen nur einen vorläufigen Charakter. Sie sind gemäß § 16 Abs. 1 Nr. 4 VOB/B ohne Einfluss auf die Haftung des Auftragnehmers; sie gelten nicht als Abnahme von Teilen der Leistung. Des Weiteren stellen sie kein Anerkenntnis des Auftraggebers dar, dass die vom Auftragnehmer abgerechneten Leistungen vertragsgemäß erbracht wurden, da die noch ausstehende Schlussrechnungsprüfung ein anderes Ergebnis bringen kann. Der Auftraggeber ist bei Abschlagszahlungen so zu stellen, als ob er keine Zahlung geleistet hätte.

47 Stellt der Auftraggeber bei der Prüfung nachfolgender Abschlagsrechnungen oder bei der Schlussrechnungsprüfung fest, dass der Auftragnehmer bereits überzahlt ist, kann er den überzahlten Betrag von nachfolgenden Zahlungen zum Abzug bringen. Auf Grund des vorläufigen Charakters der Abschlagszahlungen besitzt der Auftraggeber bis zur Schlussabrechnung einen *vertraglichen* Rückzahlungsanspruch.

Stellt der Auftraggeber die Überzahlung erst nach der Schlusszahlung fest, kann er nur noch einen *bereicherungsrechtlichen* Rückzahlungsanspruch und ggf. einen Schadensersatzanspruch geltend machen, wenn er sich bei der Schlusszahlung die vertragliche Rückforderung nicht vorbehalten haben sollte. Dies kann für den Auftraggeber nachteilig sein, wenn sich der Auftragnehmer beispielsweise auf den Wegfall der Bereicherung beruft. Um diesen Nachteil zu verhindern, sollten Abrechnung und Schlusszahlung unter dem ausdrücklichen vertraglichen Vorbehalt der Rückforderung gestellt werden[6] (siehe hierzu Rn. 144 f.).

VII. Verjährung von Rückzahlungsansprüchen bei Überzahlungen von Abschlagsrechnungen

48 Der Rückzahlungsanspruch des Auftraggebers unterliegt der Verjährung. Der Auftragnehmer hat die Möglichkeit, gegen den Rückzahlungsanspruch des Auftraggebers die Verjährungseinrede zu erheben. Die Verjährungsfrist beträgt nach § 195 BGB 3 Jahre.

Die dreijährige Verjährungsfrist beginnt nach § 199 Abs. 1 BGB, soweit nicht ein anderer Verjährungsbeginn bestimmt ist, mit dem Schluss des Jahres, in dem

1. der Anspruch entstanden ist und
2. der Gläubiger von den Anspruch begründenden Umständen und der Person des Schuldners Kenntnis erlangt oder ohne grobe Fahrlässigkeit erlangen müsste.

Diese Voraussetzungen liegen vor, wenn

1. der Auftraggeber die Schlussrechnung – **nicht die überzahlte Abschlagsrechnung** – erhalten hat und
2. von den Umständen, die den Rückzahlungsanspruch begründen sowie dem Auftragnehmer Kenntnis erlangt hat oder ohne Weiteres hätte erlangen können.

---

6 Rohrmüller, IBR 2011, S. 318.

Das Vorliegen der Schlussrechnung und nicht der überzahlten Abschlagsrechnung als *erste* Voraussetzung für den Verjährungsbeginn ist eine Besonderheit des Werkvertragsrechts. Dies führt im Ergebnis zu einer „Verschiebung" des Verjährungsbeginns und damit zu einer „Verlängerung" der Verjährungsfrist. Grund hierfür ist der Vorläufigkeitscharakter der Abschlagszahlungen. **49**

Die *zweite* Voraussetzung ist regelmäßig gegeben, wenn dem Auftraggeber die Ausschreibungsunterlagen (Vertrag, Vorbemerkungen, Allgemeine und Besondere Vertragsbedingungen, ggf. Leistungsverzeichnis, Planunterlagen, ggf. Gutachten usw.) und Abrechnungsunterlagen (Schlussrechnung, rechnungsbegründende Unterlagen, Aufmaße usw.) vorliegen und sich hieraus die überhöhte Abrechnung ergibt, bzw. diese ohne Weiteres hätte festgestellt werden können. Der Auftragnehmer ist dem Auftraggeber bereits mit Vertragsschluss bekannt. **50**

Praxistipp: **51**

Es kommt nicht darauf an, ob der Auftraggeber die Rechnung sorgfältig, oberflächlich oder gar nicht geprüft hat. Entscheidend ist allein, dass die vertragswidrige Abrechnung erkennbar war.

Beispiel: **52**

Der Auftragnehmer legt im Jahr 2010 eine überhöhte Abschlagsrechnung vor, die vom Auftraggeber bezahlt wird. Der Rechnung liegt ein Aufmaßfehler zu Grunde, der vom Auftraggeber ohne Weiteres hätte festgestellt werden können, aber nicht erkannt wird. Im Januar 2014 reicht der Auftragnehmer die Schlussrechnung einschließlich aller rechnungsbegründenden Unterlagen beim Auftraggeber ein. Bei der anschließenden Schlussrechnungsprüfung wird die frühere Überzahlung festgestellt. Erst im Juni 2017 fordert der Auftraggeber den Auftragnehmer zur Rückzahlung des überzahlten Betrages auf.

Obwohl die überhöhte Abschlagsrechnung bereits im Jahr 2010 beim Auftraggeber eingereicht wurde und er die Überzahlung ohne Weiteres hätte erkennen können, kommt es für den Beginn der dreijährigen Verjährungsfrist erst auf die Schlussrechnung im Jahr 2014 an, sodass der vertragliche Rückzahlungsanspruch des Auftraggebers im Jahr 2014 noch nicht verjährt ist.

Da die dreijährige Verjährungsfrist erst zum Schluss des Jahres beginnt, in dem die entsprechenden Voraussetzungen vorliegen, beginnt die Verjährungsfrist auch nicht im Januar 2014, sondern erst am 31.12.2014. Der Rückzahlungsanspruch ist folglich im Juni 2017 noch nicht verjährt und kann noch bis zum 31.12.2017 geltend gemacht werden, ohne dass ihm der Auftragnehmer die Verjährungseinrede erfolgreich entgegenhalten kann.

Steht die Verjährung des vertraglichen Rückzahlungsanspruches unmittelbar bevor, ergeben sich für den Auftraggeber folgende Möglichkeiten: **53**

- Unverzügliche Zahlungsaufforderung und Durchsetzung des Anspruches vor Ablauf der Verjährungsfrist.
- Einleitung von Maßnahmen zur Hemmung oder Unterbrechung der Verjährungsfrist:

  Aufnahme von Verhandlungen mit dem Auftragnehmer über den Anspruch oder die den Anspruch begründenden Umstände.

  Anerkenntnis bzgl. der Rückzahlung des überzahlten Betrages beim Auftragnehmer einholen.

  Einreichung Klage.

  Zustellung Mahnbescheid im gerichtlichen Mahnverfahren.

- Abschluss einer Vereinbarung mit dem Auftragnehmer über Verlängerung der Verjährungsfrist.
- Erklärung des Auftragnehmers über Verzicht auf die Verjährungseinrede einholen.

54 ***Formulierungsvorschlag für eine Verjährungsverzichtserklärung:***

> Wir,
>
> Arbeitsgemeinschaft …, bestehend aus … und …, vertreten durch …
>
> – im Folgenden: AN –
>
> verzichten hiermit gegenüber
>
> der Gemeinde …, vertreten durch …
>
> – im Folgenden: AG –
>
> auf die Einrede der Verjährung wegen Rückzahlungsansprüchen des AG aus und im Zusammenhang mit dem Bauvertrag zum Bauvorhaben … vom … (Vertragsnummer …) und den zu diesem Vertrag geschlossenen Zusatzvereinbarungen und Nachträgen, soweit nicht bereits Verjährung eingetreten ist.
>
> Dieser Verzicht gilt befristet bis zum … und stellt kein Anerkenntnis oder Präjudiz der Ansprüche des AG dar.
>
> …, den …
>
> Unterschrift AN

55 Nach der Verjährung des vertraglichen Rückzahlungsanspruches ergeben sich für den Auftraggeber folgende Möglichkeiten:

- Die Aufrechnung und die Geltendmachung eines Zurückbehaltungsrechts wegen eines Zahlungsanspruches des Auftragnehmers – auch aus einem anderen Bauvorhaben – bleibt auch nach Eintritt der Verjährung möglich, wenn der Rückzahlungsanspruch in dem Zeitpunkt noch nicht verjährt war, in dem erstmals aufgerechnet oder die Leistung verweigert werden konnte (§ 215 BGB).
- Prüfung und Geltendmachung von Schadensersatzansprüchen gegen die mit der Rechnungsprüfung beauftragten Ingenieurbüros oder Architekten. Die Verjährungsfrist beträgt regelmäßig 5 Jahre, wenn keine anderslautenden Vereinbarungen geschlossen wurden.
- Schadensanzeige beim Projektversicherer, wenn der Rückforderungsbetrag einen möglichen Selbstbehalt übersteigt und selbst verursachte Schäden vom Versicherungsumfang gedeckt sind. Die Inanspruchnahme der Versicherung ist entsprechend den jeweiligen Vereinbarungen auch mehrere Jahre nach Abschluss des Bauvorhabens möglich. Nicht selten wird Versicherungsschutz bis zu 5 oder 8 Jahren nach Abnahme oder Inbetriebnahme der Bauleistung gewährt.
- Rückforderung des überzahlten Betrages, wenn der Auftragnehmer die Verjährungseinrede z.B. aus Kulanz nicht erhebt oder übersieht, dass die Forderung bereits verjährt ist. Aber Achtung! Wenn sich der Auftragnehmer außergerichtlich nicht auf Verjährung berufen sollte, kann er dies immer noch im Rahmen einer gerichtlichen Auseinandersetzung. Dies führt zur Klageabweisung und zusätzlichen Verfahrens- und Rechtsanwaltskosten für den Auftraggeber.

VIII. Inhaltskontrolle des § 16 Abs. 1

56 § 16 Abs. 1 VOB/B hält einer isolierten Inhaltskontrolle nach den §§ 305 ff. BGB stand (siehe hierzu oben Rn. 3 ff.).

C. Vorauszahlungen (§ 16 Abs. 2)

Vorauszahlungen sind Zahlungen des Auftraggebers, die vor Ausführung der Leistungen durch den Auftragnehmer erfolgen. Sie unterscheiden sich damit wesentlich von den anderen in § 16 VOB/B genannten Zahlungsarten, bei denen die vereinbarte Leistung vor der Zahlung vollständig oder zumindest in Teilen erbracht sein muss. 57

Die Vereinbarung von Vorauszahlungen ist sinnvoll, wenn dem Auftragnehmer auf Grund des konkreten Auftrages hohe Vorbereitungskosten für die Beschaffung von Baustoffen, Material oder Maschinen entstehen. Nach den Regelungen der VOB/B hat der Auftragnehmer allerdings keinen Anspruch auf Vorauszahlungen, sodass es hierfür stets einer gesonderten vertraglichen Vereinbarung bedarf. 58

Praxistipp: 59

Wenn das Bauvorhaben über Drittmittel finanziert wird, ist mit dem Fördermittelgeber im Vorfeld abzustimmen, ob Vorauszahlungen mit bzw. ohne Sicherheitsleistung möglich sind. Regelmäßig lehnen Fördermittelgeber Vorauszahlungen ab, da Auftragnehmer hierauf keinen gesetzlichen Anspruch haben. Leistet der Auftraggeber Vorauszahlungen entgegen den Fördermittelbestimmungen, riskiert er die Rückforderung des gezahlten bzw. des insgesamt geförderten Betrages.

Bei Verträgen nach der Makler- und Bauträgerverordnung ist zu beachten, dass nach § 3 Nr. 2 MaBV Teilzahlungen nur nach Baufortschritt gefordert werden können, sodass die Vereinbarung von Vorauszahlungen unwirksam ist. Wird dem Auftraggeber allerdings eine Sicherheit nach § 7 MaBV geleistet, kann eine wirksame Vereinbarung über Vorauszahlungen getroffen werden. 60

I. Vereinbarung von Vorauszahlungen (Abs. 2 Nr. 1)

Vorauszahlungen können zwischen den Vertragspartnern bei oder nach Vertragsabschluss vereinbart werden. Wird die Vereinbarung erst nach Vertragsabschluss getroffen, ist dem Auftraggeber auf Verlangen hierfür nach § 16 Abs. 2 Nr. 1 VOB/B ausreichende Sicherheit zu leisten. Des Weiteren ist die Vorauszahlung mit 3 v.H. über dem Basiszinssatz des § 247 BGB zu verzinsen, sofern nichts anderes vereinbart wird. 61

Der Auftragnehmer ist nach § 16 Abs. 2 Nr. 1 VOB/B nicht ohne Weiteres zur Sicherheitsleistung verpflichtet, sondern nur wenn dies der Auftraggeber ausdrücklich **„verlangt"**. Vorauszahlungen können daher unabhängig davon, ob die Vereinbarung bei oder nach Vertragsabschluss getroffen wurde, ohne Sicherheit geleistet werden (Ausnahme: Verträge nach der Makler- und Bauträgerverordnung). Der Auftraggeber sollte sich jedoch bewusst sein, dass er bei Vorauszahlung ohne Sicherheitsleistung ein nicht kalkulierbares finanzielles Risiko eingeht, das im Falle der Insolvenz des Auftragnehmers zum Totalverlust führen kann. 62

Beispiel: 63

Klausel für eine Vereinbarung von Vorauszahlungen bei Vertragsschluss

Der Auftragnehmer kann für seine Stahlbauleistungen Vorauszahlungen gegen Sicherheitsleistung in Form von Bankbürgschaft nach dem vorliegenden Muster des Auftraggebers verlangen. Die Sicherheitsleistung muss die gewährte Vorauszahlung einschließlich Zinsen und die durch die Vorauszahlung entstehenden Kosten umfassen. Die Vorauszahlungen sind gemäß § 16 Abs. 2 Nr. 1 VOB/B mit 3 v.H. über dem Basiszinssatz des § 247 BGB zu verzinsen, sie werden auf die nächstfälligen Zahlungen angerechnet, soweit damit Leistungen abgegolten werden, für die sie gewährt worden sind.

64 *Formulierungsvorschlag: Nachträgliche Vereinbarung von Vorauszahlungen mit Sicherheitsleistung*

Ergänzungsvereinbarung

zum Vertrag vom …

über Vorauszahlungen

zwischen

…

– Auftraggeber –

und

…

– Auftragnehmer –

§ 1

Die Vertragspartner haben am … einen Vertrag über die Errichtung der Stahlbrücke … in … geschlossen. Auf Grund in der Zwischenzeit stark gestiegener Rohstoffpreise vereinbaren die Vertragspartner zur Sicherstellung eines störungsfreien Bauablaufes nachträglich Vorauszahlungen.

§ 2

Der Auftragnehmer kann für seine Stahlbauleistungen Vorauszahlungen gegen Sicherheitsleistung in Form von Bankbürgschaft nach dem vorliegenden Muster des Auftraggebers verlangen. Die Sicherheitsleistung muss die gewährte Vorauszahlung einschließlich Zinsen und die durch die Vorauszahlung entstehenden Kosten umfassen.

§ 3

Die Vorauszahlungen sind gemäß § 16 Abs. 2 Nr. 1 VOB/B mit 3 v.H. über dem Basiszinssatz des § 247 BGB zu verzinsen.

§ 4

Die Vorauszahlungen werden auf die nächstfälligen Zahlungen angerechnet, soweit damit Leistungen abgegolten werden, für die Vorauszahlungen gewährt worden sind.

§ 5

Im Übrigen gelten die vertraglichen Regelungen vom …

Ort, Datum

Unterschrift

65 Verlangt der Auftraggeber Sicherheit, muss sie die gewährte Vorauszahlung, ggf. anfallende Zinsen und sonstige ggf. durch die Vorauszahlung entstandene Kosten umfassen.

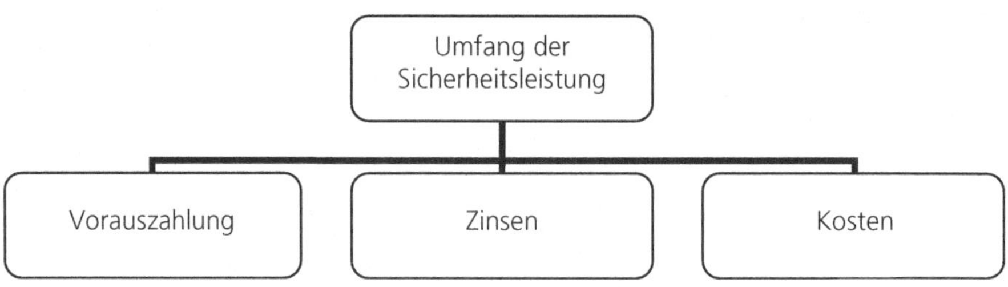

Abbildung 4: Umfang der Sicherheitsleistung

Bei Sicherheitsleistung durch Bankbürgschaft ist zu beachten, dass der in der Bürgschaft ausgewiesene Betrag die Vorauszahlung, die Zinsen und ggf. anfallenden Kosten enthalten muss. Eine Klausel, wonach sich der Bürge zur Zahlung eines Betrages in Höhe der Vorauszahlung „zzgl. Zinsen und Kosten" verpflichtet, ist unwirksam. 66

Sofern die Vertragspartner nichts anderes vereinbart haben, ist die Vorauszahlung mit 3 v.H. über dem Basiszinssatz des § 247 BGB zu verzinsen. Der aktuelle Basiszinssatz wird im 67

- Wirtschaftsteil von Tageszeitungen oder auf der
- Internetseite der Deutschen Bundesbank (www.bundesbank.de) mitgeteilt, kann aber auch bei allen anderen
- Banken und Sparkassen erfragt werden.

Die Verzinsung beginnt mit dem Empfang der Vorauszahlung und endet mit der Anrechnung auf die nächstfällige Zahlung. Hat der Auftragnehmer seine Leistungen erbracht, ist der Sicherungszweck entfallen und die Sicherheit an ihn zurückzugeben.

In der Praxis wird regelmäßig Sicherheit durch Bankbürgschaft geleistet, wobei die Regelungen des § 17 VOB/B zu beachten sind. 68

Formulierungsvorschlag für eine Vorauszahlungsbürgschaft: 69

Bürgschaftsurkunde

Vorauszahlungsbürgschaft

Der Auftragnehmer

...

und der Auftraggeber

...

haben am ... einen Vertrag über ... [Vertragsnummer] geschlossen.

Nach den Bedingungen dieses Vertrages hat der Auftragnehmer als Sicherheit für eine Vorauszahlung bis zur Tilgung der Vorauszahlung durch Anrechnung auf fällige Zahlungen eine Bürgschaft zu stellen.

Der Bürge

...

übernimmt für den Auftragnehmer die selbstschuldnerische Bürgschaft nach deutschem Recht und verpflichtet sich, auf erstes Anfordern jeden Betrag bis zur Gesamthöhe von

..., Betrag in Worten ...

an den Auftraggeber zu zahlen.

Auf die Einreden der Anfechtung, der Aufrechnung sowie der Vorausklage gemäß §§ 770, 771 BGB wird verzichtet. Der Verzicht auf die Einrede der Aufrechenbarkeit gilt nicht für unbestrittene und rechtskräftig festgestellte Gegenforderungen des Auftragnehmers.

Die Bürgschaft ist unbefristet; sie erlischt mit der Rückgabe dieser Bürgschaftsurkunde. Die Bürgschaftsforderung verjährt nicht vor der gesicherten Hauptforderung. Nach Abschluss des Bürgschaftsvertrages getroffene Vereinbarungen über die Verjährung der Hauptforderung zwischen Auftragnehmer und Auftraggeber sind für den Bürgen nur bei seiner schriftlichen Zustimmung bindend.

Gerichtsstand ist der Sitz der zur Prozessvertretung des Auftraggebers zuständigen Stelle.

Ort Datum
Unterschrift

70 ***Formulierungsvorschlag für eine Inanspruchnahme des Bürgen:***

[Absender]

[Anschrift]

[Datum]

Bauvorhaben ...

Sehr geehrte Damen und Herren,

wie sich aus der in Kopie beiliegenden Bürgschaftsurkunde (Anlage 1) ergibt, haben Sie sich verpflichtet, für die von uns geleisteten Vorauszahlungen jeden Betrag auf erstes Anfordern bis zu einer Höhe von _ ... an uns zu zahlen, wenn die ... GmbH keine Leistungen erbringen sollte, für die Vorauszahlungen gewährt worden sind.

Die ... GmbH wurde mehrfach schriftlich aufgefordert (Anlage 2), die mit Bauvertrag vom ... [Datum] (Anlage 3) vereinbarten Leistungen auszuführen. Das Unternehmen ist seinen vertraglichen Verpflichtungen nicht nachgekommen und hat inzwischen Antrag auf Eröffnung des Insolvenzverfahrens gestellt (Anlage 4).

Der Insolvenzverwalter hat auf unser letztes Anschreiben vom ... (Anlage 5) nicht reagiert, sodass wir den Bauvertrag inzwischen nach § 8 Abs. 1 Nr. 2 VOB/B gekündigt haben (Anlage 6) und uns veranlasst sehen, Sie aus der Bürgschaft in Anspruch zu nehmen.

Die Höhe unserer Forderung beläuft sich auf ... Wir fordern Sie auf, diesen Betrag bis zum ... [Datum] auf folgendes Konto zu überweisen: ...

Mit freundlichen Grüßen

Unterschrift

II. Anrechnung auf nächstfällige Zahlungen (Abs. 2 Nr. 2)

71 Nach § 16 Abs. 2 Nr. 2 VOB/B sind Vorauszahlungen auf die nächstfälligen Zahlungen anzurechnen, soweit damit Leistungen abzugelten sind, für welche die Vorauszahlungen gewährt worden sind.

72 ***Beispiel:***

Hat der Auftraggeber beim Bau einer Brücke für die Beschaffung von Stahlträgern Vorauszahlungen geleistet, findet eine Anrechnung mit dem Einbau der Träger statt. Eine Anrechnung auf die Abschlagsrechnung für die fertig gestellten Fundamente ist nicht möglich.

Die Vorschrift gilt unabhängig davon, ob die Vorauszahlungen vor oder nach Vertragsabschluss vereinbart wurden.

III. Inhaltskontrolle des § 16 Abs. 2

73 § 16 Abs. 2 VOB/B hält einer isolierten Inhaltskontrolle nach den §§ 305 ff. BGB stand (siehe hierzu oben Rn. 3 ff.).

D. Schlusszahlungen (§ 16 Abs. 3)

74 Bei einer Schlusszahlung handelt es sich um die abschließende Zahlung des dem Auftragnehmer zustehenden Werklohnes nach Verrechnung mit ggf. geleisteten Abschlags-, Voraus- und Teilschlusszahlungen. Unter Schlusszahlung ist daher auch der Restwerklohnanspruch des Auftragnehmers zu verstehen, der ihm nach Verrechnung mit geleisteten Zahlungen „noch" zusteht.

Praxistipp: 75

Die Schlusszahlung muss vom Auftraggeber nicht als solche bezeichnet werden. Es reicht aus, wenn er durch sein Handeln unmissverständlich und klar zu verstehen gibt, keine weiteren Zahlungen leisten zu wollen. Dies ist beispielsweise in folgenden Fällen anzunehmen:

- *Auftraggeber rechnet mit Gegenforderungen auf und verweigert weitere Zahlungen*
- *Auftraggeber lehnt unter Hinweis auf geleistete Zahlungen weitere Zahlungen endgültig und schriftlich ab (§ 16 Abs. 3 Nr. 3 VOB/B)*
- *Auftraggeber lehnt weitere Zahlungen mit dem Hinweis auf eine bereits bestehende Überzahlung ab*
- *Überweisungsträger enthält folgende Formulierungen: „Betrifft Schlussrechnung vom …" oder „Kontoausgleich gemäß Schreiben vom …"*
- *Bezeichnung der Zahlung als „Restzahlung", „Restbetrag" oder „Restguthaben"*
- *Erklärung des Auftraggebers, die Angelegenheit mit der Zahlung zu erledigen*
- *Antrag des Auftraggebers im Gerichtsverfahren auf Klageabweisung*

I. Anspruch auf Schlusszahlung (Abs. 3 Nr. 1)

76

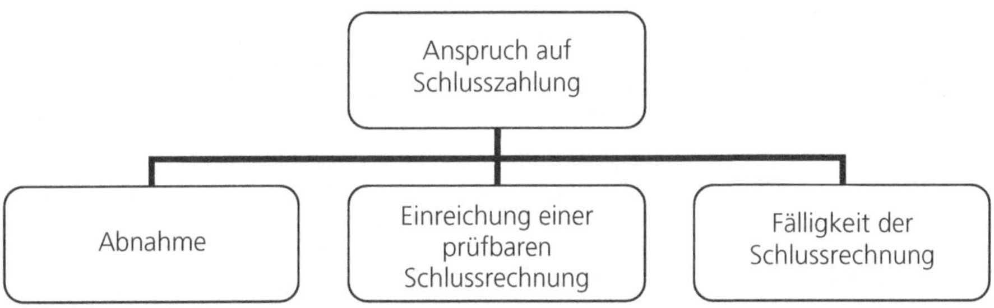

Abbildung 5: Anspruch auf Schlusszahlung

1. Abnahme

Der Anspruch auf Schlusszahlung setzt neben der Einreichung einer prüfbaren Schlussrechnung und deren Fälligkeit voraus, dass die Bauleistungen abgenommen wurden. Für die Einreichung der Schlussrechnung ist die Abnahme hingegen keine Voraussetzung. 77

Praxistipp:

Mitunter kann es für beide Vertragspartner von Interesse sein, wenn die Schlussrechnung bereits vor der Abnahme vorgelegt und dadurch ausstehende Zahlungen beschleunigt werden. Verkürzte Zahlungsfristen können nicht nur für den Auftragnehmer, sondern auch für den Auftraggeber vorteilhaft sind, wenn das Bauvorhaben beispielsweise durch Drittmittel finanziert wird, die zu einem bestimmten Stichtag zu verfallen drohen, wenn bis dahin keine Schlusszahlung erfolgt sein sollte.

Der Schlusszahlungsanspruch wird auch fällig, wenn bei der Abnahme Mängel festgestellt wurden. Entscheidend ist allein, ob die Bauleistungen abgenommen wurden oder nicht. Hat der Auftraggeber die Abnahme wegen wesentlicher Mängel zu Recht verweigert, wird der Schlusszahlungsanspruch des Auftragnehmers nicht fällig. Werden die Bauleistungen hingegen mit unwesentlichen Mängeln abgenommen, führt dies beim Vorliegen der weiteren Voraussetzungen zur Fälligkeit des Anspruchs. 78

Praxistipp:

Eine vom Auftraggeber als sog. Verwender vorformulierte Vertragsklausel, wonach die Schlusszahlung erst nach mängelfreier Abnahme erfolgt, benachteiligt den Auftragnehmer unangemessen und ist unwirksam[7].

79 Weigert sich der Auftragnehmer, die bei der Abnahme festgestellten Mängel zu beseitigen, führt dies nicht zur Entbehrlichkeit der Abnahme als Fälligkeitsvoraussetzung. Verweigert der Auftraggeber jedoch die Nacherfüllung durch den Auftragnehmer, kann er sich nach Treu und Glauben nicht auf die fehlende Abnahme als Fälligkeitsvoraussetzung berufen[8].

80 Wenn der Auftraggeber die Leistungen abnimmt, kann sich der Auftragnehmer gegenüber seinem Auftragnehmer (Nachauftragnehmer) nicht auf die fehlende Abnahme berufen. Die Rechnung des Nachunternehmers wird daher bei Vorliegen der weiteren Voraussetzungen fällig, ohne dass es einer gesonderten Abnahme durch seinen Vertragspartner bedarf[9].

2. Abnahme nach Kündigung?

81 Die Fälligkeit des Restwerklohnanspruchs setzt nach der Rechtssprechungsänderung des Bundesgerichtshofes im Jahre 2006 auch beim gekündigten Werkvertrag die Abnahme der erbrachten Leistungen voraus[10].

3. Sonderfall: Fälligkeit ohne Abnahme bei „Abrechnungsverhältnis"

82 Wenn der Auftraggeber wegen Mängeln der Werkleistung **nur noch Zahlungsansprüche** wie

- Ersatzvornahmekosten oder
- Minderung

geltend macht und nicht mehr die Beseitigung von Mängeln, also die Erfüllung bzw. Nacherfüllung des Vertrages verlangt, ist die Abnahme als Fälligkeitsvoraussetzung ausnahmsweise entbehrlich. Wenn der Erfüllungsanspruch des Auftraggebers entfällt, entsteht ein die Fälligkeit des Werklohnanspruchs herbeiführendes sog. Abrechnungsverhältnis[11]. Hiervon ist auch auszugehen, wenn der Auftragnehmer das an ihn vor der Abnahme gerichtete Begehren nach Mängelbeseitigung endgültig abgelehnt und der Auftraggeber die Abnahme daraufhin endgültig verweigert hat[12].

4. Einreichung einer prüfbaren Schlussrechnung

83 Die Schlusszahlung setzt die Aufstellung und Einreichung einer prüfbaren Schlussrechnung voraus. Dabei kommt es nicht darauf an, ob diese vom Auftragnehmer oder ausnahmsweise vom Auftraggeber unter den Voraussetzungen des § 14 Abs. 4 VOB/B erstellt worden ist. Entscheidend ist, dass die Schlussrechnung den in § 14 VOB/B gestellten Anforderungen entspricht.

Die Abrechnung des Bauvorhabens hat insbesondere zu berücksichtigen:

- eigentliche vertragliche Leistungen
- Mengenmehrungen (§ 2 Abs. 3 VOB/B)
- geänderte Leistungen (§ 2 Abs. 5 VOB/B)
- zusätzliche Leistungen (§ 2 Abs. 6 VOB/B)

---

7 OLG Jena, Urteil vom 6.3.2013 – 2 U 105/12 – IBR 2014, S. 462.
8 OLG Düsseldorf, Urteil vom 22.7.2014 – 21 U 193/13 – IBR 2014, S. 593.
9 OLG Brandenburg, Urteil vom 13.10.2016 – 12 U 26/14 – IBR 2017, S. 11.
10 BGH, Urteil vom 11.5.2006 – VII ZR 146/04 – IBR 2006, S. 432.
11 OLG Naumburg, Urteil vom 10.10.2013 – 1 U 96/12 – IBR 2014, S. 256; OLG Koblenz, Urteil vom 17.1.2013 – 1 U 201/12 – IBR 2014, S. 331.
12 OLG Düsseldorf, Urteil vom 18.2.2016 – 21 U 220/13 – IBR 2015, S. 411.

- nachträglich anerkannte Leistungen (§ 2 Abs. 8 VOB/B)
- Schadensersatzforderungen aus Behinderungen (§ 6 Abs. 6 VOB/B)
- Entschädigungsforderungen (§ 642 BGB)
- Voraus- und Abschlagszahlungen

Die Aufstellung muss dem Auftraggeber eine abschließende und vollständige Rechnungsprüfung ermöglichen. Die Schlussrechnung ist **prüfbar**, wenn der Auftraggeber nachvollziehen kann, ob der Auftragnehmer seine Leistungen zutreffend auf der Grundlage des Vertrages abgerechnet hat und er die Möglichkeit besitzt, ggf. vorhandene Unrichtigkeiten zu erkennen. Die erbrachten Leistungen sind in der Schlussrechnung eindeutig zu bezeichnen und beim Einheitspreisvertrag entsprechend den einzelnen Leistungspositionen abzurechnen. Beim Pauschalpreisvertrag genügt hingegen die Bezeichnung der Leistung und des vereinbarten Pauschalpreises (vgl. § 14 Rn. 50 ff.). **84**

Nach § 14 Abs. 1 Satz 3 VOB/B sind der Schlussrechnung die ggf. zum **Nachweis** von Art und Umfang der Leistung erforderlichen Mengenberechnungen, Zeichnungen und andere Belege beizufügen. Änderungen und Ergänzungen des Vertrages sind nach § 14 Abs. 1 Satz 4 VOB/B besonders kenntlich zu machen und auf Verlangen getrennt abzurechnen. **85**

An die **Form** der Schlussrechnung stellt die VOB/B keine Anforderungen. In der Praxis wird regelmäßig schriftlich unter Angabe der Vertragspartner, des Bauvorhabens, des Datums sowie des Ortes abgerechnet. Einer Unterschrift auf der Schlussrechnung bedarf es nicht, sie muss auch wie die Schlusszahlung nicht als solche bezeichnet werden. Es ist vielmehr ausreichend, wenn der Auftragnehmer unmissverständlich und klar zu verstehen gibt, dass er seine Leistungen endgültig abrechnen will. Dies bringt er beispielsweise durch eine nach Bauende als „Rechnung betr. Auftrag vom …" erteilte Aufstellung hinreichend zum Ausdruck. **86**

Praxistipp:

▶ *Bei Vorlage einer prüfbaren und steuerrechtlich ordnungsgemäßen Schlussrechnung ist auch bei einem nachfolgenden Vergleich mit einem geänderten Schlusszahlungsbetrag keine neue Schlussrechnung zu erstellen*[13].

5. Fälligkeit der Schlusszahlung (Abs. 3 Nr. 1 Satz 1)

Der Anspruch auf die Schlusszahlung wird nach § 16 Abs. 3 Nr. 1 Satz 1 VOB/B alsbald nach Prüfung und Feststellung der vom Auftragnehmer vorgelegten Schlussrechnung fällig, **spätestens innerhalb von 30 Tagen** nach Zugang. Die Frist verlängert sich auf **höchstens 60 Tage**, wenn sie aufgrund der besonderen Natur oder Merkmale der Vereinbarung sachlich gerechtfertigt ist und ausdrücklich vereinbart wurde. **87**

Nach der Regelung, die bis zum Inkrafttreten der VOB 2012 am 19.7.2012 galt, wurde der Anspruch auf Schlusszahlung spätestens innerhalb von zwei Monaten fällig, sodass mit der Neuregelung eine Verkürzung der Fälligkeitsfrist verbunden ist, wenn zwischen den Vertragspartnern keine Fristverlängerung vereinbart wird.

VOB bis 19.7.2012	VOB ab 19.7.2012
spätestens innerhalb von 2 Monaten	**spätestens** innerhalb von 30, höchstens 60 Tagen

Anders als Abschlagsrechnungen wird die Schlussrechnung „spätestens mit Fristablauf" und nicht erst „mit Fristablauf" fällig. Dies bedeutet, dass der Auftragnehmer die Zahlung des

13 OLG Dresden, Beschluss vom 27.10.2008 – 11 U 1102/08 – IBRRS 66680.

Werklohns bereits vor Fristablauf verlangen kann, wenn die Schlussrechnung durch den Auftraggeber vorfristig geprüft und festgestellt wurde.

a. Zugang der Schlussrechnung

88 Der Zugang der Schlussrechnung setzt voraus, dass sie in den sog. Herrschaftsbereich des Auftraggebers gelangt ist, er also unter normalen Umständen von ihr Kenntnis erlangen kann. Dies ist beispielsweise der Fall, wenn ihm die Schlussrechnung unmittelbar vom Auftragnehmer übergeben, in den Briefkasten eingeworfen oder per Telefax zugesandt wird.

89 Für die Fristberechnung gelten wie bei Abschlagsrechnungen die §§ 186 ff. BGB. Ist danach für den Anfang der Frist ein Ereignis, wie hier der Zugang der Schlussrechnung, maßgebend, so wird dieser Tag nicht mitgerechnet und erst vom nächsten Tag an gezählt. Das Ende der Frist fällt auf deren letzten Tag. Endet die Frist allerdings an einem Sonnabend, Sonn- oder staatlich anerkannten Feiertag, so tritt an die Stelle dieses Tages der nächste Werktag. Sonnabende, die innerhalb der Frist liegen, werden mitgerechnet (siehe hierzu auch die Beispielfälle unter Rn. 35 ff.).

b. Prüffrist

90 Die jeweiligen Prüffristen gelten unabhängig davon, ob der Auftraggeber die Schlussrechnung tatsächlich geprüft und festgestellt hat. Der Anspruch auf Schlusszahlung wird daher grundsätzlich je nach Vereinbarung nach 30 bzw. 60 Tagen fällig. Werden Prüfung und Feststellung allerdings vor Fristablauf abgeschlossen, tritt die Fälligkeit ein und der Auftraggeber ist verpflichtet, die Schlusszahlung zu leisten. Der Auftraggeber kann sich in diesem Fall nicht auf die jeweiligen Fristen berufen.

c. Verlängerung der Prüffrist von 30 auf 60 Tage

91 Der Anspruch auf die Schlusszahlung wird nach § 16 Abs. 3 Nr. 1 Satz 1 VOB/B alsbald nach Prüfung und Feststellung der vom Auftragnehmer vorgelegten Schlussrechnung fällig, spätestens innerhalb von 30 Tagen nach Zugang. Die Frist verlängert sich auf höchstens 60 Tage,

- wenn sie aufgrund der besonderen Natur oder Merkmale der Vereinbarung sachlich gerechtfertigt ist und
- ausdrücklich vereinbart wurde.

92 Eine Verlängerung der Frist aufgrund der besonderen Natur und Merkmale der Vereinbarung kommt in folgenden Fällen in Betracht, wobei stets die Umstände des Einzelfalls zu berücksichtigen sind. Es reicht aus, wenn zumindest einer der nachstehenden Gründe vorliegt:

93 ***Beispielsfälle:***

Bauzeit von mehr als 12 Monaten

Großbauvorhaben und Bauvorhaben ab einer geschätzten Auftragssumme von 500.000,00 €

umfangreiches Leistungsverzeichnis

umfangreiche Teilleistungen

umfangreiche Prüfung der Leistungserbringung (schwierige Prüfunterlagen, zahlreiche Aufmaße)

94 Für die ausdrückliche Vereinbarung der Fristverlängerung zwischen den Vertragspartnern bietet sich die folgende einfache Formulierung an:

Formulierungsvorschlag:

Die Frist für die Prüfung und Feststellung der Schlusszahlung nach § 16 Abs. 3 Nr. 1 VOB/B wird einvernehmlich von 30 auf 60 Tage verlängert.

d. Weitere Verlängerung der Prüffrist

Erfordert der Umfang der abgerechneten Baumaßnahme einen so großen Aufwand, dass die 95
Rechnungsprüfung auch innerhalb der Frist von 60 Tagen **objektiv** nicht möglich ist, führte dies bei der bis zum 19.7.2012 geltenden Regelung zu einer angemessenen Verlängerung und damit zum Hinausschieben der Fälligkeit bis zum Abschluss der Prüfung und Feststellung. Dieser Grundsatz wird auf die Neuregelung der VOB/B nicht übertragen werden können, da nunmehr ausdrücklich die Möglichkeit einer Verlängerung der Prüffrist von 30 auf 60 Tage und keine weitere Verlängerung vorgesehen ist.

Praxistipp: 96

Für die Praxis empfiehlt sich, die Frist von 60 Tagen durch individuelle Vereinbarung mit dem Auftragnehmer vor oder während des Bauablaufes zu verlängern.

Die weitere Verlängerung der Frist ist nach dem im Werkvertragsrecht geltenden Grundsatz der Vertragsfreiheit ohne Weiteres möglich, führt allerdings dazu, dass von den Regelungen der VOB/B abgewichen hat und diese damit der Inhaltskontrolle durch die Gerichte unterliegen. Zu beachten ist weiter, dass die Verlängerung der Frist durch Allgemeine Geschäftsbedingungen des Auftraggebers gleichfalls einer Inhaltskontrolle unterliegt und dieser nicht standhalten wird. Es ist daher eine individualvertragliche Vereinbarung mit dem Auftragnehmer zu schließen.

Parallel dazu und vor allem, wenn eine Vereinbarung mit dem Auftragnehmer nicht zustande kommen sollte oder das Risiko einer Inhaltskontrolle nicht eingegangen werden soll, empfiehlt sich die Prüfung, ob der Auftraggeber an der Zahlung durch eine von ihm nicht zu vertretende Ungewissheit über das Bestehen und den Umfang der gesicherten Forderung gehindert ist (siehe Rn. 164 ff.).

Sollten auch diesbezüglich keine Anhaltspunkte vorliegen, wird zur Vermeidung von Zinsforderungen des Auftragnehmers zumindest die anteilige Zahlung des unbestrittenen Guthabens als Abschlagszahlung in Betracht zu ziehen sein.

e. Zeitpunkt der Zahlung

Für die Einhaltung der Frist kommt es schließlich auf den Zeitpunkt der Zahlung an. Haben die 97
Vertragspartner hierzu keine gesonderte Vereinbarung getroffen, hat der Auftraggeber den geschuldeten Werklohn im Zweifel auf seine Gefahr und seine Kosten an den Wohnsitz des Auftragnehmers zu übermitteln (§ 270 BGB).

Der **Zeitpunkt der Zahlung** bestimmt sich entgegen früheren Auffassungen nicht nach dem Eingang des Überweisungsträgers oder der Bearbeitung der Überweisung durch die ausführende Bank des Auftraggebers. Nach der Rechtsprechung des Europäischen Gerichtshofs ist das Abstellen auf die Leistungshandlung der ausführenden Bank mit Art. 3 Abs. 1c Ziff. ii Zahlungsrichtlinie 00/35/EG unvereinbar und vielmehr auf die **Gutschrift des geschuldeten Betrages auf dem Konto des Auftragnehmers** abzustellen[14]. Für die Rechtzeitigkeit der Zahlung hat der Auftraggeber demnach bei der Überweisung des Werklohns die Bearbeitungsfristen der Banken zu beachten, wenn er Verzugszinsen wegen verspäteter Gutschrift auf dem Konto des Auftragnehmers vermeiden will.

Regelungen zu den Bearbeitungsfristen der Banken finden sich in dem im Jahre 2009 neu ge- 98
regelten Recht der sog. Zahlungsdienste in den §§ 675c bis 676c BGB.

Nach § 675s Abs. 1 BGB hat die Bank des Auftraggebers sicher zu stellen, dass der Zahlbetrag spätestens am Ende des auf den Zugangszeitpunkt des Zahlungsauftrages folgenden Geschäftstags bei der Bank des Auftragnehmers eingeht. Für Zahlungsvorgänge innerhalb des Europäischen Wirtschaftsraums, die *nicht* in Euro erfolgen, können Auftraggeber und Bank

14 EuGH, Urt. v. 3.4.2008 – RS. C–306/06 – IBR 2008, S. 254.

eine Frist von maximal vier Geschäftstagen vereinbaren. Für in Papierform ausgelöste Zahlungsvorgänge können die Fristen um einen weiteren Geschäftstag verlängert werden.

Die Bank des Auftragnehmers ist nach § 675t Abs. 1 BGB verpflichtet, dem Zahlungsempfänger den Zahlbetrag unverzüglich verfügbar zu machen, nachdem er auf dem Konto der Bank eingegangen ist, sodass der sog. Wertstellungszeitraum bei der Fristberechnung vernachlässigt werden kann.

99 Die unterschiedlichen Auffassungen zum richtigen Zahlungszeitpunkt besitzen seit der Neuregelung des sog. Rechts der Zahlungsdienste in den §§ 675c bis 676c BGB keine praktische Relevanz. Überweisungen in Euro werden innerhalb des Europäischen Wirtschaftsraums innerhalb eines Tages ausgeführt. Für Überweisungen in Fremdwährungen kann der Auftraggeber mit seiner Bank eine Ausführungsfrist von bis zu vier Tagen vereinbaren. Sollte eine diesbezügliche Vereinbarung geschlossen worden sein, muss dies zur Vermeidung von Nachteilen bei der Fristberechnung berücksichtigt werden.

Praxistipp:

Nach der Zahlungsrichtlinie 00/35/EG kann der Schuldner nicht für Verzögerungen verantwortlich gemacht werden, die ihm nicht zugerechnet werden können. Die Richtlinie schließt die Zahlung von Verzugszinsen für den Fall aus, in dem der Zahlungsverzug nicht die Folge des Verhaltens des Auftraggebers ist, der den üblicherweise für die Durchführung einer Banküberweisung erforderlichen Fristen sorgfältig Rechnung getragen hat.

f. Folgen der Nichtzahlung

100 Kommt der Auftraggeber seiner Zahlungsverpflichtung nicht nach, kann ihm der Auftragnehmer nach § 16 Abs. 5 Nr. 3 VOB/B eine angemessene Nachfrist setzen. Zahlt der Auftraggeber auch innerhalb der Nachfrist nicht, so hat der Auftragnehmer nach Ablauf der Nachfrist Anspruch auf Zinsen in Höhe der in § 288 Abs. 2 BGB angegebenen Zinssätze, wenn er nicht einen höheren Verzugsschaden nachweist.

Der Auftraggeber kommt, ohne dass es einer Nachfristsetzung bedarf, spätestens 30 Tage nach Zugang der Rechnung oder der Aufstellung der Abschlagszahlungen in Zahlungsverzug, wenn der Auftragnehmer seine vertraglichen und gesetzlichen Verpflichtungen erfüllt und den Entgeltbetrag nicht rechtzeitig erhalten hat, es sei denn, der Auftraggeber ist für den Zahlungsverzug nicht verantwortlich (siehe Rn. 164 ff.). Die Frist verlängert sich auf höchstens 60 Tage, wenn sie aufgrund der besonderen Natur oder Merkmale der Vereinbarung sachlich gerechtfertigt ist und ausdrücklich vereinbart wurde (siehe hierzu Rn. 77 ff.).

6. Einwendungen des Auftraggebers gegen die Prüfbarkeit

101 Nach § 16 Abs. 3 Nr. 1 Satz 2 VOB/B kann sich der Auftraggeber nicht mehr auf die fehlende Prüfbarkeit der Schlussrechnung berufen, wenn er die Einwendungen gegen die Prüfbarkeit unter Angabe der Gründe nicht bis zum Ablauf der jeweiligen Frist erhoben hat.

Hat der Auftraggeber die Schlussrechnung nicht geprüft oder deren fehlende Prüfbarkeit erst nach Ablauf der Prüffrist festgestellt, wird die Schlussrechnungsforderung gleichwohl fällig. Einwendungen gegen die Prüfbarkeit der Schlussrechnung sind nach Ablauf der Frist ausgeschlossen, sodass dem Auftraggeber nur die Möglichkeit verbleibt, sich inhaltlich mit der Rechnung auseinanderzusetzen. Einwendungen gegen die Schlussrechnung selbst können auch nach Ablauf der Frist vorgebracht werden, allein der Einwand der fehlenden Prüfbarkeit ist dem Auftraggeber verwehrt[15].

15 OLG Dresden, Urteil vom 2.7.2014 – 1 U 1915/13 – IBR 2016, S. 506.

Praxistipp: 102

▶ *Einwendungen gegen die Prüfbarkeit der Schlussrechnung sind vom Auftraggeber konkret darzulegen, damit der Auftragnehmer in die Lage versetzt wird, sich mit den Argumenten des Auftraggebers auseinanderzusetzen. Der alleinige Hinweis des Auftraggebers auf das Fehlen der Fälligkeitsvoraussetzungen reicht hierfür nicht aus, die Rüge wäre rechtsunwirksam[16].*

Der Auftraggeber kann dem Auftragnehmer nach Fristablauf nicht mehr entgegenhalten, dass die Rechnung **„nicht prüfbar"** ist, allerdings kann er die Zahlung verweigern, da der abgerechnete Umfang **„nicht nachgewiesen"**, die Rechnung „falsch" ist. Auch wenn der Auftraggeber keine Einwendungen gegen die Prüfbarkeit der Schlussrechnung erheben kann, bleibt der Auftragnehmer verpflichtet, den Umfang der von ihm erbrachten Leistungen nachzuweisen. 103

104

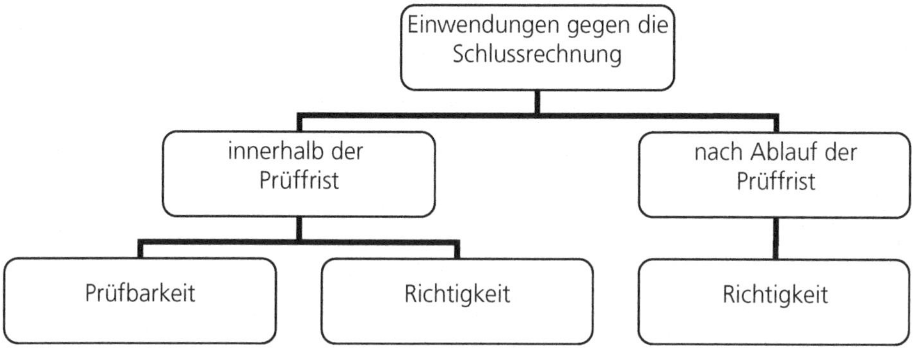

Abbildung 6: Einwendungen gegen die Schlussrechnung

An einer einmal eingetretenen Fälligkeit ändert sich schließlich nichts, wenn der Auftragnehmer weitere nicht prüfbare oder prüfbare Schlussrechnungen vorlegt. Dies ist vor allem für die Verjährung der Schlussrechnungsforderung von Bedeutung. Die erste prüfbare Schlussrechnung bestimmt den Fälligkeitszeitpunkt. Die dreijährige regelmäßige Verjährungsfrist nach § 195 BGB beginnt nach § 199 Abs. 1 BGB mit dem Schluss des Abrechnungsjahres. Legt der Auftragnehmer erst nach Ablauf der Verjährungsfrist weitere – ggf. prüfbare – Schlussrechnungen vor, kann vom Auftraggeber gleichwohl erfolgreich die Einrede der Verjährung erhoben werden[17]. 105

Praxistipp: 106

▶ *Hat der Auftraggeber die fehlende Prüfbarkeit der Schlussrechnung nicht gerügt, hat dies den Vorteil, dass für den Vergütungsanspruch des Auftragnehmers die Verjährung beginnt und der Auftraggeber außerdem der Gefahr entgeht, erst viele Jahre nach Abnahme eine Schlussrechnung zu erhalten. Ein weiterer Vorteil kann darin bestehen, die Gewährung von Modernisierungsumlagen oder anderen Zuwendungen zu sichern, wenn die Schlussrechnung hierfür eine Voraussetzung sein sollte. Nachteilig wirkt sich aus, dass dem Auftraggeber eine Verteidigungsmöglichkeit – die fehlende Prüffähigkeit – genommen ist.*

16 OLG Brandenburg, Urteil vom 25.1.2012 – 4 U 7/10 – NZBau 2012, S. 292.
17 BGH, Urteil vom 27.1.2011 – VII ZR 41/10 – NJW-Spezial 2011, S. 140.

7. Anspruch auf Zahlung des unbestrittenen Guthabens (Abs. 3 Nr. 1 Sätze 3 und 4)

107 Nach § 16 Abs. 3 Nr. 1 Satz 3 VOB/B ist die Prüfung der Schlussrechnung nach Möglichkeit zu beschleunigen. Verzögert sie sich, ist das unbestrittene Guthaben sofort zu zahlen.

108 In der Praxis kommt dieser Vorschrift keine große Bedeutung zu, da sich ein unbestrittenes Guthaben vor Abschluss der Rechnungsprüfung durch den Auftraggeber nur sehr schwer ermitteln lässt. Lässt sich dieses Guthaben nicht eindeutig feststellen, besteht kein Zahlungsanspruch. Hat der Auftraggeber allerdings tatsächlich ein Guthaben festgestellt, setzt er sich Zinsansprüchen des Auftragnehmers aus, wenn er die Auszahlung verweigert[18].

109 Bei einem Guthaben handelt es sich um einen Rechnungssaldo, der sich aus der Verrechnung der in die Schlussrechnung eingestellten Positionen mit bereits geleisteten Abschlags-, Voraus- oder Teilschlusszahlungen sowie ggf. geltend gemachten Gegenforderungen des Auftraggebers wegen Vertragsstrafe, Mängeln oder Schadensersatz ergibt. Ein Guthaben ist daher noch nicht vorhanden, wenn lediglich einzelne Positionen der Schlussrechnung unstreitig sind, da sich das „unbestrittene Guthaben" erst aus der Gesamtschau aller wechselseitigen Forderungen und Zahlungen ergibt. Ein Anspruch auf Bezahlung einzelner Rechnungspositionen ergibt sich aus § 16 Abs. 3 Nr. 1 Satz 4 VOB/B nicht.

8. Weitere Folgen der Schlussrechnungsprüfung durch den Auftraggeber

110 Allein mit der Übersendung der geprüften Schlussrechnung an den Auftragnehmer erkennt der Auftraggeber dessen Forderungen nicht an. Nach der Rechtsprechung des Bundesgerichtshofes und des Oberlandesgerichts Düsseldorf stellt die Prüfung der Schlussrechnung durch den Auftraggeber kein Anerkenntnis der durch ihn geprüften und vom Auftragnehmer geltend gemachten Forderungen dar[19].

111 Wenn der Auftraggeber in einzelnen Positionen einer Schlussrechnung Kürzungen vornimmt, bedeutet dies nicht, dass die anderen Positionen und die gekürzten Positionen in nicht gekürztem Umfang anerkannt sind.

Praxistipp:

Achtung! Wenn die Vertragspartner in einer Verhandlung über streitige Nachträge eine Einigung über die Höhe der zu zahlenden Vergütung erzielen, stellt dies regelmäßig ein sog. kausales Schuldanerkenntnis dar[20]. Der Auftraggeber kann im Nachgang nicht mehr argumentieren, dass er die Forderungen des Auftragnehmers nicht anerkennen wollte[21].

II. Vorbehaltlose Annahme der Schlusszahlung (Abs. 3 Nr. 2)

112 Die vorbehaltlose Annahme der Schlusszahlung schließt nach § 16 Abs. 3 Nr. 2 VOB/B Nachforderungen des Auftragnehmers aus, wenn er über die Schlusszahlung schriftlich unterrichtet und auf die Ausschlusswirkung hingewiesen wurde.

113 Mit der vorbehaltlosen Annahme der Schlusszahlung können die Werklohnansprüche des Auftragnehmers allein aus formalen Gründen – auch gerichtlich – **nicht mehr durchgesetzt werden**, wenn sich der Auftraggeber auf die Ausschlusswirkung beruft. Beruft er sich hingegen nicht auf die Ausschlusswirkung, kann der Auftragnehmer seine Nachforderungen weiterhin geltend machen. Der Auftraggeber hat allerdings die Möglichkeit, auch noch im Gerichtsverfahren die sog. Einrede der vorbehaltlosen Schlusszahlung zu erheben, sodass der Auftragnehmer den Prozess allein aus diesem Grunde verlieren kann.

18 Bolz, IBR 2017, S. 10 m.w.N.
19 OLG Düsseldorf, Urteil vom 22.8.2014 – 22 U 7/14 – IBR 2015, S. 117.
20 Heiliger, IBR 2015, S. 242.
21 OLG Düsseldorf, Urteil vom 22.8.2014 – 22 U 7/14 – IBR 2015, S. 117.

In bestimmten Fällen kann sich der Auftraggeber nicht auf die Einrede der vorbehaltlosen Schlusszahlung berufen: 114

- Auftraggeber hat ausdrücklich auf sein Einrederecht verzichtet.
- Der Auftraggeber hat auf die sog. Einrede der Verjährung verzichtet. Es ist davon auszugehen, dass ein Verzicht auf die Einrede der Verjährung zugleich einen Verzicht auf die Einrede der vorbehaltlosen Annahme der Schlusszahlung beinhaltet.
- Auftragnehmer hat die Eintragung einer Bauhandwerkersicherungshypothek nach § 648 BGB veranlasst. Die Interessenlage entspricht der bei Abschluss eines Vergleichs.

Praxistipp: 115

Auch wenn sich die Vertragspartner im Rahmen von Vergleichsverhandlungen auf die „Schlusszahlung" verständigt haben, kann sich der Auftraggeber nicht mehr auf die Einrede der vorbehaltlosen Schlusszahlung berufen, da die besondere vertragliche Abrechnungsvereinbarung der allgemeinen VOB/B- Regelung vorgeht. Allerdings ist auf Grund der individualvertraglichen Regelung im Zweifel davon auszugehen, dass hiermit sämtliche Werklohnforderungen aus dem Bauvertrag abgegolten sind. Im Ergebnis sind Nachforderungen des Auftragnehmers somit auch bei Abschluss eines Vergleichs ausgeschlossen.

Hat der Auftraggeber die Einrede wirksam erhoben und sind danach Nachforderungen ausgeschlossen, kann der Auftragnehmer diese nur noch im Wege der Aufrechnung entsprechend § 215 BGB geltend machen. Begehrt beispielsweise der Auftraggeber die Rückzahlung anteiligen Werklohns wegen Überzahlung, kann der Auftragnehmer mit Nachforderungen aufrechnen, auch wenn er diese nicht mehr gesondert durchsetzen kann. Voraussetzung ist jedoch, dass sich die Forderungen zu irgendeiner Zeit einredefrei, das heißt aufrechenbar gegenübergestanden haben, also die Nachforderung des Auftragnehmers schon in der Schlussrechnung hätte enthalten sein können. 116

1. Umfang der Ausschlusswirkung

Die Ausschlusswirkung erfasst **sämtliche Nachforderungen** des Auftragnehmers aus dem Bauvertrag, und zwar unabhängig davon, ob der Auftragnehmer sie mit der Schlussrechnung geltend gemacht hat. Weiterhin kommt es nicht darauf an, ob die Forderungen des Auftragnehmers oder die Kürzung durch den Auftraggeber berechtigt ist. Unberücksichtigt bleibt auch, ob der Auftragnehmer die Frist zur Erklärung eines Vorbehaltes nach § 16 Abs. 3 Nr. 5 VOB/B verschuldet oder unverschuldet überschritten hat. 117

Praxistipp: 118

Von der Ausschlusswirkung werden insbesondere erfasst:

- *Werklohnforderungen für die eigentlichen vertraglichen Leistungen*
- *Forderungen wegen Mengenmehrungen (§ 2 Abs. 3 VOB/B), geänderten Leistungen (§ 2 Abs. 5 VOB/B), zusätzlichen Leistungen (§ 2 Abs. 6 VOB/B) und nachträglich anerkannten Leistungen (§ 2 Abs. 8 VOB/B)*
- *Schadensersatzforderungen aus Behinderungen und gestörtem Bauablauf (§ 6 Abs. 6 VOB/B)*
- *Entschädigungsforderungen (§ 642 BGB)*
- *Schadensersatzforderungen wegen vertraglicher Pflichtverletzungen*
- *Zinsforderungen*

Ausgenommen von der Ausschlusswirkung ist hingegen der Sicherheitseinbehalt, wenn er bei der Schlusszahlung zugunsten des Auftragnehmers berücksichtigt wurde. Des Weiteren greift die Ausschlusswirkung nicht, wenn dem Auftragnehmer bei der Erstellung der Schlussrech- 119 nung lediglich ein Aufmaß-, Rechen- oder Übertragungsfehler unterlaufen ist (§ 16 Abs. 3 Nr. 6 VOB/B).

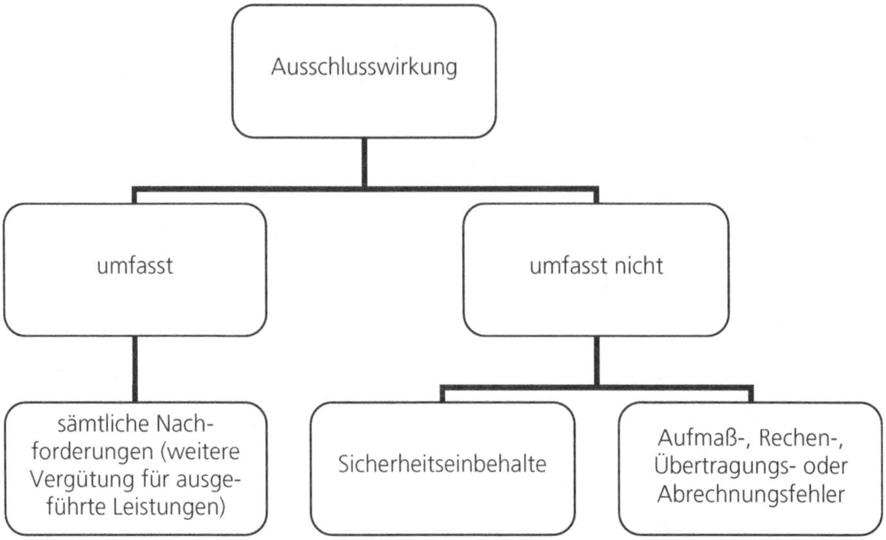

Abbildung 7: Ausschlusswirkung

120 Von der Ausschlusswirkung werden schließlich auch die Fälle nicht erfasst, in denen der Auftragnehmer versehentlich eine früher gestellte, vom Auftraggeber anerkannte, aber nicht bezahlte Abschlagsrechnung in der Schlussrechnung als bereits bezahlt ausgewiesen hat. Verlangt der Auftragnehmer nach Erkennen seines Versehens die Zahlung des ausstehenden Betrages, handelt es sich um keine Nachforderung i.S.d. § 16 Abs. 3 Nr. 2 VOB/B, da der Auftragnehmer keine weitere Vergütung für die von ihm ausgeführten Bauleistungen geltend macht, die nicht schon in der Schlussrechnung enthalten ist. Der Auftragnehmer hat weder übersehen, seine Leistungen in die Schlussrechnung aufzunehmen, noch verlangt er die Erhöhung der in die Schlussrechnung eingestellten Rechnungsbeträge[22].

2. Schlusszahlungserklärung und Hinweis auf die Ausschlusswirkung

121 Der Ausschluss der Nachforderungen setzt neben der vorbehaltlosen Annahme der Schlusszahlung nach § 16 Abs. 3 Nr. 2 VOB/B weiterhin voraus, dass der Auftragnehmer über die Schlusszahlung schriftlich unterrichtet und auf die Ausschlusswirkung hingewiesen wurde.

Abbildung 8: Voraussetzungen der Ausschlusswirkung

22 BGH, Urteil vom 6.5.1985 – VII ZR 190/84 – BauR 1985, S. 458.

Beide Erklärungen können vor, mit oder nach der Schlusszahlung abgegeben werden. Sie müssen unmissverständlich und ohne Einschränkungen erfolgen. Die Schlusszahlungshinweise können beispielsweise mit dem zur Bezahlung übersandten Scheck erfolgen, auch wenn der Scheck mittels Perforation aus dem Schreiben mit den Hinweisen herauszutrennen ist. § 16 Abs. 3 Nr. 2 VOB/B setzt nicht voraus, dass die vom Auftraggeber zu gebenden Hinweise und der zur Bezahlung übersandte Scheck im Zeitpunkt der Übersendung getrennt sind[23]. 122

Der *bloße Hinweis* auf einem Überweisungsträger *auf die Bestimmungen des § 16 Abs. 3 Nr. 2 VOB/B* genügt diesen Anforderungen hingegen nicht. Wegen der weitreichenden Ausschlusswirkung sind Voraussetzungen und Folgen konkret mitzuteilen. Hierzu kann folgender Formulierungsvorschlag verwendet werden:

Formulierungsvorschlag für eine Schlusszahlungserklärung 123

[Absender]

[Anschrift]

[Datum]

Betr.: Ihre Schlussrechnung vom ...
Schlusszahlung nach § 16 Abs. 3 VOB/B

Sehr geehrte Damen und Herren,

bei der Prüfung Ihrer Schlussrechnung vom ... haben wir festgestellt, dass Sie bereits überzahlt sind, weitergehende Zahlungen werden daher nicht erfolgen. Die Einzelheiten können Sie der beiliegenden Rechnungsprüfung entnehmen.

Auf die Ausschlusswirkung nach § 16 Abs. 3 VOB/B weisen wir hin. Sie tritt ein, wenn Sie nicht innerhalb von 24 Werktagen nach Zugang dieses Schreibens einen Vorbehalt erklären. Sollten Sie nicht innerhalb von weiteren 24 Werktagen eine prüfbare Rechnung über die vorbehaltene Forderung vorlegen oder den Vorbehalt eingehend begründen, so wird der Vorbehalt hinfällig.

Mit freundlichen Grüßen

Unterschrift

Praxistipp: 124

Wenn die Schlussrechnung vom Auftraggeber ein zweites Mal geprüft und korrigiert wird, muss der Auftraggeber den einmal erteilten Hinweis auf die Schlusszahlungswirkung nicht wiederholen. Die Schlusszahlungserklärung und die Belehrung gemäß § 16 Abs. 3 Nr. 2 VOB/B können getrennt erfolgen, wenn mit der zweiten Rechnungsprüfung lediglich die Freigabe eines Einbehalts, z.B. wegen inzwischen vorgelegter Revisionsunterlagen, erfolgt oder ein Rechenfehler korrigiert wird[24].

III. Schlusszahlungen gleichgestellte Fälle (Abs. 3 Nr. 3)

Einer Schlusszahlung steht nach § 16 Abs. 3 Nr. 3 VOB/B gleich, wenn der Auftraggeber **unter Hinweis auf geleistete Zahlungen weitere Zahlungen endgültig und schriftlich ablehnt**. 125

Wesentliche Voraussetzung hierfür ist, dass die Erklärung des Auftraggebers **nach** Vorlage der Schlussrechnung durch den Auftragnehmer oder deren Erstellung durch den Auftraggeber nach § 14 Abs. 4 VOB/B erfolgt. Einer vor Schlussrechnungslegung erklärten Zahlungsverweigerung kommt die Schlusszahlungswirkung nicht zu. 126

23 OLG Stuttgart, Urteil vom 8.4.2014 – 10 U 126/13 – IBR 2014, S. 532.
24 OLG Oldenburg, Urteil vom 14.5.2014 – 3 U 83/13 – IBR 2014, S. 398.

127 Die Erklärung des Auftraggebers muss weiterhin **eindeutig und zweifelsfrei** sein. Die alleinige Geltendmachung eines Zurückbehaltungsrechts wegen Mängeln genügt den Anforderungen beispielsweise nicht, da daraus nicht hervorgeht, ob der Auftraggeber die Zahlung endgültig oder nur bis zur Mängelbeseitigung verweigert.

128 Für die Ausschlusswirkung kommt es hingegen nicht darauf an, ob der Auftraggeber berechtigt ist, die Zahlung zu verweigern. Auch eine Begründung ist nicht erforderlich, hierfür genügt allein der Hinweis auf bereits geleistete Zahlungen, eine Überzahlung oder Aufrechnung.

IV. Ausschluss früher gestellter, unerledigter Forderungen (Abs. 3 Nr. 4)

129 Nach § 16 Abs. 3 Nr. 4 VOB/B werden mit der Schlusszahlung auch früher gestellte, aber unerledigte Forderungen des Auftragnehmers ausgeschlossen, wenn sie nicht nochmals vorbehalten werden. Zu beachten ist, dass von dieser Regelung nicht sämtliche Forderungen des Auftragnehmers, sondern nur Nachforderungen i.S.d. § 16 Abs. 3 Nr. 2 VOB/B ausgeschlossen werden (siehe hierzu auch Rn. 96 ff.). Für andere Forderungen muss daher kein Vorbehalt erklärt werden.

130 ***Praxistipp:***

In bestimmten – eng auszulegenden – Einzelfällen kann ein vom Auftragnehmer ausdrücklich erklärter Vorbehalt ausnahmsweise entbehrlich sein:

- *Auftragnehmer fordert nach Schlusszahlung unmissverständlich weitere Zahlungen*
- *Auftragnehmer leitet dem Auftraggeber den Entwurf einer Werklohnklage zu*
- *Auftragnehmer beantragt Erlass eines Mahnbescheids bzw. erhebt Klage*
- *Auftragnehmer erklärt im laufenden Gerichtsverfahren die Aufrechnung mit der umstrittenen Forderung*

V. Vorbehalt des Auftragnehmers gegen die Schlusszahlung (Abs. 3 Nr. 5)

1. Vorbehaltserklärung (Abs. 3 Nr. 5 Satz 1)

131 Der Vorbehalt gegen die Schlusszahlung ist nach § 16 Abs. 3 Nr. 5 VOB/B innerhalb von 28 Tagen nach Zugang der Mitteilung nach den Absätzen 2 und 3 über die Schlusszahlung zu erklären.

Nach der Regelung, die bis zum Inkrafttreten der VOB 2012 am 19.7.2012 galt, mussten Vorbehalte binnen von 24 Werktagen erklärt werden, sodass sich mit der Neuregelung keine Änderungen ergeben haben, da es sich bei Tagen im Sinne des neuen § 16 Abs. 3 Nr. 5 Satz 1 um Kalendertage handelt.

VOB bis 19.7.2012	VOB ab 19.7.2012
24 Werktage	28 Kalendertage

132 Der **Zugang** der Mitteilung setzt voraus, dass sie in den sog. Herrschaftsbereich des Auftraggebers gelangt ist, er also unter normalen Umständen von ihr Kenntnis erlangen kann. Dies ist beispielsweise der Fall, wenn ihm die Mitteilung unmittelbar vom Auftragnehmer übergeben, in den Briefkasten eingeworfen oder per Telefax zugesandt wird.

133 Für die **Fristberechnung** gelten die §§ 186 ff. BGB. Ist danach für den Anfang einer Frist ein Ereignis, wie hier der Zugang der Mitteilung, maßgebend, so wird dieser Tag nicht mitgerechnet und erst vom nächsten Tag an gezählt. Das Ende der Frist fällt auf deren letzten Tag. Endet die Frist allerdings an einem Sonnabend, Sonn- oder staatlich anerkannten Feiertag, so tritt

an die Stelle dieses Tages der nächste Werktag. Sonnabende, die innerhalb der Frist liegen, werden mitgerechnet (siehe hierzu auch die Beispielfälle unter Rn. 31 ff.).

Adressat der Vorbehaltserklärung ist der Auftraggeber bzw. der von ihm mit der Abrechnung des Bauvorhabens beauftragte Architekt oder Bauingenieur. Die Erklärung kann aber auch ohne gesonderte Beauftragung gegenüber dem Architekten oder Bauingenieur abgegeben werden, wenn diese mit Duldung des Auftraggebers ständige Anlaufstelle des Auftragnehmers waren. 134

Hinsichtlich der **Form** werden an die Vorbehaltserklärung keine strengen Anforderungen gestellt, sie kann daher mündlich, schriftlich, telefonisch, per E-Mail oder per Telefax erfolgen. Zur Vermeidung von Beweisschwierigkeiten sollte die Schriftform gewählt werden. 135

Die **Bezeichnung** der Erklärung als „Vorbehaltserklärung" ist nicht erforderlich, wesentlich ist hingegen, dass der Auftragnehmer unmissverständlich und klar zu verstehen gibt, dass er die Schlusszahlung nicht gegen sich gelten lassen will. 136

Dies kann beispielsweise wie folgt geschehen:

- Auftragnehmer erklärt, dass er vorbehaltlich einer näheren Prüfung an seiner Forderung festhält
- Auftragnehmer fordert nach Eingang der Schlusszahlung ausdrücklich weitere Zahlungen
- Auftragnehmer erklärt, dass er auf vollständiger Bezahlung seiner Schlussrechnung besteht
- Auftragnehmer reicht die Unterlagen des Auftraggebers zur Rechnungsprüfung zurück, fordert die Bezahlung seiner Rechnung und macht Verzugszinsen geltend
- Auftragnehmer beantragt Erlass eines Mahnbescheides bzw. erhebt Klage

Folgende Erklärungen können **nicht als „Vorbehaltserklärungen"** verstanden werden: 137

- bloße Bitte des Auftragnehmers um Überprüfung der Schlusszahlung
- bloße Bitte des Auftragnehmers um Überprüfung der Rechnungsprüfung, ohne die im Einzelnen vom Auftraggeber aufgeführten Gegenforderungen zu bestreiten.

2. Vorbehaltsbegründung (Abs. 3 Nr. 5 Satz 2)

Nach § 16 Abs. 3 Nr. 5 Satz 2 VOB/B wird der vom Auftragnehmer erklärte Vorbehalt hinfällig, wenn nicht innerhalb von weiteren 28 Tagen – beginnend am Tag nach Ablauf der in Satz 1 genannten 28 Tage – eine prüfbare Rechnung über die vorbehaltenen Forderungen eingereicht oder, wenn das nicht möglich ist, der Vorbehalt eingehend begründet wird. 138

Nach der Regelung, die bis zum Inkrafttreten der VOB 2012 am 19.7.2012 galt, war hierfür eine Frist von 24 Werktagen vorgesehen, sodass sich mit der Neuregelung keine Änderungen ergeben haben, da es sich bei Tagen im Sinne des neuen § 16 Abs. 3 Nr. 5 Satz 2 um Kalendertage handelt.

VOB bis 19.7.2012	VOB ab 19.7.2012
24 Werktage	28 Kalendertage

Hinsichtlich der **Fristberechnung** gelten die Ausführungen zu § 16 Abs. 3 Nr. 5 Satz 1 VOB/B (vgl. Rn. 116), wobei zu beachten ist, dass die Begründungsfrist nach Satz 2 an die Erklärungsfrist nach Satz 1 und nicht an den Eingang des Vorbehalts beim Auftraggeber anknüpft, sodass dem Auftragnehmer **insgesamt 56 Tage für die Begründung** zur Verfügung stehen. 139

Die neue Rechnung über die vorbehaltenen Forderungen muss prüfbar sein, mithin den Bestimmungen des § 14 VOB/B genügen. Ist der Auftragnehmer – beispielsweise auf Grund des Umfangs – nicht in der Lage, die neue Rechnung fristgemäß einzureichen, verbleibt ihm die 140

Möglichkeit, den Vorbehalt eingehend und ausführlich zu begründen. An die Begründung werden keine übertriebenen Anforderungen gestellt, im Einzelfall kann sie sogar ganz entfallen, sodass der Vorbehaltsbegründung in der Praxis keine große Bedeutung zukommt. Eine Begründung ist insbesondere in folgenden Fällen entbehrlich:

- Auftraggeber ist bereits hinreichend über die Gründe des Auftragnehmers unterrichtet, sodass eine Begründung bloßer Formalismus wäre.
- Begründung ergibt sich eindeutig aus der prüfbaren Schlussrechnung des Auftragnehmers, sodass die Schlussrechnung lediglich abgeschrieben werden müsste.

141 Sollte zweifelhaft sein, ob es einer Begründung bedarf, sollte der Auftragnehmer zur Aufrechterhaltung seines Vorbehalts eine neue prüfbare Rechnung einreichen bzw. den Vorbehalt begründen.

VI. Richtigstellung wegen Aufmaß-, Rechen- und Übertragungsfehlern (Abs. 3 Nr. 6)

142 Die Ausschlussfristen gelten nach § 16 Abs. 3 Nr. 6 VOB/B nicht für ein Verlangen nach Richtigstellung der Schlussrechnung und -zahlung wegen Aufmaß-, Rechen- und Übertragungsfehlern, wobei es nicht darauf ankommt, ob der Fehler dem Auftraggeber oder dem Auftragnehmer unterlaufen ist.

VII. Kein Anspruch auf Vergütung von Nachtragsforderungen nach Abnahme

143 Nach einer Entscheidung des Oberlandesgerichts Dresden besteht kein Anspruch auf zusätzliche Vergütung, wenn der Auftragnehmer bis zur Abnahme keinen Nachtrag gestellt hat.

Das Gericht führt in seiner Urteilsbegründung aus, dass im Rahmen der Auslegung des Vertragsinhaltes auch das nachvertragliche Verhalten des Auftragnehmers berücksichtigt werden müsse. Wenn der Auftragnehmer im Zeitpunkt der Bauausführung keine Behinderungsanzeige stellt oder keinen Nachtrag ankündigt, bringe er damit zum Ausdruck, dass die Leistung bereits vertraglich geschuldet sei[25].

Gegen die Entscheidung des Oberlandesgerichts wird in der Literatur eingewandt, dass das Verlangen nach Preisanpassung in der VOB/B – abgesehen von der Regelung in § 2 Abs. 6 VOB/B – zeitlich nicht begrenzt sei bzw. nicht zum Anspruchsverlust führe. § 16 VOB/B enthalte keine Ausschlussfrist, sodass Nachträge auch noch in der Schlussrechnung geltend gemacht werden könnten[26].

Im Ergebnis ist der Auffassung des Oberlandesgerichts zuzustimmen. Entsprechend den allgemein anerkannten Grundsätzen der Verwirkung erweckt ein Auftragnehmer das Vertrauen, dass er keine Nachtragsforderungen geltend machen wird, wenn er bis zur Abnahme weder eine Behinderungsanzeige gestellt noch einen Nachtrag angekündigt hat. Der Auftraggeber darf sich auf das durch den Auftragnehmer gesetzte Vertrauen berufen und die späte Nachtragsforderung als unberechtigt zurückweisen.

VIII. Rückforderung überzahlten Werklohns

144 Der Auftraggeber hat gegen den Auftragnehmer einen vertraglichen Rückzahlungsanspruch, wenn er bei der Schlussrechnungsprüfung feststellen sollte, dass der Auftragnehmer durch Voraus- und Abschlagszahlungen bereits zu viel Werklohn erhalten hat[27].

---

25 OLG Dresden, Urteil vom 31.8.2011 – 1 U 1682/10 – BeckRS 2011, 27579.
26 Bolz, IBR 2012, S. 70; so auch OLG Brandenburg, Urteil vom 14.12.2011 – 4 U 113/10 – IBR 2012, S. 71.
27 Rohrmüller, IBR 2011, S. 318; BGH, Urteil vom 22.11.2007 – ZR 130/06 – IBR 2008, S. 98.

Formulierungsvorschlag:

Betr.: Ihre Schlussrechnung vom …

Schlusszahlung nach § 16 Abs. 3 VOB/B

Sehr geehrte Damen und Herren,

bei der Prüfung Ihrer Schlussrechnung vom … haben wir festgestellt, dass Sie bereits überzahlt sind. Weitere Zahlungen werden daher nicht erfolgen.

Wir fordern Sie auf, den überzahlten Betrag in Höhe von … bis zum … auf unser Konto bei …, BLZ …, Kontonummer … zu überweisen. Die Einzelheiten können Sie der beiliegenden Rechnungsprüfung entnehmen.

Auf die Ausschlusswirkung nach § 16 Abs. 3 VOB/B weisen wir hin. Sie tritt ein, wenn Sie nicht innerhalb von 24 Werktagen nach Zugang dieses Schreibens einen Vorbehalt erklären. Sollten Sie nicht innerhalb von weiteren 24 Werktagen eine prüfbare Rechnung über die vorbehaltene Forderung vorlegen oder den Vorbehalt eingehend begründen, so wird der Vorbehalt hinfällig.

Mit freundlichen Grüßen

Nach der Schlusszahlung kann der Auftraggeber gegen den Auftragnehmer regelmäßig nur noch einen Bereicherungsanspruch und ggf. einen Schadensersatzanspruch geltend machen, wenn er sich bei der Schlusszahlung die vertragliche Rückforderung nicht vorbehalten haben sollte. Dies kann für den Auftraggeber nachteilig sein, wenn sich der Auftragnehmer beispielsweise auf den Wegfall der Bereicherung beruft. Um diesen Nachteil zu verhindern, sollten die Abrechnung und Schlusszahlung unter dem ausdrücklichen vertraglichen Vorbehalt der Rückforderung gestellt werden[28]. 145

Formulierungsvorschlag:

Betr.: Ihre Schlussrechnung vom …

Schlusszahlung nach § 16 Abs. 3 VOB/B

Sehr geehrte Damen und Herren,

bei der Prüfung Ihrer Schlussrechnung vom … haben wir festgestellt, dass Ihre Schlussrechnungsforderung nur in Höhe von … berechtigt ist. Wir werden nur diesen Betrag zur Anweisung bringen und darüber hinaus keine weiteren Zahlungen leisten. Die Einzelheiten bitten wir der beiliegenden Rechnungsprüfung zu entnehmen.

Auf die Ausschlusswirkung nach § 16 Abs. 3 VOB/B weisen wir hin. Sie tritt ein, wenn Sie nicht innerhalb von 24 Werktagen nach Zugang dieses Schreibens einen Vorbehalt erklären. Sollten Sie nicht innerhalb von weiteren 24 Werktagen eine prüfbare Rechnung über die vorbehaltene Forderung vorlegen oder den Vorbehalt eingehend begründen, so wird der Vorbehalt hinfällig.

Die Abrechnung und Schlusszahlung steht unter dem ausdrücklichen vertraglichen Vorbehalt der Rückforderung.

Mit freundlichen Grüßen

IX. Verjährung von Rückzahlungsansprüchen bei Überzahlungen von Schlussrechnungen

Der bereicherungsrechtliche Rückzahlungsanspruch wegen einer – erst nach der Schlusszahlung – festgestellten Überzahlung unterliegt wie der – bereits vor der Schlusszahlung – festgestellte vertragliche Rückzahlungsanspruch der Verjährung. Der Auftragnehmer hat die Mög- 146

28 Rohrmüller, IBR 2011, S. 318.

lichkeit, gegen die Rückzahlungsansprüche des Auftraggebers die Verjährungseinrede zu erheben. Die Verjährungsfrist beträgt nach § 195 BGB 3 Jahre.

Die Rechtslage zur Verjährung der beiden Ansprüche ist vergleichbar. Es wird daher hinsichtlich des bereicherungsrechtlichen Rückzahlungsanspruches auf die Ausführungen, Beispiele und Praxishinweise zur Verjährung des vertraglichen Rückzahlungsanspruches verwiesen (siehe Rn. 48 ff.).

X. Bindungswirkung der Schlussrechnung

147 Von der Ausschlusswirkung der Schluss*zahlung* ist die Bindungswirkung der Schluss*rechnung* zu unterscheiden. Die Schlussrechnung entfaltet – von den Fällen des § 16 Abs. 2 VOB/B abgesehen – **keine Bindungswirkung** zu Lasten des Auftragnehmers. Der Auftragnehmer kann daher auch nach Schlussrechnungslegung Forderungen geltend machen, die nicht in der Schlussrechnung aufgenommen wurden, aber in ihr hätten enthalten sein können[29]. Eine Bindungswirkung der Schlussrechnung kann der Auftraggeber nur über die Ausschlusswirkung der Schlusszahlung herbeiführen.

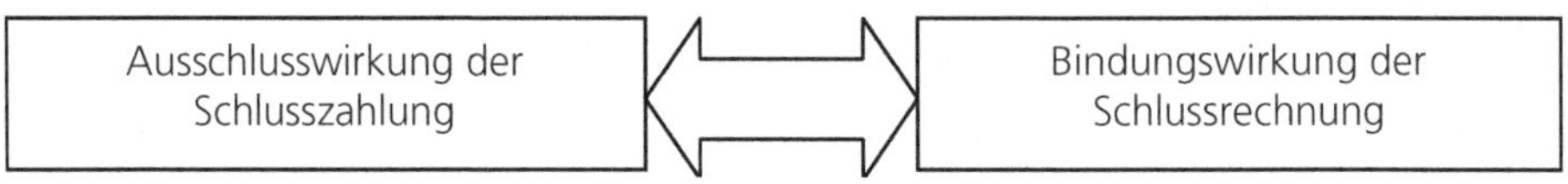

148 ***Praxistipp:***

Ansprüche des Auftragnehmers, die in der Schlussrechnung hätten geltend gemacht werden können, aber nicht geltend gemacht wurden, werden gemeinsam mit den in der Schlussrechnung enthaltenen Forderungen fällig und verjähren innerhalb der regelmäßigen Verjährungsfrist von drei Jahren[30]. Der Auftraggeber ist daher gut beraten, die Einrede der Verjährung zu prüfen und ggf. zu erheben.

XI. Inhaltskontrolle (§ 16 Abs. 3)

1. § 16 Abs. 3 Nr. 1 – Fälligkeit nach Zugang?

149 Die Regelung in § 16 Abs. 3 Nr. 1 VOB/B, wonach die Schlussrechnung innerhalb von zwei Monaten nach Zugang fällig wird, hält einer isolierten Inhaltskontrolle nicht stand, da der Auftragnehmer hierdurch in die Lage versetzt wird, den Fälligkeitszeitpunkt sowie den Verjährungsbeginn seiner Werklohnforderung einseitig hinauszuschieben, indem er vorerst keine Schlussrechnung legt.

Folge der Unwirksamkeit ist, dass es nach § 641 Abs. 1 BGB für die Fälligkeit der Schlussrechnung und damit auch für den Verjährungsbeginn auf den Abnahmezeitpunkt ankommt, vorausgesetzt, dass der Auftragnehmer sog. Verwender der Allgemeinen Geschäftsbedingungen ist – also die VOB/B in den Vertrag eingeführt hat – und sich der Auftraggeber auf die Unwirksamkeit beruft.

Wird die VOB/B hingegen einseitig durch den Auftraggeber gestellt oder haben sich die Vertragspartner einvernehmlich auf die Geltung der VOB/B verständigt, findet diese weiterhin Anwendung. Für Fälligkeit und Verjährungsbeginn kommt es dann auf die Schlussrechnungslegung und nicht auf die Abnahme an.

---

29 OLG Hamm, Urteil vom 21.2.2012 – 21 U 93/11 – IBR 2012, S. 253 f.
30 OLG Hamm, Urteil vom 21.2.2012 – 21 U 93/11 – IBR 2012, S. 253 f.

Praxistipp: 150

▶ *Wenn der Auftragnehmer Verwender der VOB/B ist, kann es für den Auftraggeber vorteilhaft sein, sich auf die Unwirksamkeit der Regelung zu berufen, wenn er den Lauf der Verjährung in Gang setzen möchte. Will er dagegen die Fälligkeit hinausschieben, wird er sich nicht auf die Unwirksamkeit berufen.*

151

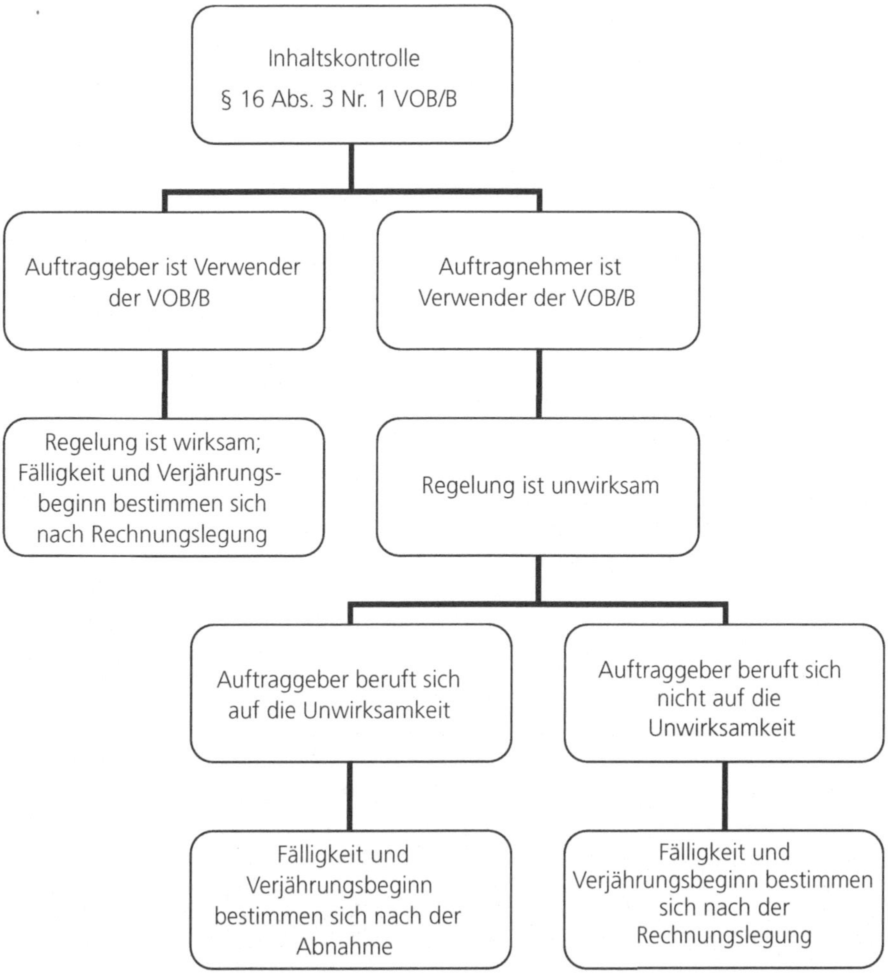

Abbildung 9: Inhaltskontrolle des Abs. 3 Nr. 1

2. § 16 Abs. 3 Nr. 1 VOB/B – Fälligkeitsfristen

Die zweimonatige Fälligkeitsfrist der Schlusszahlung sollte nach der Rechtsprechung des Oberlandesgerichts München zu lang und daher unwirksam sein[31]. Wird die VOB/B in einem vom Auftraggeber mehrfach verwendeten Vertragsmuster nicht als Ganzes vereinbart, unterliegen die Regelungen des Vertrags einer isolierten Inhaltskontrolle. § 16 Abs. 3 Nr. 1 VOB/B hielt einer isolierten Inhaltskontrolle in der alten Fassung nicht stand[32]. 152

31 OLG München, Urteil vom 26.7.1994 – 13 U 1804/94 – IBR 1995, S. 8.
32 OLG Naumburg, Urteil vom 12.1.2012 – 9 U 165/11 – IBR 2012, 131.

Mit Inkrafttreten der Neuregelung der VOB/B zum 19.7.2012 wurde die Fälligkeitsfrist auf 30 Tage verkürzt, sodass an der Rechtsprechung des Oberlandesgerichts München nicht mehr festgehalten werden kann. Die neue Fälligkeitsfrist ist nicht zu lang und hält einer isolierten Inhaltskontrolle stand. Dies gilt auch für die vorgesehene Verlängerung der Fälligkeitsfrist auf 60 Tage, da eine diesbezügliche Regelung nur im Einvernehmen zwischen den Vertragspartnern getroffen werden kann und damit eine einseitige Benachteiligung des Auftragnehmers ausgeschlossen ist.

3. § 16 Abs. 3 Nr. 1 VOB/B – Prüfbare Schlussrechnung

153 Nach § 16 Abs. 3 Nr. 1 VOB/B ist die Schlussrechnung erst dann zur Zahlung fällig, wenn diese prüfbar ist. Diese Klausel hält einer Inhaltskontrolle nicht stand, da sie der gesetzlichen Regelung des Bürgerlichen Gesetzbuches widerspricht, wonach der Werklohn mit Abnahme zur Zahlung fällig wird.

4. § 16 Abs. 3 Nr. 2 bis 5 VOB/B – Schlusszahlungseinrede

154 Die Regelungen in § 16 Abs. 3 Nr. 2 bis 5 VOB/B über den Ausschluss von Nachforderungen bei vorbehaltloser Annahme einer Schlusszahlung oder einer ihr gleichstehenden Schlusszahlungserklärung halten einer isolierten Inhaltskontrolle nicht stand. Auf Grund der Regelungen können berechtigte Forderungen allein aus formalen Gründen nicht mehr realisiert werden. Das gesetzliche Werkvertragsrecht kennt keine vergleichbaren Regelungen, sodass der Auftragnehmer unangemessen benachteiligt wird, wenn der Auftraggeber Verwender der Allgemeinen Geschäftsbedingungen ist.

Folge der Unwirksamkeit ist, dass der Auftragnehmer seine Nachforderungen weiterhin – zumindest bis zur Verjährung – geltend machen kann. Wird die VOB/B hingegen durch den Auftragnehmer selbst in den Vertrag einbezogen oder deren Geltung einvernehmlich vereinbart, kann er sich nicht auf die Unwirksamkeit der Regelungen berufen, sodass die Ausschlusswirkung der Schlusszahlung zu Gunsten des Auftraggebers greift.

155

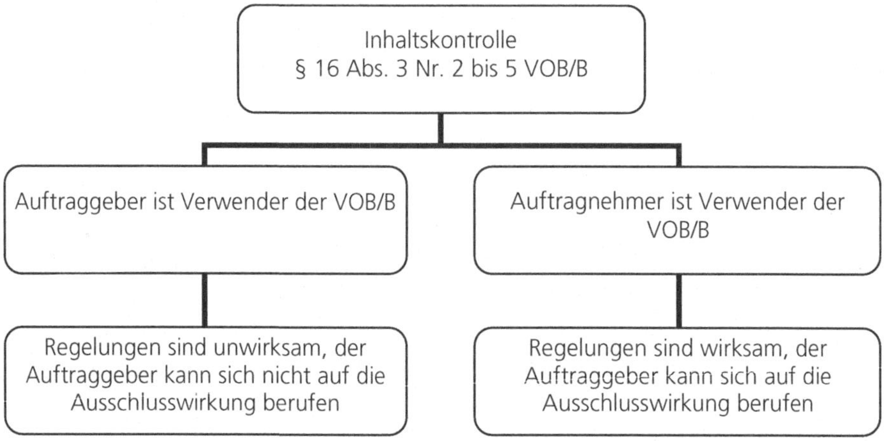

Abbildung 10: Inhaltskontrolle des Abs. 3 Nr. 2 bis 5

Allgemein zur isolierten Inhaltskontrolle nach §§ 305 ff. BGB vgl. oben Rn. 3 ff.

E. Teilschlusszahlungen (§ 16 Abs. 4)

156 Nach § 16 Abs. 4 VOB/B können in sich abgeschlossene Teile der Leistung nach Teilabnahme ohne Rücksicht auf die Vollendung der übrigen Leistungen endgültig festgestellt und bezahlt werden.

I. Voraussetzungen der Teilschlusszahlung

Teilschlusszahlungen setzen zunächst voraus, dass der Auftragnehmer in sich abgeschlossene Teile einer Leistung abgerechnet hat. Hierbei muss es sich um Leistungen handeln, die nach allgemeiner Auffassung nicht lediglich Bestandteil einer Gesamtleistung sind, sondern als funktionell selbstständig zu beurteilende Bauleistungen angesehen und vergeben werden können. Beispielhaft sind dies: **157**

- Einzelne Brückenbauwerke über einen neu zu errichtenden Autobahnabschnitt
- Baustraßen beim Bau eines Großvorhabens
- Sanitäranlagen, wenn der Auftragnehmer auch mit der Installation der Heizungsanlagen beauftragt wurde
- Einzelne Bahnhofsstationen beim Bau einer Bahnverbindung
- Außenanlagen beim Bau eines Einfamilienhauses
- Einzelne Gebäude beim Bau eines Gebäudekomplexes

Folgende Leistungen können hingegen nicht als in sich abgeschlossen angesehen werden: **158**

- Einzelne Teile eines Rohbaus wie Wände oder Geschossdecken
- Heizkessel, wenn der Auftragnehmer nur mit der Installation der Heizungsanlage beauftragt wurde

Voraussetzung für Teilschlusszahlungen sind weiterhin die Teilabnahme nach § 12 Abs. 2 VOB/B sowie die Aufstellung und Einreichung einer Teilschlussrechnung nach § 14 VOB/B. **159**

160

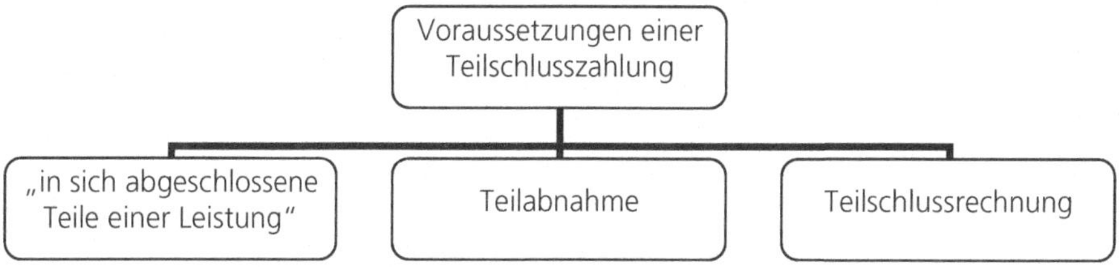

Abbildung 11: Teilschlusszahlung

Fällig wird der Anspruch auf Teilschlusszahlung entsprechend der Regelung zur Schlusszahlung nach § 16 Abs. 3 Nr. 1 VOB/B alsbald nach Prüfung und Feststellung der vom Auftragnehmer vorgelegten Teilschlussrechnung, spätestens innerhalb der jeweiligen Fristen nach Zugang. Hinsichtlich der Ausschlusswirkung und der Inhaltskontrolle entsprechend den §§ 305 ff. BGB gelten die Ausführungen zu § 16 Abs. 3 Nr. 2 bis 5 VOB/B entsprechend. **161**

II. Anspruch auf Teilschlusszahlung

Nach § 12 Abs. 2 VOB/B sind in sich abgeschlossene Teile einer Leistung gesondert abzunehmen, der Auftragnehmer hat danach einen Anspruch auf Teilabnahme. § 16 Abs. 4 VOB/B bestimmt zwar nicht ausdrücklich, dass dem Auftragnehmer darüber hinaus auch ein Anspruch auf Teilschlusszahlung zusteht, aus der Gesamtschau der Regelungen ergibt sich jedoch, dass der Anspruch auf Teilabnahme mit dem Anspruch auf Teilschlusszahlung einhergeht, da er sonst leerlaufen würde[33]. **162**

---

33 Ingenstau/Korbion, VOB Teile A und B Kommentar, § 16 Abs. 4 VOB/B Rn. 7; Heiermann/Riedl/Rusam, Handkommentar zur VOB/B § 16 Rn. 130.

III. Inhaltskontrolle des § 16 Abs. 4

163 § 16 Abs. 4 VOB/B hält einer isolierten Inhaltskontrolle nach den §§ 305 ff. BGB stand (siehe hierzu oben Rn. 3 ff.).

F. Allgemeine Vorschriften für alle Zahlungsarten (§ 16 Abs. 5)

164 § 16 Abs. 5 VOB/B enthält Regelungen für alle Zahlungsarten (Abschlags-, Voraus-, Schluss- und Teilschlusszahlungen).

I. Beschleunigungsgebot (Abs. 5 Nr. 1)

165 Nach § 16 Abs. 5 Nr. 1 VOB/B sind alle Zahlungen auf das Äußerste zu beschleunigen. Der Auftraggeber ist danach verpflichtet, seine Zahlungsverpflichtungen sofort zu erfüllen. Einen einklagbaren Anspruch bei Zahlungsverzögerungen des Auftraggebers gewährt die Vorschrift allerdings nicht, dem Auftragnehmer verbleibt daher nur die Möglichkeit, nach § 16 Abs. 5 Nr. 3 VOB/B vorzugehen.

II. Skonto (Abs. 5 Nr. 2)

166 Nicht vereinbarte Skontoabzüge sind gemäß § 16 Abs. 5 Nr. 2 VOB/B unzulässig. Der Auftraggeber darf Skonto nur abziehen, wenn dies vertraglich vereinbart ist. Hierfür reicht es nicht aus, dass die Vertragspartner die Geltung der VOB/B vereinbart haben, da die VOB/B gerade eine gesonderte Vereinbarung fordert.

167 Unter welchen Voraussetzungen Skonto gewährt wird, müssen die Vertragspartner im Einzelnen vereinbaren.

Eine ordnungsgemäße Skonto-Abrede sollte zur Vermeidung von Missverständnissen folgende Mindestangaben enthalten:

- Höhe des Nachlasses (Angabe des Prozentsatzes),
- Zahlungsfrist (Angabe in Tagen, Werktagen oder ggf. Wochen),
- Beginn der Zahlungsfrist (z.B. mit Eingang der prüfbaren Rechnung oder mit Abschluss der Rechnungsprüfung nach VOB/B),
- Rechtzeitigkeit der Zahlung (z.B. mit Überweisung durch den Auftraggeber; mit Eingang auf dem Konto des Auftragnehmers; mit Übergabe des Bargeldes an den Auftragnehmer), bei fehlender Vereinbarung ist für die Rechtzeitigkeit der Zahlung auf die Gutschrift auf dem Konto des Auftragnehmers abzustellen (siehe hierzu Rn. 41 ff. bei Abschlagszahlungen; Rn. 97 ff. bei Schlusszahlung).
- Umfang des Skontos (Skonto auf Abschlags-, Voraus-, Schluss- und/oder Teilschlusszahlungen); fehlen diesbezügliche Angaben, gilt die Skontoabrede für alle Zahlungsarten. Wird Skonto für alle Zahlungsarten vereinbart und hält der Auftraggeber bei einzelnen Zahlungen die Skontofrist nicht ein, kann er von den fristgerecht geleisteten Zahlungen weiterhin Skontoabzüge vornehmen.
- Zweck des Skontos (z.B. Barzahlungsskonto: „3% Skonto bei Barzahlung innerhalb von 3 Tagen"; Vorauszahlungsskonto: „2% Skonto bei Vorauszahlung des Werklohns innerhalb von 5 Tagen"; Vorzielzahlungsskonto zur Verkürzung der Zahlungsfristen nach der VOB/B: „5% Skonto bei Zahlung innerhalb von 10 Tagen").

Praxistipp:

Die Skontovereinbarung bezieht sich auf den entsprechenden Rechnungsbetrag und nicht auf den Leistungsstand, wenn die Vertragspartner keine anderweitige Vereinbarung getroffen haben[34]*.*

III. Nichtzahlung bei Fälligkeit (Abs. 5 Nr. 3)

Zahlt der Auftraggeber bei Fälligkeit nicht, so kann ihm der Auftragnehmer nach § 16 Abs. 5 Nr. 3 VOB/B eine angemessene Nachfrist setzen. Zahlt er auch innerhalb der Nachfrist nicht, so hat der Auftragnehmer vom Ende der Nachfrist an Anspruch auf Zinsen in Höhe der in § 288 Absatz 2 BGB angegebenen Zinssätze, wenn er nicht einen höheren Verzugsschaden nachweist. **168**

Der Auftragnehmer kommt jedoch nach § 16 Abs. 5 Nr. 3 Satz 2 VOB/B, ohne dass es einer Nachfristsetzung bedarf, spätestens 30 Tage nach Zugang der Rechnung oder Aufstellung bei Abschlagszahlungen in Zahlungsverzug, wenn der Auftragnehmer seine vertraglichen und gesetzlichen Verpflichtungen erfüllt und den fälligen Entgeltbetrag nicht rechtzeitig erhalten hat, es sei denn, der Auftraggeber ist für den Zahlungsverkehr nicht verantwortlich. Die Frist verlängert sich auf höchstens 60 Tage, wenn sie aufgrund der besonderen Natur oder Merkmale der Vereinbarung sachlich gerechtfertigt ist und ausdrücklich vereinbart wurde.

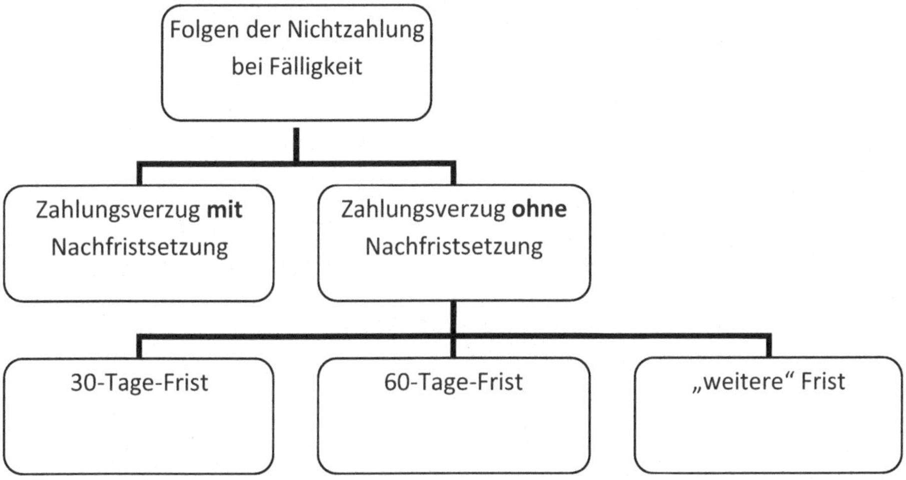

Abbildung 12: Folgen der Nichtzahlung bei Fälligkeit

1. Zahlungsverzug mit Nachfristsetzung (Abs. 5 Nr. 3 Satz 1)

Zahlungsverzug setzt Nichtleistung trotz Fälligkeit und Mahnung – hier Nachfristsetzung – voraus. **169**

Die Fälligkeit des Zahlungsanspruchs bestimmt sich nach § 16 Abs. 1, Abs. 3 VOB/B bzw. einer entsprechenden vertraglichen Regelung über die Zahlungsfrist. Zur Rechtzeitigkeit der Zahlungen wird auf die entsprechenden Ausführungen zu Abschlags- und Schlusszahlungen verwiesen (vgl. Rn. 41 ff. und Rn. 97 ff.). **170**

Das Setzen der Nachfrist ist in § 16 Abs. 5 Nr. 3 Satz 1 VOB/B geregelt. Diese muss danach angemessen sein, den Auftraggeber also objektiv in die Lage versetzen, seine Zahlungsverpflichtung zu erfüllen. Da der Auftraggeber nach dem Grundsatz „Geld hat man zu haben" für **171**

34 OLG Karlsruhe, Urteil vom 19.2.2013 – 4 U 96/12 – IBR 2013, S. 337.

seine finanzielle Leistungsfähigkeit ohne Rücksicht auf ein Verschulden einzustehen hat und persönliche Umstände hierbei nicht zu berücksichtigen sind, ist eine Nachfrist von 2 Wochen regelmäßig als ausreichend anzusehen. Im Einzelfall kann auch eine wesentlich kürzere Nachfrist von beispielsweise 3 Tagen angemessen und ausreichend sein, wenn die Vertragspartner Barzahlung vereinbart haben und am selben Ort wohnhaft sind.

172 Das Setzen der Nachfrist kann ausnahmsweise entbehrlich sein, wenn der Auftraggeber die Zahlung ernsthaft und endgültig verweigert hat. Dies ist beispielsweise anzunehmen, wenn er

- ausdrücklich erklärt, keine weiteren Zahlungen leisten zu wollen oder
- ankündigt, im Falle einer Klage deren Abweisung zu beantragen.

In diesen Fällen wäre eine Nachfristsetzung bloßer Formalismus und daher unnötig. Damit der Auftraggeber dem Auftragnehmer nicht ungewollt die Nachfristsetzung erspart, sollte er mit derartigen Erklärungen vorsichtig umgehen. Im Zweifel sollte die Nachfrist zur Vermeidung von Beweisschwierigkeiten gesetzt werden.

2. Zahlungsverzug ohne Nachfristsetzung (Abs. 5 Nr. 3 Satz 3)

a. 30-Tage-Frist

173 Nach § 16 Abs. 5 Nr. 3 Satz 3 VOB/B kommt der Auftraggeber spätestens 30 Tage nach Zugang der Rechnung oder Aufstellung bei Abschlagszahlungen in Zahlungsverzug, ohne dass es einer Nachfristsetzung bedarf, wenn

- der Auftragnehmer seine vertraglichen und gesetzlichen Verpflichtungen erfüllt und
- den fälligen Entgeltbetrag nicht rechtzeitig erhalten hat,
- es sei denn, der Auftraggeber ist für den Zahlungsverzug nicht verantwortlich.

174 Der in § 16 Abs. 5 Nr. 3 Satz 3 VOB/B geregelte Zahlungsverzug unterscheidet sich von dem in Satz 1 geregelten Zahlungsverzug hauptsächlich dadurch, dass er ohne das weitere Tätigwerden des Auftragnehmers – „automatisch" mit Fristablauf – eintritt.

Hinsichtlich der notwendigen Fälligkeit des Zahlungsanspruchs bestehen zwischen beiden Varianten keine Unterschiede, sie bestimmt sich auch beim Zahlungsverzug ohne Nachfristsetzung nach § 16 Abs. 1, Abs. 3 VOB/B bzw. einer entsprechenden vertraglichen Regelung über die Zahlungsfrist. Zur Rechtzeitigkeit der Zahlungen wird auf die entsprechenden Ausführungen zu den Abschlags- und Schlusszahlungen verwiesen (vgl. Rn. 41 ff. und Rn. 97 ff.)

175 ***Praxistipp:***

Zu beachten ist, dass für die Fristberechnung nicht auf die Fälligkeit des Zahlungsanspruchs, sondern bereits auf den Zugang der Rechnung oder Aufstellung abgestellt werden muss. Dies hat zur Folge, dass der Zinsanspruch bei Abschlagsrechnungen 9 Tage nach Fälligkeit der Forderung entsteht. Bei Schlussrechnungen decken sich die Fristen für die Fälligkeit und Zinsanspruch (30 bzw. 60 Tage bei Vereinbarung). Die Fristen des § 16 Abs. 5 Nr. 3 Satz 3 VOB/B laufen parallel mit den Fristen nach § 16 Abs 3 Nr. 1 VOB/B und können nicht hinten angehangen werden.

b. Fristverlängerung von 30 auf 60 Tage

176 Die in § 16 Abs. 5 Nr. 3 Satz 3 VOB/B bestimmte Frist von 30 Tagen verlängert sich nach § 16 Abs. 5 Nr. 3 Satz 4 VOB/B auf höchstens 60 Tage,

- wenn sie aufgrund der besonderen Natur oder Merkmale der Vereinbarung sachlich gerechtfertigt ist und
- ausdrücklich vereinbart wurde.

177 Eine Verlängerung der Frist aufgrund der besonderen Natur und Merkmale der Vereinbarung kommt in folgenden Fällen in Betracht, wobei stets die Umstände des Einzelfalls zu berücksichtigen sind. Es reicht aus, wenn zumindest einer der nachstehenden Gründe vorliegt:

Beispiele: 178

- *Bauzeit von mehr als 12 Monaten*
- *Großbauvorhaben und Bauvorhaben ab einer geschätzten Auftragssumme von 500.000,00 €*
- *Umfangreiches Leistungsverzeichnis*
- *Umfangreiche Teilleistungen*
- *Umfangreiche Prüfung der Leistungerbringung (schwierige Prüfunterlagen, zahlreiche Aufmaße)*

Für die ausdrückliche Vereinbarung der Fristverlängerung zwischen den Vertragspartnern bietet sich die folgende einfache Formulierung an: 179

Formulierungsvorschlag:

> Die Zahlungsfrist nach § 16 Abs. 5 Nr. 3 Satz 4 VOB/B wird einvernehmlich von 30 auf 60 Tage verlängert.

c. weitere Fristverlängerung

Erfordert der Umfang der abgerechneten Baumaßnahme einen so großen Aufwand, dass die Rechnungsprüfung auch innerhalb der Frist von 60 Tagen **objektiv** nicht möglich ist, führte dies bei der bis zum 19.7.2012 geltenden Regelung zu einer angemessenen Verlängerung und damit zum Hinausschieben der Fälligkeit bis zum Abschluss der Prüfung und Feststellung. Dieser Grundsatz wird auf die Neuregelung der VOB/B nicht übertragen werden können, da nunmehr ausdrücklich die Möglichkeit einer Verlängerung der Prüffrist von 30 auf 60 Tage und keine weitere Verlängerung vorgesehen ist. 180

Praxistipp: 181

Für die Praxis empfiehlt sich, die Frist von 60 Tagen durch individuelle Vereinbarung mit dem Auftragnehmer vor oder während des Bauablaufes zu verlängern.

Die weitere Verlängerung der Frist ist nach dem im Werkvertragsrecht geltenden Grundsatz der Vertragsfreiheit ohne Weiteres möglich, führt allerdings dazu, dass von den Regelungen der VOB/B abgewichen hat und diese damit der Inhaltskontrolle durch die Gerichte unterliegen. Zu beachten ist weiter, dass die Verlängerung der Frist durch Allgemeine Geschäftsbedingungen des Auftraggebers gleichfalls einer Inhaltskontrolle unterliegt und dieser nicht standhalten wird. Es ist daher eine individualvertragliche Vereinbarung mit dem Auftragnehmer zu schließen.

Parallel dazu und vor allem, wenn eine Vereinbarung mit dem Auftragnehmer nicht zustande kommen sollte oder das Risiko einer Inhaltskontrolle nicht eingegangen werden soll, empfiehlt sich die Prüfung, ob der Auftraggeber an der Zahlung durch eine von ihm nicht zu vertretende Ungewissheit über das Bestehen und den Umfang der gesicherten Forderung gehindert ist (siehe Rn. 182 ff.).

Sollten auch diesbezüglich keine Anhaltspunkte vorliegen, wird zur Vermeidung von Zinsforderungen des Auftragnehmers zumindest die anteilige Zahlung des unbestrittenen Guthabens als Abschlagszahlung in Betracht zu ziehen sein.

3. Vom Auftraggeber nicht zu vertretende Ungewissheit über das Bestehen und den Umfang der Werklohnforderung

Sollte eine Vereinbarung über die Verlängerung der Prüffrist mit dem Auftragnehmer nicht geschlossen werden können oder die Verlängerung in den Besonderen Vertragsbedingungen unwirksam sein, ist der Auftraggeber gleichwohl nicht rechtlos gestellt. Die Abschlags- oder 182

Schlusszahlung wäre zwar mit Fristablauf fällig, der Auftraggeber gerät aber mit der Zahlung des Werklohns nicht in Verzug, wenn er an der Leistung durch eine nicht zu vertretende Ungewissheit über das Bestehen und den Umfang der geltend gemachten Forderung gehindert ist[35].

183 Auf persönliche Umstände des Auftraggebers wie Urlaub oder anderweitige Beschäftigung kann in diesem Zusammenhang nicht abgestellt werden, da es allein auf sachliche Gründe ankommt.

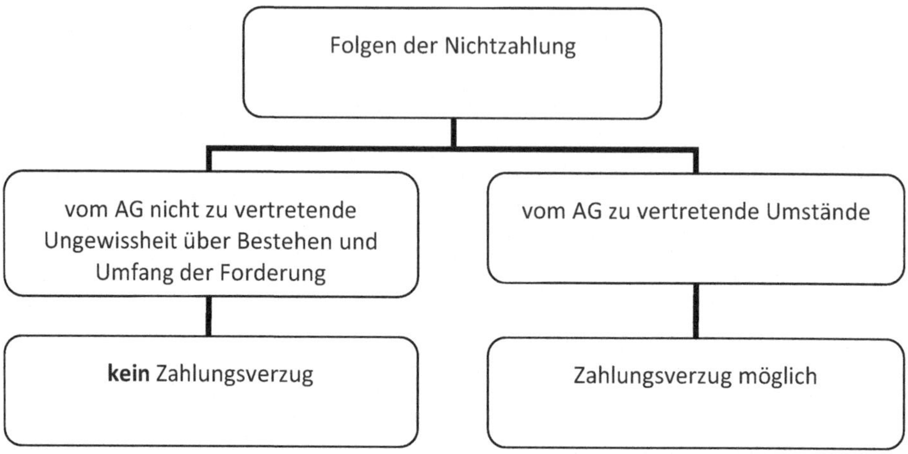

Abbildung 13: Folgen der Nichtzahlung bei Ungewissheit über Bestehen und Umfang der Forderung

184 ***Beispiel:***

Folgende Umstände hindern den Verzugseintritt:

- *Erhebliche Beanstandungen rechnerischer oder leistungsmäßiger Art*
- *Prüfung erfordert auf Grund des abgerechneten Leistungsumfangs umfangreiche und zeitintensive Ermittlungen*
- *Auftragnehmer legt erstmals mit der Rechnung einseitig erstellte und vom Auftraggeber noch zu prüfende Aufmaßblätter bzw. Leistungsbestätigungsnachweise im größeren Umfang vor*
- *Zur Prüfung benötigte Rechnungsunterlagen wurden auf Grund der Verhaftung des Architekten beschlagnahmt*[36]
- *Tod des mit der Rechnungsbearbeitung betrauten Mitarbeiters oder beauftragten Architekten*
- *Notwendige Beteiligung von Prüfämtern oder Sachverständigen, insbesondere bei gestörten Bauabläufen*
- *Auftragnehmer reicht verschiedene „Nachtragsversionen" ein und erschwert dadurch die Prüfung der Abrechnung*
- *Auftragnehmer legt die zur Prüfung zwingend erforderlichen Unterlagen trotz Anforderung nicht vollständig vor*[37]

35 BGH, Beschluss vom 24.5.2012 – VII ZR 34/11 – ZfBR 2012, S. 651.
36 BGH, Urteil vom 16.12.1968 – VII ZR 141/66 – NJW 1969, S. 428.
37 BGH, Urteil vom 10.2.2011 – VII ZR 53/10 – BauR 2011, S. 828.

Beispiel: 185

Folgende Umstände können zum Zahlungsverzug führen:
- *Auftragnehmer legt prüfbare Abrechnung vor*
- *Überlastung des Auftraggebers auf Grund Urlaubsabwesenheit zuständiger Mitarbeiter*
- *Auftraggeber unterlässt zumutbare Anstrengungen, ihm fehlende Unterlagen zu erlangen[38]*
- *Auftraggeber führt ein langwieriges internes Prüfverfahren durch[39]*
- *Verhandlungen der Vertragspartner über Rechnungspositionen bei Hauptvertrags- oder Nachtragsleistungen[40].*

4. Folgen des Zahlungsverzugs (Abs. 5 Nr. 3 Satz 2)

Zahlt der Auftraggeber auch innerhalb der Nachfrist nicht, so hat der Auftragnehmer nach Ablauf der Nachfrist Anspruch auf Zinsen in Höhe des in § 288 Absatz 2 BGB angegebenen Zinssatzes, wenn er nicht einen höheren Verzugsschaden nachweist. 186

Die aktuellen Zinssätze können dem 187
- Wirtschaftsteil von Tageszeitungen oder auf der
- Internetseite der Deutschen Bundesbank (www.bundesbank.de) entnommen, aber auch bei allen anderen
- Banken und Sparkassen erfragt werden.

Ein höherer Verzugsschaden ergibt sich regelmäßig, wenn der Auftragnehmer wegen der Nichtzahlung des Auftraggebers einen Bankkredit in Anspruch nehmen muss oder einen bestehenden Kredit nicht oder nicht rechtzeitig ablösen kann. Der Verzugsschaden besteht in diesen Fällen in den vom Auftragnehmer zu zahlenden Kreditzinsen. Der Schaden kann aber auch darin bestehen, dass der Auftragnehmer das Geld nicht günstig anlegen kann. Die Darlegungs- und Beweislast für die den Schaden verursachenden Umstände trägt der Auftragnehmer. 188

5. Verzugszinsen auf Abschlagsrechnungen

a. Unabhängigkeit des Zinszahlungsanspruches vom Anspruch auf Abschlagszahlung

Mit Stellung der Schlussrechnung können Forderungen aus Abschlagsrechnungen nicht mehr selbstständig geltend gemacht werden. Abschlagsforderungen sind in der Schlussrechnung lediglich Rechnungsposten, die mit Schlussrechnungslegung nicht mehr selbstständig verfolgt werden können[41]. Der Anspruch des Auftragnehmers auf Abschlagszahlung erlischt 189
- mit Erstellung der Schlussrechnung[42] und im Übrigen auch dann,
- wenn die Leistungen abgenommen wurden bzw. die Abnahme vom Auftraggeber verweigert wurde und die Frist nach § 14 Abs. 3 VOB/B abgelaufen ist, in welcher der Auftragnehmer die Schlussrechnung einzureichen hatte[43].

Entstandene Verzugszinsen auf Abschlagsrechnungen bleiben jedoch vom Erlöschen des Anspruchs auf Abschlagszahlungen unberührt[44]. Hat der Auftraggeber die Abschlagszahlung

38 BGH, Urteil vom 10.2.2011 – VII ZR 53/10 – BauR 2011, S. 828.
39 BGH, Beschluss vom 24.5.2012 – VII ZR 34/11 – ZfBR 2012, S. 651.
40 BGH, Beschluss vom 24.5.2012 – VII ZR 34/11 – ZfBR 2012, S. 651.
41 OLG Frankfurt a.M., Urteil vom 12.1.2011 – 4 U 91/10 – NJW-Spezial 2011, S. 142.
42 BGH, Urteil vom 15.4.2004 – VII ZR 471/01 – BeckRS 2004, 05110.
43 BGH, Urteil vom 20.8.2009 – VII ZR 205/07 – BeckRS 2009, 25040.
44 OLG Frankfurt a.M., Urteil vom 12.1.2011 – 4 U 91/10 – NJW-Spezial 2011, S. 142.

bei Fälligkeit nicht rechtzeitig geleistet und befindet er sich im Verzug, so kann der Auftragnehmer Verzugszinsen vom Zeitpunkt der Fälligkeit bis

- zum Ausgleich der Abschlagsrechnung,
- zu der Erstellung der Schlussrechnung oder
- zum Ablauf der Frist zur Einreichung der Schlussrechnung nach Abnahme

beanspruchen und diese ggf. sogar gerichtlich geltend machen.

190 ***Praxistipp:***

▶ *Angefallene Verzugszinsen aus Abschlagszahlungen können auch dann weiterhin gefordert werden, wenn der Anspruch auf Abschlagszahlung bereits erloschen ist. Hierauf sollten sich Auftraggeber einstellen und Zahlungen rechtzeitig bei Fälligkeit der Abschlagsrechnung leisten.*

b. Voraussetzungen des Zinszahlungsanspruches

191 Ein Anspruch auf Abschlagszahlung besteht nach § 16 Abs. 1 Nr. 1 VOB/B „nur" in Höhe des Wertes der jeweils nachgewiesenen vertragsgemäßen Leistungen. Ist der Auftragnehmer diesen Anforderungen nachgekommen, kann er für die Zeit des Verzugs seinen Zinsschaden geltend machen.

192 Der Anspruch auf Abschlags- und Zinszahlungen besteht nach der Rechtsprechung des Bundesgerichtshofs auch dann, wenn

- der Auftragnehmer eine **geänderte oder zusätzliche Leistung** (Nachtrag) erbracht hat und
- sich die Vertragspartner **noch nicht über die Vergütung** auf der Grundlage der Preisermittlung für die ursprüngliche vertragliche Leistung **geeinigt** haben.

Auch im Nachtragsfall besteht nach § 16 Abs. 1 Nr. 1 VOB/B ein Anspruch auf Abschlagszahlung in Höhe des Wertes der tatsächlich ausgeführten Leistungen[45]. Der Vergütungsanspruch des Auftragnehmers entsteht mit der Anordnung des Auftraggebers und hängt nicht davon ab, dass die Vertragspartner vor Beginn der Ausführung eine bestimmte Vergütungsabrede getroffen haben. Unterbleibt eine solche Einigung, so ist die Vergütung unter Berücksichtigung der §§ 2 Abs. 5 ff. VOB/B zu ermitteln[46].

193 ***Praxistipps:***

▶ *Der Auftragnehmer ist berechtigt, auch dann Abschlagsrechnungen für eine vom Auftraggeber geänderte oder geforderte zusätzliche Leistung zu verlangen, wenn sich die Vertragspartner noch nicht über deren Vergütung geeinigt haben.*

Der Auftraggeber sollte zur Vermeidung von Zinsforderungen Folgendes veranlassen:

- *Vereinbarung mit dem Auftragnehmer bezüglich einer längeren Prüf- und/oder Zahlungsfrist,*
- *Prüfung von Umständen, ob der Auftraggeber an der Zahlung durch eine von ihm nicht zu vertretende Ungewissheit über das Bestehen und den Umfang der gesicherten Forderung gehindert ist (siehe Rn. 182 ff.),*
- *Zahlung des geforderten Abschlages für die nachgewiesenen und vertragsgemäßen Leistungen innerhalb von 21 Kalendertagen nach Zugang der Abschlagsrechnung.*

---

45 BGH, Beschluss vom 24.5.2012 – VII ZR 34/11 – ZfBR 2012, S. 651.
46 BGH, Beschluss vom 24.5.2012 – VII ZR 34/11 – ZfBR 2012, S. 651.

IV. Nichtzahlung des unbestrittenen Guthabens (Abs. 5 Nr. 4)

Nach der bis zum 19.7.2012 geltenden Fassung der VOB/B normierte § 16 Abs. 5 Nr. 4 VOB/B einen Zinsanspruch des Auftragnehmers in Höhe des in § 288 Abs. 2 BGB angegebenen Zinssatzes bzw. eines nachgewiesenen höheren Verzugsschadens , wenn der Auftraggeber das fällige unbestrittene Guthaben nicht innerhalb der jeweiligen Fristen nach Zugang der Schlussrechnung an den Auftragnehmer zahlte. Diese Regelung, der ohnehin nur geringe praktische Bedeutung zukam, ist in der Neufassung der VOB/B nicht mehr enthalten. Gleichwohl ist der Zinsanspruch damit nicht entfallen, da sich dieser unmittelbar aus dem neu geregelten § 16 Abs. 5 Nr. 3 VOB/B ergibt. **194**

V. Recht auf Einstellung der Arbeiten (Abs. 5 Nr. 4)

1. Voraussetzungen für die Einstellung der Arbeiten

Nach § 16 Abs. 5 Nr. 4 VOB/B darf der Auftragnehmer die Arbeiten bei Zahlungsverzug bis zur Zahlung einstellen, sofern eine dem Auftraggeber zuvor gesetzte angemessene Frist erfolglos verstrichen ist. Einer gesonderten Ankündigung der Einstellung bedarf es nicht. **195**

Lässt der Auftraggeber die Nachfrist ergebnislos verstreichen, kann der Auftragnehmer neben der Einstellung der Arbeiten auch den Vertrag nach § 9 Abs. 1 lit. b VOB/B kündigen und die ihm durch die Einstellung entstehenden Kosten als Verzugsschaden geltend machen. Daneben steht ihm ein Schadensersatzanspruch nach § 6 Abs. 6 VOB/B zu, der insbesondere **196**

- Mietkosten für die Lagerung von Material,
- zusätzliche Fahrtkosten,
- Kosten für Lohn- und Materialpreiserhöhungen,
- Kosten einer zusätzlichen Baustellenräumung,
- Lohn- und Gehaltsaufwendungen, wenn Mitarbeiter des Auftragnehmers nicht anderweitig beschäftigt werden können,

umfassen kann.

Praxistipp: **197**

Zu beachten ist, dass der Auftragnehmer nicht zur Einstellung der Arbeiten berechtigt ist, wenn die ausstehende Zahlung so gering ist, dass sie zu der noch zu erbringenden Leistung in keinem Verhältnis steht. Wegen eines geringfügigen Zahlungsrückstandes steht dem Auftragnehmer entsprechend dem allgemeinen Grundsatz von Treu und Glauben ein Leistungsverweigerungsrecht nicht zu[47].

2. Handlungsmöglichkeiten des Auftraggebers

Das Recht zur Arbeitseinstellung bei Zahlungsverzug des Auftraggebers ist ein legitimes Mittel zum Schutz des Auftragnehmers vor zahlungsunwilligen Auftraggebern. **198**

In der Praxis kommt es allerdings nicht selten vor, dass Auftragnehmer die Arbeitseinstellung als Druckmittel verwenden, wenn sich deren überhöhte Nachtragsforderungen nicht durchsetzen lassen. Der Zweck der Vorschrift, insbesondere Handwerk und Mittelstand vor unseriösen Auftraggebern zu schützen, wird so ins Gegenteil verkehrt, vor allem wenn die Aufträge durch den Mittelstand vergeben werden. Bei öffentlichen Bauvorhaben dürfte die Anwendung des § 16 Abs. 5 Nr. 4 VOB/B ohnehin fraglich sein, da das Risiko des Zahlungsausfalles nicht ernsthaft besteht. Die für die Realisierung eines Bauvorhabens benötigten finanziellen Mittel werden regelmäßig vor der Beauftragung vom Zuwendungsgeber bereitgestellt bzw. in den Haushalt eingestellt.

47 OLG Saarbrücken, Urteil vom 13.10.2010 – 1 U 380/09, 1 U 380/09 – 95 – BauR 2013, S. 133.

199 Folgende Möglichkeiten sollte der Auftraggeber prüfen, wenn er die drohende Arbeitseinstellung durch den Auftragnehmer abwenden möchte:

- Ist dem Auftraggeber die Abschlagsrechnung des Auftragnehmers zugegangen? Der Auftragnehmer muss den Zugang der Rechnung darlegen und beweisen.
- Ist die Abschlagsrechnung prüfbar (siehe hierzu Rn. 10; § 14 Rn. 50 ff.)?
- Liegen die anspruchsbegründenden Unterlagen und Aufmaße beim Einheitspreisvertrag vor?
- Wurde die Abschlagsrechnung entsprechend dem vereinbarten Zahlungsplan gelegt?
- Entspricht die Abschlagsrechnung dem tatsächlichen Leistungsstand?
- Ist der Auftraggeber an der Zahlung durch eine von ihm nicht zu vertretende Ungewissheit über das Bestehen und den Umfang der gesicherten Forderung gehindert ist (siehe Rn. 182 ff.).
- Ist die Leistung des Auftragnehmers mangelfrei? Kann der Auftraggeber von der Abschlagsrechnung einen Einbehalt für die voraussichtlichen Kosten der Mängelbeseitigung nebst „Druckzuschlag" vornehmen?
- Hat der Auftragnehmer eine Nachfrist gesetzt, ist diese angemessen?
- Ist die angedrohte Arbeitseinstellung verhältnismäßig (siehe hierzu Rn. 197)?

VI. Inhaltskontrolle des § 16 Abs. 5

200 In der Rechtsprechung der Oberlandesgerichte ist umstritten, ob die Regelung in § 16 Abs. 5 Nr. 3 Sätze 1 und 2 VOB/B, wonach der Auftragnehmer nach Ablauf einer angemessenen Nachfrist einen Anspruch auf Zinsen hat, einer isolierten Inhaltskontrolle standhält. Nach OLG Hamm[48] verstößt § 16 Nr. 5 Abs. 3 VOB/B a.F. nicht gegen das Recht der Allgemeinen Geschäftsbedingungen. Das OLG Bamberg[49] hält die Regelung hingegen für unwirksam, weil die in § 284 Abs. 3 BGB normierte 30-Tage-Frist durch die in § 16 Abs. 5 Nr. 3 VOB/B vorgesehene „angemessene Frist" zum Nachteil des Auftraggebers erheblich unterlaufen würde.

Wird der neueren Rechtsprechung des OLG Bamberg gefolgt, hat die Unwirksamkeit der Regelung zur Folge, dass statt der vom Auftragnehmer gesetzten „angemessenen Frist" die gesetzliche 30-Tage-Frist nach § 284 Abs. 3 BGB gilt. Voraussetzung ist weiterhin, dass der Auftragnehmer die VOB/B als Allgemeine Geschäftsbedingungen in den Vertrag eingeführt hat und sich der Auftraggeber auf die Unwirksamkeit der Regelung beruft. Wird die VOB/B durch den Auftraggeber gestellt, kann er sich nicht auf die Unwirksamkeit berufen, sodass sich die Zinsberechnung in diesem Fall nach der durch den Auftragnehmer gesetzten „angemessenen Frist" bestimmt.

48 OLG Hamm, Urteil vom 5.7.1996 – 12 U 168/95 – BauR 1997, S. 472.
49 OLG Bamberg, Urteil vom 21.2.2001 – 4 W 146/00 – MDR 2001, S. 927.

201

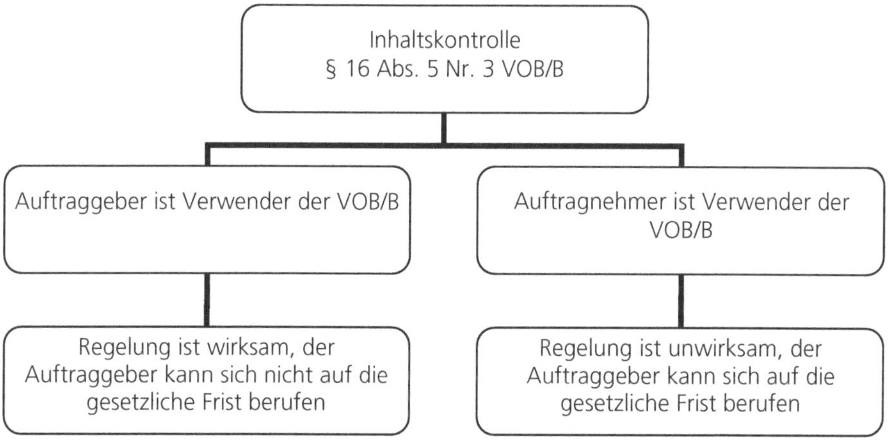

Abbildung 14: Inhaltskontrolle des Abs. 5 Nr. 3 Sätze 1 und 2

Die 30-Tage-Frist nach § 16 Abs. 5 Nr. 3 Satz 3 VOB/B hält der Inhaltskontrolle stand. Gleiches 202
gilt für die 60-Tage-Frist nach § 16 Abs. 5 Nr. 3 Satz 4 VOB/B, da sie nur aufgrund einer gesonderten individuellen Vereinbarung Anwendung findet.

Allgemein zur isolierten Inhaltskontrolle nach §§ 305 ff. BGB vgl. oben Rn. 3 ff.

G. Zahlungen an Gläubiger des Auftragnehmers (§ 16 Abs. 6)

Der Auftraggeber ist nach § 16 Abs. 6 VOB/B berechtigt, zur Erfüllung seiner Verpflichtungen 203
aus den Nrn. 1 bis 5 Zahlungen an Gläubiger des Auftragnehmers zu leisten, soweit sie an der Ausführung der vertraglichen Leistung des Auftragnehmers aufgrund eines mit diesem abgeschlossenen Dienst- oder Werkvertrags beteiligt sind, wegen Zahlungsverzugs des Auftragnehmers die Fortsetzung ihrer Leistung zu Recht verweigern und die Direktzahlung die Fortsetzung der Leistung sicherstellen soll. Der Auftragnehmer ist verpflichtet, sich auf Verlangen des Auftraggebers innerhalb einer von diesem gesetzten Frist darüber zu erklären, ob und inwieweit er die Forderungen seiner Gläubiger anerkennt; wird diese Erklärung nicht rechtzeitig abgegeben, so gelten die Voraussetzungen für die Direktzahlung als anerkannt.

I. Bedeutung und Risiken

Nach § 16 Abs. 6 Satz 1 VOB/B ist der Auftraggeber unter bestimmten Voraussetzungen be- 204
rechtigt – **aber nicht verpflichtet** –, unmittelbar an die Gläubiger des Auftragnehmers zu zahlen.

Praxistipp: 205

Die Zahlung an den Nachunternehmer des Auftragnehmers kann für den Auftraggeber von Vorteil sein, wenn der Auftragnehmer seinen Zahlungsverpflichtungen gegenüber den Nachunternehmern nicht nachkommt, diese mit der Einstellung der Arbeiten drohen und das Bauvorhaben anderenfalls nicht fertig gestellt werden kann.

Die Zahlung an die Nachunternehmer des Auftragnehmers ist aber mit **erheblichen Risiken** 206
verbunden, da sie im Falle einer Insolvenz des Auftragnehmers im letzten Monat vor dem Antrag auf Eröffnung des Insolvenzverfahrens immer und innerhalb von zwei bzw. drei Monaten vor dem Eröffnungsantrag unter den Voraussetzungen des § 131 Abs. 2 und 3 InsO anfechtbar ist.

207 Für den **Nachunternehmer** hat die gegen ihn gerichtete Anfechtung der Direktzahlung durch den Insolvenzverwalter folgenschwere Auswirkungen, wenn er die Arbeiten auf Grund der Zahlung des Auftraggebers fortgeführt hat und ihm nunmehr keine Vergütung mehr zusteht.

Gegenüber dem **Auftraggeber** scheidet eine Anfechtung durch den Insolvenzverwalter aus, wenn die Zahlung vor Eröffnung des Insolvenzverfahrens erfolgt ist. Der Auftraggeber ist so zu stellen, als ob er an den Auftragnehmer bzw. späteren Gemeinschuldner gezahlt hätte.

Eine Ausnahme besteht allerdings dann, wenn der Auftraggeber die Zahlung in Kenntnis der Liquiditätsprobleme des Auftragnehmers an den Nachunternehmer geleistet hat. In diesem Fall kann die Möglichkeit einer sog. Vorsatzanfechung durch den Insolvenzverwalter nach § 133 InsO gegeben sein, die sich auf Handlungen in den letzten zehn Jahren vor dem Antrag auf Eröffnung des Insolvenzverfahrens erstrecken kann.

208 Nach Eröffnung des Verfahrens darf der Auftraggeber allerdings nicht mehr an die Nachunternehmer zahlen. Setzt er sich darüber hinweg, muss er ein zweites Mal an den Insolvenzverwalter zahlen. Hinsichtlich der Zahlung an den Nachunternehmer bleibt ihm nur die Möglichkeit, das Geleistete nach bereicherungsrechtlichen Grundsätzen zurückzuverlangen. Ob ihm dies gelingt, hängt insbesondere wiederum von der Zahlungsfähigkeit des Nachunternehmers ab.

209 Hat der Auftraggeber die VOB/B in den Vertrag eingeführt und wurde sie nicht als Ganzes vereinbart (siehe hierzu Rn. 3 ff.), kann sich auf Grund der Direktzahlung ein weiteres Risiko für den Auftraggeber verwirklichen. Der Insolvenzverwalter kann sich auf die Unwirksamkeit der Regelung und fehlende Erfüllungswirkung im Verhältnis zwischen dem Auftraggeber und dem – insolventen – Auftragnehmer berufen, sodass der Werklohnanspruch unabhängig von der Zahlung an den Nachunternehmer weiterhin besteht und der Auftraggeber ggf. ein zweites Mal in die Insolvenzmasse zahlen muss[50].

210 Im Hinblick auf die insolvenzrechtlichen Risiken sollte der Auftraggeber von der Möglichkeit der Zahlung an Gläubiger des Auftragnehmers nur Gebrauch machen, wenn dies nach gründlicher Abwägung zur Fortführung des Bauvorhabens unerlässlich ist.

II. Voraussetzungen der Zahlung (Abs. 6 Satz 1)

211 Die Berechtigung des Auftraggebers, an Gläubiger des Auftragnehmers zu zahlen, setzt zunächst voraus, dass diese an der Ausführung der vertraglichen Leistung des Auftragnehmers auf Grund eines abgeschlossenen Dienst- oder Werkvertrages beteiligt sind. Danach kommen z.B. Zahlungen an Angestellte des Auftragnehmers oder dessen Nachunternehmer wie Bauunternehmen, Architekten, Ingenieure oder Statiker in Betracht. Zahlungen an andere Gläubiger, die beispielsweise auf Grund eines Miet- oder Kaufvertrages gebunden sind, scheiden aus. Der Auftraggeber ist daher nach § 16 Abs. 6 VOB/B nicht berechtigt, an den Verpächter der Baustelleneinrichtungsflächen oder den Baustofflieferanten zu zahlen.

50 Bolz, IBR 2012, S. 246 f.

212

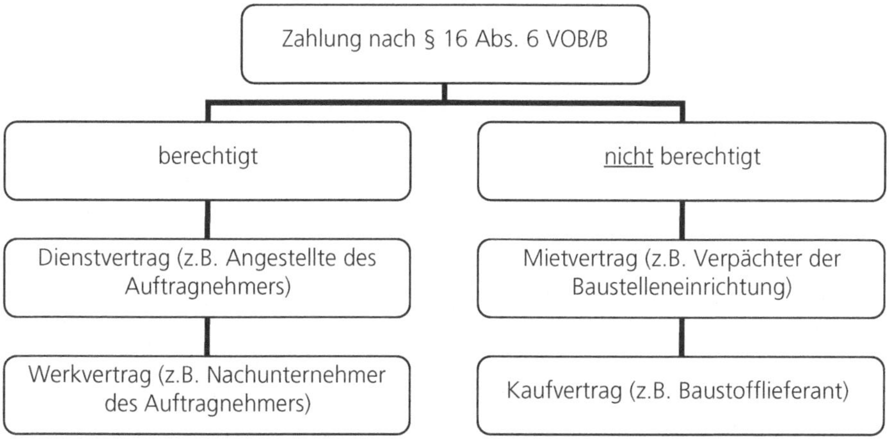

Abbildung 15: Zahlung nach Abs. 6

Die Berechtigung des Auftraggebers setzt weiterhin voraus, dass die Gläubiger ihre Leistung wegen Zahlungsverzugs des Auftragnehmers verweigern. Ob diese Voraussetzung gegeben ist, beurteilt sich nach den Vorschriften über den Verzug nach §§ 284 ff. BGB bzw. § 16 VOB/B, sofern im Verhältnis des Auftragnehmers zu seinen Nachunternehmern ebenfalls die Geltung der VOB/B vereinbart wurde.

Schließlich muss die Direktzahlung die Fortsetzung der Leistung sicherstellen. Diese Voraussetzung wird regelmäßig unproblematisch gegeben sein, da der Auftraggeber nur Zahlung an die Gläubiger des Auftragnehmers leisten wird, wenn er sichergehen kann, dass diese ihre Arbeiten anschließend fortführen. 213

214

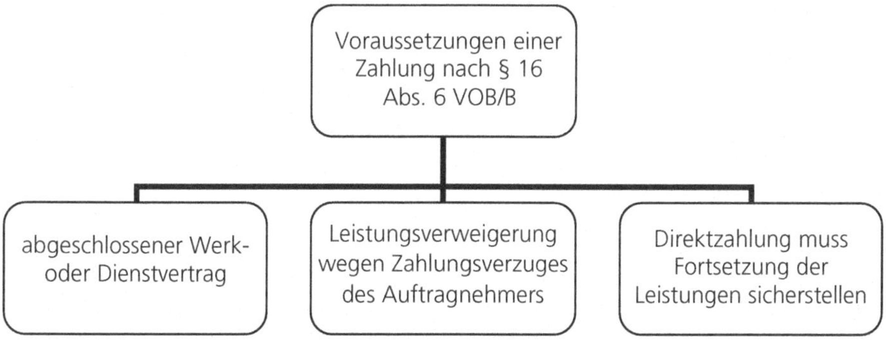

Abbildung 16: Voraussetzungen der Zahlung

III. Erklärung des Auftragnehmers (Abs. 6 Satz 2)

Der Auftragnehmer ist nach § 16 Abs. 6 Satz 2 VOB/B verpflichtet, sich auf Verlangen des Auftraggebers innerhalb einer von diesem gesetzten Frist darüber zu erklären, ob und inwieweit er die Forderungen seiner Gläubiger anerkennt; wird diese Erklärung nicht rechtzeitig abgegeben, so gelten die Voraussetzungen für die Direktzahlung als anerkannt. 215

216 ***Praxistipp:***

> *Die Erklärung des Auftragnehmers ist für den Auftraggeber von erheblicher Bedeutung, da er sich von seiner Zahlungsverpflichtung gegenüber dem Auftragnehmer nur befreien kann, wenn die Ansprüche der Gläubiger berechtigt sind. Die befreiende Wirkung tritt nicht ein, wenn die Ansprüche der Gläubiger ganz oder teilweise unbegründet sind, womit die Zahlung nach § 16 Abs. 6 VOB/B mit einem weiteren Risiko für den Auftraggeber verbunden ist.*

217 Erkennt der Auftragnehmer die Forderungen der Gläubiger an oder gibt er innerhalb einer angemessenen Frist von ca. 3 bis 14 Tagen keine Erklärung ab, hat dies zur Folge, dass die von den Gläubigern geltend gemachten Forderungen sowohl dem Grunde als auch der Höhe nach zu Recht bestehen und des Weiteren der Zahlungsverzug bestätigt wird.

218 Bestreitet der Auftragnehmer hingegen die Ansprüche der Gläubiger oder den Zahlungsverzug, sollte der Auftraggeber zur Vermeidung finanzieller Risiken keine Zahlung leisten.

Gleichwohl ist es ihm nicht untersagt, an die Gläubiger zu zahlen, wenn er deren Ansprüche für berechtigt hält oder das Bauvorhaben nur auf diese Weise fortgeführt werden kann.

Sollte sich allerdings später herausstellen, dass die Ansprüche der Gläubiger doch nicht berechtigt waren, hat der Auftraggeber ein zweites Mal an den Auftragnehmer zu zahlen. Von den Gläubigern kann er das Geleistete ggf. nach bereicherungsrechtlichen Grundsätzen zurückverlangen, wenn diese zur Zahlung in der Lage sein sollten.

IV. Kündigung des Vertrages wegen Zahlungseinstellung des Auftragnehmers

219 Neben der Direktzahlung an den Nachuntnehmer bei *Zahlungsverzug* des Auftragnehmers kann daneben eine Kündigung des Vertrages bei *Zahlungseinstellung* des Auftragnehmers berechtigt sein.

Nach § 8 Abs. 2 VOB/B kann der Auftraggeber den Vertrag kündigen, wenn der Auftragnehmer seine Zahlungen *einstellt*. Dies ist anzunehmen, wenn der Auftragnehmer wegen eines voraussichtlich *dauernden* Mangels an Zahlungsmitteln in nach außen erkennbarer Weise seine fälligen Geldschulden im Allgemeinen nicht erfüllt und auch nicht erfüllen kann[51].

Von einer Zahlungsunfähigkeit kann regelmäßig nicht ausgegangen werden, wenn die Liquiditätslücke des Auftragnehmers weniger als 10 % seiner fälligen Gesamtverbindlichkeiten beträgt. Darüber hinaus ist der dauernde Mangel an Zahlungsmitteln von der bloßen Zahlungsstockung zu unterscheiden. Diese liegt vor, wenn der Zeitraum nicht überschritten wird, den eine kreditwürdige Person benötigt, um sich die benötigten Mittel zu besorgen. Es ist anzunehmen, dass Liquiditätsschwierigkeiten innerhalb von 3 Wochen beseitigt werden können[52].

220 Indizien für eine Zahlungseinstellung und damit eine zur Kündigung führende Zahlungsunfähigkeit können sein:

- Einstellung des Geschäftsbetriebes
- Nichtzahlung an Lieferanten, wenn ausbleibende Lieferungen die Fortführung des Geschäftsbetriebes gefährden
- Nichtzahlung von Löhnen, Gehältern und Sozialabgaben
- Kosten einer zusätzlichen Baustellenräumung.

---

51 BGH, Urteil vom 19.12.2002 – IX ZR 377/99 – NJW-RR 2003, S. 837.
52 BGH, Urteil vom 24.5.2005 – IX ZR 123/04 – BGHZ 163, S. 134.

Praxistipp: 221

Von einer Zahlungseinstellung kann nach der Rechtsprechung des Oberlandesgerichts Stuttgart nicht ausgegangen werden, wenn der Auftraggeber mit dem Auftragnehmer Direktzahlungen an den Nachunternehmer vereinbart hat.

Allein im Verlangen des Auftragnehmers, Zahlungen nach § 16 Abs. 6 VOB/B an den Nachunternehmer zu leisten, liegt keine Zahlungseinstellung, da der Auftragnehmer durch die Direktzahlung des Auftraggebers in der Lage war, seine fälligen Verbindlichkeiten gegenüber dem Nachunternehmer zu erfüllen. Es kommt nicht darauf an, wie sich der Auftragnehmer die erforderlichen Zahlungsmittel „beschafft"[53].

V. Inhaltskontrolle § 16 Abs. 6

Die Anerkenntnisfiktion des Zahlungsverzuges des Auftragnehmers bei der Direktzahlung des Auftraggebers an die Nachunternehmer gemäß § 16 Abs. 6 Satz 2 VOB/B hält einer isolierten Inhaltskontrolle nach den §§ 305 ff. BGB nicht stand. 222

Hat der Auftraggeber die VOB/B einseitig in den Vertrag eingeführt, kann er sich folglich nicht auf die Anerkenntnisfiktion berufen, sodass eine Direktzahlung an die Nachunternehmer nur bei entsprechender ausdrücklicher Erklärung des Auftragnehmers in Betracht kommt.

Wurde die VOB/B einseitig vom Auftragnehmer in den Vertrag eingeführt oder haben sich die Vertragspartner übereinstimmend auf die Geltung der VOB/B verständigt, kann sich der Auftraggeber auf die Anerkenntnisfiktion berufen, da sich die Unwirksamkeit einzelner Bestimmungen nur zu Lasten des Vertragspartners auswirkt, der die VOB/B in den Vertrag eingeführt hat.

Die Regelungen des § 16 Abs. 6 VOB/B halten im Übrigen einer Inhaltskontrolle stand (siehe hierzu auch oben Rn. 3 ff.).

§ 17 VOB/B
Sicherheitsleistung

(1) 1. Wenn Sicherheitsleistung vereinbart ist, gelten die §§ 232 bis 240 BGB, soweit sich aus den nachstehenden Bestimmungen nichts anderes ergibt.

2. Die Sicherheit dient dazu, die vertragsgemäße Ausführung der Leistung und die Mängelansprüche sicherzustellen.

(2) Wenn im Vertrag nichts anderes vereinbart ist, kann Sicherheit durch Einbehalt oder Hinterlegung von Geld oder durch Bürgschaft eines Kreditinstituts oder Kreditversicherers geleistet werden, sofern das Kreditinstitut oder der Kreditversicherer

1. in der Europäischen Gemeinschaft oder

2. in einem Staat der Vertragsparteien des Abkommens über den Europäischen Wirtschaftsraum oder

3. in einem Staat der Vertragsparteien des WTO-Übereinkommens über das öffentliche Beschaffungswesen

zugelassen ist.

(3) Der Auftragnehmer hat die Wahl unter den verschiedenen Arten der Sicherheit; er kann eine Sicherheit durch eine andere ersetzen.

(4) Bei Sicherheitsleistung durch Bürgschaft ist Voraussetzung, dass der Auftraggeber den Bürgen als tauglich anerkannt hat. Die Bürgschaftserklärung ist schriftlich unter Verzicht auf die Einrede der Vorausklage abzugeben (§ 771 BGB); sie darf nicht auf bestimmte Zeit begrenzt und muss nach Vor-

53 OLG Stuttgart, Teilurteil vom 14.7.2011 – 10 U 59/10 – NJW-Spezial 2011, S. 524 f.

schrift des Auftraggebers ausgestellt sein. Der Auftraggeber kann als Sicherheit keine Bürgschaft fordern, die den Bürgen zur Zahlung auf erstes Anfordern verpflichtet.

(5) Wird Sicherheit durch Hinterlegung von Geld geleistet, so hat der Auftragnehmer den Betrag bei einem zu vereinbarenden Geldinstitut auf ein Sperrkonto einzuzahlen, über das beide Parteien nur gemeinsam verfügen können („Und-Konto"). Etwaige Zinsen stehen dem Auftragnehmer zu.

(6) 1. Soll der Auftraggeber vereinbarungsgemäß die Sicherheit in Teilbeträgen von seinen Zahlungen einbehalten, so darf er jeweils die Zahlung um höchstens 10 v.H. kürzen, bis die vereinbarte Sicherheitssumme erreicht ist. Sofern Rechnungen ohne Umsatzsteuer gemäß § 13b UStG gestellt werden, bleibt die Umsatzsteuer bei der Berechnung des Sicherheitseinbehalts unberücksichtigt. Den jeweils einbehaltenen Betrag hat er dem Auftragnehmer mitzuteilen und binnen 18 Werktagen nach dieser Mitteilung auf ein Sperrkonto bei dem vereinbarten Geldinstitut einzuzahlen. Gleichzeitig muss er veranlassen, dass dieses Geldinstitut den Auftragnehmer von der Einzahlung des Sicherheitsbetrags benachrichtigt. Absatz 5 gilt entsprechend.

2. Bei kleineren oder kurzfristigen Aufträgen ist es zulässig, dass der Auftraggeber den einbehaltenen Sicherheitsbetrag erst bei der Schlusszahlung auf ein Sperrkonto einzahlt.

3. Zahlt der Auftraggeber den einbehaltenen Betrag nicht rechtzeitig ein, so kann ihm der Auftragnehmer hierfür eine angemessene Nachfrist setzen. Lässt der Auftraggeber auch diese verstreichen, so kann der Auftragnehmer die sofortige Auszahlung des einbehaltenen Betrags verlangen und braucht dann keine Sicherheit mehr zu leisten.

4. Öffentliche Auftraggeber sind berechtigt, den als Sicherheit einbehaltenen Betrag auf eigenes Verwahrgeldkonto zu nehmen; der Betrag wird nicht verzinst.

(7) Der Auftragnehmer hat die Sicherheit binnen 18 Werktagen nach Vertragsabschluss zu leisten, wenn nichts anderes vereinbart ist. Soweit er diese Verpflichtung nicht erfüllt hat, ist der Auftraggeber berechtigt, vom Guthaben des Auftragnehmers einen Betrag in Höhe der vereinbarten Sicherheit einzubehalten. Im Übrigen gelten die Absätze 5 und 6 außer Nummer 1 Satz 1 entsprechend.

(8) 1. Der Auftraggeber hat eine nicht verwertete Sicherheit für die Vertragserfüllung zum vereinbarten Zeitpunkt, spätestens nach Abnahme und Stellung der Sicherheit für Mängelansprüche zurückzugeben, es sei denn, dass Ansprüche des Auftraggebers, die nicht von der gestellten Sicherheit für Mängelansprüche umfasst sind, noch nicht erfüllt sind. Dann darf er für diese Vertragserfüllungsansprüche einen entsprechenden Teil der Sicherheit zurückhalten.

2. Der Auftraggeber hat eine nicht verwertete Sicherheit für Mängelansprüche nach Ablauf von 2 Jahren zurückzugeben, sofern kein anderer Rückgabezeitpunkt vereinbart worden ist. Soweit jedoch zu diesem Zeitpunkt seine geltend gemachten Ansprüche noch nicht erfüllt sind, darf er einen entsprechenden Teil der Sicherheit zurückhalten.

A. Allgemeines

I. Bedeutung des § 17 VOB/B

1 Der Auftragnehmer eines Bauvertrags ist nach den allgemeinen gesetzlichen Regelungen vorleistungspflichtig; das bedeutet, dass er seine Vergütung grundsätzlich erst dann erhält, wenn er seine Leistungen vertragsgemäß erbracht hat und diese Leistungen abgenommen worden sind. Damit trägt der Auftragnehmer bis zur Abnahme das Risiko einer möglichen Insolvenz des Auftraggebers. Trotz der Vorleistungspflicht des Auftragnehmers treffen jedoch auch den Auftraggeber bereits vor der Abnahme, aber auch nach der Abnahme wirtschaftliche Risiken: Vor der Abnahme besteht das Risiko, dass der Auftragnehmer trotz seiner Vorleistungspflicht seine Leistungen beispielsweise aufgrund einer Insolvenz nicht oder nicht vollständig erfüllt. Der Auftraggeber ist dann gehalten die Leistungen durch ein Drittunternehmen ausführen zu lassen, was regelmäßig mit einem deutlich höheren Aufwand und Mehrkosten verbunden ist. Nach der Abnahme trägt der Auftraggeber das Risiko, dass der Auftragnehmer der Pflicht zur Beseitigung von während der Verjährungsfrist auftretenden Mängeln nicht nachkommt (beispielsweise wiederum aufgrund einer Insolvenz des Auftragnehmers). Es ist anerkannt, dass

der Auftraggeber berechtigt ist, sich durch Vereinbarung entsprechender Sicherheiten gegen diese Risiken abzusichern. Auf die inhaltliche Ausgestaltung der Sicherungsmöglichkeiten des Auftraggebers bezieht sich die Regelung des § 17 VOB/B. Demgegenüber ist die Sicherstellung des Auftragnehmers vor allem in gesetzlichen Vorschriften geregelt, beispielsweise in den Vorschriften der §§ 648 und 648a BGB.

II. § 17 VOB/B und § 632a Abs. 3 BGB

Ist der Auftraggeber ein sogenannter Verbraucher, also ein Marktteilnehmer, der weder rechtlich noch in Baudingen bewandert ist, steht ihm seit einiger Zeit auch nach der Vorschrift des § 632a BGB ein eigenständiges Recht auf Sicherheitsleistung zu. Diese Sicherheit hat der Auftragnehmer von sich aus zu leisten, wenn er vom Auftraggeber (Verbraucher) die erste Abschlagszahlung verlangt. 2

B. § 17 Abs. 1 VOB/B: Vereinbarung der Sicherheitsleistung und Einbeziehung der Regelung in den Vertrag

Der einleitende Satz in § 17 Abs. 1 Nr. 1 VOB/B („Wenn eine Sicherheitsleistung vereinbart ist, …") weist darauf hin, dass § 17 VOB/B selbst keine Verpflichtung des Auftragnehmers zur Stellung einer Sicherheit darstellt; vielmehr muss der Auftraggeber, will er eine Sicherheit fordern dürfen, eine entsprechende Verpflichtung des Auftragnehmers mit diesem vereinbaren. Dies geschieht sinnvollerweise bereits im Bauvertrag. Die oft gehandhabte Praxis, wonach unter Verweis auf § 17 VOB/B, aber ohne entsprechende Vereinbarung von der Schlussrechnung des Auftragnehmers, ein Betrag von 5% einbehalten wird, ist also rechtlich unzulässig. Richtigerweise muss also im Bauvertrag für einen solchen Fall geregelt werden, dass der Auftraggeber berechtigt ist, für die Sicherstellung von Mängelansprüchen während der Verjährungsfrist eine Sicherheit in Höhe von 5% der Schlussrechnungssumme zu verlangen. In welcher Form und nach welchem Verfahren diese Sicherheit dann zu stellen ist, regelt § 17 VOB/B, wenn die VOB/B in den Bauvertrag einbezogen worden ist[1]. 3

C. § 17 Abs. 2 und 3 VOB/B: Arten der Sicherheitsleistung und Wahl- und Austauschrecht des Auftragnehmers

I. Arten der Sicherheitsleistung

Das BGB regelt in §§ 232 ff. BGB verschiedene Arten der Sicherheitsleistung. Grundsätzlich sind die Vertragsparteien frei, welche der im BGB geregelten Arten der Sicherheit sie vereinbaren wollen. Die einschlägigen Vorschriften aus den §§ 232 ff. BGB sehen jedoch Sicherheitsleistungen vor, die in der Baupraxis keine Bedeutung haben, weil sie nicht praktikabel sind (beispielsweise die Verpfändung von Forderungen, die in das Bundesschuldbuch oder in das Landesschuldbuch eines Landes eingetragen sind; die Verpfändung beweglicher Sachen etc.). § 17 Abs. 2 VOB/B sieht daher vor, dass, sofern im Vertrag nichts anderes vereinbart ist, Sicherheit durch Einbehalt oder Hinterlegung von Geld oder durch Bürgschaft eines Kreditinstituts oder Kreditversicherers geleistet werden kann, wobei das Kreditinstitut oder der Kreditversicherer bestimmte, in § 17 Abs. 2 VOB/B definierte Voraussetzungen erfüllen muss. 4

II. Wahl- und Austauschrecht

Sofern der Vertrag keine Beschränkung auf eine bestimmte Sicherheitsleistung vorsieht (zu diesen Möglichkeiten und zu deren Zulässigkeit siehe unten), kann der Auftragnehmer im Grundsatz frei bestimmen, welche der nach § 17 Abs. 2 VOB/B vorgesehenen Sicherheiten er 5

1 S. Einleitung Rn. 5 ff.

leisten will. Wie erwähnt, steht ihm dabei ein **Wahlrecht** bezogen auf folgende Sicherheiten zur Verfügung:

- Sicherheit durch Einbehalt von Geld
- Sicherheit durch Hinterlegung von Geld
- Sicherheit durch Bürgschaft eines zugelassenen Kreditinstituts oder Kreditversicherers.

Diese Sicherungsarten sind gleichwertig. Zulässig ist auch eine Kombination der verschiedenen Sicherungsarten.

6 Oftmals wird in von Auftraggebern gestellten Verträgen das Wahlrecht des Auftragnehmers eingeschränkt, was zunächst einen Eingriff in die VOB/B darstellt mit der Folge, dass sie nicht mehr als Ganzes vereinbart ist. Darüber hinaus könnte die **Einschränkung des Wahlrechts** jedoch auch gegen Grundgedanken gesetzlicher Regelungen verstoßen. Erfolgt diese Einschränkung durch vorformulierte Vertragsklauseln, also Allgemeine Geschäftsbedingungen (ABG), kann dies zur Unwirksamkeit der Vertragsklausel führen. Das ist immer dann der Fall, wenn dem Auftragnehmer durch die Einschränkung des Wahlrechts Liquidität entzogen oder das Risiko einer Insolvenz des Auftraggebers auf ihn übertragen wird, ohne dem Auftragnehmer einen entsprechenden Ausgleich zu verschaffen.

7 ***Beispielfall:***

In einem vom Auftraggeber gestellten Bauvertrag ist in den AGB geregelt, dass die Sicherheit für Mängelansprüche während der Verjährungsfrist nur durch einen Bareinbehalt in Höhe von fünf Prozent der Schlussrechnungssumme für die Dauer der Verjährungsfrist gewähren ist.

8 Durch die Beschränkung auf einen Bareinbehalt findet eine Einschränkung des Wahlrechts des Auftragnehmers statt. Ein angemessener Ausgleich wird dem Auftragnehmer in dieser Regelung nicht gewährt. Da damit dem Auftragnehmer für einen Zeitraum von mehreren Jahren der ihm grundsätzlich zustehende Vergütungsanspruch vorenthalten wird und er zudem während dieses Zeitraums das Risiko einer Insolvenz des Auftraggebers trägt, hat der Bundesgerichtshof eine entsprechende Klausel für unwirksam erachtet. Folge: die Sicherungsvereinbarung entfällt vollständig; der Auftragnehmer kann die sofortige Auszahlung des einbehaltenen Betrags an sich verlangen.

9 Der angesprochene **angemessene Ausgleich** kann erfolgen, wenn die in dem Beispielsfall dargestellte vertragliche Regelung vorsieht, dass der Auftragnehmer das Recht hat, den Einbehalt durch eine Bürgschaft nach Maßgabe des § 17 VOB/B auszutauschen[2].

Nach einer Entscheidung des OLG Hamm[3] soll eine solche Klausel jedoch unwirksam sein, weil dem Auftragnehmer hierdurch das nach dem Gesetz bestehende Wahlrecht genommen werde. Diese Entscheidung setzt sich jedoch nicht mit dem bereits zitierten Urteil des BGH aus dem Jahr 2003 auseinander; sie verweist zur Begründung auf eine BGH-Entscheidung aus dem Jahr 2009,[4] die sich jedoch nicht auf einen Austausch des Einbehalts durch eine selbstschuldnerische Bürgschaft bezieht, sondern auf eine Konstellation, bei der der Austausch des Einbehalts nur durch eine Bürgschaft erfolgen sollte, in der der Bürge auf sämtliche Einreden aus § 767 BGB verzichtet[5]. Richtigerweise ist daher die Wirksamkeit der eingangs zitierten Vertragsklausel mit dem Urteil des BGH vom 13.11.2003 zu bejahen. Aus Gründen der Vorsicht sollten Auftraggeber jedoch wegen der Entscheidung des OLG Hamm im Vertrag dem Auftragnehmer das Wahlrecht zwischen verschiedenen Möglichkeiten der Sicherheitsleistung, einschließlich der Möglichkeit einer Einzahlung des Sicherheitseinbehalts auf ein Sperrkonto, ausdrücklich einräumen.

---

2 Vgl. BGH, Urteil vom 13.11.2003 – VII ZR 57/02.
3 Urteil vom 10.1.2013 – 21 U 14/12, IBR 2013, 200.
4 BGH, Urteil vom 16.6.2009 – VII ZR 145/08.
5 S. unten Rn. 11.

Keinen angemessenen Ausgleich stellt es jedoch dar, wenn im Vertrag vorgesehen ist, dass der **Austausch** des Einbehalts nur durch eine **Bürgschaft auf erstes Anfordern** erfolgen kann, was mittlerweile in § 17 Abs. 4 Satz 3 VOB/B ausdrücklich geregelt ist.

Eine unzulässige Einschränkung des Wahlrechts des Auftragnehmers würde es auch darstellen, wenn die Sicherheitsleistung in einem Vertrag durch AGB des Auftraggebers so geregelt ist, dass sie allein durch Stellung einer Bürgschaft auf erstes Anfordern erbracht werden kann. Wegen der besonderen Ausgestaltung dieser speziellen Bürgschaftsform ist sie einem **Bareinbehalt** grundsätzlich gleichzusetzen und daher aus den oben dargestellten Gründen unwirksam. 10

Die zuvor dargestellten Grundsätze für eine Bürgschaft auf erstes Anfordern gelten nach der Rechtsprechung des BGH auch für den Fall, dass in AGB des Auftraggebers dem Auftragnehmer das Recht eingeräumt wird, einen Bareinbehalt durch eine Bürgschaft abzulösen, die den Verzicht auf sämtliche Einreden aus § 767 BGB enthält. Das hat der BGH jedenfalls für die Sicherheitsleistung für Mängelansprüche so entschieden. 11

Das in § 17 Abs. 3 VOB/B vorgesehene Wahlrecht des Auftragnehmers hat zur Folge, dass er nicht nur zwischen den dort genannten Sicherheitsarten wählen, sondern auch den jederzeitigen und beliebigen Austausch einer einmal gestellten Sicherheit gegen ein anderes in § 17 Abs. 2 VOB/B genanntes Sicherungsmittel verlangen darf. Stellt der Auftragnehmer ein solches **Austauschverlangen**, ist der Auftraggeber verpflichtet, die zunächst geleistete Sicherheit zurückzugeben, wenn er die ihm zum Austausch gestellte und geeignete Sicherheit entgegengenommen hat. 12

Beispielfall: 13

In einem Bauvertrag haben die Parteien wirksam eine Sicherheitsleistung für Mängelansprüche durch Bareinbehalt, ablösbar durch Bankbürgschaft vereinbart. Nach Abnahme treten Mängel auf, deren Beseitigung der Auftraggeber unter Fristsetzung verlangt. Nach Ablauf der Frist übersendet der Auftragnehmer dem Auftraggeber eine Bankbürgschaft und fordert ihn auf, den Bareinbehalt auszuzahlen.

In dieser Situation wird der Auftraggeber geneigt sein, den Barbeinbehalt zu verwerten, also mit den Mängelbeseitigungskosten aus der Ersatzvornahme zu verrechnen und die Bürgschaft als „zusätzliche" Sicherheit zu behalten. Dazu ist er nach der Rechtsprechung des BGH jedoch nicht berechtigt. Ist der Sicherheitsfall eingetreten, hat also der Auftraggeber einen Mangelanspruch gegen den Auftragnehmer (hier beispielsweise einen Anspruch auf Kostenvorschuss für die Mängelbeseitigung), muss sich der Bauherr entscheiden und seine Entscheidung unverzüglich dem Auftragnehmer gegenüber erklären, da es anderenfalls beim Austauschrecht des Auftragnehmers bleibt. Entscheidet er sich also dazu, den Barbeinbehalt zu verwerten und teilt dies dem Auftragnehmer unverzüglich mit, hat er die Bankbürgschaft an den Auftragnehmer zurückzureichen. Anderenfalls ist der Einbehalt zur Erfüllung des Austauschrechts auszuzahlen. 14

Ist der Sicherungsfall noch nicht eingetreten, muss der Auftraggeber die ersetzte Sicherheit (hier den Barbeinbehalt) herausgeben. Ihm steht insoweit auch kein Zurückbehaltungsrecht zu, beispielsweise verbunden mit der Aufforderung, vorhandene Mängel, deren Beseitigung bislang nicht verlangt worden war, zu beseitigen. Auch ist der Auftraggeber nicht berechtigt, den auszuzahlenden Einbehalt mit Ansprüchen beispielsweise aus anderen Bauvorhaben zu verrechnen. Bis zur Auszahlung des Einbehalts kann in dieser Situation der Auftragnehmer daher die Beseitigung von Mängeln verweigern, die der Auftraggeber von ihm verlangt. 15

Für den bereits beschriebenen Fall, dass der Auftragnehmer den Austausch eines Bareinbehalts durch Bürgschaft fordert, hat der BGH zudem entschieden, dass die Stellung der Bürgschaft und das Recht des Auftraggebers diese zu behalten, unter der auflösenden Bedingung steht, dass der Sicherheitseinbehalt in bar ausgezahlt wird. Verweigert der Auftraggeber die Auszahlung des Bareinbehalts, tritt die **auflösende Bedingung** ein. Das Recht die Bürgschaft zu behalten entfällt und der Auftraggeber hat diese zurückzugeben. In Anlehnung an diese 16

Rechtsprechung des BGH hat das Landgericht Berlin in einer Entscheidung aus dem Jahr 2015[6] festgestellt, dass die Auflösende Bedingung auch dann eintritt, wenn der Auftraggeber sich nicht unverzüglich gegenüber dem Auftragnehmer dazu erklärt, ob er den Sicherheitseinbehalt verwertet.

Die vom BGH entwickelten Grundsätze sind aus Sicht des Auftragnehmers vor allem im Fall der Insolvenz des Auftraggebers von Bedeutung. Durch den Eintritt der auflösenden Bedingung verliert auch der Insolvenzverwalter das Recht die Bürgschaft zu behalten und für die Insolvenzmasse zu verwerten. Er muss die Sicherheit an den Auftragnehmer herausgeben.

D. § 17 Abs. 4 VOB/B: Sicherheitsleistung durch Bürgschaft

I. Allgemeines

17 Eine der häufigsten Formen der Sicherheitsleistungen ist die Sicherheit durch eine Bürgschaft. Die gesetzlichen Regelungen zur Bürgschaft finden sich in den §§ 765 ff. BGB. Die Bürgschaft ist dadurch charakterisiert, dass der Bürge (normalerweise eine Bank oder ein Versicherungsunternehmen) eine eigene Schuld gegenüber dem Auftraggeber übernimmt, sodass der Auftraggeber mit der Bürgschaft auch einen eigenen Anspruch gegen den Bürgen erhält. Deshalb hat sie im Bauwesen eine recht große Bedeutung erhalten, zumal der Auftraggeber mit dem Bürgen einen wirtschaftlich starken und mit guter Bonität versehenen Schuldner erlangt. Trotz des eigenen Anspruchs gegen den Bürgen ist der Inhalt und der Umfang der Schuld des Bürgen von der Hauptschuld, also von demjenigen Anspruch abhängig, den der Auftraggeber gegenüber dem Auftragnehmer besitzt (juristisch wird dieses Akzessorietät genannt). Ist also beispielsweise ein Mangelanspruch des Auftraggebers gegenüber dem Auftragnehmer verjährt, kann dieser Anspruch auch nicht mehr aus der Bürgschaft befriedigt werden.

18 ***Praxistipp:***

Um den Inhalt und den Umfang der Bürgenhaftung von vornherein genau festzulegen, empfiehlt es sich, dieses im Vertrag ausführlich zu regeln und Mustertexte für Bürgschaften als Anlage dem Vertrag beizufügen. Dadurch wird erreicht, dass der Auftragnehmer gegenüber seinem Bankinstitut oder seiner Versicherung eben dieses Musterexemplar verwendet und nicht eine von dem Bürgen selbst erstellte Version vorlegt, die üblicherweise bürgenfreundliche Regelungen enthält.

19 Im Bauwesen wird üblicherweise zwischen der Vertragserfüllungsbürgschaft und der Bürgschaft für Mängelansprüche (früher: Gewährleistungsbürgschaft) unterschieden.

20 Die **Vertragserfüllungsbürgschaft** sichert die vertragsgemäße Erfüllung des Bauvertrags, d.h. die dem Auftraggeber zustehenden Ansprüche bis zur Abnahme der Leistungen. Dazu gehören beispielsweise Ansprüche auf Erstattung von Verzugsschäden, auf Zahlung einer Vertragsstrafe oder auf Erstattung von Mehrkosten, die dem Auftraggeber nach Kündigung des Vertrags durch die Fertigstellung durch Drittunternehmen entstehen.

21 Die **Bürgschaft für Mängelansprüche** sichert demgegenüber die in § 13 VOB/B geregelten Mängelansprüche des Auftraggebers nach Abnahme der Leistungen. Dies gilt unabhängig davon, ob sich der Auftraggeber die Mängel bereits im Abnahmeprotokoll vorbehalten oder erst nach der Abnahme entdeckt und gerügt hat (etwas anderes gilt nur für diejenigen Mängel, die bereits vor Abnahme gerügt wurden: diese werden durch die Vertragserfüllungsbürgschaft gesichert).

22 Ein weiteres häufiges Sicherungsmittel ist die sogenannte **Vorauszahlungsbürgschaft**, die häufig bei Verträgen zum Tragen kommt, in denen der Auftragnehmer durch den Erwerb und/oder die Erstellung ganzer Anlagen vor deren Einbau in das Bauwerk in Vorleistung geht,

6 LG Berlin Urteil vom 26.3.2015 – 95 O 84/14, IBR 2015, 1097

beispielsweise im Falle der Errichtung einer Aufzugsanlage. Der Auftragnehmer verlangt in solchen Fällen zur Deckung seiner vorlaufenden Aufwendungen eine Vorauszahlung. Die Vorauszahlungsbürgschaft sichert dann etwaige Rückzahlungsansprüche des Auftraggebers für den Fall, dass der Auftragnehmer seine Leistungen nicht oder nicht vollständig erfüllt. Anders als bei der Vertragserfüllungsbürgschaft und der Bürgschaft für Mängelansprüche kann eine Vorauszahlungsbürgschaft auch auf **erste Anforderung** ausgestellt werden, allerdings ist bei der Formulierung einer solchen Bürgschaft große Vorsicht geboten, da diese Ausnahme nur für eine „echte" Vorauszahlungsbürgschaft gilt, die also nur den Rückzahlungsanspruch sichert. Enthält sie auch Elemente einer Vertragserfüllungsbürgschaft, wäre das Verlangen einer Sicherheit auf erstes Anfordern unzulässig, eine entsprechend gestaltete und vom Auftraggeber gestellte Vertragsklausel unwirksam.

II. Die Anerkennung des Bürgen als tauglich

Gemäß § 17 Abs. 4 Satz 1 VOB/B muss der Auftraggeber den Bürgen als tauglich anerkannt haben, wobei § 17 Abs. 2 VOB/B ohnehin nur solche Kreditinstitute oder Kreditversicherer als taugliche Bürgen zulässt, die in der EU, dem europäischen Wirtschaftsraum oder einem Vertragsstaat des WTO-Übereinkommens zugelassen sind. Informationen hierüber finden sich in den Veröffentlichungen im Amtsblatt der Europäischen Union oder bei der Bundesanstalt für Finanzdienstleistungsaufsicht (BaFin). Bei den in § 17 Abs. 2 VOB/B genannten Bürgen ist regelmäßig davon auszugehen, dass diese die ausreichende Bonität besitzen, um als Bürge in Betracht zu kommen. **23**

III. Schriftform

Gemäß § 17 Abs. 4 Satz 2 VOB/B muss die Bürgschaftserklärung schriftlich ausgestellt sein, sodass der Auftraggeber eine nicht der Schriftform entsprechende Bürgschaftserklärung zurückweisen darf. **24**

IV. Selbstschuldnerische Bürgschaft

In § 17 Abs. 4 Satz 2 VOB/B ist geregelt, dass die Bürgschaftserklärung „unter Verzicht auf die Einrede der Vorausklage abzugeben" ist. Eine in dieser Form abgegebene Bürgschaft wird juristisch als **selbstschuldnerische Bürgschaft** bezeichnet. Das bedeutet, dass der Auftraggeber nicht erst einen Anspruch gegen seinen Auftragnehmer durchgesetzt und einen Vollstreckungsversuch erfolglos durchgeführt haben muss, bevor er gegen den Bürgen vorgehen kann. Durch den Verzicht auf die Einrede der Vorausklage ist der Auftraggeber berechtigt, direkt gegen den Bürgen zu klagen. **25**

V. Unbefristete Bürgschaft

Die Bürgschaft muss unbefristet ausgestellt sein, d.h. sie darf keine zeitliche Begrenzung enthalten. Oft versuchen Bürgen, in die Bürgschaftstexte zeitliche Begrenzungen aufzunehmen und die Bürgschaft beispielsweise auf den Zeitraum der Verjährung von Mängelansprüchen zu begrenzen. Eine solche Bürgschaft widerspricht jedoch den Festlegungen aus § 17 Abs. 4 Satz 2 VOB/B, sodass ein entsprechender Bürgschaftstext vom Auftraggeber zurückgewiesen werden kann und auch zurückgewiesen werden sollte. Zwar existieren Formulierungen, die wie eine zeitliche Begrenzung klingen, weil sie auf einen konkreten, zeitlich bestimmbaren Zeitpunkt abstellen, inhaltlich jedoch lediglich den Bürgschaftsgegenstand bestimmen, also in rechtlicher Hinsicht keine zeitliche Begrenzung sind. Um diese komplizierten Auslegungsfragen zu vermeiden, sollte der Auftraggeber darauf bestehen, dass die Bürgschaft insoweit eindeutig formuliert ist, also das Wort „unbefristet" enthält. **26**

Zwar verlangt § 17 Abs. 4 Satz 2 VOB/B, dass die Bürgschaftserklärung zeitlich unbegrenzt ausgestellt sein muss; nicht gefordert wird in dieser Vorschrift indes, dass der Bürge auf sein **27**

Recht zur Hinterlegung des Bürgschaftsbetrags verzichten muss. Dadurch kommt es häufig vor, dass sich Bürgen genau dieses Recht in der Bürgschaft vorbehalten. Das ist, wie gesagt, grundsätzlich zulässig, sodass der Auftraggeber eine entsprechend ausgestellte Bürgschaft nicht unter Verweis auf § 17 Abs. 4 Satz 2 VOB/B zurückweisen darf. Das Recht zur Hinterlegung ist jedoch für den Auftraggeber nachteilig, da er über den bei der Hinterlegungsstelle hinterlegten Betrag nur nach Zustimmung der Beteiligten verfügen darf, die er äußerstenfalls auf Zustimmung verklagen müsste. Es ist daher ratsam, bereits im Bauvertrag bei der Formulierung der Ausgestaltung der Bürgschaft vorzusehen, dass der Bürge auf sein Recht zur Hinterlegung des Bürgschaftsbetrags verzichtet.

VI. Verjährung

28 Wie unter Rn. 17 bereits dargestellt, ist die Bürgschaftsschuld akzessorisch, d.h. sie hängt vom Inhalt, Umfang und Bestehen der Hauptforderung des Auftraggebers gegen den Auftragnehmer ab, sodass beispielsweise der Bürge nicht mehr in Anspruch genommen werden kann, wenn der Mangelanspruch des Auftraggebers gegen den Auftragnehmer bereits verjährt ist.

29 Da die Bürgschaftsschuld aber, wie ebenfalls bereits dargestellt, einen eigenständigen Anspruch des Auftraggebers gegenüber dem Bürgen darstellt, kann diese auch unabhängig von der Hauptschuld, d.h. auch vor der Hauptschuld verjähren. Der Anspruch aus der Bürgschaft verjährt nämlich gemäß § 195 BGB in der sogenannten regelmäßigen Verjährungsfrist von drei Jahren, beginnend mit der Entstehung des Anspruchs und der Kenntnis bzw. dem Kennenmüssen des Auftraggebers von den anspruchsbegründenden Umständen. Der Bürgschaftsanspruch seinerseits entsteht mit Fälligkeit der gesicherten Forderung, was für den Auftraggeber große Gefahren birgt.

30 ***Beispiel:***

Der Auftraggeber vereinbart mit dem Auftragnehmer eine Verjährungsfrist für Mängelansprüche von fünf Jahren. Sicherheit wird geleistet durch Stellung einer Bürgschaft nach den Vorgaben aus § 17 VOB/B. Im ersten Jahr der Verjährungsfrist stellt der Auftraggeber einen Mangel fest, den er mit Fristsetzung zur Mängelbeseitigung gegenüber dem Auftragnehmer rügt. Es folgt ein längerer Zeitraum, in dem sich die Bauvertragsparteien über die Mangelbeseitigungspflicht des Auftragnehmers auseinandersetzen. Im fünften Jahr und vor Beseitigung der Mängel fällt der Auftragnehmer in die Insolvenz. Der Auftraggeber wendet sich an den Bürgen und verlangt Kostenvorschuss für die Beseitigung der gerügten Mängel. Der Bürge wendet die Verjährung des Bürgschaftsanspruchs ein. Zu recht. Zwar ist die Hauptforderung noch nicht verjährt, da die Verjährungsfrist der Mängelansprüche noch nicht abgelaufen war. Die Verjährungsfrist der dreijährigen Verjährung des Bürgschaftsanspruchs begann jedoch bereits im ersten Jahr nach Abnahme, da mit Ablauf der Fristsetzung zur Mängelbeseitigung bereits der Kostenvorschussanspruch des Auftraggebers gegenüber dem Auftragnehmer entstanden war, mithin auch der Bürgschaftsanspruch fällig wurde.

31 Um dieses für den Auftraggeber missliche Ergebnis zu vermeiden, sollte in den Bauverträgen vorgesehen werden, dass der Bürgschaftsanspruch nicht vor der gesicherten Hauptforderung verjährt. Von dieser Problematik zu unterscheiden ist der bereits angesprochene Fall der Verjährung der Hauptschuld des Auftraggebers gegen den Auftragnehmer. Dies führt zum Entfall der Bürgenhaftung. Der Bürge kann sich auf die Verjährung der gesicherten Forderung auch noch dann berufen, wenn diese erst nach Erhebung der Bürgschaftsklage oder erst nach Verurteilung des Bürgen eintritt.

Praxistipp: 32

Es ist häufig zu beobachten, dass sich Auftraggeber nach Auftreten von Mängeln direkt an einen Bürgen wenden und Kostenvorschuss verlangen. Sie „vergessen" dabei vollständig das Rechtsverhältnis zu ihrem Auftragnehmer. Da Verhandlungen mit dem Bürgen jedoch keine Hemmung der Verjährungsfrist im Verhältnis zwischen Auftraggeber und Auftragnehmer bewirken, kann es dem Auftraggeber passieren, dass nach langen Verhandlungen mit dem Bürgen die Verjährung des Hauptanspruchs eintritt und der Bürge frei wird.

Es ist daher ratsam, in jedem Fall gegen den Auftragnehmer verjährungshemmende Maßnahmen einzuleiten (Klage, selbstständiges Beweisverfahren) oder aber für die Dauer der Verhandlungen mit dem Bürgen einen Verzicht auf die Einrede der Verjährung mit dem Auftragnehmer zu vereinbaren.

E. § 17 Abs. 5 VOB/B: Sicherheitsleistung durch Hinterlegung von Geld

Diese Art der Sicherheitsleistung, bei der der Auftragnehmer selbst Geld hinterlegt, hat in der Praxis kaum Relevanz, da eine Sicherheit durch Geldleistung üblicherweise durch einen **Bareinbehalt** vorgenommen wird. Die in § 17 Abs. 5 VOB/B geregelte Sicherheit durch Hinterlegung muss auf einem sogenannten „Und-Konto" erfolgen. Die Parteien sollten sich bereits bei Vertragsschluss auf ein Bankinstitut einigen. 33

F. § 17 Abs. 6 VOB/B: Sicherheitsleistung durch Einbehalt von Zahlungen

Der wohl häufigste Fall der Sicherheitsleistung ist die Sicherheit durch den Einbehalt von Zahlungen, die in § 17 Abs. 6 VOB/B geregelt ist. Auf der Grundlage einer entsprechenden Sicherungsabrede im Vertrag ist der Auftraggeber, soweit nichts anderes vereinbart, grundsätzlich berechtigt, von jeder Zahlung einen Einbehalt vorzunehmen, wobei der jeweilige Einbehalt höchstens 10% betragen darf, bis der sich aus dem Vertrag ergebende vereinbarte Gesamtbetrag der Sicherheitssumme erreicht ist. Werden im Anwendungsbereich des § 13b UStG Nettorechnungen gestellt, ist der jeweilige Nettorechnungsbetrag maßgeblich; ansonsten kommt es auf den Bruttorechnungsbetrag an. 34

Der Auftraggeber ist gemäß § 17 Abs. 6 Satz 3 VOB/B verpflichtet, den jeweils einbehaltenen Betrag unverzüglich, klar und unmissverständlich gegenüber dem Auftragnehmer mitzuteilen. Aus Beweisgründen empfiehlt es sich, diese Mitteilung schriftlich zu machen. Sollte der Auftraggeber diese Mitteilung unterlassen, kann er sich schadenersatzpflichtig machen. 35

Mit der Mitteilung beginnt ein Zeitraum von 18 Tagen, innerhalb dessen der Auftraggeber den einbehaltenen Betrag auf ein Sperrkonto bei dem im Vertrag vereinbarten Geldinstitut einzuzahlen hat. Es muss sich bei dem Sperrkonto gemäß § 17 Abs. 5 VOB/B um ein sogenanntes **„Und-Konto"** handeln, über welches Auftraggeber und Auftragnehmer nur gemeinsam verfügen können. Ist im Vertrag ein Bankinstitut noch nicht vereinbart worden, sollte der Auftraggeber dem Auftragnehmer rechtzeitig vor Einzahlung des Einbehalts das Bankinstitut mitteilen, bei dem er das Sperrkonto einrichten möchte, und den Auftragnehmer um Zustimmung bitten bzw. den Auftragnehmer auffordern, ein eigenes Bankinstitut zu benennen. Mit der Einzahlung des Betrags auf das Sperrkonto muss der Auftraggeber das kontoführende Institut veranlassen, dass dieses den Auftragnehmer von der Einzahlung des Sicherheitsbetrags benachrichtigt. Die auf dem Sperrkonto anfallenden Zinsen stehen dem Auftragnehmer zu. 36

§ 17 Abs. 6 Nr. 3 VOB/B regelt den Fall, dass der Auftraggeber den einbehaltenen Betrag nicht rechtzeitig, also nicht innerhalb von 18 Tagen nach Mitteilung auf ein Sperrkonto einzahlt. In diesem Fall ist der Auftragnehmer berechtigt, dem Auftraggeber eine angemessene Nachfrist zu setzen, wobei eine Frist von ca. acht bis zehn Tagen als angemessen gelten dürfte. 37

38 ***Praxishinweis:***

Sollte eine zu kurze Frist gesetzt worden sein, macht dies die Fristsetzung nicht unwirksam. Die zu kurze Fristsetzung setzt automatisch eine angemessene Frist in Gang, d.h. der Auftragnehmer muss den Ablauf des angemessenen Zeitraums von acht bis zehn Tagen abwarten, um dann weitere Rechte geltend machen zu können.

*Eine Fristsetzung ist dann **entbehrlich**, wenn der Auftraggeber die Einzahlung des Sicherheitsbetrags auf ein Sperrkonto endgültig verweigert. Einer solchen Verweigerung steht es gleich, wenn der Auftraggeber die Auffassung vertritt, er schulde keine Auszahlung des Sicherheitseinbehalts.*

Ist die angemessene Nachfrist erfolglos verstrichen oder hat der Auftraggeber die Einzahlung des Sicherheitseinbehalts auf das Sperrkonto endgültig verweigert, kann der Auftragnehmer die sofortige Auszahlung des Sicherheitseinbehalts an sich verlangen. Dies gilt auch dann, wenn die Frist nur geringfügig überschritten ist. Weitere, für den Auftraggeber negative Folge des Verstreichenlassens der Frist ist, dass er seinen Anspruch auf Sicherheitsleistung vollständig verliert, allerdings nur insoweit, als er sich vertragswidrig verhalten hat. Sollte er bereits vor Verstreichen der Frist andere Sicherheitsbeträge fristgemäß auf ein Sperrkonto einbezahlt haben, bleibt es bei der insoweit bestehenden Sicherheit.

*Der Auftraggeber sollte aus mehreren Gründen mit der Einzahlung des Sicherheitseinbehalts auf das Sperrkonto äußerst umsichtig und sorgfältig umgehen. Zum einen kann er, wie dargestellt, seinen Anspruch auf Sicherheit verlieren. Darüber hinaus kann sich der Auftraggeber bei Verletzung dieser Pflicht gegenüber dem Auftragnehmer schadenersatzpflichtig machen. Schließlich haben einige Oberlandesgerichte die Einzahlungspflicht des Auftraggebers als eine sogenannte **qualifizierte Vermögensbetreuungspflicht** eingeordnet mit der Folge, dass deren Verletzung den Straftatbestand der Untreue erfüllen kann.*

Öffentliche Auftraggeber sind gemäß § 17 Abs. 6 Nr. 4 VOB/B berechtigt, einbehaltene Beträge auf ein eigenes Verwahrgeldkonto zu nehmen. Dieser Betrag wird nicht verzinst. Die Vorschrift gilt allerdings nicht für juristische Personen des Privatrechts, auch wenn diese von der öffentlichen Hand kontrolliert werden bzw. in deren Eigentum stehen.

G. Höhe der Sicherheit

39 Auftraggeber und Auftragnehmer sollten die Höhe der Sicherheitsleistung bereits im Bauvertrag vereinbaren. Dies geschieht üblicherweise in Form der Festlegung eines Prozentsatzes der Auftragssumme oder der Abrechnungssumme. Weder in der VOB/B noch im BGB sind ausdrückliche Grenzen der Sicherheit geregelt; gleichwohl hat die Rechtsprechung Grenzen entwickelt, innerhalb derer sich die Höhe einer Sicherheitsleistung bewegen muss. Bewegt sich die Vereinbarung einer Sicherheitsleistung in vom Auftraggeber gestellten AGB außerhalb dieser Grenzen, ist die Vereinbarung unwirksam, weil sie den Auftragnehmer in unbilliger Weise belastet.

Die Rechtsprechung unterscheidet dabei zwischen Vertragserfüllungssicherheiten einerseits und Sicherheiten für Mängelansprüche andererseits.

40 Bei den **Vertragserfüllungssicherheiten** akzeptiert die Rechtsprechung eine Sicherheit in Höhe von 10% der Auftragssumme. Wird also in AGB eine Vertragserfüllungssicherheit vereinbart, die darüber hinausgeht, ist die entsprechende vertragliche Regelung unwirksam, was zum vollständigen Entfall des Anspruchs des Auftraggebers auf Vertragserfüllungssicherheit führt.

41 Bei **Sicherheiten für Mängelansprüche** erachtet die Rechtsprechung eine Sicherheit in Höhe von 5% der Bruttoabrechnungssumme für noch wirksam. Der Unterschied zur Höhe der

Vertragserfüllungsbürgschaft erklärt sich daraus, dass die Sicherheit für Mängelansprüche den Zeitraum nach Abnahme der Leistungen betrifft. Die Abnahme ist aber auch der Anknüpfungspunkt für die Fälligkeit des vollständigen Werklohns des Auftragnehmers. Deshalb stellt eine über 5% der Bruttoabrechnungssumme hinausgehende Sicherheit trotz des anerkannten Sicherungsinteresses des Auftraggebers eine übermäßige und damit unzulässige Verzögerung der Auszahlung des vollständigen Werklohns an den Auftragnehmer dar.

Ausnahmsweise kann auch in Allgemeinen Geschäftsbedingungen für bestimmte besonders schadensträchtige Bauteile, bei denen typischerweise Mängel erst nach einem längeren Zeitraum auftreten, Sicherheiten vereinbart werden, die über 5% der Bruttoabrechnungssumme hinausgehen. Anerkannt sind für derartige Bauteile bis zu 10% der Bruttoabrechnungssumme. Die Rechtsprechung hat derartige Sicherheiten akzeptiert, beispielsweise für Flachdachabdichtungen oder für Abdichtungen von Kellern gegen Feuchtigkeit. Da die Rechtsprechung bei der Bejahung derartiger Fälle jedoch äußerst zurückhaltend agiert, ist auch bei der vertraglichen Formulierung Vorsicht geboten. Eine in Allgemeinen Geschäftsbedingungen zu hoch vereinbarte Sicherheitsleistung würde zur Unwirksamkeit der gesamten Sicherungsabrede führen. **42**

Zu beachten ist, dass die Kombination von zwei (oder mehr) Sicherheiten zu einer Übersicherung des Auftraggebers führen kann, mit der Folge, dass die zugrundeliegenden Sicherungsabreden, soweit es sich dabei um vom Auftraggeber gestellte Allgemeine Geschäftsbedingungen handelt, unwirksam sind. Das gilt selbst dann, wenn die Höhe der jeweils isoliert betrachteten Sicherheit sich innerhalb der von der Rechtsprechung gezogenen Grenzen bewegt.

Praxishinweise: Ein Beispiel für eine solche Konstellation ist der vom BGH am 22.1.2015[7] entschiedene Rechtsstreit. Durch eine formularmäßige Sicherungsabrede war der Auftragnehmer dort verpflichtet, eine Vertragserfüllungsbürgschaft in Höhe von 5 % der Auftragssumme zu stellen, durch die auch Mängelrechte nach Abnahme abgesichert werden sollten. Zusätzlich vereinbart war eine Bürgschaft für Mängelansprüche in Höhe von 3 % der Auftragssumme. Die Regelung über die Rückgabe der Sicherheit ermöglichte es dem Auftraggeber die Vertragserfüllungsbürgschaft und zugleich die Bürgschaft für Mängelansprüche noch längere Zeit nach Abnahme zu behalten. Die dadurch mögliche Erhöhung der Mängelsicherheit auf 8 % erachtete der BGH als unangemessene Benachteiligung des Auftragnehmers und erklärte die (gesamte) Sicherungsabrede für unwirksam.

Eine Ausformung dieser Rechtsprechung führt dazu, dass sich in Allgemeinen Geschäftsbedingungen die Wirksamkeit einer Sicherungsabrede nicht nur anhand der Höhe beurteilt. Zu berücksichtigen ist die Ausgestaltung der Sicherungskonstruktion insgesamt. Hierfür hat die Rechtsprechung Vorgaben entwickelt. So hat der BGH beispielsweise mit Urteil vom 16.6.2016[8] seine Rechtsprechung zur Unwirksamkeit von Sicherungsabreden fortgeführt, die neben einer Sicherheit für die Vertragserfüllung in Höhe von 5 % der Bruttoauftragssumme in einem Abschlagszahlungsplan Werklohneinbehalte auch über den Zeitpunkt der vollständig erbrachten Werkleistung hinaus vorsehen.

H. § 17 Abs. 7 VOB/B: Frist zur Sicherheitsleistung des Auftragnehmers

Wie bereits erwähnt, hat der Auftragnehmer die vereinbarte Sicherheit binnen **18 Werktagen** nach Vertragsschluss zu leisten, soweit die Parteien des Bauvertrags nichts anderes vereinbart haben. Diese Frist richtet sich an den Auftragnehmer und gilt daher nicht für den Einbehalt von Zahlungen nach § 17 Abs. 6 VOB/B. Die Frist zur Stellung der Sicherheit beginnt mit Vertragsschluss und bezieht sich auch auf eine Sicherheit für Mängelansprüche, da die Vorschrift in § 17 Abs. 7 VOB/B nicht zwischen den verschiedenen Arten der Sicherheit unterscheidet. **43**

7 BGH Urteil vom 22.1.2015 – VII ZR 120/14 – BauR 2015, 832 ff.
8 BGH Urteil vom 16.6.2016 – VII ZR 29/13 – BauR 2016, 1475 ff.

44 Der Auftraggeber kann für den Fall, dass der Auftragnehmer die Sicherheit nicht fristgemäß leistet, vom Guthaben des Auftragnehmers (sprich vom offenen Werklohn) einen Betrag in Höhe der vereinbarten Sicherheit einbehalten. Der Einbehalt ist nicht auf die in § 17 Abs. 6 Nr. 1 Satz 1 VOB/B vorgesehene Grenze von 10% beschränkt, da eben diese Regelung in § 17 Abs. 7 Satz 3 VOB/B für den Fall des Vorgehens des Auftraggebers nach § 17 Abs. 7 VOB/B ausgeschlossen ist. Der Sicherheitseinbehalt muss dann wie in den anderen Fällen des § 17 Abs. 6 VOB/B auch auf ein Sperrkonto eingezahlt werden.

45 Ist der Auftraggeber nach § 17 Abs. 7 VOB/B vorgegangen und macht er von seinem Recht zum Einbehalt Gebrauch, führt dies dazu, dass der Auftragnehmer sein Wahlrecht verliert, und zwar unabhängig davon, welche Art der Sicherheit der Auftragnehmer ursprünglich nicht fristgemäß geleistet hatte. Die Parteien können jedoch auch nachträglich noch eine abweichende Regelung treffen, dem Auftragnehmer das Wahl- und Austauschrecht also nachträglich wieder zuerkennen.

46 Zu beachten ist, dass die Vorschrift des § 17 Abs. 7 VOB/B (immer für den Fall, dass die Parteien keine anderweitige Vereinbarung über die Sicherheitsleistung getroffen haben) abschließend ist, sodass der Auftraggeber für den Fall der nicht fristgerecht gestellten Sicherheit diese von Zahlungen einbehalten oder aber die Sicherheit klageweise geltend machen kann. Weitere Rechte, beispielsweise die Kündigung des Vertrags wegen der nicht fristgemäß gestellten Sicherheit, stehen dem Auftraggeber in diesem Fall nicht zu.

I. § 17 Abs. 8 VOB/B: Rückgabe der Sicherheitsleistung

47 Tritt der Sicherungsfall nicht ein, also entsteht beispielsweise während der Dauer der Durchführung des Bauvertrags kein Verzugsschadenersatzanspruch des Auftraggebers und wird auch kein sonstiger Vertragserfüllungsanspruch verletzt, darf der Auftraggeber die Sicherheit nicht verwerten. Er muss sie zurückgeben. Der Zeitpunkt der Rückgabe ist davon abhängig, ob es sich um eine Vertragserfüllungssicherheit oder um eine Sicherheit für Mängelansprüche handelt.

48 Bei einer Vertragserfüllungssicherheit im engeren Sinne ist zunächst der Zeitpunkt maßgebend, den die Parteien als Rückgabezeitpunkt im Vertrag vereinbart haben. Diese Vereinbarung kann auch stillschweigend erfolgen. Fehlt es an einer solchen Vereinbarung, ist die Vertragserfüllungssicherheit spätestens nach Abnahme der Bauleistungen zurückzugeben. Häufig wird in Bauverträgen vereinbart, dass die Rückgabe der Vertragserfüllungsbürgschaft Zug um Zug gegen Stellung einer Sicherheit für Mängelansprüche erfolgen soll. Diese sogenannte Zug-um-Zug-Übergabe rechtfertigt sich aus dem Umstand, dass der Auftragnehmer für die Stellung der Gewährleistungssicherheit vorleistungspflichtig ist. Bei der Formulierung entsprechender Sicherungsabreden ist aus Sicht des Auftraggebers wegen der bereits angesprochenen Problematik einer möglichen Übersicherung des Auftraggebers (s. Praxishinweis zu Rn. 42) Vorsicht geboten. Die Vertragserfüllungssicherheit ist nicht zurückzugeben, wenn und soweit dem Auftraggeber im Zeitpunkt der Abnahme von der Sicherheit erfasste Ansprüche zustehen, beispielsweise ein Verzugsschadenersatzanspruch oder ein Anspruch auf Vertragsstrafe. Der Auftraggeber ist dann berechtigt, die Sicherheit in Höhe des ihm zustehenden Anspruchs zurückzuhalten.

49 Eine Sicherheit für Mängelansprüche ist, sofern die Parteien im Vertrag nichts anderes regeln, nach Ablauf von zwei Jahren ab Abnahme zurückzugeben. Dies sieht § 17 Abs. 8 Nr. 2 VOB/B vor. Der Auftraggeber würde in diesem Fall bei Vereinbarung einer Verjährungsfrist von fünf Jahren die letzten drei Jahre der Verjährungsfrist für Mängelansprüche ohne Sicherheit auskommen müssen. Um dies zu vermeiden, ist es dem Auftraggeber dringend anzuraten, zulässigerweise den Rückgabezeitpunkt für die Sicherheit für Mängelansprüche an das Ende des Verjährungszeitpunkts zu knüpfen. Eine solche Vereinbarung wird allgemein als zulässig anerkannt. Gemäß § 17 Abs. 8 Nr. 2 Satz 2 VOB/B darf der Auftraggeber die Sicherheit für Mängelansprüche nach Ablauf dieses Zeitpunkts nur zurückhalten, wenn er seine noch nicht erfüllten Ansprüche geltend gemacht hat. Zur Geltendmachung reicht die Rüge des Mangels mit Frist-

setzung zu dessen Beseitigung innerhalb unverjährter Zeit aus. Wenn also der Mangel vor der Verjährung ordnungsgemäß gerügt worden ist, ist der Auftraggeber berechtigt, die Sicherheit auch nach Verjährung des Mangels zu verwerten (ein Anspruch auf Kostenvorschuss für die Mängelbeseitigung oder Erstattung von Mängelbeseitigungskosten könnte gegenüber dem Auftragnehmer jedoch nicht mehr durchgesetzt werden, da dieser die Verjährung einwenden könnte).

Gerade bei Auftragnehmern, die nicht über größere Kapazitäten in der Buchhaltung verfügen, kommt es immer wieder vor, dass die Rückforderung von Sicherheiten nach Ablauf der Verjährungsfrist schlicht vergessen wird. Dies kann gravierende Folgen haben, wenn sich das Vergessen über einen Zeitraum von mehreren Jahren hinzieht. Der Rückgabeanspruch wird nämlich fällig mit Ablauf des Zeitpunkts, zu dem die Rückgabe vereinbart worden ist. Er verjährt in drei Jahren. Auftragnehmer sind daher gehalten, zur Vermeidung der Verjährung die Fälligkeitszeitpunkte und die Verjährungszeitpunkte sorgfältig zu notieren und zu überwachen. **50**

§ 18 VOB/B
Streitigkeiten

(1) Liegen die Voraussetzungen für eine Gerichtsstandvereinbarung nach § 38 der Zivilprozessordnung vor, richtet sich der Gerichtsstand für Streitigkeiten aus dem Vertrag nach dem Sitz der für die Prozessvertretung des Auftraggebers zuständigen Stelle, wenn nichts anderes vereinbart ist. Sie ist dem Auftragnehmer auf Verlangen mitzuteilen.

(2) 1. Entstehen bei Verträgen mit Behörden Meinungsverschiedenheiten, so soll der Auftragnehmer zunächst die der auftraggebenden Stelle unmittelbar vorgesetzte Stelle anrufen. Diese soll dem Auftragnehmer Gelegenheit zur mündlichen Aussprache geben und ihn möglichst innerhalb von 2 Monaten nach der Anrufung schriftlich bescheiden und dabei auf die Rechtsfolgen des Satzes 3 hinweisen. Die Entscheidung gilt als anerkannt, wenn der Auftragnehmer nicht innerhalb von 3 Monaten nach Eingang des Bescheides schriftlich Einspruch beim Auftraggeber erhebt und dieser ihn auf die Ausschlussfrist hingewiesen hat.

2. Mit dem Eingang des schriftlichen Antrages auf Durchführung eines Verfahrens nach Nummer 1 wird die Verjährung des in diesem Antrag geltend gemachten Anspruchs gehemmt. Wollen Auftraggeber oder Auftragnehmer das Verfahren nicht weiter betreiben, teilen sie dies dem jeweils anderen Teil schriftlich mit. Die Hemmung endet 3 Monate nach Zugang des schriftlichen Bescheides oder der Mitteilung nach Satz 2.

(3) Daneben kann ein Verfahren zur Streitbeilegung vereinbart werden. Die Vereinbarung sollte mit Vertragsabschluss erfolgen.

(4) Bei Meinungsverschiedenheiten über die Eigenschaft von Stoffen und Bauteilen, für die allgemein gültige Prüfungsverfahren bestehen, und über die Zulässigkeit oder Zuverlässigkeit der bei der Prüfung verwendeten Maschinen oder angewendeten Prüfungsverfahren kann jede Vertragspartei nach vorheriger Benachrichtigung der anderen Vertragspartei die materialtechnische Untersuchung durch eine staatliche oder staatlich anerkannte Materialprüfungsstelle vornehmen lassen; deren Feststellungen sind verbindlich. Die Kosten trägt der unterliegende Teil.

(5) Streitfälle berechtigen den Auftragnehmer nicht, die Arbeiten einzustellen.

A. Gerichtsstandsvereinbarungen (Abs. 1)

I. Grundsätzliches

§ 18 Abs.1 gilt nach dem Wortlaut nur für Bauverträge mit Auftraggebern der öffentlichen Hand. Denn private Auftraggeber haben keine „für die Prozessvertretung des Auftraggebers zuständige Stelle". Ein privater Auftraggeber hat vielmehr einen Hauptsitz, gegebenenfalls **1** auch Zweigniederlassungen sowie eine für die Vertretung zuständige Geschäftsführung. An deren Sitz kann er klagen und verklagt werden. „Zuständige Stellen" sind eigentlich nicht vorgesehen. Dennoch wird in der Literatur vielfach vertreten, dass § 18 Abs. 1 auch auf private Auftraggeber anwendbar sei. Ein Argument hierfür ist, dass in Abs. 2 ausdrücklich von „Behörden" die Rede ist, in Abs. 1 jedoch nicht. Die Anwendbarkeit auf private Auftraggeber ist vor diesem Hintergrund umstritten. Der Bundesgerichtshof hat jedoch 2009 klargestellt, dass die Regelung nicht auf private Auftraggeber anwendbar ist – und damit einen langjährigen Meinungsstreit entschieden. In der Praxis empfiehlt es sich, im Bauvertrag einen Gerichtsstand zu vereinbaren, so dass der vorgenannte Streit irrelevant ist.

2 § 18 Abs. 1 VOB/B besagt nichts anderes, als dass der Auftraggeber eine Erleichterung erfährt, wenn es um die Festlegung des Gerichtsstands geht. Liegen die Voraussetzungen für eine wirksame Gerichtsstandsvereinbarung vor – und nur dann – enthält § 18 Abs. 1 zwei Alternativen: Entweder wurde von den Vertragspartnern eine Gerichtsstandsvereinbarung nach § 38 ZPO getroffen, dann gilt der dort vereinbarte Gerichtsstand, oder es wurde keine Gerichtsstandsvereinbarung getroffen, dann gilt die Rechtsfolge des § 18 Abs. 1 VOB/B, nämlich, dass der Auftraggeber am Sitz der für seine Prozessvertretung zuständigen Stelle klagen und verklagt werden kann. § 18 Abs. 1 gilt sowohl für Aktiv- als auch für Passivprozesse.

3 Sinn der Vorschrift war es ursprünglich, insbesondere der öffentlichen Hand die Prozessführung zu erleichtern, da sie meist nicht so flexibel ist wie ein privater Auftraggeber. Es soll vermieden werden, dass der Auftragnehmer seine Auswahlmöglichkeiten in Bezug auf den Gerichtsstand ausnutzt. Ein reibungsloser Verwaltungsablauf soll hiermit gesichert werden. Natürlich wird dem Auftragnehmer der oft nur durch Verwaltungsvorschriften festgelegte Sitz der zuständigen Stelle nicht immer bekannt sein (diese Stelle wird in der Praxis jedoch oft schon im Vertrag benannt). Aus diesem Grund gewährt § 18 Abs. 1 Satz 2 dem Auftragnehmer ein Auskunftsrecht. Er kann also vor einer beabsichtigten Klageerhebung eine entsprechende Auskunft verlangen.

4 In § 18 Abs. 1 ist nur die örtliche Zuständigkeit des Gerichts geregelt, nicht die sachliche. Letztere richtet sich unverändert nach § 23 GVG.

II. Voraussetzungen

5 Zunächst müssen die Voraussetzungen für eine wirksame Gerichtsstandsvereinbarung vorliegen. Diese sind in § 38 ZPO definiert. Demnach muss es sich bei den Vertragspartnern um Vollkaufleute, juristische Personen des öffentlichen Rechts oder um öffentlich-rechtliches Sondervermögen (z.B. Bundeseisenbahnvermögen) handeln.

6 Ein Nichtkaufmann fällt also nicht unter die Regelung in § 18 Abs. 1, weil er von vorneherein keine wirksame Gerichtsstandsvereinbarung abschließen kann. Andererseits sind Bauunternehmen fast immer Vollkaufleute, entweder als Kaufmann per Rechtsform, wenn es sich um eine GmbH oder Aktiengesellschaft handelt (Formkaufmann), oder in ihrer Eigenschaft als Gewerbebetrieb in der Form der OHG oder Kommanditgesellschaft. Bei VOB-Verträgen der öffentlichen Hand dürften daher die Voraussetzungen für die Zulässigkeit einer Gerichtsstandsvereinbarung fast immer vorliegen. Bei Bauverträgen mit einem privaten Auftraggeber hingegen ist § 18 Abs. 1 nicht anwendbar (siehe oben Rn. 1).

7 Zu beachten ist, dass bei öffentlichen Auftraggebern die ausschreibende oder Vergabestelle oft nicht identisch ist mit der in § 18 Abs. 1 genannten „zuständigen Stelle". Dem Auftragnehmer ist daher bei Verträgen mit der öffentlichen Hand dringend zu raten, sich die richtige Stelle nebst genauer Adresse schriftlich mitteilen zu lassen.

8 Erfolgt keine Auskunft seitens des Auftraggebers oder eine falsche, so macht er sich gegenüber dem Auftragnehmer schadensersatzpflichtig. Dies ist insbesondere dann relevant, wenn der Auftragnehmer auf Grund der fehlenden oder falschen Auskunft des Auftraggebers beim falschen Gericht Klage erhebt und diese kostenpflichtig zurücknehmen muss. Die Kosten hierfür hat in diesen Fällen der Auftraggeber zu tragen.

B. Verträge mit Behörden; Meinungsverschiedenheiten (Abs. 2)

Die Bestimmung des § 18 Abs. 2 VOB/B, die ausdrücklich und unstreitig nur für Behörden gilt, dient der Vermeidung von Prozessen. Bei Verträgen mit Behörden (als Auftraggeber) soll der Auftragnehmer vor Erhebung einer Klage zunächst die vorgesetzte Stelle der auftraggebenden Behörde anrufen. Diese soll dem Auftragnehmer Gelegenheit zur mündlichen Aussprache geben und innerhalb von zwei Monaten eine schriftliche Entscheidung mitteilen. Nach Zugang dieses Bescheids muss der Auftragnehmer innerhalb von drei Monaten Einspruch erheben, wenn er mit der Entscheidung nicht einverstanden ist. Es handelt sich hierbei um eine Ausschlussfrist, nach deren Ablauf die Entscheidung der vorgesetzten Stelle als anerkannt gilt. **9**

Daraus wird ersichtlich, dass die Anrufung der vorgesetzten Stelle auch handfeste Rechtsfolgen für den Auftragnehmer haben kann. Diese sind zwar angesichts der großzügigen Fristen nicht unangemessen, können jedoch bei Fristversäumung gravierend sein. Ab Anrufung muss der Auftragnehmer Vorsicht walten lassen und die Fristen genau notieren. **10**

Die Bestimmung gewährt dem Auftragnehmer ein Recht, es handelt sich nicht um eine Pflicht zur Anrufung der vorgesetzten Stelle. Wenn also der Auftragnehmer diesem Weg keine Aussicht auf Erfolg einräumt, kann er selbstverständlich gleich klagen. Die unterlassene Anrufung nach § 18 Abs. 2 stellt dann kein Prozesshindernis dar. **11**

Für die Anrufung besteht weder eine Frist noch eine Formvorschrift. Selbstverständlich sollte jedoch aus Beweisgründen die Anrufung unbedingt schriftlich erfolgen. **12**

Voraussetzung hierfür ist jedoch zunächst, dass es eine „vorgesetzte Stelle" im Sinne von § 18 Abs. 2 gibt. Es muss sich um ein echtes Überordnungsverhältnis handeln, wobei umstritten ist, ob hier auch die Aufsichtsbehörden in Betracht kommen. Denn diese sind zwar in bestimmter Hinsicht weisungsbefugt, jedoch nicht in jeder zivilrechtlichen Angelegenheit der auftraggebenden Behörde. Dies gilt insbesondere im Verhältnis der Kommunen zu ihren Aufsichtsbehörden. Hier wird man jedoch davon ausgehen können, dass die Aufsichtsbehörde als „vorgesetzte Stelle" im Sinne des § 18 Abs. 2 VOB/B gelten kann und auch hierfür geeignet ist. Denn in diesem behördeninternen Verhältnis ist eine „schlichtende" Mitwirkung der Aufsichtsbehörde durchaus üblich, so dass in vielen Fällen beide beteiligten Behördenstellen einem Verfahren nach § 18 Abs. 2 zustimmen dürften. Wenn hier keine klare Aussage der beiden Behörden erfolgt, sollte sich der Auftragnehmer nicht darauf einlassen, sondern seine Ansprüche ohne das Verfahren nach Abs. 2 verfolgen. **13**

Auch für das Verfahren nach § 18 Abs. 2 besteht eine Auskunftspflicht für den behördlichen Auftraggeber. Es handelt sich um eine bauvertragliche Nebenpflicht, deren Verletzung schadensersatzpflichtig macht. Es gelten insofern dieselben Grundsätze wie bei Abs. 1 (siehe oben Rn. 8). **14**

Wichtig ist, dass Abs. 2 Nr. 1 Satz 2 vorschreibt, dass die vorgesetzte Behörde dem Auftragnehmer eine Rechtsbehelfsbelehrung über die Wirkung des Bescheids und die Ausschlussfrist zukommen lässt. Unterbleibt dieser Hinweis, so entfällt die Anerkenntniswirkung und die Ausschlussfrist nach Abs. 2 Satz 3 ist unwirksam. **15**

Erlässt die vorgesetzte Stelle nicht innerhalb der 2-Monats-Frist einen Bescheid oder verweigert sonst die Mitwirkung, so besteht keine Pflicht des Auftragnehmers, weiter abzuwarten. Er kann dann ohne weiteres Klage erheben. **16**

Gegen den Bescheid der vorgesetzten Behörde muss der Auftragnehmer fristgemäß (drei Monate) Einspruch erheben, wenn er mit dem Bescheid nicht einverstanden ist. Der Einspruch muss schriftlich erfolgen (anders als bei der ersten Anrufung). Der Einspruch kann sowohl bei der auftraggebenden als auch bei der vorgesetzten Stelle eingelegt werden. Der Begriff „Einspruch" muss hierbei nicht zwingend verwendet werden, es reicht, wenn erkennbar ist, dass der Auftragnehmer mit dem Bescheid nicht einverstanden ist und sich hiergegen zur Wehr setzen will. Mit Eingang des Einspruchs ist das Verfahren nach § 18 Abs. 2 beendet und beide Parteien können auf anderem Wege, insbesondere vor Gericht, ihre Ansprüche weiter verfolgen. Da das Verfahren nach Abs. 2 nicht zwingend ist, kann der Auftragnehmer auch wäh- **17** rend des laufenden Verfahrens Klage einreichen. Er sollte jedoch, wie in Abs. 2 Nr. 2 Satz 2 erwähnt, den Auftraggeber vorher über das Scheitern des Verfahrens informieren.

18 Erfolgt innerhalb von drei Monaten nach Eingang des Bescheids der vorgesetzten Behörde kein Einspruch, so gilt dieser Bescheid als anerkannt (Abs. 2 Satz 3).

19 Nach § 18 Abs. 2 Nr. 2 hat das Verfahren vor der „vorgesetzten Stelle" verjährungshemmende Wirkung. Dies ist wichtig, weil der Auftragnehmer ja zunächst auf die Klage verzichtet, die ihrerseits der Verjährung entgegengewirkt hätte. Da dieses Abwarten im Grunde die Behörde begünstigt und ihr Gelegenheit zur außergerichtlichen Streitbeilegung gibt, darf dies nicht zu Lasten des Auftragnehmers gehen. Verjährungshemmung bedeutet quasi einen Stillstand der Verjährungsfrist, nach § 209 BGB wird der Zeitraum der Hemmung nämlich nicht in die Verjährungsfrist eingerechnet. Die Hemmung beginnt bereits mit der Anrufung der vorgesetzten Stelle. Entscheidend ist hier der Zugang des Schreibens, den der Auftragnehmer dringend nachfragen sollte. Die Hemmung endet 3 Monate nach Zugang des schriftlichen Bescheids der vorgesetzten Stelle oder nach – schriftlicher – Mitteilung eines Beteiligten, dass er das Verfahren nach § 18 Abs. 2 nicht weiter betreiben will. Ab diesem Zeitpunkt läuft also die Verjährung weiter.

C. Vereinbarung von Verfahren zur Streitbeilegung (Abs. 3)

20 Diese Regelung wurde erst 2006 in die VOB/B aufgenommen und gilt nicht nur für öffentliche Auftraggeber, sondern für alle VOB/B-Bauverträge. Sie stellt jedoch tatsächlich keine inhaltliche Neuerung dar, schon gar keine wichtige. Sie benennt vielmehr lediglich eine Selbstverständlichkeit, nämlich, dass die Vertragsparteien Regelungen zur (außergerichtlichen) Streitbeilegung vereinbaren können. Die Formulierung als Kannvorschrift unterstreicht die eher untergeordnete Bedeutung von Abs. 3.

21 Da die Vorschrift also insgesamt keinen nennenswerten Regelungsgehalt hat, ist sie lediglich als ausdrückliche Anregung zu verstehen, eine Streitbeilegung im Vertrag zu regeln.

22 Hierfür gibt es vielfältige Möglichkeiten, beispielsweise Schiedsgerichtsverfahren, Schiedsgutachterverfahren oder bloße Gesprächs- und „Eskalationsregelungen", die eine außergerichtliche Klärung durch Vermittlungsgespräche bezwecken. Eine bestimmte Empfehlung gibt § 18 Abs. 3 diesbezüglich nicht ab. Dies wäre auch wenig sinnvoll, da für jeden Einzelfall gesondert beurteilt werden muss, welche Lösung zu bevorzugen ist. Auch der Verzicht auf jegliche Streitbeilegungsklausel ist nicht zu beanstanden und stellt keineswegs etwa eine Abweichung vom Soll oder gar eine Pflichtverletzung dar. Die VOB/B nimmt hier keine Wertung vor.

23 Wenn die Parteien allerdings eine solche Regelung wollen, ist es empfehlenswert (Abs. 3 Satz 2: „sollte"), diese bereits in den Bauvertrag aufzunehmen. Eine spätere Vereinbarung ist selbstverständlich nicht ausgeschlossen. Im Falle der Vereinbarung eines Streitbeilegungsverfahrens sollten sich die Parteien klar werden, ob sie eine eher unverbindliche Streitschlichtung oder sogar eine Unterwerfung unter die Entscheidung eines Dritten im Wege einer Schiedsgutachter- oder Schiedsgerichtsabrede wollen. Eine derartige Bindungswirkung kann ein langjähriges gerichtliches Streitverfahren verhindern, birgt aber auch Risiken, da diese Drittentscheidung später oft nicht korrigierbar ist. Beim Schiedsgutachterverfahren soll ein Dritter – in der Regel ein Sachverständiger – verbindlich über eine einzelne Sachverhaltsfrage, z.B. die Mangelhaftigkeit einer Bauleistung, entscheiden. Beim echten Schiedsgerichtsverfahren werden sogar gegenseitige rechtliche Ansprüche verbindlich festgestellt. Letzteres Verfahren ist also besonders folgenreich, ein Schiedsgerichtsspruch hat unter Umständen Urteilscharakter. Die Parteien sollten sich daher in diesen Fällen vorher anwaltlich beraten lassen. Insbesondere die Besetzung des Schiedsgerichts und die Wahl der Verfahrensordnung (z.B. SGO Bau) sollten eingehend durchdacht und geregelt werden. Ferner sind gesetzliche Vorschriften zu beachten, insbesondere das Schriftformerfordernis in § 1031 ZPO.

D. Einschaltung der Materialprüfungsstelle bei Meinungsverschiedenheiten (Abs. 4)

24 Die Vorschrift regelt eine spezielle Art der Schiedsgutachterabrede. Es besteht nämlich nach Abs. 4 die Möglichkeit für beide Vertragspartner, bei Meinungsverschiedenheiten über die Eigenschaft von Stoffen und Bauteilen und über die Zulässigkeit von angewendeten Prüfungsverfahren eine materialtechnische Untersuchung durch eine anerkannte Materialprüfungsstelle durchführen zu lassen.

25 § 18 Abs. 4 gilt nicht nur für öffentliche Auftraggeber wie beispielsweise Abs. 1 und Abs. 2, sondern auch für private Vertragspartner. Insgesamt hat die Vorschrift jedoch nur geringe praktische Bedeutung. Dass es eine derartige Regelung in der VOB/B gibt, dürfte selbst vielen Baupraktikern nicht bekannt sein, weshalb die Möglichkeit nicht besonders häufig genutzt wird.

26 Die Regelung gilt nur für Streitigkeiten über die Eigenschaften von Stoffen und Bauteilen, für die es darüber hinaus allgemein gültige Prüfungsverfahren geben muss. Daraus folgt, dass Abs. 4 nur Streitigkeiten über Sacheigenschaften regelt, nicht über den Wert oder den Preis der Sache. Ob es allgemein gültige Prüfungsverfahren gibt, kann für den streitgegenständlichen Stoff bei den staatlichen Materialprüfstellen, oftmals auch bei den technischen Universitäten, angefragt werden. Die Prüfungsverfahren müssen indes auch allgemein anerkannt sein, sonst kommt § 18 Abs. 4 von vorneherein nicht zur Anwendung. Hier kommt es auf die allgemeine Anerkennung in den einschlägigen Fachkreisen an. Auch hierzu können die vorgenannten Stellen Auskunft geben.

27 Die zweite Alternative des § 18 Abs. 4 ist eine Meinungsverschiedenheit über die Zulässigkeit oder Zuverlässigkeit der bei einer Prüfung verwendeten Maschinen oder angewendeten Prüfverfahren. Hier ist die praktische Bedeutung der Vorschrift noch geringer. Voraussetzung ist, dass bereits eine Prüfung erfolgt ist und eine Vertragspartei mit der Durchführung in Bezug auf die Maschinen oder das Verfahren nicht einverstanden ist.

28 Strebt eine Vertragspartei ein Verfahren nach § 18 Abs. 4 an, so hat sie zuvor den anderen Vertragspartner zu benachrichtigen. Sinn dieser Regelung ist es, dem anderen Vertragspartner Gelegenheit zur Gegendarstellung zu geben und sich rechtzeitig mit dem Verfahren und dem Streitpunkt auseinandersetzen zu können. Die Benachrichtigung ist an keine Form gebunden, sollte aber immer schriftlich erfolgen, da sie Wirksamkeitsvoraussetzung für das Verfahren und seine Verbindlichkeit ist und im Zweifel vom einleitenden Vertragspartner nachgewiesen werden muss.

29 Die Untersuchungen dürfen nur von staatlichen oder staatlich anerkannten Materialprüfstellen durchgeführt werden, andernfalls ist das Verfahren nicht gemäß § 18 Abs. 4 verbindlich. Es reicht keine allgemeine Anerkennung in bestimmten Fachkreisen, vielmehr muss ausdrücklich eine staatliche Anerkennung vorliegen, was rechtzeitig erfragt werden sollte.

30 Die Vereinbarung eines solchen Verfahrens oder die Beauftragung der Prüfstelle hemmt die Verjährung von Ansprüchen, die mit dem Gutachten im Zusammenhang stehen. Wird das Verfahren ordnungsgemäß eingeleitet, so ist die Entscheidung der Materialprüfstelle für beide Vertragspartner verbindlich. Insofern handelt es sich also um eine Schiedsgutachterabrede, bei der ein Dritter über einzelne Tatsachen verbindlich entscheidet. Dies ist nicht vergleichbar mit einem Schiedsgericht, das einen Rechtsstreit einschließlich aller anstehenden Rechtsfragen entscheidet. Es geht nur um die einzelne zur Prüfung vorgelegte Sachfrage. Schlussfolgerungen hieraus für den damit zusammenhängenden Streit zwischen den Parteien hat die angerufene Stelle nicht zu ziehen, insbesondere hat sie keine Rechtsfragen zu entscheiden.

31 Nach Abs. 4 Satz 3 trägt der unterliegende Vertragspartner die Kosten der Prüfung durch die angerufene Stelle. Als unterlegen gilt der Vertragspartner, dessen Auffassung durch das Prüfungsverfahren widerlegt wurde. Unterliegen die Parteien teilweise, so ist eine Quote nach dem Grad des Obsiegens und Unterliegens zu bilden.

E. Kein Recht zur Arbeitseinstellung (Abs. 5)

32 § 18 Abs. 5 lautet:

„Streitfälle berechtigen den Auftragnehmer nicht, die Arbeiten einzustellen.“

Dieser absolut klingende Wortlaut der Regelung ist bei genauerer Betrachtung durchaus irreführend. Denn hiermit sollen keineswegs Zurückbehaltungsrechte und Leistungsverweigerungsrechte, die dem Auftragnehmer aus anderen vertraglichen oder gesetzlichen Vorschriften zustehen, abgeschnitten werden. Vielmehr hat Abs. 5 nur klarstellenden Charakter.

33 Vorschriften, die aus vielfältigen Gründen ein Zurückbehaltungsrecht des Auftragnehmers begründen, sind beispielsweise § 16 Abs. 5 VOB/B bei Zahlungsverzug des Auftraggebers oder § 650f Abs. 5 BGB n.F. (bis 31.12.2017: § 648a Abs. 5 BGB a.F.) bei verweigerter Sicherheitsleistung durch den Auftraggeber. All diese und auch andere Befugnisse des Auftragnehmers sollen nicht eingeschränkt werden.

34 Die Vorschrift stellt lediglich klar, dass allein wegen eines Streits mit dem Auftraggeber der Auftragnehmer nicht die Arbeit einstellen darf. Hier kommt die allgemeine bauvertragliche Kooperationspflicht zum Tragen (siehe hierzu § 9 Rn. 20). Die Parteien müssen sich ernsthaft und konstruktiv um eine einvernehmliche Lösung des Konflikts bemühen, um den Vertragszweck, nämlich die Fertigstellung des Bauvorhabens, nicht zu gefährden. Aus Abs. 4 folgt, dass für eine Arbeitseinstellung wegen unzumutbaren Verhaltens des Auftraggebers strenge Maßstäbe anzulegen sind. Es gilt das Ultima-Ratio-Prinzip. Der Vertragsbruch muss schon sehr gravierend sein, sonst verbietet sich jede Arbeitsverweigerung. Es muss ein grobes Verschulden des Auftraggebers vorliegen, sein Vertragsbruch muss objektiv zu einer Zerstörung des Vertrauensverhältnisses geführt haben, weshalb dem Auftragnehmer eine Fortführung der Arbeiten unzumutbar sein muss. Nur in derartigen Ausnahmefällen kann der Grundsatz des § 18 Abs. 5 eingeschränkt werden. Hierfür lassen sich keine allgemeingültigen Regeln aufstellen, vielmehr gilt die Einzelfallbetrachtung.

35 Verstößt der Auftragnehmer gegen die Regel des § 18 Abs. 5, so erhält der Auftraggeber seinerseits alle Rechte, die eine unberechtigte Arbeitsverweigerung nach sich ziehen, insbesondere ein Kündigungsrecht nach §§ 5 Abs. 4, 8 Abs. 3 VOB/B unter den dort genannten Voraussetzungen. Diese Rechtsfolgen werden also von § 18 Abs. 5 nicht eigenständig geregelt, sondern ergeben sich stets aus den einschlägigen sonstigen Vorschriften.

Stichwortverzeichnis

Die Ziffern beziehen sich auf die Seiten des Werks.

A

B

D

E

F

G

N

O

P

T

U

V

W